98658

CODES USUELS

DE LA

LÉGISLATION FRANÇAISE

ÉNUMÉRATION

DES

CODES DE LA LÉGISLATION FRANÇAISE.

CODES USUELS.

CODES SPÉCIAUX (1).

(1) Tout souscripteur aux *Codes usuels* et aux *Codes spéciaux*, qui se vendent ensemble au prix de 20 fr., reçoit en prime un abonnement pour l'année courante au *Bulletin annoté des lois*, recueil mensuel dont le prix d'abonnement est de 3 fr. 50 par an.

(2) Les *Codes spéciaux* sont constamment tenus au courant de la législation au moyen du *Bulletin annoté des lois*.

CODES USUELS

DE LA

LÉGISLATION FRANÇAISE

AVEC

DES ANNOTATIONS SUR LES LOIS D'INTÉRÊT GÉNÉRAL,
LA DÉFINITION ET L'EXPLICATION DES TERMES DE DROIT,
LA CORRÉLATION COMPLÈTE DES ARTICLES DES CODES
ET DES TABLES CHRONOLOGIQUE ET ALPHABÉTIQUE DES MATIÈRES;

·PAR

M. NAPOLÉON BACQUA,

Chevalier de la Légion d'honneur,
Avocat, auteur du **Code annoté** *de la Police administrative, judiciaire et municipale,*
Rédacteur en chef du **Bulletin annoté des Lois.**

ÉDITION NOUVELLE (1860-1861),

POUR L'AUDIENCE, LES FONCTIONNAIRES PUBLICS, LES OFFICIERS MINISTÉRIELS
ET LES ÉCOLES DE DROIT.

Code Politique, — Code Napoléon, — Code de Procédure civile,
— Code de Commerce, — Code d'Instruction criminelle, — Code Pénal, —
Code des Frais, — Code Forestier. — Lois et Décrets divers.

PARIS,

IMPRIMERIE ET LIBRAIRIE ADMINISTRATIVES DE PAUL DUPONT,

45, rue de Grenelle-Saint-Honoré.

1861

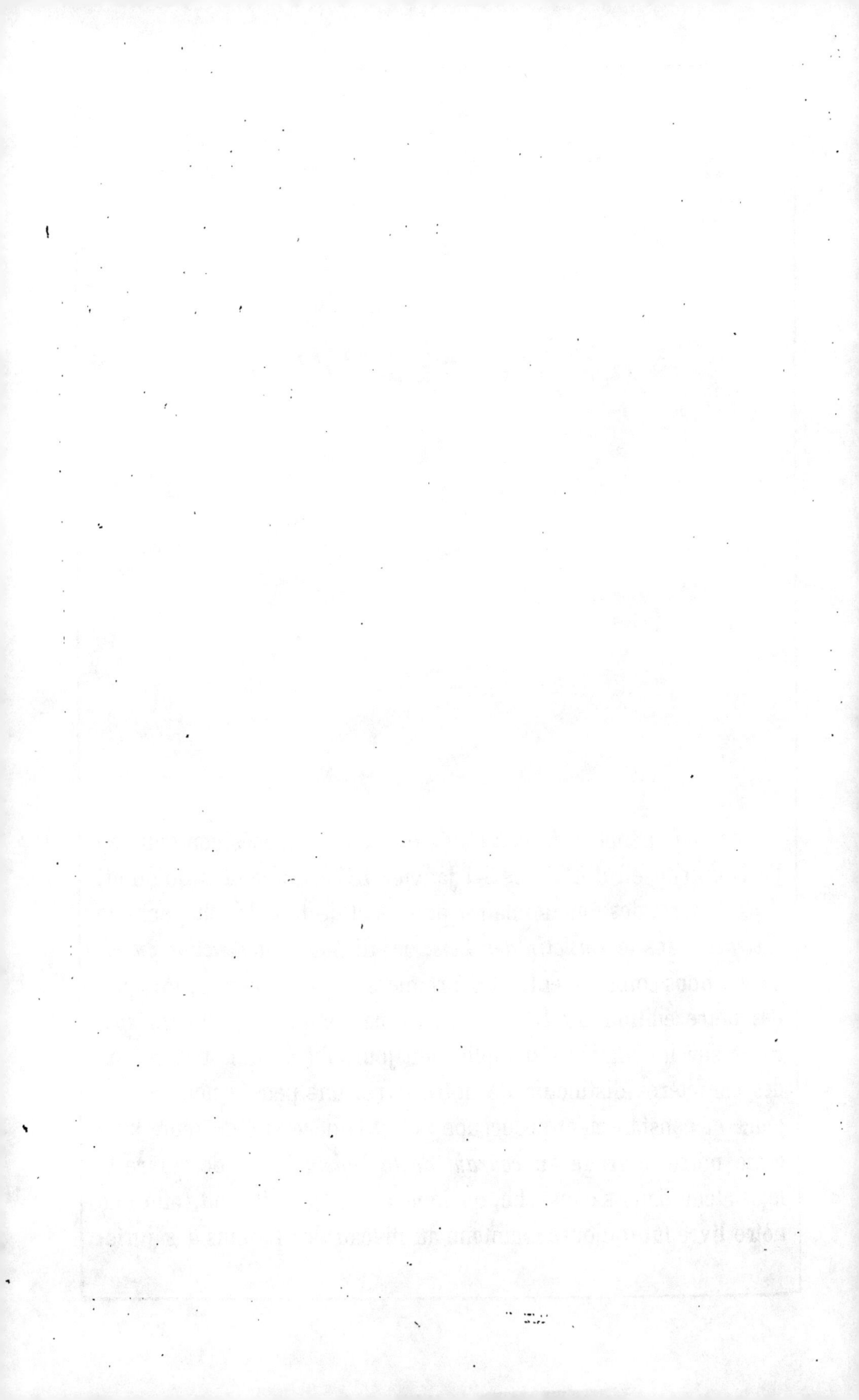

AVANT-PROPOS.

Lorsque, pénétré de la grande et féconde pensée contenue en l'avis du conseil d'État des 5-7 janvier 1813, qui voulait qu'on fît, dans l'intérêt des fonctionnaires publics et de tous les citoyens, un *Extrait*, dans le *Bulletin des Lois*, des dispositions *usuelles en vigueur*, nous sommes entré les premiers dans cette voie ; lorsque, dès notre édition de 1840, nous avons composé ces *Codes spéciaux* sur les matières d'application journalière, qui forment un des caractères distinctifs de notre livre, une pensée nous a toujours et constamment préoccupé : c'est la nécessité de tenir sans cesse notre ouvrage au *courant de la législation* et de suivre le législateur dans sa marche, quelque rapide qu'elle soit, afin que notre livre fût toujours maintenu au niveau des besoins des jurisconsultes, des fonctionnaires publics, des hommes de science et de pratique.

C'est dans ce but et pour présenter, dans une forme méthodique et facilement saisissable, la portée des modifications introduites dans la plupart des Codes, que nous avons jugé nécessaire de publier des *suppléments;* c'est-à-dire de reprendre le *titre* et le *cadre* de chacun des Codes qui avaient subi des changements, et d'y insérer les lois nouvelles, modificatives, propres à chacun d'eux. Cette méthode de codification et de classification des matières, qui nous appartient, distingue nos Codes de tous les autres ouvrages du même genre et rend, malgré l'addition des suppléments, les recherches toujours faciles et commodes.

Plusieurs suppléments ont été successivement publiés; mais les lois considérables, autant par leur étendue que par leur importance, qui, depuis l'édition de 1853, sont venues chaque année prendre place dans l'ouvrage, devaient lui enlever son caractère de livre *portatif*, condition essentielle d'un Code.

Nous avons dû chercher à parer à ce grave inconvénient, dans l'intention où nous sommes de ne reculer devant aucun effort ni devant aucun sacrifice pour mériter la faveur avec laquelle le public a bien voulu accueillir notre ouvrage.

Voici le parti auquel nous nous sommes arrêté :

Les Codes de la législation française ont été divisés en deux parties distinctes et séparées, ayant chacune leurs tables chronologique et alphabétique. La première partie est désignée par le titre de *Codes usuels*, la seconde par celui de *Codes spéciaux*.

Les *Codes usuels* comprennent, outre les cinq Codes ordinaires, le Code politique, le Code des frais et le Code forestier; de plus, les suppléments de ces Codes jusqu'en 1860 inclusivement, et enfin, sous une rubrique distincte et suivant leur ordre de date, les *Lois et Décrets divers*, d'une utilité pratique et se rattachant, par leurs dispositions particulières, aux Codes ordinaires.

Les *Codes usuels*, ainsi que leur titre l'indique, contiennent la législation principale, usuelle et d'application journalière. Ils forment un volume *portatif*, destiné à la magistrature et au barreau pour l'*audience*, aux *fonctionnaires publics*, aux *Écoles de droit* et à tous les *officiers ministériels*.

Les *Codes spéciaux* embrassent la législation d'une importance plus secondaire, quoique d'une nécessité indispensable, et que nous avons nous-même codifiée avec le plus grand soin, sous vingt-six rubriques différentes, formant autant de Codes spéciaux sous un titre particulier qui résume la matière.

Les *Codes spéciaux* pourront être laissés dans les études, sur les bureaux et dans les cabinets, pour être consultés selon les besoins et les circonstances, n'étant pas, comme les *Codes usuels*, d'une nécessité actuelle et journalière. L'édition nouvelle contient des suppléments annotés jusqu'en 1859 inclusivement. Depuis cette époque, les *Codes spéciaux* sont tenus au courant au moyen de notre publication mensuelle du *Bulletin annoté des Lois* (1). Un pareil avantage ne peut être offert par aucune autre édition de Codes.

Telle est la mesure que nous avons jugée devoir être la plus convenable, la mieux appropriée pour satisfaire aux nécessités sans cesse renouvelées d'une situation qui n'est pas de notre fait,

---

(1) Ce *Bulletin*, dont un abonnement pour l'année courante est donné en prime aux souscripteurs à l'ouvrage complet des *Codes de la Législation française*, a été récemment l'objet d'une recommandation spéciale de Son Exc. le Ministre de l'intérieur.

Voici en quels termes le Ministre appréciait cette publication dans sa circulaire aux préfets en date du 30 mars 1859 :

« Ce recueil se recommande par un classement des matières qui rend les recherches commodes, par l'intelligente rédaction de ses notes et surtout par l'extrême modicité du prix d'abonnement..... »

(Note de l'éditeur.)

mais de celui du législateur, ou plutôt qui est la conséquence forcée
du développement du progrès, de l'émancipation des règles constitutives de l'économie sociale et des institutions de crédit.

1ᵉʳ octobre 1860.   NapolÉon BACQUA.

NOTE DE L'ÉDITEUR.

Afin de donner une idée de l'estime toute particulière que les jurisconsultes les plus éminents accordent à l'ouvrage des *Codes de la législation
française*, on nous permettra de reproduire ici la lettre adressée par
M. Delangle, aujourd'hui Ministre de la justice, à son auteur, M. Napoléon
Bacqua.

Copie de la lettre adressée par M. Delangle, *Ministre de l'intérieur,
à M.* Napoléon Bacqua, *avocat.*

« Paris, 6 mars 1859.

« Monsieur,

« Je vous remercie du livre que vous m'avez envoyé. Il y a longtemps
« que j'en sais le prix.

« Résultats d'études sérieuses et persévérantes, vos *Codes de la législa-*
« *tion française* réunissent tous les avantages que peuvent offrir les recueils
« de cette nature : la collection de tout ce qui sert à la vie usuelle du ma-
« gistrat et du jurisconsulte ; une classification intelligente, des renvois sûrs,
« des notes substantielles ; partout la trace des plus saines doctrines. Je suis
« heureux de l'occasion qui m'arrive de vous adresser mes félicitations.

« Agréez, je vous prie, l'assurance de ma considération distinguée.

« DELANGLE,

« *Ministre de l'intérieur.* »

CODE POLITIQUE[a]

────────◆────────

14-22 janvier 1852. — *CONSTITUTION faite en vertu des pouvoirs délégués par le peuple français à Louis-Napoléon Bonaparte, par le vote des 20 et 21 décembre 1851.*

Considérant que le peuple français a été appelé à se prononcer sur la résolution suivante : « Le peuple veut le maintien de l'autorité de *Louis-Napoléon Bonaparte*, et lui donne les pouvoirs nécessaires pour faire une Constitution d'après les bases établies dans sa proclamation du 2 décembre; » — Considérant que les bases proposées à l'acceptation du peuple étaient :

« 1° Un chef responsable nommé pour dix ans [b].

« 2° Des ministres dépendant du Pouvoir exécutif seul;

« 3° Un conseil d'État formé des hommes les plus distingués, préparant les lois et en soutenant la discussion devant le Corps législatif;

« 4° Un Corps législatif discutant et votant les lois, nommé par le suffrage universel, sans scrutin de liste qui fausse l'élection;

« 5° Une seconde assemblée formée de toutes les illustrations du pays, pouvoir pondérateur, gardien du pacte fondamental et des libertés publiques; »

Considérant que le peuple a répondu affirmativement par sept millions cinq cent mille suffrages;

Promulgue la Constitution dont la teneur suit :

TITRE PREMIER.

ARTICLE 1er. La Constitution reconnaît, confirme et garantit les grands principes proclamés en 1789, et qui sont la base du droit public des Français [c].

[a] Afin de représenter les caractères constitutifs du Gouvernement actuel, on a réuni, dans le Code politique, les différents actes qui en forment la base et qui en révèlent la nature et la tendance.

Parmi ces actes législatifs, il en est quelques-uns, toutefois, qui, à cause de la spécialité même de leurs dispositions, ont dû être distraits et renvoyés aux Codes particuliers auxquels ils appartiennent.

Tels sont 1° le décret sur l'*élection des membres du Corps législatif* (Voy. C. élect.); — 2° le décret sur la *décentralisation administrative* (Voy. C. adm.); — 3° le décret qui rétablit les *titres de noblesse* (24-27 janvier 1852), et celui qui, en indiquant la forme de porter les *décorations étrangères*, exige une autorisation préalable du Gouvernement français (10-23 juin 1853). — Voy. au C. pén., sous l'art. 259.

[b] La dignité *impériale* ayant été rétablie au profit de Louis-Napoléon Bonaparte, en vertu du sénatus-consulte ci-après, des 7-10 novembre 1852, lequel a modifié, par conséquent, la Constitution actuelle, on va signaler les dispositions abrogées par suite de ce nouvel état de choses et substituer, dans celles qui sont maintenues, les mots : *Empereur des Français* à ceux *Président de la République*.

[c] Voici l'indication de ces principes :

La souveraineté de la nation et la séparation des pouvoirs qui constituent la souveraineté;

L'égalité civile;

La liberté individuelle;

La liberté des cultes;

La liberté de l'industrie;

La liberté du territoire;

La liberté de la presse;

Le droit de réunion;

Le droit de pétition;

La non-rétroactivité des lois pénales;

L'administration gratuite de la justice par des magistrats nommés ou institués par l'autorité publique;

La responsabilité des magistrats et des agents du Pouvoir exécutif;

Le vote de l'impôt par les représentants de la nation;

Le droit pour tout citoyen d'être jugé par ses

1

TITRE DEUXIÈME.

FORMES DU GOUVERNEMENT.

2. *Le Gouvernement de la République française est confié pour .dix ans au prince Louis Bonaparte, Président actuel de la République* (a).

3. L'Empereur gouverne au moyen des ministres (b), du conseil d'État, du Sénat et du Corps législatif.

juges naturels, et de ne pas être condamné sans avoir été mis à même de se défendre;·
L'institution d'une force publique essentiellement obéissante.

(a) Abrogé par l'art. 1er du sénatus-consulte ci-après du 7 novembre 1852.

(b) Indépendamment des ministères ordinaires, le Gouvernement nouveau a cru devoir rétablir les ministères spéciaux qui existaient sous l'ancien régime impérial, à savoir un *ministère d'État* et un *ministère de la police générale.* (Décret du 22 janvier 1852.) Ce dernier ayant été supprimé le 21 juin 1853 et ses attributions restituées au ministère de l'intérieur, on se borne à retracer ici la composition et les attributions du ministère d'État.

22 janvier 1852.—*Décret qui institue un ministère d'État.*

« Il est institué un ministre d'État, qui aura les attributions suivantes : — les rapports du Gouvernement avec le Sénat et le Corps législatif, et le Conseil d'État; — la correspondance du Président avec les divers ministères; — le contre-seing des décrets portant nomination des ministres, nomination des présidents du Sénat et du Corps législatif, nomination des sénateurs et concession des dotations qui peuvent leur être attribuées, nomination des membres du Conseil d'État; — le contre-seing des décrets rendus par l'Empereur en exécution des pouvoirs qui lui appartiennent, conformément aux articles 24, 28, 31, 46 et 54 de la Constitution, et de ceux concernant les matières qui ne sont spécialement attribuées à aucun département ministériel; — la rédaction et la conservation des procès-verbaux du Conseil des ministres; — la direction exclusive de la partie officielle du *Moniteur ;* — l'administration des palais nationaux et des manufactures nationales. »

14 février 1852. — *Décret qui règle l'organisation intérieure du ministère d'État.*

« Art. 1er. L'organisation intérieure du ministère d'État est réglée ainsi qu'il suit : — *Cabinet du ministre.* Ouverture des dépêches, enregistrement. — Transmission aux divisions et aux différents départements ministériels. — Suite à donner. — Classement. — Demandes d'audiences. — Affaires réservées. — Relations avec le *Moniteur.*

« *Secrétariat général.* Relations avec les grands corps de l'État et avec les ministères. — Affaires générales. — Procès-verbaux. — Etude de toutes les questions portées devant le conseil d'État. — Etude des questions générales ordonnées par le chef de l'État. — Lecture et résumé des journaux français et étrangers. —

4. La puissance législative s'exerce collectivement par l'Empereur, le Sénat et le Corps législatif.

TITRE TROISIÈME.

DE L'EMPEREUR.

5. L'Empereur est responsable devant le peuple français, auquel il a toujours le droit de faire appel (c).

6. L'Empereur est le chef de l'État; il commande les forces de terre et de mer, déclare la guerre, fait les traités de paix, d'alliance et de commerce (d), nomme à tous les emplois, fait les règlements et décrets nécessaires pour l'exécution des lois.

7. La justice se rend en son nom (e).

Relations avec la presse périodique.—Archives du ministère d'État. — Matériel. — Impressions. — Demandes d'emplois. — Personnel du ministère, des palais et des manufactures. — Cautionnements. — Décorations. — Retraites. — Renseignements.

« *Direction des palais et manufactures.* Etude et rédaction des projets de construction, administration et surveillance des palais, parcs et jardins. — Administration et surveillance des manufactures. — Exécution des travaux neufs et des travaux d'entretien. — Conservation du mobilier national. — Révision des devis et mémoires. — Fixation des prix qui doivent servir de base au règlement des comptes; examen des réclamations. — Liquidation des dépenses. — Contrôle des travaux.

« *Direction de la comptabilité.* Préparation du budget général. — Répartition des crédits. — Vérification des pièces de dépense. — Ordonnancement du ministre. — Délivrance des mandats. — Caisse centrale du ministère. »

Un décret du 14 février 1853 place dans les attributions du ministère d'État la division et le service des beaux-arts et des archives.

(c) Le principe contraire existait dans les articles 69 de la Constitution du 22 frimaire an VIII, 13 de la Charte de 1814 et 12 de la Charte de 1830.

(d) Le sénatus-consulte ci-après, des 23-25 décembre 1852, article 3, a largement étendu les droits du Pouvoir exécutif, en lui permettant de modifier les *tarifs* stipulés dans les traités de commerce, en vertu de décrets qui auront *force de loi.*

(e) Voici, depuis que l'Empire a succédé à la République, la formule exécutoire:

2 décembre 1852. — *Décret impérial relatif à la formule exécutoire des arrêts, jugements, mandats de justice, contrats et autres actes.*

« Art. 1er. A partir de ce jour, les expéditions des arrêts, jugements, mandats de justice, ainsi que les grosses et expéditions des contrats et tous autres actes susceptibles d'exécution forcée, seront intitulés ainsi qu'il suit :

« N... (*le prénom de l'Empereur*), par la grâce de Dieu et la volonté nationale, EMPEREUR DES

8. Il a seul l'initiative des lois (*a*).

9. Il a le droit de faire grâce (*b*).

10. Il sanctionne et promulgue les lois et les sénatus-consultes (*c*).

11. *Il présente, tous les ans, au Sénat et au Corps législatif, par un message, l'état des affaires de la République* (*d*).

12. Il a le droit de déclarer l'état de siége dans un ou plusieurs départements, sauf à en référer au Sénat dans le plus bref délai (art. 25). — Les conséquences de l'état de siége sont réglées par la loi (*e*).

13. Les ministres ne dépendent que du chef de l'État; il ne sont responsables que chacun en ce qui le concerne des

FRANÇAIS, à tous présents et à venir, SALUT.

(*Copier l'arrêt, le jugement, le mandat de justice ou l'acte notarié.*)

« 2. Lesdits arrêts, jugements, mandats de justice et autres actes seront terminés ainsi : MANDONS et ORDONNONS à tous huissiers, sur ce requis, de mettre ledit arrêt (*ou ledit jugement, etc.*) à exécution; à nos procureurs généraux et à nos procureurs près les tribunaux de première instance d'y tenir la main, à tous commandants et officiers de la force publique de prêter main-forte lorsqu'ils en seront légalement requis. — En foi de quoi, le présent arrêt (*ou jugement, etc.*) a été signé par. ....

« 3. Les porteurs des expéditions des arrêts et jugements, des grosses et expéditions délivrées avant le 1er de ce mois, qui voudraient les faire mettre à exécution, devront préalablement les présenter soit aux greffiers des cours et tribunaux, s'il s'agit d'expéditions d'arrêts et de jugements, soit à un notaire, s'il s'agit d'expéditions d'actes notariés, et ce, afin que la formule indiquée ci-dessus soit ajoutée à celle dont elles étaient revêtues précédemment.

« 4. Ces additions seront faites sans frais. »

(*a*) Le Sénat, aux termes de l'art. 27 ci-après, a l'initiative des sénatus-consultes qui y sont mentionnés. C'est à lui qu'il appartient également, d'après l'art. 31, de proposer des modifications à la Constitution.

18 avril 1841. — *Ordonnance qui détermine les formes à suivre lorsque les cours ou tribunaux sont appelés à donner leur avis sur un projet de loi ou sur tout autre objet d'intérêt public.*

« Art. 1er. Lorsque la cour de cassation, les cours royales et les tribunaux de première instance seront appelés par notre garde des sceaux à donner leur avis sur un projet de loi ou sur tout autre objet d'un intérêt public, le premier président de chaque cour et le président de chaque tribunal devront immédiatement convoquer l'assemblée générale des chambres, et lui faire connaître l'objet sur lequel elle est appelée à délibérer.

« 2. Tous les membres du parquet seront admis à l'assemblée; ils délibéreront et voteront comme les autres membres de la cour ou du tribunal. »

(*b*) Confirmé par les art. 1 et 17 du sénatus-consulte du 25 décembre 1852.

(*c*) 2 décembre 1852. — *Décret qui règle la formule de la promulgation des sénatus-consultes, des lois et des décrets.*

« Art. 1er. Les sénatus-consultes, les lois et les décrets seront promulgués dans la forme suivante :

« 1° *Sénatus-consultes.* — N... (*prénom de l'Empereur*), par la grâce de Dieu et la volonté nationale, Empereur des Français, à tous présents et à venir salut.

« Avons sanctionné et sanctionnons, promulgué et promulguons ce qui suit :

« Mandons et ordonnons que les présentes, revêtues du sceau de l'État, et insérées au *Bulletin des lois*, soient adressées aux cours, aux tribunaux et aux autorités administratives, pour qu'ils les inscrivent sur leurs registres, les observent et les fassent observer, et notre ministre secrétaire d'État au département de la justice est chargé d'en surveiller la publication.

« 2° *Lois.* — N.... (*prénom de l'Empereur*), par la grâce de Dieu et la volonté nationale, Empereur des Français, à tous présents et à venir, salut.

« Avons sanctionné et sanctionnons, promulgué et promulguons ce qui suit :

« LOI.

(*Extrait du procès-verbal du Corps législatif.*)
(*Extrait du procès-verbal du Sénat.*)

« Mandons et ordonnons, etc., comme ci dessus.

« Fait...., etc.

« 3° *Décrets rendus en conseil d'État.* — N.... (*prénom de l'Empereur*), par la grâce de Dieu et la volonté nationale, Empereur des Français, à tous présents et à venir, salut. — Le conseil d'État entendu (*ou le conseil d'État au contentieux entendu*). — Avons décrété et décrétons ce qui suit :

« (*Texte du décret.*) — Notre ministre secrétaire d'État au département de....... est chargé de l'exécution du présent décret.

« Fait...., etc.

« 4° *Décrets rendus sur le rapport des ministres.* — N.... (*prénom de l'Empereur*), par la grâce de Dieu et la volonté nationale, Empereur des Français, à tous présents et à venir, salut. — Sur le rapport de notre ministre secrétaire d'État, au département de....., avons décrété et décrétons ce qui suit :

« (*Texte du décret.*) — Notre ministre secrétaire d'État au département de..... est chargé de l'exécution du présent décret.

« Fait...., etc. »

(*d*) Abrogé par l'art. 17 du sénatus-consulte du 25 décembre 1852.

(*e*) Une loi du 9 août 1849 avait été rendue sur cette matière : elle réglait 1° les cas où l'état de siége peut être déclaré; — 2° les formes de cette déclaration; — 3° les effets de l'état de siége; — 4° la levée de l'état de siége. — Cette loi, jusqu'à la publication de celle que semble annoncer la Constitution de 1852, demeure applicable dans la mesure propre au nouveau Gouvernement.

actes du Gouvernement; il n'y a point de solidarité entre eux; ils ne peuvent être mis en accusation que par le Sénat.

14. Les ministres, les membres du Sénat, du Corps législatif et du Conseil d'État, les officiers de terre et de mer, les magistrats et les fonctionnaires publics prêtent le serment ainsi conçu :

« Je jure obéissance à la Constitution « et fidélité à l'Empereur (a). »

15. Un sénatus-consulte fixe la somme allouée annuellement au Président de la République pour toute la durée de ses fonctions (b).

16. Si le Président de la République

(a) 8 mars 1852. — Décret relatif au serment des ministres, des membres des grands corps de l'État, des officiers de terre et de mer, des magistrats et des fonctionnaires.

« Art. 1er. Le refus ou le défaut de serment sera considéré comme une démission.

« 2. Le serment ne pourra être prêté que dans les termes prescrits par l'article 14 de la Constitution. Toute addition, modification ou réserve sera considérée comme refus de serment, et produira le même effet.

« 3. Des décrets spéciaux détermineront le mode de prestation de serment des ministres, des membres des grands corps de l'État, des officiers de terre et de mer, des magistrats et des fonctionnaires, ainsi que les délais dans lesquels le serment devra être prêté. »

(b) Un sénatus-consulte, rendu les 1er-29 avril 1852, avait fixé à douze millions l'allocation annuelle du Président de la République à dater du 1er janvier 1852. Mais aujourd'hui, que l'Empire a remplacé la République, cet acte législatif est abrogé et remplacé par un autre sénatus-consulte retracé ci-après, du 12 décembre 1852, qui détermine la liste civile de l'Empereur et la dotation de la Couronne.

Le sénatus-consulte du 1er avril 1852, qui réglait l'allocation annuelle attribuée au Prince-Président, lui accordait, par son article 2, le droit de chasse exclusif dans les bois de Versailles, dans les forêts de Fontainebleau, de Compiègne, de Marly et de Saint-Germain. — Ce droit a été étendu, par un autre sénatus-consulte du 7 juillet 1852, « 1° aux étangs de Saclay et de Saint-Quentin, à toutes les fermes et à tous les bois domaniaux compris dans le rayon de l'inspection forestière de Versailles; — 2° aux forêts de Laigue, d'Ourscamp et de Carlepont; — 3° aux bois de Champagne et de Barbeau. — Ce droit cesserait d'exister, en cas d'aliénation, sur les étangs, bois ou parties de bois vendus.

« Le Prince-Président de la République sera mis immédiatement en pleine possession du droit de chasse qui lui est conféré, sauf indemnité, s'il y a lieu, en faveur des locataires dépossédés (art. 2).

« Les propriétés qui font l'objet du présent sénatus-consulte et de celui du 1er avril dernier sont soumises au régime sous lequel les avait placées l'article 30 de la loi du mai 3 1844 (art. 3). » (Voy. C. de la chasse.)

meurt avant l'expiration de son mandat, le Sénat convoque la nation pour procéder à une nouvelle élection (c).

17. Le chef de l'État a le droit, par un acte secret et déposé aux archives du Sénat, de désigner le nom du citoyen qu'il recommande, dans l'intérêt de la France, à la confiance du peuple et à ses suffrages (d).

18. Jusqu'à l'élection du nouveau Président de la République, le Président du Sénat gouverne, avec le concours des ministres en fonctions, qui se forment en conseil de gouvernement et délibèrent à la majorité des voix (e).

TITRE QUATRIÈME.

DU SÉNAT.

19. Le nombre des sénateurs ne pourra excéder cent cinquante : il est fixé, pour la première année, à quatre-vingts (f).

20. Le Sénat se compose : 1° des cardinaux, des maréchaux, des amiraux; — 2° des citoyens que l'Empereur juge convenable d'élever à la dignité de sénateur.

21. Les sénateurs sont inamovibles et à vie.

22. Les fonctions de sénateur sont gratuites (g); néanmoins, l'Empereur pourra accorder à des sénateurs, en raison de services rendus et de leur position de fortune, une dotation personnelle, qui ne pourra excéder trente mille francs par an.

23. Le président et les vice-présidents du Sénat sont nommés par l'Empereur et choisis parmi les sénateurs. — Ils sont nommés pour un an. — Le traitement du président du Sénat est fixé par un décret.

(c) Abrogé par le sénatus-consulte du 25 décembre 1852. — Voy. l'art. 9 de ce sénatus-consulte.

(d) Abrogé par le sénatus-consulte du 7 novembre 1852.

(e) Abrogé par l'art. 17 du sénatus-consulte du 25 décembre 1852. — Voyez ci-après le sénatus-consulte du 7 novembre 1852, et en note le décret du 18 décembre 1852.

(f) Remplacé par l'art. 10 du sénatus-consulte du 25 décembre 1852.

(g) Abrogé par le sénatus-consulte des 23-25 décembre 1852, article 11, dont la disposition générale affecte une dotation annuelle et viagère de trente mille francs à la dignité de sénateur.

24. L'Empereur convoque et proroge le Sénat. Il fixe la durée de ses sessions par un décret. — Les séances du Sénat ne sont pas publiques.

25. Le Sénat est le gardien du pacte fondamental et des libertés publiques. Aucune loi ne peut être promulguée avant de lui avoir été soumise.

26. Le Sénat s'oppose à la promulgation : 1° des lois qui seraient contraires ou qui porteraient atteinte à la Constitution, à la religion, à la morale, à la liberté des cultes, à la liberté individuelle, à l'égalité des citoyens devant la loi, à l'inviolabilité de la propriété et au principe de l'inamovibilité de la magistrature; — 2° de celles qui pourraient compromettre la défense du territoire (a).

27. Le Sénat règle par un sénatus-consulte : 1° la Constitution des colonies et de l'Algérie; — 2° tout ce qui n'a pas été prévu par la Constitution et qui est nécessaire à sa marche; — 3° le sens des articles de la Constitution qui donnent lieu à différentes interprétations.

28. Ces sénatus-consultes seront soumis à la sanction de l'Empereur et promulgués par lui (b).

29. Le Sénat maintient ou annulle tous les actes qui lui sont déférés comme inconstitutionnels par le Gouvernement, ou dénoncés, pour la même cause, par les pétitions des citoyens.

30. Le Sénat peut, dans un rapport adressé à l'Empereur, poser les bases des projets de lois d'un grand intérêt national.

31. Il peut également proposer des modifications à la Constitution. Si la proposition est adoptée par le Pouvoir exécutif, il y est statué par un sénatus-consulte.

32. Néanmoins, sera soumise au suffrage universel toute modification aux bases fondamentales de la Constitution, telles qu'elles ont été posées dans la proclamation du 2 décembre et adoptées par le peuple français.

33. En cas de dissolution du Corps législatif, et jusqu'à une nouvelle convocation, le Sénat, sur la proposition de l'Empereur, pourvoit, par des mesures d'urgence, à tout ce qui est nécessaire à la marche du Gouvernement.

TITRE CINQUIÈME.

DU CORPS LÉGISLATIF.

34. L'élection a pour base la population (c).

35. Il y aura un député au Corps législatif à raison de trente-cinq mille électeurs.

36. Les députés sont élus par le suffrage universel, sans scrutin de liste (d).

37. Ils ne reçoivent aucun traitement (e).

(a) L'article 70 du sénatus-consulte du 28 floréal an XII portait : « Tout décret rendu par le Corps législatif peut être dénoncé au Sénat par un sénateur ; — 1° comme tendant au rétablissement du régime féodal ; 2° comme contraire à l'irrévocabilité des ventes des domaines nationaux ; 3° comme n'ayant pas été délibéré dans les formes prescrites par la Constitution de l'empire, les règlements et les lois ; 4° comme portant atteinte aux prérogatives de la dignité impériale et à celles du Sénat; sans préjudice de l'exécution des articles 21 et 37 de l'acte des Constitutions de l'Empire en date du 22 frimaire an VIII. »

L'article suivant ajoutait : « Le Sénat, dans les six jours qui suivent l'adoption du projet de loi, délibérant sur le rapport d'une commission spéciale, et après avoir entendu trois lectures du décret dans trois séances tenues à des jours différents, peut exprimer l'opinion qu'il n'y a pas lieu de promulguer la loi. — Le président porte à l'Empereur la délibération motivée du Sénat. »

Enfin, suivant l'art. 72, « l'Empereur, après avoir entendu le Conseil d'État, ou déclarait par un décret son adhésion à la délibération du Sénat, ou faisait promulguer la loi. »

Il importe de remarquer que la Constitution actuelle ne donne pas au chef de l'État le choix d'adhérer à la délibération du Sénat ou de passer outre à la promulgation de la loi. L'opposition du Sénat est souveraine comme elle l'était d'après la Constitution de l'an VIII. Elle forme un obstacle absolu à ce que la loi soit promulguée ; elle l'annulle ou plutôt l'empêche d'exister.

(b) Voyez ci-dessus le décret du 2 décembre 1852 en *note* sous l'art. 10.

(c) Voy. C. élect. législ., le décret du 2 février 1852 pour l'élection des députés au Corps législatif.

(d) Contrairement à ce qui était établi par l'art. 30 de la Constitution républicaine du 4 novembre 1848.

(e) Abrogé par l'art. 17 du sénatus-consulte du 25 décembre 1852 et remplacé par l'art. 14 de ce sénatus-consulte, qui alloue aux membres du Corps législatif une indemnité de 2,500 francs par mois, pendant la durée des sessions. — La législation a varié sur cette question du traitement des députés. — La Constitution du 22 frimaire an VIII, art. 36, avait fixé à 10,000 francs le traitement annuel de chaque législateur; celle du 4 novembre 1848, art. 38, avait

38. Ils sont nommés pour six ans.

39. Le Corps législatif discute et vote les projets de loi et l'impôt.

40. Tout amendement adopté par la commission chargée d'examiner un projet de loi sera renvoyé, sans discussion, au conseil d'Etat par le président du Corps législatif. — Si l'amendement n'est pas adopté par le conseil d'Etat, il ne pourra pas être soumis à la délibération du Corps législatif.

41. Les sessions ordinaires du Corps législatif durent trois mois ; ses séances sont publiques ; mais la demande de cinq membres suffit pour qu'il se forme en comité secret.

42. Le compte rendu des séances du Corps législatif par les journaux ou tout autre moyen de publication ne consistera que dans la reproduction du procès-verbal dressé, à l'issue de chaque séance, par les soins du président du Corps législatif.

43. Le président et les vice-présidents du Corps législatif sont nommés par l'Empereur pour un an ; ils sont choisis parmi les députés (a). Le traitement du président du Corps législatif est fixé par un décret.

44. Les ministres ne peuvent être membres du Corps législatif (b).

45. Le droit de pétition s'exerce auprès du Sénat. Aucune pétition ne peut être adressée au Corps législatif (c).

46. L'Empereur convoque, ajourne, proroge et dissout le Corps législatif. En cas de dissolution, l'Empereur doit en convoquer un nouveau dans le délai de six mois.

TITRE SIXIÈME.

DU CONSEIL D'ÉTAT.

47. Le nombre des conseillers d'État en service ordinaire est de quarante à cinquante.

48. Les conseillers d'État sont nommés par l'Empereur et révocables par lui (d).

49. Le conseil d'État est présidé par l'Empereur, et, en son absence, par la personne qu'il désigne comme vice-président du conseil d'État.

50. Le conseil d'Etat est chargé, sous la direction de l'Empereur, de rédiger les projets de lois et les règlements d'administration publique, et de résoudre les difficultés qui s'élèvent en matière d'administration (e).

51. Il soutient, au nom du Gouvernement, la discussion des projets de loi devant le Sénat et le Corps législatif. — Les conseillers d'Etat chargés de porter la parole au nom du Gouvernement sont désignés par l'Empereur.

52. Le traitement de chaque conseiller d'Etat est de vingt-cinq mille francs.

53. Les ministres ont rang, séance et voix délibérative au conseil d'Etat.

TITRE SEPTIÈME.

DE LA HAUTE COUR DE JUSTICE.

54. Une haute cour de justice juge, sans appel ni recours en cassation, toutes personnes qui auront été renvoyées devant elle comme prévenues de crimes, attentats ou complots contre l'Empereur, et contre la sûreté intérieure ou extérieure de l'Etat. — Elle ne peut être saisie qu'en vertu d'un décret de l'Empereur.

---

décidé également que chaque représentant recevrait une indemnité portée à 9,000 francs par an. — Les lois électorales des 5 février 1817, art. 19, et 19 avril 1831, art. 67, portaient que le mandat de député était *entièrement gratuit*.

(*a*) Le droit de nomination ou d'élection des président et vice-présidents a appartenu tantôt au chef de l'État, comme aujourd'hui, tantôt à l'Assemblée elle-même. (Voy. loi du 5 nivôse an VIII, art. 1ᵉʳ ; sénatus-consulte du 28 floréal an XII, art. 8 et suiv.; Charte de 1814, art. 45 ; — de 1830, art. 27 ; Constitution du 4 novembre 1848.)

(*b*) C'est là un principe nouveau. — Si toutes les Constitutions antérieures n'exigeaient pas, par une disposition expresse, que les ministres fissent partie du Corps législatif, aucune ne contenait d'interdiction à cet égard, comme le fait celle de 1852.

(*c*) C'est là, encore, une disposition prohibitive nouvelle. Sous les autres Gouvernements, le droit de pétition était consacré devant l'une comme devant l'autre Assemblée. (Voy. l'art. 83 de la Constitution du 22 frimaire an VIII; les art. 53 de la Charte de 1814; 45 de celle de 1830, et l'art. 8 de la Constitution de 1848.)

Un décret du 18 décembre 1852 a prescrit la formation, dans le sein du conseil d'Etat, d'une commission de pétitions. — Voy. C. admin.

(*d*) Le droit de nommer et de révoquer les membres du conseil d'Etat a toujours appartenu au Gouvernement jusqu'en 1848. Mais la Constitution du 4 novembre l'avait attribué à l'Assemblée législative elle-même par l'art. 72. — On est revenu au principe de tous les temps.

(*e*) Voy. C. admin.

55. Un sénatus-consulte déterminera l'organisation de cette haute cour (*a*).

TITRE HUITIÈME.

DISPOSITIONS GÉNÉRALES ET TRANSITOIRES.

56. Les dispositions des codes, lois et règlements existants, qui ne sont pas contraires à la présente Constitution, restent en vigueur jusqu'à ce qu'il y soit légalement dérogé.

57. Une loi déterminera l'organisation municipale. Les maires seront nommés par le Pouvoir exécutif, et pourront être pris hors du conseil municipal (*b*).

58. La présente Constitution sera en vigueur à dater du jour où les grands corps de l'Etat qu'elle organise seront constitués. — Les décrets rendus par le Président de la République, à partir du 2 décembre jusqu'à cette époque, auront force de loi.

10-15 juillet 1852. — *SÉNATUS-CONSULTE sur l'organisation de la haute cour de justice.*

TITRE PREMIER.

COMPOSITION DE LA HAUTE COUR.

ARTICLE 1er. La haute cour de justice créée par l'article 54 de la Constitution, se compose : 1° d'une chambre de mise en accusation et d'une chambre de jugement formées de juges pris parmi les membres de la cour de cassation ; 2° d'un haut jury pris parmi les membres des conseils généraux des départements.

2. Chaque chambre est composée de cinq juges et de deux suppléants.

3. Les juges et suppléants de chaque chambre sont nommés tous les ans, dans la première quinzaine du mois de novembre, par l'Empereur. — Néanmoins, les chambres de la haute cour de justice restent saisies, au delà du terme d'un an fixé pour leurs pouvoirs, de l'instruction et du jugement des affaires qui leur ont été respectivement déférées.

4. En cas de vacance par démission ou décès de l'un des juges, le magistrat nommé en remplacement demeure en fonctions jusqu'au terme fixé pour l'expiration des pouvoirs de son prédécesseur.

5. Le décret de l'Empereur qui saisit la haute cour désigne, parmi les juges de chaque chambre, celui qui doit la présider. — Le procureur général près la haute cour de justice et les autres magistrats du ministère public sont nommés, pour chaque affaire, par le décret de l'Empereur qui saisit la haute cour.

6. Le président de chaque chambre désigne un greffier, qui prête serment. — Les procédures et arrêts de la haute cour de justice sont déposés au greffe de la cour de cassation.

7. Le haut jury se compose de trente-six jurés titulaires, et de quatre jurés suppléants.

TITRE DEUXIÈME.

DE L'INSTRUCTION.

8. L'officier du parquet qui recueille des indices sur l'existence de l'un des crimes désignés par l'article 54 de la Constitution est tenu de transmettre directement, et dans le plus bref délai, au ministre de la justice, copie des procès-verbaux, dénonciations, plaintes et autres pièces à l'appui de l'accusation. Néanmoins, l'instruction de l'affaire est continuée sans retard.

9. Si la chambre des mises en accusation d'une cour est appelée à statuer sur une affaire qui serait de la compétence de la haute cour, le procureur général est tenu de requérir un sursis et le renvoi des pièces au ministre de la justice ; la chambre doit ordonner ce sursis, même d'office.

10. Dans le cas prévu par l'article précédent, les pièces sont transmises immédiatement au ministre de la justice. Si, dans les quinze jours, un décret de l'Empereur n'a pas saisi la haute cour, les pièces sont renvoyées au procureur général, et la cour d'appel statue conformément au Code d'instruction criminelle. — La haute cour de justice peut toujours être saisie jusqu'à ce qu'il ait été statué par la cour.

(*a*) Cette organisation a été faite par le sénatus-consulte des 10-15 juillet 1852.— Voyez ci-après.

(*b*) Voyez C. municipal et départemental.

11. Lorsqu'un décret de l'Empereur a saisi la haute cour de justice de la connaissance d'une affaire, la chambre des mises en accusation de la haute cour entre immédiatement en fonctions.

12. Sa juridiction s'étend sur tout le territoire de l'Empire. — Elle procède selon les dispositions du Code d'instruction criminelle. — Si le fait ne constitue pas un crime de la compétence de la haute cour, elle ordonne le renvoi devant le juge compétent qu'elle désigne.

13. Ses arrêts sont attributifs de juridiction et ne sont susceptibles d'aucun recours.

14. Si la chambre des mises en accusation de la haute cour prononce le renvoi devant la chambre de jugement, l'Empereur convoque cette chambre, fixe le lieu des séances et le jour de l'ouverture des débats.

15. Dans les dix jours qui suivent le décret de convocation, le premier président de la cour d'appel, et, à défaut de cour d'appel, le président du tribunal de première instance du chef-lieu judiciaire du département, tire au sort, en audience publique, le nom de l'un des membres du conseil général.

16. Les fonctions de haut juré sont incompatibles avec celles de ministre, — sénateur, — député au Corps législatif, — membre du conseil d'Etat. — Les incompatibilités, incapacités et excuses résultant des lois sur le jury, sont applicables aux jurés près la haute cour.

TITRE TROISIÈME.

DE L'EXAMEN ET DU JUGEMENT.

17. Les dispositions, formes et délais prescrits par le Code d'instruction criminelle, non contraires à la Constitution et à la présente loi, seront observés devant la haute cour.

18. Au jour indiqué pour le jugement, s'il y a moins de soixante jurés présents, ce nombre est complété par des jurés supplémentaires tirés au sort par le président de la haute cour, parmi les membres du conseil général du département où elle siége.

19. Ne peut point faire partie du haut jury, le membre du conseil général qui a rempli les mêmes fonctions depuis moins de deux ans.

20. Le haut juré absent sans excuse valable peut être condamné à une amende de mille à dix mille francs et à la privation de ses droits politiques pendant un an au moins et cinq ans au plus.

21. Les accusés et le ministère public exercent le droit de récusation, conformément aux lois sur le jury.

22. La déclaration du haut jury portant que l'accusé est coupable, et la déclaration portant qu'il existe, en faveur de l'accusé reconnu coupable, des circonstances atténuantes, doivent être rendues à la majorité de plus de vingt voix. — Les peines seront prononcées conformément aux dispositions du Code pénal.

TITRE QUATRIÈME.

DISPOSITION TRANSITOIRE.

23. Les premières nominations des juges et suppléants de la haute cour de justice auront lieu dans la quinzaine de la promulgation du présent sénatus-consulte; elles seront renouvelées au mois de novembre prochain.

7-10 novembre 1852. — *SÉNATUS-CONSULTE portant modification à la Constitution.*

ARTICLE 1ᵉʳ. La dignité impériale est rétablie. — Louis-Napoléon Bonaparte est Empereur des Français, sous le nom de *Napoléon III.*

2. La dignité impériale est héréditaire dans la descendance directe et légitime de Louis-Napoléon Bonaparte, de mâle en mâle, par ordre de primogéniture, et à l'exclusion perpétuelle des femmes et de leur descendance.

3. Louis-Napoléon Bonaparte, s'il n'a pas d'enfants mâles, peut adopter les enfants et descendants légitimes, dans la ligne masculine, des frères de l'empereur Napoléon Iᵉʳ. — Les formes de l'adoption sont réglées par un sénatus-consulte. — Si, postérieurement à l'adoption, il survient à Louis-Napoléon des enfants mâles, ses fils adoptifs ne pourront être appelés à lui succéder qu'après ses descendants légitimes. — L'adoption est interdite aux successeurs de Louis-Napoléon et à leur descendance.

4. Louis-Napoléon Bonaparte règle, par un décret organique adressé au Sénat et déposé dans ses archives, l'ordre de succession au trône dans la famille Bonaparte, pour le cas où il ne laisserait aucun héritier direct, légitime ou adoptif (a).

5. A défaut d'héritier légitime ou d'héritier adoptif de Louis-Napoléon Bonaparte, et des successeurs en ligne collatérale qui prendront leur droit dans le décret organique susmentionné, un sénatus-consulte, proposé au Sénat par les ministres formés en conseil de gouvernement avec l'adjonction des présidents en exercice du Sénat, du Corps législatif et du conseil d'Etat, et soumis à l'acceptation du peuple, nomme l'Empereur et règle dans sa famille l'ordre héréditaire de mâle en mâle, à l'exclusion perpétuelle des femmes et de leur descendance. — Jusqu'au moment où l'élection du nouvel Empereur est consommée, les affaires de l'Etat sont gouvernées par les ministres en fonctions, qui se forment en conseil de gouvernement et délibèrent à la majorité des voix.

6. Les membres de la famille de Louis-Napoléon Bonaparte appelés éventuellement à l'hérédité, et leur descendance des deux sexes, font partie de la famille impériale. Un sénatus-consulte règle leur position. Ils ne peuvent se marier sans l'autorisation de l'Empereur. Leur mariage fait sans cette autorisation emporte privation de tout droit à l'hérédité, tant pour celui qui l'a contracté que pour ses descendants. — Néanmoins, s'il n'existe pas d'enfants de ce mariage, en cas de dissolution pour cause de décès, le prince qui l'aurait contracté recouvre ses droits à l'hérédité. — Louis-Napoléon Bonaparte fixe les titres et la condition des

autres membres de sa famille. — L'Empereur a pleine autorité sur tous les membres de sa famille; il règle leurs devoirs et leurs obligations par des statuts qui ont force de loi (b).

7. La Constitution du 14 janvier 1852 est maintenue dans toutes celles de ses dispositions qui ne sont pas contraires au présent sénatus-consulte; il ne pourra y être apporté de modifications que dans les formes et par les moyens qu'elle a prévus.

8. La proposition suivante sera présentée à l'acceptation du peuple français dans les formes déterminées par les décrets des 2 et 4 décembre 1851 :

« Le peuple français veut le rétablissement de la dignité impériale dans la personne de Louis-Napoléon Bonaparte, avec hérédité dans sa descendance directe, légitime ou adoptive, et lui donne le droit de régler l'ordre de succession au trône dans la famille Bonaparte, ainsi qu'il est prévu par le sénatus-consulte du 7 novembre 1852 (c). »

12 décembre 1852. — *SÉNATUS-CONSULTE sur la liste civile et la dotation de la couronne* (d).

TITRE PREMIER.

SECTION PREMIÈRE.

DE LA LISTE CIVILE DE L'EMPEREUR ET DE LA DOTATION DE LA COURONNE.

ARTICLE **1**er. La liste civile de l'Empereur est fixée, à partir du 1er décembre 1852, pour toute la durée du règne, conformément à l'article 15 du sénatus-consulte du 28 floréal an XII (e).

2. La dotation immobilière de la couronne comprend les palais, châteaux, maisons, domaines et manufactures énumérés dans le tableau annexé au présent sénatus-consulte.

(a) En voici le texte :

18 décembre 1852. — *Décret organique qui règle, conformément à l'article 4 du sénatus-consulte du 7 novembre 1852, l'ordre de succession au trône dans la famille* Bonaparte.

« Art. 1er. Dans le cas où nous ne laisserions aucun héritier direct, légitime ou adoptif, notre oncle bien-aimé *Jérôme-Napoléon Bonaparte* et sa descendance directe, naturelle et légitime, provenant de son mariage avec la princesse *Catherine de Wurtemberg*, de mâle en mâle, par ordre de primogéniture et à l'exclusion perpétuelle des femmes, sont appelés à nous succéder. »

(b) Voyez ci-après le statut du 21 juin 1853.
(c) 21 décembre 1852. — *Décret qui promulgue et déclare loi de l'Etat le sénatus-consulte du 7 novembre 1852, ratifié par le plébiscite des 21 et 22 novembre.*

« Art. 1er. Le sénatus-consulte du 7 novembre 1852, ratifié par le plébiscite des 21 et 22 novembre, est promulgué et devient loi de l'Etat.
« 2. *Louis-Napoléon Bonaparte* est Empereur des Français sous le nom de *Napoléon III.* »
(d) Un décret impérial du 14 décembre 1852 confie au ministre d'Etat l'administration de la liste civile et de la dotation de la couronne.
(e) Le sénatus-consulte de l'an XII n'énonçait pas, non plus, le chiffre de la dotation impé-

3. Les biens particuliers appartenant à l'Empereur au moment de son avénement au trône sont, de plein droit, réunis au domaine de l'Etat, et font partie de la dotation de la couronne.

4. La dotation mobilière comprend les diamants, perles, pierreries, statues, tableaux, pierres gravées, musées, bibliothèques et autres monuments des arts, ainsi que les meubles meublants contenus dans l'hôtel du Garde-Meuble et les divers palais et établissements impériaux.

5. Il est dressé par récolement, aux frais du trésor, un état et des plans des immeubles, ainsi qu'un inventaire descriptif de tous les meubles; ceux de ces meubles susceptibles de se détériorer par l'usage seront estimés. Des doubles de ces actes seront déposés dans les archives du Sénat.

6. Les monuments et objets d'art qui seront placés dans les maisons impériales, soit aux frais de l'Etat, soit aux frais de la couronne, seront et demeureront, dès ce moment, propriété de la couronne.

SECTION DEUXIÈME.

CONDITIONS DE LA JOUISSANCE DES BIENS FORMANT LA DOTATION DE LA COURONNE.

7. Les biens meubles et immeubles de la couronne sont inaliénables et imprescriptibles. — Ils ne peuvent être donnés, vendus, engagés ni grevés d'hypothèques. — Néanmoins, les objets inventoriés avec estimation, aux termes de l'article 5, peuvent être aliénés moyennant remplacement.

8. L'échange de biens composant la dotation de la couronne ne peut être autorisé que par un sénatus-consulte.

9. Les biens de la couronne et le trésor public ne sont jamais grevés des dettes de l'Empereur ou des pensions par lui accordées.

riale; il s'en référait, sur ce point, au décret des 26 mai—1er juin 1791, dont l'article 1er porte : « Il sera payé par le trésor public une somme de *vingt-cinq millions* pour la dépense du roi et de sa maison. »—Tel est donc le chiffre de la liste civile actuelle. — Aux termes de l'art. 9 du sénatus-consulte du 25 décembre 1852 ci-après, la dotation de la couronne et la liste civile de l'Empereur sont réglées, pour la durée de chaque règne, par un sénatus-consulte spécial, suivant la disposition ci-dessus.

10. La durée des baux, à moins qu'un sénatus-consulte ne l'autorise, ne peut pas excéder vingt et un ans; ils ne peuvent être renouvelés plus de trois ans avant leur expiration.

11. Les forêts de la couronne sont soumises aux dispositions du Code forestier, en ce qui les concerne; elles sont assujetties à un aménagement régulier. — Il ne peut y être fait aucune coupe extraordinaire quelconque, ni aucune coupe des quarts en réserve ou de massifs réservés par l'aménagement pour croître en futaie, si ce n'est en vertu d'un sénatus-consulte. — Les dispositions des articles 2 et 3 du sénatus-consulte du 3 juillet 1852 sont applicables aux biens de la couronne.

12. Les propriétés de la couronne ne sont pas soumises à l'impôt; elles supportent néanmoins toutes les charges communales et départementales. — Afin de fixer leurs portions contributives dans ces charges, elles sont portées sur les rôles, et pour leurs revenus estimatifs, de la même manière que les propriétés privées.

13. L'Empereur peut faire aux palais, bâtiments et domaines de la couronne, tous les changements, additions et démolitions qu'il juge utiles à leur conservation ou à leur embellissement.

14. L'entretien et les réparations de toute nature des meubles et immeubles de la couronne sont à la charge de la liste civile.

15. Sauf les conditions qui précèdent, et l'obligation de fournir caution dont l'Empereur est affranchi, toutes les autres règles du droit civil régissent les propriétés de la couronne.

TITRE DEUXIÈME.

DU DOUAIRE DE L'IMPÉRATRICE ET DE LA DOTATION DES PRINCES DE LA FAMILLE IMPÉRIALE.

16. Le douaire de l'Impératrice est fixé par un sénatus-consulte, lors du mariage de l'Empereur.

17. Une dotation annuelle de quinze cent mille francs est affectée aux princes et princesses de la famille impériale. La répartition de cette dotation est faite par décret de l'Empereur.

TITRE TROISIÈME.
DU DOMAINE PRIVÉ.

18. Le domaine privé de l'Empereur se compose des biens qu'il acquiert à titre gratuit ou onéreux pendant son règne.

19. L'Empereur peut disposer de son domaine privé sans être assujetti aux règles du Code civil sur la quotité disponible. — S'il n'en a pas disposé, les propriétés du domaine privé font retour au domaine de l'État et font partie de la dotation de la couronne.

20. Les propriétés du domaine privé sont, sauf l'exception portée en l'article précédent, soumises à toutes les règles du Code Napoléon; elles sont imposées et cadastrées.

TITRE QUATRIÈME.
DES DROITS DES CRÉANCIERS ET DES ACTES JUDICIAIRES.

21. Demeurent toujours réservés sur le domaine privé délaissé par l'Empereur, les droits de ses créanciers et les droits des employés de sa maison à qui des pensions de retraite ont été accordées ou sont dues par imputation sur un fonds de retenues faites sur leurs appointements.

22. Les actions concernant la dotation de la couronne et le domaine privé sont dirigées par ou contre l'administrateur de ce domaine. — Les unes et les autres sont d'ailleurs instruites et jugées dans les formes ordinaires, sauf la présente dérogation à l'article 69 du Code de procédure civile.

23. Les titres sont exécutoires seulement sur tous les biens meubles et immeubles composant le domaine privé. — Ils ne le sont jamais sur les effets mobiliers renfermés dans les palais, manufactures et maisons impériales, ni sur les deniers de la liste civile.

25 décembre 1852. — *SÉNATUS - CONSULTE portant interprétation et modification de la Constitution du 14 janvier 1852.*

ARTICLE 1er. L'Empereur a le droit de faire grâce et d'accorder des amnisties.

2. L'Empereur préside, quand il le juge convenable, le Sénat et le conseil d'État.

3. Les traités de commerce faits en vertu de l'article 6 de la Constitution ont force de loi pour les modifications de tarif qui y sont stipulées (a).

4. Tous les travaux d'utilité publique, notamment ceux désignés par l'article 10 de la loi du 21 avril 1832 et l'article 3 de la loi du 3 mai 1841 (b), toutes les entreprises d'intérêt général, sont ordonnés ou autorisés par décrets de l'Empereur. — Ces décrets sont rendus dans les formes prescrites pour les règlements d'administration publique. — Néanmoins, si ces travaux et entreprises ont pour condition des engagements ou des sub-

---

(a) 2-26 février 1853.—*Décret impérial qui établit près du Gouvernement un conseil supérieur du commerce, de l'agriculture et de l'industrie.*

Art. 1er. Il est établi près du Gouvernement un conseil supérieur du commerce, de l'agriculture et de l'industrie. Ce conseil, placé dans les attributions de notre ministre de l'intérieur, de l'agriculture et du commerce, sera présidé par lui, et composé d'un vice-président, de deux membres du Sénat, de deux membres du Corps législatif, de deux membres du conseil d'État, de six notables choisis parmi les hommes les plus versés dans les matières agricoles, commerciales et industrielles. Seront, en outre, membres de droit du conseil supérieur, le directeur général des douanes et des contributions indirectes, le directeur de l'agriculture et du commerce, le directeur des consulats et affaires commerciales, le directeur des colonies, le directeur des affaires de l'Algérie.

« 2. Le décret spécial qui nommera le vice-président et les membres du conseil supérieur du commerce, de l'agriculture et de l'industrie, désignera un secrétaire, qui sera attaché audit conseil avec voix consultative.

« 3. Le conseil supérieur du commerce, de l'agriculture et de l'industrie donne son avis sur toutes les questions que le Gouvernement jugera à propos de lui renvoyer, notamment sur les projets de lois et décrets concernant le tarif des douanes; sur les projets de traités de commerce et de navigation; sur la législation commerciale des colonies et de l'Algérie; sur le système des encouragements pour les grandes pêches maritimes; sur les questions de colonisation et d'émigration. S'il y a lieu de constater certains faits, le conseil supérieur pourra entendre les personnes qu'il saura devoir l'éclairer; il pourra même, s'il en est besoin, procéder à des enquêtes, avec l'autorisation du ministre.

« 4. Nos ministres auront entrée au conseil supérieur et pourront y déléguer des commissaires, pour y exposer les questions sur lesquelles le conseil sera appelé à délibérer, fournir les explications de détail et les documents jugés nécessaires.

« 5. Les dispositions de l'ordonnance du 29 avril 1831, relatives à la formation et à la constitution du conseil supérieur du commerce, sont et demeurent rapportées. »

(b) Voyez C. de l'expropriation.

sides du trésor, le crédit devra être accordé ou l'engagement ratifié par une loi avant la mise à exécution.— Lorsqu'il s'agit de travaux exécutés pour le compte de l'Etat, et qui ne sont pas de nature à devenir l'objet de concessions, les crédits peuvent être ouverts, en cas d'urgence, suivant les formes prescrites pour les crédits extraordinaires : ces crédits seront soumis au Corps législatif dans sa plus prochaine session.

5. Les dispositions du décret organique du 22 mars 1852 (a) peuvent être modifiées par des décrets de l'Empereur.

6. Les membres de la famille impériale appelés éventuellement à l'hérédité et leurs descendants portent le titre de *Princes français.*— Le fils aîné de l'Empereur porte le titre de *Prince impérial.*

7. Les princes français sont membres du Sénat et du conseil d'Etat quand ils ont atteint l'âge de dix-huit ans accomplis. — Ils ne peuvent y siéger qu'avec l'agrément de l'Empereur.

8. Les actes de l'état civil de la famille impériale sont reçus par le ministre d'Etat, et transmis, sur un ordre de l'Empereur, au Sénat, qui en ordonne la transcription sur ses registres et le dépôt dans ses archives.

9. La dotation de la couronne et la liste civile de l'Empereur sont réglées, pour la durée de chaque règne, par un sénatus-consulte spécial.

10. Le nombre de sénateurs nommés directement par l'Empereur ne peut excéder cent cinquante.

11. Une dotation annuelle et viagère de trente mille francs est affectée à la dignité de sénateur.

12. Le budget des dépenses est présenté au Corps législatif, avec ses subdivisions administratives, par chapitres et par articles. — Il est voté par ministère. — La répartition par chapitres du crédit accordé pour chaque ministère est réglée par décret de l'Empereur, rendu en conseil d'Etat.— Des décrets spéciaux, rendus dans la même forme, peuvent autoriser des virements d'un chapitre à un autre. Cette disposition est applicable au budget de l'année 1853.

13. Le compte-rendu prescrit par l'article 42 de la Constitution est soumis, avant sa publication, à une commission composée du président du Corps législatif et des présidents de chaque bureau. En cas de partage d'opinions, la voix du président du Corps législatif est prépondérante.— Le procès-verbal de la séance, lu à l'assemblée, constate seulement les opérations et les votes du Corps législatif.

14. Les députés au Corps législatif reçoivent une indemnité qui est fixée à deux mille cinq cents francs par mois, pendant la durée de chaque session ordinaire ou extraordinaire.

15. Les officiers généraux placés dans le cadre de réserve peuvent être membres du Corps législatif. Ils sont réputés démissionnaires, s'ils sont employés activement, conformément à l'article 5 du décret du 1er décembre 1852 (b), et à l'article 3 de la loi du 4 août 1839.

16. Le serment prescrit par l'article 14 de la Constitution est ainsi conçu : « Je « jure obéissance à la Constitution et fi- « délité à l'Empereur. »

17. Les articles 2, 9, 11, 15, 16, 17, 18, 19, 22 et 37 de la constitution du 14 janvier 1852 sont abrogés.

31 décembre 1852.—13 janvier 1853.— *DÉCRET portant règlement des rapport du Sénat et du Corps législatif avec l'Empereur et le conseil d'Etat, et établissant les conditions organiques de leurs travaux* (c).

TITRE PREMIER.

DU CONSEIL D'ÉTAT.

ARTICLE 1.er. Les projets de lois et de sénatus-consultes, les règlements d'administration publique, préparés par les différents départements ministériels, sont soumis à l'Empereur, qui les remet directement ou les fait adresser par le

---

(a) Ce décret a été abrogé et remplacé par le décret ci-après du 31 décembre 1852, art. 93.

(b) Aux termes de ce décret, qui rétablit la seconde section de l'état-major de l'armée. les officiers généraux de l'armée de la deuxième section peuvent être employés activement, en temps de guerre, dans les commandements à l'intérieur. — Voyez C. de l'armée.

(c) 19-29 avril 1852. — *Décret qui fixe les préséances entre les grands corps de l'Etat.*

« Article unique. — Les préséances entre les grands corps de l'Etat sont fixées ainsi qu'il suit : le Sénat, le Corps législatif, le Conseil d'Etat. »

ministre d'Etat au président du conseil d'Etat.

2. Les ordres du jour des séances du conseil d'Etat sont envoyés à l'avance au ministre d'Etat, et le président du conseil d'Etat pourvoit à ce que ce ministre soit toujours avisé en temps utile de tout ce qui concerne l'examen ou la discussion des projets de lois, des sénatus-consultes et des règlements d'administration publique envoyés à l'élaboration du conseil.

3. Les projets de lois ou de sénatus-consultes, après avoir été élaborés au conseil d'Etat, conformément à l'article 50 de la Constitution, sont remis à l'Empereur par le président du conseil d'Etat, qui y joint les noms des commissaires qu'il propose pour en soutenir la discussion devant le Corps législatif ou le Sénat.

4. Un décret de l'Empereur ordonne la présentation du projet de loi au Corps législatif, ou du sénatus-consulte au Sénat, et nomme les conseillers d'Etat chargés d'en soutenir la discussion.

5. Ampliation de ce décret est transmise avec le projet de loi ou de sénatus-consulte au Corps législatif ou au Sénat par le ministre d'Etat.

TITRE DEUXIÈME.

DU SÉNAT.

CHAP. Ier.—RÉUNION DU SÉNAT; FORMATION DES BUREAUX.

6. Pendant la durée des sessions, le sénat se réunit sur la convocation de son président. — Quand la session est close, les réunions du Sénat ne peuvent avoir lieu qu'en vertu d'un décret de l'Empereur.

7. Le Sénat se divise, par la voie du sort, en cinq bureaux. — Ces bureaux examinent les propositions qui leur sont renvoyées, et élisent les commissions qu'il y a lieu de nommer.

CHAP. II.—DES PROJETS DE LOIS.

8. Les projets de lois adoptés par le Corps législatif, et qui doivent être soumis au Sénat, en exécution de l'article 25 de la Constitution, sont, avec les décrets qui nomment les conseillers d'Etat chargés de soutenir la discussion, transmis par le ministre d'Etat au président du

Sénat, qui en donne lecture en séance générale.

9. Le Sénat décide immédiatement, par assis et levé, s'il est nécessaire de renvoyer le projet de loi à la discussion des bureaux et à l'examen d'une commission, ou s'il peut être, sans cet examen préliminaire, passé outre à la délibération en séance générale.

10. Le Sénat n'ayant à statuer que sur la question de la promulgation, son vote ne comporte la présentation d'aucun amendement.

11. Au jour indiqué pour la délibération en séance générale, le Sénat, après la clôture de la discussion, prononcée par le président, vote sur la question de savoir s'il y a lieu de s'opposer à la promulgation.

12. Le vote n'est pas secret.— Il est pris à la majorité absolue par un nombre de votants supérieur à la moitié de celui des membres du Sénat; sinon, il est nul et doit être recommencé.

13. Le vote est recensé par le secrétaire du Sénat, assisté de deux secrétaires élus pour chaque session.

14. Le président du Sénat proclame en ces termes le résultat du scrutin : « Le « Sénat s'oppose, » ou « le Sénat ne s'op- « pose pas à la promulgation. »

15. Le résultat de la délibération est transmis au ministre d'Etat par le président du Sénat.

CHAP. III. — DES SÉNATUS-CONSULTES.

16. L'Empereur propose des sénatus-consultes réglant les objets énumérés dans l'article 27 de la Constitution ; l'initiative de la proposition peut aussi être prise par un ou plusieurs sénateurs.

17. Les projets de sénatus-consultes proposés par l'Empereur seront portés et lus au Sénat par les conseillers d'Etat à ce commis, discutés dans les bureaux, et examinés par une commission qui en fera rapport en séance générale. — Ceux provenant de l'initiative des sénateurs ne seront lus en séance générale qu'autant que la prise en considération en aura été autorisée par trois au moins des cinq bureaux. — Dans ce cas, le texte en sera immédiatement transmis, par le président du Sénat, au ministre d'Etat, et une commission sera nommée, comme il est dit en l'article précédent.

18. Les amendements proposés sur le projet de sénatus-consulte seront, jusqu'à l'ouverture de la délibération en séance générale, renvoyés par le président du Sénat à la commission, qui exprimera son avis, soit dans son rapport principal, soit dans un rapport supplémentaire.—Les amendements produits pendant la délibération en séance générale ne seront lus et développés qu'autant qu'ils seront appuyés par cinq membres.—Le texte en sera toujours, et à l'avance, communiqué aux commissaires du Gouvernement.—La commission a le droit de demander qu'avant le vote l'amendement lui soit renvoyé.

19. Le vote, soit sur les articles du projet de sénatus-consulte, soit sur son ensemble, a lieu conformément aux articles 12 et 13 du présent décret.—Le président en proclame le résultat en ces termes : « Le Sénat a adopté, » ou « le Sénat n'a pas adopté. »

20. Le résultat de la délibération est porté à l'Empereur par le président du Sénat ou par deux vice-présidents qu'il délègue.

CHAP. IV. — ACTES DÉNONCÉS AU SÉNAT COMME INCONSTITUTIONNELS.

21. Lorsqu'un acte est déféré comme inconstitutionnel par le Gouvernement au Sénat, le décret qui saisit le Sénat et qui nomme les conseillers d'État devant prendre part à la discussion est transmis par le ministre d'État au président du Sénat. — Les bureaux examinent cette demande, et nomment une commission, sur le rapport de laquelle il est procédé au vote, conformément aux articles 12 et 13 du présent décret. — Le président proclame le résultat en ces termes : «Le Sénat maintient» ou «annule.»

22. Si l'inconstitutionnalité est dénoncée par une pétition, il est procédé de la même manière.—Toutefois, et préalablement, la pétition est lue en séance générale. La question préalable peut alors être proposée, et, si elle est admise, le président prononce qu'il n'y a lieu à plus ample informé.—Si la question préalable n'est pas admise, le président du Sénat en avise le ministre d'État; la pétition est renvoyée dans les bureaux,

et il est procédé comme en l'article précédent.

23. La décision du Sénat est transmise, par les soins du président, au ministre d'État.

CHAP. V. — RAPPORTS A L'EMPEREUR SUR LES BASES DES PROJETS DE LOIS D'UN GRAND INTÉRÊT NATIONAL.

24. Tout sénateur peut proposer de présenter à l'Empereur un rapport posant les bases d'un projet de loi d'un grand intérêt national. — La proposition est motivée par écrit, remise au président du Sénat, imprimée, distribuée et renvoyée dans les bureaux.

25. Si trois bureaux au moins sont d'avis de la prise en considération, le président du Sénat en avise le ministre d'Etat. — Une commission est nommée dans les bureaux, et cette commission rédige le projet de rapport à envoyer à l'Empereur.

26. Ce projet de rapport, imprimé, distribué et transmis à l'avance au ministre d'Etat, est discuté en séance générale. — Il peut être amendé dans les formes prévues par l'article 18 du présent décret.

27. Le vote sur l'adoption ou le rejet du projet de rapport a lieu conformément aux articles 12 et 13 du présent décret. — Le président du Sénat proclame le résultat en ces termes : « Le rapport est adopté, » ou « le rapport n'est pas adopté. »

28. S'il y a adoption, le rapport est envoyé par le président du Sénat au ministre d'Etat.

CHAP. VI. — DES PROPOSITIONS DE MODIFICATION A LA CONSTITUTION.

29. Toute proposition de modification à la Constitution, autorisée par l'article 31 de la Constitution, ne peut être déposée par des membres du Sénat qu'autant qu'elle est signée par dix sénateurs au moins. — Quand une proposition est déposée dans ces conditions, il est procédé conformément aux articles 17, deuxième et troisième paragraphes, 18 et 19 du présent décret.—Le résultat de la délibération est porté, par le président du Sénat, à l'Empereur, qui avise, conformément à l'article 31 de la Constitution.

CHAP. VII. — PÉTITIONS.

30. Les pétitions adressées au Sénat, conformément à l'article 45 de la Constitution, sont examinées par des commissions nommées chaque mois dans les bureaux. — Le feuilleton des pétitions est toujours communiqué à l'avance au ministre d'Etat.—Il est fait rapport des pétitions en séance générale, et le vote porte sur l'ordre du jour pur et simple, le dépôt au bureau des renseignements, ou le renvoi au ministre compétent.—Si le renvoi au ministre compétent est prononcé, la pétition et un extrait de la délibération sont, par les ordres du président du Sénat, transmis au ministre d'Etat.

CHAP. VIII. — PROCLAMATIONS DE L'EMPEREUR AU SÉNAT.

31. Les proclamations de l'Empereur portant ajournement, prorogation ou clôture de la session, sont portées au Sénat par les ministres ou les conseillers d'Etat à ce commis; elles sont lues toute affaire cessante, et le Sénat se sépare à l'instant.

CHAP. IX. — DISPOSITIONS COMMUNES AUX CHAPITRES PRÉCÉDENTS.

32. Dans toute délibération du Sénat, le Gouvernement a le droit d'être représenté par des conseillers d'Etat à ce commis par des décrets spéciaux.—Les ordres du jour des séances sont toujours envoyés à l'avance au ministre d'Etat, et le président du Sénat veille à ce que tous les avis et communications nécessaires lui soient transmis en temps utile.

33. Les commissaires du Gouvernement ne sont point assujettis au tour de parole. — Ils obtiennent la parole quand ils la demandent.

CHAP. X. — ADMINISTRATION DU SÉNAT.

34. Le président du Sénat le représente dans ses rapports avec le chef de l'Etat, et dans les cérémonies publiques. —Il préside les séances du Sénat.

35. En cas d'absence du président du Sénat, la présidence est exercée par le premier vice-président.

36. Le grand référendaire est chargé de la direction des services administratifs et de la comptabilité. Il est le chef du personnel des employés; il veille au maintien de l'ordre intérieur et de la sûreté. Il fait expédier les convocations pour les cérémonies.

37. Le secrétaire du Sénat est, sous l'autorité du président, chargé du service législatif. — Il dirige la rédaction des procès-verbaux, dont il est responsable, et qu'il présente, après chaque séance, à la signature du président ou du vice-président qui aura tenu la séance. —Il a la garde du sceau du Sénat, et l'appose d'après les ordres du président. —Il est chargé de l'ampliation officielle des sénatus-consultes et autres décisions du Sénat, et de l'enregistrement des décrets de l'Empereur portant nomination de sénateurs. — Il expédie les convocations pour les séances.—Il transmet aux commissions élues pour les examiner les pétitions adressées au Sénat.

38. Le président nomme les employés supérieurs du Sénat.—Le grand référendaire présente à la nomination du président les employés du service administratif; le secrétaire du Sénat, ceux du service législatif.—Le grand référendaire nomme tous les gens de service.

39. Le palais du petit et du grand Luxembourg, la maison de la rue d'Enfer n° 28 et la maison de la rue de Vaugirard n° 36, le mobilier qui les garnit, les jardins réservés et la bibliothèque sont affectés au Sénat. — Le service du commandant militaire du palais, les adjudants et surveillants, ainsi que le service des jardins ouverts au public, sont sous les ordres du grand référendaire.

CHAP. XI.—DISPOSITIONS CONCERNANT L'ADMINISTRATION FINANCIÈRE ET LA COMPTABILITÉ DU SÉNAT.

40. La dotation du Sénat prend place dans le budget de l'Etat, à la suite des dépenses de la dette publique.

41. Le grand référendaire propose, chaque année, au président du Sénat, le projet du budget des dépenses du Sénat. —Ce projet est approuvé par le président et transmis à la commission de comptabilité.

42. Cette commission examine et discute les dépenses proposées, et rédige un rapport qu'elle présente à l'assemblée.

43. Le Sénat délibère sur les crédits

applicables aux besoins de chaque exercice et vote l'ensemble du budget.

44. Le grand référendaire mandate les dépenses sur les crédits qui lui sont ouverts par les ordonnances de délégation du ministre des finances. — Ces mandats sont acquittés dans les formes et avec les justifications prescrites par les lois et règlements de la comptabilité publique.

45. Le compte de chaque exercice est présenté par le grand référendaire au président du Sénat, qui le transmet à la commission de comptabilité ; celle-ci le vérifie et fait un rapport qu'elle présente au Sénat, qui l'arrête définitivement.

TITRE TROISIÈME.

DU CORPS LÉGISLATIF.

CHAP. Iᵉʳ. — RÉUNION DU CORPS LÉGISLATIF, FORMATION ET ORGANISATION DES BUREAUX, VÉRIFICATION DES POUVOIRS.

46. Le Corps législatif se réunit au jour indiqué par le décret de convocation. — Le Gouvernement est représenté par des conseillers d'Etat à ce commis par des décrets spéciaux dans toute délibération du Corps législatif.

47. A l'ouverture de la première séance, le président du Corps législatif, assisté des quatre plus jeunes membres présents, lesquels rempliront, pendant toute la durée de la session, les fonctions de secrétaires, procède, par la voie du tirage au sort, à la division de l'assemblée en sept bureaux. — Les bureaux, ainsi formés, se renouvellent chaque mois pendant la session par la voie du tirage au sort. — Ils élisent leurs présidents et leurs secrétaires.

48. Les bureaux procèdent, sans délai, à l'examen des procès-verbaux d'élection qui leur sont répartis par le président du Corps législatif, et chargent un ou plusieurs de leurs membres d'en faire le rapport en séance publique.

49. L'assemblée statue sur ce rapport ; si l'élection est déclarée valable, l'élu prête, séance tenante, ou, s'il est absent, à la première séance à laquelle il assiste, le serment prescrit par l'article 14 de la Constitution et l'article 16 du sénatus-consulte du 29 décembre 1852, et le président du Corps législatif prononce ensuite son admission. — Le député qui n'a pas prêté serment dans la quinzaine du jour où son élection a été déclarée valide est réputé démissionnaire. — En cas d'absence, le serment peut être prêté par écrit et doit être, en ce cas, adressé par le député au président du Corps législatif dans le délai ci-dessus déterminé.

50. Après la vérification des pouvoirs et sans attendre qu'il ait été statué sur les élections contestées ou ajournées, le président du Corps législatif fait connaître à l'Empereur que le Corps législatif est constitué.

CHAP. II. — PRÉSENTATION, DISCUSSION, VOTE DES PROJETS DE LOIS.

51. Les projets de lois présentés par l'Empereur sont apportés et lus au Corps législatif par les conseillers d'Etat commis à cet effet, ou transmis, sur les ordres de l'Empereur, par le ministre d'Etat au président du Corps législatif, qui en donne lecture en séance publique. — Ces projets sont imprimés, distribués et mis à l'ordre du jour des bureaux, qui les discutent et nomment, au scrutin secret et à la majorité, une commission de sept membres chargés d'en faire rapport. — Suivant la nature des projets à examiner, le Corps législatif peut décider que les commissions à nommer par les bureaux seront de quatorze membres au lieu de sept.

52. Tout amendement provenant de l'initiative d'un ou de plusieurs membres est remis au président, et transmis par lui à la commission. — Toutefois, aucun amendement n'est reçu après le dépôt du rapport fait en séance publique.

53. Les auteurs de l'amendement ont le droit d'être entendus dans la commission.

54. Si l'amendement est adopté par la commission, elle en transmet la teneur au président du Corps législatif, qui le renvoie au conseil d'Etat, et il est sursis au rapport de la commission jusqu'à ce que le conseil d'Etat ait émis son avis. — La commission peut déléguer trois de ses membres pour faire connaître au conseil d'Etat les motifs qui ont déterminé son vote.

55. Si l'avis du conseil d'Etat, transmis à la commission par l'intermédiaire du président du Corps législatif, est favorable, ou qu'une nouvelle rédaction, admise au conseil d'Etat, soit adoptée par la commission, le texte du projet de loi à discuter en séance publique sera modifié conformément à la nouvelle rédaction adoptée. — Si cet avis est défavorable ou que la nouvelle rédaction admise au conseil d'Etat ne soit pas adoptée par la commission, l'amendement sera regardé comme non avenu.

56. Le rapport de la commission sur le projet de loi par elle examiné est lu en séance publique, imprimé et distribué vingt-quatre heures au moins avant la discussion.

57. A la séance fixée par l'ordre du jour, la discussion s'ouvre et porte d'abord sur l'ensemble de la loi, puis sur les divers articles. Il n'y a jamais lieu de délibérer sur la question de savoir si l'on passera à la discussion des articles, mais les articles sont successivement mis aux voix par le président. — Le vote a lieu par assis et levé. Si le bureau déclare l'épreuve douteuse, il est procédé au scrutin.

58. Après le vote sur les articles, il est procédé au vote sur l'ensemble du projet de loi. — Le vote a lieu au scrutin public et à la majorité absolue. — Le scrutin est dépouillé par les secrétaires et proclamé par le président. — La présence de la majorité des députés est nécessaire pour la validité du vote. — Si le nombre des votants n'atteint pas cette majorité, le président déclare le scrutin nul et ordonne qu'il y soit procédé de nouveau. — Les propositions de lois relatives à des intérêts communaux ou départementaux, qui ne donnent lieu à aucune réclamation, seront votées par assis et levé, à moins que le scrutin ne soit réclamé par dix membres au moins.

59. Le Corps législatif ne motive ni son acceptation ni son refus; sa décision ne s'exprime que par l'une de ces deux formules : — « Le Corps législatif a adopté, » ou « le Corps législatif n'a pas adopté. »

60. La minute du projet de loi adopté par le Corps législatif est signée par le président et les secrétaires et déposée dans les archives. — Une expédition revêtue des mêmes signatures est portée à l'Empereur par le président et les secrétaires.

CHAP. III. — MESSAGES ET PROCLAMATIONS ADRESSÉS AU CORPS LÉGISLATIF PAR L'EMPEREUR.

61. Les messages et proclamations que l'Empereur adresse au Corps législatif sont apportés et lus en séance par les ministres ou les conseillers d'Etat commis à cet effet. — Ces messages et proclamations ne peuvent être l'objet d'aucune discussion ni d'aucun vote, à moins qu'ils ne contiennent une proposition sur laquelle il doive être voté.

62. Les proclamations de l'Empereur portant ajournement, prorogation ou dissolution du Corps législatif, sont lues en séance publique, toute affaire cessante, et le Corps législatif se sépare à l'instant.

CHAP. IV. — TENUE DES SÉANCES.

63. Le président du Corps législatif fait l'ouverture et annonce la clôture des séances; il indique à la fin de chacune, après avoir consulté l'assemblée, l'heure d'ouverture de la séance suivante et l'ordre du jour, lequel sera affiché dans la salle. Cet ordre du jour est immédiatement envoyé au ministre d'Etat, et le président du Corps législatif veille à ce que tous les avis et communications nécessaires lui soient transmis en temps utile.

64. Aucun membre ne peut prendre la parole sans l'avoir demandée et obtenue du président, ni parler d'ailleurs que de sa place.

65. Les membres du conseil d'Etat chargés de soutenir, au nom du Gouvernement, la discussion des projets de lois, ne sont point assujettis au tour d'inscription, et obtiennent la parole quand ils la réclament.

66. Le membre rappelé à l'ordre, pour avoir interrompu, ne peut obtenir la parole. — Si l'orateur s'écarte de la question, le président l'y rappelle. Le président peut accorder la parole sur le rappel à la question. — Si l'orateur rappelé deux fois à la question dans le même discours continue à s'en écarter, le président consulte l'assemblée pour savoir si la parole ne sera pas interdite à l'orateur pour le reste de la séance sur la même question. La décision a lieu par assis et levé sans débats.

67. Le président rappelle seul à l'ordre l'orateur qui s'en écarte. La parole est accordée à celui qui, rappelé à l'ordre, s'y est soumis et demande à se justifier : il obtient seul la parole. — Lorsqu'un orateur a été rappelé deux fois à l'ordre dans le même discours, le président, après lui avoir accordé la parole pour se justifier, s'il le demande, consulte l'assemblée pour savoir si la parole ne sera pas interdite à l'orateur pour le reste de la séance sur la même question. La décision a lieu par assis et levé et sans débats.

68. Toute personnalité, tout signe d'approbation ou d'improbation sont interdits.

69. Si un membre du Corps législatif trouble l'ordre, il y est rappelé nominativement par le président; s'il persiste, le président ordonne d'inscrire au procès-verbal le rappel à l'ordre. En cas de résistance, l'assemblée, sur la proposition du président, prononce sans débats l'exclusion de la salle des séances pendant un temps qui ne peut excéder cinq jours; l'affiche de cette décision, dans le département où a été élu le membre qu'elle concerne, peut être ordonnée.

70. Si l'assemblée devient tumultueuse et si le président ne peut la calmer, il se couvre; si le trouble continue, il annonce qu'il va suspendre la séance. Si le calme ne se rétablit pas, il suspend la séance pendant une heure, durant laquelle les députés se réunissent dans leurs bureaux respectifs. L'heure expirée, la séance est reprise; mais si le tumulte renaît, le président lève la séance et la renvoie au lendemain.

71. Les réclamations d'ordre du jour, de priorité et de rappel au règlement ont la préférence sur la question principale et en suspendent la discussion.—Les votes d'ordre du jour ne sont jamais motivés.—La question préalable, c'est-à-dire celle qu'il n'y a lieu à délibérer, est mise aux voix avant la question principale. Elle ne peut être demandée sur les propositions faites par l'Empereur.

72. Les demandes de comité secret, autorisées par l'article 41 de la Constitution, sont signées par les membres qui les font et remises aux mains du président qui en donne lecture, y fait droit et les fait consigner au procès-verbal.

73. Lorsque l'autorisation exigée par l'article 11 de la loi du 2 février 1852 *(a)* sera demandée, le président indiquera seulement l'objet de la demande et renverra immédiatement dans les bureaux, qui nommeront une commission pour examiner s'il y a lieu d'autoriser les poursuites.

CHAP. V. — PROCÈS-VERBAUX ET COMPTES RENDUS.

74. La rédaction des procès-verbaux des séances et la préparation du compte rendu prescrit par l'article 42 de la Constitution sont placées sous la haute direction du président du Corps législatif, et confiées à des rédacteurs spéciaux nommés par lui et qu'il peut révoquer.

75. Le procès-verbal de chaque séance constate seulement, conformément à l'article 13 du sénatus-consulte du 25 décembre 1852 *(b)*, les opérations et les votes du Corps législatif. Il est signé du président et lu par l'un des secrétaires à la séance suivante.

76. Les comptes rendus prescrits par l'article 42 de la Constitution contiennent les noms des membres qui ont pris la parole dans la séance et le résumé de leurs opinions.

77. Les procès-verbaux des séances, après leur approbation par l'assemblée, les comptes rendus, après leur approbation par la commission instituée par l'article 13 du sénatus-consulte organique du 25 décembre 1852 *(c)*, sont transcrits sur deux registres signés par le président.

78. Un arrêté spécial du président du Corps législatif règle le mode de communication de ce compte rendu aux journaux.

79. Tout membre peut faire imprimer et distribuer à ses frais le discours qu'il a prononcé, après en avoir obtenu l'autorisation de la commission instituée par l'article 13 du sénatus-consulte du 25 décembre 1852. — Cette autorisation

---

(a) Voy. ce décret au C. législ.
(b, c) Voy. ce sénatus-consulte ci-dessus.

doit être approuvée par le Corps législatif.—L'impression et la distribution faites en contravention aux dispositions qui précèdent seront punies d'une amende de 500 à 5,000 fr. contre les imprimeurs, et de 5 à 500 fr. contre les distributeurs.

CHAP. VI. — INSTALLATION ET ADMINISTRATION INTÉRIEURE.

80. Le palais Bourbon et l'hôtel de la présidence, avec leurs mobiliers et dépendances, restent affectés au Corps législatif.

81. Le président du Corps législatif a la haute administration de ce corps. Il habite le palais.

82. Il règle, par des arrêtés spéciaux, l'organisation de tous les services et l'emploi des fonds affectés aux dépenses du Corps législatif.

83. Il est assisté de deux questeurs nommés pour l'année par l'Empereur.— Les questeurs ordonnancent, conformément aux arrêtés pris par le président et sur la délégation de crédit faite par le ministre des finances, les dépenses du personnel et du matériel. Le président peut leur déléguer tout ou partie de ses pouvoirs administratifs. Les questeurs habitent au palais législatif et reçoivent un traitement.

84. Le président du Corps législatif pourvoit à tous les emplois et prononce les révocations quand il y a lieu.

85. Une commission de sept membres nommés par les bureaux à chaque session annuelle procède à l'apurement et au jugement des comptes du trésorier du Corps législatif, et transmet son arrêt au président de ce corps qui en assure l'exécution.

CHAP. VII. — DE LA POLICE INTÉRIEURE DU CORPS LÉGISLATIF.

86. Le président du Corps législatif a la police des séances et celle de l'enceinte du palais.

87. Nul étranger ne peut, sous aucun prétexte, s'introduire dans l'enceinte où siégent les députés.

88. Toute personne qui donne des marques d'approbation ou d'improbation, ou qui trouble l'ordre, est sur-le-champ exclue des tribunes par les huissiers et traduite, s'il y a lieu, devant l'autorité compétente.

CHAP. VIII. — DES CONGÉS

89. Aucun membre du Corps législatif ne peut s'absenter sans obtenir un congé de l'assemblée.—Les passe-ports sont signés par le président du Corps législatif, qui, sauf les cas d'urgence, ne peut les délivrer qu'après le congé obtenu.

CHAP. IX. — DISPOSITIONS GÉNÉRALES.

90. La dotation du Corps législatif est inscrite au budget immédiatement après celle du Sénat.

91. Le président pourvoit, par des arrêtés réglementaires, à tous les détails de la police et de l'administration du Corps législatif.

TITRE QUATRIÈME.

92. La garde militaire du Sénat et du Corps législatif est sous les ordres du ministre de la guerre, qui s'entend à ce sujet avec le président du Sénat et avec le président du Corps législatif.—Pendant la session, une garde d'honneur rend les honneurs militaires aux présidents de ces deux corps, lorsqu'ils se rendent aux séances.

93. Le décret du 22 mars 1852 est et demeure rapporté (a).

21 juin 1853. — *STATUT sur l'état de la famille impériale.*

TITRE PREMIER.

DE L'ÉTAT DES PRINCES ET PRINCESSES DE LA FAMILLE IMPÉRIALE.

ARTICLE 1er. Conformément à l'article 6 du sénatus-consulte du 7 novembre 1852, l'Empereur exerce sur tous les membres de sa famille les droits de la puissance paternelle pendant leur minorité, et conserve toujours à leur égard un pouvoir de surveillance et de discipline dont les effets principaux sont déterminés par le présent statut. (Statut du 30 mars 1806, art. 1er.)

(a) Ce décret, qui se trouve reproduit en grande partie par le présent décret, réglait les rapports du Sénat et du Corps législatif avec le Président de la République et le conseil d'État, et établissait, comme celui-ci, les conditions organiques de leurs travaux.

2. Si l'Empereur est lui-même mineur, ces droits seront exercés par le Régent, sous les conditions et dans les formes qui seront déterminées par le sénatus-consulte qui organisera la régence.

3. La famille impériale se compose : 1° de la descendance légitime ou adoptive de l'Empereur; — 2° des autres princes appelés éventuellement à l'hérédité par le sénatus-consulte du 7 novembre 1852, de leurs épouses et de leur descendance légitime.

4. Le mariage des membres de la mille impériale, à quelque âge qu'ils soient parvenus, sera nul de plein droit et sans qu'il soit besoin de jugement, toutes les fois qu'il aura été contracté sans le consentement formel de l'Empereur. — Ce consentement sera exprimé dans une lettre close, contre-signée par le ministre d'Etat, et qui tiendra lieu des dispenses d'âge et de parenté dans tous les cas où ces dispenses sont nécessaires. (Statut du 30 mars 1806, art. 4.)

5. Tous les enfants nés d'une union qui n'aurait pas été contractée conformément au précédent article sont réputés illégitimes. (Statut de 1806, art. 5.)

6. Les conventions matrimoniales des membres de la famille impériale sont nulles, si elles ne sont pas approuvées par l'Empereur, sans que, dans ce cas, les parties puissent exciper des dispositions du Code Napoléon. (St. de 1806, art. 6.)

7. Si un membre de la famille impériale croit devoir demander la séparation de corps, il s'adressera à l'Empereur, qui prononce seul sans forme ni procédure. (Statut de 1806, art. 8.) — Les effets de cette séparation, quant aux biens des époux, seront réglés par le conseil de famille dans les formes qui seront ci-après déterminées.

8. Les biens des princes et des princesses de la famille impériale, dont le père serait décédé, seront, pendant leur minorité, administrés par un ou plusieurs tuteurs que l'Empereur nommera. (Statut de 1806, art. 9.)

9. Ces tuteurs rendront le compte de tutelle au conseil de famille dont il sera parlé ci-après. (Statut de 1806, art. 10.)

10. Le conseil de famille a juridiction sur le tuteur en tout ce qui concerne l'administration de la tutelle; il remplit, pour les actes de tutelle, toutes les fonctions qui, à l'égard des particuliers, sont déléguées par le Code Napoléon aux conseils de famille ordinaires et aux tribunaux. — Néanmoins, les décisions qu'il rend n'ont d'effet qu'après l'approbation de l'Empereur, dans tous les cas où, entre particuliers, ces délibérations doivent être soumises à l'homologation des tribunaux. (Statut de 1806, art. 11.)

11. Les membres de la famille impériale ne peuvent, sans le consentement exprès de l'Empereur, ni adopter, ni se charger de tutelle officieuse, ni reconnaître un enfant naturel. — Dans ces cas, l'Empereur réglera les effets que l'acte doit produire, quant aux biens et quant au rang qu'il donnera à la personne qui en sera l'objet. (Statut de 1806, art. 12.)

12. L'interdiction des membres de la famille impériale, dans les cas prévus par l'art. 489 du Code Napoléon, est prononcée par le conseil de famille. — Le jugement n'aura d'effet qu'après avoir été approuvé par l'Empereur. — Le conseil de famille exercera sur le tuteur, sur l'interdit et sur ses biens, l'autorité et la juridiction qui, entre particuliers, appartiennent aux conseils de famille ordinaires et aux tribunaux. (Statut de 1806, art. 13.)

TITRE DEUXIÈME.

DES ACTES RELATIFS A L'ÉTAT CIVIL DES PRINCES ET PRINCESSES DE LA FAMILLE IMPÉRIALE.

13. Le ministre d'Etat, assisté du président du conseil d'Etat (qui tiendra la plume), remplira exclusivement, par rapport à l'Empereur et aux princes et princesses de la famille impériale, les fonctions attribuées par les lois aux officiers de l'état civil. — En conséquence, il recevra les actes de naissance, d'adoption, de mariage, et tous autres actes prescrits ou autorisés par le Code Napoléon.

14. Ces actes seront inscrits sur un registre tenu par le président du conseil d'Etat, coté par première et dernière feuille, et paraphé sur chaque feuille par le ministre d'Etat.

15. Sur l'ordre de l'Empereur, le ministre d'Etat envoie une ampliation de ces actes au Sénat, qui en ordonne la transcription sur ses registres et le dépôt dans ses archives.

16. Lorsque le registre est fini, il est clos et arrêté par le ministre d'État et déposé aux archives impériales. Jusqu'à cette époque, il demeure déposé aux archives du conseil d'État. — Le président du conseil d'État délivre les extraits des actes y contenus, lesquels sont visés par le ministre d'État.

17. Les actes seront rédigés dans les formes établies par le Code Napoléon.

18. L'Empereur indiquera les témoins qui assisteront aux actes de naissance et de mariage des membres de la famille impériale. — S'il est absent du lieu où l'acte est passé, ou s'il n'y a pas eu d'indication de sa part, le ministre d'État sera tenu de prendre les témoins parmi les princes de la famille impériale, en suivant l'ordre de leur proximité du trône, et, après eux, parmi les autres membres de la famille de l'Empereur, les ministres, les présidents des grands corps de l'État, les maréchaux de France, les grands officiers de l'Empire et les membres du Sénat. (St. de 1806, art. 19.)

19. Le ministre d'État ne pourra recevoir l'acte de mariage des princes et princesses, ni aucun acte d'adoption ou de reconnaissance d'enfant naturel, que sur l'autorisation de l'Empereur. — A cet effet, il lui sera adressé, le cas échéant, une lettre close qui indiquera, en outre, le lieu où l'acte doit être reçu. Cette lettre sera transcrite en entier dans l'acte. (Statut de 1806, art. 20.)

20. Les actes ci-dessus mentionnés, qui, par suite de circonstances particulières, seraient dressés en l'absence du ministre d'État, lui seront remis par celui que l'Empereur aura désigné pour le suppléer. — Ces actes seront inscrits sur le registre, et la minute y demeurera annexée, après avoir été visée par le ministre d'État. (Statut de 1806, art. 21.)

21. Lorsque l'Empereur jugera à propos de faire son testament par acte public, le ministre d'État, assisté du président du conseil d'État, recevra sa dernière volonté, laquelle sera écrite, sous la dictée de l'Empereur, par le président du conseil d'État, en présence de deux témoins. — Dans ce cas, l'acte sera écrit sur le registre mentionné en l'arti-

cle 14 ci-dessus. (Statut de 1806, art. 23.)

22. Si l'Empereur dispose par testament mystique, l'acte de suscription sera dressé par le ministre d'État et inscrit par le président du conseil d'État : ils signeront l'un et l'autre avec l'Empereur et les six témoins qu'il aura indiqués. Le testament mystique de l'Empereur sera déposé au Sénat par le ministre d'État. (Statut de 1806, art. 24.)

23. Après le décès des princes et princesses de la famille impériale, les scellés seront apposés dans leurs palais et maisons par le président du conseil d'État, et, à son défaut, par un conseiller d'État désigné par le ministre d'État. (Statut de 1806, art. 25.)

TITRE TROISIÈME.

DE L'ÉDUCATION DES PRINCES ET PRINCESSES DE LA FAMILLE IMPÉRIALE.

24. L'Empereur règle tout ce qui concerne l'éducation des enfants des membres de la famille impériale ; il nomme et révoque à volonté ceux qui en sont chargés. (Statut de 1806, art. 26.)

TITRE QUATRIÈME.

DU POUVOIR DE SURVEILLANCE ET DE DISCIPLINE QUE L'EMPEREUR EXERCE DANS L'INTÉRIEUR DE SA FAMILLE.

25. Les membres de la famille impériale, quel que soit leur âge, ne peuvent, sans l'ordre ou le congé de l'Empereur, sortir du territoire de l'Empire, ni s'éloigner de plus de 30 myriamètres de la ville où la résidence impériale se trouve établie. (Statut de 1806, art. 30.)

26. Si un membre de la famille impériale commet un acte contraire à sa dignité ou à ses devoirs, l'Empereur pourra lui infliger, pour un temps déterminé et qui n'excédera pas une année, les peines suivantes : les arrêts ; — l'éloignement de sa personne ; — l'exil. (Statut de 1806, art. 31.)

27. L'Empereur peut ordonner aux membres de la famille impériale d'éloigner d'eux les personnes qui lui paraissent suspectes, encore que ces personnes ne fassent pas partie de leur maison. (Statut de 1806, art. 32.)

TITRE CINQUIÈME.

DU CONSEIL DE FAMILLE.

28. Il y aura auprès de l'Empereur un conseil de famille. Indépendamment des attributions qui sont données à ce conseil par les articles 9, 10, 11 et 13 du présent statut, il connaîtra : 1o des plaintes portées contre les princes et princesses de la famille impériale, toutes les fois qu'elles n'auront pas pour objet des crimes ou délits : la compétence, pour ce dernier cas, sera réglée par un sénatus-consulte; — 2o des actions purement personnelles intentées, soit par les princes et princesses de la maison impériale, soit contre eux. — A l'égard des actions réelles ou mixtes, elles continueront d'être portées devant les tribunaux ordinaires. (Statut de 1806, art. 33.)

29. Le conseil de famille est présidé par l'Empereur, ou, à son défaut, par celui des membres que l'Empereur désignera. — Il sera composé : d'un prince de la famille impériale, désigné par l'Empereur; du ministre d'Etat; du ministre de la justice; des présidents du Sénat, du Corps législatif et du conseil d'Etat; du premier président de la cour de cassation; d'un maréchal de France ou d'un général de division désigné par l'Empereur. — Le ministre de la justice remplit près le conseil les fonctions de rapporteur. — Le président du conseil d'Etat tient la plume. (Statut de 1806, art. 34.)

30. Les pièces et les minutes des jugements sont déposées aux archives impériales. (Statut de 1806, art. 34.)

31. Les demandes susceptibles d'être présentées au conseil seront préalablement communiquées au ministre d'Etat, qui en rendra compte dans la huitaine à l'Empereur et prendra ses ordres. (Statut de 1806, art. 35.)

32. Si l'Empereur ordonne que l'affaire soit suivie devant le conseil, le ministre d'Etat procédera d'abord à la conciliation. — Les procès-verbaux contenant les dires, aveux et propositions des parties intéressées, seront dressés par le président du conseil d'Etat. L'accommodement dont les parties pourraient convenir n'aura d'effet qu'après avoir été approuvé par l'Empereur. (St. de 1806, art. 36.)

33. Le conseil de famille n'est point tenu de suivre les formes ordinaires, soit dans l'instruction des causes portées devant lui, soit dans les jugements qu'il rend. — Néanmoins, il doit toujours entendre les parties, soit par elles-mêmes, soit par leurs fondés de pouvoirs, et ses jugements seront motivés. — Il doit aussi avoir prononcé dans le mois. (Statut de 1806, art. 37.)

34. Les jugements rendus par le conseil de famille ne sont susceptibles d'aucun recours; ils sont signifiés aux parties à la requête du ministre de la justice, par la personne qu'il aura désignée. (Statut de 1806, art. 38.)

35. Lorsque le conseil de famille statue sur des plaintes et qu'il les croit fondées, il se borne à déclarer que celui contre qui elles sont dirigées est répréhensible pour les faits que la plainte spécifie, et renvoie, pour le surplus, à l'Empereur. (Statut de 1806, art. 39.)

36. Si l'Empereur ne croit pas devoir user d'indulgence, il prononce l'une des peines portées en l'article 26 ci-dessus, et même, suivant la gravité du fait, la peine de deux ans d'arrêts forcés dans un lieu qu'il désignera. (St. de 1806, art. 40.)

TITRE SIXIÈME.

DES DISPOSITIONS DU PRÉSENT STATUT QUI SONT APPLICABLES AUX MEMBRES DE LA FAMILLE DE L'EMPEREUR NE FAISANT POINT PARTIE DE LA FAMILLE IMPÉRIALE.

37. Les articles 2, 4, 5, 7, 11, 12, 23, 24, 26, 27 et 36 du présent statut sont applicables aux autres membres de la famille de l'Empereur, qui ont ou acquerront la qualité de Français. — Toutefois, cette disposition, applicable à tous les degrés de la descendance masculine des frères de l'Empereur Napoléon 1er, ne s'étendra aux autres parents ou alliés de l'Empereur que jusqu'au quatrième degré. — L'article 28 du présent statut est également applicable aux personnes désignées dans le présent article, si ce n'est pour les actions intentées par des tiers étrangers à la famille, lesquelles resteront soumises au droit commun.

CODE NAPOLÉON[a]

TITRE PRÉLIMINAIRE.

DE LA PUBLICATION, DES EFFETS ET DE L'APPLICATION DES LOIS EN GÉNÉRAL.

(Décrété le 5 mars 1803. Promulgué le 15.)

ARTICLE 1er. Les lois sont exécutoires dans tout le territoire français, en vertu de la promulgation qui en est faite par l'Empereur (b). — Elles seront exécutées dans chaque partie du royaume, du moment où la promulgation en pourra être connue. — P. — 127-1°. La promulgation faite par l'Empereur sera réputée connue dans le département de la résidence impériale, un jour après celui de la promulgation; et, dans chacun des autres départements, après l'expiration du même délai, augmenté d'autant de jours qu'il y aura de fois dix myriamètres (environ vingt lieues anciennes) entre la ville où la promulgation en aura été faite, et le chef-lieu de chaque département (c).

(a) 30 ventôse—10 germinal an XII.— Loi contenant la réunion des lois civiles.

« Art. 7. A compter du jour où les lois (qui forment le Code civil) sont exécutoires, les lois romaines, les ordonnances, les coutumes générales ou locales, les statuts, les règlements, cessent d'avoir force de loi générale ou particulière dans les matières qui font l'objet desdites lois composant le présent Code. »

L'édition de 1804, aux termes de la loi du 30 ventôse an XII précitée, fut intitulée Code civil des Français; à l'avénement de l'Empire, le 3 septembre 1807, ce Code fut promulgué sous le titre de Code Napoléon. L'art. 68 de la Charte de 1814 et l'ordonnance royale du 30 août 1816 lui restituérent le titre de Code civil; enfin, et par le décret du 27 mars 1852, il a repris le titre de Code Napoléon.

(b) Voyez Constitution du 22 frimaire an VIII, art. 37; — Sénatus-consulte du 28 floréal an XII, art. 137; — Avis du conseil d'État, du 25 prairial an XIII; — Chartes de 1814 et de 1830, art. 22 et 18;—Constitution du 14 janvier 1852, art. 7 en note, où se trouve la formule actuelle.

(c) 27 novembre 1816.—Ordonnance concernant la promulgation des lois et ordonnances.

« Art. 1er. A l'avenir, la promulgation des lois et de nos ordonnances résultera de leur insertion au Bulletin officiel).

« 2. Elle sera réputée connue, conformément à l'article 1er du Code civil, un jour après que le Bulletin des lois aura été reçu de l'imprimerie royale par notre chancelier ministre de la justice, lequel constatera sur un registre l'époque de la réception.

« 3. Les lois et ordonnances seront exécutoires, dans chacun des autres départements du royaume, après l'expiration du même délai augmenté d'autant de jours qu'il y aura de fois dix myriamètres (environ vingt lieues anciennes) entre la ville où la promulgation en aura été faite et le chef-lieu de chaque département, suivant le tableau annexé à l'arrêté du 25 thermidor an XI (13 août 1803).

« 4. Néanmoins, dans les cas et les lieux où nous jugerons convenable de hâter l'exécution, les lois et ordonnances seront censées publiées et seront exécutoires du jour qu'elles

2. La loi ne dispose que pour l'avenir; elle n'a point d'effet rétroactif. C. 691, § 2; 2281, § 1er; Pr. 1041; P. 4.— C. f. 218 (a).

3. Les lois de police et de sûreté obligent tous ceux qui habitent le territoire (b). — Les immeubles, même ceux possédés par des étrangers, sont régis

seront parvenues au préfet, qui en constatera la réception sur un registre. »

18 janvier 1817. — *Ordonnance additionnelle à celle ci-dessus.*

« Art. 1er. Dans les cas prévus par l'article 4 de notre ordonnance du 27 novembre 1816, où nous jugerons convenable de hâter l'exécution des lois et de nos ordonnances en les faisant parvenir extraordinairement sur les lieux, les préfets prendront incontinent un arrêté par lequel ils ordonneront que lesdites lois et ordonnances seront imprimées et affichées partout où besoin sera.

« 2. Lesdites lois et ordonnances seront exécutées à compter du jour de la publication faite dans la forme prescrite par l'article ci-dessus. »

Un tableau des distances de Paris à tous les chefs-lieux de département a été dressé en exécution de l'article 1er du Code civil, tableau qui a été successivement complété et rectifié par les ordonnances des 7 juillet 1824, 1er novembre 1826 et 12 juin 1834.

7 juillet 1824. — *Ordonnance qui fixe, pour la promulgation des lois, la distance de Paris à Ajaccio, chef-lieu du département de la Corse.*

« Art. 1er. La distance de Paris à Ajaccio, chef-lieu du département de la Corse, indiquée sur le tableau annexé à l'arrêté du 13 août 1805 (25 thermidor an XI), à quatre-vingt-sept myriamètres trois kilomètres (cent soixante-quinze lieues trois cinquièmes), est fixée à cent quarante-cinq myriamètres cinq kilomètres (deux cent quatre-vingt-onze lieues).

« 2. Le délai requis pour que la promulgation des lois dans le lieu de notre résidence royale soit réputée connue en Corse, sera et demeurera fixé pour l'avenir à quinze jours. »

(a) 3 septembre 1791. — *Déclaration des droits.*

« Art. 8. La loi ne doit établir que des peines strictement et évidemment nécessaires, et nul ne peut être puni qu'en vertu d'une loi établie et promulguée antérieurement au délit et légalement appliquée. »

24 juin 1793. — *Acte constitutionnel.*

« Art. 14. — Nul ne doit être jugé et puni qu'après avoir été entendu ou légalement appelé, et qu'en vertu d'une loi promulguée antérieurement au délit. La loi qui punirait les délits commis avant qu'elle existât, serait une tyrannie : l'effet rétroactif donné à la loi serait un crime. »

5 fructidor an III.—*Constitution de la République française.*

« Art 14. Aucune loi ni criminelle ni civile ne peut avoir d'effet rétroactif. »

(b) Les *lois de police et de sûreté* sont celles qui font la matière du Code pénal et toutes celles qui répriment les crimes, les délits, les

par la loi française. C. 2123, 2128.— Pr. 546. — Les lois concernant l'état et la capacité des personnes régissent les Français, même résidant en pays étranger (c). C. 11, 47, 171, 172, 999, 2063, 2123, 2128.— Pr. 83 § 2, 1004. — I. cr. 5, 7.

4. Le juge qui refusera de juger, sous prétexte du silence, de l'obscurité ou de l'insuffisance de la loi, pourra être poursuivi comme coupable de déni de justice. Pr. 505, s. — P. 185.

5. Il est défendu aux juges de prononcer, par voie de disposition générale ou réglementaire, sur les causes qui leur sont soumises (d). P. 127.

6. On ne peut déroger, par des conventions particulières, aux lois qui intéressent l'ordre public et les bonnes mœurs. C. 307, 386, 791, 900, 946, 965, 1153, 1172, 1174, 1268 1387 à 1390, 1443, 1451, 1453, 1521, 1538, 1628, 1660, 1674, 1780, 1811, 1819, 1828, 1833, 1837, 1840, 1855, 1965, 2063, 2078, 2088, 2120, 2140. — Pr. 1004.

contraventions de police, etc. Et cette dénomination comprend les ordonnances, arrêtés, règlements administratifs, pris dans la mesure des attributions des divers corps constitués.

3-14 septembre 1791. — *Constitution française.*

« TITRE VI. — Les étrangers qui se trouvent en France sont soumis aux mêmes lois criminelles et de police que les citoyens français, sauf les conventions arrêtées avec les puissances étrangères *. Leurs personnes, leurs biens, leur industrie, leur culte, sont également protégés par la loi. » — Voyez, sous l'art. 9, les dispositions contre les *Étrangers.*

(c) 23 juin 1846.—*Loi relative à la répression des infractions au règlement général du 23 juin 1843 sur les pêcheries entre la France et la Grande-Bretagne.*

« Art. 12. Tout individu à bord d'un bateau de pêche français, qui se sera rendu coupable, contre un Français ou contre un Anglais, dans les mers situées entre les côtes de France et celles du royaume-uni de la Grande-Bretagne et d'Irlande, d'un fait qualifié crime par la loi française, sera jugé, dans les formes ordinaires, par la cour d'assises du département où est situé le port auquel appartient le bateau. »

(d) Les juges prononceraient par *voie de disposition générale* ou *réglementaire,* si, au lieu de statuer exclusivement sur la difficulté qui leur est actuellement soumise, ils déclaraient, par exemple, que leur décision fera loi et sera applicable à toutes les contestations analogues qui pourront s'élever ultérieurement. Ce principe était déjà consacré par la loi des 16-24 août 1790, tit. 2, art. 12.

* Un décret du 13 ventôse an II (3 mars 1794) interdit à toute autorité constituée d'attenter en aucune manière à la personne des envoyés des gouvernements étrangers.

LIVRE PREMIER.

Des Personnes.

TITRE PREMIER.

DE LA JOUISSANCE ET DE LA PRIVATION
DES DROITS CIVILS.

(Décrété le 8 mars 1803. Promulgué le 18.)

CHAP. Ier. — DE LA JOUISSANCE DES
DROITS CIVILS.

7. L'exercice des droits civils est indépendant de la qualité de citoyen, laquelle ne s'acquiert et ne se conserve que conformément à la loi constitutionnelle. C. 23, 102, 980.—P. 9, 18, 28, 42, 43, 405, s.

8. Tout Français jouira des droits civils. C. 17. s.—P. 18, 28, 34.

9. Tout individu né en France d'un étranger pourra, dans l'année qui suivra l'époque de sa majorité, réclamer la qualité de Français, pourvu que, dans le cas où il résiderait en France, il déclare que son intention est d'y fixer son domicile, et que, dans le cas où il résiderait en pays étranger, il fasse sa soumission de fixer en France son domicile, et qu'il l'y établisse dans l'année, à compter de l'acte de soumission. C. 17 et la note, 20, 104 (*a*).

(a) 22 mars 1849. — Loi qui modifie l'article 9 du Code civil.

« Article unique. L'individu né en France d'un étranger sera admis, même après l'année qui suivra l'époque de sa majorité, à faire la déclaration prescrite par l'article 9 du Code civil, s'il se trouve dans l'une des deux conditions suivantes : — 1° s'il sert ou s'il a servi dans les armées françaises de terre ou de mer ; — 2° s'il a satisfait à la loi du recrutement sans exciper de son extranéité. »

7 février 1851. — Loi concernant les individus nés en France d'étrangers qui eux mêmes y sont nés, et les enfants des étrangers naturalisés.

« Art. 1er. Est Français tout individu né en France d'un étranger qui lui-même y est né, à moins que, dans l'année qui suivra l'époque de sa majorité, telle qu'elle est fixée par la loi française, il ne réclame la qualité d'étranger par une déclaration faite, soit devant l'autorité municipale du lieu de sa résidence, soit devant les agents diplomatiques ou consulaires accrédités en France par le gouvernement étranger.

« 2. L'article 9 du Code civil est applicable aux enfants de l'étranger naturalisé, quoique nés en pays étranger, s'ils étaient mineurs lors de la naturalisation. — A l'égard des enfants nés en France ou à l'étranger, qui étaient ma-

10. Tout enfant né d'un Français en pays étranger est Français. C. 48. — Tout enfant né, en pays étranger, d'un Français qui aurait perdu la qualité de Français, pourra toujours recouvrer cette qualité, en remplissant les formalités prescrites par l'article 9.—C. 18, 19, 20, 47, et 48.

11. L'étranger jouira en France des mêmes droits civils que ceux qui sont ou seront accordés aux Français par les traités de la nation à laquelle cet étranger appartiendra (*b*). C. 3, 14, 17 et la note, s. 47, 170, 726 et la note, 912, 2123.—Pr. 69, s. 166, s. 423, 905.—Co. 575.—I. cr. 5, 6.—P. 272.

12. L'étrangère qui aura épousé un Français suivra la condition de son mari. C. 19, 108, 213, s.

13. L'étranger qui aura été admis par l'autorisation de l'Empereur à établir son domicile en France y jouira de tous les droits civils, tant qu'il continuera d'y résider (*c*). C. 102.

14. L'étranger, même non résidant en France, pourra être cité devant les tribunaux français pour l'exécution des obligations par lui contractées en France avec un Français ; il pourra être traduit devant les tribunaux de France pour les obligations par lui contractées en pays étranger envers des Français. C. 2023 § 4 et 2128.— Pr. 69, 70, 546.

15. Un Français pourra être traduit devant un tribunal de France, pour des obligations par lui contractées en pays

jours à cette même époque, l'article 9 du Code civil leur est applicable dans l'année qui suivra celle de ladite naturalisation. »

(*b*) Voy. aux C. de la contr. par corps, — de l'instr. publ., — de la propr. indust.

(*c*) 20 prairial an XI.—*Avis du conseil d'Etat sur les étrangers qui veulent s'établir en France.*

« Le conseil d'Etat est d'avis que, dans tous les cas où un étranger veut s'établir en France, il est tenu d'obtenir la permission du Gouvernement, et que ces permissions pouvant être, suivant les circonstances, sujettes à des modifications, à des restrictions et même à des révocations, ne sauraient être déterminées par des règles ou des formules générales. »

étranger, même avec un étranger. Pr. 69, 166, 167.—I. cr. 5, 6, 7.

16. En toutes matières autres que celles de commerce, l'étranger qui sera demandeur, sera tenu de donner caution pour le paiement des frais et dommages-intérêts résultant du procès (a), à moins qu'il ne possède en France des immeubles d'une valeur suffisante pour assurer ce paiement. C. 2040, 3041.—Pr. 166, 167, 423, 518 s.— Voy. C. de la contr. par corps.

CHAP. II. — DE LA PRIVATION DES DROITS CIVILS.

SECT. Ire. — *De la privation des droits civils par la perte de la qualité de Français.*

17. La qualité de Français se perdra : —1° par la naturalisation acquise en pays étranger (b); 2° par l'acceptation, non au-

---

(a) C'est la caution appelée *judicatum solvi.*
(b) Réciproquement, l'étranger peut devenir Français par la naturalisation, conformément aux lois ci-après :

19 février 1808. — *Sénatus-consulte organique sur l'admission des étrangers aux droits du citoyen français.*

« Art. 1er. Les étrangers qui rendront ou qui auraient rendu des services importants à l'Etat, ou qui apporteront dans son sein des talents, des inventions ou une industrie utiles, ou qui formeront de grands établissements, pourront, après un an de domicile, être admis à jouir du droit de citoyen français.

« 2. Ce droit leur sera conféré par un décret spécial, rendu sur le rapport d'un ministre, le conseil d'Etat entendu.

« 3. Il sera délivré à l'impétrant une expédition dudit décret, visée par le grand-juge ministre de la justice.

« 4. L'impétrant, muni de cette expédition, se présentera devant la municipalité de son domicile, pour y prêter le serment d'obéissance aux constitutions de l'Empire et de fidélité à l'Empereur. Il sera tenu registre et dressé procès-verbal de cette prestation de serment. »

17 mars 1809. — *Décret qui prescrit les formalités relatives à la naturalisation des étrangers.*

« Art. 1er. Lorsqu'un étranger, en se conformant aux dispositions de l'acte des constitutions de l'Empire du 22 frimaire an VIII, aura rempli les conditions exigées pour devenir citoyen français, sa naturalisation sera prononcée par nous.

« 2. La demande en naturalisation et les pièces à l'appui seront transmises par le maire du domicile du pétitionnaire au préfet, qui les adressera, avec son avis, à notre grand-juge ministre de la justice qui demeure chargé de l'exécution du présent décret. »

4-10 juin 1814. — *Ordonnance relative aux étrangers et à leur naturalisation.*

« Art. 1er. Conformément aux anciennes constitutions françaises, aucun étranger ne pourra

---

torisée par l'Empereur, de fonctions publiques conférées par un gouvernement étranger; — 3° enfin par tout établissement fait en pays étranger, sans esprit

siéger, à compter de ce jour, ni dans la chambre des pairs, ni dans celle des députés, à moins que, par d'importants services rendus à l'Etat, il n'ait obtenu de nous des lettres de naturalisation vérifiées par les deux chambres. (Voy. ci-après, décret 21 nov. 1849, art. 1 et 5.)

« 2. Les dispositions du Code civil, relatives aux étrangers et à leur naturalisation, n'en restent pas moins en vigueur, et seront exécutées selon leur forme et teneur. » (Voyez les art. 9 et suiv.)

28-31 mars 1848. — *Décret relatif à la naturalisation des étrangers.*

« Art. 1er. Le ministre de la justice est provisoirement autorisé à accorder la naturalisation à tous les étrangers qui la demanderont et qui justifieront par actes officiels ou authentiques qu'ils résident en France depuis cinq ans au moins, et qui, en outre, produiront, à l'appui de leur demande, l'attestation par le maire de Paris ou le préfet de police, pour le département de la Seine, et par les commissaires du Gouvernement pour les autres départements, qu'ils sont dignes, sous tous les rapports, d'être admis à jouir des droits de citoyen français.

« 2. Le paiement des droits établis dans l'intérêt du trésor national, par l'ordonnance du 8 octobre 1814 (art. 4) et par la loi du 28 avril 1816 (art. 55), continuera d'être opéré. Est également maintenue la disposition de l'ordonnance du 8 octobre 1814, qui autorise à remettre lesdits droits, en tout ou en partie, mais seulement quand l'état de fortune des parties exigera cette remise. »

21 novembre—3-11 décembre 1849. — *Loi sur la naturalisation et le séjour des étrangers en France.*

« Art. 1er. Le président de la République statuera sur les demandes en naturalisation. — La naturalisation ne pourra être accordée qu'après enquête faite par le Gouvernement relativement à la moralité de l'étranger, et sur l'avis favorable du conseil d'Etat. — L'étranger devra en outre réunir les deux conditions suivantes : — 1° avoir, après l'âge de vingt et un ans accomplis, obtenu l'autorisation d'établir son domicile en France, conformément à l'article 13 du Code civil ; — 2° avoir resté pendant dix ans en France depuis cette autorisation. — L'étranger naturalisé ne jouira du droit d'éligibilité à l'assemblée nationale qu'en vertu d'une loi.

« 2. Néanmoins, le délai de dix ans pourra être réduit à une année en faveur des étrangers qui auront rendu à la France des services importants, ou qui auront apporté en France, soit une industrie, soit des inventions utiles, soit des talents distingués, ou qui auront formé de grands établissements.

« 3. Tant que la naturalisation n'aura pas été prononcée, l'autorisation accordée à l'étranger d'établir son domicile en France pourra toujours être révoquée ou modifiée par décision du gouvernement, qui devra prendre l'avis du conseil d'Etat.

« 4. Les dispositions de la loi du 14 octobre 1814 concernant les habitants des départements

de retour. —Les établissements de commerce ne pourront jamais être considérés comme ayant été faits sans esprit de retour. (a).

18. Le Français qui aura perdu sa qualité de Français pourra toujours la recouvrer en rentrant en France avec l'autorisation de l'Empereur et en déclarant qu'il veut s'y fixer, et qu'il renonce à toute distinction contraire à la loi française. C. 17.

19. Une femme française qui épousera un étranger suivra la condition de son mari. C. 12, 123, s.—Si elle devient veuve,

réunis à la France ne pourront plus être appliquées à l'avenir.
« 5. Les dispositions qui précèdent ne portent aucune atteinte aux droits d'éligibilité à l'assemblée nationale acquis aux étrangers naturalisés avant la promulgation de la présente loi.
« 6. L'étranger qui aura fait, avant la promulgation de la présente loi, la déclaration prescrite par l'article 3 de la Constitution de l'an VIII, pourra, après une résidence de dix années, obtenir la naturalisation suivant la forme indiquée par l'article 1er.
« 7. Le ministre de l'intérieur pourra, par mesure de police, enjoindre à tout étranger voyageant ou résidant en France, de sortir immédiatement du territoire français, et le faire conduire à la frontière. — Il aura le même droit à l'égard de l'étranger qui aura obtenu l'autorisation d'établir son domicile en France; mais, après un délai de deux mois, la mesure cessera d'avoir effet, si l'autorisation n'a pas été révoquée suivant la forme indiquée dans l'article 3. — Dans les départements frontières, le préfet aura le même droit à l'égard de l'étranger non résidant, à la charge d'en référer immédiatement au ministre de l'intérieur.
« 8. Tout étranger qui se serait soustrait à l'exécution des mesures énoncées dans l'article précédent ou dans l'article 272 du Code pénal, ou qui, après être sorti de France par suite de ces mesures, y serait rentré sans la permission du Gouvernement, sera traduit devant les tribunaux et condamné à un emprisonnement d'un mois à six mois. — Après l'expiration de sa peine il sera conduit à la frontière.
« 9. Les peines prononcées par la présente loi pourront être réduites conformément aux dispositions de l'article 463 du Code pénal. »
(a) Voyez 1° le décret du 6 avril 1809, relatif aux Français qui auront porté les armes contre la France et aux Français qui, rappelés de l'étranger, ne rentreront pas en France; — 2° le décret du 26 août 1811, concernant les Français naturalisés en pays étrangers avec ou sans autorisation du Gouvernement, et ceux qui sont déjà entrés ou qui voudraient entrer à l'avenir au service d'une puissance étrangère; — 3° l'avis du conseil d'État, du 21 janvier 1812, portant solution de diverses questions relatives aux Français naturalisés à l'étranger ou servant en pays étranger; — 4° l'avis du conseil d'État, portant que le décret du 26 août 1811 n'est point applicable aux femmes.

elle recouvrera la qualité de Française, pourvu qu'elle réside en France, ou qu'elle y rentre avec l'autorisation de l'Empereur, et en déclarant qu'elle veut s'y fixer. C. 20, 108.

20. Les individus qui recouvreront la qualité de Français, dans les cas prévus par les articles 10, 18 et 19, ne pourront s'en prévaloir qu'après avoir rempli les conditions qui leur sont imposées par ces articles, et seulement pour l'exercice des droits ouverts à leur profit depuis cette époque.

21. Le Français qui, sans autorisation de l'Empereur, prendrait du service chez l'étranger, ou s'affilierait à une corporation militaire étrangère, perdra sa qualité de Français. —Il ne pourra rentrer en France qu'avec l'autorisation de l'Empereur, et recouvrer la qualité de Français qu'en remplissant les conditions imposées à l'étranger pour devenir citoyen; le tout sans préjudice des peines prononcées par la loi criminelle contre les Français qui ont porté ou porteront les armes contre leur patrie. P. 75.

SECT. II — *De la privation des droits civils par suite de condamnations judiciaires.*

22. Les condamnations à des peines dont l'effet est de priver celui qui est condamné de toute participation aux droits civils ci-après exprimés, emporteront la mort civile (b). C. 23, 24.—P. 18, 28, 42, 43.

23. La condamnation à la mort naturelle emportera la mort civile. C. 26, 27. —P. 12.

24. Les autres peines afflictives perpétuelles n'emporteront la mort civile qu'autant que la loi y aurait attaché cet effet. P. 18.

25. Par la mort civile, le condamné perd la propriété de tous les biens qu'il possédait; sa succession est ouverte au profit de ses héritiers, auxquels ses biens sont dévolus de la même manière que s'il était mort naturellement et sans testament. C. 617, 719, 744, 1425, 1441, 1517, 1865, 1939, 1982, 2003. —Il ne peut plus ni recueillir aucune succession, ni transmettre,

(b) L'expression *mort civile*, qui ne devrait signifier, dans le langage de la loi, que la privation de toute participation aux droits civils, comprend néanmoins la privation de la propriété des biens par celui qui en est frappé, ainsi que le porte l'art. 25 du même Code.

à ce titre, les biens qu'il a acquis par la suite. C. 33, 718, 719, 725, 744.—Il ne peut ni disposer de ses biens, en tout ou en partie, soit par donation entre-vifs, soit par testament, ni recevoir à ce titre, si ce n'est pour cause d'aliments. C. 902.—Il ne peut être nommé tuteur, ni concourir aux opérations relatives à la tutelle. C. 443.—P. 28, 34-4º—Il ne peut être témoin dans un acte solennel ou authentique, ni être admis à porter témoignage en justice. C. 980.—P. 34-3º, 42.—Il ne peut procéder en justice, ni en défendant ni en demandant, que sous le nom et par le ministère d'un curateur spécial, qui lui est nommé par le tribunal où l'action est portée.—P. 29.—Il est incapable de contracter un mariage qui produise aucun effet civil. C. 201, 202.—Le mariage qu'il avait contracté précédemment est dissous, quant à tous ses effets civils. C. 227, 232, 261.—Son époux et ses héritiers peuvent exercer respectivement les droits et les actions auxquels sa mort naturelle donnerait ouverture. C. 1424, 1425, 1441, 1456, s., 1517.

26. Les condamnations contradictoires n'emportent la mort civile qu'à compter du jour de leur exécution, soit réelle, soit par effigie. I. cr. 471, 472.—P. 23.

27. Les condamnations par contumace n'emporteront la mort civile qu'après les cinq années qui suivront l'exécution du jugement par effigie, et pendant lesquelles le condamné peut se représenter. C. 227.—I. cr. 465, 471, 472, 475, 635, 641.

28. Les condamnés par contumace seront, pendant les cinq ans, ou jusqu'à ce qu'ils se représentent ou qu'ils soient arrêtés pendant ce délai, privés de l'exercice des droits civils.—Leurs biens seront administrés et leurs droits exercés de même que ceux des absents (a). C. 115, 123, 1427.—P. 859, 863, 909.—I. cr. 465, 469, 471, 475.

29. Lorsque le condamné par contumace se présentera volontairement dans les cinq années, à compter du jour de l'exécution, ou lorsqu'il aura été saisi et constitué prisonnier dans ce délai, le jugement sera anéanti de plein droit; l'accusé sera remis en possession de ses biens; il sera jugé de nouveau; et si, par ce nouveau jugement, il est condamné à la même peine ou à une peine différente, emportant également la mort civile, elle n'aura lieu qu'à compter du jour de l'exécution du second jugement. C. 26.—I. cr. 471, 472, 476.

30. Lorsque le condamné par contumace, qui ne se sera représenté ou qui n'aura été constitué prisonnier qu'après les cinq ans, sera absous par le nouveau jugement, ou n'aura été condamné qu'à une peine qui n'emportera pas la mort civile, il rentrera dans la plénitude de ses droits civils pour l'avenir, et à compter du jour où il aura reparu en justice; mais le premier jugement conservera, pour le passé, les effets que la mort civile avait produits dans l'intervalle écoulé depuis l'époque de l'expiration des cinq ans jusqu'au jour de sa comparution en justice (b). I. cr. 476.

31. Si le condamné par contumace meurt dans le délai de grâce des cinq années sans s'être représenté, ou sans avoir été saisi ou arrêté, il sera réputé mort dans

(a) 20 septembre 1809. — *Avis du conseil d'Etat qui détermine les effets de l'art. 28 du Code civil, relativement aux condamnations par contumace prononcées, soit avant, soit depuis la publication du Code, en ce qui concerne l'administration des biens des condamnés.*

« Le conseil d'Etat est d'avis que, conformément à l'article 2 du titre préliminaire du Code civil, portant : *La loi ne dispose que pour l'avenir, et n'a pas d'effet rétroactif,* on doit se régler par la disposition de la loi sous l'empire de laquelle la condamnation a été prononcée; — Qu'à l'égard des contumaces dont le jugement est antérieur à la publication du Code civil, il y a lieu de suivre les dispositions, soit de la loi du 16-29 septembre 1791, soit du Code pénal du 3 brumaire an IV; —Quant aux accusations et condamnations emportant mort civile, postérieures à la publication du Code civil, comme l'article 28 porte que les biens seront administrés de même que ceux des absents, et que, suivant l'art. 120, les héritiers présomptifs des absents ont la faculté d'obtenir l'envoi en possession provisoire, à la charge de donner caution, il en résulte que l'administration du domaine est tenue de faire toutes les démarches et actes nécessaires pour mettre sous le séquestre les biens et droits du contumax; et qu'elle doit les gérer et administrer au profit de l'Etat jusqu'à l'envoi en possession en faveur des héritiers; — Qu'enfin, dans le régime antérieur et postérieur à la publication du Code civil, les droits des créanciers légitimes peuvent être exercés après avoir été reconnus par les tribunaux, et qu'il peut être accordé par l'administration des secours aux femmes et enfants, pères et mères dans le besoin. »

(b) Quant à la différence, sous le point de vue des conséquences légales, entre l'*absolution* et l'*acquittement,* voyez C. I. cr. 364 et la *note.*

l'intégrité de ses droits. Le jugement de contumace sera anéanti de plein droit, sans préjudice néanmoins de l'action de la partie civile, laquelle ne pourra être intentée contre les héritiers du condamné que par la voie civile. I. cr. 478.

32. En aucun cas, la prescription de la peine ne réintégrera le condamné dans ses droits civils pour l'avenir. I. cr. 635 à 643 (*a*).

33. Les biens acquis par le condamné, depuis la mort civile encourue, et dont il se trouvera en possession au jour de sa mort naturelle, appartiendront à l'Etat par droit de déshérence. C. 25, 539, 723. — Néanmoins, il est loisible à l'Empereur de faire au profit de la veuve, des enfants ou parents du condamné, telles dispositions que l'humanité lui suggérera. I. cr. 475.

TITRE DEUXIÈME.

DES ACTES DE L'ÉTAT CIVIL.

(Décrété le 11 mars 1803. Promulgué le 21.)

CHAP. Ier. — DISPOSITIONS GÉNÉRALES.

34. Les actes de l'état civil énonceront l'année, le jour et l'heure où ils seront reçus, les prénoms, noms, âge, profession et domicile de tous ceux qui y seront dénommés (*b*). C. 42, 56, 57, 76, 78, 79, 85, s., 359.

35. Les officiers de l'état civil ne pourront rien insérer dans les actes qu'ils recevront, soit par note, soit par énonciation quelconque, que ce qui doit être déclaré par les comparants (*c*). C. 42, 69.

36. Dans les cas où les parties intéressées ne seront point obligées de comparaître en personne, elles pourront se faire représenter par un fondé de procuration spéciale et authentique. C. 44, 1984, 1985, 1987. — P. 38, 42 et 43.

37. Le témoins produits aux actes de l'état civil ne pourront être que du sexe masculin (*d*), âgés de vingt-un ans au moins, parents ou autres; et ils seront choisis par les personnes intéressées. C. 980.

38. L'officier de l'état civil donnera lecture des actes aux parties comparantes, ou à leur fondé de procuration, et aux témoins. C. 36.—Il sera fait mention de l'accomplissement de cette formalité.

39. Ces actes seront signés par l'officier de l'état civil, par les comparants et les témoins; ou mention sera faite de la cause qui empêchera les comparants et les témoins de signer.

40. Les actes de l'état civil seront inscrits, dans chaque commune, sur un ou plusieurs registres tenus doubles. C. 42, 171, 198.—P. 192.

41. Les registres seront cotés par pre-

(*a*) 8 janvier 1823. — *Avis du conseil d'Etat (comités réunis) sur la question de savoir si les militaires retraités qui, condamnés à des peines afflictives ou infamantes, ont subi leur jugement ou ont été graciés, doivent justifier de leur réhabilitation légale pour être remis en jouissance de leurs pensions.*

« Les comités de la législation, des finances et de la guerre réunis, sont d'avis, 1° que les pensions perdues par l'effet des condamnations à des peines afflictives ou infamantes ne peuvent être rétablies qu'après la réhabilitation du condamné; — 2° que, pendant la durée de ces peines, il ne peut être accordé sur ces pensions aucun secours à la veuve ou aux enfants des condamnés; — 3° que les lettres de grâce pleine et entière accordées avant l'exécution du jugement préviennent les incapacités légales et rendent inutile la réhabilitation; — 4° que la grâce accordée après l'exécution du jugement ne dispense pas le gracié de se pourvoir en réhabilitation, conformément aux dispositions du Code d'instruction criminelle; — 5° que les lettres de grâce accordées après l'exécution du jugement ne peuvent contenir aucune clause qui dispense des formalités prescrites par le Code d'instruction criminelle pour la réhabilitation. »

(*b*) Aux termes d'une décision ministérielle,

du 3 juin 1807, les actes de l'état civil doivent mentionner la qualité de membre de la *Légion d'honneur*, lorsque cette qualité appartient à l'un des comparants.

(*c*) 20-25 septembre 1792. — *Décret déterminant le mode de constater l'état civil des citoyens.*

TITRE Ier.—Des officiers publics par qui seront tenus les registres des naissances, mariages et décès.

« Art. 1er. Les municipalités recevront et conserveront à l'avenir les actes destinés à constater les naissances, mariages et décès. »

28 pluviôse an VIII (17 février 1800). — *Loi concernant la division du territoire français et l'administration.*

« Art. 13. Les maires et adjoints rempliront les fonctions administratives exercées maintenant par l'agent municipal et l'adjoint. Relativement à la police et à l'état civil, ils rempliront les fonctions exercées maintenant par les administrations municipales de canton, les agents municipaux et adjoints. »

(*d*) Aux termes du décret des 20-25 septembre 1792, tit. 3, art. 1er, les témoins pouvaient être choisis dans *l'un ou l'autre sexe*, contrairement à l'art. 37 C. Nap. — Si les femmes ne peuvent être témoins, elles sont admises, toutefois, à faire des déclarations. (Voy. les art 56, 58, 78 C. Nap.)

mière et dernière, et paraphés sur chaque feuille, par le président du tribunal de première instance, ou par le juge qui le remplacera.

42. Les actes seront inscrits sur les registres, de suite, sans aucun blanc. Les ratures et les renvois seront approuvés et signés de la même manière que le corps de l'acte. Il n'y sera rien écrit par abréviation, et aucune date ne sera mise en chiffres. C. 40.

43. Les registres seront clos et arrêtés par l'officier de l'état civil, à la fin de chaque année; et, dans le mois, l'un des doubles sera déposé aux archives de la commune, l'autre au greffe du tribunal de première instance. C. 50 à 52.

44. Les procurations et les autres pièces qui doivent demeurer annexées aux actes de l'état civil seront déposées, après qu'elles auront été paraphées par la personne qui les aura produites et par l'officier de l'état civil, au greffe du tribunal, avec le double des registres dont le dépôt doit avoir lieu audit greffe.

45. Toute personne pourra se faire délivrer, par les dépositaires des registres de l'état civil, des extraits de ces registres. Les extraits délivrés conformes aux registres, et légalisés par le président du tribunal de première instance, ou par le juge qui le remplacera, feront foi jusqu'à inscription de faux (a). C. 99 à 101. — Pr. 214, s. — I. cr. 448, s.

(a) Les droits à percevoir pour chaque extrait sont fixés de la manière suivante par le décret du 12 juillet 1807 :

« Art. 1er. Il continuera à être perçu, par les officiers publics de l'état civil, pour chaque expédition d'un acte de naissance, de décès et de publication de mariage, 30 c. — Plus, pour le remboursement du droit de timbre, et le dixième en sus pour la taxe de guerre, 83 c. (1 fr. 13 c.) — Pour celle des actes de mariage, d'adoption et de divorce, 60 c. — Timbre et taxe de guerre, 83 c. (1 fr. 43 c.)

« Dans les villes de 50,000 âmes et au dessus, pour chaque expédition d'acte de naissance, de décès et de publication de mariage, 50 c. — Timbre et taxe de guerre, 83 c. (1 fr. 33 c.) — Actes de mariage d'adoption et de divorce, 1 fr. — Timbre et taxe de guerre, 83 c. (1 fr. 83 c.)

« 3. A Paris, pour chaque expédition d'acte de naissance, de décès et de publication de mariage, 75 c. — Timbre et taxe de guerre, 83 c. (1 fr. 58 c.) — Actes de mariage, d'adoption et de divorce 1 fr. 50 c. — Timbre et taxe de guerre, 83 c. (2 fr. 33 c.)

« 4. Il est défendu d'exiger d'autres taxes et droits, à peine de concussion. — Il n'est rien dû pour la confection desdits actes et leur ins-

---

46. Lorsqu'il n'aura pas existé de registres, ou qu'ils seront perdus, la preuve en sera reçue tant par titres que par témoins; et dans ces cas, les mariages, naissances et décès pourront être prouvés tant par les registres et papiers émanés des pères et mères décédés, que par témoins. C. 53, 99, 194, 323, 324, 1331, 1415.

47. Tout acte de l'état civil des Français et des étrangers, fait en pays étranger, fera foi, s'il a été rédigé dans les formes usitées dans ledit pays. C. 170, 171.

48. Tout acte de l'état civil des Français en pays étranger sera valable, s'il a été reçu, conformément aux lois françaises, par les agents diplomatiques ou par les consuls (b). C. 170, 171, 999.

49. Dans tous les cas où la mention d'un acte relatif à l'état civil devra avoir lieu en marge d'un autre acte déjà inscrit, elle sera faite, à la requête des parties intéressées, par l'officier de l'état civil, sur les registres courants ou sur ceux qui auront été déposés aux archives de la commune, et par le greffier du tribunal de première instance, sur les registres déposés au greffe; à l'effet de quoi l'officier de l'état civil en donnera avis, dans les trois jours, au procureur impérial près ledit tribunal, qui veillera à ce que la mention soit faite d'une manière uniforme sur les deux registres. C. 41, 101, 198. — Pr. 855, s.

50. Toute contravention aux articles précédents de la part des fonctionnaires y dénommés sera poursuivie devant le tribunal de première instance, et punie d'une amende qui ne pourra excéder 100 francs. P. 192, s. — T. cr. 121.

51. Tout dépositaire des registres sera civilement responsable des altérations qui y surviendront, sauf son recours, s'il y a lieu, contre les auteurs desdites altérations. P. 192, s.

52. Toute altération, tout faux dans les actes de l'état civil, toute inscription de

---

cription dans les registres (sauf augmentation du timbre). (Loi du 28 avril 1816, art. 62 et 63.)

« 5. Le présent décret sera constamment affiché en placard, et en gros caractères, dans chacun des bureaux ou lieux où les déclarations relatives à l'état civil sont reçues, et dans tous les dépôts des registres. »

(b) Une ordonnance du 23 octobre 1833 fixe les règles de l'intervention des consuls relativement aux actes de l'état civil des Français en pays étranger.

ces actes, faite sur une feuille volante et autrement que sur les registres à ce destinés, donneront lieu aux dommages-intérêts des parties, sans préjudice des peines portées au Code pénal. Pr. 214, s.—I. cr. 448 à 464.—P. 145 à 148, 192 à 195.

53. Le procureur impérial au tribunal de première instance sera tenu de vérifier l'état des registres lors du dépôt qui en sera fait au greffe; il dressera un procès-verbal sommaire de la vérification, dénoncera les contraventions ou délits commis par les officiers de l'état civil, et requerra contre eux la condamnation aux amendes. C. 156, 192, 193. — T. cr. 121.

54. Dans tous les cas où un tribunal de première instance connaîtra des actes relatifs à l'état civil, les parties intéressées pourront se pourvoir contre le jugement. C. 100. — Pr. 474 à 479.

CHAP. II. — DES ACTES DE NAISSANCE.

55. Les déclarations de naissance seront faites, dans les trois jours de l'accouchement, à l'officier de l'état civil du lieu : l'enfant lui sera présenté (a). C. 92. — P. 346.

56. La naissance de l'enfant sera déclarée par le père, ou, à défaut du père, par les docteurs en médecine ou en chirurgie, sages-femmes, officiers de santé ou autres personnes qui auront assisté à l'accouchement, et, lorsque la mère sera accouchée hors de son domicile, par la personne chez qui elle sera accouchée. P. 346. — L'acte de naissance sera rédigé de suite, en présence de deux témoins. C. 34 à 40. — P. 192, s.

57. L'acte de naissance énoncera le jour, l'heure et le lieu de la naissance, le sexe de l'enfant et les prénoms qui lui seront donnés, les prénoms, noms, profession et domicile des père et mère, et ceux des témoins (b). C. 34, 35, 37.

(a) Aux termes d'un décret des 20-25 septembre 1792, déterminant le mode de constater l'état civil des citoyens, *en cas de péril imminent*, l'officier public est tenu, sur la réquisition qui lui en est faite, de se transporter lui-même dans la maison où se trouve le nouveau-né.

(b) 11 germinal an XI (1er avril 1803). — *Loi relative aux prénoms et changements de noms.*

TITRE Ier. — DES PRÉNOMS.

« Art. 1er. A compter de la publication de

58. Toute personne qui aura trouvé un enfant nouveau-né sera tenue de le remettre à l'officier de l'état civil, ainsi que les vêtements et autres effets trouvés avec l'enfant, et de déclarer toutes les circonstances du temps et du lieu où il aura été trouvé (c). P. 345, 349 à 353. —Il en sera dressé un procès-verbal détaillé, qui énoncera en outre l'âge apparent de l'enfant, son sexe, les noms qui lui seront donnés, l'autorité civile à la-

la présente loi, les noms en usage dans les différents calendriers, et ceux des personnages connus de l'histoire ancienne, pourront seuls être reçus, comme prénoms, sur les registres de l'état civil destinés à constater la naissance des enfants, et il est interdit aux officiers publics d'en admettre aucun autre dans leurs actes.

« 2. Toute personne qui porte actuellement comme prénom, soit le nom d'une famille existante, soit un nom quelconque qui ne se trouve pas compris dans la désignation de l'article précédent, pourra en demander le changement, en se conformant aux dispositions de ce même article.

« 3. Le changement aura lieu d'après un jugement du tribunal de l'arrondissement, qui prescrira la rectification de l'acte civil. — Ce jugement sera rendu, le commissaire du Gouvernement entendu, sur simple requête présentée par celui qui demandera le changement, s'il est majeur ou émancipé, et par ses père et mère ou tuteur, s'il est mineur. »

6 fructidor an II (23 août 1794). — *Loi sur les noms et changements de noms.*

« Art. 1er. Aucun citoyen ne pourra porter de nom ni de prénom autres que ceux exprimés dans son acte de naissance; ceux qui les auraient quittés seront tenus de les reprendre.

« 2. Il est également défendu d'ajouter aucun surnom à son nom propre, à moins qu'il n'ait servi jusqu'ici à distinguer les membres d'une même famille, sans y rappeler des qualifications féodales.

« 4. Il est expressément défendu à tous fonctionnaires publics de désigner les citoyens dans les actes autrement que par le nom de famille, les prénoms portés en l'acte de naissance, ou les surnoms maintenus en l'article 2, ni d'en exprimer d'autres dans les expéditions et extraits qu'ils délivreront à l'avenir. »

9 avril 1736. — *Déclaration concernant la tenue des actes de l'état civil.*

« Art. 4. Dans les actes de baptême, il sera fait mention du jour de la naissance, du nom qui sera donné à l'enfant, de celui de ses père et mère, parrain et marraine, et l'acte sera signé sur les deux registres, tant par celui qui aura administré le baptême que par le père (s'il est présent), le parrain et la marraine; et à l'égard de ceux qui ne sauront ou ne pourront signer, il sera fait mention de la déclaration qu'ils en feront. »

(c) Un décret du 19 janvier 1811 règle les soins et l'éducation à donner aux enfants trouvés ou abandonnés et aux orphelins pauvres.

quelle il sera remis. Ce procès-verbal sera inscrit sur les registres. C. 40. — P. 347.

59. S'il naît un enfant pendant un voyage de mer, l'acte de naissance sera dressé, dans les vingt-quatre heures, en présence du père, s'il est présent, et de deux témoins pris parmi les officiers du bâtiment, ou, à leur défaut, parmi les hommes de l'équipage. Cet acte sera rédigé, savoir, sur les bâtiments de l'Empereur, par l'officier d'administration de la marine ; et sur les bâtiments appartenant à un armateur ou négociant, par le capitaine, maître ou patron du navire. L'acte de naissance sera inscrit à la suite du rôle d'équipage. C. 34 à 40, 86, 87, 989.

60. Au premier port où le bâtiment abordera, soit de relâche, soit pour toute autre cause que celle de son désarmement, les officiers de l'administration de la marine, capitaine, maître ou patron, seront tenus de déposer deux expéditions authentiques des actes de naissance qu'ils auront rédigés, savoir : dans un port français, au bureau du préposé à l'inscription maritime (a) ; et dans un port étranger, entre les mains du consul. C. 87, 999, s. — L'une de ces expéditions restera déposée au bureau de l'inscription maritime, ou à la chancellerie du consulat ; l'autre sera envoyée au ministre de la marine, qui fera parvenir une copie, par lui certifiée, de chacun desdits actes, à l'officier de l'état civil du domicile du père de l'enfant, ou de la mère si le père est inconnu : cette copie sera inscrite de suite sur les registres (b). C. 40.

61. A l'arrivée du bâtiment dans le port du désarmement, le rôle d'équipage sera déposé au bureau du préposé à l'inscription maritime, qui enverra une expédition de l'acte de naissance, de lui signée, à l'officier de l'état civil du père de l'enfant, ou de la mère, si le père est inconnu : cette expédition sera inscrite de suite sur les registres. C. 87.

62. L'acte de reconnaissance d'un enfant sera inscrit sur les registres, à sa date ; et il en sera fait mention en marge de l'acte de naissance, s'il en existe un. C. 40, 334 à 341.

CHAP. III. — DES ACTES DE MARIAGE.

63. Avant la célébration du mariage, l'officier de l'état civil fera deux publications, à huit jours d'intervalle, un jour de dimanche, devant la porte de la maison commune. Ces publications, et l'acte qui en sera dressé, énonceront les prénoms, noms, professions et domiciles des futurs époux, leur qualité de majeurs ou de mineurs, et les prénoms, noms, professions et domiciles de leurs pères et mères. Cet acte énoncera, en outre, les jours, lieux et heures où les publications auront été faites : il sera inscrit sur un seul registre, qui sera coté et paraphé comme il est dit en l'article 41, et déposé, à la fin de chaque année, au greffe du tribunal de l'arrondissement (c). C. 94, 166 à 170, 192, 193.

64. Un extrait de l'acte de publication sera et restera affiché à la porte de la maison commune, pendant les huit jours d'intervalle de l'une à l'autre publication. Le mariage ne pourra être célébré avant le troisième jour, depuis et non compris celui de la seconde publication.

65. Si le mariage n'a pas été célébré dans l'année, à compter de l'expiration du délai des publications, il ne pourra plus être célébré qu'après que de nouvelles publications auront été faites dans la forme ci-dessus prescrite. C 63.

66. Les actes d'opposition au mariage seront signés sur l'original et sur la copie par les opposants ou par leurs fondés de procuration spéciale et authentique ; ils seront signifiés, avec la copie de la procuration, à la personne ou au domicile des parties, et à l'officier de l'état civil, qui mettra son *visa* sur l'original. C. 67 à 69, 172 à 179, 192, 193.

67. L'officier de l'état civil fera, sans délai, une mention sommaire des oppositions sur le registre des publications ; il fera aussi mention, en marge de l'inscription desdites oppositions, des jugements ou des actes de main-levée dont expédition lui aura été remise.

(a) C'est une inscription particulière, sur des registres tenus à cet effet, des citoyens français qui se destinent à la navigation (Voy. décret du 3 brumaire an 4, Code de l'armée).

(b, c) Une ordonnance du 23 octobre 1833, déjà mentionnée, règle le mode d'intervention des consuls relativement aux actes de l'état civil des Français en *pays étranger*.

68. En cas d'opposition, l'officier de l'état civil ne pourra célébrer le mariage avant qu'on lui en ait remis la mainlevée, sous peine de trois cents francs d'amende, et de tous dommages-intérêts.

69. S'il n'y a point d'opposition, il en sera fait mention dans l'acte de mariage; et si les publications ont été faites dans plusieurs communes, les parties remettront un certificat délivré par l'officier de l'état civil de chaque commune, constatant qu'il n'existe point d'opposition. C. 44, 76.

70. L'officier de l'état civil se fera remettre l'acte de naissance de chacun des futurs époux. Celui des époux qui serait dans l'impossibilité de se le procurer pourra le suppléer, en rapportant un acte de notoriété délivré par le juge de paix du lieu de sa naissance, ou par celui de son domicile (*a*). C. 71, 72, 99, 155. — T. 5, 16.

71. L'acte de notoriété contiendra la déclaration faite par sept témoins, de l'un ou de l'autre sexe, parents ou non parents, des prénoms, nom, profession et domicile du futur époux, et de ceux de ses père et mère, s'ils sont connus;

aux publications civiles ni au certificats constatant la célébration civile du mariage.

« 5. La taxe des expéditions des actes de l'état civil requises pour le mariage des indigents est réduite, quels que soient les détenteurs de ces pièces, à trente centimes lorsqu'il n'y aura pas lieu à légalisation, à cinquante centimes lorsque cette dernière formalité devra être accomplie. — Le droit de recherche alloué aux greffiers par l'article 14 de la loi du 21 ventôse an VII, les droits de légalisation perçus au ministère des affaires étrangères ou dans les chancelleries de France à l'étranger, sont supprimés en ce qui concerne l'application de la présente loi.

« 6. Seront admises au bénéfice de la loi les personnes qui justifieront d'un certificat d'indigence, à elles délivré par le commissaire de police, ou par le maire dans les communes où il n'existe pas de commissaire de police, sur le vu d'un extrait du rôle des contributions constatant que les parties intéressées paient moins de dix francs, ou d'un certificat du percepteur de leur commune portant qu'elles ne sont pas imposées. — Le certificat d'indigence sera visé et approuvé par le juge de paix du canton. Il sera fait mention dans le visa de l'extrait des rôles ou du certificat négatif du percepteur.

« 7. Les actes, extraits, copies ou expéditions ainsi délivrés, mentionneront expressément qu'ils sont destinés à servir à la célébration d'un mariage entre indigents, à la légitimation ou au retrait de leurs enfants naturels déposés dans les hospices. — Ils ne pourront servir à autres fins sous peine de vingt-cinq francs d'amende, contre le paiement des droits, contre ceux qui en auront fait usage, ou qui les auront indûment délivrés ou reçus. — Le recouvrement des droits et des amendes de contravention sera poursuivi par voie de contrainte, comme en matière d'enregistrement.

« 8. Le certificat prescrit par l'article 6 sera délivré en plusieurs originaux, lorsqu'il devra être produit à divers bureaux d'enregistrement. Il sera remis au bureau de l'enregistrement, où les actes, extraits, copies ou expéditions devront être visés pour timbre et enregistrés gratis. Le receveur en fera mention dans le visa pour timbre et dans la relation de l'enregistrement. — Néanmoins, les réquisitions des procureurs de la république tiendront lieu des originaux ci-dessus prescrits, pourvu qu'elles mentionnent le dépôt du certificat d'indigence à leur parquet. — L'extrait du rôle ou le certificat négatif du percepteur sera annexé aux pièces déposées pour la célébration du mariage.

« 9. La présente loi est applicable au mariage entre Français et étrangers. — Elle sera exécutoire aux colonies *.

« 10. L'article 8 de la loi du 3 juillet 1846, l'ordonnance du 30 décembre 1846, et toutes dispositions contraires à la présente loi, sont abrogés. »

* Un décret du 19 mars 1852 a déclaré cette loi applicable à l'*Algérie*, sous certaines modifications qu'il y introduit (Voy. C. des colonies).

(*a*) 10-18 décembre 1850. — *Loi ayant pour objet de faciliter le mariage des indigents, la légitimation de leurs enfants naturels et le retrait de ces enfants déposés dans les hospices.*

« Art. 1er. Les pièces nécessaires au mariage des indigents et à la légitimation de leurs enfants naturels et au retrait de ces enfants déposés dans les hospices, seront réclamées et réunies par les soins de l'officier de l'état civil de la commune dans laquelle les parties auront déclaré vouloir se marier. — Les expéditions de ces pièces pourront, sur la demande du maire, être réclamées et transmises par les procureurs de la république.

« 2. Les procureurs de la république pourront, dans les mêmes cas, agir d'office et procéder à tous actes d'instruction préalables à la célébration du mariage.

« 3. Tous jugements de rectification ou d'inscription des actes de l'état civil, toutes homologations d'actes de notoriété, et généralement tous actes judiciaires ou procédures nécessaires au mariage des indigents seront poursuivis et exécutés d'office par le ministère public.

« 4. Les extraits des registres de l'état civil, les actes de notoriété, de consentement, de publications; les délibérations du conseil de famille, les certificats de libération du service militaire, les dispenses pour cause de parenté, d'alliance ou d'âge, les actes de reconnaissance des enfants naturels, les actes de procédure, les jugements et arrêts dont la production sera nécessaire dans les cas prévus par l'article 1er, seront visés pour timbre et enregistrés gratis, lorsqu'il y aura lieu à enregistrement. Il ne sera perçu aucun droit de greffe ni aucun droit de sceau au profit du trésor sur les minutes et originaux, ainsi que sur les copies ou expéditions qui en seraient passibles. — L'obligation du visa pour timbre n'est pas applicable

3

le lieu et autant que possible, l'époque de sa naissance et les causes qui empêchent d'en rapporter l'acte. Les témoins signeront l'acte de notoriété avec le juge de paix ; et, s'il en est qui ne puissent ou ne sachent signer, il en sera fait mention. C. 70, 72, 155. — T. 5, 16.

72. L'acte de notoriété sera présenté au tribunal de première instance du lieu où doit se célébrer le mariage. Le tribunal, après avoir entendu le procureur impérial, donnera ou refusera son homologation, selon qu'il trouvera suffisantes ou insuffisantes les déclarations des témoins et les causes qui empêchent de rapporter l'acte de naissance. Pr. 885, s.

73 (a). L'acte authentique du consentement des père et mère ou aïeuls et aïeules, ou, à leur défaut, de celui de la

(a) Un avis du conseil d'Etat, du 27 messidor an XIII, porte : « 1° Il n'est pas nécessaire de produire les actes de décès des pères et mères des futurs mariés, lorsque les aïeuls ou aïeules attestent ce décès; et, dans ce cas, il doit être fait mention de leur attestation dans l'acte de mariage;

« 2° Si les pères, mères, aïeuls ou aïeules, dont le consentement au conseil est requis, sont décédés, et si l'on est dans l'impossibilité de produire l'acte de leur décès, ou la preuve de leur absence (Code civil 155), faute de connaître leur dernier domicile, il peut être procédé à la célébration du mariage des majeurs, sur leur déclaration à serment, que le lieu du décès et celui du dernier domicile de leurs ascendants leur sont inconnus. Cette déclaration doit être certifiée aussi par serment des quatre témoins de l'acte de mariage, lesquels affirment que, quoiqu'ils connaissent les futurs époux, ils ignorent le lieu du décès de leurs ascendants et de leur dernier domicile. Les officiers de l'état civil doivent faire mention, dans l'acte de mariage, desdites déclarations. »

Un autre avis du conseil d'Etat, du 19 mars 1808, dispose : « Dans le cas où le nom d'un des futurs ne serait pas orthographié, dans son acte de naissance, comme celui de son père, et dans celui où l'on aurait omis quelqu'un des prénoms de ses parents, le témoignage des pères et mères ou aïeux, assistant au mariage et attestant l'identité, doit suffire pour procéder à la célébration du mariage. Il doit en être de même dans le cas d'absence des pères et mères ou aïeux, s'ils attestent l'identité dans leur consentement donné en la forme légale. En cas de décès des pères, mères ou aïeux, l'identité est valablement attestée, pour les mineurs, par le conseil de famille ou par le tuteur _ad hoc_, et, pour les majeurs, par les quatre témoins de l'acte de mariage.

« Enfin, dans le cas où les omissions d'une lettre ou d'un prénom se trouvent dans l'acte de décès des pères, mères ou aïeux, la déclaration à serment des personnes dont le consentement est nécessaire pour les mineurs, et celle des parties et des témoins pour les majeurs,

famille, contiendra les prénoms, noms, professions et domiciles du futur époux et de tous ceux qui auront concouru à l'acte, ainsi que leur degré de parenté. C. 148 à 151, 160, 182, 183. — P. 193.

74. Le mariage sera célébré dans la commune où l'un des deux époux aura son domicile. Ce domicile, quant au mariage, s'établira par six mois d'habitation continue dans la même commune. C. 102, s., 165, 167, 191.

75. Le jour désigné par les parties après les délais des publications, l'officier de l'état civil, dans la maison commune, en présence de quatre témoins, parents ou non parents, fera lecture aux parties des pièces ci-dessus mentionnées, relatives à leur état et aux formalités du mariage, et du chapitre VI du titre _du Mariage_, sur _les droits et les devoirs respectifs des époux_ (212 à 226) (b). — « Il interpellera les futurs époux, ainsi que les personnes qui autorisent le mariage, si elles sont présentes, d'avoir à déclarer s'il a été fait un contrat de mariage, et, dans le cas de l'affirmative, la date du contrat, ainsi que les noms et lieu de résidence du notaire qui l'aura reçu. » — (Addition de la loi des 10-18 juillet 1850.) — Il recevra de chaque partie, l'une après l'autre, la déclaration qu'elles veulent se prendre pour mari et femme; il prononcera, au nom de la loi, qu'elles sont unies par le mariage, et il en dressera acte sur-le-champ. C. 37, 63, 65, s., 191. — P. 195, s.

76. On énoncera, dans l'acte de mariage, — 1° Les prénoms, noms, professions, âges, lieux de naissance et domiciles des époux; — 2° s'ils sont majeurs ou mineurs; — 3° les prénoms, noms, professions et domiciles des pères et

doivent aussi être suffisantes, sans qu'il soit nécessaire, dans tous les cas, de toucher aux registres de l'état civil, qui ne peuvent jamais être rectifiés qu'en vertu d'un jugement.

« Les formalités susdites ne sont exigibles que lors de l'acte de célébration, et non pour les publications qui doivent toujours être faites conformément aux notes remises par les parties aux officiers de l'état civil.

« En aucun cas, conformément à l'article 100 du Code civil, les déclarations faites par les parents ou témoins ne peuvent nuire aux parties qui ne les ont point requises et qui n'y ont point concouru. »

(b) Aux termes de l'article 54 des articles organiques, le mariage _religieux_ ne peut être cé-

mères ; — 4º le consentement des pères et mères, aïeuls et aïeules, et celui de la famille, dans les cas où ils sont requis : C. 148 à 151, 160, 82, 183 ; — 5º les actes respectueux, s'il en a été fait : C. 151 à 158 ; — 6º les publications dans les divers domiciles : C. 63 à 65, 166 à 169, 170, 192 ; — 7º les oppositions, s'il y en a eu ; leur mainlevée, ou la mention qu'il n'y a point eu d'opposition : C. 66 à 69, 172 à 179 ; — 8º la déclaration des contractants de se prendre pour époux, et le prononcé de leur union par l'officier public ; — 9º les prénoms, noms, âges, professions et domiciles des témoins, et leur déclaration s'ils sont parents ou alliés des parties, de quel côté et à quel degré : C. 37, 75. — P. 199, 200 ; — 10º « la déclaration, faite sur l'interpellation prescrite par l'article précédent, qu'il a été ou qu'il n'a pas été fait de contrat de mariage, et, autant que possible, de la date du contrat, s'il existe, ainsi que les noms et lieu de résidence du notaire qui l'aura reçu ; le tout à peine, contre l'officier de l'état civil, de l'amende fixée par l'art. 50. — Dans le cas où la déclaration aurait été omise ou serait erronée, la rectification de l'acte, en ce qui touche l'omission ou l'erreur, pourra être demandée par le procureur impérial, sans préjudice du droit des parties intéressées, conformément à l'article 99. » (Addition de la loi des 10-18 juillet 1850 (a).)

CHAP. IV. — DES ACTES DE DÉCÈS.

77. Aucune inhumation ne sera faite sans une autorisation, sur papier libre et sans frais, de l'officier de l'état civil, qui ne pourra la délivrer qu'après s'être transporté auprès de la personne décédée, pour s'assurer du décès, et que vingt-quatre heures après le décès, hors les cas prévus par les règlements de police (b). C. 81, 82. — I. cr. 44. — P. 14, 358, 359.

78. L'acte de décès sera dressé par l'officier de l'état civil, sur la déclaration de deux témoins. Ces témoins seront, s'il est possible, les deux plus proches parents ou voisins, ou, lorsqu'une personne sera décédée hors de son domicile, la personne chez laquelle elle sera décédée, et un parent ou autre. C. 37, 96, s.

79 (c). L'acte de décès contiendra les prénoms, nom, âge, profession et domicile de la personne décédée ; les prénoms et nom de l'autre époux, si la personne décédée était mariée ou veuve ; les prénoms, noms, âge, professions et domiciles des déclarants ; et, s'ils sont parents, leur degré de parenté. C. 34, 35, 50. — Le même acte contiendra de plus, autant qu'on pourra le savoir, les prénoms, noms, profession et domicile des père et mère du décédé, et le lieu de sa naissance. C. 38, s.

80. En cas de décès dans les hôpitaux militaires, civils ou autres maisons publiques, les supérieurs, directeurs, administrateurs et maîtres de ces maisons, seront tenus d'en donner avis, dans les vingt-quatre heures, à l'officier de l'état civil, qui s'y transportera pour s'assurer du décès, et en dressera l'acte, conformément à l'article précédent, sur les déclarations qui lui auront été faites, et sur les renseignements qu'il aura pris. — Il sera tenu en outre, dans lesdits hôpitaux et maisons, des registres destinés à inscrire ces déclarations et ces renseignements. C. 97. — L'officier de l'état civil enverra l'acte de décès à celui du dernier domicile de la personne décédée, qui l'inscrira sur les registres. C. 34, 96. — P. 358, 359.

81. Lorsqu'il y aura des signes ou

lébré qu'après le mariage civil. (Voy. au C. des cultes.)

(a) La même loi a porté également des dispositions additionnelles aux art. 1391 et 1394 C. Nap. ; elles y sont intercalées. — Par un décret du 22 janvier 1852, la disposition de cette loi de 1850 a été déclarée applicable aux *colonies*. — Voy. C. des colonies

(b) Un décret du 4 thermidor an XIII règle la forme des autorisations à donner par les officiers de l'état civil pour les inhumations.

(c) « Lorsque le cadavre d'un enfant, dont la naissance n'a pas été enregistrée, sera présenté à l'officier de l'état civil, cet officier n'exprimera pas qu'un tel enfant est décédé, mais seulement qu'il lui a été présenté sans vie ; il recevra de plus la déclaration des témoins touchant les noms, prénoms qualités et demeure des père et mère de l'enfant, et la désignation des an, jour et heure auxquels l'enfant est sorti du sein de sa mère.

« Cet acte sera inscrit à sa date sur les registres des décès, sans qu'il en résulte aucun préjugé sur la question de savoir si l'enfant a eu vie ou non. » (Décret du 4 juillet 1806.)

indices de mort violente, ou d'autres circonstances qui donneront lieu de le soupçonner, on ne pourra faire l'inhumation qu'après qu'un officier de police, assisté d'un docteur en médecine ou en chirurgie, aura dressé procès-verbal de l'état du cadavre, et des circonstances y relatives, ainsi que des renseignements qu'il aura pu recueillir sur les prénoms, nom, âge, profession, lieu de naissance et domicile de la personne décédée (*a*). C. 77, 82. — I. cr. 44. — P. 359. — T. cr. 121.

82. L'officier de police sera tenu de transmettre de suite à l'officier de l'état civil du lieu où la personne sera décédée tous les renseignements énoncés dans son procès-verbal, d'après lesquels l'acte de décès sera rédigé. — L'officier de l'état civil en enverra une expédition à celui du domicile de la personne décédée, s'il est connu : cette expédition sera inscrite sur les registres. C. 40, 77.

83. Les greffiers criminels seront tenus d'envoyer, dans les vingt-quatre heures de l'exécution des jugements portant peine de mort, à l'officier de l'état civil du lieu où le condamné aura été exécuté, tous les renseignements énoncés en l'article 79, d'après lesquels l'acte de décès sera rédigé. I. cr. 378. — P. 26. — T. cr. 45.

84. En cas de décès dans les prisons ou maisons de réclusion et de détention, il en sera donné avis sur-le-champ, par les concierges ou gardiens, à l'officier de l'état civil, qui s'y transportera, comme

---

(*a*) 3 janvier 1813.—TIT. III.— *Mesures à prendre en cas d'accidents arrivés dans les mines, minières, usines et ateliers.*

« Art. 18. Il est expressément prescrit aux maires et aux officiers de police de se faire représenter les corps des ouvriers qui auraient péri par accident dans une exploitation, et de ne permettre leur inhumation qu'après que le procès-verbal de l'accident aura été dressé conformément à l'article 81 du Code civil, et sous les peines portées dans les articles 358 et 359 du Code pénal.

« Art. 19. Lorsqu'il y aura impossibilité de parvenir jusqu'au lieu où se trouvent les corps des ouvriers qui auront péri dans les travaux, les exploitants, directeurs et autres ayants cause seront tenus de faire constater cette circonstance par le maire ou autre officier public, qui en dressera procès-verbal, et le transmettra au procureur impérial, à la diligence duquel, et sur l'autorisation du tribunal, cet acte sera annexé au registre de l'état civil. »

---

il est dit en l'article 80, et rédigera l'acte de décès. C. 79, 85.

85. Dans tous les cas de mort violente, ou dans les prisons et maisons de réclusion, ou d'exécution à mort, il ne sera fait sur les registres aucune mention de ces circonstances, et les actes de décès seront simplement rédigés dans les formes prescrites par l'article 79. C. 81, 83, 84.

86. En cas de décès pendant un voyage de mer, il en sera dressé acte dans les vingt-quatre heures, en présence de deux témoins pris parmi les officiers du bâtiment, ou, à leur défaut, parmi les hommes de l'équipage. Cet acte sera rédigé, savoir, sur les bâtiments de l'Empereur, par l'officier d'administration de la marine; et, sur les bâtiments appartenant à un négociant ou armateur, par le capitaine, maître ou patron du navire. L'acte de décès sera inscrit à la suite du rôle de l'équipage. C. 59, s., 79.

87. Au premier port où le bâtiment abordera, soit de relâche, soit pour toute autre cause que celle de son désarmement, les officiers de l'administration de la marine, capitaine, maître ou patron, qui auront rédigé des actes de décès, seront tenus d'en déposer deux expéditions, conformément à l'article 60. — A l'arrivée du bâtiment dans le port du désarmement, le rôle d'équipage sera déposé au bureau du préposé à l'inscription maritime ; il enverra une expédition de l'acte de décès, de lui signée, à l'officier de l'état civil du domicile de la personne décédée : cette expédition sera inscrite de suite sur les registres. C. 40, 59, 60, 61.

CHAP. V. — DES ACTES DE L'ÉTAT CIVIL CONCERNANT LES MILITAIRES HORS DU TERRITOIRE DE L'EMPIRE.

88. Les actes de l'état civil faits hors du territoire de l'empire, concernant des militaires ou autres personnes employées à la suite des armées, seront rédigés dans les formes prescrites par les dispositions précédentes, sauf les exceptions contenues dans les articles suivants.

89. Le quartier-maître dans chaque corps d'un ou plusieurs bataillons ou escadrons, et le capitaine commandant dans les autres corps, rempliront les fonctions d'officiers de l'état civil : ces mêmes fonctions seront remplies, pour les officiers sans troupes et pour les employés de l'armée, par l'inspecteur aux revues attaché à l'armée ou au corps d'armée (*a*).

90. Il sera tenu, dans chaque corps de troupes, un registre pour les actes de l'état civil relatifs aux individus de ce corps, et un autre à l'état-major de l'armée ou d'un corps d'armée, pour les officiers sans troupes et aux employés : ces registres seront conservés de la même manière que les autres registres des corps et états-majors, et déposés aux archives de la guerre, à la rentrée des corps ou armées sur le territoire du royaume.

91. Les registres seront cotés et paraphés, dans chaque corps, par l'officier qui le commande ; et à l'état-major, par le chef de l'état-major général.

92. Les déclarations de naissance, à l'armée, seront faites dans les dix jours qui suivront l'accouchement. C. 55, s.

93. L'officier chargé de la tenue du registre de l'état civil devra, dans les dix jours qui suivront l'inscription d'un acte de naissance audit registre, en adresser un extrait à l'officier de l'état civil du dernier domicile du père de l'enfant, ou de la mère, si le père est inconnu.

94 (*b*). Les publications de mariage des militaires et employés à la suite des armées seront faites au lieu de leur dernier domicile : elles seront mises en outre, vingt-cinq jours avant la célébration du mariage, à l'ordre du jour du corps, pour les individus qui tiennent à un corps ; et à celui de l'armée ou du corps d'armée, pour les officiers sans troupes et pour les employés qui en font partie. C. 63, 64, 65, 166 à 169.

95. Immédiatement après l'inscription sur le registre de l'acte de célébration du mariage, l'officier chargé de la tenue du registre en enverra une expédition à l'officier de l'état civil du dernier domicile des époux. C. 93.

96. Les actes de décès seront dressés, dans chaque corps, par le quartier-maître ; et, pour les officiers sans troupes et les employés, par l'inspecteur aux revues de l'armée, sur l'attestation de trois témoins ; et l'extrait de ces registres sera envoyé, dans les dix jours, à l'officier de l'état civil du dernier domicile du décédé. C. 34, 35, 78, 79.

97. En cas de décès dans les hôpitaux militaires ambulants ou sédentaires, l'acte en sera rédigé par le directeur desdits hôpitaux, et envoyé au quartier-maître du corps, ou à l'inspecteur aux revues de l'armée ou du corps d'armée dont le décédé faisait partie : ces officiers en feront parvenir une expédition à l'officier de l'état civil du dernier domicile du décédé. C. 80, 93.

98. L'officier de l'état civil du domicile des parties, auquel il aura été envoyé de l'armée expédition d'un acte de l'état civil, sera tenu de l'inscrire de suite sur les registres. C. 40, 50.

CHAP. VI. — DE LA RECTIFICATION DES ACTES DE L'ÉTAT CIVIL.

99. Lorsque la rectification d'un acte de l'état civil sera demandée, il y sera statué, sauf l'appel, par le tribunal compétent, et sur les conclusions du procureur impérial. Les parties intéressées seront appelées, s'il y a lieu (*c*). Pr. 855, s. — T. cr. 122.

100. Le jugement de rectification ne

(*a*) Les fonctions d'inspecteurs aux revues et de commissaires des guerres ont été supprimées par l'ordonnance des 29 juillet-30 septembre 1817, et remplacées par le corps des intendants militaires. — Voyez C. de l'armée.

(*b*) Le décret du 16 juin 1808 porte, à l'égard du mariage des militaires :

« Art. 1er. Les officiers en tout genre, en activité de service, ne pourront, à l'avenir, se marier qu'après en avoir obtenu la permission par écrit du ministre de la guerre. Ceux d'entre eux qui auront contracté mariage sans cette permission encourront la destitution (V. art. 1er de la loi du 19 mai 1834, C. de l'armée) et la perte de leurs droits, tant pour eux que pour leurs veuves et leurs enfants, à toute pension ou récompense militaire.

« 2. Les sous-officiers et soldats en activité de service ne pourront de même se marier qu'après en avoir obtenu permission du conseil d'administration de leur corps.

« 3. Tout officier de l'état civil qui, sciemment, aura célébré le mariage d'un officier, sous-officier ou soldat en activité, sans s'être fait remettre lesdites permissions, ou qui aura négligé de les joindre à l'acte de célébration du mariage, sera destitué de ses fonctions. » — V. aussi le décret additionnel du 28 août 1808 relatif au mariage des militaires, et celui du 3 août 1808 concernant le mariage des officiers de *marine*. — Pour les autres dispositions relatives aux mariages des militaires, voy. C. de l'armée.

(*c*) Un avis du conseil d'État, du 13 nivôse an x, règle les formalités à observer pour les rectifications aux actes de l'état civil ; un autre avis, du 30 mars 1808, porte que la rectification des registres par les tribunaux n'est pas nécessaire lorsqu'il s'agit seulement de rectifier l'orthographe d'un nom ou prénom.

pourra, dans aucun temps, être opposé aux parties intéressées qui ne l'auraient point requis, ou qui n'y auraient pas été appelées. C. 54, 73 et la *note*.—Pr. 474, s.

101 (a). Les jugements de rectification seront inscrits sur les registres par l'officier de l'état civil, aussitôt qu'ils lui auront été remis; et mention en sera faite en marge de l'acte réformé. C. 40, 50.—Pr. 855, s.

TITRE TROISIÈME.

DU DOMICILE.

(Décrété le 11 mars 1803. Promulgué le 24.)

102. Le domicile de tout Français, quant à l'exercice de ses droits civils, est au lieu où il a son principal établissement (b). C. 74, 115.—Pr. 2, 50, 59, 69-8°, 420, 585, 781-5°—I. cr. 91.—P. 184.

103. Le changement de domicile s'opérera par le fait d'une habitation réelle dans un autre lieu, joint à l'intention d'y fixer son principal établissement.

104. La preuve de l'intention résultera d'une déclaration expresse, faite tant à la municipalité du lieu qu'on quittera, qu'à celle du lieu où on aura transféré son domicile.

105. A défaut de déclaration expresse, la preuve de l'intention dépendra des circonstances.

106. Le citoyen appelé à une fonction publique temporaire ou révocable, conservera le domicile qu'il avait auparavant, s'il n'a pas manifesté d'intention contraire.

107. L'acceptation de fonctions conférées à vie emportera translation immédiate du domicile du fonctionnaire dans le lieu où il doit exercer ses fonctions.

_(a)_ « Il doit être fait mention expresse de la rectification en marge de l'acte réformé, et non par simple renvoi au jugement; il doit être délivré aux parties avec la mention expresse de la rectification, et le ministère public doit veiller, conformément à l'art. 49 du C. civil, à ce que la mention de la rectification soit faite uniformément sur les deux registres. » (Avis du cons. d'Etat du 23 fév. 1808.)

_(b)_ C'est le domicile _réel_, par opposition au _domicile élu_, c'est-à-dire indiqué pour l'exécution d'un acte, d'un jugement ou l'instruction d'un procès, soit en vertu de la loi, soit en vertu d'une convention des parties (C. 111).—On distingue encore le _domicile politique_, qui est situé au lieu où un citoyen exerce ses droits politiques, et peut être différent du domicile réel.— Voy. C. élect.

108. La femme mariée n'a point d'autre domicile que celui de son mari. C. 214.
— Le mineur non émancipé aura son domicile chez ses père et mère ou tuteur. C. 450.—Le majeur interdit aura le sien chez son tuteur. C. 450, s., 489, s., 506, s.

109. Les majeurs qui servent ou travaillent habituellement chez autrui auront le même domicile que la personne qu'ils servent ou chez laquelle ils travaillent, lorsqu'ils demeureront avec elle dans la même maison. C. 102.

110. Le lieu où la succession s'ouvrira sera déterminé par le domicile. C. 784, 793.—Pr. 59-1°-2°-3°-4°.

111. Lorsqu'un acte contiendra, de la part des parties ou de l'une d'elles, élection de domicile pour l'exécution de ce même acte dans un autre lieu que celui du domicile réel, les significations, demandes et poursuites relatives à cet acte pourront être faites au domicile convenu, et devant le juge de ce domicile. C. 102 et la *note*, 176, 1264, 2148, 2152.—Pr. 59, 61-1°, 422, 435, 559, 584, 634, 639, 659, 673, 783, 789, 927.

TITRE QUATRIÈME.

DES ABSENTS.

(Décrété le 15 mars 1803. Promulgué le 25.)

CHAP. I. — DE LA PRÉSOMPTION D'ABSENCE (c).

112. S'il y a nécessité de pourvoir à l'administration de tout ou partie des biens laissés par une personne présumée absente et qui n'a point de procureur fondé, il y sera statué par le tribunal de première instance, sur la demande des parties intéressées. C. 28, 414, 817, 819, 838, 840.—Pr. 859, 860.

113. Le tribunal, à la requête de la partie la plus diligente, commettra un notaire pour représenter les présumés absents, dans les inventaires, comptes, partages et liquidations dans lesquels ils seront intéressés. C. 839, 834.—T. 77, 78.

114. Le ministère public est spécialement chargé de veiller aux intérêts des

_(c)_ Il y a présomption d'absence d'une personne lorsque, disparue du lieu de son domicile, elle tarde à donner de ses nouvelles assez longtemps pour faire concevoir des inquiétudes. — C'est la première période de l'absence. Les chapitres suivants concernent les 2e et 3e périodes de l'absence.

personnes présumées absentes ; et il sera entendu sur toutes les demandes qui les concernent. C. 123.—Pr. 83-7°.

CHAP. II.—DE LA DÉCLARATION D'ABSENCE.

115. Lorsqu'une personne aura cessé de paraître au lieu de son domicile ou de sa résidence, et que depuis quatre ans on n'en aura point eu de nouvelles, les parties intéressées pourront se pourvoir devant le tribunal de première instance, afin que l'absence soit déclarée (*a*). C. 112.— Pr. 859.

116. Pour constater l'absence, le tribunal, d'après les pièces et documents produits, ordonnera qu'une enquête soit

(*a*) La loi du 13 janvier 1817 contient, à l'égard des militaires absents, les dispositions suivantes :
« 1. Lorsqu'un militaire ou marin en activité pendant les guerres qui ont eu lieu depuis le 21 avril 1792 jusqu'au traité de paix du 20 nov. 1813, aura cessé de paraître, avant cette dernière époque, à son corps et au lieu de son domicile ou de sa résidence, ses héritiers présomptifs ou son épouse pourront dès à présent se pourvoir au tribunal de son dernier domicile, soit pour faire déclarer son absence, soit pour faire constater son décès, soit pour l'une de ces fins, au défaut de l'autre.
« 2. Leur requête et les pièces justificatives seront communiquées au procureur du roi, et par lui adressées au ministre de la justice, qui les transmettra au ministre de la guerre ou au ministre de la marine, selon que l'individu appartiendra au service de terre ou à celui de mer, et rendra publique la demande, ainsi qu'il est prescrit à l'égard des jugements d'absence par l'art. 118 du Code civil.
« 3. La requête, les extraits d'actes, pièces et renseignements recueillis au ministère de la guerre ou de la marine, sur l'individu dénommé dans ladite requête, seront renvoyés, par l'intermédiaire du ministre de la justice, au procureur du roi.—Si l'acte de décès a été transmis au procureur du roi, il en fera immédiatement le renvoi à l'officier de l'état civil, qui sera tenu de se conformer à l'art. 98 du Code civil. — Le procureur du roi remettra le surplus des pièces au greffe, après en avoir prévenu l'avoué des parties requérantes, et, à défaut d'acte de décès, il donnera ses conclusions.
« Sur le vu du tout, le tribunal prononcera. —S'il résulte des pièces et renseignements fournis par le ministre que l'individu existe, la demande sera rejetée.— S'il y a lieu seulement de présumer son existence, l'instruction pourra être ajournée pendant un délai qui n'excédera pas une année. — Le tribunal pourra aussi ordonner les enquêtes prescrites par l'art. 116 du Code civil, pour confirmer les présomptions d'absence résultant desdites pièces et renseignements. — Enfin, l'absence pourra être déclarée, ou sans instruction, ou après ajournement et enquêtes, s'il est prouvé que l'individu ait disparu sans qu'on ait eu de ses nouvelles, savoir : depuis deux ans, quand le corps, le détachement ou l'équipage dont il faisait partie

faite contradictoirement avec le procureur impérial, dans l'arrondissement du domicile, et dans celui de la résidence, s'ils sont distincts l'un de l'autre. C. 102, 820.—Pr. 255, 859.

117. Le tribunal, en statuant sur la demande, aura d'ailleurs égard aux motifs de l'absence, et aux causes qui ont pu empêcher d'avoir des nouvelles de l'individu présumé absent.

118. Le procureur impérial enverra, aussitôt qu'ils seront rendus, les jugements tant préparatoires que définitifs, au ministre de la justice, qui les rendra publics.

119. Le jugement de déclaration d'absence ne sera rendu qu'un an après le jugement qui aura ordonné l'enquête. C. 116.

CHAP. III. — DES EFFETS DE L'ABSENCE.

SECT. I. — *Des effets de l'absence, relativement aux biens que l'absent possédait au jour de sa disparition.*

120. Dans les cas où l'absent n'aurait point laissé de procuration pour l'administration de ses biens, ses héritiers présomptifs, au jour de sa disparition ou de ses dernières nouvelles, pourront, en vertu du jugement définitif qui aura déclaré l'absence, se faire envoyer en possession provisoire des biens qui appartenaient à l'absent au jour de son départ ou de ses dernières nouvelles, à la charge de donner caution pour la sûreté de leur administration. C. 123 à 129, 817, 1988, 2011, 2013, 2040.—Pr. 517, 518, 859, 860, 1031, 1035.

121. Si l'absent a laissé une procuration, ses héritiers présomptifs ne pourront poursuivre la déclaration d'absence et l'envoi en possession provisoire, qu'après dix années révolues depuis sa disparition ou depuis ses dernières nouvelles.

122. Il en sera de même si la procuration vient à cesser ; et, dans ce cas, il sera pourvu à l'administration des biens de l'absent, comme il est dit au chapitre Ier du présent titre.

123. Lorsque les héritiers présomptifs auront obtenu l'envoi en possession provisoire, le testament, s'il en existe un, sera ouvert à la réquisition des parties inté-

servait en Europe, et depuis quatre ans, quand le corps, le détachement ou l'équipage se trouvait hors de l'Europe. »

ressées, ou du procureur impérial près le tribunal; et les légataires, les donataires, ainsi que tous ceux qui avaient, sur les biens de l'absent, des droits subordonnés à la condition de son décès, pourront les exercer provisoirement, à la charge de donner caution. C. 129, 817.—Pr. 517, 518.

124. L'époux commun en biens, s'il opte pour la continuation de la communauté, pourra empêcher l'envoi provisoire, et l'exercice provisoire de tous les droits subordonnés à la condition du décès de l'absent, et prendre ou conserver, par préférence, l'administration des biens de l'absent. Si l'époux demande la dissolution provisoire de la communauté, il exercera ses reprises et tous ses droits légaux et conventionnels, à la charge de donner caution pour les choses susceptibles de restitution. C. 1441, 1467, 1468, s. —Pr. 863.—La femme, en optant pour la continuation de la communauté, conservera le droit d'y renoncer ensuite. C. 1492 à 1495.—Pr. 517, s. 863.

125. La possession provisoire ne sera qu'un dépôt, qui donnera à ceux qui l'obtiendront l'administration des biens de l'absent, et qui les rendra comptables envers lui, en cas qu'il reparaisse ou qu'on ait de ses nouvelles. C. 127, s.—Pr. 132, 905.

126. Ceux qui auront obtenu l'envoi provisoire, ou l'époux qui aura opté pour la continuation de la communauté, devront faire procéder à l'inventaire du mobilier et des titres de l'absent, en présence du procureur impérial près le tribunal de première instance, ou d'un juge de paix requis par ledit procureur impérial. Pr. 943, 944.—Le tribunal ordonnera, s'il y a lieu, de vendre tout ou partie du mobilier. Dans le cas de vente, il sera fait emploi du prix, ainsi que des fruits échus. Pr. 945 à 951.—Ceux qui auront obtenu l'envoi provisoire pourront requérir, pour leur sûreté, qu'il soit procédé, par un expert nommé par le tribunal, à la visite des immeubles, à l'effet d'en constater l'état. Son rapport sera homologué en présence du procureur impérial; les frais en seront pris sur les biens de l'absent. Pr. 302. s.

127. Ceux qui, par suite de l'envoi provisoire ou de l'administration légale, auront joui des biens de l'absent, ne se-

ront tenus de lui rendre que le cinquième des revenus, s'il reparaît avant quinze ans révolus depuis le jour de sa disparition; et le dixième, s'il ne reparaît qu'après les quinze ans. C. 129, 138. — Après trente ans d'absence, la totalité des revenus leur appartiendra. C. 2262.

128. Tous ceux qui ne jouiront qu'en vertu de l'envoi provisoire ne pourront aliéner ni hypothéquer les immeubles de l'absent. C. 132, 2026.

129. Si l'absence a continué pendant trente ans depuis l'envoi provisoire, ou depuis l'époque à laquelle l'époux commun aura pris l'administration des biens de l'absent, ou s'il s'est écoulé cent ans révolus depuis la naissance de l'absent, les cautions seront déchargées; tous les ayants droit pourront demander le partage des biens de l'absent, et faire prononcer l'envoi en possession définitif par le tribunal de première instance. C. 132, 138, 815 s.

130. La succession de l'absent sera ouverte, du jour de son décès prouvé, au profit des héritiers les plus proches à cette époque; et ceux qui auraient joui des biens de l'absent seront tenus de les restituer, sous la réserve des fruits par eux acquis en vertu de l'article 127. C. 135, s.

131. Si l'absent reparaît ou si son existence est prouvée pendant l'envoi provisoire, les effets du jugement qui aura déclaré l'absence cesseront; sans préjudice, s'il y a lieu, des mesures conservatoires prescrites au chapitre Ier du présent titre, pour l'administration de ses biens. C. 112 à 114.

132. Si l'absent reparaît, ou si son existence est prouvée, même après l'envoi définitif, il recouvrera ses biens dans l'état où ils se trouveront, le prix de ceux qui auraient été aliénés, ou les biens provenant de l'emploi qui aurait été fait du prix de ses biens vendus. C. 129.

133. Les enfants et descendants directs de l'absent pourront également, dans les trente ans, à compter de l'envoi définitif, demander la restitution de ses biens, comme il est dit en l'article précédent. C. 2262.

134. Après le jugement de déclaration d'absence, toute personne qui aurait des droits à exercer contre l'absent ne pourra les poursuivre que contre ceux qui auront été envoyés en possession des biens, ou qui en auront l'administration légale. C. 120, 124, 129.

SECT. II. — *Des effets de l'absence, relativement aux droits éventuels qui peuvent compéter à l'absent.*

135. Quiconque réclamera un droit échu à un individu dont l'existence ne sera pas reconnue devra prouver que ledit individu existait quant le droit a été ouvert : jusqu'à cette preuve, il sera déclaré non recevable dans sa demande. C. 725, 744, 1039.

136. S'il s'ouvre une succession à laquelle soit appelé un individu dont l'existence n'est pas reconnue, elle sera dévolue exclusivement à ceux avec lesquels il aurait eu le droit de concourir, ou à ceux qui l'auraient recueillie à son défaut. C. 725, 775.

137. Les dispositions des deux articles précédents auront lieu sans préjudice des actions en pétition d'hérédité et d'autres droits, lesquels compéteront à l'absent ou à ses représentants ou ayants cause, et ne s'éteindront que par le laps de temps établi pour la prescription. C. 772, 2262.

138. Tant que l'absent ne se représentera pas, ou que les actions ne seront point exercées de son chef, ceux qui auront recueilli la succession gagneront les fruits par eux perçus de bonne foi. C. 549, 550, 2268.

SECT. III. — *Des effets de l'absence, relativement au mariage.*

139. L'époux absent dont le conjoint a contracté une nouvelle union sera seul recevable à attaquer ce mariage par lui-même, ou par son fondé de pouvoir, muni de la preuve de son existence (*a*). C. 147, 188, 189, 312.—P. 340.

140. Si l'époux absent n'a point laissé de parents habiles à lui succéder, l'autre époux pourra demander l'envoi en possession provisoire des biens. C. 120, 222, 767, 1427.—Pr. 863.

CHAP. IV. — DE LA SURVEILLANCE DES ENFANTS MINEURS DU PÈRE QUI A DISPARU.

141. Si le père a disparu laissant des enfants mineurs issus d'un commun mariage, la mère en aura la surveillance, et elle exercera tous les droits du mari,

(*a*) Un avis du conseil d'État du 17 germinal an XIII déclare qu'il n'y a pas lieu, au profit des femmes des militaires, de déroger aux règles

quant à leur éducation et à l'administration de leurs biens. C. 155, 373, 389.—Co. 2.

142. Six mois après la disparition du père, si la mère était décédée lors de cette disparition, ou si elle vient à décéder avant que l'absence du père ait été déclarée, la surveillance des enfants sera déférée, par le conseil de famille, aux ascendants les plus proches, et, à leur défaut, à un tuteur provisoire. C. 155, 405 à 419.

143. Il en sera de même dans le cas où l'un des époux, qui aura disparu, laissera des enfants mineurs issus d'un mariage précédent.

TITRE CINQUIÈME.

DU MARIAGE (*b*).

(Décrété le 17 mars 1803. Promulgué le 27.)

CHAP. I. — DES QUALITÉS ET CONDITIONS REQUISES POUR POUVOIR CONTRACTER MARIAGE.

144. L'homme avant dix-huit ans révolus, la femme avant quinze ans révolus, ne peuvent contracter mariage (*c*). C. 145, 170, 184, 185.

145. Néanmoins il est loisible à l'Empereur d'accorder des dispenses d'âge pour des motifs graves (*d*). C. 63, 163 et la *note*, 164, 169.

146. Il n'y a pas de mariage lorsqu'il n'y a point de consentement. C. 180,

du droit commun concernant les preuves du décès de leur mari, à administrer avant de pouvoir contracter un nouveau mariage.

(*b*) « La loi ne considère le mariage que comme un *contrat civil.* » (Art. 7, Const. des 3-14 septembre 1791.)

(*c*) Voy., sous l'art. 151 ci-après, à l'égard des militaires et fonctionnaires publics résidant aux îles de l'Océanie, le décret des 24 mars-16 avril 1852.

(*d*) L'arrêté du 20 prairial an XI porte à cet égard :

« Art. 1er. Les dispenses pour se marier avant dix-huit ans pour les hommes et quinze ans révolus pour les femmes, et celles pour se marier dans les degrés prohibés par l'article 164 du Code civil, seront délivrées par le gouvernement sur le rapport du grand-juge.

« 3. Les dispenses de la seconde publication de bans, dont est mention dans l'article 169 du Code civil, seront accordées, s'il y a lieu, au nom du gouvernement, par son commissaire (le procureur impérial) près le tribunal de première instance dans l'arrondissement duquel les impétrants se proposent de célébrer leur mariage ; et il sera rendu compte par ce commissaire au grand-juge, ministre de la justice, des causes graves qui auront donné lieu à chacune de ces dispenses. »

181, 183, 185, 1113, 1114. — P. 357.

147. On ne peut contracter un second mariage avant la dissolution du premier (a). C. 184, 227.—P. 340.

148. Le fils qui n'a pas atteint l'âge de vingt-cinq ans accomplis, la fille qui n'a pas atteint l'âge de vingt-un ans accomplis, ne peuvent contracter mariage sans le consentement de leurs père et mère : en cas de dissentiment, le consentement du père suffit. C. 73, 152, 156, 182, 183, 488.—P. 193, 195.

149. Si l'un des deux est mort, ou s'il est dans l'impossibilité de manifester sa volonté, le consentement de l'autre suffit. C. 156, 182, 183, 489, s.—P. 193, 195.

150. Si le père et la mère sont morts, ou s'ils sont dans l'impossibilité de manifester leur volonté, les aïeuls et aïeules les remplacent; s'il y a dissentiment entre l'aïeul et l'aïeule de la même ligne, il suffit du consentement de l'aïeul. — S'il y a dissentiment entre les deux lignes, ce partage emportera consentement. C. 73, 152, 156, 182, 183.—P. 193, 195.

151. Les enfants de famille ayant atteint la majorité fixée par l'article 148 sont tenus, avant de contracter mariage, de demander, par un acte respectueux et formel, le conseil de leur père et de leur mère, ou celui de leur aïeuls et aïeules, lorsque leur père et leur mère sont décédés, ou dans l'impossibilité de manifester leur volonté (b). C. 152 à 155, 157, 158. —T. 168.

152. Depuis la majorité fixée par l'article 148 jusqu'à l'âge de trente ans accomplis pour les fils, et jusqu'à l'âge de vingt-cinq ans accomplis pour les filles, l'acte respectueux prescrit par l'article précédent, et sur lequel il n'y aurait pas de consentement au mariage, sera renouvelé deux autres fois, de mois en mois; et un mois après le troisième acte, il pourra

être passé outre à la célébration du mariage (c). C. 182.—T. 168.

153. Après l'âge de trente ans, il pourra être, à défaut de consentement sur un acte respectueux, passé outre, un mois après, à la célébration du mariage (d).

154. L'acte respectueux sera notifié à celui ou ceux des ascendants désignés en l'article 151, par deux notaires, ou par un notaire et deux témoins; et, dans le procès-verbal qui doit en être dressé, il sera fait mention de la réponse. T. 168.

155. En cas d'absence de l'ascendant auquel eût dû être fait l'acte respectueux, il sera passé outre à la célébration du mariage, en représentant le jugement qui aurait été rendu pour déclarer l'absence, ou, à défaut de ce jugement, celui qui aurait ordonné l'enquête, ou, s'il n'y a point encore eu de jugement, un acte de notoriété délivré par le juge de paix du lieu où l'ascendant a eu son dernier domicile connu. Cet acte contiendra la déclaration de quatre témoins appelés d'office par ce juge de paix. C. 37, 70, 71, 72, 115, 116 à 119, 156, s.—P. 193, 195.

156. Les officiers de l'état civil qui auraient procédé à la célébration des mariages contractés par des fils n'ayant pas atteint l'âge de vingt-cinq ans accomplis, ou par des filles n'ayant pas atteint l'âge de vingt-un ans accomplis, sans que le consentement des pères et mères, celui des aïeuls et aïeules, et celui de la famille, dans le cas où ils sont requis, soient énoncés dans l'acte de mariage, seront, à la diligence des parties intéressées et du pro-

---

(a) L'infraction à cette règle constitue un crime qui se nomme *bigamie*. — Voy. le décret des 24 mars-16 avril 1852, sous l'art. 151 ci-dessous.

(b, c, d) 24 mars—16 avril 1852.—*Décret ayant pour objet de faciliter le mariage des Français qui résident aux îles de la Société et dans les autres établissements français de l'Océanie.*

« Art. 1er. Les personnes résidant aux îles de la Société et dans les autres établissements français de l'Océanie, dont la famille est domiciliée en France et qui se trouvent dans les cas prévus par les articles 151, 152 et 153 du Code

civil, sont dispensées des obligations imposées par lesdits articles. Le consentement de la famille sera remplacé par celui du conseil du gouvernement de la colonie, sans lequel les officiers de l'état civil ne pourront procéder au mariage.

« 2. Il sera justifié des conditions d'âge, de célibat ou de veuvage, exigées par les articles 144 et 147 du Code civil, de la manière suivante : 1° pour ce qui concerne les militaires et marins de tous grades, fonctionnaires et autres agents au service de l'État, par les matricules du corps et les rôles d'équipage; 2° pour les autres résidents, par pièces dont le conseil appréciera la valeur et l'authenticité avant d'accorder son consentement; et, à défaut de pièces, par un acte de notoriété dressé sur les lieux en la forme ordinaire.

« 3. Les publications faites avec l'autorisation du conseil du gouvernement, et affichées devant la porte du bureau de l'état civil, seront, dans tous les cas, suffisantes pour la régularité du mariage. »

cureur impérial près le tribunal de première instance du lieu où le mariage aura été célébré, condamnés à l'amende portée par l'article 192, et, en outre, à un emprisonnement dont la durée ne pourra être moindre de six mois. C. 73, 148. —P. 193.

157. Lorsqu'il n'y aura pas eu d'actes respectueux, dans les cas où ils sont prescrits, l'officier de l'état civil qui aurait célébré le mariage sera condamné à la même amende, et à un emprisonnement qui ne pourra être moindre d'un mois. C. 151 à 155.

158. Les dispositions contenues aux articles 148 et 149, et les dispositions des articles 151, 152, 153, 154 et 155, relatives à l'acte respectueux qui doit être fait aux père et mère, dans le cas prévu par ces articles, sont applicables aux enfants naturels légalement reconnus. C. 330, s.

159. L'enfant naturel qui n'a point été reconnu, et celui qui, après l'avoir été, a perdu ses père et mère, ou dont les père et mère ne peuvent manifester leur volonté, ne pourra, avant l'âge de vingt-un ans révolus, se marier qu'après avoir obtenu le consentement d'un tuteur *ad hoc* qui lui sera nommé. C. 175, 405, s.

160. S'il n'y a ni père ni mère, ni aïeuls ni aïeules, ou s'ils se trouvent tous dans l'impossibilité de manifester leur volonté, les fils ou filles mineurs de vingt-un ans ne peuvent contracter mariage sans le consentement du conseil de famille. C. 170, 174, 405 à 416.

161. En ligne directe (*a*), le mariage est prohibé entre tous les ascendants et descendants légitimes ou naturels, et les alliés dans la même ligne. C. 162, 163, 164, 184, 187, 201, 202, 348, 736, 737.

162. En ligne collatérale (*b*), le mariage est prohibé entre le frère et la sœur légitimes ou naturels, et les alliés au même degré. C. 164, 184, 187, 348.

163. Le mariage est encore prohibé entre l'oncle et la nièce, la tante et le neveu (*c*). C. 164, 184, 187.

164. Néanmoins il est loisible à l'Empereur de lever, pour des causes graves, les prohibitions portées par l'article 162 aux mariages entre beaux-frères et belles-

sœurs, et par l'article 163 aux mariages entre l'oncle et la nièce, la tante et le neveu. C. 145 et la *note*.

CHAP. II. — DES FORMALITÉS RELATIVES A LA CÉLÉBRATION DU MARIAGE (*e*).

165. Le mariage sera célébré publiquement devant l'officier civil du domicile de l'une des parties. C. 74, 75, 102 à 111, 167, 191, 193. —P. 199, 200.

166. Les deux publications ordonnées par l'article 63, au titre des *Actes de l'état civil*, seront faites à la municipalité du lieu où chacune des parties contractantes aura son domicile. C. 74, 75, 76, 94, 102 à 111, 167, 169, 170.

167. Néanmoins, si le domicile actuel n'est établi que par six mois de résidence, les publications seront faites en outre à la municipalité du dernier domicile. C. 74.

168. Si les parties contractantes, ou l'une d'elles, sont, relativement au mariage, sous la puissance d'autrui, les publications seront encore faites à la municipalité du domicile de ceux sous la puissance desquels elles se trouvent. C. 151, s., 372.

169. Il est loisible à l'Empereur ou aux officiers qu'il préposera à cet effet, de dispenser, pour des causes graves, de la seconde publication. C. 63, 64, 145 et la *note*.

170. Le mariage contracté en pays étranger entre Français, et entre Français et étrangers, sera valable, s'il a été célébré dans les formes usitées dans le pays, pourvu qu'il ait été précédé des publications prescrites par l'article 63, au titre des *Actes de l'état civil*, et que le Français n'ait point contrevenu aux dispositions contenues au chapitre précédent. C. 171.

171. Dans les trois mois après le retour du Français sur le territoire de l'empire, l'acte de célébration du mariage contracté en pays étranger sera transcrit

(*a, b*) Voy. plus loin, sous les articles 736 et 737, la définition des lignes *directe* et *collatérale*.
(*c*) Cette prohibition a été déclarée applicable entre le *grand-oncle* et la *petite-nièce*, par une délibération du conseil d'État, en date du 7 mai 1808.
(*d*) Cet article a été rectifié par la loi du 16 avril 1832, ainsi qu'il suit :
« Néanmoins, il est loisible au roi de lever, pour des causes graves, les prohibitions portées par l'article 162 aux mariages entre beaux-frères et belles-sœurs, et par l'article 163 aux mariages entre l'oncle et la nièce, la tante et le neveu. »
(*e*) Voy., sous l'art. 70 du Code civil, la loi du 10 décembre 1850, destinée à faciliter le mariage des *indigents*.

sur le registre public des mariages du lieu de son domicile. C. 40, 41, 102.

CHAP. III. — DES OPPOSITIONS AU MARIAGE.

172. Le droit de former opposition à la célébration du mariage appartient à la personne engagée par mariage avec l'une des deux parties contractantes. C. 66, à 69, 147, 176, 179.

173. Le père, et à défaut du père, la mère, et à défaut de père et mère, les aïeuls et aïeules peuvent former opposition au mariage de leurs enfants et descendants, encore que ceux-ci aient vingt-cinq ans accomplis. C. 148, s.

174. A défaut d'aucun ascendant, le frère ou la sœur, l'oncle ou la tante, le cousin ou la cousine germains, majeurs, ne peuvent former aucune opposition que dans les deux cas suivants : 1° lorsque le consentement du conseil de famille, requis par l'article 160, n'a pas été obtenu ; — 2° lorsque l'opposition est fondée sur l'état de démence du futur époux : cette opposition, dont le tribunal pourra prononcer mainlevée pure et simple, ne sera jamais reçue qu'à la charge, par l'opposant, de provoquer l'interdiction, et d'y faire statuer dans le délai qui sera fixé par le jugement. C. 179, 489, s. — Pr. 890, s.

175. Dans les deux cas prévus par le précédent article, le tuteur ou curateur ne pourra, pendant la durée de la tutelle ou curatelle, former opposition qu'autant qu'il y aura été autorisé par un conseil de famille, qu'il pourra convoquer. C. 405 à 419.—Pr. 883, s.

176. Tout acte d'opposition énoncera la qualité qui donne à l'opposant le droit de la former ; il contiendra élection de domicile dans le lieu où le mariage devra être célébré ; il devra également, à moins qu'il ne soit fait à la requête d'un ascendant, contenir les motifs de l'opposition : le tout à peine de nullité, et de l'interdiction de l'officier ministériel qui aurait signé l'acte contenant opposition. C. 66 à 69, 111.

177. Le tribunal de première instance prononcera dans les dix jours sur la demande en mainlevée.

178. S'il y a appel, il y sera statué dans les dix jours de la citation. P. 443.

179. Si l'opposition est rejetée, les opposants, autres néanmoins que les ascendants, pourront être condamnés à des dommages-intérêts. C. 1382.—Pr. 128, s., 523 à 525.

CHAP. IV. — DES DEMANDES EN NULLITÉ DE MARIAGE.

180. Le mariage qui a été contracté sans le consentement libre des deux époux, ou de l'un d'eux, ne peut être attaqué que par les époux, ou par celui des deux dont le consentement n'a pas été libre. C. 146, 183.—P. 354 à 357.—Lorsqu'il y a eu erreur dans la personne, le mariage ne peut être attaqué que par celui des deux époux qui a été induit en erreur. C. 1109, 1110, 1113, 1114.

181. Dans le cas de l'article précédent, la demande en nullité n'est plus recevable, toutes les fois qu'il y a eu cohabitation continuée pendant six mois, depuis que l'époux a acquis sa pleine liberté, ou que l'erreur a été par lui reconnue. C. 185, 191, 196.

182. Le mariage contracté sans le consentement des père et mère, des ascendants, ou du conseil de famille, dans les cas où ce consentement était nécessaire, ne peut être attaqué que par ceux dont le consentement était requis, ou par celui des deux époux qui avait besoin de ce consentement. C. 148 à 151, 160, 183, 187, 201, 202.—P. 193 à 195.

183. L'action en nullité ne peut plus être intentée ni par les époux, ni par les parents dont le consentement était requis, toutes les fois que le mariage a été approuvé expressément ou tacitement par ceux dont le consentement était nécessaire, ou lorsqu'il s'est écoulé une année sans réclamation de leur part, depuis qu'ils ont eu connaissance du mariage. Elle ne peut être intentée non plus par l'époux, lorsqu'il s'est écoulé une année sans réclamation de sa part, depuis qu'il a atteint l'âge compétent pour consentir par lui-même au mariage. C. 148.

184. Tout mariage contracté en contravention aux dispositions contenues aux articles 144, 147, 161, 162 et 163, peut être attaqué soit par les époux eux-mêmes, soit par tous ceux qui y ont intérêt, soit par le ministère public. C. 187, s., 190, s., 201, 202, 348.—P. 354 à 357.—T. cr. 121.

185. Néanmoins le mariage contracté par des époux qui n'avaient point encore l'âge requis, ou dont l'un des deux n'avait point atteint cet âge, ne peut plus être attaqué, —1° lorsqu'il s'est écoulé six mois depuis que cet époux ou les époux ont atteint l'âge compétent ; — 2° lorsque la femme, qui n'avait point cet âge, a conçu avant l'échéance de six mois. C. 144, 181.

186. Le père, la mère, les ascendants et la famille, qui ont consenti au mariage contracté dans le cas de l'article précédent, ne sont point recevables à en demander la nullité.

187. Dans tous les cas où, conformément à l'article 184, l'action en nullité peut être intentée par tous ceux qui y ont un intérêt, elle ne peut l'être par les parents collatéraux, ou par les enfants nés d'un autre mariage, du vivant des deux époux, mais seulement lorsqu'ils y ont un intérêt né et actuel. C. 174.

188. L'époux au préjudice duquel a été contracté un second mariage peut en demander la nullité, du vivant même de l'époux qui était engagé avec lui. C. 139, 147, 189, 190, 201, 202.—P. 340.

189. Si les nouveaux époux opposent la nullité du premier mariage, la validité ou la nullité de ce mariage doit être jugée préalablement.

190. Le procureur impérial, dans tous les cas auxquels s'applique l'article 184, et sous les modifications portées en l'article 185, peut et doit demander la nullité du mariage du vivant des deux époux, et les faire condamner à se séparer. C. 139, 199, s.

191. Tout mariage qui n'a point été contracté publiquement, et qui n'a point été célébré devant l'officier public compétent, peut être attaqué par les époux eux-mêmes, par les père et mère, par les ascendants, et par tous ceux qui y ont un intérêt né et actuel, ainsi que par le ministère public. C. 75, 165.—T. cr. 121.

192. Si le mariage n'a point été précédé des deux publications requises, ou s'il n'a pas été obtenu des dispenses permises par la loi, ou si les intervalles prescrits dans les publications et célébrations n'ont point été observés, le procureur impérial fera prononcer contre l'officier public une amende qui ne pourra excéder trois cents francs (a) ; et contre les parties contractantes, ou ceux sous la

puissance desquels elles ont agi, une amende proportionnée à leur fortune. C. 63, 64, 65, 166 à 169.—T. cr. 121.

193. Les peines prononcées par l'article précédent seront encourues par les personnes qui y sont désignées, pour toute contravention aux règles prescrites par l'article 165, lors même que ces contraventions ne seraient pas jugées suffisantes pour faire prononcer la nullité du mariage.

194. Nul ne peut réclamer le titre d'époux et les effets civils du mariage, s'il ne représente un acte de célébration inscrit sur le registre de l'état civil, sauf les cas prévus par l'article 46, au titre *des Actes de l'état civil.* C. 40, 75, 76, 195.

195. La possession d'état ne pourra dispenser les prétendus époux qui l'invoqueront respectivement, de représenter l'acte de célébration du mariage devant l'officier de l'état civil. C. 40, 46, 76, 194, 196, 197, 321.

196. Lorsqu'il y a possession d'état, et que l'acte de célébration du mariage devant l'officier de l'état civil est représenté, les époux sont respectivement non recevables à demander la nullité de cet acte. C. 76, 321.

197. Si néanmoins, dans le cas des articles 194 et 195, il existe des enfants issus de deux individus qui ont vécu publiquement comme mari et femme, et qui soient tous deux décédés, la légitimité des enfants ne peut être contestée sous le seul prétexte du défaut de représentation de l'acte de célébration, toutes les fois que cette légitimité est prouvée par une possession d'état qui n'est point contredite par l'acte de naissance. C. 319 à 322.

198. Lorsque la preuve d'une célébration légale du mariage se trouve acquise par le résultat d'une procédure criminelle, l'inscription du jugement sur les registres de l'état civil assure au mariage, à compter du jour de sa célébration, tous les effets civils, tant à l'égard des époux qu'à l'égard des enfants issus de ce mariage. C. 40, 326, 327.—P. 145, s., 173, 192.

199. Si les époux ou l'un d'eux sont décédés sans avoir découvert la fraude, l'action criminelle peut être intentée par

---

(a) D'après un avis du conseil d'Etat, ap-

prouvé les 4 pluviôse an XIII et 28 juin 1806, les officiers de l'état civil n'ont pas le droit de réclamer le bénéfice de la *garantie constitutionnelle* de l'art. 75 de la loi du 22 frimaire an VIII.

tous ceux qui ont intérêt de faire déclarer le mariage valable, et par le procureur impérial. C. 190, 192, 326, 327.

200. Si l'officier public est décédé lors de la découverte de la fraude, l'action sera dirigée au civil contre ses héritiers, par le procureur impérial, en présence des parties intéressées, et sur leur dénonciation. C. 724.

201. Le mariage qui a été déclaré nul, produit néanmoins les effets civils, tant à l'égard des époux qu'à l'égard des enfants, lorsqu'il a été contracté de bonne foi. C. 144, 147, 161, 162, 163, 180, 182, 184, 188, 194, 195, 550, 2268.

202. Si la bonne foi n'existe que de la part de l'un des deux époux, le mariage ne produit les effets civils qu'en faveur de cet époux et des enfants issus du mariage.

CHAP. V. — DES OBLIGATIONS QUI NAISSENT DU MARIAGE.

203. Les époux contractent ensemble, par le fait seul du mariage, l'obligation de nourrir, entretenir et élever leurs enfants. C. 208, 211, 384, 389, 852, 1409, 1448, 1558.

204. L'enfant n'a pas d'action contre ses père et mère pour un établissement par mariage ou autrement (a).

205. Les enfants doivent des aliments à leur père et mère et autres ascendants qui sont dans le besoin (b). C. 203, 207, 208, 349, 384, 385, 955-30, 1158.

206. Les gendres et belles-filles doivent également et dans les mêmes circonstances, des aliments à leurs beau-père et belle-mère; mais cette obligation cesse, —1° lorsque la belle-mère a convolé en secondes noces; — 2° lorsque celui des époux qui produisait l'affinité, et les enfants issus de son union avec l'autre époux, sont décédés. C. 207, 208, 1558.

207. les obligations résultant de ces dispositions sont réciproques. C. 205.

208. Les aliments ne sont accordés que dans la proportion du besoin de celui qui

les réclame, et de la fortune de celui qui les doit.

209. Lorsque celui qui fournit ou celui qui reçoit des aliments est placé dans un état tel, que l'un ne puisse plus en donner ou que l'autre n'en ait plus besoin, en tout ou en partie, la décharge ou réduction peut en être demandée. C. 210.

210. Si la personne qui doit fournir les aliments justifie qu'elle ne peut payer la pension alimentaire, le tribunal pourra, en connaissance de cause, ordonner qu'elle recevra dans sa demeure, qu'elle nourrira et entretiendra celui auquel elle devra des aliments.

211. Le tribunal prononcera également si le père ou la mère, qui offrira de recevoir, nourrir et entretenir dans sa demeure l'enfant à qui il devra des aliments, devra dans ce cas être dispensé de payer la pension alimentaire.

CHAP. VI. — DES DROITS ET DES DEVOIRS RESPECTIFS DES ÉPOUX.

212. Les époux se doivent mutuellement fidélité, secours, assistance. C. 75, 203, 229, s., 1388. — P. 337, 339.

213. Le mari doit protection à sa femme, la femme obéissance à son mari. C. 1388.

214. La femme est obligée d'habiter avec le mari, et de le suivre partout où il juge à propos de résider; le mari est obligé de la recevoir, et de lui fournir tout ce qui est nécessaire pour les besoins de la vie, selon ses facultés et son état (c). C. 108, 203, 268, 1448, 1537.

215. La femme ne peut ester en jugement sans l'autorisation de son mari, quand même elle serait marchande publique, ou non commune, ou séparée de biens. C. 216 à 226, 344, 776, 1449, 1538, 1576.—Pr. 861 à 964.—Co. 4.

216. L'autorisation du mari n'est pas nécessaire lorsque la femme est poursuivie en matière criminelle ou de police. C. 1424. — I. cr. 1.

217. La femme, même non commune

(a) On considère comme *établissement* une charge quelconque, un fonds de commerce, les instruments nécessaires pour l'exercice d'une profession. Mais l'*éducation* et l'*apprentissage* ne constituent pas un établissement.

(b) Le Code civil, comme la loi romaine, comprend par le mot *aliments* tout ce qui est nécessaire à la vie : le logement, la nourriture et les vêtements. Quant au mode de prestation, voy. l'art. 210.

(c) Un avis du conseil d'Etat, du 22 décembre 1807, approuvé le 11 janvier et maintenu le 2 février 1808, porte qu'une retenue du *tiers* au plus peut être ordonnée sur la pension de retraite de tout militaire qui ne remplirait pas, à l'égard de sa femme et de ses enfants, les obligations qui lui sont imposées par les présents chapitres 5 et 6 du Code civil.

ou séparée de biens, ne peut donner, aliéner, hypothéquer, acquérir à titre gratuit ou onéreux, sans le concours du mari dans l'acte, ou son consentement par écrit. C. 215, 219, 905, 934, 940, 1029, 1124, 1304, 1426, 1449, 2253, 2256.—Co. 4, 5, 7.

218. Si le mari refuse d'autoriser sa femme à ester en jugement, le juge peut donner l'autorisation. Pr. 861 à 864.

219. Si le mari refuse d'autoriser sa femme à passer un acte, la femme peut faire citer son mari directement devant le tribunal de première instance de l'arrondissement du domicile commun, qui peut donner ou refuser son autorisation, après que le mari aura été entendu ou dûment appelé en la chambre du conseil. C. 215, 221 à 225.—Pr. 861 à 864.

220. La femme, si elle est marchande publique, peut, sans l'autorisation de son mari, s'obliger pour ce qui concerne son négoce; et, audit cas, elle oblige aussi son mari, s'il y a communauté entre eux. C. 215, 1419, 1426.—Co. 4, 5, 7, 22.—Elle n'est pas réputée marchande publique, si elle ne fait que détailler les marchandises du commerce de son mari, mais seulement quand elle fait un commerce séparé. C. 215.—Co. 4, s.

221. Lorsque le mari est frappé d'une condamnation emportant peine afflictive ou infamante, encore qu'elle n'ait été prononcée que par contumace, la femme, même majeure, ne peut, pendant la durée de la peine, ester en jugement, ni contracter, qu'après s'être fait autoriser par le juge qui peut, en ce cas, donner l'autorisation, sans que le mari ait été entendu ou appelé. C. 1413, 1417, 1426, s.—Pr. 861, s.—P. 7, 8.

222. Si le mari est interdit ou absent, le juge peut, en connaissance de cause, autoriser la femme, soit pour ester en jugement, soit pour contracter. C. 140, 224, 489, 2208. — Pr. 861, s.

223. Toute autorisation générale, même stipulée par contrat de mariage, n'est valable que quant à l'administration des biens de la femme. C. 1388, 1538, 1988.

224. Si le mari est mineur, l'autorisation du juge est nécessaire à la femme, soit pour ester en jugement, soit pour contracter. C. 481, 2208. — Pr. 861, s.

225. La nullité fondée sur le défaut d'autorisation ne peut être opposée que par la femme, par le mari ou par leurs héritiers. C. 942, s., 1125, 1241, 1304, 1312, 1413, 1417, 1469, 1555.

226. La femme peut tester sans l'autorisation de son mari. C. 893, 895, 905, 940, 969.

CHAP. VII.—DE LA DISSOLUTION DU MARIAGE.

227. Le mariage se dissout, 1° par la mort de l'un des époux; — 2° par le divorce légalement prononcé (a); —3° par la condamnation devenue définitive de l'un des époux à une peine emportant mort civile. C. 23, 25. — P. 18.

CHAP. VIII. — DES SECONDS MARIAGES.

228. La femme ne peut contracter un nouveau mariage qu'après dix mois révolus depuis la dissolution du mariage précédent. C. 139, 188, 386. — P. 194, 195.

TITRE SIXIÈME.

DU DIVORCE (b).

(Décrété le 21 mars 1803. Promulgué le 31.)

CHAP. I. — DES CAUSES DU DIVORCE.

229. Le mari pourra demander le divorce pour cause d'adultère de sa femme. C. 308, 312 s., — P. 324-2°, 336, 337, 338.

230. La femme pourra demander le divorce pour cause d'adultère de son mari, lorsqu'il aura tenu sa concubine dans la maison commune. P. 339.

231. Les époux pourront réciproquement demander le divorce pour excès,

(a) Le divorce a été aboli. Voy. la note suivante.

(b) Nous laissons figurer au Code le titre du divorce, bien qu'il ait été aboli par la loi des 8-10 mai 1816 dans les termes suivants :
« Art. 1er. Le divorce est aboli.
« 2. Toutes demandes et instances en divorce pour causes déterminées sont converties en demandes et instances en séparation de corps; les jugements et arrêts restés sans exécution par le défaut de prononciation du divorce par l'officier civil, conformément aux art. 227, 264, 265 et 266 du Code civil, sont restreints aux effets de la séparation.
« 3. Tous actes faits pour parvenir au divorce par consentement mutuel sont annulés; les jugements et arrêts rendus en ce cas, mais non suivis de la prononciation du divorce, sont considérés comme non avenus, conformément à l'art. 294. »

sévices ou injures graves, de l'un d'eux envers l'autre. C. 306.

232. La condamnation de l'un des époux à une peine infamante sera pour l'autre époux une cause de divorce. C. 25, s. — I. cr. 635, 641. — P. 7, 8.

233. Le consentement mutuel et persévérant des époux exprimé de la manière prescrite par la loi, sous les conditions et après les épreuves qu'elle détermine, prouvera suffisamment que la vie commune leur est insupportable, et qu'il existe, par rapport à eux, une cause péremptoire de divorce.

CHAP. II. — DU DIVORCE POUR CAUSE DÉTERMINÉE.

SECT. I. — *Des formes du divorce pour cause déterminée.*

234. Quelle que soit la nature des faits ou des délits qui donneront lieu à la demande en divorce pour cause déterminée, cette demande ne pourra être formée qu'au tribunal de l'arrondissement dans lequel les époux auront leur domicile. C. 102, 108. — Pr. 875, s.

235. Si quelques-uns des faits allégués par l'époux demandeur donnent lieu à une poursuite criminelle de la part du ministère public, l'action en divorce restera suspendue jusqu'après l'arrêt de la cour d'assises : alors elle pourra être reprise, sans qu'il soit permis d'inférer de l'arrêt aucune fin de non-recevoir ou exception préjudicielle contre l'époux demandeur. I. cr. 3.

236. Toute demande en divorce détaillera les faits : elle sera remise, avec les pièces à l'appui, s'il y en a, au président du tribunal ou au juge qui en fera les fonctions, par l'époux demandeur en personne, à moins qu'il n'en soit empêché par maladie; auquel cas, sur sa réquisition et le certificat de deux docteurs en médecine ou en chirurgie, ou de deux officiers de santé, le magistrat se transportera au domicile du demandeur, pour y recevoir sa demande. Pr. 881. — T. 79.

237. Le juge, après avoir entendu le demandeur, et lui avoir fait les observations qu'il croira convenables, paraphera la demande et les pièces, et dressera procès-verbal de la remise du tout en ses mains. Ce procès-verbal sera signé par le juge et par le demandeur, à moins que

celui-ci ne sache ou ne puisse signer; auquel cas il en sera fait mention.

238. Le juge ordonnera, au bas de son procès-verbal, que les parties comparaîtront en personne devant lui, au jour et à l'heure qu'il indiquera; et qu'à cet effet copie de son ordonnance sera par lui adressée à la partie contre laquelle le divorce est demandé.

239. Au jour indiqué, le juge fera aux deux époux, s'ils se présentent, ou au demandeur, s'il est seul comparant, les représentations qu'il croira propres à opérer un rapprochement : s'il ne peut y parvenir, il en dressera procès-verbal, et ordonnera la communication de la demande et des pièces au ministère public, et le référé du tout au tribunal. Pr. 83-2°.

240. Dans les trois jours qui suivront, le tribunal, sur le rapport du président ou du juge qui en aura fait les fonctions, et sur les conclusions du ministère public, accordera ou suspendra la permission de citer. La suspension ne pourra excéder le terme de vingt jours. Pr. 881. — T. 91.

241. Le demandeur, en vertu de la permission du tribunal, fera citer le défendeur, dans la forme ordinaire, à comparaître en personne à l'audience, à huis clos (*a*), dans le délai de la loi; il fera donner copie, en tête de la citation, de la demande en divorce et des pièces produites à l'appui. T. 29.

242. A l'échéance du délai, soit que le défendeur comparaisse ou non, le demandeur en personne, assisté d'un conseil, s'il le juge à propos, exposera ou fera exposer les motifs de sa demande; il représentera les pièces qui l'appuient, et nommera les témoins qu'il se propose de faire entendre. T. 92.

243. Si le défendeur comparaît en personne ou par un fondé de pouvoir, il pourra proposer ou faire proposer ses observations, tant sur les motifs de la demande que sur les pièces produites par le demandeur et sur les témoins par lui nommés. Le défendeur nommera, de son côté, les témoins qu'il se propose de faire entendre, et sur lesquels le demandeur fera réciproquement ses observations T. 92.

(*a*) **Vieille expression** qui signifie les *portes étant fermées*, par exception au principe général qui exige que les audiences soient publiques.

244. Il sera dressé procès-verbal des comparutions, dires et observations des parties, ainsi que des aveux que l'une ou l'autre pourra faire. Lecture de ce procès-verbal sera donnée auxdites parties, qui seront requises de le signer; et il sera fait mention expresse de leur signature, ou de leur déclaration de ne pouvoir ou ne vouloir signer.

245. Le tribunal renverra les parties à l'audience publique, dont il fixera le jour et l'heure; il ordonnera la communication de la procédure au ministère public, et commettra un rapporteur. Dans le cas où le défendeur n'aurait pas comparu, le demandeur sera tenu de lui faire signifier l'ordonnance du tribunal, dans le délai qu'elle aura déterminé. Pr. 87, 88.

246. Au jour et à l'heure indiqués, sur le rapport du juge commis, le ministère public entendu, le tribunal statuera d'abord sur les fins de non-recevoir, s'il en a été proposé. En cas qu'elles soient trouvées concluantes, la demande en divorce sera rejetée; dans le cas contraire, ou s'il n'a pas été proposé de fins de non-recevoir, la demande en divorce sera admise.

247. Immédiatement après l'admission de la demande en divorce, sur le rapport du juge commis, le ministère public entendu, le tribunal statuera au fond. Il fera droit à la demande, si elle lui paraît en état d'être jugée; sinon, il admettra le demandeur à la preuve des faits pertinents par lui allégués, et le défendeur à la preuve contraire. C. 236. — Pr. 252, s.

248. A chaque acte de la cause, les parties pourront, après le rapport du juge, et avant que le ministère public ait pris la parole, proposer ou faire proposer leurs moyens respectifs, d'abord sur les fins de non-recevoir, et ensuite sur le fond; mais, en aucun cas, le conseil du demandeur ne sera admis, si le demandeur n'est pas comparant en personne.

249. Aussitôt après la prononciation du jugement qui ordonnera les enquêtes, le greffier du tribunal donnera lecture de la partie du procès-verbal qui contient la nomination déjà faite des témoins que les parties se proposent de faire entendre. Elles seront averties par le président, qu'elles peuvent encore en désigner d'autres, mais qu'après ce moment elles n'y seront plus reçues.

250. Les parties proposeront de suite leurs reproches respectifs contre les témoins qu'elles voudront écarter. Le tribunal statuera sur ces reproches, après avoir entendu le ministère public. Pr. 270.

251. Les parents des parties, à l'exception de leurs enfants et descendants, ne sont pas reprochables du chef de la parenté, non plus que les domestiques des époux, en raison de cette qualité; mais le tribunal aura tel égard que de raison aux dépositions des parents et des domestiques. Pr. 268.

252. Tout jugement qui admettra une preuve testimoniale dénommera les témoins qui seront entendus, et déterminera le jour et l'heure auxquels les parties devront les présenter. Pr. 255.

253. Les dépositions des témoins seront reçues par le tribunal séant à huis clos, en présence du ministère public, des parties et de leurs conseils ou amis, jusqu'au nombre de trois de chaque côté. C. 241.

254. Les parties, par elles ou par leurs conseils, pourront faire aux témoins telles observations et interpellations qu'elles jugeront à propos, sans pouvoir néanmoins les interrompre dans le cours de leurs dépositions. Pr. 273.

255. Chaque déposition sera rédigée par écrit, ainsi que les dires et observations auxquels elle aura donné lieu. Le procès-verbal d'enquête sera lu tant aux témoins qu'aux parties : les uns et les autres seront requis de le signer; et il sera fait mention de leur signature, ou de leur déclaration qu'ils ne peuvent ou ne veulent signer.

256. Après la clôture des deux enquêtes ou de celle du demandeur, si le défendeur n'a pas produit de témoins, le tribunal renverra les parties à l'audience publique, dont il indiquera le jour et l'heure; il ordonnera la communication de la procédure au ministère public, et commettra un rapporteur. Cette ordonnance sera signifiée au défendeur, à la requête du demandeur, dans le délai qu'elle aura déterminé. C. 245.

257. Au jour fixé pour le jugement définitif, le rapport sera fait par le juge commis; les parties pourront ensuite

4

faire, par elles-mêmes ou par l'organe de leurs conseils, telles observations qu'elles jugeront utiles à leur cause; après quoi le ministère public donnera ses conclusions.

258. Le jugement définitif sera prononcé publiquement; lorsqu'il admettra le divorce, le demandeur sera autorisé à se retirer devant l'officier de l'état civil pour le faire prononcer.

259 Lorsque la demande en divorce aura été formée pour cause d'excès, de sévices ou d'injures graves, encore qu'elle soit bien établie, les juges pourront ne pas admettre immédiatement le divorce. Dans ce cas, avant de faire droit, ils autoriseront la femme à quitter la compagnie de son mari, sans être tenue de le recevoir, si elle ne le juge à propos; et ils condamneront le mari à lui payer une pension alimentaire proportionnée à ses facultés, si la femme n'a pas elle-même des revenus suffisants pour fournir à ses besoins. C. 231, 268.

260. Après une année d'épreuve, si les parties ne se sont pas réunies, l'époux demandeur pourra faire citer l'autre époux à comparaître au tribunal dans les délais de la loi, pour y entendre prononcer le jugement définitif, qui pour lors admettra le divorce.

261. Lorsque le divorce sera demandé par la raison qu'un des époux est condamné à une peine infamante, les seules formalités à observer consisteront à présenter au tribunal de première instance une expédition en bonne forme du jugement de condamnation, avec un certificat de la cour d'assises, portant que ce même jugement n'est plus susceptible d'être réformé par aucune voie légale. C. 25. — P. 7, 8.

262. En cas d'appel du jugement d'admission ou du jugement définitif, rendu par le tribunal de première instance en matière de divorce, la cause sera instruite et jugée par la cour impériale comme affaire urgente.

263. L'appel ne sera recevable qu'autant qu'il aura été interjeté dans les trois mois à compter du jour de la signification du jugement rendu contradictoirement ou par défaut. Le délai pour se pourvoir à la cour de cassation contre un jugement en dernier ressort sera aussi de trois mois, à compter de la signification. Le pourvoi sera suspensif. Pr. 443, s.

264. En vertu de tout jugement rendu en dernier ressort ou passé en force de chose jugée, qui autorisera le divorce, l'époux qui l'aura obtenu sera obligé de se présenter, dans le délai de deux mois, devant l'officier de l'état civil, l'autre partie dûment appelée, pour faire prononcer le divorce. C. 258, 294.

265. Ces deux mois ne commenceront à courir, à l'égard des jugements de première instance, qu'après l'expiration du délai d'appel; à l'égard des arrêts rendus par défaut en cause d'appel, qu'après l'expiration du délai d'opposition; et à l'égard des jugements contradictoires en dernier ressort, qu'après l'expiration du délai du pourvoi en cassation.

266. L'époux demandeur qui aura laissé passer le délai de deux mois ci-dessus déterminé, sans appeler l'autre époux devant l'officier de l'état civil, sera déchu du bénéfice du jugement qu'il avait obtenu, et ne pourra reprendre son action en divorce, sinon pour cause nouvelle; auquel cas il pourra néanmoins faire valoir les anciennes causes. C. 294.

SECT. II. — *Des mesures provisoires auxquelles peut donner lieu la demande en divorce pour cause déterminée.*

267. L'administration provisoire des enfants restera au mari demandeur ou défendeur en divorce, à moins qu'il n'en soit autrement ordonné par le tribunal, sur la demande soit de la mère, soit de la famille, ou du ministère public, pour le plus grand avantage des enfants. C. 373, s.

268. La femme demanderesse ou défenderesse en divorce pourra quitter le domicile du mari pendant la poursuite, et demander une pension alimentaire proportionnée aux facultés du mari. Le tribunal indiquera la maison dans laquelle la femme sera tenue de résider, et fixera, s'il y a lieu, la provision alimentaire que le mari sera obligé de lui payer. C. 214.

269. La femme sera tenue de justifier de sa résidence dans la maison indiquée, toutes les fois qu'elle en sera requise : à défaut de cette justification, le mari pourra refuser la provision alimentaire, et, si la femme est demanderesse en divorce, la faire déclarer non recevable à continuer ses poursuites.

270. La femme commune en biens, demanderesse ou défenderesse en divorce, pourra, en tout état de cause, à partir de la date de l'ordonnance dont il est fait mention en l'article 238, requérir, pour la conservation de ses droits, l'apposition des scellés sur les effets mobiliers de la communauté. Ces scellés ne seront levés qu'en faisant inventaire avec prisée et à la charge par le mari de représenter les choses inventoriées, ou de répondre de leur valeur, comme gardien judiciaire. Pr. 941, s.

271. Toute obligation contractée par le mari à la charge de la communauté, toute aliénation par lui faite des immeubles qui en dépendent, postérieurement à la date de l'ordonnance dont il est fait mention en l'article 238, sera déclarée nulle, s'il est prouvé d'ailleurs qu'elle ait été faite ou contractée en fraude des droits de la femme.

SECT. III.—*Des fins de non-recevoir contre l'action en divorce pour cause déterminée.*

272. L'action en divorce sera éteinte par la réconciliation des époux, survenue, soit depuis les faits qui auraient pu autoriser cette action, soit depuis la demande en divorce.

273. Dans l'un et l'autre cas, le demandeur sera déclaré non recevable dans son action; il pourra néanmoins en intenter une nouvelle pour cause survenue depuis la réconciliation, et alors faire usage des anciennes causes pour appuyer sa nouvelle demande.

274. Si le demandeur en divorce nie qu'il y ait eu réconciliation, le défendeur en fera preuve, soit par écrit, soit par témoins, dans la forme prescrite en la première section du présent chapitre.

CHAP. III. — DU DIVORCE PAR CONSENTEMENT MUTUEL.

275. Le consentement mutuel des époux ne sera point admis, si le mari a moins de vingt-cinq ans, ou si la femme est mineure de vingt et un ans.

276. Le consentement mutuel ne sera admis qu'après deux ans de mariage

277. Il ne pourra plus l'être après

vingt ans de mariage, ni lorsque la femme aura quarante-cinq ans.

278. Dans aucun cas, le consentement mutuel des époux ne suffira s'il n'est autorisé par leurs pères et mères, ou par leurs autres ascendants vivants, suivant les règles prescrites par l'article 150, au titre *du Mariage.* C. 289.

279. Les époux déterminés à opérer le divorce par consentement mutuel seront tenus de faire préalablement inventaire et estimation de tous leurs biens, meubles et immeubles, et de régler leurs droits respectifs, sur lesquels il leur sera néanmoins libre de transiger. T. 168.

280. Ils seront pareillement tenus de constater par écrit leur convention sur les trois points qui suivent : — 1º à qui les enfants nés de leur union seront confiés, soit pendant le temps des épreuves, soit après le divorce prononcé; — 2º dans quelle maison la femme devra se retirer et résider pendant le temps des épreuves; — 3º quelle somme le mari devra payer à sa femme pendant le même temps, si elle n'a pas des revenus suffisants pour fournir à ses besoins.

281. Les époux se présenteront ensemble, et en personne, devant le président du tribunal civil de leur arrondissement, ou devant le juge qui en fera les fonctions, et lui feront la déclaration de leur volonté, en présence de deux notaires amenés par eux. T. 168.

282. Le juge fera aux deux époux réunis, et à chacun d'eux en particulier, en présence des deux notaires, telles représentations et exhortations qu'il croira convenables; il leur donnera lecture du chapitre IV du présent titre, qui règle les *Effets du divorce*, et leur développera toutes les conséquences de leur démarche.

283. Si les époux persistent dans leur résolution, il leur sera donné acte, par le juge, de ce qu'ils demandent le divorce et y consentent mutuellement; et ils seront tenus de produire et déposer à l'instant, entre les mains des notaires, outre les actes mentionnés aux articles 279 et 280, — 1º les actes de leur naissance et celui de leur mariage; — 2º les actes de naissance et de décès de tous les enfants nés de leur union; — 3º la déclaration authentique de leurs père et mère ou autres ascendants vivants, portant que, pour les causes à eux connues, ils autorisent tel ou telle, leur fils ou fille, petit-fils ou petite-fille, marié ou mariée à tel ou telle, à demander le divorce et à y consentir. Les pères, mères, aïeuls et aïeules des époux seront présumés vivants jusqu'à la représentation des actes constatant leur décès.

284. Les notaires dresseront procès-verbal détaillé de tout ce qui aura été dit et fait en exécution des articles précédents; la minute en restera au plus âgé des deux notaires; ainsi que les pièces produites, qui demeureront annexées au procès-verbal, dans lequel il sera fait mention de l'avertissement qui sera donné à la femme de se retirer, dans les vingt-quatre heures, dans la maison convenue entre elle et son mari, et d'y résider jusqu'au divorce prononcé. T. 168.

285. La déclaration ainsi faite sera renouvelée dans la première quinzaine de chacun des quatrième, septième et dixième mois qui suivront, en observant les mêmes formalités. Les parties seront obligées à rapporter chaque fois la preuve, par acte public, que leurs pères, mères, ou autres ascendants vivants, persistent dans leur première détermination; mais elles ne seront tenues à répéter la production d'aucun autre acte. T. 168.

286. Dans la quinzaine du jour où sera révolue l'année, à compter de la première déclaration, les époux, assistés chacun de deux amis, personnes notables dans l'arrondissement, âgés de cinquante ans au moins, se présenteront ensemble et en personne devant le président du tribunal ou le juge qui en fera les fonctions; ils lui remettront les expéditions en bonne forme des quatre procès-verbaux contenant leur consentement mutuel, et de tous les actes qui y auront été annexés, et requerront du magistrat, chacun séparément, en présence néanmoins l'un de l'autre et des quatre notables, l'admission du divorce.

287. Après que le juge et les assistants auront fait leurs observations aux époux, s'ils persévèrent, il leur sera donné acte de leur réquisition et de la remise par eux faite des pièces à l'appui: le greffier du tribunal dressera procès-verbal, qui sera signé tant par les parties (à moins qu'elles ne déclarent ne savoir ou ne pouvoir signer, auquel cas il en sera fait mention) que par les quatre assistants, le juge et le greffier.

288. Le juge mettra de suite, au bas de ce procès-verbal, son ordonnance portant que, dans les trois jours, il sera par lui référé du tout au tribunal, en la chambre du conseil, sur les conclusions par écrit du ministère public, auquel les pièces seront, à cet effet, communiquées par le greffier.

289. Si le ministère public trouve dans les pièces la preuve que les deux époux étaient âgés, le mari de vingt-cinq ans, la femme de vingt et un ans, lorsqu'ils ont fait leur première déclaration; qu'à cette époque ils étaient mariés depuis deux ans, que le mariage ne remontait pas à plus de vingt, que la femme avait moins de quarante-cinq ans, que le consentement mutuel a été exprimé quatre fois dans le cours de l'année, après les préalables ci-dessus prescrits et avec toutes les formalités requises par le présent chapitre, notamment avec l'autorisation des pères et mères des époux, ou avec celle de leurs autres ascendants vivants, en cas de prédécès des pères et mères, il donnera ses conclusions en ces termes: *La loi permet;* dans le cas contraire, ses conclusions seront en ces termes: *La loi empêche.* C. 275.

290. Le tribunal, sur le référé, ne pourra faire d'autres vérifications que celles indiquées par l'article précédent. S'il en résulte que, dans l'opinion du tribunal, les parties ont satisfait aux conditions et rempli les formalités déterminées par la loi, il admettra le divorce, et renverra les parties devant l'officier de l'état civil, pour le faire prononcer: dans le cas contraire, le tribunal déclarera qu'il n'y a pas lieu à admettre le divorce, et déduira les motifs de la décision.

291. L'appel du jugement qui aurait déclaré ne pas y avoir lieu à admettre le divorce ne sera recevable qu'autant qu'il sera interjeté par les deux parties, et néanmoins par actes séparés, dans les dix jours au plus tôt, et au plus tard dans les vingt jours de la date du jugement de première instance. Pr. 443, s.

292. Les actes d'appel seront réciproquement signifiés tant à l'autre époux qu'au ministère public près le tribunal de première instance.

293. Dans les dix jours, à compter de la signification qui lui aura été faite du second acte d'appel, le ministère public près le tribunal de première instance fera passer au procureur général près la cour impériale l'expédition du jugement et les pièces sur lesquelles il est intervenu. Le procureur général près la cour impériale donnera ses conclusions par écrit, dans les dix jours qui suivront la réception des pièces : le président ou le juge qui le suppléera fera son rapport à la cour impériale, en la chambre du conseil, et il sera statué définitivement dans les dix jours qui suivront la remise des conclusions du procureur général.

294. En vertu de l'arrêt qui admettra le divorce, et dans les vingt jours de sa date, les parties se présenteront ensemble et en personne devant l'officier de l'état civil, pour faire prononcer le divorce. Ce délai passé, le jugement demeurera comme non avenu.

CHAP. IV. — DES EFFETS DU DIVORCE.

295. Les époux qui divorceront, pour quelque cause que ce soit, ne pourront plus se réunir.

296. Dans le cas de divorce prononcé pour cause déterminée, la femme divorcée ne pourra se remarier que dix mois après le divorce prononcé. C. 228.

297. Dans le cas de divorce par consentement mutuel, aucun des deux époux ne pourra contracter un nouveau mariage que trois ans après la prononciation du divorce.

298. Dans le cas de divorce admis en justice pour cause d'adultère, l'époux coupable ne pourra jamais se marier avec son complice. La femme adultère sera condamnée, par le même jugement, et sur la réquisition du ministère public, à la réclusion dans une maison de correction, pour un temps déterminé, qui ne pourra être moindre de trois mois, ni excéder deux années. C. 229, 386. — P. 336, s.

299. Pour quelque cause que le divorce ait lieu, hors le cas du consentement mutuel, l'époux contre lequel le divorce aura été admis perdra tous les avantages que l'autre époux lui avait faits, soit par leur contrat de mariage, soit depuis le mariage contracté. C. 1452, 1518.

300. L'époux qui aura obtenu le divorce conservera les avantages à lui faits par l'autre époux, encore qu'ils aient été stipulés réciproques et que la réciprocité n'ait pas lieu. C. 1452, 1518.

301. Si les époux ne s'étaient fait aucun avantage, ou si ceux stipulés ne paraissaient pas suffisants pour assurer la subsistance de l'époux qui a obtenu le divorce, le tribunal pourra lui accorder, sur les biens de l'autre époux, une pension alimentaire, qui ne pourra excéder le tiers des revenus de cet autre époux. Cette pension sera révocable dans le cas où elle cesserait d'être nécessaire. C. 209.

302. Les enfants seront confiés à l'époux qui a obtenu le divorce, à moins que le tribunal, sur la demande de la famille ou du ministère public, n'ordonne, pour le plus grand avantage des enfants, que tous ou quelques-uns d'eux seront confiés aux soins, soit de l'autre époux, soit d'une tierce personne. C. 267, 373.

303. Quelle que soit la personne à laquelle les enfants seront confiés, les père et mère conserveront respectivement le droit de surveiller l'entretien et l'éducation de leurs enfants, et seront tenus d'y contribuer à proportion de leurs facultés. C. 203, s., 372, s.

304. La dissolution du mariage par le divorce admis en justice ne privera les enfants nés de ce mariage d'aucun des avantages qui leur étaient assurés par les lois, ou par les conventions matrimoniales de leurs père et mère; mais il n'y aura d'ouverture aux droits des enfants que de la même manière et dans les mêmes circonstances où ils se seraient ouverts s'il n'y avait pas eu de divorce.

305. Dans le cas de divorce par consentement mutuel, la propriété de la moitié des biens de chacun des deux époux sera acquise de plein droit, du jour de leur première déclaration, aux enfants nés de leur mariage : les père et mère conserveront néanmoins la jouissance de cette moitié jusqu'à la majorité de leurs enfants, à la charge de pourvoir à leur nourriture, entretien et éducation, conformément à leur fortune et à leur état; le tout sans préjudice des autres avantages qui pourraient avoir été assurés auxdits enfants par les conventions matrimoniales de leurs père et mère. C. 203, s.

CHAP. V.—DE LA SÉPARATION DE CORPS.

306. Dans le cas où il y a lieu à la demande en divorce pour cause déterminée, il sera libre aux époux de former demande en séparation de corps. C. 229, s.

307. Elle sera intentée, instruite et jugée de la même manière que toute autre action civile : elle ne pourra avoir lieu par le consentement mutuel des époux (a). C. 6, 262.—Pr. 875 à 880.—Co. 65, s.

308. La femme contre laquelle la séparation de corps sera prononcée pour cause d'adultère sera condamnée par le même jugement, et sur la réquisition du ministère public, à la réclusion dans une maison de correction pendant un temps déterminé, qui ne pourra être moindre de trois mois, ni excéder deux années (b). C. 229, 298.—P. 336, 337, 338.

309. Le mari restera le maître d'arrêter l'effet de cette condamnation, en consentant à reprendre sa femme. P. 337.

310 (c). Lorsque la séparation de corps prononcée pour toute autre cause que l'adultère de la femme aura duré trois ans, l'époux qui était originairement défendeur pourra demander le divorce au tribunal, qui l'admettra, si le demandeur originaire, présent ou dûment appelé, ne consent pas immédiatement à faire cesser la séparation.

311. La séparation de corps emportera toujours séparation de biens. C. 1441, s., 1463, 1518, 1529, 1536 à 1539.— Co. 65 à 70.

(a) Aujourd'hui, aux termes de l'ordonnance des 16-27 mai 1835, les appels en matière de séparation de corps sont jugés en audience *ordinaire.* — Voyez C. des tribunaux sous l'article 22 du décret du 30 mars 1808.
(b) Le mot *réclusion* dont se sert cet article est impropre; il ne signifie pas la réclusion proprement dite, portée dans les art. 7 et 21 du Code pénal et qui est une peine *infamante,* mais seulement l'emprisonnement de la femme.
(c) Cet article se trouve abrogé par la loi du 28 mai 1816, abolitive du divorce.

TITRE SEPTIÈME.

DE LA PATERNITÉ ET DE LA FILIATION.

(Décrété le 23 mars 1803. Promulgué le 2 avril.)

CHAP. I. — DE LA FILIATION DES ENFANTS LÉGITIMES OU NÉS DANS LE MARIAGE (d).

312. L'enfant conçu pendant le mariage a pour père le mari. C. 725, 906. —Néanmoins celui-ci pourra désavouer l'enfant, s'il prouve que, pendant le temps qui a couru depuis le trois centième jusqu'au cent quatre-vingtième jour avant la naissance de cet enfant, il était, soit par cause d'éloignement, soit par l'effet de quelque accident, dans l'impossibilité physique de cohabiter avec sa femme. C. 316, 325.

313. Le mari ne pourra, en alléguant son impuissance naturelle, désavouer l'enfant : il ne pourra le désavouer même pour cause d'adultère, à moins que la naissance ne lui ait été cachée, auquel cas il sera admis à proposer tous les faits propres à justifier qu'il n'en est pas le père (e). C. 229, 308, 309, 316, 325.

314. L'enfant né avant le cent quatre-vingtième jour du mariage ne pourra être désavoué par le mari dans les cas suivants : — 1° s'il a eu connaissance de la grossesse avant le mariage; — 2° s'il a assisté à l'acte de naissance, et si cet acte est signé de lui, ou contient sa déclaration qu'il ne sait signer; — 3° si l'enfant n'est pas déclaré viable. C. 725-2° et la *note.* 906.

315. La légitimité de l'enfant né trois cents jours après la dissolution du mariage pourra être contestée.

316. Dans les divers cas où le mari est autorisé à réclamer, il devra le faire dans le mois, s'il se trouve sur les lieux

(d) Ou même *conçus* seulement, aurait dû dire la loi. (Voy. C. Nap. 312, 725, 906.)
(e) 6-13 décembre 1850.—*Loi relative au désaveu de paternité, en cas de séparation de corps.*
« Article unique. Il sera ajouté à l'article 313 du Code civil un paragraphe ainsi conçu : « En « cas de séparation de corps prononcée ou « même demandée, le mari pourra désavouer « l'enfant qui sera né trois cents jours après « l'ordonnance du président, rendue aux termes « de l'art. 878 du Code de procédure civile, et « moins de cent quatre-vingts jours depuis le rejet « définitif de la demande, ou depuis la réconci- « liation. L'action en désaveu ne sera pas admise « s'il y a eu réunion de fait entre les époux. »

de la naissance de l'enfant; — dans les deux mois après son retour, si, à la même époque, il est absent; — dans les deux mois après la découverte de la fraude, si on lui avait caché la naissance de l'enfant. C. 312, s., 325, s.

317. Si le mari est mort avant d'avoir fait sa réclamation, mais étant encore dans le délai utile pour la faire, les héritiers auront deux mois pour contester la légitimité de l'enfant, à compter de l'époque où cet enfant se serait mis en possession des biens du mari, ou de l'époque où les héritiers seraient troublés par l'enfant dans cette possession. C. 329, 330, 724.

318. Tout acte extrajudiciaire, contenant le désaveu de la part du mari ou de ses héritiers, sera comme non avenu, s'il n'est suivi, dans le délai d'un mois, d'une action en justice dirigée contre un tuteur *ad hoc* donné à l'enfant, et en présence de sa mère. C. 2245.—Pr. 59, s

CHAP. II. — DES PREUVES DE LA FILIATION DES ENFANTS LÉGITIMES.

319. La filiation des enfants légitimes se prouve par les actes de naissance inscrits sur le registre de l'état civil. C. 34, 40, 57, 197.

320. A défaut de ce titre, la possession constante de l'état d'enfant légitime suffit. C. 195 à 197, 321, s.

321. La possession d'état s'établit par une réunion suffisante de faits qui indiquent le rapport de filiation et de parenté entre un individu et la famille à laquelle il prétend appartenir. C. 326 à 330. — Les principaux de ces faits sont : — que l'individu a toujours porté le nom du père auquel il prétend appartenir; — que le père l'a traité comme son enfant, et a pourvu, en cette qualité, à son éducation, à son entretien et à son établissement; — qu'il a été reconnu constamment pour tel dans la société; — qu'il a été reconnu pour tel par la famille.

322. Nul ne peut réclamer un état contraire à celui que lui donnent son titre de naissance et la possession conforme à ce titre; — et réciproquement, nul ne peut contester l'état de celui qui a une possession conforme à son titre de naissance. C. 196.

323. A défaut de titre et de possession constante, ou si l'enfant a été inscrit, soit sous de faux noms, soit comme né de père et mère inconnus, la preuve de filiation peut se faire par témoins. — Néanmoins, cette preuve ne peut être admise que lorsqu'il y a commencement de preuve par écrit, ou lorsque les présomptions ou indices résultant de faits dès lors constants sont assez graves pour déterminer l'admission. C. 46, 324, 1347.

324. Le commencement de preuve par écrit résulte des titres de famille, des registres et papiers domestiques du père ou de la mère, des actes publics et même privés émanés d'une partie engagée dans la contestation, ou qui y aurait intérêt si elle était vivante. C. 1347.

325. La preuve contraire pourra se faire par tous les moyens propres à établir que le réclamant n'est pas l'enfant de la mère qu'il prétend avoir, ou même, la maternité prouvée, qu'il n'est pas l'enfant du mari de la mère. C. 312, s., 341.—Pr. 256.

326. Les tribunaux civils seront seuls compétents pour statuer sur les réclamations d'état. C. 100, 319 à 332.—Pr. 83-2°.

327. L'action criminelle contre un délit de suppression d'état ne pourra commencer qu'après le jugement définitif sur la question d'état. C. 99, s., 198.—I. cr. 3-2°.—P. 345.

328. L'action en réclamation d'état est imprescriptible à l'égard de l'enfant. C. 2226, 2262.

329. L'action ne peut être intentée par les héritiers de l'enfant qui n'a pas réclamé, qu'autant qu'il est décédé mineur, ou dans les cinq années après sa majorité. C. 317, 318, 724.

330. Les héritiers peuvent suivre cette action lorsqu'elle a été commencée par l'enfant, à moins qu'il ne s'en fût désisté formellement, ou qu'il n'eût laissé passer trois années sans poursuites, à compter du dernier acte de la procédure. C. 317, 318, 724. — Pr. 397, 402, s.

CHAP. III. — DES ENFANTS NATURELS (a).

SECT. I. — *De la légitimation des enfants naturels.*

331. Les enfants nés hors mariage, autres que ceux nés d'un commerce in-

---

(a) Les enfants naturels sont ceux nés hors mariage. Le Code (art. 331 à 335) les range en deux classes : 1° les enfants adultérins et in-

cestueux ou adultérin, pourront être légitimés par le mariage subséquent de leurs père et mère, lorsque ceux-ci les auront légalement reconnus avant leur mariage, ou qu'ils les reconnaîtront dans l'acte même de célébration (*a*). C. 334, s., 731, 756, s., 913.

332. La légitimation peut avoir lieu, même en faveur des enfants décédés qui ont laissé des descendants; et, dans ce cas, elle profite à ces descendants.

333. Les enfants légitimés par le mariage subséquent auront les mêmes droits que s'ils étaient nés de ce mariage. C. 731, 913, 960, 962.

SECT. II. — *De la reconnaissance des enfants naturels.*

334. La reconnaissance d'un enfant naturel sera faite par un acte authentique, lorsqu'elle ne l'aura pas été dans son acte de naissance. C. 62, 158, s., 383, 1317, 1319.

335. Cette reconnaissance ne pourra avoir lieu au profit des enfants nés d'un commerce incestueux ou adultérin (*b*). C. 331, 340, 342, 762, 763, 764.

cestueux; 2° les enfants naturels proprement dits. Les enfants *adultérins* sont ceux dont les père et mère, ou l'un d'eux, étaient, au moment de la conception, engagés dans les liens du mariage avec une autre personne que le père ou la mère. Les *incestueux* sont les enfants nés de personnes dont le degré de parenté ou d'alliance emportait prohibition de mariage entre eux (art. 161, 162, 163). Enfin, les enfants *naturels proprement dits* sont ceux nés de personnes libres et qui, au moment de la conception, pouvaient contracter mariage entre eux.

(*a*) Voyez, sous l'article 70 Code civil, en *note*, la loi des 10-18 décembre 1850 sur la légitimation des enfants naturels des *indigents*.

(*b*) 19-29 floréal an II (8-18 mai 1794). — *Décret relatif aux déclarations sur l'état civil des enfants.*

« La Convention nationale, après avoir entendu le rapport de son comité de législation sur l'exposé qui lui a été fait par l'officier public de la commune de Paris a refusé de recevoir la déclaration faite par une citoyenne, que l'enfant dont elle est devenue mère est d'un autre que son mari. — Considérant qu'il est dans les principes de notre législation que la loi ne reconnaît d'autre père que celui qui est désigné par le mariage: qu'une déclaration contraire est immorale, et qu'une mère ne saurait être admise à disposer à son gré des enfants de son mari; — approuve le refus fait par l'officier public de la commune de Paris de recevoir une semblable déclaration, et décrète que l'acte de naissance énoncé dans celui fait par le commissaire de la section Châlier, le 23 pluviôse, n° 85, sera rédigé sans faire men-

336. La reconnaissance du père, sans l'indication et l'aveu de la mère, n'a d'effet qu'à l'égard du père. C. 334, 340, 341.

337. La reconnaissance faite pendant le mariage, par l'un des époux, au profit d'un enfant naturel qu'il aurait eu, avant son mariage, d'un autre que de son époux, ne pourra nuire ni à celui-ci, ni aux enfants nés de ce mariage. — Néanmoins, elle produira son effet après la dissolution de ce mariage, s'il n'en reste pas d'enfants. C. 227, 761.

338. L'enfant naturel reconnu ne pourra réclamer les droits d'enfant légitime. Les droits des enfants naturels seront réglés au titre *des Successions*. C. 756 à 766, 769 à 773, 908.

339. Toute reconnaissance de la part du père ou de la mère, de même que toute réclamation de la part de l'enfant, pourra être contestée par tous ceux qui y auront intérêt.

340. La recherche de la paternité est interdite. Dans le cas d'enlèvement, lorsque l'époque de cet enlèvement se rapportera à celle de la conception, le ravisseur pourra être, sur la demande des parties intéressées, déclaré père de l'enfant. C. 342. — P. 354 à 357.

341. La recherche de la maternité est admise. C. 335, 336, 342. — L'enfant qui réclamera sa mère sera tenu de prouver qu'il est identiquement le même que l'enfant dont elle est accouchée. — Il ne sera reçu à faire cette preuve par témoins que lorsqu'il aura déjà un commencement de preuve par écrit. C. 1347. — Pr. 252, s.

342. Un enfant ne sera jamais admis à la recherche, soit de la paternité, soit de la maternité, dans les cas où, suivant l'article 335, la reconnaissance n'est pas admise. C. 762.

TITRE HUITIÈME.

DE L'ADOPTION ET DE LA TUTELLE OFFICIEUSE.

(Décrété le 23 mars 1803. Promulgué le 2 avril.)

CHAP. I. — DE L'ADOPTION (*c*).

SECT. I. — *De l'adoption et de ses effets.*

343. L'adoption n'est permise qu'aux

tion de cette déclaration, et que, si elle a été insérée sur le registre de la section, elle y sera rayée. »

(*c*) Une loi du 25 germinal an XI a déclaré

personnes de l'un ou de l'autre sexe, âgées de plus de cinquante ans, qui n'auront, à l'époque de l'adoption, ni enfants, ni descendants légitimes, et qui auront au moins quinze ans de plus que les individus qu'elles se proposent d'adopter. C. 361, s.

344. Nul ne peut être adopté par plusieurs, si ce n'est par deux époux. — Hors le cas de l'article 366, nul époux ne peut adopter qu'avec le consentement de l'autre conjoint. C. 362.

345. La faculté d'adopter ne pourra être exercée qu'envers l'individu à qui l'on aura, dans sa minorité et pendant six ans au moins, fourni des secours et donné des soins non interrompus, ou envers celui qui aurait sauvé la vie à l'adoptant, soit dans un combat, soit en le retirant des flammes ou des flots. — Il suffira, dans ce deuxième cas, que l'adoptant soit majeur, plus âgé que l'adopté, sans enfants ni descendants légitimes; et, s'il est marié, que son conjoint consente à l'adoption. C. 344, 366, s., 388.

346. L'adoption ne pourra, en aucun cas, avoir lieu avant la majorité de l'adopté. Si l'adopté, ayant encore ses père et mère, ou l'un des deux, n'a point accompli sa vingt-cinquième année, il sera tenu de rapporter le consentement donné à l'adoption par ses père et mère, ou par le survivant; et, s'il est majeur de vingt-cinq ans, de requérir leur conseil. C. 148, 152, 372, s.

347. L'adoption conférera le nom de l'adoptant à l'adopté, en l'ajoutant au nom propre de ce dernier.

348. L'adopté restera dans sa famille naturelle, et y conservera tous ses droits; néanmoins le mariage est prohibé : — entre l'adoptant, l'adopté et ses descendants; — entre les enfants adoptifs du même individu; — entre l'adopté et les enfants qui pourraient survenir à l'adoptant; — entre l'adopté et le conjoint de l'adoptant, et réciproquement entre l'adoptant et le conjoint de l'adopté. C. 161, s., 184.

349. L'obligation naturelle, qui continuera d'exister entre l'adopté et ses père et mère, de se fournir des aliments dans les cas déterminés par la loi, sera consi-

dérée comme commune à l'adoptant et à l'adopté, l'un envers l'autre. C. 205, s.

350. L'adopté n'acquerra aucun droit de successibilité sur les biens des parents de l'adoptant; mais il aura sur la succession de l'adoptant les mêmes droits que ceux qu'y aurait l'enfant né en mariage, même quand il y aurait d'autres enfants de cette dernière qualité, nés depuis l'adoption. C. 731, 745, 913.

351. Si l'adopté meurt sans descendants légitimes, les choses données par l'adoptant, ou recueillies dans sa succession, et qui existeront en nature lors du décès de l'adopté, retourneront à l'adoptant ou à ses descendants, à la charge de contribuer aux dettes, et sans préjudice des droits des tiers. C. 747, 766. — Le surplus des biens de l'adopté appartiendra à ses propres parents; et ceux-ci excluront toujours, pour les objets même spécifiés au présent article, tous héritiers de l'adoptant autres que ses descendants. C. 747, 766.

352. Si, du vivant de l'adoptant, et après le décès de l'adopté, les enfants ou descendants laissés par celui-ci mouraient eux-mêmes sans postérité, l'adoptant succédera aux choses par lui données, comme il est dit en l'article précédent; mais ce droit sera inhérent à la personne de l'adoptant, et non transmissible à ses héritiers, même en ligne descendante. C. 747.

SECT. II. — *Des formes de l'adoption.*

353. La personne qui se proposera d'adopter, et celle qui voudra être adoptée, se présenteront devant le juge de paix du domicile de l'adoptant, pour y passer acte de leurs consentements respectifs.

354. Une expédition de cet acte sera remise, dans les dix jours suivants, par la partie la plus diligente, au procureur impérial près le tribunal de première instance dans le ressort duquel se trouvera le domicile de l'adoptant, pour être soumise à l'homologation de ce tribunal.

355. Le tribunal, réuni en la chambre du conseil, et après s'être procuré les renseignements convenables, vérifiera : — 1° si toutes les conditions de la loi sont remplies; — 2° si la personne qui se propose d'adopter jouit d'une bonne réputation. C. 343 à 346.

356. Après avoir entendu le pro-

valables les adoptions faites depuis le 18 janvier 1792 jusqu'à la publication du Code civil, avec certaines restrictions, toutefois.

cureur impérial, et sans aucune autre forme de procédure, le tribunal prononcera, sans énoncer de motifs, en ces termes : *Il y a lieu, ou Il n'y a pas lieu à l'adoption.* Pr. 83-2°.

357. Dans le mois qui suivra le jugement du tribunal de première instance, ce jugement sera, sur les poursuites de la partie la plus diligente, soumis à la cour impériale, qui instruira dans les mêmes formes que le tribunal de première instance, et prononcera, sans énoncer de motifs : *Le jugement est confirmé, ou Le jugement est réformé ; en conséquence, il y a lieu ou il n'y a pas lieu à l'adoption.*

358. Tout arrêt de la cour impériale qui admettra une adoption sera prononcé à l'audience, et affiché en tels lieux et en tel nombre d'exemplaires que le tribunal jugera convenables. Pr. 116.

359. Dans les trois mois qui suivront ce jugement, l'adoption sera inscrite, à la réquisition de l'une ou de l'autre des parties, sur le registre de l'état civil du lieu où l'adoptant sera domicilié. C. 40, 102. — Cette inscription n'aura lieu que sur le vu d'une expédition, en forme, du jugement de la cour impériale ; et l'adoption restera sans effet, si elle n'a été inscrite dans ce délai. C. 40, 102.

360. Si l'adoptant venait à mourir après que l'acte constatant la volonté de former le contrat d'adoption a été reçu par le juge de paix et porté devant les tribunaux, et avant que ceux-ci eussent définitivement prononcé, l'instruction sera continuée et l'adoption admise, s'il y a lieu. — Les héritiers de l'adoptant pourront, s'ils croient l'adoption inadmissible, remettre au procureur impérial tous mémoires et observations à ce sujet.

CHAP. II. — DE LA TUTELLE OFFICIEUSE (a).

361. Tout individu âgé de plus de cinquante ans, et sans enfants ni descendants légitimes, qui voudra, durant la minorité d'un individu, se l'attacher par un titre légal, pourra devenir son tuteur officieux, en obtenant le consentement des père et mère de l'enfant, ou du survivant d'entre eux, ou, à leur défaut, d'un conseil de famille, ou enfin, si l'enfant n'a point de parents connus, en obtenant le consentement des administrateurs de l'hospice où il aura été recueilli, ou de la municipalité du lieu de sa résidence. C. 405 à 419.

362. Un époux ne peut devenir tuteur officieux qu'avec le consentement de l'autre conjoint. C. 344.

363. Le juge de paix du domicile de l'enfant dressera procès-verbal des demandes et consentements relatifs à la tutelle officieuse. C. 353.

364. Cette tutelle ne pourra avoir lieu qu'au profit d'enfants âgés de moins de quinze ans. — Elle emportera avec soi, sans préjudice de toutes stipulations particulières, l'obligation de nourrir le pupille, de l'élever, de le mettre en état de gagner sa vie. C. 203, 1134.

365. Si le pupille a quelque bien, et s'il était antérieurement en tutelle, l'administration de ses biens, comme celle de sa personne, passera au tuteur officieux, qui ne pourra néanmoins imputer les dépenses de l'éducation sur les revenus du pupille. C. 364-2°, 389, 450, 469.

366. Si le tuteur officieux, après cinq ans révolus depuis la tutelle, et dans la prévoyance de son décès avant la majorité du pupille, lui confère l'adoption par acte testamentaire, cette disposition sera valable, pourvu que le tuteur officieux ne laisse point d'enfants légitimes. C. 343, s.

367. Dans le cas où le tuteur officieux mourrait soit avant les cinq ans, soit après ce temps, sans avoir adopté son pupille, il sera fourni à celui-ci, durant sa minorité, des moyens de subsister, dont la quotité et l'espèce, s'il n'y a été antérieurement pourvu par une convention formelle, seront réglées soit amiablement entre les représentants respectifs du tuteur et du pupille, soit judiciairement, en cas de contestation. C. 360, 1134.

368. Si, à la majorité du pupille, son tuteur officieux veut l'adopter, et que le premier y consente, il sera procédé à

(a) *La tutelle officieuse* est d'institution moderne. Elle tient tout à la fois de la tutelle proprement dite et de l'adoption. Elle impose à celui qui s'est volontairement déclaré tuteur officieux d'un mineur l'obligation de nourrir, d'élever gratuitement ce dernier, et de le mettre en état de pourvoir à son existence, lors de sa majorité. (Voy. les art. 364, 369.)

l'adoption selon les formes prescrites au chapitre précédent, et les effets en seront, en tous points, les mêmes.

369. Si, dans les trois mois qui suivront la majorité du pupille, les réquisitions par lui faites à son tuteur officieux, à fin d'adoption, sont restées sans effet, et que le pupille ne se trouve point en état de gagner sa vie, le tuteur officieux pourra être condamné à indemniser le pupille de l'incapacité où celui-ci pourrait se trouver de pourvoir à sa subsistance. — Cette indemnité se résoudra en secours propres à lui procurer un métier; le tout sans préjudice des stipulations qui auraient pu avoir lieu dans la prévoyance de ce cas. C. 1134, 1146, s.

370. Le tuteur officieux qui aurait eu l'administration de quelques biens pupillaires en devra rendre compte dans tous les cas. C. 469, s. — Pr. 527, s.

TITRE NEUVIÈME.

DE LA PUISSANCE PATERNELLE.

(Décrété le 24 mars 1803. Promulgué le 3 avril.)

371. L'enfant, à tout âge, doit honneur et respect à ses père et mère. C. 1388.

372. Il reste sous leur autorité jusqu'à sa majorité ou son émancipation. C. 476, 488, 1388. — P. 335.

373. Le père seul exerce cette autorité durant le mariage. C. 141, 507. — P. 335.

374. L'enfant ne peut quitter la maison paternelle sans la permission de son père, si ce n'est pour enrôlement volontaire, après l'âge de dix-huit ans révolus (a). C. 108.

375. Le père qui aura des sujets de mécontentement très-graves sur la conduite d'un enfant aura les moyens de correction suivants.

376. Si l'enfant est âgé de moins de seize ans commencés, le père pourra le faire détenir pendant un temps qui ne pourra excéder un mois; et, à cet effet, le président du tribunal d'arrondissement devra, sur sa demande, délivrer l'ordre d'arrestation (b).

377. Depuis l'âge de seize ans commencés jusqu'à la majorité ou l'émancipation, le père pourra seulement requérir la détention de son enfant pendant six mois au plus; il s'adressera au président dudit tribunal, qui, après en avoir conféré avec le procureur impérial, délivrera l'ordre d'arrestation ou le refusera, et pourra, dans le premier cas, abréger le temps de la détention requis par le père. C. 468. — Pr. 83-2°.

378. Il n'y aura, dans l'un et l'autre cas, aucune écriture ni formalité judiciaire, si ce n'est l'ordre même d'arrestation, dans lequel les motifs n'en seront pas énoncés. — Le père sera seulement tenu de souscrire une soumission de payer tous les frais et de fournir les aliments convenables. C. 203. — Pr. 789, s.

379. Le père est toujours maître d'abréger la durée de la détention par lui ordonnée ou requise. Si, après sa sortie, l'enfant tombe dans de nouveaux écarts, la détention pourra être de nouveau ordonnée de la manière prescrite aux articles précédents.

380. Si le père est remarié, il sera tenu, pour faire détenir son enfant du premier lit, lors même qu'il serait âgé de moins de seize ans, de se conformer à l'article 377.

381. La mère survivante et non remariée ne pourra faire détenir un enfant qu'avec le concours des deux plus proches parents paternels, et par voie de réquisition, conformément à l'art. 377.

382. Lorsque l'enfant aura des biens personnels, ou lorsqu'il exercera un état, sa détention ne pourra, même au dessous de seize ans, avoir lieu que par voie de réquisition, en la forme prescrite par l'article 377. — L'enfant détenu pourra adresser un mémoire au procureur général près la cour impériale. Celui-ci se fera rendre compte par le procureur impérial près le tribunal de première instance, et fera son rapport au président de la cour impériale, qui, après en avoir donné avis au père, et après avoir recueilli tous les renseignements, pourra révoquer ou modifier l'ordre délivré par

---

(a) Cet article a été modifié. (Voy. C. de l'armée, loi du 21 mars 1832, art. 32, § 5, et le décret des 10-13 juillet 1848.)
(b) Cet article a modifié la disposition de la loi des 16-24 août 1790, titre 10, article 15, qui exigeait que la demande en arrestation de l'enfant émanât du *tribunal de famille* (tribunal qui n'existe plus).

le président du tribunal de première instance.

383. Les articles 376, 377, 378 et 379 seront communs aux pères et mères des enfants naturels légalement reconnus. C. 334.

384. Le père, durant le mariage, et, après la dissolution du mariage, le survivant des père et mère, auront la jouissance des biens de leurs enfants jusqu'à l'âge de dix-huit ans accomplis, ou jusqu'à l'émancipation qui pourrait avoir lieu avant l'âge de dix-huit ans. C 227, 476, s., 601, 730, 1442. — P. 334, 335.

385. Les charges de cette jouissance seront : 1° celles auxquelles sont tenus les usufruitiers : C. 600 à 616 ; — 2° la nourriture, l'entretien et l'éducation des enfants, selon leur fortune : C. 203 ; — 3° le paiement des arrérages ou intérêts des capitaux ; — 4° les frais funéraires et ceux de dernière maladie. C. 2101-2°.

386. Cette jouissance n'aura pas lieu au profit de celui des père et mère contre lequel le divorce aurait été prononcé, et elle cessera à l'égard de la mère dans le cas d'un second mariage. (a) C. 228 et la *note*.

387. Elle ne s'étendra pas aux biens que les enfants pourront acquérir par un travail et une industrie séparés, ni à ceux qui leur seront donnés ou légués sous la condition expresse que les père et mère n'en jouiront pas. C. 389, 1134.

TITRE DIXIÈME.

DE LA MINORITÉ, DE LA TUTELLE ET DE L'ÉMANCIPATION.

(Décrété le 26 mars 1804. Promulgué le 5 avril.)

CHAP. I. — DE LA MINORITÉ.

388. Le mineur est l'individu de l'un et de l'autre sexe qui n'a point encore l'âge de vingt et un ans accompli. C. 37, 76, 108, 141, 345, 346, 364, 371, 372, 442, 609, 942, 980, 1030, 1070, 1124, s., 1305, s., 1314, 1442, 1990, 2064, 2195.

CHAP. II. — DE LA TUTELLE (b).

SECT. I. — *De la tutelle des père et mère.*

389. Le père est, durant le mariage,

(a) Le divorce est aboli. (Loi du 8 mai 1816.)
(b) La tutelle des enfants admis dans les hos-

administrateur des biens personnels de ses enfants mineurs. Il est comptable, quant à la propriété et aux revenus, des biens dont il n'a pas la jouissance, et, quant à la propriété seulement, de ceux des biens dont la loi lui donne l'usufruit. C. 384, s. — Pr. 527, s. — P. 335.

390. Après la dissolution du mariage, arrivée par la mort naturelle ou civile de l'un des époux, la tutelle des enfants mineurs et non émancipés appartient de plein droit au survivant des père et mère. C. 23, 25, 405, 419, 476, s. — P. 18, 335.

391. Pourra néanmoins le père nommer à la mère survivante et tutrice un conseil spécial, sans l'avis duquel elle ne pourra faire aucun acte relatif à la tutelle. — Si le père spécifie les actes pour lesquels le conseil sera nommé, la tutrice sera habile à faire les autres sans son assistance.

392. Cette nomination de conseil ne pourra être faite que de l'une des manières suivantes : — 1° par acte de dernière

pices est confiée aux commissions administratives de ces maisons. La loi du 15 pluviôse an XIII contient à cet égard les dispositions suivantes:

« Art. 1er. Les enfants admis dans les hospices, à quelque titre et sous quelque dénomination que ce soit, seront sous la tutelle des commissions administratives de ces maisons, lesquelles désigneront un de leurs membres pour exercer, le cas advenant, les fonctions de tuteur, et les autres formeront le conseil de tutelle.

« 2. Quand l'enfant sortira de l'hospice pour être placé comme ouvrier, serviteur ou apprenti, dans un lieu éloigné de l'hospice où il avait été placé d'abord, la commission de cet hospice pourra, par un simple acte administratif visé du préfet ou du sous-préfet, déférer la tutelle à la commission administrative de l'hospice du lieu le plus voisin de la résidence actuelle de l'enfant.

« 3. La tutelle des enfants admis dans les hospices durera jusqu'à leur majorité ou émancipation par mariage ou autrement.

« 4. Les commissions administratives des hospices jouiront, relativement à l'émancipation des mineurs qui sont sous leur tutelle, des droits attribués aux pères et mères par le Code civil. L'émancipation sera faite, sur l'avis des membres de la commission administrative, par celui d'entre eux qui aura été désigné tuteur, et qui seul sera tenu de comparaître à cet effet devant le juge de paix. L'acte d'émancipation sera délivré sans autres frais que ceux d'enregistrement et de papier timbré.

« 5. Si les enfants admis dans les hospices ont des biens, le receveur de l'hospice remplira, à cet égard, les mêmes fonctions que pour les biens des hospices. Toutefois les biens des

volonté : C. 969 à 980 ; — 2° par une déclaration faite ou devant le juge de paix
assisté de son greffier, ou devant notaires.

393. Si, lors du décès du mari, la
femme est enceinte, il sera nommé un
curateur au ventre par le conseil de famille. — A la naissance de l'enfant, la
mère en deviendra tutrice, et le curateur
en sera de plein droit le subrogé-tuteur.
C. 420 à 426.

394. La mère n'est point tenue d'accepter la tutelle ; néanmoins, et en cas
qu'elle la refuse, elle devra en remplir
les devoirs jusqu'à ce qu'elle ait fait
nommer un tuteur. C. 405, s.

395. Si la mère tutrice veut se remarier, elle devra, avant l'acte de mariage, convoquer le conseil de famille,
qui décidera si la tutelle doit lui être
conservée. C. 228, 406, s. — A défaut de
cette convocation, elle perdra la tutelle
de plein droit ; et son nouveau mari sera
solidairement responsable de toutes les
suites de la tutelle qu'elle aura indûment
conservée. C. 1200, s.

396. Lorsque le conseil de famille,
dûment convoqué, conservera la tutelle
à la mère, il lui donnera nécessairement
pour cotuteur le second mari, qui deviendra solidairement responsable, avec
sa femme, de la gestion postérieure au
mariage. C. 450, 1200, s. Pr. 905.

SECT. II. — *De la tutelle déférée par le père ou
la mère.*

397. Le droit individuel de choisir
un tuteur parent, ou même étranger,
n'appartient qu'au dernier mourant des
père et mère. C. 399, 421, 435, 1055.

398. Ce droit ne peut être exercé que
dans les formes prescrites par l'article 392, et sous les exceptions et modifications ci-après.

399. La mère remariée, et non maintenue dans la tutelle des enfants de son
premier mariage, ne peut leur choisir un
tuteur. C. 395, 397.

400. Lorsque la mère remariée, et
maintenue dans la tutelle, aura fait choix

administrateurs tuteurs ne pourront, à raison
de leurs fonctions, être passibles d'aucune hypothèque. La garantie de la tutelle résidera dans
le cautionnement du receveur chargé de la manutention des deniers et de la gestion des biens.
En cas d'émancipation, il remplira les fonctions
de curateur. »

d'un tuteur aux enfants de son premier
mariage, ce choix ne sera valable qu'autant qu'il sera confirmé par le conseil de
famille. C. 395, 406, s.

401. Le tuteur élu par le père ou la
mère n'est pas tenu d'accepter la tutelle,
s'il n'est d'ailleurs dans la classe des personnes qu'à défaut de cette élection spéciale le conseil de famille eût pu en charger. C. 427, s., 432.

SECT. III. — *De la tutelle des ascendants.*

402. Lorsqu'il n'a pas été choisi au
mineur un tuteur par le dernier mourant
de ses père et mère, la tutelle appartient
de droit à son aïeul paternel ; à défaut
de celui-ci, à son aïeul maternel, et
ainsi en remontant, de manière que l'ascendant paternel soit toujours préféré à
l'ascendant maternel du même degré.
C. 142, 421, 907.

403. Si, à défaut de l'aïeul paternel
et de l'aïeul maternel du mineur, la concurrence se trouvait établie entre deux
ascendants du degré supérieur, qui ap-
partinssent tous deux à la ligne paternelle du mineur, la tutelle passera de
droit à celui des deux qui se trouvera
être l'aïeul paternel du père du mineur.

404. Si la même concurrence a lieu
entre deux bisaïeuls de la ligne maternelle, la nomination sera faite par le conseil de famille, qui ne pourra néanmoins
que choisir l'un de ces deux ascendants.
C. 407, s.

SECT. IV. — *De la tutelle déférée par le conseil
de famille.*

405. Lorsqu'un enfant mineur et non
émancipé restera sans père ni mère, ni
tuteur élu par ses père et mère, ni ascendants mâles, comme aussi lorsque le
tuteur de l'une des qualités ci-dessus
exprimées se trouvera ou dans le cas des
exclusions dont il sera parlé ci-après, ou
valablement excusé, il sera pourvu, par
un conseil de famille, à la nomination
d'un tuteur. C. 397, s., 402, s., 405, 419,
427 à 437, s. — Pr. 882, s. — P. 34, 42,
335.

406. Ce conseil sera convoqué soit
sur la réquisition et à la diligence des
parents du mineur, de ses créanciers ou
d'autres parties intéressées, soit même
d'office et à la poursuite du juge de paix

du domicile du mineur. Toute personne pourra dénoncer à ce juge de paix le fait qui donnera lieu à la nomination d'un tuteur. C. 421. — T. 4, 16, 21.

407. Le conseil de famille sera composé, non compris le juge de paix, de six parents ou alliés, pris tant dans la commune où la tutelle sera ouverte, que dans la distance de deux myriamètres, moitié du côté paternel, moitié du côté maternel, et en suivant l'ordre de proximité dans chaque ligne. P. 34, 42, 43, 335, 401, s. — Le parent sera préféré à l'allié du même degré; et, parmi les parents de même degré, le plus âgé à celui qui le sera le moins. C. 415, 416, 442.

408. Les frères germains du mineur et les maris des sœurs germaines sont seuls exceptés de la limitation de nombre posée en l'article précédent. S'ils sont six, ou au delà, ils seront tous membres du conseil de famille, qu'ils composeront seuls, avec les veuves d'ascendants et les ascendants valablement excusés, s'il y en a. S'ils sont en nombre inférieur, les autres parents ne seront appelés que pour compléter le conseil. C. 407.

409. Lorsque les parents ou alliés de l'une ou de l'autre ligne se trouveront en nombre insuffisant sur les lieux, ou dans la distance désignée par l'article 407, le juge de paix appellera, soit des parents ou alliés domiciliés à de plus grandes distances, soit, dans la commune même, des citoyens connus pour avoir eu des relations habituelles d'amitié avec le père ou la mère du mineur.

410. Le juge de paix pourra, lors même qu'il y aurait sur les lieux un nombre suffisant de parents ou alliés, permettre de citer, à quelque distance qu'ils soient domiciliés, des parents ou alliés plus proches en degrés ou de mêmes degrés que les parents ou alliés présents; de manière toutefois que cela s'opère en retranchant quelques-uns de ces derniers, et sans excéder le nombre réglé par les précédents articles. C. 407, 408, 411.

411. Le délai pour comparaître sera réglé par le juge de paix à jour fixe, mais de manière qu'il y ait toujours, entre la citation notifiée et le jour indiqué pour la réunion du conseil, un intervalle de trois jours au moins, quand toutes les parties citées résideront dans la commune, ou dans la distance de deux myriamètres. Pr. 1, s., 9, s. — Toutes les fois que, parmi les parties citées, il s'en trouvera de domiciliées au delà de cette distance, le délai sera augmenté d'un jour par trois myriamètres. Pr. 1033.

412. Les parents, alliés ou amis, ainsi convoqués, seront tenus de se rendre en personne, ou de se faire représenter par un mandataire spécial. C. 1984, s. — Le fondé de pouvoir ne peut représenter plus d'une personne.

413. Tout parent, allié ou ami, convoqué, et qui, sans excuse légitime, ne comparaîtra point, encourra une amende qui ne pourra excéder cinquante francs, et sera prononcée sans appel par le juge de paix. C. 414.

414. S'il y a excuse suffisante, et qu'il convienne, soit d'attendre le membre absent, soit de le remplacer, en ce cas, comme en tout autre où l'intérêt du mineur semblera l'exiger, le juge de paix pourra ajourner l'assemblée ou la proroger.

415. Cette assemblée se tiendra de plein droit chez le juge de paix, à moins qu'il ne désigne lui-même un autre local. La présence des trois quarts au moins de ses membres convoqués sera nécessaire pour qu'elle délibère. C. 407, 408, 409. — Pr. 883, 889.

416. Le conseil de famille sera présidé par le juge de paix, qui y aura voix délibérative et prépondérante en cas de partage.

417. Quand le mineur, domicilié en France, possédera des biens dans les colonies, ou réciproquement, l'administration spéciale de ces biens sera donnée à un protuteur. — En ce cas, le tuteur et le protuteur seront indépendants, et non responsables l'un envers l'autre pour leur gestion respective. C. 450, s.

418. Le tuteur agira et administrera, en cette qualité, du jour de sa nomination, si elle a lieu en sa présence; sinon, du jour qu'elle lui aura été notifiée. C. 450, s. — Pr. 882, s.

419. La tutelle est une charge personnelle qui ne passe point aux héritiers du tuteur. Ceux-ci seront seulement responsables de la gestion de leur auteur; et, s'ils sont majeurs, ils seront tenus de la continuer jusqu'à la nomination d'un nouveau tuteur. C. 724, 1370, 2010.

SECT. V. — *Du subrogé-tuteur.*

420. — Dans toute tutelle, il y aura un subrogé-tuteur, nommé par le conseil de famille. C. 426, s., 442, s. — Ses fonctions consisteront à agir pour les intérêts du mineur, lorsqu'ils seront en opposition avec ceux du tuteur. C. 393, 446, 448, 450, s., 470, 505, 1442, 2137, 2142. — Pr. 444, 883.

421. Lorsque les fonctions du tuteur seront dévolues à une personne de l'une des qualités exprimées aux sections I, II et III du présent chapitre, ce tuteur devra, avant d'entrer en fonctions, faire convoquer, pour la nomination du subrogé-tuteur, un conseil de famille composé comme il est dit dans la section IV. — S'il s'est ingéré dans la gestion avant d'avoir rempli cette formalité, le conseil de famille, convoqué soit sur la réquisition des parents, créanciers ou autres parties intéressées, soit d'office par le juge de paix, pourra, s'il y a eu dol de la part du tuteur, lui retirer la tutelle, sans préjudice des indemnités dues au mineur. C. 1116, 1382.

422. Dans les autres tutelles, la nomination du subrogé-tuteur aura lieu immédiatement après celle du tuteur. C. 407, 416.

423. En aucun cas, le tuteur ne votera pour la nomination du subrogé-tuteur, lequel sera pris, hors le cas de frères germains, dans celle des deux lignes à laquelle le tuteur n'appartiendra point. C. 735, s.

424. Le subrogé-tuteur ne remplacera pas de plein droit le tuteur, lorsque la tutelle deviendra vacante, ou qu'elle sera abandonnée par absence; mais il devra, en ce cas, sous peine des dommages-intérêts qui pourraient en résulter pour le mineur, provoquer la nomination d'un nouveau tuteur. C. 406, 446. — Pr. 883.

425. Les fonctions du subrogé-tuteur cesseront à la même époque que la tutelle. C. 488. — P. 29.

426. Les dispositions contenues dans les sections VI et VII du présent chapitre s'appliqueront aux subrogés-tuteurs.

C. 1442-2°. — Néanmoins le tuteur ne pourra provoquer la destitution du subrogé-tuteur, ni voter dans les conseils de famille qui seront convoqués pour cet objet.

SECT. VI. — *Des causes qui dispensent de la tutelle.*

427. Sont dispensés de la tutelle, — les personnes désignées dans les titres III, V, VI. VIII, IX, X et XI de l'acte du 18 mai 1804 (*a*); — les présidents et conseillers à la cour de cassation, le procureur général et les avocats généraux en la même cour (*b*); — les préfets; — tous citoyens exerçant une fonction publique dans un département autre que celui où la tutelle s'établit (*c*). C. 430, 431, 438, s.

428. Sont également dispensés de la tutelle, — les militaires en activité de service, et tous autres citoyens qui remplissent, hors du territoire de l'Empire, une mission de l'Empereur. C. 429, 430, 431, 438, s.

429. Si la mission est non authentique, et contestée, la dispense ne sera prononcée qu'après la représentation, faite par le réclamant, du certificat du ministre dans le département duquel se placera la mission articulée comme excuse.

430. Les citoyens de la qualité exprimée aux articles précédents, qui ont accepté la tutelle postérieurement aux fonctions, services ou missions qui en dispensent, ne seront plus admis à s'en faire décharger pour cette cause.

431. Ceux, au contraire, à qui lesdites fonctions, services ou missions auront été conférés postérieurement à l'acceptation et gestion d'une tutelle, pourront, s'ils ne veulent la conserver, faire convoquer, dans le mois, un conseil de famille, pour y être procédé à leur

(*a*) La Constitution du 14 janvier 1852 et le sénatus-consulte des 7-10 novembre 1852 ayant rétabli les mêmes charges et dignités que l'acte de 1804, les mêmes exemptions existent aujourd'hui. (Voy. C. polit.)

(*b*) « La cour des *Comptes* prend rang immédiatement après la cour de cassation et jouit des *mêmes prérogatives.* » (Loi du 16 septembre 1807, art. 7.)

(*c*) Les ecclésiastiques desservant des *cures* sont dispensés de la tutelle, aux termes d'un avis du conseil d'État, en date du 20 novembre 1806.

remplacement.—Si, à l'expiration de ces fonctions, services ou missions, le nouveau tuteur réclame sa décharge, où que l'ancien redemande la tutelle, elle pourra lui être rendue par le conseil de famille.

432. Tout citoyen non parent ni allié ne peut être forcé d'accepter la tutelle, que dans le cas où il n'existerait pas, dans la distance de quatre myriamètres, des parents ou alliés en état de gérer la tutelle. C. 438, s.—Pr. 882.

433. Tout individu âgé de soixante-cinq ans accomplis peut refuser d'être tuteur. Celui qui aura été nommé avant cet âge pourra, à soixante-dix ans, se faire décharger de la tutelle. Pr. 882.

434. Tout individu atteint d'une infirmité grave, et dûment justifiée, est dispensé de la tutelle. — Il pourra même s'en faire décharger, si cette infirmité est survenue depuis sa nomination.

435. Deux tutelles sont, pour toutes personnes, une juste dispense d'en accepter une troisième.—Celui qui, époux ou père, sera déjà chargé d'une tutelle, ne pourra être tenu d'en accepter une seconde, excepté celle de ses enfants. C. 438, s., 506, s.—Pr. 882, s.

436. Ceux qui ont cinq enfants légitimes sont dispensés de toute tutelle autre que celle desdits enfants.—Les enfants morts en activité de service dans les armées de l'Empereur seront toujours comptés pour opérer cette dispense.—Les autres enfants morts ne seront comptés qu'autant qu'ils auront eux-mêmes laissé des enfants actuellement existants.

437. La survenance d'enfants pendant la tutelle ne pourra autoriser à l'abdiquer.

438. Si le tuteur nommé est présent à la délibération qui lui défère la tutelle, il devra sur-le-champ, et sous peine d'être déclaré non recevable dans toute réclamation ultérieure, proposer ses excuses, sur lesquelles le conseil de famille délibérera. C. 427 à 436.

439. Si le tuteur nommé n'a pas assisté à la délibération qui lui a déféré la tutelle, il pourra faire convoquer le conseil de famille pour délibérer sur ses excuses. —Ses diligences, à ce sujet, devront avoir lieu dans le délai de trois jours, à partir de la notification qui lui

aura été faite de sa nomination; lequel délai sera augmenté d'un jour par trois myriamètres de distance du lieu de son domicile à celui de l'ouverture de la tutelle : passé ce délai, il sera non recevable. Pr. 882, s., 1033.

440. Si ses excuses sont rejetées, il pourra se pourvoir devant les tribunaux pour les faire admettre; mais il sera, pendant le litige, tenu d'administrer provisoirement. C. 450, s. —Pr. 135-6°, 883, s.

441. S'il parvient à se faire exempter de la tutelle, ceux qui auront rejeté l'excuse pourront être condamnés aux frais de l'instance. Pr. 130. — S'il succombe, il y sera condamné lui-même. Pr. 130, 131, 883.

SECT. VII. — *De l'incapacité, des exclusions et destitutions de la tutelle.*

442. Ne peuvent être tuteurs, ni membres des conseils de famille, — 1° les mineurs, excepté le père ou la mère; —2° les interdits : C. 489; —3° les femmes, autres que la mère et les ascendantes : C. 215; — 4° tous ceux qui ont ou dont les père et mère ont avec le mineur un procès dans lequel l'état de ce mineur, sa fortune ou une partie notable de ses biens sont compromis. C. 443 à 445.—P. 29.

443. La condamnation à une peine afflictive ou infamante emporte de plein droit l'exclusion de la tutelle. Elle emporte de même la destitution dans le cas où il s'agirait d'une tutelle antérieurement déférée. C. 23, 25. —P. 7, s., 18, 29, 34, 42, 43.

444. Sont aussi exclus de la tutelle, et même destituables, s'ils sont en exercice. — 1° les gens d'une inconduite notoire; — 2° ceux dont la gestion attesterait l'incapacité ou l'infidélité. C. 513. —Pr. 132.—P. 42, 43, 355.

445. Tout individu qui aura été exclu ou destitué d'une tutelle ne pourra être membre d'un conseil de famille. C. 442, 505.

446. Toutes les fois qu'il y aura lieu à une destitution de tuteur, elle sera prononcée par le conseil de famille, convoqué à la diligence du subrogé-tuteur, ou d'office par le juge de paix. — Celui-ci ne pourra se dispenser de faire cette convocation, quand elle sera formellement requise par un ou plusieurs parents ou alliés du mineur, au degré de cousin germain ou à des degrés plus proches.

447. Toute délibération du conseil de famille, qui prononcera l'exclusion ou la destitution du tuteur, sera motivée, et ne pourra être prise qu'après avoir entendu ou appelé le tuteur. C. 416. — Pr. 883 à 889.

448. Si le tuteur adhère à la délibération, il en sera fait mention, et le nouveau tuteur entrera aussitôt en fonctions. C. 467. — Pr. 885, s., 955, 992. — S'il y a réclamation, le subrogé-tuteur poursuivra l'homologation de la délibération devant le tribunal de première instance, qui prononcera sauf appel. C. 420. — Pr. 884 à 889. — Le tuteur exclu ou destitué peut lui-même, en ce cas, assigner le subrogé-tuteur pour se faire déclarer maintenu en la tutelle. Pr. 59, 61.

449. Les parents ou alliés qui auront requis la convocation pourront intervenir dans la cause, qui sera instruite et jugée comme affaire urgente. Pr. 404, 406, 884 à 889.

SECT. VIII. — *De l'administration du tuteur.*

450. Le tuteur prendra soin de la personne du mineur, et le représentera dans tous les actes civils. C. 509. — Il administrera ses biens en bon père de famille, et répondra des dommages-intérêts qui pourraient résulter d'une mauvaise gestion. C. 1373, 1374. — Il ne peut ni acheter les biens du mineur ni les prendre à ferme, à moins que le conseil de famille n'ait autorisé le subrogé-tuteur à lui en passer bail, ni accepter la cession d'aucun droit ou créance contre son pupille. — C. 907, 1596. — Pr. 126, 132, 905.

451. Dans les dix jours qui suivront celui de sa nomination, dûment connue de lui, le tuteur requerra la levée des scellés, s'ils ont été apposés, et fera procéder immédiatement à l'inventaire des biens du mineur en présence du subrogé-tuteur. Pr. 928 à 940. — S'il lui est dû quelque chose par le mineur, il devra le déclarer dans l'inventaire, à peine de déchéance, et ce, sur la réquisition que l'officier public sera tenu de

lui en faire, et dont mention sera faite au procès-verbal. Pr. 941, 942.

452. Dans le mois qui suivra la clôture de l'inventaire, le tuteur fera vendre, en présence du subrogé-tuteur, aux enchères reçues par un officier public, et après des affiches ou publications dont le procès-verbal de vente fera mention, tous les meubles autres que ceux que le conseil de famille l'aurait autorisé à conserver en nature. C. 528, 529 et la *note*, 1063, 1064. — Pr. 617, s., 945 à 951.

453. Les père et mère, tant qu'ils ont la jouissance propre et légale des biens du mineur, sont dispensés de vendre les meubles, s'ils préfèrent de les garder pour les remettre en nature. C. 384. — Dans ce cas, ils en feront faire, à leurs frais, une estimation à juste valeur par un expert qui sera nommé par le subrogé-tuteur, et prêtera serment devant le juge de paix. Ils rendront la valeur estimative de ceux des meubles qu'ils ne pourraient représenter en nature. C. 589, 1063.

454. Lors de l'entrée en exercice de toute tutelle, autre que celle des père et mère, le conseil de famille réglera par aperçu, et selon l'importance des biens régis, la somme à laquelle pourra s'élever la dépense annuelle du mineur, ainsi que celle d'administration de ses biens. — Le même acte spécifiera si le tuteur est autorisé à s'aider, dans sa gestion, d'un ou plusieurs administrateurs particuliers, salariés, et gérant sous sa responsabilité. C. 1374, 1994.

455. Ce conseil déterminera positivement la somme à laquelle commencera, pour le tuteur, l'obligation d'employer l'excédant des revenus sur la dépense : cet emploi devra être fait dans le délai de six mois, passé lequel, le tuteur devra les intérêts à défaut d'emploi. C. 1153, s., 1907.

456. Si le tuteur n'a pas fait déterminer par le conseil de famille la somme à laquelle doit commencer l'emploi, il devra, après le délai exprimé dans l'article précédent, les intérêts de toute somme non employée, quelque modique qu'elle soit. C. 1153, 1907.

457. Le tuteur, même le père ou la mère, ne peut emprunter pour le mineur, ni aliéner ou hypothéquer ses biens immeubles, sans y être autorisé par un conseil de famille (*a*). — Cette autorisation ne devra être accordée que pour cause d'une nécessité absolue, ou d'un avantage évident. — Dans le premier cas, le conseil de famille n'accordera son autorisation qu'après qu'il aura été constaté, par un compte sommaire présenté par le tuteur, que les deniers, effets mobiliers et revenus du mineur sont insuffisants. — Le conseil de famille indiquera, dans tous les cas, les immeubles qui devront être vendus de préférence, et toutes les conditions qu'il jugera utiles. C. 460, 470, 509, 529 et la *note*, 1312, 1314, 1596, 2126.—Pr. 954. — Co. 2, 6.

458. Les délibérations du conseil de famille, relatives à cet objet, ne seront exécutées qu'après que le tuteur en aura demandé et obtenu l'homologation devant le tribunal de première instance, qui y statuera en la chambre du conseil, et après avoir entendu le procureur impérial. C. 460, 509. — Pr. 83, 885, s.

459. La vente se fera publiquement, en présence du subrogé-tuteur, aux enchères, qui seront reçues par un membre du tribunal de première instance, ou par un notaire à ce commis, et à la suite de trois affiches apposées, par trois dimanches consécutifs, aux lieux accoutumés dans le canton.—Chacune de ces affiches sera visée et certifiée par le maire des communes où elles auront été apposées. C. 460, 509, 1312, 1314, 1596. — Pr. 956, 964, 965. — Co. 564. — P. 412.

460. Les formalités exigées par les articles 457 et 458, pour l'aliénation des biens du mineur, ne s'appliquent point au cas où un jugement aurait ordonné la licitation (*b*) sur la provocation d'un copropriétaire par indivis. C. 1686, s.

(*a*) Une loi du 24 mars 1806 autorise les tuteurs et curateurs des mineurs et interdits à vendre sans autorisation du conseil de famille les rentes de 50 fr. et au dessous. (Voy. *Lois et Ord. div.*), — Un décret du 23 septembre 1813 rend applicables les dispositions de cette loi de 1806 aux actions ou portions d'actions de la *banque* de France possédées par des mineurs ou interdits, pourvu que ces derniers ne soient propriétaires que d'une *seule* action ou de droits dans plusieurs actions n'excédant pas une action entière.

(*b*) La *licitation* est la vente en justice, ou aux

— Seulement, et en ce cas, la licitation ne pourra se faire que dans la forme prescrite par l'article précédent : les étrangers y seront nécessairement admis. C. 822, s., 839.

461. Le tuteur ne pourra accepter ni répudier une succession échue au mineur, sans une autorisation préalable du conseil de famille. L'acceptation n'aura lieu que sous bénéfice d'inventaire. C. 776, 793, s.,—Pr. 986, s.

462. Dans le cas où la succession répudiée au nom du mineur n'aurait pas été acceptée par un autre, elle pourra être reprise, soit par le tuteur, autorisé à cet effet par une nouvelle délibération du conseil de famille, soit par le mineur devenu majeur, mais dans l'état où elle se trouvera lors de la reprise, et sans pouvoir attaquer les ventes et autres actes qui auraient été légalement faits durant la vacance. C. 784, 790. — Pr. 997.

463. La donation faite au mineur ne pourra être acceptée par le tuteur qu'avec l'autorisation du conseil de famille. — Elle aura, à l'égard du mineur, le même effet qu'à l'égard du majeur. C. 894, 935, 940, 942.

464. Aucun tuteur ne pourra introduire en justice une action relative aux droits immobiliers du mineur, ni acquiescer à une demande relative aux mêmes droits, sans l'autorisation du conseil de famille. C. 1125, 1304.—Pr. 481, s.—Co. 63.

465. La même autorisation sera nécessaire au tuteur pour provoquer un partage; mais il pourra, sans cette autorisation, répondre à une demande en partage dirigée contre le mineur (*c*). C. 460, 815, s.

466. Pour obtenir à l'égard du mineur tout l'effet qu'il aurait entre majeurs, le partage devra être fait en justice, et précédé d'une estimation faite par experts nommés par le tribunal de première instance du lieu de l'ouverture de la succession. C. 110.— Pr. 302, s., 966, s.— Les experts, après avoir prêté,

enchères, de biens appartenant en commun à plusieurs propriétaires, et dont le partage ne peut se faire commodément. (C. 1686.)

(*c*) Le décret du 17 nivôse an II contenait une disposition analogue.

devant le président du même tribunal ou autre juge par lui délégué, le serment de bien et fidèlement remplir leur mission, procéderont à la division des héritages et à la formation des lots, qui seront tirés au sort, et en présence soit d'un membre du tribunal, soit d'un notaire par lui commis, lequel fera la délivrance des lots. C. 834. — Tout autre partage ne sera considéré que comme provisionnel. C. 815, s.—Pr. 968 , 975, 984.

467. Le tuteur ne pourra transiger au nom du mineur qu'après y avoir été autorisé par le conseil de famille, et de l'avis de trois jurisconsultes désignés par le procureur impérial près le tribunal de première instance. C. 1304, 1312, 1314, 2044, 2045. — Co. 63. — La transaction ne sera valable qu'autant qu'elle aura été homologuée par le tribunal de première instance, après avoir entendu le procureur impérial. Pr. 885, s., 1004. — T. 76, 78.

468. Le tuteur qui aura des sujets de mécontentement graves sur la conduite du mineur pourra porter ses plaintes à un conseil de famille, et, s'il y est autorisé par ce conseil, provoquer la réclusion du mineur, conformément à ce qui est statué à ce sujet au titre *de la Puissance paternelle.* C. 376, s.

SECT. IX. — *Des comptes de la tutelle.*

469. Tout tuteur est comptable de sa gestion lorsqu'elle finit. C. 480, 488, 2121, 2135, s. — Pr. 126-2°, 527, s., 905. — Co. 612.

470. Tout tuteur, autre que le père et la mère, peut être tenu, même durant la tutelle, de remettre au subrogé-tuteur des états de situation de sa gestion, aux époques que le conseil de famille aurait jugé à propos de fixer, sans néanmoins que le tuteur puisse être astreint à en fournir plus d'un chaque année. C. 420. — Ces états de situation seront rédigés, et remis sans frais, sur papier non timbré, et sans aucune formalité de justice.

471. Le compte définitif de tutelle sera rendu aux dépens du mineur, lorsqu'il aura atteint sa majorité ou obtenu son émancipation. Le tuteur en avancera les frais. C. 476 à 480, 488.—Pr. 527, s., 1004. — On y allouera au tuteur toutes

dépenses suffisamment justifiées, et dont l'objet sera utile.

472. Tout traité qui pourra intervenir entre le tuteur et le mineur devenu majeur sera nul, s'il n'a été précédé de la reddition d'un compte détaillé, et de la remise des pièces justificatives ; le tout constaté par un récépissé de l'oyant-compte (*a*), dix jours au moins avant le traité. C. 907, 2044, 2045. — Pr. 536.

473. Si le compte donne lieu à des contestations, elles seront poursuivies et jugées comme les autres contestations en matière civile. C. 475. — Pr. 59, 69, 527.

474. La somme à laquelle s'élèvera le reliquat dû par le tuteur portera intérêt, sans demande, à compter de la clôture du compte. C. 455, 456, 1153, 1907. — Pr. 126, 542.—Co. 612.—Les intérêts de ce qui sera dû au tuteur par le mineur ne courront que du jour de la sommation de payer qui aura suivi la clôture du compte. C. 1153.

475. Toute action du mineur contre son tuteur, relativement aux faits de la tutelle, se prescrit par dix ans, à compter de la majorité. C. 488, 1304, 2045, 2262. —Pr. 541.

CHAP. III. — DE L'ÉMANCIPATION.

476. Le mineur est émancipé de plein droit par le mariage. C. 144, 485, 486, 1398.

477. Le mineur, même non marié, pourra être émancipé par son père, ou, à défaut de père, par sa mère, lorsqu'il aura atteint l'âge de quinze ans révolus. — Cette émancipation s'opérera par la seule déclaration du père ou de la mère, reçue par le juge de paix assisté de son greffier.

478. Le mineur resté sans père ni mère pourra aussi, mais seulement à l'âge de dix-huit ans accomplis, être émancipé, si le conseil de famille l'en juge capable. — En ce cas, l'émancipation résultera de la délibération qui l'aura autorisée, et de la déclaration que le juge de paix, comme président du conseil de famille, aura faite dans le même acte, *que le mineur est émancipé.* C. 416, — Pr. 883.

479. Lorsque le tuteur n'aura fait

(*a*) L'oyant-compte est celui qui *ouit* (reçoit ou entend) le compte.

aucune diligence pour l'émancipation du mineur dont il est parlé dans l'article précédent, et qu'un ou plusieurs parents ou alliés de ce mineur, au degré de cousin germain ou à des degrés plus proches, le jugeront capable d'être émancipé, ils pourront requérir le juge de paix de convoquer le conseil de famille pour délibérer à ce sujet. — Le juge de paix devra déférer à cette réquisition.

480. Le compte de tutelle sera rendu au mineur émancipé, assisté d'un curateur qui lui sera nommé par le conseil de famille. C. 471.— Pr. 527.

481. Le mineur émancipé passera les baux dont la durée n'excédera point neuf ans; il recevra ses revenus, en donnera décharge et fera tous les actes qui ne sont que de pure administration, sans être restituable contre ces actes dans tous les cas où le majeur ne le serait pas lui-même. C. 384, 838, s., 907, 935, 1030, 1305, 1718, 1990, 2206.— Pr. 910. — Co. 2, 3, 6.

482. Il ne pourra intenter une action immobilière ni y défendre, même recevoir et donner décharge d'un capital mobilier, sans l'assistance de son curateur, qui, au dernier cas, surveillera l'emploi du capital reçu. C. 526, 1030, 1304.

483. Le mineur émancipé ne pourra faire d'emprunts, sous aucun prétexte, sans une délibération du conseil de famille, homologuée par le tribunal de première instance, après avoir entendu le procureur impérial. C. 1124, 1305, 1308, 1314.—Pr. 83-6°, 885, s.—P. 406.

484. Il ne pourra non plus vendre ni aliéner ses immeubles ni faire aucun acte autre que ceux de pure administration, sans observer les formes prescrites au mineur non émancipé. C. 903, 1095, 1314.— Pr. 954, s. — A l'égard des obligations qu'il aurait contractées par voie d'achats ou autrement, elles seront réductibles en cas d'excès : les tribunaux prendront, à ce sujet, en considération la fortune du mineur, la bonne ou mauvaise foi des personnes qui auront contracté avec lui, l'utilité ou l'inutilité des dépenses. C. 903, 905, 1095, 1241, 1305, 1312, 1990.

485. Tout mineur émancipé, dont les engagements auraient été réduits en vertu de l'article précédent, pourra être privé du bénéfice de l'émancipation, laquelle lui sera retirée en suivant les mêmes formes que celles qui auront eu lieu pour la lui conférer. C. 477, s.

486. Dès le jour où l'émancipation aura été révoquée, le mineur rentrera en tutelle, et y restera jusqu'à sa majorité accomplie. C. 488.

487. Le mineur émancipé qui fait un commerce est réputé majeur pour les faits relatifs à ce commerce. C. 1308. — Co. 2, 3, 6.

TITRE XI.

DE LA MAJORITÉ, DE L'INTERDICTION ET DU CONSEIL JUDICIAIRE.

(Décrété le 29 mars 1803. Promulgué le 8 avril.)

CHAP. I. — DE LA MAJORITÉ.

488. La majorité est fixée à vingt et un ans accomplis; à cet âge, on est capable de tous les actes de la vie civile, sauf la restriction portée au titre *du Mariage* (a). C. 109, 148, 151, s., 371, 372, 377, 471, 472, 475, 487, 489, 783, 819, 933, 1313. — Pr. 746, 747.

CHAP. II. — DE L'INTERDICTION (b).

489. Le majeur qui est dans un état habituel d'imbécillité, de démence ou de fureur, doit être interdit, même lorsque cet état présente des intervalles lucides (c). C. 512, 901, 1124, 1125. — Pr. 890 à 896.—P. 29.— T. cr. 117 à 120.

490. Tout parent est recevable à provoquer l'interdiction de son parent. Il en est de même de l'un des époux à l'égard de l'autre. Pr. 890, s.

491. Dans le cas de fureur, si l'interdiction n'est provoquée ni par l'époux

(a) Le principe avait été posé dans les lois des 20-25 septembre 1792, tit. 4, sect. 1, art. 2, et 31 janvier 1793. — La majorité *politique* est, pour les électeurs, fixée également à 21 ans. (Voy. C. élect.)

(b) L'*interdiction* est l'état d'incapacité dont une personne est frappée, quant à l'administration de sa personne et de ses biens, à cause de la faiblesse de sa raison : c'est l'*interdiction civile*. Lorsqu'une personne a été frappée par la loi pénale, et privée, par suite, de l'exercice de ses droits civils, elle est en *interdiction légale*. (Voy. C. pén. 29.)

(c) C'est-à-dire des intervalles pendant lesquels il semble jouir de la plénitude de sa raison.

ni par les parents, elle doit l'être par le procureur impérial, qui, dans les cas d'imbécillité ou de démence, peut aussi la provoquer contre un individu qui n'a ni époux, ni épouse, ni parents connus (a). Pr. 83, 890, s. — P. 64. — T. cr. 117, s.

492. Toute demande en interdiction sera portée devant le tribunal de première instance. Pr. 59, 61, 69.

493. Les faits d'imbécillité, de démence ou de fureur seront articulés par écrit. Ceux qui poursuivront l'interdiction présenteront les témoins et les pièces. Pr. 252, s., 890.

494. Le tribunal ordonnera que le conseil de famille, formé selon le mode déterminé à la section IV du chapitre II du titre *de la Minorité, de la Tutelle et de l'Emancipation*, donne son avis sur l'état de la personne dont l'interdiction est demandée. Pr. 892, 893.

495. Ceux qui auront provoqué l'interdiction ne pourront faire partie du conseil de famille; cependant l'époux ou l'épouse, et les enfants de la personne dont l'interdiction sera provoquée, pourront y être admis sans y avoir voix délibérative.

496. Après avoir reçu l'avis du conseil de famille, le tribunal interrogera le défendeur à la chambre du conseil : s'il ne peut s'y présenter, il sera interrogé dans sa demeure par l'un des juges à ce commis, assisté du greffier. Dans tous les cas, le procureur impérial sera présent à l'interrogatoire. Pr. 893. — T. cr. 88, 89.

497. Après le premier interrogatoire, le tribunal commettra, s'il y a lieu, un administrateur provisoire, pour prendre soin de la personne et des biens du défendeur. Pr. 895.

498. Le jugement sur une demande en interdiction ne pourra être rendu qu'à l'audience publique, les parties entendues ou appelées. Pr. 116.

499. En rejetant la demande en interdiction, le tribunal pourra néanmoins, si les circonstances l'exigent, ordonner que le défendeur ne pourra désormais plaider, transiger, emprunter, recevoir

(a) Voy. *Lois et Ord.* div., loi du 30 juin-6 juillet 1838, sur les aliénés.

un capital mobilier, ni en donner décharge, aliéner ni grever ses biens d'hypothèques, sans l'assistance d'un conseil qui lui sera nommé par le même jugement. C. 513 à 515, 2045, 2115, 2126. — Pr. 894, 897.

500. En cas d'appel du jugement rendu en première instance, la cour impériale pourra, si elle le juge nécessaire, interroger de nouveau, ou faire interroger, par un commissaire, la personne dont l'interdiction est demandée. Pr. 894, s.

501. Tout arrêt ou jugement portant interdiction, ou nomination d'un conseil, sera, à la diligence des demandeurs, levé, signifié à partie, et inscrit, dans les dix jours, sur les tableaux qui doivent être affichés dans la salle de l'auditoire et dans les études des notaires de l'arrondissement. C. 1124, 2003, § 3. — T. 175.

502. L'interdiction ou la nomination d'un conseil aura son effet du jour du jugement. Tous actes passés postérieurement par l'interdit, ou sans l'assistance du conseil, seront nuls de droit. C. 1124, s.

503. Les actes antérieurs à l'interdiction pourront être annulés, si la cause de l'interdiction existait notoirement à l'époque où ces actes ont été faits. C. 1108, 1109.

504. Après la mort d'un individu, les actes par lui faits ne pourront être attaqués pour cause de démence, qu'autant que son interdiction aurait été prononcée ou provoquée avant son décès; à moins que la preuve de la démence ne résulte de l'acte même qui est attaqué. C. 901, 1109.

505. S'il n'y a pas d'appel du jugement d'interdiction rendu en première instance, ou s'il est confirmé sur l'appel, il sera pourvu à la nomination d'un tuteur et d'un subrogé-tuteur à l'interdit, suivant les règles prescrites au titre *de la Minorité, de la Tutelle et de l'Emancipation*. L'administrateur provisoire cessera ses fonctions, et rendra compte au tuteur, s'il ne l'est pas lui-même. C. 406, s., 420, 469, 471. — Pr. 527, s., 895.

506. Le mari est, de droit, le tuteur de sa femme interdite.

507. La femme pourra être nommée tutrice de son mari. En ce cas, le conseil de famille réglera la forme et les conditions de l'administration, sauf le recours devant les tribunaux de la part de la femme qui se croirait lésée par l'arrêté de la famille. C. 442, 495, 510.

508. Nul, à l'exception des époux, des ascendants et descendants, ne sera tenu de conserver la tutelle d'un interdit au delà de dix ans. A l'expiration de ce délai, le tuteur pourra demander et devra obtenir son remplacement. C. 469.

509. L'interdit est assimilé au mineur, pour sa personne et pour ses biens : les lois sur la tutelle des mineurs s'appliqueront à la tutelle des interdits. C. 388, s., 450, 452, 457 à 460, 463, 465, 466, 1314, 2121, 2135.

510. Les revenus d'un interdit doivent être essentiellement employés à adoucir son sort et à accélérer sa guérison. Selon les caractères de sa maladie et l'état de sa fortune, le conseil de famille pourra arrêter qu'il sera traité dans son domicile, ou qu'il sera placé dans une maison de santé, et même dans un hospice. C. 416, 454.

511. Lorsqu'il sera question du mariage de l'enfant d'un interdit, la dot, ou l'avancement d'hoirie, et les autres conventions matrimoniales seront réglées par un avis du conseil de famille, homologué par le tribunal, sur les conclusions du procureur impérial. C. 1387, s. — Pr. 83, 885, s.

512. L'interdiction cesse avec les causes qui l'ont déterminée : néanmoins la mainlevée ne sera prononcée qu'en observant les formalités prescrites pour parvenir à l'interdiction, et l'interdit ne pourra reprendre l'exercice de ses droits qu'après le jugement de mainlevée. C. 489, 492, 494, s. — Pr. 891, s., 896.

CHAP. III. — DU CONSEIL JUDICIAIRE.

513. Il peut être défendu aux prodigues de plaider, de transiger, d'emprunter, de recevoir un capital mobilier et d'en donner décharge, d'aliéner ni de grever leurs biens d'hypothèques, sans l'assistance d'un conseil qui leur est nommé par le tribunal. C. 499, 1124, 1940, 2044, 2045, 2124.— Pr. 894, 897.

514. La défense de procéder sans l'assistance d'un conseil peut être provoquée par ceux qui ont droit de demander l'interdiction; leur demande doit être instruite et jugée de la même manière. C. 490.— Pr. 890, s. — Cette défense ne peut être levée qu'en observant les mêmes formalités. Pr. 896.

515. Aucun jugement, en matière d'interdiction ou de nomination de conseil, ne pourra être rendu, soit en première instance, soit en cause d'appel, que sur les conclusions du ministère public. Pr. 83, 112, 891, s.

LIVRE DEUXIÈME

Des biens et des différentes modifications de la propriété.

TITRE PREMIER.

DE LA DISTINCTION DES BIENS.

(Décrété le 24 janvier 1804. Promulgué le 4 février).

516. Tous les biens sont meubles ou immeubles.

CHAP. I. — DES IMMEUBLES.

517. Les biens sont immeubles ou par leur nature, ou par leur destination, ou par l'objet auquel ils s'appliquent. C. 522 à 526, 248, 2133.—Pr. 592.

518. Les fonds de terre et les bâtiments sont immeubles par leur nature (a).

519. Les moulins à vent ou à eau, fixés sur piliers et faisant partie du bâtiment, sont aussi immeubles par leur nature. C. 531.—Pr. 620.

520. Les récoltes pendantes par les

(a) Aux termes de l'article 8 de la loi du 21 avril 1810, les *mines* sont déclarées immeubles, ainsi que les bâtiments, machines, puits, galeries et autres travaux établis à demeure; mais, et d'après l'article 9 de la même loi, les matières extraites sont meubles. (Voy. *Lois et ord.*)

racinés, et les fruits des arbres non encore recueillis, sont pareillement immeubles. Pr. 626, s., 689, 691.—Dès que les grains sont coupés et les fruits détachés, quoique non enlevés, ils sont meubles. — Si une partie seulement de la récolte est coupée, cette partie seule est meuble.

521. Les coupes ordinaires des bois taillis (*a*) ou de futaies (*b*) mises en coupes réglées ne deviennent meubles qu'au fur et à mesure que les arbres sont abattus. C. 590, s., 1403.—Pr. 690.

522. Les animaux que le propriétaire du fonds livre au fermier ou au métayer pour la culture, estimés ou non, sont censés immeubles tant qu'ils demeurent attachés au fonds par l'effet de la convention. C. 524, 1064.—Pr. 592, 594.—Ceux qu'il donne à cheptel, à d'autres qu'au fermier ou au métayer, sont meubles. C. 1800, s.

523. Les tuyaux servant à la conduite des eaux dans une maison ou autre héritage sont immeubles, et font partie du fonds auquel ils sont attachés.

524. Les objets que le propriétaire d'un fonds y a placés, pour le service et l'exploitation de ce fonds, sont immeubles par destination.—Ainsi, sont immeubles par destination, quand ils ont été placés par le propriétaire pour le service et l'exploitation du fonds : — les animaux attachés à la culture; — les ustensiles aratoires; — les semences données aux fermiers ou colons partiaires (*c*); — les pigeons des colombiers; — les lapins des garennes; — les ruches à miel; — les poissons des étangs; — les pressoirs, chaudières, alambics, cuves et tonnes; — les ustensiles nécessaires à l'exploitation des forges, papeteries et autres usines; —

(*a*) Les bois *taillis* sont ceux qui ont été aménagés pour être livrés à des coupes périodiques successives, dont l'âge varie selon les localités et l'essence des arbres.
(*b*) On appelle *futaie*, soit les baliveaux et modernes qui ont été laissés debout lors des coupes de bois taillis, soit les parties de bois qu'on a laissées croître en massif au-dessus de l'âge des taillis. Lorsque ces quartiers de réserve ont atteint l'âge de quarante ans, on les nomme arbres de *haute futaie*. (C. 591.)
(*c*) On appelle *colons partiaires* les fermiers qui cultivent, sous la condition de livrer au propriétaire, pour prix du fermage, une *partie* déterminée des fruits et récoltes.

les pailles et engrais. — Sont aussi immeubles par destination tous effets mobiliers que le propriétaire a attachés au fonds à perpétuelle demeure. C. 518 et la *note*.

525. Le propriétaire est censé avoir attaché à son fonds des effets mobiliers à perpétuelle demeure, quand ils y sont scellés en plâtre ou à chaux ou à ciment, ou lorsqu'ils ne peuvent être détachés sans être fracturés et détériorés, ou sans briser ou détériorer la partie du fonds à laquelle ils sont attachés. — Les glaces d'un appartement sont censées mises à perpétuelle demeure, lorsque le parquet sur lequel elles sont attachées fait corps avec la boiserie.—Il en est de même des tableaux et autres ornements. —Quant aux statues, elles sont immeubles lorsqu'elles sont placées dans une niche pratiquée exprès pour les recevoir, encore qu'elles puissent être enlevées sans fracture ou détérioration.

526. Sont immeubles, par l'objet auquel ils s'appliquent :—l'usufruit des choses immobilières : C. 578, 2118; —les servitudes ou services fonciers : C. 637, —les actions qui tendent à revendiquer un immeuble.

CHAP. II. — DES MEUBLES.

527. Les biens sont meubles par leur nature, ou par la détermination de la loi. C. 517, 2119, 2279.—Co. 190.

528. Sont meubles par leur nature, les corps qui peuvent se transporter d'un lieu à un autre, soit qu'ils se meuvent par eux-mêmes, comme les animaux, soit qu'ils ne puissent changer de place que par l'effet d'une force étrangère, comme les choses inanimées. C. 518 et la *note*, 522, 524.

529. Sont meubles par la détermination de la loi, les obligations et actions qui ont pour objet des sommes exigibles ou des effets mobiliers, les actions (*d*) ou intérêts dans les compagnies de finance, de commerce ou d'industrie, encore que les immeubles dépendants de ces entreprises

(*d*) Aux termes du décret du 16 janvier 1808, « les actionnaires de la banque de France qui veulent donner à leurs actions la qualité d'immeubles en ont la faculté. » —Cette disposition est rendue applicable : 1° par le décret du 16 mars 1810, art 13, aux actions sur les canaux d'Orléans et du Loing; 2° par le décret du 1er mars 1808, tit. 1er, art. 2 à 5, aux majorats.

appartiennent aux compagnies. Ces actions ou intérêts sont réputés meubles à l'égard de chaque associé, seulement tant que dure la société. C. 1843, s.—Sont aussi meubles par la détermination de la loi, les rentes perpétuelles ou viagères, soit sur l'Etat, soit sur des particuliers (a). C. 1909, 1910.

530. Toute rente établie à perpétuité pour le prix de la vente d'un immeuble, ou comme condition de la cession, à titre onéreux ou gratuit, d'un fonds immobilier, est essentiellement rachetable. C. 1911, 1912.—Il est néanmoins permis au créancier de régler les clauses et conditions du rachat.—Il lui est aussi permis de stipuler que la rente ne pourra lui être remboursée qu'après un certain terme, lequel ne peut jamais excéder trente ans : toute stipulation contraire est nulle (b). C. 6, 1133, 2262.—Pr. 636, s.

531. Les bateaux, bacs, navires, moulins et bains sur bateaux, et généralement toutes usines non fixées par des piliers, et ne faisant point partie de la maison, sont meubles ; la saisie de quelques-uns de ces objets peut cependant, à cause de leur importance, être soumise à des formes parti-

---

(a) 24 mars 1806. — *Loi relative aux transferts de rentes appartenant à des mineurs et interdits.*

« Art. 1ᵉʳ. Les tuteurs et curateurs des mineurs ou interdits, qui n'auraient en inscriptions ou promesses d'inscriptions de cinq pour cent consolidés, qu'une rente de 50 fr. et au dessous, en pourront faire le transfert, sans qu'il soit besoin d'autorisation spéciale, ni d'affiches, ni de publication, mais seulement d'après le cours constaté du jour, et à la charge d'en compter comme du produit des meubles.

« 2. Les mineurs émancipés, qui n'auraient de même en inscriptions ou promesses d'inscriptions qu'une rente de 50 fr. et au dessous, pourront également les transférer avec la seule assistance de leurs curateurs, et sans qu'il soit besoin d'avis de parents ou d'aucune autre autorisation.

« 3. Les inscriptions ou promesses d'inscriptions au dessus de 50 fr. de rente ne pourront être vendues par les tuteurs ou curateurs qu'avec l'autorisation du conseil de famille ; et suivant le cours du jour légalement constaté ; dans tous les cas, la vente peut s'effectuer sans qu'il soit besoin d'affiches ni de publication. »

(b) La loi des 18-29 décembre 1790 s'occupe des rentes *foncières* et de leur rachat. — L'article 530 du Code civil suppose un contrat qui n'est plus, à proprement parler, la rente foncière de l'ancienne législation, puisque la redevance actuelle n'est plus une partie de l'immeuble arrenté, mais seulement une rente sur la personne dans la propriété de laquelle a passé l'immeuble affecté.

---

culières, ainsi qu'il sera expliqué dans le Code de la procédure civile. C. 519, 2120.—Pr. 620.—Co. 190, 215.

532. Les matériaux provenant de la démolition d'un édifice, ceux assemblés pour en construire un nouveau, sont meubles jusqu'à ce qu'ils soient employés par l'ouvrier dans une construction. C. 552 à 555.

533. Le mot *meuble*, employé seul dans les dispositions de la loi ou de l'homme, sans autre addition ni désignation, ne comprend pas l'argent comptant, les pierreries, les dettes actives, les livres, les médailles, les instruments des sciences, des arts et métiers, le linge de corps, les chevaux, équipages, armes, grains, vins, foins et autres denrées ; il ne comprend pas aussi ce qui fait l'objet d'un commerce. Co. 632.

534. Les mots *meubles meublants* ne comprennent que les meubles destinés à l'usage et à l'ornement des appartements, comme tapisseries, lits, siéges, glaces, pendules, tables, porcelaines et autres objets de cette nature. — Les tableaux et les statues qui font partie du meuble d'un appartement y sont aussi compris, mais non les collections de tableaux qui peuvent être dans les galeries ou pièces particulières.—Il en est de même des porcelaines : celles seulement qui font partie de la décoration d'un appartement sont comprises sous la dénomination de *meubles meublants*.

535. L'expression *biens meubles*, celle de *mobilier* ou d'*effets mobiliers*, comprennent généralement tout ce qui est censé meuble d'après les règles ci-dessus établies.—La vente ou le don d'une maison meublée ne comprend que les meubles meublants.

536. La vente ou le don d'une maison, avec tout ce qui s'y trouve, ne comprend pas l'argent comptant, ni les dettes actives et autres droits dont les titres peuvent être déposés dans la maison ; tous les autres effets mobiliers y sont compris. C. 535.

CHAP. III. — DES BIENS DANS LEUR RAPPORT AVEC CEUX QUI LES POSSÈDENT.

537. Les particuliers ont la libre disposition des biens qui leur appartiennent, sous les modifications établies par les lois.

C. 544, 545. — Les biens qui n'appartiennent pas à des particuliers sont administrés et ne peuvent être aliénés que dans les formes et suivant les règles qui leur sont particulières (a). C. 538, 542, s., 1712.

538. Les chemins, routes et rues à la charge de l'Etat, les fleuves et rivières navigables ou flottables (b), les rivages, lais et relais de la mer (c), les ports, les havres, les rades, et généralement toutes les portions du territoire français, qui ne sont pas susceptibles d'une propriété privée, sont considérés comme des dépendances du domaine public. C. 556, 557, 560, 644, 650, 713, 714, 1128, 1598, 2121, 2226, 2227.—Pr. 83.

539. Tous les biens vacants et sans maître, et ceux des personnes qui décèdent sans héritiers, ou dont les successions sont abandonnées, appartiennent au domaine public. C. 33, 713, 723, 724, 768, s.

540. Les portes, murs, fossés, remparts des places de guerre et des forteresses font aussi partie du domaine public. C. 538, 714.

541. Il en est de même des terrains, des fortifications et remparts des places qui ne sont plus places de guerre : ils appartiennent à l'Etat, s'ils n'ont été valablement aliénés, ou si la propriété n'en a pas été prescrite contre lui. C. 538, 560, 2227.

542. Les biens communaux sont ceux à la propriété ou au produit desquels les habitants d'une ou plusieurs communes

(a) Ces biens sont : 1° ceux du domaine de l'Etat (lois des 28 oct.-5 nov. 1790, tit. 2, art. 13 à 21, 27, 28 ; 22 nov.-1er déc. 1790, art. 8 ; 16 frimaire an VII, art. 18 et suiv. ; arrêtés des 29 flor. an VII, art. 18 et 3 flor. an VIII) ; 2° ceux de la couronne et du domaine privé (voy. Code politique) ; 3° ceux des départements (voy. C. départemental) ; 4° ceux des communes (voy. C. municip.) ; 5° ceux des établissements publics.

24 mars 1852. — *Décret qui abroge l'art. 4 de la loi du 18 mai 1850, portant que l'affectation d'un immeuble national à un service public ne pourra être faite que par une loi.*
« Article unique. L'art. 4 de la loi du 18 mai 1850 est abrogé. »

(b) Pour tout ce qui concerne la police et la surveillance des chemins, voy. Code de la voirie.

(c) « Sera réputé bord et rivage de la mer tout ce qu'elle couvre et découvre pendant les nouvelles pleines-lunes et jusques où le grand flot de mars se peut étendre sur les grèves. » (Ordonn. de 1681, liv. 4, tit. 7, art. 1er.)

ont un droit acquis. C. 1596, 2045, 2121, 2153, 2227.—Pr. 49, 69-5°, 83.

543. On peut avoir sur les biens, ou un droit de propriété, ou un simple droit de jouissance, ou seulement des services fonciers à prétendre. C. 544, s.; 578, s., 637, s.

TITRE DEUXIÈME.

DE LA PROPRIÉTÉ.

(Décrété le 27 janvier 1804. Promulgué le 6 février.)

544. La propriété est le droit de jouir et disposer des choses de la manière la plus absolue, pourvu qu'on n'en fasse pas un usage prohibé par les lois ou par les règlements. C. 537, 543, 545, 546, 636, 644, 649, 651, s., 686, 711 à 717.

545. Nul ne peut être contraint de céder sa propriété, si ce n'est pour cause d'utilité publique, et moyennant une juste et préalable indemnité. P. 438. — Voy. C. de l'expr.

546. La propriété d'une chose, soit mobilière, soit immobilière, donne droit sur tout ce qu'elle produit, et sur ce qui s'y unit accessoirement, soit naturellement, soit artificiellement.—Ce droit s'appelle *droit d'accession.* C. 1019, 1615, 1692, 2016, 2102, 2118, 2133, 2162, 2204.—Pr. 547 à 577, 712.

CHAP. I.—DU DROIT D'ACCESSION SUR CE QUI EST PRODUIT PAR LA CHOSE.

547. Les fruits naturels ou industriels de la terre, —les fruits civils, — le croît des animaux,—appartiennent au propriétaire par droit d'accession.

548. Les fruits produits par la chose n'appartiennent au propriétaire qu'à la charge de rembourser les frais des labours, travaux et semences faits par des tiers. C. 585, 2102-1°.

549. Le simple possesseur ne fait les fruits siens que dans le cas où il possède de bonne foi : dans le cas contraire, il est tenu de rendre les produits avec la chose au propriétaire qui la revendique. C. 1378, 1635, 2262, 2279.

550. Le possesseur est de bonne foi quand il possède comme propriétaire, en vertu d'un titre translatif de propriété dont il ignore les vices. C. 2268. —Il cesse d'être de bonne foi du moment où ces vices lui sont connus. C. 549, 1338, 1378, 1635, 2262, 2265, s.

CHAP. II. — DU DROIT D'ACCESSION SUR CE QUI S'UNIT ET S'INCORPORE A LA CHOSE.

551. Tout ce qui s'unit et s'incorpore à la chose appartient au propriétaire, suivant les règles qui seront ci-après établies. C. 546, 712, 1615, 2118, 2133, 2204.

SECT. I. — *Du droit d'accession relativement aux choses immobilières.*

552. La propriété du sol emporte la propriété du dessus et du dessous.—Le propriétaire peut faire au dessus toutes les plantations et constructions qu'il juge à propos, sauf les exceptions établies au titre *des Servitudes* ou *services fonciers*. C. 637 à 711.—Il peut faire au dessous toutes les constructions et fouilles qu'il jugera à propos, et tirer de ces fouilles tous les produits qu'elles peuvent fournir, sauf les modifications résultant des lois et règlements relatifs aux mines (*a*), et des lois et règlements de police. C. 671, s., 1403.

553. Toutes constructions, plantations et ouvrages sur un terrain ou dans l'intérieur, sont présumés faits par le propriétaire à ses frais et lui appartenir, si le contraire n'est prouvé; sans préjudice de la propriété qu'un tiers pourrait avoir acquise ou pourrait acquérir par prescription, soit d'un souterrain sous le bâtiment d'autrui, soit de toute autre partie du bâtiment. C. 2219, 2262, 2265.

554. Le propriétaire du sol qui a fait des constructions, plantations et ouvrages avec des matériaux qui ne lui appartenaient pas, doit en payer la valeur; il peut aussi être condamné à des dommages et intérêts, s'il y a lieu; mais le propriétaire des matériaux n'a pas le droit de les enlever. C. 1149.

555. Lorsque les plantations, constructions et ouvrages ont été faits par un tiers et avec ses matériaux, le propriétaire du fonds a droit ou de les retenir, ou d'obliger ce tiers à les enlever.—Si le propriétaire du fonds demande la suppression des plantations et constructions, elle est aux frais de celui qui les a faites, sans aucune indemnité pour lui; il peut même

être condamné à des dommages et intérêts, s'il y a lieu, pour le préjudice que peut avoir éprouvé le propriétaire du fonds.— Si le propriétaire préfère conserver ces plantations et constructions, il doit le remboursement de la valeur des matériaux et du prix de la main-d'œuvre, sans égard à la plus ou moins grande augmentation de valeur que le fonds a pu recevoir. Néanmoins, si les plantations, constructions et ouvrages ont été faits par un tiers évincé, qui n'aurait pas été condamné à la restitution des fruits, attendu sa bonne foi, le propriétaire ne pourra demander la suppression desdits ouvrages, plantations et constructions; mais il aura le choix, ou de rembourser la valeur des matériaux et du prix de la main-d'œuvre, ou de rembourser une somme égale à celle dont le fonds a augmenté de valeur. C. 549, 550.

556. Les atterrissements et accroissements qui se forment successivement et imperceptiblement aux fonds riverains d'un fleuve ou d'une rivière s'appellent *alluvion*.—L'alluvion profite au propriétaire riverain, soit qu'il s'agisse d'un fleuve ou d'une rivière navigable, flottable ou non; à la charge, dans le premier cas, de laisser le marchepied ou chemin de halage, conformément aux règlements (*b*). C. 558, 596, 650.

557. Il en est de même des relais que forme l'eau courante qui se retire insensiblement de l'une de ses rives en se portant sur l'autre : le propriétaire de la rive découverte profite de l'alluvion, sans que le riverain du côté opposé y puisse venir réclamer le terrain qu'il a perdu. C. 556. —Ce droit n'a pas lieu à l'égard des relais de la mer. C. 558.

558. L'alluvion n'a pas lieu à l'égard des lacs et étangs, dont le propriétaire

---

(*a*) Cette matière est régie par la loi du 21 avril 1810. (Voy. *Lois, Ordonn.* diverses.)

(*b*) On appelle *marchepied, chemins de halage,* une servitude légale de passage établie sur les propriétés qui se trouvent sur les bords des rivières navigables ou flottables et des canaux. Ces chemins servent au passage des hommes ou des chevaux qui *halent* (tirent) les bateaux.—Le marchepied, établi sur les bords des rivières et ruisseaux, simplement flottables à bûches perdues, n'a que quatre pieds de largeur; au lieu que le chemin de halage proprement dit doit avoir vingt-quatre pieds, aux termes de l'ordonnance de 1669 (Tit. 28, article 7), de l'édit du 23 décembre 1672, chap. 17, art. 7, dont les dispositions ont été confirmées par le décret du 22 janvier 1808 et rendues applicables à toutes les rivières navigables —Voy. C. de la voirie.

conserve toujours le terrain que l'eau couvre quand elle est à la hauteur de la décharge de l'étang, encore que le volume de l'eau vienne à diminuer. C. 556.—Réciproquement le propriétaire de l'étang n'acquiert aucun droit sur les terres riveraines que son eau vient à couvrir dans des crues extraordinaires. P. 457, s.

559. Si un fleuve ou une rivière, navigable ou non, enlève par une force subite une partie considérable et reconnaissable d'un champ riverain, et la porte vers un champ inférieur, ou sur la rive opposée, le propriétaire de la partie enlevée peut réclamer sa propriété; mais il est tenu de former sa demande dans l'année : après ce délai, il n'y sera plus recevable, à moins que le propriétaire du champ auquel la partie enlevée a été unie n'eût pas encore pris possession de celle-ci. C. 2227.

560. Les îles, îlots, attérissements, qui se forment dans le lit des fleuves ou des rivières navigables ou flottables, appartiennent à l'Etat, s'il n'y a titre ou prescription contraire. C. 538, 2227.

561. Les îles et attérissements qui se forment dans les rivières non navigables et non flottables appartiennent aux propriétaires riverains du côté où l'île s'est formée : si l'île n'est pas formée d'un seul côté, elle appartient aux propriétaires riverains des deux côtés, à partir de la ligne qu'on suppose tracée au milieu de la rivière.

562. Si une rivière ou un fleuve, en se formant un bras nouveau, coupe et embrasse le champ d'un propriétaire riverain, et en fait une île, ce propriétaire conserve la propriété de son champ, encore quel'île se soit formée dans un fleuve ou dans une rivière navigable ou flottable. C. 538, 560.

563. Si un fleuve ou une rivière navigable, flottable ou non, se forme un nouveau cours en abandonnant son ancien lit, les propriétaires des fonds nouvellement occupés prennent, à titre d'indemnité, l'ancien lit abandonné, chacun dans la proportion du terrain qui lui a été enlevé.

564. Les pigeons, lapins, poissons, qui passent dans un autre colombier, garenne ou étang, appartiennent au propriétaire de ces objets, pourvu qu'ils n'y aient point été attirés par fraude et artifice. C. 524, 2268.—P. 388, 452.

SECT. II. — *Du droit d'accession relativement aux choses mobilières.*

565. Le droit d'accession, quand il a pour objet deux choses mobilières appartenant à deux maîtres différents, est entièrement subordonné aux principes de l'équité naturelle. C. 546, 551, 712.—Les règles suivantes serviront d'exemple au juge pour se déterminer, dans les cas non prévus, suivant les circonstances particulières.

566. Lorsque deux choses appartenant à différents maîtres, qui ont été unies de manière à former un tout, sont néanmoins séparables, en sorte que l'une puisse subsister sans l'autre, le tout appartient au maître de la chose qui forme la partie principale, à la charge de payer à l'autre la valeur de la chose qui a été unie (*a*).

567. Est réputée partie principale celle à laquelle l'autre n'a été unie que pour l'usage, l'ornement ou le complément de la première.

568. Néanmoins, quand la chose unie est beaucoup plus précieuse que la chose principale, et quand elle a été employée à l'insu du propriétaire, celui-ci peut demander que la chose unie soit séparée pour lui être rendue, même quand il pourrait en résulter quelque dégradation de la chose à laquelle elle a été jointe. C. 815.

569. Si, de deux choses unies pour former un seul tout, l'une ne peut point être regardée comme l'accessoire de l'autre, celle-là est réputée principale qui est la plus considérable en valeur, ou en volume, si les valeurs sont à peu près égales.

570. Si un artisan ou une personne quelconque a employé une matière qui ne lui appartenait pas à former une chose d'une nouvelle espèce, soit que la matière puisse ou non reprendre sa première forme, celui qui en était le propriétaire a le droit de réclamer la chose qui en a été formée, en remboursant le prix de la main-d'œuvre. C. 571, s., 1787.

571. Si cependant la main-d'œuvre

(*a*) A plus forte raison en serait-il de même si les choses unies étaient devenues *inséparables*. C'est ce qui a fait penser à plusieurs auteurs qu'il y avait un vice de rédaction dans cet article, et qu'à la place de ces mots : « *sont néanmoins,* » il faudrait : « *quoiqu'*elles soient séparables. »

était tellement importante qu'elle surpassât de beaucoup la valeur de la matière employée, l'industrie serait alors réputée la partie principale, et l'ouvrier aurait le droit de retenir la chose travaillée, en remboursant le prix de la matière au propriétaire (a).

572. Lorsqu'une personne a employé, en partie la matière qui lui appartenait, et en partie celle qui ne lui appartenait pas, à former une chose d'une espèce nouvelle, sans que ni l'une ni l'autre des deux matières soit entièrement détruite, mais de manière qu'elles ne puissent pas se séparer sans inconvénient, la chose est commune aux deux propriétaires, en raison, quant à l'un, de la matière qui lui appartenait; quant à l'autre, en raison à la fois et de la matière qui lui appartenait, et du prix de sa main-d'œuvre. C. 815, 1686, s.

573. Lorsqu'une chose a été formée par le mélange de plusieurs matières appartenant à différents propriétaires, mais dont aucune ne peut être regardée comme la matière principale, si les matières peuvent être séparées, celui à l'insu duquel les matières ont été mélangées peut en demander la division. C. 815. — Si les matières ne peuvent plus être séparées, sans inconvénient, ils en acquièrent en commun la propriété dans la proportion de la quantité, de la qualité et de la valeur des matières appartenant à chacun d'eux. C. 575.

574. Si la matière appartenant à l'un des propriétaires était de beaucoup supérieure à l'autre par la quantité et le prix, en ce cas, le propriétaire de la matière supérieure en valeur pourrait réclamer la chose provenue du mélange, en remboursant à l'autre la valeur de sa matière.

575 Lorsque la chose reste en commun entre les propriétaires des matières dont elle a été formée, elle doit être licitée au profit commun. C. 1686., s.—Pr. 969, s.

576. Dans tous les cas où le proprié-

taire dont la matière a été employée, à son insu, à former une chose d'une autre espèce, peut réclamer la propriété de cette chose, il a le choix de demander la restitution de sa matière en même nature, quantité, poids, mesure et bonté, ou sa valeur.

577. Ceux qui auront employé des matières appartenant à d'autres, et à leur insu, pourront aussi être condamnés à des dommages et intérêts, s'il y a lieu, sans préjudice des poursuites par voie extraordinaire, si le cas y échet. C. 1149, 1382. —P. 379.

TITRE TROISIÈME.

DE L'USUFRUIT, DE L'USAGE ET DE L'HABITATION.

(Décrété le 30 janvier 1804. Promulgué le 9 février.)

CHAP. I. — DE L'USUFRUIT.

578. L'usufruit est le droit de jouir des choses dont un autre a la propriété, comme le propriétaire lui-même, mais à la charge d'en conserver la substance. C. 384, s., 543, 544, 587 à 589, 754, 1568, 2108, 2118.

579. L'usufruit est établi par la loi, ou par la volonté de l'homme. C. 384, 754, 893, 917, 940, 1101, 1134, 1410, 1424, 1428.

580. L'usufruit peut être établi, ou purement, ou à certain jour, ou à condition. C. 1134, 1168, s.

581. Il peut être établi sur toute espèce de biens meubles ou immeubles. C. 587 à 590, 600, 601, 603.

SECT. I. — *Des droits de l'usufruitier.*

582. L'usufruitier a le droit de jouir de toute espèce de fruits, soit naturels, soit industriels, soit civils, que peut produire l'objet dont il a l'usufruit. C. 583, 584.

583. Les fruits naturels sont ceux qui sont le produit spontané de la terre. Le produit et le croît des animaux sont aussi des fruits naturels. C. 547, 585, 590 à 594, 616, 1711, 1800. — Les fruits industriels d'un fonds sont ceux qu'on obtient par la culture. C. 520, 548, 585.

584. Les fruits civils sont les loyers des maisons, les intérêts des sommes exigibles, les arrérages des rentes. — Les

---

(a) En droit romain, il existait une controverse devenue fameuse sur ce point. Pour la faire cesser, Justinien déclara que la propriété de la chose créée n'appartiendrait au maître de la matière qu'autant que cette matière pourrait être ramenée à son *ancienne forme*. Le Code civil, comme on le voit, n'exige pas une pareille condition, qui attribuerait en effet une statue de bronze, du plus beau travail, au maître du bronze, au détriment de l'excellence de l'art.

prix des baux à ferme sont aussi rangés dans la classe des fruits civils. C. 586, 1709, 1711, 1905, s., 1980, 2277. — Pr. 49-5°, 404.

585. Les fruits naturels et industriels, pendants par branches ou par racines, au moment où l'usufruit est ouvert, appartiennent à l'usufruitier. — Ceux qui sont dans le même état au moment où finit l'usufruit appartiennent au propriétaire, sans récompense de part ni d'autre des labours et des semences, mais aussi sans préjudice de la portion des fruits qui pourrait être acquise au colon partiaire, s'il en existait un au commencement ou à la cessation de l'usufruit. C. 524, 548, 582, 583, 1763.

586. Les fruits civils sont réputés s'acquérir jour par jour, et appartiennent à l'usufruitier, à proportion de la durée de son usufruit. Cette règle s'applique aux prix des baux à ferme, comme aux loyers des maisons et aux autres fruits civils. C. 588, 1153, 1980, 2277.

587. Si l'usufruit comprend des choses dont on ne peut faire usage sans les consommer, comme l'argent, les grains, les liqueurs, l'usufruitier a le droit de s'en servir, mais à la charge d'en rendre de pareille quantité, qualité et valeur, ou leur estimation, à la fin de l'usufruit. C. 578, 582, 617, s., 1532, 1892, s.

588. L'usufruit d'une rente viagère donne aussi à l'usufruitier, pendant la durée de son usufruit, le droit d'en percevoir les arrérages, sans être tenu à aucune restitution. C. 578, 582, 610, 856, 1568, 1968, s.

589. Si l'usufruit comprend des choses qui, sans se consommer de suite, se détériorent peu à peu par l'usage, comme du linge, des meubles meublants, l'usufruitier a le droit de s'en servir pour l'usage auquel elles sont destinées, et n'est obligé de les rendre, à la fin de l'usufruit, que dans l'état où elles se trouvent, non détériorées par son dol ou par sa faute. C. 617, s., 950, 1382, 1566.

590. Si l'usufruit comprend des bois taillis, l'usufruiter est tenu d'observer l'ordre et la quotité des coupes, conformément à l'aménagement (a) ou à l'usage

constant des propriétaires; sans indemnité toutefois en faveur de l'usufruitier ou de ses héritiers, pour les coupes ordinaires, soit de taillis, soit de baliveaux, soit de futaie, qu'il n'aurait pas faites pendant sa jouissance. C. 521 et la *note*. — Les arbres qu'on peut tirer d'une pépinière sans la dégrader ne font aussi partie de l'usufruit qu'à la charge par l'usufruitier de se conformer aux usages des lieux pour le remplacement. C. 591 à 594, 1403.

591. L'usufruitier profite encore, toujours en se conformant aux époques et à l'usage des anciens propriétaires, des parties de bois de haute futaie qui ont été mises en coupes réglées, soit que ces coupes se fassent périodiquement sur une certaine étendue de terrain, soit qu'elles se fassent d'une certaine quantité d'arbres pris indistinctement sur toute la surface du domaine. C. 521 et la *note*.

592. Dans tous les autres cas, l'usufruitier ne peut toucher aux arbres de haute futaie : il peut seulement employer, pour faire les réparations dont il est tenu, les arbres arrachés ou brisés par accident; il peut même, pour cet objet, en faire abattre s'il est nécessaire, mais à la charge d'en faire constater la nécessité avec le propriétaire. C. 590, 594, 605.

593. Il peut prendre, dans les bois, des échalas pour les vignes; il peut aussi prendre, sur les arbres, des produits annuels ou périodiques; le tout suivant l'usage du pays ou la coutume des propriétaires.

594. Les arbres fruitiers qui meurent, ceux même qui sont arrachés ou brisés par accident, appartiennent à l'usufruitier, à la charge de les remplacer par d'autres. C. 590.

595. L'usufruitier peut jouir par lui-même, donner à ferme à un autre, ou même vendre ou céder son droit à titre gratuit. S'il donne à ferme, il doit se conformer, pour les époques où les baux doivent être renouvelés, et pour leur durée, aux règles établies pour le mari à l'égard des biens de la femme, au titre *du Contrat de mariage et des droits respectifs des époux.* C. 1429, s.

(a) L'aménagement est l'art de diviser une

forêt en coupes successives, et de régler l'étendue et l'âge des coupes annuelles, dans le plus grand intérêt de la conservation de ces forêts.

596. L'usufruitier jouit de l'augmentation survenue par alluvion à l'objet dont il a l'usufruit. C. 556 à 558.

597. Il jouit des droits de servitude, de passage, et généralement de tous les droits dont le propriétaire peut jouir, et il en jouit comme le propriétaire lui-même. C. 544, 578, 598, 637, 649, 688.

598. Il jouit aussi de la même manière que le propriétaire, des mines et carrières qui sont en exploitation à l'ouverture de l'usufruit; et néanmoins, s'il s'agit d'une exploitation qui ne puisse être faite sans une concession, l'usufruitier ne pourra en jouir qu'après en avoir obtenu la permission de l'Empereur. C. 552, 1403. — Il n'a aucun droit aux mines et carrières non encore ouvertes, ni aux tourbières dont l'exploitation n'est point encore commencée, ni au trésor qui pourrait être découvert pendant la durée de l'usufruit. C. 716.

599. Le propriétaire ne peut, par son fait, ni de quelque manière que ce soit, nuire aux droits de l'usufruitier. C. 1383. — De son côté, l'usufruitier ne peut, à la cessation de l'usufruit, réclamer aucune indemnité pour les améliorations qu'il prétendrait avoir faites, encore que la valeur de la chose en fût augmentée. — Il peut cependant, ou ses héritiers, enlever les glaces, tableaux et autres ornements qu'il aurait fait placer, mais à la charge de rétablir les lieux dans leur premier état. C. 525, 1122.

SECT. II. — *Des obligations de l'usufruitier.*

600. L'usufruitier prend les choses dans l'état où elles sont; mais il ne peut entrer en jouissance qu'après avoir fait dresser, en présence du propriétaire, ou lui dûment appelé, un inventaire des meubles et un état des immeubles sujets à l'usufruit. C. 385, 601, 603, 626, 950, 1553, 1562, 1580. — Pr. 943, 944.

601. Il donne caution de jouir en bon père de famille, s'il n'en est dispensé par l'acte constitutif de l'usufruit; cependant, les père et mère ayant l'usufruit légal du bien de leurs enfants, le vendeur ou le donateur, sous réserve d'usufruit, ne sont pas tenus de donner caution. C. 384, s., 626, 949, 950, 1134, 2011, 2018, 2040. — Pr. 518, s.

602. Si l'usufruitier ne trouve pas de caution, les immeubles sont donnés à ferme ou mis en séquestre. C. 1709, 1711, 1916, 1955, s., 2041. — Les sommes comprises dans l'usufruit sont placées. C. 1905, 1907. — Les denrées sont vendues, et le prix en provenant est pareillement placé. C. 796, 805. — Pr. 617, s., 945, s. — Les intérêts de ces sommes et les prix des fermes appartiennent, dans ce cas, à l'usufruitier.

603. A défaut d'une caution de la part de l'usufruitier, le propriétaire peut exiger que les meubles qui dépérissent par l'usage soient vendus, pour le prix en être placé comme celui des denrées; et alors l'usufruitier jouit de l'intérêt pendant son usufruit; cependant l'usufruitier pourra demander, et les juges pourront ordonner, suivant les circonstances, qu'une partie des meubles nécessaires pour son usage lui soit délaissée, sous la simple caution juratoire (a), et à la charge de les représenter à l'extinction de l'usufruit. C. 602.

604. Le retard de donner caution ne prive pas l'usufruitier des fruits auxquels il peut avoir droit; ils lui sont dus du moment où l'usufruit a été ouvert.

605. L'usufruitier n'est tenu qu'aux réparations d'entretien. — Les grosses réparations demeurent à la charge du propriétaire, à moins qu'elles n'aient été occasionées par le défaut de réparations d'entretien, depuis l'ouverture de l'usufruit; auquel cas l'usufruitier en est aussi tenu. C. 606, 608, 618, 635, 1409-4°, 1754, 1755.

606. Les grosses réparations sont celles des gros murs et des voûtes, le rétablissement des poutres et des couvertures entières; — celui des digues et des murs de soutènement et de clôture aussi en entier. — Toutes les autres réparations sont d'entretien. C. 605.

607. Ni le propriétaire, ni l'usufruitier, ne sont tenus de rebâtir ce qui est tombé de vétusté, ou ce qui a été détruit par cas fortuit. C. 623, s., 1148, 1302, 1303, 1730, s.

608. L'usufruitier est tenu, pendant sa jouissance, de toutes les charges annuelles de l'héritage, telles que les con-

(a) On entend par *caution juratoire* une promesse faite avec serment.

tributions et autres qui, dans l'usage, sont censées charges des fruits. C. 605, 635, 1139.

609. A l'égard des charges qui peuvent être imposées sur la propriété pendant la durée de l'usufruit, l'usufruitier et le propriétaire y contribuent ainsi qu'il suit : — le propriétaire est obligé de les payer, et l'usufruitier doit lui tenir compte des intérêts. C. 1907. — Si elles sont avancées par l'usufruitier, il a la répétition du capital à la fin de l'usufruit. C. 612.

610. Le legs fait par un testateur, d'une rente viagère ou pension alimentaire, doit être acquitté par le légataire universel de l'usufruit dans son intégrité, et par le légataire à titre universel de l'usufruit dans la proportion de sa jouissance, sans aucune répétition de leur part. C. 588, 917, 918, 1009, 1015, 1017, s. — Pr. 581, 582.

611. L'usufruitier à titre particulier n'est pas tenu des dettes auxquelles le fonds est hypothéqué : s'il est forcé de les payer, il a son recours contre le propriétaire, sauf ce qui est dit à l'article 1020, au titre *des Donations entre-vifs et des Testaments.* C. 874, 1014, 1024, 1558, 2114.

612. L'usufruitier, ou universel, ou à titre universel, doit contribuer avec le propriétaire au paiement des dettes ainsi qu'il suit : — On estime la valeur du fonds sujet à usufruit; on fixe ensuite la contribution aux dettes à raison de cette valeur.—Si l'usufruitier veut avancer la somme pour laquelle le fonds doit contribuer, le capital lui en est restitué à la fin de l'usufruit, sans aucun intérêt. — Si l'usufruitier ne veut pas faire cette avance, le propriétaire a le choix, ou de payer cette somme, et, dans ce cas, l'usufruitier lui tient compte des intérêts pendant la durée de l'usufruit, ou de faire vendre jusqu'à due concurrence une portion des biens soumis à l'usufruit. C. 609.

613. L'usufruitier n'est tenu que des frais des procès qui concernent la jouissance, et des autres condamnations auxquelles ces procès pourraient donner lieu. Pr. 130.

614. Si, pendant la durée de l'usufruit, un tiers commet quelque usurpation sur le fonds, ou attente autrement aux droits du propriétaire, l'usufruitier est tenu de le dénoncer à celui-ci : faute de ce, il est responsable de tout le dommage qui peut en résulter pour le propriétaire, comme il le serait de dégradations commises par lui-même. C. 1768.

615. Si l'usufruit n'est établi que sur un animal qui vient à périr sans la faute de l'usufruitier, celui-ci n'est pas tenu d'en rendre un autre, ni d'en payer l'estimation. C. 617, s., 950.

616. Si le troupeau sur lequel un usufruit a été établi périt entièrement par accident ou par maladie, et sans la faute de l'usufruitier, celui-ci n'est tenu envers le propriétaire que de lui rendre compte des cuirs ou de leur valeur. C. 1809. — Si le troupeau ne périt pas entièrement, l'usufruitier est tenu de remplacer, jusqu'à concurrence du croît, les têtes des animaux qui ont péri. C. 547, 617, 623, 1800, s., 1825, 1827.

SECT. III. — *Comment l'usufruit prend fin.*

617. L'usufruit s'éteint, — par la mort naturelle et par la mort civile de l'usufruitier : C. 23, 25. — P. 18; — par l'expiration du temps pour lequel il a été accordé; — par la consolidation ou la réunion, sur la même tête, des deux qualités d'usufruitier et de propriétaire : C. 1234, 1300; — par le non usage du droit pendant trente ans : C. 2262; — par la perte totale de la chose sur laquelle l'usufruit est établi. C. 607, 611, 619, s.

618. L'usufruit peut aussi cesser par l'abus que l'usufruitier fait de sa jouissance, soit en commettant des dégradations sur le fonds, soit en le laissant dépérir faute d'entretien. C. 605 — Les créanciers de l'usufruitier peuvent intervenir dans les contestations, pour la conservation de leurs droits; ils peuvent offrir la réparation des dégradations commises, et des garanties pour l'avenir. C. 622, 1166, 1167. — Pr. 339. — Les juges peuvent, suivant la gravité des circonstances, ou prononcer l'extinction absolue de l'usufruit, ou n'ordonner la rentrée du propriétaire dans la jouissance de l'objet qui en est grevé, que sous la charge de payer annuellement à l'usufruitier, ou à ses ayants cause, une somme déterminée jusqu'à l'instant où l'usufruit aurait dû cesser.

619. L'usufruit qui n'est pas accordé à des particuliers ne dure que trente ans. C. 617, 2262.

620. L'usufruit accordé jusqu'à ce qu'un tiers ait atteint un âge fixé dure jusqu'à cette époque, encore que le tiers soit mort avant l'âge fixé. C. 1168, 1176.

621. La vente de la chose sujette à usufruit ne fait aucun changement dans le droit de l'usufruitier; il continue de jouir de son usufruit s'il n'y a pas formellement renoncé. C. 1584.

622. Les créanciers de l'usufruitier peuvent faire annuler la renonciation qu'il aurait faite à leur préjudice. C. 618, 788, 1167.

623. Si une partie seulement de la chose soumise à l'usufruit est détruite, l'usufruit se conserve sur ce qui reste. C. 615, s.

624. Si l'usufruit n'est établi que sur un bâtiment, et que ce bâtiment soit détruit par un incendie ou autre accident, ou qu'il s'écroule de vétusté, l'usufruitier n'aura le droit de jouir ni du sol ni des matériaux. C. 607, 1302, 1303. — Si l'usufruit était établi sur un domaine dont le bâtiment faisait partie, l'usufruitier jouirait du sol et des matériaux. C. 623.

CHAP. II. — DE L'USAGE ET DE L'HABITATION.

625. Les droits d'usage et d'habitation (*b*) s'établissent et se perdent de la même manière que l'usufruit. C. 579, s., 617, s., 1127.

626. On ne peut en jouir, comme dans le cas de l'usufruit, sans donner

(a) Il existe deux sortes d'usage : l'un, qui est *personnel* et s'éteint avec l'individu à qui il a été concédé : c'est celui dont s'occupe le présent chapitre; l'autre *réel*, qui se transmet avec le fonds sur lequel il a été établi. Tel est le droit d'usage dans les bois et forêts. (Voy. l'art. 636.) — Le droit d'usage personnel consiste dans la faculté acquise à quelqu'un de prendre sur les fruits d'un fonds appartenant à un autre ce qui est nécessaire à ses besoins et à ceux de sa famille (C. 630). — Ce droit a beaucoup d'analogie avec l'usufruit; mais il en diffère en ce que l'usufruitier a droit à la *totalité* des fruits, tandis que l'usager ne peut prendre que ceux qui sont nécessaires à ses besoins et aux besoins de sa famille, sans pouvoir ni louer ni aliéner son droit, tandis que l'usufruitier peut le faire (art. 595).

préalablement caution, et sans faire des états et inventaires. C. 601 à 604, 2011, 2018, 2040. — Pr. 518, s., 943, 944.

627. L'usager, et celui qui a un droit d'habitation, doivent jouir en bons pères de famille. C. 601.

628. Les droits d'usage et d'habitation se règlent par le titre qui les a établis, et reçoivent, d'après ses dispositions, plus ou moins d'étendue. C. 1134.

629. Si le titre ne s'explique pas sur l'étendue de ces droits, ils seront réglés ainsi qu'il suit :

630. Celui qui a l'usage des fruits d'un fonds, ne peut en exiger qu'autant qu'il lui en faut pour ses besoins et ceux de sa famille. — Il peut en exiger pour les besoins même des enfants qui lui sont survenus depuis la concession de l'usage. C. 383.

631. L'usager ne peut céder ni louer son droit à un autre. C. 595, 634, 1127.

632. Celui qui a un droit d'habitation dans une maison peut y demeurer avec sa famille, quand même il n'aurait pas été marié à l'époque où ce droit lui a été donné. C. 627.

633. Le droit d'habitation se restreint à ce qui est nécessaire pour l'habitation de celui à qui ce droit est concédé, et de sa famille. C. 632.

634. Le droit d'habitation ne peut être ni cédé ni loué. C. 595, 631.

635. Si l'usager absorbe tous les fruits du fonds, ou s'il occupe la totalité de la maison, il est assujetti aux frais de culture, aux réparations d'entretien et au paiement des contributions, comme l'usufruitier. C. 605, 608, 609. — S'il ne prend qu'une partie des fruits, ou s'il n'occupe qu'une partie de la maison, il contribue au prorata de ce dont il jouit.

636. L'usage des bois et forêts est réglé par des lois particulières. C. for. 58 à 85, 89, 103, 109 à 112, 118 à 121.

TITRE QUATRIÈME.

DES SERVITUDES OU SERVICES FONCIERS.

(Décrété le 31 janvier 1804. Promulgué le 10 février.)

637. Une servitude est une charge imposée sur un héritage pour l'usage et l'utilité d'un héritage appartenant à un autre propriétaire. C. 526, 543, 544, 597, 640, s., 649, s., 686, s., 1433, 1437, 1638, 2177.

638. La servitude n'établit aucune prééminence d'un héritage sur l'autre.

639. Elle dérive ou de la situation naturelle des lieux, ou des obligations imposées par la loi, ou des conventions entre les propriétaires. C. 640, s., 649, s., 686, s., 1134.

CHAP. I. — DES SERVITUDES QUI DÉRIVENT DE LA SITUATION DES LIEUX.

640. Les fonds inférieurs sont assujettis, envers ceux qui sont plus élevés, à recevoir les eaux qui en découlent naturellement sans que la main de l'homme y ait contribué. C. 644, 645, 650, 681, 688, 690, 701, s. — Le propriétaire inférieur ne peut point élever de digue qui empêche cet écoulement. — Le propriétaire supérieur ne peut rien faire qui aggrave la servitude du fonds inférieur (*a*).

641. Celui qui a une source dans son fonds peut en user à sa volonté, sauf le droit que le propriétaire du fonds inférieur pourrait avoir acquis par titre ou par prescription (*b*). C. 642, s., 645, 1134, 2262, s.

642. La prescription, dans ce cas, ne peut s'acquérir que par une jouissance non interrompue pendant l'espace de trente années, à compter du moment où le propriétaire du fonds inférieur a fait et terminé des ouvrages apparents destinés à faciliter la chute et le cours de l'eau dans sa propriété (*c*). C. 690, 2219, 2262, 2281.

643. Le propriétaire de la source ne peut en changer le cours, lorsqu'il fournit aux habitants d'une commune, village ou hameau, l'eau qui leur est nécessaire ; mais si les habitants n'en ont pas acquis ou prescrit l'usage, le propriétaire peut réclamer une indemnité, laquelle est réglée par experts (*d*). C. 545, 2262. — Pr. 302, s., 1034, 1035.

644. Celui dont la propriété borde

(*a, b, c, d, e, f*) 29 avril-1er mai 1845. — *Loi sur les irrigations.*

« Art. 1er. Tout propriétaire qui voudra se servir, pour l'irrigation de ses propriétés, des eaux naturelles ou artificielles dont il a le droit de disposer, pourra obtenir le passage de ses eaux sur les fonds intermédiaires, à la charge d'une juste et préalable indemnité. — Sont

une eau courante, autre que celle qui est déclarée dépendance du domaine public par l'article 538 au titre de *la Distinction des biens*, peut s'en servir à son passage pour l'irrigation de ses propriétés. C. 645, 650. — Pr. 3-2º. — Celui dont cette eau traverse l'héritage peut même en user dans l'intervalle qu'elle y parcourt, mais à la charge de la rendre, à la sortie de ses fonds, à son cours ordinaire (*e*).

645. S'il s'élève une contestation entre les propriétaires auxquels ces eaux peuvent être utiles, les tribunaux, en prononçant, doivent concilier l'intérêt de l'agriculture avec le respect dû à la propriété ; et, dans tous les cas, les règlements particuliers et locaux sur le cours et l'usage des eaux doivent être observés (*f*).

exceptés de cette servitude les maisons, cours, jardins, parcs et enclos attenant aux habitations.

« 2. Les propriétaires des fonds inférieurs devront recevoir les eaux qui s'écouleront des terrains ainsi arrosés, sauf l'indemnité qui pourra leur être due. — Seront également exceptés de cette servitude, les maisons, cours, jardins, parcs et enclos attenant aux habitations.

« 3. La même faculté de passage sur les fonds intermédiaires pourra être accordée au propriétaire d'un terrain submergé en tout ou en partie, à l'effet de procurer aux eaux nuisibles leur écoulement.

« 4. Les contestations auxquelles pourront donner lieu l'établissement de la servitude, la fixation du parcours de la conduite d'eau, de ses dimensions et de sa forme, et les indemnités dues, soit au propriétaire du fonds traversé soit à celui du fond qui recevra l'écoulement des eaux, seront portées devant les tribunaux, qui, en prononçant, devront concilier l'intérêt de l'opération avec le respect dû à la propriété.—Il sera procédé devant les tribunaux comme en matière sommaire, et, s'il y a lieu à expertise, il pourra n'être nommé qu'un seul expert.

« 5. Il n'est aucunement dérogé par les présentes dispositions aux lois qui règlent la police des eaux.

11—15 juillet 1847. — *Loi sur les irrigations.*

« Art. 1. Tout propriétaire qui voudra se servir, pour l'irrigation de ses propriétés, des eaux naturelles ou artificielles dont il a le droit de disposer, pourra obtenir la faculté d'appuyer sur la propriété du riverain opposé les ouvrages d'art nécessaires à sa prise d'eau, à la charge d'une juste et préalable indemnité. — Sont exceptés de cette servitude les bâtiments, cours et jardins attenant aux habitations.

« 2 Le riverain sur le fonds duquel l'appui sera réclamé pourra toujours demander l'usage commun de barrage, en contribuant pour moitié aux frais d'établissement et d'entretien ; aucune indemnité ne sera respectivement due dans ce cas, et celle qui aurait été payée devra être

6

646. Tout propriétaire peut obliger son voisin au bornage de leurs propriétés contiguës. Le bornage se fait à frais communs. Pr. 3-2°, 38.—P. 389, 456.

647. Tout propriétaire peut clore son héritage, sauf l'exception portée en l'article 682. C. 544, 552, 648, 663.— P. 456.

648. Le propriétaire qui veut se clore, perd son droit au parcours et vaine pâture, en proportion du terrain qu'il y soustrait (a).

CHAP. II. — DES SERVITUDES ÉTABLIES PAR LA LOI.

649. Les servitudes établies par la loi ont pour objet l'utilité publique ou communale, ou l'utilité des particuliers. C. 637, 639.

650. Celles établies pour l'utilité publique ou communale ont pour objet le marche-pied le long des rivières navigables ou flottables, la construction ou réparation des chemins et autres ouvrages publics ou communaux. C. 538, 556, et la *note*. — Tout ce qui concerne cette espèce de servitude est déterminé par des lois ou des règlements particuliers. — Voy. C. de la voirie.

651. La loi assujettit les propriétaires à différentes obligations l'un à l'égard de l'autre, indépendamment de toute convention.

652. Partie de ces obligations est réglée par les lois sur la police rurale. —Les autres sont relatives au mur et au fossé mitoyens, au cas où il y a lieu à

---

rendue. — Lorsque cet usage commun ne sera réclamé qu'après le commencement ou la confection des travaux, celui qui le demandera devra supporter seul l'excédant de dépense auquel donneront lieu les changements à faire au barrage pour le rendre propre à l'irrigation des deux rives.

« 3. Les contestations auxquelles pourra donner lieu l'application des deux articles ci-dessus seront portées devant les tribunaux. — Il sera procédé comme en matière sommaire, et s'il y a lieu à expertise, le tribunal pourra ne nommer qu'un seul expert.

« 4. Il n'est aucunement dérogé, par les présentes dispositions, aux lois qui règlent la police des eaux. »

(a) La *vaine pâture* est le droit appartenant aux habitants d'une commune, de faire paître leurs bestiaux sur les héritages les uns des autres, après l'enlèvement des récoltes. Le *parcours* est le même droit, mais exercé avec réciprocité, entre les habitants de communes différentes. — Voy. C. rur.

---

contre-mur, aux vues sur la propriété du voisin, à l'égout des toits, au droit de passage. C. 653, s., 674, 675, s., 681, 682, s.

SECT. I. — *Du mur et du fossé mitoyens.*

653. Dans les villes et les campagnes, tout mur servant de séparation entre bâtiments jusqu'à l'héberge (b), ou entre cours et jardins, et même entre enclos dans les champs, est présumé mitoyen, s'il n'y a titre ou marque du contraire. C. 654 à 665, 1350, 1352.

654. Il y a marque de non-mitoyenneté lorsque la sommité du mur est droite et à plomb de son parement d'un côté, et présente de l'autre un plan incliné;— Lors encore qu'il n'y a que d'un côté ou un chaperon, ou des filets et corbeaux de pierre (c) qui y auraient été mis en bâtissant le mur. — Dans ces cas, le mur est censé appartenir exclusivement au propriétaire du côté duquel sont l'égout ou les corbeaux et filets de pierre. C. 681, 1350, 1352.

655. La réparation et la reconstruction du mur mitoyen sont à la charge de tous ceux qui y ont droit, et proportionnellement au droit de chacun. C. 656 à 659, 663, 669.

656. Cependant tout copropriétaire d'un mur mitoyen peut se dispenser de contribuer aux réparations et reconstructions, en abandonnant le droit de mitoyenneté, pourvu que le mur mitoyen ne soutienne pas un bâtiment qui lui appartienne. C. 699.

657. Tout copropriétaire peut faire bâtir contre un mur mitoyen, et y faire placer des poutres ou solives dans toute l'épaisseur du mur, à cinquante-quatre millimètres (deux pouces) près, sans préjudice du droit qu'a le voisin de faire réduire à l'ébauchoir la poutre jusqu'à la moitié du mur, dans le cas où il voudrait lui-même asseoir des poutres dans

---

(b) L'*héberge* est l'endroit où deux bâtiments élevés sur le même mur commencent à se séparer.

(c) Le *chaperon* est le sommet du mur qui forme un plan incliné, en forme de toit, pour l'écoulement des eaux de la pluie. Les *filets* sont la partie du chaperon qui déborde le mur et facilite la chute de l'eau. On nomme *corbeaux* les pierres en saillie qu'on place dans le mur en le construisant, et qui sont destinées à recevoir des poutres lorsqu'on voudra bâtir.

le même lieu, ou y adosser une chemi- née. C. 662, 674, 675.

658. Tout copropriétaire peut faire exhausser le mur mitoyen; mais il doit payer seul la dépense de l'exhaussement, les réparations d'entretien au-dessus de la hauteur de la clôture commune, et en outre l'indemnité de la charge en raison de l'exhaussement et suivant la valeur. C. 660, 662.

659. Si le mur mitoyen n'est pas en état de supporter l'exhaussement, celui qui veut l'exhausser doit le faire recons- truire en entier à ses frais, et l'excédant d'épaisseur doit se prendre de son côté. C. 662.

660. Le voisin qui n'a pas contribué à l'exhaussement peut en acquérir la mitoyenneté en payant la moitié de la dépense qu'il a coûtée, et la valeur de la moitié du sol fourni pour l'excédant d'épaisseur, s'il y en a. C. 659.

661. Tout propriétaire joignant un mur a de même la faculté de le rendre mitoyen, en tout ou en partie, en rem- boursant au maître du mur la moitié de sa valeur, ou la moitié de la valeur de la portion qu'il veut rendre mitoyenne, et moitié de la valeur du sol sur lequel le mur est bâti. C. 676.

662. L'un des voisins ne peut prati- quer dans le corps d'un mur mitoyen au- cun enfoncement, ni appliquer ou appuyer aucun ouvrage sans le consentement de l'autre, ou sans avoir, à son refus, fait ré- gler par experts les moyens nécessaires pour que le nouvel ouvrage ne soit pas nuisible aux droits de l'autre. C. 657 à 659.

663. Chacun peut contraindre son voisin, dans les villes et faubourgs, à con- tribuer aux constructions et réparations de la clôture faisant séparation de leurs maisons, cours et jardins assis ès-dites villes et faubourgs; la hauteur de la clô- ture sera fixée suivant les règlements par- ticuliers ou les usages constants et recon- nus; et, à défaut d'usages et de règlements, tout mur de séparation entre voisins, qui sera construit ou rétabli à l'avenir, doit avoir au moins trente-deux décimètres (dix pieds) de hauteur, compris le chape- ron, dans les villes de cinquante mille âmes et au-dessus, et vingt-six décimètres (huit pieds) dans les autres. C. 647, 655, 656, 658.

664. Lorsque les différents étages d'une maison appartiennent à divers pro- priétaires, si les titres de propriété ne rè- glent pas le mode de réparations et re- constructions, elles doivent être faites ainsi qu'il suit : — Les gros murs et le toit sont à la charge de tous les proprié- taires, chacun en proportion de la valeur de l'étage qui lui appartient. C. 655. — Le propriétaire de chaque étage fait le plancher sur lequel il marche. — Le pro- priétaire du premier étage fait l'escalier qui y conduit; le propriétaire du second étage fait, à partir du premier, l'escalier qui conduit chez lui, et ainsi de suite. C. 815, s.

665. Lorsqu'on reconstruit un mur mitoyen ou une maison, les servitudes actives et passives se continuent à l'égard du nouveau mur ou de la nouvelle mai- son, sans toutefois qu'elles puissent être aggravées, et pourvu que la reconstruc- tion se fasse avant que la prescription soit acquise. C. 703, 704, 707, 2262.

666. Tous fossés entre deux héritages sont présumés mitoyens, s'il n'y a titre ou marque du contraire. C. 1350, 1352. — P. 456.

667. Il y a marque de non-mitoyen- neté lorsque la levée ou le rejet de la terre se trouve d'un côté seulement du fossé. C. 1350, 1352.

668. Le fossé est censé appartenir exclusivement à celui du côté duquel le rejet se trouve.

669. Le fossé mitoyen doit être en- tretenu à frais communs. C. 655.

670. Toute haie qui sépare des héri- tages est réputée mitoyenne, à moins qu'il n'y ait qu'un seul des héritages en état de clôture, ou s'il n'y a titre ou possession suffisante au contraire. C. 1350, 1352, 2262. Pr. 3, 23, s. — P. 456.

671. Il n'est permis de planter des ar- bres de haute tige qu'à la distance pre- scrite par les règlements particuliers ac- tuellement existants, ou par les usages constants et reconnus; et, à défaut de rè- glements et usages, qu'à la distance de deux mètres de la ligne séparative des deux héritages, pour les arbres à haute tige, et à la distance d'un demi-mètre, pour les autres arbres et haies vives. C. 552, 553, 1159.

672. Le voisin peut exiger que les

arbres et haies plantés à une moindre distance soient arrachés. — Celui sur la propriété duquel avancent les branches des arbres du voisin peut contraindre celui-ci à couper ces branches. — Si ce sont les racines qui avancent sur son héritage, il a le droit de les y couper lui-même. C. 544, 552.

673. Les arbres qui se trouvent dans la haie mitoyenne sont mitoyens comme la haie; et chacun des deux propriétaires a droit de requérir qu'ils soient abattus.

SECT. II. — *De la distance et des ouvrages intermédiaires requis pour certaines constructions.*

674. Celui qui fait creuser un puits ou une fosse d'aisance près d'un mur mitoyen ou non; — celui qui veut y construire cheminée ou âtre, forge, four ou fourneau; — y adosser une étable, — ou établir contre ce mur un magasin de sel ou amas de matières corrosives, — est obligé à laisser la distance prescrite par les règlements et usages particuliers sur ces objets, ou à faire les ouvrages prescrits par les mêmes règlements et usages, pour éviter de nuire au voisin (a). C. 552, 657, 662, 1382.

SECT. III. — *Des vues sur la propriété de son voisin.*

675. L'un des voisins ne peut, sans le consentement de l'autre, pratiquer dans le mur mitoyen aucune fenêtre ou ouverture, en quelque manière que ce soit, même à verre dormant (b). C. 651 à 654, 661, 688.

676. Le propriétaire d'un mur non mitoyen, joignant immédiatement l'héritage d'autrui, peut pratiquer dans ce mur des jours ou fenêtres à fer maillé (c) et verre dormant. C. 654, 661. — Ces fenêtres doivent être garnies d'un treillis de fer, dont les mailles auront un décimètre (environ trois pouces huit lignes) d'ouverture au plus, et d'un châssis à verre dormant.

677. Ces fenêtres ou jours ne peuvent être établis qu'à vingt-six décimètres (huit pieds) au-dessus du plancher ou sol de la chambre qu'on veut éclairer, si c'est à rez-de-chaussée, et à dix-neuf décimètres (six pieds) au-dessus du plancher, pour les étages supérieurs (d).

678. On ne peut avoir des vues droites ou fenêtres d'aspect (e), ni balcons ou autres semblables saillies sur l'héritage clos ou non clos de son voisin, s'il n'y a dix-neuf décimètres (six pieds) de distance entre le mur où on les pratique et ledit héritage. C. 552, 680.

679. On ne peut avoir des vues par côté ou obliques (f) sur le même héritage, s'il n'y a six décimètres (deux pieds) de distance. C. 552, 680.

680. La distance dont il est parlé dans les deux articles précédents se compte depuis le parement extérieur du mur où l'ouverture se fait, et, s'il y a balcons ou autres semblables saillies, depuis leur ligne extérieure, jusqu'à la ligne de séparation des deux propriétés.

SECT. IV. — *De l'égout des toits.*

681. Tout propriétaire doit établir des toits de manière que les eaux pluviales s'écoulent sur son terrain ou sur la voie publique; il ne peut les faire verser sur le fonds de son voisin. C. 640, 651, 652, 688, 1382.

SECT. V. — *Du droit de passage.*

682. Le propriétaire dont les fonds sont enclavés, et qui n'a aucune issue sur la voie publique, peut réclamer un passage sur les fonds de ses voisins pour l'exploitation de son héritage, à la charge d'une indemnité proportionnée au dommage qu'il peut occasionner. C. 647, 651, 652, 700, 701, 705, 1383. — P. 471-13°, 14°, 479-10°.

683. Le passage doit régulièrement être pris du côté où le trajet est le plus court du fonds enclavé à la voie publique. C. 684, 701 702.

(a) Les usages locaux auxquels cet article fait allusion existent dans plusieurs contrées et se trouvent consignés dans les différentes coutumes autrefois en vigueur.

(b) On appelle *verre dormant* le verre incrusté dans un châssis qui ne peut s'ouvrir.

(c) Fenêtres à *fer maillé*, c'est-à-dire revêtues d'un grillage ou treillis en fils de fer,

(d) C'est ce qu'on appelle vulgairement des *jours de souffrance.*

(e) Les *vues droites* ou *fenêtres d'aspect* sont des vues ou des fenêtres pratiquées dans un mur parallèle à la ligne qui sépare les deux héritages.

(f) La vue est *oblique* lorsqu'elle est pratiquée dans un mur qui fait angle avec la ligne de séparation des héritages.

684. Néanmoins, il doit être fixé dans l'endroit le moins dommageable à celui sur le fonds duquel il est accordé.

685. L'action en indemnité, dans le cas prévu par l'article 682, est prescriptible, et le passage doit être continué, quoique l'action en indemnité ne soit plus recevable. C. 690, 2262.

CHAP. III. — DES SERVITUDES ÉTABLIES PAR LE FAIT DE L'HOMME.

SECT. I. — *Des diverses espèces de servitudes qui peuvent être établies sur les biens.*

686. Il est permis aux propriétaires d'établir sur leurs propriétés, ou en faveur de leurs propriétés, telles servitudes que bon leur semble, pourvu néanmoins que les services établis ne soient imposés ni à la personne, ni en faveur de la personne, mais seulement à un fonds et pour un fonds, et pourvu que ces services n'aient d'ailleurs rien de contraire à l'ordre public. C. 6, 544, 1133, 1172, 2177. — L'usage et l'étendue des servitudes ainsi établies se règlent par le titre qui les constitue; à défaut de titre, par les règles ci-après. C. 1134.

687. Les servitudes sont établies ou pour l'usage des bâtiments, ou pour celui des fonds de terre. — Celles de la première espèce s'appellent *urbaines*, soit que les bâtiments auxquels elles sont dues soient situés à la ville ou à la campagne. — Celles de la seconde espèce se nomment *rurales*.

688. Les servitudes sont ou continues ou discontinues. — Les servitudes continues sont celles dont l'usage est ou peut être continuel sans avoir besoin du fait actuel de l'homme : tels sont les conduites d'eau, les égouts, les vues et autres de cette espèce. — Les servitudes discontinues sont celles qui ont besoin du fait actuel de l'homme pour être exercées : tels sont les droits de passage, puisage, pacage, et autres semblables. C. 689, 690.

689. Les servitudes sont apparentes ou non apparentes. Les servitudes apparentes sont celles qui s'annoncent par des ouvrages extérieurs, tels qu'une porte, une fenêtre, un aqueduc. C. 688, 690. — Les servitudes non apparentes sont celles qui n'ont pas de signe extérieur de leur existence, comme, par exemple, la prohibition de bâtir sur un fonds, ou de ne bâtir

qu'à une hauteur déterminée. C. 688, 691, s., 1638.

SECT. II. — *Comment s'établissent les servitudes.*

690. Les servitudes continues et apparente s'acquièrent par titre ou par la possession de trente ans. C. 640 à 642, 685, 688, 689, 692, 706 à 710, 2177, 2232, 2262, 2281.

691. Les servitudes continues non apparentes, et les servitudes discontinues apparentes ou non apparentes, ne peuvent s'établir que par titres. — La possession même immémoriale ne suffit pas pour les établir ; sans cependant qu'on puisse attaquer aujourd'hui les servitudes de cette nature déjà acquises par la possession, dans les pays où elles pouvaient s'acquérir de cette manière. C. 2, 689, s., 2232.

692. La destination du père de famille vaut titre à l'égard des servitudes continues et apparentes. C. 688 à 690, 693, 694.

693. Il n'y a destination du père de famille que lorsqu'il est prouvé que les deux fonds actuellement divisés ont appartenu au même propriétaire, et que c'est par lui que les choses ont été mises dans l'état duquel résulte la servitude. C. 694, 705.

694. Si le propriétaire de deux héritages entre lesquels il existe un signe apparent de servitude dispose de l'un des héritages, sans que le contrat contienne aucune convention relative à la servitude, elle continue d'exister activement ou passivement en faveur du fonds aliéné ou sur le fonds aliéné. C. 700.

695. Le titre constitutif de la servitude, à l'égard de celles qui ne peuvent s'acquérir par la prescription, ne peut être remplacé que par un titre récognitif de la servitude, et émané du propriétaire du fonds asservi. C. 694, 1337, 1338.

696. Quand on établit une servitude, on est censé accorder tout ce qui est nécessaire pour en user. C. 697, s. — Ainsi la servitude de puiser de l'eau à la fontaine d'autrui emporte nécessairement le droit de passage.

SECT. III. — *Des droits du propriétaire du fonds auquel la servitude est due.*

697. Celui auquel est due une servitude a droit de faire tous les ouvrages nécessaires pour en user et pour la conserver. C. 696, 698 à 702.

698. Ces ouvrages sont à ses frais, et non à ceux du propriétaire du fonds assujetti, à moins que le titre d'établissement de la servitude ne dise le contraire. C. 1134.

699. Dans le cas même où le propriétaire du fonds assujetti est chargé, par le titre, de faire à ses frais les ouvrages nécessaires pour l'usage ou la conservation de la servitude, il peut toujours s'affranchir de la charge, en abandonnant le fonds assujetti au propriétaire du fonds auquel la servitude est due. C. 656.

700. Si l'héritage pour lequel la servitude a été établie vient à être divisé, la servitude reste due pour chaque portion, sans néanmoins que la condition du fonds assujetti soit aggravée.—Ainsi, par exemple, s'il s'agit d'un droit de passage, tous les copropriétaires seront obligés de l'exercer par le même endroit. C. 682, s., 702.

701. Le propriétaire du fonds débiteur de la servitude ne peut rien faire qui tende à en diminuer l'usage ou à le rendre plus incommode. C. 640. — Ainsi, il ne peut changer l'état des lieux, ni transporter l'exercice de la servitude dans un endroit différent de celui où elle a été primitivement assignée. — Mais cependant, si cette assignation primitive était devenue plus onéreuse au propriétaire du fonds assujetti, ou si elle l'empêchait d'y faire des réparations avantageuses, il pourrait offrir au propriétaire de l'autre fonds un endroit aussi commode pour l'exercice de ses droits, et celui-ci ne pourrait pas le refuser. C. 683, 684.

702. De son côté, celui qui a un droit de servitude, ne peut en user que suivant son titre, sans pouvoir faire, ni dans le fonds qui doit la servitude, ni dans le fonds à qui elle est due, de changement qui aggrave la condition du premier. C. 640, 1134.

SECT. IV.—*Comment les servitudes s'éteignent* (a).

703. Les servitudes cessent lorsque les choses se trouvent en tel état qu'on ne peut plus en user. C. 665, 1302, 1303.

704. Elles revivent si les choses sont rétablies de manière qu'on puisse en user; à moins qu'il ne se soit déjà écoulé un espace de temps suffisant pour faire présumer l'extinction de la servitude, ainsi qu'il est dit à l'article 707. C. 665, 2177, 2262.

705. Toute servitude est éteinte lorsque le fonds à qui elle est due, et celui qui la doit, sont réunis dans la même main. C. 692 à 694, 1300.

706. La servitude est éteinte par le non-usage pendant trente ans. C. 641 à 643, 685, 690, 691, 707 à 710, 2262.

707. Les trente ans commencent à courir, selon les diverses espèces de servitudes, ou du jour où l'on a cessé d'en jouir, lorsqu'il s'agit de servitudes discontinues, ou du jour où il a été fait un acte contraire à la servitude, lorsqu'il s'agit de servitudes continues. C. 688, 709.

708. Le mode de la servitude peut se prescrire comme la servitude même, et de la même manière. C. 706, 2262.

709. Si l'héritage en faveur duquel la servitude est établie appartient à plusieurs par indivis, la jouissance de l'un empêche la prescription à l'égard de tous. C. 815, 1217, s. 2251.

710. Si parmi les copropriétaires il s'en trouve un contre lequel la prescription n'ait pu courir, comme un mineur, il aura conservé le droit de tous les autres. C. 2252.

(a) Aux termes des dispositions qui suivent, les servitudes s'éteignent 1° par le changement ou destruction de la chose; 2° par la confusion; 3° par la non usage pendant trente ans. — Il existe, indépendamment des cas prévus dans les dispositions dont il s'agit, divers autres modes d'extinction des servitudes, que nous allons indiquer : 1° *Remise volontaire de la servitude.* Nul doute que le propriétaire qui a la libre disposition de ses biens ne puisse faire la remise de la servitude avec le consentement de l'usufruitier, et, selon le cas, celui des créanciers qui ont hypothèque sur le fonds assujetti; — 2° *Avènement de la condition sous laquelle la durée de la servitude a été limitée;* — 3° *Abandon du fonds assujetti dans le cas des art. 656, 699 C. Nap.;* — 4° *Rachat volontaire ou forcé;* tel est le cas prévu par la loi des 28 septembre – 6 octobre 1791, tit. Ier, sect. 4, pour le rachat des droits de pacage et de pâturage (voy. C. rur.); — 5° *Par l'abolition prononcée pour cause d'utilité publique* (voy. C. de l'expr.).

LIVRE TROISIÈME.

Des différentes manières dont on acquiert la propriété.

DISPOSITIONS GÉNÉRALES.

(Décrété le 19 avril 1803. Promulgué le 29).

711. La propriété des biens s'acquiert et se transmet par succession, par donation entre-vifs ou testamentaire, et par l'effet des obligations. C. 718, s., 893, s., 1101, s., 2219.

712. La propriété s'acquiert aussi par accession ou incorporation, et par prescription. C. 546 à 577, 2219, s.

713. Les biens qui n'ont pas de maître appartiennent à l'État. C. 538 à 541, 723, 724, 768.

714. Il est des choses qui n'appartiennent à personne et dont l'usage est commun à tous. C. 538, 540, 541. — Des lois de police règlent la manière d'en jouir.

715. La faculté de chasser ou de pêcher est également réglée par des lois particulières (a). C. 538.

716. La propriété d'un trésor appartient à celui qui le trouve dans son propre fonds : si le trésor est trouvé dans le fonds d'autrui, il appartient pour moitié à celui qui l'a découvert, et pour l'autre moitié au propriétaire du fonds. — Le trésor est toute chose cachée ou enfouie, sur laquelle personne ne peut justifier sa propriété, et qui est découverte par le pur effet du hasard. C. 552.

717. Les droits sur les effets jetés à la mer, sur les objets que la mer rejette, de quelque nature qu'ils puissent être, sur les plantes et herbages qui croissent sur les rivages de la mer, sont aussi réglés par des lois particulières (b). C. 538. — Co. 410 à 419. — Il en est de même des choses perdues dont le maître ne se présente pas (c). C. 2279, 2280. — Co. 108 et la *note*.

(a) Voy, les Codes de la chasse et de la pêche fluviale. — Quant à la pêche *maritime*, elle est réglée par les ordonnances de 1681, liv. 5, 18 décembre 1731, 31 octobre 1744; sont venus ensuite plusieurs lois et décrets successifs.

(b) Ces lois sont l'ordonnance de la marine, de 1681 (liv. IV, tit. VIII et IX), celle du 10 janvier 1770 et la loi du 9 août 1791.

(c) Ces choses se nomment *épaves* ou *gayves*. — Des ordonnances des 22 février 1829 et 9-27

TITRE PREMIER.

DES SUCCESSIONS.

(Décrété le 19 avril 1803. Promulgué le 29).

CHAP. I.—DE L'OUVERTURE DES SUCCESSIONS, ET DE LA SAISINE DES HÉRITIERS.

718. Les successions s'ouvrent par la mort naturelle et par la mort civile (d). C. 23, 25 à 33, 130, s.—P. 18.

719. La succession est ouverte par la mort civile, du moment où cette mort est encourue, conformément aux dispositions de la section II du chapitre II du titre *de la Jouissance et de la Privation des droits civils.* C. 25, s.

720. Si plusieurs personnes, respectivement appelées à la succession l'une de l'autre, périssent dans un même événement, sans qu'on puisse reconnaître laquelle est décédée la première, la présomption de survie est déterminée par les circonstances du fait, et, à leur défaut, par la force de l'âge ou du sexe. C. 1350, 1352 (e).

juin 1831 portent que l'Administration des domaines est autorisée à se faire remettre pour les vendre, tous les six mois, les effets mobiliers déposés dans les greffes des cours et tribunaux civils, criminels et militaires (Voy. pour les sommes d'argent déposées dans les bureaux *de poste*, l'art. 2264 C. civil et la *note*).

(d) Les successions s'ouvrent aussi par l'absence, mais conditionnellement ; et le moment de l'ouverture disparaît ou change, suivant que l'absent reparaît ou est mort à une autre époque que celle qui avait été fixée par le jugement d'envoi en possession des héritiers présomptifs (C. 130, s.).

(e) 20 prairial an IV (8 juin 1796). — *Loi qui établit un mode pour statuer sur les prédécès de plusieurs individus se succédant de droit, et morts dans la même exécution.*

« Le Conseil..... considérant qu'il est instant de tracer aux tribunaux une marche certaine et régulière, lorsqu'il sera impossible de constater le prédécès de deux personnes se succédant de droit, et mises à mort dans la même exécution..... Prend la résolution suivante :

« Lorsque des ascendants, des descendants et autres personnes qui se succèdent de droit, auront été condamnés au dernier supplice, et que, mis à mort dans la même exécution, il devient impossible de constater leur prédécès, le plus jeune des condamnés sera présumé avoir survécu. »

721. Si ceux qui ont péri ensemble avaient moins de quinze ans, le plus âgé sera présumé avoir survécu.—S'ils étaient tous au-dessus de soixante ans, le moins âgé sera présumé avoir survécu. — Si les uns avaient moins de quinze ans et les autres plus de soixante, les premiers seront présumés avoir survécu. C. 1350, 1352.

722. Si ceux qui ont péri ensemble avaient quinze ans accomplis et moins de soixante, le mâle est toujours présumé avoir survécu, lorsqu'il y a égalité d'âge, ou si la différence qui existe n'excède pas une année.—S'ils étaient du même sexe, la présomption de survie, qui donne ouverture à la succession dans l'ordre de la nature, doit être admise : ainsi le plus jeune est présumé avoir survécu au plus âgé. C. 1350, 1352.

723. La loi règle l'ordre de succéder entre les héritiers légitimes : à leur défaut, les biens passent aux enfants naturels, ensuite à l'époux survivant; et, s'il n'y en a pas, à l'Etat. C. 539, 718, 731, s., 756, s., 767, 768, s.

724. Les héritiers légitimes sont saisis de plein droit des biens, droits et actions du défunt, sous l'obligation d'acquitter toutes les charges de la succession (a) : les enfants naturels, l'époux survivant et l'Etat doivent se faire envoyer en possession par justice, dans les formes qui seront déterminées. C. 731, s., 769 à 773, 814, s., 870, s., 1004, s., 1026, s., 1032, 1122, 1879, 1935.

CHAP. II. — DES QUALITÉS REQUISES POUR SUCCÉDER (b).

725. Pour succéder, il faut nécessairement exister à l'instant de l'ouverture de la succession. C. 135, 136, 1039. — Ainsi, sont incapables de succéder : — 1º Celui qui n'est pas encore conçu : C. 312, 906; — 2º l'enfant qui n'est pas né viable (c); — 3º celui qui est mort civi-

lement. C. 23, 25, 718, 719. — P. 18.

726 (d). Un étranger n'est admis à succéder aux biens que son parent, étranger ou Français, possède dans le territoire de l'empire, que dans les cas et de la manière dont un Français succède à son parent possédant des biens dans le pays de cet étranger, conformément aux dispositions de l'article 11, au titre *de la Jouissance et de la Privation des droits civils.*

727. Sont indignes de succéder, et, comme tels, exclus des successions, — 1º Celui qui serait condamné pour avoir donné ou tenté de donner la mort au défunt : P. 2, 295, s.; — 2º celui qui a porté contre le défunt une accusation capitale jugée calomnieuse : P. 373;—3º l'héritier majeur qui, instruit du meurtre du défunt, ne l'aura pas dénoncé à la justice. C. 728.—I. cr. 30, 31, 358-3º. P. 319, s.,

728. Le défaut de dénonciation ne peut être opposé aux ascendants et descendants du meurtrier, ni à ses alliés au même degré, ni à son époux ou à son épouse, ni à ses frères ou sœurs, ni à ses oncles et tantes, ni à ses neveux et nièces. I. cr. 30, 31.

729. L'héritier exclu de la succession pour cause d'indignité est tenu de rendre tous les fruits et les revenus dont il a eu la jouissance depuis l'ouverture de la succession. C. 583, 584. — Pr. 129, 526, 527, s.

730. Les enfants de l'indigne, venant

(a) C'est ce qu'on appelle la *saisine.* Ce principe est fondé sur la maxime énergique de l'ancien droit : *le mort saisit le vif.*

(b) On est *incapable* ou *indigne* de succéder. Lorsqu'il y a incapacité, c'est-à-dire absence des qualités requises, on n'a jamais eu la saisine; lorsqu'il y a indignité, c'est-à-dire déchéance de ces qualités, la saisine ne continue plus.

(c) La *viabilité* d'un enfant se constate non-

seulement par la vie dont il est animé en venant au monde, mais par la conformation de ses organes, d'après laquelle les hommes de l'art pouvaient conjecturer qu'il aurait eu existence. Il ne suffit donc pas, pour qu'un enfant ait pu succéder, qu'il soit né vivant; qu'il ait eu la vie extra-utérine pendant un moment plus ou moins long; il faut qu'il soit né viable (*vitæ habilis*). Et alors quelque courte qu'ait été son existence, il a été héritier: il a été saisi de la succession du *de cujus*, et a pu la transmettre lui-même à ses héritiers.

(d) La loi du 14 juillet 1819, relative à l'abolition du droit d'aubaine et de détraction, a abrogé cet article dans les termes suivants :
« 1. Les articles 726 et 912 du Code civil sont abrogés : en conséquence, les étrangers auront droit de succéder, de disposer et de recevoir de la même manière que les Français dans toute l'étendue du royaume.
« 2. Dans le cas de partage d'une même succession entre des cohéritiers étrangers et français, ceux-ci prélèveront sur les biens situés en France une portion égale à la valeur des biens situés en pays étranger, dont ils seraient exclus, à quelque titre que ce soit, en vertu des lois et coutumes locales. »

à la succession de leur chef, et sans le secours de la représentation, ne sont pas exclus pour la faute de leur père; mais celui-ci ne peut, en aucun cas, réclamer, sur les biens de cette succession, l'usufruit que la loi accorde aux pères et mères sur les biens de leurs enfants. C. 384, s., 739, s. 787.

CHAP. III. — DES DIVERS ORDRES DE SUCCESSION.

SECT. I. — *Dispositions générales.*

731. Les successions sont déférées aux enfants et descendants du défunt, à ses ascendants et à ses parents collatéraux, dans l'ordre et suivant les règles ci-après déterminées. C. 723, 724, 745 à 755.

732. La loi ne considère ni la nature ni l'origine des biens pour en régler la succession (a). C. 896, s.

733. Toute succession échue à des ascendants ou à des collatéraux se divise en deux parts égales : l'une pour les parents de la ligne paternelle, l'autre pour les parents de la ligne maternelle. — Les parents utérins ou consanguins ne sont pas exclus par les germains; mais ils ne prennent part que dans leur ligne, sauf ce qui sera dit à l'article 752. Les germains prennent part dans les deux lignes. C. 408, 750. — Il ne se fait aucune dévolution d'une ligne à l'autre, que lorsqu'il ne se trouve aucun ascendant ni collatéral de l'une des deux lignes (b). C. 755.

734. Cette première division opérée entre les lignes paternelle et maternelle, il ne se fait plus de division entre les diverses branches; mais la moitié dévolue à chaque ligne appartient à l'héritier ou aux héritiers les plus proches en degrés, sauf le cas de la représentation, ainsi qu'il sera dit ci-après (c). C. 739, s., 755.

735. La proximité de parenté s'établit par le nombre de générations; chaque génération s'appelle un *degré*.

736. La suite des degrés forme la ligne : on appelle *ligne directe* la suite des degrés entre personnes qui descendent l'une de l'autre; *ligne collatérale*, la suite des degrés entre personnes qui ne descendent pas les unes des autres, mais qui descendent d'un auteur commun. — On distingue la ligne directe, en ligne directe descendante et ligne directe ascendante. — La première est celle qui lie le chef avec ceux qui descendent de lui : la deuxième est celle qui lie une personne avec ceux dont elle descend (d).

737. En ligne directe, on compte autant de degrés qu'il y a de générations entre les personnes : ainsi le fils est, à l'égard du père, au premier degré; le petit-fils au second; et réciproquement du père et de l'aïeul à l'égard des fils et petits-fils.

738. En ligne collatérale, les degrés se comptent par les générations, depuis l'un des parents jusques et non compris l'auteur commun, et depuis celui-ci jusqu'à l'autre parent. — Ainsi, deux frères sont au deuxième degré; l'oncle et le neveu

---

(a) Dans le droit ancien, suivant la maxime *paterna paternis, materna maternis*, on s'attachait à reconnaître l'origine des biens, pour attribuer à la ligne paternelle ceux qui venaient du père, et à la ligne maternelle ceux qui venaient de la mère. — Le Code Nap. adopte un principe contraire, qui se trouvait déjà établi, du reste, dans le décret du 17 nivôse an II, art. 62.

(b, c) Le décret du 17 nivôse an II, relatif aux donations et successions, avait établi la même règle dans les termes suivants :

« 88. Les règles de représentation seront suivies dans la subdivision de chaque branche. On partagera d'abord la portion qui est attribuée à chacune en autant de parties égales que le chef de cette branche aura laissé d'enfants, pour attribuer chacune de ces parties à tous les héritiers qui descendent de l'un de ces enfants, sauf à la subdiviser encore entre eux dans les degrés ultérieurs, proportionnellement aux droits de ceux qu'ils représentent.

« 89. La loi n'accorde aucun privilége au double lien; mais si des parents collatéraux

descendent tout à la fois des auteurs de plusieurs branches appelés à la succession, ils recueillent cumulativement la portion à laquelle ils sont appelés dans chaque branche.

« 90. A défaut de parents de l'une des lignes paternelle ou maternelle, les parents de l'autre ligne succéderont pour le tout. »

(d) TABLEAU GÉNÉALOGIQUE

POUR LA COMPUTATION DES DEGRÉS DE PARENTÉ.

Pour connaître le degré de parenté entre deux personnes en ligne collatérale, il faut compter toutes les générations depuis l'un jusqu'à l'autre de ces parents inclusivement, en remontant de l'un jusqu'à l'auteur commun, qui ne se compte pas, et en descendant ensuite depuis cet auteur commun jusqu'à l'autre parent.

Les degrés de parenté se connaissent, dans le tableau suivant, par le chiffre du numéro de chaque personne indiquée dans une des deux

sont au troisième degré; les cousins-germains au quatrième; ainsi de suite (a).

739. La représentation est une fiction de la loi, dont l'effet est de faire entrer les représentants dans la place, dans le degré et dans les droits du représenté (b). C. 730, 733, 734, 740, s., 750, 759, 787, 848.

740. La représentation a lieu à l'infini dans la ligne directe descendante. C. 745, 1051.—Elle est admise dans tous les cas, soit que les enfants du défunt concourent avec les descendants d'un enfant prédécédé, soit que tous les enfants du défunt étant morts avant lui, les descendants desdits enfants se trouvent entre eux en degrés égaux ou inégaux (c). C. 735, 738, 1051.

741. La représentation n'a pas lieu en faveur des ascendants; le plus proche, dans chacune des deux lignes, exclut toujours le plus éloigné (d). C. 746 à 749.

742. En ligne collatérale, la représentation est admise en faveur des enfants et descendants de frères ou sœurs du défunt, soit qu'ils viennent à sa succession concurremment avec des oncles ou tantes, soit que tous les frères et sœurs du défunt étant prédécédés, la succession se trouve dévolue à leurs descendants en de-

colonnes, joint au chiffre du numéro du parent porté dans l'autre, de la succession duquel il s'agit. Les personnes sont désignées par les lettres A, B, C, D, E, F, G, H, I, J, K, L, M.

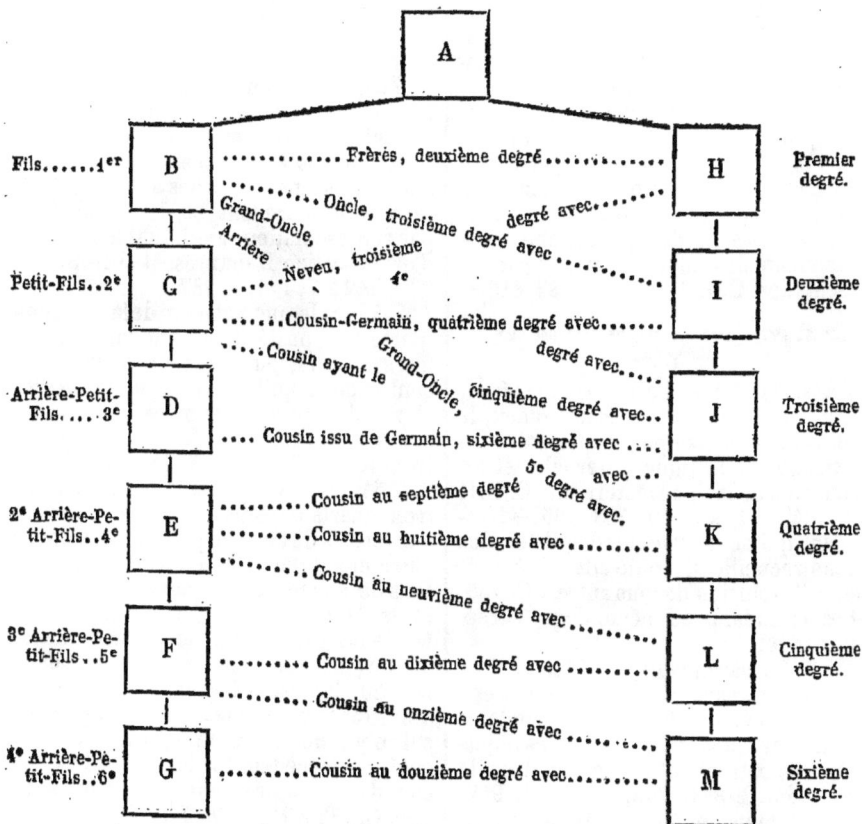

grés égaux ou inégaux. C. 750 à 752.

743. Dans tous les cas où la représentation est admise, le partage s'opère par souche : si une même souche a produit plusieurs branches, la subdivision se fait aussi par souche dans chaque branche, et les membres de la même branche partagent entre eux par tête. C. 733, 734. 753, 815, s.—Pr. 966. s.

744. On ne représente pas les personnes vivantes, mais seulement celles qui sont mortes naturellement ou civilement. C. 23, 25, 135, 750.—P. 18.—On peut représenter celui à la succession duquel on a renoncé. C. 727, 784, s.

SECT. III. — *Des successions déférées aux descendants.*

745. Les enfants ou leurs descendants succèdent à leur père et mère, aïeuls, aïeules, ou autres ascendants, sans distinction de sexe ni de primogéniture, et encore qu'ils soient issus de différents mariages. C. 350, 724, 731, 756, s., 913, 914, 1048 à 1090. — Ils succèdent par égales portions et par tête quand ils sont tous au premier degré et appelés de leur chef : ils succèdent par souche, lorsqu'ils viennent tous ou en partie par représentation. C. 739, 743, 744, 787, 815, s.

SECT. IV. — *Des successions déférées aux ascendants.*

746. Si le défunt n'a laissé ni postérité, ni frère, ni sœur, ni descendants d'eux, la succession se divise par moitié entre les ascendants de la ligne paternelle et les ascendants de la ligne maternelle. C. 731, 733, 734, 747, s., 750, 753, 765.—L'ascendant qui se trouve au degré le plus proche recueille la moitié affectée à sa ligne, à l'exclusion de tous autres. C. 735. —Les ascendants au même degré succèdent par tête.

747. Les ascendants succèdent, à l'exclusion de tous autres, aux choses par eux données à leurs enfants ou descendants décédés sans postérité, lorsque les objets donnés se retrouvent en nature dans la succession. C. 351, 352, 766, 951, 952. —Si les objets ont été aliénés, les ascendants recueillent le prix qui peut en être dû. Ils succèdent aussi à l'action en reprise que pouvait avoir le donataire.

748. Lorsque les père et mère d'une personne morte sans postérité lui ont survécu, si elle a laissé des frères, sœurs, ou des descendants d'eux, la succession se divise en deux portions égales, dont moitié seulement est déférée au père et à la mère, qui la partagent entre eux également. Pr. 966, s.—L'autre moitié appartient aux frères, sœurs ou descendants d'eux, ainsi qu'il sera expliqué dans la section V du présent chapitre. C. 751, s.

749. Dans le cas où la personne morte sans postérité laisse des frères, sœurs ou des descendants d'eux, si le père ou la mère est prédécédé, la portion qui lui aurait été dévolue, conformément au précédent article, se réunit à la moitié déférée aux frères, sœurs ou à leurs représentants, ainsi qu'il sera expliqué à la section V du présent chapitre. C. 751, s.

SECT. V. — *Des successions collatérales.*

750. En cas de prédécès des père et mère d'une personne morte sans postérité, ses frères, sœurs, ou leurs descendants, sont appelés à la succession, à l'exclusion des ascendants et des autres collatéraux.—Ils succèdent, ou de leur chef, ou par représentation, ainsi qu'il a été réglé dans la section II du présent chapitre. C. 739, 742 à 744, 766, 787.

751. Si les père et mère de la personne morte sans postérité lui ont survécu, ses frères, sœurs, ou leurs représentants, ne sont appelés qu'à la moitié de la succession. Si le père ou la mère seulement a survécu, ils sont appelés à recueillir les trois quarts. C. 733, 748, 749, 752, 766.

752. Le partage de la moitié ou des trois quarts dévolus aux frères ou sœurs, aux termes de l'article précédent, s'opère entre eux par égales portions, s'ils sont tous du même lit ; s'ils sont de lits différents, la division se fait par moitié entre les deux lignes paternelle et maternelle du défunt ; les germains prennent part dans les deux lignes, et les utérins ou consanguins, chacun dans leur ligne seulement : s'il n'y a de frères ou sœurs que d'un côté, ils succèdent à la totalité, à l'exclusion de tous autres parents de l'autre ligne. C. 733 à 736, 738, 742, 751.

753. A défaut de frères ou sœurs ou de descendants d'eux, et à défaut d'ascendants dans l'une ou l'autre ligne, la succession est déférée pour moitié aux ascendants survivants ; et pour l'autre moitié, aux parents les plus proches de l'autre ligne. C. 733, s., 746, 754.—S'il y a concours de parents collatéraux au même degré, ils partagent par tête.

754. Dans le cas de l'article précédent, le père ou la mère survivant a l'usufruit du tiers des biens auxquels il ne succède pas en propriété. C. 384, s.

755. Les parents au-delà du douzième degré ne se succèdent pas. C. 735, 736, et la *note*, 738. — A défaut de parents au degré successible dans une ligne, les parents de l'autre ligne succèdent pour le tout. C. 733, 734.

CHAP. IV. —DES SUCCESSIONS IRRÉGULIÈRES.

SECT. I. — *Des droits des enfants naturels sur les biens de leurs père ou mère, et de la succession aux enfants naturels décédés sans postérité.*

756. Les enfants naturels ne sont point héritiers ; la loi ne leur accorde de droits sur les biens de leur père ou mère décédés, que lorsqu'ils ont été légalement reconnus. Elle ne leur accorde aucun droit sur les biens des parents de leur père ou mère (*a*). C. 331 à 342, 723, 724, 757 à 766, 769 à 773, 908.

757. Le droit de l'enfant naturel sur les biens de ses père ou mère décédés est réglé ainsi qu'il suit : Si le père ou la mère a laissé des descendants légitimes, ce droit est d'un tiers de la portion héréditaire que l'enfant naturel aurait eue s'il eût été légitime ; il est de la moitié lorsque les père ou mère ne laissent pas de descendants, mais bien des ascendants ou des frères ou sœurs ; il est des trois quarts lorsque les père ou mère ne laissent ni descendants ni ascendants, ni frères ni sœurs. C. 745, 746, 748, 750 à 753, 756, 758, 908.

758. L'enfant naturel a droit à la totalité des biens, lorsque ses père ou mère ne laissent pas de parents au degré successible. C. 755, 773.

759. En cas de prédécès de l'enfant naturel, ses enfants ou descendants peuvent réclamer les droits fixés par les articles précédents (*b*). C. 745, 756.

760. L'enfant naturel ou ses descendants sont tenus d'imputer, sur ce qu'ils ont droit de prétendre, tout ce qu'ils ont reçu du père ou de la mère dont la succession est ouverte, et qui serait sujet à rapport, d'après les règles établies à la section II du chapitre VI du présent titre. C. 843 à 869, 908.

761. Toute réclamation leur est interdite lorsqu'ils ont reçu, du vivant de leur père ou de leur mère, la moitié de ce qui leur est attribué par les articles précédents, avec déclaration expresse, de la part de leurs père ou mère, que leur intention est de réduire l'enfant naturel à la portion qu'ils lui ont assignée. C. 756 à 758. —Dans le cas où cette portion serait inférieure à la moitié de ce qui devrait revenir à l'enfant naturel, il ne pourra réclamer que le supplément nécessaire pour parfaire cette moitié.

762. Les dispositions des articles 757 et 758 ne sont pas applicables aux enfants adultérins ou incestueux. C. 331, 333, 335, 340, 342.—La loi ne leur accorde que des aliments (*c*). C. 208, s., 763, 764.

763. Ces aliments sont réglés, eu égard aux facultés du père ou de la mère, au nombre et à la qualité des héritiers légitimes.

764. Lorsque le père ou la mère de

(*a*) 12 brumaire an II (2 novembre 1793).— *Décret relatif aux droits des enfants nés hors mariage.*

« Art. 1er. Les enfants actuellement existants, nés hors mariage, seront admis aux successions de leur père et mère, ouvertes depuis le 14 juillet 1789. — Ils le seront également à celles qui s'ouvriront à l'avenir, sous la réserve portée par l'article 10 ci-après.

« 8. Pour être admis à l'exercice des droits ci-dessus, dans la succession de leur père décédé, les enfants nés hors du mariage seront tenus de prouver leur possession d'état. Cette preuve ne pourra résulter que de la représentation d'écrits publics ou privés du père, ou de la suite des soins donnés, à titre de paternité et sans interruption, tant à leur entretien qu'à leur éducation. — La même disposition aura lieu pour la succession de la mère.

« 9. Les enfants nés hors du mariage, dont la filiation sera prouvée de la manière qui vient d'être déterminée, ne pourront prétendre aucun droit dans les successions de leurs parents collatéraux, ouvertes depuis le 14 juillet 1789 ; — Mais, à compter de ce jour, il y aura successibilité réciproque entre eux et leurs parents collatéraux, à défaut d'héritiers directs.

« 10. A l'égard des enfants nés hors du mariage, dont le père et la mère seront encore existants lors de la promulgation du Code civil, leur état et leurs droits seront en tout point réglés par les dispositions du Code. »

(*b*) Le décret du 12 brumaire an II, article 16, contenant déjà le même principe.

(*c*) Principe posé dans le décret du 12 brumaire an II, art. 13.

l'enfant adultérin ou incestueux lui auront fait apprendre un art mécanique, ou lorsque l'un d'eux lui aura assuré des aliments de son vivant, l'enfant ne pourra élever aucune réclamation contre leur succession. C. 762-2°.

765. La succession de l'enfant naturel décédé sans postérité est dévolue au père ou à la mère qui l'a reconnu, ou par moitié à tous les deux, s'il a été reconnu par l'un et par l'autre. C. 334, 746, s.

766. En cas de prédécès des père et mère de l'enfant naturel, les biens qu'il en avait reçus passent aux frères ou sœurs légitimes, s'ils se retrouvent en nature dans la succession : les actions en reprise, s'il en existe, ou le prix de ces biens aliénés, s'il est encore dû, retourne également aux frères et sœurs légitimes. Tous les autres biens passent aux frères et sœurs naturels, ou à leurs descendants. C. 351, 352, 747, 750, s.

SECT. II. — *Des droits du conjoint survivant et de l'Etat.*

767. Lorsque le défunt ne laisse ni parents au degré successible, ni enfants naturels, les biens de sa succession appartiennent au conjoint non divorcé qui lui survit. C. 140, 723, 724, 755.

768. A défaut de conjoint survivant, la succession est acquise à l'Etat. C. 539, 713, 723, 724.

769. Le conjoint survivant et l'administration des domaines, qui prétendent droit à la succession, sont tenus de faire apposer les scellés, et de faire faire inventaire dans les formes prescrites pour l'acceptation des successions sous bénéfice d'inventaire. C. 794.—Pr. 907, s., 943, 944.

770. Ils doivent demander l'envoi en possession au tribunal de première instance dans le ressort duquel la succession est ouverte. Le tribunal ne peut statuer sur la demande qu'après trois publications et affiches, dans les formes usitées, et après avoir entendu le procureur impérial (*a*). C. 110, 822.—Pr. 50, n° 3, 83.

(*a*) Une circulaire du grand-juge (garde des sceaux), du 8 juillet 1806, exige de plus l'accomplissement des formalités suivantes : « Le tribunal décerne acte de la demande, ordonne qu'une expédition de ce premier acte sera adressée au ministre de la justice, afin qu'il en soit fait une insertion dans le *Moniteur*. Les

771. L'époux survivant est encore tenu de faire emploi (*b*) du mobilier ou de donner caution suffisante pour en assurer la restitution, au cas où il se présenterait des héritiers du défunt, dans l'intervalle de trois ans : après ce délai, la caution est déchargée. C. 527, 2040, 2041.—Pr. 517, s., 945.—T. 75, 91.

772. L'époux survivant ou l'administration des domaines, qui n'auraient pas rempli les formalités qui leur sont respectivement prescrites, pourront être condamnés aux dommages et intérêts envers les héritiers, s'il s'en représente. C. 1149.

773. Les dispositions des articles 769, 770, 771 et 772, sont communes aux enfants naturels appelés à défaut de parents. C. 758.

CHAP. V. — DE L'ACCEPTATION ET DE LA RÉPUDIATION DES SUCCESSIONS.

SECT. I. — *De l'acceptation.*

774. Une succession peut être acceptée purement et simplement, ou sous bénéfice d'inventaire. C. 783, 788, s.—Pr. 174, 986, s.

775. Nul n'est tenu d'accepter une succession qui lui est échue. C. 781.

776. Les femmes mariées ne peuvent pas valablement accepter une succession sans l'autorisation de leur mari ou de justice, conformément aux dispositions du chapitre VI du titre *du Mariage*. C. 217, 219, 934.—Pr. 861 à 864.—Les successions échues aux mineurs et aux interdits ne pourront être valablement acceptées que conformément aux dispositions du titre *de la Minorité, de la Tutelle et de l'Émancipation.* C. 461, 462, 509.

777. L'effet de l'acceptation remonte au jour de l'ouverture de la succession. C. 724, 725, 785, 790.

trois affiches sont apposées dans le ressort de l'ouverture de la succession, de trois mois en trois mois. Le jugement d'envoi en possession ne peut être prononcé qu'un an après la demande. »
Bien que cette circulaire ne s'occupe que des demandes formées par le domaine, les tribunaux ne doivent pas moins l'observer à l'égard de l'enfant naturel et du conjoint survivant; c'est là un mode général d'*exécution* de l'art. 770, applicables aux uns comme aux autres.
(*b*) *Faire emploi* du mobilier, c'est le vendre, afin d'éviter les détériorations ou la dépréciation qu'il pourrait éprouver au préjudice des héritiers, s'il venait à s'en présenter plus tard.

778. L'acceptation peut être expresse ou tacite : elle est expresse quand on prend le titre ou la qualité d'héritier dans un acte authentique ou un privé; elle est tacite quand l'héritier fait un acte qui suppose nécessairement son intention d'accepter, et qu'il n'aurait droit de faire qu'en sa qualité d'héritier. C. 779, 780, 1454.

779. Les actes purement conservatoires, de surveillance et d'administration provisoire, ne sont pas des actes d'adition d'hérédité, si l'on n'y a pas pris le titre ou la qualité d'héritier. C. 778, 796.

780. La donation, vente ou transport que fait de ses droits successifs un des cohéritiers, soit à un étranger, soit à tous ses cohéritiers, soit à quelques-uns d'eux, emporte de sa part acceptation de la succession. C. 778.—Il en est de même, 1° de la renonciation, même gratuite, que fait un des héritiers au profit d'un ou de plusieurs de ses cohéritiers; 2° de la renonciation qu'il fait même au profit de tous ses cohéritiers indistinctement, lorsqu'il reçoit le prix de sa renonciation. C. 1696, s.

781. Lorsque celui à qui une succession est échue est décédé sans l'avoir répudiée ou sans l'avoir acceptée expressément ou tacitement, ses héritiers peuvent l'accepter ou la répudier de son chef. C. 774, 784

782. Si ces héritiers ne sont pas d'accord pour accepter ou pour répudier la succession, elle doit être acceptée sous bénéfice d'inventaire. C. 793, s.—Pr. 986, s.

783. Le majeur ne peut attaquer l'acceptation expresse ou tacite qu'il a faite d'une succession, que dans le cas où cette acceptation aurait été la suite d'un dol pratiqué envers lui : il ne peut jamais réclamer sous prétexte de lésion, excepté seulement dans le cas où la succession se trouverait absorbée ou diminuée de plus de moitié, par la découverte d'un testament inconnu au moment de l'acceptation. C. 1109, 1116, 1117, 1313.

SECT. II. — *De la renonciation aux successions.*

784. La renonciation à une succession ne se présume pas : elle ne peut plus être faite qu'au greffe du tribunal de première instance dans l'arrondissement duquel la succession s'est ouverte, sur un registre particulier tenu à cet effet. C. 110, 461, 462, 789, s., 795, 845, 848.— Pr. 997.

785. L'héritier qui renonce est censé n'avoir jamais été héritier. C. 744, 777, 788, 790.

786. La part du renonçant accroît à ses cohéritiers; s'il est seul, elle est dévolue au degré subséquent. C. 733, s., 790, 1044, 1045.

787. On ne vient jamais par représentation d'un héritier qui a renoncé : si le renonçant est seul héritier de son degré, ou si tous ses cohéritiers renoncent, les enfants viennent de leur chef et succèdent par tête. C. 739, 738, s., 744.

788. Les créanciers de celui qui renonce au préjudice de leurs droits peuvent se faire autoriser en justice à accepter la succession, du chef de leur débiteur, en son lieu et place. C. 1166, 1167.—Dans ce cas, la renonciation n'est annulée qu'en faveur des créanciers, et jusqu'à concurrence seulement de leurs créances : elle ne l'est pas au profit de l'héritier qui a renoncé.

789. La faculté d'accepter ou de répudier une succession se prescrit par le laps de temps requis pour la prescription la plus longue des droits immobiliers. C. 2262.

790. Tant que la prescription du droit d'accepter n'est pas acquise contre les héritiers qui ont renoncé, ils ont la faculté d'accepter encore la succession, si elle n'a pas été déjà acceptée par d'autres héritiers : sans préjudice néanmoins des droits qui peuvent être acquis à des tiers sur les biens de la succession, soit par prescription, soit par actes valablement faits avec le curateur à la succession vacante. C. 462, 789, 813, 2262, 2265, 2266.

791. On ne peut, même par contrat de mariage, renoncer à la succession d'un homme vivant, ni aliéner les droits éventuels qu'on peut avoir à cette succession. C. 6, 900, 1130, 1133, 1172, 1389, 1600.

792. Les héritiers qui auraient diverti ou recélé des effets d'une succession sont déchus de la faculté d'y renoncer : ils demeurent héritiers purs et simples, nonobstant leur renonciation, sans pouvoir prétendre aucune part dans les objets divertis ou recélés. C. 780, 801, 1460, 1477.—P. 380.

SECT. III. — *Du bénéfice d'inventaire, de ses effets et des obligations de l'héritier bénéficiaire* (a).

793. La déclaration d'un héritier, qu'il entend ne prendre cette qualité que sous bénéfice d'inventaire, doit être faite au greffe du tribunal de première instance dans l'arrondissement duquel la succession s'est ouverte : elle doit être inscrite sur le registre destiné à recevoir les actes de renonciation. C. 110, 784, 794 à 810, 1456. — Pr. 59, 174, 986, à 997.

794. Cette déclaration n'a d'effet qu'autant qu'elle est précédée ou suivie d'un inventaire fidèle et exact des biens de la succession, dans les formes réglées par les lois sur la procédure, et dans les délais qui, seront ci-après déterminés. C. 795, 797, s., 810. — Pr. 941, s.

795. L'héritier a trois mois pour faire inventaire, à compter du jour de l'ouverture de la succession.—Il a de plus, pour délibérer sur son acceptation ou sur sa renonciation, un délai de quarante jours, qui commencent à courir du jour de l'expiration des trois mois donnés pour l'inventaire, ou du jour de la clôture de l'inventaire, s'il a été terminé avant les trois mois. C. 774, 775, 784, 797, s. — Pr. 174.

796. Si cependant il existe dans la succession des objets susceptibles de dépérir, ou dispendieux à conserver, l'héritier peut, en sa qualité d'habile à succéder, et sans qu'on puisse en induire de sa part une acceptation, se faire autoriser par justice à procéder à la vente de ces effets. C. 779, 805.—Cette vente doit être faite par officier public, après les affiches et publications réglées par les lois sur la procédure. Pr. 945, 986, 989.

797. Pendant la durée des délais pour faire inventaire et pour délibérer, l'héritier ne peut être contraint à prendre qualité, et il ne peut être obtenu contre lui de condamnation : s'il renonce lorsque les délais sont expirés ou avant, les frais par lui faits légitimement jusqu'à cette époque sont à la charge de la succession. C. 799, 810, 2146, 2259.—Pr. 174.

798. Après l'expiration des délais ci-dessus, l'héritier, en cas de poursuite dirigée contre lui, peut demander un nouveau délai, que le tribunal saisi de la contestation accorde ou refuse, suivant les circonstances. C. 800, 1458.

799. Les frais de poursuite, dans le cas de l'article précédent, sont à la charge de la succession, si l'héritier justifie, ou qu'il n'avait pas eu connaissance du décès, ou que les délais ont été insuffisants, soit à raison de la situation des biens, soit à raison des contestations survenues : s'il n'en justifie pas, les frais restent à sa charge personnelle. C. 797.—Pr. 130, 131.

800. L'héritier conserve néanmoins, après l'expiration des délais accordés par l'article 795, même de ceux donnés par le juge, conformément à l'article 798, la faculté de faire encore inventaire et de se porter héritier bénéficiaire, s'il n'a pas fait d'ailleurs acte d'héritier, ou s'il n'existe pas contre lui de jugement, passé en force de chose jugée, qui le condamne en qualité d'héritier pur et simple. C. 793, 1350, 1351.

801. L'héritier qui s'est rendu coupable de recélé, ou qui a omis, sciemment et de mauvaise foi, de comprendre, dans l'inventaire, des effets de la succession, est déchu du bénéfice d'inventaire. C. 792, 1460, 1477. —Pr. 988-3°. —P. 380.

802. L'effet du bénéfice d'inventaire est de donner à l'héritier l'avantage,— 1° De n'être tenu du paiement des dettes de la succession que jusqu'à concurrence de la valeur des biens qu'il a recueillis, même de pouvoir se décharger du paiement des dettes en abandonnant tous les biens de la succession aux créanciers et aux légataires; — 2° de ne pas confondre ses biens personnels avec ceux de la succession, et de conserver contre elle le droit de réclamer le paiement de ses créances. C. 1251, 2258.—Pr. 996.

803. L'héritier bénéficiaire est chargé d'administrer les biens de la succession, et doit rendre compte de son administration aux créanciers et aux légataires. C. 873, 1137. — Pr. 527, s., 944, 995. —Il ne peut être contraint sur ses biens personnels qu'après avoir été mis en demeure de présenter son compte, et faute d'avoir satisfait à cette obligation. C. 1139. —Après l'apurement du compte, il ne peut être contraint sur ses biens personnels que jusqu'à concurrence seulement

(a) L'article 802 énumère les avantages qui résultent, pour l'héritier, du bénéfice d'inventaire.

des sommes dont il se trouve reliquataire. Pr. 540.

804. Il n'est tenu que des fautes graves dans l'administration dont il est chargé (*a*). C. 1382, 1992.

805. Il ne peut vendre les meubles de la succession que par le ministère d'un officier public, aux enchères, et après les affiches et publications accoutumées (*b*). Pr. 945, s., 986, 989, 990. — S'il les représente en nature, il n'est tenu que de la dépréciation ou de la détérioration causée par sa négligence. C. 1383.

806. Il ne peut vendre les immeubles que dans les formes prescrites par les lois sur la procédure; il est tenu d'en déléguer le prix aux créanciers hypothécaires qui se sont fait connaître. C. 2114. — Pr. 953, s., 987, 988, 991.

807. Il est tenu, si les créanciers ou autres personnes intéressées l'exigent, de donner caution bonne et solvable de la valeur du mobilier compris dans l'inventaire, et de la portion du prix des immeubles non déléguée aux créanciers hypothécaires. — Faute par lui de fournir cette caution, les meubles sont vendus, et leur prix est déposé, ainsi que la portion non déléguée du prix des immeubles, pour être employés à l'acquit des charges de la succession. C. 805, 2040, s. — Pr. 986, s.

808. S'il y a des créanciers opposants, l'héritier bénéficiaire ne peut payer que dans l'ordre et de la manière réglés par le juge. C. 2093. — Pr. 656, s , 751, 755, 990. — S'il n'y a pas de créanciers opposants, il paie les créanciers et les légataires à mesure qu'ils se présentent. C. 809.

809. Les créanciers non opposants, qui ne se présentent qu'après l'apurement du compte et le paiement du reliquat, n'ont de recours à exercer que contre les légataires. C. 1009, 1012, 1020, 1024. —

Pr. 540, 990. — Dans l'un et l'autre cas, le recours se prescrit par le laps de trois ans, à compter du jour de l'apurement du compte et du paiement du reliquat. C. 2219.

810. Les frais de scellés, s'il en a été apposé, d'inventaire et de compte, sont à la charge de la succession. C. 797, 798, 799, 2101-1°. — Pr. 527, s., 907, s., 943.

SECT. IV. — *Des successions vacantes.*

811. Lorsqu'après l'expiration des délais pour faire inventaire et pour délibérer, il ne se présente personne qui réclame une succession, qu'il n'y a pas d'héritier connu, ou que les héritiers connus y ont renoncé, cette succession est réputée vacante. C. 539, 784, 795, 2258-2°. — Pr. 997.

812. Le tribunal de première instance, dans l'arrondissement duquel elle est ouverte, nomme un curateur sur la demande des personnes intéressées, ou sur la réquisition du procureur impérial. C. 110. — Pr. 998 à 1002.

813. Le curateur à une succession vacante est tenu, avant tout, d'en faire constater l'état par un inventaire :il en exerce et poursuit les droits; il répond aux demandes formées contre elle; il administre, sous la charge de faire verser le numéraire qui se trouve dans la succession, ainsi que les deniers provenant du prix des meubles ou immeubles vendus, dans la caisse du receveur de la régie impériale, pour la conservation des droits, et à la charge de rendre compte à qui il appartiendra (*c*). Pr. 527, s., 1000 à 1002.

814. Les dispositions de la section III du présent chapitre, sur les formes de l'inventaire, sur le mode d'administration et sur les comptes à rendre de la part de l'héritier bénéficiaire, sont, au surplus, communes aux curateurs à successions vacantes. C. 794, 796, 803 à 806, 808 à 810. — Pr. 1002.

CHAP. VI. — DU PARTAGE ET DES RAPPORTS.

SECT. I. — *De l'action en partage et de sa forme.*

815. Nul ne peut être contraint à de-

(*a*) La loi romaine divisait les fautes en trois classes : les fautes *légères, très-légères*, et les fautes *graves*. La loi française, sans consacrer expressément cette division, semble néanmoins mettre une différence entre la nature des fautes. En général, il y a faute, lorsqu'on s'écarte des règles de la prudence ordinaire ; il y a *faute grave*, lorsqu'on s'est conduit comme ne l'aurait pas fait l'homme le plus simple.

(*b*) Aux termes d'un avis du Conseil d'État, du 11 janvier 1808, les héritiers bénéficiaires ne peuvent transférer, sans autorisation, les inscriptions de rente de 50 fr. et au-dessus.

(*c*) Voyez aux Lois diverses l'ordonnance du 3 juillet 1816, art. 2-15, sur la caisse des dépôts et consignation, qui a remplacé la *régie* dont il est parlé dans cet article.

meurer dans l'indivision; et le partage peut être toujours provoqué, nonobstant prohibitions et conventions contraires. C. 6, 1133, 1172. — On peut cependant convenir de suspendre le partage pendant un temps limité : cette convention ne peut être obligatoire au delà de cinq ans; mais elle peut être renouvelée. C. 822, s., 1075, s., 1476, 1686, s., 1872, 2103-3°, 2109, 2205. — Pr. 966, s.

816. Le partage peut être demandé, même quand l'un des cohéritiers aurait joui séparément de partie des biens de la succession, s'il n'y a eu un acte de partage, ou possession suffisante pour acquérir la prescription. C. 2219, 2228, 2262.

817. L'action en partage, à l'égard des cohéritiers mineurs ou interdits, peut être exercée par leurs tuteurs, spécialement autorisés par un conseil de famille. C. 465, 466, 509, 819, 838, 839, 882, 1687.—Pr. 966, s. — A l'égard des cohéritiers absents, l'action appartient aux parents envoyés en possession. C. 120, s., 388.

818. Le mari peut, sans le concours de sa femme, provoquer le partage des objets meubles ou immeubles à elle échus qui tombent dans la communauté : à l'égard des objets qui ne tombent pas en communauté, le mari ne peut en provoquer le partage sans le concours de sa femme; il peut seulement, s'il a le droit de jouir de ses biens, demander un partage provisionnel. C. 1421, 1428, 1531, 1549.—Les cohéritiers de la femme ne peuvent provoquer le partage définitif qu'en mettant en cause le mari et la femme. C. 215, 218.

819. Si tous les héritiers sont présents et majeurs, l'apposition des scellés sur les effets de la succession n'est pas nécessaire, et le partage peut être fait dans la forme et par tel acte que les parties intéressées jugent convenables (a). C. 1134.—Pr. 985. — Si tous les héritiers ne sont pas présents, s'il y a parmi eux des mineurs ou des interdits, le scellé doit être apposé dans le plus bref délai, soit à la requête des héritiers, soit à la diligence du procureur impérial près le tribunal de première instance, soit d'office par le juge de paix dans l'arron-

dissement duquel la succession est ouverte. C. 110, 113, 136, 838, 1031. — Pr. 907, s.

820. Les créanciers peuvent aussi requérir l'apposition des scellés, en vertu d'un titre exécutoire(b) ou d'une permission du juge. C. 788, 877 à 882, 1166, 1167, 2205.—Pr. 146, 907, s., 926, 941.

821. Lorsque le scellé a été apposé, tous créanciers peuvent y former opposition, encore qu'ils n'aient ni titre exécutoire ni permission du juge. Pr. 927, 928. — Les formalités pour la levée des scellés et la confection de l'inventaire sont réglées par les lois sur la procédure. Pr. 928 à 944.

822. L'action en partage, et les contestations qui s'élèvent dans le cours des opérations, sont soumises au tribunal du lieu de l'ouverture de la succession. C. 110. — Pr. 50-5°, 59.—C'est devant ce tribunal qu'il est procédé aux licitations, et que doivent être portées les demandes relatives à la garantie des lots entre copartageants, et celles en rescision du partage. C. 770, 784, 793, 827. —P. 966, s.

823. Si l'un des cohéritiers refuse de consentir au partage, ou s'il s'élève des contestations soit sur le mode d'y procéder, soit sur la manière de le terminer, le tribunal prononce comme en matière sommaire, ou commet, s'il y a lieu, pour les opérations du partage, un des juges, sur le rapport duquel il décide les contestations. Pr. 404, s., 966, 969.

824. L'estimation des meubles est faite par experts choisis par les parties intéressées, ou, à leur refus, nommés d'office. Pr. 302, s., 969, s., 1034, 1035. —Le procès-verbal des experts doit présenter les bases de l'estimation; il doit

---

(a) C'est le *partage conventionnel*.

(b) Les titres, comme les lois et jugements, ne sont *exécutoires* qu'en vertu de la puissance publique, exercée, en France, par le chef de l'Etat. La formule exécutoire est intitulée du nom du souverain et terminée par un mandement, aux officiers compétents de faire exécuter l'acte, au ministère public d'y tenir la main, à la force publique d'y prêter main forte (arrêté du 15 prairial an XI). Cette formule varie nécessairement avec le principe et suivant la forme politique des Gouvernements (Roi, Empereur, Peuple français). — Voyez la formule nouvelle au C. polit., *note* sous l'article 9 de la Constitution. Pour qu'un titre soit susceptible d'exécution, il faut 1° qu'il soit authentique (C. 1317); 2° que la créance soit certaine et liquide; 3° qu'elle soit exigible.

7

indiquer si l'objet estimé peut être commodément partagé, de quelle manière : fixer enfin, en cas de division, chacune des parts qu'on peut en former, et leur valeur. C. 466, 834 à 836, 840, 872.

825. L'estimation des meubles, s'il n'y a pas eu de prisée faite dans un inventaire régulier, doit être faite par gens à ce connaissant, à juste prix et sans crue (*a*). C. 868. — Pr. 943-3°.

826. Chacun des cohéritiers peut demander sa part en nature des meubles et immeubles de la succession : néanmoins, s'il y a des créanciers saisissants ou opposants, ou si la majorité des cohéritiers juge la vente nécessaire pour l'acquit des dettes et charges de la succession, les meubles sont vendus publiquement en la forme ordinaire. Pr. 583, s., 617 à 625, 945, s.

827. Si les immeubles ne peuvent pas se partager commodément, il doit être procédé à la vente par licitation devant le tribunal. C. 845, 1686, s. — Pr. 953, s. — Cependant les parties, si elles sont toutes majeures, peuvent consentir que la licitation soit faite devant un notaire, sur le choix duquel elles s'accordent. C. 819, 839, 2109. — Pr. 970, s., 986.

828. Après que les meubles et immeubles ont été estimés et vendus, s'il y a lieu, le juge commissaire renvoie les parties devant un notaire dont elles conviennent, ou nommé d'office, si les parties ne s'accordent pas sur le choix. — On procède, devant cet officier, aux comptes que les copartageants peuvent se devoir, à la formation de la masse générale, à la composition des lots, et aux fournissements (*b*) à faire à chacun des copartageants (*c*). C. 826, 831, à 836, 872.

829. Chaque cohéritier fait rapport à la masse, suivant les règles qui seront

---

(*a*) Ces mots, *à juste prix et sans crue*, ont pour objet de déroger aux prescriptions du droit coutumier, qui imposait à l'héritier de rendre, outre le montant d'estimation des meubles, un supplément de prix fixé au quart en sus de l'estimation, et appelé *crue* ou *parisis*. (Voy., au C. des officiers minist., § *Commissaires-priseurs*.)

(*b*) On entend par *fournissement* les sommes que ceux des héritiers qui ont joui de la succession doivent remettre à leurs cohéritiers, par suite des comptes.

(*c*) Voyez les articles 969 et suiv., 976 C. pr., tels qu'ils ont été modifiés par la loi du 2 juin 1841.

---

ci-après établies (843 à 869), des dons qui lui ont été faits, et des sommes dont il est débiteur. C. 830. — Pr. 978.

830. Si le rapport n'est pas fait en nature (*d*), les cohéritiers à qui il est dû prélèvent une portion égale sur la masse de la succession. C. 858, s. — Les prélèvements se font, autant que possible, en objets de même nature, qualité et bonté, que les objets non rapportés en nature. Pr. 978, s.

831. Après ces prélèvements, il est procédé, sur ce qui reste dans la masse, à la composition d'autant de lots égaux qu'il y a d'héritiers copartageants, ou de souches copartageantes. C. 733, 739, 745. — Pr. 978, s.

832. Dans la formation et composition des lots, on doit éviter, autant que possible, de morceler les héritages et de diviser les exploitations; et il convient de faire entrer dans chaque lot, s'il se peut, la même quantité de meubles, d'immeubles, de droits ou de créances de même nature et valeur. C. 826, 866, 872.

833. L'inégalité des lots en nature se compense par un retour (*e*), soit en rente, soit en argent. C. 2103-3°, 2109.

834. Les lots sont faits par l'un des cohéritiers, s'ils peuvent convenir entre eux sur le choix, et si celui qu'ils avaient choisi accepte la commission : dans le cas contraire, les lots sont faits par un expert que le juge commissaire désigne. Pr. 978. — Ils sont ensuite tirés au sort. Pr. 982.

835. Avant de procéder au tirage des lots, chaque copartageant est admis à proposer ses réclamations contre leur formation.

836. Les règles établies pour la division des masses à partager sont également observées dans la subdivision à faire entre les souches copartageantes. C. 723, 739, 826, s. — Pr. 966, s.

837. Si, dans les opérations renvoyées devant un notaire, il s'élève des contestations, le notaire dressera procès-verbal des difficultés et des dires respectifs des parties, les renverra devant le commis-

---

(*d*) Le rapport n'est pas fait en *nature*, lorsque les cohéritiers qui ont reçu quelques objets du vivant du défunt ne peuvent rapporter ces objets, mais seulement leur valeur. (Voy. C. 858 et *la note*.)

(*e*) Ce retour se nomme *soulte de partage*.

saire nommé pour le partage ; et, au surplus, il sera procédé suivant les formes prescrites par les lois sur la procédure. C. 822, s. — Pr. 977.

838. Si tous les cohéritiers ne sont pas présents, ou s'il y a parmi eux des interdits ou des mineurs même émancipés, le partage doit être fait en justice, conformément aux règles prescrites par les articles 819 et suivants, jusques et compris l'article précédent. S'il y a plusieurs mineurs qui aient des intérêts opposés dans le partage, il doit leur être donné à chacun un tuteur spécial et particulier. C. 113, 457 à 460, 509. — Pr. 968.

839. S'il y a lieu à licitation, dans le cas du précédent article, elle ne peut être faite qu'en justice avec les formalités prescrites pour l'aliénation des biens des mineurs. Les étrangers y sont toujours admis. C. 457 à 460, 509, 1558, 1686, s. — Pr. 954, 970 à 984.

840. Les partages faits conformément aux règles ci-dessus prescrites, soit par les tuteurs, avec l'autorisation d'un conseil de famille, soit par les mineurs émancipés, assistés de leurs curateurs, soit au nom des absents ou non présents, sont définitifs : ils ne sont que provisionnels, si les règles prescrites n'ont pas été observées. C. 113, 388, 406, s., 509, 819, s., 1314.

841. Toute personne, même parente du défunt, qui n'est pas son successible, et à laquelle un cohéritier aurait cédé son droit à la succession, peut être écartée du partage, soit par tous les cohéritiers, soit par un seul, en lui remboursant le prix de la cession (a). C. 780, 889, 1699, s.

842. Après le partage, remise doit être faite à chacun des copartageants des titres particuliers aux objets qui lui seront échus. — Les titres d'une propriété divisée restent à celui qui a la plus grande part, à la charge d'en aider ceux de ses copartageants qui y auront intérêt, quand il en sera requis. — Les titres communs à toute l'hérédité sont remis à celui que tous les héritiers ont choisi pour en être le dépositaire, à la charge d'en aider les

copartageants, à toute réquisition. — S'il y a difficulté sur ce choix, il est réglé par le juge.

SECT. II. — *Des rapports (b).*

843. Tout héritier, même bénéficiaire, venant à une succession, doit rapporter à ses cohéritiers tout ce qu'il a reçu du défunt, par donation entre-vifs, directement ou indirectement : il ne peut retenir les dons ni réclamer les legs à lui faits par le défunt, à moins que les dons et legs ne lui aient été faits expressément par préciput et hors part, ou avec dispense du rapport. C. 760, 829, 830, 844 à 869, 918, 919, 1468, 1469, s.

844. Dans le cas même où les dons et legs auraient été faits par préciput ou avec dispense du rapport, l'héritier venant à partage ne peut les retenir que jusqu'à concurrence de la quotité disponible (c) ; l'excédent est sujet à rapport. C. 846 à 849, 866, 913, s., 920, s.

845. L'héritier qui renonce à la succession peut cependant retenir le don entre-vifs, ou réclamer le legs à lui fait, jusqu'à concurrence de la portion disponible. C. 784, 785, 844 et la *note*, 902, 913, s.

846. Le donataire qui n'était pas héritier présomptif lors de la donation, mais qui se trouve successible au jour de l'ouverture de la succession, doit également le rapport, à moins que le donateur ne l'en ait dispensé. C. 843, 918.

847. Les dons et legs faits au fils de celui qui se trouve successible à l'époque de l'ouverture de la succession sont toujours réputés faits avec dispense du rapport. C. 1350, s. — Le père venant à la succession du donateur n'est pas tenu de les rapporter. C. 852 à 855, 866, 919.

848. Pareillement, le fils venant de

(a) L'exercice de ce droit s'appelle *retrait successoral.*

(b) Le *rapport* est la réunion, soit réelle, soit fictive, à la masse de la succession, de tout ce qui a été donné par le défunt à ses héritiers. L'obligation du rapport est fondé 1° sur la présomption que le défunt n'a entendu donner que par avancement d'hoirie ; 2° sur la nécessité de rétablir l'égalité de partage entre tous les héritiers.

(c) On appelle *quotité disponible* la portion de ses biens dont une personne peut disposer à titre gratuit, au préjudice de ses héritiers, soit en faveur de l'un de ces derniers, soit en faveur d'un étranger. Cette quotité varie suivant la qualité et le nombre des héritiers. (Voy. les art. 913 à 915).

son chef à la succession du donateur n'est pas tenu de rapporter le don fait à son père, même quand il aurait accepté la succession de celui-ci : mais si le fils ne vient que par représentation, il doit rapporter ce qui avait été donné à son père, même dans le cas où il aurait répudié sa succession. C. 739, 774, 919.

849. Les dons et legs faits au conjoint d'un époux successible sont réputés faits avec dispense du rapport. — Si les dons et legs sont faits conjointement à deux époux, dont l'un seulement est successible, celui-ci en rapporte la moitié ; si les dons sont faits à l'époux successible, il les rapporte en entier.

850. Le rapport ne se fait qu'à la succession du donateur. C. 857.

851. Le rapport est dû de ce qui a été employé pour l'établissement d'un des cohéritiers (a), ou pour le paiement de ses dettes. C. 204, 917, 918.

852. Les frais de nourriture, d'entretien, d'éducation, d'apprentissage, les frais ordinaires d'équipement, ceux de noces et présents d'usage, ne doivent pas être rapportés. C. 203.

853. Il en est de même des profits que l'héritier a pu retirer de conventions passées avec le défunt, si ces conventions ne présentaient aucun avantage indirect lorsqu'elles ont été faites. C. 1100, 1525.

854. Pareillement, il n'est pas dû de rapport pour les associations faites sans fraude entre le défunt et l'un de ses héritiers, lorsque les conditions en ont été réglées par un acte authentique. C. 1317, 1832, s. — Co. 18, s.

855. L'immeuble qui a péri par cas fortuit et sans la faute du donataire n'est pas sujet à rapport. C. 1245, 1302, 1303, 1573.

856. Les fruits et les intérêts des choses sujettes à rapport ne sont dus qu'à compter du jour de l'ouverture de la succession. C. 928, 1154.

857. Le rapport n'est dû que par le cohéritier à son cohéritier ; il n'est pas dû aux légataires ni aux créanciers de la succession. C. 850, 921, 1166.

(a) On doit entendre par *établissement*, comme nous avons eu déjà occasion de le dire (C. 203), une dot, l'achat d'une charge ou office quelconque, un fonds de commerce, les instruments nécessaires pour l'exercice d'une profession.

858. Le rapport se fait en nature ou en moins prenant (b). C. 830, 859, 860, 868, 869.

859. Il peut être exigé en nature, à l'égard des immeubles, toutes les fois que l'immeuble donné n'a pas été aliéné par le donataire, et qu'il n'y a pas, dans la succession, d'immeubles de même nature, valeur et bonté, dont on puisse former des lots à peu près égaux pour les autres cohéritiers. C. 826, 865, 926, 927.

860. Le rapport n'a lieu qu'en moins prenant, quand le donataire a aliéné l'immeuble avant l'ouverture de la succession ; il est dû de la valeur de l'immeuble à l'époque de l'ouverture.

861. Dans tous les cas, il doit être tenu compte au donataire des impenses qui ont amélioré la chose, eu égard à ce dont sa valeur se trouve augmentée au temps du partage. C. 867, 1634.

862. Il doit être pareillement tenu compte au donataire des impenses nécessaires qu'il a faites pour la conservation de la chose, encore qu'elles n'aient point amélioré le fonds. C. 861, 1137, 2102-3°.

863. Le donataire, de son côté, doit tenir compte des dégradations et détériorations qui ont diminué la valeur de l'immeuble par son fait, ou par sa faute et négligence. C. 1382, 1383.

864. Dans le cas où l'immeuble a été aliéné par le donataire, les améliorations ou dégradations faites par l'acquéreur doivent être imputées conformément aux trois articles précédents.

865. Lorsque le rapport se fait en nature, les biens se réunissent à la masse de la succession, francs et quittes de toutes charges créées par le donataire ; mais les créanciers ayant hypothèque peuvent intervenir au partage, pour s'opposer à ce que le rapport se fasse en fraude de leurs droits. C. 882, 1166, 2125.

866. Lorsque le don d'un immeuble

(b) Comme l'indiquent suffisamment les expressions, le rapport se fait en *nature* lorsque c'est l'objet même qui est rapporté (ce rapport n'a pas lieu pour les meubles) (C. 868) ; il se fait en *moins prenant*, lorsque l'immeuble donné ayant été aliéné par l'héritier, celui-ci se trouve par conséquent dans l'impossibilité de le rapporter. Dans ce cas, on diminue sur la portion de cet héritier la valeur de l'immeuble qui lui a été donné. Par suite, il *prend en moins* la somme représentative de cet immeuble.

fait à un successible avec dispense du rapport excède la portion disponible, le rapport de l'excédant se fait en nature, si le retranchement de cet excédant peut s'opérer commodément. C. 913, s., 918, 924, 927. — Dans le cas contraire, si l'excédant est de plus de moitié de la valeur de l'immeuble, le donataire doit rapporter l'immeuble en totalité, sauf à prélever sur la masse la valeur de la portion disponible : si cette portion excède la moitié de la valeur de l'immeuble, le donataire peut retenir l'immeuble en totalité, sauf à moins prendre, et à récompenser ses cohéritiers en argent ou autrement. C. 832, 845.

867. Le cohéritier qui fait le rapport en nature d'un immeuble peut en retenir la possession jusqu'au remboursement effectif des sommes qui lui sont dues pour impenses ou améliorations. C. 844, 861, 862.

868. Le rapport du mobilier ne se fait qu'en moins prenant. Il se fait sur le pied de la valeur du mobilier lors de la donation, d'après l'état estimatif annexé à l'acte; et, à défaut de cet acte, d'après une estimation par experts, à juste prix et sans crue. C. 825 et la *note*, 830, 948.

869. Le rapport de l'argent donné se fait en moins prenant dans le numéraire de la succession. C. 868. — En cas d'insuffisance, le donataire peut se dispenser de rapporter du numéraire, en abandonnant, jusqu'à due concurrence, du mobilier, et à défaut du mobilier, des immeubles de la succession.

SECT. III. — *Du paiement des dettes.*

870. Les cohéritiers contribuent entre eux au paiement des dettes et charges de la succession, chacun dans la proportion de ce qu'il y prend. C. 724, 871, 1009, 1012, 1017, 1024, 1220, 1221, 1233, 1669, 1672.

871. Le légataire à titre universel contribue, avec les héritiers, au prorata de son émolument; mais le légataire particulier n'est pas tenu des dettes et charges, sauf toutefois l'action hypothécaire sur l'immeuble légué. C. 873, s., 1009, 1012, 1024, 2114, s.

872. Lorsque des immeubles d'une succession sont grevés de rentes par hypothèque spéciale, chacun des cohéritiers peut exiger que les rentes soient remboursées et les immeubles rendus libres avant qu'il soit procédé à la formation des lots. Si les cohéritiers partagent la succession dans l'état où elle se trouve, l'immeuble grevé doit être estimé au même taux que les autres immeubles; il est fait déduction du capital de la rente sur le prix total; l'héritier dans le lot duquel tombe cet immeuble demeure seul chargé du service de la rente, et il doit en garantir ses cohéritiers. C. 530, 828, s., 1221-1°-4°, 1223 à 1225, 1625, s., 2403-3°.

873. Les héritiers sont tenus des dettes et charges de la succession, personnellement pour leur part et portion virile (*a*), et hypothécairement pour le tout; sauf leur recours, soit contre leurs cohéritiers, soit contre les légataires universels, à raison de la part pour laquelle ils doivent y contribuer. C. 724, 870, 871, 1009, 1012, 1017, 1221-1°.

874. Le légataire particulier, qui a acquitté la dette dont l'immeuble légué était grevé, demeure subrogé aux droits du créancier contre les héritiers et successeurs à titre universel. C. 871, 1024, 1249, 1251-3°.

875. Le cohéritier ou successeur à titre universel, qui, par l'effet de l'hypothèque, a payé au delà de sa part de la dette commune, n'a de recours, contre les autres cohéritiers ou successeurs à titre universel, que pour la part que chacun d'eux doit personnellement en supporter, même dans le cas où le cohéritier qui a payé la dette se serait fait subroger aux droits des créanciers; sans préjudice néanmoins des droits d'un cohéritier qui, par l'effet du bénéfice d'inventaire, aurait conservé la faculté de réclamer le paiement de sa créance personnelle, comme tout autre créancier. C. 802, 873, 884, 1009, 1012, 1017, 1213, 1214, 1231-4°, 1249, 1250-1°.

(*a*) La *portion virile*, qu'on a confondue avec la part héréditaire, s'évaluait, sous l'empire des coutumes, en raison de la qualité et du nombre des héritiers : *pro numero virorum*. Ainsi le père et le frère du défunt, en les supposant seuls héritiers, étaient tenus chacun pour la moitié des dettes, bien que leur part héréditaire ne fût pas égale. Maintenant, la contribution aux dettes se règle sur la *part héréditaire;* c'est-à-dire que si l'on prend le quart ou les trois quarts de la succession, on paiera le quart ou les trois quarts des dettes.

CODE NAPOLÉON.

tion qu'ils auraient formée. C. 815, 820, 821, 865, 1167, 2205. — Pr. 339.

876. En cas d'insolvabilité d'un des cohéritiers ou successeurs à titre universel, sa part dans la dette hypothécaire est répartie sur tous les autres, au marc le franc (a). C. 885, 886, 1214, 1215.

877. Les titres exécutoires contre le défunt sont pareillement exécutoires contre l'héritier personnellement ; et néanmoins les créanciers ne pourront en poursuivre l'exécution que huit jours après la signification de ces titres à la personne ou au domicile de l'héritier. C. 724, 820 et *la note*, 821. — Pr. 545, 547.

878. Ils peuvent demander, dans tous les cas, et contre tout créancier, la séparation du patrimoine du défunt d'avec le patrimoine de l'héritier (b). C. 2111, 2262, 2269.

879. Ce droit ne peut cependant plus être exercé, lorsqu'il y a novation dans la créance contre le défunt (c), par l'acceptation de l'héritier pour débiteur. C. 1234, 1271-1°.

880. Il se prescrit, relativement aux meubles, par le laps de trois ans. C. 2279. — A l'égard des immeubles, l'action peut être exercée tant qu'ils existent dans la main de l'héritier. C. 2219, 2262.

881. Les créanciers de l'héritier ne sont point admis à demander la séparation des patrimoines contre les créanciers de la succession. C. 878.

882. Les créanciers d'un copartageant, pour éviter que le partage ne soit fait en fraude de leurs droits, peuvent s'opposer à ce qu'il y soit procédé hors de leur présence : ils ont le droit d'y intervenir à leurs frais ; mais ils ne peuvent attaquer un partage consommé, à moins toutefois qu'il n'y ait été procédé sans eux et au préjudice d'une opposi-

SECT. IV. — *Des effets du partage, et de la garantie des lots.*

883. Chaque cohéritier est censé avoir succédé seul et immédiatement à tous les effets compris dans son lot, ou à lui échus sur licitation, et n'avoir jamais eu la propriété des autres effets de la succession (d). C. 777, 834, s.

884. Les cohéritiers demeurent respectivement garants, les uns envers les autres, des troubles et évictions seulement qui procèdent d'une cause antérieure au partage. C. 873, s., 1626, s., 1696, s., 2103-3°, 2109. — La garantie n'a pas lieu, si l'espèce d'éviction soufferte a été exceptée par une clause particulière et expresse de l'acte de partage; elle cesse, si c'est par sa faute que le cohéritier souffre l'éviction. C. 1134, 1627.

885. Chacun des cohéritiers est personnellement obligé, en proportion de sa part héréditaire, d'indemniser son cohéritier de la perte que lui a causée l'éviction. C. 870, s., 2103-3°, 2109. — Si l'un des cohéritiers se trouve insolvable, la portion dont il est tenu doit être également répartie entre le garanti et tous les cohéritiers solvables. C. 876, 886, 1214, 1215, 2103, 2109.

886. La garantie de la solvabilité du débiteur d'une rente ne peut être exercée que dans les cinq ans qui suivent le partage. Il n'y a pas lieu à garantie à raison de l'insolvabilité du débiteur, quand elle n'est survenue que depuis le partage consommé. C. 876, 885, 1214, 1693.

SECT. V. — *De la rescision en matière de partage.*

887. Les partages peuvent être rescindés pour cause de violence ou de dol. C. 892, 1077, 1079, 1109, 1111 à 1113, 1115 à 1117, 1304, s. — Il peut aussi y avoir lieu à rescision, lorsqu'un des cohéritiers établit, à son préjudice, une lésion de plus du quart. La simple omission d'un objet de la succession ne donne pas ouverture à l'action en rescision,

---

(a) C'est-à-dire proportionnellement à la part héréditaire de chacun des autres cohéritiers. (Voy. la note précédente.)

(b) La séparation des patrimoines, fondée sur ce principe, que tous les biens du défunt sont le gage commun de ses créanciers, et que l'héritier n'y a droit qu'après les dettes payées, a pour objet, en empêchant la confusion des biens, d'écarter les créanciers personnels de l'héritier, qui auraient pu absorber les biens de la succession, au préjudice des créanciers du défunt.

(c) Il y a *novation* dans une créance lorsqu'une nouvelle dette est substituée à l'ancienne qui se trouve éteinte, au moyen d'un nouvel engagement. (Voy. C. 1271, s.)

(d) La disposition de cet article est fondée sur le principe, que le partage n'est pas *translatif*, mais seulement *déclaratif* de propriété.

mais seulement à un supplément à l'acte de partage. C. 890, 1118, 1305, 1306, 1313, 1674, s.

888. L'action en rescision est admise contre tout acte qui a pour objet de faire cesser l'indivision entre cohéritiers, encore qu'il fût qualifié de vente, d'échange et de transaction, ou de toute autre manière. C. 815. — Mais après le partage ou l'acte qui en tient lieu, l'action en rescision n'est plus admissible contre la transaction faite sur les difficultés réelles que présentait le premier acte, même quand il n'y aurait pas eu à ce sujet de procès commencé. C. 892, 1304, 1677, 2044, 2048, s.

889. L'action n'est pas admise contre une vente de droits successifs faite sans fraude à l'un des cohéritiers, à ses risques et périls, par ses autres cohéritiers ou par l'un d'eux. C. 780, 841.

890. Pour juger s'il y a eu lésion, on estime les objets suivant leur valeur à l'époque du partage. C. 1675.

891. Le défendeur à la demande en rescision peut en arrêter le cours et empêcher un nouveau partage, en offrant et en fournissant au demandeur le supplément de sa portion héréditaire, soit en numéraire, soit en nature. C. 1681, s.

892. Le cohéritier qui a aliéné son lot en tout ou partie n'est plus recevable à intenter l'action en rescision pour dol ou violence, si l'aliénation qu'il a faite est postérieure à la découverte du dol, ou à la cessation de la violence. C. 887, 1115, 1304, 1338.

TITRE DEUXIÈME.

DES DONATIONS ENTRE-VIFS ET DES TESTAMENTS.

(Décrété le 3 mai 1803. Promulgué le 13.)

CHAP. I. — DISPOSITIONS GÉNÉRALES.

893. On ne pourra disposer de ses biens, à titre gratuit, que par donation entre-vifs ou par testament, dans les formes ci-après établies. C. 711, 931, s., 967, s.

894. La donation entre-vifs est un acte par lequel le donateur se dépouille actuellement et irrévocablement de la chose donnée, en faveur du donataire

qui l'accepte. C. 711, 901, s., 913, s., 920, s., 931 à 939, 948, 953 à 966, 1083, 1091 s.

895. Le testament est un acte par lequel le testateur dispose, pour le temps où il n'existera plus, de tout ou partie de ses biens, et qu'il peut révoquer. C. 711, 901, s., 913, s., 920, s., 967 à 1080, 1097, s.

896. Les substitutions sont prohibées (*a*). — Toute disposition par laquelle le donataire, l'héritier institué, ou le légataire, sera chargé de conserver et de rendre à un tiers, sera nulle, même à l'égard du donataire, de l'héritier institué ou du légataire. C. 897, s., 949, 1048 à 1074. — Néanmoins les biens libres formant la dotation d'un titre héréditaire que l'Empereur aurait érigé en faveur d'un prince ou d'un chef de famille, pourront être transmis héréditairement, ainsi qu'il est réglé par l'acte du 30 mars 1806 et par celui du 14 août suivant (*b*).

(*a*) Disposition empruntée à la loi du 14 novembre 1792.

(*b*) C'est ce qu'on appelait *majorats*. Ces deux exceptions aux substitutions contenues dans l'article 896 ont été ajoutées lors de la révision du Code en 1807. Depuis, il a été rendu, sur cette matière, les lois suivantes :

12-13 mai 1835. — *Loi sur les majorats.*

« Art. 1er. Toute institution de majorats est interdite à l'avenir.

« 2. Les majorats fondés jusqu'à ce jour avec des biens particuliers ne pourront s'étendre au delà de deux degrés, l'institution non comprise.

« 3. Le fondateur d'un majorat pourra le révoquer en tout ou en partie, ou en modifier les conditions. — Néanmoins, il ne pourra exercer cette faculté s'il existe un appelé, qui ait contracté, antérieurement à la présente loi, un mariage non dissous ou dont il soit resté des enfants. En ce cas, le majorat aura son effet restreint à deux degrés, ainsi qu'il est dit dans l'article précédent.

« 4. Les dotations ou portions de dotations consistant en biens soumis au droit de retour en faveur de l'État, continueront à être possédées et transmises conformément aux actes d'investiture, et sans préjudice des droits d'expectative, ouverts par la loi du 5 décembre 1814 (sur les biens non vendus des émigrés). »

17 janvier—30 avril et 7 mai 1849. — *Loi sur les majorats et les substitutions.*

« Art. 1er. Les majorats de biens particuliers qui auront été transmis à deux degrés successifs, à partir du premier titulaire, sont abolis. Les biens composant ces majorats demeurent libres entre les mains de ceux qui en sont investis.

« 2. Pour l'avenir, la transmission, limitée à

897. Sont exceptées des deux premiers paragraphes de l'article précédent les dispositions permises aux père et mère et aux frères et sœurs, au chapitre VI du présent titre. C. 896 et la *note*, 1048 à 1074.

deux degrés, à partir du premier titulaire, n'aura lieu qu'en faveur des appelés déjà nés ou conçus lors de la promulgation de la présente loi. — S'il n'existe pas d'appelés à cette époque, ou si ceux qui existaient décèdent avant l'ouverture de leur droit, les biens des majorats deviendront immédiatement libres entre les mains du possesseur.

« 3. Pendant une année, à partir de la promulgation de la présente loi, lorsqu'une saisie sera pratiquée sur les biens devenus libres en vertu de l'article précédent, les juges pourront toujours, quelle que soit la nature du titre, appliquer l'article 1244 du Code civil et surseoir aux poursuites ultérieures pendant le délai qu'ils détermineront.

« 4. Il n'est rien innové quant au droit spécial de révocation conféré au fondateur par l'article 3 de la loi du 12 mai 1835.

« 5. Dans les cas prévus par les articles 1, 2 et 4 de la présente loi, le ministre de la justice statuera sur les demandes en radiation, soit de la transcription hypothécaire, soit de l'annotation spéciale d'immobilisation des rentes sur l'État ou des actions de la banque de France. Sur son refus, les parties intéressées pourront se pourvoir devant les tribunaux ordinaires, qui statueront définitivement.

« 6. Sont abrogées, relativement aux majorats de biens particuliers, les dispositions du décret du 1er mars 1808, article 6, et du décret du 4 juin 1809, relatives à la retenue et à la capitalisation du dixième du revenu des rentes sur l'État ou des actions de la banque.

« 7. La mutation par décès d'un majorat de biens particuliers donnera ouverture au droit de transmission de propriété en ligne directe. — La taxe du cinquième d'une année de revenu, établie par le décret du 4 mai 1809, est abolie pour l'avenir. — Il ne sera perçu qu'un droit de transmission d'usufruit mobilier sur la pension de la veuve.

« 8. La loi du 17 mai 1826, sur les substitutions, est abrogée *.

« 9. Les substitutions déjà établies sont maintenues au profit de tous les appelés nés ou conçus lors de la promulgation de la présente loi. — Lorsqu'une substitution sera recueillie par un ou plusieurs des appelés dont il vient d'être parlé, elle profitera à tous les autres appelés du même degré, ou à leurs représentants, quelle que soit l'époque où leur existence aura commencé. »

* Cette loi portait :

« Article unique. Les biens dont il est permis de disposer aux termes des art. 913, 915 et 916 du Code civil, pourront être donnés en tout ou en partie, par acte entre-vifs ou testamentaire, avec la charge de les rendre à un ou plusieurs enfants du donataire, nés ou à naître, jusqu'au deuxième degré inclusivement. — Seront observés, pour l'exécution de cette disposition, les art. 1051 et suivants du Code civil jusques et y compris l'art. 1074. »

898. La disposition par laquelle un tiers serait appelé à recueillir le don, l'hérédité ou le legs, dans le cas où le donataire, l'héritier institué ou le légataire, ne le recueillerait pas, ne sera pas regardée comme une substitution, et sera valable. C. 1039 à 1043.

899. Il en sera de même de la disposition entre-vifs ou testamentaire par laquelle l'usufruit sera donné à l'un, et la nue-propriété à l'autre. C. 949.

900. Dans toute disposition entre-vifs ou testamentaire, les conditions impossibles, celles qui seront contraires aux lois ou aux mœurs, seront réputées non écrites (*a*). C. 6, 815, 1133, 1172, 1389.

CHAP. II. — DE LA CAPACITÉ DE DISPOSER OU DE RECEVOIR PAR DONATION ENTRE-VIFS OU PAR TESTAMENT.

901. Pour faire une donation entre-vifs ou un testament, il faut être sain d'esprit (*b*). C. 489, 499, 513.

902. Toutes personnes peuvent disposer et recevoir, soit par donation entre-vifs, soit par testament, excepté celles que la loi en déclare incapables. C. 25, 463, 489, 499, 513, 725, 727, 903, s., 1422, 1555, 1556.

903. Le mineur âgé de moins de seize ans ne pourra aucunement disposer, sauf ce qui est réglé au chapitre IX du présent titre (art. 1095). C. 484.

904. Le mineur parvenu à l'âge de seize ans ne pourra disposer que par testament, et jusqu'à concurrence seulement de la moitié des biens dont la loi permet au majeur de disposer. C. 484, 907, 913, 915, 916, 1095.

905. La femme mariée ne pourra donner entre-vifs sans l'assistance ou le

(*a*) Disposition reproduite des décrets des 5 septembre 1791 et 17 nivôse an II, art. 12.

(*b*) Cette condition, imposée par la loi, d'être *sain d'esprit*, a une immense étendue, dont l'appréciation est laissée à la sagesse des tribunaux. On considère comme n'étant pas *sain d'esprit* non seulement l'individu dont la raison est altérée, ou qui se trouve dans un état de démence, d'imbécillité ou de fureur, mais toute personne qui, au moment de l'acte, était animée par une passion violente, par un transport de colère ou de haine, ou qui était frappée d'une maladie ou infirmité tellement grave, que ses facultés intellectuelles devaient en être troublées. L'*ivresse* peut aussi, dans certains cas, devenir une cause de nullité de la disposition.

consentement spécial de son mari, ou sans y être autorisée par la justice, conformément à ce qui est prescrit par les articles 217 et 219, au titre *du Mariage*. C. 934, 1091, s., 1388, 1555. — Elle n'aura besoin ni de consentement du mari, ni d'autorisation de la justice, pour disposer par testament. C. 226.

906. Pour être capable de recevoir entre-vifs, il suffit d'être conçu au moment de la donation. — Pour être capable de recevoir par testament, il suffit d'être conçu à l'époque du décès du testateur. — Néanmoins la donation ou le testament n'auront leur effet qu'autant que l'enfant sera né viable. C. 312, 314, 725 et *la note*, 902, 1043, 1048, 1081.

907. Le mineur, quoique parvenu à l'âge de seize ans, ne pourra, même par testament, disposer au profit de son tuteur. — Le mineur devenu majeur ne pourra disposer, soit par donation entre-vifs, soit par testament, au profit de celui qui aura été son tuteur, si le compte définitif de la tutelle n'a été préalablement rendu et apuré. C. 471, 472, 1095. — Pr. 527, s. — Sont exceptés, dans les deux cas ci-dessus, les ascendants des mineurs, qui sont ou qui ont été leurs tuteurs. C. 402, s.

908. Les enfants naturels ne pourront, par donation entre-vifs ou par testament, rien recevoir au delà de ce qui leur est accordé au titre *des Successions* (art. 756 à 766). C. 723, 902.

909. Les docteurs en médecine ou en chirurgie, les officiers de santé et les pharmaciens, qui auront traité une personne pendant la maladie dont elle meurt, ne pourront profiter des dispositions entre-vifs ou testamentaires qu'elle aurait faites en leur faveur pendant le cours de cette maladie. — Sont exceptés, 1° les dispositions rémunératoires faites à titre particulier, eu égard aux facultés du disposant et aux services rendus; — 2° les dispositions universelles, dans le cas de parenté jusqu'au quatrième degré inclusivement, pourvu toutefois que le décédé n'ait pas d'héritiers en ligne directe; à moins que celui au profit de qui la disposition a été faite ne soit lui-même du nombre de ces héritiers. C. 1002, 1003. — Les mêmes règles seront observées à l'égard du ministre du culte. C. 911.

910. Les dispositions entre-vifs ou par testament, au profit des hospices, des pauvres d'une commune, ou d'établissements d'utilité publique, n'auront leur effet qu'autant qu'elles seront autorisées par une ordonnance impériale (*a*). C. 537, 937, 940, 2045-3°.

911. Toute disposition au profit d'un incapable sera nulle, soit qu'on la déguise sous la forme d'un contrat onéreux, soit qu'on la fasse sous le nom de personnes interposées. C. 902, 906, s., 1106, 1350, 1352. — Seront réputées personnes interposées les père et mère, les enfants et descendants, et l'époux de la personne incapable. C. 1099, 1100, 1596.

912. On ne pourra disposer au profit d'un étranger que dans le cas où cet étranger pourrait disposer au profit d'un Français (*b*).

CHAP. III. — DE LA PORTION DE BIENS DISPONIBLE, ET DE LA RÉDUCTION.

SECT. I. — *De la portion de biens disponible.*

913. Les libéralités, soit par acte entre-vifs, soit par testament, ne pourront excéder la moitié des biens du disposant, s'il ne laisse à son décès qu'un enfant légitime; le tiers, s'il laisse deux enfants; le quart, s'il en laisse trois ou un plus grand nombre (*c*). C. 731, 745, 843, s., 914 à 930, 1004, 1090, 1094, 1095, 1098.

914. Sont compris dans l'article précédent, sous le nom d'*enfants*, les descendants en quelque degré que ce soit; néanmoins ils ne sont comptés que pour l'enfant qu'ils représentent dans la succession du disposant (*d*). C. 739, s.

(*a*) Voyez les lois du 2 janvier 1817, 21 mai 1825, des 18 janvier 1837, art. 10, 19, 21, 48; les ordonnances des 2 avril 1817, 14 janvier 1831; la circulaire du 18 juillet 1836; l'ordonnance du 25 mai 1844, art. 64, qui s'occupent de régler les donations et legs faits aux établissements publics et aux communes.

(*b*) Cet article a été abrogé par la loi du 14 juillet 1819, rapportée sous l'art. 726.

(*c*) Cette portion de biens, dont la loi défend la disposition à titre gratuit, s'appelle *réserve* ou *légitime*. — Le décret du 17 nivôse an II, art. 16, et la loi du 4 germinal an VIII, art. 1er, avaient fixé sur des bases différentes la portion disponible.

(*d*) La loi précitée du 4 germinal an VIII, art. 2, contenait la même règle.

915. Les libéralités, par actes entre-vifs ou par testament, ne pourront excéder la moitié des biens, si, à défaut d'enfants, le défunt laisse un ou plusieurs ascendants dans chacune des lignes paternelle et maternelle ; et les trois quarts, s'il ne laisse d'ascendants que dans une ligne. C. 731, 733, 746, s., 750, 844, 845, 916. — Les biens ainsi réservés au profit des ascendants seront par eux recueillis dans l'ordre où la loi les appelle à succéder; ils auront seuls droit à cette réserve, dans tous les cas où un partage en concurrence avec des collatéraux ne leur donnerait pas la quotité de biens à laquelle elle est fixée. C. 748, 749.

916. A défaut d'ascendants et de descendants, les libéralités par actes entre-vifs ou testamentaires pourront épuiser la totalité des biens. C. 745, s.

917. Si la disposition par acte entre-vifs ou par testament est d'un usufruit ou d'une rente viagère, dont la valeur excède la quotité disponible, les héritiers au profit desquels la loi fait une réserve auront l'option, ou d'exécuter cette disposition, ou de faire l'abandon de la propriété de la quotité disponible. C. 610, 913 à 915, 949, 950, 1020, 1094.

918. La valeur en pleine propriété des biens aliénés, soit à charge de rente viagère, soit à fonds perdu, ou avec réserve d'usufruit, à l'un des successibles en ligne directe, sera imputée sur la portion disponible; et l'excédant, s'il y en a, sera rapporté à la masse. Cette imputation et ce rapport ne pourront être demandés par ceux des autres successibles en ligne directe qui auraient consenti à ces aliénations, ni, dans aucun cas, par les successibles en ligne collatérale. C. 736, 843, s., 913 à 915, 1340.

919. La quotité disponible pourra être donnée en tout ou en partie, soit par acte entre-vifs, soit par testament, aux enfants ou autres successibles du donateur, sans être sujette au rapport par le donataire ou le légataire venant à la succession, pourvu que la disposition ait été faite expressément à titre de préciput ou hors part (a). C. 913 à 915.

(a) Une disposition est faite à *titre de préciput,*

—La déclaration que le don ou le legs est à titre de préciput ou hors part pourra être faite, soit par l'acte qui contiendra la disposition, soit postérieurement dans la forme des dispositions entre-vifs ou testamentaires. C. 843, 931, 969.

SECT. II. — *De la réduction des donations et legs.*

920. Les dispositions soit entre-vifs, soit à cause de mort, qui excéderont la quotité disponible, seront réductibles à cette quotité lors de l'ouverture de la succession. C. 913 à 915, 921 à 930, 1090.

921. La réduction des dispositions entre-vifs ne pourra être demandée que par ceux au profit desquels la loi fait la réserve, par leurs héritiers ou ayants-cause (b) : les donataires, les légataires, ni les créanciers du défunt ne pourront demander cette réduction, ni en profiter. C. 857, 894, 913 à 915, 925, 1166, 1167.

922. La réduction se détermine en formant une masse de tous les biens existant au décès du donateur ou testateur. On y réunit fictivement ceux dont il a été disposé par donations entre-vifs, d'après leur état à l'époque des donations et leur valeur au temps du décès du donateur. On calcule sur tous ces biens, après en avoir déduit les dettes, quelle est, eu égard à la qualité des héritiers qu'il laisse, la quotité dont il a pu disposer. C. 829, s., 844, s., 870, s., 913.

923. Il n'y aura jamais lieu à réduire les donations entre-vifs, qu'après avoir épuisé la valeur de tous les biens compris dans les dispositions testamentaires; et, lorsqu'il y aura lieu à cette réduction, elle se fera en commençant par la dernière donation, et ainsi de suite en remontant des dernières aux plus anciennes. C. 894, 925.

lorsqu'elle permet au donataire de *prélever* ou de garder, avant tout partage, les objets qui lui ont été donnés.
(b) Les *ayants-cause* d'une personne sont, en thèse générale, ses successeurs soit à titre universel, soit à titre singulier. Un acheteur, par exemple, est l'ayant-cause de son vendeur, relativement à l'objet vendu. — Les héritiers sont nécessairement les ayants-cause du défunt. Dans l'art. 921, l'expression *ayants-cause* désigne les créanciers des héritiers ou les personnes auxquelles ceux-ci auraient cédé leurs droits.

924. Si la donation entre-vifs réductible a été faite à l'un des successibles, il pourra retenir, sur les biens donnés, la valeur de la portion qui lui appartiendrait, comme héritier, dans les biens non disponibles, s'ils sont de la même nature. C. 858, s., 866, s.

925. Lorsque la valeur des donations entre-vifs excédera ou égalera la quotité disponible, toutes les dispositions testamentaires seront caduques (a). C. 857, 913 à 915, 921, s., 1039 à 1043.

926. Lorsque les dispositions testamentaires excéderont, soit la quotité disponible, soit la portion de cette quotité qui resterait après avoir déduit la valeur des donations entre-vifs, la réduction sera faite au marc le franc, sans aucune distinction entre les legs universels et les legs particuliers. C. 844, 870, 1002, 1009, 1024.

927. Néanmoins, dans tous les cas où le testateur aura expressément déclaré qu'il entend que tel legs soit acquitté de préférence aux autres, cette préférence aura lieu; et le legs qui en sera l'objet ne sera réduit qu'autant que la valeur des autres ne remplirait pas la réserve légale. C. 1009, 1015, 1024.

928. Le donataire restituera les fruits de ce qui excédera la portion disponible, à compter du jour du décès du donateur, si la demande en réduction a été faite dans l'année; sinon, du jour de la demande. C. 856, 920, 1153, s.

929. Les immeubles à recouvrer par l'effet de la réduction le seront, sans charge de dettes ou hypothèques créées par le donataire. C. 865, 920, 2125.

930. L'action en réduction ou revendication pourra être exercée par les héritiers contre les tiers détenteurs des immeubles faisant partie des donations et aliénés par les donataires, de la même manière et dans le même ordre que contre les donataires eux-mêmes, et discussion préalablement faite de leurs biens (b). Cette action devra être exercée suivant l'ordre des dates des aliénations, en commençant par la plus récente. C. 859, s., 923, 2022, 2023.

CHAP. IV. — DES DONATIONS ENTRE-VIFS.

SECT. I. — *De la forme des donations entre-vifs.*

931. Tous actes portant donation entre-vifs seront passés devant notaires, dans la forme ordinaire des contrats, et il en restera minute, sous peine de nullité (c). C. 893, s., 901, s., 920, s., 953, s., 1075, s., 1081, s., 1091, s., 1105, 1317, 1339, 1340.

932. La donation entre-vifs n'engagera le donateur, et ne produira aucun effet, que du jour qu'elle aura été acceptée en termes exprès. C. 894, 933 à 939, 942, 948, 1084, s. — L'acceptation pourra être faite du vivant du donateur, par un acte postérieur et authentique, dont il restera minute; mais alors la donation n'aura d'effet, à l'égard du donateur, que du jour où l'acte qui constatera cette acceptation lui aura été notifié. C. 1317.

933. Si le donataire est majeur, l'acceptation doit être faite par lui, ou, en son nom, par la personne fondée de sa procuration, portant pouvoir d'accepter la donation faite, ou un pouvoir général d'accepter les donations qui auraient été ou qui pourraient être faites. C. 488, 1985, 1987. — Cette procuration devra être passée devant notaires; et une expédition devra en être annexée à la minute de la donation, ou à la minute de l'acceptation qui serait faite par acte séparé.

934. La femme mariée ne pourra accepter une donation sans le consentement de son mari, ou, en cas de refus du mari, sans autorisation de la justice, conformément à ce qui est prescrit par les articles 217 et 219, au titre *du Mariage.* C. 940, 942, 1029, 1087. — Pr. 861, s.

935. La donation faite à un mineur non émancipé ou à un interdit devra être acceptée par son tuteur, conformément à l'article 463, au titre *de la Minorité, de la tutelle et de l'Emancipation.* C. 940, 942, 1087. — Le mineur émancipé pourra accepter avec l'assistance de son cura-

---

(a) *Caduques* (du latin *cadere,* tomber), c'est-à-dire seront considérées comme non avenues.
(b) *Discuter les biens* est une expression consacrée, qui signifie les vendre. (Voy. l'art. 2021.)

(c) Aux termes de l'ordonnance de 1539, art. 111, de la loi du 2 thermidor an II, art. 1, 2 et 3, et des arrêtés des 24 prairial an XI et 19 ventôse an XIII, tous les actes et contrats publics doivent être rédigés en *langue française,* sous peine d'emprisonnement et même de destitution contre le fonctionnaire rédacteur. (Voy. C. des officiers ministériels, § *Notaires.*)

teur. C. 476 à 479, 480 à 484. — Néanmoins les père et mère du mineur émancipé ou non émancipé, ou les autres ascendants, même du vivant des père et mère, quoiqu'ils ne soient ni tuteurs ni curateurs du mineur, pourront accepter pour lui. C. 463, s. 1305, 1314.

936. Le sourd-muet qui saura écrire, pourra accepter lui-même ou par un fondé de pouvoir. C. 979. — S'il ne sait pas écrire, l'acceptation doit être faite par un curateur nommé à cet effet, suivant les règles établies au titre *de la Minorité, de la tutelle et de l'Emancipation.* C. 480, 979.

937. Les donations faites au profit d'hospices, des pauvres d'une commune, ou d'établissements d'utilité publique, seront acceptées par les administrateurs de ces communes ou établissements, après y avoir été dûment autorisés. C. 910.

938. La donation dûment acceptée sera parfaite par le seul consentement des parties, et la propriété des objets donnés sera transférée au donataire, sans qu'il soit besoin d'autre tradition (*a*). C. 1108, s., 1134, 1339, 1340.

939. Lorsqu'il y aura donation de biens susceptibles d'hypothèques, la transcription (*b*) des actes contenant la donation et l'acceptation, ainsi que la notification de l'acceptation qui aurait eu lieu par acte séparé, devra être faite aux bureaux des hypothèques dans l'arrondissement desquels les biens sont situés. C. 958, 1069 à 1073, 2108, 2181, s. — Pr. 834, 835.

940. Cette transcription sera faite à la diligence du mari, lorsque les biens auront été donnés à sa femme; et si le mari ne remplit pas cette formalité, la femme pourra y faire procéder sans autorisation. C. 213, s., 934, 939, 941, 942. — Lorsque la donation sera faite à des mineurs, à des interdits, ou à des établissements publics, la transcription sera faite à la diligence des tuteurs, curateurs ou administrateurs. C. 1069, s.

941. Le défaut de transcription pourra être opposé par toutes personnes ayant intérêt, excepté toutefois celles qui sont chargées de faire faire la transcription, ou leurs ayants-cause, et le donateur. C. 940, 1070, s.

942. Les mineurs, les interdits, les femmes mariées, ne seront point restitués contre le défaut d'acceptation ou de transcription des donations; sauf leur recours contre leurs tuteurs ou maris, s'il y échet, et sans que la restitution puisse avoir lieu, dans le cas même où lesdits tuteurs et maris se trouveraient insolvables. C. 213, 450, 489, 940, 941, 1073, 1074, 1382, 1383.

943. La donation entre-vifs ne pourra comprendre que les biens présents du donateur; si elle comprend des biens à venir, elle sera nulle à cet égard. C. 900, 947, 1076, 1082, s., 1093, s., 1130.

944. Toute donation entre-vifs, faite sous des conditions dont l'exécution dépend de la seule volonté du donateur, sera nulle. C. 900, 945, 947, 1086, 1170, 1174.

945. Elle sera pareillement nulle, si elle a été faite sous la condition d'acquitter d'autres dettes ou charges que celles qui existaient à l'époque de la donation, ou qui seraient exprimées, soit dans l'acte de donation, soit dans l'état qui devrait y être annexé. C. 947.

946. En cas que le donateur se soit réservé la liberté de disposer d'un effet compris dans la donation, ou d'une somme fixe sur les biens donnés, s'il meurt sans en avoir disposé, ledit effet ou ladite somme appartiendra aux héritiers du donateur, nonobstant toutes clauses et stipulations à ce contraires. C. 724, 924, 947, 1086.

947. Les quatre articles précédents ne s'appliquent point aux donations dont est mention aux chapitres VIII et IX du présent titre (art. 1081, à 1090, et 1091 à 1100).

(*a*) Sous l'ancien droit, le consentement seul des parties ne suffisait pas pour consommer la donation ou la vente; il fallait de plus une *tradition réelle* des objets; c'est-à-dire que le donateur devait s'en dessaisir et les remettre entre les mains du donataire. Lorsqu'il s'agissait d'objets mobiliers, l'accomplissement de cette condition était facile : lorsqu'il s'agissait d'immeubles, de maison, par exemple, c'étaient les titres et les clefs qui étaient remis au donataire; c'est ce qu'on appelait la *tradition feinte.*

(*b*) La *transcription* est la copie, sur les registres du bureau des hypothèques, des actes translatifs de propriété d'immeubles, dans le but de pouvoir arriver à la purge des privilèges et hypothèques dont ces immeubles pourraient être grevés.

948. Tout acte de donation d'effets mobiliers ne sera valable que pour les effets dont un état estimatif, signé du donateur et du donataire, ou de ceux qui acceptent pour lui, aura été annexé à la minute de la donation. C. 527, s., 535, 535, 536, 932 à 937, 1085, 2279.

949. Il est permis au donateur de faire la réserve à son profit, ou de disposer au profit d'un autre, de la jouissance ou de l'usufruit des biens meubles ou immeubles donnés. C. 578, 896, 899, 950.

950. Lorsque la donation d'effets mobiliers aura été faite avec réserve d'usufruit, le donataire sera tenu, à l'expiration de l'usufruit, de prendre les effets donnés qui se trouveront en nature, dans l'état où ils seront; et il aura action contre le donateur ou ses héritiers, pour raison des objets non existants, jusqu'à concurrence de la valeur qui leur aura été donnée dans l'état estimatif. C. 589, 600, 617, 948.

951. Le donateur pourra stipuler le droit de retour des objets donnés (a), soit pour le cas du prédécès du donataire seul, soit pour le cas du prédécès du donataire et de ses descendants. C. 747, 1088, 1089, 1093. — Ce droit ne pourra être stipulé qu'au profit du donateur seul.

952. L'effet du droit de retour sera de résoudre toutes les aliénations des biens donnés, et de faire revenir ces biens au donateur, francs et quittes de toutes charges et hypothèques, sauf néanmoins l'hypothèque de la dot et des conventions matrimoniales, si les autres biens de l'époux donataire ne suffisent pas, et dans le cas seulement où la donation lui aura été faite par le même contrat de mariage duquel résultent ces droits et hypothèques. C. 747, 865, 929, 954, 1387, 2125.

SECT. II. — *Des exceptions à la règle de l'irrévocabilité des donations entre-vifs.*

953. La donation entre-vifs ne pourra être révoquée que pour cause d'inexécution de conditions sous lesquelles elle aura été faite, pour cause d'ingratitude,

(a) C'est le *retour conventionnel.* L'art. 747, on l'a vu, établit un *retour légal* au profit des ascendants donateurs, en cas de prédécès de leurs enfants donataires.

et pour cause de survenance d'enfants. C. 694, 954, s., 1184, 1096, 2175.

954. Dans le cas de la révocation pour cause d'inexécution des conditions, les biens rentreront dans les mains du donateur, libres de toutes charges et hypothèques du chef du donataire; et le donateur aura, contre les tiers détenteurs des immeubles donnés, tous les droits qu'il aurait contre le donataire lui-même. C. 565, 900, 929, 944, 952, 953, 1046.

955. La donation entre-vifs ne pourra être révoquée pour cause d'ingratitude que dans les cas suivants : — 1º si le donataire a attenté à la vie du donateur; C. 727-1º,1046; — 2º s'il s'est rendu coupable envers lui de sévices, délits ou injures graves; C. 727-2º; — 3º s'il lui refuse des aliments. C. 205, 208 à 210, 299, s.

956. La révocation pour cause d'inexécution des conditions, ou pour cause d'ingratitude, n'aura jamais lieu de plein droit. C. 1184, 1656, 2262.

957. La demande en révocation pour cause d'ingratitude, devra être formée dans l'année, à compter du jour du délit imputé par le donateur au donataire, ou du jour que le délit aura pu être connu par le donateur. C. 958 — Cette révocation ne pourra être demandée par le donateur contre les héritiers du donataire, ni par les héritiers du donateur contre le donataire, à moins que, dans ce dernier cas, l'action n'ait été intentée par le donateur, ou qu'il ne soit décédé dans l'année du délit. C. 1047.

958. La révocation pour cause d'ingratitude ne préjudiciera ni aux aliénations faites par le donataire, ni aux hypothèques et autres charges réelles qu'il aura pu imposer sur l'objet de la donation, pourvu que le tout soit antérieur à l'inscription qui aurait été faite de l'extrait de la demande en révocation, en marge de la transcription prescrite par l'article 939. C. 952, 956, 963, 2125. — Dans le cas de révocation, le donataire sera condamné à restituer la valeur des objets aliénés, eu égard au temps de la demande, et les fruits, à compter du jour de cette demande. C. 928, 962, 1153.

959. Les donations en faveur de mariage ne seront pas révocables pour cause d'ingratitude. C. 947, 1081, s., 1094, s., 1518.

960. Toutes donations entre-vifs, faites par personnes qui n'avaient point d'enfants ou de descendants actuellement vivants dans le temps de la donation, de quelque valeur que ces donations puissent être, et à quelque titre qu'elles aient été faites, et encore qu'elles fussent mutuelles ou rémunératoires, même celles qui auraient été faites en faveur du mariage par autres que par les ascendants aux conjoints, ou par les conjoints l'un à l'autre, demeureront révoquées de plein droit par la survenance d'un enfant légitime du donateur, même d'un posthume, ou par la légitimation d'un enfant naturel par mariage subséquent, s'il est né depuis la donation. C. 331, 333, 961 à 966, 1096.

961. Cette révocation aura lieu, encore que l'enfant du donateur ou de la donatrice fût conçu au temps de la donation. C. 960.

962. La donation demeurera pareillement révoquée, lors même que le donataire serait entré en possession des biens donnés, et qu'il y aurait été laissé par le donateur depuis la survenance de l'enfant; sans néanmoins que le donataire soit tenu de restituer les fruits par lui perçus, de quelque nature qu'ils soient, si ce n'est du jour que la naissance de l'enfant ou sa légitimation par mariage subséquent lui aura été notifiée par exploit ou autre acte en bonne forme; et ce, quand même la demande pour rentrer dans les biens donnés n'aurait été formée que postérieurement à cette notification. C. 960.

963. Les biens compris dans la donation révoquée de plein droit rentreront dans le patrimoine du donateur, libres de toutes charges et hypothèques du chef du donataire, sans qu'ils puissent demeurer affectés, même subsidiairement, à la restitution de la dot de la femme de ce donataire, de ses reprises ou autres conventions matrimoniales; ce qui aura lieu quand même la donation aurait été faite en faveur du mariage du donataire et insérée dans le contrat, et que le donateur se serait obligé comme caution, par la donation, à l'exécution du contrat de mariage. C. 952, 954, 958.

964. Les donations ainsi révoquées ne pourront revivre ou avoir de nouveau leur effet, ni par la mort de l'enfant du donateur, ni par aucun acte confirmatif; et si le donateur veut donner les mêmes biens au même donataire, soit avant ou après la mort de l'enfant par la naissance duquel la donation avait été révoquée, il ne le pourra faire que par une nouvelle disposition. C. 931, 932, 1339.

965. Toute clause ou convention par laquelle le donateur aurait renoncé à la révocation de la donation pour survenance d'enfant sera regardée comme nulle, et ne pourra produire aucun effet. C. 6, 900, 946, 1133.

966. Le donataire, ses héritiers ou ayants-cause, ou autres détenteurs des choses données, ne pourront opposer la prescription pour faire valoir la donation révoquée par la survenance d'enfant, qu'après une possession de trente années, qui ne pourront commencer à courir que du jour de la naissance du dernier enfant du donateur, même posthume; et ce, sans préjudice des interruptions, telles que de droit. C. 2242, s., 2262, s.

CHAP. V. — DES DISPOSITIONS TESTAMENTAIRES.

SECT. I. — *Des règles générales sur la forme des testaments.*

967. Toute personne pourra disposer par testament, soit sous le titre d'institution d'héritier, soit sous le titre de legs, soit sous toute autre dénomination propre à manifester sa volonté (*a*). C. 913, s., 920, s., 1010, s., 1014, s., 1035, s., 1048, s., 1075, s., 1081, s., 1094, s

968. Un testament ne pourra être fait dans le même acte par deux ou plusieurs personnes, soit au profit d'un tiers, soit à titre de disposition réciproque et mutuelle. C. 895, 1001, 1097.

969. Un testament pourra être olo-

(*a*) Dans le droit romain, dont l'ordonnance de 1735 avait adopté les principes à cet égard, la loi n'admettait pas de testament *sans l'institution* d'un héritier, que le testateur devait choisir et nommer pour le représenter et continuer sa personne. L'art. 967 C. Napol. a eu pour objet, comme on le voit, de déroger à la rigueur de ce principe.

graphe, ou fait par acte public, ou dans la forme mystique. C. 970, 980, 1001.

970. Le testament olographe ne sera point valable, s'il n'est écrit en entier, daté et signé de la main du testateur : il n'est assujetti à aucune autre forme. C. 999, 1001, 1007, 1008. — Pr. 916, 919.

971. Le testament par acte public est celui qui est reçu par deux notaires, en présence de deux témoins, ou par un notaire, en présence de quatre témoins. C. 972 à 975, 980, 1001.

972. Si le testament est reçu par deux notaires, il leur est dicté par le testateur, et il doit être écrit par l'un de ces notaires, tel qu'il est dicté. — S'il n'y a qu'un notaire, il doit également être dicté par le testateur, et écrit par ce notaire. — Dans l'un et l'autre cas, il doit en être donné lecture au testateur, en présence des témoins. — Il est fait du tout mention expresse. C. 931 et *la note*, 975, 980, 1001.

973. Ce testament doit être signé par le testateur : s'il déclare qu'il ne sait ou ne peut signer, il sera fait dans l'acte mention expresse de sa déclaration, ainsi que de la cause qui l'empêche de signer. C. 1001.

974. Le testament devra être signé par les témoins, et néanmoins, dans les campagnes, il suffira qu'un des deux témoins signe, si le testament est reçu par deux notaires, et que deux des quatre témoins signent, s'il est reçu par un notaire (a). C. 975, 980, 1001.

975. Ne pourront être pris pour témoins du testament par acte public, ni les légataires, à quelque titre qu'ils soient, ni leurs parents ou alliés jusqu'au quatrième degré inclusivement, ni les clercs des notaires par lesquels les actes seront reçus. C. 980, 1001, s.

976. Lorsque le testateur voudra faire un testament mystique ou secret, il sera tenu de signer ses dispositions, soit qu'il les ait écrites lui-même, ou qu'il les

(a) Les art. 14 et 68 de la loi du 25 ventôse an XI, sur le notariat, exigent que l'acte porte *mention* de la signature des parties, à peine de nullité. Question de savoir si cette nullité s'applique également au défaut de mention de la signature du notaire, à la fin des actes reçus par lui? Un avis du conseil d'État, du 20 juin 1810, s'est prononcé pour la négative.

ait fait écrire par un autre. Sera le papier qui contiendra ses dispositions, ou le papier qui servira d'enveloppe, s'il y en a une, clos et scellé. Le testateur le présentera ainsi clos et scellé au notaire, et à six témoins au moins, ou il le fera clore et sceller en leur présence; et il déclarera que le contenu en ce papier est son testament écrit et signé de lui, ou écrit par un autre et signé de lui : le notaire en dressera l'acte de suscription, qui sera écrit sur ce papier ou sur la feuille qui servira d'enveloppe; cet acte sera signé tant par le testateur que par le notaire, ensemble par les témoins. Tout ce que dessus sera fait de suite et sans divertir à autres actes; et en cas que le testateur, par un empêchement survenu depuis la signature du testament, ne puisse signer l'acte de suscription, il sera fait mention de la déclaration qu'il en aura faite, sans qu'il soit besoin, en ce cas, d'augmenter le nombre des témoins. C. 969, 977 à 980, 1001, 1007, 1008. — Pr. 916.

977. Si le testateur ne sait signer, ou s'il n'a pu le faire lorsqu'il a fait écrire ses dispositions, il sera appelé à l'acte de suscription un témoin, outre le nombre porté par l'article précédent, lequel signera l'acte avec les autres témoins; et il y sera fait mention de la cause pour laquelle ce témoin aura été appelé. C. 980, 1001.

978. Ceux qui ne savent pas ou ne peuvent lire, ne pourront faire de dispositions dans la forme du testament mystique. C. 1001.

979. En cas que le testateur ne puisse parler, mais qu'il puisse écrire, il pourra faire un testament mystique, à la charge que le testament sera entièrement écrit, daté et signé de sa main, qu'il le présentera au notaire et aux témoins, et qu'au haut de l'acte de suscription, il écrira, en leur présence, que le papier qu'il présente est son testament : après quoi le notaire écrira l'acte de suscription, dans lequel il sera fait mention que le testateur a écrit ces mots en présence du notaire et des témoins; et sera, au surplus, observé tout ce qui est prescrit par l'article 976. C. 936, 970, 1001.

980. Les témoins appelés pour être présents aux testaments devront être mâles, majeurs, sujets de l'Empereur, jouissant des droits civils. C. 7, 8, 25, 28, 37, 975, 976, 1001.—P. 34-3°, 42-7°.

SECT. II. — *Des règles particulières sur la forme de certains testaments.*

981. Les testaments des militaires et des individus employés dans les armées pourront, en quelque pays que ce soit, être reçus par un chef de bataillon ou d'escadron, ou par tout autre officier d'un grade supérieur, en présence de deux témoins, ou par deux commissaires des guerres, ou par un de ces commissaires, en présence de deux témoins. C. 88, 980, 982 à 984, 998, 1001.

982. Ils pourront encore, si le testateur est malade ou blessé, être reçus par l'officier de santé en chef, assisté du commandant militaire chargé de la police de l'hospice. C. 97, 981, 983, 994, 998, 1001.

983. Les dispositions des articles ci-dessus n'auront lieu qu'en faveur de ceux qui seront en expédition militaire, ou en quartier, ou en garnison hors du territoire français, ou prisonniers chez l'ennemi; sans que ceux qui seront en quartier ou en garnison dans l'intérieur puissent en profiter, à moins qu'ils ne se trouvent dans une place assiégée ou dans une citadelle et autres lieux, dont les portes soient fermées et les communications interrompues à cause de la guerre.

984. Le testament fait dans la forme ci-dessus établie sera nul six mois après que le testateur sera revenu dans un lieu où il aura la liberté d'employer les formes ordinaires. C. 981, s.

985. Les testaments faits dans un lieu avec lequel toute communication sera interceptée à cause de la peste ou autre maladie contagieuse, pourront être faits devant le juge de paix, ou devant l'un des officiers municipaux de la commune, en présence de deux témoins. C. 987, 998, 1001.

986. Cette disposition aura lieu, tant à l'égard de ceux qui seraient attaqués de ces maladies, que de ceux qui seraient dans les lieux qui en sont infectés, encore qu'ils ne fussent pas actuellement malades. C. 987.

987. Les testaments mentionnés aux deux articles précédents deviendront nuls six mois après que les communications auront été rétablies dans le lieu où le testateur se trouve, ou six mois après qu'il aura passé dans un lieu où elles ne seront point interrompues (*a*).

988 (*b*). Les testaments faits sur mer, dans le cours d'un voyage, pourront être reçus, savoir : — à bord des vaisseaux et autres bâtiments de l'Empereur, par l'officier commandant le bâtiment, ou, à son défaut, par celui qui le supplée dans l'ordre du service, l'un ou l'autre conjointement avec l'officier d'administration ou avec celui qui en remplit les fonctions ; — et à bord des bâtiments de commerce, par l'écrivain du navire ou celui qui en fait les fonctions, l'un ou l'autre conjointement avec le capitaine, le maître ou le patron, ou, à leur défaut, par ceux qui les remplacent. — Dans tous les cas, ces testaments devront être reçus en présence de deux témoins. C. 59, 86, 990 à 998, 1001.

989. Sur les bâtiments de l'Empereur, le testament du capitaine ou celui de l'officier d'administration, et, sur les bâtiments de commerce, celui du capitaine, du maître ou patron, ou celui de l'écrivain, pourront être reçus par ceux qui viennent après eux dans l'ordre du service, en se conformant pour le surplus aux dispositions de l'article précédent. C. 990 à 994, 996 à 998, 1001.

990. Dans tous les cas, il sera fait un double original des testaments mentionnés aux deux articles précédents.

991. Si le bâtiment aborde dans un port étranger dans lequel se trouve un consul de France, ceux qui auront reçu le testament seront tenus de déposer l'un des originaux, clos ou cacheté, entre les mains de ce consul, qui le fera parvenir au ministre de la marine; et celui-ci en fera faire le dépôt au greffe de la justice de paix du lieu du domicile du testateur. C. 60, 87, 110, 988 à 990.

992. Au retour du bâtiment en France, soit dans le port de l'armement, soit dans un port autre que celui de l'armement, les deux originaux du testament, également clos et cachetés, ou l'original qui resterait, si, conformément à l'article

(*a, b*) La disposition de ces articles a été empruntée à l'ordonnance de 1681, livre III, titre XI, art. 1, 2 et 3.

précédent, l'autre avait été déposé pendant le cours du voyage, seront remis au bureau du préposé de l'inscription maritime; ce préposé les fera passer sans délai au ministre de la marine, qui en ordonnera le dépôt, ainsi qu'il est dit au même article. C. 60

993. Il sera fait mention sur le rôle du bâtiment, à la marge, du nom du testateur, de la remise qui aura été faite des originaux du testament, soit entre les mains d'un consul, soit au bureau d'un préposé de l'inscription maritime. C. 60, 988, 989.

994. Le testament ne sera point réputé fait en mer, quoiqu'il l'ait été dans le cours du voyage, si, au temps où il a été fait, le navire avait abordé une terre, soit étrangère, soit de la domination française, où il y aurait un officier public français; auquel cas, il ne sera valable qu'autant qu'il aura été dressé suivant les formes prescrites en France, ou suivant celles usitées dans les pays où il aura été fait. C. 999, 1001.

995. Les dispositions ci-dessus seront communes aux testaments faits par les simples passagers qui ne feront point partie de l'équipage. C. 988, 990, s.

996. Le testament fait sur mer, en la forme prescrite par l'article 988, ne sera valable qu'autant que le testateur mourra en mer, ou dans les trois mois après qu'il sera descendu à terre, et dans un lieu où il aura pu le refaire dans les formes ordinaires. C. 969, s., 1001.

997 (a). Le testament fait sur mer ne pourra contenir aucune disposition au profit des officiers du vaisseau, s'ils ne sont parents du testateur. C. 995, 1001.

998. Les testaments compris dans les articles ci-dessus de la présente section seront signés par les testateurs et par ceux qui les auront reçus. C. 1001. — Si le testateur déclare qu'il ne sait ou ne peut signer, il sera fait mention de sa déclaration, ainsi que de la cause qui l'empêche de signer. C. 973, 1001. — Dans les cas où la présence de deux témoins est requise, le testament sera signé au moins par l'un d'eux, et il sera fait mention de la cause pour laquelle l'autre n'aura pas signé. C. 980, 1001.

(a) Reproduit de l'ord. de 1681.

999. Un Français qui se trouvera en pays étranger pourra faire ses dispositions testamentaires par acte sous signature privée, ainsi qu'il est prescrit en l'article 970, ou par acte authentique, avec les formes usitées dans le lieu où cet acte sera passé. C. 11, 47, s. 170, 981, 1317, s.

1000. Les testaments faits en pays étranger ne pourront être exécutés sur les biens situés en France qu'après avoir été enregistrés au bureau du domicile du testateur, s'il en a conservé un, sinon au bureau de son dernier domicile connu en France; et, dans le cas où le testament contiendrait des dispositions d'immeubles qui y seraient situés, il devra être, en outre, enregistré au bureau de la situation de ces immeubles, sans qu'il puisse être exigé un double droit. C. 102.

1001. Les formalités auxquelles les divers testaments sont assujettis par les dispositions de la présente section et de la précédente doivent être observées à peine de nullité.

SECT. III. — *Des institutions d'héritier et des legs en général.*

1002. Les dispositions testamentaires sont ou universelles, ou à titre universel, ou à titre particulier. — Chacune de ces dispositions, soit qu'elle ait été faite sous la dénomination d'institution d'héritier, soit qu'elle ait été faite sous la dénomination de legs, produira son effet suivant les règles ci-après établies pour les legs universels, pour les legs à titre universel, et pour les legs particuliers. C. 967 et *la note,* 1003, s., 1010, s., 1014, s.

SECT. IV. — *Du legs universel.*

1003. Le legs universel est la disposition testamentaire par laquelle le testateur donne à une ou plusieurs personnes l'universalité des biens qu'il laissera à son décès. C. 1009.

1004. Lorsqu'au décès du testateur il y a des héritiers auxquels une quotité de ses biens est réservée par la loi, ces héritiers sont saisis de plein droit, par sa mort, de tous les biens de la succession; et le légataire universel est tenu de leur demander la délivrance des biens compris dans le testament. C. 724, 913, s., 1005, 1011, 1025 à 1027.

1005. Néanmoins, dans les mêmes

8

cas, le légataire universel aura la jouissance des biens compris dans le testament, à compter du jour du décès, si la demande en délivrance a été faite dans l'année, depuis cette époque; sinon, cette jouissance ne commencera que du jour de la demande formée en justice, ou du jour que la délivrance aurait été volontairement consentie. C. 549, s. — Pr. 57.

1006. Lorsqu'au décès du testateur, il n'y aura pas d'héritiers auxquels une quotité de ses biens soit réservée par la loi, le légataire universel sera saisi de plein droit par la mort du testateur, sans être tenu de demander la délivrance. C. 724, 916, 1003, 1008, 1026, 1027.— T. 78.

1007. Tout testament olographe sera, avant d'être mis à exécution, présenté au président du tribunal de première instance de l'arrondissement dans lequel la succession est ouverte. Ce testament sera ouvert s'il est cacheté. Le président dressera procès-verbal de la présentation, de l'ouverture et de l'état du testament, dont il ordonnera le dépôt entre les mains du notaire par lui commis. C. 110.—Pr. 916, 948.—Si le testament est dans la forme mystique, sa présentation, son ouverture, sa description et son dépôt seront faits de la même manière; mais l'ouverture ne pourra se faire qu'en présence de ceux des notaires et des témoins, signataires de l'acte de suscription, qui se trouveront sur les lieux, ou eux appelés. C. 976, s., 980. — Pr. 916, s.

1008. Dans le cas de l'article 1006, si le testament est olographe ou mystique, le légataire universel sera tenu de se faire envoyer en possession par une ordonnance du président, mise au bas d'une requête à laquelle sera joint l'acte de dépôt. C. 970, 976, 977.

1009. Le légataire universel, qui sera en concours avec un héritier auquel la loi réserve une quotité des biens, sera tenu des dettes et charges de la succession du testateur, personnellement pour sa part et portion, et hypothécairement pour le tout; et il sera tenu d'acquitter tous les legs, sauf le cas de réduction, ainsi qu'il est expliqué aux articles 926 et 927. C. 610, s. 724, s., 802, s., 870, s., 913 à 915, 1003, 1012, s., 1017, 1020, 1024, 2114.

SECT. V. — *Des legs à titre universel.*

1010. Le legs à titre universel est celui par lequel le testateur lègue une quote-part des biens dont la loi lui permet de disposer, telle qu'une moitié, un tiers, ou tous ses immeubles, ou tout son mobilier, ou une quotité fixe de tous ses immeubles ou de tout son mobilier. C. 1002.—Tout autre legs ne forme qu'une disposition à titre particulier. C. 1014, s.

1011. Les légataires à titre universel seront tenus de demander la délivrance aux héritiers auxquels une quotité des biens est réservée par la loi; à leur défaut, aux légataires universels; et à défaut de ceux-ci, aux héritiers appelés dans l'ordre établi au titre *des Successions.* C. 723, s., 731, s., 913 à 915, 1003.

1012. Le légataire à titre universel sera tenu, comme le légataire universel, des dettes et charges de la succession du testateur, personnellement pour sa part et portion, et hypothécairement pour le tout. C. 610, s., 870, s., 1009.

1013. Lorsque le testateur n'aura disposé que d'une quotité de la portion disponible, et qu'il l'aura fait à titre universel, ce légataire sera tenu d'acquitter les legs particuliers par contribution avec les héritiers naturels. C. 870, s., 913 à 915, 1014, 1017.

SECT. VI. — *Des legs particuliers.*

1014. Tout legs pur et simple donnera au légataire, du jour du décès du testateur, un droit à la chose léguée, droit transmissible à ses héritiers ou ayants-cause. C. 724, 921 et *la note*, 1002, 1010, s., 1122.—Néanmoins le légataire particulier ne pourra se mettre en possession de la chose léguée, ni en prétendre les fruits ou intérêts, qu'à compter du jour de sa demande en délivrance, formée suivant l'ordre établi par l'article 1011, ou du jour auquel cette délivrance lui aurait été volontairement consentie. C. 1018, 1038, s., 1153, s. — Pr. 57, s.

1015. Les intérêts ou fruits de la chose léguée courront, au profit du légataire, dès le jour du décès, et sans qu'il ait formé sa demande en justice : —1° lorsque le testateur aura expressément déclaré sa volonté à cet égard dans le testament; —2° lorsqu'une rente viagère ou une

pension aura été léguée à titre d'aliments.
C. 610, 1968, s. — Pr. 581-4°, 582.

1016. Les frais de la demande en délivrance seront à la charge de la succession, sans néanmoins qu'il puisse en résulter de réduction de la réserve légale. C. 913 à 915. —Les droits d'enregistrementseront dus par le légataire.—Le tout, s'il n'en a été autrement ordonné par le testament. — Chaque legs pourra être enregistré séparément, sans que cet enregistrement puisse profiter à aucun autre qu'au légataire ou à ses ayants-cause.

1017. Les héritiers du testateur, ou autres débiteurs d'un legs, seront personnellement tenus de l'acquitter, chacun au prorata de la part et portion dont ils profiteront dans la succession. C. 610, 870 s., 1009, 1012, 1020, 1024.—Ils en seront tenus hypothécairement pour le tout jusqu'à concurrence de la valeur des immeubles de la succession dont ils seront détenteurs. C. 2114, s.

1018. La chose léguée sera délivrée avec les accessoires nécessaires, et dans l'état où elle se trouvera au jour du décès du donateur. C. 522, 546, s., 1019, 1038, 1042, 1615, 1692.

1019. Lorsque celui qui a légué la propriété d'un immeuble l'a ensuite augmentée par des acquisitions, ces acquisitions, fussent-elles contiguës, ne seront pas censées, sans une nouvelle disposition, faire partie du legs.—Il en sera autrement des embellissements, ou des constructions nouvelles faites sur le fonds légué, ou d'un enclos dont le testateur aurait augmenté l'enceinte. C. 1018.

1020. Si, avant le testament ou depuis, la chose léguée a été hypothéquée pour une dette de la succession, ou même pour la dette d'un tiers, ou si elle est grevée d'un usufruit, celui qui doit acquitter le legs n'est point tenu de la dégager, à moins qu'il n'ait été chargé de le faire par une disposition expresse du testateur. C. 579, 610, 611, 895, 1038, 1220, s., 1423.

1021. Lorsque le testateur aura légué la chose d'autrui, le legs sera nul, soit que le testateur ait connu ou non qu'elle ne lui appartenait pas (a). C. 1423, 1599.

_____
(a) La disposition de cet article a eu pour objet de mettre un terme aux difficultés que faisaient naître l'application du droit romain et

1022. Lorsque le legs sera d'une chose indéterminée, l'héritier ne sera pas obligé de la donner de la meilleure qualité, et il ne pourra l'offrir de la plus mauvaise (b). C. 1246.

1023. Le legs fait au créancier ne sera pas censé en compensation de sa créance, ni le legs fait au domestique, en compensation de ses gages. C. 1289, s., 1780, 1781.

1024. Le légataire à titre particulier ne sera point tenu des dettes de la succession, sauf la réduction du legs, ainsi qu'il est dit ci-dessus, et sauf l'action hypothécaire des créanciers. C. 611, 920, 926, 927, 2114, s.

SECT. VII. — _Des exécuteurs testamentaires._

1025. Le testateur pourra nommer un ou plusieurs exécuteurs testamentaires.

1026. Il pourra leur donner la saisine du tout, ou seulement d'une partie de son mobilier; mais elle ne pourra durer au delà de l'an et jour à compter de son décès.—S'il ne la leur a pas donnée, ils ne pourront l'exiger. C. 724, 1004, 1006, 1027.

1027. L'héritier pourra faire cesser la saisine, en offrant de remettre aux exécuteurs testamentaires somme suffisante pour le paiement des legs mobiliers, ou en justifiant de ce paiement.

1028. Celui qui ne peut s'obliger ne peut pas être exécuteur testamentaire. C. 1029, 1030, 1124, 1990.

1029. La femme mariée ne pourra accepter l'exécution testamentaire qu'avec le consentement de son mari. C. 213, 1990.—Si elle est séparée de biens, soit par contrat de mariage, soit par jugement, elle le pourra avec le consentement de son mari, ou, à son refus, autorisée par la justice, conformément à ce qui est prescrit par les articles 217 et 219, au titre _du Mariage._ C. 1124, 1990.

1030. Le mineur ne pourra être exécuteur testamentaire, même avec l'auto-

_____
notre ancienne jurisprudence, qui permettaient au testateur de léguer la chose d'autrui, pourvu _qu'il sût_ qu'elle ne lui appartenait pas. Dans ce cas, l'héritier était obligé de l'acheter pour la livrer au légataire.—Mais comment prouver que le testateur savait ou ne savait pas que la chose appartenait à autrui?
(b) Le choix appartient, en général, au débiteur.

risation de son tuteur ou curateur. C. 388, 450, 476, s., 480, s., 1124, 1990.

1031. Les exécuteurs testamentaires feront apposer les scellés, s'il y a des héritiers mineurs, interdits ou absents. C. 112, 135, 388, 489, 819, 1034.—Pr. 907, s.—Ils feront faire, en présence de l'héritier présomptif, ou lui dûment appelé, l'inventaire des biens de la succession. Pr 923, 928, 941 à 944.—Ils provoqueront la vente du mobilier, à défaut de deniers suffisants pour acquitter les legs.—Ils veilleront à ce que le testament soit exécuté; et ils pourront, en cas de contestation sur son exécution, intervenir pour en soutenir la validité.—Ils devront, à l'expiration de l'année du décès du testateur, rendre compte de leur gestion. Pr. 527 à 542, 941, s.

1032. Les pouvoirs de l'exécuteur testamentaire ne passeront point à ses héritiers. C. 2003, 2010.

1033. S'il y a plusieurs exécuteurs testamentaires qui aient accepté, un seul pourra agir au défaut des autres; et ils seront solidairement responsables du compte du mobilier qui leur a été confié, à moins que le testateur n'ait divisé leurs fonctions, et que chacun d'eux ne se soit renfermé dans celle qui lui était attribuée. C. 1200, s.—Pr. 126, 132, 527 à 542.

1034. Les frais faits par l'exécuteur testamentaire pour l'apposition des scellés, l'inventaire, le compte et les autres frais relatifs à ses fonctions, seront à la charge de la succession.

SECT. VIII. — *De la révocation des testaments, et de leur caducité.*

1035. Les testaments ne pourront être révoqués, en tout ou en partie, que par un testament postérieur, ou par un acte devant notaires, portant déclaration du changement de volonté. C. 967, s., 970, 971.

1036. Les testaments postérieurs, qui ne révoqueront pas d'une manière expresse les précédents, n'annuleront dans ceux-ci que celles des dispositions y contenues qui se trouveront incompatibles avec les nouvelles, ou qui y seront contraires.

1037. La révocation faite dans un testament postérieur aura tout son effet, quoique ce nouvel acte reste sans exécu-

tion par l'incapacité de l'héritier institué ou du légataire, ou par leur refus de recueillir. C. 906, s.

1038. Toute aliénation, celle même par vente avec faculté de rachat ou par échange, que fera le testateur de tout ou de partie de la chose léguée, emportera la révocation du legs pour tout ce qui a été aliéné, encore que l'aliénation postérieure soit nulle, et que l'objet soit rentré dans la main du testateur. C. 1018, s., 1659, 1702, s.

1039. Toute disposition testamentaire sera caduque, si celui en faveur de qui elle est faite n'a pas survécu au testateur. C. 720 à 722, 925, 1040 à 1043, 1088, 1089.

1040. Toute disposition testamentaire faite sous une condition dépendante d'un événement incertain, et telle que, dans l'intention du testateur, cette disposition ne doive être exécutée qu'autant que l'événement arrivera ou n'arrivera pas, sera caduque, si l'héritier institué ou le légataire décède avant l'accomplissement de la condition. C. 900, 1168, 1169, 1175, 1183.

1041. La condition qui, dans l'intention du testateur, ne fait que suspendre l'exécution de la disposition, n'empêchera pas l'héritier institué ou le légataire d'avoir un droit acquis et transmissible à ses héritiers. C. 1168, 1179, 1181, 1182.

1042. Le legs sera caduc, si la chose léguée a totalement péri pendant la vie du testateur. C. 617-5°, 1195, 1234-6°, 1302, 1303.—Il en sera de même si elle a péri depuis sa mort, sans le fait et la faute de l'héritier, quoique celui-ci ait été mis en retard de la délivrer, lorsqu'elle eût également dû périr entre les mains du légataire. C. 1020, 1139, 1193, s., 1302.

1043. La disposition testamentaire sera caduque, lorsque l'héritier institué ou le légataire la répudiera, ou se trouvera incapable de la recueillir. C. 725, 727, 775, 784, 906.

1044. Il y aura lieu à accroissement (a) au profit des légataires, dans le cas où le legs sera fait à plusieurs conjoin-

(a) Le droit d'*accroissement* est le droit attribué à un héritier ou à un légataire, de prendre la part de son cohéritier ou colégataire, lorsque celui-ci est incapable ou refuse de la recueillir lui-même.

tement. C. 786.—Le legs sera réputé fait conjointement, lorsqu'il le sera par une seule et même disposition, et que le testateur n'aura pas assigné la part de chacun des colégataires dans la chose léguée. C. 786, 1350, 1352.

1045. Il sera encore réputé fait conjointement, quand une chose, qui n'est pas susceptible d'être divisée sans détérioration, aura été donnée par le même acte à plusieurs personnes, même séparément. C. 1217, 1218.

1046. Les mêmes causes qui, suivant l'article 954 et les deux premières dispositions de l'article 955, autoriseront la demande en révocation de la donation entre-vifs, seront admises pour la demande en révocation des dispositions testamentaires. C. 895, 956.

1047. Si cette demande est fondée sur une injure grave faite à la mémoire du testateur, elle doit être intentée dans l'année, à compter du jour du délit. C. 955-2°, 957.

CHAP. VI. — DES DISPOSITIONS PERMISES EN FAVEUR DES PETITS-ENFANTS DU DONATEUR OU TESTATEUR, OU DES ENFANTS DE SES FRÈRES ET SOEURS.

1048. Les biens dont les pères et mères ont la faculté de disposer pourront être par eux donnés, en tout ou en partie, à un ou plusieurs de leurs enfants, par actes entre-vifs ou testamentaires, avec la charge de rendre ces biens aux enfants nés et à naître, au premier degré seulement, desdits donataires. C. 894 à 897 et la *note*, 913 à 915, 1049 à 1074, 1081, 1098.

1049. Sera valable, en cas de mort sans enfants, la disposition que le défunt aura faite par acte entre-vifs ou testamentaire, au profit d'un ou plusieurs de ses frères ou sœurs, de tout ou partie des biens qui ne sont point réservés par la loi dans sa succession, avec la charge de rendre ces biens aux enfants nés et à naître, au premier degré seulement, desdits frères ou sœurs donataires. C. 897 et la *note*, 913 à 915, 1081, 1098.

1050. Les dispositions permises par les deux articles précédents ne seront valables qu'autant que la charge de restitution sera au profit de tous les enfants nés et à naître du grevé, sans exception

ni préférence d'âge ou de sexe. C. 896 et la *note*.

1051. Si, dans les cas ci-dessus, le grevé de restitution au profit de ses enfants meurt, laissant des enfants au premier degré et des descendants d'un enfant prédécédé, ces derniers recueilleront, par représentation, la portion de l'enfant prédécédé. C. 739, s.

1052. Si l'enfant, le frère ou la sœur auxquels des biens auraient été donnés par acte entre-vifs, sans charge de restitution, acceptent une nouvelle libéralité faite par un acte entre-vifs ou testamentaire, sous la condition que les biens précédemment donnés demeureront grevés de cette charge, il ne leur est plus permis de diviser les deux dispositions faites à leur profit, et de renoncer à la seconde pour s'en tenir à la première, quand même ils offriraient de rendre les biens compris dans la seconde disposition (a). C. 1119, 1121.

1053. Les droits des appelés seront ouverts à l'époque où, par quelque cause que ce soit, la jouissance de l'enfant, du frère ou de la sœur, grevés de restitution, cessera : l'abandon anticipé de la jouissance au profit des appelés ne pourra préjudicier aux créanciers du grevé antérieurs à l'abandon. C. 788, 1166, s.

1054. Les femmes des grevés ne pourront avoir, sur les biens à rendre, de recours subsidiaire, en cas d'insuffisance des biens libres, que pour le capital des deniers dotaux, et dans le cas seulement où le testateur l'aurait expressément ordonné. C. 954, 963, 1564, 1572, 2121, s.

1055. Celui qui fera les dispositions autorisées par les articles précédents pourra, par le même acte, ou par un acte postérieur, en forme authentique, nommer un tuteur chargé de l'exécution de ces dispositions : ce tuteur ne pourra être dispensé que pour une des causes exprimées à la section VI du chapitre II du titre *de la Minorité, de la Tutelle et de l'Emancipation.* C. 427, s., 450, 1073.

1056. A défaut de tuteur, il en sera nommé un à la diligence du grevé, ou de son tuteur s'il est mineur, dans le délai

---

(a) Les auteurs donnent à cette seconde disposition le nom de *substitution après coup.*

d'un mois, à compter du jour du décès du donateur ou testateur, ou du jour que, depuis cette mort, l'acte contenant la disposition aura été connu. C. 606, s., 1057, 1074.—Pr. 882, s.

1057. Le grevé qui n'aura pas satisfait à l'article précédent sera déchu du bénéfice de la disposition; et dans ce cas, le droit pourra être déclaré ouvert au profit des appelés, à la diligence, soit des appelés s'ils sont majeurs, soit de leur tuteur ou curateur, s'ils sont mineurs ou interdits, soit de tout parent des appelés majeurs, mineurs ou interdits, ou même d'office à la diligence du procureur impérial près le tribunal de première instance du lieu où la succession est ouverte. C. 110, 388, 450, 509.—Pr. 59.

1058. Après le décès de celui qui aura disposé à la charge de restitution, il sera procédé, dans les formes ordinaires, à l'inventaire de tous les biens et effets qui composeront sa succession, excepté néanmoins le cas où il ne s'agirait que d'un legs particulier. Cet inventaire contiendra la prisée à juste prix des meubles et effets mobiliers. C. 451.—Pr. 942, s.

1059. Il sera fait à la requête du grevé de restitution, et dans le délai fixé au titre *des Successions*, en présence du tuteur nommé pour l'exécution. Les frais seront pris sur les biens compris dans la disposition. C. 795, s., 1060, s.

1060. Si l'inventaire n'a pas été fait à la requête du grevé dans le délai ci-dessus, il y sera procédé dans le mois suivant, à la diligence du tuteur nommé pour l'exécution, en présence du grevé ou de son tuteur. C. 1055, s.—Pr. 942 à 944.

1061. S'il n'a point été satisfait aux deux articles précédents, il sera procédé au même inventaire, à la diligence des personnes désignées en l'article 1057, en y appelant le grevé ou son tuteur, et le tuteur nommé pour l'exécution.

1062. Le grevé de restitution sera tenu de faire procéder à la vente, par affiches et enchères, de tous les meubles et effets compris dans la disposition, à l'exception néanmoins de ceux dont il est mention dans les deux articles suivants. C. 452.—Pr. 945 à 952.

1063. Les meubles meublants et autres choses mobilières qui auraient été compris dans la disposition, à la condition expresse de les conserver en nature, seront rendus dans l'état où ils se trouveront lors de la restitution. C. 534, 535, 589, 1062.

1064. Les bestiaux et ustensiles servant à faire valoir les terres seront censés compris dans les donations entre-vifs ou testamentaires desdites terres; et le grevé sera seulement tenu de les faire priser et estimer, pour en rendre une égale valeur lors de la restitution. C. 524, 1062, 1350, 1352.

1065. Il sera fait par le grevé, dans le délai de six mois, à compter du jour de la clôture de l'inventaire, un emploi des deniers comptants, de ceux provenant du prix des meubles et effets qui auront été vendus, et de ce qui aura été reçu des effets actifs (*a*). C. 455, 456, 1066 à 1069.—Ce délai pourra être prolongé, s'il y a lieu.

1066. Le grevé sera pareillement tenu de faire emploi des deniers provenant des effets actifs qui seront recouvrés et des remboursements de rentes, et ce, dans trois mois au plus tard après qu'il aura reçu ces deniers. C. 1911.

1067. Cet emploi sera fait conformément à ce qui aura été ordonné par l'auteur de la disposition, s'il a désigné la nature des effets dans lesquels l'emploi doit être fait; sinon, il ne pourra l'être qu'en immeubles, ou avec privilége sur des immeubles. C. 2095, 2103.

1068. L'emploi ordonné par les articles précédents sera fait en présence et à la diligence du tuteur nommé pour l'exécution. C. 1055, s.

1069. Les dispositions par actes entre-vifs ou testamentaires, à charge de restitution, seront, à la diligence, soit du grevé, soit du tuteur nommé pour l'exécution, rendues publiques; savoir, quant aux immeubles, par la transcription des actes sur les registres du bureau des hypothèques du lieu de la situation; et quant aux sommes colloquées avec privilége sur des immeubles, par l'inscription sur les biens affectés au privilége.

(*a*) Par *effets actifs*, on entend toutes les créances qui existaient au profit du défunt, telles que reconnaissances ou billets à ordre, par opposition aux *effets passifs*, qui sont ceux souscrits par le défunt au profit des tiers.

C. 939 à 942, 1070 à 1073, 2134, 2146, s.

1070. Le défaut de transcription de l'acte contenant la disposition pourra être opposé par les créanciers et tiers acquéreurs, même aux mineurs ou interdits, sauf le recours contre le grevé et contre le tuteur à l'exécution, et sans que les mineurs ou interdits puissent être restitués contre ce défaut de transcription, quand même le grevé et le tuteur se trouveraient insolvables. C. 941, 942, 1074.

1071. Le défaut de transcription ne pourra être suppléé ni regardé comme couvert par la connaissance que les créanciers ou les tiers acquéreurs pourraient avoir eue de la disposition par d'autres voies que celles de la transcription. C. 941.

1072. Les donataires, les légataires, ni même les héritiers légitimes de celui qui aura fait la disposition, ni pareillement leurs donataires, légataires ou héritiers, ne pourront, en aucun cas, opposer aux appelés le défaut de transcription ou inscription. C. 944, 1070. — Pr. 173, s.

1073. Le tuteur nommé pour l'exécution sera personnellement responsable, s'il ne s'est pas, en tout point, conformé aux règles ci-dessus établies pour constater les biens, pour la vente du mobilier, pour l'emploi des deniers, pour la transcription et l'inscription, et, en général, s'il n'a pas fait toutes les diligences nécessaires pour que la charge de restitution soit bien et fidèlement exécutée. C. 745, 942, 1055, s.

1074. Si le grevé est mineur, il ne pourra, dans le cas même de l'insolvabilité de son tuteur, être restitué contre l'inexécution des règles qui lui sont prescrites par les articles du présent chapitre. C. 942, 1070.

CHAP. VII. — DES PARTAGES FAITS PAR PÈRE, MÈRE, OU AUTRES ASCENDANTS, ENTRE LEURS DESCENDANTS.

1075. Les père et mère et autres ascendants pourront faire, entre leurs enfants et descendants, la distribution et le partage de leurs biens. C. 745, 914, 1076 à 1080.

1076. Ces partages pourront être faits par actes entre-vifs ou testamentaires, avec les formalités, conditions et règles prescrites pour les donations entre-vifs et testaments. — Les partages faits par actes entre-vifs ne pourront avoir pour objet que les biens présents. C. 943, 1082, s., 1130, 1600.

1077. Si tous les biens que l'ascendant laissera au jour de son décès n'ont pas été compris dans le partage, ceux de ces biens qui n'y auront pas été compris seront partagés conformément à la loi. C. 815, s., 887, s.

1078. Si le partage n'est pas fait entre tous les enfants qui existeront à l'époque du décès et les descendants de ceux prédécédés, le partage sera nul pour le tout. Il en pourra être provoqué un nouveau dans la forme légale, soit par les enfants ou descendants qui n'y auront reçu aucune part, soit même par ceux entre qui le partage aurait été fait. C. 815, s.

1079. Le partage fait par l'ascendant pourra être attaqué pour cause de lésion de plus du quart : il pourra l'être aussi dans le cas où il résulterait du partage et des dispositions faites par préciput, que l'un des copartagés aurait un avantage plus grand que la loi ne le permet. C. 887, 913 à 915, 919, 1118, 1304, 1313, 1675, 1677 à 1680.

1080. L'enfant qui, pour une des causes exprimées en l'article précédent, attaquera le partage fait par l'ascendant, devra faire l'avance des frais de l'estimation; et il les supportera en définitive, ainsi que les dépens de la contestation, si la réclamation n'est pas fondée. C. 1677, s. — Pr. 130, 131.

CHAP. VIII. — DES DONATIONS FAITES PAR CONTRAT DE MARIAGE AUX ÉPOUX ET AUX ENFANTS A NAITRE DU MARIAGE.

1081. Toute donation entre-vifs de biens présents, quoique faite par contrat de mariage aux époux, ou à l'un d'eux, sera soumise aux règles générales prescrites pour les donations faites à ce titre. C. 931, 943, 959, 960. — Elle ne pourra avoir lieu au profit des enfants à naître, si ce n'est dans les cas énoncés au chapitre VI du présent titre. C. 896, s., 1048, s.

1082. Les pères et mères, les autres ascendants, les parents collatéraux des époux, et même les étrangers, pourront, par contrat de mariage, disposer de tout ou partie des biens qu'ils laisseront au jour de leur décès, tant au profit desdits époux, qu'au profit des enfants à naître de leur mariage, dans le cas où le donateur survivrait à l'époux donataire (a). C. 1048, s., 1089. — Pareille donation, quoique faite au profit seulement des époux ou de l'un d'eux, sera toujours, dans ledit cas de survie du donateur, présumée faite au profit des enfants et descendants à naître du mariage. C. 1350, 1352.

1083. La donation, dans la forme portée au précédent article, sera irrévocable, en ce sens seulement que le donateur ne pourra plus disposer, à titre gratuit, des objets compris dans la donation, si ce n'est pour sommes modiques, à titre de récompense ou autrement. C. 894.

1084. La donation par contrat de mariage pourra être faite cumulativement des biens présents et à venir, en tout ou en partie, à la charge qu'il sera annexé à l'acte un état des dettes et charges du donateur existantes au jour de la donation; auquel cas, il sera libre au donataire, lors du décès du donateur, de s'en tenir aux biens présents, en renonçant au surplus des biens du donateur. C. 943, 947, 1085, 1089.

1085. Si l'état dont est mention au précédent article n'a point été annexé à l'acte contenant donation des biens présents et à venir, le donataire sera obligé d'accepter ou de répudier cette donation pour le tout. En cas d'acceptation, il ne pourra réclamer que les biens qui se trouveront existants au jour du décès du donateur, et il sera soumis au paiement de toutes les dettes et charges de la succession. C. 948, 1009.

1086. La dotation par contrat de mariage en faveur des époux et des enfants à naître de leur mariage, pourra encore être faite, à condition de payer indistinctement toutes les dettes et charges de la

succession du donateur, ou sous d'autres conditions dont l'exécution dépendrait de sa volonté, par quelque personne que la donation soit faite : le donataire sera tenu d'accomplir ces conditions, s'il n'aime mieux renoncer à la donation; et en cas que le donateur, par contrat de mariage, se soit réservé la liberté de disposer d'un effet compris dans la donation de ses biens présents, ou d'une somme fixe à prendre sur ces mêmes biens, l'effet ou la somme, s'il meurt sans en avoir disposé, seront censés compris dans la donation, et appartiendront au donataire ou à ses héritiers. C. 944, 946, 1089, 1093.

1087. Les donations faites par contrat de mariage ne pourront être attaquées, ni déclarées nulles, sous prétexte de défaut d'acceptation. C. 932, 959, 1088, 1089.

1088. Toute donation faite en faveur du mariage sera caduque, si le mariage ne s'ensuit pas. C. 1039, s. et la *note.*

1089. Les donations faites à l'un des époux, dans les termes des articles 1082, 1084 et 1086 ci-dessus, deviendront caduques, si le donateur survit à l'époux donataire et à sa postérité. C. 747, 1039, 1040, 1092.

1090. Toutes donations, faites aux époux par leur contrat de mariage, seront, lors de l'ouverture de la succession du donateur, réductibles à la portion dont la loi lui permettait de disposer. C. 913 à 915, 1098, 1525.

CHAP. IX.— DES DISPOSITIONS ENTRE ÉPOUX, SOIT PAR CONTRAT DE MARIAGE, SOIT PENDANT LE MARIAGE.

1091. Les époux pourront, par contrat de mariage, se faire réciproquement ou l'un des deux à l'autre, telle donation qu'ils jugeront à propos, sous les modifications ci-après exprimées. C. 931, 959, 1387, 1480.

1092. Toute donation entre-vifs de biens présents, faite entre époux par contrat de mariage, ne sera point censée faite sous la condition de survie du donateur, si cette condition n'est formellement exprimée; et elle sera soumise à toutes règles et formes ci-dessus prescrites pour ces sortes de donations. C. 1081 à 1090.

(a) Cette disposition se nomme *institution contractuelle,* parce qu'elle forme une espèce d'institution d'héritier par contrat de mariage. L'institution contractuelle tient tout à la fois de la donation à cause de mort, en usage dans le droit ancien, et de la donation entre-vifs. Aussi les anciens auteurs l'appelaient-ils le *don irrévocable de la succession.* (Voy. l'art. 1083.)

1093. La donation de biens à venir ou de biens présents et à venir, faite entre époux par contrat de mariage, soit simple, soit réciproque, sera soumise aux règles établies par le chapitre précédent, à l'égard des donations pareilles qui leur seront faites par un tiers ; sauf qu'elle ne sera point transmissible aux enfants issus du mariage, en cas de décès de l'époux donataire avant l'époux donateur. C. 1081, 1089, s., 1339.

1094. L'époux pourra, soit par contrat de mariage, soit pendant le mariage, pour le cas où il ne laisserait point d'enfants ni descendants, disposer en faveur de l'autre époux, en propriété, de tout ce dont il pourrait disposer en faveur d'un étranger, et, en outre, de l'usufruit de la totalité de la portion dont la loi prohibe la disposition au préjudice des héritiers. C. 915, 1099. — Et pour le cas où l'époux donateur laisserait des enfants ou descendants, il pourra donner à l'autre époux, ou un quart en propriété et un autre quart en usufruit, ou la moitié de tous ses biens en usufruit seulement. C. 578, s., 913, 1098, s.

1095. Le mineur ne pourra, par contrat de mariage, donner à l'autre époux, soit par donation simple, soit par donation réciproque, qu'avec le consentement et l'assistance de ceux dont le consentement est requis pour la validité de son mariage; et avec ce consentement, il pourra donner tout ce que la loi permet à l'époux majeur de donner à l'autre conjoint. C. 148 à 151, 160, 388, 406, s., 903, s., 959, 1398.

1096. Toutes donations faites entre époux pendant le mariage, quoique qualifiées entre-vifs, seront toujours révocables. C. 905, 953, 960, 1595, 2253. — La révocation pourra être faite par la femme, sans y être autorisée par le mari ni par justice. C. 217, 219, 1124. — Ces donations ne seront point révoquées par la survenance d'enfants. C. 953, 960.

1097. Les époux ne pourront, pendant le mariage, se faire, ni par acte entre-vifs, ni par testament, aucune donation mutuelle et réciproque par un seul et même acte. C. 968.

1098. L'homme ou la femme qui, ayant des enfants d'un autre lit, contractera un second ou subséquent mariage, ne pourra donner à son nouvel époux qu'une part d'enfant légitime le moins prenant, et sans que, dans aucun cas, ces donations puissent excéder le quart des biens. C. 147, 228, 913, 1496, 1525, 1527.

1099. Les époux ne pourront se donner indirectement au delà de ce qui leur est permis par les dispositions ci-dessus. C. 1094, 1098. — Toute donation, ou déguisée, ou faite à personnes interposées, sera nulle. C. 911, 1100, 1525, 1595, s.

1100. Seront réputées faites à personnes interposées, les donations de l'un des époux aux enfants ou à l'un des enfants de l'autre époux, issus d'un autre mariage, et celles faites par le donateur aux parents dont l'autre époux sera héritier présomptif au jour de la donation, encore que ce dernier n'ait point survécu à son parent donataire. C. 1350, 1352.

TITRE TROISIÈME.

DES CONTRATS OU DES OBLIGATIONS CONVENTIONNELLES EN GÉNÉRAL.

(Décrété le 7 février 1804. Promulgué le 17.)

CHAP. I. — DISPOSITIONS PRÉLIMINAIRES.

1101. Le contrat est une convention par laquelle une ou plusieurs personnes s'obligent, envers une ou plusieurs autres, à donner, à faire ou à ne pas faire quelque chose. C. 1126, 1134, 1315, s., 1370, s.

1102. Le contrat est *synallagmatique* ou *bilatéral*, lorsque les contractants s'obligent réciproquement les uns envers les autres. C. 1184, 1325, 1341, 1589, 1702, 1708, s.

1103. Il est *unilatéral*, lorsqu'une ou plusieurs personnes sont obligées envers une ou plusieurs autres, sans que de la part de ces dernières il y ait d'engagement. C. 893, 1326, 1327, 1892, 1905, s.

1104. Il est *commutatif*, lorsque chacune des parties s'engage à donner ou à faire une chose qui est regardée comme l'équivalent de ce qu'on lui donne, ou de ce qu'on fait pour elle. C. 1582, s., 1702, s., 1832.—Lorsque l'équivalent consiste dans la chance de gain ou de perte pour chacune des parties, d'après un événement incertain, le contrat est *aléatoire* (a). C. 1964, 1965, s., 1968, s. — Co. 311, s., 332, s.

1105. Le contrat de *bienfaisance* est celui dans lequel l'une des parties procure à l'autre un avantage purement gratuit. C. 931, 967, 1875, 1915, 1984, 2011.

1106. Le contrat à *titre onéreux* est celui qui assujettit chacune des parties à donner ou à faire quelque chose. C. 1136, 1142, 1146, 1162, 1582.

1107. Les contrats, soit qu'ils aient une dénomination propre, soit qu'ils n'en aient pas, sont soumis à des règles générales, qui sont l'objet du présent titre. —Les règles particulières à certains contrats sont établies sous les titres relatifs à chacun d'eux; et les règles particulières aux transactions commerciales sont établies par les lois relatives au commerce.

CHAP. II. — DES CONDITIONS ESSENTIELLES POUR LA VALIDITÉ DES CONVENTIONS.

1108. Quatre conditions sont essentielles pour la validité d'une convention : — Le consentement de la partie qui s'oblige (b). C. 1109 à 1122. — Sa capacité de contracter. C. 1123 à 1125. —Un objet certain qui forme la matière de l'engagement. C. 1126, 1130. — Une cause licite dans l'obligation. C. 6, 1131 à 1133.

SECT. I. — *Du consentement.*

1109. Il n'y a point de consentement valable, si le consentement n'a été donné que par erreur (c), ou s'il a été extorqué par violence ou surpris par dol. C. 887, 1117, 1304, 1353, 1356, 1376, 2053.

1110. L'erreur n'est une cause de nullité de la convention que lorsqu'elle tombe sur la substance même de la chose qui en est l'objet. — Elle n'est point une cause de nullité, lorsqu'elle ne tombe que sur la personne avec laquelle on a intention de contracter, à moins que la considération de cette personne ne soit la cause principale de la convention. C. 180, 1117, 1304, 2053.

1111. La violence exercée contre celui qui a contracté l'obligation est une cause de nullité, encore qu'elle ait été exercée par un tiers autre que celui au profit duquel la convention a été faite. C. 892, 1109, 1112 à 1117, 1304, 2053, 2233. — P. 400.

1112. Il y a violence, lorsqu'elle est de nature à faire impression sur une personne raisonnable, et qu'elle peut lui inspirer la crainte d'exposer sa personne ou sa fortune à un mal considérable et présent. — On a égard, en cette matière, à l'âge, au sexe et à la condition des personnes. C. 1353.

1113. La violence est une cause de nullité du contrat, non seulement lorsqu'elle a été exercée sur la partie contractante, mais encore lorsqu'elle l'a été sur son époux ou sur son épouse, sur ses descendants ou ses ascendants. C. 1352, 1353.

1114. La seule crainte révérentielle envers le père, la mère ou autre ascendant, sans qu'il y ait eu de violence exercée, ne suffit point pour annuler le contrat.

1115. Un contrat ne peut plus être attaqué pour cause de violence, si, depuis que la violence a cessé, ce contrat a été approuvé, soit expressément, soit tacitement, soit en laissant passer le temps de la restitution fixé par la loi. C. 892, 1117, 1304, 1338.

1116. Le dol (d) est une cause de nullité de la convention, lorsque les manœuvres pratiquées par l'une des parties sont telles, qu'il est évident que, sans ces manœuvres, l'autre partie n'aurait pas contracté. — Il ne se présume pas, et doit être prouvé. C. 2268. — Pr. 480-1°. — P. 405, 423.

1117. La convention contractée par

(a) Du latin *alea* (coup de dé). Les contrats *aléatoires* sont le pari, la rente viagère, le contrat d'assurance, le prêt à la grosse aventure. (Voy. C. 1964.)

(b) Cette rédaction est évidemment incomplète. En effet il faut en outre, pour qu'il y ait obligation, le consentement de la partie à qui la proposition est faite. Autrement, et tant qu'il n'y a pas concours de deux volontés, le lien de droit ne se forme pas.

(c) On distingue *l'erreur commune*, *l'erreur de droit*, *l'erreur de fait*. L'erreur commune, en général, a force de loi : *error communis facit jus.* — Quant à l'erreur de droit, elle ne serait pas une cause d'annulation des conventions, si l'on se règle sur les articles 1956 et 2053 C. Nap.

(d) Il ne faut pas confondre le *dol* avec la *fraude*. Le dol est l'art de tromper la personne qu'on dépouille ; la fraude est l'art de violer les lois pour tromper la justice ou les tiers.

erreur, violence ou dol, n'est point nulle de plein droit; elle donne seulement lieu à une action en nullité ou en rescision, dans les cas et de la manière expliqués à la section VII du chapitre V du présent titre (art. 1304 à 1314).

1118. La lésion ne vicie les conventions que dans certains contrats ou à l'égard de certaines personnes, ainsi qu'il sera expliqué en la même section. C. 783, 887, 890, 1079, 1305, 1306, 1313, 1314, 1674, 1675, s., 2052.

1119. On ne peut, en général, s'engager, ni stipuler en son propre nom, que pour soi-même. C. 1165, 1236, 2014, 2077, 2090.

1120. Néanmoins on peut se porter fort pour un tiers, en promettant le fait de celui-ci : sauf l'indemnité contre celui qui s'est porté fort ou qui a promis de faire ratifier, si le tiers refuse de tenir l'engagement. C. 1142, 1146, s., 1338.

1121. On peut pareillement stipuler au profit d'un tiers, lorsque telle est la condition d'une stipulation que l'on fait pour soi-même ou d'une donation que l'on fait à un autre. Celui qui a fait cette stipulation ne peut plus la révoquer, si le tiers a déclaré vouloir en profiter. C. 1134, 1168, s., 1277, 1973, 2014.

1122. On est censé avoir stipulé pour soi et pour ses héritiers et ayants-cause, à moins que le contraire ne soit exprimé ou ne résulte de la nature de la convention. C. 724, 1166, 1879, 2017, 2167, 2235, 2237.

SECT. II. — *De la capacité des parties contractantes.*

1123. Toute personne peut contracter, si elle n'en est pas déclarée incapable par la loi. C. 1108, 1925.

1124. Les incapables de contracter sont :—Les mineurs. C. 388. —Les interdits. C. 489, 499, 513.—Les femmes mariées, dans les cas exprimés par la loi (a). C. 248, 217, 219, 1449, 1538. — Et généralement tous ceux à qui la loi interdit certains contrats. C. 25, 450, 1596.

1125. Le mineur, l'interdit et la femme mariée ne peuvent attaquer, pour cause d'incapacité, leurs engagements,

que dans les cas prévus par la loi. — Les personnes capables de s'engager ne peuvent opposer l'incapacité du mineur, de l'interdit ou de la femme mariée, avec qui elles ont contracté. C. 1304 à 1314, 1338.

SECT. III. — *De l'objet et de la matière des contrats.*

1126. Tout contrat a pour objet une chose qu'une partie s'oblige à donner, ou qu'une partie s'oblige à faire ou à ne pas faire. C. 1101, 1108, 1136, s., 1142. — Co. 365.

1127. Le simple usage ou la simple possession d'une chose peut être, comme la chose même, l'objet du contrat. C. 578, 625, 636, 1709, 1713, s., 2228.

1128. Il n'y a que les choses qui sont dans le commerce qui puissent être l'objet des conventions (b). C. 538, 540, 650, 714, 1303, 1598, 2226.

1129. Il faut que l'obligation ait pour objet une chose au moins déterminée quant à son espèce. C. 1131. — La quotité de la chose peut être incertaine, pourvu qu'elle puisse être déterminée. C. 1101, 1108, 1126.

1130. Les choses futures peuvent être l'objet d'une obligation.—On ne peut cependant renoncer à une succession non ouverte, ni faire aucune stipulation sur une pareille succession, même avec le consentement de celui de la succession duquel il s'agit. C. 6, 791, 791, 1172, 1389, 1600.

SECT. IV. — *De la cause* (c).

1131. L'obligation sans cause, ou sur une fausse cause ou sur une cause illicite, ne peut avoir aucun effet. C. 6, 1108, 1133, 1235.

1132. La convention n'est pas moins

(a) Les aliénés, aux termes de l'art. 39 de la loi du 30 juin 1838, forment une quatrième classe d'incapables. (Voy. *Lois* diverses.)

(b) Un décret du 6 messidor an III prohibe la vente de *grains en vert* et pendants par racines, sauf celles qui ont lieu par suite de tutelle et curatelle. Un autre décret du 7 vendémiaire an IV, sur la police des grains, contient également quelques mesures prohibitives relativement à certaines ventes.

(c) La *cause* de l'obligation de chaque partie, qu'il ne faut pas confondre avec le *motif* déterminant, réside dans ce que l'autre partie doit donner ou faire, s'il s'agit d'un contrat synallagmatique. Ainsi, en cas de vente, par exemple, la cause de l'obligation de l'acheteur est dans la livraison de la chose vendue ; celle du vendeur, dans le prix payé ou promis.

valable, quoique la cause n'en soit pas exprimée. Co. 110-5°, 137.

1133. La cause est illicite, quand elle est prohibée par la loi, quand elle est contraire aux bonnes mœurs ou à l'ordre public. C. 6, 686, 815, 900, 946, 965, 1172, 1693, 1811, 1833, 1837, 1840, 1855, 1965, 2063, 2078, 2088, 2140, 2220.

CHAP. III. — DE L'EFFET DES OBLIGATIONS.

SECT. I. — *Dispositions générales.*

1134. Les conventions légalement formées tiennent lieu de loi à ceux qui les ont faites. — Elles ne peuvent être révoquées que de leur consentement mutuel, ou pour les causes que la loi autorise. C. 1108, 1109, s. — Elles doivent être exécutées de bonne foi. C. 953, 1121, 1141, 1152.

1135. Les conventions obligent non seulement à ce qui y est exprimé, mais encore à toutes les suites que l'équité, l'usage ou la loi donnent à l'obligation, d'après sa nature. C. 1156, s., 1370, s., 2007, 2010

SECT. II. — *De l'obligation de donner.*

1136. L'obligation de donner emporte celle de livrer la chose et de la conserver jusqu'à la livraison, à peine de dommages et intérêts envers le créancier. C. 1142, 1146, s., 1302, 1303, 1604 à 1624.

1137. L'obligation de veiller à la conservation de la chose, soit que la convention n'ait pour objet que l'utilité de l'une des parties, soit qu'elle ait pour objet leur utilité commune, soumet celui qui en est chargé à y apporter tous les soins d'un bon père de famille. — Cette obligation est plus ou moins étendue relativement à certains contrats, dont les effets, à cet égard, sont expliqués sous les titres qui les concernent. C. 1372, 1874, s., 1927, s., 1992, s., 2102-3°.

1138. L'obligation de livrer la chose est parfaite par le seul consentement des parties contractantes. C. 928, 1108, 1109, 1583, 1589, 1606, 1607, 1703, 1921.— Elle rend le créancier propriétaire et met la chose à ses risques dès l'instant où elle a dû être livrée, encore que la tradition

n'en ait point été faite, à moins que le débiteur ne soit en demeure de la livrer ; auquel cas, la chose reste aux risques de ce dernier. C. 1139, 1146, 1230, 1302, 1656, 1657, 1771, 1788 à 1790, 1929, 1936, 1996.

1139. Le débiteur est constitué en demeure, soit par une sommation ou par autre acte équivalent, soit par l'effet de la convention, lorsqu'elle porte que, sans qu'il soit besoin d'acte et par la seule échéance du terme, le débiteur sera en demeure. C. 1134, 1230, 1929.

1140. Les effets de l'obligation de donner ou de livrer un immeuble sont réglés au titre *de la Vente* et au titre *des Priviléges et Hypothèques.* C. 1604 à 1624, 2114, 2166 à 2179.

1141. Si la chose qu'on s'est obligé de donner ou de livrer à deux personnes successivement est purement mobilière, celle des deux qui en a été mise en possession réelle est préférée et en demeure propriétaire, encore que son titre soit postérieur en date, pourvu toutefois que la possession soit de bonne foi. C. 528, s. 1606, 1607, 2228, 2233, 2268, 2279.

SECT. III. — *De l'obligation de faire ou de ne pas faire.*

1142. Toute obligation de faire ou de ne pas faire se résout en dommages et intérêts, en cas d'inexécution de la part du débiteur. C. 1126, 1146, s., 1237, 1382, s.—Pr. 126, 128, 523 à 525.

1143. Néanmoins le créancier a le droit de demander que ce qui aurait été fait par contravention à l'engagement soit détruit ; et il peut se faire autoriser à le détruire aux dépens du débiteur, sans préjudice des dommages et intérêts, s'il y a lieu. C. 1146, s.

1144. Le créancier peut aussi, en cas d'inexécution, être autorisé à faire exécuter lui-même l'obligation aux dépens du débiteur.

1145. Si l'obligation est de ne pas faire, celui qui y contrevient doit les dommages et intérêts par le seul fait de la contravention. C. 1146, s.

SECT. IV. — *Des dommages et intérêts résultant de l'inexécution de l'obligation.*

1146. Les dommages et intérêts ne sont dus que lorsque le débiteur est en demeure de remplir son obligation, excepté néanmoins lorsque la chose que le débiteur s'était obligé de donner ou de faire ne pouvait être donnée ou faite que dans un certain temps qu'il a laissé passer. C. 1139, 1226, 1302, 1611, 1656, 1657, 1788 à 1790, 1929, 1936, 1996.

1147. Le débiteur est condamné, s'il y a lieu, au paiement de dommages et intérêts, soit à raison de l'inexécution de l'obligation, soit à raison du retard dans l'exécution, toutes les fois qu'il ne justifie pas que l'inexécution provient d'une cause étrangère qui ne peut lui être imputée, encore qu'il n'y ait aucune mauvaise foi de sa part. C. 1229, 1382, 2080.

1148. Il n'y a lieu à aucuns dommages et intérêts lorsque, par suite d'une force majeure ou d'un cas fortuit, le débiteur a été empêché de donner ou de faire ce à quoi il était obligé, ou a fait ce qui lui était interdit. C. 607, 855, 1302, 1348, 1631, 1647, 1722, 1730, 1733, 1772, 1773, 1784, 1881 à 1883, 1929.—Co. 97, 241, 277, 310, 324.

1149. Les dommages et intérêts dus au créancier sont, en général, de la perte qu'il a faite et du gain dont il a été privé, sauf les exceptions et modifications ci-après.

1150. Le débiteur n'est tenu que des dommages et intérêts qui ont été prévus ou qu'on a pu prévoir lors du contrat, lorsque ce n'est point par son dol que l'obligation n'est point exécutée. C. 1353, 1633, s.

1151. Dans le cas même où l'inexécution de la convention résulte du dol du débiteur, les dommages et intérêts ne doivent comprendre, à l'égard de la perte éprouvée par le créancier et du gain dont il a été privé, que ce qui est une suite immédiate et directe de l'inexécution de la convention. C. 1109, 1116.

1152. Lorsque la convention porte que celui qui manquera de l'exécuter paiera une certaine somme à titre de dommages et intérêts, il ne peut être alloué à l'autre partie une somme plus forte ni moindre. C. 1134, 1226, s., 1231, 2047.

1153. Dans les obligations qui se bornent au paiement d'une certaine somme, les dommages et intérêts résultant du retard dans l'exécution ne consistent jamais que dans la condamnation aux intérêts

fixés par la loi; sauf les règles particulières au commerce et au cautionnement. C. 1907 et la *note*, 1997, 2011, s.—Ces dommages et intérêts sont dus sans que le créancier soit tenu de justifier d'aucune perte. — Ils ne sont dus que du jour de la demande, excepté dans les cas où la loi les fait courir de plein droit. C. 456, 474, 609, 612, 856, 1207, 1440, 1473, 1548, 1579, 1620, 1652, 1846, 2001.—Co. 184.

1154. Les intérêts échus des capitaux peuvent produire des intérêts, ou par une demande judiciaire, ou par une convention spéciale, pourvu que, soit dans la demande, soit dans la convention, il s'agisse d'intérêts dus au moins pour une année entière (*a*). C. 1134.

1155. Néanmoins les revenus échus, tels que fermages, loyers, arrérages de rentes perpétuelles ou viagères, produisent intérêt du jour de la demande ou de la convention. C. 1134.—La même règle s'applique aux restitutions de fruits et aux intérêts payés par un tiers au créancier, en acquit du débiteur. Pr. 129, 526.

SECT. V. — *De l'interprétation des conventions.*

1156. On doit, dans les conventions, rechercher quelle a été la commune intention des parties contractantes, plutôt que de s'arrêter au sens littéral des termes. C. 1135, 1175, 1602, 2048.

1157. Lorsqu'une clause est susceptible de deux sens, on doit plutôt l'entendre dans celui avec lequel elle peut avoir quelque effet, que dans le sens avec lequel elle n'en pourrait produire aucun.

1158. Les termes susceptibles de deux sens doivent être pris dans le sens qui convient le plus à la matière du contrat.

1159. Ce qui est ambigu s'interprète par ce qui est d'usage dans le pays où le contrat est passé. C. 590, 608, 645, 674, 1648, 1753, 1757 à 1759, 1777.

1160. On doit suppléer, dans le contrat, les clauses qui y sont d'usage, quoiqu'elles n'y soient pas exprimées. C. 1135, 1159.

(*a*) Cette production d'intérêts nouveaux par un capital formé d'intérêts anciens se nomme *anatocisme.* — L'anatocisme était prohibé par les anciennes lois canoniques et civiles. (Voy. l'ordonnance de 1673.) Le Code Nap. l'autorise, mais avec la restriction portée en l'art. 1154,

1161. Toutes les clauses des conventions s'interprètent les unes par les autres, en donnant à chacune le sens qui résulte de l'acte entier.

1162. Dans le doute, la convention s'interprète contre celui qui a stipulé, et en faveur de celui qui a contracté l'obligation. C. 1602.

1163. Quelque généraux que soient les termes dans lesquels une convention est conçue, elle ne comprend que les choses sur lesquelles il paraît que les parties se sont proposé de contracter. C. 2048, 2049.

1164. Lorsque, dans un contrat, on a exprimé un cas pour l'explication de l'obligation, on n'est pas censé avoir voulu par là restreindre l'étendue que l'engagement reçoit de droit aux cas non exprimés.

SECT. VI. — *De l'effet des conventions à l'égard des tiers.*

1165. Les conventions n'ont d'effet qu'entre les parties contractantes; elles ne nuisent point au tiers, et elles ne lui profitent que dans le cas prévu par l'article 1121. C. 1134, 1321, 1351, 1599, 2005, 2007, 2051.

1166. Néanmoins les créanciers peuvent exercer tous les droits et actions de leur débiteur, à l'exception de ceux qui sont exclusivement attachés à la personne (*a*). C. 406, 421, 618, 622, 788, 820, 857, 865, 877, s., 921, 1053, 1410, 1446, 1447, 1464, 1666, 2205, 2225.— Pr. 778, 871.—Co. 507, s.

1167. Ils peuvent aussi, en leur nom personnel, attaquer les actes faits par leur débiteur en fraude de leurs droits. C. 882.—Co. 446, s.—Ils doivent néanmoins, quant à leurs droits énoncés au titre *des Successions* et au titre *du Contrat de mariage et des Droits respectifs des époux*, se conformer aux règles qui y sont prescrites. C. 618, 622, 788, 865, 878, 882, 921, 1053, 1166, 1410, 1447, 1464.—Pr. 466, 474.

_____

(*a*) Parmi les droits *attachés à la personne,* on peut citer les droits d'usage, d'habitation (art. 631); les demandes en nullité de mariage, dans le cas des art. 139, 180 et 182 C. Nap.; la stipulation d'un usufruit, d'une rente viagère, d'un droit de retour. Les droits résultant d'un commodat, d'une société, d'un mandat, peuvent aussi être personnels, suivant la convention.

CHAP. IV. — DES DIVERSES ESPÈCES D'OBLIGATIONS.

SECT. I. — *Des obligations conditionnelles.*

§ I.—*De la condition en général, et de ses diverses espèces.*

1168. L'obligation est conditionnelle lorsqu'on la fait dépendre d'un événement futur et incertain, soit en la suspendant jusqu'à ce que l'événement arrive, soit en la résiliant, selon que l'événement arrivera ou n'arrivera pas. C. 1040, 1181, 1183, 1185, 2125, 2257.

1169. La condition *casuelle* est celle qui dépend du hasard, et qui n'est nullement au pouvoir du créancier ni du débiteur.

1170. La condition *potestative* est celle qui fait dépendre l'exécution de la convention d'un événement qu'il est au pouvoir de l'une ou de l'autre des parties contractantes de faire arriver ou d'empêcher. C. 944, 1086, 1174.

1171. La condition *mixte* est celle qui dépend tout à la fois de la volonté d'une des parties contractantes et de la volonté d'un tiers.

1172. Toute condition d'une chose impossible ou contraire aux bonnes mœurs, ou prohibée par la loi, est nulle, et rend nulle la convention qui en dépend. C. 6, 686, 815, 900, 946, 965, 1133.

1173. La condition de ne pas faire une chose impossible ne rend pas nulle l'obligation contractée sous cette condition.

1174. Toute obligation est nulle lorsqu'elle a été contractée sous une condition potestative de la part de celui qui s'oblige. C. 944, 1086, 1170, 1659, s.

1175. Toute condition doit être accomplie de la manière que les parties ont vraisemblablement voulu et entendu qu'elle le fût. C. 1135, 1156, s., 2049.

1176. Lorsqu'une obligation est contractée sous la condition qu'un événement arrivera dans un temps fixe, cette condition est censée défaillie lorsque le temps est expiré sans que l'événement soit arrivé. S'il n'y a point de temps fixe, la condition peut toujours être accomplie; et elle n'est censée défaillie que lorsqu'il est devenu certain que l'événement n'arrivera pas. C. 1040, 1041.

1177. Lorsqu'une obligation est contractée sous la condition qu'un événement n'arrivera pas dans un temps fixe, cette condition est accomplie lorsque ce temps est expiré sans que l'événement soit arrivé : elle l'est également si, avant le terme, il est certain que l'événement n'arrivera pas; et s'il n'y a pas de temps déterminé, elle n'est accomplie que lorsqu'il est certain que l'événement n'arrivera pas.

1178. La condition est réputée accomplie lorsque c'est le débiteur, obligé sous cette condition, qui en a empêché l'accomplissement.

1179. La condition accomplie a un effet rétroactif au jour auquel l'engagement a été contracté. Si le créancier est mort avant l'accomplissement de la condition, ses droits passent à son héritier. C. 724, 1041, 1122, 1181, s.

1180. Le créancier peut, avant que la condition soit accomplie, exercer tous les actes conservatoires de son droit. C. 779, 1166, 1454.—Pr. 125.

§ II.—*De la condition suspensive.*

1181. L'obligation contractée sous une condition suspensive est celle qui dépend ou d'un événement futur et incertain, ou d'un événement actuellement arrivé, mais encore inconnu des parties. C. 1168, 1176, 1584, 1588, 2125, 2257.—Dans le premier cas, l'obligation ne peut être exécutée qu'après l'événement.—Dans le second cas, l'obligation a son effet du jour où elle a été contractée.

1182. Lorsque l'obligation a été contractée sous une condition suspensive, la chose qui fait la matière de la convention demeure aux risques du débiteur qui ne s'est obligé de la livrer que dans le cas de l'événement de la condition.—Si la chose est entièrement périe sans la faute du débiteur, l'obligation est éteinte. C. 1234-6°, 1302, 1303.—Si la chose s'est détériorée sans la faute du débiteur, le créancier a le choix, ou de résoudre l'obligation, ou d'exiger la chose dans l'état où elle se trouve, sans diminution de prix.—Si la chose s'est détériorée par la faute du débiteur, le créancier a le droit, ou de résoudre l'obligation, ou d'exiger la chose dans l'état où elle se trouve, avec des dommages et intérêts. C. 1136, 1146, 1149, 1234, 1383. — Pr. 126, 128.

§ III. — *De la condition résolutoire.*

1183. La condition résolutoire est celle qui, lorsqu'elle s'accomplit, opère la révocation de l'obligation, et qui remet les choses au même état que si l'obligation n'avait pas existé. C. 1176, 1234-8°, 1584, 1610, 1654 à 1658, 2125.—Elle ne suspend point l'exécution de l'obligation; elle oblige seulement le créancier à restituer ce qu'il a reçu, dans le cas où l'événement prévu par la condition arrive. C. 1176, s., 1659, 2125.

1184. La condition résolutoire est toujours sous-entendue dans les contrats synallagmatiques, pour le cas où l'une des deux parties ne satisfera point à son engagement. C. 1610, 1654, s., 1741.—Dans ce cas, le contrat n'est point résolu de plein droit. La partie envers laquelle l'engagement n'a point été exécuté, a le choix, ou de forcer l'autre à l'exécution de la convention lorsqu'elle est possible, ou d'en demander la résolution avec dommages et intérêts. C. 1142, 1146, 1158. — La résolution doit être demandée en justice, et il peut être accordé au défendeur un délai selon les circonstances. C. 1185, s., 1244, 1610, 1654, s. — Pr. 122.

SECT. II. — *Des obligations à terme.*

1185. Le terme diffère de la condition, en ce qu'il ne suspend point l'engagement, dont il retarde seulement l'exécution. C. 1134, 1258-4°, 1888, 1899, 1902, 2257.

1186. Ce qui n'est dû qu'à terme ne peut être exigé avant l'échéance du terme; mais ce qui a été payé d'avance ne peut être répété. C. 1235, 1888, 1899, 1902, 1944, 1980.

1187. Le terme est toujours présumé stipulé en faveur du débiteur, à moins qu'il ne résulte de la stipulation ou des circonstances, qu'il a été aussi convenu en faveur du créancier. C. 1244, 1258-4°, 1911.—Co. 146.

1188. Le débiteur ne peut plus réclamer le bénéfice du terme lorsqu'il a fait faillite, ou lorsque par son fait il a diminué les sûretés qu'il avait données par le contrat à son créancier. C. 1613, 1913, 2032-2°, 2037, 2131.—Pr. 124.—Co. 437, 444.

SECT. III. — *Des obligations alternatives* (a).

1189. Le débiteur d'une obligation alternative est libéré par la délivrance de l'une des deux choses qui étaient comprises dans l'obligation. C. 1129.

1190. Le choix appartient au débiteur, s'il n'a pas été expressément accordé au créancier. C. 1162, 1196, 1602.

1191. Le débiteur peut se libérer en délivrant l'une des deux choses promises; mais il ne peut pas forcer le créancier à recevoir une partie de l'une et une partie de l'autre. C. 1220, 1221-3°.

1192. L'obligation est pure et simple, quoique contractée d'une manière alternative, si l'une des deux choses promises ne pouvait être le sujet de l'obligation. C. 1128.

1193. L'obligation alternative devient pure et simple, si l'une des choses promises périt et ne peut plus être livrée, même par la faute du débiteur. Le prix de cette chose ne peut pas être offert à sa place.—Si toutes deux sont péries, et que le débiteur soit en faute à l'égard de l'une d'elles, il doit payer le prix de celle qui a péri la dernière. C. 1042, 1234, 1302, s., 1601.

1194. Lorsque, dans les cas prévus par l'article précédent, le choix avait été déféré par la convention au créancier,—ou l'une des choses seulement est périe; et alors, si c'est sans la faute du débiteur, le créancier doit avoir celle qui reste; si le débiteur est en faute, le créancier peut demander la chose qui reste, ou le prix de celle qui est périe;—ou les deux choses sont péries; et alors, si le débiteur est en faute à l'égard des deux, ou même à l'égard de l'une d'elles seulement, le créancier peut demander le prix de l'une ou de l'autre, à son choix. C. 1302, 1382, s.

1195. Si les deux choses sont péries

(a) Lorsque deux ou plusieurs choses, comprises dans une même convention, sont séparées par une disjonctive, l'obligation est *alternative*. Tel serait, par exemple, le cas où je m'engagerais à livrer ma maison, *ou* 100,000 fr. L'obligation alternative ne doit pas être confondue avec l'obligation *facultative*. Celle-ci ne comprend qu'*un* objet déterminé, avec faculté, pour le débiteur, de payer une autre chose à la place; dans ce dernier cas, si l'objet vient à périr, l'obligation est éteinte: ce qui n'arrive pas pour l'obligation alternative qui, en cas de perte de l'une des choses, continue de subsister sur l'autre.

sans la faute du débiteur, et avant qu'il soit en demeure, l'obligation est éteinte, conformément à l'article 1302. C. 1139, 1382.

1196. Les mêmes principes s'appliquent au cas où il y a plus de deux choses comprises dans l'obligation alternative.

SECT. IV. — *Des obligations solidaires.*

§ I. — *De la solidarité entre les créanciers.*

1197. L'obligation est solidaire entre plusieurs créanciers lorsque le titre donne expressément à chacun d'eux le droit de demander le paiement du total de la créance, et que le paiement fait à l'un d'eux libère le débiteur, encore que le bénéfice de l'obligation soit partageable et divisible entre les divers créanciers. C. 1200, s., 1225, 1431.

1198. Il est au choix du débiteur de payer à l'un ou à l'autre des créanciers solidaires, tant qu'il n'a pas été prévenu par les poursuites de l'un d'eux.—Néanmoins la remise qui n'est faite que par l'un des créanciers solidaires ne libère le débiteur que pour la part de ce créancier. C. 1224, 1282, s., 1305.

1199. Tout acte qui interrompt la prescription à l'égard de l'un des créanciers solidaires profite aux autres créanciers. C. 710, 1206, 1212, 2242, s.

§ II. — *De la solidarité de la part des débiteurs.*

1200. Il y a solidarité de la part des débiteurs, lorsqu'ils sont obligés à une même chose, de manière que chacun puisse être contraint pour la totalité, et que le paiement fait par un seul libère les autres envers le créancier. C. 1222, 1234, 2202.

1201. L'obligation peut être solidaire quoique l'un des débiteurs soit obligé différemment de l'autre au paiement de la même chose; par exemple, si l'un n'est obligé que conditionnellement, tandis que l'engagement de l'autre est pur et simple, ou si l'un a pris un terme, qui n'est point accordé à l'autre. C. 1168, 1185.

1202. La solidarité ne se présume point; il faut qu'elle soit expressément stipulée. C. 1219.—Cette règle ne cesse que dans les cas où la solidarité a lieu de plein droit, en vertu d'une disposition de la loi. C. 395, 396, 1033, 1222, 1442, 1734, 1887, 2002.—Co. 22, 23, 28, 118, 140, 142, 187.—P. 55.

1203. Le créancier d'une obligation contractée solidairement peut s'adresser à celui des débiteurs qu'il veut choisir, sans que celui-ci puisse lui opposer le bénéfice de division (a). C. 1225, 2025 à 2027.

1204. Les poursuites faites contre l'un des débiteurs n'empêchent pas le créancier d'en exercer de pareilles contre les autres. C. 1200.

1205. Si la chose due a péri par la faute ou pendant la demeure de l'un ou de plusieurs des débiteurs solidaires, les autres codébiteurs ne sont point déchargés de l'obligation de payer le prix de la chose; mais ceux-ci ne sont point tenus des dommages et intérêts. C. 1139. — Le créancier peut seulement répéter les dommages et intérêts tant contre les débiteurs par la faute desquels la chose a péri, que contre ceux qui étaient en demeure. C. 1146, 1234, 1302, 1303, 1383.

1206. Les poursuites faites contre l'un des débiteurs solidaires interrompent la prescription à l'égard de tous. C. 1197, 2242, 2249.

1207. La demande d'intérêts formée contre l'un des débiteurs solidaires fait courir les intérêts à l'égard de tous. C. 1153, 1905, 1907.

1208. Le codébiteur solidaire poursuivi par le créancier peut opposer toutes les exceptions (b) qui résultent de la nature de l'obligation, et toutes celles qui lui sont personnelles, ainsi que celles qui sont communes à tous les codébiteurs. —Il ne peut opposer les exceptions qui sont purement personnelles à quelques-uns des autres codébiteurs. C. 1166, 1280, s., 1294, 1365. — Co. 545.

1209. Lorsque l'un des débiteurs de-

(a) Le *bénéfice de division* est le droit qui appartient à chacun des débiteurs non solidaires d'une même dette, de demander, lorsqu'il est poursuivi en paiement de la totalité, que sa part soit déterminée et qu'il ne soit assujetti qu'au paiement de cette part.

(b) En général, on entend par *exception* tous les moyens qu'une partie peut opposer pour repousser la demande formée contre elle. Il y a deux sortes d'exceptions : les unes qui n'ont trait qu'à la procédure et se nomment *fins de non procéder;* les autres qui sont relatives au fond même du droit, et prennent le nom de *défenses* ou *fins de non recevoir.* (Voy. C. pr. 166 à 192.)

vient héritier unique du créancier, ou lorsque le créancier devient l'unique héritier de l'un des débiteurs, la confusion n'éteint la créance solidaire que pour la part et portion du débiteur ou du créancier. C. 873, 1234-5°, 1300, 1301, 2035.

1210. Le créancier qui consent à la division de la dette à l'égard de l'un des codébiteurs conserve son action solidaire contre les autres, mais sous la déduction de la part du débiteur qu'il a déchargé de la solidarité. C. 1224, 2025.

1211. Le créancier qui reçoit divisément la part de l'un des débiteurs, sans réserver dans la quittance la solidarité ou ses droits en général, ne renonce à la solidarité qu'à l'égard de ce débiteur. —Le créancier n'est pas censé remettre la solidarité au débiteur, lorsqu'il reçoit de lui une somme égale à la portion dont il est tenu, si la quittance ne porte pas que c'est *pour sa part.* —Il en est de même de la simple demande formée contre l'un des débiteurs *pour sa part,* si celui-ci n'a pas acquiescé à la demande, ou s'il n'est pas intervenu un jugement de condamnation. C. 1210, 1350, 1352.

1212. Le créancier qui reçoit divisément et sans réserve la portion de l'un des codébiteurs, dans les arrérages ou intérêts de la dette, ne perd la solidarité que pour les arrérages ou intérêts échus, et non pour ceux à échoir, ni pour le capital, à moins que le paiement divisé n'ait été continué pendant dix ans consécutifs. C. 584.

1213. L'obligation contractée solidairement envers le créancier se divise de plein droit entre les débiteurs, qui n'en sont tenus entre eux que chacun pour sa part et portion. C. 875, s., 1217, 1220, 1221, 1251-3°, 2249.

1214. Le codébiteur d'une dette solidaire, qui l'a payée en entier, ne peut répéter contre les autres que les part et portion de chacun d'eux. C. 1213, 1215. — Si l'un d'eux se trouve insolvable, la perte qu'occasionne son insolvabilité se répartit, par contribution, entre tous les autres codébiteurs solvables et celui qui a fait le paiement. C. 876, 885, 886, 2026.

1215. Dans le cas où le créancier a renoncé à l'action solidaire envers l'un des débiteurs, si l'un ou plusieurs des autres codébiteurs deviennent insolva-

9

bles, la portion des insolvables sera contributoirement répartie entre tous les débiteurs, même entre ceux précédemment déchargés de la solidarité par le créancier. C. 876, 2027.

1216. Si l'affaire pour laquelle la dette a été contractée solidairement ne concernait que l'un des coobligés solidaires, celui-ci serait tenu de toute la dette vis-à-vis des autres codébiteurs, qui ne seraient considérés, par rapport à lui, que comme ses cautions. C. 1431, 1432, 2028, s.

SECT. V.—*Des obligations divisibles et indivisibles.*

1217. L'obligation est divisible ou indivisible, selon qu'elle a pour objet ou une chose qui, dans sa livraison, ou un fait qui, dans l'exécution, est ou n'est pas susceptible de division, soit matérielle, soit intellectuelle (a). C. 700, 1220, s., 1668, s., 2083, 2090, 2249.

1218. L'obligation est indivisible, quoique la chose ou le fait qui en est l'objet soit divisible par sa nature, si le rapport sous lequel elle est considérée dans l'obligation ne la rend pas susceptible d'exécution partielle. C. 870, 2083.

1219. La solidarité stipulée ne donne point à l'obligation le caractère d'indivisibilité. C. 1197, 1200, 1222.

§ I. —*Des effets de l'obligation divisible.*

1220. L'obligation qui est susceptible de division doit être exécutée, entre le créancier et le débiteur, comme si elle était indivisible. La divisibilité n'a d'application qu'à l'égard de leurs héritiers, qui ne peuvent demander la dette ou qui ne sont tenus de la payer que pour les parts dont ils sont saisis ou dont ils sont tenus, comme représentant le créancier ou le débiteur. C. 724, 870, 873, 1213, 1221, 1233, 1668, 1939, 2083.

1221. Le principe établi dans l'article précédent reçoit exception, à l'égard

(a) La division d'une chose est *matérielle,* lorsqu'elle peut s'affecter réellement en plusieurs parties. Elle est *intellectuelle* lorsqu'il y a impossibilité de faire cette division matériellement, sans destruction de la substance de la chose. Ainsi, par exemple, un cheval ne saurait être l'objet d'une division matérielle. On peut seulement évaluer l'utilité qu'il procure et en faire la répartition entre les ayants-droit.

des héritiers du débiteur : 1º Dans le cas où la dette est hypothécaire ; — 2º Lorsqu'elle est d'un corps certain ; C. 1245, 1247, 1264, 1302, 1303 ; — 3º Lorsqu'il s'agit de la dette alternative de choses au choix du créancier, dont l'une est indivisible ; C. 1189, s.; — 4º Lorsque l'un des héritiers est chargé seul, par titre, de l'exécution de l'obligation ; C. 1134 ; — 5º Lorsqu'il résulte, soit de la nature de l'engagement, soit de la chose qui en fait l'objet, soit de la fin qu'on s'est proposée dans le contrat, que l'intention des contractants a été que la dette ne pût s'acquitter partiellement. C. 1156, 1175. —Dans les trois premiers cas, l'héritier qui possède la chose due ou le fonds hypothéqué à la dette peut être poursuivi pour le tout sur la chose due ou sur le fonds hypothéqué, sauf le recours contre ses cohéritiers. Dans le quatrième cas, l'héritier seul chargé de la dette, et dans le cinquième cas, chaque héritier peut aussi être poursuivi pour le tout, sauf son recours contre ses cohéritiers. C. 875, s., 1222, s.

§ II. — *Des effets de l'obligation indivisible.*

1222. Chacun de ceux qui ont contracté conjointement une dette indivisible en est tenu pour le total, encore que l'obligation n'ait pas été contractée solidairement. C. 709, 710, 1200, 1219, 1232, 1668, 1939, 2249, 2083.

1223. Il en est de même à l'égard des héritiers de celui qui a contracté une pareille obligation. C. 724, 1122.

1224. Chaque héritier du créancier peut exiger en totalité l'exécution de l'obligation indivisible. C. 1203.—Il ne peut seul faire la remise de la totalité de la dette ; il ne peut recevoir le prix, au lieu de la chose. Si l'un des héritiers a seul remis la dette ou reçu le prix de la chose, son cohéritier ne peut demander la chose indivisible qu'en tenant compte de la portion du cohéritier qui a fait la remise ou qui a reçu le prix. C. 1210, s., 1234, 1282, s., 1939.

1225. L'héritier du débiteur, assigné pour la totalité de l'obligation, peut demander un délai pour mettre en cause ses cohéritiers, à moins que la dette ne soit de nature à ne pouvoir être acquittée que par l'héritier assigné, qui peut alors être condamné seul, sauf son recours en indemnité contre ses cohéritiers. C. 870, 873, 1203, s.

SECT. VI. — *Des obligations avec clauses pénales.*

1226. La clause pénale est celle par laquelle une personne, pour assurer l'exécution d'une convention, s'engage à quelque chose en cas d'inexécution. C. 1152, 1227, s., 2047.

1227. La nullité de l'obligation principale entraîne celle de la clause pénale. —La nullité de celle-ci n'entraîne point celle de l'obligation principale.

1228. Le créancier, au lieu de demander la peine stipulée contre le débiteur qui est en demeure, peut poursuivre l'exécution de l'obligation principale. C. 1139, 1144.

1229. La clause pénale est la compensation des dommages et intérêts que le créancier souffre de l'inexécution de l'obligation principale. C. 1142, s., 1146, s., 2047.—Il ne peut demander en même temps le principal et la peine, à moins qu'elle n'ait été stipulée pour le simple retard. C. 1147, 1610.

1230. Soit que l'obligation primitive contienne, soit qu'elle ne contienne pas un terme dans lequel elle doive être accomplie, la peine n'est encourue que lorsque celui qui s'est obligé, soit à livrer, soit à prendre, soit à faire, est en demeure. C. 1139, 1153, 1185, s.

1231. La peine peut être modifiée par le juge, lorsque l'obligation principale a été exécutée en partie. C. 1152, 1244.

1232. Lorsque l'obligation primitive contractée avec une clause pénale est d'une chose indivisible, la peine est encourue par la contravention d'un seul des héritiers du débiteur, et elle peut être demandée, soit en totalité contre celui qui a fait la contravention, soit contre chacun des cohéritiers pour leur part et portion, et hypothécairement pour le tout, sauf leur recours contre celui qui a fait encourir la peine. C. 870, 1205, s., 1222, s., 2114.

1233. Lorsque l'obligation primitive contractée sous une peine est divisible, la peine n'est encourue que par celui des héritiers du débiteur qui contrevient à cette obligation, et pour la part seulement dont il était tenu dans l'obligation principale, sans qu'il y ait d'action contre ceux qui l'ont exécutée. C. 1220, s. — Cette règle reçoit exception lorsque la clause pénale ayant été ajoutée dans l'intention que le paiement ne pût se faire partiellement, un cohéritier a empêché l'exécution de l'obligation pour la totalité. En ce cas, la peine entière peut être exigée contre lui, et contre les autres cohéritiers pour leur portion seulement, sauf leur recours. C. 1220, s.

CHAP. V. — DE L'EXTINCTION DES OBLIGATIONS.

1234. Les obligations s'éteignent, — Par le paiement; C. 1235, s. —Par la novation; C. 1271, s. — Par la remise volontaire; C. 1282, s. —Par la compensation; C. 1389, s. — Par la confusion; C. 1300, 1301. —Par la perte de la chose; C. 1302, 1303. —Par la nullité ou la rescision; C. 1304, s. — Par l'effet de la condition résolutoire, qui a été expliquée au chapitre précédent; C. 1183, s. — Et par la prescription, qui fera l'objet d'un titre particulier. C. 2219, s.

SECT. I. — *Du paiement,*

§ I. — *Du paiement en général.*

1235. Tout paiement suppose une dette : ce qui a été payé sans être dû est sujet à répétition. C. 1131, 1186, 1376 à 1381, 1488, 1489, 1906, 1967, 2030. — La répétition n'est pas admise à l'égard des obligations naturelles (a) qui ont été volontairement acquittées. C. 1906, 1967. — Co. 604, 608.

1236. Une obligation peut être acquittée par toute personne qui y est intéressée, telle qu'un cooblige ou une caution. C. 2014, 2028. — L'obligation peut même être acquittée par un tiers qui n'y est point intéressé, pourvu que

---

(a) Les *obligations naturelles* sont celles dont l'exécution ne peut être forcée par les lois, soit à cause du motif qui les a dictées, soit à cause de l'incapacité des personnes qui les ont contractées. Telles sont les obligations résultant d'une dette de *jeu*, celles qui auraient été contractées sans autorisation par un mineur.

ce tiers agisse au nom et en l'acquit du débiteur, ou que, s'il agit en son nom propre, il ne soit pas subrogé aux droits du créancier. C. 1119, 1165, 1249, s., 1372, s., 2014. — Co. 158.

1237. L'obligation de faire ne peut être acquittée par un tiers contre le gré du créancier, lorsque ce dernier a intérêt qu'elle soit remplie par le débiteur lui-même. C. 1134, 1142, 1763, 1793, 1795.

1238. Pour payer valablement, il faut être propriétaire de la chose donnée en paiement, et capable de l'aliéner. C. 1108, 1123, s. — Néanmoins le paiement d'une somme en argent ou autre chose qui se consomme par l'usage ne peut être répété contre le créancier qui l'a consommée de bonne foi, quoique le paiement en ait été fait par celui qui n'en était pas propriétaire ou qui n'était pas capable de l'aliéner. C. 587, 1138, 2268, 2279, 1240, 1380.

1239. Le paiement doit être fait au créancier ou à quelqu'un ayant pouvoir de lui, ou qui soit autorisé par justice ou par la loi à recevoir pour lui. C. 1937, 1984, 1985, 2005. — Le paiement fait à celui qui n'aurait pas pouvoir de recevoir pour le créancier est valable, si celui-ci le ratifie, ou s'il en a profité. C. 1338.

1240. Le paiement fait de bonne foi à celui qui est en possession de la créance est valable, encore que le possesseur en soit par la suite évincé. C. 1377, 1626, s. et la *note*.

1241. Le paiement fait au créancier n'est point valable s'il était incapable de le recevoir, à moins que le débiteur ne prouve que la chose payée a tourné au profit du créancier. C. 482, 509, s., 1124, 1312, 1926, 1990.

1242. Le paiement fait par le débiteur à son créancier, au préjudice d'une saisie ou d'une opposition, n'est pas valable à l'égard des créanciers saisissants ou opposants : ceux-ci peuvent, selon leur droit, le contraindre à payer de nouveau, sauf, en ce cas seulement, son recours contre le créancier. C. 1298, 1944. — Pr. 557, s., 575, s.

1243. Le créancier ne peut être contraint de recevoir une autre chose que celle qui lui est due, quoique la valeur de la chose offerte soit égale ou même plus grande (*a*). C. 1379, 1875, 1932. — Co. 143.

1244. Le débiteur ne peut point forcer le créancier à recevoir en partie le paiement d'une dette, même divisible (*b*). C. 1217, 1220, s. — Les juges peuvent néanmoins, en considération de la position du débiteur, et en usant de ce pouvoir avec une grande réserve, accorder des délais modérés pour le paiement, et surseoir à l'exécution des poursuites, toutes choses demeurant en état (*c*). C. 1185, 1188, 1220, 2212. — Pr. 122. — Co. 157, 187.

1245. Le débiteur d'un corps certain et déterminé est libéré par la remise de la chose en l'état où elle se trouve lors de la livraison, pourvu que les détériorations qui y sont survenues ne viennent point de son fait ou de sa faute, ni de celle des personnes dont il est responsable, ou qu'avant ces détériorations, il ne fût pas en demeure. C. 1220, 1221-2°, 1264, 1302, 1303, 1614, 1933.

1246. Si la dette est d'une chose qui ne soit déterminée que par son espèce, le débiteur ne sera pas tenu, pour être libéré, de la donner de la meilleure espèce ; mais il ne pourra l'offrir de la plus mauvaise. C. 1022.

1247. Le paiement doit être exécuté dans le lieu désigné par la convention. Si le lieu n'y est pas désigné, le paiement, lorsqu'il s'agit d'un corps certain et déterminé, doit être fait dans le lieu où était, au temps de l'obligation, la chose qui en fait l'objet. C. 1134. — Hors ces deux cas, le paiement doit être fait au domicile du débiteur. C. 1258, 1264, 1609, 1651, 1742, 1943. — Pr. 420. — Co. 110.

(*a, b*) Aux termes d'un décret du 1er juillet 1809, le débiteur est autorisé à faire une retenue, sous le nom de *passe de sacs*, de 15 cent. pour les paiements en pièces d'argent de cinq cents francs et au dessus. Par un décret du 17 novembre 1852, ce droit a été réduit à 10 cent. Le décret du 18 août 1810 porte, art. 2 : « La monnaie de cuivre et de billon de fabrication française ne pourra être employée dans les paiements, si ce n'est de gré à gré, que pour l'*appoint* de la pièce de cinq francs. »

(*c*) C'est ce qu'on appelle le *délai de grâce*, par opposition au délai de droit, fixé par la convention des parties ou par la loi. — Voy., sous l'art. 122 C. pr., un décret du 19 mars 1848, qui permet d'accorder des sursis aux commerçants qui se trouvent en état de suspension de paiement.

1248. Les frais du paiement sont à la charge du débiteur. C. 1260, 1593, 1608, 1942.

§ II. — *Du paiement avec subrogation.*

1249. La subrogation dans les droits du créancier, au profit d'une tierce personne qui le paie, est ou conventionnelle ou légale. C. 874, 875, 1234, 1236, 1250, s., 1689, s., 2029.—Pr. 769.—Co. 159, 187.

1250. Cette subrogation est conventionnelle, —1° Lorsque le créancier recevant son paiement d'une tierce personne la subroge dans ses droits, actions, priviléges ou hypothèques contre le débiteur : cette subrogation doit être expresse et faite en même temps que le paiement; — 2° Lorsque le débiteur emprunte une somme à l'effet de payer sa dette, et de subroger le prêteur dans les droits du créancier. Il faut, pour que cette subrogation soit valable, que l'acte d'emprunt et la quittance soient passés devant notaires; que dans l'acte d'emprunt, il soit déclaré que la somme a été empruntée pour faire le paiement, et que dans la quittance, il soit déclaré que le paiement a été fait des deniers fournis à cet effet par le nouveau créancier. Cette subrogation s'opère sans le concours de la volonté du créancier. C. 874, 1256, 2029, 2103-2°-5°.

1251. La subrogation a lieu de plein droit, — 1° Au profit de celui qui, étant lui-même créancier, paie un autre créancier qui lui est préférable à raison de ses priviléges ou hypothèques; C. 2095, s. 2134;—Pr. 775;—2° Au profit de l'acquéreur d'un immeuble, qui emploie le prix de son acquisition au paiement des créanciers auxquels cet héritage était hypothéqué; C. 2145, 2166, 2181;—3° Au profit de celui qui, étant tenu avec d'autres ou pour d'autres au paiement de la dette, avait intérêt de l'acquitter; C. 1214, s., 2029; — 4° Au profit de l'héritier bénéficiaire qui a payé de ses deniers les dettes de la succession. C. 793, s., 874. — Pr. 996. — Co. 159, 187.

1252. La subrogation établie par les articles précédents a lieu tant contre les cautions que contre les débiteurs : elle ne peut nuire au créancier, lorsqu'il n'a été payé qu'en partie; en ce cas, il peut exercer ses droits, pour ce qui lui reste dû, par préférence à celui dont il n'a reçu qu'un paiement partiel. C. 2011, s.

§ III. — *De l'imputation des paiements.*

1253. Le débiteur de plusieurs dettes a le droit de déclarer, lorsqu'il paie, quelle dette il entend acquitter. C. 1848, 2081, 2085.

1254. Le débiteur d'une dette qui porte intérêt ou produit des arrérages ne peut point, sans le consentement du créancier, imputer le paiement qu'il fait sur le capital par préférence aux arrérages ou intérêts : le paiement fait sur le capital et intérêts, mais qui n'est point intégral, s'impute d'abord sur les intérêts. C. 1905, 1908, 2081, 2085.

1255. Lorsque le débiteur de diverses dettes a accepté une quittance par laquelle le créancier a imputé ce qu'il a reçu sur l'une de ces dettes spécialement, le débiteur ne peut plus demander l'imputation sur une dette différente, à moins qu'il n'y ait eu dol ou surprise de la part du créancier. C. 1109, 1116, s.

1256. Lorsque la quittance ne porte aucune imputation, le paiement doit être imputé sur la dette que le débiteur avait pour lors le plus d'intérêt d'acquitter entre celles qui sont pareillement échues; sinon, sur la dette échue, quoique moins onéreuse que celles qui ne le sont point. —Si les dettes sont d'égale nature, l'imputation se fait sur la plus ancienne (a); toutes choses égales, elle se fait proportionnellement. C. 1297, 1848.

§ IV.—*Des offres de paiement, et de la consignation.*

1257. Lorsque le créancier refuse de recevoir son paiement, le débiteur peut lui faire des offres réelles (b), et, au refus du créancier de les accepter, consigner la somme ou la chose offerte. C. 2186.—Pr. 812, s.—Les offres réelles suivies d'une consignation libèrent le dé-

(a) La *dette la plus ancienne* est celle qui est échue depuis plus longtemps, et non celle qui a été contractée la première.
(b) On entend par *offres réelles* l'exhibition effective, matérielle de la chose due, avec sommation au créancier de l'accepter; puis, et en cas de refus, dépôt dans le lieu indiqué par la loi : c'est-à-dire dans la caisse des dépôts et consignations. (Voy. aux Lois et Ord. div., les ordonn. des 22 mai et 3 juillet 1816.)

biteur; elles tiennent lieu à son égard de paiement, lorsqu'elles sont valablement faites, et la chose ainsi consignée demeure aux risques du créancier. C. 1234, 1961, 2186.—Pr. 812, s.—Co.161.

1258. Pour que les offres réelles soient valables, il faut : — 1° Qu'elles soient faites au créancier ayant la capacité de recevoir, ou à celui qui a pouvoir de recevoir pour lui; C. 1239;—2° Qu'elles soient faites par une personne capable de payer; C. 1238; — 3° Qu'elles soient de la totalité de la somme exigible, des arrérages ou intérêts dus, des frais liquidés, et d'une somme pour les frais non liquidés, sauf à la parfaire;—4° Que le terme soit échu, s'il a été stipulé en faveur du créancier; C. 1186, 1187; — 5° Que la condition sous laquelle la dette a été contractée soit arrivée; C. 1168, 1181; — 6° Que les offres soient faites au lieu dont on est convenu pour le paiement, et que, s'il n'y a pas de convention spéciale sur le lieu du paiement, elles soient faites ou à la personne du créancier, ou à son domicile, ou au domicile élu pour l'exécution de la convention; C. 1134, 1247, 1264; — 7° Que les offres soient faites par un officier ministériel (a) ayant caractère pour ces sortes d'actes. Pr. 352, 812, s.

1259. Il n'est pas nécessaire, pour la validité de la consignation, qu'elle ait été autorisée par le juge; il suffit : — 1° Qu'elle ait été précédée d'une sommation signifiée au créancier, et contenant l'indication du jour, de l'heure et du lieu où la chose offerte sera déposée; — 2° Que le débiteur se soit dessaisi de la chose offerte, en la remettant dans le dépôt indiqué par la loi pour recevoir les consignations, avec les intérêts jusqu'au jour du dépôt; C. 1257 et la note;—Pr. 816; — 3° Qu'il y ait un procès-verbal, dressé par l'officier ministériel, de la nature des espèces offertes, du refus qu'a fait le créancier de les recevoir, ou de sa non-comparution, et enfin du dépôt; — 812, s.; — 4° Qu'en cas de non-comparution de la part du créancier, le procès-verbal du dépôt lui ait été signifié avec sommation de retirer la chose déposée.

(a) Les avoués et huissiers sont des *officiers ministériels.*

Pr. 812, s. — T. 29, §§ 53, 72, art. 60.

1260. Les frais des offres réelles et de la consignation sont à la charge du créancier, si elles sont valables. C. 1248. — Pr. 525.

1261. Tant que la consignation n'a point été acceptée par le créancier, le débiteur peut la retirer; et, s'il la retire, ses codébiteurs ou ses cautions ne sont point libérés. C. 2011, s., 2034.

1262. Lorsque le débiteur a lui-même obtenu un jugement passé en force de chose jugée (b), qui a déclaré ses offres et sa consignation bonnes et valables, il ne peut plus, même du consentement du créancier, retirer sa consignation au préjudice de ses codébiteurs ou de ses cautions. C. 1208, 1350-3°, 1351, 2034, s.

1263. Le créancier qui a consenti que le débiteur retirât sa consignation après qu'elle a été déclarée valable par un jugement qui a acquis force de chose jugée, ne peut plus, pour le paiement de sa créance, exercer les priviléges ou hypothèques qui y étaient attachés : il n'a plus d'hypothèque que du jour où l'acte par lequel il a consenti que la consignation fût retirée aura été revêtu des formes requises pour emporter hypothèque. C. 1271, 1278, 1350, 1351, 2127, s.

1264. Si la chose due est un corps certain qui doit être livré au lieu où il se trouve, le débiteur doit faire sommation au créancier de l'enlever, par acte notifié à sa personne ou à son domicile, ou au domicile élu pour l'exécution de la convention. Cette sommation faite, si le créancier n'enlève pas la chose, et que le débiteur ait besoin du lieu dans lequel elle est placée, celui-ci pourra obtenir de la justice la permission de la mettre en dépôt dans quelque autre lieu. C. 111, 1247, 1609, 1961, s. — T. 29, §§ 54, 72.

§ V. — *De la cession de biens.*

1265. La cession de biens est l'abandon qu'un débiteur fait de tous ses biens à ses créanciers, lorsqu'il se trouve hors

(b) Un jugement est passé en *force de chose jugée* lorsqu'on a épuisé toutes les voies ordinaires autorisées par la loi pour l'attaquer, ou lorsque ce jugement (ou arrêt) est devenu inattaquable par suite de l'expiration des délais accordés pour le faire réformer. (C. pr. 443, s.)

d'état de payer ses dettes. C. 1945. — Pr. 800-3°, 898, s., 905. — Co. 541.

1266. La cession de biens est volontaire ou judiciaire.

1267. La cession de biens volontaire est celle que les créanciers acceptent volontairement, et qui n'a d'effet que celui résultant des stipulations mêmes du contrat passé entre eux et le débiteur. C. 1134.

1268. La cession judiciaire est un bénéfice que la loi accorde au débiteur malheureux et de bonne foi, auquel il est permis, pour avoir la liberté de sa personne, de faire en justice l'abandon de tous ses biens à ses créanciers, nonobstant toute stipulation contraire. C. 6, 2059, s., 2268.—Pr. 898, s. — Co. 541.

1269. La cession judiciaire ne confère point la propriété aux créanciers ; elle leur donne seulement le droit de faire vendre les biens à leur profit, et d'en percevoir les revenus jusqu'à la vente. C. 2092, 2093.— Pr. 689, 904.

1270. Les créanciers ne peuvent refuser la cession judiciaire, si ce n'est dans les cas exceptés par la loi. — Elle opère la décharge de la contrainte par corps. — Au surplus, elle ne libère le débiteur que jusqu'à concurrence de la valeur des biens abandonnés; et dans le cas où ils auraient été insuffisants, s'il lui en survient d'autres, il est obligé de les abandonner jusqu'au parfait paiement. C. 1265.

SECT. II. — *De la novation.*

1271. La novation s'opère de trois manières : — 1° Lorsque le débiteur contracte envers son créancier une nouvelle dette qui est substituée à l'ancienne, laquelle est éteinte ; — 2° Lorsqu'un nouveau débiteur est substitué à l'ancien, qui est déchargé par le créancier ; — 3° Lorsque, par l'effet d'un nouvel engagement, un nouveau créancier est substitué à l'ancien, envers lequel le débiteur se trouve déchargé. C. 1278, s., 1281, 1690.

1272. La novation ne peut s'opérer qu'entre personnes capables de contracter. C. 1123, s.

1273. La novation ne se présume point; il faut que la volonté de l'opérer résulte clairement de l'acte. C. 1277.

1274. La novation par la substitution d'un nouveau débiteur peut s'opérer sans le concours du premier débiteur. C. 1279, s.

1275. La délégation par laquelle un débiteur donne au créancier un autre débiteur, qui s'oblige envers le créancier, n'opère point de novation, si le créancier n'a expressément déclaré qu'il entendait décharger son débiteur qui a fait la délégation. C. 1273, 1276, 1277, 2212.

1276. Le créancier qui a déchargé le débiteur par qui a été faite la délégation n'a point de recours contre ce débiteur, si le délégué devient insolvable, à moins que l'acte n'en contienne une réserve expresse, ou que le délégué ne fût déjà en faillite ouverte, ou tombé en déconfiture (a) au moment de la délégation. C. 1446, 1613, 1693, s., 1865, 2003, 2032. —Co. 437.

1277. La simple indication, faite par le débiteur, d'une personne qui doit payer à sa place, n'opère point novation. — Il en est de même de la simple indication, faite par le créancier, d'une personne qui doit recevoir pour lui. C. 1275.

1278. Les privilèges et hypothèques de l'ancienne créance ne passent point à celle qui lui est substituée, à moins que le créancier ne les ait expressément réservés. C. 1279, s., 1299.

1279. Lorsque la novation s'opère par la substitution d'un nouveau débiteur, les privilèges et hypothèques primitifs de la créance ne peuvent point passer sur les biens du nouveau débiteur. C. 1271-2°, 1274, 1278, 1280, s.

1280. Lorsque la novation s'opère entre le créancier et l'un des débiteurs solidaires, les privilèges et hypothèques de l'ancienne créance ne peuvent être réservés que sur les biens de celui qui contracte la nouvelle dette. C. 1208, 1274, 1279, 1281, 2124.

1281. Par la novation faite entre le créancier et l'un des débiteurs solidaires les codébiteurs sont libérés. C. 1284. — La novation opérée à l'égard du débiteur

---

(a) La *déconfiture* est l'état d'insolvabilité d'un individu non commerçant, quelle que soit la cause qui l'ait produite. La déconfiture diffère de la faillite sous des rapports essentiels : 1° la faillite ne peut s'appliquer qu'aux commerçants de profession ; 2° elle ne suppose pas toujours l'insolvabilité ; tandis qu'à l'inverse, c'est l'insolvabilité même qui constitue la déconfiture.

principal libère les cautions. C. 2034, 2037.—Néanmoins, si le créancier a exigé, dans le premier cas, l'accession des co-débiteurs, ou, dans le second, celle des cautions, l'ancienne créance subsiste, si les codébiteurs ou les cautions refusent d'accéder au nouvel arrangement.

SECT. III. — *De la remise de la dette.*

1282. La remise volontaire du titre original sous signature privée, par le créancier au débiteur, fait preuve de la libération. C. 1138, 1234-2°, 1315, 1318, s., 1341, 1350, s.

1283. La remise volontaire de la grosse du titre *(a)* fait présumer la remise de la dette ou le paiement, sans préjudice de la preuve contraire. C. 1315, 1349, s. — Pr. 256, 854.

1284. La remise du titre original sous signature privée, ou de la grosse du titre, à l'un des débiteurs solidaires, a le même effet au profit de ses codébiteurs. C. 1200, 1208.

1285. La remise ou décharge conventionnelle au profit de l'un des codébiteurs solidaires libère tous les autres, à moins que le créancier n'ait expressément réservé ses droits contre ces derniers. C. 1200, 1208. — Dans ce dernier cas, il ne peut plus répéter la dette que déduction faite de la part de celui auquel il a fait la remise. C. 1215.

1286. La remise de la chose donnée en nantissement ne suffit point pour faire présumer la remise de la dette. C. 2071, s., 2076.

1287. La remise ou décharge conventionnelle accordée au débiteur principal libère les cautions ; C. 2034 ; — Co. 545 ; — Celle accordée à la caution ne libère pas le débiteur principal ; — Celle accordée à l'une des cautions ne libère pas les autres. C. 1365, 2025, 2033, 2038.

1288. Ce que le créancier a reçu d'une caution pour la décharge de son cautionnement doit être imputé sur la dette, et tourner à la décharge du débiteur principal et des autres cautions. C. 1236, 1253, s.

SECT. IV. — *De la compensation.*

1289. Lorsque deux personnes se trouvent débitrices l'une envers l'autre, il s'opère entre elles une compensation, qui éteint les deux dettes, de la manière et dans les cas ci-après exprimés. C. 1234, 1290, s., 1623, 1850, 1885, 2089. — Pr. 131, 464.

1290. La compensation s'opère de plein droit par la seule force de la loi, même à l'insu des débiteurs ; les deux dettes s'éteignent réciproquement, à l'instant où elles se trouvent exister à la fois, jusqu'à concurrence de leurs quotités respectives. C. 1220, 1244.

1291. La compensation n'a lieu qu'entre deux dettes qui ont également pour objet une somme d'argent, ou une certaine quantité de choses fongibles *(b)* de la même espèce, et qui sont également liquides et exigibles. C. 587. — Les prestations en grains ou denrées, non contestées, et dont le prix est réglé par les mercuriales *(c)*, peuvent se compenser avec des sommes liquides exigibles.

1292. Le terme de grâce n'est point un obstacle à la compensation. C. 1244, 1900, 2212.—Pr. 122.

1293. La compensation a lieu, quelles que soient les causes de l'une ou l'autre des dettes, excepté dans le cas, — 1° De la demande en restitution d'une chose dont le propriétaire a été injustement dépouillé ; C. 2060-2°, 2061, 2233 ; — 2° De la demande en restitution d'un dépôt et du prêt à usage ; C. 1885, 1932 ; — 3° D'une dette qui a pour cause des aliments déclarés insaisissables. C. 1015-2°. — Pr. 581, 582.

1294. La caution peut opposer la compensation de ce que le créancier doit au débiteur principal. — Mais le débiteur principal ne peut opposer la compensa-

---

(a) La *grosse* est la copie textuelle du titre, délivrée par le notaire, en forme exécutoire, sur la minute, laquelle doit rester dans son étude. (Voy., au C. polit., la formule exécutoire actuelle.)

(b) Les choses sont *fongibles* quand elles peuvent être parfaitement remplacées par d'autres choses de même nature, qualité, quantité et valeur : *una fungitur vice alterius.* En général, les choses fongibles sont meubles, et se consomment par le premier usage qu'on en fait, comme l'argent, les grains, les liqueurs, etc. (Voy. C. Nap. 587.)

(c) On donne la dénomination de *mercuriales* aux prix courants des denrées comestibles, tels qu'ils ont été dressés, sur des registres à ce destinés, par l'autorité municipale à la fin de chaque marché, et d'après la libre concurrence de la vente.

tion de ce que le créancier doit à la caution. C. 1287, 2036. — Le débiteur solidaire ne peut pareillement opposer la compensation de ce que le créancier doit à son codébiteur. C. 1200, 1208, 1285, 1301, 2036.

1295. Le débiteur, qui a accepté purement et simplement la cession qu'un créancier a faite de ses droits à un tiers, ne peut plus opposer au cessionnaire la compensation qu'il eût pu, avant l'acceptation, opposer au cédant. C. 1275. — A l'égard de la cession qui n'a point été acceptée par le débiteur, mais qui lui a été signifiée, elle n'empêche que la compensation des créances postérieures à cette notification. C. 1276, 1277, 1290, 1689, s.

1296. Lorsque les deux dettes ne sont pas payables au même lieu, on n'en peut opposer la compensation qu'en faisant raison des frais de la remise. C. 1247, s.

1297. Lorsqu'il y a plusieurs dettes compensables, dues par la même personne, on suit, pour la compensation, les règles établies pour l'imputation par l'article 1256.

1298. La compensation n'a pas lieu au préjudice des droits acquis à un tiers. Ainsi celui qui, étant débiteur, est devenu créancier depuis la saisie-arrêt faite pas un tiers entre ses mains, ne peut, au préjudice du saisissant, opposer la compensation. C. 1242.—Pr. 557, s.

1299. Celui qui a payé une dette qui était, de droit, éteinte par la compensation, ne peut plus, en exerçant la créance dont il n'a point opposé la compensation, se prévaloir, au préjudice des tiers, des priviléges ou hypothèques qui y étaient attachés, à moins qu'il n'ait eu une juste cause d'ignorer la créance qui devait compenser sa dette. C. 1271, 1278, 1290.

SECT. V. — De la confusion.

1300. Lorsque les qualités de créancier et de débiteur se réunissent dans la même personne, il se fait une confusion de droit, qui éteint les deux créances. C. 617, 625, 705, 1209, 1234, 1301, 1946, 2035.

1301. La confusion qui s'opère dans la personne du débiteur principal profite à ses cautions;—Celle qui s'opère dans la personne de la caution n'entraîne point l'extinction de l'obligation principale; C. 2035, s ;—Celle qui s'opère dans la personne du créancier ne profite à ses codébiteurs solidaires que pour la portion dont il était débiteur. C. 802, 870, s., 1200, 1208, s., 1698, 2035, 2177.

SECT. VI. — De la perte de la chose due.

1302. Lorsque le corps certain et déterminé, qui était l'objet de l'obligation, vient à périr, est mis hors du commerce, ou se perd de manière qu'on en ignore absolument l'existence, l'obligation est éteinte si la chose a péri ou a été perdue sans la faute du débiteur et avant qu'il fût en demeure. C.1136,1139,1193, s., 1234, 1601, 1788.—Lors même que le débiteur est en demeure, et s'il ne s'est pas chargé des cas fortuits, l'obligation est éteinte dans le cas où la chose fût également périe chez le créancier si elle lui eût été livrée.—Le débiteur est tenu de prouver le cas fortuit qu'il allègue.—De quelque manière que la chose volée ait péri ou ait été perdue, sa perte ne dispense pas celui qui l'a soustraite de la restitution du prix. C. 1136, s., 1382, 1733, 1808, 2279, 2280.—P. 379.

1303. Lorsque la chose est périe, mise hors du commerce ou perdue, sans la faute du débiteur, il est tenu, s'il y a quelques droits ou actions en indemnité par rapport à cette chose, de les céder à son créancier. C. 1934.

SECT. VII. — De l'action en nullité ou en rescision des conventions.

1304. Dans tous les cas où l'action en nullité ou en rescision d'une convention n'est pas limitée à un moindre temps par une loi particulière, cette action dure dix ans. C. 1676, 2265, 2271, s.—Ce temps ne court, dans le cas de violence, que du jour où elle a cessé; dans le cas d'erreur ou de dol, du jour ou ils ont été découverts; et, pour les actes passés par les femmes mariées non autorisées, du jour de la dissolution du mariage. C. 213, 227, 1109 à 1117, 1124, 1338.—Le temps ne court, à l'égard des actes faits par les interdits, que du jour où l'interdiction est levée; et à l'égard de ceux faits par les mineurs, que du jour de la majorité. C. 488, 489,

512, 513, 1124, 1314. — Lois et ord. div., loi du 28 juin 1838, art 39.

1305. La simple lésion donne lieu à la rescision en faveur du mineur non émancipé, contre toutes sortes de conventions; et en faveur du mineur émancipé, contre toutes conventions qui excèdent les bornes de sa capacité, ainsi qu'elle est déterminée au titre *de la Minorité, de la Tutelle et de l'Emancipation.* C. 481 à 484. — Pr. 481, 1030.

1306. Le mineur n'est pas restituable pour cause de lésion, lorsqu'elle ne résulte que d'un événement casuel et imprévu. C. 1148, 1169.

1307. La simple déclaration de majorité, faite par le mineur, ne fait point obstacle à sa restitution.

1308. Le mineur commerçant, banquier ou artisan, n'est point restituable contre les engagements qu'il a pris à raison de son commerce ou de son art. C. 487.—Co. 2, 3, 6.

1309. Le mineur n'est point restituable contre les conventions portées en son contrat de mariage, lorsqu'elles ont été faites avec le consentement et l'assistance de ceux dont le consentement est requis pour la validité de son mariage. C. 148 à 151, 160, 1095, 1398.

1310. Il n'est point restituable contre les obligations résultant de son délit ou quasi-délit (a). C. 1382, 1383, s.—I. cr. 340.—P. 1, 66 à 69.

1311. Il n'est plus recevable à revenir contre l'engagement qu'il avait souscrit en minorité, lorsqu'il l'a rectifié en majorité, soit que cet engagement fût nul en sa forme, soit qu'il fût seulement sujet à restitution. C. 1338.

1312. Lorsque les mineurs, les interdits et les femmes mariées, sont admis, en ces qualités, à se faire restituer contre leurs engagements, le remboursement de ce qui aurait été, en conséquence de ces engagements, payé pendant la minorité, l'interdiction ou le mariage, ne peut en être exigé, à moins qu'il ne soit prouvé que ce qui a été payé a tourné à leur profit.

C. 1241, 1315, 1926, 1990. — Co. 114.

1313. Les majeurs ne sont restitués pour cause de lésion que dans les cas et sous les conditions spécialement exprimés dans le présent Code. C. 783, 887, s., 1109, 1118, 1674, s., 1706, 2052, s.

1314. Lorsque les formalités requises à l'égard des mineurs ou des interdits, soit pour l'aliénation d'immeubles, soit dans un partage de succession, ont été remplies, ils sont, relativement à ces actes, considérés comme s'ils les avaient faits en majorité ou avant l'interdiction. C. 457 à 460, 466, 484, 489, 509, 817, 823, s., 840, 2052. — Pr. 966, s.

CHAP. VI. — DE LA PREUVE DES OBLIGATIONS ET DE CELLE DU PAIEMENT.

1315. Celui qui réclame l'exécution d'une obligation doit la prouver.—Réciproquement, celui qui se prétend libéré doit justifier le paiement ou le fait qui a produit l'extinction de son obligation.

1316. Les règles qui concernent la preuve littérale, la preuve testimoniale, les présomptions, l'aveu de la partie et le serment, sont expliquées dans les sections suivantes. C. 1282, s., 1317, s., 1341, s., 1349, s., 1354, s., 1357.

SECT. I. — *De la preuve littérale.*

§ I — *Du titre authentique.*

1317. L'acte authentique est celui qui a été reçu par officiers publics (b) ayant le droit d'instrumenter dans le lieu où l'acte a été rédigé, et avec les solennités requises. Pr. 545.

1318. L'acte qui n'est point authentique par l'incompétence ou l'incapacité de l'officier, ou par un défaut de forme, vaut comme écriture privée, s'il a été signé des parties. C. 1322, s.—Pr. 841, s.

1319. L'acte authentique fait pleine foi de la convention qu'il renferme entre les parties contractantes et leurs héritiers ou ayants-cause. C. 724, 1122, 1134, 1320.—P. 135.—Néanmoins, en cas de plainte en faux principal, l'exécution de

---

(a) Le *délit* est toute action que la loi défend et frappe d'une peine. Les *quasi-délits* sont les faits qui causent du dommage à autrui, mais qui, n'ayant pas été prévus par la loi pénale, ne soumettent leurs auteurs qu'à la responsabilité civile consacrée par l'art. 1382 du Code.

(b) Ces officiers publics sont les juges de paix, les officiers de l'état civil, les notaires, les huissiers, les commissaires-priseurs, etc. Les actes dont l'art. 1317 entend principalement parler sont ceux reçus par les notaires. (Voy. C. des officiers ministériels.)

l'acte argué de faux sera suspendue par la mise en accusation; et, en cas d'inscription de faux faite incidemment (a), les tribunaux pourront, suivant les circonstances, suspendre provisoirement l'exécution de l'acte. Pr. 214, s., 250.— I. cr. 448, s., 460.—P. 145, s.

1320. L'acte, soit authentique, soit sous seing-privé, fait foi, entre les parties, même de ce qui n'y est exprimé qu'en termes énonciatifs, pourvu que l'énonciation ait un rapport direct à la disposition. Les énonciations étrangères à la disposition ne peuvent servir que d'un commencement de preuve. C. 1317, 1322, 1347.

1321. Les contre-lettres (b) ne peuvent avoir leur effet qu'entre les parties contractantes : elles n'ont point d'effet contre les tiers. C. 1175, 1394 à 1397.

§ II.— De l'acte sous seing-privé.

1322. L'acte sous seing-privé, reconnu par celui auquel on l'oppose, ou légalement tenu pour reconnu, a, entre ceux qui l'ont souscrit et entre leurs héritiers et ayants-cause, la même foi que l'acte authentique. C.1317, 1321, s., 1341. —Pr. 54, 194, 199.—Co. 109.

1323. Celui auquel on oppose un acte sous seing-privé est obligé d'avouer ou de désavouer formellement son écriture ou sa signature. C. 1324. Ses héritiers ou ayants-cause peuvent se contenter de déclarer qu'ils ne connaissént point l'écriture ou la signature de leur auteur. C. 1122.—Pr. 193, s.

1324. Dans le cas où la partie désavoue son écriture ou sa signature, et dans le cas où ses héritiers ou ayants-cause déclarent ne les point connaître, la vérification en est ordonnée en justice. Pr. 49-7o, 193, s., 434, s.

(a) Le *faux principal*, ainsi appelé parce qu'il est le *principe* du procès en faux, a pour but unique de faire punir le faussaire par la voie criminelle. Le *faux incident*, au contraire, qui ne peut naître qu'accessoirement à une action déjà formée, n'est dirigé que contre un acte ou un titre faux ou falsifié, produit dans le cours d'un procès et pour le faire rejeter de l'instance, sans s'occuper de la personne qui a pu avoir falsifié cet acte.

(b) Les *contre-lettres* sont des actes qui dérogent aux conventions portées dans un acte authentique : elles sont en conséquence destinées à rester secrètes. (Voy. C. de l'enreg., loi du 22 frim. an 7, art. 40, 2e part.; p. 267.)

1325. Les actes sous seing-privé, qui contiennent des conventions synallagmatiques, ne sont valables qu'autant qu'ils ont été faits en autant d'originaux qu'il y a de parties ayant un intérêt distinct. C. 39.—Il suffit d'un original pour toutes les personnes ayant le même intérêt.— Chaque original doit contenir la mention du nombre des originaux qui en ont été faits.—Néanmoins, le défaut de mention que les originaux ont été faits doubles, triples, etc., ne peut être opposé par celui qui a exécuté de sa part la convention portée dans l'acte. C. 1338. — Co. 39, 109, 282.

1326 (c). Le billet ou la promesse sous seing-privé, par lequel une seule partie s'engage envers l'autre à lui payer une somme d'argent ou une chose appréciable, doit être écrit en entier de la main de celui qui le souscrit; ou du moins il faut qu'outre sa signature, il ait écrit de sa main un *bon* ou un *approuvé*, portant en toutes lettres la somme ou la quantité de la chose;—Excepté dans le cas où l'acte émane de marchands, artisans, laboureurs, vignerons, gens de journée et de service. C. 1318, 1347, 1827.—Co. 109.

1327. Lorsque la somme exprimée au corps de l'acte est différente de celle exprimée au *bon*, l'obligation est présumée n'être que la somme moindre, lors même que l'acte ainsi que le *bon* sont écrits en entier de la main de celui qui s'est obligé, à moins qu'il ne soit prouvé de quel côté est l'erreur. C. 1162, 1350, 1352.

1328. Les actes sous seing-privé n'ont de date contre les tiers que du jour où ils ont été enregistrés, du jour de la mort de celui ou de l'un de ceux qui les ont souscrits, ou du jour où leur substance est constatée dans les actes dressés par des officiers publics, tels que procès-verbaux de scellés ou d'inventaire. C. 1743, 1750, 2102-1o. — C. de l'enreg.

1329. Les registres des marchands ne font point, contre les personnes non marchandes, preuve des fournitures qui y sont portées, sauf ce qui sera dit à l'é-

(c) La disposition de cet art. 1326 est tirée des ordonnances et édits des 30 juillet 1730 et 22 septembre 1733, dont le principe, mieux développé que dans le Code Nap., est encore invoqué par la jurisprudence.

gard du serment. C. 1367, 2272.—Co. 8, s.

1330. Les livres des marchands font preuve contre eux; mais celui qui en veut tirer avantage ne peut les diviser en ce qu'ils contiennent de contraire à sa prétention. C. 1329, 1350.—Co. 12, s., 109.

1331. Les registres et papiers domestiques ne font point un titre pour celui qui les a écrits. Ils font foi contre lui,—1º dans tous les cas où ils énoncent formellement un paiement reçu; — 2º lorsqu'ils contiennent la mention expresse que la note a été faite pour suppléer le défaut du titre en faveur de celui au profit duquel ils énoncent une obligation. C. 46, 324, 1348-4º, 1415.

1332. L'écriture mise par le créancier à la suite, en marge ou au dos d'un titre qui est toujours resté en sa possession, fait foi, quoique non signée ni datée par lui, lorsqu'elle tend à établir la libération du débiteur.—Il en est de même de l'écriture mise par le créancier au dos, ou en marge, ou à la suite du double d'un titre ou d'une quittance, pourvu que ce double soit entre les mains du débiteur. C. 1282, 1284, 1350-2º, 1352.

§ III. — Des tailles.

1333. Les tailles corrélatives à leurs échantillons font foi entre les personnes qui sont dans l'usage de constater ainsi les fournitures qu'elles font ou reçoivent en détail (a). C. 1134, 1350, s.

§ IV. — Des copies des titres.

1334. Les copies, lorsque le titre original subsiste, ne font foi que de ce qui est contenu au titre, dont la représentation peut toujours être exigée. C. 45. — Pr. 839, s.

1335. Lorsque le titre original n'existe

(a) Les *tailles* sont un genre de preuve en usage pour les menues fournitures et particulièrement pour celles des bouchers et des boulangers. Elles consistent en un morceau de bois qui a été divisé en deux parties : l'une de ces parties est conservée par le fournisseur et se nomme proprement *taille*; l'autre reste dans les mains du consommateur, et s'appelle *échantillon*. Au moment de la fourniture, on réunit les deux parties, puis on passe dessus une raie ou une entaille, qui, établie simultanément sur chacune des deux parties de la taille, sert ainsi à déterminer, lors du règlement, le nombre ou la quantité des fournitures faites.

plus, les copies font foi d'après les distinctions suivantes : 1º Les grosses ou premières expéditions font la même foi que l'original : il en est de même des copies qui ont été tirées par l'autorité du magistrat, parties présentes ou dûment appelées, ou de celles qui ont été tirées en présence des parties et de leur consentement réciproque. C. 1319. — Pr. 203, 844, s. — 2º Les copies qui, sans l'autorité du magistrat, ou sans le consentement des parties, et depuis la délivrance des grosses ou premières expéditions, auront été tirées sur la minute de l'acte par le notaire qui l'a reçu, ou par l'un de ses successeurs, ou par officiers publics qui, en cette qualité, sont dépositaires des minutes, peuvent, au cas de perte de l'original, faire foi quand elles sont anciennes. C. 1283 et la *note*. — Elles sont considérées comme anciennes quand elles ont plus de trente ans; — Si elles ont moins de trente ans, elles ne peuvent servir que de commencement de preuve par écrit. C. 45, 1347.—Pr. 203, 245, 853. —3º Lorsque les copies tirées sur la minute d'un acte ne l'auront pas été par le notaire qui l'a reçu, ou par l'un de ses successeurs, ou par officiers publics qui, en cette qualité, sont dépositaires des minutes, elles ne pourront servir, quelle que soit leur ancienneté, que de commencement de preuve par écrit. C. 1347. — Pr. 203, 245. — 4º Les copies de copies pourront, suivant les circonstances, être considérées comme simples renseignements. Pr. 203, 844, 852.

1336. La transcription d'un acte sur les registres publics ne pourra servir que de commencement de preuve par écrit; et il faudra même pour cela, —1º Qu'il soit constant que toutes les minutes du notaire, de l'année dans laquelle l'acte paraît avoir été fait, soient perdues, ou que l'on prouve que la perte de la minute de cet acte a été faite par un accident particulier; —2º Qu'il existe un répertoire en règle du notaire, qui constate que l'acte a été fait à la même date.—Lorsqu'au moyen du concours de ces deux circonstances, la preuve par témoins sera admise, il sera nécessaire que ceux qui ont été témoins de l'acte, s'ils existent encore, soient entendus. C. 939, 1069, 1347. — Pr. 252, s.

§ V. — *Des actes récognitifs et confirmatifs.*

1337. Les actes récognitifs ne dispensent point de la représentation du titre primordial, à moins que sa teneur n'y soit spécialement relatée.—Ce qu'ils contiennent de plus que le titre primordial, ou ce qui s'y trouve de différent, n'a aucun effet.—Néanmoins, s'il y avait plusieurs reconnaissances conformes, soutenues de la possession, et dont l'une eût trente ans de date, le créancier pourrait être dispensé de représenter le titre primordial. C. 695, 2228, 2263.

1338. L'acte de confirmation ou ratification d'une obligation, contre laquelle la loi admet l'action en nullité ou en rescision, n'est valable que lorsqu'on y trouve la substance de cette obligation, la mention du motif de l'action en rescision, et l'intention de réparer le vice sur lequel cette action est fondée. — C. Pr. 1004. — A défaut d'acte de confirmation ou ratification, il suffit que l'obligation soit exécutée volontairement après l'époque à laquelle l'obligation pouvait être valablement confirmée ou ratifiée.—La confirmation, ratification, ou exécution volontaire, dans les formes et à l'époque déterminées par la loi, emporte la renonciation aux moyens et exceptions que l'on pouvait opposer contre cet acte, sans préjudice néanmoins du droit des tiers. C. 1115, s., 1120, 1311, 1998, 2054, 2225.

1339. Le donateur ne peut réparer par aucun acte confirmatif les vices d'une donation entre-vifs; nulle en la forme, il faut qu'elle soit refaite en la forme légale. C. 931, 932, 943 à 945, 960, 964, 1081, 1092, 1340.

1340. La confirmation ou ratification, ou exécution volontaire d'une donation par les héritiers ou ayants-cause du donateur, après son décès, emporte la renonciation à opposer soit les vices de forme, soit toute autre exception. C. 1338.

SECT. II. — *De la preuve testimoniale* (a).

1341. Il doit être passé acte, devant notaires ou sous signature privée, de toutes choses excédant la somme ou valeur de cent cinquante francs, même pour dépôts volontaires; et il n'est reçu aucune preuve

(a) C'est celle qui s'effectue au moyen du témoignage des hommes, reçu en justice.

par témoins contre et outre le contenu aux actes, ni sur ce qui serait allégué avoir été dit avant, lors ou depuis les actes, encore qu'il s'agisse d'une somme ou valeur moindre de cent cinquante francs. C. 46, 923, 1134, 1315, 1342, s., 1715, 1834, 1923, 1950, 1985.—Co. 41.—Le tout sans préjudice de ce qui est prescrit dans les lois relatives au commerce. Co. 109.

1342. La règle ci-dessus s'applique au cas où l'action contient, outre la demande du capital, une demande d'intérêts, qui, réunis au capital, excèdent la somme de cent cinquante francs. C. 1905, 1907.

1343. Celui qui a formé une demande excédant cent cinquante francs ne peut plus être admis à la preuve testimoniale, même en restreignant sa demande primitive. C. 1341.

1344. La preuve testimoniale, sur la demande d'une somme même moindre de cent cinquante francs, ne peut être admise lorsque cette somme est déclarée être le restant ou faire partie d'une créance plus forte, qui n'est point prouvée par écrit. C. 1341.

1345. Si, dans la même instance, une partie fait plusieurs demandes dont il n'y ait point de titre par écrit, et que, jointes ensemble, elles excèdent la somme de cent cinquante francs, la preuve par témoins n'en peut être admise, encore que la partie allègue que ces créances proviennent de différentes causes, et qu'elles se soient formées en différents temps, si ce n'était que ces droits procédassent, par succession, donation ou autrement, de personnes différentes.

1346. Toutes les demandes, à quelque titre que ce soit, qui ne sont pas entièrement justifiées par écrit, seront formées par un même exploit, après lequel les autres demandes dont il n'y aura point de preuves par écrit ne seront pas reçues.

1347. Les règles ci-dessus reçoivent exception lorsqu'il existe un commencement de preuve par écrit.—On appelle ainsi tout acte par écrit qui est émané de celui contre lequel la demande est formée, ou de celui qu'il représente, et qui rend vraisemblable le fait allégué. C. 323, 324, 341, 1320, 1335, 1336, 1360.

1348. Elles reçoivent encore exception toutes les fois qu'il n'a pas été possible au créancier de se procurer une preuve

littérale de l'obligation qui a été contractée envers lui.—Cette seconde exception
s'applique,—1° Aux obligations qui naissent des quasi-contrats et des délits ou
quasi-délits. C. 46, 1116, 1371 et la *note*,
1382, s. — 2° Aux dépôts nécessaires faits
en cas d'incendie, ruine, tumulte ou naufrage, et à ceux faits par les voyageurs en
logeant dans une hôtellerie, le tout suivant la qualité des personnes et les circonstances du fait. C. 1782, 1949, s. —
3° Aux obligations contractées en cas
d'accidents imprévus, où l'on ne pourrait
pas avoir fait des actes par écrit. — 4° Au
cas où le créancier a perdu le titre qui lui
servait de preuve littérale, par suite d'un
cas fortuit, imprévu et résultant d'une
force majeure. C. 46, 1148.

SECT. III. — *Des présomptions.*

1349. Les présomptions sont des
conséquences que la loi ou le magistrat
tire d'un fait connu à un fait inconnu.
C. 1316, 1350, s.

§ I. — *Des présomptions établies par la loi.*

1350. La présomption légale est
celle qui est attachée par une loi spéciale
à certains actes ou à certains faits : tels
sont, — 1° Les actes que la loi déclare
nuls, comme présumés faits en fraude
de ses dispositions, d'après leur seule
qualité. C. 553, 653, 911, 918, 1100,
1496, 1525, 1569.—Co. 443, s.—2° Les
cas dans lesquels la loi déclare la propriété ou la libération résulter de certaines circonstances déterminées. C. 653,
s., 1282, s., 2271, s. — 3° L'autorité que
la loi attribue à la chose jugée. C. 1351.
— 4° La force que la loi attache à l'aveu
de la partie ou à son serment. C. 1354,
s., 1357, s.

1351. L'autorité de la chose jugée
n'a lieu qu'à l'égard de ce qui a fait l'objet du jugement. Il faut que la chose
demandée soit la même ; que la demande
soit fondée sur la même cause; que la
demande soit entre les mêmes parties
et formée par elles et contre elles en la
même qualité (*a*). C. 2051, 2056, 2061.
— Pr. 469, 478.

1352. La présomption légale dispense

de toute preuve celui au profit duquel
elle existe. C. 1350. — Nulle preuve n'est
admise contre la présomption de la loi,
lorsque, sur le fondement de cette présomption, elle annule certains actes ou
dénie l'action en justice, à moins qu'elle
n'ait réservé la preuve contraire, et sauf
ce qui sera dit sur le serment et l'aveu
judiciaires. C. 450, 918, 1354, s., 1357,
s. — Pr. 480.

§ II. — *Des présomptions qui ne sont point établies par la loi* (*b*).

1353. Les présomptions qui ne sont
point établies par la loi sont abandonnées aux lumières et à la prudence du
magistrat, qui ne doit admettre que des
présomptions graves, précises et con-
cordantes, et dans les cas seulement où
la loi admet les preuves testimoniales, à
moins que l'acte ne soit attaqué pour
cause de fraude ou de dol. C. 1109, 1116,
1117, 1341, s. — Co. 109.

SECT. IV. — *De l'aveu de la partie.*

1354. L'aveu qui est opposé à une
partie est ou extrajudiciaire ou judiciaire.
C. 1316, 1350-4°. — Pr. 870.

1355. L'allégation d'un aveu extrajudiciaire purement verbal est inutile
toutes les fois qu'il s'agit d'une demande
dont la preuve testimoniale ne serait
point admissible. C. 1341, s.

1356. L'aveu judiciaire est la déclaration que fait en justice la partie ou
son fondé de pouvoir spécial. C. 1987.—
Pr. 54, 352.—Il fait pleine foi contre celui
qui l'a fait. — Il ne peut être divisé contre
lui. C. 1332. — Il ne peut être révoqué, à
moins qu'on ne prouve qu'il a été la suite
d'une erreur de fait. Il ne pourrait être
révoqué sous prétexte d'une erreur de
droit. C. 1109, 1110, 2052, 2055.

SECT. V. — *Du serment.*

1357. Le serment judiciaire est de
deux espèces : 1° Celui qu'une partie
défère à l'autre pour en faire dépendre
le jugement de la cause : il est appelé
décisoire; C. 1358, s. — 2° Celui qui est
déféré d'office par le juge à l'une ou à

(*a*) Les conditions constitutives de la chose
jugée étaient les mêmes dans le droit romain :
*eadem res, eadem ratio petendi, eadem conditio
personarum.*

(*b*) On les appelle les *présomptions humaines.*

l'autre des parties (*a*). C. 1366, s. — Pr. 55, 120, s. — Co. 17. — P. 366.

§ I. — *Du serment décisoire.*

1358. Le serment décisoire peut être déféré sur quelque espèce de contestation que ce soit. C. 1715, 1924, 2275. — Pr. 55, 120. — Co. 189-2°. — P. 366.

1359. Il ne peut être déféré que sur un fait personnel à la partie à laquelle on le défère. C. 2275. — Pr. 120, 121. — Co. 189.

1360. Il peut être déféré en tout état de cause, et encore qu'il n'existe aucun commencement de preuve de la demande ou de l'exception sur laquelle il est provoqué. C. 1347, 1364.

1361. Celui auquel le serment est déféré, qui le refuse ou qui ne consent pas à le référer à son adversaire, ou l'adversaire à qui il a été référé et qui le refuse, doit succomber dans sa demande ou dans son exception. C. 1350-4°,1368.

1362. Le serment ne peut être référé quand le fait qui en est l'objet n'est point celui des deux parties, mais est purement personnel à celui auquel le serment avait été déféré. C. 1359.

1363. Lorsque le serment déféré ou référé a été fait, l'adversaire n'est point recevable à en prouver la fausseté. C. 1350, 1352. — P. 366.

1364. La partie qui a déféré ou référé le serment ne peut plus se rétracter lorsque l'adversaire a déclaré qu'il est prêt à faire ce serment. C. 1121, 1134.

1365. Le serment fait ne forme preuve qu'au profit de celui qui l'a déféré ou contre lui, et au profit de ses héritiers et ayants-cause, ou contre eux. — Néanmoins le serment déféré par l'un des créanciers solidaires au débiteur ne libère celui-ci que pour la part de ce créancier. C. 1197. — Le serment déféré au débiteur principal libère également les cautions. C. 1287, 1301, 2025, 2034. — Celui déféré à l'un des débiteurs solidaires profite aux codébiteurs. C. 1208, 1285. — Et celui déféré à la caution profite au débiteur principal. — Dans ces deux derniers cas, le serment du codébiteur solidaire ou de la caution ne profite aux

autres codébiteurs ou au débiteur principal, que lorsqu'il a été déféré sur la dette, et non sur le fait de la solidarité ou du cautionnement.

§ II. — *Du serment déféré d'office.*

1366. Le juge peut déférer à l'une des parties le serment, ou pour en faire dépendre la décision de la cause, ou seulement pour déterminer le montant de la condamnation (*b*). C. 1329, 1369, 1716, 1781, 1924. — Pr. 120. — Co. 17.

1367. Le juge ne peut déférer d'office le serment, soit sur la demande, soit sur l'exception qui y est opposée, que sous les deux conditions suivantes : il faut, — 1° Que la demande ou l'exception ne soit pas pleinement justifiée; — 2° qu'elle ne soit pas totalement dénuée de preuves. — Hors ces deux cas, le juge doit ou adjuger ou rejeter purement et simplement la demande. C. 1715, 1781.

1368. Le serment déféré d'office par le juge à l'une des parties ne peut être par elle référé à l'autre. C. 1361, s. — Pr. 120.

1369. Le serment sur la valeur de la chose demandée ne peut être déféré par le juge au demandeur, que lorsqu'il est d'ailleurs impossible de constater autrement cette valeur. — Le juge doit même, en ce cas, déterminer la somme jusqu'à concurrence de laquelle le demandeur en sera cru sur son serment. C. 1366. — Pr. 120.

TITRE IV.

DES ENGAGEMENTS QUI SE FORMENT SANS CONVENTION.

(Décrété le 9 février 1804. Promulgué le 19.)

1370. Certains engagements se forment sans qu'il intervienne aucune convention, ni de la part de celui qui s'oblige, ni de la part de celui envers lequel il est obligé. — Les uns résultent de l'autorité seule de la loi; les autres naissent d'un fait personnel à celui qui se trouve obligé. C. 203, 211. — Les premiers sont les engagements formés

(*a*) Il est appelé serment d'office ou *supplétoire.* (Voy. le § II.)

(*b*) Dans ce dernier cas, le serment d'office prend le nom de serment *in litem.* L'art. 1781 en offre un exemple.

involontairement, tels que ceux entre propriétaires voisins, ou ceux des tuteurs et des autres administrateurs, qui ne peuvent refuser la fonction qui leur est déférée. C. 371, 450, 639, s. — Les engagements qui naissent d'un fait personnel à celui qui se trouve obligé résultent ou des quasi-contrats, ou des délits ou quasi-délits; ils font la matière du présent titre. C. 1371, s., 1382, s.

CHAP. I. — DES QUASI-CONTRATS.

1371. Les quasi-contrats sont les faits purement volontaires de l'homme, dont il résulte un engagement quelconque envers un tiers, et quelquefois un engagement réciproque des deux parties. C. 1348-1°.

1372. Lorsque volontairement on gère l'affaire d'autrui, soit que le propriétaire connaisse la gestion, soit qu'il l'ignore, celui qui gère contracte l'engagement tacite de continuer la gestion qu'il a commencée, et de l'achever jusqu'à ce que le propriétaire soit en état d'y pourvoir lui-même; il doit se charger également de toutes les dépendances de cette même affaire. — Il se soumet à toutes les obligations qui résulteraient d'un mandat exprès que lui aurait donné le propriétaire. C. 1984, 1991, s., 2007.

1373. Il est obligé de continuer sa gestion, encore que le maître vienne à mourir avant que l'affaire soit consommée, jusqu'à ce que l'héritier ait pu en prendre la direction. C. 1991, 2010.

1374. Il est tenu d'apporter à la gestion de l'affaire tous les soins d'un bon père de famille. C. 1137. — Néanmoins les circonstances qui l'ont conduit à se charger de l'affaire peuvent autoriser le juge à modérer les dommages et intérêts qui résulteraient des fautes ou de la négligence du gérant. C. 1149, 1382, 1992.

1375. Le maître dont l'affaire a été bien administrée doit remplir les engagements que le gérant a contractés en son nom, l'indemniser de tous les engagements personnels qu'il a pris, et lui rembourser toutes les dépenses utiles ou nécessaires qu'il a faites. C. 861, s., 1384, 1998, s., 2175.

1376. Celui qui reçoit par erreur ou sciemment ce qui ne lui est pas dû s'oblige à le restituer à celui de qui il l'a indûment reçu. C. 1109, 1110, 1131, 1235, 1304, 1906.

1377. Lorsqu'une personne qui, par erreur, se croyait débitrice, a acquitté une dette, elle a le droit de répétition contre le créancier. C. 1376, 1967. — Néanmoins ce droit cesse dans le cas où le créancier a supprimé son titre par suite du paiement, sauf le recours de celui qui a payé contre le véritable débiteur.

1378. S'il y a eu mauvaise foi de la part de celui qui a reçu, il est tenu de restituer, tant le capital que les intérêts ou les fruits, du jour du paiement. C. 549, 550, 583, 584, 801, 1153, 1381, 1635, 2262. — Pr. 526, s.

1379. Si la chose indûment reçue est un immeuble ou un meuble corporel, celui qui l'a reçue s'oblige à la restituer en nature, si elle existe, ou sa valeur, si elle est périe ou détériorée par sa faute; il est même garant de sa perte par cas fortuit, s'il l'a reçue de mauvaise foi. C. 1148, 1302, 2268.

1380. Si celui qui a reçu de bonne foi a vendu la chose, il ne doit restituer que le prix de la vente. C. 549, 1238, 1240, 1935, 2268, 2279.

1381. Celui auquel la chose est restituée doit tenir compte, même au possesseur de mauvaise foi, de toutes les dépenses nécessaires et utiles qui ont été faites pour la conservation de la chose. C. 1375, 1378, 1886, 1890, 2102-3°.

CHAP. II. — DES DÉLITS ET DES QUASI-DÉLITS (b).

1382. Tout fait quelconque de l'homme, qui cause à autrui un dommage, oblige celui par la faute duquel il est arrivé à le réparer. C. 1310 et la *note*, 1348-1°, 1370, 2059. — P. 1, 73, 74, 479-1°.

1383. Chacun est responsable du dommage qu'il a causé non-seulement par son fait, mais encore par sa négligence ou par son imprudence. C. 1792, 2270. — P. 244, 319, 320, 471, 475, 479, n° 1.

(a) Voy., pour la responsabilité des avoués, greffiers, huissiers et notaires, le Code des offic. ministériels.

1384. On est responsable non-seulement du dommage que l'on cause par son propre fait, mais encore de celui qui est causé par le fait des personnes dont on doit répondre, ou des choses que l'on a sous sa garde. — Le père, et la mère, après le décès du mari, sont responsables du dommage causé par leurs enfants mineurs habitant avec eux ; — Les maîtres et les commettants, du dommage causé par leurs domestiques et préposés, dans les fonctions auxquelles ils les ont employés ; — Les instituteurs et les artisans, du dommage causé par leurs élèves et apprentis, pendant le temps qu'ils sont sous leur surveillance. — La responsabilité ci-dessus a lieu, à moins que les père et mère, instituteurs et artisans ne prouvent qu'ils n'ont pu empêcher le fait qui donne lieu à cette responsabilité. C. 372, 1797, 1953. — P. 73, 74

1385. Le propriétaire d'un animal, ou celui qui s'en sert, pendant qu'il est à son usage, est responsable du dommage que l'animal a causé, soit que l'animal fût sous sa garde, soit qu'il fût égaré ou échappé. P. 471-14°, 475-3°-4°-7°-10°, 479-2°.

1386. Le propriétaire d'un bâtiment est responsable du dommage causé par sa ruine, lorsqu'elle est arrivée par une suite du défaut d'entretien ou par le vice de sa construction. C. 1773. — P. 471-5°, 479-4°.

TITRE V.

DU CONTRAT DE MARIAGE ET DES DROITS RESPECTIFS DES ÉPOUX.

(Décrété le 10 février 1804. Promulgué le 20.)

CHAP. I. — DISPOSITIONS GÉNÉRALES.

1387. La loi ne régit l'association conjugale, quant aux biens, qu'à défaut de conventions spéciales, que les époux peuvent faire comme ils le jugent à propos, pourvu qu'elles ne soient pas contraires aux bonnes mœurs, et, en outre, sous les modifications qui suivent. C. 6, 900, 1133, 1172, 1388 à 1390, 1393, 1497, 1527, 2140.

1388. Les époux ne peuvent déroger ni aux droits résultant de la puissance maritale sur la personne de la femme et des enfants, ou qui appartiennent au mari comme chef, ni aux droits conférés au survivant des époux par le titre *de la Puissance paternelle*, et par le titre *de la Minorité, de la Tutelle et de l'Émancipation*, ni aux dispositions prohibitives du présent Code. C. 213, s., 371, s., 389, s., 397, s., 477, s., 791, 1497, 1527, 1595.

1389. Ils ne peuvent faire aucune convention ou renonciation dont l'objet serait de changer l'ordre légal des successions, soit par rapport à eux-mêmes dans la succession de leurs enfants ou descendants, soit par rapport à leurs enfants entre eux ; sans préjudice des donations entre-vifs ou testamentaires qui pourront avoir lieu selon les formes et dans les cas déterminés par le présent Code. C. 723, 731, 745, 791, 1130, 1497, 1527, 1600.

1390. Les époux ne peuvent plus stipuler d'une manière générale que leur association sera réglée par l'une des coutumes, lois ou statuts locaux qui régissaient ci-devant les diverses parties du territoire français, et qui sont abrogés par le présent Code. C. 1497, 1527.

1391. Ils peuvent cependant déclarer, d'une manière générale, qu'ils entendent se marier ou sous le régime de la communauté, ou sous le régime dotal. — Au premier cas, et sous le régime de la communauté, les droits des époux et de leurs héritiers seront réglés par les dispositions du chapitre II du présent titre (art. 1399 à 1496). — Au deuxième cas, et sous le régime dotal, leurs droits seront réglés par les dispositions du chapitre III (art. 1540 à 1580). — « Toutefois, si l'acte de célébration du mariage porte que les époux se sont mariés sans contrat, la femme sera réputée, à l'égard des tiers, capable de contracter dans les termes du droit commun, à moins que, dans l'acte qui contiendra son engagement, elle n'ait déclaré avoir fait un contrat de mariage. La présente loi n'aura d'effet qu'à partir du 1er janvier 1851 (Loi des 10-18 juillet 1850) (a). »

1392. La simple stipulation, que la femme se constitue ou qu'il lui est con-

(a) Cette disposition a été déclarée applicable aux *colonies* par le décret du 22 janvier 1852. — Voy. C. des colonies.

stitué des biens en dot, ne suffit pas pour soumettre ces biens au régime dotal, s'il n'y a dans le contrat de mariage une déclaration expresse à cet égard. C. 1540, s. — La soumission au régime dotal ne résulte pas non plus de la simple déclaration faite par les époux, qu'ils se marient sans communauté, ou qu'ils seront séparés de biens. C. 1529, s., 1536, s.

1393. A défaut de stipulations spéciales qui dérogent au régime de la communauté ou le modifient, les règles établies dans la première partie du chapitre II formeront le droit commun de la France.

1394. Toutes conventions matrimoniales seront rédigées, avant le mariage, par acte devant notaire. — « Le notaire donnera lecture aux parties du dernier alinéa de l'article 1391, ainsi que du dernier alinéa du présent article. Mention de cette lecture sera faite dans le contrat, à peine de dix francs d'amende contre le notaire contrevenant. » — « Le notaire délivrera aux parties, au moment de la signature du contrat, un certificat sur papier libre et sans frais, énonçant ses noms et lieu de résidence, les noms, prénoms, qualités et demeures des futurs époux, ainsi que la date du contrat. Ce certificat indiquera qu'il doit être remis à l'officier de l'état civil avant la célébration du mariage. » — « La présente loi n'aura d'effet qu'à partir du 1er janvier 1851 (Loi des 10-18 juillet 1850) (a). » C. 1091, 1387, s.

1395. Elles (les conventions matrimoniales) ne peuvent recevoir aucun changement après la célébration du mariage. C. 1396, 1543.

1396. Les changements qui y seraient faits avant la célébration doivent être constatés par acte passé dans la même forme que le contrat de mariage. —Nul changement ou contre-lettre n'est, au surplus, valable sans la présence et le consentement simultané de toutes les personnes qui ont été parties dans le contrat de mariage. C. 148, 151, 1321, 1397, 1451.

1397. Tous changements et contre-

_____

(a) Cette nouvelle disposition de la loi de 1850 a été déclarée applicable aux _colonies_ par le décret du 22 janvier 1852. —Voy. C. des colonies.

lettres, même revêtus des formes prescrites par l'article précédent, seront sans effet à l'égard des tiers, s'ils n'ont été rédigés à la suite de la minute du contrat de mariage; et le notaire ne pourra, à peine des dommages et intérêts des parties, et sous plus grande peine s'il y a lieu, délivrer ni grosses ni expéditions du contrat de mariage sans transcrire à la suite le changement ou la contre-lettre. C. 1321, 1396. — Co. 67, s.

1398. Le mineur habile à contracter mariage est habile à consentir toutes les conventions dont ce contrat est susceptible; et les conventions et donations qu'il y a faites sont valables, pourvu qu'il ait été assisté, dans le contrat, des personnes dont le consentement est nécessaire pour la validité du mariage. C. 144, 145, 148 à 151, 160, 1095, 1309, s.

CHAP. II. — DU RÉGIME EN COMMUNAUTÉ.

1399. La communauté, soit légale, soit conventionnelle, commence du jour du mariage contracté devant l'officier de l'état civil : on ne peut stipuler qu'elle commencera à une autre époque. C. 1451.

PREMIÈRE PARTIE. — _De la communauté légale._

1400. La communauté qui s'établit par la simple déclaration qu'on se marie sous le régime de la communauté, ou à défaut de contrat, est soumise aux règles expliquées dans les six sections qui suivent.

SECT. I. — _De ce qui compose la communauté activement et passivement._

§ I. — _De l'actif de la communauté._

1401. La communauté se compose activement, —1° De tout le mobilier que les époux possédaient au jour de la célébration du mariage, ensemble de tout le mobilier qui leur échoit pendant le mariage, à titre de succession ou même de donation, si le donateur n'a exprimé le contraire; — 2° De tous les fruits, revenus, intérêts et arrérages, de quelque nature qu'ils soient, échus ou perçus pendant le mariage, et provenant des biens qui appartenaient aux époux lors de sa célébration, ou de ceux qui leur sont échus pendant le mariage, à quelque titre que ce soit (a) ; — 3° De tous les immeubles qui sont acquis pendant le mariage. C. 1497, s.

1402. Tout immeuble est réputé acquêt de communauté, s'il n'est prouvé que l'un des époux en avait la propriété ou possession légale antérieurement au mariage, ou qu'il lui est échu depuis à titre de succession ou donation. C. 2228, 2229. — Pr. 23, s.

1403. Les coupes de bois et les produits des carrières et mines tombent dans la communauté pour tout ce qui en est considéré comme usufruit, d'après les règles expliquées au titre *de l'Usufruit, de l'Usage et de l'Habitation*. C. 521, 552, 590 à 594, 598. — Si les coupes de bois qui, en suivant ces règles, pouvaient être faites durant la communauté, ne l'ont point été, il en sera dû récompense à l'époux non-propriétaire du fonds ou à ses héritiers. C. 590, 1473, 1479. — Si les carrières et mines ont été ouvertes pendant le mariage, les produits n'en tombent dans la communauté que sauf récompense ou indemnité à celui des époux à qui elle pourra être due. C. 1437, 1468, 1473.

1404. Les immeubles que les époux possèdent au jour de la célébration du mariage, ou qui leur échoient, pendant son cours, à titre de succession, n'entrent point en communauté. C. 1401, 1470. — Néanmoins, si l'un des époux avait acquis un immeuble depuis le contrat de mariage contenant stipulation de communauté, et avant la célébration du mariage, l'immeuble acquis dans cet intervalle entrera dans la communauté, à moins que l'acquisition n'ait été faite en exécution de quelque clause du mariage, auquel cas elle serait réglée suivant la convention. C. 1134, 1394, 1497-3°, 1505.

1405. Les donations d'immeubles qui ne sont faites, pendant le mariage, qu'à l'un des deux époux, ne tombent point en communauté, et appartiennent au donataire seul, à moins que la donation ne contienne expressément que la chose donnée appartiendra à la communauté. C. 1134, 1470, 1493.

1406. L'immeuble abandonné ou

cédé par père, mère ou autre ascendant, à l'un des deux époux, soit pour le remplir de ce qu'il lui doit, soit à la charge de payer les dettes du donateur à des étrangers, n'entre point en communauté, sauf récompense ou indemnité. C. 1075, s., 1082, s., 1433, 1437.

1407. L'immeuble acquis pendant le mariage, à titre d'échange contre l'immeuble appartenant à l'un des deux époux, n'entre point en communauté, et est subrogé au lieu et place de celui qui a été aliéné, sauf la récompense s'il y a soulte. C. 1437, 1468, 1470, 1493.

1408. L'acquisition faite pendant le mariage, à titre de licitation ou autrement, de portion d'un immeuble dont l'un des époux était propriétaire par indivis, ne forme point un conquêt (b); sauf à indemniser la communauté de la somme qu'elle a fournie pour cette acquisition. — Dans le cas où le mari deviendrait seul, et en son nom personnel, acquéreur ou adjudicataire de portion ou de la totalité d'un immeuble appartenant par indivis à la femme, celle-ci, lors de la dissolution de la communauté, a le choix, ou d'abandonner l'effet à la communauté, laquelle devient alors débitrice envers la femme de la portion appartenant à celle-ci dans le prix, ou de retirer l'immeuble, en remboursant à la communauté le prix de l'acquisition. C. 1437, 1468, 1470, 1493.

§ II. — *Du passif de la communauté et des actions qui en résultent contre la communauté.*

1409. La communauté se compose passivement, — 1° De toutes les dettes mobilières dont les époux étaient grevés au jour de la célébration de leur mariage, ou dont se trouvent chargées les successions qui leur échoient durant le mariage, sauf la récompense pour celles relatives aux immeubles propres à l'un ou à l'autre des époux; — 2° Des dettes, tant en capitaux qu'arrérages ou intérêts, contractées par le mari pendant la communauté, ou par la femme du consénte-

---

(b) Voy., pour les ouvrages d'art ou littéraires produits par l'un des époux, au C. de la propr. littéraire.

(b) L'expression *conquêt*, de même que celle d'*acquêt*, signifient toutes les acquisitions d'immeubles faites pendant le mariage. Elles tombent dans la communauté, parce qu'elles sont considérées comme le fruit de la collaboration commune des époux.

ment du mari, sauf la récompense dans le cas où elle a lieu; C. 1426, 1510, s. — 3º Des arrérages et intérêts seulement des rentes ou dettes passives qui sont personnelles aux deux époux; — 4º Des réparations usufructuaires des immeubles qui n'entrent point en communauté; C. 605, 606, 608, 609. — 5º Des aliments des époux, de l'éducation et entretien des enfants, et de toute autre charge du mariage. C. 203, 204, 1422, 1438, 1439, 1465.

1410. La communauté n'est tenue des dettes mobilières contractées avant le mariage par la femme, qu'autant qu'elles résultent d'un acte authentique antérieur au mariage, ou ayant reçu, avant la même époque, une date certaine, soit par l'enregistrement, soit par le décès d'un ou de plusieurs signataires dudit acte. C. 1317, 1328. — Le créancier de la femme, en vertu d'un acte n'ayant pas de date certaine avant le mariage, ne peut en poursuivre contre elle le paiement que sur la nue propriété de ses immeubles personnels. C. 1413, 1417, 1424. — Le mari, qui prétendrait avoir payé pour sa femme une dette de cette nature, n'en peut demander la récompense ni à sa femme ni à ses héritiers. C. 1235, 1485.

1411. Les dettes des successions purement mobilières, qui sont échues aux époux pendant le mariage, sont pour le tout à la charge de la communauté. C. 1414 à 1420, 1496, 1498, 1510, s.

1412. Les dettes d'une succession purement immobilière, qui échoit à l'un des époux pendant le mariage, ne sont point à la charge de la communauté, sauf le droit qu'ont les créanciers de poursuivre leur paiement sur les immeubles de ladite succession. — Néanmoins, si la succession est échue au mari, les créanciers de la succession peuvent poursuivre leur paiement, soit sur tous les biens propres au mari, soit même sur ceux de la communauté; sauf, dans ce second cas, la récompense due à la femme ou à ses héritiers. C. 1410, 1470, 1493.

1413. Si la succession purement immobilière est échue à la femme, et que celle-ci l'ait acceptée du consentement de son mari, les créanciers de la succession peuvent poursuivre leur paiement

sur tous les biens personnels de la femme : mais si la succession n'a été acceptée par la femme que comme autorisée en justice au refus du mari, les créanciers, en cas d'insuffisance des immeubles de la succession, ne peuvent se pourvoir que sur la nue-propriété des autres biens personnels de la femme. C. 1410, 1412, 1417, 1424.

1414. Lorsque la succession échue à l'un des époux est en partie mobilière et en partie immobilière, les dettes dont elle est grevée ne sont à la charge de la communauté que jusqu'à concurrence de la portion contributoire du mobilier dans les dettes, eu égard à la valeur de ce mobilier comparée à celle des immeubles. — Cette portion contributoire se règle d'après l'inventaire auquel le mari doit faire procéder, soit de son chef, si la succession le concerne personnellement, soit comme dirigeant et autorisant les actions de sa femme, s'il s'agit d'une succession à elle échue. Pr. 942, s.

1415. A défaut d'inventaire, et dans tous les cas où ce défaut préjudicie à la femme, elle ou ses héritiers peuvent, lors de la dissolution de la communauté, poursuivre les récompenses de droit, et même faire preuve, tant par titres et papiers domestiques que par témoins, et au besoin par la commune renommée (a), de la consistance et valeur du mobilier non inventorié. C. 795, 1411 à 1414, 1442, 1504. — Le mari n'est jamais recevable à faire cette preuve.

1416. Les dispositions de l'article 1414 ne font point obstacle à ce que les créanciers d'une succession, en partie mobilière et en partie immobilière, poursuivent leur paiement sur les biens de la communauté, soit que la succession soit échue au mari, soit qu'elle soit échue à la femme, lorsque celle-ci l'a acceptée du consentement de son mari; le tout sauf les récompenses respectives. C. 1410, 1412, 1419, 1437, 1470, 1493, 1510, 1519, 1524. — Il en est de même si la succession n'a été acceptée par la

(a) La preuve par *commune renommée* se fait par témoins; mais, à la différence de la preuve testimoniale proprement dite, les témoins, au lieu de déposer qu'ils ont *vu* ou qu'il est à leur connaissance personnelle, que tel fait existe, déclarent seulement qu'ils ont *entendu dire* telle chose.

femme que comme autorisée en justice, et que néanmoins le mobilier en ait été confondu dans celui de la communauté, sans un inventaire préalable.

1417. Si la succession n'a été acceptée par la femme que comme autorisée en justice au refus du mari, et s'il y a eu inventaire, les créanciers ne peuvent poursuivre leur paiement que sur les biens tant mobiliers qu'immobiliers de ladite succession, et, en cas d'insuffisance, sur la nue-propriété des autres biens personnels de la femme. C. 219, 1410, 1413, 1416, 1417, 1424, 1426.

1418. Les règles établies par les articles 1411 et suivants régissent les dettes dépendant d'une donation, comme celles résultant d'une succession.

1419. Les créanciers peuvent poursuivre le paiement des dettes que la femme a contractées avec le consentement du mari, tant sur tous les biens de la communauté, que sur ceux du mari ou de la femme ; sauf la récompense due à la communauté, ou l'indemnité due au mari. C. 1401, 1426, 1436, s., 1468, 1470, 1493, 2208.

1420. Toute dette qui n'est contractée par la femme qu'en vertu de la procuration générale ou spéciale du mari est à la charge de la communauté; et le créancier n'en peut poursuivre le paiement ni contre la femme, ni sur ses biens personnels. C. 1409-2°, 1431, 1984, 1987, 1990, 1998.

SECT. II. — *De l'administration de la communauté, et de l'effet des actes de l'un ou l'autre époux relativement à la société conjugale.*

1421. Le mari administre seul les biens de la communauté. C. 1428, 1507, 1531, 1549, 2208. — Il peut les vendre, aliéner et hypothéquer sans le concours de la femme. C. 1508-2°.

1422. Il ne peut disposer entre-vifs, à titre gratuit, des immeubles de la communauté, ni de l'universalité ou d'une quotité du mobilier, si ce n'est pour l'établissement des enfants communs. C. 203, 204, 1401, 1439. — Il peut néanmoins disposer des effets mobiliers, à titre gratuit et particulier, au profit de toutes personnes, pourvu qu'il ne s'en réserve pas l'usufruit.

1423. La donation testamentaire faite par le mari ne peut excéder sa part dans la communauté. C. 1021. — S'il a donné en cette forme un effet de la communauté, le donataire ne peut le réclamer en nature qu'autant que l'effet, par l'événement du partage, tombe au lot des héritiers du mari : si l'effet ne tombe point au lot de ces héritiers, le légataire a la récompense de la valeur totale de l'effet donné sur la part des héritiers du mari dans la communauté et sur les biens personnels de ce dernier. C. 1401, 1474.

1424. Les amendes encourues par le mari pour crime n'emportant pas mort civile peuvent se poursuivre sur les biens de la communauté, sauf la récompense due à la femme; celles encourues par la femme ne peuvent s'exécuter que sur la nue-propriété de ses biens personnels, tant que dure la communauté. C. 1410, 1413, 1417, 1437. — P. 18.

1425. Les condamnations prononcées contre l'un des deux époux, pour crime emportant mort civile, ne frappent que sa part de la communauté et ses biens personnels. C. 23, 25. — P. 18.

1426. Les actes faits par la femme sans le consentement du mari, et même avec l'autorisation de la justice, n'engagent point les biens de la communauté, si ce n'est lorsqu'elle contracte comme marchande publique et pour le fait de son commerce. C. 219, 220, 1990. — Co. 4, 5, 7.

1427. La femme ne peut s'obliger ni engager les biens de la communauté, même pour tirer son mari de prison, ou pour l'établissement de ses enfants, en cas d'absence du mari, qu'après y avoir été autorisée par justice. C. 112, s., 204, 222, 851, 1555, 1556.

1428. Le mari a l'administration de tous les biens personnels de la femme. C. 1421, 2121, 2135, 2254. — Il peut exercer seul toutes les actions mobilières et possessoires qui appartiennent à la femme. Pr. 3-2°, 23, s. — Il ne peut aliéner les immeubles personnels de sa femme sans son consentement. — Il est responsable de tout dépérissement des biens personnels de sa femme, causé par défaut d'actes conservatoires. C. 1137, 1382.

1429. Les baux que le mari seul a faits des biens de sa femme, pour un temps qui excède neuf ans, ne sont, en cas de dissolution de la communauté, obligatoires vis-à-vis de la femme ou de ses héritiers, que pour le temps qui reste à courir, soit de la première période de neuf ans, si les parties s'y trouvent encore, soit de la seconde, et ainsi de suite; de manière que le fermier n'ait que le droit d'achever la jouissance de la période de neuf ans où il se trouve C. 595, 1718.

1430. Les baux de neuf ans ou au-dessous, que le mari seul a passés ou renouvelés des biens de sa femme, plus de trois ans avant l'expiration du bail courant s'il s'agit de biens ruraux, et plus de deux ans avant la même époque s'il s'agit de maisons, sont sans effet (a), à moins que leur exécution n'ait commencé avant la dissolution de la communauté. C. 1429, 1441, 1718.

1431. La femme qui s'oblige soli-dairement avec son mari, pour les affaires de la communauté ou du mari, n'est ré-putée, à l'égard de celui-ci, s'être obligée que comme caution; elle doit être in-demnisée de l'obligation qu'elle a con-tractée. C. 1419, s., 1432, 1442, 1487, 1494, 2066-3°.

1432. Le mari, qui garantit solidai-rement ou autrement la vente que sa femme a faite d'un immeuble personnel, a pareillement un recours contre elle, soit sur sa part dans la communauté, soit sur ses biens personnels, s'il est in-quiété. C. 1200, 1478.

1433. S'il est vendu un immeuble appartenant à l'un des époux, de même que si l'on est rédimé en argent de services fonciers dus à des héritages pro-pres à l'un d'eux, et que le prix en ait été versé dans la communauté, le tout sans remploi (b), il y a lieu au prélève-ment de ce prix sur la communauté, au profit de l'époux qui était propriétaire, soit de l'immeuble vendu, soit des ser-

vices rachetés. C. 637, 686, 1437, 1470, 1493.

1434. Le remploi est censé fait à l'égard du mari, toutes les fois que, lors d'une acquisition, il a déclaré qu'elle était faite des deniers provenus de l'alié-nation de l'immeuble qui lui était per-sonnel, et pour lui tenir lieu de remploi. C. 1470, 1493, 1553, 1595.

1435. La déclaration du mari, que l'acquisition est faite des deniers prove-nus de l'immeuble vendu par la femme et pour lui servir de remploi, ne suffit point, si ce remploi n'a été formellement accepté par la femme : si elle ne l'a pas accepté, elle a simplement droit, lors de la dissolution de la communauté, à la récompense du prix de son immeuble vendu. C. 1470, 1493, 1559, 1595.

1436. La récompense du prix de l'immeuble appartenant au mari ne s'exerce que sur la masse de la commu-nauté; celle du prix de l'immeuble ap-partenant à la femme s'exerce sur les biens personnels du mari, en cas d'insuf-fisance des biens de la communauté. Dans tous les cas, la récompense n'a lieu que sur le pied de la vente, quelque allé-gation qui soit faite touchant la valeur de l'immeuble aliéné. C. 1437, 1468, 1471, 1472.

1437. Toutes les fois qu'il est pris sur la communauté une somme, soit pour acquitter les dettes ou charges person-nelles à l'un des époux, telles que le prix ou partie du prix d'un immeuble à lui propre, ou le rachat de services fonciers, soit pour le recouvrement, la conserva-tion ou l'amélioration de ses biens per-sonnels, et généralement toutes les fois que l'un des deux a tiré un profit per-sonnel des biens de la communauté, il en doit la récompense. C. 1433, 1436, 1468.

1438. Si le père et la mère ont doté conjointement l'enfant commun, sans ex-primer la portion pour laquelle ils en-tendaient y contribuer, ils sont censés avoir doté chacun pour moitié, soit que la dot ait été fournie ou promise en effets de la communauté, soit qu'elle l'ait été en biens personnels à l'un des deux époux. C. 1540, s. — Au second cas, l'é-poux dont l'immeuble ou l'effet personnel a été constitué en dot a, sur les biens de

---

(a) *Sans effet* vis-à-vis de la femme ou de ses héritiers, qui ont seuls le droit d'en demander la nullité, mais non vis-à-vis des fermiers ou locataires, qui restent obligés (C. Nap. 1125, 1134).

(b) Le *remploi* est une opération par laquelle des époux remplacent, par un autre immeuble, un bien propre à l'un d'eux, qui a été aliéné. Lorsque c'est une somme d'argent que les époux remplacent par un immeuble, l'opération se nomme simplement *emploi*.

l'autre, une action en indemnité pour la moitié de ladite dot, eu égard à la valeur de l'effet donné, au temps de la donation. C. 1544.

1439. La dot constituée par le mari seul à l'enfant commun, en effets de la communauté, est à la charge de la communauté ; et, dans le cas où la communauté est acceptée par la femme, celle-ci doit supporter la moitié de la dot, à moins que le mari n'ait déclaré expressément qu'il s'en chargeait pour le tout, ou pour une portion plus forte que la moitié. C. 1422, 1438.

1440. La garantie de la dot est due par toute personne qui l'a constituée ; et ses intérêts courent du jour du mariage, encore qu'il y ait terme pour le paiement, s'il n'y a stipulation contraire. C. 1154, 1186, 1547, 1548, 1570, 1907.

SECT. III. — *De la dissolution de la communauté, et de quelques-unes de ses suites.*

1441. La communauté se dissout : — 1º Par la mort naturelle ; — 2º Par la mort civile ; — 3º Par le divorce (a) ; — 4º Par la séparation de corps ; — 5º Par la séparation de biens. C. 23, 25, 306, 311, 1443, s.

1442. Le défaut d'inventaire, après la mort naturelle ou civile de l'un des époux, ne donne pas lieu à la continuation de la communauté, sauf les poursuites des parties intéressées, relativement à la consistance des biens et effets communs, dont la preuve pourra être faite tant par titres que par la commune renommée. C. 1415, 1504. — S'il y a des enfants mineurs, le défaut d'inventaire fait perdre en outre à l'époux survivant la jouissance de leurs revenus ; et le subrogé-tuteur, qui ne l'a point obligé à faire inventaire, est solidairement tenu avec lui de toutes les condamnations qui peuvent être prononcées au profit des mineurs. C. 384, s., 388, 420, 795.

1443. La séparation de biens ne peut être poursuivie qu'en justice par la femme dont la dot est mise en péril, et lorsque le désordre des affaires du mari donne lieu de craindre que les biens de celui-ci ne soient point suffisants pour remplir les droits et reprises de la femme. C. 311, 1447 à 1452, 1560, 1561, 1563. — Pr. 49-7º, 865, s. — Co. 65, s., 544. — Toute séparation volontaire est nulle. C. 6, 900, 1133, 1172, 1387, s.

1444. La séparation de biens, quoique prononcée en justice, est nulle si elle n'a point été exécutée par le paiement réel des droits et reprises de la femme, effectué par acte authentique, jusqu'à concurrence des biens du mari, ou au moins par des poursuites commencées dans la quinzaine qui a suivi le jugement, et non interrompues depuis. C. 1463. — Pr. 872.

1445. Toute séparation de biens doit, avant son exécution, être rendue publique par l'affiche sur un tableau à ce destiné, dans la principale salle du tribunal de première instance, et de plus, si le mari est marchand, banquier ou commerçant, dans celle du tribunal de commerce du lieu de son domicile ; et ce, à peine de nullité de l'exécution. — Le jugement qui prononce la séparation de biens remonte, quant à ses effets, au jour de la demande. Pr. 872, s. — Co. 65, 70.

1446. Les créanciers personnels de la femme ne peuvent, sans son consentement, demander la séparation de biens. C. 1166, 1443, 1464. — Pr. 871, 873. — Néanmoins, en cas de faillite ou de déconfiture du mari, ils peuvent exercer les droits de leur débitrice jusqu'à concurrence du montant de leurs créances. C. 1166.

1447. Les créanciers du mari peuvent se pourvoir contre la séparation de biens prononcée et même exécutée en fraude de leurs droits ; ils peuvent même intervenir dans l'instance sur la demande en séparation, pour la contester. C. 1167, 1443, s. — Pr. 871, s.

1448. La femme qui a obtenu la séparation de biens doit contribuer, proportionnellement à ses facultés et à celles du mari, tant aux frais du ménage qu'à ceux d'éducation des enfants communs. C. 203, 1537, 1575. — Elle doit supporter entièrement ces frais, s'il ne reste rien au mari.

1449. La femme séparée, soit de corps et de biens, soit de biens seulement, en reprend la libre administration. C. 1421, 1536. — Elle peut disposer de son mobilier et l'aliéner, — Elle ne peut

_____
(a) Le divorce a été aboli par la loi du 8 mai 1816 (voy. page 47).

aliéner ses immeubles sans le consentement du mari, ou sans être autorisée en
justice, à son refus. C. 217, 219, 1450,
1576, 1595.

1450. Le mari n'est point garant du
défaut d'emploi ou de remploi du prix de
l'immeuble que la femme séparée a aliéné
sous l'autorisation de la justice, à moins
qu'il n'ait concouru au contrat, ou qu'il
ne soit prouvé que les deniers ont été
reçus par lui, ou ont tourné à son profit.
C. 1433 et la *note.* — Il est garant du
défaut d'emploi ou de remploi, si la vente
a été faite en sa présence et de son consentement : il ne l'est point de l'utilité
de cet emploi. C. 1426, 1427, 1449.

1451. La communauté dissoute par
la séparation soit de corps et de biens,
soit de biens seulement, peut être rétablie du consentement des deux parties.
— Elle ne peut l'être que par un acte
passé devant notaires et avec minute,
dont une expédition doit être affichée
dans la forme de l'article 1445. — En ce
cas, la communauté rétablie reprend son
effet du jour du mariage, les choses
sont remises au même état que s'il n'y
avait point eu de séparation, sans préjudice néanmoins de l'exécution des actes
qui, dans cet intervalle, ont pu être faits
par la femme, en conformité de l'article 1449. — Toute convention par laquelle les époux rétabliraient leur communauté sous des conditions différentes
de celles qui la réglaient antérieurement
est nulle. C. 6, 900, 1133, 1172, 1387, s.,
1394, 1395.

1452. La dissolution de communauté
opérée par le divorce (a) ou par la séparation soit de corps et de biens, soit de biens
seulement, ne donne pas ouverture aux
droits de survie de la femme; mais celle-ci
conserve la faculté de les exercer lors de
la mort naturelle ou civile de son mari.
C. 23, 25, 1518.—P. 18.

SECT. IV. — *De l'acceptation de la communauté,
et de la renonciation qui peut y être faite, avec
les conditions qui y sont relatives.*

1453. Après la dissolution de la communauté, la femme ou ses héritiers et
ayants-cause ont la faculté de l'accepter

(a) Le divorce a été aboli par la loi du 8 mai
1816 (voy. page 47).

ou d'y renoncer : toute convention contraire est nulle. C. 1463, 1466, 1492.—
Pr. 874, 997.

1454. La femme qui s'est immiscée
dans les biens de la communauté ne peut
y renoncer. C. 1475, 1515, 2256-1°.—
Les actes purement administratifs ou
conservatoires n'emportent point immix-
tion. C. 778, 779.

1455. La femme majeure, qui a pris
dans un acte la qualité de commune, ne
peut plus y renoncer ni se faire restituer
contre cette qualité, quand même elle l'aurait prise avant d'avoir fait inventaire, s'il
n'y a eu dol de la part des héritiers du
mari. C. 488, 778, s., 1109, 1116, 1117,
1304.

1456. La femme survivante, qui veut
conserver la faculté de renoncer à la communauté, doit, dans les trois mois du jour
du décès du mari, faire faire un inventaire
fidèle et exact de tous les biens de la communauté, contradictoirement avec les héritiers du mari, ou eux dûment appelés.
C. 794, s. — Pr. 942, s.—Cet inventaire
doit être par elle affirmé sincère et véritable, lors de sa clôture, devant l'officier
public qui l'a reçu.

1457. Dans les trois mois et quarante
jours après le décès du mari, elle doit faire
sa renonciation au greffe du tribunal de
première instance dans l'arrondissement
duquel le mari avait son domicile : cet acte
doit être inscrit sur le registre établi pour
recevoir les renonciations à succession.
C. 784, 1461, s., 1492, s.—Pr. 997.

1458. La veuve peut, suivant les circonstances, demander au tribunal de première instance une prorogation du délai
prescrit par l'article précédent pour sa renonciation; cette prorogation est, s'il y a
lieu, prononcée contradictoirement avec
les héritiers du mari, ou eux dûment appelés. C. 798, 1461, s.

1459. La veuve qui n'a point fait sa renonciation dans le délai ci-dessus prescrit
n'est pas déchue de la faculté de renoncer,
si elle ne s'est point immiscée et qu'elle
ait fait inventaire; elle peut seulement être
poursuivie comme commune jusqu'à ce
qu'elle ait renoncé, et elle doit les frais
faits contre elle jusqu'à sa renonciation.
C. 1454.—Pr. 174, 943. —Elle peut également être poursuivie après l'expiration
des quarante jours depuis la clôture de

l'inventaire, s'il a été clos avant les trois mois. C. 795, 800.

1460. La veuve qui a diverti ou recélé quelques effets de la communauté est déclarée commune, nonobstant sa renonciation : il en est de même à l'égard de ses héritiers. C. 792, 801, 1477.

1461. Si la veuve meurt avant l'expiration des trois mois sans avoir fait ou terminé l'inventaire, les héritiers auront, pour faire ou pour terminer l'inventaire, un nouveau délai de trois mois, à compter du décès de la veuve, et de quarante jours pour délibérer, après la clôture de l'inventaire.—Si la veuve meurt ayant terminé l'inventaire, ses héritiers auront, pour délibérer, un nouveau délai de quarante jours à compter de son décès.—Ils peuvent, au surplus, renoncer à la communauté dans les formes établies ci-dessus; et les articles 1458 et 1459 leur sont applicables. C. 784, 1466, 1475, 1491.—Pr. 997.

1462. Les dispositions des articles 1456 et suivants sont applicables aux femmes des individus morts civilement, à partir du moment où la mort civile a commencé. C. 23, 25, s., 1424, 1425, 1441, 1456.—P. 18.

1463. La femme divorcée (a) ou séparée de corps, qui n'a point, dans les trois mois et quarante jours après le divorce ou la séparation définitivement prononcés, accepté la communauté, est censée y avoir renoncé, à moins qu'étant encore dans le délai, elle n'en ait obtenu la prorogation en justice, contradictoirement avec le mari, ou lui dûment appelé. C. 1458, 1459, 1518.

1464. Les créanciers de la femme peuvent attaquer la renonciation qui aurait été faite par elle ou par ses héritiers en fraude de leurs créances, et accepter la communauté de leur chef. C. 1166, 1167, 1446, 1447.

1465. La veuve, soit qu'elle accepte, soit qu'elle renonce, a droit, pendant les trois mois et quarante jours qui lui sont accordés pour faire inventaire et délibérer, de prendre sa nourriture et celle de ses domestiques sur les provisions existantes, et, à défaut, par emprunt au compte de la masse commune, à la charge d'en user

modérément.—Elle ne doit aucun loyer à raison de l'habitation qu'elle a pu faire, pendant ces délais, dans une maison dépendante de la communauté, ou appartenant aux héritiers du mari ; et si la maison qu'habitaient les époux à l'époque de la dissolution de la communauté, était tenue par eux à titre de loyer, la femme ne contribuera point, pendant les mêmes délais, au paiement dudit loyer, lequel sera pris sur la masse. C. 1409-5°, 1495, 1570.

1466. Dans le cas de dissolution de la communauté par la mort de la femme, ses héritiers peuvent renoncer à la communauté dans les délais et dans les formes que la loi prescrit à la femme survivante. C. 1453, 1457, 1461, 1475, 1491.—Pr. 997.

SECT. **V.** — *Du partage de la communauté après l'acceptation.*

1467. Après l'acceptation de la communauté par la femme ou ses héritiers, l'actif se partage, et le passif est supporté de la manière ci-après déterminée. C. 815, s., 1453, s., 1468, s., 1522.

§ I. — *Du partage de l'actif.*

1468. Les époux ou leurs héritiers rapportent à la masse des biens existants tout ce dont ils sont débiteurs envers la communauté à titre de récompense ou d'indemnité, d'après les règles ci-dessus prescrites, à la section II de la Ire partie du présent chapitre. C. 1421, s.

1469. Chaque époux ou son héritier rapporte également les sommes qui ont été tirées de la communauté, ou la valeur des biens que l'époux y a pris pour doter un enfant d'un autre lit, ou pour doter personnellement l'enfant commun. C. 829, s., 1081, s., 1438, 1489, 1544.

1470. Sur la masse des biens, chaque époux ou son héritier prélève,—1° Ses biens personnels qui ne sont point entrés en communauté, s'ils existent en nature, ou ceux qui ont été acquis en remploi;—2° Le prix de ses immeubles qui ont été aliénés pendant la communauté, et dont il n'a point été fait remploi;—3° Les indemnités qui lui sont dues par la communauté.

1471. Les prélèvements de la femme s'exercent avant ceux du mari.—Ils s'exer-

---

(a) Le divorce a été aboli par la loi de 1816.

cent, pour les biens qui n'existent plus en nature, d'abord sur l'argent comptant, ensuite sur le mobilier, et subsidiairement sur les immeubles de la communauté : dans ce dernier cas, le choix des immeubles est déféré à la femme et à ses héritiers. C. 1436.

1472. Le mari ne peut exercer ses reprises que sur les biens de la communauté.—La femme et ses héritiers, en cas d'insuffisance de la communauté, exercent leurs reprises sur les biens personnels du mari. C. 1436.

1473. Les remplois et récompenses dus par la communauté aux époux, et les récompenses et indemnités par eux dues à la communauté, emportent les intérêts de plein droit du jour de la dissolution de la communauté. C. 1154, 1440, 1479, 1512, 2135,

1474. Après que tous les prélèvements des deux époux ont été exécutés sur la masse, le surplus se partage par moitié entre les époux ou ceux qui les représentent. C. 1482, 1509, 1571.

1475. Si les héritiers de la femme sont divisés, en sorte que l'un ait accepté la communauté à laquelle l'autre a renoncé, celui qui a accepté ne peut prendre que sa portion virile et héréditaire dans les biens qui échoient au lot de la femme. C. 873 et la *note*, 1466, 1494, 1495.—Le surplus reste au mari, qui demeure chargé, envers l'héritier renonçant, des droits que la femme aurait pu exercer en cas de renonciation, mais jusqu'à concurrence seulement de la portion virile héréditaire du renonçant. C. 873 et la *note*.

1476. Au surplus, le partage de la communauté, pour tout ce qui concerne ses formes, la licitation des immeubles quand il y a lieu, les effets du partage, la garantie qui en résulte, et les soultes, est soumis à toutes les règles qui sont établies au titre *des Successions* pour les partages entre cohéritiers. C. 815, s., 883, s., 2103-3°, 2109.—Pr. 953, s., 966, s.

1477. Celui des époux qui aurait diverti ou recélé quelques effets de la communauté est privé de sa portion dans lesdits effets. C. 792, 801, 1460.—Co. 555.

1478. Après le partage consommé, si l'un des deux époux est créancier personnel de l'autre, comme lorsque le prix de son bien a été employé à payer une dette personnelle de l'autre époux, ou pour toute autre cause, il exerce sa créance sur la part qui est échue à celui-ci dans la communauté ou sur ses biens personnels. C. 1432, 1480, 1511, 1513.

1479. Les créances personnelles que les époux ont à exercer l'un contre l'autre ne portent intérêt que du jour de la demande en justice. C.1153,1440,1512,1570.

1480. Les donations que l'un des époux a pu faire à l'autre ne s'exécutent que sur la part du donateur dans la communauté, et sur ses biens personnels. C. 1091, s., 1478, 1483.

1481. Le deuil de la femme est aux frais des héritiers du mari prédécédé. C. 1570.—La valeur de ce deuil est réglée selon la fortune du mari. C. 214.—Il est dû même à la femme qui renonce à la communauté. C. 1465, 1492.

§ II. — *Du passif de la communauté, et de la contribution aux dettes.*

1482. Les dettes de la communauté sont pour moitié à la charge (a) de chacun des époux ou de leurs héritiers : les frais de scellés, inventaire, vente de mobilier, liquidation, licitation et partage, font partie de ces dettes. C. 1409, 1414, 1490, 1510.

1483. La femme n'est tenue des dettes de la communauté, soit à l'égard du mari, soit à l'égard des créanciers, que jusqu'à concurrence de son émolument(b), pourvu qu'il y ait eu bon et fidèle inventaire, et en rendant compte tant du contenu de cet inventaire que de ce qui lui est échu par le partage. C. 1456, 1474, 1486, 1510, s.

1484. Le mari est tenu pour la totalité des dettes de la communauté par lui contractées; sauf son recours contre la femme ou ses héritiers pour la moitié desdites dettes. C. 1478, 1482, 1486.

(a) Il faut remarquer ces mots, *à la charge*, employés par l'art. 1482, à la différence de l'art. 873, qui, en parlant des héritiers, dit qu'ils *sont tenus*. Ici, en effet, la loi a voulu distinguer l'*obligation* de la *contribution* aux dettes. Les époux contribuent pour moitié entre eux; mais ils peuvent être obligés dans une autre mesure envers les créanciers.

(b) Lorsque les prélèvements et reprises appartenant à la femme ont été opérés, ce qui lui revient dans la communauté compose ce qu'on appelle son *émolument*.

1485. Il n'est tenu que pour moitié de celles personnelles à la femme, et qui étaient tombées à la charge de la communauté. C. 1410, 1413.

1486. La femme peut être poursuivie pour la totalité des dettes qui procèdent de son chef et étaient entrées dans la communauté, sauf son recours contre le mari ou son héritier, pour la moitié desdites dettes. C. 1478, 1484, 1490.

1487. La femme, même personnellement obligée pour une dette de communauté, ne peut être poursuivie que pour la moitié de cette dette, à moins que l'obligation ne soit solidaire. C. 1200, 1431, 1489.

1488. La femme qui a payé une dette de la communauté au delà de sa moitié n'a point de répétition contre le créancier pour l'excédant, à moins que la quittance n'exprime que ce qu'elle a payé était pour sa moitié. C. 1235, 1377, 1410.

1489. Celui des deux époux qui, par l'effet de l'hypothèque exercée sur l'immeuble à lui échu en partage, se trouve poursuivi pour la totalité d'une dette de communauté, a de droit son recours pour la moitié de cette dette contre l'autre époux ou ses héritiers. C. 873, 1488, 2114.

1490. Les dispositions précédentes ne font point obstacle à ce que, par le partage, l'un ou l'autre des copartageants soit chargé de payer une quotité de dettes autre que la moitié; même de les acquitter entièrement. C. 1134, 1482, 1487.—Toutes les fois que l'un des copartageants a payé des dettes de la communauté au delà de la portion dont il était tenu, il y a lieu au recours de celui qui a trop payé contre l'autre. C. 1484, 1486.

1491. Tout ce qui est dit ci-dessus, à l'égard du mari ou de la femme, a lieu à l'égard des héritiers de l'un ou de l'autre; et ces héritiers exercent les mêmes droits et sont soumis aux mêmes actions que le conjoint qu'ils représentent. C. 724, 1461, 1466, 1475, 1495, 1566.

SECT. VI. — *De la renonciation à la communauté, et de ses effets.*

1492. La femme qui renonce perd toute espèce de droit sur les biens de la communauté, et même sur le mobilier qui y est entré de son chef. C. 1454, 1457, 1493, s.—Elle retire seulement les linges

et hardes à son usage. C. 1495-2°, 1566-2°. — Co. 469, 560.

1493. La femme renonçante a le droit de reprendre,—1° Les immeubles à elle appartenant, lorsqu'ils existent en nature, ou l'immeuble qui a été acquis en remploi; C. 1404, s., 1433, s.—2° Le prix de ses immeubles aliénés dont le remploi n'a pas été fait et accepté, comme il est dit ci-dessus (1433, s.);—3° Toutes les indemnités qui peuvent lui être dues par la communauté. C. 1470. — Co. 570.

1494. La femme renonçante est déchargée de toute contribution aux dettes de la communauté, tant à l'égard du mari qu'à l'égard des créanciers. Elle reste néanmoins tenue envers ceux-ci lorsqu'elle s'est obligée conjointement avec son mari, ou lorsque la dette, devenue dette de la communauté, provenait originairement de son chef; le tout sauf son recours contre le mari ou ses héritiers. C. 1431, 1482, 1487.

1495. Elle peut exercer toutes les actions et reprises ci-dessus détaillées, tant sur les biens de la communauté que sur les biens personnels du mari. C. 2121.— Ses héritiers le peuvent de même sauf en ce qui concerne le prélèvement des linges et hardes, ainsi que le logement et la nourriture pendant le délai donné pour faire inventaire et délibérer; lesquels droits sont purement personnels à la femme survivante. C. 1054, 1465, 1492, 1514.

DISPOSITION *relative à la communauté légale, lorsque l'un des époux ou tous deux ont des enfants de précédents mariages.*

1496. Tout ce qui est dit ci-dessus sera observé même lorsque l'un des époux ou tous deux auront des enfants de précédents mariages.—Si toutefois la confusion du mobilier et des dettes opérait, au profit de l'un des époux, un avantage supérieur à celui qui est autorisé par l'article 1098, au titre *des Donations entre-vifs et des Testaments,* les enfants du premier lit de l'autre époux auront l'action en retranchement. C. 1098, 1401, 1527.

SECONDE PARTIE. — *De la communauté conventionnelle, et des conventions qui peuvent modifier ou même exclure la communauté légale.*

1497. Les époux peuvent modifier la

communauté légale par toute espèce de conventions non contraires aux articles 1387, 1388, 1389 et 1390.—Les principales modifications sont celles qui ont lieu en stipulant de l'une ou de l'autre des manières qui suivent; savoir :—1° Que la communauté n'embrassera que les acquêts; C. 1498, s.—2° Que le mobilier présent au futur n'entrera point en communauté, ou n'y entrera que pour une partie; C. 1500, s.—3° Qu'on y comprendra tout ou partie des immeubles présents ou futurs, par la voie de l'ameublissement; C. 1505, s.—4° Que les époux paieront séparément leurs dettes antérieures au mariage; C. 1510, s.—5° Qu'en cas de renonciation, la femme pourra reprendre ses apports francs et quittes; C. 1514.—6° Que le survivant aura un préciput; C. 1515, s. et la *note.*—7° Que les époux auront des parts inégales; C. 1520, s.—8° Qu'il y aura entre eux communauté à titre universel. C. 1526.

SECT. I.—*De la communauté réduite aux acquêts.*

1498. Lorsque les époux stipulent qu'il n'y aura entre eux qu'une communauté d'acquêts, ils sont censés exclure de la communauté et les dettes de chacun d'eux actuelles et futures, et leur mobilier respectif présent et futur. C. 1404 à 1408, 1497-1°, 1581.—En ce cas, et après que chacun des époux a prélevé ses apports dûment justifiés, le partage se borne aux acquêts faits par les époux ensemble ou séparément, durant le mariage et provenant tant de l'industrie commune que des économies faites sur les fruits et revenus des biens des deux époux.

1499. Si le mobilier existant lors du mariage, ou échu depuis, n'a pas été constaté par inventaire ou état en bonne forme, il est réputé acquêt.

SECT. II.—*De la clause qui exclut de la communauté le mobilier en tout ou partie.*

1500. Les époux peuvent exclure de leur communauté tout leur mobilier présent et futur.—Lorsqu'ils stipulent qu'ils en mettront réciproquement dans la communauté jusqu'à concurrence d'une somme ou d'une valeur déterminée, ils sont, par cela seul, censés se réserver le surplus.

1501. Cette clause rend l'époux débi-

teur envers la communauté, de la somme qu'il a promis d'y mettre, et l'oblige à justifier de cet apport. C. 1511, 1845, s., 1847.

1502. L'apport est suffisamment justifié, quant au mari, par la déclaration portée au contrat de mariage, que son mobilier est de telle valeur.—Il est suffisamment justifié, à l'égard de la femme, par la quittance que le mari lui donne, ou à ceux qui l'ont dotée. C. 1470.

1503. Chaque époux a le droit de reprendre et de prélever, lors de la dissolution de la communauté, la valeur de ce dont le mobilier qu'il a apporté lors du mariage, ou qui lui est échu depuis, excédait sa mise en communauté.

1504. Le mobilier qui échoit à chacun des époux, pendant le mariage, doit être constaté par un inventaire. Pr. 943.—A défaut d'inventaire du mobilier échu au mari, ou d'un titre propre à justifier de sa consistance et valeur, déduction faite des dettes, le mari ne peut en exercer la reprise.—Si le défaut d'inventaire porte sur un mobilier échu à la femme, celle-ci ou ses héritiers sont admis à faire preuve, soit par titre, soit par témoins, soit même par commune renommée, de la valeur de ce mobilier. C. 1415 et la *note,* 1442, 1499.—Pr. 252.

SECT. III. — *De la clause d'ameublissement.*

1505. Lorsque les époux ou l'un d'eux font entrer en communauté tout ou partie de leurs immeubles présents ou futurs, cette clause s'appelle *ameublissement.* C 1497-3°, 1506, s.

1506. L'ameublissement peut être déterminé ou indéterminé.—Il est déterminé quand l'époux a déclaré ameublir et mettre en communauté un tel immeuble, en tout, ou jusqu'à concurrence d'une certaine somme. C. 1507, s. — Il est indéterminé quand l'époux a simplement déclaré apporter en communauté ses immeubles, jusqu'à concurrence d'une certaine somme.

1507. L'effet de l'ameublissement déterminé est de rendre l'immeuble ou les immeubles qui en sont frappés biens de la communauté, comme les meubles mêmes. C. 1401.—Lorsque l'immeuble ou les immeubles de la femme sont ameublis en totalité, le mari en peut disposer comme des autres effets de la communauté, et les aliéner en totalité. C. 1421. — Si l'immeuble n'est ameubli que pour une certaine somme, le mari ne peut l'aliéner qu'avec le consentement de la femme; mais il peut l'hypothéquer, sans son consentement, jusqu'à concurrence seulement de la portion ameublie.

1508. L'ameublissement indéterminé ne rend point la communauté propriétaire des immeubles qui en sont frappés; son effet se réduit à obliger l'époux qui l'a consenti, à comprendre dans la masse, lors de la dissolution de la communauté, quelques uns de ses immeubles jusqu'à concurrence de la somme par lui promise. — Le mari ne peut, comme en l'article précédent, aliéner en tout ou en partie, sans le consentement de sa femme, les immeubles sur lesquels est établi l'ameublissement indéterminé, mais il peut les hypothéquer jusqu'à concurrence de cet ameublissement. C. 1421, 1428.

1509. L'époux qui a ameubli un héritage a, lors du partage, la faculté de le retenir en le précomptant sur sa part pour le prix qu'il vaut alors; et ses héritiers ont le même droit. C. 1474.

SECT. IV. — *De la clause de séparation des dettes.*

1510. La clause par laquelle les époux stipulent qu'ils paieront séparément leurs dettes personnelles, les oblige à se faire, lors de la dissolution de la communauté, respectivement raison des dettes qui sont justifiées avoir été acquittées par la communauté, à la décharge de celui des époux qui en était débiteur. C. 1497-4°. — Cette obligation est la même, soit qu'il y ait eu inventaire ou non : mais, si le mobilier apporté par les époux n'a pas été constaté par un inventaire ou état authentique, antérieur au mariage, les créanciers de l'un et de l'autre des époux peuvent, sans avoir égard à aucune des distinctions qui seraient réclamées, poursuivre leur paiement sur le mobilier non inventorié, comme sur tous les autres biens de la communauté. — Les créanciers ont le même droit sur le mobilier qui serait échu aux époux pendant la communauté, s'il n'a pas été pareillement constaté par un inventaire ou état authentique.

1511. Lorsque les époux apportent dans la communauté une somme certaine ou un corps certain, un tel apport emporte la convention tacite qu'il n'est point grevé de dettes antérieures au mariage; et il doit être fait raison, par l'époux débiteur à l'autre, de toutes celles qui diminueraient l'apport promis. C. 1478.

1512. La clause de séparation des dettes n'empêche point que la communauté ne soit chargée des intérêts et arrérages qui ont couru depuis le mariage. C. 1154.

1513. Lorsque la communauté est poursuivie pour les dettes de l'un des époux, déclaré, par contrat, franc et quitte de toutes dettes antérieures au mariage, le conjoint a droit à une indemnité, qui se prend soit sur la part de communauté revenant à l'époux débiteur, soit sur les biens personnels dudit époux; et, en cas d'insuffisance, cette indemnité peut être poursuivie par voie de garantie contre le père, la mère, l'ascendant ou le tuteur, qui l'aurait déclaré franc et quitte. — Cette garantie peut même être exercée par le mari durant la communauté, si la dette provient du chef de la femme; sauf, en ce cas, le remboursement dû par la femme ou ses héritiers aux garants, après la dissolution de la communauté. C. 1441, 1478.

SECT. V. — *De la faculté accordée à la femme de reprendre son apport franc et quitte.*

1514. La femme peut stipuler qu'en cas de renonciation à la communauté, elle reprendra tout ou partie de ce qu'elle y aura apporté, soit lors du mariage, soit depuis; mais cette stipulation ne peut s'étendre au delà des choses formellement exprimées, ni au profit de personnes autres que celles désignées. C. 1497-5°. — Ainsi la faculté de reprendre le mobilier que la femme a apporté lors du mariage ne s'étend point à celui qui serait échu pendant le mariage. — Ainsi la faculté accordée à la femme ne s'étend point aux enfants; celle accordée à la femme et aux enfants ne s'étend point aux héritiers ascendants ou collatéraux. — Dans tous les cas, les apports ne peuvent être repris que déduction faite des dettes personnelles à la femme, et que la communauté aurait acquittées. C. 1500 à 1502, 1511, 1525, 1845 à 1847. — Co. 557 à 564.

SECT. VI. — *Du préciput conventionnel* (a).

1515. La clause par laquelle l'époux survivant est autorisé à prélever, avant tout partage, une certaine somme ou une certaine quantité d'effets mobiliers en nature, ne donne droit à ce prélèvement, au profit de la femme survivante, que lorsqu'elle accepte la communauté, à moins que le contrat de mariage ne lui ait réservé ce droit, même en renonçant. C. 1394, 1497-6°.—Hors le cas de cette réserve, le préciput ne s'exerce que sur la masse partageable, et non sur les biens personnels de l'époux prédécédé.

1516. Le préciput n'est point regardé comme un avantage sujet aux formalités des donations, mais comme une convention de mariage. C. 1091, 1387, 1394, 1525, 1527.

1517. La mort naturelle ou civile donne ouverture au préciput. C. 23, 25, 227, 1441.—P. 18.

1518. Lorsque la dissolution de la communauté s'opère par le divorce ou par la séparation de corps, il n'y a pas lieu à la délivrance actuelle du préciput; mais l'époux qui a obtenu, soit le divorce, soit la séparation de corps, conserve ses droits au préciput, en cas de survie (b). Si c'est la femme, la somme ou la chose qui constitue le préciput reste toujours provisoirement au mari, à la charge de donner caution. C. 311, 1452, 2011.—Pr. 518, s.

1519. Les créanciers de la communauté ont toujours le droit de faire vendre les effets compris dans le préciput, sauf le recours de l'époux, conformément à l'article 1515. C. 1416.

SECT. VII. — *Des clauses par lesquelles on assigne à chacun des époux des parts inégales dans la communauté.*

1520. Les époux peuvent déroger au partage égal établi par la loi, soit en ne donnant à l'époux survivant ou à ses héritiers (c) dans la communauté, qu'une part moindre que la moitié, soit en ne lui

donnant qu'une somme fixe pour tout droit de communauté, soit en stipulant que la communauté entière, en certain cas, appartiendra à l'époux survivant, ou à l'un d'eux seulement. C. 1497-7°, 1524, s.

1521. Lorsqu'il a été stipulé que l'époux ou ses héritiers n'auront qu'une certaine part dans la communauté, comme le tiers ou le quart, l'époux ainsi réduit ou ses héritiers ne supportent les dettes de la communauté que proportionnellement à la part qu'ils prennent dans l'actif. C. 870.—La convention est nulle si elle oblige l'époux ainsi réduit ou ses héritiers à supporter une plus forte part, ou si elle les dispense de supporter une part dans les dettes, égale à celle qu'ils prennent dans l'actif. C. 6, 900, 1133, 1172, 1811, 1855.

1522. Lorsqu'il est stipulé que l'un des époux ou ses héritiers ne pourront prétendre qu'une certaine somme pour tout droit de communauté, la clause est un forfait qui oblige l'autre époux ou ses héritiers à payer la somme convenue, soit que la communauté soit bonne ou mauvaise, suffisante ou non pour acquitter la somme. C. 1134.

1523. Si la clause n'établit le forfait qu'à l'égard des héritiers de l'époux, celui-ci, dans le cas où il survit, a droit au partage légal par moitié. C. 1122, 1474.

1524. Le mari ou ses héritiers qui retiennent, en vertu de la clause énoncée en l'article 1520, la totalité de la communauté, sont obligés d'en acquitter toutes les dettes.—Les créanciers n'ont, en ce cas, aucune action contre la femme ni contre ses héritiers.—Si c'est la femme survivante qui a, moyennant une somme convenue, le droit de retenir toute la communauté contre les héritiers du mari, elle a le choix, ou de leur payer cette somme, en demeurant obligée à toutes les dettes, ou de renoncer à la communauté, et d'en abandonner aux héritiers du mari les biens et les charges. C. 1453, 1483, s., 1492. s.

1525. Il est permis aux époux de stipuler que la totalité de la communauté appartiendra au survivant ou à l'un d'eux seulement, sauf aux héritiers de l'autre à faire la reprise des apports et capitaux tombés dans la communauté, du chef de leur auteur.—Cette stipulation n'est point réputée un avantage sujet aux règles re-

---

(a) Le *préciput*, du latin *præ capere* (prendre avant), est le droit stipulé en faveur d'un époux de faire un prélèvement d'une certaine somme d'argent ou de certains meubles sur la masse partageable.

(b) Le divorce a été aboli (loi du 8 mai 1816).

(c) C'est par une erreur évidente que le texte officiel porte : à *ses* héritiers. Il faut lire : aux héritiers du *prédécédé*.

latives aux donations, soit quant au fond, soit quant à la forme, mais simplement une convention de mariage et entre associés. C. 1091, s., 1387, 1516, 1527.

SECT. VIII. — *De la communauté à titre universel.*

1526. Les époux peuvent établir par leur contrat de mariage une communauté universelle de leurs biens tant meubles qu'immeubles, présents et à venir, ou de tous leurs biens présents seulement, ou de tous leurs biens à venir seulement. C. 1497-8°, 1837.

DISPOSITIONS COMMUNES AUX SECTIONS CI-DESSUS.

1527. Ce qui est dit aux huit sections ci-dessus ne limite pas à leurs dispositions précises les stipulations dont est susceptible la communauté conventionnelle. — Les époux peuvent faire toutes autres conventions, ainsi qu'il est dit à l'article 1387, et sauf les modifications portées par les articles 1388, 1389 et 1390. — Néanmoins, dans le cas où il y aurait des enfants d'un précédent mariage, toute convention qui tendrait, dans ses effets, à donner à l'un des deux époux au delà de la portion réglée par l'article 1098, au titre *des Donations entre-vifs et des Testaments*, sera sans effet pour tout l'excédant de cette portion ; mais les simples bénéfices résultant des travaux communs et des économies faites sur les revenus respectifs, quoique inégaux, des deux époux, ne sont pas considérés comme un avantage fait au préjudice des enfants du premier lit. C. 1496, 1497.

1528. La communauté conventionnelle reste soumise aux règles de la communauté légale, pour tous les cas auxquels il n'y a pas été dérogé implicitement ou explicitement par le contrat. C. 1134, 1400, s., 1497.

SECT. IX. — *Des conventions exclusives de la communauté.*

1529. Lorsque, sans se soumettre au régime dotal, les époux déclarent qu'ils se marient sans communauté, ou qu'ils seront séparés de biens, les effets de cette stipulation sont réglés comme il suit. C. 1392 (a).

(a) Le régime exclusif de communauté forme

§ I. — *De la clause portant que les époux se marient sans communauté.*

1530. La clause portant que les époux se marient sans communauté ne donne point à la femme le droit d'administrer ses biens, ni d'en percevoir les fruits ; ces fruits sont censés apportés au mari pour soutenir les charges du mariage. C. 1421, 1537, 1540, 1549, 1575, 1595.

1531. Le mari conserve l'administration des biens meubles et immeubles de la femme, et, par suite, le droit de percevoir tout le mobilier qu'elle apporte en dot, ou qui lui échoit pendant le mariage, sauf la restitution qu'il en doit faire après la dissolution du mariage, ou après la séparation des biens qui serait prononcée par justice. C. 227, 311, 1421, s., 1443, s.

1532. Si, dans le mobilier apporté en dot par la femme, ou qui lui échoit pendant le mariage, il y a des choses dont on ne peut faire usage sans les consommer, il en doit être joint un état estimatif au contrat de mariage, ou il doit en être fait inventaire lors de l'échéance, et le mari en doit rendre le prix d'après l'estimation. C. 587.

1533. Le mari est tenu de toutes les charges de l'usufruit. C. 600, s., 1562, s., 1580.

1534. La clause énoncée au présent paragraphe ne fait point obstacle à ce qu'il soit convenu que la femme touchera annuellement, sur ses seules quittances, certaines portions de ses revenus pour son entretien et ses besoins personnels. C. 1134, 1536, 1549.

1535. Les immeubles constitués en dot, dans le cas du présent paragraphe, ne sont point inaliénables. C. 1554, 1557. — Néanmoins ils ne peuvent être aliénés sans le consentement du mari, et, à son refus, sans l'autorisation de la justice. C. 217, 219, 1554.

§ II. — *De la clause de séparation de biens.*

1536. Lorsque les époux ont stipulé par leur contrat de mariage qu'ils seraient séparés de biens, la femme conserve l'en-

un système moyen entre le régime dotal et le régime en communauté. Il diffère du premier, en ce qu'il ne frappe pas les biens de la femme d'inaliénabilité, et du second, en ce que les biens des époux ne se confondent pas.

tière administration de ses biens meubles et immeubles, et la jouissance libre de ses revenus. C. 217, 219, 1387, 1388, 1449, 1576.

1537. Chacun des époux contribue aux charges du mariage, suivant les conventions contenues en leur contrat; et, s'il n'en existe point à cet égard, la femme contribue à ces charges jusqu'à concurrence du tiers de ses revenus. C. 203, 214, 1134, 1448, 1549, 1575.

1538. Dans aucun cas, ni à la faveur d'aucune stipulation, la femme ne peut aliéner ses immeubles sans le consentement spécial de son mari, ou, à son refus, sans être autorisée par justice. C. 217, 219, s., 1388, 1576.—Co. 7.—Toute autorisation générale d'aliéner les immeubles, donnée à la femme, soit par contrat de mariage, soit depuis, est nulle. C. 6, 900, 1133, 1172.

1539. Lorsque la femme séparée a laissé la jouissance de ses biens à son mari, celui-ci n'est tenu, soit sur la demande que sa femme pourrait lui faire, soit à la dissolution du mariage, qu'à la représentation des fruits existants, et il n'est point comptable de ceux qui ont été consommés jusqu'alors. C. 1578, s.

CHAP. III. — DU RÉGIME DOTAL (a).

1540. La dot, sous ce régime, comme sous celui du chapitre II, est le bien que la femme apporte au mari pour supporter les charges du mariage. C. 1391, 1392, 1530, 1535, 1541, s., 2135.

1541. Tout ce que la femme se constitue ou qui lui est donné en contrat de mariage est dotal, s'il n'y a stipulation contraire. C. 1081, s., 1392, 1394, 1542, s., 1574.

SECT. I. — De la constitution de dot.

1542. La constitution de dot peut frapper tous les biens présents et à venir

(a) Le régime dotal tire incontestablement son nom du mot dot; cependant la loi se sert du même mot dot pour exprimer les apports de la femme sous tous les régimes. La dot est définie par l'art. 440. Le régime dotal est un système d'association conjugale dans lequel la dot est régie par des règles particulières, dont la principale est celle qui lui attribue un caractère d'inaliénabilité pendant le mariage, sauf les exceptions prévues par la loi, ou les conventions contraires des parties (C. 1554).

de la femme, ou tous ses biens présents seulement, ou une partie de ses biens présents et à venir, ou même un objet individuel.—La constitution, en termes généraux, de tous les biens de la femme, ne comprend pas les biens à venir. C. 1574.

1543. La dot ne peut être constituée ni même augmentée pendant le mariage. C. 1394, s.

1544. Si les père et mère constituent conjointement une dot, sans distinguer la part de chacun, elle sera censée constituée par portions égales. C. 203, 204, 1350, 1352.—Si la dot est constituée par le père seul pour droits paternels et maternels, la mère, quoique présente au contrat, ne sera point engagée, et la dot demeurera en entier à la charge du père. C. 1438, 1555.

1545. Si le survivant des père ou mère constitue une dot pour biens paternels et maternels, sans spécifier les portions, la dot se prendra d'abord sur les droits du futur époux dans les biens du conjoint prédécédé, et le surplus, sur les biens du constituant. C. 1438, s.

1546. Quoique la fille dotée par ses père et mère ait des biens à elle propres dont ils jouissent, la dot sera prise sur les biens des constituants, s'il n'y a stipulation contraire. C. 384, 1134.

1547. Ceux qui constituent une dot sont tenus à la garantie des objets constitués. C. 1440, 1625, s.

1548. Les intérêts de la dot courent de plein droit du jour du mariage, contre ceux qui l'ont promise, encore qu'il y ait terme pour le paiement, s'il n'y a stipulation contraire. C. 75, 1154, 1440, 1570, 1907, s.

SECT. II.—Des droits du mari sur les biens dotaux, et de l'inaliénabilité du fonds dotal.

1549. Le mari seul a l'administration des biens dotaux pendant le mariage. C. 1421, 1428.—Il a seul le droit d'en poursuivre les débiteurs et détenteurs, d'en percevoir les fruits et les intérêts, et de recevoir le remboursement des capitaux.—Cependant il peut être convenu, par le contrat de mariage, que la femme touchera annuellement, sur ses seules quittances, une partie de ses revenus pour son entretien et ses besoins personnels. C. 1534.

1550. Le mari n'est pas tenu de fournir caution pour la réception de la dot, s'il n'y a pas été assujetti par le contrat de mariage. C. 1562.

1551. Si la dot ou partie de la dot consiste en objets mobiliers mis à prix par le contrat, sans déclaration que l'estimation n'en fait pas vente, le mari en devient propriétaire, et n'est débiteur que du prix donné au mobilier. C. 1552, 1564, s.

1552. L'estimation donnée à l'immeuble constitué en dot n'en transporte point la propriété au mari, s'il n'y en a déclaration expresse.

1553. L'immeuble acquis des deniers dotaux n'est pas dotal, si la condition de l'emploi n'a été stipulée par le contrat de mariage.—Il en est de même de l'immeuble donné en paiement de la dot constituée en argent.

1554. Les immeubles constitués en dot ne peuvent être aliénés ou hypothéqués pendant le mariage, ni par le mari, ni par la femme, ni par les deux conjointement, sauf les exceptions qui suivent. C. 1560.

1555. La femme peut, avec l'autorisation de son mari, ou, sur son refus, avec permission de justice, donner ses biens dotaux pour l'établissement des enfants qu'elle aurait d'un mariage antérieur; mais, si elle n'est autorisée que par justice, elle doit réserver la jouissance à son mari. C. 203, 204, 217, 219, 1427, 1438 à 1440, 1544, s.

1556. Elle peut aussi, avec l'autorisation de son mari, donner ses biens dotaux pour l'établissement de leurs enfants communs. C. 1544, s.

1557. L'immeuble dotal peut être aliéné lorsque l'aliénation en a été permise par le contrat de mariage. C. 1134, 1387.

1558. L'immeuble dotal peut encore être aliéné avec permission de justice, et aux enchères, après trois affiches,—Pour tirer de prison le mari ou la femme; C. 1427.—Pr. 798, 800.—Co. 7.—Pour fournir des aliments à la famille dans les cas prévus par les articles 203, 205 et 206, au titre *du Mariage ;*—Pour payer les dettes de la femme ou de ceux qui ont constitué la dot, lorsque ces dettes ont une date certaine antérieure au contrat de mariage; C. 1328.—Pour faire de grosses réparations indispensables pour la conservation de l'immeuble dotal. C. 606.

—Enfin, lorsque cet immeuble se trouve indivis avec des tiers, et qu'il est reconnu impartageable (a). C. 815, 827, 1686.—Dans tous ces cas, l'excédant du prix de la vente au-dessus des besoins reconnus restera dotal, et il en sera fait emploi comme tel au profit de la femme.

1559. L'immeuble dotal peut être échangé, mais avec le consentement de la femme, contre un autre immeuble de même valeur, pour les quatre cinquièmes au moins, en justifiant de l'utilité de l'échange, en obtenant l'autorisation en justice, et d'après une estimation par experts nommés d'office par le tribunal. C. 1702.—Pr. 955, 956.—Dans ce cas, l'immeuble reçu en échange sera dotal ; l'excédant du prix, s'il y en a, le sera aussi, et il en sera fait emploi comme tel au profit de la femme.

1560. Si, hors les cas d'exception qui viennent d'être expliqués, la femme ou le mari, ou tous les deux conjointement, aliènent le fonds dotal, la femme ou ses héritiers pourront faire révoquer l'aliénation après la dissolution du mariage, sans qu'on puisse leur opposer aucune prescription pendant sa durée : la femme aura le même droit après la séparation de biens. C. 227, 2251, 2253 à 2256.—Le mari lui-même pourra faire révoquer l'aliénation pendant le mariage, en demeurant néanmoins sujet aux dommages et intérêts de l'acheteur, s'il n'a pas déclaré dans le contrat que le bien vendu était dotal. C. 1383.

1561. Les immeubles dotaux non déclarés aliénables par le contrat de mariage sont imprescriptibles pendant le mariage, à moins que la prescription n'ait commencé auparavant. C. 1562, 2255, 2256.—Ils deviennent néanmoins prescriptibles après la séparation de biens, quelle que soit l'époque à laquelle la prescription a commencé. C. 306, 311.

1562. Le mari est tenu, à l'égard des biens dotaux, de toutes les obligations de l'usufruitier. C. 600, s., 1533, 1580.—Il est responsable de toutes prescriptions acquises et détériorations survenues par sa négligence. C. 614, 1382, 1383, 1567.

(a) Aux exceptions ci-dessus, il faut ajouter celle qui a pour cause l'expropriation pour cause d'*utilité publique*. (Voy. ce Code spécial.)

1563. Si la dot est mise en péril, la femme peut poursuivre la séparation de biens, ainsi qu'il est dit aux articles 1443 et suivants.

SECT. III. — De la restitution de la dot.

1564. Si la dot consiste en immeubles,—Ou en meubles non estimés par le contrat de mariage, ou bien mis à prix, avec déclaration que l'estimation n'en ôte pas la propriété à la femme,—Le mari ou ses héritiers peuvent être contraints de la restituer sans délai, après la dissolution du mariage. C. 1551, 1552, 1565, s.

1565. Si elle consiste en une somme d'argent,—Ou en meubles mis à prix par le contrat, sans déclaration que l'estimation n'en rend pas le mari propriétaire, —La restitution n'en peut être exigée qu'un an après la dissolution. C. 1551, 1552.

1566. Si les meubles dont la propriété reste à la femme ont dépéri par l'usage et sans la faute du mari, il ne sera tenu de rendre que ceux qui resteront, et dans l'état où ils se trouveront. C. 589.—Et néanmoins la femme pourra, dans tous les cas, retirer les linges et hardes à son usage actuel, sauf à précompter leur valeur, lorsque ces linges et hardes auront été primitivement constitués avec estimation. C. 1492. 1595.—Co. 560.

1567. Si la dot comprend des obligations ou constitutions de rente qui ont péri, ou souffert des retranchements qu'on ne puisse imputer à la négligence du mari, il n'en sera point tenu, et il sera quitte en restituant les contrats. C. 530, 588, 1562, 1909, 1910.

1568. Si un usufruit a été constitué en dot, le mari ou ses héritiers ne sont obligés, à la dissolution du mariage, que de restituer le droit d'usufruit, et non les fruits échus durant le mariage. C. 578, 586, 588.

1569. Si le mariage a duré dix ans depuis l'échéance des termes pris pour le paiement de la dot, la femme ou ses héritiers pourront la répéter contre le mari après la dissolution du mariage, sans être tenus de prouver qu'il l'a reçue, à moins qu'il ne justifiât de diligences inutilement par lui faites pour s'en procurer le paiement. C. 1350, 1352, 1502, 1567, 2265.

1570. Si le mariage est dissous par la mort de la femme, l'intérêt et les fruits de la dot à restituer courent de plein droit au profit de ses héritiers, depuis le jour de la dissolution. C. 1154, 1440, 1548.—Si c'est par la mort du mari, la femme a le choix d'exiger les intérêts de sa dot, pendant l'an du deuil, ou de se faire fournir des aliments, pendant ledit temps, aux dépens de la succession du mari; mais, dans les deux cas, l'habitation, durant cette année, et les habits de deuil, doivent lui être fournis sur la succession, et sans imputation sur les intérêts à elle dus. C. 1465, 1481, 1495.

1571. A la dissolution du mariage, les fruits des immeubles dotaux se partagent entre le mari et la femme ou leurs héritiers, à proportion du temps qu'il a duré, pendant la dernière année. C. 585, 586, 1474.—L'année commence à partir du jour où le mariage a été célébré. C. 75.

1572. La femme et ses héritiers n'ont point de privilége, pour la répétition de la dot, sur les créanciers antérieurs à elle en hypothèque (a). C. 963, 1054, 2095, 2114, 2121, 2134, 2135.

1573. Si le mari était déjà insolvable, et n'avait ni art ni profession, lorsque le père a constitué une dot à sa fille, celle-ci ne sera tenue de rapporter à la succession du père que l'action qu'elle a contre celle de son mari, pour s'en faire rembourser. —Mais si le mari n'est devenu insolvable que depuis le mariage,—Ou s'il avait un métier ou une profession qui lui tenait lieu de bien,—La perte de la dot tombe uniquement sur la femme. C. 843, s., 1302, s.

SECT. IV. — Des biens paraphernaux.

1574. Tous les biens de la femme qui n'ont pas été constitués en dot sont paraphernaux. C. 1536, s., 1540, 1542, 2066, 2070.

1575. Si tous les biens de la femme sont paraphernaux, et s'il n'y a pas de convention dans le contrat pour lui faire supporter une portion des charges du ma-

---

(a) Cet article a eu pour objet d'abroger le système contraire qui était consacré par le droit romain dans la loi *Assiduis* (12 au Code, *qui potiores*), laquelle accordait à la femme, pour la répétition de sa dot, une préférence sur les créanciers hypothécaires même antérieurs au mariage.

riage, la femme y contribue jusqu'à concurrence du tiers de ses revenus. C. 203, 1448, 1530, 1537, 1540.

1576. La femme a l'administration et la jouissance de ses biens paraphernaux. C. 1536.—Mais elle ne peut les aliéner ni paraître en jugement à raison desdits biens, sans l'autorisation du mari, ou, à son refus, sans la permission de la justice. C. 217, 219, 1538, 1555, s.

1577. Si la femme donne sa procuration au mari pour administrer ses biens paraphernaux, avec charge de lui rendre compte des fruits, il sera tenu vis-à-vis d'elle comme tout mandataire. C. 1993, s.—Pr. 527, s.

1578. Si le mari a joui des biens paraphernaux de sa femme, sans mandat, et néanmoins sans opposition de sa part, il n'est tenu, à la dissolution du mariage, ou à la première demande de la femme, qu'à la représentation des fruits existants, et il n'est point comptable de ceux qui ont été consommés jusqu'alors. C. 1539, 1555, 1579.

1579. Si le mari a joui des biens paraphernaux malgré l'opposition constatée de la femme, il est comptable envers elle de tous les fruits, tant existants que consommés. C. 1578.—Pr. 527, s.

1580. Le mari qui jouit des biens paraphernaux est tenu de toutes les obligations de l'usufruitier. C. 600., s., 1533, 1562.

DISPOSITION PARTICULIÈRE.

1581. En se soumettant au régime dotal, les époux peuvent néanmoins stipuler une société d'acquêts, et les effets de cette société sont réglés comme il est dit aux articles 1498 et 1499. C. 1387, 1497.

TITRE SIXIÈME.

DE LA VENTE.

(Décrété le 6 mars 1804. Promulgué le 16.)

CHAP. I. — DE LA NATURE ET DE LA FORME DE LA VENTE.

1582. La vente est une convention par laquelle l'un s'oblige à livrer une chose, et l'autre à la payer. C. 1101, s.—Elle peut être faite par acte authentique ou sous seing-privé (a). C. 1317, 1322, 1341, s. —Co. 109.

1583. Elle est parfaite entre les parties, et la propriété est acquise de droit à l'acheteur, à l'égard du vendeur, dès qu'on est convenu de la chose et du prix, quoique la chose n'ait pas encore été livrée ni le prix payé. C. 938 et la *note*, 1108, 1109, s., 1138, 1589, 1591, 1592, 1606, 1607, 1703.

1584. La vente peut être faite purement et simplement, ou sous une condition soit suspensive, soit résolutoire. C. 1168, s., 1183, s. 1184, 1588.—Elle peut aussi avoir pour objet deux ou plusieurs choses alternatives. C. 1189, s.—Dans tous ces cas, son effet est réglé par les principes généraux des conventions. C. 1101, s.

1585. Lorsque des marchandises ne sont pas vendues en bloc, mais au poids, au compte ou à la mesure, la vente n'est point parfaite, en ce sens que les choses vendues sont aux risques du vendeur, jusqu'à ce qu'elles soient pesées, comptées ou mesurées (b); mais l'acheteur peut en demander ou la délivrance ou des dommages-intérêts s'il y a lieu, en cas d'inexécution de l'engagement. C. 1136, 1138, 1142, 1147, 1182, 1586, 1587, 1610.

1586. Si, au contraire, les marchandises ont été vendues en bloc, la vente est parfaite, quoique les marchandises n'aient pas encore été pesées, comptées ou mesurées.

1587. A l'égard du vin, de l'huile et des autres choses que l'on est dans l'usage de goûter avant d'en faire l'achat, il n'y a point de vente tant que l'acheteur ne les a pas goûtées et agréées. C. 100.

1588. La vente faite à l'essai est toujours présumée faite sous une condition suspensive. C. 1181, 1182, 1584.

1589. La promesse de vente vaut vente, lorsqu'il y a consentement réciproque des deux parties sur la chose et sur le prix. C. 1102, 1583, 1590 à 1592.

1590. Si la promesse de vendre a été faite avec des arrhes, chacun des contrac-

---

(a) Pour la vente des biens appartenant aux communes ou à des départements. (Voy. C. municip. et départ.)

(b) L'autorité municipale a le droit d'établir des bureaux *publics* de pesage et de mesurage, dans l'enceinte des marchés et des communes. (Voy. au Code des poids et mesures.)

tants est maître de s'en départir,—Celui qui les a données, en les perdant,—Et celui qui les a reçues, en restituant le double.

1591. Le prix de la vente doit être déterminé et désigné par les parties. C. 1583, 1592, 1674, s.

1592. Il peut cependant être laissé à l'arbitrage d'un tiers; si le tiers ne veut ou ne peut faire l'estimation, il n'y a point de vente. C. 1583, 1854.

1593. Les frais d'actes et autres accessoires à la vente sont à la charge de l'acheteur. C. 1248, 1630-3°, 1646.

CHAP. II. — QUI PEUT ACHETER OU VENDRE.

1594. Tous ceux auxquels la loi ne l'interdit pas peuvent acheter ou vendre. C. 128, 450, 1123, 1124 et la *note*, 1125, 1595, s.—Pr. 692, s.—Co. 446.—P. 175, s.—F. 21, 101.

1595. Le contrat de vente ne peut avoir lieu entre époux que dans les trois cas suivants: 1° Celui où l'un des deux époux cède des biens à l'autre, séparé judiciairement d'avec lui, en paiement de ses droits;—2° Celui où la cession que le mari fait à sa femme, même non séparée, a une cause légitime, telle que le remploi de ses immeubles aliénés ou de deniers à elle appartenant, si ces immeubles ou deniers ne tombent pas en communauté. C. 1433, s.—3° Celui où la femme cède des biens à son mari en paiement d'une somme qu'elle lui aurait promise en dot, et lorsqu'il y a exclusion de communauté. C. 1530, s.—Sauf, dans ces trois cas, les droits des héritiers des parties contractantes, s'il y a avantage indirect. C. 913 à 915, 1098, 1496, 1527.

1596. Ne peuvent se rendre adjudicataires, sous peine de nullité, ni par eux-mêmes, ni par personnes interposées, — Les tuteurs, des biens de ceux dont ils ont la tutelle; C. 450;—Les mandataires, des biens qu'ils sont chargés de vendre; C. 1991;—Les administrateurs, de ceux des communes ou des établissements publics confiés à leurs soins;—Les officiers publics, des biens nationaux dont les ventes se font par leur ministère. C. 1992.—Pr. 713.—P. 175.—F. 101.

1597. Les juges, leurs suppléants, les magistrats remplissant le ministère

public, les greffiers, huissiers, avoués, défenseurs officieux (*a*) et notaires, ne peuvent devenir cessionnaires des procès, droits et actions litigieux qui sont de la compétence du tribunal dans le ressort duquel ils exercent leurs fonctions, à peine de nullité, et des dépens, dommages et intérêts. C. 1149, 1699, 1701. — Pr. 713.

CHAP. III. — DES CHOSES QUI PEUVENT ÊTRE VENDUES.

1598. Tout ce qui est dans le commerce peut être vendu, lorsque des lois particulières n'en ont pas prohibé l'aliénation (*b*). C. 538, 540, 714, 1128, 2226. —P. 314, 418, 475, 477.—F. 83.

1599. La vente de la chose d'autrui est nulle : elle peut donner lieu à des dommages-intérêts lorsque l'acheteur a ignoré que la chose fût à autrui. C. 1021 et la *note*, 1635, 1664, 1935, 2059, 2236, s., 2265, s.—Pr. 692, s., 727, s.—Co. 210.

1600. On ne peut vendre la succession d'une personne vivante, même de son consentement. C. 791, 1130, 1389.

1601. Si, au moment de la vente, la chose vendue était périe en totalité, la vente serait nulle. C. 1193, 1195, 1234-7°, 1302, 1303.—Si une partie seulement de la chose est périe, il est au choix de l'acquéreur d'abandonner la vente, ou de demander la partie conservée, en faisant déterminer le prix par la ventilation (*c*). C. 1681, 1636, 1682, 2192, 2211.

CHAP. IV. — DES OBLIGATIONS DU VENDEUR.

SECT. I. — *Dispositions générales.*

1602. Le vendeur est tenu d'expli-

(*a*) Les *défenseurs officieux* ne sont autres que les avocats, dont la profession a été rétablie par la loi du 22 ventôse an XII, et organisée par le décret du 14 déc. 1810. Voy. C. des avocats.

(*b*) Aux termes du décret du 6 messidor an III, la vente des *grains en vert* et pendants par les racines est prohibée sous peine de confiscation des grains et fruits vendus. Une exception est faite à cette prohibition par un autre décret du 23 messidor de la même année, lorsque ces ventes ont lieu par suite de tutelle, curatelle, changement de fermier, saisie de fruits, baux judiciaires, etc.

Les rentes *viagères*, les pensions de l'Etat sont incessibles. (Voy. C. de l'armée et Lois et ord.)

(*c*) La *ventilation* est une opération qui consiste à déterminer, eu égard au prix total d'une chose, quelle est la valeur des diverses parties dont cette chose est composée.

quer clairement ce à quoi il s'oblige. C. 1156, s.—Tout pacte obscur ou ambigu s'interprète contre le vendeur. C. 1162.

1603. Il a deux obligations principales, celle de délivrer et celle de garantir la chose qu'il vend. C. 1604, s., 1625.

SECT. II. — *De la délivrance.*

1604. La délivrance est le transport de la chose vendue en la puissance et possession de l'acheteur. C. 1136, s., 1582. — Pr. 23 s.

1605. L'obligation de délivrer les immeubles est remplie de la part du vendeur lorsqu'il a remis les clefs, s'il s'agit d'un bâtiment, ou lorsqu'il a remis les titres de propriété. C. 1606.

1606. La délivrance des effets mobiliers s'opère, — Ou par la tradition réelle, — ou par la remise des clefs des bâtiments qui les contiennent, C. 1605. —Ou même par le seul consentement des parties, si le transport ne peut pas s'en faire au moment de la vente, ou si l'acheteur les avait déjà en son pouvoir à un autre titre. C. 1138, 1141.

1607. La tradition des droits incorporels (a) se fait, ou par la remise des titres, ou par l'usage que l'acquéreur en fait du consentement du vendeur. C. 1604, 1689, s., 2075, 2214.

1608. Les frais de la délivrance sont à la charge du vendeur, et ceux de l'enlèvement à la charge de l'acheteur, s'il n'y a eu stipulation contraire. C. 1134, 1248.

1609. La délivrance doit se faire au lieu où était, au temps de la vente, la chose qui en a fait l'objet, s'il n'en a été autrement convenu. C. 1134, 1247, 1264, 1651.

1610. Si le vendeur manque à faire la délivrance dans le temps convenu entre les parties, l'acquéreur pourra, à son choix, demander la résolution de la vente, ou sa mise en possession, si le retard ne vient que du fait du vendeur.

(a) Les *droits incorporels*, ainsi appelés parce qu'ils n'ont pas de corps proprement dit, *quia tangi non possunt*, sont les créances en général, qui donnent des droits à exercer, soit contre des personnes, soit sur des choses. (Voy. les art. 1689 et suiv.)

C. 1134, 1183, s., 1234, 1621, s., 1654 à 1658.

1611. Dans tous les cas, le vendeur doit être condamné aux dommages et intérêts, s'il résulte un préjudice pour l'acquéreur, du défaut de délivrance au terme convenu. C. 1142, 1149, 1382.

1612. Le vendeur n'est pas tenu de délivrer la chose, si l'acheteur n'en paie pas le prix, et que le vendeur ne lui ait pas accordé un délai pour le paiement. C. 1650 à 1657, 1704.

1613. Il ne sera pas non plus obligé à la délivrance, quand même il aurait accordé un délai pour le paiement, si, depuis la vente, l'acheteur est tombé en faillite ou en état de déconfiture, en sorte que le vendeur se trouve en danger imminent de perdre le prix; à moins que l'acheteur ne lui donne caution de payer au terme. C. 1188, 1653. — Pr. 124, 518, s. — Co. 437.

1614. La chose doit être délivrée en l'état où elle se trouve au moment de la vente. C. 1138, 1583. —Depuis ce jour, tous les fruits appartiennent à l'acquéreur. C. 547, s., 583, s., 1652, 1682.— Pr. 526.

1615. L'obligation de délivrer la chose comprend ses accessoires et tout ce qui a été destiné à son usage perpétuel. C. 522, s., 546, s., 551, s., 1018, 1019, 1692, 2118, 2204.

1616. Le vendeur est tenu de délivrer la contenance telle qu'elle est portée au contrat, sous les modifications ci-après exprimées. C. 1765.

1617. Si la vente d'un immeuble a été faite avec indication de la contenance, à raison de tant la mesure, le vendeur est obligé de délivrer à l'acquéreur, s'il l'exige, la quantité indiquée au contrat; C. 1134.—Et si la chose ne lui est pas possible, ou si l'acquéreur ne l'exige pas, le vendeur est obligé de souffrir une diminution proportionnelle du prix. C. 1622, 1644, 1765.

1618. Si, au contraire, dans le cas de l'article précédent, il se trouve une contenance plus grande que celle exprimée au contrat, l'acquéreur a le choix de fournir le supplément du prix, ou de se désister du contrat, si l'excédant est d'un vingtième au-dessus de la contenance déclarée. C. 1681, 1682.

1619. Dans tous les autres cas, — Soit que la vente soit faite d'un corps certain et limité, C. 1245, 1247, 1264; — Soit qu'elle ait pour objet des fonds distincts et séparés, — Soit qu'elle commence par la mesure, ou par la désignation de l'objet vendu suivie de la mesure, — L'expression de cette mesure ne donne lieu à aucun supplément de prix, en faveur du vendeur, pour l'excédant de mesure, ni en faveur de l'acquéreur, à aucune diminution du prix pour moindre mesure, qu'autant que la différence de la mesure réelle à celle exprimée au contrat est d'un vingtième en plus ou en moins, eu égard à la valeur de la totalité des objets vendus, s'il n'y a stipulation contraire. C. 1134.

1620. Dans le cas où, suivant l'article précédent, il y a lieu à augmentation de prix pour excédant de mesure, l'acquéreur a le choix, ou de se désister du contrat, ou de fournir le supplément du prix, et ce, avec les intérêts s'il a gardé l'immeuble. C. 1681, 1682.

1621. Dans tous les cas où l'acquéreur a le droit de se désister du contrat, le vendeur est tenu de lui restituer, outre le prix, s'il l'a reçu, les frais de ce contrat. C. 1608, 1610, 1630.

1622. L'action en supplément de prix, de la part du vendeur, et celle en diminution de prix, ou en résiliation du contrat, de la part de l'acquéreur, doivent être intentées dans l'année, à compter du jour du contrat, à peine de déchéance.

1623. S'il a été vendu deux fonds par le même contrat, et pour un seul et même prix, avec désignation de la mesure de chacun, et qu'il se trouve moins de contenance en l'un et plus en l'autre, on fait compensation jusqu'à due concurrence; et l'action, soit en supplément, soit en diminution du prix, n'a lieu que suivant les règles ci-dessus établies. C. 1234, 1289, 1290.

1624. La question de savoir sur lequel, du vendeur ou de l'acquéreur, doit tomber la perte ou la détérioration de la chose vendue avant la livraison, est jugée d'après les règles prescrites au titre *des Contrats ou des Obligations conventionnelles en général.* C. 1137, s., 1148, 1182, 1234, 1302, 1303, 1647.

SECT. III. — *De la garantie.*

1625. La garantie que le vendeur doit à l'acquéreur a deux objets : le premier est la possession paisible de la chose vendue; le second, les défauts cachés de cette chose ou les vices rédhibitoires. C. 1603, 1641, s.

§ I. — *De la garantie en cas d'éviction* (a).

1626. Quoique, lors de la vente, il n'ait été fait aucune stipulation sur la garantie, le vendeur est obligé de droit à garantir l'acquéreur de l'éviction qu'il souffre dans la totalité ou partie de l'objet vendu, ou des charges prétendues sur cet objet, et non déclarées lors de la vente. C. 884, 885, 1636, s., 1681, 1705, 1845, 2038, 2178, 2191, 2192.

1627. Les parties peuvent, par des conventions particulières, ajouter à cette obligation de droit, ou en diminuer l'effet; elles peuvent même convenir que le vendeur ne sera soumis à aucune garantie. C. 1134, 1628, 1629, 1643, 1693.

1628. Quoiqu'il soit dit que le vendeur ne sera soumis à aucune garantie, il demeure cependant tenu de celle qui résulte d'un fait qui lui est personnel : toute convention contraire est nulle. C. 6, 900, 1133, 1172, 1382, 1383.

1629. Dans le même cas de stipulation de non-garantie, le vendeur, en cas d'éviction, est tenu à la restitution du prix, à moins que l'acquéreur n'ait connu, lors de la vente, le danger de l'éviction, ou qu'il n'ait acheté à ses périls et risques. C. 1134, 1642, 1693.

1630. Lorsque la garantie a été promise, ou qu'il n'a rien été stipulé à ce sujet, si l'acquéreur est évincé, il a le droit de demander contre le vendeur, — 1° La restitution du prix; — 2° Celle des fruits, lorsqu'il est obligé de les rendre au propriétaire qui l'évince; — 3° Les frais faits sur la demande en garantie de l'acheteur, et ceux faits par le demandeur originaire; C. 1593. — 4° Enfin les dom-

___

(a) L'*éviction* est le délaissement qu'on oblige quelqu'un à faire d'une chose, en vertu d'une sentence de la justice qui l'y condamne. Mais, comme le reconnaît Pothier, le sens de ce mot est plus large, et il n'est pas toujours nécessaire qu'une sentence intervienne; il suffit que l'acheteur, reconnaissant la justice et la légitimité de la réclamation d'un tiers, abandonne de lui-même tout ou partie de la chose acquise.

mages et intérêts, ainsi que les frais et loyaux coûts du contrat. C. 1673, 1699, 2188. — Pr. 130, 185.

1631. Lorsqu'à l'époque de l'éviction, la chose vendue se trouve diminuée de valeur ou considérablement détériorée, soit par la négligence de l'acheteur, soit par des accidents de force majeure, le vendeur n'en est pas moins tenu de restituer la totalité du prix. C. 2175.

1632. Mais si l'acquéreur a tiré profit des dégradations par lui faites, le vendeur a droit de retenir sur le prix une somme égale à ce profit. C. 2175.

1633. Si la chose vendue se trouve avoir augmenté de prix à l'époque de l'éviction, indépendamment même du fait de l'acquéreur, le vendeur est tenu de lui payer ce qu'elle vaut au-dessus du prix de la vente. C. 1637, 2175.

1634. Le vendeur est tenu de rembourser ou de faire rembourser à l'acquéreur, par celui qui l'évince, toutes les réparations et améliorations utiles qu'il aura faites au fonds. C. 599, 861 à 864, 867, 2175.

1635. Si le vendeur avait vendu de mauvaise foi le fonds d'autrui, il sera obligé de rembourser à l'acquéreur toutes les dépenses, même voluptuaires ou d'agrément, que celui-ci aura faites au fonds. C. 1021, 1599, 1645, 2268.

1636. Si l'acquéreur n'est évincé que d'une partie de la chose, et qu'elle soit de telle conséquence, relativement au tout, que l'acquéreur n'eût point acheté sans la partie dont il a été évincé, il peut faire résilier la vente. C. 1637.

1637. Si, dans le cas de l'éviction d'une partie du fonds vendu, la vente n'est pas résiliée, la valeur de la partie dont l'acquéreur se trouve évincé lui est remboursée suivant l'estimation à l'époque de l'éviction, et non proportionnellement au prix total de la vente, soit que la chose vendue ait augmenté ou diminué de valeur. C. 1617, 1633, 2125.

1638. Si l'héritage vendu se trouve grevé, sans qu'il en ait été fait de déclaration, de servitudes non apparentes, et qu'elles soient de telle importance qu'il y ait lieu de présumer que l'acquéreur n'aurait pas acheté s'il en avait été instruit, il peut demander la résiliation du contrat, si mieux il n'aime se contenter d'une indemnité. C. 637, 689, 691, 1142, 1636, 1642, s.

1639. Les autres questions auxquelles peuvent donner lieu les dommages et intérêts résultant, pour l'acquéreur, de l'inexécution de la vente, doivent être décidées suivant les règles établies au titre *des Contrats ou des Obligations conventionnelles en général.* C. 1134, 1142, s., 1146, s., 1156, s., 1182, s., 1226, s.

1640. La garantie pour cause d'éviction cesse lorsque l'acquéreur s'est laissé condamner par un jugement en dernier ressort, ou dont l'appel n'est plus recevable, sans appeler son vendeur, si celui-ci prouve qu'il existait des moyens suffisants pour faire rejeter la demande. C. 1350-3°, 1351.—Pr. 175, s., 443, s.

§ II. — *De la garantie des défauts de la chose vendue (a).*

1641. Le vendeur est tenu de la garantie à raison des défauts cachés de la chose vendue, qui la rendent impropre

(a) 20 mai 1838. — *Loi concernant les vices rédhibitoires dans les ventes et échanges d'animaux domestiques.*

« Art. 1. Sont réputés vices rédhibitoires et donneront seuls ouverture à l'action résultant de l'art. 1641 du Code civil dans les ventes et échanges des animaux domestiques ci-dessous dénommés, sans distinction des localités où les ventes et échanges auront eu lieu, les maladies ou défauts ci-après, savoir:

« *Pour le cheval, l'âne ou le mulet,* la fluxion périodique des yeux, l'épilepsie ou le mal caduc, la morve, le farcin, les maladies anciennes de poitrine ou vieilles courbatures, l'immobilité, la pousse, le cornage chronique, le tic sans usure des dents, les hernies inguinales intermittentes, la boiterie intermittente pour cause de vieux mal.

« *Pour l'espèce bovine,* la phthisie pulmonaire, l'épilepsie ou mal caduc, les suites de la non-délivrance; le renversement du vagin ou de l'utérus, après le part chez le vendeur.

« *Pour l'espèce ovine,* la clavelée : cette maladie, reconnue chez un seul animal, entraînera la rédhibition de tout le troupeau. — La rédhibition n'aura lieu que si le troupeau porte la marque du vendeur. — Le sang-de-rate : cette maladie n'entraînera la rédhibition du troupeau qu'autant que dans le délai de la garantie, sa perte constatée s'élèvera au quinzième au moins des animaux achetés. — Dans ce dernier cas, la rédhibition n'aura lieu également que si le troupeau porte la marque du vendeur.

« 2. L'action en réduction du prix, autorisée par l'art. 1644 du Code civil, ne pourra être exercée dans les ventes et échanges d'animaux énoncés dans l'art. 1er ci-dessus.

« 3. Le délai pour intenter l'action rédhibitoire sera, non compris le jour fixé pour la li-

à l'usage auquel on la destine, ou qui diminuent tellement cet usage, que l'acheteur ne l'aurait pas acquise, ou n'en aurait donné qu'un moindre prix, s'il les avait connus. C. 1625, 1642, s., 1891.

1642. Le vendeur n'est pas tenu des vices apparents, et dont l'acheteur a pu se convaincre lui-même. C. 1629.

1643. Il est tenu des vices cachés, quand même il ne les aurait pas connus, à moins que, dans ce cas, il n'ait stipulé qu'il ne sera obligé à aucune garantie. C. 1134, 1627, 1628, 1629, s.

1644. Dans le cas des articles 1641 et 1643, l'acheteur a le choix, de rendre la chose et de se faire restituer le prix, ou de garder la chose et de se faire rendre une partie du prix, telle qu'elle sera arbitrée par experts. C. 1617, 1641.— Pr. 302, s.

1645. Si le vendeur connaissait les vices de la chose, il est tenu, outre la restitution du prix qu'il en a reçu, de tous les dommages et intérêts envers l'acheteur. C. 1146, s., 1635, 1891.— P. 423.

1646. Si le vendeur ignorait les vices de la chose, il ne sera tenu qu'à la res-

vraison,—de trente jours pour le cas de fluxion périodique des yeux et d'épilepsie ou mal caduc; — de neuf jours pour tous les autres cas.

« 4. Si la livraison de l'animal a été effectuée, ou s'il a été conduit, dans le délai ci-dessus, hors du lieu du domicile du vendeur, les délais seront augmentés d'un jour par cinq myriamètres de distance du domicile du vendeur au lieu où l'animal se trouve.

« 5. Dans tous les cas, l'acheteur, à peine d'être non-recevable, sera tenu de provoquer, dans les délais de l'art. 3, la nomination d'experts chargés de dresser procès-verbal; la requête sera présentée au juge de paix du lieu où se trouve l'animal. — Ce juge nommera immédiatement, suivant l'exigence des cas, un ou trois experts, qui devront opérer dans le plus bref délai.

« 6. La demande sera dispensée du préliminaire de conciliation, et l'affaire instruite et jugée comme matière sommaire.

« 7. Si, pendant la durée des délais fixés par l'art. 3, l'animal vient à périr, le vendeur ne sera pas tenu de la garantie, à moins que l'acheteur ne prouve que la perte de l'animal provient de l'une des maladies spécifiées dans l'art. 1er.

« 8. Le vendeur sera dispensé de la garantie résultant de la morve et du farcin pour le cheval, l'âne et le mulet, et de la clavelée pour l'espèce ovine, s'il prouve que l'animal, depuis la livraison, a été mis en contact avec des animaux atteints de ces maladies. »

La disposition de cette loi sur les vices rédhibitoires dans les ventes et échanges d'animaux

titution du prix, et à rembourser à l'acquéreur les frais occasionnés par la vente. C. 1593, 1630.

1647. Si la chose qui avait des vices a péri par suite de sa mauvaise qualité, la perte est pour le vendeur, qui sera tenu envers l'acheteur à la restitution du prix, et aux autres dédommagements expliqués dans les deux articles précédents. — Mais la perte arrivée par cas fortuit sera pour le compte de l'acheteur. C. 1148, 1302, 1633, s.

1648. L'action résultant des vices rédhibitoires doit être intentée par l'acquéreur, dans un bref délai, suivant la nature des vices rédhibitoires, et l'usage du lieu où la vente a été faite (a). C. 1159, 1641.

1649. Elle n'a pas lieu dans les ventes faites par autorité de justice. C. 1684. —Pr. 715, 953, s., 966, s.

CHAP. V.—DES OBLIGATIONS DE L'ACHETEUR.

1650. La principale obligation de l'acheteur est de payer le prix au jour et au lieu réglés par la vente. C. 1235, s., 1582, 1612, 1613.— Co. 550, 576.

1651. S'il n'a rien été réglé à cet égard lors de la vente, l'acheteur doit payer au lieu et dans le temps où doit se faire la délivrance. C. 1247, 1264, 1609.—P. 420.

1652. L'acheteur doit l'intérêt du prix de la vente jusqu'au paiement du capital, dans les trois cas suivants :—S'il a été ainsi convenu lors de la vente; C. 1134. — Si la chose vendue et livrée produit des fruits ou autres revenus; C. 520, 583, 584, 586. — Si l'acheteur a été sommé de payer. C. 1139. — Dans ce dernier cas, l'intérêt ne court que depuis la sommation. C. 1153.

1653. Si l'acheteur est troublé ou a juste sujet de craindre d'être troublé par une action, soit hypothécaire, soit en revendication, il peut suspendre le paiement du prix jusqu'à ce que le vendeur ait fait cesser le trouble, si mieux n'aime celui-ci donner caution, ou à moins qu'il

domestiques a été déclarée applicable aux *colonies* par le décret du 22 janvier 1852. (Voy. C. des Colon.)

(a) Cette disposition se trouve abrogée par celle de l'art. 3 de la loi du 20 mai 1838 citée sous l'art. 1641.

n'ait été stipulé que, nonobstant le trouble, l'acheteur paiera. C. 1612, 1613, 1704. — Pr. 518, s.

1654. Si l'acheteur ne paie pas le prix, le vendeur peut demander la résolution de la vente. C. 1184, 1234, 1610, 1655 à 1658, 2102-4°, 2103-1°.

1655. La résolution de la vente d'immeubles est prononcée de suite, si le vendeur est en danger de perdre la chose et le prix. — Si ce danger n'existe pas, le juge peut accorder à l'acquéreur un délai plus ou moins long, suivant les circonstances. C. 1244, 1661. — Ce délai passé sans que l'acquéreur ait payé, la résolution de la vente sera prononcée. C. 1656.

1656. S'il a été stipulé lors de la vente d'immeubles que, faute de paiement du prix dans le terme convenu, la vente serait résolue de plein droit, l'acquéreur peut néanmoins payer après l'expiration du délai, tant qu'il n'a pas été mis en demeure par une sommation : mais, après cette sommation, le juge ne peut pas lui accorder de délai. C. 1134, 1139, 1655-2°.

1657. En matière de vente de denrées et effets mobiliers, la résolution de la vente aura lieu de plein droit et sans sommation, au profit du vendeur, après l'expiration du terme convenu pour le retirement. C. 1585 à 1587, 2102-4°. — Co. 550, 576.

CHAP. VI. — DE LA NULLITÉ ET DE LA RÉSOLUTION DE LA VENTE.

1658. Indépendamment des causes de nullité ou de résolution déjà expliquées dans ce titre, et de celles qui sont communes à toutes les conventions, le contrat de vente peut être résolu par l'exercice de la faculté de rachat et par la vilité du prix. C. 1183, 1234, 1650, 1654, s., 1659, s., 1674, s.

SECT. I. — *De la faculté de rachat.*

1659. La faculté de rachat ou de réméré est un pacte par lequel le vendeur se réserve de reprendre la chose vendue, moyennant la restitution du prix principal, et le remboursement dont il est parlé à l'article 1673. C. 1676, 1751, 2085.

1660. La faculté de rachat ne peut être stipulée pour un terme excédant cinq années. — Si elle a été stipulée pour un terme plus long, elle est réduite à ce terme. C. 6, 900, 1133, 1172.

1661. Le terme fixé est de rigueur, et ne peut être prolongé par le juge. C. 1655, 1673.

1662. Faute par le vendeur d'avoir exercé son action de réméré dans le terme prescrit, l'acquéreur demeure propriétaire irrévocable. C. 1751.

1663. Le délai court contre toutes personnes, même contre le mineur, sauf, s'il y a lieu, le recours contre qui de droit. C. 450, 1304.

1664. Le vendeur à pacte de rachat peut exercer son action contre un second acquéreur, quand même la faculté de réméré n'aurait pas été déclarée dans le second contrat. C. 1165, 1599.

1665. L'acquéreur à pacte de rachat exerce tous les droits de son vendeur; il peut prescrire tant contre le véritable maître que contre ceux qui prétendraient des droits ou hypothèques sur la chose vendue. C. 1673, 1751, 2225, 2262, s.

1666. Il peut opposer le bénéfice de la discussion (a) aux créanciers de son vendeur. C. 1166, 2021, s., 2170, 2171, 2206, 2207.

1667. Si l'acquéreur à pacte de réméré d'une partie indivise d'un héritage s'est rendu adjudicataire de la totalité, sur une licitation provoquée contre lui, il peut obliger le vendeur à retirer le tout lorsque celui-ci veut user du pacte. C. 815, 1217, s., 1686, s.

1668. Si plusieurs ont vendu conjointement, et par un seul contrat, un héritage commun entre eux, chacun ne peut exercer l'action en réméré que pour la part qu'il y avait. C. 1217, s., 1670.

1669. Il en est de même, si celui qui a vendu seul un héritage a laissé plusieurs héritiers. — Chacun de ces cohéritiers ne peut user de la faculté de rachat que pour la part qu'il prend dans la suc-

(a) Le *bénéfice de discussion*, en général, donne le droit, soit à celui qui n'est tenu qu'en second lieu, comme la caution (C. 2021), soit au possesseur d'un immeuble grevé d'un droit au profit d'un tiers, de renvoyer les créanciers à se pourvoir d'abord contre le débiteur principal, pour le *discuter* dans ses autres biens, avant d'attaquer soit la caution, soit le détenteur de l'immeuble.

cession. C. 1220, s., 1670, 1672, 1685, s.

1670. Mais, dans le cas des deux articles précédents, l'acquéreur peut exiger que tous les covendeurs ou tous les cohéritiers soient mis en cause, afin de se concilier entre eux pour la reprise de l'héritage entier; et, s'ils ne se concilient pas, il sera renvoyé de la demande. C. 1225, 1671, 1685.

1671. Si la vente d'un héritage appartenant à plusieurs n'a pas été faite conjointement et de tout l'héritage ensemble, et que chacun n'ait vendu que la part qu'il y avait, ils peuvent exercer séparément l'action en réméré sur la portion qui leur appartenait; — et l'acquéreur ne peut forcer celui qui l'exercera de cette manière à retirer le tout. C. 1667, 1669, 1670.

1672. Si l'acquéreur a laissé plusieurs héritiers, l'action en réméré ne peut être exercée contre chacun d'eux que pour sa part, dans le cas où elle est encore indivise, et dans celui où la chose vendue a été partagée entre eux. C. 1220, s. — Mais s'il y a eu partage de l'hérédité, et que la chose vendue soit échue au lot de l'un des héritiers, l'action en réméré peut être intentée contre lui pour le tout. C. 883, 1685.

1673. Le vendeur qui use du pacte de rachat doit rembourser non-seulement le prix principal, mais encore les frais et loyaux coûts de la vente, les réparations nécessaires, et celles qui ont augmenté la valeur du fonds, jusqu'à concurrence de cette augmentation. Il ne peut entrer en possession qu'après avoir satisfait à toutes ces obligations. C. 1630-4°. — Lorsque le vendeur rentre dans son héritage par l'effet du pacte de rachat, il le reprend exempt de toutes les charges et hypothèques dont l'acquéreur l'aurait grevé: il est tenu d'exécuter les baux faits sans fraude par l'acquéreur. C. 952, 963.

SECT. II. — *De la rescision de la vente pour cause de lésion.*

1674. Si le vendeur a été lésé de plus de sept douzièmes dans le prix d'un immeuble, il a le droit de demander la rescision de la vente, quand même il aurait expressément renoncé dans le contrat à la faculté de demander cette rescision, et qu'il aurait déclaré donner la plus-value (*a*). C. 6, 887, s., 1079, 1234, 1304, s., 1658, 1706, 2125.

1675. Pour savoir s'il y a lésion de plus de sept douzièmes, il faut estimer l'immeuble suivant son état et sa valeur au moment de la vente. C. 890. — Pr. 302, s.

1676. La demande n'est plus recevable après l'expiration de deux années, à compter du jour de la vente. — Ce délai court contre les femmes mariées, et contre les absents, les interdits, et les mineurs venant du chef d'un majeur qui a vendu. C. 1306, s., 1663. — Ce délai court aussi et n'est pas suspendu pendant la durée du temps stipulé pour le pacte de rachat. C. 1659, 1660.

1677. La preuve de la lésion ne pourra être admise que par jugement, et dans le cas seulement où les faits articulés seraient assez vraisemblables et assez graves pour faire présumer la lésion.

1678. Cette preuve ne pourra se faire que par un rapport de trois experts, qui seront tenus de dresser un seul procès-verbal commun, et de ne former qu'un seul avis à la pluralité des voix. Pr. 302, s., 1034, 1035.

1679. S'il y a des avis différents, le procès-verbal en contiendra les motifs, sans qu'il soit permis de faire connaître de quel avis chaque expert a été. Pr. 210, 348.

1680. Les trois experts seront nommés d'office, à moins que les parties ne se soient accordées pour les nommer tous les trois conjointement. Pr. 304 à 307.

1681. Dans le cas où l'action en rescision est admise, l'acquéreur a le choix, ou de rendre la chose en retirant le prix qu'il en a payé, ou de garder le fonds en payant le supplément du juste prix, sous la déduction du dixième du prix total. C. 891, 1647, s., 1620, 1630, s. — Le tiers possesseur a le même droit, sauf sa garantie contre son vendeur.

1682. Si l'acquéreur préfère garder la chose en fournissant le supplément

(*a*) L'action en rescision n'a pas lieu dans les ventes de choses *mobilières*, quelle que soit la lésion. Le Code Nap. n'a pas même admis l'exception, en usage dans l'ancien droit, d'après laquelle l'action en rescision était recevable dans les ventes d'objets mobiliers précieux, tels que diamants, bijoux, etc.

réglé par l'article précédent, il doit l'intérêt du supplément, du jour de la demande en rescision. C. 1154, 1614, 1652. — S'il préfère la rendre et recevoir le prix, il rend les fruits du jour de la demande. Pr. 129, 526. — L'intérêt du prix qu'il a payé lui est aussi compté du jour de la même demande, ou du jour du paiement, s'il n'a touché aucuns fruits. C. 1153, 1614.

1683. La rescision pour lésion n'a pas lieu en faveur de l'acheteur.

1684. Elle n'a pas lieu en toutes ventes qui, d'après la loi, ne peuvent être faites que d'autorité de justice. C. 1649. — Pr. 953, s., 966, s.

1685. Les règles expliquées dans la section précédente pour les cas où plusieurs ont vendu conjointement ou séparément, et pour celui où le vendeur ou l'acheteur a laissé plusieurs héritiers, sont pareillement observées pour l'exercice de l'action en rescision. C. 1668 à 1672.

CHAP. VII. — DE LA LICITATION.

1686. Si une chose commune à plusieurs ne peut être partagée commodément et sans perte, — Ou si, dans un partage fait de gré à gré de biens communs, il s'en trouve quelques-uns qu'aucun des copartageants ne puisse ou ne veuille prendre, — La vente s'en fait aux enchères, et le prix en est partagé entre les copropriétaires. C. 575, 815, s., 827. — Pr. 617, s., 953, s., 966, s. — Co. 220.

1687. Chacun des copropriétaires est le maître de demander que les étrangers soient appelés à la licitation : ils sont nécessairement appelés lorsque l'un des copropriétaires est mineur. C. 460, 838, s. — Pr. 984, 985.

1688. Le mode et les formalités à observer pour la licitation sont expliqués au titre des Successions et au Code de Procédure. C. 815 à 842. — Pr. 966 à 985.

CHAP. VIII. — DU TRANSPORT DES CRÉANCES ET AUTRES DROITS INCORPORELS.

1689. Dans le transport d'une créance, d'un droit ou d'une action sur un tiers, la délivrance s'opère entre le cédant et le cessionnaire par la remise du titre. C. 1604, 1607, 2103, 2112.

1690. Le cessionnaire n'est saisi à l'égard des tiers que par la signification du transport faite au débiteur (a). — Néanmoins le cessionnaire peut être également saisi par l'acceptation du transport faite par le débiteur dans un acte authentique (b). C. 1250, 1295, 2214. — Co. 35, 136, 187.

1691. Si, avant que le cédant ou le cessionnaire eût signifié le transport au débiteur, celui-ci avait payé le cédant, il sera valablement libéré. C. 1277, 1295.

1692. La vente ou cession d'une créance comprend les accessoires de la créance, tels que caution, privilége et hypothèque. C. 1018, 1615, 2112.

1693. Celui qui vend une créance ou autre droit incorporel doit en garantir l'existence au temps du transport, quoiqu'il soit fait sans garantie. C. 1627, s., 1694, s. — Pr. 183.

1694. Il ne répond de la solvabilité du débiteur que lorsqu'il s'y est engagé, et jusqu'à concurrence du prix qu'il a retiré de la créance.

(a, b) 13 thermidor an XIII. — *Décret relatif aux déclarations de transfert des cinq pour cent consolidés.*

« Art. 1er. A l'avenir, la déclaration de transfert des cinq pour cent consolidés sur le registre établi à cet effet près le directeur du grand-livre, conformément à la loi du 28 floréal an VII, saisira l'acquéreur de la propriété et jouissance de l'inscription transférée, et ce, par la seule signature du vendeur. Toute opposition postérieure à cette déclaration sera considérée comme non avenue.

« 2. Pour constater cette déclaration et le dépôt de l'ancien extrait d'inscription, il sera expédié au vendeur autant de bulletins qu'il y aura d'acquéreurs désignés dans l'acte de transfert.

« 3. Les paiements des inscriptions transférées pourront être valablement effectués par les acquéreurs, sur la présentation de ces bulletins.

« 4. Lors du retrait par l'acquéreur du nouvel extrait d'inscription, la décharge donnée par lui sera mise au dos du bulletin, et non sur le registre des déclarations de transfert. »

16 janvier 1808. — *Décret qui arrête les statuts de la Banque de France.*

« Art. 4. La transmission des actions s'opère par de simples transferts sur les registres doubles tenus à cet effet. — Elles sont valablement transférées par la déclaration du propriétaire ou de son fondé de pouvoir, signée sur les registres, et certifiée par un agent de change, s'il n'y a opposition signifiée et visée par la Banque. »

1695. Lorsqu'il a promis la garantie de la solvabilité du débiteur, cette promesse ne s'entend que de la solvabilité actuelle, et ne s'étend pas au temps à venir si le cédant ne l'a expressément stipulé.

1696. Celui qui vend une hérédité, sans en spécifier en détail les objets, n'est tenu de garantir que sa qualité d'héritier. C. 780, 889, 1697, s.

1697. S'il avait déjà profité des fruits de quelque fonds, ou reçu le montant de quelque créance appartenant à cette hérédité, ou vendu quelques effets de la succession, il est tenu de les en rembourser à l'acquéreur, s'il ne les a expressément réservés lors de la vente. C. 1615.

1698. L'acquéreur doit, de son côté, rembourser au vendeur ce que celui-ci a payé pour les dettes et charges de la succession, et lui faire raison de tout ce dont il était créancier, s'il n'y a stipulation contraire. C. 1134.

1699. Celui contre lequel on a cédé un droit litigieux peut s'en faire tenir quitte par le cessionnaire, en lui remboursant le prix réel de la cession avec les frais et loyaux coûts, et avec les intérêts à compter du jour où le cessionnaire a payé le prix de la cession à lui faite. C. 841, 1597, 1700, 1701, 2188.

1700. La chose est censée litigieuse dès qu'il y a procès et contestation sur le fond du droit.

1701. La disposition portée en l'article 1699 cesse, — 1° Dans le cas où la cession a été faite à un cohéritier ou copropriétaire du droit cédé; — 2° Lorsqu'elle a été faite à un créancier en paiement de ce qui lui est dû; — 3° Lorsqu'elle a été faite au possesseur de l'héritage sujet au droit litigieux. C. 829.

TITRE SEPTIÈME.

DE L'ÉCHANGE.

(Décrété le 7 mars 1804. Promulgué le 17.)

1702. L'échange est un contrat par lequel les parties se donnent respectivement une chose pour une autre. C. 1104, s., 1407, 1559.

1703. L'échange s'opère par le seul consentement, de la même manière que la vente. C. 1582, s., 1707.

1704. Si l'un des copermutants a déjà reçu la chose à lui donnée en échange, et qu'il prouve ensuite que l'autre contractant n'est pas propriétaire de cette chose, il ne peut pas être forcé à livrer celle qu'il a promise en contre-échange, mais seulement à rendre celle qu'il a reçue. C. 1612, 1653.

1705. Le copermutant qui est évincé de la chose qu'il a reçue en échange a le choix de conclure à des dommages et intérêts, ou de répéter sa chose. C. 1142, 1149, 1184, 1626, s.

1706. La rescision pour cause de lésion n'a pas lieu dans le contrat d'échange. C. 1674, s., 1683.

1707. Toutes les autres règles prescrites pour le contrat de vente s'appliquent d'ailleurs à l'échange. C. 1582, s.

TITRE HUITIÈME.

DU CONTRAT DE LOUAGE.

(Décrété le 7 mars 1804. Promulgué le 17.)

CHAP. I. — DISPOSITIONS GÉNÉRALES.

1708. Il y a deux sortes de contrat de louage : — Celui des choses, — Et celui d'ouvrage. C. 1779, s.

1709. Le louage des choses est un contrat par lequel l'une des parties s'oblige à faire jouir l'autre d'une chose pendant un certain temps, et moyennant un certain prix, que celle-ci s'oblige de lui payer. C. 1101, s., 1127.

1710. Le louage d'ouvrage est un contrat par lequel l'une des parties s'engage à faire quelque chose pour l'autre, moyennant un prix convenu entre elles. C. 1779, s.

1711. Ces deux genres de louage se subdivisent encore en plusieurs espèces particulières : — On appelle *bail à loyer* le louage des maisons et celui des meubles ; — *Bail à ferme*, celui des héritages ruraux ; — *Loyer*, le louage du travail ou du service ; — *Bail à cheptel*, celui des animaux dont le profit se partage entre le propriétaire et celui à qui il les confie. C. 1800, s. — Les *devis*, *marché* ou *prix fait*, pour l'entreprise d'un ouvrage moyennant un prix déterminé, sont aussi un louage, lorsque la matière est fournie par celui pour qui l'ouvrage se fait. C. 1787, s. — Ces trois dernières espèces ont des règles particulières.

1712. Les baux des biens nationaux, des biens des communes et des établissements publics, sont soumis à des règlements particuliers (a).

CHAP. II. — DU LOUAGE DES CHOSES.

1713. On peut louer toutes sortes de biens meubles ou immeubles. C. 1127, 1128, 1709.

SECT. I. — *Des règles communes aux baux des maisons et des biens ruraux.*

1714. On peut louer ou par écrit ou verbalement. C. 2102-1°.

1715. Si le bail fait sans écrit n'a encore reçu aucune exécution, et que l'une des parties le nie, la preuve ne peut être reçue par témoins, quelque modique qu'en soit le prix, et quoiqu'on allègue qu'il y a eu des arrhes données. C. 1341, 1347, 1590, 1736, 1758, 1774, 2236, s. — Le serment peut seulement être déféré à celui qui nie le bail. C. 1358.—Pr. 121.

1716. Lorsqu'il y aura contestation sur le prix du bail verbal dont l'exécution a commencé, et qu'il n'existera point de quittance, le propriétaire en sera cru sur son serment, si mieux n'aime le locataire demander l'estimation par experts;

(a) 12 août 1807.—*Décret concernant les baux à ferme des hospices et des établissements d'instruction publique.*

« Art. 1er. A compter de la publication du présent décret, les baux à ferme des hospices et autres établissements publics de bienfaisance ou d'instruction publique, pour la durée ordinaire, seront faits aux enchères, par devant un notaire qui sera désigné par le préfet du département, et le droit d'hypothèque sur tous les biens du preneur y sera stipulé par la désignation, conformément au Code Nap.

« 2. Le cahier des charges de l'adjudication et de la jouissance sera préalablement dressé par la commission administrative, le bureau de bienfaisance ou le bureau d'administration, selon la nature de l'établissement. — Le sous-préfet donnera son avis, et le préfet approuvera ou modifiera ledit cahier des charges. »

25-30 mai 1835. — *Loi sur le même objet.*

« Article unique. Les communes, hospices et tous autres établissements pourront affermer leurs biens ruraux pour dix-huit années et au-dessous, sans autres formalités que celles prescrites pour les baux de neuf années. »

auquel cas les frais de l'expertise restent à sa charge, si l'estimation excède le prix qu'il a déclaré. C. 1358, 1366, 1715. — Pr. 130, 302, s., 1034, 1035.

1717. Le preneur a le droit de sous-louer, et même de céder son bail à un autre, si cette faculté ne lui a pas été interdite. C. 1753, 1763.—Elle peut être interdite pour le tout ou partie. — Cette clause est toujours de rigueur.

1718. Les articles du titre *du Contrat de mariage et des Droits respectifs des Epoux*, relatifs aux baux des biens des femmes mariées, sont applicables aux baux des biens des mineurs. C. 450, 1429, 1430.

1719. Le bailleur est obligé, par la nature du contrat, et sans qu'il soit besoin d'aucune stipulation particulière,— 1° De délivrer au preneur la chose louée; C. 1604. — 2° D'entretenir cette chose en état de servir à l'usage pour lequel elle a été louée; — 3° D'en faire jouir paisiblement le preneur pendant la durée du bail. C. 1721, 1741.

1720. Le bailleur est tenu de délivrer la chose en bon état de réparations de toute espèce. C. 1719-2°, 1724. — Il doit y faire, pendant la durée du bail, toutes les réparations qui peuvent devenir nécessaires, autres que les locatives. C. 1731, 1754, 1755.—Pr. 3-3°.

1721. Il est dû garantie au preneur pour tous les vices ou défauts de la chose louée qui en empêchent l'usage, quand même le bailleur ne les aurait pas connus lors du bail. C. 1625, 1626, s., 1719-2°, 1725 à 1727. — S'il résulte de ces vices ou défauts quelque perte pour le preneur, le bailleur est tenu de l'indemniser. C. 1382, 1644, s.

1722. Si, pendant la durée du bail, la chose louée est détruite en totalité par cas fortuit, le bail est résilié de plein droit; si elle n'est détruite qu'en partie, le preneur peut, suivant les circonstances, demander ou une diminution du prix, ou la résiliation même du bail. Dans l'un et l'autre cas, il n'y a lieu à aucun dédommagement. C. 1234-6°, 1302, 1735, 1741, 1769.

1723. Le bailleur ne peut, pendant la durée du bail, changer la forme de la chose louée. C. 1728, 1729.

1724. Si, durant le bail, la chose

louée a besoin de réparations urgentes et qui ne puissent être différées jusqu'à sa fin, le preneur doit les souffrir, quelque incommodité qu'elles lui causent, et quoiqu'il soit privé, pendant qu'elles se font, d'une partie de la chose louée. C. 1720. — Pr. 135-2º. — Mais si ces réparations durent plus de quarante jours, le prix du bail sera diminué à proportion du temps et de la partie de la chose louée dont il aura été privé. C. 1382. — Si les réparations sont de telle nature qu'elles rendent inhabitable ce qui est nécessaire au logement du preneur et de sa famille, celui-ci pourra faire résilier le bail. Co. 296.

1725. Le bailleur n'est pas tenu de garantir le preneur du trouble que des tiers apportent par voie de fait à sa jouissance, sans prétendre d'ailleurs aucun droit sur la chose louée; sauf au preneur à les poursuivre en son nom personnel. C. 1726, s.

1726. Si, au contraire, le locataire ou le fermier ont été troublés dans leur jouissance par suite d'une action concernant la propriété du fonds, ils ont droit à une diminution proportionnée sur le prix du bail à loyer ou à ferme, pourvu que le trouble et l'empêchement aient été dénoncés au propriétaire. C. 1721, 1725, 1768. — Pr. 175, s.

1727. Si ceux qui ont commis des voies de fait prétendent avoir quelque droit sur la chose louée, ou si le preneur est lui-même cité en justice pour se voir condamné au délaissement de la totalité ou de partie de cette chose, ou à souffrir l'exercice de quelque servitude, il doit appeler le bailleur en garantie, et doit être mis hors d'instance, s'il l'exige, en nommant le bailleur pour lequel il possède. C. 637, 1725, 1726, 1768. — Pr. 175, s.

1728. Le preneur est tenu de deux obligations principales : — 1º D'user de la chose louée en bon père de famille, et suivant la destination qui lui a été donnée par le bail, ou suivant celle présumée d'après les circonstances, à défaut de convention ; — 2º De payer le prix du bail aux termes convenus. C. 1134, 1741, 2102-1º, 2277. — Pr. 819, s.

1729. Si le preneur emploie la chose louée à un autre usage que celui auquel elle a été destinée, ou dont il puisse résulter un dommage pour le bailleur, celui-ci peut, suivant les circonstances, faire résilier le bail. C. 1719-2º, 1721, 1723, 1728, 1760, 1766.

1730. S'il a été fait un état des lieux (a) entre le bailleur et le preneur, celui-ci doit rendre la chose telle qu'il l'a reçue, suivant cet état, excepté ce qui a péri ou a été dégradé par vétusté ou force majeure. C. 1234, 1302, 1755, 1769.

1731. S'il n'a pas été fait d'état des lieux, le preneur est présumé les avoir reçus en bon état de réparations locatives, et doit les rendre tels, sauf la preuve contraire. C. 1754, 1755. — Pr. 3-3º.

1732. Il répond des dégradations ou des pertes qui arrivent pendant sa jouissance, à moins qu'il ne prouve qu'elles ont eu lieu sans sa faute. C. 1382, 1735, 1755.

1733. Il répond de l'incendie, à moins qu'il ne prouve, — Que l'incendie est arrivé par cas fortuit ou force majeure, ou par vice de construction. C. 607, 855, 1148, 1234, 1302, 1386, 1741, 1769. — Ou que le feu a été communiqué par une maison voisine. C. 1734, 1949. — P. 95, 434, 475-12º.

1734. S'il y a plusieurs locataires, tous sont solidairement responsables de l'incendie ; — A moins qu'ils ne prouvent que l'incendie a commencé dans l'habitation de l'un d'eux, auquel cas celui-là seul en est tenu ; — Ou que quelques-uns ne prouvent que l'incendie n'a pu commencer chez eux, auquel cas ceux-là n'en sont pas tenus.

1735. Le preneur est tenu des dégradations et des pertes qui arrivent par le fait des personnes de sa maison ou de ses sous-locataires. C. 1382, s., 1732, 1741.

1736. Si le bail a été fait sans écrit, l'une des parties ne pourra donner congé à l'autre qu'en observant les délais fixés par l'usage des lieux (b). C. 1159, 1745, 1739, 1748, 1759, 1762, 1775.

1737. Le bail cesse de plein droit à

(a) On entend par *état des lieux* la description, dans le bail ou dans un acte séparé, de toutes les parties et objets qui composent particulièrement la distribution intérieure des immeubles, tels que portes, armoires, alcôves, etc., etc.

(b) A Paris, les délais d'usage sont : de six semaines pour les loyers au-dessous de 400 fr.; de trois mois pour ceux de 400 fr. et au-dessus, à quelque somme que le loyer s'élève; de six

l'expiration du terme fixé, lorsqu'il a été fait par écrit, sans qu'il soit nécessaire de donner congé. C. 1134, 1139, 1736, 1739, 1741, 1762, 1775.—Pr. 135-3°.

1738. Si, à l'expiration des baux écrits, le preneur reste et est laissé en possession, il s'opère un nouveau bail dont l'effet est réglé par l'article relatif aux locations faites sans écrit (a). C. 1715, 1716, 1736, 1739, 1759, 1774, 1776.

1739. Lorsqu'il y a un congé signifié, le preneur, quoiqu'il ait continué sa jouissance, ne peut invoquer la tacite reconduction. C. 1738, 1762.

1740. Dans le cas des deux articles précédents, la caution donnée pour le bail ne s'étend pas aux obligations résultant de la prolongation. C. 2015, 2034, 2039.

1741. Le contrat de louage se résout par la perte de la chose louée, et par le défaut respectif du bailleur et du preneur, de remplir leurs engagements. C. 1148, 1184, 1234, 1302, s., 1760.

1742. Le contrat de louage n'est point résolu par la mort du bailleur, ni par celle du preneur. C. 1122, 1741, 1795, 2236.

1743. Si le bailleur vend la chose louée, l'acquéreur ne peut expulser le fermier ou le locataire qui a un bail authentique ou dont la date est certaine, à moins qu'il ne se soit réservé ce droit par le contrat de bail (b). C. 1744, s., 1761.

1744. S'il a été convenu, lors du bail, qu'en cas de vente l'acquéreur pourrait expulser le fermier ou le locataire, et qu'il n'ait été fait aucune stipulation sur les dommages et intérêts, le bailleur est tenu d'indemniser le fermier ou le locataire de la manière suivante.

1745. S'il s'agit d'une maison, appartement ou boutique, le bailleur paie, à titre de dommages et intérêts, au locataire évincé, une somme égale au prix du loyer, pendant le temps qui, suivant l'usage des

lieux, est accordé entre le congé et la sortie. C. 1736 et la *note*.

1746. S'il s'agit de biens ruraux, l'indemnité que le bailleur doit payer au fermier est du tiers du prix du bail, pour tout le temps qui reste à courir.

1747. L'indemnité se réglera par experts s'il s'agit de manufactures, usines, ou autres établissements qui exigent de grandes avances. Pr. 302, s., 1034, 1035.

1748. L'acquéreur qui veut user de la faculté réservée par le bail, d'expulser le fermier ou locataire en cas de vente, est, en outre, tenu d'avertir le locataire au temps d'avance usité dans le lieu pour les congés.—Il doit aussi avertir le fermier de biens ruraux, au moins un an à l'avance. C. 1736 et la *note*.

1749 Les fermiers ou les locataires ne peuvent être expulsés qu'ils ne soient payés par le bailleur, ou, à son défaut, par le nouvel acquéreur, des dommages et intérêts ci-dessus expliqués.

1750. Si le bail n'est pas fait par acte authentique, ou n'a point de date certaine, l'acquéreur n'est tenu d'aucuns dommages et intérêts.

1751. L'acquéreur à pacte de rachat ne peut user de la faculté d'expulser le preneur, jusqu'à ce que, par l'expiration du délai fixé pour le réméré, il devienne propriétaire incommutable. C. 1659, s., 1673.

SECT. II. — *Des règles particulières aux baux à loyer.*

1752. Le locataire qui ne garnit pas la maison de meubles suffisants peut être expulsé, à moins qu'il ne donne des sûretés capables de répondre du loyer. C. 1741, 1760, 1766, 2102-1°.

1753. Le sous-locataire n'est tenu envers le propriétaire que jusqu'à concurrence du prix de sa sous-location, dont il peut être débiteur au moment de la saisie, et sans qu'il puisse opposer des paiements faits par anticipation. C. 1717.—Pr. 820. —Les paiements faits par le sous-locataire, soit en vertu d'une stipulation portée en son bail, soit en conséquence de l'usage des lieux, ne sont pas réputés faits par anticipation. C. 1350, 1352.

1754. Les réparations locatives ou de menu entretien dont le locataire est tenu, s'il n'y a clause contraire, sont celles dé-

---

mois pleins pour le congé d'une maison entière, ou d'un corps de logis, ou d'une boutique donnant sur une rue.

(a) C'est ce qu'on appelle *tacite reconduction*, ou nouveau contrat de louage consenti tacitement (C. 1739). — Le Code rural des 28 sept. - 6 oct. 1791, tit. 1, sect. 2, art. 4, avait prohibé, au contraire, en termes exprès, la tacite reconduction pour les baux à ferme ou à loyer des biens ruraux.

(b) Le Code rural des 28 sept. - 6 oct. 1791, tit. 1, sect. 2, art. 2, disposait d'une manière différente sur ce point.

signées comme telles par l'usage des lieux, et, entre autres, les réparations à faire : —Aux âtres, contre-cœurs, chambranles et tablettes des cheminées (a); —Au recrépiment du bas des murailles des appartements et autres lieux d'habitation, à la hauteur d'un mètre; —Aux pavés et carreaux des chambres, lorsqu'il y en a seulement quelques-uns de cassés; —Aux vitres, à moins qu'elles ne soient cassées par la grêle, ou autres accidents extraordinaires et de force majeure, dont le locataire ne peut être tenu; —Aux portes, croisées, planches de cloison ou de fermeture de boutiques, gonds, targettes (b) et serrures. C. 1720, 1731, 1755, 2102-1o. —Pr. 3-3o.

1755. Aucune des réparations réputées locatives n'est à la charge des locataires, quand elles ne sont occasionnées que par vétusté ou force majeure. C. 1730, 1754-4o.

1756. Le curement des puits et celui des fosses d'aisance sont à la charge du bailleur, s'il n'y a clause contraire. C. 1134.

1757. Le bail des meubles fournis pour garnir une maison entière, un corps de logis entier, une boutique, ou tous autres appartements, est censé fait pour la durée ordinaire des baux de maisons, corps de logis, boutiques ou autres appartements, selon l'usage des lieux. C. 1159, 1350, 1352.

1758. Le bail d'un appartement meublé est censé fait à l'année, quand il a été fait à tant par an; —Au mois, quand il a été fait à tant par mois; —Au jour, s'il a été fait à tant par jour. —Si rien ne constate que le bail soit fait à tant par an, par mois ou par jour, la location est censée faite suivant l'usage des lieux. C. 1159, 1350, 1352, 1715, 1736 et la *note*.

1759. Si le locataire d'une maison ou d'un appartement continue sa jouissance après l'expiration du bail par écrit, sans

opposition de la part du bailleur, il sera censé les occuper aux mêmes conditions, pour le terme fixé par l'usage des lieux, et ne pourra plus en sortir ni en être expulsé qu'après un congé donné suivant le délai fixé par l'usage des lieux. C. 1736, 1738 et la *note*, 1776.

1760. En cas de résiliation par la faute du locataire, celui-ci est tenu de payer le prix du bail pendant le temps nécessaire à la relocation, sans préjudice des dommages et intérêts qui ont pu résulter de l'abus. C. 1382, 1723, 1728, 1729, 1741.

1761. Le bailleur ne peut résoudre la location, encore qu'il déclare vouloir occuper par lui-même la maison louée, s'il n'y a eu convention contraire (c). C. 1743, 1762.

1762. S'il a été convenu dans le contrat de louage que le bailleur pourrait venir occuper la maison, il est tenu de signifier d'avance un congé aux époques déterminées par l'usage des lieux. C. 1736, s., 1759.

SECT. III. — *Des règles particulières aux baux à ferme.*

1763. Celui qui cultive sous la condition d'un partage de fruits avec le bailleur ne peut ni sous-louer ni céder, si la faculté ne lui en a été expressément accordée par le bail (d). C. 1237, 1717, 1735, 1753, 2062.

1764. En cas de contravention, le propriétaire a droit de rentrer en jouissance, et le preneur est condamné aux dommages et intérêts résultant de l'inexécution du bail. C. 1142, 1149, 1746, s.

1765. Si, dans un bail à ferme, on donne aux fonds une contenance moindre ou plus grande que celle qu'ils ont réellement, il n'y a lieu à augmentation ou diminution de prix pour le fermier, que dans les cas et suivant les règles exprimés au titre *de la Vente* (art. 1616 à 1623).

1766. Si le preneur d'un héritage ru-

(a) L'*âtre* est le foyer de la cheminée, le *contre-cœur* une plaque de fer appliquée contre le mur de la cheminée. Par *chambranles*, on entend les ornements de bois, de pierre ou de marbre, qui soutiennent l'entablement de la cheminée; et par *tablette*, la pièce de bois ou de marbre qui est posée à plat sur le chambranle.

(b) On nomme *targette* une petite plaque de fer avec un verrou, destinée à fermer les portes ou les fenêtres.

(c) Cet article a eu pour objet d'abroger la doctrine contraire, qui était consacrée dans le droit romain par la fameuse loi *OEde*, au Code (loi 3 *de locat.*), qui permettait ainsi au propriétaire de faire cesser le bail par la seule déclaration de sa volonté d'occuper lui-même la maison louée.

(d) Ce contrat, qui est plutôt une société qu'un fermage, s'appelle *bail partiaire*, ou à *colonage*.

ral ne le garnit pas des bestiaux et des us-tensiles nécessaires à son exploitation, s'il abandonne la culture, s'il ne cultive pas en bon père de famille, s'il emploie la chose louée à un autre usage que celui auquel elle a été destinée, ou, en général, s'il n'exécute pas les clauses du bail, et qu'il en résulte un dommage pour le bail-leur, celui-ci peut, suivant les circon-stances, faire résilier le bail. C. 1729, 1752, 2102-1º.—En cas de résiliation provenant du fait du preneur, celui-ci est tenu des dommages et intérêts, ainsi qu'il est dit en l'article 1764. C. 1142, 1149.

1767. Tout preneur de bien rural est tenu d'engranger dans les lieux à ce des-tinés d'après le bail. C. 1334, 1777, 1778, 2062.

1768. Le preneur d'un bien rural est tenu, sous peine de tous dépens, domma-ges et intérêts, d'avertir le propriétaire des usurpations qui peuvent être commises sur les fonds. C. 614, 1149, 1726, 1727.—Pr. 175, s.—Cet avertissement doit être donné dans le même délai que celui qui est réglé en cas d'assignation suivant la distance des lieux. Pr. 72, 1033.

1769. Si le bail est fait pour plusieurs années, et que, pendant la durée du bail, la totalité ou la moitié d'une récolte au moins soit enlevée par des cas fortuits, le fermier peut demander une remise du prix de sa location, à moins qu'il ne soit indemnisé par les récoltes précédentes. C. 1722, 1770, s.—S'il n'est pas indem-nisé, l'estimation de la remise ne peut avoir lieu qu'à la fin du bail, auquel temps il se fait une compensation de toutes les années de jouissance; — Et cependant le juge peut provisoirement dispenser le preneur de payer une partie du prix en raison de la perte soufferte. Pr. 3-4º.

1770. Si le bail n'est que d'une année, et que la perte soit de la totalité des fruits, ou au moins de la moitié, le preneur sera déchargé d'une partie proportionnelle du prix de la location.—Il ne pourra préten-dre aucune remise, si la perte est moindre de moitié. C. 1769, 1771.

1771. Le fermier ne peut obtenir de remise, lorsque la perte des fruits arrive après qu'ils sont séparés de la terre, à moins que le bail ne donne au propriétaire une quotité de la récolte en nature; au-quel cas, le propriétaire doit supporter sa part de la perte, pourvu que le preneur ne fût pas en demeure de lui délivrer sa portion de récolte. C. 520, 1139.—Le fer-mier ne peut également demander une remise, lorsque la cause du dommage était existante et connue à l'époque où le bail a été passé.

1772. Le preneur peut être chargé des cas fortuits par une stipulation expresse. C. 1134, 1773.

1773. Cette stipulation ne s'entend que des cas fortuits ordinaires, tels que grêle, feu du ciel, gelée ou coulure.—Elle ne s'entend pas des cas fortuits ex-traordinaires, tels que les ravages de la guerre, ou une inondation, auxquels le pays n'est pas ordinairement sujet, à moins que le preneur n'ait été chargé de tous les cas fortuits prévus ou imprévus. C. 1134.

1774. Le bail, sans écrit, d'un fonds rural, est censé fait pour le temps qui est nécessaire afin que le preneur recueille tous les fruits de l'héritage affermé.—Ainsi le bail à ferme d'un pré, d'une vigne, et de tout autre fonds dont les fruits se recueillent en entier dans le cours de l'année, est censé fait pour un an. — Le bail des terres labourables, lorsqu'elles se divisent par soles ou saisons, est censé fait pour autant d'années qu'il y a de soles (a). C. 1350, 1352.

1775. Le bail des héritages ruraux, quoique fait sans écrit, cesse de plein droit à l'expiration du temps pour lequel il est censé fait, selon l'article précédent. C. 1737, 1776.

1776. Si, à l'expiration des baux ru-raux écrits, le preneur reste et est laissé en possession, il s'opère un nouveau bail dont l'effet est réglé par l'article 1774.—C. 1738 et la *note*, 1759.

1777. Le fermier sortant doit laisser à celui qui lui succède dans la culture les logements convenables et autres facilités pour les travaux de l'année suivante; et, réciproquement, le fermier entrant doit

---

(a) On entend par *soles* ou *saisons* la division des terres labourables d'une ferme ou d'un do-maine en plusieurs portions ou catégories, qui sont semées alternativement en différents grains, ou laissées en repos. Dans l'ancien mode de culture, pratiqué encore dans certaines loca-lités, les soles sont partagées en trois: l'une, semée en froment ou seigle; la seconde, en orge et avoine, et la troisième restant en *ja-chère*, c'est-à-dire se reposant.

12

procurer à celui qui sort les logements convenables et autres facilités pour la consommation des fourrages, et pour les récoltes restant à faire. C. 1767, 1778.— Dans l'un et l'autre cas, on doit se conformer à l'usage des lieux. C. 1159.

1778. Le fermier sortant doit aussi laisser les pailles et engrais de l'année, s'il les a reçus lors de son entrée en jouissance ; et quand même il ne les aurait pas reçus, le propriétaire pourra les retenir suivant l'estimation. C. 524, 1767, 2062, 2102-1°.

CHAP. III.— DU LOUAGE D'OUVRAGE ET D'INDUSTRIE.

1779. Il y a trois espèces principales de louage d'ouvrage et d'industrie : C. 1709, 1710.—1° Le louage des gens de travail qui s'engagent au service de quelqu'un ; — 2° Celui des voituriers, tant par terre que par eau, qui se chargent du transport des personnes ou des marchandises ; C. 1782, s.—Co. 91, s., 285.—3° Celui des entrepreneurs d'ouvrages par suite de devis ou marchés. C. 1711, 1787, s.

SECT. I. — Du louage des domestiques et ouvriers.

1780. On ne peut engager ses services qu'à temps, ou pour une entreprise déterminée (a). C. 109, 1023, 1384, 1953, 2101-4°.—P. 386-3°.

1781. Le maître est cru sur son affirmation, — Pour la quotité des gages ; —Pour le paiement du salaire de l'année échue ; — Et pour les à-compte donnés pour l'année courante. C. 1023, 1357, s., 2101-4°, 2272.

SECT. II. — Des voituriers par terre et par eau.

1782. Les voituriers par terre et par eau sont assujettis, pour la garde et la conservation des choses qui leur sont confiées, aux mêmes obligations que les aubergistes, dont il est parlé au titre *du Dépôt et du Séquestre.* C. 1137, 1779, 1952, s., 1984, s., 2102-6°.—Co. 91, s., 285. —P. 386-4°, 387, 475-3°, 476.

1783. Ils répondent non-seulement de

ce qu'ils ont déjà reçu dans leur bâtiment ou voiture, mais encore de ce qui leur a été remis sur le port ou dans l'entrepôt pour être placé dans leur bâtiment ou voiture. C. 1382, s.—C. 97, s. 103, s.

1784. Ils sont responsables de la perte et des avaries des choses qui leur sont confiées, à moins qu'ils ne prouvent qu'elles ont été perdues et avariées par cas fortuit ou force majeure (b). C. 1148, 1234, 1302, 1303, 1382, s.—Co. 98, 99, 103, 108.

1785. Les entrepreneurs de voitures publiques par terre et par eau, et ceux des roulages publics, doivent tenir registre de l'argent, des effets et des paquets dont ils se chargent. C. 1384.—Co. 8, s., 96, 102, 107.—P. 475-4°.

1786. Les entrepreneurs et directeurs de voitures et roulages publics, les maîtres de barques et navires, sont en outre assujettis à des règlements particuliers, qui font la loi entre eux et les autres citoyens. C. 1785. — Co. 216, 221.—P. 386-4°, 387. 475. (Voy. C. de la voirie).

SECT. III. — Des devis et des marchés.

1787. Lorsqu'on charge quelqu'un de faire un ouvrage, on peut convenir qu'il fournira seulement son travail ou son industrie, ou bien qu'il fournira aussi la matière. C. 572 à 575, 1711, 1779, 1794, 2103-4°.

1788. Si, dans le cas où l'ouvrier fournit la matière, la chose vient à périr, de quelque manière que ce soit, avant d'être livrée, la perte en est pour l'ouvrier, à moins que le maître ne fût en demeure de recevoir la chose. C. 1139, 1234, 1302, 1303.

1789. Dans le cas où l'ouvrier fournit seulement son travail ou son industrie, si la chose vient à périr, l'ouvrier n'est tenu que de sa faute. C. 1382, 1383.

(a) Principe reproduit de la déclaration des Droits, art. 15, qui précède la Constitution du 5 fruct an III.

(b) 24 juillet 1793. — *Décret relatif à l'organisation des postes et messageries en régie nationale.*

« Art. 62. Si la perte ou le dommage des effets, ballots ou marchandises dont la régie est responsable ne peut être évalué par experts à la vue des objets cassés ou endommagés, l'évaluation faite lors de l'enregistrement servira de règle pour fixer l'indemnité. A défaut de possibilité d'estimation sur la vue des objets détériorés ou cassés, et d'estimation déclarée lors du chargement, ou si le paquet se trouve perdu, l'indemnité sera de cent cinquante livres. »

1790. Si, dans le cas de l'article précédent, la chose vient à périr, quoique sans aucune faute de la part de l'ouvrier, avant que l'ouvrage ait été reçu, et sans que le maître fût en demeure de le vérifier, l'ouvrier n'a point de salaire à réclamer, à moins que la chose n'ait péri par le vice de la matière. C. 1339, 1788.

1791. S'il s'agit d'un ouvrage à plusieurs pièces ou à la mesure, la vérification peut s'en faire par parties : elle est censée faite pour toutes les parties payées, si le maître paie l'ouvrier en proportion de l'ouvrage fait. C. 1350, 1352.

1792. Si l'édifice construit à prix fait périt en tout ou en partie par le vice de la construction, même par le vice du sol, les architecte et entrepreneur en sont responsables pendant dix ans. C. 2103-4°-5°, 2110, 2270.

1793. Lorsqu'un architecte ou un entrepreneur s'est chargé de la construction à forfait d'un bâtiment, d'après un plan arrêté et convenu avec le propriétaire du sol, il ne peut demander aucune augmentation de prix, ni sous le prétexte de l'augmentation de la main-d'œuvre ou des matériaux, ni sous celui de changements ou d'augmentations faits sur ce plan, si ces changements ou augmentations n'ont pas été autorisés par écrit, et le prix convenu avec le propriétaire. C. 1134, 2110.

1794. Le maître peut résilier, par sa seule volonté, le marché à forfait, quoique l'ouvrage soit déjà commencé, en dédommageant l'entrepreneur de toutes ses dépenses, de tous ses travaux, et de tout ce qu'il aurait pu gagner dans cette entreprise.

1795. Le contrat de louage d'ouvrage est dissous par la mort de l'ouvrier, de l'architecte ou entrepreneur. C. 1237, 1742.

1796. Mais le propriétaire est tenu de payer, en proportion du prix porté par la convention, à leur succession, la valeur des ouvrages faits et celle des matériaux préparés, lors seulement que ces travaux ou ces matériaux peuvent lui être utiles.

1797. L'entrepreneur répond du fait des personnes qu'il emploie. C. 1384.

1798. Les maçons, charpentiers et autres ouvriers, qui ont été employés à la construction d'un bâtiment ou d'autres ouvrages faits à l'entreprise, n'ont d'action

contre celui pour lequel les ouvrages ont été faits, que jusqu'à concurrence de ce dont il se trouve débiteur envers l'entrepreneur, au moment où leur action est intentée. C. 2103-4°-5°, 2110, 2270.

1799. Les maçons, charpentiers, serruriers et autres ouvriers, qui font directement des marchés à prix fait, sont astreints aux règles prescrites dans la présente section : ils sont entrepreneurs dans la partie qu'ils traitent.

CHAP. IV. — DU BAIL A CHEPTEL.

SECT. I. — *Dispositions générales.*

1800. Le bail à cheptel est un contrat par lequel l'une des parties donne à l'autre un fonds de bétail pour le garder, le nourrir et le soigner, sous les conditions convenues entre elles. C 522-2°, 1711-5°, 2062.

1801. Il y a plusieurs sortes de cheptel : — Le cheptel simple ou ordinaire ; C. 1804, s. — Le cheptel à moitié ; C. 1818, s. — Le cheptel donné au fermier ou au colon partiaire. C. 1821 s. — Il y a encore une quatrième espèce de contrat improprement appelée *cheptel.* C. 1831.

1802. On peut donner à cheptel toute espèce d'animaux susceptibles de croît ou de profit pour l'agriculture ou le commerce.

1803. A défaut de conventions particulières, ces contrats se règlent par les principes qui suivent.

SECT. II. — *Du cheptel simple.*

1804. Le bail à cheptel simple est un contrat par lequel on donne à un autre des bestiaux à garder, nourrir et soigner, à condition que le preneur profitera de la moitié du croît, et qu'il supportera aussi la moitié de la perte.

1805. L'estimation donnée au cheptel dans le bail n'en transporte pas la propriété au preneur ; elle n'a d'autre objet que de fixer la perte ou le profit qui pourra se trouver à l'expiration du bail. C. 1815 à 1817, 1822.

1806. Le preneur doit les soins d'un bon père de famille à la conservation du cheptel. C. 1137, 1728.

1807. Il n'est tenu du cas fortuit

que lorsqu'il a été précédé de quelque faute de sa part, sans laquelle la perte ne serait pas arrivée. C. 1148, 1302, 1382, 1772, s., 1808 à 1810.

1808. En cas de contestation, le preneur est tenu de prouver le cas fortuit, et le bailleur est tenu de prouver la faute qu'il impute au preneur. C. 1315, 1341, s. — Pr. 252, s.

1809. Le preneur qui est déchargé par le cas fortuit est toujours tenu de rendre compte des peaux des bêtes. C. 616, 1993.

1810. Si le cheptel périt en entier sans la faute du preneur, la perte en est pour le bailleur. C. 615, 616, 1234, 1302, 1303, 1827. — S'il n'en périt qu'une partie, la perte est supportée en commun, d'après le prix de l'estimation originaire, et celui de l'estimation à l'expiration du cheptel. C. 1815, 1817.

1811. On ne peut stipuler, — Que le preneur supportera la perte totale du cheptel, quoique arrivée par cas fortuit et sans sa faute, — Ou qu'il supportera, dans la perte, une part plus grande que dans le profit, — Ou que le bailleur prélèvera, à la fin du bail, quelque chose de plus que le cheptel qu'il a fourni. — Toute convention semblable est nulle. C. 6, 1819, 1828, 1855. — Le preneur profite seul des laitages, du fumier et du travail des animaux donnés à cheptel. — La laine et le croît se partagent. C. 547, 583.

1812. Le preneur ne peut disposer d'aucune bête du troupeau, soit du fonds, soit du croît, sans le consentement du bailleur, qui ne peut lui-même en disposer sans le consentement du preneur.

1813. Lorsque le cheptel est donné au fermier d'autrui, il doit être notifié au propriétaire de qui ce fermier tient; sans quoi il peut le saisir et le faire vendre pour ce que son fermier lui doit. C. 2102-1°. — Pr. 819, s.

1814. Le preneur ne pourra tondre sans en prévenir le bailleur.

1815. S'il n'y a pas de temps fixé par la convention pour la durée du cheptel, il est censé fait pour trois ans. C. 1774, 1816, 1817.

1816. Le bailleur peut en demander plus tôt la résolution, si le preneur ne remplit pas ses obligations. C. 1184, 1741.

1817. A la fin du bail, ou lors de sa résolution, il se fait une nouvelle estimation du cheptel. C. 1805, 1810. — Le bailleur peut prélever des bêtes de chaque espèce, jusqu'à concurrence de la première estimation : l'excédant se partage. — S'il n'existe pas assez de bêtes pour remplir la première estimation, le bailleur prend ce qui reste, et les parties se font raison de la perte. C. 1805, 1810, 1826, 1853.

SECT. III. — *Du cheptel à moitié.*

1818. Le cheptel à moitié est une société dans laquelle chacun des contractants fournit la moitié des bestiaux, qui demeurent communs pour le profit ou pour la perte.

1819. Le preneur profite seul, comme dans le cheptel simple, des laitages, du fumier et des travaux des bêtes. — Le bailleur n'a droit qu'à la moitié des laines et du croît. C. 547, 583, 1811. — Toute convention contraire est nulle, à moins que le bailleur ne soit propriétaire de la métairie dont le preneur est fermier ou colon partiaire. C. 6, 1811, 1828.

1820. Toutes les autres règles du cheptel simple s'appliquent au cheptel à moitié. C. 1806, s.

SECT. IV. — *Du cheptel donné par le propriétaire à son fermier ou colon partiaire.*

§ I. — *Du cheptel donné au fermier.*

1821. Ce cheptel (aussi appelé *cheptel de fer*) (a) est celui par lequel le propriétaire d'une métairie la donne à ferme, à la charge qu'à l'expiration du bail, le fermier laissera des bestiaux d'une valeur égale au prix de l'estimation de ceux qu'il aura reçus. C. 1803, 2062.

1822. L'estimation du cheptel donné au fermier ne lui en transfère pas la propriété, mais néanmoins le met à ses risques. C. 1805, 1825, 1826.

1823. Tous les profits appartiennent au fermier pendant la durée de son bail, s'il n'y a convention contraire. C. 1134, 1803.

(a) On l'appelle *cheptel de fer* pour marquer qu'il est pour ainsi dire *enchaîné* à la métairie, sans qu'il soit permis ni au propriétaire ni au fermier de pouvoir l'en distraire.

1824. Dans les cheptels donnés au fermier, le fumier n'est point dans les profits personnels des preneurs, mais appartient à la métairie, à l'exploitation de laquelle il doit être uniquement employé. C. 524, 1767, 1778.

1825. La perte, même totale et par cas fortuit, est en entier pour le fermier, s'il n'y a convention contraire. C. 1302, 1303, 1807, 1810, 1828-3°.

1826. A la fin du bail, le fermier ne peut retenir le cheptel en en payant l'estimation originaire : il doit en laisser un de valeur pareille à celui qu'il a reçu. C. 1821 et la *note*, 2062. — S'il y a du déficit, il doit le payer; et c'est seulement l'excédant qui lui appartient.

§ II. — *Du cheptel donné au colon partiaire.*

1827. Si le cheptel périt en entier sans la faute du colon, la perte est pour le bailleur. C. 615, 616, 1139, 1234, 1302, 1303, 1807, 1810, 1825.

1828. On peut stipuler que le colon délaissera au bailleur sa part de la toison à un prix inférieur à la valeur ordinaire; — Que le bailleur aura une plus grande part du profit; — Qu'il aura la moitié des laitages; — Mais on ne peut pas stipuler que le colon sera tenu de toute la perte. C. 6, 1811, 1819, 1855.

1829. Ce cheptel finit avec le bail à métairie. C. 1737, s.

1830. Il est d'ailleurs soumis à toutes les règles du cheptel simple. C. 1806, s.

SECT. V. — *Du contrat improprement appelé cheptel.*

1831. Lorsqu'une ou plusieurs vaches sont données pour les loger et les nourrir, le bailleur en conserve la propriété : il a seulement le profit des veaux qui en naissent.

TITRE NEUVIÈME.

DU CONTRAT DE SOCIÉTÉ·

(Décrété le 8 mars 1804. Promulgué le 18.)

CHAP. I. — DISPOSITIONS GÉNÉRALES.

1832. La société est un contrat par lequel deux ou plusieurs personnes conviennent de mettre quelque chose en commun, dans la vue de partager le bénéfice qui pourra en résulter. Pr. 50-2°, 59, 69-6°. — Co. 18 à 64.

1833. Toute société doit avoir un objet licite, et être contractée pour l'intérêt commun des parties. C. 6, 900, 1133, 1172, 1855. — Chaque associé doit y apporter ou de l'argent, ou d'autres biens, ou son industrie. C. 1845, s.

1834. Toutes sociétés doivent être rédigées par écrit, lorsque leur objet est d'une valeur de plus de cent cinquante francs. — La preuve testimoniale n'est point admise contre et outre le contenu en l'acte de société, ni sur ce qui serait allégué avoir été dit avant, lors et depuis cet acte, encore qu'il s'agisse d'une somme ou valeur moindre de cent cinquante francs. C. 1341, 1347, 1866. — Co. 39, s.

CHAP. II. — DES DIVERSES ESPÈCES DE SOCIÉTÉS.

1835. Les sociétés sont universelles ou particulières. C. 1832, 1836, s., 1841, 1842.

SECT. I. — *Des sociétés universelles.*

1836. On distingue deux sortes de sociétés universelles, la société de tous biens présents, et la société universelle de gains.

1837. La société de tous biens présents est celle par laquelle les parties mettent en commun tous les biens meubles et immeubles qu'elles possèdent actuellement, et les profits qu'elles pourront en tirer. — Elles peuvent aussi y comprendre toute autre espèce de gains; mais les biens qui pourraient leur avenir par succession, donation ou legs, n'entrent dans cette société que pour la jouissance; toute stipulation tendant à y faire entrer la propriété de ces biens est prohibée, sauf entre époux, et conformément à ce qui est réglé à leur égard. C. 1084, s., 1093, s., 1130, 1133, 1394, 1526, 1542.

1838. La société universelle de gains renferme tout ce que les parties acquerront par leur industrie, à quelque titre que ce soit, pendant le cours de la société : les meubles que chacun des associés possède au temps du contrat y sont aussi compris; mais leurs immeubles personnels n'y entrent que pour la jouissance seulement. C, 1847, 1853.

1839. La simple convention de société universelle, faite sans autre explication, n'emporte que la société universelle de gains. C. 1350, 1352.

1840. Nulle société universelle ne peut avoir lieu qu'entre personnes respectivement capables de se donner ou de recevoir l'une de l'autre, et auxquelles il n'est point défendu de s'avantager au préjudice d'autres personnes. C. 854, 907, 908, 909, 911, 913 à 915, 1098, 1496, 1527.

SECT. II. — *De la société particulière.*

1841. La société particulière est celle qui ne s'applique qu'à certaines choses déterminées, ou à leur usage, ou aux fruits à en percevoir. C. 1127, 1835.

1842. Le contrat par lequel plusieurs personnes s'associent, soit pour une entreprise désignée, soit pour l'exercice de quelque métier ou profession, est aussi une société particulière. C. 1873. — Co. 18 à 64.

CHAP. III.—DES ENGAGEMENTS DES ASSOCIÉS ENTRE EUX ET A L'ÉGARD DES TIERS.

SECT. I.—*Des engagements des associés entre eux.*

1843. La société commence à l'instant même du contrat, s'il ne désigne une autre époque. C. 1134, 1834.

1844. S'il n'y a pas de convention sur la durée de la société, elle est censée contractée pour toute la vie des associés, sous la modification portée en l'article 1869; ou, s'il s'agit d'une affaire dont la durée soit limitée, pour tout le temps que doit durer cette affaire. C. 1134, 1865, s.

1845. Chaque associé est débiteur envers la société de tout ce qu'il a promis d'y apporter. C. 1853, 1846, 1847. — Lorsque cet apport consiste en un corps certain, et que la société en est évincée, l'associé en est garant envers la société, de la même manière qu'un vendeur l'est envers son acheteur. C. 1626, s. et la *note*, 1851, 1867.

1846. L'associé qui devait apporter une somme dans la société, et qui ne l'a point fait, devient, de plein droit et sans demande, débiteur des intérêts de cette somme, à compter du jour où elle devait être payée. C. 1153, 1907. — Co. 93.— Il en est de même à l'égard des sommes qu'il a prises dans la caisse sociale, à compter du jour où il les en a tirées pour son profit particulier ; — Le tout sans préjudice de plus amples dommages-intérêts, s'il y a lieu. C. 1136, 1146, 1149.

1847. Les associés qui se sont soumis à apporter leur industrie à la société lui doivent compte de tous les gains qu'ils ont faits par l'espèce d'industrie qui est l'objet de cette société. C. 1838, 1853.— Co. 50, 51.

1848. Lorsque l'un des associés est, pour son compte particulier, créancier d'une somme exigible envers une personne qui se trouve aussi devoir à la société une somme également exigible, l'imputation de ce qu'il reçoit de ce débiteur doit se faire sur la créance de la société et sur la sienne, dans la proportion des deux créances, encore qu'il eût par sa quittance dirigé l'imputation intégrale sur sa créance particulière : mais s'il a exprimé dans sa quittance que l'imputation serait faite en entier sur la créance de la société, cette stipulation sera exécutée. C. 1134, 1253, s., 1350, 1849.

1849. Lorsqu'un des associés a reçu sa part entière de la créance commune, et que le débiteur est, depuis, devenu insolvable, cet associé est tenu de rapporter à la masse commune ce qu'il a reçu, encore qu'il eût spécialement donné quittance *pour sa part.* C. 1214, 1215, 1848.

1850. Chaque associé est tenu, envers la société, des dommages qu'il lui a causés par sa faute, sans pouvoir compenser avec ces dommages les profits que son industrie lui aurait procurés dans d'autres affaires. C. 1291, 1382.

1851. Si les choses dont la jouissance seulement a été mise dans la société sont des corps certains et déterminés, qui ne se consomment point par l'usage, elles sont aux risques de l'associé propriétaire. C. 587, 1302, 1867. — Si ces choses se consomment, si elles se détériorent en les gardant, si elles ont été destinées à être vendues, ou si elles ont été mises dans la société sur une estimation portée par un inventaire, elles sont aux risques de la société. C. 1138. — Si la chose a été estimée, l'associé ne peut répéter que le montant de son estimation.

1852. Un associé a action contre la société, non-seulement à raison des sommes qu'il a déboursées pour elle, mais encore à raison des obligations qu'il a contractées de bonne foi pour les affaires de la société, et des risques inséparables de sa gestion. C. 1998, s.

1853. Lorsque l'acte de société ne détermine point la part de chaque associé dans les bénéfices ou pertes, la part de chacun est en proportion de sa mise dans le fonds de la société. C. 870, 1845 à 1847, 1863. — A l'égard de celui qui n'a apporté que son industrie, sa part dans les bénéfices ou dans les pertes est réglée comme si sa mise eût été égale à celle de l'associé qui a le moins apporté. C. 1847.

1854. Si les associés sont convenus de s'en rapporter à l'un d'eux ou à un tiers pour le règlement des parts, ce règlement ne peut être attaqué, s'il n'est évidemment contraire à l'équité. C. 1134, 1592. — Nulle réclamation n'est admise à ce sujet, s'il s'est écoulé plus de trois mois depuis que la partie qui se prétend lésée a eu connaissance du règlement, ou si ce règlement a reçu de sa part un commencement d'exécution. C. 1350, 1352.

1855. La convention qui donnerait à l'un des associés la totalité des bénéfices est nulle (a). C. 6, 1133, 1841, 1849, 1828, 1833. — Il en est de même de la stipulation qui affranchirait de toute contribution aux pertes les sommes ou effets mis dans le fonds de la société par un ou plusieurs des associés.

1856. L'associé, chargé de l'administration par une clause spéciale du contrat de société, peut faire, nonobstant l'opposition des autres associés, tous les actes qui dépendent de son administration, pourvu que ce soit sans fraude. C. 1859-1°, 1862, s. — Ce pouvoir ne peut être révoqué sans cause lé-

---

(a) Une telle convention se nomme *léonine*, par allusion à la société du lion de la fable, qui s'attribua toutes les parts du butin. Une pareille stipulation, il est facile de le comprendre, serait contraire à la nature même du contrat.

gitime, tant que la société dure; mais s'il n'a été donné que par acte postérieur au contrat de société, il est révocable comme un simple mandat. C. 2003.

1857. Lorsque plusieurs associés sont chargés d'administrer, sans que leurs fonctions soient déterminées, ou sans qu'il ait été exprimé que l'un ne pourrait agir sans l'autre, ils peuvent faire chacun séparément tous les actes de cette administration. C. 1995.

1858. S'il a été stipulé que l'un des administrateurs ne pourra rien faire sans l'autre, un seul ne peut, sans une nouvelle convention, agir en l'absence de l'autre, lors même que celui-ci serait dans l'impossibilité actuelle de concourir aux actes d'administration. C. 1989.

1859. A défaut de stipulations spéciales sur le mode d'administration, l'on suit les règles suivantes : — 1° Les associés sont censés s'être donné réciproquement le pouvoir d'administrer l'un pour l'autre. Ce que chacun fait est valable même pour la part de ses associés, sans qu'il ait pris leur consentement; sauf le droit qu'ont ces derniers, ou l'un d'eux, de s'opposer à l'opération avant qu'elle soit conclue. C. 1857. — 2° Chaque associé peut se servir des choses appartenant à la société, pourvu qu'il les emploie à leur destination fixée par l'usage, et qu'il ne s'en serve pas contre l'intérêt de la société ou de manière à empêcher ses associés d'en user selon leur droit. — 3° Chaque associé a le droit d'obliger ses associés à faire avec lui les dépenses qui sont nécessaires pour la conservation des choses de la société. — 4° L'un des associés ne peut faire d'innovations sur les immeubles dépendants de la société, même quand il les soutiendrait avantageuses à cette société, si les autres associés n'y consentent. C. 1861.

1860. L'associé qui n'est point administrateur ne peut aliéner ni engager les choses même mobilières qui dépendent de la société. C. 1594.

1861. Chaque associé peut, sans le consentement de ses associés, s'associer une tierce personne relativement à la part qu'il a dans la société; il ne peut pas, sans ce consentement, l'associer à la société, lors même qu'il en aurait l'administration.

1862. Dans les sociétés autres que celles de commerce, les associés ne sont pas tenus solidairement des dettes sociales, et l'un des associés ne peut obliger les autres si ceux-ci ne lui en ont conféré le pouvoir. C. 1200, s., 1873, 1989. — Co. 22, s.

1863. Les associés sont tenus envers le créancier avec lequel ils ont contracté, chacun pour une somme et part égales, encore que la part de l'un d'eux dans la société fût moindre, si l'acte n'a pas spécialement restreint l'obligation de celui-ci sur le pied de cette dernière part.

1864. La stipulation que l'obligation est contractée pour le compte de la société ne lie que l'associé contractant et non les autres, à moins que ceux-ci ne lui aient donné pouvoir, ou que la chose n'ait tourné au profit de la société. C. 1165, 1856, s.

CHAP. IV. — DES DIFFÉRENTES MANIÈRES DONT FINIT LA SOCIÉTÉ.

1865. La société finit, — 1° Par l'expiration du temps pour lequel elle a été contractée; C. 1871.— 2° Par l'extinction de la chose, ou la consommation de la négociation; C. 1234, 1867.— 3° Par la mort naturelle de quelqu'un des associés; C. 1844, 1868. — 4° Par la mort civile, l'interdiction ou la déconfiture de l'un d'eux; C. 23, 25. — Co. 437. — P. 18. — 5° Par la volonté qu'un seul ou plusieurs expriment de n'être plus en société. C. 1869, s.

1866. La prorogation d'une société à temps limité ne peut être prouvée que par un écrit revêtu des mêmes formes que le contrat de société. C. 1834.

1867. Lorsque l'un des associés a promis de mettre en commun la propriété d'une chose, la perte survenue avant que la mise en soit effectuée opère la dissolution de la société, par rapport à tous les associés. C. 1302, 1865-2°. — La société est également dissoute, dans tous les cas, par la perte de la chose, lorsque la jouissance seule a été mise en commun, et que la propriété en est restée dans la main de l'associé. C. 1851. — Mais la société n'est pas rompue par la perte de la chose dont la propriété a déjà été apportée à la société. C. 1303, 1845.

1868. S'il a été stipulé qu'en cas de mort de l'un des associés, la société continuerait avec son héritier, ou seulement entre les associés survivants : ces dispositions seront suivies : au second cas, l'héritier du décédé n'a droit qu'au partage de la société, eu égard à la situation de cette société lors du décès, et ne participe aux droits ultérieurs qu'autant qu'ils sont une suite nécessaire de ce qui s'est fait avant la mort de l'associé auquel il succède. C. 724, 1122, 1865-3°, 1872

1869. La dissolution de la société par la volonté de l'une des parties ne s'applique qu'aux sociétés dont la durée est illimitée, et s'opère par une renonciation notifiée à tous les associés, pourvu que cette renonciation soit de bonne foi, et non faite à contre-temps. C. 1844, 1865-5°, 1870.

1870. La renonciation n'est pas de bonne foi, lorsque l'associé renonce pour s'approprier à lui seul le profit que les associés s'étaient proposé de tirer en commun. — Elle est faite à contre-temps, lorsque les choses ne sont plus entières, et qu'il importe à la société que sa dissolution soit différée.

1871. La dissolution des sociétés à terme ne peut être demandée par l'un des associés avant le terme convenu, qu'autant qu'il y en a de justes motifs, comme lorsqu'un autre associé manque à ses engagements, ou qu'une infirmité habituelle le rend inhabile aux affaires de la société, ou autres cas semblables, dont la légitimité et la gravité sont laissées à l'arbitrage des juges. C. 1142, 1146, 1184, 1865-1°.

1872. Les règles concernant le partage des successions, la forme de ce partage, et les obligations qui en résultent entre les cohéritiers, s'appliquent aux partages entre associés. C. 815 à 842, 870, 873, 883, s., 1686, s., 2103-3°.— Pr. 966, s

DISPOSITIONS RELATIVES AUX SOCIÉTÉS DE COMMERCE.

1873. Les dispositions du présent titre ne s'appliquent aux sociétés de commerce que dans les points qui n'ont rien de contraire aux lois et usages du commerce. Co. 14, 18 à 64, 438.

TITRE DIXIÈME.

DU PRÊT.

(Décrété le 9 mars 1804. Promulgué le 19.)

1874. Il y a deux sortes de prêt : — Celui des choses dont on peut user sans les détruire ; — Et celui des choses qui se consomment par l'usage qu'on en fait. — La première espèce s'appelle *prêt à usage* ou *commodat ;* — La deuxième s'appelle *prêt de consommation* ou simplement *prêt.* C. 1892, s.

CHAP. I. — DU PRÊT A USAGE, OU COMMODAT.

SECT. I. — *De la nature du prêt à usage.*

1875. Le prêt à usage ou commodat est un contrat par lequel l'une des parties livre une chose à l'autre pour s'en servir, à la charge par le preneur de la rendre après s'en être servi. C. 1243, s., 1885.

1876. Ce prêt est essentiellement gratuit. C. 1105.

1877. Le prêteur demeure propriétaire de la chose prêtée. C. 1993.

1878. Tout ce qui est dans le commerce, et qui ne se consomme pas par l'usage, peut être l'objet de cette convention. C. 1291 et la *note,* 1892, 1894.

1879. Les engagements qui se forment par le commodat passent aux héritiers de celui qui prête, et aux héritiers de celui qui emprunte. C. 724. — Mais si l'on n'a prêté qu'en considération de l'emprunteur, et à lui personnellement, alors ses héritiers ne peuvent continuer de jouir de la chose prêtée. C. 1122.

SECT. II. — *Des engagements de l'emprunteur.*

1880. L'emprunteur est tenu de veiller en bon père de famille à la garde et à la conservation de la chose prêtée. Il ne peut s'en servir qu'à l'usage déterminé par sa nature ou par la convention ; le tout à peine de dommages-intérêts, s'il y a lieu. C. 1137, 1149, 1723, 1728, 1729, 1927.

1881. Si l'emprunteur emploie la chose à un autre usage, ou pour un temps plus long qu'il ne le devait, il sera tenu de la perte arrivée, même par cas fortuit. C. 1148, 1234, 1302, 1883.

1882. Si la chose prêtée périt par cas fortuit dont l'emprunteur aurait pu la garantir en employant la sienne propre, ou si, ne pouvant conserver que l'une des deux, il a préféré la sienne, il est tenu de la perte de l'autre. C. 1927.

1883. Si la chose a été estimée en la prêtant, la perte qui arrive, même par cas fortuit, est pour l'emprunteur, s'il n'y a convention contraire. C. 1822, 1851, 1877.

1884. Si la chose se détériore par le seul effet de l'usage pour lequel elle a été empruntée, et sans aucune faute de la part de l'emprunteur, il n'est pas tenu de la détérioration. C. 1245.

1885. L'emprunteur ne peut pas retenir la chose par compensation de ce que le prêteur lui doit. C. 1234, 1291, s., 1875.

1886. Si, pour user de la chose, l'emprunteur a fait quelque dépense, il ne peut pas la répéter. C. 1876, 1890.

1887. Si plusieurs ont conjointement emprunté la même chose, ils en sont solidairement responsables envers le prêteur. C. 1200, 1202

SECT. III. — *Des engagements de celui qui prête à usage.*

1888. Le prêteur ne peut retirer la chose prêtée qu'après le terme convenu, ou, à défaut de convention, qu'après qu'elle a servi à l'usage pour lequel elle a été empruntée. C. 1134, 1186, 1899, s.

1889. Néanmoins, si, pendant ce délai, ou avant que le besoin de l'emprunteur ait cessé, il survient au prêteur un besoin pressant et imprévu de sa chose, le juge peut, suivant les circonstances, obliger l'emprunteur à la lui rendre. C. 1188, 1888.

1890. Si, pendant la durée du prêt, l'emprunteur a été obligé, pour la conservation de la chose, à quelque dépense extraordinaire, nécessaire, et tellement urgente qu'il n'ait pas pu en prévenir le prêteur, celui-ci sera tenu de la lui rembourser. C. 1375, 1381, 1886, 1947, 2102-3°.

1891. Lorsque la chose prêtée a des défauts tels, qu'elle puisse causer du préjudice à celui qui s'en sert, le prêteur est responsable, s'il connaissait les défauts et n'en a pas averti l'emprunteur. C. 1382, 1641, 1645, 1721, 1898.

CHAP. II. — DU PRÊT DE CONSOMMATION, OU SIMPLE PRÊT.

SECT. I. — *De la nature du prêt de consommation.*

1892. Le prêt de consommation est un contrat par lequel l'une des parties livre à l'autre une certaine quantité de choses qui se consomment par l'usage (*a*), à la charge par cette dernière de lui en rendre autant de même espèce et qualité. C. 587, 1238, 1246, s., 1874, 1902, s.

1893. Par l'effet de ce prêt, l'emprunteur devient le propriétaire de la chose prêtée, et c'est pour lui qu'elle périt, de quelque manière que cette perte arrive. C. 1238, 1877, 2279.

1894. On ne peut pas donner, à titre de prêt de consommation, des choses qui, quoique de même espèce, diffèrent dans l'individu, comme les animaux : alors c'est un prêt à usage. C. 1878.

1895. L'obligation qui résulte d'un prêt en argent n'est toujours que de la somme numérique énoncée au contrat. — S'il y a eu augmentation ou diminution d'espèces avant l'époque du paiement, le débiteur doit rendre la somme numérique prêtée, et ne doit rendre que cette somme dans les espèces ayant cours au moment du paiement. C. 1153. — P. 475-11°.

1896. La règle portée en l'article précédent n'a pas lieu si le prêt a été fait en lingots. C. 1243, 1245, 1897.

1897. Si ce sont des lingots ou des denrées qui ont été prêtés, quelle que soit l'augmentation ou la diminution de leur prix, le débiteur doit toujours rendre la même quantité et qualité, et ne doit rendre que cela. C. 1243, 1246.

SECT. II. — *Des obligations du prêteur.*

1898. Dans le prêt de consommation,

(*a*) C'est ce qu'on appelle *choses fongibles* (Voy. *suprà* les art. 587, 1291). Ces choses peuvent se consommer ou *naturellement* ou *civilement* : naturellement, comme le vin, l'huile, le blé, etc., qui cessent d'exister matériellement d'une manière absolue par l'usage qu'on en fait; civilement, comme du numéraire, qui ne se consomme que pour la personne qui le dépense.

le prêteur est tenu de la responsabilité établie par l'article 1891 pour le prêt à usage.

1899. Le prêteur ne peut pas redemander les choses prêtées avant le terme convenu. C. 1186, 1888, s., 1902, s. — Co. 444.

1900. S'il n'a pas été fixé de terme pour la restitution, le juge peut accorder à l'emprunteur un délai, suivant les circonstances. C. 1244, 1888. — Pr. 122, s.

1901. S'il a été seulement convenu que l'emprunteur paierait quand il le pourrait, ou quand il en aurait les moyens, le juge lui fixera un terme de paiement, suivant les circonstances. C. 1244. — Pr. 122, 124.

SECT. III. — *Des engagements de l'emprunteur.*

1902. L'emprunteur est tenu de rendre les choses prêtées, en même quantité et qualité, et au terme convenu. C. 1186, 1246, s., 1892, 1904.

1903. S'il est dans l'impossibilité d'y satisfaire, il est tenu d'en payer la valeur eu égard au temps et au lieu où la chose devait être rendue d'après la convention. — Si ce temps et ce lieu n'ont pas été réglés, le paiement se fait au prix du temps et du lieu où l'emprunt a été fait. C. 1247, 1248.

1904. Si l'emprunteur ne rend pas les choses prêtées ou leur valeur au terme convenu, il en doit l'intérêt du jour de la demande en justice. C. 1149, 1153, 1907, 2277.

CHAP. III. — DU PRÊT A INTÉRÊT.

1905. Il est permis de stipuler des intérêts pour simple prêt, soit d'argent, soit de denrées, ou autres choses mobilières. C. 527, s., 1134, 1153 à 1155, 1906, s., 2277.

1906. L'emprunteur qui a payé des intérêts qui n'étaient pas stipulés ne peut ni les répéter ni les imputer sur le capital. C. 1235, 1254, 1376.

1907. L'intérêt est légal ou conventionnel. L'intérêt légal est fixé par la loi (*b*). L'intérêt conventionnel peut excéder celui de la loi, toutes les fois que

(*b*) C'est la loi du 3 septembre 1807 qui a réglé le taux de l'intérêt de l'argent, soit en

la loi ne le prohibe pas (*a*). — Le taux de l'intérêt conventionnel doit être fixé par écrit.

1908. La quittance du capital, donnée sans réserve des intérêts, en fait matière civile, soit en matière de commerce, dans les termes suivants :

« Art. 1er. L'intérêt conventionnel ne pourra excéder, en matière civile, cinq pour cent, ni en matière de commerce, six pour cent, le tout sans retenue.

« 2. L'intérêt légal sera, en matière civile, de cinq pour cent, et en matière de commerce, de six pour cent, aussi sans retenue.

« 3. Lorsqu'il sera prouvé que le prêt conventionnel a été fait à un taux excédant celui qui est fixé par l'art. 1er, le prêteur sera condamné, par le tribunal saisi de la contestation, à restituer cet excédant s'il l'a reçu, ou à souffrir la réduction sur le principal de la créance, et pourra même être renvoyé, s'il y a lieu, devant le tribunal correctionnel, pour y être jugé conformément à l'article suivant.

« 4. Tout individu qui sera prévenu de se livrer habituellement à l'usure sera traduit devant le tribunal correctionnel, et, en cas de conviction, condamné à une amende qui ne pourra excéder la moitié des capitaux qu'il aura prêtés à usure. — S'il résulte de la procédure qu'il y a eu escroquerie de la part du prêteur, il sera condamné, outre l'amende ci-dessus, à un emprisonnement qui ne pourra excéder deux ans.

« 5. Il n'est rien innové aux stipulations d'intérêts par contrats ou autres actes faits jusqu'au jour de la publication de la présente loi. »

(*a*) Cette faculté de déroger, par une convention particulière, au taux de l'intérêt légal, n'existe plus depuis le 3 septembre 1807 (art. 1er), que nous venons de rapporter, laquelle est modifiée elle-même par la loi qui suit :

19-27 décembre 1850.—Loi relative au délit d'usure.

« Les art. 3 et 4 de la loi du 3 septembre 1807 sont modifiés ainsi qu'il suit :

« Art. 1er. Lorsque, dans une instance civile ou commerciale, il sera prouvé que le prêt conventionnel a été fait à un taux supérieur à celui fixé par la loi, les perceptions excessives seront imputées de plein droit, aux époques où elles auront eu lieu, sur les intérêts légaux alors échus et subsidiairement sur le capital de la créance.

« Si la créance est éteinte en capital et intérêts, le prêteur sera condamné à la restitution des sommes indûment perçues, avec intérêt du jour où elles lui auront été payées.

« Tout jugement civil ou commercial constatant un fait de cette nature sera transmis par le greffier au ministère public dans le délai d'un mois, sous peine d'une amende qui ne pourra être moindre de seize francs ni excéder cent francs.

« 2. Le délit d'habitude d'usure sera puni d'une amende qui pourra s'élever à la moitié des capitaux prêtés à usure, et d'un emprisonnement de six jours à six mois.

« 3. En cas de nouveau délit d'usure, le coupable sera condamné au maximum, des peines prononcées par l'article précédent, et elles pourront être élevées jusqu'au double, sans préjudice des cas généraux de récidive prévus par les art. 57 et 58 du Code pénal.

« Après une première condamnation pour habitude d'usure, le nouveau délit résultera d'un fait postérieur, même unique, s'il s'est accompli dans les cinq ans à partir du jugement ou de l'arrêt de condamnation.

« 4. S'il y a eu escroquerie de la part du prêteur, il sera passible des peines prononcées par l'art. 405 du Code pénal, sauf l'amende, qui demeurera réglée par l'art. 2 de la présente loi.

« 5. Dans tous les cas, et suivant la gravité des circonstances, les tribunaux pourront ordonner, aux frais du délinquant, l'affiche du jugement et son insertion par extrait dans un ou plusieurs journaux du département.

« 6. Ils pourront également appliquer, dans tous les cas, l'art. 463 du Code pénal.

« 7. L'amende prévue par le dernier paragraphe de l'art. 1er sera prononcée à la requête du ministère public, par le tribunal civil. »

(*b,c,d*) Ces dispositions ne concernent que les rentes constituées entre particuliers. Quant aux rentes *sur l'État*, elles sont régies par des lois particulières. La dette publique a été inscrite sur un grand livre, en vertu de la loi du 24 août 1793. Les rentes perpétuelles sur l'État sont-elles rachetables ? Voy. Lois et ord. div., le décret des 14-18 mars 1852 qui a tranché la question par l'affirmative en établissant la conversion de ces rentes en 4 1/2, avec la faculté, pour le crédit-rentier, de demander le remboursement du capital, dans un délai déterminé.

présumer le paiement, et en opère la libération. C. 1350, 1552, 2277.

1909. On peut stipuler un intérêt moyennant un capital que le prêteur s'interdit d'exiger (*b*). — Dans ce cas, le prêt prend le nom de *constitution de rente* (*c*). C. 529, s., 1968, s.

1910. Cette rente peut être constituée de deux manières, en perpétuel ou en viager. C. 529-2o, 1964, 1968, s., 2277. — Pr. 636, s.

1911. La rente constituée en perpétuel est essentiellement rachetable. C. 530. — Les parties peuvent seulement convenir que le rachat ne sera pas fait avant un délai qui ne pourra excéder dix ans, ou sans avoir averti le créancier au terme d'avance qu'elles auront déterminé (*d*). C. 1187, 1660.

1912. Le débiteur d'une rente constituée en perpétuel peut être contraint au rachat, — 1o S'il cesse de remplir ses obligations pendant deux années ; — 2o S'il manque à fournir au prêteur les sûretés promises par le contrat. C. 1184.

1913. Le capital de la rente constituée en perpétuel devient aussi exigible en cas de faillite ou de déconfiture du débiteur. C. 1184, 1188, 1276 et la *note*. — Pr. 124. — Co. 437, 444.

1914. Les règles concernant les rentes viagères sont établies au titre *des Contrats aléatoires*. C. 1964, 1968, s.

TITRE ONZIÈME.

DU DÉPÔT ET DU SÉQUESTRE.

(Décrété le 14 mars 1804. Promulgué le 24.)

CHAP. I. — DU DÉPÔT EN GÉNÉRAL ET DE SES DIVERSES ESPÈCES.

1915. Le dépôt, en général, est un acte par lequel on reçoit la chose d'autrui, à la charge de la garder et de la restituer en nature. C. 1137, 1932, 2236. — Pr. 169, 408.

1916. Il y a deux espèces de dépôts : le dépôt proprement dit, et le séquestre. C. 1917, s., 1955, s.

CHAP. II. — DU DÉPÔT PROPREMENT DIT.

SECT. I. — *De la nature et de l'essence du contrat de dépôt.*

1917. Le dépôt proprement dit est un contrat essentiellement gratuit. C. 1105, 1928-2º, 1936, 1957, 1958.

1918. Il ne peut avoir pour objet que des choses mobilières. C. 527, s., 1959.

1919. Il n'est parfait que par la tradition réelle ou feinte de la chose déposée. C. 1604, 1606 et la *note*, 1607. — La tradition feinte suffit, quand le dépositaire se trouve déjà nanti, à quelque autre titre, de la chose que l'on consent à lui laisser à titre de dépôt.

1920. Le dépôt est volontaire ou nécessaire. C. 1921, 1949, s.

SECT. II. — *Du dépôt volontaire.*

1921. Le dépôt volontaire se forme par le consentement réciproque de la personne qui fait le dépôt et de celle qui le reçoit. C. 1109, 1919.

1922. Le dépôt volontaire ne peut régulièrement être fait que par le propriétaire de la chose déposée, ou de son consentement exprès ou tacite. C. 1915, 1916, 1938.

1923. Le dépôt volontaire doit être prouvé par écrit. La preuve testimoniale n'en est point reçue pour valeur excédant cent cinquante francs. C. 1341, 1347, 1348-2º, 1924, 1950. — P. 408.

1924. Lorsque le dépôt, étant au-dessus de cent cinquante francs, n'est point prouvé par écrit, celui qui est attaqué comme dépositaire en est cru sur sa déclaration, soit pour le fait même du dépôt, soit pour la chose qui en faisait l'objet, soit pour le fait de sa restitution. C. 1350, 1352, 1358, 1366. — P. 408.

1925. Le dépôt volontaire ne peut avoir lieu qu'entre personnes capables de contracter. C. 1123, s. — Néanmoins, si une personne capable de contracter accepte le dépôt fait par une personne incapable, elle est tenue de toutes les obligations d'un véritable dépositaire; elle peut être poursuivie par le tuteur ou administrateur de la personne qui a fait le dépôt. C. 1926, 1940, 1941.

1926. Si le dépôt a été fait par une personne capable à une personne qui ne l'est pas, la personne qui a fait le dépôt n'a que l'action en revendication de la chose déposée, tant qu'elle existe dans la main du dépositaire, ou une action en restitution jusqu'à concurrence de ce qui a tourné au profit de ce dernier. C. 1241, 1312, 1925. — Pr. 826, s.

SECT. III. — *Des obligations du dépositaire.*

1927. Le dépositaire doit apporter, dans la garde de la chose déposée, les mêmes soins qu'il apporte dans la garde des choses qui lui appartiennent. C. 1137, 1293-2º, 1928, s., 2236.

1928. La disposition de l'article précédent doit être appliquée avec plus de rigueur, 1º si le dépositaire s'est offert lui-même pour recevoir le dépôt; 2º s'il a stipulé un salaire pour la garde du dépôt; C. 1917; 3º si le dépôt a été fait uniquement pour l'intérêt du dépositaire; 4º s'il a été convenu expressément que le dépositaire répondrait de toute espèce de faute. C. 1134, 1382.

1929. Le dépositaire n'est tenu, en aucun cas, des accidents de force majeure, à moins qu'il n'ait été mis en demeure de restituer la chose déposée. C. 1139, 1148, 1302, 1303, 1934, 1936.

1930. Il ne peut se servir de la chose déposée, sans la permission expresse ou présumée du déposant. C. 1881, s. — P. 169, s., 408.

1931. Il ne doit point chercher à connaître quelles sont les choses qui lui ont été déposées, si elles lui ont été confiées dans un coffre fermé ou sous une enveloppe cachetée.

1932. Le dépositaire doit rendre identiquement la chose même qu'il a reçue. C. 1293, 1915, 1933, s.—Ainsi, le dépôt des sommes monnayées doit être rendu dans les mêmes espèces qu'il a été fait, soit dans le cas d'augmentation, soit dans le cas de diminution de leur valeur. C. 1895, 1936.

1933. Le dépositaire n'est tenu de rendre la chose déposée que dans l'état où elle se trouve au moment de la restitution. Les détériorations qui ne sont pas survenues par son fait sont à la charge du déposant. C. 1245, 1302.

1934. Le dépositaire auquel la chose a été enlevée par une force majeure, et qui a reçu un prix ou quelque chose à la place, doit restituer ce qu'il a reçu en échange. C. 1303, 1929.

1935. L'héritier du dépositaire, qui a vendu de bonne foi la chose dont il ignorait le dépôt, n'est tenu que de rendre le prix qu'il a reçu, ou de céder son action contre l'acheteur, s'il n'a pas touché le prix. C. 1380, 1381, 1599, 2268, 2279.

1936. Si la chose déposée a produit des fruits qui aient été perçus par le dépositaire, il est obligé de les restituer. Il ne doit aucun intérêt de l'argent déposé, si ce n'est du jour où il a été mis en demeure de faire la restitution. C. 1139, 1153, 1917, 1929, 1932, 1996, 2084.

1937. Le dépositaire ne doit restituer la chose déposée qu'à celui qui la lui a confiée, ou à celui au nom duquel le dépôt a été fait, ou à celui qui a été indiqué pour le recevoir. C. 1239, 1938.

1938. Il ne peut pas exiger de celui qui a fait le dépôt la preuve qu'il était propriétaire de la chose déposée. C. 1922. —Néanmoins, s'il découvre que la chose a été volée, et quel en est le véritable propriétaire, il doit dénoncer à celui-ci le dépôt qui lui a été fait, avec sommation de le réclamer dans un délai déterminé et suffisant. Si celui auquel la dénonciation a été faite néglige de réclamer le dépôt, le dépositaire est valablement déchargé par la tradition qu'il en fait à celui duquel il l'a reçu. C. 2279, 2280.—P. 62, 379.

1939. En cas de mort naturelle ou civile de la personne qui a fait le dépôt, la chose déposée ne peut être rendue qu'à son héritier. C. 23, 25, 724, 1122. —P. 18.—S'il y a plusieurs héritiers, elle doit être rendue à chacun d'eux pour leur part et portion.—Si la chose déposée est indivisible, les héritiers doivent s'accorder entre eux pour la recevoir. C. 1217, 1220, 1221.

1940. Si la personne qui a fait le dépôt a changé d'état, par exemple, si la femme, libre au moment où le dépôt a été fait, s'est mariée depuis et se trouve en puissance de mari; si le majeur déposant se trouve frappé d'interdiction; dans tous ces cas et autres de même nature, le dépôt ne peut être restitué qu'à celui qui a l'administration des droits et des biens du déposant. C. 450, 1428, 1531, s., 1549, 1925. — Co. 443.

1941. Si le dépôt a été fait par un tuteur, par un mari ou par un administrateur, dans l'une de ces qualités, il ne peut être restitué qu'à la personne que ce tuteur, ce mari ou cet administrateur représentaient, si leur gestion ou leur administration est finie. C. 1925, 1940.

1942. Si le contrat de dépôt désigne le lieu dans lequel la restitution doit être faite, le dépositaire est tenu d'y porter la chose déposée. S'il y a des frais de transport, ils sont à la charge du déposant. C. 1134, 1247, 1248, 1943.

1943. Si le contrat ne désigne point le lieu de la restitution, elle doit être faite dans le lieu même du dépôt. C. 1247, 1942.

1944. Le dépôt doit être remis au déposant aussitôt qu'il le réclame, lors même que le contrat aurait fixé un délai déterminé pour la restitution; à moins qu'il n'existe, entre les mains du dépositaire, une saisie-arrêt ou une opposition à la restitution et au déplacement de la chose déposée. C. 1139, 1186, 1915, 1960. —Pr. 557, s.

1945. Le dépositaire infidèle n'est point admis au bénéfice de cession. C. 1265, s. — Pr. 898 et la *note*, 905. — Co. 612. — P. 52, 408.

1946. Toutes les obligations du dépositaire cessent, s'il vient à découvrir et à prouver qu'il est lui-même propriétaire de la chose déposée. C. 1234, 1300, 2279, s.

SECT. IV. — *Des obligations de la personne par laquelle le dépôt a été fait.*

1947. La personne qui a fait le dépôt est tenue de rembourser au dépositaire les dépenses qu'il a faites pour la conservation de la chose déposée, et de l'indemniser de toutes les pertes que le dépôt peut lui avoir occasionnées. C. 1137, 1375, 1381, 1890, 2102-3°.

1948. Le dépositaire peut retenir le dépôt jusqu'à l'entier paiement de ce qui lui est dû à raison du dépôt. C. 2073, s., 2102-3°.—Co. 95.

SECT. V. — *Du dépôt nécessaire (a).*

1949. Le dépôt nécessaire est celui qui a été forcé par quelque accident, tel qu'un incendie, une ruine, un pillage, un naufrage ou autre événement imprévu. C. 1920, 2060-1°.—P. 173.

1950. La preuve par témoins peut être reçue pour le dépôt nécessaire, même quand il s'agit d'une valeur au-dessus de cent cinquante francs. C. 1341 1348-2°, 1923.

1951. Le dépôt nécessaire est d'ailleurs régi par toutes les règles précédemment énoncées. C. 1922, s., 2060.

1952. Les aubergistes ou hôteliers sont responsables, comme dépositaires, des effets apportés par le voyageur qui loge chez eux; le dépôt de ces sortes d'effets doit être regardé comme un dépôt nécessaire. C. 1782, s., 2060, 2271. — P. 73, 386-4°, 475-2°.

1953. Ils sont responsables du vol ou du dommage des effets du voyageur, soit que le vol ait été fait ou que le dommage ait été causé par les domestiques et préposés de l'hôtellerie, ou par des étrangers allant et venant dans l'hôtellerie. C. 1384. —P. 73, 386-4°, 475-2°.

(a) C'est le dépôt qui était connu, dans le droit romain, sous le nom de *miserabile depositum,* par allusion à l'événement malheureux qui l'avait occasionné. Ce dépôt ne diffère du dépôt volontaire qu'en un seul point, à savoir qu'il peut être prouvé par témoins, alors même qu'il s'agirait d'une valeur excédant 150 fr. (C. 1950, 1951.)

1954. Ils ne sont pas responsables des vols faits avec force armée ou autre force majeure. C. 1148. — P. 381

CHAP. III. — DU SÉQUESTRE.

SECT. I. — *Des diverses espèces de séquestre.*

1955. Le séquestre est ou conventionnel ou judiciaire. C. 1956, s., 1960, s.

SECT. II. — *Du séquestre conventionnel.*

1956. Le séquestre conventionnel est le dépôt fait, par une ou plusieurs personnes, d'une chose contentieuse entre les mains d'un tiers qui s'oblige de la rendre, après la contestation terminée, à la personne qui sera jugée devoir l'obtenir (b). C. 602, 2060-4°.—Pr. 135-4°, 550, 688.

1957. Le séquestre peut n'être pas gratuit. C. 1947.

1958. Lorsqu'il est gratuit, il est soumis aux règles du dépôt proprement dit, sauf les différences ci-après énoncées.

1959. Le séquestre peut avoir pour objet non-seulement des effets mobiliers, mais même des immeubles. C. 1918.

1960. Le dépositaire chargé du séquestre ne peut être déchargé, avant la contestation terminée, que du consentement de toutes les parties intéressées, ou pour une cause jugée légitime. C. 1134, 1944.

SECT. III — *Du séquestre ou dépôt judiciaire.*

1961. La justice peut ordonner le séquestre, — 1° Des meubles saisis sur un débiteur; Pr. 583, s., 626, s. — 2° D'un immeuble ou d'une chose mobilière dont la propriété ou la possession est litigieuse entre deux ou plusieurs personnes; Pr. 688.—3° Des choses qu'un débiteur offre pour sa libération. C. 1257, s. —Co. 106.

1962. L'établissement d'un gardien judiciaire produit entre le saisissant et le gardien des obligations réciproques. Le gardien doit apporter pour la conservation des effets saisis les soins d'un bon père de famille. C. 1137.—Pr. 603 à 606.—Il doit les représenter, soit à la décharge du saisissant pour la vente, soit

---

(b) On donne également le nom de *séquestre* à la personne qui s'est chargée de ce dépôt.

à la partie contre laquelle les exécutions ont été faites, en cas de mainlevée de la saisie. P. 400, 408. — L'obligation du saisissant consiste à payer au gardien le salaire fixé par la loi. T. 34, 45.

1963. Le séquestre judiciaire est donné, soit à une personne dont les parties intéressées sont convenues entre elles, soit à une personne nommée d'office par le juge. C. 1259. — Pr. 304, s. — Dans l'un et l'autre cas, celui auquel la chose a été confiée est soumis à toutes les obligations qu'emporte le séquestre conventionnel. C. 1956, s., 2060-4°. — Pr. 596.

TITRE DOUZIÈME.

DES CONTRATS ALÉATOIRES.

(Décrété le 10 mars 1804. Promulgué le 20.)

1964. Le contrat aléatoire est une convention réciproque dont les effets, quant aux avantages et aux pertes, soit pour toutes les parties, soit pour l'une ou plusieurs d'entre elles, dépendent d'un événement incertain. C. 1104-2° et la *note*. —Tel sont, —Le contrat d'assurance;— Le prêt à grosse aventure;—Le jeu et le pari; C. 1965, s. — Le contrat de rente viagère. C. 1909, s. 1968, s.—Les deux premiers sont régis par les lois maritimes. Co. 311, s., 332, s.

CHAP. I. — DU JEU ET DU PARI.

1965. La loi n'accorde aucune action pour une dette de jeu ou pour le paiement d'un pari. Co. 585.—P. 410, 475-5°, 477-1°.

1966. Les jeux propres à exercer au fait des armes, les courses à pied ou à cheval, les courses de chariot, le jeu de paume et autres jeux de même nature, qui tiennent à l'adresse et à l'exercice du corps, sont exceptés de la disposition précédente.—Néanmoins le tribunal peut rejeter la demande, quand la somme lui paraît excessive.

1967. Dans aucun cas, le perdant ne peut répéter ce qu'il a volontairement payé, à moins qu'il n'y ait eu, de la part du gagnant, dol, supercherie ou escroquerie (a). C. 1109, 1116, s., 1235. — P. 405, 408.

(a) La délégation consentie pour acquitter

CHAP. II. — DU CONTRAT DE RENTE VIAGÈRE.

SECT. I. — *Des conditions requises pour la validité du contrat.*

1968. La rente viagère peut être constituée à titre onéreux, moyennant une somme d'argent, ou pour une chose mobilière appréciable, ou pour un immeuble. C. 1910, 1914, 1964, 2277, 2278.

1969. Elle peut être aussi constituée, à titre purement gratuit, par donation entre-vifs ou par testament. Elle doit être alors revêtue des formes requises par la loi. C. 931, 969, s., 1970, 1973, 1981.—Pr. 581, 582.

1970. Dans le cas de l'article précédent, la rente viagère est réductible, si elle excède ce dont il est permis de disposer : elle est nulle, si elle est au profit d'une personne incapable de recevoir. C. 725, s., 906, s., 913 à 915, 920, s., 1100.

1971. La rente viagère peut être constituée, soit sur la tête de celui qui en fournit le prix, soit sur la tête d'un tiers qui n'a aucun droit d'en jouir.

1972. Elle peut être constituée sur une ou plusieurs têtes.

1973. Elle peut être constituée au profit d'un tiers, quoique le prix en soit fourni par une autre personne.—Dans ce dernier cas, quoiqu'elle ait les caractères d'une libéralité, elle n'est point assujettie aux formes requises pour les donations; sauf les cas de réduction et de nullité énoncés dans l'article 1970. C. 1121, 1969, 1981.

1974. Tout contrat de rente viagère créée sur la tête d'une personne qui était morte au jour du contrat ne produit aucun effet. C. 1040, 1104.

1975. Il en est de même du contrat par lequel la rente a été créée sur la tête d'une personne atteinte de la maladie dont elle est décédée dans les vingt jours de la date du contrat.

1976. La rente viagère peut être constituée au taux qu'il plaît aux parties contractantes de fixer. C. 1905, 1907 et la *note*.

---

une dette de jeu ne constituerait pas un *paiement*, dans le sens de l'art. 1967, alors même qu'elle aurait été faite avec garantie. Une pareille délégation ne pourrait donc servir de fondement à une action en justice.

SECT. II.—*Des effets du contrat entre les parties contractantes.*

1977. Celui au profit duquel la rente viagère a été constituée, moyennant un prix, peut demander la résiliation du contrat, si le constituant ne lui donne pas les sûretés stipulées pour son exécution. C. 1184.

1978. Le seul défaut de paiement des arrérages de la rente n'autorise point celui en faveur de qui elle est constituée à demander le remboursement du capital, ou à rentrer dans le fonds par lui aliéné; il n'a que le droit de saisir et de faire vendre les biens de son débiteur, et de faire ordonner ou consentir, sur le produit de la vente, l'emploi d'une somme suffisante pour le service des arrérages. C. 1144, 1912, 1983, 2092, s.

1979. Le constituant ne peut se libérer du paiement de la rente en offrant de rembourser le capital, et en renonçant à la répétition des arrérages payés; il est tenu de servir la rente pendant toute la vie de la personne ou des personnes sur la tête desquelles la rente a été constituée, quelle que soit la durée de la vie de ces personnes, et quelque onéreux qu'ait pu devenir le service de la rente. C. 1134, 1964.

1980. La rente viagère n'est acquise au propriétaire que dans la proportion du nombre de jours qu'il a vécu (a). C. 584, 586.—Néanmoins, s'il a été convenu qu'elle serait payée d'avance, le terme qui a dû être payé est acquis du jour où le paiement a dû en être fait. C. 1186.

1981. La rente viagère ne peut être stipulée insaisissable, que lorsqu'elle a été constituée à titre gratuit. C. 1969.—Pr. 581, 582.

1982. La rente viagère ne s'éteint pas par la mort civile du propriétaire; le paiement doit en être continué pendant sa vie naturelle. C. 23, 25, 617, 1040.—P. 18.

1983. Le propriétaire d'une rente viagère n'en peut demander les arrérages qu'en justifiant de son existence, ou de celle de la personne sur la tête de laquelle elle a été constituée (b). C. 2277, 2278.

(a) Dans les rentes viagères, le capital est donc entièrement perdu pour le créancier : il n'a droit qu'aux arrérages, et sa créance s'éteint par parties à mesure qu'il les perçoit.

(b) Il faut distinguer les rentes sur particu-

TITRE TREIZIÈME.

DU MANDAT.

(Décrété le 10 mars 1804. Promulgué le 20.)

CHAP. I. — DE LA NATURE ET DE LA FORME
DU MANDAT.

1984. Le mandat ou procuration est un acte par lequel une personne donne à une autre le pouvoir de faire quelque chose pour le mandant et en son nom. C. 1104. —Co. 91, s.—Le contrat ne se forme que par l'acceptation du mandataire. C. 1108.

1985. Le mandat peut être donné ou par acte public, ou par écrit sous seing-privé, même par lettre. Il peut aussi être donné verbalement; mais la preuve testimoniale n'en est reçue que conformément au titre *des Contrats ou des Obligations conventionnelles en général.* C. 1341, s., 1347.—L'acceptation du mandat peut n'être que tacite, et résulter de l'exécution qui lui a été donnée par le mandataire. C. 1338.

1986. Le mandat est gratuit, s'il n'y a convention contraire. C. 1134, 1992-2°.

1987. Il est ou spécial et pour une affaire ou certaines affaires seulement, ou général et pour toutes les affaires du mandant.

1988. Le mandat conçu en termes généraux n'embrasse que les actes d'administration.—S'il s'agit d'aliéner ou d'hypothéquer, ou de quelque autre acte de propriété, le mandat doit être exprès. C. 121, s., 412, 933, 1239.—Pr. 352.

liers de celles sur l'Etat : s'il s'agit de rentes sur particuliers, le certificat de vie du rentier est délivré en conformité de l'art. 11 du décret des 6-27 mars 1791, ainsi conçu :

« La légalisation des actes ne sera point faite, les certificats de vie ne seront point donnés par les juges de paix ; la légalisation sera faite, les certificats seront donnés gratuitement par les présidents des tribunaux de district, ou ceux des juges qui en feront les fonctions. Dans les chefs-lieux où sont établis, soit les tribunaux, soit les administrations de district, les maires feront les légalisations, et donneront les certificats de vie concurremment avec les présidents des tribunaux, mais seulement sur les actes des officiers publics, ou pour les citoyens qui seront domiciliés dans l'étendue de la commune. »

S'il s'agit de rentes à la charge de l'Etat ou des administrations publiques, ce certificat doit être délivré par un notaire. — Seulement aujourd'hui et depuis l'ordonn. du 6 juin 1839, il n'existe plus de notaires *certificateurs; tous les* notaires ont qualité à cet effet. (Voy. C. des offic. minist.)

1989. Le mandataire ne peut rien faire au delà de ce qui est porté dans son mandat : le pouvoir de transiger ne renferme pas celui de compromettre. C. 1997, 1998, 2044.—Pr. 1003, s.

1990. Les femmes et les mineurs émancipés peuvent être choisis pour mandataires ; mais le mandant n'a d'action contre le mandataire mineur, que d'après les règles générales relatives aux obligations des mineurs, et contre la femme mariée, et qui a accepté le mandat sans autorisation de son mari, que d'après les règles établies au titre *du Contrat de mariage et des Droits respectifs des époux.* C. 217, 219, 481, s., 1124, s., 1241, 1305, s., 1312, 1410, 1413, 1420, s.

CHAP. II. — DES OBLIGATIONS DU MANDATAIRE.

1991. Le mandataire est tenu d'accomplir le mandat tant qu'il en demeure chargé, et répond des dommages-intérêts qui pourraient résulter de son inexécution. C. 1142, 1149.—Il est tenu de même d'achever la chose commencée au décès du mandant, s'il y a péril en la demeure. C. 1135, 1372 à 1374, 2003-3°, 2010.

1992. Le mandataire répond non-seulement du dol, mais encore des fautes qu'il commet dans sa gestion. C. 1116, 1383. —Néanmoins, la responsabilité relative aux fautes est appliquée moins rigoureusement à celui dont le mandat est gratuit qu'à celui qui reçoit un salaire. C. 804, et la *note*, 1374, 1986. — P. 408.

1993. Tout mandataire est tenu de rendre compte de sa gestion, et de faire raison au mandant de tout ce qu'il a reçu en vertu de sa procuration, quand même ce qu'il aurait reçu n'eût point été dû au mandant. C. 1376.—Pr. 527, s.

1994. Le mandataire répond de celui qu'il s'est substitué dans la gestion, 1° quand il n'a pas reçu le pouvoir de se substituer quelqu'un ; 2° quand ce pouvoir lui a été conféré sans désignation d'une personne, et que celle dont il a fait choix était notoirement incapable ou insolvable. C. 1384.—Co. 99.—Dans tous les cas, le mandant peut agir directement contre la personne que le mandataire s'est substituée.

1995. Quand il y a plusieurs fondés de pouvoir ou mandataires établis par le même acte, il n'y a de solidarité entre eux qu'autant qu'elle est exprimée. C. 1202, 2002.

1996. Le mandataire doit l'intérêt des sommes qu'il a employées à son usage, à dater de cet emploi ; et de celles dont il est reliquataire, à compter du jour qu'il est mis en demeure. C. 1139, 1153, s., 1907, 1993. — Pr. 540. — Co. 593-3°.

1997. Le mandataire qui a donné à la partie avec laquelle il contracte en cette qualité une suffisante connaissance de ses pouvoirs, n'est tenu d'aucune garantie pour ce qui a été fait au delà, s'il ne s'y est personnellement soumis. C. 1989.

CHAP. III. — DES OBLIGATIONS DU MANDANT.

1998. Le mandant est tenu d'exécuter les engagements contractés par le mandataire, conformément au pouvoir qui lui a été donné. C. 1134, 1989, 1997.—Il n'est tenu de ce qui a pu être fait au delà, qu'autant qu'il l'a ratifié expressément ou tacitement. C. 1338, 1374, 1420.

1999. Le mandant doit rembourser au mandataire les avances et frais que celui-ci a faits pour l'exécution du mandat, et lui payer ses salaires lorsqu'il en a été promis. C. 1375, 1986, 2001.—S'il n'y a aucune faute imputable au mandataire, le mandant ne peut se dispenser de faire ces remboursement et paiement, lors même que l'affaire n'aurait pas réussi, ni faire réduire le montant des frais et avances, sous le prétexte qu'ils pouvaient être moindres. C. 1383.

2000. Le mandant doit aussi indemniser le mandataire des pertes que celui-ci a essuyées à l'occasion de sa gestion, sans imprudence qui lui soit imputable. C. 1375.

2001. L'intérêt des avances faites par le mandataire lui est dû par le mandant, à dater du jour des avances constatées. C. 1153, s., 1907.

2002. Lorsque le mandataire a été constitué par plusieurs personnes pour une affaire commune, chacune d'elles est tenue solidairement envers lui de tous les effets du mandat. C. 1200, 1232, s., 1222, s. — Co. 93.

CHAP. IV. — DES DIFFÉRENTES MANIÈRES DONT LE MANDAT FINIT.

2003. Le mandat finit,—Par la révo-

13

cation du mandataire; —Par la renonciation de celui-ci au mandat; C. 2007. — Par la mort naturelle ou civile, l'interdiction ou la déconfiture, soit du mandant, soit du mandataire. C. 23, 25, 489, 1373, 1374, 1991.—Co. 437.—P. 18.

2004. Le mandant peut révoquer sa procuration quand bon lui semble, et contraindre, s'il y a lieu, le mandataire à lui remettre, soit l'écrit sous seing-privé qui la contient, soit l'original de la procuration, si elle a été délivrée en brevet, soit l'expédition, s'il en a été gardé minute. C. 1856, 2006.

2005. La révocation notifiée au seul mandataire ne peut être opposée aux tiers qui ont traité dans l'ignorance de cette révocation, sauf au mandant son recours contre le mandataire. C. 1165.

2006. La constitution d'un nouveau mandataire pour la même affaire vaut révocation du premier, à compter du jour où elle a été notifiée à celui-ci. Pr. 75.

2007. Le mandataire peut renoncer au mandat, en notifiant au mandant sa renonciation. C. 2003.—Néanmoins, si cette renonciation préjudicie au mandant, il devra en être indemnisé par le mandataire, à moins que celui-ci ne se trouve dans l'impossibilité de continuer le mandat sans en éprouver lui-même un préjudice considérable. C. 1146, s., 1372, s., 1991.

2008. Si le mandataire ignore la mort du mandant, ou l'une des autres causes qui font cesser le mandat, ce qu'il a fait dans cette ignorance est valide. C. 1135, 1991, 2010.

2009. Dans les cas ci-dessus, les engagements du mandataire sont exécutés à l'égard des tiers qui sont de bonne foi. C. 1135, 2268.

2010. En cas de mort du mandataire, ses héritiers doivent en donner avis au mandant, et pourvoir, en attendant, à ce que les circonstances exigent pour l'intérêt de celui-ci. C. 724, 1135, 1373, 1991.

TITRE QUATORZIÈME.

DU CAUTIONNEMENT.

(Décrété le 14 février 1804. Promulgué le 24.)

CHAP. I. — DE LA NATURE ET DE L'ÉTENDUE DU CAUTIONNEMENT.

2011. Celui qui se rend caution d'une obligation se soumet envers le créancier à satisfaire à cette obligation, si le débiteur n'y satisfait pas lui-même. C. 2021, s., 2034, s., 2040, s.

2012. Le cautionnement ne peut exister que sur une obligation valable. C. 1108.—On peut néanmoins cautionner une obligation, encore qu'elle pût être annulée par une exception purement personnelle à l'obligé; par exemple, dans le cas de minorité. C. 1124, 1208, 2036.

2013. Le cautionnement ne peut excéder ce qui est dû par le débiteur, ni être contracté sous des conditions plus onéreuses.—Il peut être contracté pour une partie de la dette seulement, et sous des conditions moins onéreuses.—Le cautionnement qui excède la dette, ou qui est contracté sous des conditions plus onéreuses, n'est point nul : il est seulement réductible à la mesure de l'obligation principale.

2014. On peut se rendre caution sans ordre de celui pour lequel on s'oblige, et même à son insu. C. 1121, 1236.—On peut aussi se rendre caution, non-seulement du débiteur principal, mais encore de celui qui l'a cautionné (a). C. 2028, 2033, 2035, 2036, 2043.

2015. Le cautionnement ne se présume point; il doit être exprès, et on ne peut pas l'étendre au delà des limites dans lesquelles il a été contracté. C. 2013.

2016. Le cautionnement indéfini d'une obligation principale s'étend à tous les accessoires de la dette, même aux frais de la première demande, et à tous ceux postérieurs à la dénonciation qui en est faite à la caution. C. 1615, 1692, 2025.

2017. Les engagements des cautions passent à leurs héritiers, à l'exception de la contrainte par corps, si l'engagement était tel que la caution y fût obligée. C. 724, 873, 1122, 2063.

2018. Le débiteur obligé à fournir une caution doit en présenter une qui ait la capacité de contracter, qui ait un bien suffisant pour répondre de l'objet de l'obligation, et dont le domicile soit dans le ressort de la cour impériale où elle doit être donnée. C. 102, 1108, 1123, 1124. —Pr. 517, s.

_____

(a) Celui qui répond ainsi de la solvabilité d'une caution se nomme *certificateur de caution*.

2019. La solvabilité d'une caution ne s'estime qu'eu égard à ses propriétés foncières, excepté en matière de commerce, ou lorsque la dette est modique. C. 517, s. —Co. 120, 151, 152, 155, 234, 346, 384. —On n'a point égard aux immeubles litigieux, ou dont la discussion deviendrait trop difficile par l'éloignement de leur situation. C. 2021 à 2024.

2020. Lorsque la caution reçue par le créancier, volontairement ou en justice, est ensuite devenue insolvable, il doit en être donné une autre.—Cette règle reçoit exception dans le cas seulement où la caution n'a été donnée qu'en vertu d'une convention par laquelle le créancier a exigé une telle personne pour caution. C. 1134, 1276, 2131.

CHAP. II.— DE L'EFFET DU CAUTIONNEMENT.

SECT. I. — *De l'effet du cautionnement entre le créancier et la caution.*

2021. La caution n'est obligée envers le créancier à le payer qu'à défaut du débiteur, qui doit être préalablement discuté dans ses biens, à moins que la caution n'ait renoncé au bénéfice de discussion, ou à moins qu'elle ne se soit obligée solidairement avec le débiteur; auquel cas l'effet de son engagement se règle par les principes qui ont été établis pour les dettes solidaires. C. 930, 1200, s., 1666 et la *note*, 2042, 2043, 2170, 2171.

2022. Le créancier n'est obligé de discuter le débiteur principal que lorsque la caution le requiert, sur les premières poursuites dirigées contre elle. Pr. 166, s., 186.

2023. La caution qui requiert la discussion doit indiquer au créancier les biens du débiteur principal, et avancer les deniers suffisants pour faire la discussion.—Elle ne doit indiquer ni des biens du débiteur principal situés hors de l'arrondissement de la cour impériale du lieu où le paiement doit être fait, ni des biens litigieux, ni ceux hypothéqués à la dette qui ne sont plus en la possession du débiteur. C. 1247, 2019-2°.

2024. Toutes les fois que la caution a fait l'indication de biens autorisée par l'article précédent, et qu'elle a fourni les deniers suffisants pour la discussion, le créancier est, jusqu'à concurrence des biens indiqués, responsable, à l'égard de la caution, de l'insolvabilité du débiteur principal survenue par le défaut de poursuites. C. 2026, 2027.

2025. Lorsque plusieurs personnes se sont rendues caution d'un même débiteur pour une même dette, elles sont obligées chacune à toute la dette. C. 1200, s., 1287, 2011, 2016, 2033.

2026. Néanmoins, chacune d'elles peut, à moins qu'elle n'ait renoncé au bénéfice de division, exiger que le créancier divise préalablement son action, et la réduise à la part et portion de chaque caution. C. 1203 et la *note*, 1217, 1220. — Lorsque, dans le temps où une des cautions a fait prononcer la division, il y en avait d'insolvables, cette caution est tenue proportionnellement de ces insolvabilités; mais elle ne peut plus être recherchée à raison des insolvabilités survenues depuis la division. C. 2020, 2027. — Pr. 166, 173.

2027. Si le créancier a divisé lui-même et volontairement son action, il ne peut revenir contre cette division, quoiqu'il y eût, même antérieurement au temps où il l'a ainsi consenti, des cautions insolvables. C. 1210, 2020, 2024, 2026.

SECT. II. — *De l'effet du cautionnement entre le débiteur et la caution.*

2028. La caution qui a payé a son recours contre le débiteur principal, soit que le cautionnement ait été donné au su ou à l'insu du débiteur. C. 2011, 2014, 2029.—Ce recours a lieu tant pour le principal que pour les intérêts et les frais; néanmoins la caution n'a de recours que pour les frais par elle faits depuis qu'elle a dénoncé au débiteur principal les poursuites dirigées contre elle.—Elle a aussi recours pour les dommages et intérêts, s'il y a lieu. C. 1149.

2029. La caution qui a payé la dette est subrogée à tous les droits qu'avait le créancier contre le débiteur. C. 1236, 1251, 1252, 2011, 2028, 2037.

2030. Lorsqu'il y avait plusieurs débiteurs principaux solidaires d'une même dette, la caution qui les a tous cautionnés a, contre chacun d'eux, le recours pour la répétition du total de ce qu'elle a payé. C. 1200, 1214, 2021, 2025, 2033.

2031. La caution qui a payé une première fois n'a point de recours contre le débiteur principal qui a payé une seconde fois, lorsqu'elle ne l'a point averti du paiement par elle fait; sauf son action en répétition contre le créancier. C. 1235, 1377.—Lorsque la caution aura payé sans être poursuivie et sans avoir averti le débiteur principal, elle n'aura point de recours contre lui dans le cas où, au moment du paiement, ce débiteur aurait eu des moyens pour faire déclarer la dette éteinte; sauf son action en répétition contre le créancier.

2032. La caution, même avant d'avoir payé, peut agir contre le débiteur, pour être par lui indemnisée, — 1° Lorsqu'elle est poursuivie en justice pour le paiement; — 2° Lorsque le débiteur a fait faillite, ou est en déconfiture ; C. 1188. —Co. 437.—3° Lorsque le débiteur s'est obligé de lui rapporter sa décharge dans un certain temps; C. 1134.—4° Lorsque la dette est devenue exigible par l'échéance du terme sous lequel elle avait été contractée; C. 1185, s.—5° Au bout de dix années, lorsque l'obligation principale n'a pas de terme fixe d'échéance, à moins que l'obligation principale, telle qu'une tutelle, ne soit pas de nature à pouvoir être éteinte avant un temps déterminé. C. 1212. — Co. 155, 384.

SECT. III. — *De l'effet du cautionnement entre les cofidéjusseurs.*

2033. Lorsque plusieurs personnes ont cautionné un même débiteur pour une même dette, la caution qui a acquitté la dette a recours contre les autres cautions, chacune pour sa part et portion; C. 1200, s., 2016, 2025, s.—Mais ce recours n'a lieu que lorsque la caution a payé dans l'un des cas énoncés en l'article précédent.

CHAP. III. — DE L'EXTINCTION DU CAUTIONNEMENT.

2034. L'obligation qui résulte du cautionnement s'éteint par les mêmes causes que les autres obligations. C. 1234, 1262, 1281, 1287, 1294.

2035. La confusion qui s'opère dans la personne du débiteur principal et de sa caution, lorsqu'ils deviennent héritiers l'un de l'autre, n'éteint point l'action du créancier contre celui qui s'est rendu caution de la caution. C. 1234, 1300, 1301, 2014, 2043.

2036. La caution peut opposer au créancier toutes les exceptions qui appartiennent au débiteur principal, et qui sont inhérentes à la dette; C. 1281, 1288, 1294, 1365. — Mais elle ne peut opposer les exceptions qui sont purement personnelles au débiteur. C. 1124, 1166, 1208. — Co. 520, 545.

2037. La caution est déchargée, lorsque la subrogation aux droits, hypothèques et priviléges du créancier, ne peut plus, par le fait de ce créancier, s'opérer en faveur de la caution. C. 1251-3°, 1382, 2023, 2029, 2039.

2038. L'acceptation volontaire, que le créancier a faite d'un immeuble ou d'un effet quelconque en paiement de la dette principale, décharge la caution, encore que le créancier vienne à en être évincé. C. 1234, 1271-1°, 1626.

2039. La simple prorogation de terme, accordée par le créancier au débiteur principal, ne décharge point la caution, qui peut, en ce cas, poursuivre le débiteur pour le forcer au paiement. C. 1185, s., 1740, 2032, 2037.

CHAP. IV. — DE LA CAUTION LÉGALE ET DE LA CAUTION JUDICIAIRE.

2040. Toutes les fois qu'une personne est obligée, par la loi ou par une condamnation, à fournir une caution, la caution offerte doit remplir les conditions prescrites par les articles 2018 et 2019. —C. 123, 601 *et passim.*—Pr. 166, 167, 517, 519.—I. cr. 114, s.—P. 273.—Lorsqu'il s'agit d'un cautionnement judiciaire, la caution doit, en outre, être susceptible de contrainte par corps. C. 2017, 2060-5°.—Pr. 519.

2041. Celui qui ne peut pas trouver une caution est reçu à donner à sa place un gage en nantissement suffisant. C. 2072, s. —Pr. 517.—I. cr. 120.

2042. La caution judiciaire ne peut point demander la discussion du débiteur principal. C. 2021, s.

2043. Celui qui a simplement cautionné la caution judiciaire ne peut demander la discussion du débiteur principal et de la caution. C. 2014, 2035.

TITRE QUINZIÈME.

DES TRANSACTIONS.

(Décrété le 20 mars 1804. Promulgué le 30.)

2044. La transaction est un contrat par lequel les parties terminent une contestation née, ou préviennent une contestation à naître. C. 467, 499, 513, 888, 1989. — Pr. 249, 1003, 1004. — Co. 487. — Ce contrat doit être rédigé par écrit.

2045. Pour transiger, il faut avoir la capacité de disposer des objets compris dans la transaction. C. 1123, s. — Le tuteur ne peut transiger pour le mineur ou l'interdit, que conformément à l'article 467 au titre *de la Minorité, de la Tutelle et de l'Émancipation,* et il ne peut transiger avec le mineur devenu majeur, sur le compte de tutelle, que conformément à l'article 472 au même titre. — Les communes et établissements publics ne peuvent transiger qu'avec l'autorisation expresse de l'empereur (a). C. 542, 1712.

2046. On peut transiger sur l'intérêt civil qui résulte d'un délit. Pr. 249. — La transaction n'empêche pas la poursuite du ministère public. I. cr. 1 à 4, 637, s.

2047. On peut ajouter à une transaction la stipulation d'une peine contre celui qui manquera de l'exécuter. C. 1134, 1226, s.

2048. Les transactions se renferment dans leur objet : la renonciation qui y est faite à tous droits, actions et prétentions, ne s'entend que de ce qui est relatif au différend qui y a donné lieu. C. 1163, 2057.

2049. Les transactions ne règlent que les différends qui s'y trouvent compris, soit que les parties aient manifesté leur intention par des expressions spéciales ou générales, soit que l'on reconnaisse cette intention par une suite né-

(a) 7 messidor an IX (26 juin 1801). — *Arrêté relatif aux rentes et domaines nationaux affectés aux hospices.*

« Art. 15. Pourra, le comité consultatif, pour les cas qui le permettront, transiger sur tous les droits litigieux. Les transactions recevront leur exécution provisoire ; mais elles ne seront définitives et irrévocables qu'après avoir été approuvées par le Gouvernement, à l'effet de quoi, elles seront transmises au ministère de l'intérieur, revêtues de l'avis des préfets et sous-préfets. » — Quant aux communes, voy. C. municip., loi du 18 juillet 1837, art. 19, § 10, art. 59.

cessaire de ce qui y est exprimé. C. 1156, 2048.

2050. Si celui qui avait transigé sur un droit qu'il avait de son chef acquiert ensuite un droit semblable du chef d'une autre personne, il n'est point, quant au droit nouvellement acquis, lié par la transaction antérieure. C. 2048.

2051. La transaction faite par l'un des intéressés ne lie point les autres intéressés, et ne peut être opposée par eux. C. 1165, s.

2052. Les transactions ont, entre les parties, l'autorité de la chose jugée en dernier ressort. C. 1350-3°, 1351, 2056. — Elles ne peuvent être attaquées pour cause d'erreur de droit, ni pour cause de lésion. C. 888, 1118, 1304, s., 1356.

2053. Néanmoins une transaction peut être rescindée, lorsqu'il y a erreur dans la personne ou sur l'objet de la contestation. C. 1109, 1110, 1304. — Elle peut l'être dans tous les cas où il y a dol ou violence. C. 892, 1109, 1111, 1116, s., 1304, 2233. — P. 400.

2054. Il y a également lieu à l'action en rescision contre une transaction, lorsqu'elle a été faite en exécution d'un titre nul, à moins que les parties n'aient expressément traité sur la nullité. C. 1110, 1131, 1338.

2055. La transaction faite sur pièces qui depuis ont été reconnues fausses est entièrement nulle. C. 1131. — Pr. 214, s., 480-9°.

2056. La transaction sur un procès terminé par un jugement passé en force de chose jugée, dont les parties ou l'une d'elles n'avaient point connaissance, est nulle. C. 1350-3°, 1351. — Si le jugement ignoré des parties était susceptible d'appel, la transaction sera valable. Pr. 443, s., 480, s., 1010.

2057. Lorsque les parties ont transigé généralement sur toutes les affaires qu'elles pouvaient avoir ensemble, les titres qui leur étaient alors inconnus, et qui auraient été postérieurement découverts, ne sont point une cause de rescision, à moins qu'ils n'aient été retenus par le fait de l'une des parties ; C. 1382, 2053. — Pr. 448, 480-9°-10°, 488. — Mais la transaction serait nulle si elle n'avait qu'un objet sur lequel il serait constaté, par des titres nouvellement découverts, que l'une des parties n'avait aucun droit.

2058. L'erreur de calcul dans une transaction doit être réparée. C. 2053.—Pr. 541.

TITRE SEIZIÈME.

DE LA CONTRAINTE PAR CORPS EN MATIÈRE CIVILE (a).

(Décrété le 13 février 1804. Promulgué le 23.)

2059. La contrainte par corps a lieu, en matière civile, pour le stellionat.—Il y a stellionat,—Lorsqu'on vend ou qu'on hypothèque un immeuble dont on sait n'être pas propriétaire; C. 1590. — Lorsqu'on présente comme libres des biens hypothéqués, ou que l'on déclare des hypothèques moindres que celles dont ces biens sont chargés. C. 2114, 2129, 2136. —Pr. 905.—Co. 612.

2060. La contrainte par corps a lieu pareillement,—1° Pour dépôt nécessaire; C. 1348-2°, 1949. — 2° En cas de réintégrande, pour le délaissement, ordonné par justice, d'un fonds dont le propriétaire a été dépouillé par voies de fait; pour la restitution des fruits qui en ont été perçus pendant l'indue possession, et pour le paiement des dommages et intérêts adjugés au propriétaire; C. 2061. —Pr. 23, 27, 126-1°, 127, 129, 526. — 3° Pour répétition de deniers consignés entre les mains de personnes publiques établies à cet effet; C. 1961.—Pr. 126-2°, 534.—4° Pour la représentation des choses déposées aux séquestres, commissaires et autres gardiens; C. 1956, s.—5° Contre les cautions judiciaires et contre les cautions des contraignables par corps, lorsqu'elles se sont soumises à cette contrainte; C. 2040.—6° Contre tous officiers publics, pour la représentation de leurs minutes, quand elle est ordonnée; Pr. 201, 221, 839.—7° Contre les notaires, les avoués et les huissiers, pour la restitution des titres à eux confiés, et des deniers par eux reçus pour leurs clients, par suite de leurs fonctions. C. 2276.—Pr. 191, 192, 527, s. — I. cr. 452, 454.

2061. Ceux qui, par un jugement rendu au pétitoire (b), et passé en force de chose jugée, ont été condamnés à désemparer un fonds, et qui refusent d'obéir, peuvent, par un second jugement, être contraints par corps, quinzaine après la signification du premier jugement à personne ou domicile. C. 1350-3°, 1351.—Pr. 25 à 27.—Si le fonds ou l'héritage est éloigné de plus de cinq myriamètres du domicile de la partie condamnée, il sera ajouté au délai de quinzaine, un jour par cinq myriamètres. Pr. 1033.

2062. La contrainte par corps ne peut être ordonnée contre les fermiers, pour le paiement des fermages des biens ruraux, si elle n'a été stipulée formellement dans l'acte de bail (c). Néanmoins les fermiers et les colons partiaires peuvent être contraints par corps, faute par eux de représenter, à la fin du bail, le cheptel de bétail, les semences et les instruments aratoires qui leur ont été confiés; à moins qu'ils ne justifient que le déficit de ces objets ne procède point de leur fait. C. 1711, 1763, 1764, 1800 à 1831.

2063. Hors les cas déterminés par les articles précédents, ou qui pourraient l'être à l'avenir par une loi formelle, il est défendu à tous juges de prononcer la contrainte par corps; à tous notaires et greffiers de recevoir des actes dans lesquels elle serait stipulée, et à tous Français de consentir pareils actes, encore qu'ils eussent été passés en pays étrangers; le tout à peine de nullité, dépens, dommages et intérêts. C. 6, 900, 1133, 2065 à 2067, 2070, 2136.—Pr. 126, 127, 221, 264, 534, 536, 603, 604, 690, 712, 714, 744, 824, 839.—Co. 209, 637.—I. cr. 123, 355.

2064. Dans les cas même ci-dessus énoncés, la contrainte par corps ne peut être prononcée contre les mineurs. C. 487, 2070.—Co. 2, 3, 6.

(a) La *contrainte par corps* est une voie d'exécution, par laquelle un créancier, quand il y est autorisé, peut priver son débiteur de sa liberté individuelle pour le forcer à remplir son obligation ou sa promesse.—Voy. la loi du 17 avril 1832, qui a introduit des modifications importantes à ce titre, loi qui a été elle-même modifiée par celle du 13 décembre 1848. (C. de la contrainte par corps.)

(b) Un jugement est rendu au *pétitoire* lorsqu'il statue sur la *propriété*; il est rendu au *possessoire* lorsqu'il ne prononce que sur la *possession*. (Pr. art. 23 et suiv.)
(c) Cette première disposition a été abrogée par l'art. 2 de la loi du 13 déc. 1848. (Voy. C. de la contr. par corps.)

2065. Elle ne peut être prononcée pour une somme moindre de trois cents francs. C. 2070.

2066. Elle ne peut être prononcée contre les septuagénaires, les femmes et les filles, que dans le cas de stellionat (a). C. 2059, 2136.—Pr. 800-5°, 905. — Co. 612. — Il suffit que la soixante-dixième année soit commencée, pour jouir de la faveur accordée aux septuagénaires. Pr. 800-5°.—P. 70 à 72.—La contrainte par corps pour cause de stellionat, pendant le mariage, n'a lieu contre les femmes mariées que lorsqu'elles sont séparées de biens, ou lorsqu'elles ont des biens dont elles se sont réservé la libre administration, et à raison des engagements qui concernent ces biens. C. 1426, 1566, 2136. — Co. 4, 5, 7. — Les femmes qui, étant en communauté, se seraient obligées conjointement ou solidairement avec leur mari, ne pourront être réputées stellionataires à raison de ces contrats. C. 1431, 1487.

2067. La contrainte par corps, dans les cas même où elle est autorisée par la loi, ne peut être appliquée qu'en vertu d'un jugement. C. 2063.—Pr. 519, 780, s.

2068. L'appel ne suspend pas la contrainte par corps prononcée par un jugement provisoirement exécutoire en donnant caution. C. 2040.—Pr. 135, 443, 449, 450, 457, s.

2069. L'exercice de la contrainte par corps n'empêche ni ne suspend les poursuites et les exécutions sur les biens. C. 2092.

2070. Il n'est point dérogé aux lois particulières qui autorisent la contrainte par corps dans les matières de commerce (b), ni aux lois de police correctionnelle, ni à celles qui concernent l'administration des deniers publics. C. 2063.— Co. 209, 234, 455, 637.— I. cr. 80, 120, 157, 231, 355, 452.—P. 46, 52, 467, 469.

(a) Les *députés* ne sont pas, non plus, contraignables par corps, durant la session, ni dans les six semaines qui l'ont précédée ou suivie. *Quid* pour les *sénateurs?* (Voy. C. de la contr. par corps et C. élect.)—Les Chartes de 1814 et de 1830, la Constitution de 1848 (art. 36), la loi des 21-24 juin 1851, protégeaient également la personne des pairs de France et des députés.

(b) La loi qui régit actuellement la contrainte par corps en matière commerciale est celle du 17 avril 1832, modifiée par celle de 1848. (Voy. C. de la contr.)

TITRE DIX-SEPTIÈME.

DU NANTISSEMENT.

(Décrété le 16 mars 1804. Promulgué le 26.)

2071. Le nantissement est un contrat par lequel un débiteur remet une chose à son créancier pour sûreté de la dette. C. 1101, 1134, 1915, s., 2090.

2072. Le nantissement d'une chose mobilière s'appelle *gage.* C. 2073, s.—Celui d'une chose immobilière s'appelle *antichrèse.* C. 2085, s.

CHAP. I. — DU GAGE.

2073. Le gage confère au créancier le droit de se faire payer sur la chose qui en est l'objet, par privilège et préférence aux autres créanciers. C. 2095, 2102-2°. —Co. 6, 7.—P. 411.

2074. Ce privilège n'a lieu qu'autant qu'il y a un acte public ou sous seing privé, dûment enregistré, contenant la déclaration de la somme due, ainsi que l'espèce et la nature des choses remises en gage, ou un état annexé de leur qualité, poids et mesure. — La rédaction de l'acte par écrit et son enregistrement ne sont néanmoins prescrits qu'en matière excédant la valeur de cent cinquante francs (c). C. 1341, 1347.—Co. 95.

2075. Le privilège énoncé en l'article précédent ne s'établit sur les meubles incorporels, tels que les créances mobilières, que par acte public ou sous seing privé, aussi enregistré, et signifié au débiteur de la créance donnée en gage (d). C. 1315, 1317, 1318, 1690, 2081.

2076. Dans tous les cas, le privilège ne subsiste sur le gage qu'autant que ce gage a été mis et est resté dans la possession du créancier, ou d'un tiers convenu entre les parties (e). C. 1286, 1606, s., 1689, 2102-1°-2°-3°.

(c) Disposition empruntée à l'ordonn. du commerce de mars 1673, titre VI, art. 8 et 9.

(d, e) 23 août 1848.—*Décret relatif aux prêts sur dépôts de marchandises.*

« Art. 1er. Toute personne qui, en vertu des décret et arrêté des 21 et 26 mars dernier [*], aura prêté ou prêtera sur des marchandises dépo-

[*] Ces décrets avaient prescrit, le premier, l'établissement de magasins généraux pour le dépôt, par les négociants et industriels propriétaires, de matières premières, marchandises et objets fabriqués; le se-

2077. Le gage peut être donné par un tiers pour le débiteur. C. 2014, 2015, 2090.

2078. Le créancier ne peut, à défaut de paiement, disposer du gage; sauf à lui à faire ordonner en justice que ce gage lui demeurera en paiement et jusqu'à due concurrence, d'après une estimation faite par experts, ou qu'il sera vendu aux enchères. C. 2088.—Pr. 302, s., 617, s.—Toute clause qui autoriserait le créancier à s'approprier le gage ou à en disposer sans les formalités ci-dessus est nulle (a). C. 6, 900, 1133, 1172.

2079. Jusqu'à l'expropriation du débiteur, s'il y a lieu, il reste propriétaire du gage, qui n'est dans la main du créancier qu'un dépôt assurant le privilége de celui-ci. C. 1927, s., 2073, 2102-2°.

2080. Le créancier répond, selon les règles établies au titre *des Contrats ou des Obligations conventionnelles en général*, de la perte ou détérioration du gage, qui serait survenue par sa négligence. C. 1234, 1245, 1302, s., 1383, 1933.—De son côté, le débiteur doit tenir compte au créancier des dépenses utiles et nécessaires que celui-ci a faites pour la conservation du gage. C. 1137, 1375, 1381, 2086, 2102-3°.

2081. S'il s'agit d'une créance donnée

sécs dans les magasins publics, sera valablement saisie du privilége de nantissement par le transfert du récépissé à son ordre, et par la mention dudit transfert sur le registre du magasin avec indication de la somme prêtée. Le récépissé sera passible d'un droit fixe de un franc pour tout droit d'enregistrement.

« 2. A défaut de paiement à l'échéance, le cessionnaire porteur du récépissé pourra exercer son recours contre l'emprunteur et les endosseurs ou sur la marchandise déposée. Dans ce dernier cas, le président du tribunal de commerce, sur la simple production de l'acte de protêt, ordonnera la vente de la marchandise aux enchères. Toutefois, les comptoirs nationaux d'escompte et sous-comptoirs de garantie pourront exercer leurs droits conformément aux dispositions de l'article 9 du décret du 24 mars 1848, relatif aux sous-comptoirs; ces dispositions s'appliquent non-seulement aux marchandises, mais encore aux titres et autres valeurs donnés en nantissement. »

(a) Une telle clause, dans l'acte, renfermerait ce que l'on appelle un *pacte commissoire*, que le Code civil prohibe dans le gage et l'antichrèse. (Art. 2088.)

cond, l'ordre, pour la banque de France, d'admettre à l'escompte, en remplacement de la troisième signature, les récépissés de dépôt sur marchandises.

en gage, et que cette créance porte intérêts, le créancier impute ces intérêts sur ceux qui peuvent lui être dus. C. 1254, 1907, 1936, 2085.—Si la dette pour sûreté de laquelle la créance a été donnée en gage ne porte point elle-même intérêts, l'imputation se fait sur le capital de la dette.

2082. Le débiteur ne peut, à moins que le détenteur du gage n'en abuse, en réclamer la restitution qu'après avoir entièrement payé, tant en principal qu'intérêts et frais, la dette pour sûreté de laquelle le gage a été donné. C. 618, 1948, 2087.—S'il existait, de la part du même débiteur envers le même créancier, une autre dette contractée postérieurement à la mise en gage, et devenue exigible avant le paiement de la première dette, le créancier ne pourra être tenu de se dessaisir du gage avant d'être entièrement payé de l'une et de l'autre dette, lors même qu'il n'y aurait eu aucune stipulation pour affecter le gage au paiement de la seconde. C. 2087.

2083. Le gage est indivisible, nonobstant la divisibilité de la dette, entre les héritiers du débiteur ou ceux du créancier. C. 870, 883, 1217, s., 2090. —L'héritier du débiteur, qui a payé sa portion de la dette, ne peut demander la restitution de sa portion dans le gage, tant que la dette n'est pas entièrement acquittée. — Réciproquement, l'héritier du créancier, qui a reçu sa portion de la dette, ne peut remettre le gage au préjudice de ceux de ses cohéritiers qui ne sont pas payés.

2084. Les dispositions ci-dessus ne sont applicables ni aux matières de commerce, ni aux maisons de prêt sur gage autorisées, et à l'égard desquelles on suit les lois et règlements qui les concernent (b). Co. 95, 191, 546 à 551.— P. 411.

CHAP. II. — DE L'ANTICHRÈSE.

2085. L'antichrèse ne s'établit que

(b) La loi du 16 pluviôse an XII et les décrets des 24 messidor an XII, 8 thermidor an XIII, posent les règles relatives à l'établissement des *Monts-de-piété* et des maisons de prêt sur gage ou nantissement. Ce dernier décret ne contient pas moins de 108 articles, qui embrassent l'ensemble de l'organisation de ces établissements et la hiérarchie de leurs employés.

par écrit. C. 2074.—Co. 446.—Le créancier n'acquiert par ce contrat que la faculté de percevoir les fruits de l'immeuble, à la charge de les imputer annuellement sur les intérêts, s'il lui en est dû, et ensuite sur le capital de sa créance. C. 1254, 1936, 2075, 2081, 2089.

2086. Le créancier est tenu, s'il n'en est autrement convenu, de payer les contributions et les charges annuelles de l'immeuble qu'il tient en antichrèse. C. 1134.—Il doit également, sous peine de dommages et intérêts, pourvoir à l'entretien et aux réparations utiles et nécessaires de l'immeuble, sauf à prélever sur les fruits toutes les dépenses relatives à ces divers objets. C. 1375, 1381, 2080, s.

2087. Le débiteur ne peut, avant l'entier acquittement de la dette, réclamer la jouissance de l'immeuble qu'il a remis en antichrèse. C. 2082. — Mais le créancier, qui veut se décharger des obligations exprimées en l'article précédent, peut toujours, à moins qu'il n'ait renoncé à ce droit, contraindre le débiteur à reprendre la jouissance de son immeuble.

2088. Le créancier ne devient point propriétaire de l'immeuble par le seul défaut de paiement au terme convenu : toute clause contraire est nulle : en ce cas, il peut poursuivre l'expropriation de son débiteur par les voies légales. C. 2078 et la *note,* 2093. — Pr. 551, 673, s.

2089. Lorsque les parties ont stipulé que les fruits se compenseront avec les intérêts, ou totalement, ou jusqu'à une certaine concurrence, cette convention s'exécute comme toute autre qui n'est point prohibée par les lois. C. 1134, 1289, s., 1907 et la *note,* 2085.

2090. Les dispositions des articles 2077 et 2083 s'appliquent à l'antichrèse comme au gage.

2091. Tout ce qui est statué au présent chapitre ne préjudicie point aux droits que des tiers pourraient avoir sur le fonds de l'immeuble remis à titre d'antichrèse. C. 1165.—Si le créancier, muni à ce titre, a d'ailleurs sur le fonds des priviléges ou hypothèques légalement établis et conservés, il les exerce à son ordre et comme tout autre créancier. C. 2094, s., 2103, s., 2114, s., 2166, s. — Co. 446.

TITRE DIX-HUITIÈME.

DES PRIVILÉGES ET HYPOTHÈQUES.

(Décrété le 19 mars 1804. Promulgué le 29.)

CHAP. I. — DISPOSITIONS GÉNÉRALES.

2092. Quiconque s'est obligé personnellement est tenu de remplir son engagement sur tous ses biens mobiliers et immobiliers, présents et à venir. C. 2166. — Pr. 580, s.

2093. Les biens du débiteur sont le gage commun de ses créanciers ; et le prix s'en distribue entre eux par contribution, à moins qu'il n'y ait entre les créanciers des causes légitimes de préférence. C. 2094.—Pr. 655, 656, s.

2094. Les causes légitimes de préférence sont les priviléges et hypothèques. C. 2095, s., 2114, s., 2175.

CHAP. II. — DES PRIVILÉGES.

2095. Le privilége est un droit que la qualité de la créance donne à un créancier d'être préféré aux autres créanciers, même hypothécaires. C. 2166, 2180. — Co. 445, 448, 501, 508, 529, 552, s., 565.

2096. Entre les créanciers privilégiés, la préférence se règle par les différentes qualités des priviléges. C. 2097, 2101, s.

2097. Les créanciers privilégiés qui sont dans le même rang sont payés par concurrence. Pr. 656, s.

2098. Le privilége, à raison des droits du Trésor impérial, et l'ordre dans lequel il s'exerce, sont réglés par les lois qui les concernent (*a*). C. 2121.—Co. 461. — Le Trésor impérial ne peut cependant obtenir de privilége au préjudice des droits antérieurement acquis à des tiers.

(*a*) Ces lois sont : 1° le décret des 6-22 août 1791, art. 22, qui donne préférence au Trésor sur les biens des comptables publics et sur ceux des redevables, relativement aux droits d'entrée et de sortie des marchandises dans les relations du royaume avec l'étranger ; 2° le décret du 4 germinal an II, art. 4, qui donne préférence à la République pour les droits relatifs au commerce maritime et aux douanes ; 3° celle du 5 septembre 1807, art. 1 à 10, qui donne un privilége au Trésor sur les meubles des comptables, et sur les immeubles acquis par eux et leurs femmes, à titre onéreux, postérieurement à

2099. Les priviléges peuvent être sur les meubles ou sur les immeubles. C. 517, s., 527, s., 2100, s., 2103, 2104, s.

SECT. I. — *Des priviléges sur les meubles.*

2100. Les priviléges sont ou généraux, ou particuliers sur certains meubles. C. 2099, 2101, 2102.

§ I. — *Des priviléges généraux sur les meubles.*

2101. Les créances privilégiées sur la généralité des meubles sont celles ci-après exprimées, et s'exercent dans l'ordre suivant : 1º Les frais de justice ; C. 810. — Pr. 662, 716. — 2º Les frais funéraires (a) ; C. 1481, 1570. — 3º Les frais quelconques de la dernière maladie, concurremment entre ceux à qui ils sont dus ; C. 385, 2272. — 4º Les salaires des gens de service pour l'année échue, et ce qui est dû sur l'année courante ; C. 1780, 1781, 2104, 2272. — 5º Les fournitures de subsistances faites au débiteur et à sa famille ; savoir, pendant les six derniers mois, par les marchands en détail, tels que boulangers, bouchers et autres, et, pendant la dernière année, par les maîtres de pen-

leur nomination. Le premier de ces priviléges s'exerce après les priviléges énoncés aux art. 2101 et 2103; le second ne peut préjudicier à ceux des art. 2101, 2103, 2104 et 2105, etc. ; quant aux immeubles acquis par les comptables avant leur nomination, ou depuis, mais à titre gratuit, cette même loi ne donne au Trésor qu'une hypothèque légale; 4º une seconde loi du 5 sept. 1807, qui donne au Trésor un privilége sur les biens du condamné, pour le remboursement des frais en matière criminelle, correctionnelle et de police. Ce privilége ne s'exerce qu'après ceux désignés aux art. 2101, 2102, et les sommes dues pour la défense personnelle des condamnés; 5º une loi du 12 novembre 1808. Elle donne au Trésor, pour la contribution foncière de l'année échue et de l'année courante, un privilége qui prime tous les autres sur les récoltes, fruits, etc., et pour les contributions mobilières des portes et fenêtres, patentes, etc., un privilége également pour l'année échue et l'année courante sur tous les meubles, etc.; 6º la loi de finances du 28 avril 1816, art. 76, qui accorde le même privilége pour le recouvrement des droits de timbre et des amendes de contraventions y relatives.

(a) Les *frais funéraires* sont ceux qui ont été faits depuis la mort jusqu'à la sépulture; il faut qu'ils soient proportionnés à la condition et à la fortune du défunt. La dépense d'un monument funèbre ne serait pas comprise dans les frais funéraires, et ne jouirait pas, par conséquent, du privilége dont il s'agit.

sion et marchands en gros. C. 630, s., 1329, 1333, 2271, 2272. — Pr. 537.

§ II. — *Des priviléges sur certains meubles.*

2102. Les créances privilégiées sur certains meubles sont : — 1º Les loyers et fermages des immeubles, sur les fruits de la récolte de l'année, et sur le prix de tout ce qui garnit la maison louée ou la ferme, et de tout ce qui sert à l'exploitation de la ferme ; savoir, pour tout ce qui est échu, et pour tout ce qui est à échoir, si les baux sont authentiques, ou si, étant sous signature privée, ils ont une date certaine ; et, dans ces deux cas, les autres créanciers ont le droit de relouer la maison ou la ferme pour le restant du bail, et de faire leur profit des baux ou fermages, à la charge toutefois de payer au propriétaire tout ce qui lui serait encore dû ; — Et, à défaut de baux authentiques, ou lorsque, étant sous signature privée, ils n'ont pas une date certaine, pour une année, à partir de l'expiration de l'année courante. — Le même privilége a lieu pour les réparations locatives, et pour tout ce qui concerne l'exécution du bail. C. 1720, 1728, 1731, 1754, 1755. — Néanmoins, les sommes dues pour les semences ou pour les frais de la récolte de l'année sont payées sur le prix de la récolte, et celles dues pour ustensiles, sur le prix de ces ustensiles, par préférence au propriétaire, dans l'un et l'autre cas. C. 548. — Le propriétaire peut saisir les meubles qui garnissent sa maison ou sa ferme, lorsqu'ils ont été déplacés sans son consentement, et il conserve sur eux son privilége, pourvu qu'il ait fait la revendication ; savoir, lorsqu'il s'agit du mobilier qui garnissait une ferme, dans le délai de quarante jours ; et dans celui de quinzaine, s'il s'agit des meubles garnissant une maison. Pr. 583, s., 819, s. — 2º La créance sur le gage dont le créancier est saisi ; C. 2072 à 2076. — 3º Les frais faits pour la conservation de la chose ; C. 1137, 1381, 1890, 1947. — 4º Le prix d'effets mobiliers non payés, s'ils sont encore en la possession du débiteur, soit qu'il ait acheté à terme ou sans terme. C. 2279. — Co. 550. — Si la vente a été faite sans terme, le vendeur peut même revendiquer ces effets tant qu'ils sont en la possession de l'acheteur, et en empêcher la revente, pourvu que la revendication soit faite dans la huitaine de la livraison, et que les effets se trouvent dans le même état dans lequel cette livraison a été faite. C. 1184. — Pr. 826, s. — Le privilége du vendeur ne s'exerce toutefois qu'après celui du propriétaire de la maison ou de la ferme, à moins qu'il ne soit prouvé que le propriétaire avait connaissance que les meubles et autres objets garnissant sa maison ou sa ferme n'appartenaient pas au locataire. — Il n'est rien innové aux lois et usages du commerce sur la revendication ; Co. 550, 574 à 579. — 5° Les fournitures d'un aubergiste, sur les effets du voyageur qui ont été transportés dans son auberge ; C. 1952, s., 2271. — 6° Les frais de voiture et les dépenses accessoires, sur la chose voiturée ; C. 1782, s. — Co. 93 à 95, 100, 102.— 7° Les créances résultant d'abus et prévarications commis par les fonctionnaires publics dans l'exercice de leurs fonctions, sur les fonds de leur cautionnement, et sur les intérêts qui en peuvent être dus. C. 2098, 2121. — P. 175, 197, 432.

SECT. II. — *Des priviléges sur les immeubles.*

2103. Les créanciers privilégiés sur les immeubles sont, — 1° Le vendeur, sur l'immeuble vendu, pour le paiement du prix ; C. 1650, 2108. — S'il y a plusieurs ventes successives dont le prix soit dû en tout ou en partie, le premier vendeur est préféré au second, le deuxième au troisième, et ainsi de suite ; — 2° Ceux qui ont fourni les deniers pour l'acquisition d'un immeuble, pourvu qu'il soit authentiquement constaté, par l'acte d'emprunt, que la somme était destinée à cet emploi, et, par la quittance du vendeur, que ce paiement a été fait des deniers empruntés ; C. 1250, 1317, 1689. — 3° les cohéritiers, sur les immeubles de la succession, pour la garantie des partages faits entre eux, et des soultes ou retours de lots ; C. 815, 833, 834, 883, 884, s., 2109. — 4° Les architectes, entrepreneurs, maçons et autres ouvriers employés pour édifier, reconstruire ou réparer des bâtiments, canaux,

ou autres ouvrages quelconques, pourvu néanmoins que, par un expert nommé d'office par le tribunal de première instance dans le ressort duquel les bâtiments sont situés, il ait été dressé préalablement un procès-verbal, à l'effet de constater l'état des lieux relativement aux ouvrages que le propriétaire déclarera avoir dessein de faire, et que les ouvrages aient été, dans les six mois au plus de leur perfection, reçus par un expert également nommé d'office ; C. 1792, s., 2110, 2270. — Mais le montant du privilége ne peut excéder les valeurs constatées par le second procès-verbal, et il se réduit à la plus-value existante à l'époque de l'aliénation de l'immeuble et résultant des travaux qui y ont été faits ; — 5° Ceux qui ont prêté les deniers pour payer ou rembourser les ouvriers jouissent du même privilége, pourvu que cet emploi soit authentiquement constaté par l'acte d'emprunt, et par la quittance des ouvriers, ainsi qu'il a été dit ci-dessus pour ceux qui ont prêté les deniers pour l'acquisition d'un immeuble. C. 1250, 1317, 1689, 2110.

SECT. III. — *Des priviléges qui s'étendent sur les meubles et les immeubles.*

2104. Les priviléges qui s'étendent sur les meubles et les immeubles sont ceux énoncés en l'article 2101.

2105. Lorsqu'à défaut de mobilier, les privilégiés énoncés en l'article précédent se présentent pour être payés sur le prix d'un immeuble en concurrence avec les créanciers privilégiés sur l'immeuble, les paiements se font dans l'ordre qui suit : — 1° Les frais de justice et autres énoncés en l'article 2101 ; — 2° Les créances désignées en l'article 2103.

SECT. IV. — *Comment se conservent les priviléges.*

2106. Entre les créanciers, les priviléges ne produisent d'effet à l'égard des immeubles qu'autant qu'ils sont rendus publics par inscription sur les registres du conservateur des hypothèques, de la manière déterminée par la loi, et à compter de la date de cette inscription, sous les seules exceptions qui suivent. C. 2135, 2146, s., 2166.

2107. Sont exceptées de la formalité de l'inscription les créances énoncées en l'article 2101, s. — Pr. 834.

2108. Le vendeur privilégié conserve son privilége par la transcription du titre qui a transféré la propriété à l'acquéreur, et qui constate que la totalité ou partie du prix lui est due; à l'effet de quoi la transcription du contrat faite par l'acquéreur vaudra inscription pour le vendeur et pour le prêteur qui lui aura fourni les deniers payés, et qui sera subrogé aux droits du vendeur par le même contrat : sera néanmoins le conservateur des hypothèques tenu, sous peine de tous dommages et intérêts envers les tiers, de faire d'office l'inscription, sur son registre, des créances résultant de l'acte translatif de propriété, tant en faveur du vendeur qu'en faveur des prêteurs, qui pourront aussi faire faire, si elle ne l'a été, la transcription du contrat de vente, à l'effet d'acquérir l'inscription de ce qui leur est dû sur le prix. C. 939, s., 1069, s., 2103-1°, 2113, 2125, 2181, 2196, s. — Pr. 692, 834, s.

2109. Le cohéritier ou copartageant conserve son privilége, sur les biens de chaque lot ou sur le bien licité, pour les soulte et retour des lots, ou pour le prix de la licitation, par l'inscription faite à sa diligence, dans soixante jours, à dater de l'acte de partage ou de l'adjudication par licitation; durant lequel temps aucune hypothèque ne peut avoir lieu sur le bien chargé de soulte ou adjugé par licitation, au préjudice du créancier de la soulte ou du prix. C. 815, 833, 834, 883, 884, 1686, 2103-3°, 2113. — Pr. 834, 966, s.

2110. Les architectes, entrepreneurs, maçons et autres ouvriers employés pour édifier, reconstruire ou réparer des bâtiments, canaux ou autres ouvrages, et ceux qui ont, pour les payer et rembourser, prêté les deniers dont l'emploi a été constaté, conservent, par la double inscription faite, — 1° du procès-verbal qui constate l'état des lieux, 2° du procès-verbal de réception, leur privilége à la date de l'inscription du premier procès-verbal. C. 1792, s., 2103-4°, 2113, 2146

2111. Les créanciers et légataires qui demandent la séparation du patrimoine du défunt, conformément à l'article 878, au titre *des Successions*, conservent, à l'égard des créanciers des héritiers ou représentants du défunt, leur privilége sur les immeubles de la succession par les inscriptions faites sur chacun de ces biens, dans les six mois à compter de l'ouverture de la succession. C. 2113. — Avant l'expiration de ce délai, aucune hypothèque ne peut être établie avec effet sur ces biens par les héritiers ou représentants au préjudice de ces créanciers ou légataires. C. 2146. — Pr. 834.

2112. Les cessionnaires de ces diverses créances privilégiées exercent, tous, les mêmes droits que les cédants, en leur lieu et place. C. 1249, s., 1295, 1689, s., 2152, 2214.

2113. Toutes créances privilégiées soumises à la formalité de l'inscription, à l'égard desquelles les conditions ci-dessus prescrites pour conserver le privilége n'ont pas été accomplies, ne cessent pas néanmoins d'être hypothécaires; mais l'hypothèque ne date, à l'égard des tiers, que de l'époque des inscriptions qui auront dû être faites ainsi qu'il sera ci-après expliqué. C. 2114, s., 2134, 2146, s.

CHAP. III. — DES HYPOTHÈQUES.

2114. L'hypothèque est un droit réel sur les immeubles affectés à l'acquittement d'une obligation. C. 2093, 2094. — Elle est, de sa nature, indivisible, et subsiste en entier sur tous les immeubles affectés, sur chacun et sur chaque portion de ces immeubles. C. 1217, 1218. — Elle les suit dans quelques mains qu'ils passent. C. 2166, s., 2180.

2115. L'hypothèque n'a lieu que dans les cas et suivant les formes autorisées par la loi.

2116. Elle est ou légale, ou judiciaire, ou conventionnelle. C. 2117.

2117. L'hypothèque légale est celle qui résulte de la loi. C. 2121, s.—Co. 490. — L'hypothèque judiciaire est celle qui résulte des jugements ou actes judiciaires (a). C. 2123, s. — L'hypothèque con-

(a) Ces *actes judiciaires* sont, aux termes de l'art. 2123, des reconnaissances ou vérifications, faites en jugement, de signatures apposées à un acte sous seing privé.

ventionnelle est celle qui dépend des conventions et de la forme extérieure des actes et des contrats. C. 2124, s.

2118. Sont seuls susceptibles d'hypothèques, — 1° Les biens immobiliers qui sont dans le commerce, et leurs accessoires réputés immeubles ; C. 517, s., 518 et la *note*, 551, s., 2133, 2204. — 2° L'usufruit des mêmes biens et accessoires pendant le temps de sa durée. C. 578, s.

2119. Les meubles n'ont pas de suite par hypothèque (*a*). C. 2118, 2279.

2120. Il n'est rien innové par le présent Code aux dispositions des lois maritimes concernant les navires et bâtiments de mer. Co. 190, s.

SECT. I. — *Des hypothèques légales.*

2121. Les droits et créances auxquels l'hypothèque légale est attribuée sont : — Ceux des femmes mariées, sur les biens de leur mari ; C. 2135, s., 2153, 2193, s. — Co. 563, s. — Ceux des mineurs et interdits, sur les biens de leur tuteur ; C. 450, 469, 509, 2135, s., 2153, 2193, s. — Ceux de l'État, des communes et des établissements publics, sur les biens des receveurs et administrateurs comptables. C. 2098.

2122. Le créancier qui a une hypothèque légale peut exercer son droit sur tous les immeubles appartenant à son débiteur, et sur ceux qui pourront lui appartenir dans la suite, sous les modifications qui seront ci-après exprimées. C. 2140, s., 2161. — Co. 563.

SECT. II. — *Des hypothèques judiciaires.*

2123. L'hypothèque judiciaire résulte des jugements, soit contradictoires, soit par défaut, définitifs ou provisoires, en faveur de celui qui les a obtenus. Elle résulte aussi des reconnaissances ou vérifications, faites en jugement, des signatures apposées à un acte obligatoire sous seing privé (*b*). C. 1318,

1322, s. — Pr. 193, s., 834. — Elle peut s'exercer sur les immeubles actuels du débiteur et sur ceux qu'il pourra acquérir, sauf aussi les modifications qui seront ci-après exprimées. C. 2122. — Les décisions arbitrales n'emportent hypothèque qu'autant qu'elles sont revêtues de l'ordonnance judiciaire d'exécution (*c*). Pr. 1020. — L'hypothèque ne peut pareillement résulter des jugements rendus en pays étranger qu'autant qu'ils ont été déclarés exécutoires par un tribunal français ; sans préjudice des dispositions contraires qui peuvent être dans les lois politiques ou dans les traités. C. 2128. — Pr. 546. — I. cr. 121.

SECT. III. — *Des hypothèques conventionnelles.*

2124. Les hypothèques conventionnelles ne peuvent être consenties que par ceux qui ont la capacité d'aliéner les immeubles qu'ils y soumettent. C. 128, 217, 457, 1123, s., 1507, s., 1594, 1988. — Co. 6, 7, 446.

2125. Ceux qui n'ont sur l'immeuble qu'un droit suspendu par une con-

tions hypothécaires en vertu de jugements rendus sur des demandes en reconnaissance d'obligations sous seing privé.

« Art. 1. Lorsqu'il aura été rendu un jugement sur une demande en reconnaissance d'obligation sous seing privé, formée avant l'échéance ou l'exigibilité de ladite obligation, il ne pourra être pris aucune inscription hypothécaire en vertu de ce jugement, qu'à défaut de paiement de l'obligation après son échéance ou son exigibilité, à moins qu'il n'y ait eu stipulation contraire.

« 2. Les frais relatifs à ce jugement ne pourront être répétés contre le débiteur que dans le cas où il aura dénié sa signature. Les frais d'enregistrement seront à la charge du débiteur, tant dans le cas dont il vient d'être parlé, que lorsqu'il aura refusé de se libérer après l'échéance ou l'exigibilité de la dette. »

Voy. aussi les avis du conseil d'Etat des 25 thermidor an XII, 29 octobre 1811, 24 mars 1812, qui déclarent que les condamnations et contraintes émanées de l'autorité administrative emportent hypothèque de la même manière que celles rendues par l'autorité judiciaire, et que ce principe s'applique aux arrêtés des administrateurs par lesquels sont fixés les débets des comptables des communes et des établissements publics.

(*c*) L'ordonnance d'exécution ou d'exequatur est apposée au bas ou en marge de la sentence arbitrale par le président du tribunal ; elle a pour objet de conférer à cette sentence la force exécutoire, qui ne peut en effet émaner que des délégués de la puissance publique, et non de simples arbitres. (Voy. C. polit.)

(*a*) En d'autres termes, les meubles ne peuvent être hypothéqués, et ne procurent pas au créancier l'avantage de les *suivre*, en quelques mains qu'ils passent, pour les faire vendre et se payer sur le prix. Par le droit romain, au contraire, les meubles étaient susceptibles d'hypothèque. (C. loi 13, *de pign. et hyp.*)

(*b*) *Loi du 3 septembre 1807, relative aux inscrip-*

dition, ou résoluble dans certains cas, ou sujet à rescision, ne peuvent consentir qu'une hypothèque soumise aux mêmes conditions ou à la même rescision. C. 865, 952, 1183, 1654, s., 2108, 2132, 2163.

2126. Les biens des mineurs, des interdits, et ceux des absents, tant que la possession n'en est déférée que provisoirement, ne peuvent être hypothéqués que pour les causes et dans les formes établies par la loi, ou en vertu de jugements. C. 120, 128, 388, 389, 457, 489, 509, 2123. — Co. 6, 7.

2127. L'hypothèque conventionnelle ne peut être consentie que par acte passé en forme authentique devant deux notaires ou devant un notaire et deux témoins. C. 1317, 2123. — Pr. 834, s.

2128. Les contrats passés en pays étranger ne peuvent donner d'hypothèque sur les biens de France, s'il n'y a des dispositions contraires à ce principe dans les lois politiques ou dans les traités. C. 2123. — Pr. 546, 834.

2129. Il n'y a d'hypothèque conventionnelle valable que celle qui, soit dans le titre authentique constitutif de la créance, soit dans un acte authentique postérieur, déclare spécialement la nature et la situation de chacun des immeubles actuellement appartenant au débiteur, sur lesquels il consent l'hypothèque de la créance. Chacun de tous ses biens présents peut être nominativement soumis à l'hypothèque. C. 2161. — Les biens à venir ne peuvent pas être hypothéqués. C. 1130, 2122, 2123, 2130.

2130. Néanmoins, si les biens présents et libres du débiteur sont insuffisants pour la sûreté de la créance, il peut, en exprimant cette insuffisance, consentir que chacun des biens qu'il acquerra par la suite y demeure affecté, à mesure des acquisitions. C. 1130, 2129.

2131. Pareillement, en cas que l'immeuble ou les immeubles présents, assujettis à l'hypothèque, eussent péri, ou éprouvé des dégradations, de manière qu'ils fussent devenus insuffisants pour la sûreté du créancier, celui-ci pourra ou poursuivre dès à présent son remboursement, ou obtenir un supplément d'hypothèque. C. 1184.

2132. L'hypothèque conventionnelle n'est valable qu'autant que la somme pour laquelle elle est consentie est certaine et déterminée par l'acte : si la créance résultant de l'obligation est conditionnelle pour son existence, ou indéterminée dans sa valeur, le créancier ne pourra requérir l'inscription dont il sera parlé ci-après, que jusqu'à concurrence d'une valeur estimative par lui déclarée expressément, et que le débiteur aura droit de faire réduire, s'il y a lieu. C. 2125, 2138-4°, 2153-3°, 2159, 2163.

2133. L'hypothèque acquise s'étend à toutes les améliorations survenues à l'immeuble hypothéqué. C. 517, s., 546, 551, s., 1018, 2118-1°.

SECT. IV. — *Du rang que les hypothèques ont entre elles.*

2134. Entre les créanciers, l'hypothèque, soit légale, soit judiciaire, soit conventionnelle, n'a de rang que du jour de l'inscription prise par le créancier sur les registres du conservateur dans la forme et de la manière prescrites par la loi, sauf les exceptions portées en l'article suivant. C. 2106, 2113, 2146, 2147, s. — Pr. 834. — Co. 490. — I. cr. 121.

2135. L'hypothèque existe, indépendamment de toute inscription : — 1° Au profit des mineurs et interdits, sur les immeubles appartenant à leur tuteur à raison de sa gestion, du jour de l'acceptation de la tutelle; C. 509, 2121, 469, 2153, 2193, s. — 2° Au profit des femmes, pour raison de leurs dot et conventions matrimoniales, sur les immeubles de leur mari, et à compter du jour du mariage. C. 1394, 2121, 2153, 2193, s. — Co. 563, s. — La femme n'a d'hypothèque pour les sommes dotales qui proviennent de successions à elle échues, ou de donations à elle faites pendant le mariage, qu'à compter de l'ouverture des successions ou du jour que les donations ont eu leur effet. C. 1402. — Elle n'a hypothèque pour l'indemnité des dettes qu'elle a contractées avec son mari, et pour le remploi de ses propres aliénés, qu'à compter du jour de l'obligation ou de la vente. C. 1431, 1433. — Dans aucun cas, la disposition du présent article ne pourra préjudicier aux droits acquis à des tiers avant la publication du présent titre. C. 2, 2194.

2136. Sont toutefois les maris et les

tuteurs tenus de rendre publiques les hypothèques dont leurs biens sont grevés, et, à cet effet, de requérir eux-mêmes, sans aucun délai, inscription au bureau à ce établi, sur les immeubles à eux appartenant, et sur ceux qui pourront leur appartenir par la suite. C. 2416, s. — Les maris et les tuteurs qui, ayant manqué de requérir et de faire faire les inscriptions ordonnées par le présent article, auraient consenti ou laissé prendre des priviléges ou des hypothèques sur leurs immeubles, sans déclarer expressément que lesdits immeubles étaient affectés à l'hypothèque légale des femmes et des mineurs, seront réputés stellionataires, et, comme tels, contraignables par corps. C. 2059, 2066. —Pr. 126, 804-5°, 905. — Co. 612.

2137. Les subrogés-tuteurs seront tenus, sous leur responsabilité personnelle, et sous peine de tous dommages et intérêts, de veiller à ce que les inscriptions soient prises sans délai sur les biens du tuteur, pour raison de sa gestion, même de faire faire lesdites inscriptions. C. 420, s., 509, 2146. s.—Pr. 444.

2138. A défaut par les maris, tuteurs, subrogés-tuteurs, de faire faire les inscriptions ordonnées par les articles précédents, elles seront requises par le procureur impérial près le tribunal de première instance du domicile des maris et tuteurs, ou du lieu de la situation des biens. C. 102, 110, 2148-5°, 2194, s.—Pr. 83-6°.

2139. Pourront les parents, soit du mari, soit de la femme, et les parents du mineur, ou, à défaut de parents, ses amis, requérir lesdites inscriptions ; elles pourront aussi être requises par la femme et par les mineurs. C. 2146, s., 2194, s.

2140. Lorsque, dans le contrat de mariage, les parties majeures seront convenues qu'il ne sera pris d'inscription que sur un ou certains immeubles du mari, les immeubles qui ne seraient pas indiqués pour l'inscription resteront libres et affranchis de l'hypothèque pour la dot de la femme et pour ses reprises et conventions matrimoniales(a). Il ne pourra pas être convenu qu'il ne sera pris aucune inscription. C. 1134, 1387, 1394, 2121, 2134, 2135-2°, 2142, s., 2161.

2141. Il en sera de même pour les immeubles du tuteur, lorsque les parents, en conseil de famille, auront été d'avis qu'il ne soit pris d'inscription que sur certains immeubles (b). C. 2161.

2142. Dans le cas des deux articles précédents, le mari, le tuteur et le subrogé-tuteur, ne seront tenus de requérir inscription que sur les immeubles indiqués. C. 420, s., 2134, 2136, 2137, 2146, s.

2143. Lorsque l'hypothèque n'aura pas été restreinte par l'acte de nomination du tuteur, celui-ci pourra, dans le cas où l'hypothèque générale sur ses immeubles excéderait notoirement les sûretés suffisantes pour sa gestion, demander que cette hypothèque soit restreinte aux immeubles suffisants pour opérer une pleine garantie en faveur du mineur. C. 2121, 2122, 2123, 2141, 2144, 2145, 2161, s.—La demande sera formée contre le subrogé-tuteur, et elle devra être précédée d'un avis de famille. C. 406, s., 420, s. — Pr. 882, s.

2144. Pourra pareillement le mari, du consentement de sa femme, et après avoir pris l'avis des quatre plus proches parents d'icelle, réunis en assemblée de famille, demander que l'hypothèque générale sur tous ses immeubles, pour raison de la dot, des reprises et conventions matrimoniales, soit restreinte aux immeubles suffisants pour la conservation entière des droits de la femme. C. 412, 416, 2121, 2140, 2143, 2145, 2161, s.

2145. Les jugements sur les demandes des maris et des tuteurs ne seront rendus qu'après avoir entendu le procureur impérial et contradictoirement avec lui. Pr. 83-6°,112, 885, s.—Dans le cas où le tribunal prononcera la réduction de l'hypothèque à certains immeubles, les inscriptions prises sur tous les autres seront rayées. C. 2156, s.

CHAP. IV. — DU MODE DE L'INSCRIPTION DES PRIVILÉGES ET HYPOTHÈQUES (c).

2146. Les inscriptions se font au bureau de conservation des hypothèques dans l'arrondissement duquel sont situés

---

(a, b) C'est ce qu'on appelle la *restriction* ou *réduction* de l'hypothèque légale.

(c) L'inscription hypothécaire est la déclaration faite par le créancier sur un registre public, tenu par un conservateur, de l'hypothèque ou du privilége dont il jouit sur les biens de son débiteur. Cette déclaration doit être faite

les biens soumis au privilége ou à l'hypothèque. Elles ne produisent aucun effet, si elles sont prises dans le délai pendant lequel les actes faits avant l'ouverture des faillites sont déclarés nuls. C. 2106, 2134, 2157, s., 2196, s.—Pr. 834.—Co. 437, 446, 748, 490, 501, 517, 529, 552, s., 561, 571. — Il en est de même entre les créanciers d'une succession, si l'inscription n'a été faite par l'un d'eux que depuis l'ouverture, et dans le cas où la succession n'est acceptée que par bénéfice d'inventaire. C. 793, s., 2111, 2203. — Pr. 986, s.

2147. Tous les créanciers inscrits le même jour exercent en concurrence une hypothèque de la même date, sans distinction entre l'inscription du matin et celle du soir, quand cette différence serait marquée par le conservateur. C. 2134.

2148. Pour opérer l'inscription, le créancier représente, soit par lui-même, soit par un tiers, au conservateur des hypothèques, l'original en brevet (a) ou une expédition authentique du jugement ou de l'acte qui donne naissance au privilége ou à l'hypothèque. C. 2155, 2200. —Il y joint deux bordereaux écrits sur papier timbré, dont l'un peut être porté sur l'expédition du titre : ils contiennent, —1° Les nom, prénoms, domicile du créancier, sa profession s'il en a une, et l'élection d'un domicile pour lui dans un lieu quelconque de l'arrondissement du bureau ; C. 111, 2152, 2156, 2183.—Pr. 59.—2° Les nom, prénoms, domicile du débiteur, sa profession s'il en a une connue, ou une désignation individuelle et spéciale, telle que le conservateur puisse reconnaître et distinguer dans tous les cas l'individu grevé d'hypothèques ; — 3° La date et la nature du titre ;—4° Le montant du capital des créances exprimées dans le titre, ou évaluées par l'inscrivant, pour les rentes et prestations, ou pour les droits éventuels, conditionnels ou indéterminés, dans les cas où cette évaluation est or-

---

suivant les formalités prescrites par l'art. 2148. L'organisation de la conservation des hypothèques a été faite par les lois du 21 ventôse, an VII, des 6 messidor an VII, 28 avril 1816, art. 60.

(a) Lorsque le notaire rédacteur ne garde pas la minute d'un acte, mais qu'il le délivre aux parties, on dit que ce tacte a été passé *en brevet.* (Voy. C. des off. min.)

donnée ; comme aussi le montant des accessoires de ces capitaux, et l'époque de l'exigibilité ; C. 1168, 1184, 2125, 2132, 2153-3°, 2163.—5° L'indication de l'espèce et de la situation des biens sur lesquels il entend conserver son privilége ou son hypothèque.—Cette dernière disposition n'est pas nécessaire dans le cas des hypothèques légales ou judiciaires : à défaut de convention, une seule inscription, pour ces hypothèques, frappe tous les immeubles compris dans l'arrondissement du bureau. C. 2122, 2123.

2149. Les inscriptions à faire sur les biens d'une personne décédée pourront être faites sous la simple désignation du défunt, ainsi qu'il est dit au n° 2 de l'article précédent. C. 877. — Pr. 447.

2150. Le conservateur fait mention sur son registre du contenu aux bordereaux, et remet au requérant, tant le titre ou l'expédition du titre, que l'un des bordereaux, au pied duquel il certifie avoir fait l'inscription. C. 2148, 2153, 2196, s. —Pr. 773.

2151. Le créancier inscrit pour un capital produisant intérêt ou arrérages a droit d'être colloqué pour deux années seulement et pour l'année courante, au même rang d'hypothèque que pour son capital, sans préjudice des inscriptions particulières à prendre, portant hypothèque à compter de leur date, pour les arrérages autres que ceux conservés par la première inscription. C. 584, 2168, 2197, 2202.— Pr. 689, 757, s.

2152. Il est loisible à celui qui a requis une inscription, ainsi qu'à ses représentants ou cessionnaires par acte authentique, de changer sur le registre des hypothèques le domicile par lui élu, à la charge d'en choisir et indiquer un autre dans le même arrondissement. C. 2148-1°, 2156.—Pr. 59.

2153. Les droits d'hypothèque purement légale de l'État, des communes et des établissements publics sur les biens des comptables, ceux des mineurs ou interdits sur les tuteurs, des femmes mariées sur leurs époux, seront inscrits sur la représentation de deux bordereaux contenant seulement : — 1° Les nom, prénoms, profession et domicile réel du créancier, et le domicile qui sera par lui, ou pour lui, élu dans l'arrondissement ;

—2° Les nom, prénoms, profession, domicile, ou désignation précise du débiteur; C. 102, 111, 2152, 2183.—Pr. 59.—3° La nature des droits à conserver, et le montant de leur valeur quant aux objets déterminés, sans être tenu de le fixer quant à ceux qui sont conditionnels, éventuels ou indéterminés. C. 2125, 2132, 2163.

2154. Les inscriptions conservent l'hypothèque et le privilége pendant dix années, à compter du jour de leur date; leur effet cesse, si ces inscriptions n'ont été renouvelées avant l'expiration de ce délai (a). C. 2146, 2148.

2155. Les frais des inscriptions sont à la charge du débiteur, s'il n'y a stipulation contraire; l'avance en est faite par l'inscrivant, si ce n'est quant aux hypothèques légales, pour l'inscription desquelles le conservateur a son recours contre le débiteur. Les frais de la transcription, qui peut être requise par le vendeur, sont à la charge de l'acquéreur. C. 1248, 2121, 2196, s.—Pr. 834.

2156. Les actions auxquelles les inscriptions peuvent donner lieu contre les créanciers seront intentées devant le tribunal compétent, par exploits faits à leur personne, ou au dernier des domiciles élus sur le registre; et ce, nonobstant le décès, soit des créanciers, soit de ceux chez lesquels ils auront fait élection de domicile. C. 111, 2148-1°, 2152, 2159, 2183. —Pr. 59, 447, 532, 832, s.

CHAP. V. — DE LA RADIATION ET RÉDUCTION DES INSCRIPTIONS.

2157. Les inscriptions sont rayées du consentement des parties intéressées et ayant capacité à cet effet, ou en vertu d'un jugement en dernier ressort ou passé en force de chose jugée. C. 1123, 1124, 1350-3°, 1351, 2160, s., 2180-2°.—Pr. 548, 772, s.

2158. Dans l'un et l'autre cas, ceux qui requièrent la radiation déposent au bureau du conservateur l'expédition de l'acte authentique portant consentement, ou celle du jugement. C. 1317. — Pr. 772.

2159. La radiation non consentie est demandée au tribunal dans le ressort duquel l'inscription a été faite, si ce n'est lorsque cette inscription a eu lieu pour sûreté d'une condamnation éventuelle ou indéterminée sur l'exécution ou liquidation de laquelle le débiteur et le créancier prétendu sont en instance ou doivent être jugés dans un autre tribunal; auquel cas, la demande en radiation doit y être portée ou renvoyée. C. 2132, 2156.—Pr. 548.—Cependant la convention faite par le créancier et le débiteur de porter, en cas de contestation, la demande à un tribunal qu'ils auraient désigné, recevra son exécution entre eux. C. 1134.

2160. La radiation doit être ordonnée par les tribunaux lorsque l'inscription a été faite sans être fondée ni sur la loi, ni sur un titre, ou lorsqu'elle l'a été en vertu d'un titre, soit irrégulier, soit éteint ou soldé, ou lorsque les droits de privilége ou d'hypothèque sont effacés par les voies légales (b). C. 1234, 2154, 2180, 2181, s.—Pr. 772, 774.

2161. Toutes les fois que les inscriptions prises par un créancier qui, d'après la loi, aurait droit d'en prendre sur les biens présents ou sur les biens à venir d'un débiteur, sans limitation convenue, seront portées sur plus de domaines différents qu'il n'est nécessaire à la sûreté des créances, l'action en réduction des inscriptions, ou en radiation d'une partie en ce qui excède la proportion convenable, est ouverte au débiteur (c). On y suit les

---

(a) Un avis du conseil d'Etat a déclaré que la disposition de cet article s'appliquait aux hypothèques légales inscrites comme à toutes autres : « Le conseil d'Etat, consulté sur la question de savoir si les inscriptions hypothécaires prises d'office, et celles prises par les femmes, les mineurs et le Trésor public, sur les biens des maris, des tuteurs et des comptables, doivent être renouvelées avant l'expiration du délai de dix années, — « Est d'avis que.... 1° toute inscription doit être renouvelée avant l'expiration du laps de dix années ; — « 2° Lorsque l'inscription a été nécessaire pour opérer l'hypothèque, le renouvellement est nécessaire pour sa conservation; — « 3° Lorsque l'hypothèque existe indépendamment de l'inscription, et que celle-ci n'est ordonnée que sous des peines particulières, ceux qui ont dû la faire doivent la renouveler sous les mêmes peines; — « 4° Enfin, lorsque l'inscription a dû être faite d'office par le conservateur, elle doit être renouvelée par le créancier qui y a intérêt. »

(b) Ces *voies légales* sont, par exemple, celle de la purge des hypothèques, prescrite par l'art. 2181.

(c) Voy., au C. admin., § Cour des comptes, l'art. 15 de la loi du 16 septembre 1807, relatif aux demandes en réduction d'hypothèque, formées par les comptables publics.

14

210

règles de compétence établies dans l'article 2159. C. 2143, 2144, 2162, s. — La disposition du présent article ne s'applique pas aux hypothèques conventionnelles. C. 1134, 2124.

2162. Sont réputées excessives les inscriptions qui frappent sur plusieurs domaines, lorsque la valeur d'un seul ou de quelques-uns d'entre eux excède de plus d'un tiers, en fonds libres, le montant des créances en capital et accessoires légaux. C. 2143, 2144.

2163. Peuvent aussi être réduites comme excessives les inscriptions prises, d'après l'évaluation faite par le créancier, des créances qui, en ce qui concerne l'hypothèque à établir pour leur sûreté, n'ont pas été réglées par la convention, et qui, par leur nature, sont conditionnelles, éventuelles ou indéterminées. C. 1168, 1181, 1183, 2125, 2132, 2148-4°, 2153-3°.

2164. L'excès, dans ce cas, est arbitré par les juges, d'après les circonstances, les probabilités des chances et les présomptions de fait, de manière à concilier les droits vraisemblables du créancier avec l'intérêt du crédit raisonnable à conserver au débiteur; sans préjudice des nouvelles inscriptions à prendre avec hypothèque du jour de leur date, lorsque l'événement aura porté les créances indéterminées à une somme plus forte. C. 1353, 2146, s.

2165. La valeur des immeubles dont la comparaison est à faire avec celle des créances et le tiers en sus est déterminée par quinze fois la valeur du revenu, déclaré par la matrice du rôle de la contribution foncière, ou indiqué par la cote de contribution sur le rôle, selon la proportion qui existe dans les communes de la situation entre cette matrice ou cette cote et le revenu, pour les immeubles non sujets à dépérissement, et dix fois cette valeur pour ceux qui y sont sujets. Pourront néanmoins les juges s'aider, en outre, des éclaircissements qui peuvent résulter des baux non suspects, des procès-verbaux d'estimation qui ont pu être dressés précédemment à des époques rapprochées, et autres actes semblables, et évaluer le revenu au taux moyen entre les résultats de ces divers renseignements. C. 2161, s.

CHAP. VI. — DE L'EFFET DES PRIVILÉGES ET HYPOTHÈQUES CONTRE LES TIERS DÉTENTEURS.

2166. Les créanciers ayant privilége ou hypothèque, inscrite sur un immeuble, le suivent en quelques mains qu'il passe, pour être colloqués et payés suivant l'ordre de leurs créances ou inscriptions (a). C. 2094, 2147, 2167, s., 2218. — Pr. 749, s., 991.

2167. Si le tiers détenteur ne remplit pas les formalités qui seront ci-après établies, pour purger sa propriété, il demeure, par l'effet seul des inscriptions, obligé comme détenteur à toutes les dettes hypothécaires, et jouit des termes et délais accordés au débiteur originaire. C. 2172, 2181, 2193, s.

2168. Le tiers détenteur est tenu, dans le même cas, ou de payer tous les intérêts et capitaux exigibles, à quelque somme qu'ils puissent monter, ou de délaisser l'immeuble hypothéqué, sans aucune réserve. C. 2169, s.

2169. Faute par le tiers détenteur de satisfaire pleinement à l'une de ces obligations, chaque créancier hypothécaire a droit de faire vendre sur lui l'immeuble hypothéqué, trente jours après commandement fait au débiteur originaire, et sommation faite au tiers détenteur de payer la dette exigible ou de délaisser l'héritage. C. 2172, s., 2204, 2217, 2218.—Pr. 551, 673, s.

2170. Néanmoins le tiers détenteur, qui n'est pas personnellement obligé à la dette, peut s'opposer à la vente de l'héritage hypothéqué qui lui a été transmis, s'il est demeuré d'autres immeubles, hypothéqués à la même dette, dans la possession du principal ou des principaux obligés, et en requérir la discussion préalable selon la forme réglée au titre *du Cautionnement:* pendant cette discussion, il est sursis à la vente de l'héritage hypothéqué. C. 2019, 2021 à 2024.

2171. L'exception de discussion ne peut être opposée au créancier privilégié ou ayant hypothèque spéciale sur l'immeuble. C. 2103, 2104, 2124, 2129, 2206, s.

(a) Le privilége ou l'hypothèque produit donc un double effet : droit de suite contre le tiers détenteur de l'immeuble affecté; droit de préférence entre les créanciers sur le prix de vente.

2172. Quant au délaissement par hypothèque, il peut être fait par tous les tiers détenteurs qui ne sont pas personnellement obligés à la dette, et qui ont la capacité d'aliéner. C. 1123 à 1125, 2092, 2173, s.

2173. Il peut l'être même après que le tiers détenteur a reconnu l'obligation ou subi condamnation en cette qualité seulement : le délaissement n'empêche pas que, jusqu'à l'adjudication, le tiers détenteur ne puisse reprendre l'immeuble en payant toute la dette et les frais. C. 2168, s. — Pr. 706, 708.

2174. Le délaissement par hypothèque se fait au greffe du tribunal de la situation des biens; et il en est donné acte par ce tribunal.—Sur la pétition du plus diligent des intéressés, il est créé à l'immeuble délaissé un curateur, sur lequel la vente de l'immeuble est poursuivie dans les formes prescrites pour les expropriations. C. 812, 996, 2204, 2218. — Pr. 551, 673, s.

2175. Les détériorations qui procèdent du fait ou de la négligence du tiers détenteur, au préjudice des créanciers hypothécaires ou privilégiés, donnent lieu contre lui à une action en indemnité; mais il ne peut répéter ses impenses et améliorations que jusqu'à concurrence de la plus-value résultant de l'amélioration. C. 861, s., 1245, 1632, 1633, 2103, 2104.

2176. Les fruits de l'immeuble hypothéqué ne sont dus par le tiers détenteur qu'à compter du jour de la sommation de payer ou de délaisser, et, si les poursuites commencées ont été abandonnées pendant trois ans, à compter de la nouvelle sommation qui sera faite. C. 2169, 2217.—Pr. 397, s., 551, 689.

2177. Les servitudes et droits réels que le tiers détenteur avait sur l'immeuble, avant sa possession, renaissent après le délaissement ou après l'adjudication faite sur lui. C. 637, s., 704, 1234, 1300, 1626.—Ses créanciers personnels, après tous ceux qui sont inscrits sur les précédents propriétaires, exercent leur hypothèque à leur rang, sur le bien délaissé ou adjugé. C. 1166, 1167, 2134.

2178. Le tiers détenteur qui a payé la dette hypothécaire, ou délaissé l'immeuble hypothéqué, ou subi l'expropria-

tion de cet immeuble, a le recours en garantie, tel que de droit, contre le débiteur principal. C. 874, 1251, 1625, 1626, s., 2172, s.

2179. Le tiers détenteur qui veut purger sa propriété, en payant le prix, observe les formalités qui sont établies dans le chapitre VIII du présent titre. C. 2167, 2180-3°, 2181, s., 2193, s.

CHAP. VII.—DE L'EXTINCTION DES PRIVILÉGES ET HYPOTHÈQUES.

2180. Les priviléges et hypothèques s'éteignent,—1° Par l'extinction de l'obligation principale; C. 1234. — 2° Par la renonciation du créancier à l'hypothèque (a); — 3° Par l'accomplissement des formalités et conditions prescrites aux tiers détenteurs pour purger les biens par eux acquis; C. 2167, 2181, s., 2193, s. — 4° Par la prescription. C. 2219.—La prescription est acquise au débiteur, quant aux biens qui sont dans ses mains, par le temps fixé pour la prescription des actions qui donnent l'hypothèque ou le privilége. C. 2262.—Quant aux biens qui sont dans la main d'un tiers détenteur, elle lui est acquise par le temps réglé pour la prescription de la propriété à son profit; dans le cas où la prescription suppose un titre, elle ne commence à courir que du jour où il a été transcrit sur les registres du conservateur. C. 2181, 2265, 2266. — Les inscriptions prises par le créancier n'interrompent pas le cours de la prescription établie par la loi en faveur du débiteur ou du tiers détenteur. C. 1419, 1166, 2106, 2146.

CHAP. VIII. — DU MODE DE PURGER LES PROPRIÉTÉS DES PRIVILÉGES ET HYPOTHÈQUES.

2181. Les contrats translatifs de la propriété d'immeubles ou droits réels immobiliers, que les tiers détenteurs voudront purger de priviléges et hypothèques, seront transcrits en entier par le conservateur des hypothèques, dans l'ar-

---

(a) La renonciation est expresse ou tacite : *expresse,* lorsqu'elle est faite dans un acte par lequel le créancier déclare formellement qu'il renonce à son hypothèque. La renonciation *tacite* peut s'induire, par exemple, du consentement donné par le créancier à la vente, à la donation ou à l'échange de l'immeuble hypothéqué, sans aucune réserve de son hypothèque.

rondissement duquel les biens sont situés. C. 939, s., 1069, s., 2108, 2193, s., 2199. — Pr. 834. — Cette transcription se fera sur un registre à ce destiné, et le conservateur sera tenu d'en donner reconnaissance au requérant (a). C. 2196, s.

2182. La simple transcription des titres translatifs de propriété sur le registre du conservateur ne purge pas les hypothèques et priviléges établis sur l'immeuble. — Le vendeur ne transmet à l'acquéreur que la propriété et les droits qu'il avait lui-même sur la chose vendue : il les transmet sous l'affectation des mêmes priviléges et hypothèques dont il était chargé. C. 2093, 2094. — Pr. 834.

2183. Si le nouveau propriétaire veut se garantir de l'effet des poursuites autorisées dans le chapitre VI du présent titre (art. 2166 à 2179), il est tenu, soit avant les poursuites, soit dans le mois, au plus tard, à compter de la première sommation qui lui est faite, de notifier aux créanciers, aux domiciles par eux élus dans leurs inscriptions, C. 111, 2152, 2156, 2169.—Pr. 832, s.—T. 29, 143.—1º Extrait de son titre, contenant seulement la date et la qualité de l'acte, le nom et la désignation précise du vendeur ou du donateur, la nature et la situation de la chose vendue ou donnée; et, s'il s'agit d'un corps de biens, la dénomination générale seulement du domaine et des arrondissements dans lesquels il est situé, le prix et les charges faisant partie du prix de la vente, ou l'évaluation de la chose, si elle a été donnée; C. 2184, 2192. — 2º Extrait de la transcription de l'acte de vente; C. 2181, 2196. — 3º Un tableau sur trois colonnes, dont la première contiendra la date des hypothèques et celle des inscriptions; la seconde, le nom des créanciers; la troisième, le montant des créances inscrites. C. 2148.

2184. L'acquéreur ou le donataire déclarera, par le même acte, qu'il est prêt à acquitter, sur-le-champ, les dettes et charges hypothécaires, jusqu'à concurrence seulement du prix, sans distinction des dettes exigibles ou non exigibles. C. 2192.—Pr. 835.

2185. Lorsque le nouveau proprié-

taire a fait cette notification dans le délai fixé, tout créancier dont le titre est inscrit peut requérir la mise de l'immeuble aux enchères et adjudications publiques (b), à la charge, — 1º Que cette réquisition sera signifiée au nouveau propriétaire dans quarante jours, au plus tard, de la notification faite à la requête de ce dernier, en y ajoutant deux jours par cinq myriamètres de distance entre le domicile élu et le domicile réel de chaque créancier requérant; C. 111.—Pr. 1033.—2ºQu'elle contiendra soumission du requérant, de porter ou faire porter le prix à un dixième en sus de celui qui aura été stipulé dans le contrat, ou déclaré par le nouveau propriétaire; Pr. 710. — 3º Que la même signification sera faite dans le même délai au précédent propriétaire, débiteur principal;—4º Que l'original et les copies de ces exploits seront signés par le créancier requérant, ou par son fondé de procuration expresse, lequel, en ce cas, est tenu de donner copie de sa procuration; — 5º Qu'il offrira de donner caution (c) jusqu'à concurrence du prix et des charges. C. 2011, 2040, 2041.—Pr. 518, s., 832, s. — Co. 573. — T. art 5, § 3, *sur la loi de 1841.* — Le tout à peine de nullité.

2186. A défaut, par les créanciers, d'avoir requis la mise aux enchères dans le délai et les formes prescrits, la valeur de l'immeuble demeure définitivement fixée au prix stipulé dans le contrat, ou déclaré par le nouveau propriétaire, lequel est, en conséquence, libéré de tout privilége et hypothèque, en payant ledit prix aux créanciers qui seront en ordre de recevoir, ou en le consignant. C. 1257, s., 2180-3º, 2184.—Pr. 657, 812, s., 835.

2187. En cas de revente sur enchères, elle aura lieu, suivant les formes établies, pour les expropriations forcées, à la diligence soit du créancier qui l'aura requise, soit du nouveau propriétaire. C. 2204. — Pr. 673, s., 710, s., 832, s. — Le pour-

---

(a) Voy., *Lois div.*, l'art. 17 de la loi du 21 avril 1810, sur les mines, et au C. de l'expropr. publ., la loi du 3 mai 1841, art. 13 et suiv.

(b) C'est ce qu'on appelle former une *surenchère*, c'est-à-dire porter à un prix plus élevé un immeuble précédemment adjugé ou vendu.

(c) 21-24 février 1827. — *Loi qui dispense le trésor de donner caution.*

« *Article unique.* Dans le cas prévu par les articles 2185 du Code Nap. et 832 du Code de procédure civile, si la mise aux enchères est requise au nom de l'Etat, le trésor impérial sera dispensé d'offrir et de donner caution. »

suivant énoncera dans les affiches le prix
stipulé dans le contrat, ou déclaré, et
la somme en sus à laquelle le créancier
s'est obligé de la porter ou faire porter.
C. 2184, 2185-2º.—Pr. 682, s.

2188. L'adjudicataire est tenu, au
delà du prix de son adjudication, de restituer à l'acquéreur ou au donataire dé-
possédé les frais et loyaux coûts de son
contrat, ceux de la transcription sur les
registres du conservateur, ceux de notification, et ceux faits par lui pour parvenir à la revente.

2189. L'acquéreur ou le donataire
qui conserve l'immeuble mis aux enchères,
en se rendant dernier enchérisseur, n'est
pas tenu de faire transcrire le jugement
d'adjudication. C. 2181, 2183, s.

2190. Le désistement du créancier
requérant la mise aux enchères ne peut,
même quand le créancier paierait le montant de la soumission, empêcher l'adjudication publique, si ce n'est du consentement exprès de tous les autres créanciers hypothécaires.

2191. L'acquéreur qui se sera rendu
adjudicataire aura son recours tel que de
droit contre le vendeur, pour le remboursement de ce qui excède le prix stipulé
par son titre, et pour l'intérêt de cet excédant, à compter du jour de chaque paiement. C. 1626, s., 2192.—Pr. 744.

2192. Dans le cas où le titre du nouveau propriétaire comprendrait des immeubles et des meubles, ou plusieurs
immeubles, les uns hypothéqués, les autres non hypothéqués, situés dans le même
ou dans divers arrondissements de bureaux, aliénés pour un seul et même prix,
ou pour des prix distincts et séparés, soumis ou non à la même exploitation, le
prix de chaque immeuble frappé d'inscriptions particulières et séparées sera
déclaré dans la notification du nouveau
propriétaire, par ventilation, s'il y a lieu,
du prix total exprimé dans le titre. C.
1601 et la *note*, 2211.—Le créancier surenchérisseur ne pourra, en aucun cas,
être contraint d'étendre sa soumission ni
sur le mobilier, ni sur d'autres immeubles que ceux qui sont hypothéqués à sa
créance et situés dans le même arrondissement; sauf le recours du nouveau propriétaire contre ses auteurs, pour l'indemnité du dommage qu'il éprouverait,

soit de la division des objets de son acquisition, soit de celle des exploitations.
C. 2185, s., 2211.

CHAP. IX. — DU MODE DE PURGER LES HYPO-
THÈQUES, QUAND IL N'EXISTE PAS D'IN-
SCRIPTION SUR LES BIENS DES MARIS ET DES
TUTEURS.

2193. Pourront les acquéreurs d'immeubles appartenant à des maris ou à
des tuteurs, lorsqu'il n'existera pas d'inscription sur lesdits immeubles à raison
de la gestion du tuteur, ou des dot, reprises et conventions matrimoniales de
la femme, purger les hypothèques qui
existeraient sur les biens par eux acquis (*a*). C. 2121, 2122, 2135, s., 2153,
2194, s. — C. de l'expr. publ.

2194. A cet effet, ils déposeront copie dûment collationnée du contrat translatif de propriété au greffe du tribunal
civil du lieu de la situation des biens, et
ils certifieront par acte signifié, tant à la
femme ou au subrogé-tuteur, qu'au procureur impérial près le tribunal, le dépôt
qu'ils auront fait. Extrait de ce contrat,
contenant sa date, les noms, prénoms,
professions et domiciles des contractants,
la désignation de la nature et de la situation des biens, le prix et les autres charges
de la vente, sera et restera affiché pendant deux mois dans l'auditoire du tribunal; pendant lequel temps, les femmes,
les maris, tuteurs, subrogés-tuteurs, mineurs interdits, parents ou amis, et le
procureur impérial, seront reçus à requérir, s'il y a lieu, et à faire faire au bureau du conservateur des hypothèques,
des inscriptions sur l'immeuble aliéné,
qui auront le même effet que si elles
avaient été prises le jour du contrat de
mariage (*b*), ou le jour de l'entrée en
gestion du tuteur; sans préjudice des
poursuites qui pourraient avoir lieu contre les maris et les tuteurs, ainsi qu'il a
été dit ci-dessus, pour hypothèques par
eux consenties au profit de tierces per-

(*a*) Les formalités particulières pour arriver
à la purge des hypothèques légales, prescrites
par l'art. 2194, ne seraient pas nécessaires, par
argument *à contrario* de l'art. 2193, si ces hypothèques avaient été inscrites.
(*b*) Le jour du contrat de mariage est celui
du consentement donné devant l'officier de l'é-
tat civil, et non celui du contrat passé devant
notaire, qui n'a d'effet que du jour de la célébration du mariage.

sonnes sans leur avoir déclaré que les immeubles étaient déjà grevés d'hypothèques, en raison du mariage ou de la tutelle (a). C. 2059, 2145, s., 2183, s., 2195.

2195. Si, dans le cours des deux mois de l'exposition du contrat, il n'a pas été fait d'inscription du chef des femmes, mineurs ou interdits, sur les immeubles vendus, ils passent à l'acquéreur sans aucune charge, à raison des dot, reprises et conventions matrimoniales de la femme, ou de la gestion du tuteur, et sauf le recours, s'il y a lieu, contre le mari et le tuteur. C. 2136, s. — S'il a été pris des inscriptions du chef desdites femmes, mineurs ou interdits, et s'il existe des créanciers antérieurs qui absorbent le prix en totalité ou en partie, l'acquéreur est libéré du prix ou de la portion du prix par lui

(a) 9 mai 1807. — Avis du conseil d'Etat approuvé le 1er juin, sur les formalités relatives à la purge des hypothèques légales.

« Le conseil d'Etat est d'avis 1° que lorsque, soit la femme ou ceux qui la représentent, soit le subrogé-tuteur, ne seront pas connus de l'acquéreur, il sera nécessaire et il suffira, pour remplacer la signification qui doit leur être faite aux termes de l'art. 2194 du Code Nap., en premier lieu, que dans la signification à faire au procureur impérial, l'acquéreur déclare que ceux du chef desquels il pourrait être formé des inscriptions pour raison d'hypothèques légales, existantes indépendamment de l'inscription, n'étant pas connus, il fera publier la susdite signification dans les formes prescrites par l'art. 683 du Code de procédure civile; en second lieu, que le susdit acquéreur fasse publication dans lesdites formes de l'art. 683 du Code de procédure civile, ou que, s'il n'y avait pas de journal dans le département, l'acquéreur se fasse délivrer par le procureur impérial un certificat portant qu'il n'en existe pas;

« 2° Que le délai de deux mois fixé par l'art. 2194 du Code Nap., pour prendre inscription du chef des femmes et des mineurs interdits, ne devra courir que du jour de la publication faite aux termes du susdit art. 683 du Code de procédure civile, ou du jour de la délivrance du certificat du procureur impérial, portant qu'il n'existe pas de journal dans le département. »

5 mai 1812. — Autre avis du conseil d'Etat approuvé le 8 du même mois.

« Le conseil d'Etat est d'avis que le mode de purger les hypothèques légales des femmes et des mineurs, établi par le Code Napoléon et par l'avis du conseil d'Etat du 9 mai 1807, est applicable aux femmes veuves et aux mineurs devenus majeurs, ainsi qu'à leurs héritiers ou autres représentants;

« Qu'il n'y a pas de nécessité de fixer un délai particulier aux femmes après la mort de leurs maris, et aux mineurs devenus majeurs ou à leurs représentants, pour prendre inscription. »

payée aux créanciers placés en ordre utile; et les inscriptions du chef des femmes, mineurs ou interdits, seront rayées, ou en totalité, ou jusqu'à due concurrence. C. 2157. — Si les inscriptions du chef des femmes, mineurs ou interdits, sont les plus anciennes, l'acquéreur ne pourra faire aucun paiement du prix au préjudice desdites inscriptions, qui auront toujours, ainsi qu'il a été dit ci-dessus, la date du contrat de mariage, ou de l'entrée en gestion du tuteur; et, dans ce cas, les inscriptions des autres créanciers, qui ne viennent pas en ordre utile, seront rayées. C. 2135, 2157. — Pr. 759, 767, 835.

CHAP. X. — DE LA PUBLICITÉ DES REGISTRES, ET DE LA RESPONSABILITÉ DES CONSERVATEURS (b).

2196. Les conservateurs des hypothèques sont tenus de délivrer, à tous ceux qui le requièrent, copie des actes transcrits sur leurs registres et celle des inscriptions subsistantes, ou certificat qu'il n'en existe aucune. C. 2150, 2197, s., 2202, 2203. — Pr. 773.

2197. Ils sont responsables du préjudice résultant, — 1° De l'omission, sur leurs registres, des transcriptions d'actes de mutation, et des inscriptions requises en leurs bureaux ; C. 2146, 2148, 2181, 2202. — 2° Du défaut de mention, dans leurs certificats, d'une ou de plusieurs des inscriptions existantes, à moins, dans ce dernier cas, que l'erreur ne provînt de désignations insuffisantes qui ne pourraient leur être imputées (c).

(b) 21 ventôse an VII. — Loi relative à l'organisation de la conservation des hypothèques.

« Art. 5. Le préposé de la régie à la conservation des hypothèques fournira un cautionnement en immeubles.

« 8. Le cautionnement ci-dessus demeure spécialement et exclusivement affecté à la responsabilité du préposé à la conservation des hypothèques, pour les erreurs et omissions dont la loi le rend garant envers les citoyens. — Cette affectation subsistera pendant toute la durée des fonctions, et dix années après : passé lequel délai, les biens servant de cautionnement seront affranchis de plein droit de toutes actions de recours qui n'auraient point été intentées dans cet intervalle. »

(c) 11 décembre 1810. — Avis du conseil d'Etat approuvé le 26 du même mois, sur le mode de rectification des erreurs ou irrégularités commises sur les registres hypothécaires.

« Considérant qu'une transcription inexacte des bordereaux remis au conservateur des hy-

2198. L'immeuble à l'égard duquel le conservateur aurait omis dans ses certificats une ou plusieurs des charges inscrites en demeure, sauf la responsabilité du conservateur, affranchi dans les mains du nouveau possesseur, pourvu qu'il ait requis le certificat depuis la transcription de son titre; sans préjudice néanmoins du droit des créanciers de se faire colloquer suivant l'ordre qui leur appartient, tant que le prix n'a pas été payé par l'acquéreur, ou tant que l'ordre fait entre les créanciers n'a pas été homologué. C. 2166, 2202, 2203.—Pr. 749, 754, s. 775.

2199. Dans aucun cas, les conservateurs ne peuvent refuser ni retarder la transcription des actes de mutation, l'inscription des droits hypothécaires, ni la délivrance des certificats requis, sous peine des dommages et intérêts des parties; à l'effet de quoi, procès-verbaux des refus ou retardements seront, à la diligence des requérants, dressés sur-le-champ, soit par un juge de paix, soit par

potbéques par un créancier requérant l'inscription donne à celui-ci, s'il en a souffert quelque préjudice, une action en garantie contre le conservateur; mais qu'à l'égard des tiers, la valeur de l'inscription se réduit à ce qui a été transcrit sur le registre, parce que ce registre est la seule pièce que les intéressés soient appelés à consulter, et que le créancier qui a requis l'inscription a plus spécialement à s'imputer de n'avoir pas veillé à ce que la transcription fût exacte;

« Que du reste, au moment même où l'on découvre soit des erreurs, soit des irrégularités dans la transcription faite au registre du conservateur, il doit, sans doute, y avoir des moyens pour empêcher que les effets de l'erreur ne se prolongent; mais que, sans recourir à l'autorité des tribunaux, lesquels ne pourraient autoriser à faire sur les registres publics des corrections qui léseraient des droits antérieurement acquis à des tiers, le conservateur n'a qu'une voie légitime d'opérer la rectification, en portant sur ses registres, et seulement à la date courante, une nouvelle inscription ou une seconde transcription, plus conformes aux bordereaux remis par les créanciers;

« Qu'en cet état néanmoins, et pour obvier à tout double emploi, la seconde transcription, constituant la nouvelle inscription, doit être accompagnée d'une note relatant la première inscription qu'elle a pour but de rectifier, et que le conservateur doit donner aux parties requérantes des extraits tant de la première que de la deuxième inscription;

« Le conseil d'État est d'avis qu'au moyen de ces explications, il n'y a pas lieu de recourir à une autorisation solennelle, ni de faire intervenir l'autorité judiciaire en chaque affaire où il écherra de rectifier une inscription fautive. »

un huissier audiencier du tribunal, soit par un autre huissier ou un notaire assisté de deux témoins. C. 1149, 1382, 1383, 2146, 2181, 2196, s., 2202, 2203.

2200. Néanmoins les conservateurs seront tenus d'avoir un registre sur lequel ils inscriront, jour par jour et par ordre numérique, les remises qui leur seront faites d'actes de mutation pour être transcrits, ou de bordereaux pour être inscrits; ils donneront au requérant une reconnaissance sur papier timbré, qui rappellera le numéro du registre sur lequel la remise aura été inscrite, et ils ne pourront transcrire les actes de mutation ni inscrire les bordereaux sur les registres à ce destinés, qu'à la date et dans l'ordre des remises qui leur en auront été faites. C. 2148 à 2150, 2153, 2181, 2202.—Pr. 773.

2201. Tous les registres des conservateurs sont en papier timbré, cotés et paraphés à chaque page, par première et dernière, par l'un des juges du tribunal dans le ressort duquel le bureau est établi. Les registres seront arrêtés chaque jour comme ceux d'enregistrement des actes. C. 41 et la *note*.

2202. Les conservateurs sont tenus de se conformer, dans l'exercice de leurs fonctions, à toutes les dispositions du présent chapitre, à peine d'une amende de deux cents à mille francs pour la première contravention, et de destitution pour la seconde; sans préjudice des dommages et intérêts des parties, lesquels seront payés avant l'amende. C. 2197, 2203.

2203. Les mentions de dépôts, les inscriptions et transcriptions, sont faites sur les registres, de suite, sans aucun blanc ni interligne, à peine, contre le conservateur, de mille à deux mille francs d'amende, et des dommages et intérêts des parties, payables aussi par préférence à l'amende. C. 2202.

TITRE DIX-NEUVIÈME.

DE L'EXPROPRIATION FORCÉE ET DES ORDRES ENTRE LES CRÉANCIERS.

(Décrété le 19 mars 1804. Promulgué le 29.)

CHAP. I. — DE L'EXPROPRIATION FORCÉE (a).

2204. Le créancier peut poursuivre

(a) L'expropriation forcée ou saisie-immobi-

l'expropriation, — 1º des biens immobiliers et de leurs accessoires réputés immeubles, appartenant en propriété à son débiteur; — 2º de l'usufruit appartenant au débiteur sur les biens de même nature. C. 517, s., 552, s., 578, s., 2092 à 2094, 2118. — Pr. 561, 673, s. — Co. 571, s.

2205. Néanmoins la part indivise d'un cohéritier dans les immeubles d'une succession ne peut être mise en vente par ses créanciers personnels, avant le partage ou la licitation qu'ils peuvent provoquer, s'ils le jugent convenable, ou dans lesquels ils ont le droit d'intervenir, conformément à l'article 882, au titre *des Successions.* C. 820, 822, 883, 1166, 2103-3º, 2109.

2206. Les immeubles d'un mineur, même émancipé, ou d'un interdit, ne peuvent être mis en vente avant la discussion du mobilier. C. 2170, 2171, 2207.

2207. La discussion du mobilier n'est pas requise avant l'expropriation des immeubles possédés par indivis entre un majeur et un mineur ou interdit, si la dette leur est commune, ni dans le cas où les poursuites ont été commencées contre un majeur, ou avant l'interdiction. C. 815, 1666, 2206.

2208. L'expropriation des immeubles qui font partie de la communauté se poursuit contre le mari débiteur, seul, quoique la femme soit obligée à la dette. C. 1421, 1431, 1549, 2204. — Celle des immeubles de la femme qui ne sont point entrés en communauté se poursuit contre le mari et la femme, laquelle, au refus du mari de procéder avec elle, ou si le mari est mineur, peut être autorisée en justice. C. 217, 219, 1428, 1531, 1538. — En cas de minorité du mari et de la femme, ou de minorité de la femme seule, si son mari majeur refuse de procéder avec elle, il est nommé par le tribunal un tuteur à la femme, contre lequel la poursuite est exercée. C. 450. — Co. 5, 7.

lière est une voie d'exécution par laquelle un créancier met sous la main de la justice les immeubles de son débiteur, pour les faire vendre et se faire payer sur le prix.—Les *formes* en sont tracées par le Code de procédure (art. 673 à 779, rédaction de la loi du 2 juin 1841).—Il existe une autre espèce d'expropriation dite *pour utilité publique,* qu'il ne faut pas confondre avec celle-ci, et qui est régie par les lois particulières. (Voy. C. de l'exprop. pour cause d'util. publ.)

2209. Le créancier ne peut poursuivre la vente des immeubles qui ne lui sont pas hypothéqués, que dans le cas d'insuffisance des biens qui lui sont hypothéqués. C. 2204.

2210. La vente forcée des biens situés dans différents arrondissements ne peut être provoquée que successivement, à moins qu'ils ne fassent partie d'une seule et même exploitation (a). C. 2192, 2211. — Elle est suivie dans le tribunal dans le ressort duquel se trouve le cheflieu de l'exploitation, ou, à défaut de cheflieu, la partie de biens qui présente le plus grand revenu, d'après la matrice du rôle.

2211. Si les biens hypothéqués au créancier, et les biens non hypothéqués, ou les biens situés dans divers arrondissements, font partie d'une seule et même exploitation, la vente des uns et des autres est poursuivie ensemble, si le débiteur le requiert; et ventilation se fait du prix de l'adjudication, s'il y a lieu. C. 1601-2º et la *note,* 2192, 2210. — Pr. 675, s.

2212. Si le débiteur justifie, par baux

(a) 14 novembre 1808. — *Loi relative à la saisie-immobilière des biens d'un débiteur, situés dans plusieurs arrondissements.*

« Art 1. La saisie-immobilière des biens d'un débiteur situés dans plusieurs arrondissements pourra être faite simultanément, toutes les fois que la valeur totale desdits biens sera inférieure au montant réuni des sommes dues tant au saisissant qu'aux autres créanciers inscrits.

« 2. La valeur des biens sera établie, d'après les derniers baux authentiques, sur le pied du denier *vingt-cinq.* — A défaut de baux authentiques, elle sera calculée d'après le rôle des contributions foncières, sur le pied du denier *trente.*

« 3. Le créancier qui voudra user de la faculté accordée par l'art. 1er sera tenu de présenter requête au président du tribunal de l'arrondissement où le débiteur a son domicile, et d'y joindre, 1º copie en forme des baux authentiques, ou, à leur défaut, copie également en forme du rôle de la contribution foncière; 2º l'extrait des inscriptions prises sur le débiteur dans les divers arrondissements où les biens sont situés, ou le certificat qu'il n'en existe aucune.—La requête sera communiquée au ministère public, et répondue d'une ordonnance portant permis de faire la saisie de tous les biens situés dans les arrondissements et départements y désignés.

« 4. Les procédures relatives tant à l'expropriation forcée qu'à la distribution du prix des immeubles seront portées devant les tribunaux respectifs de la situation des biens.

« 5. Toutes dispositions contraires à la présente loi sont abrogées. »

authentiques, que le revenu net et libre de ses immeubles pendant une année suffit pour le paiement de la dette en capital, intérêts et frais, et s'il en offre la délégation au créancier, la poursuite peut être suspendue par les juges, sauf à être reprise s'il survient quelque opposition ou obstacle au paiement. C. 1244, 1275, 1317, 1711, s.

2213. La vente forcée des immeubles ne peut être poursuivie qu'en vertu d'un titre authentique et exécutoire pour une dette certaine et liquide. Si la dette est en espèces non liquidées, la poursuite est valable ; mais l'adjudication ne pourra être faite qu'après la liquidation. C. 820 et la *note*, 1291, 1317, 2127, 2204. — Pr. 545, 551, 559.

2214. Le cessionnaire d'un titre exécutoire ne peut poursuivre l'expropriation qu'après que la signification du transport a été faite au débiteur. C. 877, 1249, s., 1295, 1689, s., 2112, 2204.

2215. La poursuite peut avoir lieu en vertu d'un jugement provisoire ou définitif, exécutoire par provision, nonobstant appel ; mais l'adjudication ne peut se faire qu'après un jugement définitif en dernier ressort, ou passé en force de chose jugée. C. 1350, 1351. — La poursuite ne peut s'exercer en vertu de jugements rendus par défaut, durant le délai de l'opposition. Pr. 20, 155, s., 435, s. — Co. 643.

2216. La poursuite ne peut être annulée sous prétexte que le créancier l'aurait commencée pour une somme plus forte que celle qui lui est due.

2217. Toute poursuite en expropriation d'immeubles doit être précédée d'un commandement de payer, fait à la diligence et requête du créancier à la personne du débiteur ou à son domicile, par le ministère d'un huissier. Pr. 551, 583, s., 673, s. — Les formes du commandement et celles de la poursuite sur l'expropriation sont réglées par les lois sur la procédure. C. 2093, 2166, 2198. — Pr. 673 à 717, 718 à 748.

CHAP. II. — DE L'ORDRE ET DE LA DISTRIBUTION DU PRIX ENTRE LES CRÉANCIERS (a).

2218. L'ordre et la distribution du prix des immeubles, et la manière d'y procéder, sont réglés par les lois sur la procédure. Pr. 656 à 672, 749 à 779.

TITRE VINGTIÈME.

DE LA PRESCRIPTION.

(Décrété le 15 mars 1804. Promulgué le 25.)

CHAP. I. — DISPOSITIONS GÉNÉRALES.

2219. La prescription est un moyen d'acquérir ou de se libérer par un certain laps de temps, et sous les conditions déterminées par la loi. C. 712, 1234, 1350-2°.

2220. On ne peut d'avance renoncer à la prescription : on peut renoncer à la prescription acquise. C. 6, 1130.

2221. La renonciation à la prescription est expresse ou tacite : la renonciation tacite résulte d'un fait qui suppose l'abandon du droit acquis. C. 1353.

2222. Celui qui ne peut aliéner ne peut renoncer à la prescription acquise. C. 217, 457, 484, 509, 513, 1124, 1125, 1421, s., 1535, 1988.

2223. Les juges ne peuvent pas suppléer d'office le moyen résultant de la prescription. C. 2225. — I. cr. 635, s.

2224. La prescription peut être opposée en tout état de cause, même devant la cour impériale (b), à moins que la partie qui n'aurait pas opposé le moyen de la prescription ne doive, par les circonstances, être présumée y avoir renoncé. C. 1353, 2221. — Pr. 464, 465.

2225. Les créanciers, ou toute autre personne ayant intérêt à ce que la prescription soit acquise, peuvent l'opposer, encore que le débiteur ou le propriétaire y renonce. C. 788, 1166, 1167, 2221, 2223.

2226. On ne peut prescrire le domaine des choses qui ne sont point dans le commerce. C. 540, 541, 1128, 1598.

2227. L'État, les établissements publics et les communes sont soumis aux mêmes prescriptions que les particuliers,

(a) On appelle *ordre* l'opération qui a pour objet de déterminer le rang dans lequel les créanciers hypothécaires viendront prendre part dans la distribution du prix des immeubles affectés à leurs créances.

(b) L'édition de 1804 portait, avec raison, le *tribunal d'appel*, expression générale qui s'appliquait aussi bien aux tribunaux civils, statuant, en appel, sur les sentences des juges de paix, qu'aux cours proprement dites.

et peuvent également les opposer (a).
C. 538, s., 542, 560.— Pr. 398.

CHAP. II. — DE LA POSSESSION.

2228. La possession est la détention
ou la jouissance d'une chose ou d'un
droit que nous tenons ou que nous exerçons par nous-mêmes, ou par un autre
qui la tient ou qui l'exerce en notre nom.
C. 1127, 2279.— Pr. 3-2°, 23, s.

2229. Pour pouvoir prescrire, il
faut une possession continue et non interrompue, paisible, publique, non équi-
voque, et à titre de propriétaire. C. 2236,
s., 2242, s. — Pr. 23.

2230. On est toujours présumé posséder pour soi, et à titre de propriétaire,
s'il n'est prouvé qu'on a commencé à
posséder pour un autre. C. 1350, 1352,
2234.

2231. Quand on a commencé à posséder pour autrui, on est toujours présumé posséder au même titre, s'il n'y a
preuve du contraire. C. 2236, s.

2232. Les actes de pure faculté et
ceux de simple tolérance ne peuvent
fonder ni possession ni prescription (b).
C. 2229.

2233. Les actes de violence ne peuvent fonder non plus une possession capable d'opérer la prescription. C. 1109,
1111, s., 2229.— P. 400.—La possession
utile ne commence que lorsque la violence a cessé. C. 1304.

2234. Le possesseur actuel qui
prouve avoir possédé anciennement, est
présumé avoir possédé dans le temps intermédiaire, sauf la preuve contraire.
C. 2230, s.— Pr. 252, s.

(a) Les lois des 8 novembre 1814, art. 9, et 2
mars 1832, art. 8, portaient, par dérogation au
principe du Code civil, que les biens de l'État
composant le domaine de la couronne seraient
inaliénables et imprescriptibles. L'article 7 du
sénatus-consulte du 12 décembre 1852 a reproduit ce principe. (Voy. C. polit.)
(b) Les actes de *pure faculté* sont ceux que
nous exerçons non en vertu d'un droit qui nous
soit propre, mais en vertu d'une destination
naturelle de la chose qui appartient à tous ou
à plusieurs : tel est, par exemple, le puisage
de l'eau aux fontaines publiques. — Les actes
de *simple tolérance* ou de *familiarité* diffèrent
des premiers, en ce qu'ils supposent, pour leur
exercice, la permission tacite d'un propriétaire
ayant un droit antérieur et exclusif de la chose,
droit dont il n'a pas voulu faire usage jusqu'alors
par amitié ou par des procédés de bon voisinage.

2235. Pour compléter la prescription, on peut joindre à sa possession celle
de son auteur, de quelque manière qu'on
lui ait succédé, soit à titre universel ou
particulier, soit à titre lucratif ou onéreux. C. 724, 1122, 2237, s.

CHAP. III. — DES CAUSES QUI EMPÊCHENT LA PRESCRIPTION.

2236. Ceux qui possèdent pour autrui
ne prescrivent jamais, par quelque laps
de temps que ce soit. C. 2231, s.— Ainsi,
le fermier, le dépositaire, l'usufruitier,
et tous autres qui détiennent précaire-
ment la chose du propriétaire, ne peuvent
la prescrire. C. 578, 1709, 1915, 2071.

2237. Les héritiers de ceux qui te-
naient la chose, à quelqu'un des titres
désignés par l'article précédent, ne peuvent non plus prescrire. C. 724, 1122,
2235.

2238. Néanmoins les personnes énoncées dans les articles 2236 et 2237 peuvent prescrire, si le titre de leur possession se trouve interverti, soit par une
cause venant d'un tiers, soit par la con-
tradiction qu'elles ont opposée au droit
du propriétaire. C. 2240.

2239. Ceux à qui les fermiers, dépositaires et autres détenteurs précaires ont
transmis la chose par un titre translatif
de propriété peuvent la prescrire. C. 2262,
2265, 2266.

2240. On ne peut pas prescrire contre
son titre, en ce sens que l'on ne peut
point se changer à soi-même la cause et
le principe de sa possession. C. 2231,
2241.

2241. On peut prescrire contre son
titre, en ce sens que l'on prescrit la libération de l'obligation que l'on a contractée. C. 1234, 2240.

CHAP. IV. — DES CAUSES QUI INTERROMPENT OU QUI SUSPENDENT LE COURS DE LA PRE-SCRIPTION (c).

SECT. I. — *Des causes qui interrompent la prescription.*

2242. La prescription peut être inter-

(c) Il y a cette différence entre l'*interruption*
et la *suspension* de la prescription, que la première anéantit entièrement les effets de la possession qui l'a précédée; tandis que la suspension les laisse subsister, et arrête seulement le
cours de la prescription.

rompue ou naturellement ou civilement.

2243. Il y a interruption naturelle, lorsque le possesseur est privé, pendant plus d'un an, de la jouissance de la chose, soit par l'ancien propriétaire, soit même par un tiers. Pr. 3, 23, s.

2244. Une citation en justice (a), un commandement ou une saisie, signifiés à celui qu'on veut empêcher de prescrire, forment l'interruption civile. C. 2245 à 2247, 2274 2º. — Pr. 59, 583, 626, 636, 673, 674. — Co. 198.

2245. La citation en conciliation devant le bureau de paix interrompt la prescription du jour de sa date, lorsqu'elle est suivie d'une assignation en justice donnée dans les délais de droit. C. 2244. — Pr. 57, 59, 65, 69.

2246. La citation en justice, donnée même devant un juge incompétent, interrompt la prescription. C. 2244.

2247. Si l'assignation est nulle par défaut de forme, — Si le demandeur se désiste de sa demande; Pr. 402, 403. — S'il laisse périmer l'instance; Pr. 15, 397, s. — Ou si sa demande est rejetée, — L'interruption est regardée comme non avenue.

2248. La prescription est interrompue par la reconnaissance que le débiteur ou le possesseur fait du droit de celui contre lequel il prescrivait. C. 1338. — Pr. 352.

2249. L'interpellation faite, conformément aux articles ci-dessus, à l'un des débiteurs solidaires, ou sa reconnaissance, interrompt la prescription contre tous les autres, même contre leurs héritiers. C. 1200, 1206, 1212, 2250. — L'interpellation faite à l'un des héritiers d'un débiteur solidaire, ou la reconnaissance de cet héritier, n'interrompt pas la prescription à l'égard des autres cohéritiers, quand même la créance serait hypothécaire, si l'obligation n'est indivisible. C. 1217, 1222, s. — Cette interpellation ou cette reconnaissance n'interrompt la prescription, à l'égard des autres codébiteurs, que pour la part dont cet héritier est tenu. — Pour interrompre la prescription pour le tout, à l'égard des autres

codébiteurs, il faut l'interpellation faite à tous les héritiers du débiteur décédé, ou la reconnaissance de tous ces héritiers.

2250. L'interpellation faite au débiteur principal, ou sa reconnaissance, interrompt la prescription contre la caution. C. 2034, s.

SECT. II. — *Des causes qui suspendent le cours de la prescription.*

2251. La prescription court contre toutes personnes, à moins qu'elles ne soient dans quelque exception établie par une loi. C. 709, 710, 2252, s.

2252. La prescription ne court pas contre les mineurs et les interdits, sauf ce qui est dit à l'article 2278, et à l'exception des autres cas déterminés par la loi. C. 942, 1125, 1304-2º, s., 1663, 1676, 2271 à 2277. — Pr. 398, 484.

2253. Elle ne court point entre époux. C. 2254 à 2256.

2254. La prescription court contre la femme mariée, encore qu'elle ne soit point séparée par contrat de mariage ou en justice, à l'égard des biens dont le mari a l'administration, sauf son recours contre le mari. C. 1421, 1428, 1536, 2253, 2255, 2256.

2255. Néanmoins elle ne court point, pendant le mariage, à l'égard de l'aliénation d'un fonds constitué selon le régime dotal, conformément à l'article 1561, au titre *du Contrat de mariage et des Droits respectifs des époux.* C. 2256.

2256. La prescription est pareillement suspendue pendant le mariage, — 1º Dans le cas où l'action de la femme ne pourrait être exercée qu'après une option à faire sur l'acceptation ou la renonciation à la communauté; C. 1453. — 2º Dans le cas où le mari, ayant vendu le bien propre de la femme sans son consentement, est garant de la vente, et dans tous les autres cas où l'action de la femme réfléchirait contre le mari. C. 1428, 1531, 1561, 1562.

2257. La prescription ne court point, — A l'égard d'une créance qui dépend d'une condition, jusqu'à ce que la condition arrive; C. 1181. — A l'égard d'une action en garantie, jusqu'à ce que l'éviction ait lieu; C. 1626, s. — A l'égard d'une créance à jour fixe, jusqu'à ce que ce jour soit arrivé. C. 1185, s.

(a) Par ces mots, citation en justice, il faut entendre toute espèce de demande en justice, principale ou incidente, directe ou reconventionnelle.

2258. La prescription ne court pas contre l'héritier bénéficiaire, à l'égard des créances qu'il a contre la succession. C. 802-2°. — Elle court contre une succession vacante, quoique non pourvue de curateur. C. 811, s. — Pr. 998, s.

2259. Elle court encore pendant les trois mois pour faire inventaire, et les quarante jours pour délibérer. C. 795, 797, 1457. — Pr. 174, 187.

CHAP. V. — DU TEMPS REQUIS POUR PRE-SCRIRE.

SECT. I. — *Dispositions générales.*

2260. La prescription se compte par jours, et non par heures. C. 2147.

2261. Elle est acquise lorsque le dernier jour du terme est accompli.

SECT. II. — *De la prescription trentenaire.*

2262. Toutes les actions, tant réelles que personnelles, sont prescrites par trente ans, sans que celui qui allègue cette prescription soit obligé d'en rapporter un titre, ou qu'on puisse lui opposer l'exception déduite de la mauvaise foi. C. 712, 966, 1234, 2236, s., 2242, s., 2251, s., 2281.

2263. Après vingt-huit ans de la date du dernier titre, le débiteur d'une rente peut être contraint à fournir à ses frais un titre nouvel à son créancier ou à ses ayants-cause. C. 877, 1122, 1248, 1338.

2264. Les règles de la prescription sur d'autres objets que ceux mentionnés dans le présent titre sont expliquées dans les titres qui leur sont propres (*a*). C. 32, 328, 330, 475, 559, 617, 619, 642, 706, 789, 809, 878, 886, 957, 966, 1047, 1622, 1648, 1676, 1854, 2112, 2180. — Co. 64, 108, 189, 243, 245, 430, 431, 433. — I. cr. 633, 635, 636, 637, 639.

SECT. III. — *De la prescription par dix et vingt ans.*

2265. Celui qui acquiert de bonne

foi et par juste titre (*b*) un immeuble, en prescrit la propriété par dix ans, si le véritable propriétaire habite dans le ressort de la cour impériale dans l'étendue de laquelle l'immeuble est situé; et par vingt ans, s'il est domicilié hors dudit ressort. C. 550, 2266 à 2269.

2266. Si le véritable propriétaire a eu son domicile, en différents temps, dans le ressort et hors du ressort, il faut, pour compléter la prescription, ajouter à ce qui manque aux dix ans de présence un nombre d'années d'absence double de celui qui manque pour compléter les dix ans de présence (*c*).

2267. Le titre nul par défaut de forme ne peut servir de base à la prescription de dix et vingt ans. C. 550, 2265.

2268. La bonne foi est toujours présumée, et c'est à celui qui allègue la mauvaise foi à la prouver. C. 550, 2269.

2269. Il suffit que la bonne foi ait existé au moment de l'acquisition. C. 550, 2268.

2270. Après dix ans, l'architecte et les entrepreneurs sont déchargés de la garantie des gros ouvrages qu'ils ont faits ou dirigés. C. 1304, 1792, 1798.

SECT. IV. — *De quelques prescriptions particulières.*

2271. L'action des maîtres et instituteurs des sciences et arts, pour les leçons qu'ils donnent au mois; —Celle des hôteliers et traiteurs, à raison du logement et de la nourriture qu'ils fournissent; C. 2101-5°, 2102-5°. — Celle des ouvriers et gens de travail, pour le paiement de leurs journées, fournitures et salaires, C. 1781, 2101-4°. — Se prescrivent par six mois. C. 2260, 2261, 2274, 2275, 2278.

2272. L'action des médecins, chirurgiens et apothicaires, pour leurs visites, opérations et médicaments; C.

(*a*) Une loi du 31 janvier 1833 fixe à huit ans, dans les termes qui suivent, la prescription des articles d'argent envoyés par la poste :

« Art. 1er. Seront définitivement acquises à l'État les sommes versées aux caisses des agents des postes, pour être remises à destination, et dont le remboursement n'aura pas été réclamé

par les ayants-droit dans un délai de *huit années*, à partir du jour du versement des fonds. »

(*b*) Un titre est *juste* lorsque, valable en lui-même, il transfère la propriété, comme s'il fût émané du vrai propriétaire. Il suffit que le titre soit *juste* à l'égard de l'acquéreur : la bonne ou mauvaise foi du vendeur ne peut être d'aucune considération.

(*c*) L'État, quant à la prescription des actions qui lui appartiennent, est censé *présent* partout : on peut donc, sur tous les points de l'empire lui opposer la prescription décennale.

2101-3°.—Celle des huissiers, pour le salaire des actes qu'ils signifient, et des commissions qu'ils exécutent ; C. 2276. —Pr. 60.—Celle des marchands, pour les marchandises qu'ils vendent aux particuliers non marchands ; C. 1329, 1330, 2101-5°.—Celle des maîtres de pension, pour le prix de la pension de leurs élèves, et des autres maîtres, pour le prix de l'apprentissage ; C. 2101-5°. — Celle des domestiques qui se louent à l'année, pour le paiement de leur salaire, C. 1781, 2101-4°.—Se prescrivent par un an. C. 2261, 2274, 2275, 2278.

2273. L'action des avoués, pour le paiement de leurs frais et salaires, se prescrit par deux ans, à compter du jugement des procès ou de la conciliation des parties, ou depuis la révocation desdits avoués. A l'égard des affaires non terminées, ils ne peuvent former de demandes pour leurs frais et salaires, qui remonteraient à plus de cinq ans. C. 2060-7°, 2260, 2261, 2274 à 2276, 2278. —Pr. 60, 191, 192.

2274. La prescription, dans les cas ci-dessus, a lieu, quoiqu'il y ait eu continuation de fournitures, livraisons, services et travaux. — Elle ne cesse de courir que lorsqu'il y a eu compte arrêté, cédule ou obligation, ou citation en justice non périmée. C. 2244. — Pr. 57.

2275. Néanmoins ceux auxquels ces prescriptions seront opposées peuvent déférer le serment à ceux qui les opposent, sur la question de savoir si la chose a été réellement payée. C. 1358. — Le serment pourra être déféré aux veuves et héritiers, ou aux tuteurs de ces derniers, s'ils sont mineurs, pour qu'ils aient à déclarer s'ils ne savent pas que la chose soit due. C. 724, 1538. —

2276. Les juges et avoués sont déchargés des pièces cinq ans après le jugement des procès(a). C. 2060-7°, 2273, 2278. — Les huissiers, après deux ans, depuis l'exécution de la commission, ou la signification des actes dont ils étaient chargés, en sont pareillement déchargés. C. 2060-7°, 2272, 2278.

2277. Les arrérages de rentes perpétuelles et viagères(b); — Ceux des pensions alimentaires ; — Les loyer des maisons, et le prix de ferme des biens ruraux; — Les intérêts des sommes prêtées, et généralement tout ce qui est payable par année, ou à des termes périodiques plus courts, — Se prescrivent par cinq ans (c). C. 2260, 2261, 2278. Co. 189. — P. 366.

2278. Les prescriptions dont il s'agit dans les articles de la présente section courent contre les mineurs et les interdits, sauf leur recours contre leurs tuteurs. C. 2252. — Pr. 938.

2279. En fait de meubles, la possession vaut titre. C. 527, s.,1141,2228. — Néanmoins celui qui a perdu ou auquel il a été volé une chose peut la revendiquer pendant trois ans, à compter du jour de la perte ou du vol, contre celui dans les mains duquel il la trouve, sauf à celui-ci son recours contre celui duquel il la tient. C.549, 550, 717,

---

(b) 13 octobre 1819. — *Ordonnance sur le paiement des arrérages de la dette publique et des pensions.*

« Art. 1er. Les arrérages de la dette publique, cinq pour cent consolidés (aujourd'hui 4 1/2.—Voy. Lois et ord. div.), sont payables, dans les départements comme à Paris, jusqu'à l'expiration du délai de cinq ans, terme fixe, par l'article 156 de la loi du 24 août 1793, pour la prescription desdits arrérages.

« 2. Ceux de la dette viagère et des pensions sont payables, tant à Paris que dans les départements, pendant le délai d'une année, à compter de l'échéance de chaque semestre ou trimestre. — Les rentes viagères et pensions dont les arrérages n'auront pas été réclamés pendant ce délai, à compter du dernier paiement, ne pourront être payées qu'en vertu de nouveaux états de paiement, dressés sur la réclamation des parties et la présentation des certificats de vie des titulaires.

« 3. Néanmoins la prescription des arrérages desdites rentes viagères et pensions n'aura lieu, savoir : pour les rentes viagères, que dans le délai de cinq ans, conformément au décret du 8 ventôse au XIII et à l'art. 156 précité de la loi du 24 août 1793; et pour les pensions que dans le délai de trois ans, conformément à l'arrêté du 15 floréal an XI. »

D'après un avis du conseil d'Etat du 13 avril 1809, la prescription des arrérages de rentes sur l'Etat est interrompue par des réclamations appuyées de pièces justificatives; sinon l'interruption n'a lieu qu'autant que, dans le délai d'un an, du jour de la réclamation, le créancier se met en règle et présente toutes les pièces justificatives de la légitimité de sa demande.

(c) Les intérêts des cautionnements se prescrivent par cinq ans, comme tous autres. (Avis du cons. d'Etat du 24 mars 1809.)

(a) Même disposition au profit des avocats au conseil d'Etat et à la cour de cassation, suivant le règlement du 28 juin 1738, 2e part., tit. 14, art. 4.(Voy. au C. des Avocats.)

1293-1°, 1302, 2102-4°. — Pr. 826, s.— Co. 574, s.

2280. Si le possesseur actuel de la chose volée ou perdue l'a achetée dans une foire ou dans un marché, ou dans une vente publique, ou d'un marchand vendant des choses pareilles, le propriétaire originaire ne peut se la faire rendre qu'en remboursant au possesseur le prix qu'elle lui a coûté (*b*).

2281. Les prescriptions commencées à l'époque de la publication du présent titre seront réglées conformément aux lois anciennes. C. 2. — Néanmoins les prescriptions alors commencées, et pour lesquelles il faudrait encore, suivant les anciennes lois, plus de trente ans à compter de la même époque, seront accomplies par ce laps de trente ans. C. 2227, 2262.

(*a*) Lorsque des bestiaux achetés hors des foires et marchés ont été volés, l'acquéreur doit les restituer *gratuitement* au propriétaire en l'état où ils se trouvent. — Loi du 28 septembre—6 octobre 1791, tit. 2, art. 11. (Voy. C. rural.)

FIN DU CODE NAPOLÉON.

CODE DE PROCÉDURE CIVILE [a]

———✦———

PREMIÈRE PARTIE.

Procédure devant les tribunaux.

LIVRE PREMIER.

DE LA JUSTICE DE PAIX (b).

(Décret du 14 avril 1806. Promulgué le 24.)

TITRE Ier. — DES CITATIONS (c).

ARTICLE 1er. Toute citation devant les juges de paix contiendra la date des jour, mois et an, les noms, profession et domicile du demandeur, les noms, demeure et immatricule de l'huissier (d),
les noms et demeure du défendeur; elle énoncera sommairement l'objet et les moyens de la demande, et indiquera le juge de paix qui doit connaître de la demande, et le jour et l'heure de la comparution. C. 102, s.—Pr. 4 et la *note*, 59, 61, 69.

2. En matière purement personnelle ou mobilière, la citation sera donnée devant le juge du domicile du défendeur; s'il n'a pas de domicile, devant le juge de sa résidence (e). C. 102, 527, s., 1428.— Pr. 50-1°, 59, 69-8°.

3. Elle le sera devant le juge de la situation de l'objet litigieux, lorsqu'il s'agira (f) : 1° Des actions pour dommages aux champs, fruits et récoltes; P. 444, s.; — 2° Des déplacements de bornes, usurpations de terres, arbres, haies, fossés et autres clôtures, commis dans l'année; des entreprises sur les cours d'eau, commises pareillement dans l'année, et de toutes autres actions possessoires; C. 645, 2228, s., 2243.—Pr. 23, s., 38. — 3° Des réparations locatives; — 4° Des indemnités prétendues par le fermier ou locataire pour non-jouissance, lorsque le droit ne sera pas contesté; et des dégradations alléguées par le propriétaire. C. 1719, 1721, 1728, 1735.

4. (g) La citation sera notifiée par

(a) Le texte de ce Code est celui qui a été publié officiellement en vertu de l'ordonnance royale du 8 octobre 1842. Il comprend, en conséquence, les modifications importantes introduites par les lois des 2 juin 1841 sur les *ventes judiciaires d'immeubles*, 24 mai 1842 relative à la saisie des *rentes sur particuliers*, et plusieurs autres lois et décrets postérieurs, qui sont placés en *notes* ou intercalés dans le *texte*, suivant les circonstances.

(b) C'est dans le décret des 18-26 oct. 1790, contenant règlement sur la procédure en justice de paix, que les dispositions du Code de procédure ont été généralement puisées.— Voy. aussi la loi des 16-24 août 1790, tit. 3.—Plusieurs des dispositions du Code de procéd., notamment celles qui touchent : 1° aux limites de la *compétence*; 2° au *délai de l'appel* et aux attributions des *huissiers*, ont été modifiées par la loi du 25 mai 1838, retracée au Code des trib., § *Justice de paix.*

(c) Les mots *citation, ajournement, assignation,* sont à peu près synonymes : ils désignent l'exploit dressé par un huissier et destiné à appeler une partie devant un tribunal, soit pour y défendre à une action dirigée contre elle, soit pour déposer comme témoin. Toutefois, on se sert plus généralement du mot *ajournement* pour désigner l'acte par lequel on assigne une partie devant un tribunal civil, et du mot *citation* pour désigner l'exploit d'assignation devant un juge de paix ou un conseil de discipline.

(d) L'*immatricule* de l'huissier est la désignation de ses nom, prénoms, domicile, l'indication du tribunal où il a été reçu et le numéro de sa patente.

(e, f) Voy., sous l'art. 59, la détermination plus précise de la compétence selon la nature des diverses actions : *personnelle, réelle et mixte.*

(g) Cette première partie de l'article a été modifié par les art. 16 et suiv. de la loi du 25 mai 1838. (Voy. C. des trib.)

l'huissier de la justice de paix du domicile du défendeur; en cas d'empêchement, par celui qui sera commis par le juge; copie en sera laissée à la partie; s'il ne se trouve personne en son domicile, la copie sera laissée au maire ou adjoint de la commune, qui visera l'original sans frais. C. 102.—Pr. 1, 5, 6, 52, 61, s. 1039. — L'huissier de la justice de paix ne pourra instrumenter pour ses parents en ligne directe, ni pour ses frères, sœurs, et alliés au même degré. T. 7.

5. Il y aura un jour au moins entre celui de la citation et le jour indiqué pour la comparution, si la partie citée est domiciliée dans la distance de trois myriamètres. Pr. 51, 72, s., 1033. — Si elle est domiciliée au delà de cette distance, il sera ajouté un jour par trois myriamètres. Dans le cas où les délais n'auront point été observés, si le défendeur ne comparaît pas, le juge ordonnera qu'il sera réassigné, et les frais de la première citation seront à la charge du demandeur. Pr. 8, 19, 1033.

6. Dans les cas urgents, le juge donnera une cédule (*a*) pour abréger les délais, et pourra permettre de citer, même dans le jour et à l'heure indiqués. Pr. 29, 76, 795, 808.—T. 7.

7. Les parties pourront toujours se présenter volontairement devant un juge de paix, auquel cas il jugera leur différend, soit en dernier ressort, si les lois ou les parties l'y autorisent, soit à la charge de l'appel, encore qu'il ne fût le juge naturel des parties, ni à raison du domicile du défendeur, ni à raison de la situation de l'objet litigieux. Pr. 1003, s. —La déclaration des parties qui demanderont jugement sera signée par elles, ou mention sera faite si elles ne peuvent signer. C. 1005.—T. 11.

TITRE II.— DES AUDIENCES DU JUGE DE PAIX ET DE LA COMPARUTION DES PARTIES.

8. Les juges de paix indiqueront au moins deux audiences par semaine : ils pourront juger tous les jours, même ceux de dimanches et fêtes, le matin et l'après-midi. Pr. 9, s., 781-2º.—T. 9.—Ils pourront donner audience chez eux, en tenant les portes ouvertes. Pr. 87.

9. Au jour fixé par la citation, ou convenu entre les parties, elles comparaîtront en personne ou par leurs fondés de pouvoir, sans qu'elles puissent faire signifier aucune défense (*b*). Pr. 13, 53.

10. Les parties seront tenues de s'expliquer avec modération devant le juge, et de garder en tout le respect qui est dû à la justice : si elles y manquent, le juge les y rappellera d'abord par un avertissement; en cas de récidive, elles pourront être condamnées à une amende qui n'excédera pas la somme de dix francs, avec affiches du jugement, dont le nombre n'excédera pas celui des communes du canton. Pr. 11, 12, 88, s.—I. cr. 181, 504, s.

11. Dans le cas d'insulte ou irrévérence grave envers le juge, il en dressera procès-verbal, et pourra condamner à un emprisonnement de trois jours au plus. Pr. 10, 12.—I. cr. 181, 504, s.—P. 222, s.

12. Les jugements, dans les cas prévus par les précédents articles, seront exécutoires par provision. Pr. 17.

13. Les parties ou leurs fondés de pouvoir seront entendus contradictoirement. La cause sera jugée sur-le-champ, ou à la première audience; le juge, s'il le croit nécessaire, se fera remettre les pièces. Pr. 9.

14. Lorsqu'une des parties déclarera vouloir s'inscrire en faux, déniera l'écriture, ou déclarera ne pas la reconnaître, le juge lui en donnera acte : il paraphera la pièce, en renverra la cause devant les juges qui doivent en connaître. C. 1324. —Pr. 193, s., 214, s., 427.—T. 7.

15. Dans les cas où un interlocutoire (*c*) aurait été ordonné, la cause sera jugée définitivement, au plus tard, dans le délai de quatre mois du jour du jugement interlocutoire : après ce délai, l'instance sera périmée de droit; le jugement qui

---

(*a*) On entend par *cédule* la permission accordée par le juge de paix pour assigner à bref délai. Quand cette permission émane du président du tribunal civil, elle prend le nom d'*ordonnance*.

(*b*) Toute *signification* de *défense* est interdite devant la justice de paix, afin d'éviter les frais. Mais les parties n'en ont pas moins le droit de présenter leur défense à l'audience, soit de vive voix, soit par écrit, comme le porte, d'ailleurs, l'art. 13.

(*c*) L'art. 452-2º donne la définition du jugement interlocutoire.

serait rendu sur le fond sera sujet à l'appel, même dans les matières dont le juge de paix connaît en dernier ressort, et sera annulé, sur la réquisition de la partie intéressée. Pr. 31, 397, s. — Si l'instance est périmée par la faute du juge, il sera passible des dommages et intérêts. C. 1382.—Pr. 505-3°, 509.

16. (a) L'appel des jugements de la justice de paix ne sera pas recevable après les trois mois, à dater du jour de la signification faite par l'huissier de la justice de paix, ou tel autre commis par le juge. Pr. 4, 443.—T. 21, 27.

17. (b) Les jugements des justices de paix, jusqu'à concurrence de trois cents francs, seront exécutoires par provision, nonobstant l'appel, et sans qu'il soit besoin de fournir caution : les juges de paix pourront, dans les autres cas, ordonner l'exécution provisoire de leurs jugements, mais à la charge de donner caution. Pr. 12, 135. — T. 21.

18. Les minutes de tout jugement seront portées par le greffier sur la feuille d'audience, et signées par le juge qui aura tenu l'audience et par le greffier. Pr. 30. — T. 9.

TITRE III.—DES JUGEMENTS PAR DÉFAUT, ET DES OPPOSITIONS A CES JUGEMENTS.

19. Si, au jour indiqué par la citation, l'une des parties ne comparaît pas, la cause sera jugée par défaut, sauf la réassignation dans le cas prévu dans le dernier alinéa de l'article 5. — Pr. 149, s., 434, s.—I. cr. 149, s., 186, s., 244, 465. —T. 21.

20. (c) La partie condamnée par défaut pourra former opposition, dans les trois jours de la signification faite par l'huissier du juge de paix, ou autre qu'il aura commis. Pr. 4, 155, s., 435, s.—L'opposition contiendra sommairement les moyens de la partie, et assignation au prochain jour d'audience, en observant toutefois les délais prescrits pour les citations : elle indiquera les jour et heure de la comparu-

tion, et sera notifiée ainsi qu'il est dit ci dessus. Pr. 5.—T. 21.

21. Si le juge de paix sait par lui-même, ou par les représentations qui lui seraient faites à l'audience par les proches, voisins ou amis du défendeur, que celui-ci n'a pu être instruit de la procédure, il pourra, en adjugeant le défaut, fixer, pour le délai de l'opposition, le temps qui lui paraîtra convenable; et, dans le cas où la prorogation n'aurait été ni accordée d'office, ni demandée, le défaillant pourra être relevé de la rigueur du délai, et admis à opposition, en justifiant qu'à raison d'absence ou de maladie grave, il n'a pu être instruit de la procédure.

22. La partie opposante, qui se laisserait juger une seconde fois par défaut, ne sera plus reçue à former une nouvelle opposition (d). Pr. 165.

TITRE IV.—DES JUGEMENTS SUR LES ACTIONS POSSESSOIRES (e).

23. Les actions possessoires ne seront recevables qu'autant qu'elles auront été formées, dans l'année du trouble, par ceux qui, depuis une année au moins, étaient en possession paisible par eux ou les leurs, à titre non précaire. C. 884, 1428, 1725, s., 2060-2°, 2228, s., 2243. — Pr. 3-2°.

24. Si la possession ou le trouble sont déniés, l'enquête qui sera ordonnée ne pourra porter sur le fond du droit. Pr. 34, s.

25. Le possessoire et le pétitoire ne seront jamais cumulés. Pr. 23 et la *note*, 24.

26. Le demandeur au pétitoire ne sera plus recevable à agir au possessoire. Pr. 23.

(a) La disposition de cet article se trouve abrogée par les art. 13 et 16 de la loi du 25 mai 1838. Voy. C. des tribunaux.

(b) Cet article a été modifié par la loi du 25 mai 1838 (art. 11 et 12).

(c) La loi du 25 mai 1838 (art. 16, s.) a modifié cette première partie de l'article.

(d) D'après l'ancien principe, suivi déjà sous l'ordonnance de 1667, qu'*opposition sur opposition ne vaut.*

(e) Les *actions possessoires*, comme leur nom l'indique, ont pour objet de faire maintenir une partie en la *possession* d'une chose, dans laquelle elle a été troublée par un tiers, à la différence des actions *pétitoires*, qui tendent à faire statuer sur la *propriété* même de la chose litigieuse. — On distingue trois espèces d'actions possessoires : la complainte, la réintégrande, la dénonciation de nouvel œuvre. La *complainte* a pour objet de se faire maintenir dans la possession en cas de trouble; la *réintégrande* tend à faire recouvrer cette possession, lorsqu'on en a été dépouillé par violence; la *dénonciation de nouvel œuvre* est une plainte dirigée contre une partie qui a élevé sur le terrain d'autrui une construction ou tout autre ouvrage qui peut porter préjudice à ce dernier.

27. Le défendeur au possessoire ne pourra se pourvoir au pétitoire qu'après que l'instance sur le possessoire aura été terminée : il ne pourra, s'il a succombé, se pourvoir qu'après qu'il aura pleinement satisfait aux condamnations prononcées contre lui. C. 2064.—Pr. 497.
— Si néanmoins la partie qui les a obtenues était en retard de les faire liquider, le juge du pétitoire pourra fixer, pour cette liquidation, un délai, après lequel l'action au pétitoire sera reçue. Pr. 128.

TITRE V.—DES JUGEMENTS QUI NE SONT PAS DÉFINITIFS, ET DE LEUR EXÉCUTION.

28. Les jugements qui ne seront pas définitifs ne seront point expédiés, quand ils auront été rendus contradictoirement et prononcés en présence des parties. Dans le cas où le jugement ordonnerait une opération à laquelle les parties devraient assister, il indiquera le lieu, le jour et l'heure, et la prononciation vaudra citation. Pr. 31, 34, s., 41, s.

29. Si le jugement ordonne une opération par des gens de l'art, le juge délivrera à la partie requérante cédule de citation pour appeler les experts; elle fera mention du lieu, du jour, de l'heure, et contiendra le fait, les motifs et la disposition du jugement relative à l'opération ordonnée. Pr. 6. — Si le jugement ordonne une enquête, la cédule de citation fera mention de la date du jugement, du lieu, du jour et de l'heure. Pr. 34, s., 41, s. — T. 7, 24, 25.

30. Toutes les fois que le juge de paix se transportera sur le lieu contentieux, soit pour en faire la visite, soit pour entendre les témoins, il sera accompagné du greffier, qui apportera la minute du jugement préparatoire (*a*). Pr. 18, 34, s., 41, s. — T. 12.

31. Il n'y aura lieu à l'appel des jugements préparatoires qu'après le jugement définitif et conjointement avec l'appel de ce jugement; mais l'exécution des jugements préparatoires ne portera aucun préjudice aux droits des parties sur l'appel, sans qu'elles soient obligées de faire à cet égard aucune protestation ni réserve.

Pr. 451, 457. — L'appel des jugements interlocutoires est permis avant que le jugement définitif ait été rendu. — Dans ce cas, il sera donné expédition du jugement interlocutoire. Pr. 15 à 17, 39, 42, 404. — T. 21.

TITRE VI. — DE LA MISE EN CAUSE DES GARANTS.

32. Si, au jour de la première comparution, le défendeur demande à mettre garant en cause, le juge accordera délai suffisant en raison de la distance du domicile du garant : la citation donnée au garant sera libellée, sans qu'il soit besoin de lui notifier le jugement qui ordonne sa mise en cause. C. 102. — Pr. 5, 59, 175, s., 1033. — T. 21.

33. Si la mise en cause n'a pas été demandée à la première comparution, ou si la citation n'a pas été faite dans le délai fixé, il sera procédé, sans délai, au jugement de l'action principale, sauf à statuer séparément sur la demande en garantie. Pr. 178.

TITRE VII.—DES ENQUÊTES (*b*).

34. Si les parties sont contraires en faits de nature à être constatés par témoins, et dont le juge de paix trouve la vérification utile et admissible, il ordonnera la preuve et en fixera précisément l'objet. C. 1341, s. — Pr. 28, 29, 252, s., 302. — T. 8, 21, 24.

35. Au jour indiqué, les témoins, après avoir dit leurs noms, profession, âge et demeure, feront le serment de dire vérité, et déclareront s'ils sont parents ou alliés des parties et à quel degré, et s'ils sont leurs serviteurs ou domestiques. Pr. 36, s., 262. — I. cr. 75, 155, s., 317.

36. Ils seront entendus séparément, en présence des parties, si elles comparaissent; elles seront tenues de fournir leurs reproches (*c*) avant la déposition, et de les signer; si elles ne le savent ou ne le peuvent, il en sera fait mention : les

---

(*a*) La loi des 21-24 juin 1845 a supprimé les droits de vacations qui étaient alloués aux juges de paix. (Voy. C. des tribunaux.)

(*b*) L'*enquête* est une voie d'instruction qui se fait au moyen du témoignage des hommes, pour établir, dans des cas prévus par la loi, la vérité d'une demande ou d'une exception.

(*c*) On appelle *reproches* l'opposition d'une partie à ce qu'un témoin soit entendu, parce qu'il existe contre lui telle ou telle cause d'exclusion. (Voy. l'art. 283.)

reproches ne pourront être reçus après la déposition commencée, qu'autant qu'ils seront justifiés par écrit. Pr. 35, 40, 262, 270, 282, s. — I. cr. 317.

37. Les parties n'interrompront point les témoins : après la déposition, le juge pourra, sur la réquisition des parties, et même d'office, faire aux témoins les interpellations convenables. Pr. 273, s.

38. Dans tous les cas où la vue du lieu peut être utile pour l'intelligence des dépositions, et spécialement dans les actions pour déplacement de bornes, usurpations de terres, arbres, haies, fossés ou autres clôtures, et pour entreprises sur les cours d'eau, le juge de paix se transportera, s'il le croit nécessaire, sur le lieu, et ordonnera que les témoins y seront entendus. Pr. 3, 35, 41, s. — T. 8.

39. Dans les causes sujettes à l'appel, le greffier dressera procès-verbal de l'audition des témoins : cet acte contiendra leurs noms, âge, profession et demeure, leur serment de dire vérité, leur déclaration s'ils sont parents, alliés, serviteurs ou domestiques des parties, et les reproches qui auraient été fournis contre eux. Lecture de ce procès-verbal sera faite à chaque témoin pour la partie qui le concerne ; il signera sa déposition, ou mention sera faite qu'il ne sait ou ne peut signer. Le procès-verbal sera, en outre, signé par le juge et le greffier. Il sera procédé immédiatement au jugement, ou au plus tard à la première audience. Pr. 15 à 17, 31, 42, 274, s., 404, 443, s.

40. Dans les causes de nature à être jugées en dernier ressort, il ne sera point dressé de procès-verbal, mais le jugement énoncera les noms, âge, profession et demeure des témoins, leur serment, leur déclaration s'ils sont parents, alliés, serviteurs ou domestiques des parties, les reproches, et le résultat des dépositions. Pr. 43, 410, 453, 454.

TITRE VIII.—DES VISITES DES LIEUX, ET DES APPRÉCIATIONS.

41. Lorsqu'il s'agira, soit de constater l'état des lieux, soit d'apprécier la valeur des indemnités et dédommagements demandés, le juge de paix ordonnera que le lieu contentieux sera visité par lui, en présence des parties. Pr. 28, 29, 38, 295, s. — I. cr. 148. — T. 8.

42. Si l'objet de la visite ou de l'appréciation exige des connaissances qui soient étrangères au juge, il ordonnera que les gens de l'art, qu'il nommera par le même jugement, feront la visite avec lui, et donneront leur avis : il pourra juger sur le lieu même sans désemparer. Dans les causes sujettes à l'appel, procès-verbal de la visite sera dressé par le greffier, qui constatera le serment prêté par les experts. Le procès-verbal sera signé par le juge, par le greffier et par les experts ; et si les experts ne savent ou ne peuvent signer, il en sera fait mention (a). Pr. 31, 39, 1034, 1035. — T. 25.

43. Dans les causes non sujettes à l'appel, il ne sera point dressé de procès-verbal ; mais le jugement énoncera le nom des experts, la prestation de leur serment, et le résultat de leur avis. Pr. 40.

TITRE IX.—DE LA RÉCUSATION DES JUGES DE PAIX.

44. Les juges de paix pourront être récusés, —1° Quand ils auront intérêt personnel à la contestation ; —2° Quand ils seront parents ou alliés d'une des parties, jusqu'au degré de cousin germain inclusivement ; —3° Si, dans l'année qui a précédé la récusation, il y a eu procès criminel entre eux et l'une des parties ou son conjoint ou ses parents et alliés en ligne directe ; —4° S'il y a procès civil existant entre eux et l'une des parties, ou son conjoint ; —5° S'ils ont donné un avis écrit dans l'affaire. Pr. 45, s., 378, s.

45. La partie qui voudra récuser un juge de paix sera tenue de former la récusation et d'en exposer les motifs par un acte qu'elle fera signifier, par le premier huissier requis, au greffier de la justice de paix, qui visera l'original. L'exploit sera signé, sur l'original et la copie, par la partie ou son fondé de pouvoir spécial. La copie sera déposée au greffe, et communiquée immédiatement au juge par le greffier. Pr. 384, s., 1039.—T. 14, 30.

46. Le juge sera tenu de donner au bas de cet acte, dans le délai de deux jours, sa déclaration par écrit, portant, ou son acquiescement à la récusation, ou

(a) **Voyez** au C. des trib., la loi des **21-24** juin 1845. qui a supprimé, **pour les juges de paix, les droits de vacations.**

son refus de s'abstenir, avec ses réponses aux moyens de récusation. Pr. 386, s.

47. Dans les trois jours de la réponse du juge qui refuse de s'abstenir, ou faute par lui de répondre, expédition de l'acte de récusation et de la déclaration du juge, s'il y en a, sera envoyée par le greffier, sur la réquisition de la partie la plus diligente, au procureur impérial près le tribunal de première instance dans le ressort duquel la justice de paix est située : la récusation y sera jugée en dernier ressort dans la huitaine, sur les conclusions du procureur impérial, sans qu'il soit besoin d'appeler les parties. Pr. 83-4°, 311, 385.—T. 14.

LIVRE DEUXIÈME

DES TRIBUNAUX INFÉRIEURS (a).

(Suite du décret du 14 avril 1806.)

TITRE I. — DE LA CONCILIATION.

48. Aucune demande principale introductive d'instance entre parties capables de transiger, et sur des objets qui peuvent être la matière d'une transaction, ne sera reçue dans les tribunaux de première instance, que le défendeur n'ait été préalablement appelé en conciliation devant le juge de paix, ou que les parties n'y aient volontairement comparu. C. 1124, 2045. —Pr. 49, s., 1004.—T. 69.

49. Sont dispensées du préliminaire de la conciliation, — 1° Les demandes qui intéressent l'Etat et le domaine, les communes, les établissements publics, les mineurs, les interdits, les curateurs aux successions vacantes; Pr. 69-1°, 998.— 2° Les demandes qui requièrent célérité; Pr. 72, 404.—3° Les demandes en intervention ou en garantie; Pr. 59, 175, 339, s., 406, 466.—4° Les demandes en matière de commerce : Pr. 415, s.—Co. 631, s. — 5° Les demandes de mise en liberté; celles en main-levée de saisie ou opposition, en paiement de loyers, fermages ou arrérages de rentes ou pensions; celles des avoués en paiement de frais; Pr. 60, 404, 566, 794, s. — 6° Les demandes formées contre plus de deux

parties, encore qu'elles aient le même intérêt; Pr. 59-2°. — 7° Les demandes en vérification d'écritures, en désaveu, en règlement de juges, en renvoi, en prise à partie; les demandes contre un tiers saisi, et en général sur les saisies, sur les offres réelles, sur la remise des titres, sur leur communication, sur les séparations de biens, sur les tutelles et curatelles; et enfin toutes les causes exceptées par les lois. Pr. 193, s., 352, s., 363, 368, s., 505, s., 566, 570, s., 636, s., 718, 815, s., 865, s., 871.—P. 29.

50. Le défendeur sera cité en conciliation, — 1° En matière personnelle et réelle, devant le juge de paix de son domicile; s'il y a deux défendeurs, devant le juge de l'un d'eux, au choix du demandeur; C. 102.—Pr. 2, 59 et la *note.*—2° En matière de société autre que celle de commerce, tant qu'elle existe, devant le juge du lieu où elle est établie; C. 1832, s.— Pr. 69-6°.—3° En matière de succession, sur les demandes entre héritiers, jusqu'au partage inclusivement; sur les demandes qui seraient intentées par les créanciers du défunt avant le partage; sur les demandes relatives à l'exécution des dispositions à cause de mort, jusqu'au jugement définitif, devant le juge de paix du lieu où la succession est ouverte. C. 110, 822.—Pr. 59.

51. Le délai de la citation sera de trois jours au moins. Pr. 5, 72, 1033.

52. La citation sera donnée par un huissier de la justice de paix du défendeur; elle énoncera sommairement l'objet de la conciliation (b). Pr. 1, 4.—T. 21.

53. Les parties comparaîtront en personne; en cas d'empêchement, par un fondé de pouvoir. Pr. 9, 10.—T. 69.

54. Lors de la comparution, le demandeur pourra expliquer, même augmenter sa demande, et le défendeur former celles qu'il jugera convenables : le procès-verbal qui en sera dressé contiendra les conditions de l'arrangement, s'il y en a; dans le cas contraire, il fera sommairement mention des parties n'ont pu s'accorder. Pr. 10, 58, 65. — Les conventions des parties, insérées au procès-verbal, ont force d'obligation privée. C. 1134, 1318, 1322.—T. 10.

(a) Voy. au C. des trib., § trib. de 1re instance, l'organisation de ces tribunaux, leur discipline et compétence.

(a) Disposition modifiée par la loi du 25 mai 1838, art. 16 et suiv. (Voy. C. des tribunaux.)

55. Si l'une des parties défère le serment à l'autre, le juge de paix le recevra, ou fera mention du refus de le prêter. C. 1358, s.

56. Celle des parties qui ne comparaîtra pas sera condamnée à une amende de dix francs; et toute audience lui sera refusée jusqu'à ce qu'elle ait justifié de la quittance. Pr. 1029.

57. La citation en conciliation interrompra la prescription, et fera courir les intérêts; le tout, pourvu que la demande soit formée dans le mois, à dater du jour de la non-comparution ou de la non-conciliation. C. 1153-3°, 2245.

58. En cas de non-comparution de l'une des parties, il en sera fait mention sur le registre du greffe de la justice de paix, et sur l'original ou la copie de la citation, sans qu'il soit besoin de dresser procès-verbal (*a*). Pr. 54, 65.—T. 13.

TITRE II. — DES AJOURNEMENTS (*b*).

59. En matière personnelle (*c*), le défendeur sera assigné devant le tribunal de son domicile; s'il n'a pas de domicile, devant le tribunal de sa résidence; C. 102. —Pr. 2, 60, s., 1033.—S'il y a plusieurs défendeurs, devant le tribunal du domicile de l'un d'eux, au choix du demandeur. Pr. 49-6°.—En matière réelle (*d*), devant le tribunal de la situation de l'objet litigieux;—En matière mixte (*e*), devant le juge de la situation, ou devant

le juge du domicile du défendeur;—En matière de société, tant qu'elle existe, devant le juge du lieu où elle est établie; C. 1832, s.—Pr. 50-2°, 69-6°.—Co. 19, s.; —En matière de succession, 1° sur les demandes entre héritiers, jusqu'au partage inclusivement; 2° sur les demandes qui seraient intentées par des créanciers du défunt, avant le partage; 3° sur les demandes relatives à l'exécution des dispositions à cause de mort, jusqu'au jugement définitif, devant le tribunal du lieu où la succession est ouverte; C. 110, 813, 822.—Pr. 50-3°.—En matière de faillite, devant le juge du domicile du failli; Co. 437, s.—En matière de garantie, devant le juge où la demande originaire sera pendante; C. 1625, s.—Pr. 32, 49-3°, 175, s. —Enfin, en cas d'élection de domicile pour l'exécution d'un acte, devant le tribunal du domicile élu, ou devant le tribunal du domicile réel du défendeur, conformément à l'article 111 du Code Napoléon. T. 27, 68.

60. Les demandes formées pour frais par les officiers ministériels seront portées au tribunal où les frais ont été faits. C. 2272, s.—Pr. 49-5°, 104, 133.

61. L'exploit d'ajournement contiendra,—1° La date des jours, mois et an, les noms, profession et domicile du demandeur, la constitution de l'avoué qui occupera pour lui, et chez lequel l'élection de domicile sera de droit, à moins d'une élection contraire par le même exploit;—2° Les noms, demeure et immatricule de l'huissier, les noms et demeure du défendeur, et mention de la personne à laquelle copie de l'exploit sera laissée; Pr. 1 et la *note*, 68.—3° L'objet de la demande, l'exposé sommaire des moyens; — 4° L'indication du tribunal qui doit connaître de la demande, et du délai pour comparaître: le tout, à peine de nullité. Pr. 72, 1029, 1033.—T. 27, 68.

62. Dans le cas du transport d'un huissier, il ne lui sera payé pour tous frais de déplacement qu'une journée au plus. Pr. 67, 71.—T. 36.

63. Aucun exploit ne sera donné un jour de fête légale (*f*), si ce n'est en vertu de permission du président du tribunal.

(*a*) Pour agir contre l'Etat, le demandeur est tenu de remettre, au préalable, un mémoire au préfet, à peine de nullité (loi des 28 oct.-5 nov. 1790, tit. 3, art. 15). Il en est de même pour agir 1° contre un hospice (arrêté du 9 ventôse an x); 2° contre un département (loi du 10 mai 1838, art. 37.—Voy. C. départem.); 3° contre une commune (loi du 18 juillet 1837, art. 51.—Voy. C. municipal).

(*b*) Voy. la *note* sous l'art. 1er.

(*c*, *d*, *e*) La matière est *personnelle*, lorsqu'un individu se trouve *personnellement* obligé à faire ou à ne pas faire quelque chose, et que ce n'est que contre lui seul ou ses représentants qu'on peut poursuivre l'accomplissement de l'obligation. — La matière est *réelle*, lorsque l'action qui en dérive tend à revendiquer la propriété ou possession d'une chose, en quelque main qu'elle se trouve, et abstraction faite de la personne qui la détient. La matière réelle peut être mobilière ou immobilière, selon qu'elle a pour objet la revendication d'un meuble ou d'un immeuble. — Enfin la matière est *mixte*, lorsqu'un individu est poursuivi tout à la fois et comme personnellement obligé, et comme détenteur de la chose.

(*f*) Outre les dimanches, les *fêtes légales* sont Noël, l'Ascension, l'Assomption et la Toussaint (arrêté du 29 germinal an x). L'usage a mis le

Pr. 781-2°, 808, 828, 1037.—Co. 134, 162.—P. 25.

64. En matière réelle ou mixte, les exploits énonceront la nature de l'héritage, la commune, et, autant qu'il est possible, la partie de la commune où il est situé, et deux au moins des tenants et aboutissants; s'il s'agit d'un domaine, corps de ferme ou métairie, il suffira d'en désigner le nom et la situation : le tout à peine de nullité. Pr. 59, 629, 1029.

65. Il sera donné, avec l'exploit, copie du procès-verbal de non-conciliation, ou copie de la mention de non-comparution, à peine de nullité; sera aussi donnée copie des pièces ou de la partie des pièces sur lesquelles la demande est fondée; à défaut de ces copies, celles que le demandeur sera tenu de donner dans le cours de l'instance n'entreront point en taxe. Pr. 54, 58, 1029, 1031. — T. 28, 29, 70, 72.

66. L'huissier ne pourra instrumenter pour ses parents et alliés, et ceux de sa femme, en ligne directe à l'infini, ni pour ses parents et alliés collatéraux, jusqu'au degré de cousin issu de germain inclusi-

vement; le tout à peine de nullité. Pr. 4, 71, 1029.

67. Les huissiers seront tenus de mettre, à la fin de l'original et de la copie de l'exploit, le coût d'icelui, à peine de cinq francs d'amende, payables à l'instant de l'enregistrement. Pr. 104, 657, 1029.—T. 66.

68. Tous exploits seront faits à personne ou domicile; mais si l'huissier ne trouve au domicile ni la partie, ni aucun de ses parents ou serviteurs, il remettra de suite la copie à un voisin, qui signera l'original; si ce voisin ne peut ou ne veut signer, l'huissier remettra la copie au maire ou adjoint de la commune, lequel visera l'original sans frais. L'huissier fera mention du tout tant sur l'original que sur la copie (a). Pr. 4, 70, 71, 419, 1039.

69. Seront assignés,—1° L'Etat, lorsqu'il s'agit de domaines et droits domaniaux, en la personne ou au domicile du

---

(a) 20-24 août 1817. — *Ordonnance déterminant un mode pour l'exécution des actes et fonctions judiciaires, dans les palais, châteaux, maisons royales et leurs dépendances.*

« Art. 1er. Les significations aux personnes qui ont leur résidence habituelle dans nos palais, châteaux, maisons royales et leurs dépendances, seront faites en parlant aux suisses ou concierges desdits palais; ils ne pourront refuser d'en recevoir les copies, et il leur est enjoint de les remettre incontinent à ceux qu'elles concernent.

« 2. S'il échéait d'apposer ou de lever les scellés, de faire des inventaires ou tous autres actes judiciaires, d'exécuter des mandats de justice ou des jugements, dans l'intérieur desdits palais, châteaux, maisons royales et leurs dépendances, les officiers de justice qui en seront chargés se présenteront au gouverneur, ou à celui auquel, en son absence, appartient la surveillance, lequel pourvoira immédiatement à ce qu'aucun empêchement ne leur soit donné, et leur fera prêter au contraire, si besoin est, tout secours et aide nécessaires, sans préjudice des précautions qu'il croira devoir prendre, s'il y a lieu, pour la garde et la police desdits palais.

« 3. S'il est commis un délit ou un crime dans lesdits palais, châteaux, maisons royales et leurs dépendances, le gouverneur ou celui auquel, en son absence, appartient la surveillance, requerra sur-le-champ le transport du juge d'instruction, du procureur du roi, ou du juge de paix, et lui remettra le prévenu ou les prévenus, s'ils sont arrêtés.

« 4. En cas que le transport du procureur du roi, du juge d'instruction, ou du juge de paix, ait lieu d'office, ils se présenteront, ainsi qu'il est dit en l'article 2 ci-dessus, au gouverneur, qui leur donnera tout accès et facilités, ainsi qu'il est plus amplement expliqué dans ledit article. »

---

premier jour de l'an au nombre des jours fériés. Une ordonnance du 6 juillet 1831 portait que les journées des 27, 28 et 29 juillet seraient célébrées comme *fêtes nationales*. — Le 21 janvier, jour anniversaire de la mort de Louis XVI, avait été mis également au nombre des jours fériés; mais la loi du 26 janvier 1833 l'en a retiré.— Par un décret des 4-11 juillet 1848, la journée du 6 juillet 1848, consacrée au service funèbre des victimes de l'insurrection de juin avait été assimilée à un jour férié. Un autre décret des 17-18 avril 1848, en avait fait de même pour la journée du 20 avril (Revue de l'armée et du peuple). Enfin un troisième décret des 15-17 février 1849 avait mis au nombre des jours fériés les journées du 24 février et du 4 mai de chaque année.—Toutes ces dispositions ont été abrogées par le décret suivant ainsi conçu :

16—23 février 1852.—*Décret portant qu'à l'avenir l'anniversaire du 15 août sera seul reconnu et célébré comme fête nationale.*

« Louis-Napoléon, président de la République française, considérant que la célébration des anniversaires politiques rappelle le souvenir des discordes civiles, et que parmi les fêtes, c'est un devoir de choisir celles dont la consécration tend le mieux à réunir tous les esprits dans le sentiment commun de la gloire nationale, décrète :

« Art. 1er. A l'avenir, sera seul reconnu et célébré comme fête nationale l'anniversaire du 15 août.

« 2. Toutes les dispositions des lois antérieures, contraires au présent décret, sont abrogées. »

préfet du département où siége le tribunal devant lequel doit être portée la demande en première instance; Pr. 49-1°.
—2° Le trésor public, en la personne
ou au bureau de l'agent; — 3° Les administrations ou établissements publics, en
leurs bureaux, dans le lieu où réside le
siége de l'administration; dans les autres
lieux, en la personne et au bureau de leur
préposé; — 4° L'Empereur, pour ses domaines, en la personne du procureur impérial de l'arrondissement; —5° Les communes, en la personne ou au domicile du
maire; et à Paris, en la personne et au
domicile du préfet. —Dans les cas ci-
dessus, l'original sera visé de celui à qui
copie de l'exploit sera laissée; en cas
d'absence ou de refus, le visa sera donné,
soit par le juge de paix, soit par le procureur impérial près le tribunal de première
instance, auquel, en ce cas, la copie sera
laissée; —6° Les sociétés de commerce,
tant qu'elles existent, en leur maison
sociale; et s'il n'y en a pas, en la personne
ou au domicile de l'un des associés; Pr.
50-2°, 59.—Co. 19. s.—7° Les unions et
directions de créanciers, en la personne
ou au domicile de l'un des syndics ou directeurs; Co. 529, s.—8° Ceux qui n'ont
aucun domicile connu en France, au lieu
de leur résidence actuelle : si le lieu n'est
pas connu, l'exploit sera affiché à la principale porte de l'auditoire du tribunal où
la demande est portée; une seconde copie
sera donnée au procureur impérial, lequel
visera l'original; T. 27. — 9° Ceux qui
habitent le territoire français hors du
continent, et ceux qui sont établis chez
l'étranger, au domicile du procureur impérial près le tribunal où sera portée
la demande, lequel visera l'original et
enverra la copie, pour les premiers, au
ministre de la marine, et, pour les seconds,
à celui des affaires étrangères. Pr. 73,
560.

70. Ce qui est prescrit par les deux
articles précédents sera observé à peine
de nullité. Pr. 1029.

71. Si un exploit est déclaré nul par
le fait de l'huissier, il pourra être condamné aux frais de l'exploit et de la
procédure annulée, sans préjudice des
dommages et intérêts de la partie, suivant
les circonstances. C. 1382.—Pr. 132, 173,
360, 1029, 1030, 1031.

72. Le délai ordinaire des ajournements, pour ceux qui sont domiciliés en
France, sera de huitaine. Pr. 5, 51, 73,
345, 1033.—Dans les cas qui requerront
célérité, le président pourra, par ordonnance rendue sur requête, permettre d'assigner à bref délai. Pr. 76, 404, 417, s.,
459, 795, 802, 839.—Co. 647.—T. 77, 81.

73. Si celui qui sera assigné demeure
hors de la France continentale, le délai
sera,—1° Pour ceux demeurant en Corse,
dans l'île d'Elbe ou de Capraja, en Angleterre et dans les états limitrophes de la
France, de deux mois;—2° Pour ceux demeurant dans les autres états de l'Europe,
de quatre mois; —3° Pour ceux demeurant hors d'Europe, en deçà du cap de
Bonne-Espérance, de six mois;—Et pour
ceux demeurant au delà, d'un an.

74. Lorsqu'une assignation à une partie domiciliée hors de la France sera donnée à sa personne en France, elle n'emportera que les délais ordinaires, sauf au
tribunal à les prolonger, s'il y a lieu.

TITRE III.—CONSTITUTION D'AVOUÉS, ET DÉFENSES.

75. Le défendeur sera tenu, dans les
délais de l'ajournement, de constituer
avoué; ce qui se fera par acte signifié d'a-
voué à avoué. Le défendeur ni le demandeur ne pourront révoquer leur avoué
sans en constituer un autre. Les procédures faites et jugements obtenus contre l'avoué révoqué et non remplacé seront
valables. Pr. 148, 149, s., 342, 344, s.,
1031, 1038.—T. 68, 69, 70.

76. Si la demande a été formée à bref
délai, le défendeur pourra, au jour de l'é-
chéance, faire présenter à l'audience un
avoué, auquel il sera donné acte de sa constitution; ce jugement ne sera point levé :
l'avoué sera tenu de réitérer, dans le jour,
sa constitution par acte; faute par lui de
le faire, le jugement sera levé à ses frais.
Pr. 72, 1031.—T. 80, 81.

77. Dans la quinzaine du jour de la
constitution, le défendeur fera signifier
ses défenses signées de son avoué; elles
contiendront offre de communiquer les
pièces à l'appui ou à l'amiable, d'avoué à
avoué, ou par la voie du greffe. Pr. 97,
188, s., 519.— T. 72, 80, 91.

78. Dans la huitaine suivante, le demandeur fera signifier sa réponse aux défenses. Pr. 77, 81. — T. 72, s.

79. Si le défendeur n'a point fourni ses défenses dans le délai de quinzaine, le demandeur poursuivra l'audience sur un simple acte d'avoué à avoué. T. 70, 80, 82.

80. Après l'expiration du délai accordé au demandeur pour faire signifier sa réponse, la partie la plus diligente pourra poursuivre l'audience sur un simple acte d'avoué à avoué; pourra même le demandeur poursuivre l'audience, après la signification des défenses, et sans y répondre. Pr. 154.—T. 80.

81. Aucunes autres écritures ni significations n'entreront en taxe. Pr. 1031.

82. Dans tous les cas où l'audience peut être poursuivie sur un acte d'avoué à avoué, il n'en sera admis en taxe qu'un seul pour chaque partie. Pr. 154, 1041. —T. 70.

TITRE IV. — DE LA COMMUNICATION AU MINISTÈRE PUBLIC.

83. Seront communiquées au procureur impérial les causes suivantes : — 1º Celles qui concernent l'ordre public, l'Etat, le domaine, les communes, les établissements publics, les dons et legs au profit des pauvres; — 2º Celles qui concernent l'état des personnes et les tutelles; — 3º Les déclinatoires sur incompétence (a); Pr. 168. — 4º Les règlements de juge, les récusations et renvois pour parenté et alliance; Pr. 49-7º, 363, s., 368, s., 378, s., 1014. — 5º Les prises à partie; Pr. 505, s. — 6º Les causes des femmes non autorisées par leurs maris, ou même autorisées, lorsqu'il s'agit de leur dot, et qu'elles sont mariées sous le régime dotal; les causes des mineurs, et généralement toutes celles où l'une des parties est défendue par un curateur (b); C. 217, 219.—7º Les causes concernant

(a) On appelle *déclinatoire* la demande d'une partie qui, se croyant appelée devant d'autres juges que ceux qui doivent connaître de la contestation, a pour objet de renvoyer devant le tribunal compétent. On distingue deux sortes d'incompétence : l'incompétence à raison de la personne, et celle à raison de la matière. (Voy. C. pr. art. 168 et 170.)
(b) A l'égard des *aliénés*, le ministère public a également le droit d'être informé de tous les ordres et de toutes les mesures qui les concernent. (Voy. l'art. 22 de la loi du 30 juin 1838, Lois et ord. div.)

ou intéressant les personnes présumées absentes. C. 114, 115, s.—Le procureur impérial pourra néanmoins prendre communication de toutes les autres causes dans lesquelles il croira son ministère nécessaire; le tribunal pourra même l'ordonner d'office. (Loi du 20 avril 1810, art. 46. — C. des trib.)

84. En cas d'absence ou empêchement des procureurs impériaux et de leurs substituts, ils seront remplacés par l'un des juges ou suppléants (c). Pr. 118.

TITRE V. — DES AUDIENCES, DE LEUR PUBLICITÉ ET DE LEUR POLICE.

85. Pourront les parties, assistées de leurs avoués, se défendre elles-mêmes : le tribunal cependant aura la faculté de leur interdire ce droit, s'il reconnaît que la passion ou l'inexpérience les empêche de discuter leur cause avec la décence convenable ou la clarté nécessaire pour l'instruction des juges. Pr. 10, 470.

86. Les parties ne pourront charger de leur défense, soit verbale, soit par écrit, même à titre de consultation, les juges en activité de service, procureurs généraux, avocats généraux, procureurs impériaux, substituts des procureurs généraux et impériaux, même dans les tribunaux autres que ceux près desquels ils exercent leurs fonctions : pourront néanmoins les juges, procureurs généraux, avocats généraux, procureurs impériaux, et substituts des procureurs généraux et impériaux, plaider, dans tous les tribunaux, leurs causes personnelles, et celles de leurs femmes, parents ou alliés en ligne directe, et de leurs pupilles. C. 450, 1597.—Pr. 378-8º.

87. Les plaidoiries seront publiques, excepté dans le cas où la loi ordonne qu'elles seront secrètes. Pourra cependant le tribunal ordonner qu'elles se feront à huis clos, si la discussion publique devait entraîner ou scandale ou des inconvénients graves; mais, dans ce cas, le tribunal sera tenu d'en délibérer, et de rendre compte de sa délibération au procureur général près la cour impériale; et, si la cause est pendante dans une cour

(c) Voy., au C. des avocats, l'art. 35 du décret du 14 déc. 1810, qui déclare que les avocats peuvent suppléer les juges.

impériale, au ministre de la justice. C. 241 et la *note*. — Pr. 8, 88, s., 111, 112, 470. — I. cr. 153, 171, 190, 210. — T. 83.

88. Ceux qui assisteront aux audiences se tiendront découverts, dans le respect et le silence : tout ce que le président ordonnera pour le maintien de l'ordre sera exécuté ponctuellement et à l'instant. Pr. 10, s. — I. cr. 181, 267, 504, s. — P. 222, s. — La même disposition sera observée dans les lieux où, soit les juges, soit les procureurs impériaux, exerceront des fonctions de leur état. Pr. 276. — I. cr. 34.

89. Si un ou plusieurs individus, quels qu'ils soient, interrompent le silence, donnent des signes d'approbation ou d'improbation, soit à la défense des parties, soit aux discours des juges ou du ministère public, soit aux interpellations, avertissements ou ordres des président, juge commissaire ou procureur impérial, soit aux jugements ou ordonnances, causent ou excitent du tumulte de quelque manière que ce soit, et si, après l'avertissement des huissiers, ils ne rentrent pas dans l'ordre sur-le-champ, il leur sera enjoint de se retirer, et les résistants seront saisis et déposés à l'instant dans la maison d'arrêt pour vingt-quatre heures : ils y seront reçus sur l'exhibition de l'ordre du président, qui sera mentionné au procès-verbal de l'audience. Pr. 88. — I. cr. 34, 267, 504.

90. Si le trouble est causé par un individu remplissant une fonction près le tribunal, il pourra, outre la peine ci-dessus, être suspendu de ses fonctions; la suspension, pour la première fois, ne pourra excéder le terme de trois mois. Le jugement sera exécutoire par provision, ainsi que dans le cas de l'article précédent. Pr. 1036.

91. Ceux qui outrageraient ou menaceraient les juges ou les officiers de justice, dans l'exercice de leurs fonctions, seront, de l'ordonnance du président, du juge commissaire ou du procureur impérial, chacun dans le lieu dont la police lui appartient, saisis et déposés à l'instant dans la maison d'arrêt, interrogés dans les vingt-quatre heures, et condamnés par le tribunal, sur le vu du procès-verbal qui constatera le délit, à une détention qui ne pourra excéder le mois, et à une

amende qui ne pourra être moindre de vingt-cinq francs, ni excéder trois cents francs. — Si le délinquant ne peut être saisi à l'instant, le tribunal prononcera contre lui, dans les vingt-quatre heures, les peines ci-dessus, sauf l'opposition que le condamné pourra former dans les dix jours du jugement, en se mettant en état de détention. Pr. 88, — I. cr. 181, 421. — P. 222, s.

92. Si les délits commis méritaient peine afflictive ou infamante, le prévenu sera envoyé en état de mandat de dépôt (*a*) devant le tribunal compétent, pour être poursuivi et puni suivant les règles établies par le Code d'instruction criminelle. I. cr. 91, s., 506, s. — P. 7, 8.

TITRE VI.—DES DÉLIBÉRÉS ET INSTRUCTIONS PAR ÉCRIT (*b*).

93. Le tribunal pourra ordonner que les pièces seront mises sur le bureau pour en être délibéré au rapport d'un juge nommé par le jugement, avec indication du jour auquel le rapport sera fait. Pr. 116, s., 202, 222, 374, 386, 539, 668, 762, 779, 859, 863, 885, 891, 987. — T. 84.

94. Les parties et leurs défenseurs seront tenus d'exécuter le jugement qui ordonnera le délibéré, sans qu'il soit besoin de le lever ni signifier, et sans sommation: si l'une des parties ne remet point ses pièces, la cause sera jugée sur les pièces de l'autre. Pr. 98, 99, 100. — T. 90.

95. Si une affaire ne paraît pas susceptible d'être jugée sur plaidoirie ou délibéré, le tribunal ordonnera qu'elle sera instruite par écrit, pour en être fait rapport par l'un des juges nommé par le jugement. — Aucune cause ne peut être mise en rapport qu'à l'audience et à la

---

(*a*) Le *mandat de dépôt* est une ordonnance émanée du magistrat compétent (ordinairement le juge d'instruction), en vertu de laquelle un individu inculpé d'un crime ou délit est *déposé* dans une prison. Il existe quatre sortes de mandats : le mandat de comparution, d'amener, de dépôt et d'arrêt (Voy. I. cr. 91).
(*b*) On entend par *délibéré* l'examen particulier que les juges font de l'affaire dans la chambre du conseil, sur le vu des pièces et titres produits par les parties. — *L'instruction par écrit* est celle qui se fait à l'aide des mémoires et titres fournis par les parties, et qui est terminée par le rapport d'un juge à ce commis.

pluralité des voix. Pr. 341, 461. — T. 84.

96. Dans la quinzaine de la signification du jugement, le demandeur fera signifier une requête contenant ses moyens ; elle sera terminée par un état des pièces produites au soutien. — Le demandeur sera tenu, dans les vingt-quatre heures qui suivront cette signification, de produire au greffe et de faire signifier l'acte de produit. Pr. 97, s. — P. 409. — T. 70, 73, 91.

97. Dans la quinzaine de la production du demandeur au greffe, le défendeur en prendra communication, et fera signifier sa réponse avec état au bas des pièces au soutien ; dans les vingt-quatre heures de cette signification, il rétablira au greffe la production par lui prise en communication, fera la sienne, et en signifiera l'acte. Pr. 77, 106, 189, 525. — Dans le cas où il y aurait plusieurs défendeurs, s'ils ont tout à la fois des avoués et des intérêts différents, ils auront chacun les délais ci-dessus fixés, pour prendre communication, répondre et produire : la communication leur sera donnée successivement, à commencer par le plus diligent. Pr. 50-1°, 59. — T. 70, 73, 91.

98. Si le demandeur n'avait pas produit dans le délai ci-dessus fixé, le défendeur mettra sa production au greffe, ainsi qu'il a été dit ci-dessus : le demandeur n'aura que huitaine pour en prendre communication et contredire ; ce délai passé, il sera procédé au jugement, sur la production du défendeur. Pr. 94, 99, 100, 106, 342, 524.

99. Si c'est le défendeur qui ne produit pas dans le délai qui lui est accordé, il sera procédé au jugement, sur la production du demandeur. Pr. 96, s.

100. Si l'un des délais fixés expire sans qu'aucun des défendeurs ait pris communication, il sera procédé au jugement sur ce qui aura été produit. Pr. 94, 98.

101. Faute par le demandeur de produire, le défendeur le plus diligent mettra sa production au greffe ; et l'instruction sera continuée ainsi qu'il est dit ci-dessus. Pr, 96. s.

102. Si l'une des parties veut produire de nouvelles pièces, elle le fera au greffe, avec acte de produit contenant état desdites pièces, lequel sera signifié à avoué, sans requête de production nouvelle ni écritures, à peine de rejet de la taxe, lors même que l'état des pièces contiendrait de nouvelles conclusions. Pr. 75, 104, 105, 1031. — T. 71, 90.

103. L'autre partie aura huitaine pour prendre communication, et fournir sa réponse, qui ne pourra excéder six rôles. Pr. 106. — T. 73, 90.

104. Les avoués déclareront, au bas des originaux et des copies de toutes leurs requêtes et écritures, le nombre des rôles, qui sera aussi énoncé dans l'acte de produit, à peine de rejet lors de la taxe. P. 67, 102, 105, 133, 1031. — T. 70, 74.

105. Il ne sera passé en taxe que les écritures et significations énoncées au présent titre. Pr. 1031.

106. Les communications seront prises au greffe sur les récépissés des avoués, qui en contiendront la date. Pr. 97, 98, 99, 103, 107, 189, 404, s., 524. — P. 409.

107. Si les avoués ne rétablissent, dans les délais ci-dessus fixés, les productions par eux prises en communication, il sera, sur le certificat du greffier, et sur un simple acte pour venir plaider, rendu jugement à l'audience, qui les condamnera personnellement, et sans appel, à ladite remise, aux frais du jugement, sans répétition, et en dix francs au moins de dommages-intérêts par chaque jour de retard. — Si les avoués ne rétablissent les productions dans la huitaine de la signification dudit jugement, le tribunal pourra prononcer, sans appel, de plus forts dommages-intérêts, même condamner l'avoué par corps, et l'interdire pour tel temps qu'il estimera convenable. C. 2060-7°. — Pr. 126, 127, 191, 536. — Lesdites condamnations pourront être prononcées sur la demande des parties, sans qu'elles aient besoin d'avoués, et sur un simple mémoire qu'elles remettront ou au président, ou au rapporteur, ou au procureur impérial. T. 90.

108. Il sera tenu au greffe un registre sur lequel seront portées toutes les productions, suivant leur ordre de date : ce registre, divisé en colonnes, contiendra la date de la production, les noms des parties, de leurs avoués et du rapporteur; il sera laissé une colonne en blanc.

109. Lorsque toutes les parties auront produit, ou après l'expiration des délais ci-dessus fixés, le greffier, sur la réquisition de la partie la plus diligente, remettra les pièces au rapporteur, qui s'en chargera, en signant sur la colonne laissée en blanc au registre des productions. T. 90.

110. Si le rapporteur décède, se démet, ou ne peut faire le rapport, il en sera commis un autre, sur requête, par ordonnance du président, signifiée à partie ou à son avoué trois jours au moins avant le rapport. Pr. 93, s. — T. 70, 76.

111. Tous rapports, même sur délibérés, seront faits à l'audience ; le rapporteur résumera le fait et les moyens, sans ouvrir son avis ; les défenseurs n'auront, sous aucun prétexte, la parole après le rapport ; ils pourront seulement remettre sur-le-champ au président de simples notes énonciatives des faits sur lesquels ils prétendraient que le rapport a été incomplet ou inexact (*a*). Pr. 85, 87, 95, 341, 461, 762, 1030.

112. Si la cause est susceptible de communication, le procureur impérial sera entendu en ses conclusions à l'audience. Pr. 83, 84.

113. Les jugements rendus sur les pièces de l'une des parties, faute par l'autre d'avoir produit, ne seront point susceptibles d'opposition. Pr. 350, 351, 809, 1016. — T. 85.

114. Après le jugement, le rapporteur remettra les pièces au greffe ; et il en sera déchargé par la seule radiation de sa signature sur le registre des productions. C. 2276. — Pr. 108, 115.

115. Les avoués, en retirant leurs pièces, émargeront le registre ; cet émargement servira de décharge au greffier. Pr. 114. — T. 70, 91.

TITRE VII. — DES JUGEMENTS (*b*).

116. Les jugements seront rendus à la pluralité des voix, et prononcés sur-le-champ : néanmoins les juges pourront se retirer dans la chambre du conseil pour y recueillir les avis ; ils pourront aussi continuer la cause à une des prochaines audiences, pour prononcer le jugement. I. cr. 153, *in fine*, 195, 369. — T. 86.

117. S'il se forme plus de deux opinions, les juges plus faibles en nombre seront tenus de se réunir à l'une des deux opinions qui auront été émises par le plus grand nombre ; toutefois, ils ne seront tenus de s'y réunir qu'après que les voix auront été recueillies une seconde fois. Pr. 116, 118, s., 467.

118. En cas de partage, on appellera, pour le vider, un juge ; à défaut du juge, un suppléant ; à son défaut, un avocat attaché au barreau, et à son défaut, un avoué ; tous appelés selon l'ordre du tableau : l'affaire sera de nouveau plaidée (*c*). Pr. 84, 468.

119. Si le jugement ordonne la comparution des parties, il indiquera le jour de la comparution. Pr. 9, 48.

120. Tout jugement qui ordonnera un serment énoncera les faits sur lesquels il sera reçu. C. 1357, s. — Pr. 1035. — P. 366.

121. Le serment sera fait par la partie en personne, et à l'audience. Dans le cas d'un empêchement légitime et dûment constaté, le serment pourra être prêté devant le juge que le tribunal aura commis, et qui se transportera chez la partie, assisté du greffier. — Si la partie à laquelle le serment est déféré est trop éloignée, le tribunal pourra ordonner qu'elle prêtera le serment devant le tribunal du lieu de sa résidence. Pr. 1035.

---

toute décision émanée d'une autorité judiciaire. Cependant on appelle ainsi plus spécialement les décisions des tribunaux inférieurs, telles que celles des tribunaux de paix, de première instance, de police correctionnelle, des conseils de discipline, etc. On donne le nom d'*arrêts* aux décisions des cours impériales, d'assises et de la cour de cassation. Les décisions qui émanent d'un seul juge s'appellent *ordonnances*. Aux termes de l'art. 470 ci-après, toutes les dispositions relatives aux jugements s'appliquent aux arrêts des cours. — Les décisions des tribunaux ou juges *administratifs* portent soit le nom d'*arrêtés*, lorsqu'elles émanent des ministres, des préfets et des conseils de préfecture, soit celui de *décrets* ou d'*ordonnances*, lorsqu'elles émanent du conseil d'Etat. La cour des comptes rend des *arrêts*.

(*c*) Devant les tribunaux de commerce, on observe, à cet égard, les dispositions de l'art. 4 du décret du 6 oct. 1809. (Voy. C. des trib.)

(*a*) Cette disposition n'est pas suivie dans les matières relatives aux droits d'enregistrement. (Voy., au C. de l'enreg., les lois des 22 frimaire an VII, art. 65 ; 27 ventôse an IX, art. 17.)

(*b*) Le mot *jugement* comprend, en général,

—Dans tous les cas, le serment sera fait en présence de l'autre partie, ou elle dûment appelée par acte d'avoué à avoué, et, s'il n'y a pas d'avoué constitué, par exploit contenant l'indication du jour de la prestation. Pr. 59, 61, s., 1033.—P. 366.—T. 29, 70.

122. Dans les cas où les tribunaux peuvent accorder des délais pour l'exécution de leurs jugements, ils le feront par le jugement même qui statuera sur la contestation, et qui énoncera les motifs du délai (a). C. 1188, 1244, 1900, 2212. — Pr. 135, s.—Co. 157.

123. Le délai courra du jour du jugement, s'il est contradictoire, et de celui de la signification, s'il est par défaut. Pr. 149, 1033.

124. Le débiteur ne pourra obtenir un délai, ni jouir du délai qui lui aura été accordé, si ses biens sont vendus à la requête d'autres créanciers, s'il est en état de faillite, de contumace, ou s'il est constitué prisonnier, ni enfin lorsque, par son fait, il aura diminué les sûretés qu'il avait données par le contrat à son créancier. C. 1276, 1382, 1446, 1613, 2032-2°. — Co. 437, s.

125. Les actes conservatoires seront valables, nonobstant le délai accordé. C. 779, 1180, 1454.—Pr. 122.

126. La contrainte par corps ne sera prononcée que dans les cas prévus par la loi : il est néanmoins laissé à la prudence des juges de la prononcer, C. 2063, s. ; —1° Pour dommages et intérêts en matière civile, au-dessus de la somme de trois cents francs; Pr. 128, 523. — 2° Pour reliquat de comptes de tutelle, curatelle, d'administration de corps et communauté, établissements publics, ou de toute administration confiée par justice, et pour toutes restitutions à faire par suite desdits comptes. C. 469, 474, 509, 513, 1961. — Pr. 527, s., 780, s.

127. Pourront les juges, dans les cas énoncés en l'article précédent, ordonner qu'il sera sursis à l'exécution de la contrainte par corps, pendant le temps qu'ils fixeront; après lequel elle sera exercée

sans nouveau jugement. Ce sursis ne pourra être accordé que par le jugement qui statuera sur la contestation, et qui énoncera les motifs de délai. C. 1184, 1244.—Pr. 122, 478-2°.

128. Tous jugements qui condamneront en des dommages et intérêts en contiendront la liquidation, ou ordonneront qu'ils seront donnés par état. C. 1146. — Pr. 523, s.

129. Les jugements qui condamneront à une restitution de fruits ordonneront qu'elle sera faite en nature pour la dernière année ; et, pour les années précédentes, suivant les mercuriales du marché le plus voisin (b), eu égard aux saisons et aux prix communs de l'année; sinon à dire d'experts, à défaut de mercuriales. Si la restitution en nature pour la dernière année est impossible, elle se fera comme pour les années précédentes. C. 2060-2°.—Pr. 302, s., 526.

130. Toute partie qui succombera sera condamnée aux dépens. C. 441, 1260, 1459, 2101-1°, 2105-1°.—Pr. 131 à 137, 166, 185, 191, s., 281, 301, 316, 338, 401, 403, 525, 543, 544.—I. cr. 162, 194, 368.

131. Pourront néanmoins les dépens être compensés, en tout ou en partie, entre conjoints, ascendants, descendants, frères et sœurs, ou alliés au même degré : les juges pourront aussi compenser les dépens en tout ou en partie, si les parties succombent respectivement sur quelques chefs. C. 735.

132. Les avoués et huissiers qui auront excédé les bornes de leur ministère, les tuteurs, curateurs, héritiers bénéficiaires ou autres administrateurs, qui auront compromis les intérêts de leur administration, pourront être condamnés aux dépens, en leur nom et sans répétition, même aux dommages et intérêts s'il y a lieu; sans préjudice de l'interdiction contre les avoués et huissiers, et de la destitution contre les tuteurs et autres, suivant la gravité des circonstances. C. 444-2°, 450, 509, 513, 804, 811, 1146, 1382, 1428, s., 1961.—Pr. 71, 352, 523, s., 1030, 1031.

(a) Un décret du 19 mars 1848 a autorisé provisoirement les tribunaux de commerce à accorder un sursis de trois mois aux commerçants contre les poursuites de leurs créanciers. (Voy. ce décret sous l'art. 437 C. comm.)

(b) On donne le nom de *mercuriales* à des registres tenus dans les mairies, et sur lesquels on note les prix courants des principaux grains et des denrées comestibles, à chaque marché.

133. Les avoués pourront demander la distraction des dépens (a) à leur profit, en affirmant, lors de la prononciation du jugement, qu'ils ont fait la plus grande partie des avances. La distraction des dépens ne pourra être prononcée que par le jugement qui en portera la condamnation; dans ce cas, la taxe sera poursuivie et l'exécutoire délivré au nom de l'avoué, sans préjudice de l'action contre sa partie. Pr. 104, 130, s., 191, 192, 470, 1031.

134. S'il a été formé une demande provisoire, et que la cause soit en état sur le provisoire et sur le fond, les juges seront tenus de prononcer sur le tout par un seul jugement. Pr. 172, 288, 470, 473.

135. L'exécution provisoire sans caution sera ordonnée, s'il y a titre authentique, promesse reconnue, ou condamnation précédente par jugement dont il n'y ait point d'appel. — L'exécution provisoire pourra être ordonnée, avec ou sans caution, lorsqu'il s'agira, — 1° D'apposition et levée de scellés, ou confection d'inventaire; C. 793, s., 1456. — Pr. 174, 907, s., 941, s., 986, s. — 2° De réparations urgentes; C. 1724. — Pr. 806, s. — 3° D'expulsion des lieux, lorsqu'il n'y a pas de bail, ou que le bail est expiré; C. 1737, 2061. — 4° De séquestres, commissaires et gardiens; C. 1961.— Pr. 587, 596, s., 821, s. — 5° De réceptions de caution et certificateurs; C. 2041.— Pr. 517, s. — 6° De nomination de tuteurs, curateurs et autres administrateurs, et de reddition de comptes; Pr. 527, s., 883, s. — P. 29. — 7° De pensions ou provisions alimentaires. C. 203, s., 610, 1015-2°. — Pr. 581, 582, 593, 791, 800-4°, 1004.

136. Si les juges ont omis de prononcer l'exécution provisoire, ils ne pourront l'ordonner par un second jugement, sauf aux parties à la demander sur l'appel. Pr. 155, 443, 457, s.

137. L'exécution provisoire ne pourra être ordonnée pour les dépens, quand même ils seraient adjugés pour tenir lieu de dommages et intérêts. Pr. 130, s., 459, 503.

138. Le président et le greffier signeront la minute de chaque jugement aussitôt qu'il sera rendu : il sera fait mention, en marge de la feuille d'audience, des juges et du procureur impérial qui y auront assisté; cette mention sera également signée par le président et le greffier. Pr. 18, 139, s.—I. cr. 164, 196, 234, 369, s.

139. Les greffiers qui délivreront expédition d'un jugement avant qu'il ait été signé, seront poursuivis comme faussaires. I. cr. 196, 448, s., 1029.—P. 145, s.

140. Les procureurs impériaux et généraux se feront représenter, tous les mois, les minutes des jugements, et vérifieront s'il a été satisfait aux dispositions ci-dessus : en cas de contravention, ils en dresseront procès-verbal, pour être procédé ainsi qu'il appartiendra. I. cr. 196.

141. La rédaction des jugements contiendra les noms des juges, du procureur impérial, s'il a été entendu, ainsi que des avoués; les noms, professions et demeures des parties, leurs conclusions, l'exposition sommaire des points de fait et de droit, les motifs et le dispositif des jugements. Pr. 83, 142 à 146, 433.

142. La rédaction sera faite sur les qualités (b) signifiées entre les parties : en conséquence, celle qui voudra lever un jugement contradictoire sera tenue de signifier à l'avoué de son adversaire les qualités contenant les noms, professions et demeures des parties, les conclusions et les points de fait et de droit. T. 87, 88.

143. L'original de cette signification restera pendant vingt-quatre heures entre les mains des huissiers audienciers.

144. L'avoué qui voudra s'opposer, soit aux qualités, soit à l'exposé des points de fait et de droit, le déclarera à l'huissier, qui sera tenu d'en faire mention. T. 90.

145. Sur un simple acte d'avoué à avoué, les parties seront réglées sur cette opposition par le juge qui aura présidé; en cas d'empêchement, par le plus ancien, suivant l'ordre du tableau. T. 70, 75, 90.

146. Les expéditions des jugements seront intitulées et terminées au nom de l'Empereur, conformément à l'article 7 de la constitution du 14 janvier 1852. C. 820 et la *note.* — Pr. 433, 545.

147. S'il y a avoué en cause, le jugement ne pourra être exécuté qu'après avoir été signifié à avoué, à peine de nullité; les jugements provisoires et définitifs, qui prononceront des condamnations, seront en outre signifiés à la partie, à personne ou domicile, et il y sera fait mention de la signification à l'avoué. C. 877. — Pr. 148, 155, s., 435, 449, 450, 548, s., 1020, s., 1029, 1037, 1038. — T. 29.

148. Si l'avoué est décédé ou a cessé de postuler, la signification à partie suffira; mais il y sera fait mention du décès ou de la cessation des fonctions de l'avoué (*a*). Pr. 75, 147, 162, 342, s.

TITRE VIII. — DES JUGEMENTS PAR DÉFAUT, ET OPPOSITIONS (*b*).

149. Si le défendeur ne constitue pas avoué, ou si l'avoué constitué ne se présente pas au jour indiqué pour l'audience, il sera donné défaut (*c*). Pr. 19, s., 179, 194, s., 349, s., 434, 470, 480, 542. — Co. 643, 645. — I. cr. 80, 81, 91, 146, 149, s., 184, 186, s., 244, 354, 465, s., 641. — T. 82.

150. Le défaut sera prononcé à l'audience, sur l'appel de la cause; et les conclusions de la partie qui le requiert seront adjugées, si elles se trouvent justes et bien vérifiées : pourront néanmoins les juges faire mettre les pièces

sur le bureau pour prononcer le jugement à l'audience suivante. Pr. 19, s., 434.

151. Lorsque plusieurs parties auront été citées pour le même objet à différents délais, il ne sera pris défaut contre aucune d'elles, qu'après l'échéance du plus long délai. Pr. 72, 1033.

152. Toutes les parties appelées et défaillantes seront comprises dans le même défaut; et, s'il en est pris contre chacune d'elles séparément, les frais desdits défauts n'entreront point en taxe, et resteront à la charge de l'avoué, sans qu'il puisse les répéter contre la partie. Pr. 132, 1031.

153. Si de deux ou de plusieurs parties assignées, l'une fait défaut et l'autre comparaît, le profit du défaut sera joint, et le jugement de jonction sera signifié à la partie défaillante par un huissier commis : la signification contiendra assignation au jour auquel la cause sera appelée; il sera statué par un seul jugement, qui ne sera pas susceptible d'opposition. Pr. 22 et la *note*, 51, 69, 156, 165. — T. 29.

154. Le défendeur qui aura constitué avoué pourra, sans avoir fourni de défenses, suivre l'audience par un seul acte, et prendre défaut contre le demandeur qui ne comparaîtrait pas. Pr. 80, 82, 149 et la *note*, 434

155. Les jugements par défaut ne seront pas exécutés avant l'échéance de la huitaine de la signification à avoué, s'il y a eu constitution d'avoué, et de la signification à personne ou domicile, s'il n'y a pas eu constitution d'avoué; à moins qu'en cas d'urgence, l'exécution n'en ait été ordonnée avant l'expiration de ce délai, dans les cas prévus par l'article 135. Pr. 164, 449, s. — Pourront aussi les juges, dans le cas seulement où il y aurait péril en la demeure, ordonner l'exécution nonobstant l'opposition, avec ou sans caution; ce qui ne pourra se faire que par le même jugement. Pr. 17; 135, s., 435, 806.

156. Tous jugements par défaut contre une partie qui n'a pas constitué d'avoué seront signifiés par un huissier commis, soit par le tribunal, soit par le juge du domicile du défaillant, que le tribunal aura désigné; ils seront exécutés dans les six mois de leur obtention,

---

(*a*) La signification des arrêts de la cour de cassation est faite suivant les formes spéciales tracées par l'édit du 28 juin 1738, 2ᵉ part., tit. 13. (V. C. des trib., § C. de cassation.)

(*b*) Les dispositions de ce titre sont applicables, d'après l'art. 470, aux arrêts par défaut rendus par les cours d'appel.

(*c*) Il existe, comme on le voit, deux espèces de défaut : l'un *faute de comparaître,* qu'on nomme encore *défaut contre partie;* l'autre *faute de conclure* ou faute de plaider, qui se nomme également *défaut contre avoué.* — Le défaut contre le demandeur s'appelle *défaut-congé;* celui contre le défendeur porte le nom de *simple défaut.* Ils sont soumis à des règles différentes surtout en ce qui touche le délai de l'opposition, comme on le verra dans les art. 156 et suiv.

sinon seront réputés non avenus. Pr. 159, 397, s., 435, 548, s.—Co. 643.— T. 29. 76, 89.

157. Si le jugement est rendu contre une partie ayant un avoué, l'opposition ne sera recevable que pendant huitaine, à compter du jour de la signification à avoué. Pr. 156, 158, s., 351, 436, 809. — T. 89.

158. S'il est rendu contre une partie qui n'a pas d'avoué, l'opposition sera recevable jusqu'à l'exécution du jugement. Pr. 159, 162, 165.

159. Le jugement est réputé exécuté, lorsque les meubles saisis ont été vendus, ou que le condamné a été emprisonné ou recommandé, ou que la saisie d'un ou de plusieurs de ses immeubles lui a été notifiée, ou que les frais ont été payés, ou enfin lorsqu'il y a quelque acte duquel il résulte nécessairement que l'exécution du jugement a été connue de la partie défaillante : l'opposition formée dans les délais ci-dessus et dans les formes ci-après prescrites suspend l'exécution, si elle n'a pas été ordonnée nonobstant opposition. Pr. 155, s., 362.

160. Lorsque le jugement aura été rendu contre une partie ayant un avoué, l'opposition ne sera recevable qu'autant qu'elle aura été formée par requête d'avoué à avoué. Pr. 157, 163, 165.

161. La requête contiendra les moyens d'opposition, à moins que des moyens de défense n'aient été signifiés avant le jugement, auquel cas il suffira de déclarer qu'on les emploie comme moyens d'opposition : l'opposition qui ne sera pas signifiée dans cette forme n'arrêtera pas l'exécution; elle sera rejetée sur un simple acte, et sans qu'il soit besoin d'aucune autre instruction. Pr. 437.— T. 75.

162. Lorsque le jugement aura été rendu contre une partie n'ayant pas d'avoué, l'opposition pourra être formée, soit par acte extrajudiciaire, soit par déclaration sur les commandements, procès-verbaux de saisie ou d'emprisonnement, ou tout autre acte d'exécution, à la charge par l'opposant de la réitérer avec constitution d'avoué, par requête, dans la huitaine; passé lequel temps elle ne sera plus recevable, et l'exécution sera continuée, sans qu'il soit besoin de le faire ordonner. Pr. 438.— Si l'avoué

de la partie qui a obtenu le jugement est décédé, ou ne peut plus postuler, elle fera notifier une nouvelle constitution d'avoué au défaillant, lequel sera tenu, dans les délais ci-dessus, à compter de la signification, de réitérer son opposition par requête, avec constitution d'avoué. Pr. 148, 342, s. — Dans aucun cas, les moyens d'opposition fournis postérieurement à la requête n'entreront en taxe. Pr. 132, 1031.— T. 29.

163. Il sera tenu au greffe un registre sur lequel l'avoué de l'opposant fera mention sommaire de l'opposition, en énonçant les noms des parties et de leurs avoués, les dates du jugement et de l'opposition : il ne sera dû de droit d'enregistrement que dans le cas où il en serait délivré expédition. Pr. 164, 548, s.— T. 90.

164. Aucun jugement par défaut ne sera exécuté à l'égard d'un tiers, que sur un certificat du greffier, constatant qu'il n'y a aucune opposition portée sur le registre. Pr. 548, s. — T. 90.

165. L'opposition ne pourra jamais être reçue contre un jugement qui aurait débouté d'une première opposition. Pr. 22 et la *note*, 112, 351.

TITRE IX. — DES EXCEPTIONS (a).

§ I.—*De la caution à fournir par les étrangers (b)*.

166. Tous étrangers, demandeurs principaux ou intervenants, seront tenus, si le défendeur le requiert, avant toute exception, de fournir caution de payer les frais et dommages-intérêts auxquels ils pourraient être condamnés. C. 16, 2040, 2044. — Pr. 130, 423, 518, s. — T. 75.

167. Le jugement qui ordonnera la caution fixera la somme jusqu'à concurrence de laquelle elle sera fournie; le demandeur qui consignera cette somme, ou qui justifiera que ses immeubles, situés en France, sont suffisants pour en

(a) Les exceptions dans le langage de la procédure sont les moyens qu'une partie, avant de contester sur le fond du droit, oppose à son adversaire. La loi distingue cinq espèces d'exceptions ou *fin de non procéder*, comprises dans les cinq paragraphes du titre IX.
(b) C'est la caution appelée *judicatum solvi*, c'est-à-dire destinée à garantir le paiement des frais du procès.

répondre, sera dispensé de fournir caution. C. 16, 2041. — Pr. 166, 517, s.

§ II. — *Des renvois.*

168. La partie qui aura été appelée devant un tribunal autre que celui qui doit connaître de la contestation pourra demander son renvoi devant les juges compétents. Pr. 181-2°, 186, 424. — I. cr. 542, s. — T. 75.

169. Elle sera tenue de former cette demande préalablement à toutes autres exceptions et défenses. Pr. 173, 186.

170. Si néanmoins le tribunal était incompétent à raison de la matière, le renvoi pourra être demandé en tout état de cause; et si le renvoi n'était pas demandé, le tribunal sera tenu de renvoyer d'office devant qui de droit. Pr. 83-3°, 424, 454. — Co. 647. — I. cr. 408-2°, 539.

171. S'il a été formé précédemment, en un autre tribunal, une demande pour le même objet, ou si la contestation est connexe à une cause déjà pendante en un autre tribunal, le renvoi pourra être demandé et ordonné (a). Pr. 83-4°, 363, s.

172. Toute demande en renvoi sera jugée sommairement, sans qu'elle puisse être réservée ni jointe au principal. Pr. 404, s., 425, 463.

§ III. — *Des nullités.*

173. Toute nullité d'exploit ou d'acte de procédure est couverte, si elle n'est proposée avant toute défense ou exception autre que les exceptions d'incompétence. Pr. 71, 169, 186, 1029 à 1031. — T. 75.

§ IV. — *Des exceptions dilatoires* (b).

174. L'héritier, la veuve, la femme divorcée (c) ou séparée-de biens, assignée comme commune, auront trois mois, du jour de l'ouverture de la succession ou dissolution de la communauté, pour faire inventaire, et quarante jours pour délibérer : si l'inventaire a été fait avant les trois mois, le délai de quarante jours commencera du jour qu'il aura été parachevé. C. 795, 1456. — Pr. 177, 186, 187. — S'ils justifient que l'inventaire n'a pu être fait dans les trois mois, il leur sera accordé un délai convenable pour le faire, et quarante jours pour délibérer; ce qui sera réglé sommairement. C. 798. — Pr. 404, s. — L'héritier conserve néanmoins, après l'expiration des délais ci-dessus accordés, la faculté de faire encore inventaire et de se porter héritier bénéficiaire, s'il n'a pas fait d'ailleurs acte d'héritier, ou s'il n'existe pas contre lui de jugement passé en force de chose jugée qui le condamne en qualité d'héritier pur et simple. C. 800. — T. 75.

175. Celui qui prétendra avoir droit d'appeler en garantie sera tenu de le faire dans la huitaine du jour de la demande originaire, outre un jour pour trois myriamètres. S'il y a plusieurs garants intéressés en la même garantie, il n'y aura qu'un seul délai pour tous, qui sera réglé selon la distance du lieu de la demeure du garant le plus éloigné. C. 1625, s., 1693, 1721. — Pr. 32, 33, 49-3°, 59, 72, 176 à 186, 337, 1033. — Co. 86, 97, s., 117, s.

176. Si le garant prétend avoir droit d'en appeler un autre en sous-garantie, il sera tenu de le faire dans le délai ci-dessus, à compter du jour de la demande en garantie formée contre lui; ce qui sera successivement observé à l'égard du sous-garant ultérieur. Pr. 72.

177. Si néanmoins le défendeur originaire est assigné dans les délais pour faire inventaire et délibérer, le délai pour appeler garant ne commencera que du jour où ceux pour faire inventaire et délibérer seront expirés. Pr. 174.

178. Il n'y aura pas d'autre délai pour appeler garant, en quelque matière

(a) Les deux cas prévus par cet article sont la *litispendance* et la *connexité* : la connexité diffère de la litispendance, en ce que cette dernière suppose *deux* instances pour *une même* contestation, tandis que, dans le cas de connexité, les deux instances sont relatives à un objet différent, mais ont entre elles une corrélation telle, que la décision de l'une doit influer sur celle de l'autre.
(b) Les exceptions *dilatoires* ont pour objet direct de faire différer le jugement du procès. Telles sont les exceptions de discussion et de division que la caution peut présenter, suivant les art. 2022, 2026 C. Nap., les exceptions tirées du délai pour faire inventaire, l'appel d'une tierce personne en garantie, la demande en remise de la cause, etc., etc.
(c) Le divorce a été aboli par la loi du 8 mai 1816.

que ce soit, sous prétexte de minorité ou autre cause privilégiée, sauf à poursuivre les garants, mais sans que le jugement de la demande principale en soit retardé. Pr. 33, 444, 484.

179. Si les délais des assignations en garantie sont échus en même temps que celui de la demande originaire, il ne sera pris aucun défaut contre le défendeur originaire, lorsque, avant l'expiration du délai, il aura déclaré, par acte d'avoué à avoué, qu'il a formé sa demande en garantie; sauf, si le défendeur, après l'échéance du délai pour appeler le garant, ne justifie pas de la demande en garantie, à faire droit sur la demande originaire, même à le condamner à des dommages-intérêts, si la demande en garantie par lui alléguée se trouve n'avoir pas été formée. Pr. 5. — T. 70.

180. Si le demandeur originaire soutient qu'il n'y a lieu au délai pour appeler garant, l'incident sera jugé sommairement. Pr. 337, 338, 404, s. — T. 75.

181. Ceux qui seront assignés en garantie seront tenus de procéder devant le tribunal où la demande originaire sera pendante, encore qu'ils dénient être garants; mais s'il paraît par écrit, ou par l'évidence du fait, que la demande originaire n'a été formée que pour les traduire hors de leur tribunal, ils y seront renvoyés. Pr. 59, 168, 337, 338.

182. En garantie formelle (a), pour les matières réelles ou hypothécaires, le garant pourra toujours prendre le fait et cause du garanti, qui sera mis hors de cause, s'il le requiert avant le premier jugement. — Cependant le garanti, quoique mis hors de cause, pourra y assister pour la conservation de ses droits, et le demandeur originaire pourra demander qu'il y reste pour la conservation des siens. C. 1625, s., 2114. — Pr. 185, 339, s.

183. En garantie simple (b), le garant pourra seulement intervenir, sans prendre le fait et cause du garanti. Pr. 49-3º, 339, s., 406, 466.

184. Si les demandes originaires et

en garantie sont en état d'être jugées en même temps, il y sera fait droit conjointement; sinon le demandeur originaire pourra faire juger sa demande séparément : le même jugement prononcera sur la disjonction, si les deux instances ont été jointes; sauf, après le jugement du principal, à faire droit sur la garantie, s'il y échet. Pr. 719, 1034.

185. Les jugements rendus contre les garants formels seront exécutoires contre les garantis. Pr. 182. — Il suffira de signifier le jugement aux garantis, soit qu'ils aient été mis hors de cause, ou qu'ils y aient assisté, sans qu'il soit besoin d'autre demande ni procédure. A l'égard des dépens, dommages et intérêts, la liquidation et l'exécution ne pourront en être faites que contre les garants. Pr. 128, 130, 523, s., 543, 244. — Néanmoins, en cas d'insolvabilité du garant, le garanti sera passible des dépens, à moins qu'il n'ait été mis hors de cause; il le sera aussi des dommages et intérêts, si le tribunal juge qu'il y a lieu. C. 1149. — Pr. 130, 523, s.

186. Les exceptions dilatoires seront proposées conjointement et avant toutes défenses au fond. Pr. 169, 173, 337, 338.

187. L'héritier, la veuve et la femme divorcée (c) ou séparée, pourront ne proposer leurs exceptions dilatoires qu'après l'échéance des délais pour faire inventaire et délibérer. C. 1441. — Pr. 174.

§ V. — *De la communication des pièces.*

188. Les parties pourront respectivement demander, par un simple acte, communication des pièces employées contre elles, dans les trois jours où lesdites pièces auront été signifiées ou employées. Pr. 77, 97, 519, 1033. — T. 70.

189. La communication sera faite entre avoués, sur récépissé, ou par dépôt au greffe : les pièces ne pourront être déplacées, si ce n'est qu'il y en ait minute, ou que la partie y consente. Pr. 106, 523, s. — T. 91.

190. Le délai de la communication sera fixé, ou par le récépissé de l'avoué, ou par le jugement qui l'aura ordonnée : s'il n'était pas fixé, il sera de trois jours.

(a, b.) La garantie est *formelle*, lorsqu'elle a pour objet d'indemniser une partie d'une action réelle, c'est-à-dire relative à la propriété ou possession d'une chose : elle est *simple* lorsqu'elle n'a pour but que d'indemniser des suites d'une action personnelle.

(c) Le divorce a été aboli par la loi du 8 mai 1816.

16

191. Si, après l'expiration du délai, l'avoué n'a pas rétabli les pièces, il sera, sur simple requête, et même sur simple mémoire de la partie, rendu ordonnance portant qu'il sera contraint à ladite remise, incontinent et par corps; même à payer trois francs de dommages-intérêts à l'autre partie par chaque jour de retard, du jour de la signification de ladite ordonnance, outre les frais desdites requête et ordonnance, qu'il ne pourra répéter contre son constituant. C. 1149, 2060-7°. — Pr. 107, 132, 1029, 1031. — T. 70, 76.

192. En cas d'opposition, l'incident sera réglé sommairement : si l'avoué succombe, il sera condamné personnellement aux dépens de l'incident, même en tels autres dommages-intérêts et peines qu'il appartiendra, suivant la nature des circonstances. Pr. 107, 130, 191, 337, 338, 404, s., 463. — T. 75.

TITRE X. — DE LA VÉRIFICATION DES ÉCRITURES.

193. Lorsqu'il s'agira de reconnaissance et vérification d'écritures privées, le demandeur pourra, sans permission du juge, faire assigner à trois jours pour avoir acte de la reconnaissance, ou pour faire tenir l'écrit pour reconnu (*a*). C. 1322 à 1324. — Pr. 14, 49-7°, 59, 1033. — Si le défendeur ne dénie pas la signature, tous les frais relatifs à la reconnaissance ou à la vérification, même ceux de l'enregistrement de l'écrit, seront à la charge du demandeur. Pr. 130.

194. Si le défendeur ne comparaît pas, il sera donné défaut, et l'écrit sera tenu pour reconnu : si le défendeur reconnaît l'écrit, le jugement en donnera acte au demandeur. C. 1323, s. — Pr. 19, s., 149, s.

195. Si le défendeur dénie la signature à lui attribuée, ou déclare ne pas reconnaître celle attribuée à un tiers, la vérification en pourra être ordonnée tant par titres que par experts et par témoins. Pr. 14, 214, s., 232, s., 302, s., 427.

196. Le jugement qui autorisera la vérification ordonnera qu'elle sera faite par trois experts, et les nommera d'office, à moins que les parties ne se soient accordées pour les nommer. Le même jugement commettra le juge devant qui la vérification se fera ; il portera aussi que la pièce à vérifier sera déposée au greffe, après que son état aura été constaté, et qu'elle aura été signée et paraphée par le demandeur ou son avoué, et par le greffier, lequel dressera du tout un procès-verbal. Pr. 195, 219, s., 302, s., 1035. — I. cr. 448. — T. 92.

197. En cas de récusation contre le juge-commissaire ou les experts, il sera procédé ainsi qu'il est prescrit aux titres XIV et XXI du présent livre. Pr. 237, 308, s., 378, s.

198. Dans les trois jours du dépôt de la pièce, le défendeur pourra en prendre communication au greffe sans déplacement : lors de ladite communication, la pièce sera paraphée par lui, ou par son avoué, ou par son fondé de pouvoir spécial; et le greffier en dressera procès-verbal. Pr. 189, 228, 1033. — I. cr. 453. — P. 254, 255. — T. 92.

199. Au jour indiqué par l'ordonnance du juge-commissaire, et sur la sommation de la partie la plus diligente, signifiée à avoué s'il en a été constitué, sinon à domicile, par un huissier commis par ladite ordonnance, les parties seront tenues de comparaître devant ledit commissaire, pour convenir de pièces de comparaison : si le demandeur en vérification ne comparaît pas, la pièce sera rejetée : si c'est le défendeur, le juge pourra tenir la pièce pour reconnue. Dans les deux cas, le jugement sera rendu à la prochaine audience sur le rapport du juge-commissaire, sans acte à venir plaider : il sera susceptible d'opposition. Pr. 82, 214. — T. 76, 92.

200. Si les parties ne s'accordent pas sur les pièces de comparaison, le juge ne pourra recevoir comme telles, — 1° Que les signatures apposées aux actes par devant notaires, ou celles apposées aux actes judiciaires, en présence du juge et du greffier, ou enfin les pièces écrites et signées par celui dont il s'agit de comparer l'écriture, en qualité de juge, greffier, notaire, avoué, huissier, ou comme faisant, à tout autre titre,

---

(*a*) S'il s'agissait d'un acte *authentique*, au lieu d'*écritures privées*, il n'y aurait que la voie de l'inscription de faux qui pût détruire l'autorité due à ces sortes d'actes. (Voy. C. Pr. art. 214 et suiv.)

fonction de personne publique ; — 2º Les écritures et signatures privées, reconnues par celui à qui est attribuée la pièce à vérifier, mais non celles déniées ou non reconnues par lui, encore qu'elles eussent été précédemment vérifiées et reconnues être de lui. C. 1322. — I. cr. 456. — Si la dénégation ou méconnaissance ne porte que sur partie de la pièce à vérifier, le juge pourra ordonner que le surplus de ladite pièce servira de pièce de comparaison.

201. Si les pièces de comparaison sont entre les mains de dépositaires publics ou autres, le juge commissaire ordonnera qu'aux jour et heure par lui indiqués, les détenteurs desdites pièces les apporteront au lieu où se fera la vérification ; à peine, contre les dépositaires publics, d'être contraints par corps, et les autres, par les voies ordinaires, sauf même à prononcer contre ces derniers la contrainte par corps, s'il y échet. C. 2060-6º, 2063. — Pr. 107, 126, 127, 202, s. — I. cr. 454. — T. 166.

202. Si les pièces de comparaison ne peuvent être déplacées, ou si les détenteurs sont trop éloignés, il est laissé à la prudence du tribunal d'ordonner, sur le rapport du juge-commissaire, et après avoir entendu le procureur impérial, que la vérification se fera dans le lieu de la demeure des dépositaires, ou dans le lieu le plus proche, ou que, dans un délai déterminé, les pièces seront envoyées au greffe par les voies que le tribunal indiquera par son jugement. Pr. 222.

203. Dans ce dernier cas, si le dépositaire est personne publique, il fera préalablement expédition ou copie collationnée des pièces, laquelle sera vérifiée sur la minute ou original par le président du tribunal de son arrondissement, qui en dressera procès-verbal ; ladite expédition ou copie sera mise par le dépositaire au rang de ses minutes, pour en tenir lieu jusqu'au renvoi des pièces ; et il pourra en délivrer des grosses ou expéditions, en faisant mention du procès-verbal qui aura été dressé. Pr. 245-2º. — I. cr. 455. — Le dépositaire sera remboursé de ses frais par le demandeur en vérification, sur la taxe qui en sera faite par le juge qui aura dressé le procès-verbal, d'après lequel sera délivré exécutoire.

204. La partie la plus diligente fera sommer par exploit les experts et les dépositaires de se trouver aux lieu, jour et heure indiqués par l'ordonnance du juge-commissaire ; les experts, à l'effet de prêter serment et de procéder à la vérification, et les dépositaires, à l'effet de représenter les pièces de comparaison : il sera fait sommation à la partie d'être présente, par acte d'avoué à avoué. Il sera dressé du tout procès-verbal : il en sera donné aux dépositaires copie par extrait, en ce qui les concerne, ainsi que du jugement. Pr. 59, 72, 199, s., 315, 1033 à 1035. — T. 29, 70, 76, 166.

205. Lorsque les pièces seront représentées par les dépositaires, il est laissé à la prudence du juge-commissaire d'ordonner qu'ils resteront présents à la vérification, pour la garde desdites pièces, et qu'ils les retireront et représenteront à chaque vacation ; ou d'ordonner qu'elles resteront déposées ès-mains du greffier, qui s'en chargera par procès-verbal : dans ce dernier cas, le dépositaire, s'il est personne publique, pourra en faire expédition, ainsi qu'il est dit par l'article 203 ; et ce, encore que le lieu où se fait la vérification soit hors de l'arrondissement dans lequel le dépositaire a le droit d'instrumenter. Pr. 202, 222, 245, 319. — I. cr. 445. — T. 166.

206. A défaut ou en cas d'insuffisance des pièces de comparaison, le juge-commissaire pourra ordonner qu'il sera fait un corps d'écritures, lequel sera dicté par les experts, le demandeur présent ou appelé. I. cr. 461. — T. 70, 92.

207. Les experts ayant prêté serment, les pièces leur étant communiquées, ou le corps d'écritures fait, les parties se retireront, après avoir fait, sur le procès-verbal du juge-commissaire, telles réquisitions et observations qu'elles aviseront. Pr. 201, s., 236, 316. — T. 92, 163 à 165.

208. Les experts procéderont conjointement à la vérification, au greffe, devant le greffier ou devant le juge, s'il l'a ainsi ordonné ; et s'ils ne peuvent terminer le même jour, ils remettront à jour et heure certains, indiqués par le juge ou par le greffier. Pr. 317, 318. — T. 163, 164, 165.

209. Leur rapport sera annexé à la minute du procès-verbal du juge-commissaire, sans qu'il soit besoin de l'affirmer; les pièces seront remises aux dépositaires, qui en déchargeront le greffier sur le procès-verbal. I. cr. 463.—La taxe des journées et vacations des experts sera faite sur le procès-verbal, et il en sera délivré exécutoire contre le demandeur en vérification. Pr. 130, 210, 242, 318.

210. Les trois experts seront tenus de dresser un rapport commun et motivé, et de ne former qu'un seul avis à la pluralité des voix. — S'il y a des avis différents, le rapport en contiendra les motifs, sans qu'il soit permis de faire connaître l'avis particulier des experts. Pr. 318, 322, 323.

211. Pourront être entendus comme témoins, ceux qui auront vu écrire ou signer l'écrit en question, ou qui auront connaissance de faits pouvant servir à découvrir la vérité.

212. En procédant à l'audition des témoins, les pièces déniées ou méconnues leur seront représentées, et seront par eux paraphées; il en sera fait mention, ainsi que de leur refus : seront, au surplus, observées les règles ci-après prescrites pour les enquêtes (Pr. 252, s.). Pr. 234, 260, s. — I. cr. 457.

213. S'il est prouvé que la pièce est écrite ou signée par celui qui l'a déniée, il sera condamné à cent cinquante francs d'amende envers le domaine, outre les dépens, dommages et intérêts de la partie, et pourra être condamné par corps, même pour le principal (a). C. 2060, 2063. —Pr. 126, s., 246, 552, 1029.

TITRE XI.—DU FAUX INCIDENT CIVIL (b).

214. Celui qui prétend qu'une pièce signifiée, communiquée ou produite dans le cours de la procédure, est fausse ou falsifiée, peut, s'il y échet, être reçu à s'inscrire en faux, encore que ladite pièce ait été vérifiée, soit avec le demandeur, soit avec le défendeur en faux, à d'autres fins que celles d'une poursuite de faux principal ou incident, et qu'en conséquence il soit intervenu un jugement sur le fondement de ladite pièce comme véri-

(a) Pour le *principal*, c'est-à-dire pour le procès originaire, à l'occasion duquel a été soulevée la demande en vérification d'écriture, demande qui n'est qu'un *incident*.
(b) Voy., sous l'art. 1319, C. Nap., ce qu'il faut entendre par *faux incident* et *faux principal*.

table. C. 1350-3°, 1351.—Pr. 14, 194.s., 427, 1015.—I. cr., 154, 458.—P.145, s.

215. Celui qui voudra s'inscrire en faux sera tenu préalablement de sommer l'autre partie, par acte d'avoué à avoué, de déclarer si elle veut ou non se servir de la pièce, avec déclaration que, dans le cas où elle s'en servirait, il s'inscrira en faux. I. cr. 458, s. — T. 71.

216. Dans les huit jours, la partie sommée doit faire signifier, par acte d'avoué, sa déclaration, signée d'elle ou du porteur de sa procuration spéciale et authentique, dont copie sera donnée, si elle entend ou non se servir de la pièce arguée de faux. Pr. 218, 1033. — I. cr. 458. — T. 71.

217. Si le défendeur à cette sommation ne fait cette déclaration, ou s'il déclare qu'il ne veut pas se servir de la pièce, le demandeur pourra se pourvoir à l'audience, sur un simple acte, pour faire ordonner que la pièce maintenue fausse sera rejetée par rapport au défendeur; sauf au demandeur à en tirer telles inductions ou conséquences qu'il jugera à propos, ou à former telles demandes qu'il avisera, pour ses dommages et intérêts. Pr. 220, 224, 229 à 231.— I. cr. 459.

218. Si le défendeur déclare qu'il veut se servir de la pièce, le demandeur déclarera par acte au greffe, signé de lui ou de son fondé de pouvoir spécial et authentique, qu'il entend s'inscrire en faux; il poursuivra l'audience sur un simple acte, à l'effet de faire admettre l'inscription, et de faire nommer le commissaire devant lequel elle sera poursuivie. Pr. 231, 427. — I. cr. 459. — T. 92.

219. Le défendeur sera tenu de remettre la pièce arguée de faux au greffe, dans les trois jours de la signification du jugement qui aura admis l'inscription et nommé le commissaire, et de signifier l'acte de mise au greffe dans les trois jours suivants. Pr. 196, s., 220, s., 1033. — T. 70, 91.

220. Faute par le défendeur de satisfaire, dans ledit délai, à ce qui est prescrit par l'article précédent, le demandeur pourra se pourvoir à l'audience, pour faire statuer sur le rejet de ladite pièce, suivant ce qui est porté en l'article 247 ci-dessus; si mieux il n'aime demander qu'il lui soit permis de faire remettre ladite pièce au greffe, à ses frais, dont il sera remboursé par le défendeur comme de frais préjudiciaux (a); à l'effet de quoi il lui en sera délivré exécutoire. C. 2101-1°.—Pr. 130, 217, 1033. —T. 94.

221. En cas qu'il y ait minute de la pièce arguée de faux, il sera ordonné, s'il y a lieu, par le juge-commissaire, sur la requête du demandeur, que le défendeur sera tenu, dans le temps qui lui sera prescrit, de faire apporter ladite minute au greffe, et que les dépositaires d'icelle y seront contraints, les fonctionnaires publics par corps, et ceux qui ne le sont pas, par voie de saisie, amende, et même par corps, s'il y échet. C. 2060-6°, 2063. —Pr.126, 127, 204.—T. 70, 76, 92, 166.

222. Il est laissé à la prudence du tribunal d'ordonner, sur le rapport du juge-commissaire, qu'il sera procédé à la continuation de la poursuite du faux, sans attendre l'apport de la minute; comme aussi de statuer ce qu'il appartiendra, en cas que ladite minute ne pût être rapportée, ou qu'il fût suffisamment justifié qu'elle a été soustraite ou qu'elle a été perdue. Pr. 202.

223. Le délai pour l'apport de la minute court du jour de la signification de l'ordonnance ou du jugement au domicile de ceux qui l'ont en leur possession. C. 102, s. — Pr. 59, 224, 1033. — T. 29.

224. Le délai qui aura été prescrit au défendeur pour faire apporter la minute courra du jour de la signification de l'ordonnance ou du jugement à son avoué; et, faute par le défendeur d'avoir fait les diligences nécessaires pour l'apport de ladite minute dans ce délai, le demandeur pourra se pourvoir à l'audience, ainsi qu'il est dit article 217. Pr. 147. — Les diligences ci-dessus prescrites au défendeur seront remplies, en signifiant par lui aux dépositaires, dans le délai qui aura été prescrit, copie de la signification qui lui aura été faite de l'ordonnance ou du jugement ordonnant l'apport de ladite minute, sans qu'il soit besoin, par lui, de lever expédition de ladite ordonnance ou dudit jugement. Pr. 59, 1033. — T. 70.

(a) On appelle *frais préjudiciaux* ceux sur lesquels on peut statuer *avant* la décision de la contestation principale (*præ judicandi*), et dont il est juste de rembourser le demandeur qui en a fait l'avance.

225. La remise de ladite pièce prétendue fausse étant faite au greffe, l'acte en sera signifié à l'avoué du demandeur, avec sommation d'être présent au procès-verbal; et, trois jours après cette signification, il sera dressé procès-verbal de l'état de la pièce. Pr. 198, 219, 1033. — I. cr. 448, s. — Si c'est le demandeur qui a fait faire la remise, ledit procès-verbal sera fait dans les trois jours de ladite remise, sommation préalablement faite au défendeur d'y être présent. T. 70, 166.

226. S'il a été ordonné que les minutes seraient apportées, le procès-verbal sera dressé conjointement, tant desdites minutes, que des expéditions arguées de faux, dans les délais ci-dessus : pourra néanmoins le tribunal ordonner, suivant l'exigence des cas, qu'il sera d'abord dressé procès-verbal de l'état desdites expéditions, sans attendre l'apport desdites minutes, de l'état desquelles il sera, en ce cas, dressé procès-verbal séparément. Pr. 196, s., 219. — I. cr. 448. — T. 92.

227. Le procès-verbal contiendra mention et description des ratures, surcharges, interlignes et autres circonstances du même genre ; il sera dressé par le juge-commissaire, en présence du procureur impérial, du demandeur et du défendeur, ou de leurs fondés de procurations authentiques et spéciales : lesdites pièces et minutes seront paraphées par le juge-commissaire et le procureur impérial, par le défendeur et le demandeur, s'ils peuvent ou veulent les parapher; sinon il en sera fait mention. Dans le cas de non-comparution de l'une ou de l'autre des parties, il sera donné défaut et passé outre au procès-verbal. C. 1317, 1984, s.— Pr. 149, s., 199, 215.—I. cr. 448, s.

228. Le demandeur en faux, ou son avoué, pourra prendre communication, en tout état de cause, des pièces arguées de faux, par les mains du greffier, sans déplacement et sans retard. Pr. 189, 198. —T. 92.

229. Dans les huit jours qui suivront ledit procès-verbal, le demandeur sera tenu de signifier au défendeur ses moyens de faux, lesquels contiendront les faits, circonstances et preuves par lesquels il prétend établir le faux ou la falsification, sinon le défendeur pourra se pourvoir à l'audience pour faire ordonner, s'il y échet, que ledit demandeur demeurera déchu de son inscription en faux. Pr. 217, 247, 1033. — T. 75.

230. Sera tenu le défendeur, dans les huit jours de la signification des moyens de faux, d'y répondre par écrit; sinon le demandeur pourra se pourvoir à l'audience pour faire statuer sur le rejet de la pièce, suivant ce qui est prescrit article 217 ci-dessus. Pr. 77, 1033. — T. 75.

231. Trois jours après lesdites réponses, la partie la plus diligente pourra poursuivre l'audience; et les moyens de faux seront admis ou rejetés en tout ou en partie : il sera ordonné, s'il y échet, que lesdits moyens ou aucuns d'eux demeureront joints, soit à l'incident en faux, si quelques-uns desdits moyens ont été admis, soit à la cause ou au procès principal; le tout suivant la qualité desdits moyens et l'exigence des cas. Pr. 1033, 1034.

232. Le jugement ordonnera que les moyens admis seront prouvés, tant par titres que par témoins, devant le juge commis, sauf au défendeur la preuve contraire, et qu'il sera procédé à la vérification des pièces arguées de faux par trois experts écrivains, qui seront nommés d'office (a) par le même jugement. C. 1317, 1322, 1341, s. — Pr. 196, s., 212, 252, s., 302, s. — T. 164.

233. Les moyens de faux qui seront déclarés pertinents et admissibles seront énoncés expressément dans le dispositif du jugement qui permettra d'en faire preuve; et il ne sera fait preuve d'aucun autre moyen. Pourront néanmoins les experts faire telles observations dépendantes de leur art qu'ils jugeront à propos, sur les pièces prétendues fausses, sauf aux juges à y avoir tel égard que de raison. Pr. 253, 318, 323.

234. En procédant à l'audition des témoins, seront observées les formalités ci-après prescrites pour les enquêtes; les pièces prétendues fausses leur seront représentées, et paraphées d'eux, s'ils peuvent ou veulent les parapher; sinon il en sera fait mention.—A l'égard des pièces de comparaison et autres qui doivent être représentées aux experts, elles pourront l'être aussi aux témoins, en tout ou en partie, si le juge-commissaire l'estime convenable; auquel cas, elles seront par eux paraphées, ainsi qu'il est ci-dessus prescrit. Pr. 207, 211, 212, 260, s. — I. cr. 457.

235. Si les témoins représentent quelques pièces lors de leur déposition, elles y demeureront jointes, après avoir été paraphées, tant par le juge-commissaire que par lesdits témoins, s'ils peuvent ou veulent le faire; sinon il en sera fait mention : et, si lesdites pièces font preuve du faux ou de la vérité des pièces arguées, elles seront représentées aux autres témoins qui en auraient connaissance; et elles seront par eux paraphées, suivant ce qui est ci-dessus prescrit. Pr. 212, 234. — I. cr. 457.

236. La preuve par experts se fera en la forme suivante:—1° Les pièces de comparaison seront convenues entre les parties, ou indiquées par le juge, ainsi qu'il est dit à l'article 200, titre *de la Vérification des écritures;*—2° Seront remis aux experts, le jugement qui aura admis l'inscription de faux; les pièces prétendues fausses; le procès-verbal de l'état d'icelles; le jugement qui aura admis les moyens de faux et ordonné le rapport d'experts; les pièces de comparaison, lorsqu'il en aura été fourni; le procès-verbal de présentation d'icelles, et le jugement par lequel elles auront été reçues : les experts mentionneront dans leur rapport la remise de toutes les pièces susdites, et l'examen auquel ils auront procédé, sans pouvoir en dresser aucun procès-verbal; ils parapheront les pièces prétendues fausses. — Dans le cas où les témoins auraient joint des pièces à leur déposition, la partie pourra requérir et le juge-commissaire ordonner qu'elles seront représentées aux experts;—3° Seront, au surplus, observées audit rapport les règles prescrites au titre *de la Vérification des écritures* (art. 193, s.). T. 163, 164, 165.

237. En cas de récusation, soit contre le juge-commissaire, soit contre les experts, il y sera procédé ainsi qu'il est

---

(a) Ici les experts sont nommés d'*office* par le juge; ils ne peuvent l'être par les parties, comme cela a lieu dans la vérification d'écritures (Pr. 196), parce que l'affaire pouvant devenir criminelle, l'ordre public se trouve dès lors intéressé, et qu'il y aurait à craindre que des experts nommés par des parties ne cherchassent à pallier le crime, dans leur rapport.

prescrit aux titres XIV et XXI du présent livre. Pr. 197, 308, s., 378, 383.

238. Lorsque l'instruction sera achevée, le jugement sera poursuivi sur un simple acte. Pr. 82, 337, 338.

239. S'il résulte, de la procédure, des indices de faux ou de falsification, et que les auteurs ou complices soient vivants, et la poursuite du crime non éteinte par la prescription, d'après les dispositions du Code pénal *(a)*, le président délivrera mandat d'amener contre les prévenus, et remplira, à cet égard, les fonctions d'officier de police judiciaire. Pr. 240, 250. —I. cr. 2-3°, 460, 462, 637, s.—T. 75.

240. Dans le cas de l'article précédent, il sera sursis à statuer sur le civil, jusqu'après le jugement sur le faux. Pr. 250, 448. — I. cr. 3, 460.

241. Lorsqu'en statuant sur l'inscription de faux, le tribunal aura ordonné la suppression, la lacération ou la radiation en tout ou en partie, même la réformation ou le rétablissement des pièces déclarées fausses, il sera sursis à l'exécution de ce chef du jugement, tant que le condamné sera dans le délai de se pourvoir par appel, requête civile ou cassation, ou qu'il n'aura pas formellement et valablement acquiescé au jugement. Pr. 443, s., 480, s. — I. cr. 463.

242. Par le jugement qui interviendra sur le faux, il sera statué, ainsi qu'il appartiendra, sur la remise des pièces, soit aux parties, soit aux témoins, qui les auront fournies ou représentées ; ce qui aura lieu même à l'égard des pièces prétendues fausses, lorsqu'elles ne seront pas jugées telles : à l'égard des pièces qui auront été tirées d'un dépôt public, il sera ordonné qu'elles seront remises aux dépositaires, ou renvoyées par les greffiers de la manière prescrite par le tribunal ; le tout sans qu'il soit rendu séparément un autre jugement sur la remise des pièces, laquelle néanmoins ne pourra être faite qu'après le délai prescrit par l'article précédent. Pr. 209, 244. — I. cr. 463.

243. Il sera sursis, pendant ledit dé-

(a) C'est le **Code d'instruction criminelle** (art. 637) et non le Code pénal, comme le dit à tort cet article, qui règle ce qui est relatif à la prescription de l'action publique résultant d'un crime.

lai, à la remise des pièces de comparaison ou autres, si ce n'est qu'il en soit autrement ordonné par le tribunal, sur la requête des dépositaires desdites pièces, ou des parties qui auraient intérêt de la demander. Pr. 1038.

244. Il est enjoint aux greffiers de se conformer exactement aux articles précédents, en ce qui les regarde, à peine d'interdiction, d'amende qui ne pourra être moindre de cent francs, et des dommages-intérêts des parties, même d'être procédé extraordinairement, s'il y échet. C. 1149.—Pr. 128, 244 à 243, 1029.

245. Pendant que lesdites pièces demeureront au greffe, les greffiers ne pourront délivrer aucune copie ni expédition des pièces prétendues fausses, si ce n'est en vertu d'un jugement ; à l'égard des actes dont les originaux ou minutes auront été remis au greffe, et notamment des registres sur lesquels il y aurait des actes non argués de faux, lesdits greffiers pourront en délivrer des expéditions aux parties qui auront droit d'en demander, sans qu'ils puissent prendre de plus grands droits que ceux qui seraient dus aux dépositaires desdits originaux ou minutes ; et sera le présent article exécuté, sous les peines portées par l'article précédent. Pr. 1029. —S'il a été fait, par les dépositaires des minutes desdites pièces, des expéditions pour tenir lieu desdites minutes, en exécution de l'article 203 du titre *de la Vérification des écritures*, lesdits actes ne pourront être expédiés que par lesdits dépositaires. Pr. 128, 203, s., 228.

246. Le demandeur en faux qui succombera sera condamné à une amende, qui ne pourra être moindre de trois cents francs, et à tels dommages-intérêts qu'il appartiendra. Pr. 130, 243, 543, 544, 1029.

247. L'amende sera encourue toutes les fois que l'inscription en faux ayant été faite au greffe, et la demande à fin de s'inscrire admise, le demandeur s'en sera désisté volontairement ou aura succombé, ou que les parties auront été mises hors de procès, soit par le défaut de moyens ou de preuves suffisantes, soit faute d'avoir satisfait, de la part du demandeur, aux diligences et formalités ci-dessus prescrites ; ce qui aura lieu, en quelques termes que la prononciation soit conçue, et encore que le jugement ne portât point condamnation d'amende : le tout, quand même le demandeur offrirait de poursuivre le faux par la voie extraordinaire. Pr. 229, 246, 250, 1029.

248. L'amende ne sera pas encourue, lorsque la pièce, ou une des pièces arguées de faux, aura été déclarée fausse en tout ou partie, ou lorsqu'elle aura été rejetée de la cause ou du procès, comme aussi lorsque la demande à fin de s'inscrire en faux n'aura pas été admise; et ce, de quelques termes que les juges se soient servis pour rejeter ladite demande, ou pour n'y avoir pas d'égard. T. 75.

249. Aucune transaction sur la poursuite du faux incident ne pourra être exécutée, si elle n'a été homologuée en justice, après avoir été communiquée au ministère public, lequel pourra faire, à ce sujet, telles réquisitions qu'il jugera à propos. C. 2046.—Pr. 83-1°, 240, 251, 448.—I. cr. 4.—T. 71.

250. Le demandeur en faux pourra toujours se pourvoir, par la voie criminelle, en faux principal ; et, dans ce cas, il sera sursis au jugement de la cause, à moins que les juges n'estiment que le procès puisse être jugé indépendamment de la pièce arguée de faux. C. 1319 et la *note*. —Pr. 230, 241.—I. cr. 3-2°, 448, s. —P. 132 à 165.

251. Tout jugement d'instruction ou définitif, en matière de faux, ne pourra être rendu que sur les conclusions du ministère public. Pr. 83, 84, 112.

TITRE XII. — DES ENQUÊTES.

252. Les faits dont une partie demandera à faire preuve seront articulés succinctement par un simple acte de conclusion, sans écriture ni requête. Pr. 337, 338, 406.—Ils seront, également par un simple acte, déniés ou reconnus dans les trois jours; sinon ils pourront être tenus pour confessés ou avérés. Pr. 34, s., 407, s., 1031, 1033.—T. 71.

253. Si les faits sont admissibles, qu'ils soient déniés, et que la loi n'en défende pas la preuve, elle pourra être ordonnée. C. 252, 1341, s.—Pr. 256.

254. Le tribunal pourra aussi ordonner d'office la preuve des faits qui lui pa-

raîtront concluants, si la loi ne le défend pas. C. 1341, s.

255. Le jugement qui ordonnera la preuve contiendra,—1° Les faits à prouver;—2° La nomination du juge devant qui l'enquête sera faite. Pr. 93.—Si les témoins sont trop éloignés, il pourra être ordonné que l'enquête sera faite devant un juge commis par un tribunal désigné à cet effet. Pr. 1035.

256. La preuve contraire sera de droit; la preuve du demandeur et la preuve contraire seront commencées et terminées dans les délais fixés par les articles suivants.

257. Si l'enquête est faite au même lieu où le jugement a été rendu, ou dans la distance de trois myriamètres, elle sera commencée dans la huitaine du jour de la signification à avoué; si le jugement est rendu contre une partie qui n'avait point d'avoué, le délai courra du jour de la signification à personne ou domicile : ces délais courent également contre celui qui a signifié le jugement; le tout à peine de nullité. Pr. 147, 156, 1029, 1033.—Si le jugement est susceptible d'opposition, le délai courra du jour de l'expiration des délais de l'opposition. Pr. 157, s.

258. Si l'enquête doit être faite à une plus grande distance, le jugement fixera le délai dans lequel elle sera commencée.

259. L'enquête est censée commencée, pour chacune des parties respectivement, par l'ordonnance qu'elle obtient du juge-commissaire, à l'effet d'assigner les témoins aux jour et heure par lui indiqués.—En conséquence, le juge-commissaire ouvrira les procès-verbaux respectifs par la mention de la réquisition et de la délivrance de son ordonnance. Pr. 275, s.—T. 76, 91.

260. Les témoins seront assignés à personne ou domicile : ceux domiciliés dans l'étendue de trois myriamètres du lieu où se fait l'enquête le seront au moins un jour avant l'audition; il sera ajouté un jour par trois myriamètres, pour ceux domiciliés à une plus grande distance. Il sera donné copie à chaque témoin du dispositif du jugement, seulement en ce qui concerne les faits admis, et de l'ordonnance du juge-commissaire; le tout à peine de nullité des dépositions des témoins envers lesquels les formalités ci-dessus n'auraient pas été observées. Pr. 267, 294, 408, 413, 1029, 1033. —I. cr.. 510, s.—T. 29.

261. La partie sera assignée, pour être présente à l'enquête, au domicile de son avoué, si elle en a constitué, sinon à son domicile ; le tout trois jours au moins avant l'audition : les noms, professions et demeures des témoins à produire contre elle lui seront notifiés ; le tout à peine de nullité, comme ci-dessus. Pr. 260, 275, 413, 1029, 1031, 1033.—T. 29.

262. Les témoins seront entendus séparément, tant en présence qu'en l'absence des parties. —Chaque témoin, avant d'être entendu, déclarera ses noms, profession, âge et demeure, s'il est parent ou allié de l'une des parties, à quel degré, s'il est serviteur ou domestique de l'une d'elles : il fera serment de dire vérité : le tout à peine de nullité. Pr. 35, 268, 271, 275, 1029.—I. cr. 73, 75, 317. —P. 363.

263. Les témoins défaillants seront condamnés, par ordonnances du juge-commissaire, qui seront exécutoires non-obstant opposition ou appel, à une somme qui ne pourra être moindre de dix francs, au profit de la partie, à titre de dommages et intérêts ; ils pourrront de plus être condamnés, par la même ordonnance, à une amende qui ne pourra excéder la somme de cent francs. Pr. 264, s., 413, 1029.—I. cr. 80, 86, 157, 204, 307, 355, 579.—Les témoins défaillants seront réassignés à leurs frais. Pr. 264.

264. Si les témoins réassignés sont encore défaillants, ils seront condamnés, et par corps, à une amende de cent francs ; le juge-commissaire pourra même décerner contre eux un mandat d'amener. Pr. 263, 265, 266, 1029.—I. cr. 80, 157, 355.

265. Si le témoin justifie qu'il n'a pu se présenter au jour indiqué, le juge-commissaire le déchargera, après sa déposition, de l'amende et des frais de réassignation. I. cr. 81, 158, 355.

266. Si le témoin justifie qu'il est dans l'impossibilité de se présenter au jour indiqué, le juge-commissaire lui accordera un délai suffisant, qui néanmoins ne pourra excéder celui fixé pour l'enquête, ou se transportera pour recevoir la déposition.

Si le témoin est éloigné, le juge-commissaire renverra devant le président du tribunal du lieu, qui entendra le témoin ou commettra un juge : le greffier de ce tribunal fera parvenir de suite la minute du procès-verbal au greffe du tribunal où le procès est pendant, sauf à lui à prendre exécutoire pour les frais contre la partie à la requête de qui le témoin aura été entendu. Pr. 263, s., 412, 782, 1033, 1035. — I. cr. 83, s.

267. Si les témoins ne peuvent être entendus le même jour, le juge-commissaire remettra à jour et heure certains ; et il ne sera donné nouvelle assignation ni aux témoins, ni à la partie, encore qu'elle n'ait pas comparu. Pr. 269.— T. 167.

268. Nul ne pourra être assigné comme témoin s'il est parent ou allié en ligne directe de l'une des parties, ou son conjoint, même divorcé (a). C. 735 à 737.— Pr. 270, 275, 282, s., 413.—I. cr. 156, 322.—P. 34-3°, 42, 70.

269. Les procès-verbaux d'enquête contiendront la date des jour et heure, les comparutions ou défauts des parties et témoins, la représentation des assignations, les remises à autres jour et heure, si elles sont ordonnées ; à peine de nullité. Pr. 1029.

270. Les reproches seront proposés par la partie ou par son avoué avant la déposition du témoin, qui sera tenu de s'expliquer sur iceux ; ils seront circonstanciés et pertinents et non en termes vagues et généraux. Les reproches et les explications du témoin seront consignés dans le procès-verbal. Pr. 36 et la *note*, 275, 282, s., 287 à 291, 413.—I. cr. 156, 189, 322, 323.—T. 92.

271. Le témoin déposera, sans qu'il lui soit permis de lire aucun projet écrit. Sa déposition sera consignée sur le procès-verbal ; elle lui sera lue, et il lui sera demandé s'il y persiste ; le tout à peine de nullité : il lui sera demandé aussi s'il requiert taxe. Pr. 262, 275, 277, 292, s., 333, 1029.—T. 167.

272. Lors de la lecture de sa déposition, le témoin pourra faire tels changements et additions que bon lui semblera ;

(a) Le divorce a été aboli par la loi du 8 mai 1816.

ils seront écrits à la suite ou à la marge de sa déposition; il lui en sera donné lecture, ainsi que de la déposition, et mention en sera faite; le tout à peine de nullité. Pr. 275, 292, s., 1029.

273. Le juge-commissaire pourra, soit d'office, soit sur la réquisition des parties ou de l'une d'elles, faire au témoin les interpellations qu'il croira convenables pour éclaircir sa déposition ; les réponses du témoin seront signées de lui, après lui avoir été lues, ou mention sera faite s'il ne veut ou ne peut signer; elles seront également signées du juge et du greffier; le tout à peine de nullité. Pr. 37, 275, 292, s., 413, 1029. — I. cr. 76.

274. La déposition du témoin, ainsi que les changements et additions qu'il pourra y faire, seront signés par lui, le juge et le greffier; et si le témoin ne veut ou ne peut signer, il en sera fait mention; le tout à peine de nullité. Il sera fait mention de la taxe, s'il la requiert, ou de son refus. Pr. 271, 273, 275, 292, s., 1029. — I. cr. 76.

275. Les procès-verbaux feront mention de l'observation des formalités prescrites par les articles 261, 262, 269, 270, 271, 272, 273 et 274 ci-dessus : ils seront signés, à la fin, par le juge et le greffier, et par les parties si elles le veulent ou le peuvent; en cas de refus, il en sera fait mention; le tout à peine de nullité. Pr. 277, 292, s., 1029.

276. La partie ne pourra ni interrompre le témoin dans sa déposition, ni lui faire aucune interpellation directe, mais sera tenue de s'adresser au juge-commissaire, à peine de dix francs d'amende, et de plus forte amende, même d'exclusion, en cas de récidive; ce qui sera prononcé par le juge-commissaire. Ses ordonnances seront exécutoires nonobstant appel ou opposition. Pr. 88, s. 1029.

277. Si le témoin requiert taxe, elle sera faite par le juge-commissaire sur la copie de l'assignation, et elle vaudra exécutoire : le juge fera mention de la taxe sur son procès-verbal. Pr. 271, 274, 275, 413. — T. 167.

278. L'enquête sera respectivement parachevée dans la huitaine de l'audition des premiers témoins, à peine de nullité, si le jugement qui l'a ordonnée n'a fixé un

plus long délai. Pr. 257, 280, 292, s., 1029, 1031.

279. Si néanmoins l'une des parties demande prorogation dans le délai fixé pour la confection de l'enquête, le tribunal pourra l'accorder. Pr. 257, 280, 409. — T. 168.

280. La prorogation sera demandée sur le procès-verbal du juge-commissaire, et ordonnée sur le référé qu'il en fera à l'audience, au jour indiqué par son procès-verbal, sans sommation ni avenir, si les parties ou leurs avoués ont été présents : il ne sera accordé qu'une seule prorogation, à peine de nullité. Pr. 275, 1029.

281. La partie qui aura fait entendre plus de cinq témoins sur un même fait ne pourra répéter les frais des autres dépositions. Pr. 413, 1031. — T. 168.

282. Aucun reproche ne sera proposé, après la déposition, s'il n'est justifié par écrit. Pr. 270, 289, 413. — T. 71.

283. Pourront être reprochés, les parents ou alliés de l'une ou de l'autre des parties, jusqu'au degré de cousin issu de germain inclusivement; les parents et alliés des conjoints au degré ci-dessus, si le conjoint est vivant, ou si la partie ou le témoin en a des enfants vivants : en cas que le conjoint soit décédé, et qu'il n'ait pas laissé de descendants, pourront être reprochés les parents et alliés en ligne directe, les frères, beaux-frères, sœurs et belles-sœurs. C. 735, s. — Pr. 291. — I. cr. 156, 322. — Pourront aussi être reprochés, le témoin héritier présomptif ou donataire; celui qui aura bu ou mangé avec la partie, et à ses frais, depuis la prononciation du jugement qui a ordonné l'enquête; celui qui aura donné des certificats sur les faits relatifs au procès; les serviteurs et domestiques; le témoin en état d'accusation; celui qui aura été condamné à une peine afflictive ou infamante, ou même à une peine correctionnelle pour cause de vol. C. i. cr. 333. — P. 28, 42.

284. Le témoin reproché sera entendu dans sa déposition. Pr. 276, 291. — T. 92, 168.

285. Pourront les individus âgés de moins de quinze ans révolus être entendus, sauf à avoir à leurs dépositions tel égard que de raison. Pr. 413. — I. cr. 79.

286. Le délai pour faire enquête étant expiré, la partie la plus diligente fera signifier à avoué copie des procès-verbaux, et poursuivra l'audience sur un simple acte. Pr. 82, 278, s., 337, 338, 406.—T. 70, 73.

287. Il sera statué sommairement sur les reproches. Pr. 283, 404, s., 463, 543.

288. Si néanmoins le fond de la cause était en état, il pourra être prononcé sur le tout par un seul jugement. Pr. 134, 172, 338, 473.

289. Si les reproches proposés avant la déposition ne sont justifiés par écrit, la partie sera tenue d'en offrir la preuve, et de désigner les témoins; autrement elle n'y sera plus reçue : le tout sans préjudice des réparations, dommages et intérêts qui pourraient être dus au témoin reproché. Pr. 252, 260, 282, s., 1029.—T. 71.

290. La preuve, s'il y échet, sera ordonnée par le tribunal, sauf la preuve contraire, et sera faite dans la forme ci-après réglée pour les enquêtes sommaires (art. 407 à 413). Aucun reproche ne pourra y être proposé, s'il n'est justifié par écrit. Pr. 407, s.

291. Si les reproches sont admis, la déposition du témoin reproché ne sera point lue. Pr. 284.

292. L'enquête ou la déposition déclarée nulle par la faute du juge-commissaire sera recommencée à ses frais; les délais de la nouvelle enquête ou de la nouvelle audition de témoins courront du jour de la signification du jugement qui l'aura ordonnée : la partie pourra faire entendre les mêmes témoins; et si quelques-uns ne peuvent être entendus, les juges auront tel égard que de raison aux dépositions par eux faites dans la première enquête. C. 1382.—Pr. 257, s., 260, s., 1029.

293. L'enquête déclarée nulle par la faute de l'avoué, ou par celle de l'huissier, ne sera pas recommencée; mais la partie pourra en répéter les frais contre eux, même des dommages et intérêts en cas de manifeste négligence; ce qui est laissé à l'arbitrage du juge. C. 1382, 1383.—Pr. 71, 132, 257, 292, 294, 360, 1030, 1031.

294. La nullité d'une ou de plusieurs dépositions n'entraîne pas celle de l'enquête. Pr. 291, 1029, 1030.

TITRE XIII.—DES DESCENTES SUR LES LIEUX.

295. Le tribunal pourra, dans le cas où il le croira nécessaire, ordonner que l'un des juges se transportera sur les lieux; mais il ne pourra l'ordonner dans les matières où il n'échoit qu'un simple rapport d'experts, s'il n'en est requis par l'une ou par l'autre des parties. Pr. 30, 41, s., 296, s., 302, s.

296. Le jugement commettra l'un des juges qui y auront assisté. Pr. 1035.

297. Sur la requête de la partie la plus diligente, le juge-commissaire rendra une ordonnance qui fixera les lieu, jour et heure de la descente; la signification en sera faite d'avoué à avoué, et vaudra sommation. T. 70, 76, 92.

298. Le juge-commissaire fera mention, sur la minute de son procès-verbal, des jours employés au transport, séjour et retour. Pr. 301.

299. L'expédition du procès-verbal sera signifiée par la partie la plus diligente aux avoués des autres parties; et, trois jours après, elle pourra poursuivre l'audience sur un simple acte. Pr. 82.—T. 70.

300. La présence du ministère public ne sera nécessaire que dans le cas où il sera lui-même partie. Pr. 83, s.

301. Les frais de transport seront avancés par la partie requérante, et par elle consignés au greffe. Pr. 130, 319, 852-2°.—T. 3, 66, 144 à 146, 159 à 167, 170.

TITRE XIV.— DES RAPPORTS D'EXPERTS (a).

302. Lorsqu'il y aura lieu à un rapport d'experts, il sera ordonné par un jugement, lequel énoncera clairement les objets de l'expertise. Pr. 42, 196, 295, 974, 1053.

303. L'expertise ne pourra se faire que par trois experts, à moins que les parties ne consentent qu'il soit procédé

(a) Un *rapport d'experts* est l'exposé par écrit d'une opération appelée *expertise*, qui a été ordonnée, soit d'office par les juges, soit demandée amiablement par les parties, à des hommes expérimentés dans un métier, dans un art, dans une science, etc.—Il ne faut pas confondre les experts avec les arbitres : les arbitres sont de véritables *juges*; tandis que les experts ne donnent que des avis, des renseignements, que les juges ne sont pas obligés de suivre. (Pr. 323, 1003 et suiv.—Co. 51 et suiv.)

par un seul. C. 126, 153, 166, 824, 834, 1559, 1678 à 1680.—Pr. 196, s., 232, s., 429, s., 935, 955, s.

304. Si, lors du jugement qui ordonne l'expertise, les parties se sont accordées pour nommer les experts, le même jugement leur donnera acte de la nomination.

305. Si les experts ne sont pas convenus par les parties, le jugement ordonnera qu'elles seront tenues d'en nommer dans les trois jours de la signification, sinon, qu'il sera procédé à l'opération par les experts qui seront nommés d'office par le même jugement. Pr. 147, 1033.—Ce même jugement nommera le juge-commissaire, qui recevra le serment des experts convenus ou nommés d'office : pourra néanmoins le tribunal ordonner que les experts prêteront leur serment devant le juge de paix du canton où ils procéderont. Pr. 1033, 1035.

306. Dans le délai ci-dessus, les parties qui se seront accordées pour la nomination des experts en feront leur déclaration au greffe. Pr. 304, 305.—T. 91.

307. Après l'expiration du délai ci-dessus, la partie la plus diligente prendra l'ordonnance du juge, et fera sommation aux experts nommés par les parties ou d'office, pour faire leur serment, sans qu'il soit nécessaire que les parties y soient présentes. Pr. 315, 316, 319, 1035.—T. 29, 76, 91.

308. Les récusations ne pourront être proposées que contre les experts nommés d'office, à moins que les causes n'en soient survenues depuis la nomination et avant le serment. Pr. 197, 237, 430.

309. La partie qui aura des moyens de récusation à proposer sera tenue de le faire, dans les trois jours de la nomination, par un simple acte signé d'elle ou de son mandataire spécial, contenant les causes de récusation, et les preuves, si elle en a, ou l'offre de les vérifier par témoin : le délai ci-dessus expiré, la récusation ne pourra être proposée, et l'expert prêtera serment au jour indiqué par la sommation. Pr. 252, s., 1035.—T. 71.

310. Les experts pourront être récusés par les motifs pour lesquels les témoins peuvent être reprochés. C. 25.—Pr. 283, 308.—P. 34, 42-7°, 43.

311. La récusation contestée sera ju-

gée sommairement à l'audience, sur un simple acte, et sur les conclusions du ministère public ; les juges pourront ordonner la preuve par témoins, laquelle sera faite dans la forme ci-après prescrite pour les enquêtes sommaires. Pr. 82 à 84, 112, 405, s.—T. 71.

312. Le jugement sur la récusation sera exécutoire, nonobstant l'appel. Pr. 135, 391.

313. Si la récusation est admise, il sera d'office, par le même jugement, nommé un nouvel expert ou de nouveaux experts à la place de celui ou de ceux récusés. Pr. 305, 311.

314. Si la récusation est rejetée, la partie qui l'aura faite sera condamnée en tels dommages et intérêts qu'il appartiendra, même envers l'expert, s'il le requiert ; mais, dans ce dernier cas, il ne pourra demeurer expert. C. 1146, s., 1382.—Pr. 128, 390.

315. Le procès-verbal de prestation de serment contiendra indication, par les experts, du lieu et des jour et heure de leur opération. Pr. 1034.—En cas de présence des parties ou de leurs avoués, cette indication vaudra sommation. Pr. 280.—En cas d'absence, il sera fait sommation aux parties, par acte d'avoué, de se trouver aux jour et heure que les experts auront indiqués. T. 70, 91.

316. Si quelque expert n'accepte point la nomination, ou ne se présente point, soit pour le serment, soit pour l'expertise, aux jour et heure indiqués, les parties s'accorderont sur-le-champ pour en nommer un autre à sa place ; sinon la nomination pourra être faite d'office par le tribunal. Pr. 320.—L'expert qui, après avoir prêté serment, ne remplira pas sa mission, pourra être condamné, par le tribunal qui l'avait commis, à tous les frais frustratoires, et même aux dommages et intérêts, s'il y échet. C. 1149, 1382. —Pr. 303, 320, 1031.

317. Le jugement qui aura ordonné le rapport, et les pièces nécessaires, seront remis aux experts ; les parties pourront faire tels dires et réquisitions qu'elles jugeront convenables : il en sera fait mention dans le rapport ; il sera rédigé sur le lieu contentieux, ou dans le lieu et aux jour et heure qui seront indiqués par les experts. Pr. 207, s., 236, 956.—La rédaction sera écrite par un des experts et signée par tous : s'ils ne savent pas tous écrire, elle sera écrite et signée par le greffier de la justice de paix du lieu où ils auront procédé. Pr. 18, 956. —T. 15, 92.

348. Les experts dresseront un seul rapport; ils ne formeront qu'un seul avis à la pluralité des voix.—Ils indiqueront néanmoins, en cas d'avis différents, les motifs des divers avis, sans faire connaître quel a été l'avis personnel de chacun d'eux. C. 824, 1679.—Pr. 210, 323, 956.

349. La minute du rapport sera déposée au greffe du tribunal qui aura ordonné l'expertise, sans nouveau serment de la part des experts : leurs vacations seront taxées par le président au bas de la minute, et il en sera délivré exécutoire contre la partie qui aura requis l'expertise, ou qui l'aura poursuivie, si elle a été ordonnée d'office. Pr. 130, 209, 301, 401, 957.—T. 159 à 164.

320. En cas de retard ou de refus de la part des experts de déposer leur rapport, ils pourront être assignés à trois jours, sans préliminaire de conciliation, par devant le tribunal qui les aura commis, pour se voir condamner, même par corps s'il y échet, à faire ledit dépôt; il y sera statué sommairement et sans instruction. C. 2063.—Pr. 404, s., 463, 1033.—T. 159.

321. Le rapport sera levé et signifié à avoué par la partie la plus diligente; l'audience sera poursuivie sur un simple acte. Pr. 75, 82, 286, 299. — T. 70.

322. Si les juges ne trouvent point dans le rapport les éclaircissements suffisants, ils pourront ordonner d'office une nouvelle expertise, par un ou plusieurs experts qu'ils nommeront également d'office, et qui pourront demander aux précédents experts les renseignements qu'ils trouveront convenables. Pr. 303.

323. Les juges ne sont point astreints à suivre l'avis des experts, si leur conviction s'y oppose.

TITRE XV.—DE L'INTERROGATOIRE SUR FAITS ET ARTICLES (a).

324. Les parties peuvent, en toutes matières et en tout état de cause, deman-

(a) Il ne faut pas confondre l'interrogatoire

der de se faire interroger respectivement sur faits et articles pertinents concernant seulement la matière dont est question, sans retard de l'instruction ni du jugement. Pr. 9, 10, 119, 325, s., 428, 1035.

325. L'interrogatoire ne pourra être ordonné que sur requête contenant les faits, et par jugement rendu à l'audience : il y sera procédé, soit devant le président, soit devant un juge par lui commis. Pr. 147. — T. 79.

326. En cas d'éloignement, le président pourra commettre le président du tribunal dans le ressort duquel la partie réside, ou le juge de paix du canton de cette résidence. Pr. 1035.

327. Le juge commis indiquera, au bas de l'ordonnance qui l'aura nommé, les jour et heure de l'interrogatoire; le tout sans qu'il soit besoin de procès-verbal contenant réquisition, ou délivrance de son ordonnance.

328. En cas d'empêchement légitime de la partie, le juge se transportera au lieu où elle est retenue. Pr. 266, 332, 333.

329. Vingt-quatre heures au moins avant l'interrogatoire, seront signifiées par le même exploit, à personne ou domicile, la requête et les ordonnances du tribunal, du président ou du juge qui devra procéder à l'interrogatoire, avec assignation donnée par un huissier qu'il aura commis à cet effet. T. 29.

330. Si l'assigné ne comparaît pas, ou refuse de répondre après avoir comparu, il en sera dressé procès-verbal sommaire, et les faits pourront être tenus pour avérés. C. 1353.—Pr. 252, 333, 336, 428.

331. Si, ayant fait défaut sur l'assignation, il se présente avant le jugement, il sera interrogé, en payant les frais du premier procès-verbal et de la signification, sans répétition.

332. Si, au jour de l'interrogatoire, la partie assignée justifie d'empêchement légitime, le juge indiquera un autre jour

sur faits et articles avec la comparution des parties, autorisée par l'art. 119 C. pr. : l'interrogatoire sur faits et articles est un acte judiciaire, fait à la requête de l'une des parties, pour parvenir, au moyen des réponses de l'autre, à la découverte de la vérité des faits articulés par la première; la comparution personnelle des parties est un moyen d'instruction entièrement abandonné au pouvoir discrétionnaire du juge.

pour l'interrogatoire, sans nouvelle assignation.

333. La partie répondra en personne, sans pouvoir lire aucun projet de réponse par écrit, et sans assistance de conseil, aux faits contenus en la requête, même à ceux sur lesquels le juge l'interrogera d'office; les réponses seront précises et pertinentes sur chaque fait, et sans aucun terme calomnieux ni injurieux : celui qui aura requis l'interrogatoire ne pourra y assister. Pr. 271.

334. L'interrogatoire achevé sera lu à la partie, avec interpellation de déclarer si elle a dit vérité et persiste : si elle ajoute, l'addition sera rédigée en marge ou à la suite de l'interrogatoire; elle lui sera lue, et il lui sera fait la même interpellation : elle signera l'interrogatoire et les additions; et si elle ne sait ou ne veut signer, il en sera fait mention. Pr. 271, 272, s.

335. La partie qui voudra faire usage de l'interrogatoire le fera signifier, sans qu'il puisse être un sujet d'écritures de part ni d'autre. Pr. 1031.— T. 70.

336. Seront tenues les administrations d'établissements publics de nommer un administrateur ou agent pour répondre sur les faits et articles qui leur auront été communiqués : elles donneront, à cet effet, un pouvoir spécial dans lequel les réponses seront expliquées et affirmées véritables, sinon les faits pourront être tenus pour avérés; sans préjudice de faire interroger les administrateurs et agents sur les faits qui leur seront personnels, pour y avoir, par le tribunal, tel égard que de raison. Pr. 252, 330, 1032.

TITRE XVI. — DES INCIDENTS.

§ I. — Des demandes incidentes.

337. Les demandes incidentes seront formées par un simple acte contenant les moyens et les conclusions, avec offre de communiquer les pièces justificatives sur récépissé, ou par dépôt au greffe. Le défendeur à l'incident donnera sa réponse par un simple acte. Pr. 77, 82, 188, s., 214, s., 339, s., 406, 493, 718, s.—T. 71.

338. Toutes demandes incidentes seront formées en même temps; les frais de celles qui seraient proposées postérieurement, et dont les causes auraient existé à l'époque des premières, ne pourront être répétés. Pr. 186, 1031. — Les demandes incidentes seront jugées par préalable, s'il y a lieu; et, dans les affaires sur lesquelles il aura été ordonné une instruction par écrit, l'incident sera porté à l'audience, pour être statué ce qu'il appartiendra. Pr. 93, s., 134, 288, 341, 473.

§ II. — De l'intervention (a).

339. L'intervention sera formée par requête qui contiendra les moyens et conclusions, dont il sera donné copie ainsi que des pièces justificatives. Pr. 49-3°, 166, 183, 406, 466, 536.—Co. 158, 159. —T. 75.

340. L'intervention ne pourra retarder le jugement de la cause principale, quand elle sera en état. Pr. 343.

341. Dans les affaires sur lesquelles il aura été ordonné une instruction par écrit, si l'intervention est contestée par l'une des parties, l'incident sera porté à l'audience. Pr. 338.

TITRE XVII.—DES REPRISES D'INSTANCES, ET CONSTITUTION DE NOUVEL AVOUÉ.

342. Le jugement de l'affaire qui sera en état ne sera différé, ni par le changement d'état des parties (b), ni par la cessation des fonctions dans lesquelles elles procédaient, ni par leur mort, ni par les décès, démissions, interdictions ou destitutions de leurs avoués. Pr. 75, 94, 148, 162, 343, s., 426, 428, 1038.

343. L'affaire sera en état, lorsque la plaidoirie sera commencée; la plaidoirie sera réputée commencée, quand les conclusions auront été contradictoirement prises à l'audience. Pr. 369, 382.—Dans les affaires qui s'instruisent par écrit, la cause sera en état quand l'instruction sera

(a) L'*intervention* est la voie par laquelle un tiers, qui ne figurait pas comme partie dans l'instance originaire, demande à se présenter dans la contestation pour faire valoir ses droits ou ceux d'une des parties principales.

(b) Il y a *changement d'état des parties*, dans le sens de cet article, lorsqu'une partie, capable d'ester en justice au moment de l'introduction de l'instance, est devenue, depuis, incapable; par exemple, lorsqu'une fille ou une veuve se marie pendant l'instance; lorsqu'un majeur a été interdit; ou réciproquement lorsqu'un mineur devient capable; par exemple, lorsqu'un mineur devient majeur, ou qu'une femme mariée devient veuve.

complète, ou quand les délais pour les productions et réponses seront expirés. Pr. 93, s.

344. Dans les affaires qui ne seront pas en état, toutes procédures faites postérieurement à la notification de la mort de l'une des parties seront nulles : il ne sera pas besoin de signifier les décès, démissions, interdictions ni destitutions des avoués; les poursuites faites et les jugements obtenus depuis seront nuls, s'il n'y a constitution de nouvel avoué. C. 2003, 2008, 2010.—Pr. 75, 447, 1029, 1038.— T. 70.

345. Ni le changement d'état des parties, ni la cessation des fonctions dans lesquelles elles procédaient, n'empêcheront la continuation des procédures. — Néanmoins le défendeur, qui n'aurait pas constitué avoué avant le changement d'état ou le décès du demandeur, sera assigné de nouveau à un délai de huitaine, pour voir adjuger les conclusions, et sans qu'il soit besoin de conciliation préalable. Pr. 49-7°, 59, 61, 69, 72, 75, 342 et la *note*, 1033, 1038.

346. L'assignation en reprise ou en constitution sera donnée aux délais fixés au titre *des Ajournements*, avec indication des noms des avoués qui occupaient, et du rapporteur, s'il y en a. Pr. 72, 73, 93.

347. L'instance sera reprise par acte d'avoué à avoué. Pr. 75. — T. 71.

348. Si la partie assignée en reprise conteste, l'incident sera jugé sommairement. Pr. 337, 338, 404, s. — T. 75.

349. Si, à l'expiration du délai, la partie assignée en reprise ou en constitution ne comparaît pas, il sera rendu jugement qui tiendra la cause pour reprise, et ordonnera qu'il sera procédé suivant les derniers errements, et sans qu'il puisse y avoir d'autres délais que ceux qui restaient à courir. Pr. 149, s.

350. Le jugement rendu par défaut contre une partie, sur la demande en reprise d'instance ou en constitution de nouvel avoué, sera signifié par un huissier commis : si l'affaire est en rapport, la signification énoncera le nom du rapporteur. Pr. 95, 156. — T. 29.

351. L'opposition à ce jugement sera portée à l'audience, même dans les affaires en rapport. Pr. 95, 157, 165.

TITRE XVIII. — DU DÉSAVEU.

352. Aucunes offres, aucun aveu ou consentement, ne pourront être faits, donnés ou acceptés sans un pouvoir spécial, à peine de désaveu. C. 1109, 1257, s., 1356, 1987. — Pr. 49-7°, 132, 402, s.

353. Le désaveu sera fait au greffe du tribunal qui devra en connaître par un acte signé de la partie, ou du porteur de sa procuration spéciale et authentique : l'acte contiendra les moyens, conclusions et constitution d'avoué. Pr. 75, 370, 384. — T. 92.

354. Si le désaveu est formé dans le cours d'une instance encore pendante, il sera signifié, sans autre demande, par acte d'avoué, tant à l'avoué contre lequel le désaveu est dirigé, qu'aux autres avoués de la cause; et ladite signification vaudra sommation de défendre au désaveu. Pr. 75. — T. 70, 75, 76.

355. Si l'avoué n'exerce plus ses fonctions, le désaveu sera signifié par exploit à son domicile : s'il est mort, le désaveu sera signifié à ses héritiers, avec assignation au tribunal où l'instance est pendante, et notifié aux parties de l'instance par acte d'avoué à avoué. C. 102, s., 724. — Pr. 59, s. — T. 29, 70.

356. Le désaveu sera toujours porté au tribunal devant lequel la procédure désavouée aura été instruite, encore que l'instance dans le cours de laquelle il est formé soit pendante en un autre tribunal; le désaveu sera dénoncé aux parties de l'instance principale, qui seront appelées dans celle de désaveu. Pr. 59, 1038.

357. Il sera sursis à toute procédure et au jugement de l'instance principale, jusqu'à celui du désaveu, à peine de nullité; sauf cependant à ordonner que le désavouant fera juger le désaveu dans un délai fixe, sinon qu'il sera fait droit. Pr. 1029.

358. Lorsque le désaveu concernera un acte sur lequel il n'y a point d'instance, la demande sera portée au tribunal du défendeur. Pr. 59, 61, 69.

359. Toute demande en désaveu sera communiquée au ministère public. Pr. 83, 84.

360. Si le désaveu est déclaré valable, le jugement, ou les dispositions du jugement relatives aux chefs qui ont donné lieu au désaveu, demeureront annulées et comme non avenues : le désavoué sera condamné, envers le demandeur et les autres parties, en tous dommages-intérêts, même puni d'interdiction, ou poursuivi extraordinairement, suivant la gravité du cas et la nature des circonstances. C. 1146, s., 1382. — Pr. 128, 132, 1029, 1031.

361. Si le désaveu est rejeté, il sera fait mention du jugement de rejet en marge de l'acte de désaveu, et le demandeur pourra être condamné, envers le désavoué et les autres parties, en tels dommages et réparations qu'il appartiendra. C. 1146, s., 1382. — Pr. 128, 360. — T. 91.

362. Si le désaveu est formé à l'occasion d'un jugement qui aura acquis force de chose jugée, il ne pourra être reçu après la huitaine, à dater du jour où le jugement devra être réputé exécuté, aux termes de l'article 159 ci-dessus. C. 1350-3°, 1351. — Pr. 356.

TITRE XIX.—DES RÈGLEMENTS DE JUGES (a).

363. Si un différend est porté à deux ou à plusieurs tribunaux de paix ressortissant au même tribunal, le règlement de juges sera porté à ce tribunal. — Si les tribunaux de paix relèvent de tribunaux différents, le règlement de juges sera porté à la cour impériale. — Si ces tribunaux ne ressortissent pas à la même cour impériale, le règlement sera porté à la cour de cassation. — Si un différend est porté à deux ou à plusieurs tribunaux de première instance ressortissant à la même cour impériale, le règlement de juges sera porté à cette cour : il sera porté à la cour de cassation, si les tribunaux ne ressortissent pas tous à la même cour impériale, ou si le conflit existe entre une ou plusieurs cours. Pr. 49-7°, 83-4°, 171. — I. cr. 525, s.

364. Sur le vu des demandes formées dans différents tribunaux, il sera rendu, sur requête, jugement portant permission d'assigner en règlement, et les juges pourront ordonner qu'il sera sursis à

toutes procédures dans lesdits tribunaux. I. cr. 528, s. — T. 78.

365. Le demandeur signifiera le jugement et assignera les parties au domicile de leurs avoués. — Le délai pour signifier le jugement et pour assigner sera de quinzaine, à compter du jour du jugement. — Le délai pour comparaître sera celui des ajournements, en comptant les distances, d'après le domicile respectif des avoués. Pr. 72, 366, 1033. — T. 29.

366. Si le demandeur n'a pas assigné dans les délais ci-dessus, il demeurera déchu du règlement de juges, sans qu'il soit besoin de le faire ordonner ; et les poursuites pourront être continuées dans le tribunal saisi par le défendeur en règlement. Pr. 1029.

367. Le demandeur qui succombera pourra être condamné aux dommages-intérêts envers les autres parties. C. 1149, 1382. — Pr. 128. — I. cr. 541.

TITRE XX.—DU RENVOI A UN AUTRE TRIBUNAL POUR PARENTÉ OU ALLIANCE (b).

368. Lorsqu'une partie aura deux parents ou alliés, jusqu'au degré de cousin issu de germain inclusivement, parmi les juges d'un tribunal de première instance, ou trois parents ou alliés au même degré dans une cour impériale ; ou lorsqu'elle aura un parent audit degré parmi les juges du tribunal de première instance, ou deux parents dans la cour impériale, et qu'elle-même sera membre du tribunal ou de cette cour, l'autre partie pourra demander le renvoi. Pr. 49-7°, 83-4°, 168, 369, s. — I. cr. 542, s.

369. Le renvoi sera demandé avant le commencement de la plaidoirie ; et, si l'affaire est en rapport, avant que l'instruction soit achevée, ou que les délais soient expirés ; sinon il ne sera plus reçu. Pr. 95, 98, 99, 343, 382, 1029. — I. cr. 543.

370. Le renvoi sera proposé par acte au greffe, lequel contiendra les moyens,

---

(a) Le *règlement de juges* est la décision par laquelle une autorité judiciaire supérieure déclare, sur la demande de l'une ou de l'autre des parties, lequel de deux ou plusieurs tribunaux doit connaître d'une contestation dont ils se trouvent saisis simultanément.

(b) Outre les causes de demandes en renvoi contenues dans le présent titre, la constitution du 22 frim. an VIII (art. 65) et la loi du 27 vent. de la même année (art. 79), toujours en vigueur à cet égard, autorisent également les demandes en renvoi pour cause de *suspicion légitime* et de *sûreté publique*. — Ces demandes sont portées devant la cour de cassation, chambre des requêtes. — L'art. 542 C. instr. crim. a reproduit le même principe.

et sera signé de la partie ou de son fondé de procuration spéciale et authentique. Pr. 353, 384. — T. 92.

371. Sur l'expédition dudit acte, présentée avec les pièces justificatives, il sera rendu jugement qui ordonnera, 1º la communication aux juges à raison desquels le renvoi est demandé, pour faire, dans un délai fixe, leur déclaration au bas de l'expédition du jugement; 2º la communication au ministère public; 3º le rapport, à jour indiqué, par l'un des juges nommés par ledit jugement. Pr. 83, 84, 95, 112, 385, s. — I. cr. 546.

372. L'expédition de l'acte à fin de renvoi, les pièces y annexées, et le jugement mentionné en l'article précédent, seront signifiés aux autres parties. Pr. 147. — T. 70, 92.

373. Si les causes de la demande en renvoi sont avouées ou justifiées dans un tribunal de première instance, le renvoi sera fait à l'un des autres tribunaux ressortissant en la même cour impériale; et si c'est dans une cour impériale, le renvoi sera fait à l'une des trois cours les plus voisines. T. 75.

374. Celui qui succombera sur sa demande en renvoi sera condamné à une amende qui ne pourra être moindre de cinquante francs, sans préjudice des dommages-intérêts de la partie, s'il y a lieu. Pr. 128, 130, 390, 1039.

375. Si le renvoi est prononcé, qu'il n'y ait pas d'appel, ou que l'appelant ait succombé, la contestation sera portée devant le tribunal qui devra en connaître, sur simple assignation, et la procédure y sera continuée suivant ses derniers errements. Pr. 59, s., 349.

376. Dans tous les cas, l'appel du jugement de renvoi sera suspensif. Pr. 457. — I. cr. 550.

377. Sont applicables audit appel les dispositions des articles 392, 393, 394, 395, titre de la *Récusation*, ci-après.

TITRE XXI. — DE LA RÉCUSATION.

378. Tout juge peut être récusé pour les causes ci-après; Pr. 44, s., 197, 237, 308, s. — I. cr. 332, 399, s. — 1º S'il est parent ou allié des parties, ou de l'une d'elles, jusqu'au degré de cousin issu de germain inclusivement; Pr. 368. — 2º Si la femme du juge est parente ou alliée de l'une des parties, ou si le juge est parent ou allié de la femme de l'une des parties, au degré ci-dessus, lorsque la femme est vivante, ou qu'étant décédée, il en existe des enfants : si elle est décédée et qu'il n'y ait point d'enfants, le beau-père, le gendre ni les beaux-frères ne pourront être juges; — La disposition relative à la femme décédée s'appliquera à la femme divorcée, s'il existe des enfants du mariage dissous; — 3º Si le juge, sa femme, leurs ascendants et descendants, ou alliés dans la même ligne, ont un différend sur pareille question que celle dont il s'agit entre les parties; — 4º S'ils ont un procès en leur nom dans un tribunal où l'une des parties sera juge; s'ils sont créanciers ou débiteurs d'une des parties; — 5º Si, dans les cinq ans qui ont précédé la récusation, il y a eu procès criminel entre eux et l'une des parties, ou son conjoint, ou ses parents ou alliés en ligne directe; — 6º S'il y a procès civil entre le juge, sa femme, leurs ascendants et descendants ou alliés dans la même ligne, et l'une des parties, et que ce procès, s'il a été intenté par la partie, l'ait été avant l'instance dans laquelle la récusation est proposée; si, ce procès étant terminé, il ne l'a été que dans les six mois précédant la récusation; — 7º Si le juge est tuteur, subrogé-tuteur ou curateur, héritier présomptif ou donataire, maître ou commensal de l'une des parties; s'il est administrateur de quelque établissement, société ou direction, partie dans la cause; si l'une des parties est sa présomptive héritière; — 8º Si le juge a donné conseil, plaidé ou écrit sur le différend; s'il en a précédemment connu comme juge ou comme arbitre; s'il a sollicité, recommandé ou fourni aux frais du procès; s'il a déposé comme témoin; si, depuis le commencement du procès, il a bu ou mangé avec l'une ou l'autre des parties dans leur maison, ou reçu d'elle des présents. Pr. 86, 283; — 9º S'il y a inimitié capitale entre lui et l'une des parties; s'il y a eu, de sa part, agressions, injures ou menaces, verbalement ou par écrit, depuis l'instance ou dans les six mois précédant la récusation proposée. Pr. 430, 514, 1014.

379. Il n'y aura pas lieu à récusation, dans les cas où le juge serait parent du tuteur ou du curateur de l'une des deux parties, ou des membres ou administrateurs d'un établissement, société, direction ou union, partie dans la cause, à moins que lesdits tuteurs, administrateurs ou intéressés, n'aient un intérêt distinct ou personnel. Pr. 378-7°.

380. Tout juge qui saura cause de récusation en sa personne sera tenu de la déclarer à la chambre, qui décidera s'il doit s'abstenir. Pr. 388.

381. Les causes de récusation relatives aux juges sont applicables au ministère public, lorsqu'il est partie jointe; mais il n'est pas récusable, lorsqu'il est partie principale. Pr. 83, 84, 112.

382. Celui qui voudra récuser devra le faire avant le commencement de la plaidoirie; et, si l'affaire est en rapport, avant que l'instruction soit achevée, ou que les délais soient expirés, à moins que les causes de la récusation ne soient survenues postérieurement. Pr. 45, 46, 95, 98, 99, 343, 359, 1029.

383. La récusation contre les juges commis aux descentes, enquêtes et autres opérations, ne pourra être proposée que dans les trois jours, qui courront, 1° si le jugement est contradictoire, du jour du jugement; 2° si le jugement est par défaut et qu'il n'y ait pas d'opposition, du jour de l'expiration de la huitaine de l'opposition; 3° si le jugement a été rendu par défaut et qu'il y ait eu opposition, du jour du débouté d'opposition, même par défaut. Pr. 22, 157, 158, 165, 1029, 1033.

384. La récusation sera proposée par un acte au greffe, qui en contiendra les moyens et sera signé de la partie ou du fondé de sa procuration authentique et spéciale, laquelle sera annexée à l'acte. Pr. 370, 386, 392. — T. 92.

385. Sur l'expédition de l'acte de récusation, remise dans les vingt-quatre heures par le greffier au président du tribunal, il sera, sur le rapport du président et les conclusions du ministère public, rendu jugement, qui, si la récusation est inadmissible, la rejettera; et, si elle est admissible, ordonnera, 1° la communication au juge récusé, pour s'expliquer en termes précis sur les faits, dans le délai qui sera fixé par le jugement; 2° la communication au mi-

nistère public, et indiquera le jour où le rapport sera fait par l'un des juges nommé par ledit jugement. Pr. 47, 83-4°, 371. — I. cr. 546

386. Le juge récusé fera sa déclaration au greffe, à la suite de la minute de l'acte de récusation. Pr. 46, 384.

387. À compter du jour du jugement qui ordonnera la communication, tous jugements et opérations seront suspendus : si cependant l'une des parties prétend que l'opération est urgente et qu'il y a péril dans le retard, l'incident sera porté à l'audience sur un simple acte, et le tribunal pourra ordonner qu'il sera procédé par un autre juge. Pr. 391.

388. Si le juge récusé convient des faits qui ont motivé sa récusation, ou si ces faits sont prouvés, il sera ordonné qu'il s'abstiendra. Pr. 380.

389. Si le récusant n'apporte preuve par écrit ou commencement de preuve des causes de la récusation, il est laissé à la prudence du tribunal de rejeter la récusation sur la simple déclaration du juge, ou d'ordonner la preuve testimoniale. C. 1347.

390. Celui dont la récusation aura été déclarée non admissible, ou non recevable, sera condamné à telle amende qu'il plaira au tribunal, laquelle ne pourra être moindre de cent francs, et sans préjudice, s'il y a lieu, de l'action du juge en réparation et dommages et intérêts, auquel cas il ne pourra demeurer juge. Pr. 314, 1029.

391. Tout jugement sur récusation, même dans les matières où le tribunal de première instance juge en dernier ressort, sera susceptible d'appel; si néanmoins la partie soutient qu'attendu l'urgence, il est nécessaire de procéder à une opération sans attendre que l'appel soit jugé, l'incident sera porté à l'audience sur un simple acte; et le tribunal qui aura rejeté la récusation, pourra ordonner qu'il sera procédé à l'opération par un autre juge. Pr. 337, 338, 387, 457.

392. Celui qui voudra appeler sera tenu de le faire, dans les cinq jours du jugement, par un acte au greffe, lequel sera motivé et contiendra énonciation du dépôt au greffe des pièces au soutien. Pr. 377, 396, 1035.

393. L'expédition de l'acte de récusation, de la déclaration du juge, du jugement, de l'appel, et les pièces jointes, seront envoyées sous trois jours par le greffier, à la requête et aux frais de l'appelant, au greffier du tribunal d'appel. Pr. 130, 1033.

394. Dans les trois jours de la remise au greffier du tribunal d'appel, il présentera lesdites pièces au tribunal, lequel indiquera le jour du jugement, et commettra l'un des juges; sur son rapport et sur les conclusions du ministère public, il sera rendu à l'audience jugement, sans qu'il soit nécessaire d'appeler les parties. Pr. 83, 95, 112, 116, 317.

395. Dans les vingt-quatre heures de l'expédition du jugement, le greffier du tribunal d'appel renverra les pièces à lui adressées au greffier du tribunal de première instance.

396. L'appelant sera tenu, dans le mois du jour du jugement de première instance qui aura rejeté sa récusation, de signifier aux parties le jugement sur l'appel, ou certificat du greffier du tribunal d'appel, contenant que l'appel n'est pas jugé, et indication du jour déterminé par le tribunal : sinon le jugement qui aura rejeté la récusation sera exécuté par provision; et ce qui sera fait en conséquence sera valable, encore que la récusation fût admise sur l'appel. Pr. 457 — T. 70.

TITRE XXII. — DE LA PÉREMPTION (a).

397. Toute instance, encore qu'il n'y ait pas eu constitution d'avoué, sera éteinte par discontinuation de poursuites pendant trois ans. C. 330, 2247. — Pr. 15, 156, 469, 470, 1029. — Ce délai sera augmenté de six mois dans tous les cas où il y aura lieu à demande en reprise d'instance, ou constitution de nouvel avoué. Pr. 342, s., 1033.

398. La péremption courra contre l'Etat, les établissements publics, et toutes personnes, même mineures, sauf leur recours contre les administrateurs et tuteurs. C. 2278.

399. La péremption n'aura pas lieu de droit; elle se couvrira par les actes valables faits par l'une ou l'autre des parties avant la demande en péremption. Pr. 173.

400. Elle sera demandée par requête d'avoué à avoué, à moins que l'avoué ne soit décédé, ou interdit, ou suspendu, depuis le moment où elle a été acquise. Pr. 75, 82, 148, 162, 342.

401. La péremption n'éteint pas l'action; elle emporte seulement extinction de la procédure, sans qu'on puisse, dans aucun cas, opposer aucun des actes de la procédure éteinte, ni s'en prévaloir. Pr. 469, 1029. — En cas de péremption, le demandeur principal est condamné à tous les frais de la procédure périmée. Pr. 130, 543, 554.

TITRE XXIII. — DU DÉSISTEMENT (b).

402. Le désistement peut être fait et accepté par de simples actes signés des parties ou de leurs mandataires, et signifiés d'avoué à avoué. Pr. 352. — T. 71.

403. Le désistement, lorsqu'il aura été accepté, emportera de plein droit consentement que les choses soient remises de part et d'autre au même état qu'elles étaient avant la demande. C. 1350, 1352. — Il emportera également soumission de payer les frais, au paiement desquels la partie qui se sera désistée sera contrainte, sur simple ordonnance du président mise au bas de la taxe, parties présentes, ou appelées par acte d'avoué à avoué. Pr. 130, 543, 544. — Cette ordonnance, si elle émane d'un tribunal de première instance, sera exécutée nonobstant opposition ou appel; elle sera exécutée nonobstant opposition, si elle émane d'une cour impériale. T. 70, 76.

TITRE XXIV. — DES MATIÈRES SOMMAIRES (c).

404. Seront réputés matières som-

(a) La *péremption* est l'anéantissement de l'instance par la discontinuation des poursuites pendant trois ans, comme le porte l'art. 397. L'*instance* seule est éteinte, c'est-à-dire les actes de la procédure, à partir de l'exploit introductif. Mais le droit, l'action continue toujours d'exister, et peut devenir l'objet d'une nouvelle instance. (Voy. Pr. 401.)

(b) Le *désistement* est la renonciation à une instance, ou à une procédure commencée : il a de l'analogie et avec la péremption (Voy. le titre précédent), qui n'est qu'une sorte de désistement tacite de la procédure, et avec la prescription, qui est un désistement tacite de l'action. — Le désistement peut être exprès ou tacite. Lorsqu'il a lieu sur l'appel, il forme un véritable acquiescement au jugement de première instance.

(c) On appelle *matières sommaires* les contes-

maires, et instruits comme tels : — Les appels des juges de paix; Pr. 16, 31. — Les demandes pures personnelles, à quelque somme qu'elles puissent monter, quand il y a titre, pourvu qu'il ne soit pas contesté; C. 1317, 1318, 1322. — Les demandes formées sans titre, lorsqu'elles n'excèdent pas mille francs (a); — Les demandes provisoires ou qui requièrent célérité; Pr. 49-2º, 72, 451, 806, 878. — Les demandes en paiement de loyers et fermages et arrérages de rentes. C. 584, 1711, 1728-2º, 1909, 2102-1º, 2277, 2278. — Pr. 49-5º, 311, 320, 805, 819, s., 973.— T. 67.

405. Les matières sommaires seront jugées à l'audience, après les délais de la citation échus, sur un simple acte, sans autres procédures ni formalités. Pr. 82, 87, 463, 543, 1029, 1033.—T. 67.

406. Les demandes incidentes et les interventions seront formées par requête d'avoué, qui ne pourra contenir que des conclusions motivées. Pr. 337 à 341, 1031.

407. S'il y a lieu à enquête, le jugement qui l'ordonnera contiendra les faits sans qu'il soit besoin de les articuler préalablement, et fixera les jour et heure où les témoins seront entendus à l'audience. Pr. 34, s., 252, 432.

408. Les témoins seront assignés au moins un jour avant celui de l'audition. Pr. 260, 410 s.

409. Si l'une des parties demande prorogation, l'incident sera jugé sur-le-champ. Pr. 279, 337, 338.

410. Lorsque le jugement ne sera pas susceptible d'appel, il ne sera point dressé procès-verbal de l'enquête; il sera seulement fait mention, dans le jugement, des noms des témoins, et du résultat de leurs dépositions. Pr. 40, 269, s., 412.

411. Si le jugement est susceptible d'appel, il sera dressé procès-verbal, qui contiendra les serments des témoins, leur déclaration s'ils sont parents, alliés, serviteurs ou domestiques des parties, les reproches qui auraient été formés contre eux, et le résultat de leurs dépo-

sitions. Pr. 39, 262, 269, 275.—P. 363.

412. Si les témoins sont éloignés ou empêchés, le tribunal pourra commettre le tribunal ou le juge de paix de leur résidence : dans ce cas, l'enquête sera rédigée par écrit; il en sera dressé procès-verbal. Pr. 266, 1035.

413. Seront observées, en la confection des enquêtes sommaires, les dispositions du titre XII, *des Enquêtes*, relatives aux formalités ci-après : — La copie aux témoins du dispositif du jugement par lequel ils sont appelés; Pr. 260, 432. — Copie, à la partie, des noms des témoins; Pr. 261.— L'amende et les peines contre les témoins défaillants; Pr. 263 à 265. — La prohibition d'entendre les conjoints des parties, les parents et alliés en ligne directe; Pr. 268. — Les reproches par la partie présente, la manière de les juger, les interpellations aux témoins, la taxe; Pr. 270, s., 282 à 284, 287, s.— Le nombre des témoins dont les voyages passent en taxe; — La faculté d'entendre les individus âgés de moins de quinze ans révolus. Pr. 285.

TITRE XXV. — PROCÉDURE DEVANT LES TRIBUNAUX DE COMMERCE.

414. La procédure devant les tribunaux de commerce se fait sans le ministère d'avoués. Pr. 49-4º.— Co. 615, s.

415. Toute demande doit y être formée par exploit d'ajournement, suivant les formalités ci-dessus prescrites au titre *des Ajournements*. Pr. 59, 61.— T. 29.

416. Le délai sera au moins d'un jour. Pr. 72. 1033.

417. Dans les cas qui requerront célérité, le président du tribunal pourra permettre d'assigner, même de jour à jour, et d'heure à heure, et de saisir les effets mobiliers : il pourra, suivant l'exigence des cas, assujettir le demandeur à donner caution, ou à justifier de solvabilité suffisante. Ses ordonnances seront exécutoires, nonobstant opposition ou appel. Pr. 49-2º, 72, 404, 418, 440, 806, s.

418. Dans les affaires maritimes où il existe des parties non domiciliées, et dans celles où il s'agit d'agrès, victuailles, équipages et radoubs de vaisseaux prêts à mettre à la voile, et autres matières urgentes et provisoires, l'assignation de jour à jour ou d'heure à heure pourra

---

(a) Aujourd'hui 1,500 fr., d'après la loi du 11 avril 1838, art. 1er. — Voy. C. des trib.

tations qui, par leur nature, leur modicité ou leur urgence, nécessitent une procédure simple, peu dispendieuse, et demandent une prompte décision.

être donnée sans ordonnance, et le défaut pourra être jugé sur-le-champ (a). Pr. 149, 808.— Co. 190, 191.— T. 29.

419. Toutes assignations données à bord à la personne assignée seront valables. Pr. 59, 61, 68, s.

420. Le demandeur pourra assigner à son choix, — Devant le tribunal du domicile du défendeur; — Devant celui dans l'arrondissement duquel la promesse a été faite et la marchandise livrée; — Devant celui dans l'arrondissement duquel le paiement devait être effectué. C. 111. — Pr. 763.

421. Les parties seront tenues de comparaître en personne, ou par le ministère d'un fondé de procuration spéciale. C. 1987. — Pr. 9. — Co. 627.

422. Si les parties comparaissent, et qu'à la première audience, il n'intervienne pas jugement définitif, les parties non domiciliées dans le lieu où siége le tribunal seront tenues d'y faire élection d'un domicile. C. 111. — L'élection de domicile doit être mentionnée sur le plumitif de l'audience; à défaut de cette élection, toute signification, même celle du jugement définitif, sera faite valablement au greffe du tribunal.

423. Les étrangers demandeurs ne peuvent être obligés, en matière de commerce, à fournir une caution de payer les frais et dommages-intérêts auxquels ils pourront être condamnés, même lorsque la demande est portée devant un tribunal civil dans les lieux où il n'y a pas de tribunal de commerce. C. 16.— Pr. 166, 167.

424. Si le tribunal est incompétent à raison de la matière, il renverra les parties, encore que le déclinatoire n'ait pas été proposé. Pr. 170, 442.— Le déclinatoire pour toute autre cause ne pourra être proposé que préalablement à toute autre défense. Pr. 169, 171, 186.

425. Le même jugement pourra, en rejetant le déclinatoire, statuer sur le fond, mais par deux dispositions distinctes, l'une sur la compétence, l'autre sur le fond; les dispositions sur la compétence pourront toujours être attaquées par la voie de l'appel. Pr. 134, 288, 338, 454, 473.

426. Les veuves et héritiers des jus-

ticiables du tribunal de commerce y seront assignés en reprise, ou par action nouvelle, sauf, si les qualités sont contestées, à les renvoyer aux tribunaux ordinaires pour y être réglés, et ensuite être jugés sur le fond au tribunal de commerce. Pr. 342, s.

427. Si une pièce produite est méconnue, déniée ou arguée de faux, et que la partie persiste à s'en servir, le tribunal renverra devant les juges qui doivent en connaître, et il sera sursis au jugement de la demande principale. Pr. 14, 170, 214, s.— Néanmoins, si la pièce n'est relative qu'à un des chefs de la demande, il pourra être passé outre au jugement des autres chefs.

428. Le tribunal pourra, dans tous les cas, ordonner, même d'office, que les parties seront entendues en personne, à l'audience ou dans la chambre, et, s'il y a empêchement légitime, commettre un des juges, ou même un juge de paix, pour les entendre, lequel dressera procès-verbal de leurs déclarations. Pr. 9, 119, 324, s.

429. S'il y a lieu à renvoyer les parties devant des arbitres, pour examen de comptes, pièces et registres, il sera nommé un ou trois arbitres pour entendre les parties, et les concilier, si faire se peut, sinon donner leur avis. Pr. 302, s., 322, s.— Co. 51, s.— S'il y a lieu à visite ou estimation d'ouvrages ou marchandises, il sera nommé un ou trois experts.— Les arbitres et les experts seront nommés d'office par le tribunal, à moins que les parties n'en conviennent à l'audience. Pr. 302. — Co. 52. — T. 29.

430. La récusation ne pourra être proposée que dans les trois jours de la nomination. Pr. 308, s., 1029, 1033.

431. Le rapport des arbitres et experts sera déposé au greffe du tribunal. Pr. 319. — Co. 61.

432. Si le tribunal ordonne la preuve par témoins, il y sera procédé dans les formes ci-dessus prescrites pour les enquêtes sommaires. Néanmoins, dans les causes sujettes à appel, les dépositions seront rédigées par écrit par le greffier, et signées par le témoin; en cas de refus, mention en sera faite. C. 1341, s.—Pr. 34, s., 252, s., 407, s., 782.— Co. 509.

433. Seront observées, dans la rédaction et l'expédition des jugements, les

_____
(a) Disposition empruntée à l'ordonn. de la marine, de 1681, liv. Ier, tit. XI, art. 2.

formes prescrites dans les articles 141 et 146 pour les tribunaux de première instance. Pr. 545, s.

434. Si le demandeur ne se présente pas, le tribunal donnera défaut, et renverra le défendeur de la demande. Pr. 19, s., 149, s., 435 à 438. — Co. 643, 645. — Si le défendeur ne comparaît pas, il sera donné défaut, et les conclusions du demandeur seront adjugées, si elles se trouvent justes et bien vérifiées. Pr. 149, 150.

435. Aucun jugement par défaut ne pourra être signifié que par un huissier commis à cet effet par le tribunal; la signification contiendra, à peine de nullité, élection de domicile dans la commune où elle se fait, si le demandeur n'y est domicilié. C. 102, 111. — Pr. 422. — Le jugement sera exécutoire un jour après la signification et jusqu'à l'opposition. Pr. 155, 436, s., 442, 1029, 1033. — T. 29.

436. L'opposition ne sera plus recevable après la huitaine du jour de la signification (a). Pr. 157. — T. 29.

437. L'opposition contiendra les moyens de l'opposant, et assignation dans le délai de la loi; elle sera signifiée au domicile élu. C. 111. — Pr. 161. — T. 29.

438. L'opposition faite, à l'instant de l'exécution, par déclaration sur le procès-verbal de l'huissier, arrêtera l'exécution; à la charge, par l'opposant, de la réitérer dans les trois jours par exploit contenant assignation; passé lequel délai, elle sera censée non avenue. Pr. 162, 1029, 1033.

439. Les tribunaux de commerce pourront ordonner l'exécution provisoire de leurs jugements, nonobstant l'appel, et sans caution, lorsqu'il y aura titre non attaqué, ou condamnation précédente dont il n'y aura pas d'appel : dans les autres cas, l'exécution provisoire n'aura lieu qu'à la charge de donner caution, ou de justifier de solvabilité suffisante. Pr. 135, 417, 418, 457, s. — T. 29.

440. La caution sera présentée par acte signifié au domicile de l'appelant, s'il demeure dans le lieu où siège le tribunal, sinon au domicile par lui élu en exécution de l'article 422, avec sommation, à jour et heure fixes, de se présenter au greffe pour prendre communication, sans déplacement, des titres de la caution, s'il est ordonné qu'elle en fournira, et à l'audience, pour voir prononcer sur l'admission, en cas de contestation. C. 2011, s., 2019. — Pr. 59, 61, 68, 69, 518 s. — T. 29.

441. Si l'appelant ne comparaît pas, ou ne conteste point la caution, elle fera sa soumission au greffe; s'il conteste, il sera statué au jour indiqué par la sommation : dans tous les cas, le jugement sera exécutoire, nonobstant opposition ou appel. Pr. 519, s. — T. 29.

442. Les tribunaux de commerce ne connaîtront point de l'exécution de leurs jugements. Pr. 427, 472, 553.

LIVRE TROISIÈME.

DES TRIBUNAUX D'APPEL (b).

(Décrété le 17 avril 1806. Promulgué le 27.)

TITRE UNIQUE. — DE L'APPEL, ET DE L'INSTRUCTION SUR L'APPEL.

443. Le délai pour interjeter appel sera de trois mois : il courra, pour les jugements contradictoires, du jour de la signification à personne ou domicile; Pr. 16, 68, 69. — Pour les jugements par défaut, du jour où l'opposition ne sera plus recevable. Pr. 157, 158, 444, s. — L'intimé pourra néanmoins interjeter incidemment appel en tout état de cause, quand même il aurait signifié le jugement sans protestation. Pr. 337, s., 669, 723, s., 809, 894, 1033.

444. Ces délais emporteront déchéance : ils courront contre toutes parties, sauf le recours contre qui de droit; mais ils ne courront contre le mineur non émancipé, que du jour où le jugement aura été signifié tant au tuteur qu'au subrogé-tuteur, encore que ce dernier n'ait pas été en cause. C. 388, 420, 450. — Pr. 132, 178, 484, 1029.

(a) Cette disposition a été modifiée par l'art. 643 du C. de comm. (Voy. cet article.)

(b) Nous laissons subsister la dénomination de *tribunaux d'appel*, qui était celle et des lois du 16 août 1790, 27 vent. an VIII, et de la 1re édition du Code de proc., et de l'édition de 1842. En 1816, on avait substitué à ce titre celui de *cours royales*, mais à tort; car tous les appels n'appartiennent pas aux cours, puisque, en matière civile, ce sont les tribunaux de 1re instance qui sont les juges d'appel des décisions des justices de paix, et que les règles de ce titre sont également applicables à ces sortes d'appel.

445. Ceux qui demeurent hors de la France continentale auront, pour interjeter appel, outre le délai de trois mois depuis la signification du jugement, le délai des ajournements réglé par l'article 73 ci-dessus. Pr. 74, 486, 1029, 1033.

446. Ceux qui sont absents du territoire européen de l'empire, pour service de terre ou de mer, ou employés dans les négociations extérieures pour le service de l'Etat, auront, pour interjeter appel, outre le délai de trois mois depuis la signification du jugement, le délai d'une année. Pr. 73, 485.

447. Les délais de l'appel seront suspendus par la mort de la partie condamnée. Pr. 344. — Ils ne reprendront leur cours qu'après la signification du jugement, faite au domicile du défunt, avec les formalités prescrites en l'article 61, et à compter de l'expiration des délais pour faire inventaire et délibérer, si le jugement a été signifié avant que ces derniers délais fussent expirés. C. 110. — Pr. 174, 187, 487. — Cette signification pourra être faite aux héritiers collectivement, et sans désignation des noms et qualités. T. 29.

448. Dans le cas où le jugement aurait été rendu sur une pièce fausse, ou si la partie avait été condamnée faute de représenter une pièce décisive qui était retenue par son adversaire, les délais de l'appel ne courront que du jour où le faux aura été reconnu ou juridiquement constaté, ou que la pièce aura été recouvrée, pourvu que, dans ce dernier cas, il y ait preuve par écrit du jour où la pièce a été recouvrée, et non autrement. C. 1317, 1350-3°, 1351, 2057, s. — Pr. 214, s., 480-9°-10°, 488. — I. cr. 448, s.

449. Aucun appel d'un jugement non exécutoire par provision ne pourra être interjeté dans la huitaine, à dater du jour du jugement; les appels interjetés dans ce délai seront déclarés non recevables, sauf à l'appelant à les réitérer, s'il est encore dans le délai. Pr. 135, s., 455, 809.

450. L'exécution des jugements non exécutoires par provision sera suspendue pendant ladite huitaine. Pr. 135, 157, 553. — I. cr. 203.

451. L'appel d'un jugement préparatoire ne pourra être interjeté qu'après le jugement définitif et conjointement avec l'appel de ce jugement, et le délai de l'appel ne courra que du jour de la signification du jugement définitif : cet appel sera recevable encore que le jugement préparatoire ait été exécuté sans réserves. Pr. 31, 452. — L'appel d'un jugement interlocutoire pourra être interjeté avant le jugement définitif; il en sera de même des jugements qui auraient accordé une provision. Pr. 31. — Co. 157.

452. Sont réputés préparatoires les jugements rendus pour l'instruction de la cause, et qui tendent à mettre le procès en état de recevoir jugement définitif. — Sont réputés interlocutoires les jugements rendus lorsque le tribunal ordonne, avant dire droit, une preuve, une vérification, ou une instruction qui préjuge le fond. Pr. 254, s., 295, 302.

453. Seront sujets à l'appel les jugements qualifiés en dernier ressort, lorsqu'ils auront été rendus par des juges qui ne pouvaient prononcer qu'en première instance. — Ne seront recevables les appels des jugements rendus sur des matières dont la connaissance en dernier ressort appartient aux premiers juges, mais qu'ils auraient omis de qualifier, ou qu'ils auraient qualifiés en premier ressort.

454. Lorsqu'il s'agira d'incompétence, l'appel sera recevable, encore que le jugement ait été qualifié en dernier ressort. Pr. 168, 170, 425.

455. Les appels des jugements susceptibles d'opposition ne seront point recevables pendant la durée du délai pour l'opposition. Pr. 20, 155, 157, 158, 449, 809.

456. L'acte d'appel contiendra assignation dans les délais de la loi, et sera signifié à personne ou domicile, à peine de nullité. Pr. 59, 61, 68, s., 584, 1029, 1033. — T. 29.

457. L'appel des jugements définitifs ou interlocutoires sera suspensif (a), si le jugement ne prononce pas l'exécution provisoire dans les cas où elle est autorisée. Pr. 135, 376, 451, 521. — L'exécution des jugements mal à propos qualifiés en dernier ressort ne pourra être suspendue qu'en vertu de défenses obtenues par l'appelant, à l'audience du tribunal d'appel,

(a) C'est-à-dire que l'acte d'appel suspendra l'exécution, soit des jugements définitifs, soit des jugements interlocutoires, jusqu'à ce qu'il ait été statué sur l'appel.

sur assignation à bref délai. — A l'égard des jugements non qualifiés, ou qualifiés en premier ressort, et dans lesquels les juges étaient autorisés à prononcer en dernier ressort, l'exécution provisoire pourra en être ordonnée par le tribunal d'appel, à l'audience et sur un simple acte. Pr. 76, 82, 87, 135, 458, s.— T. 148.

458. Si l'exécution provisoire n'a pas été prononcée dans les cas où elle est autorisée, l'intimé pourra, sur un simple acte, la faire ordonner à l'audience, avant le jugement de l'appel. Pr. 82, 453, 472. — T. 148.

459. Si l'exécution provisoire a été ordonnée hors des cas prévus par la loi, l'appelant pourra obtenir des défenses à l'audience sur assignation à bref délai, sans qu'il puisse en être accordé sur requête non communiquée. Pr. 72, s., 460. — T. 148.

460. En aucun autre cas, il ne pourra être accordé des défenses, ni être rendu aucun jugement tendant à arrêter directement ou indirectement l'exécution du jugement, à peine de nullité. Pr. 478, 497.

461. Tout appel, même de jugement rendu sur instruction par écrit, sera porté à l'audience, sauf au tribunal à ordonner l'instruction par écrit, s'il y a lieu. Pr. 95, s., 470, 809.

462. Dans la huitaine de la constitution d'avoué par l'intimé, l'appelant signifiera ses griefs contre le jugement. L'intimé répondra dans la huitaine suivante. L'audience sera poursuivie sans autre procédure. Pr. 75, s., 85, s., 1031.— T. 147, 151.

463. Les appels de jugements rendus en matière sommaire seront portés à l'audience sur simple acte, et sans autre procédure. Il en sera de même de l'appel des autres jugements, lorsque l'intimé n'aura pas comparu. Pr. 82, 87, 149, s., 404, s. — Co. 648.

464. Il ne sera formé, en cause d'appel, aucune nouvelle demande, à moins qu'il ne s'agisse de compensation, ou que la demande nouvelle ne soit la défense à l'action principale. C. 1289, s.— Pourront aussi les parties demander des intérêts, arrérages, loyers et autres accessoires échus depuis le jugement de première instance, et les dommages et intérêts pour le préjudice souffert depuis ledit jugement. C. 1728-2°, 1907, 1909, 2102-1°, 2277, 2278

465. Dans les cas prévus par l'article précédent, les nouvelles demandes et les exceptions du défendeur ne pourront être formées que par de simples actes de conclusions motivées. Pr. 1031. — Il en sera de même dans les cas où les parties voudraient changer ou modifier leurs conclusions. — Toute pièce d'écriture qui ne sera que la répétition des moyens ou exceptions déjà employés par écrit, soit en première instance, soit sur l'appel, ne passera point en taxe. — Si la même pièce contient à la fois et de nouveaux moyens ou exceptions, et la répétition des anciens, on n'allouera en taxe que la partie relative aux nouveaux moyens ou exceptions.

466. Aucune intervention ne sera reçue, si ce n'est de la part de ceux qui auraient droit de former tierce-opposition. Pr. 49-3°, 339, s., 406, 474, s.

467. S'il se forme plus de deux opinions, les juges plus faibles en nombre seront tenus de se réunir à l'une des deux opinions qui auront été émises par le plus grand nombre. Pr. 117, 468.

468. En cas de partage dans une cour impériale, on appellera, pour le vider, un au moins ou plusieurs des juges qui n'auront pas connu de l'affaire, et toujours en nombre impair, en suivant l'ordre du tableau : l'affaire sera de nouveau plaidée, ou de nouveau rapportée s'il s'agit d'une instruction par écrit. Pr. 118, 1012-3°, 1017, s. — Co. 60. — Dans les cas où tous les juges auraient connu de l'affaire, il sera appelé, pour le jugement, trois anciens jurisconsultes.

469. La péremption en cause d'appel aura l'effet de donner au jugement dont est appel la force de chose jugée. C. 1350-3°, 1351.— Pr. 397, s.

470. Les autres règles établies pour les tribunaux inférieurs seront observées dans les cours impériales.

471. L'appelant qui succombera sera condamné à une amende de cinq francs, s'il s'agit du jugement d'un juge de paix, et de dix francs sur l'appel d'un jugement de tribunal de première instance ou de commerce. Pr. 246, 374, 390, 479, 494, 500, 513, 516, 1025, 1029.—T. 90.

472. Si le jugement est confirmé,

l'exécution appartiendra au tribunal dont est appel : si le jugement est infirmé, l'exécution, entre les mêmes parties, appartiendra à la cour impériale qui aura prononcé, ou à un autre tribunal qu'elle aura indiqué par le même arrêt; sauf les cas de la demande en nullité d'emprisonnement, en expropriation forcée, et autres dans lesquels la loi attribue juridiction. Pr. 122, 442, 528, 545, 1021.

473. Lorsqu'il y aura appel d'un jugement interlocutoire, si le jugement est infirmé, et que la matière soit disposée à recevoir une décision définitive, les cours impériales et autres tribunaux d'appel pourront statuer en même temps, sur le fond définitivement, par un seul et même jugement (*a*). Pr. 134, 288, 338. —Il en sera de même dans les cas où les cours impériales ou autres tribunaux d'appel infirmeraient, soit pour vice de forme, soit pour toute autre cause, des jugements définitifs. Pr. 472.

LIVRE QUATRIÈME.

DES VOIES EXTRAORDINAIRES POUR ATTAQUER LES JUGEMENTS.

(Suite du décret du 17 avril 1806.)

TITRE I.—DE LA TIERCE-OPPOSITION.

474. Une partie peut former tierce-opposition à un jugement qui préjudicie à ses droits, et lors duquel, ni elle ni ceux qu'elle représente n'ont été appelés. Pr. 466, 873.

475. La tierce-opposition, formée par action principale, sera portée au tribunal qui aura rendu le jugement attaqué. Pr. 490. — La tierce-opposition incidente à une contestation dont un tribunal est saisi sera formée par requête à ce tribunal, s'il est égal ou supérieur à celui qui a rendu le jugement. Pr. 337, 338, 406, 490, 493. — T. 75.

476. S'il n'est égal ou supérieur, la tierce-opposition incidente sera portée, par action principale, au tribunal qui aura rendu le jugement.

477. Le tribunal devant lequel le jugement attaqué aura été produit pourra, suivant les circonstances, passer outre ou surseoir. Pr. 478, 491.

478. Les jugements passés en force de chose jugée, portant condamnation à délaisser la possession d'un héritage, seront exécutés contre les parties condamnées, nonobstant la tierce-opposition, et sans y préjudicier. C.1350-3º, 1351, 2064. —Pr. 497.—Dans les autres cas, les juges pourront, suivant les circonstances, suspendre l'exécution du jugement. Pr. 127, 477.

479. La partie dont la tierce-opposition sera rejetée sera condamnée à une amende qui ne pourra être moindre de cinquante francs, sans préjudice des dommages et intérêts de la partie, s'il y a lieu. C. 1146, s., 1382. — Pr. 128, 471, 1029.

TITRE II. — DE LA REQUÊTE CIVILE.

480. Les jugements contradictoires rendus en dernier ressort par les tribunaux de première instance et d'appel, et les jugements par défaut rendus aussi en dernier ressort, et qui ne sont plus susceptibles d'opposition, pourront être rétractés sur la requête de ceux qui y auront été parties ou dûment appelés pour les causes ci-après; Pr. 497, s., 503, 1010, 1026, s. — 1º S'il y a eu dol personnel; C. 1116.—Pr. 488.—2º Si les formes prescrites à peine de nullité ont été violées, soit avant, soit lors des jugements, pourvu que la nullité n'ait pas été couverte par les parties; Pr. 173, 1029. — 3º S'il a été prononcé sur choses non demandées; Pr. 1028-5º. — 4º S'il a été adjugé plus qu'il n'a été demandé (*b*); —5º S'il a été omis de prononcer sur l'un des chefs de demande; — 6º S'il y a contrariété de jugements en dernier ressort, entre les mêmes parties et sur les mêmes moyens, dans les mêmes cours ou tribunaux; Pr. 489, 501, 504. — 7º Si, dans un même jugement, il y a des dispositions contraires; — 8º Si, dans les

---

(*a*) C'est ce qu'on appelle le droit d'*évocation;* c'est-à-dire l'attribution conférée à un juge de décider une affaire dont la connaissance appartenait à un autre. Ce droit accordé aux juges d'appel établit une exception au principe des deux degrés de juridiction, tel qu'il a été posé par la loi des 1er mai et 24 août 1790. — Il faut remarquer qu'il n'a lieu qu'en cas d'*infirmation* du jugement de première instance.

(*b*) Cette ouverture de requête civile s'appelle *ultra petita.*

cas où la loi exige la communication au ministère public, cette communication n'a pas eu lieu, et que le jugement ait été rendu contre celui pour qui elle était ordonnée; Pr. 83, 84, 112, 498. — 9° Si l'on a jugé sur pièces reconnues ou déclarées fausses depuis le jugement; Pr. 241, 448, 488. — 10° Si, depuis le jugement, il a été recouvré des pièces décisives, et qui avaient été retenues par le fait de la partie. C. 2057. — Pr. 448, 488.

481. L'État, les communes, les établissements publics et les mineurs, seront encore reçus à se pourvoir, s'ils n'ont été défendus, ou s'ils ne l'ont été valablement. Pr. 49, 83, 494.

482. S'il n'y a ouverture que contre un chef de jugement, il sera seul rétracté, à moins que les autres n'en soient dépendants.

483. La requête civile sera signifiée avec assignation, dans les trois mois, à l'égard des majeurs, du jour de la signification à personne ou domicile, du jugement attaqué. C. 488. — Pr. 492, 1033. — T. 78.

484. Le délai de trois mois ne courra contre les mineurs que du jour de la signification du jugement, faite, depuis leur majorité, à personne ou domicile. Pr. 178, 285, 398, 444, 1033.

485. Lorsque le demandeur sera absent du territoire européen de l'empire pour un service de terre ou de mer, ou employé dans les négociations extérieures pour le service de l'État, il aura, outre le délai ordinaire de trois mois depuis la signification du jugement, le délai d'une année. Pr. 73, 446, 1033.

486. Ceux qui demeurent hors de la France continentale auront, outre le délai de trois mois depuis la signification du jugement, le délai des ajournements réglé par l'article 73 ci-dessus. Pr. 445.

487. Si la partie condamnée est décédée dans les délais ci-dessus fixés pour se pourvoir, ce qui en restera à courir ne commencera, contre la succession, que dans les délais et de la manière prescrite en l'article 447 ci-dessus. Pr. 344.

488. Lorsque les ouvertures de requête civile seront le faux, le dol, ou la découverte de pièces nouvelles, les délais ne courront que du jour où, soit le faux, soit le dol, auront été reconnus, ou les pièces découvertes; pourvu que, dans ces deux derniers cas, il y ait preuve par écrit du jour, et non autrement. C. 2057. — Pr. 448, 480-1°-9°-18°.

489. S'il y a contrariété de jugements, le délai courra du jour de la signification du dernier jugement. Pr. 147, 480-6°, 501, 504.

490. La requête civile sera portée au même tribunal où le jugement attaqué aura été rendu; il pourra y être statué par les mêmes juges. Pr. 475, 493, 502.

491. Si une partie veut attaquer par la requête civile un jugement produit dans une cause pendante en un tribunal autre que celui qui l'a rendu, elle se pourvoira devant le tribunal qui a rendu le jugement attaqué; et le tribunal saisi de la cause dans laquelle il est produit pourra, suivant les circonstances, passer outre ou surseoir. Pr. 477, s., 900.

492. La requête civile sera formée par assignation au domicile de l'avoué de la partie qui a obtenu le jugement attaqué, si elle est formée dans les six mois de la date du jugement; après ce délai, l'assignation sera donnée au domicile de la partie. C. 102, 111. — Pr. 261, 334, 365, 483. — T. 78.

493. Si la requête civile est formée incidemment devant un tribunal compétent pour en connaître, elle le sera par requête d'avoué à avoué; mais si elle est incidente à une contestation portée dans un autre tribunal que celui qui a rendu le jugement, elle sera formée par assignation devant les juges qui ont rendu le jugement. Pr. 337, 338, 406, 443, 472, 475, 496, 502, 1038. — T. 75.

494. La requête civile d'aucune partie, autre que celle qui stipule les intérêts de l'État, ne sera reçue, si, avant que cette requête ait été présentée, il n'a été consigné une somme de trois cents francs pour amende, et cent cinquante francs pour les dommages-intérêts de la partie, sans préjudice de plus amples dommages-intérêts, s'il y a lieu : la consignation sera de moitié, si le jugement est par défaut ou par forclusion, et du quart, s'il s'agit de jugements rendus par les tribunaux de première instance (a) C. 1149. — Pr. 500.

(a) Une loi du 1er thermidor an VI portait dis-

495. La quittance du receveur sera signifiée en tête de la demande, ainsi qu'une consultation de trois avocats exerçant depuis dix ans au moins près un des tribunaux du ressort de la cour impériale dans lequel le jugement a été rendu. — La consultation contiendra déclaration qu'ils sont d'avis de la requête civile, et elle en énoncera aussi les ouvertures; sinon la requête ne sera pas reçue. Pr. 499. — T. 140.

496. Si la requête civile est signifiée dans les six mois de la date du jugement, l'avoué de la partie qui a obtenu le jugement sera constitué de droit sans nouveau pouvoir. Pr. 75, 472, 493, 1038.

497. La requête civile n'empêchera pas l'exécution du jugement attaqué; nulles défenses ne pourront être accordées : celui qui aura été condamné à délaisser un héritage ne sera reçu à plaider sur la requête civile qu'en rapportant la preuve de l'exécution du jugement au principal. Pr. 460, 478.

498. Toute requête civile sera communiquée au ministère public. Pr. 83, 84, 112, 480-4°, 481.

499. Aucun moyen autre que les ouvertures de requête civile énoncées en la consultation ne sera discuté à l'audience ni par écrit. Pr. 495.

500. Le jugement qui rejettera la requête civile condamnera le demandeur à l'amende et aux dommages-intérêts ci-dessus fixés, sans préjudice de plus amples dommages-intérêts, s'il y a lieu. C. 1149. — Pr. 494, 1029.

501. Si la requête civile est admise, le jugement sera rétracté, et les parties seront remises au même état où elles étaient avant ce jugement; les sommes consignées seront rendues, et les objets des condamnations qui auront été perçus en vertu du jugement rétracté seront restitués. Lorsque la requête civile aura été entérinée pour raison de contrariété de jugements, le jugement qui entérinera la requête civile ordonnera que le premier jugement sera exécuté selon sa forme et teneur. Pr. 480-6°, 489, 504. — T. 90, 92, 175.

502. Le fond de la contestation sur laquelle le jugement rétracté aura été rendu sera porté au même tribunal qui aura statué sur la requête civile (a). Pr. 490, 493.

503. Aucune partie ne pourra se pourvoir en requête civile, soit contre le jugement déjà attaqué par cette voie, soit contre le jugement qui l'aura rejetée, soit contre celui rendu sur le rescisoire, à peine de nullité et de dommages-intérêts, même contre l'avoué qui, ayant occupé sur la première demande, occuperait sur la seconde. Pr. 1029, s.

504. La contrariété de jugements rendus en dernier ressort, entre les mêmes parties et sur les mêmes moyens en différents tribunaux, donne ouverture à cassation; et l'instance est formée et jugée conformément aux lois qui sont particulières à la cour de cassation (b). Pr. 480-6°.

TITRE III. — DE LA PRISE A PARTIE (c).

505. Les juges peuvent être pris à partie dans les cas suivants : — 1° S'il y a dol, fraude ou concussion qu'on prétendrait avoir été commis, soit dans le cours de l'instruction, soit lors des jugements ; C. 1116. — P. 174. — 2° Si la prise à partie est expressément prononcée par la loi; I. cr. 77, 112, 164, 271, 370, 483, s. — 3° Si la loi déclare les juges responsables, à peine de dommages et intérêts; C. 2063. — Pr. 15. — 4° S'il y a déni de justice. C. 4. — P. 185.

---

pense, en faveur des *indigents*, de la consignation d'amende pour se pourvoir en requête civile. En présence de la disposition générale de l'art. 494 C. pr., un avis du conseil d'État, du 20 mars 1810, a déclaré avec raison que cette loi de l'an VI se trouvait abrogée. — Devant la cour de cassation, on peut, en produisant un certificat d'indigence, être dispensé de la consi-gnation d'amende exigée pour la recevabilité du pourvoi. (Voy. C. des trib. et l'art. 420 C. instr. crim.)

(a) Deux instances distinctes sont portées devant le tribunal appelé à statuer sur la requête civile : la première a pour objet de faire rétracter le jugement attaqué; c'est ce qu'on nomme en procédure le *rescindant*. La deuxième instance, qu'on appelle *rescisoire*, a pour but, si la requête est admise, de faire statuer de nouveau sur la contestation principale (Voy. les art. 501, 503).

(b) Voy. C. des trib.

(c) La *prise à partie* est une voie extraordinaire accordée par la loi aux plaideurs contre le juge qui a abusé de son autorité dans l'exercice de ses fonctions. Lorsque l'action est dirigée au criminel, elle prend le nom de *forfaiture*.

506. Il y a déni de justice, lorsque les juges refusent de répondre les requêtes ou négligent de juger les affaires en état et en tour d'être jugées. C. 4. — P. 185.

507. Le déni de justice sera constaté par deux réquisitions faites aux juges en la personne des greffiers, et signifiées de trois en trois jours au moins pour les juges de paix et de commerce, et de huitaine en huitaine au moins pour les autres juges : tout huissier requis sera tenu de faire ces réquisitions, à peine d'interdiction. Pr. 1029. — T. 29.

508. Après les deux réquisitions, le juge pourra être pris à partie.

509. La prise à partie contre les juges de paix, contre les tribunaux de commerce ou de première instance, ou contre quelqu'un de leurs membres, et la prise à partie contre un conseiller à une cour impériale ou à une cour d'assises, seront portées à la cour impériale du ressort. — La prise à partie contre les cours d'assises, contre les cours impériales ou l'une de leurs sections, sera portée à la haute cour, conformément à l'article 101 de l'acte du 18 mai 1804 (a). I. cr. 479, s., 483, s.

510. Néanmoins aucun juge ne pourra être pris à partie sans permission préalable du tribunal devant lequel la prise à partie sera portée.

511. Il sera présenté, à cet effet, une requête signée de la partie ou de son fondé de procuration authentique et spéciale, laquelle procuration sera annexée à la requête, ainsi que les pièces justificatives s'il y en a, à peine de nullité. Pr. 1029.

512. Il ne pourra être employé aucun terme injurieux contre les juges, à peine, contre la partie, de telle amende, et contre son avoué, de telle injonction ou suspension qu'il appartiendra. Pr. 1036. — P. 377.

513. Si la requête est rejetée, la partie sera condamnée à une amende qui ne pourra être moindre de trois cents francs, sans préjudice des dommages et intérêts

envers les parties, s'il y a lieu. Pr. 516, 1029.

514. Si la requête est admise, elle sera signifiée dans trois jours au juge pris à partie, qui sera tenu de fournir ses défenses dans la huitaine. P. 385, s. — Il s'abstiendra de la connaissance du différend ; il s'abstiendra même, jusqu'au jugement définitif de la prise à partie, de toutes les causes que la partie, ou ses parents en ligne directe, ou son conjoint, pourront avoir dans son tribunal, à peine de nullité des jugements. Pr. 378. — T. 29, 75.

515. La prise à partie sera portée à l'audience sur un simple acte, et sera jugée par une autre section que celle qui l'aura admise : si la cour impériale n'est composée que d'une section, le jugement de la prise à partie sera renvoyé à la cour impériale la plus voisine par la cour de cassation. Pr. 82, 1028.

516. Si le demandeur est débouté, il sera condamné à une amende qui ne pourra être moindre de trois cents francs, sans préjudice des dommages-intérêts envers les parties, s'il y a lieu. Pr. 128, 513, 1029.

LIVRE CINQUIÈME.

DE L'EXÉCUTION DES JUGEMENTS.

(Décrété le 21 avril. Promulgué le 1er mai 1806.)

TITRE I. — DES RÉCEPTIONS DE CAUTIONS.

517. Le jugement qui ordonnera de fournir caution fixera le délai dans lequel elle sera présentée, et celui dans lequel elle sera acceptée ou contestée. C. 2011, 2040, s. — Pr. 542, 832, 833, 992, s. — I. cr. 117.

518. La caution sera présentée par exploit signifié à la partie, si elle n'a point d'avoué ; et par acte d'avoué, si elle en a constitué, avec copie de l'acte de dépôt, qui sera fait au greffe, des titres qui constatent la solvabilité de la caution, sauf le cas où la loi n'exige pas que la solvabilité soit établie par titres. Pr. 189, 440, 993. — T. 71, 91.

519. La partie pourra prendre au greffe communication des titres ; si elle accepte la caution, elle le déclarera par un simple acte : dans ce cas, ou si la

---

(a) Voy., au Code polit., les art. 54 et 55 de la constit. du 14 janvier 1852, portant institution d'une haute Cour, et eod., le décret du 1er juillet 1852, organique de cette juridiction exceptionnelle.

partie ne conteste pas dans le délai, la caution fera au greffe sa soumission, qui sera exécutoire sans jugement, même pour la contrainte par corps, s'il y a lieu à contrainte. C. 2017, 2040. — Pr. 82, 126, 522, 552. — T. 71, 91.

520. Si la partie conteste la caution dans le délai fixé par le jugement, l'audience sera poursuivie sur un simple acte. Pr. 82, 521, 993, 994. — T. 71.

521. Les réceptions de caution seront jugées sommairement, sans requêtes ni écritures ; le jugement sera exécuté nonobstant appel. Pr. 135, 404, s.

522. Si la caution est admise, elle fera sa soumission, conformément à l'article 519 ci-dessus. C. 2040, s. — T. 91.

TITRE II. — DE LA LIQUIDATION DES DOMMAGES-INTÉRÊTS.

523. Lorsque l'arrêt ou le jugement n'aura pas fixé les dommages-intérêts, la déclaration en sera signifiée à l'avoué du défendeur, s'il en a été constitué ; et les pièces seront communiquées sur récépissé de l'avoué, ou par la voie du greffe. C. 1144, 1146. — Pr. 126, s., 246, 367, 374, 464. — T. 91, 141, s.

524. Le défendeur sera tenu, dans les délais fixés par les articles 97 et 98, et sous les peines y portées, de remettre lesdites pièces, et, huitaine après l'expiration desdits délais, de faire ses offres au demandeur, de la somme qu'il avisera pour les dommages-intérêts ; sinon, la cause sera portée sur un simple acte à l'audience, et il sera condamné à payer le montant de la déclaration, si elle est trouvée juste et bien vérifiée. C. 1257, s. — Pr. 126, 812, s. — T. 71, 142.

525. Si les offres contestées sont jugées suffisantes, le demandeur sera condamné aux dépens, du jour des offres. C. 1260. — Pr. 130.

TITRE III. — DE LA LIQUIDATION DES FRUITS.

526. Celui qui sera condamné à restituer des fruits en rendra compte dans la forme ci-après ; et il sera procédé comme sur les autres comptes rendus en justice. Pr. 129, 527, s.

TITRE IV. — DES REDDITIONS DE COMPTES.

527. Les comptables commis par jus-

tice seront poursuivis devant les juges qui les auront commis ; les tuteurs, devant les juges du lieu où la tutelle a été déférée ; tous autres comptables, devant les juges de leur domicile. C. 102, 110, 471, s., 803, 1031, 1483, 1993. — Pr. 905, 995. — Co. 575, 612.

528. En cas d'appel d'un jugement qui aurait rejeté une demande en reddition de compte, l'arrêt infirmatif renverra, pour la reddition et le jugement du compte, au tribunal où la demande avait été formée, ou à tout autre tribunal de première instance que l'arrêt indiquera. — Si le compte a été rendu et jugé en première instance, l'exécution de l'arrêt infirmatif appartiendra à la cour qui l'aura rendu, ou à un autre tribunal qu'elle aura indiqué par le même arrêt. Pr. 472, s.

529. Les oyants qui auront le même intérêt nommeront un seul avoué : faute de s'accorder sur le choix, le plus ancien occupera, et néanmoins chacun des oyants pourra en constituer un ; mais les frais occasionnés par cette constitution particulière, et faits tant activement que passivement, seront supportés par l'oyant. C. 472 et la *note*. — Pr. 75, 130, 536.

530. Tout jugement portant condamnation de rendre compte fixera le délai dans lequel le compte sera rendu, et commettra un juge.

531. Si le préambule du compte (*a*), en y comprenant la mention de l'acte ou du jugement qui aura commis le rendant, et du jugement qui aura ordonné le compte, excède six rôles (*b*), l'excédant ne passera point en taxe. Pr. 1031. — T. 75.

532. Le rendant n'emploiera pour dépenses communes que les frais de voyage, s'il y a lieu, les vacations de l'avoué qui aura mis en ordre les pièces du compte, les grosses et copies, les frais de présentation et affirmation. T. 92.

533. Le compte contiendra les recette et dépense effectives ; il sera terminé par la récapitulation de la balance desdites recette et dépense ; sauf à faire

---

(*a*) Le *préambule* d'un compte consiste dans l'exposé des faits et circonstances qui l'ont nécessité, et dont la connaissance importe pour l'intelligence de ce compte.

(*b*) On appelle *rôle* deux pages d'écriture (le recto et le verso), de vingt-cinq lignes à la page et de vingt syllabes à la ligne. (Voy. Pr. 103).

un chapitre particulier des objets à recouvrer.

534. Le rendant présentera et affirmera son compte en personne ou par procureur spécial, dans le délai fixé, et au jour indiqué par le juge-commissaire, les oyants présents, ou appelés à personne ou domicile, s'il n'ont avoué, et par acte d'avoué, s'ils en ont constitué. Pr. 68, 75, 529, 571, 572. — Le délai passé, le rendant y sera contraint par saisie et vente de ses biens jusqu'à concurrence d'une somme que le tribunal arbitrera; il pourra même y être contraint par corps, si le tribunal l'estime convenable. C. 2063, 2204, s. — Pr. 126, 551, 572. — T. 29, 70, 76, 92.

535. Le compte présenté et affirmé, si la recette excède la dépense, l'oyant pourra requérir du juge-commissaire exécutoire de cet excédant, sans approbation du compte. T. 92.

536. Après la présentation et affirmation, le compte sera signifié à l'avoué de l'oyant : les pièces justificatives seront cotées et paraphées par l'avoué du rendant; si elles sont communiquées sur récépissé, elles seront rétablies dans le délai qui sera fixé par le juge-commissaire, sous les peines portées par l'article 107. Pr. 189, 191. — Si les oyants ont constitué avoués différents, la copie et la communication ci-dessus seront données à l'avoué plus ancien seulement, s'ils ont le même intérêt, et à chaque avoué, s'ils ont des intérêts différents. Pr. 529, 932-2°. — T. 92. — S'il y a des créanciers intervenants, ils n'auront tous ensemble qu'une seule communication, tant du compte que des pièces justificatives, par les mains du plus ancien des avoués qu'ils auront constitués. C. 1166. — Pr. 339, s., 529.

537. Les quittances de fournisseurs, ouvriers, maîtres de pension et autres de même nature, produites comme pièces justificatives du compte, sont dispensées de l'enregistrement. C. 2101-5°, 2271, 2272.

538. Aux jour et heure indiqués par le commissaire, les parties se présenteront devant lui pour fournir débats, soutènements et réponses sur son procès-verbal (a) : si les parties ne se présentent

pas, l'affaire sera portée à l'audience sur un simple acte. Pr. 82, 536. — T. 92. — Loi 28 avril 1816, art. 41, s.

539. Si les parties ne s'accordent pas, le commissaire ordonnera qu'il en sera par lui fait rapport à l'audience, au jour qu'il indiquera; elles seront tenues de s'y trouver, sans aucune sommation. Pr. 87, 94, 542.

540. Le jugement qui interviendra sur l'instance de compte contiendra le calcul de la recette et des dépenses, et fixera le reliquat précis s'il y en a aucun.

541. Il ne sera procédé à la révision d'aucun compte, sauf aux parties, s'il y a erreurs, omissions, faux ou doubles emplois, à en former leurs demandes devant les mêmes juges. C. 2058.

542. Si l'oyant est défaillant, le commissaire fera son rapport au jour par lui indiqué : les articles seront alloués, s'ils sont justifiés : le rendant, s'il est reliquataire, gardera les fonds sans intérêts; et, s'il ne s'agit point d'un compte de tutelle, le comptable donnera caution, si mieux il n'aime consigner. C. 469, 474, 2157, 2040, 2041. — Pr. 126, 149, 150, 517, s., 527, 539, 816.

TITRE V. — DE LA LIQUIDATION DES DÉPENS ET FRAIS.

543. La liquidation des dépens et frais sera faite, en matière sommaire, par le jugement qui les adjugera. C. 2101-1°, 2104, 2105-1°. — Pr. 130, s., 139, 404, s.

544. La manière de procéder à la liquidation des dépens et frais, dans les autres matières, sera déterminée par un ou plusieurs règlements d'administration publique, qui seront exécutoires le même jour que le présent Code, et qui, après trois ans au plus tard, seront présentés en forme de loi au Corps législatif, avec les changements dont ils auront paru susceptibles (b).

TITRE VI. — RÈGLES GÉNÉRALES SUR L'EXÉCUTION FORCÉE DES JUGEMENTS ET ACTES.

545. Nul jugement ni acte ne pourront être mis à exécution, s'ils ne portent le

_____
(a) Les *débats* d'un comptes ont les moyens et

arguments par lesquels on l'attaque ou le défend; les *soutènements* sont ceux avec lesquels on le *soutient* et l'appuie.
(b) Voy. le Code des frais (tarif civil).

même intitulé que les lois et ne sont terminés par un mandement aux officiers de justice, ainsi qu'il est dit article 146. — Constitution du 14 janvier 1852, article 7. C. 820 et la *note*.—Pr. 159, 164, 435-2°, 450, 457, 1020, 1021, 1024.

546. Les jugements rendus par les tribunaux étrangers et les actes reçus par les officiers étrangers ne seront susceptibles d'exécution, en France, que de la manière et dans les cas prévus par les articles 2123 et 2128 du Code civil.

547. Les jugements rendus et les actes passés en France seront exécutoires, dans tout le royaume, sans *visa* ni *pareatis*, encore que l'exécution ait lieu hors du ressort du tribunal par lequel les jugements ont été rendus ou dans le territoire duquel les actes ont été passés (a). Pr. 146, 433.

548. Les jugements qui prononceront une mainlevée, une radiation d'inscription hypothécaire, un paiement, ou quelque autre chose à faire par un tiers ou à sa charge, ne seront exécutoires par les tiers ou contre eux, même après les délais de l'opposition ou de l'appel, que sur le certificat de l'avoué de la partie poursuivante, contenant la date de la signification du jugement faite au domicile de la partie condamnée, et sur l'attestation du greffier constatant qu'il n'existe contre le jugement ni opposition ni appel. C. 1165, 1351, 2157.—Pr. 147, 156, s., 163.—T. 90.

549. A cet effet, l'avoué de l'appelant fera mention de l'appel, dans la forme et sur le registre prescrits par l'article 163. —T. 90.

550. Sur le certificat qu'il n'existe aucune opposition ni appel sur ce registre,

---

(a) Autrefois les jugements étaient intitulés du nom des juges qui les avaient prononcés. Or, comme un juge n'a de pouvoir que dans le ressort de sa juridiction, il en résultait que sa sentence ne pouvait être exécutoire, dans un autre ressort, qu'au moyen d'une formalité nouvelle donnée par les juges du ressort où l'on devait exécuter l'acte. C'est ce qu'on nommait *visa* ou *pareatis* (en français *obéissez*). Aujourd'hui que les jugements et arrêts sont intitulés du nom du souverain, cette formalité est devenue inutile. — Néanmoins, les actes notariés, lorsqu'on veut en faire usage hors du ressort où ils ont été passés, sont soumis à une formalité qu'on appelle *légalisation*, et qui est donnée par le président du tribunal. (Voy. C. des off. min.)

les séquestres, conservateurs et tous autres, seront tenus de satisfaire au jugement. C. 1956, 1961, 2157, s.—Pr. 548, s.

551. Il ne sera procédé à aucune saisie mobilière ou immobilière, qu'en vertu d'un titre exécutoire, et pour choses liquides et certaines; si la dette exigible n'est pas d'une somme en argent, il sera sursis, après la saisie, à toutes poursuites ultérieures, jusqu'à ce que l'appréciation en ait été faite. C. 820 et la *note*, 1317.— Pr. 526, s., 543, s., 559, 583, s., 673, s.

552. La contrainte par corps, pour objet susceptible de liquidation, ne pourra être exécutée qu'après que la liquidation aura été faite en argent. C. 2059, s.—Pr. 126, 519, 551, 780, s.

553. Les contestations élevées sur l'exécution des jugements des tribunaux de commerce seront portées au tribunal de première instance du lieu où l'exécution se poursuivra. Pr. 442, 803.

554. Si les difficultés élevées sur l'exécution des jugements ou actes requièrent célérité, le tribunal du lieu y statuera provisoirement, et renverra la connaissance du fond au tribunal d'exécution. Pr. 49-2°, 72, 404, 417, 472, 794, 805.

555. L'officier insulté dans l'exercice de ses fonctions dressera procès-verbal de rébellion; et il sera procédé suivant les règles établies par le Code d'instruction criminelle. Pr. 785.—I. cr. 22, s., 59, s., 61.—P. 209, 222.

556. La remise de l'acte ou du jugement à l'huissier vaudra pouvoir pour toutes exécutions autres que la saisie-immobilière et l'emprisonnement, pour lesquels il sera besoin d'un pouvoir spécial. Pr. 562, 673, s., 780, s.

TITRE VII. — DES SAISIES-ARRÊTS OU OPPOSITIONS.

557. Tout créancier peut, en vertu de titres authentiques ou privés, saisir-arrêter entre les mains d'un tiers les sommes et effets appartenant à son débiteur, ou s'opposer à leur remise. C. 1317, 1322.— Pr. 49-7°, 545, 583, s., 626, s., 636, s. 806, s., 817, 819, s., 826, s.—T. 29.

558. S'il n'y a pas de titre, le juge du domicile du débiteur, et même celui du domicile du tiers saisi, pourront, sur requête, permettre la saisie-arrêt ou opposition. C. 102, s.—Pr. 559, s.—T. 29, 77.

559. Tout exploit de saisie-arrêt ou opposition, fait en vertu d'un titre, contiendra l'énonciation du titre et de la somme pour laquelle elle est faite : si l'exploit est fait en vertu de la permission du juge, l'ordonnance énoncera la somme pour laquelle la saisie-arrêt ou opposition est faite, et il sera donné copie de l'ordonnance en tête de l'exploit.—Si la créance pour laquelle on demande la permission de saisir-arrêter n'est pas liquide, l'évaluation provisoire en sera faite par le juge. Pr. 551.—L'exploit contiendra aussi élection de domicile dans le lieu où demeure le tiers saisi, si le saisissant n'y demeure pas; le tout à peine de nullité. —T. 29.

560 La saisie-arrêt ou opposition entre les mains de personnes non demeurant en France, sur le continent, ne pourra point être faite au domicile des procureurs impériaux; elle devra être signifiée à personne ou à domicile. Pr. 68, 69-9°, 73, 639.

561. La saisie-arrêt ou opposition formée entre les mains des receveurs, dépositaires ou administrateurs de caisses ou deniers publics, en cette qualité, ne sera point valable, si l'exploit n'est fait à la personne préposée pour le recevoir, et s'il n'est visé par elle sur l'original, ou, en cas de refus, par le procureur impérial (a). Pr. 569, 580, 1039.

(a) La loi du 9-16 juillet 1836, portant règlement définitif du budget de 1833, contient, en ce qui concerne les saisies-arrêts sur les sommes dues par l'Etat, les dispositions suivantes :
« Art. 13. Toutes saisies-arrêts ou oppositions sur des sommes dues par l'Etat, toutes significations de cession ou transport desdites sommes, et toutes autres ayant pour objet d'en arrêter le paiement, devront être faites entre les mains des payeurs, agents ou préposés sur la caisse desquels les ordonnances ou mandats seront délivrés.—Néanmoins, à Paris, et pour tous les paiements à effectuer à la caisse du payeur central au trésor public, elles devront être exclusivement faites entre les mains du conservateur des oppositions au ministère des finances. Toutes dispositions contraires sont abrogées.—Seront considérées comme nulles et non avenues toutes oppositions ou significations faites à toutes autres personnes que celles ci-dessus indiquées.— Il n'est pas dérogé aux lois relatives aux oppositions à faire sur les capitaux et intérêts des cautionnements.
« 14. Lesdites saisies-arrêts, oppositions et significations n'auront d'effet que pendant cinq années, à compter de leur date, si elles n'ont pas été renouvelées dans ledit délai, quels que soient d'ailleurs les actes, traités ou jugements

562. L'huissier qui aura signé la saisie-arrêt ou opposition sera tenu, s'il en est requis, de justifier de l'existence du saisissant à l'époque où le pouvoir de saisir a été donné, à peine d'interdiction, et des dommages et intérêts des parties. C. 2003.—Pr. 71, 556, 1029, 1031.

563. Dans la huitaine de la saisie-arrêt ou opposition, outre un jour pour trois myriamètres de distance entre le domicile du tiers saisi et celui du saisissant, et un jour pour trois myriamètres de distance entre le domicile de ce dernier et celui du débiteur saisi, le saisissant sera tenu de dénoncer la saisie-arrêt ou opposition au débiteur saisi, et de l'assigner de validité. C. 102, s.—Pr. 565, 641, 831, 1033.—T. 29.

564. Dans un pareil délai, outre celui en raison des distances, à compter du jour de la demande en validité, cette demande sera dénoncée, à la requête du saisissant, au tiers saisi, qui ne sera tenu de faire aucune déclaration avant que cette dénonciation lui ait été faite. Pr. 563, 568, s., 1033.—T. 29.

565. Faute de demande en validité, la saisie ou opposition sera nulle : faute de dénonciation de cette demande au tiers saisi, les paiements par lui faits jusqu'à la dénonciation seront valables. Pr. 563, s.

566. En aucun cas, il ne sera nécessaire de faire précéder la demande en validité par une citation en conciliation. Pr. 49, 570.

567. La demande en validité, et la demande en mainlevée formée par la partie saisie, seront portées devant le tribunal du domicile de la partie saisie. C. 102. — Pr. 59, 570.

intervenus sur lesdites oppositions et significations. — En conséquence, elles seront rayées d'office sur les registres dans lesquels elles auraient été inscrites, et ne seront pas comprises dans les certificats prescrits par l'art. 14 de la loi du 19 février 1792, et par les art. 7 et 8 du décret du 18 août 1807.
« 15. Les saisies-arrêts, oppositions et significations de cession ou transport, et toutes autres faites jusqu'à ce jour, ayant pour objet d'arrêter le paiement des sommes dues par l'Etat, devront être renouvelées dans le délai d'un an, à partir de la publication de la présente loi, et conformément aux dispositions ci-dessus prescrites, faute de quoi elles resteront sans effet et seront rayées des registres dans lesquels elles auront été inscrites. » — Voy. aussi la loi du 8 juillet 1837, art. 11, et les ordonn. des 16 nov. 1831 et 16 sept. 1837.

568. Le tiers saisi ne pourra être assigné en déclaration, s'il n'y a titre authentique ou jugement qui ait déclaré la saisie-arrêt ou l'opposition valable. Pr. 545, 557, 569, s.

569. Les fonctionnaires publics dont il est parlé à l'article 561 ne seront point assignés en déclaration; mais ils délivreront un certificat constatant s'il est dû à la partie saisie, et énonçant la somme, si elle est liquide. Pr. 551, 559, 673.—T. 91.

570. Le tiers saisi sera assigné, sans citation préalable en conciliation, devant le tribunal qui doit connaître de la saisie; sauf à lui, si sa déclaration est contestée, à demander son renvoi devant son juge. Pr. 49-7°, 567, 638.—T. 29, 75.

571. Le tiers saisi assigné fera sa déclaration, et l'affirmera au greffe, s'il est sur les lieux; sinon, devant le juge de paix de son domicile, sans qu'il soit besoin, dans ce cas, de réitérer l'affirmation au greffe. Pr. 534, 564, 572, s.

572. La déclaration et l'affirmation pourront être faites par procuration spéciale. C. 1987.— Pr. 534.

573. La déclaration énoncera les causes et le montant de la dette; les paiements à compte, si aucuns ont été faits; l'acte ou les causes de libération, si le tiers saisi n'est plus débiteur, et, dans tous les cas, les saisies-arrêts ou oppositions formées entre ses mains. Pr. 569, 571, s.—T. 92.

574. Les pièces justificatives de la déclaration seront annexées à cette déclaration; le tout sera déposé au greffe, et l'acte de dépôt sera signifié par un seul acte contenant constitution d'avoué. Pr. 75.—T. 70, 82, 92.

575. S'il survient de nouvelles saisies-arrêts ou oppositions, le tiers saisi les dénoncera à l'avoué du premier saisissant, par extrait contenant les noms et élection de domicile des saisissants, et les causes des saisies-arrêts ou oppositions. P. 557. 559, 563, 569, 638.— T. 70.

576. Si la déclaration n'est pas contestée, il ne sera fait aucune autre procédure, ni de la part du tiers saisi, ni contre lui, Pr. 1031.

577. Le tiers saisi qui ne fera pas sa déclaration, ou qui ne fera pas les justifications ordonnées par les articles ci-dessus, sera déclaré débiteur pur et simple des causes de la saisie.

578. Si la saisie-arrêt ou opposition est formée sur effets mobiliers, le tiers saisi sera tenu de joindre à sa déclaration un état détaillé desdits effets. T. 70.

579. Si la saisie-arrêt ou opposition est déclarée valable, il sera procédé à la vente et distribution du prix, ainsi qu'il sera dit au titre de la *Distribution par contribution* (Pr. 656 à 673). C. 2093.

580. Les traitements et pensions dus par l'Etat ne pourront être saisis que pour la portion déterminée par les lois ou par les règlements et décrets impériaux (*a*). Pr. 561, 569.

581. Seront insaisissables, 1° les choses déclarées insaisissables par la loi; 2° les provisions alimentaires adjugées par justice; 3° les sommes et objets disponibles déclarés insaisissables par le testateur ou donateur; 4° les sommes et pensions pour aliments, encore que le testament ou l'acte de donation ne les déclare pas insaisissables (*b*). C. 559, 268, 301, 610, 1015-2°, 1134, 1981.—Pr. 582, 592, 593, 1004.

582. Les provisions alimentaires ne pourront être saisies que pour cause d'aliments; les objets mentionnés aux numéros 3 et 4 du précédent article pourront être saisis par des créanciers postérieurs à l'acte de donation ou à l'ouverture du legs; et ce, en vertu de la permission du juge, et pour la portion qu'il déterminera. Pr. 592, 593.—T. 77.

(*a*) Voy. les lois des 22 flor. an VII et 21 vent. an IX. Cette dernière déclare que « les traitements des fonctionnaires publics et employés civils seront saisissables, jusqu'à concurrence du cinquième sur les premiers 1,000 fr. et toutes les sommes au-dessous; du quart, sur les 5,000 fr. suivants; et du tiers, sur la portion excédant 6,000 fr., à quelque somme qu'elle s'élève; et ce, jusqu'à l'entier acquittement des créances.»

(*b*) Sont également insaisissables, d'après des lois spéciales, 1° les bestiaux destinés à l'approvisionnement de Paris (édit de sept. 1453); 2° les produits des droits réunis, entrée et sortie des marchandises (loi des 6-22 août 1791, art. 9); 3° les paiements, chevaux, provisions, ustensiles destinés au service de la poste aux lettres (loi du 24 juillet 1793, art. 76); 4° les fonds destinés aux entrepreneurs de travaux pour le compte de l'Etat (décret du 26 pluv., an II); 5° les fonds des communes destinés à la caisse d'amortissement (avis du conseil d'Etat, du 18 juillet 1807); 6° les sommes appartenant à des communes et se trouvant entre les mains des receveurs (avis du conseil d'Etat, du 11 mai 1813).

TITRE VIII. — DES SAISIES-EXÉCUTIONS (c).

583. Toute saisie-exécution sera précédée d'un commandement à la personne ou au domicile du débiteur, fait au moins un jour avant la saisie, et contenant notification du titre, s'il n'a déjà été notifié. C. 2217. — Pr. 49-7°, 68, 146, 545, 551, 626, s., 636, s., 673, s., 780, s., 806, 819, s., 1021, 1033. — Co. 198. — T. 29.

584. Il contiendra élection de domicile jusqu'à la fin de la poursuite dans la commune où doit se faire l'exécution, si le créancier n'y demeure; et le débiteur pourra faire à ce domicile élu toutes significations, même d'offres réelles et d'appel. C. 111, 1258-6°, 1264. — Pr. 59, 68, 456. — T. 29.

585. L'huissier sera assisté de deux témoins, Français, majeurs, non parents ni alliés des parties ou de l'huissier, jusqu'au degré de cousin issu de germain inclusivement, ni leurs domestiques; il énoncera sur le procès-verbal leurs noms, professions et demeures : les témoins signeront l'original et les copies. La partie poursuivante ne pourra être présente à la saisie. P. 598. — T. 31.

586. Les formalités des exploits seront observées dans les procès-verbaux de saisie-exécution; ils contiendront itératif commandement, si la saisie est faite en la demeure du saisi. C. 102, s. — Pr. 59, 61, 68, 69, 551, 601, 602. — T. 31.

587. Si les portes sont fermées, ou si l'ouverture en est refusée, l'huissier pourra établir gardien aux portes pour empêcher le divertissement : il se retirera sur-le-champ, sans assignation, devant le juge de paix, ou, à son défaut, devant le commissaire de police, et, dans les communes où il n'y en a pas, devant le maire, et à son défaut, devant l'adjoint, en présence desquels l'ouverture des portes, même celles des meubles fermants, sera faite, au fur et à mesure de la saisie. L'officier qui se transportera ne dressera point de procès-verbal; mais il signera celui de l'huissier, lequel ne pourra dresser du tout qu'un seul et même procès-verbal. Pr. 594, 829, 921, 1031. — T. 6, 31, 32.

588. Le procès-verbal contiendra la désignation détaillée des objets saisis : s'il y a des marchandises, elles seront pesées, mesurées ou jaugées, suivant leur nature. Pr. 578, 627, 675, 783, 924. — T. 31.

589. L'argenterie sera spécifiée par pièces et poinçons, et elle sera pesée. Pr. 621. — T. 31.

590. S'il y a des deniers comptants, il sera fait mention du nombre et de la qualité des espèces : l'huissier les déposera au lieu établi pour les consignations; à moins que le saisissant et la partie saisie, ensemble les opposants, s'il y en a, ne conviennent d'un autre dépositaire. C. 1134, 1257, 1259. — T. 31, 33.

591. Si le saisi est absent, et qu'il y ait refus d'ouvrir aucune pièce ou meuble, l'huissier en requerra l'ouverture; et s'il se trouve des papiers, il requerra l'apposition des scellés par l'officier appelé pour l'ouverture. Pr. 587, 907, s.

592. Ne pourront être saisis. Pr. 581, — 1° Les objets que la loi déclare immeubles par destination; C. 517, 522 à 526. — 2° Le coucher nécessaire des saisis, ceux de leurs enfants vivant avec eux, les habits dont les saisis sont vêtus et couverts; — 3° Les livres relatifs à la profession du saisi, jusqu'à la somme de trois cents francs, à son choix; — 4° Les machines et instruments servant à l'enseignement pratique ou exercice des sciences et arts, jusqu'à concurrence de la même somme, et au choix du saisi; — 5° Les équipements des militaires, suivant l'ordonnance et le grade; — 6° Les outils des artisans, nécessaires à leurs occupations personnelles; — 7° Les farines et menues denrées nécessaires à la consommation du saisi et de sa famille pendant un mois; — 8° Enfin une vache, ou trois brebis, ou deux chèvres, au choix du saisi, avec les pailles, fourrages et grains nécessaires pour la litière et la nourriture desdits animaux pendant un mois. Pr. 594.

593. Lesdits objets ne pourront être saisis pour aucune créance, même celle de l'État, si ce n'est pour aliments fournis à la partie saisie, ou sommes dues aux fabricants ou vendeurs desdits objets, ou

---

(c) La *saisie-exécution* est celle au moyen de laquelle un créancier fait mettre sous la main de la justice, pour les faire vendre et être payé sur le prix, tous les *meubles* saisissables de son débiteur, à l'exception cependant des fruits pendants par racines, lesquels ne peuvent être exécutés qu'au moyen d'une voie particulière, nommée *saisie-brandon*. (Voy. Pr. 626, s.)

à celui qui aura prêté pour les acheter, fabriquer ou réparer; pour fermages et moissons des terres à la culture desquelles ils sont employés; loyers des manufactures, moulins, pressoirs, usines dont ils dépendent, et loyers des lieux servant à l'habitation personnelle du débiteur. C. 2102.—Les objets spécifiés sous le n° 2 du précédent article ne pourront être saisis pour aucune créance.

594. En cas de saisie d'animaux et ustensiles servant à l'exploitation des terres, le juge de paix pourra, sur la demande du saisissant, le propriétaire et le saisi entendus ou appelés, établir un gérant à l'exploitation. C. 1961, s., 2000. — Pr. 592-8°.

595. Le procès-verbal contiendra indication du jour de la vente. Pr. 602, 605, 613, 614.

596. Si la partie saisie offre un gardien solvable, et qui se charge volontairement et sur-le-champ, il sera établi par l'huissier. C. 2060-4°.—Pr. 587, 598, 628, 821, s.—P. 400.—T. 34.

597. Si le saisi ne présente gardien solvable et de la qualité requise, il en sera établi un par l'huissier.

598. Ne pourront être établis gardiens, le saisissant, son conjoint, ses parents et alliés jusqu'au degré de cousin issu de germain inclusivement, et ses domestiques; mais le saisi, son conjoint, ses parents, alliés et domestiques, pourront être établis gardiens, de leur consentement et de celui du saisissant. Pr. 821, 823, 830.

599. Le procès-verbal sera fait sans déplacer; il sera signé par le gardien en l'original et la copie : s'il ne sait signer, il en sera fait mention; et il lui sera laissé copie du procès-verbal. Pr. 601, s.

600. Ceux qui, par voies de fait, empêcheraient l'établissement du gardien, ou qui enlèveraient et détourneraient des effets saisis, seront poursuivis conformément au Code d'instruction criminelle. Pr. 555, 785. — I. cr. 22, 59, 61, s. — P. 209, s., 400.

601. Si la saisie est faite au domicile de la partie, copie lui sera laissée sur-le-champ du procès-verbal, signée des personnes qui auront signé l'original; si la partie est absente, copie sera remise au maire ou adjoint, ou au magistrat qui, en cas de refus de portes, aura fait faire ouverture. et qui visera l'original. Pr. 586, 587, 599.—T. 31.

602. Si la saisie est faite hors du domicile et en l'absence du saisi, copie lui sera notifiée dans le jour, outre un jour pour trois myriamètres; sinon les frais de garde et le délai pour la vente ne courront que du jour de la notification. Pr. 68, 586, 1033.—T. 29.

603. Le gardien ne peut se servir des choses saisies, les louer ou prêter, à peine de privation des frais de garde, et de dommages-intérêts, au paiement desquels il sera contraignable par corps. C. 1137, 1930, 1962, 2063. — Pr. 126, 128.

604. Si les objets saisis ont produit quelques profits ou revenus, il est tenu d'en compter, même par corps. C. 1961. —Pr. 126, 527, s., 603.

605. Il peut demander sa décharge, si la vente n'a pas été faite au jour indiqué par le procès-verbal, sans qu'elle ait été empêchée par quelque obstacle; et, en cas d'empêchement, la décharge peut être demandée deux mois après la saisie, sauf au saisissant à faire nommer un autre gardien. Pr. 613, 614.

606. La décharge sera demandée contre le saisissant et le saisi, par une assignation en référé devant le juge du lieu de la saisie : si elle est accordée, il sera préalablement procédé au récolement des effets saisis, parties appelées. Pr. 806, s. — T. 29, 35.

607. Il sera passé outre, nonobstant toutes réclamations de la part de la partie saisie, sur lesquelles il sera statué en référé. Pr. 806, s.

608. Celui qui se prétendra propriétaire des objets saisis ou de partie d'iceux pourra s'opposer à la vente par exploit signifié au gardien, et dénoncé au saisissant et au saisi, contenant assignation libellée et l'énonciation des preuves de propriété, à peine de nullité : il y sera statué par le tribunal du lieu de la saisie, comme en matière sommaire. C. 2102-1°-4°. Pr. 404, s., 826, s., 1029. — Co. 574, s. — Le réclamant qui succombera sera condamné, s'il y échet, aux dommages et intérêts du saisissant. T. 29.

609. Les créanciers du saisi, pour quelque cause que ce soit, même pour loyers, ne pourront former opposition

que sur le prix de la vente : leurs oppositions en contiendront les causes ; elles seront signifiées au saisissant et à l'huissier
ou autre officier chargé de la vente, avec
élection de domicile dans le lieu où la
saisie est faite, si l'opposant n'y est pas
domicilié : le tout à peine de nullité des
oppositions, et des dommages-intérêts
contre l'huissier, s'il y a lieu. C.102, 111,
2102-1°. — Pr. 68, 71, 128, 610, 615,
819. — T. 29.

610. Le créancier opposant ne pourra
faire aucune poursuite, si ce n'est contre
la partie saisie, et pour obtenir condamnation : il n'en sera fait aucune contre lui,
sauf à discuter les causes de son opposition lors de la distribution des deniers.
Pr. 554, 557, 559, 656, s.

611. L'huissier qui, se présentant
pour saisir, trouverait une saisie déjà faite
et un gardien établi, ne pourra pas saisir
de nouveau ; mais il pourra procéder au
récolement des meubles et effets sur le
procès-verbal, que le gardien sera tenu de
lui représenter : il saisira les effets omis,
et fera sommation au premier saisissant
de vendre le tout dans la huitaine ; le procès-verbal de récolement vaudra opposition sur les deniers de la vente. Pr. 616,
653, 679, 719. — T. 36.

612. Faute par le saisissant de faire
vendre dans le délai ci-après fixé, tout
opposant ayant titre exécutoire pourra,
sommation préalablement faite au saisissant, et sans former aucune demande en
subrogation, faire procéder au récolement
des effets saisis, sur la copie du procès-
verbal de saisie, que le gardien sera tenu
de représenter, et de suite à la vente.
Pr. 611, 616, 721, s. — T. 29.

613. Il y aura au moins huit jours entre la signification de la saisie au débiteur
et la vente. Pr. 595, 602, 605, 1033.

614. Si la vente se fait à un jour autre
que celui indiqué par la signification, la
partie saisie sera appelée, avec un jour
d'intervalle, outre un jour pour trois myriamètres en raison de la distance du domicile du saisi, et du lieu où les effets seront vendus. Pr. 605, 613, 1033. — T. 29.

615. Les opposants ne seront point
appelés. Pr. 609, s.

616. Le procès-verbal de récolement
qui précédera la vente ne contiendra aucune énonciation des effets saisis, mais

seulement de ceux en déficit, s'il y en a.
Pr. 606, 611, 612. — T. 37.

617. La vente sera faite au plus prochain marché public, aux jour et heure
ordinaires des marchés, ou un jour de dimanche : pourra néanmoins le tribunal
permettre de vendre les effets en un autre
lieu plus avantageux. Dans tous les cas,
elle sera annoncée un jour auparavant
par quatre placards au moins, affichés,
l'un au lieu où sont les effets, l'autre à la
porte de la maison commune, le troisième
au marché du lieu, et s'il n'y en a pas, au
marché voisin, le quatrième à la porte de
l'auditoire de la justice de paix ; et si la
vente se fait dans un lieu autre que le
marché ou le lieu où sont les effets, un
cinquième placard sera apposé au lieu où
se fera la vente. La vente sera, en outre,
annoncée, par la voie des journaux, dans
les villes où il y en a. Pr. 618,s., 632, s.,
657, 945, s. — T. 38, 76.

618. Les placards indiqueront les
lieu, jour et heure de la vente, et la nature des objets sans détail particulier.
Pr. 629, 630, 645, 684, 695, 703, 739.

619. L'apposition sera constatée par
exploit, auquel sera annexé un exemplaire du placard. Pr. 68. — T. 39.

620. S'il s'agit de barques, chaloupes
et autres bâtiments de mer du port de dix
tonneaux et au-dessous, bacs, galiotes,
bateaux et autres bâtiments de rivière,
moulins et autres édifices mobiles, assis
sur bateaux ou autrement, il sera procédé
à leur adjudication sur les ports, gares ou
quais où ils se trouvent : il sera affiché
quatre placards au moins, conformément
à l'article précédent, et il sera fait, à trois
divers jours consécutifs, trois publications
au lieu où sont lesdits objets : la première
publication ne sera faite que huit jours
au moins après la signification de la saisie.
Dans les villes où il s'imprime des journaux, il sera suppléé à ces trois publications par l'insertion qui sera faite, au journal, de l'annonce de ladite vente, laquelle
annonce sera répétée trois fois dans le
cours du mois précédant la vente. C. 531.
— Pr. 602, 613, 618, 1033. — Co. 207, s.
— T. 41.

621. La vaisselle d'argent, les bagues
et joyaux de la valeur de trois cents francs
au moins, ne pourront être vendus qu'a-
près placards apposés en la forme ci-

dessus, et trois expositions, soit au marché, soit dans l'endroit où sont lesdits effets ; sans que néanmoins, dans aucun cas, lesdits objets puissent être vendus au-dessous de leur valeur réelle, s'il s'agit de vaisselle d'argent, ni au-dessous de l'estimation qui en aura été faite par des gens de l'art, s'il s'agit de bagues et joyaux. Pr. 589. — Dans les villes où il s'imprime des journaux, les trois publications seront suppléées comme il est dit en l'article précédent. T. 41.

622. Lorsque la valeur des effets saisis excédera le montant des causes de la saisie et des oppositions, il ne sera procédé qu'à la vente des objets suffisant à fournir somme nécessaire pour le paiement des créances et frais. Pr. 130, 1031.

623. Le procès-verbal constatera la présence ou le défaut de comparution de la partie saisie. T. 40.

624. L'adjudication sera faite au plus offrant, en payant comptant : faute de paiement, l'effet sera revendu sur-le-champ à la folle-enchère de l'adjudicataire (a). C. 1649. — Pr. 652, 712, 715, 737, s., 1031. — P. 412.

625. Les commissaires-priseurs et huissiers seront personnellement responsables du prix des adjudications, et feront mention, dans leurs procès-verbaux, des noms et domiciles des adjudicataires (b) :

(a) La *folle-enchère* est la peine de l'enchérisseur téméraire qui ne réalise pas les offres qu'il a faites : elle consiste à revendre aux enchères les objets à lui précédemment adjugés ; et, en cas où ces objets sont vendus pour un prix moindre, à poursuivre le paiement de la différence sur le premier adjudicataire.

(b) 25 juin 1841. — *Loi sur les ventes aux enchères des marchandises neuves.*

« Art. 1er. Sont interdites les ventes en détail des marchandises neuves, à cri public, soit aux enchères, soit au rabais, soit à prix fixe proclamé avec ou sans l'assistance des officiers ministériels.

« 2. Ne sont pas comprises dans cette défense les ventes prescrites par la loi, ou faites par autorité de justice, non plus que les ventes après décès, faillite ou cessation de commerce, ou dans tous les autres cas de nécessité dont l'appréciation sera soumise au tribunal de commerce. — Sont également exceptées les ventes à cri public de comestibles et objets de peu de valeur, connus dans le commerce sous le nom de menue mercerie.

« 3. Les ventes publiques et en détail de marchandises neuves qui auront lieu après décès ou par autorité de justice seront faites selon les formes prescrites et par les officiers ministériels préposés pour la vente forcée du mobilier, conformément aux art. 625 et 945 du Code de procédure civile.

« 4. Les ventes de marchandises après faillite seront faites, conformément à l'art. 486 du Code de commerce, par un officier public de la classe que le juge commissaire aura déterminée. — Quant au mobilier du failli, il ne pourra être vendu aux enchères que par le ministère des commissaires-priseurs, notaires, huissiers ou greffiers de justice de paix, conformément aux lois et règlements qui déterminent les attributions de ces différents officiers.

« 5. Les ventes publiques et par enchères après cessation de commerce, ou dans les autres cas de nécessité prévus par l'art. 2 de la présente loi, ne pourront avoir lieu qu'autant qu'elles auront été préalablement autorisées par le tribunal de commerce, sur la requête du commerçant propriétaire, à laquelle sera joint un état détaillé des marchandises. — Le tribunal constatera, par son jugement, le fait qui donne lieu à la vente ; il indiquera le lieu de son arrondissement où se fera la vente ; il pourra même ordonner que les adjudications n'auront lieu que par lots dont il fixera l'importance. — Il décidera, d'après les lois et règlements d'attribution, qui, des courtiers ou des commissaires-priseurs et autres officiers publics, sera chargé de la réception des enchères. — L'autorisation ne pourra être accordée, pour cause de nécessité, qu'au marchand sédentaire ayant depuis un an au moins son domicile réel dans l'arrondissement où la vente doit être opérée. — Des affiches, apposées à la porte du lieu où se fera la vente, énonceront le jugement qui l'aura autorisée.

« 6. Les ventes publiques aux enchères de marchandises en gros continueront à être faites par le ministère des courtiers, dans tous les cas, aux conditions et selon les formes, indiqués par les décrets des 22 nov. 1811, 17 avril 1812, la loi du 15 mai 1818, et les ordonnances des 1er juillet 1818 et 9 avril 1819.

« 7. Toute contravention aux dispositions ci-dessus sera punie de la confiscation des marchandises mises en vente, et, en outre, d'une amende de cinquante à trois mille francs, qui sera prononcée solidairement, tant contre le vendeur que contre l'officier public qui l'aura assisté, sans préjudice des dommages-intérêts, s'il y a lieu. — Ces condamnations seront prononcées par les tribunaux correctionnels.

« 8. Seront passibles des mêmes peines les vendeurs ou officiers publics qui comprendraient sciemment dans les ventes faites par autorité de justice, sur saisie, après décès, faillite, cessation de commerce, ou dans les autres cas de nécessité prévus par l'art. 2 de la présente loi, des marchandises neuves ne faisant pas partie du fonds ou mobilier mis en vente.

« 9. Dans tous les cas ci-dessus où les ventes publiques seront faites par le ministère des courtiers, ils se conformeront aux lois qui les régissent, tant pour les formes de la vente que pour le droit de courtage.

« 10. Dans les lieux où il n'y aura point de courtiers de commerce, les commissaires-pri-

ils ne pourront recevoir d'eux aucune somme au-dessus de l'enchère, à peine de concussion. Pr. 132, 657. — P. 169 s., 174.

TITRE IX. — DE LA SAISIE DES FRUITS PEN-
DANTS PAR RACINES, OU DE LA SAISIE-BRAN-
DON (a).

626. La saisie-brandon ne pourra être
faite que dans les six semaines qui précé-
deront l'époque ordinaire de la maturité
des fruits; elle sera précédée d'un commandement, avec un jour d'intervalle.
C. 520, 548, 2102-1°, 2217. — Pr. 583,
688, 689, 690, 780, 819, s.— T. 29.

627. Le procès-verbal de saisie contiendra l'indication de chaque pièce, sa
contenance et sa situation, et deux au
moins de ses tenants et aboutissants, et la
nature des fruits. Pr. 64, 588, 675.—T. 43.

628. Le garde champêtre sera établi
gardien, à moins qu'il ne soit compris
dans l'exclusion portée par l'article 598;
s'il n'est présent, la saisie lui sera signifiée : il sera aussi laissé copie au maire
de la commune de la situation, et l'original sera visé par lui. C. 1137, 1962,
2060-4°. — Pr. 68, 596, 597, 1039. — Si
les communes sur lesquelles les biens
sont situés sont contiguës ou voisines, il
sera établi un seul gardien, autre néanmoins qu'un garde champêtre; le visa
sera donné par le maire de la commune du
chef-lieu de l'exploitation, et, s'il n'y en
a pas, par le maire de la commune où est
située la majeure partie des biens. T. 29,
44, 45.

629. La vente sera annoncée par placards affichés, huitaine au moins avant
la vente, à la porte du saisi, à celle de
la maison commune, et, s'il n'y en a pas,
au lieu où s'apposent les actes de l'autorité publique, au principal marché du
lieu, et, s'il n'y en a pas, au marché le
plus voisin, et à la porte de l'auditoire
de la justice de paix (b). Pr. 617, s.

630. Les placards désigneront les
jour, heure et lieu de la vente; les noms
et demeures du saisi et du saisissant; la
quantité d'hectares et la nature de chaque
espèce de fruits, la commune où ils sont
situés, sans autre désignation. Pr. 618.

631. L'apposition des placards sera
constatée ainsi qu'il est dit au titre des
Saisies-exécutions. Pr. 619.

632. La vente sera faite un jour de
dimanche ou de marché (c). Pr. 617, 657.

633. Elle pourra être faite sur les lieux
ou sur la place de la commune où est située la majeure partie des objets saisis.
— La vente pourra aussi être faite sur le
marché du lieu, et, s'il n'y en a pas, sur
le marché le plus voisin (d). Pr. 617.

---

récoltes pendants par racines, et de coupes de
bois taillis, seront faites en concurrence et au
choix des parties, par les notaires, commissaires-priseurs, huissiers et greffiers de justice
de paix, même dans le lieu de la résidence des
commissaires-priseurs.

« 2. Pour l'exécution de la présente loi, et
dans les trois mois de sa promulgation, il sera
fait un tarif spécial, dans la forme des règlements d'administration publique.

« 3. Toutes les dispositions contraires à la
présente loi sont et demeurent abrogées. »

5-8 novembre 1851. — *Décret contenant le tarif
des droits alloués aux officiers publics chargés
de procéder à des ventes volontaires et aux enchères de fruits et récoltes pendants par racines
ou de coupes de bois taillis.*

« Le président de la République, sur le rapport du garde des sceaux, ministre de la justice; vu l'art. 2 de la loi du 5 juin 1851, sur les
ventes publiques volontaires de fruits et de
récoltes pendants par racines et des coupes de
bois taillis, décrète :

« Art. 1er. Il est alloué, pour tous droits d'honoraires, non compris les déboursés, à l'officier
public chargé de procéder à une vente volontaire et aux enchères de fruits et récoltes pendants par racines, ou de coupes de bois taillis,
une remise sur le produit de la vente, qui est
fixée à deux pour cent jusqu'à dix mille francs,
et à un quart pour cent sur l'excédant, sans
distinction entre les ventes faites au comptant
et celles faites à terme. En cas d'adjudication
par lots, consentie au mois du même vendeur,
la remise proportionnelle établie au présent
article est calculée sur le prix total des lots
réunis. La remise ne peut, en aucun cas, être
inférieure à six francs.

« 2. Lorsque l'officier public qui a procédé à
une vente à terme est chargé d'opérer le recouvrement du prix, il a droit à une remise de un
pour cent sur le montant des sommes par lui
recouvrées.

« 3. S'il est requis expédition ou extrait de
procès-verbaux de vente, il est alloué, outre le
timbre, un franc pour chaque rôle de vingt-
cinq lignes à la page et de quinze syllabes à
la ligne.

« 4. Pour versement à la caisse des consigna-

---

seurs, les notaires, huissiers et greffiers de justice de paix feront les ventes ci-dessus, selon
les droits qui leur sont respectivement attribués
par les lois et règlements. — Ils seront, pour
lesdites ventes, soumis aux formes, conditions
et tarifs imposés aux courtiers. »

(a) La saisie des fruits encore sur pied, tels
que les céréales et les foins, etc., a été nommée *saisie-brandon*, de ce que, pour indiquer
que cette voie a été prise, on plante autour du
champ des pieux, au sommet desquels sont attachés des *brandons* de paille.

(b, c, d) 5-11 juin 1851.—*Loi sur les ventes publiques
volontaires de fruits et de récoltes pendants par
racines et des coupes de bois taillis.*

« Art. 1er. Les ventes publiques, volontaires,
soit à terme, soit au comptant, de fruits et de

634. Seront, au surplus, observées les formalités prescrites au titre des *Saisies-exécutions.* Pr. 584, s.

635. Il sera procédé à la distribution du prix de la vente ainsi qu'il sera dit au titre de la *Distribution par contribution* (art. 656 à 672).

TITRE X.—DE LA SAISIE DES RENTES CONSTI-TUÉES SUR PARTICULIERS (Loi du 24 mai 1842) (a).

636. « La saisie d'une rente constituée en perpétuel ou en viager, moyennant

tions, paiement des contributions ou assistance aux référés, s'il y a lieu, il est alloué : à Paris, Lyon, Bordeaux, Rouen, Toulouse et Marseille, quatre francs; partout ailleurs, trois francs.

« 5. Toutes perceptions directes ou indirectes, autres que celles autorisées par le présent règle-ment, à quelque titre et sous quelque dénomi-nation qu'elles aient lieu , sont formellement interdites. En cas de contravention, l'officier public pourra être suspendu ou destitué, sans préjudice de l'action en répétition de la partie lésée et des peines prononcées par la loi contre la concussion.

« 6. Il est également interdit aux officiers pu-blics de faire aucun abonnement ou modification à raison des droits ci-dessus fixés, si ce n'est avec l'État et les établissements publics. Toute contravention sera punie d'une suspension de quinze jours à six mois. En cas de récidive, la destitution pourra être prononcée. »

(a) Voici le texte ancien du Code de procédure: TITRE X. — *De la saisie des rentes constituées sur particuliers.*

636. La saisie d'une rente constituée ne peut avoir lieu qu'en vertu d'un titre authentique et exécutoire. Elle sera précédée d'un commande-ment fait à la personne ou au domicile de la partie obligée ou condamnée, au moins un jour avant la saisie, et contenant notification du titre, si elle n'a déjà été faite.

637. La rente sera saisie, entre les mains de celui qui la doit, par exploit contenant, outre les formalités ordinaires, l'énonciation du titre constitutif de la rente, de sa quotité et de son capital, et du titre de la créance du saisissant; les noms, profession et demeure de la partie saisie, élection de domicile chez un avoué près le tribunal devant lequel la vente sera pour-suivie, et assignation au tiers saisi en déclara-tion devant le même tribunal : le tout à peine de nullité.

638. Les dispositions contenues aux art. 570, 571, 572, 573, 574, 575 et 576, relatives aux for-malités que doit remplir le tiers saisi, seront observées par le débiteur de la rente. — Et si ce débiteur ne fait pas sa déclaration, ou s'il la fait tardivement, ou s'il ne fait pas les jus-tifications ordonnées, il pourra, selon les cas, être condamné à servir la rente faute d'avoir justifié de sa libération, ou à des dommages-intérêts résultant soit de son silence, soit du retard apporté à faire sa déclaration, soit de la procédure à laquelle il aura donné lieu.

639. La saisie entre les mains de personnes

un capital déterminé, ou pour prix de la vente d'un immeuble, ou de la cession de fonds immobiliers ou à tout autre titre onéreux ou gratuit, ne peut avoir lieu qu'en vertu d'un titre exécutoire. Elle

non demeurant en France, sur le continent, sera signifiée à personne ou domicile; et seront ob-servés, pour la citation, les délais prescrits par l'art. 73.

640. L'exploit de saisie vaudra toujours sai-sie-arrêt des arrérages échus et à échoir jus-qu'à la distribution.

641. Dans les trois jours de la saisie, outre un jour par trois myriamètres de distance entre le domicile du débiteur de la rente et celui du saisissant, et pareil délai en raison de la distance entre le domicile de ce dernier et celui de la partie saisie, le saisissant sera tenu, à peine de nullité de la saisie, de la dénoncer à la partie saisie, et de lui notifier le jour de la première publication.

642. Lorsque le débiteur de la rente sera do-micilié hors du continent du Royaume, le délai pour la dénonciation ne courra que du jour de l'échéance de la citation au saisi.

643. Quinzaine après la dénonciation à la partie saisie, le saisissant sera tenu de mettre au greffe du tribunal du domicile de la partie saisie le cahier des charges, contenant les noms, professions et demeures du saisissant, de la partie saisie et du débiteur de la rente, la nature de la rente, sa quotité, celle du capital, la date et l'énonciation du titre en vertu duquel elle est constituée; l'énonciation de l'inscription, si le titre contient hypothèque, et si aucune a été prise pour la sûreté de la rente; les noms et demeure de l'avoué du poursuivant, les con-ditions de l'adjudication, et la mise à prix : la première publication se fera à l'audience.

644. Extrait du cahier des charges, contenant les renseignements ci-dessus, sera remis au greffier huitaine avant la remise du cahier des charges au greffe, et sera inséré dans un ta-bleau placé à cet effet dans l'auditoire du tri-bunal devant lequel se poursuit la vente.

645. Huitaine avant la remise du cahier des charges au greffe, pareil extrait sera placardé, 1° à la porte de la maison de la partie saisie, 2° à celle du débiteur de la rente, 3° à la prin-cipale porte du tribunal, 4° et à la principale place du lieu où se poursuit la vente.

646. Pareil extrait sera inséré dans l'un des journaux imprimés dans la ville où se poursuit la vente; et, s'il n'y en a pas, dans l'un de ceux imprimés dans le département, s'il y en a.

647. Sera observé, relativement auxdits pla-cards et annonces, ce qui est prescrit au titre de la *Saisie immobilière.*

648. La seconde publication se fera huitaine après la première; et la rente saisie pourra, lors de ladite publication, être adjugée, sauf le délai qui sera prescrit par le tribunal.

649. Il sera fait une troisième publication, lors de laquelle l'adjudication définitive sera faite au plus offrant et dernier enchérisseur.

650. Il sera affiché nouveaux placards et in-séré nouvelles annonces dans les journaux, trois jours avant l'adjudication définitive.

651. Les enchères seront reçues par le minis-tère d'avoués.

sera précédée d'un commandement fait à la personne ou au domicile de la partie obligée ou condamnée, au moins un jour avant la saisie, et contenant notification du titre, si elle n'a déjà été faite.

637. « La rente sera saisie entre les mains de celui qui la doit, par exploit contenant, outre les formalités ordinaires, l'énonciation du titre constitutif de la rente, de sa quotité, de son capital, s'il y en a un, et du titre de la créance du saisissant; les noms, profession et demeure de la partie saisie; élection de domicile chez un avoué près le tribunal devant lequel la vente sera poursuivie, et assignation au tiers saisi en déclaration devant le même tribunal.

638. « Les dispositions contenues aux articles 570, 571, 572, 573, 574, 575 et 576, relatives aux formalités que doit remplir le tiers saisi, seront observées par le débiteur de la rente. Si ce débiteur ne fait pas sa déclaration, s'il la fait tardivement, ou s'il ne fait pas les justifications ordonnées, il pourra, selon les cas, être condamné à servir la rente faute d'avoir justifié de sa libération, ou à des dommages-intérêts résultant, soit de son silence, soit du retard apporté à faire sa déclaration, soit de la procédure à laquelle il aura donné lieu.

639. « La saisie entre les mains de personnes non demeurant en France sur le continent sera signifiée à personne ou domicile; et seront observés, pour la citation, les délais prescrits par l'article 73.

640. « L'exploit de saisie vaudra toujours saisie-arrêt des arrérages échus et à échoir jusqu'à la distribution.

652. Les formalités prescrites au titre *de la Saisie immobilière*, pour la rédaction du jugement d'adjudication, l'acquit des conditions et du prix, et la revente sur folle enchère, seront observées lors de l'adjudication des rentes.

653. Si la rente a été saisie par deux créanciers, la poursuite appartiendra à celui qui le premier aura dénoncé; en cas de concurrence, au porteur du titre plus ancien; et si les titres sont de même date, à l'avoué le plus ancien.

654. La partie saisie sera tenue de proposer ses moyens de nullité, si aucuns elle a, avant l'adjudication préparatoire, après laquelle elle ne pourra proposer que les moyens de nullité contre les procédures postérieures.

655. La distribution du prix sera faite ainsi qu'il sera prescrit au titre *de la Distribution par contribution*, sans préjudice néanmoins des hypothèques établies antérieurement à la loi du 11 brumaire an VII (1er novembre 1798).

641. « Dans les trois jours de la saisie, outre un jour par cinq myriamètres de distance entre le domicile du débiteur de la rente et celui du saisissant, et pareil délai en raison de la distance entre le domicile de ce dernier et celui de la partie saisie, le saisissant sera tenu de la dénoncer à la partie saisie et de lui notifier le jour de la publication du cahier des charges. Lorsque le débiteur de la rente sera domicilié hors du continent de la France, le délai pour la dénonciation ne courra que du jour de l'échéance de la citation au tiers saisi.

642. « Dix jours au plus tôt, quinze jours au plus tard, après la dénonciation à la partie saisie, outre le délai des distances, tel qu'il est réglé par l'article 641, le saisissant déposera au greffe du tribunal devant lequel se poursuit la vente le cahier des charges contenant les noms, profession et demeure du saisissant, de la partie saisie et du débiteur de la rente, la nature de cette rente, sa quotité, celle du capital, s'il y en a un, la date et l'énonciation du titre en vertu duquel elle est constituée, l'énonciation de l'inscription, si le titre contient hypothèque et si cette hypothèque a été inscrite pour sûreté de la rente; les noms et demeure de l'avoué du poursuivant, les conditions de l'adjudication et la mise à prix avec indication du jour de la publication du cahier des charges.

643. « Dix jours au plus tôt, vingt jours au plus tard, après le dépôt au greffe du cahier des charges, il sera fait, à l'audience et au lieu indiqué, lecture et publication de ce cahier des charges; le tribunal en donnera acte au poursuivant.

644. « Le tribunal statuera immédiatement sur les dires et observations qui auront été insérés au cahier des charges, et fixera les jour et heure où il procédera à l'adjudication; le délai entre la publication et l'adjudication sera de dix jours au moins et de vingt jours au plus. Le jugement sera porté à la suite de la mise à prix ou des dires des parties.

645. « Après la publication du cahier des charges, et huit jours au moins avant l'adjudication, un extrait de ce cahier, contenant, outre les renseignements énoncés en l'article 642, l'indication du jour de l'adjudication, sera affiché, 1° à la porte du domicile du saisi; 2º à la porte du domicile du débiteur de la rente; 3º à la principale porte du tribunal; 4º à la principale place du lieu où la vente se poursuit.

646. « Pareil extrait sera inséré, dans le même délai, au journal indiqué pour recevoir les annonces judiciaires, conformément à l'article 696.

647. « Il sera justifié des affiches et de l'insertion au journal, conformément aux articles 698 et 699, et il pourra être passé en taxe un plus grand nombre d'affiches et d'insertions aux journaux, dans les cas prévus par les articles 697 et 700.

648. « Les règles et formalités prescrites au titre de la *Saisie-immobilière*, par les articles 701, 702, 703, 704, 705, 706, 707, 711, 712, 713, 714 et 741, seront observées pour l'adjudication des rentes.

649. « Faute par l'adjudicataire d'exécuter les clauses de l'adjudication, la rente sera vendue à sa folle-enchère, et il sera procédé ainsi qu'il est dit aux articles 734, 735, 736, 738, 739 et 740. Néanmoins le délai entre les nouvelles affiches et l'adjudication sera de cinq jours au moins, et de dix jours au plus, et la signification prescrite par l'article 736 précédera de cinq jours au moins le jour de la nouvelle adjudication.

650. « La partie saisie sera tenue de proposer ses moyens de nullité, contre la procédure antérieure à la publication du cahier des charges, un jour au moins avant le jour fixé pour cette publication, et contre la procédure postérieure, un jour au moins avant l'adjudication : le tout à peine de déchéance. Il sera statué par le tribunal, sur un simple acte d'avoué; et si les moyens sont rejetés, il sera immédiatement procédé, soit à la publication du cahier des charges, soit à l'adjudication.

651. « Aucun jugement ou arrêt par défaut en matière de saisie de rentes constituées sur particuliers ne sera sujet à opposition. L'appel des jugements qui statueront sur les moyens de nullité, tant en la forme qu'au fond, ou sur d'autres incidents, et qui seront relatifs à la procédure antérieure à la publication du cahier des charges, sera considéré comme non avenu, s'il est interjeté après les huit jours à compter de la signification à avoué, ou, s'il n'y a pas d'avoué, à compter de la signification à personne ou à domicile, soit réel, soit élu, et la partie saisie ne pourra, sur l'appel, proposer des moyens autres que ceux qui auront été présentés en première instance. — L'appel sera signifié au domicile de l'avoué, et, s'il n'y a pas d'avoué, au domicile réel ou élu de l'intimé. Il sera notifié en même temps au greffier du tribunal et visé par lui. L'acte d'appel énoncera les griefs.

652. « Ne pourront être attaqués par la voie de l'appel, 1º les jugements qui, sans statuer sur des incidents, donneront acte de la publication du cahier des charges, ou qui prononceront l'adjudication; 2º ceux qui statueront sur des nullités postérieures à la publication du cahier des charges.

653. « Si la rente a été saisie par deux créanciers, la poursuite appartiendra à celui qui, le premier, aura dénoncé; en cas de concurrence, au porteur du titre le plus ancien; et si les titres sont de même date, à l'avoué le plus ancien.

654. « La distribution du prix sera faite ainsi qu'il sera prescrit au titre de la *Distribution par contribution*, sans préjudice néanmoins des hypothèques établies antérieurement à la loi du 11 brumaire an VII (1er novembre 1798).

655. « Les formalités prescrites par les articles 636, 637, 639, 641, 642, 643, 644, 645, 646 et 651, seront observées à peine de nullité. »

TITRE XI. — DE LA DISTRIBUTION PAR CONTRIBUTION.

656. Si les deniers arrêtés ou le prix des ventes ne suffisent pas pour payer les créanciers, le saisi et les créanciers seront tenus, dans le mois, de convenir de la distribution par contribution. C. 2093, 2248. — Pr. 579, 635, 655, 659, 749, s., 990. — Co. 214, 548, 565.

657. Faute par le saisi et les créanciers de s'accorder dans ledit délai, l'officier qui aura fait la vente sera tenu de consigner (a), dans la huitaine suivante, et à la charge de toutes les oppositions, le montant de la vente, déduction faite de ses frais, d'après la taxe qui aura été faite par le juge sur la minute du procès-

(a) Cette consignation se fait à la caisse des dépôts et consignations créée par l'ordonnance du 3 juillet 1816. (Voy. Lois et ord. div.)

verbal : il sera fait mention de cette taxe dans les expéditions. C. 1257, 2101-1°.

658. Il sera tenu au greffe un registre des contributions, sur lequel un juge sera commis par le président, sur la réquisition du saisissant, ou, à son défaut, de la partie la plus diligente; cette réquisition sera faite par simple note portée sur le registre. Pr. 750, 751 et la *note.* — T. 95.

659. Après l'expiration des délais portés aux articles 656 et 657, et en vertu de l'ordonnance du juge commis, les créanciers seront sommés de produire, et la partie saisie de prendre communication des pièces produites, et de contredire, s'il y échet. Pr. 752, s. — T. 29, 96, 132.

660. Dans le mois de la sommation, les créanciers opposants, soit entre les mains du saisissant, soit en celles de l'officier qui aura procédé à la vente, produiront, à peine de forclusion, leurs titres ès-mains du juge commis, avec acte contenant demande en collocation et constitution d'avoué. Pr. 75, 659, 664, 754, 1029, 1033. — T. 29, 97.

661. Le même acte contiendra la demande à fin de privilége; néanmoins le propriétaire pourra appeler la partie saisie et l'avoué plus ancien en référé devant le juge-commissaire, pour faire statuer préliminairement sur son privilége pour raison des loyers à lui dus. C. 2095, 2101, 2102-1°. — Pr. 806, s., 819, s. — T. 29, 97, 98.

662. Les frais de poursuite seront prélevés, par privilége, avant toute créance autre que celle pour loyers dus au propriétaire. C. 2101-1°, 2102-1°.—Pr. 716, 819, s.

663. Le délai ci-dessus fixé expiré, et même auparavant, si les créanciers ont produit, le commissaire dressera, en suite de son procès-verbal, l'état de distribution sur les pièces produites; le poursuivant dénoncera, par acte d'avoué, la clôture du procès-verbal aux créanciers produisants et à la partie saisie, avec sommation d'en prendre communication, et de contredire sur le procès-verbal du commissaire, dans la quinzaine. Pr. 755. — T. 29, 99, 100.

664. Faute par les créanciers et la partie saisie de prendre communication ès-mains du juge-commissaire dans ledit délai, ils demeureront forclos, sans nou-velle sommation ni jugement; il ne sera fait aucun dire, s'il n'y a lieu à contester. Pr. 660, 756, et la *note.* — Co. 503.

665. S'il n'y a point de contestation, le juge-commissaire clora son procès-verbal, arrêtera la distribution des deniers, et ordonnera que le greffier délivrera mandement aux créanciers (a), en affirmant par eux de la sincérité de leurs créances. Pr. 670, 671, 759, 771.—T. 101.

666. S'il s'élève des difficultés, le juge-commissaire renverra à l'audience; elle sera poursuivie par la partie la plus diligente, sur un simple acte d'avoué à avoué, sans autre procédure. Pr. 82, 758.

667. Le créancier contestant, celui contesté, la partie saisie, et l'avoué le plus ancien des opposants, seront seuls en cause; le poursuivant ne pourra être appelé en cette qualité. Pr. 669-2°, 760.

668. Le jugement sera rendu sur le rapport du juge-commissaire et les conclusions du ministère public. Pr. 83, 84, 95, 751.

669. L'appel de ce jugement sera interjeté dans les dix jours de la signification à avoué : l'acte d'appel sera signifié au domicile de l'avoué; il contiendra citation et énonciation des griefs; il y sera statué comme en matière sommaire. Pr. 404, s., 670, 763. — Ne pourront être intimées sur ledit appel que les parties indiquées par l'article 667.

670. Après l'expiration du délai fixé pour l'appel, et, en cas d'appel, après la signification de l'arrêt au domicile de l'avoué, le juge-commissaire clora son procès-verbal, ainsi qu'il est prescrit par l'article 665. Pr. 767.

671. Huitaine après la clôture du procès-verbal, le greffier délivrera les mandements aux créanciers, en affirmant par eux la sincérité de leur créance par-devant lui. Pr. 665, 771. — T. 101.

672. Les intérêts des sommes admises en distribution cesseront du jour de la clôture du procès-verbal de distribution, s'il ne s'élève pas de contestation; en cas de contestation, du jour de la signification du jugement qui aura statué; en cas d'appel, quinzaine après la signification du

---

(a) On entend par *mandement*, en cette matière, un acte au moyen duquel les créanciers peuvent requérir le paiement de ce qui leur revient dans la distribution par contribution.

jugement sur appel. C. 1907, 1153.—Pr. 665, 767.

TITRE XII. — DE LA SAISIE IMMOBILIÈRE
(Loi du 2 juin 1841) (a).

673. « La saisie immobilière sera précédée d'un commandement à personne ou domicile; en tête de cet acte, il sera donné copie entière du titre en vertu duquel elle est faite. Ce commandement contiendra élection de domicile dans le lieu où siége le tribunal qui devra connaître de la saisie, si le créancier n'y demeure pas; il énoncera que, faute de paiement, il sera procédé à la saisie des immeubles du débiteur; l'huissier ne se fera pas assister

---

(a) Les dispositions de ce titre et du titre XIII ci-après sont celles de la loi du 2 juin 1841 sur les ventes judiciaires de biens immeubles; elles ont remplacé l'ancien texte de ces mêmes titres, art. 673 à 748, ancien texte que nous croyons inutile de reproduire aujourd'hui, nous bornant à guillemeter celui de la loi de 1841. Cette loi du 2 juin 1841 porte, en outre, les dispositions préliminaires suivantes :

« Art. 1. Les titres XII et XIII du livre V de la première partie du Code de procédure civile, et le décret du 2 février 1811, relatifs à la saisie immobilière et à ses incidents, seront remplacés par les dispositions suivantes :

« 7. Lorsqu'il y aura lieu, dans l'un des cas prévus par les dispositions relatives aux différentes ventes judiciaires de biens immeubles, d'augmenter un délai à raison des distances, l'augmentation sera d'un jour par cinq myriamètres de distance.

« 8. Les art. 708 et 709, substitués aux art. 710 et 711 du Code de procédure civile par la présente loi, seront mentionnés en remplacement de ces derniers dans le troisième paragraphe de l'art. 573 du Code de commerce, au titre des *Faillites et banqueroutes.* — L'art. 696 ci-dessous sera substitué à l'art. 683 du Code de procédure civile dans les différentes lois qui font mention de cette dernière disposition. — Il en sera de même de toutes les dispositions auxquelles renvoie la législation, et qui se trouvent remplacées par les nouveaux articles de la présente loi.

« 9. Les ventes judiciaires qui seront commencées antérieurement à la promulgation de la présente loi, continueront à être régies par les anciennes dispositions du Code de procédure civile et du décret du 2 février 1811.—Les ventes seront censées commencées, savoir : pour la saisie immobilière, si le procès-verbal a été transcrit, et pour les autres ventes, si les placards ont été affichés.

« 10. L'emploi des bougies, dans les adjudications publiques, pourra être remplacé par un autre moyen, en vertu d'une ordonnance royale rendue suivant la forme des règlements d'administration publique. — Dans les six mois de la promulgation de la présente loi, il sera pourvu de la même manière, — 1º au tarif des frais et dépens relatifs aux ventes judiciaires des biens immeubles; — 2º au mode de conservation des affiches. » — (Voy. C. des frais.)

---

de témoins; il fera dans le jour viser l'original par le maire du lieu où le commandement sera signifié. C. 2204, s., 2217.— Pr. 68, s. 551, 583, 626, 636, 715, 780, 1029, 1031, 1039.

674. « La saisie immobilière ne pourra être faite que trente jours après le commandement; si le créancier laisse écouler plus de quatre-vingt-dix jours entre le commandement et la saisie, il sera tenu de le réitérer dans les formes et avec les délais ci-dessus. Pr. 715, 1029, 1031.

675. « Le procès-verbal de saisie contiendra, outre toutes les formalités communes à tous les exploits, Pr. 61. — 1º L'énonciation du titre exécutoire en vertu duquel la saisie est faite; Pr. 551, 673. — 2º La mention du transport de l'huissier sur les biens saisis; — 3º L'indication des biens saisis, savoir : — si c'est une maison, l'arrondissement, la commune, la rue, le numéro s'il y en a, et, dans le cas contraire, deux au moins des tenants et aboutissants; — si ce sont des biens ruraux, la désignation des bâtiments quand il y en aura, la nature et la contenance approximative de chaque pièce, le nom du fermier ou colon s'il y en a, l'arrondissement et la commune où les biens sont situés; Pr. 588, 627, 690-2º, 696-3º. — 4º La copie littérale de la matrice du rôle de la contribution foncière pour les articles saisis; C. 2465. — 5º L'indication du tribunal où la saisie sera portée; — 6º Et enfin constitution d'avoué chez lequel le domicile du saisissant sera élu de droit. Pr. 75, 637, 715, 1029, 1031.

676. « Le procès-verbal de saisie sera visé, avant l'enregistrement, par le maire de la commune dans laquelle sera situé l'immeuble saisi; et, si la saisie comprend des biens situés dans plusieurs communes, le visa sera donné successivement par chacun des maires à la suite de la partie du procès-verbal relative aux biens situés dans sa commune. C. 2210 et la *note.*—Pr. 673, 715, 1029, 1031, 1039.

677. « La saisie immobilière sera dénoncée au saisi dans les quinze jours qui suivront celui de la clôture du procès-verbal, outre un jour par cinq myriamètres de distance (b) entre le domicile du

---

(b) V. ci-dessus, Loi du 2 juin 1841, art. 7, en note.

saisi et le lieu où siége le tribunal qui doit connaître de la saisie. L'original sera visé dans le jour par le maire du lieu où l'acte de dénonciation aura été signifié. C. 102. — Pr. 715, 1029, 1031, 1033, 1039.

678. « La saisie immobilière et l'exploit de dénonciation seront transcrits, au plus tard, dans les quinze jours qui suivront celui de la dénonciation, sur le registre à ce destiné au bureau des hypothèques de la situation des biens, pour la partie des objets saisis qui se trouvent dans l'arrondissement. C. 2197, 2200.— Pr. 675, s., 679, s., 682, 685, s., 693, 715, 748, 1029, 1031.

679. « Si le conservateur ne peut procéder à la transcription de la saisie à l'instant où elle lui est présentée, il fera mention, sur l'original qui lui sera laissé, des heure, jour, mois et an auxquels il aura été remis, et, en cas de concurrence, le premier présenté sera transcrit. C. 2200. — Pr. 678, 680, 719, s.

680. « S'il y a eu précédente saisie, le conservateur constatera son refus en marge de la seconde; il énoncera la date de la précédente saisie, les noms, demeures et professions du saisissant et du saisi, l'indication du tribunal où la saisie est portée, le nom de l'avoué du saisissant et la date de la transcription. Pr. 611, 675, 719, s.

681. « Si les immeubles saisis ne sont pas loués ou affermés, le saisi restera en possession jusqu'à la vente, comme séquestre judiciaire, à moins que, sur la demande d'un ou plusieurs créanciers, il n'en soit autrement ordonné par le président du tribunal, dans la forme des ordonnances sur référé. C. 1961, s., 2060-4°. — Pr. 806, s. — P. 400. — Les créanciers pourront néanmoins, après y avoir été autorisés par ordonnance du président rendue dans la même forme, faire procéder à la coupe et à la vente, en tout ou en partie, des fruits pendants par les racines. — Les fruits seront vendus aux enchères ou de toute autre manière autorisée par le président, dans le délai qu'il aura fixé, et le prix sera déposé à la caisse des dépôts et consignations. C. 1257 et la *note.* — Pr. 633, s.

682. « Les fruits naturels et industriels recueillis postérieurement à la transcription, ou le prix qui en proviendra,

seront immobilisés pour être distribués avec le prix d'immeuble par ordre d'hypothèque. C. 520, 2118, 2133.—Pr. 678, 685.

683. « Le saisi ne pourra faire aucune coupe de bois ni dégradation, à peine de dommages-intérêts auxquels il sera contraint par corps, sans préjudice, s'il y a lieu, des peines portées dans les art. 400 et 434 du Code pénal. C. 1149, 1382, 2059, s. et la *note.*—Pr. 126, 128, 523, s., 780, s.

684. « Les baux qui n'auront pas acquis date certaine avant le commandement, pourront être annulés, si les créanciers ou l'adjudicataire le demandent. C. 1348, 1743, s. — Pr. 673.

685. « Les loyers et fermages seront immobilisés à partir de la transcription de la saisie, pour être distribués avec le prix de l'immeuble par ordre d'hypothèque. Un simple acte d'opposition à la requête du poursuivant ou de tout autre créancier vaudra saisie-arrêt entre les mains des fermiers et locataires, qui ne pourront se libérer qu'en exécution de mandements de collocation, ou par le versement de loyers ou fermages à la caisse des consignations; ce versement aura lieu à leur réquisition, ou sur la simple sommation des créanciers. A défaut d'opposition, les paiements faits au débiteur seront valables, et celui-ci sera comptable, comme séquestre judiciaire, des sommes qu'il aura reçues. C. 583, s., 1242, 1257, s. et la *note*, 1961, s., 2060-4°, 2118, 2133. —Pr. 656, s., 665, 673, 678, 682, 758, s.

686. « La partie saisie ne peut, à compter du jour de la transcription de la saisie, aliéner les immeubles saisis, à peine de nullité, et sans qu'il soit besoin de la faire prononcer. C. 1131, 1594.— Pr. 678, 682, 685, 687, s., 1029.

687. « Néanmoins l'aliénation ainsi faite aura son exécution si, avant le jour fixé pour l'adjudication, l'acquéreur consigne somme suffisante pour acquitter, en principal, intérêts et frais, ce qui est dû aux créanciers inscrits, ainsi qu'au saisissant, et s'il leur signifie l'acte de consignation. C. 1257, s. et la *note.* — Pr. 68, 688, 738.

688. « Si les deniers ainsi déposés ont été empruntés, les prêteurs n'auront d'hypothèques que postérieurement aux créanciers inscrits lors de l'aliénation. C. 1250, s., 2114, s., 2124, s., 2134.

689. « A défaut de consignation avant l'adjudication, il ne pourra être accordé, sous aucun prétexte, de délai pour l'effectuer. C. 1244. — Pr. 727.

690. « Dans les vingt jours, au plus tard, après la transcription, le poursuivant déposera au greffe du tribunal le cahier des charges, contenant : Pr. 643, 678, 837, 957, 972. — 1° L'énonciation du titre exécutoire en vertu duquel la saisie a été faite, du commandement, du procès-verbal de saisie, ainsi que des autres actes et jugements intervenus postérieurement; Pr. 551, 573, 575, 694, s. — 2° La désignation des immeubles, telle qu'elle a été insérée dans le procès-verbal; Pr. 588, 627, 675-3°, 696-3°. — 3° Les conditions de la vente; — 4° Une mise à prix de la part du poursuivant. Pr. 696-4°, 715, 957-4°, 958-4°, 1029, 1031.

691. « Dans les huit jours au plus tard après le dépôt au greffe, outre un jour par cinq myriamètres de distance entre le domicile du saisi et le lieu où siége le tribunal, sommation sera faite au saisi, à personne ou domicile, de prendre communication du cahier des charges, de fournir ses dires et observations, et d'assister à la lecture et publication qui en sera faite, ainsi qu'à la fixation du jour de l'adjudication. Cette sommation indiquera les jour, lieu et heure de la publication. Pr. 68, 659, 663, 677 et la *note*, 692, s., 715, 755, 1029, 1031, 1033.

692. « Pareille sommation sera faite, dans le même délai de huitaine, aux créanciers inscrits sur les biens saisis, aux domiciles élus dans les inscriptions. — Si parmi les créanciers inscrits se trouve le vendeur de l'immeuble saisi, la sommation à ce créancier portera qu'à défaut de former sa demande en résolution et de la notifier au greffe avant l'adjudication, il sera définitivement déchu, à l'égard de l'adjudicataire, du droit de la faire prononcer. C. 111, 1184, 1654, s., 2148-1°, 2153-1°, 2156, 2183. — Pr. 68, 659, 633, 677 et la *note*, 691, 693, s., 715, 717, 743, 753, 834, 1029, 1031, 1033.

693. « Mention de la notification prescrite par les deux articles précédents sera faite dans les huit jours de la date du dernier exploit de notification, en marge de la transcription de la saisie au bureau des hypothèques (a). Pr. 678, 716, 1029, 1031. — Du jour de cette mention, la saisie ne pourra plus être rayée que du consentement des créanciers inscrits, ou en vertu de jugements rendus contre eux. C. 1261, s.

694. « Trente jours au plus tôt et quarante jours au plus tard après le dépôt du cahier des charges, il sera fait à l'audience, et au jour indiqué, publication et lecture du cahier des charges. Pr. 643, 690, s., 695. — Trois jours au plus tard avant la publication, le poursuivant, la partie saisie et les créanciers inscrits seront tenus de faire insérer, à la suite de la mise à prix, leurs dires et observations ayant pour objet d'introduire des modifications dans ledit cahier. Passé ce délai, ils ne seront plus recevables à proposer de changements, dires ou observations. Pr. 664, 715, 756, 1029, 1031.

695. « Au jour indiqué par la sommation faite au saisi et aux créanciers, le tribunal donnera acte au poursuivant des lecture et publication du cahier des charges, statuera sur les dires et observations qui y auront été insérés, et fixera les jour et heure où il procédera à l'adjudication. Le délai entre la publication et l'adjudication sera de trente jours au moins et de soixante au plus. — Le jugement sera porté sur le cahier des charges à la suite de la mise à prix ou des dires des parties. Pr. 694, s., 702, s.

696. « Quarante jours au plus tôt et vingt jours au plus tard avant l'adjudication, l'avoué du poursuivant fera insérer, dans un journal publié dans le département où sont situés les biens, un extrait signé de lui et contenant : Pr. 620, 646, 690, 697, s., 735, 836, 960. — 1° La date de la saisie et de sa transcription; Pr. 634, 678. — 2° Les noms, professions, demeures du saisi, du saisissant et de l'avoué de ce dernier; Pr. 68. — 3° La désignation

(a) **Avis** *du conseil d'Etat des 30 mai-18 juin* 1809.

« Le conseil d'Etat est d'avis que, pour l'entière exécution de l'art. 696 (aujourd'hui 693) du Code de procédure, il suffit qu'en marge de l'enregistrement des saisies, mention soit faite de l'enregistrement qui aura été fait des dénonciations et notifications sur un autre registre, avec indication de la page et du numéro de chaque enregistrement. »

des immeubles, telle qu'elle a été insérée dans le procès-verbal; Pr. 675-3°.—4° La mise à prix;—5° L'indication du tribunal où la saisie se poursuit, et des jour, lieu et heure de l'adjudication. Pr. 675-5°.— A cet effet, les cours impériales, chambres réunies, après un avis motivé des tribunaux de première instance respectifs, et sur les réquisitions écrites du ministère public, désigneront chaque année, dans la première quinzaine de décembre, pour chaque arrondissement de leur ressort, parmi les journaux qui se publient dans le département, un ou plusieurs journaux où devront être insérées les annonces judiciaires. Les cours impériales régleront en même temps le tarif de l'impression de ces annonces. Néanmoins toutes les annonces judiciaires relatives à la même saisie seront insérées dans le même journal (a). Pr. 715, 1029, 1031.

697. « Lorsque, indépendamment des insertions prescrites par l'article précédent, le poursuivant, le saisi, ou l'un des créanciers inscrits, estimera qu'il y aurait lieu de faire d'autres annonces de l'adjudication par la voie des journaux, le président du tribunal devant lequel se poursuit la vente pourra, si l'importance des biens paraît l'exiger, autoriser cette insertion extraordinaire. Les frais n'entreront en taxe que dans le cas où cette autorisation aurait été accordée. L'ordonnance du président ne sera soumise à aucun recours. Pr. 739, 746, 809, 838, 961, 973.

698. « Il sera justifié de l'insertion aux journaux par un exemplaire de la feuille contenant l'extrait énoncé en l'article précédent; cet exemplaire portera la signature de l'imprimeur, légalisée par le maire. Pr. 647, 715, 836, 868, 960, 1029, 1031.

699. « Extrait pareil à celui qui est prescrit par l'article 696 sera imprimé en forme de placard et affiché dans le même délai, Pr. 617, s., 629, s., 646, 735, 836, 868, 960. — 1° A la porte du domicile du saisi; C. 102.—2° A la porte principale des édifices saisis; — 3° A la principale place de la commune où le saisi est domicilié, ainsi qu'à la principale place de la commune où les biens sont situés, et de celle où siége le tribunal devant lequel se poursuit la vente; — 4° A la porte extérieure des mairies du domicile du saisi et des communes de la situation des biens; — 5° Au lieu où se tient le principal marché de chacune de ces communes, et, lorsqu'il n'y en a pas, au lieu où se tient le principal marché de chacune des deux communes les plus voisines dans l'arrondissement; — 6° A la porte de l'auditoire du juge de paix de la situation des bâtiments, et s'il n'y a pas de bâtiment, à la porte de l'auditoire de la justice de paix où se trouve la majeure partie des biens saisis; — 7° Aux portes extérieures des tribunaux du domicile du saisi, de la situation des biens et de la vente.—L'huissier attestera, par un procès-verbal rédigé sur un exemplaire du placard, que l'apposition a été faite aux lieux déterminés par la loi sans les détailler. — Le procès-verbal sera visé par le maire de chacune des communes dans lesquelles l'apposition aura été faite (b). Pr. 715, 1029, 1031.

700. « Selon la nature et l'importance des biens, il pourra être passé en taxe jusqu'à cinq cents exemplaires des placards, non compris le nombre d'affiches prescrit par l'article 699 (c). Pr. 701, 961.

701. « Les frais de la poursuite seront taxés par le juge, et il ne pourra être rien exigé au delà du montant de la taxe. Toute

(a) 8-10 mars 1848. — *Décret du gouvernement provisoire qui rectifie l'art. 696 du Code de procédure sur les insertions judiciaires.*
« Art. 1. Le dernier paragraphe de l'art. 696 du Code de procédure civile, rectifié par la loi du 2 juin 1841, est abrogé.
« 2. Dans le cas prévu par l'art. 696 du Code de procédure civile, les annonces pourront être insérées, au choix des parties, dans l'un des journaux publiés dans le département où sont situés les biens. Néanmoins toutes les annonces judiciaires relatives à la même saisie seront insérées dans le même journal. »

(b, c) 15-26 janvier 1853.—*Décret impérial qui modifie l'art. 19 de l'ordonnance du 10 octobre 1841, contenant le tarif des frais et dépens relatifs aux ventes judiciaires de biens immeubles.*
« Art. 1. Le timbre des placards autorisés par les articles 699 et 700 du Code de procédure ne passera en taxe que sur un certificat délivré sans frais par le receveur du timbre ou de l'enregistrement du bureau dans l'arrondissement duquel la vente a eu lieu, constatant que le nombre des exemplaires a été vérifié par lui, et indiquant le montant total des droits de timbre. La seconde disposition de l'art. 19 de l'ordonnance du 10 octobre 1841 est abrogée. » (Voy. au C. des frais.)

stipulation contraire, quelle qu'en soit la forme, sera nulle de droit. — Le montant de la taxe sera publiquement annoncé avant l'ouverture des enchères, et il en sera fait mention dans le jugement d'adjudication. Pr. 695, 838, 964, 988.

702. « Au jour indiqué pour l'adjudication, il y sera procédé sur la demande du poursuivant, et, à son défaut, sur celle de l'un des créanciers inscrits. Pr. 612, 692, s., 722, 838, 988.

703. « Néanmoins l'adjudication pourra être remise sur la demande du poursuivant, ou de l'un des créanciers inscrits, ou de la partie saisie, mais seulement pour causes graves et dûment justifiées. Pr. 717, 737, 741. — Le jugement qui prononcera la remise fixera de nouveau le jour de l'adjudication, qui ne pourra être éloigné de moins de quinze jours, ni de plus de soixante. Pr. 695. — Ce jugement ne sera susceptible d'aucun recours. Pr. 697, 730, s., 739, 746, 838, 969.

704. « Dans ce cas, l'adjudication sera annoncée huit jours au moins à l'avance par des insertions et des placards, conformément aux articles 696 et 699. Pr. 616, s., 715, 741, 1029, 1031.

705. « Les enchères sont faites par le ministère d'avoués et à l'audience. Aussitôt que les enchères seront ouvertes, il sera allumé successivement des bougies préparées de manière que chacune ait une durée d'environ une minute (a). Pr. 651. — L'enchérisseur cesse d'être obligé si son enchère est couverte par une autre, lors même que cette dernière serait déclarée nulle. Pr. 706, s., 715, 739, 838, 964, 988, 1029, 1031. — P. 412.

706. « L'adjudication ne pourra être faite qu'après l'extinction de trois bougies allumées successivement. — S'il ne survient pas d'enchères pendant la durée de ces bougies, le poursuivant sera déclaré adjudicataire pour la mise à prix. Pr. 710. — Si, pendant la durée d'une des trois premières bougies, il survient des enchères, l'adjudication ne pourra être faite qu'après l'extinction de deux bougies sans nouvelle enchère survenue pendant leur durée. Pr. 705 et la *note*, 707, s. 715, 739, 838, 964, 988, 1029, 1031.

707. « L'avoué dernier enchérisseur sera tenu, dans les trois jours de l'adjudication, de déclarer l'adjudicataire (b) et de fournir son acceptation, sinon de représenter son pouvoir, lequel demeurera annexé à la minute de sa déclaration ; faute de ce faire, il sera réputé adjudicataire en son nom, sans préjudice des dispositions de l'article 711. C. 44, 1596, 1597, 1984, s. — Pr. 384, 556, 562, 705, s., 739, 838, 964, 988.

708. « Toute personne pourra, dans les huit jours qui suivront l'adjudication, faire, par le ministère d'un avoué, une surenchère, pourvu qu'elle soit du sixième au moins du prix principal de la vente (c). C. 2185, s. — Pr. 709, s., 832, s., 965, 973. — C. 576 et la *note*.

709. « La surenchère sera faite au greffe du tribunal qui a prononcé l'adjudication : elle contiendra constitution d'avoué et ne pourra être rétractée ; elle devra être dénoncée par le surenchérisseur, dans les trois jours, aux avoués de l'adjudicataire, du poursuivant et de la partie saisie, si elle a constitué avoué, sans néanmoins qu'il soit nécessaire de faire cette dénonciation à la personne ou au domicile de la partie saisie qui n'aurait pas d'avoué. 2185, s. — Pr. 61-1°, 75, 675-1°, 704, s. — La dénonciation sera faite par un simple acte, contenant avenir pour l'audience qui suivra l'expiration de la quinzaine sans autre procédure. Pr. 82. — L'indication du jour de cette adjudication sera faite de la manière prescrite par les articles 696 et 699. — Si le surenchérisseur ne dénonce pas la surenchère dans le délai ci-dessus fixé, le poursuivant ou tout créancier inscrit, ou le saisi, pourra le faire dans les trois jours qui suivront l'expiration de ce délai, faute de quoi la surenchère sera nulle de droit, et sans qu'il soit besoin de faire prononcer la nullité (d). Pr. 715, 722, 965, 773, 1029, 1031. — Co. 573.

710. « Au jour indiqué il sera ouvert de nouvelles enchères, auxquelles toute personne pourra concourir ; s'il ne se présente pas d'enchérisseurs, le surenchérisseur sera déclaré adjudicataire : en

(a) V. Loi du 2 juin 1841, art. 10, en *note*, ci-dessus, page 283.

(b) V. C. de l'enr. L. 22 frim. an VII, art. 68, § 1-24°, 69 § 7-3°. — L. 20 avril 1816, art. 44-3°.

(c, d) Voy. l'art. 8 de la loi du 7 juin 1841, en *note*, ci-dessus, page 283.

cas de folle-enchère, il sera tenu par corps de la différence entre son prix et celui de la vente. C. 2059, s. et la *note*, 2187, s.—Pr.126, 624, 652, 906, 733, s., 740, 780, s.—Lorsqu'une seconde adjudication aura eu lieu, après la surenchère ci-dessus, aucune autre surenchère des mêmes biens ne pourra être reçue. Pr. 838, 965, 973.

711. « Les avoués ne pourront enchérir pour les membres du tribunal devant lequel se poursuit la vente, à peine de nullité de l'adjudication ou de la surenchère, et de dommages-intérêts. C. 1596, 1597.—Pr. 705 s.—Ils ne pourront, sous les mêmes peines, enchérir pour le saisi ni pour les personnes notoirement insolvables. L'avoué poursuivant ne pourra se rendre personnellement adjudicataire ni surenchérisseur, à peine de nullité de l'adjudication ou de la surenchère, et de dommages-intérêts envers toutes les parties. C. 1149, s., 1382.—Pr. 128, 523, s., 739, 838, 964, 988, 1029, 1031.

712. « Le jugement d'adjudication ne sera autre que la copie du cahier des charges rédigé ainsi qu'il est dit en l'article 690 ; il sera revêtu de l'intitulé des jugements et du mandement qui les terminé, avec injonction à la partie saisie de délaisser la possession aussitôt après la signification du jugement, sous peine d'y être contrainte même par corps. C. 820 et la *note*, 2060-2°, s.—Pr. 146, 545, 652, 713, 838, 964, 988.

713. « Le jugement d'adjudication ne sera délivré à l'adjudicataire qu'à la charge par lui de rapporter au greffier quittance des frais ordinaires de poursuite, et la preuve qu'il a satisfait aux conditions du cahier des charges qui doivent être exécutées avant cette délivrance. La quittance et les pièces justificatives demeureront annexées à la minute du jugement, et seront copiées à la suite de l'adjudication. Faute par l'adjudicataire de faire ces justifications dans les vingt jours de l'adjudication, il y sera contraint par la voie de la folle-enchère, ainsi qu'il sera dit ci-après, sans préjudice des autres voies de droit. C. 1184, 1248, 1593, 2101-1°.—Pr. 652, 714, 733, s , 838, 964, 988.

714. « Les frais extraordinaires de poursuite seront payés par privilége sur le prix, lorsqu'il en aura été ainsi ordonné par jugement. C. 1134, 2101-1°.—Pr. 652, 662, 713, 759 777.

715. « Les formalités et délais prescrits par les articles 673, 674, 675, 676, 677, 678, 690, 691, 692, 693, 694, 696, 698 699, 704, 705, 706, 709, paragraphes 1er et 3, seront observés à peine de nullité.—La nullité prononcée pour défaut de désignation de l'un ou de plusieurs des immeubles compris dans la saisie n'entraînera pas nécessairement la nullité de la poursuite en ce qui concerne les autres immeubles.—Les nullités prononcées par le présent article pourront être proposées par tous ceux qui y auront intérêt. C. 1166.—Pr. 728, s., 739, 838, 1029, 1031.

716. « Le jugement d'adjudication ne sera signifié qu'à la personne ou au domicile de la partie saisie. Pr. 155, s., 548. —Mention sommaire du jugement d'adjudication sera faite en marge de la transcription de la saisie, à la diligence de l'adjudicataire. Pr. 678, 693, 743.

717. « L'adjudication ne transmet à l'adjudicataire d'autres droits à la propriété que ceux appartenant au saisi. C. 2182. — Néanmoins l'adjudicataire ne pourra être troublé dans sa propriété par aucune demande en résolution fondée sur le défaut de paiement du prix des anciennes aliénations, à moins qu'avant l'adjudication la demande n'ait été notifiée au greffe du tribunal où se poursuit la vente. Pr. 691, s.—Si la demande a été notifiée en temps utile, il sera sursis à l'adjudication, et le tribunal, sur la réclamation du poursuivant ou de tout créancier inscrit, fixera le délai dans lequel le vendeur sera tenu de mettre à fin l'instance en résolution. Pr. 703, 744.—Le poursuivant pourra intervenir dans cette instance. Pr. 339, s., 718.—Ce délai expiré sans que la demande en résolution ait été définitivement jugée, il sera passé outre à l'adjudication, à moins que, pour des causes graves et dûment justifiées, le tribunal n'ait accordé un nouveau délai pour le jugement de l'action en résolution.—Si, faute par le vendeur de se conformer aux prescriptions du tribunal, l'adjudication avait eu lieu avant le jugement de la demande en résolution, l'adjudicataire ne pourrait pas être poursuivi à raison des droits des anciens vendeurs, sauf à ceux-ci à faire valoir, s'il y avait lieu, leurs titres de créances, dans l'ordre et distribution du prix de l'adjudication. C. 2103-1°, 2108.—Pr. 656, s., 749, s., 838.

TITRE XIII. — DES INCIDENTS DE LA SAISIE IMMOBILIÈRE.

718. « Toute demande incidente à une poursuite en saisie immobilière sera formée par un simple acte d'avoué à avoué, contenant les moyens et conclusions. Cette demande sera formée contre toute partie n'ayant pas d'avoué en cause par exploit d'ajournement à huit jours, sans augmentation de délai à raison des distances, si ce n'est dans le cas de l'article 726, et sans préliminaire de conciliation. Ces demandes seront instruites et jugées comme affaires sommaires. Tout jugement qui interviendra ne pourra être rendu que sur les conclusions du ministère public. Pr. 49-3°, 72, s., 82, 83, s., 112, 166, 337, s., 339, 404, s., 463, 466, 543, s., 608, s., 721, s., 832.

719. « Si deux saisissants ont fait transcrire deux saisies de biens différents, poursuivies devant le même tribunal, elles seront réunies sur la requête de la partie la plus diligente, et seront continuées par le premier saisissant. La jonction sera ordonnée, encore que l'une des saisies soit plus ample que l'autre; mais elle ne pourra, en aucun cas, être demandée après le dépôt du cahier des charges : en cas de concurrence, la poursuite appartiendra à l'avoué porteur du titre plus ancien, et si les titres sont de la même date, à l'avoué le plus ancien. Pr. 611, 653, 667, 680, 690, 720, s.

720. « Si une seconde saisie, présentée à la transcription, est plus ample que la première, elle sera transcrite pour les objets non compris dans la première saisie, et le second saisissant sera tenu de dénoncer la saisie au premier saisissant, qui poursuivra sur les deux, si elles sont au même état; sinon, il surseoira à la première et suivra sur la deuxième jusqu'à ce qu'elle soit au même degré : elles seront alors réunies en une seule poursuite, qui sera portée devant le tribunal de la première saisie. Pr. 678, 721, s.

721. « Faute par le premier saisissant d'avoir poursuivi sur la seconde saisie à lui dénoncée, conformément à l'article

ci-dessus, le second saisissant pourra, par un simple acte, demander la subrogation. Pr. 82, 612, 722, s., 779.

722. « La subrogation pourra être également demandée s'il y a collusion, fraude ou négligence; sous la réserve, en cas de collusion ou fraude, des dommages-intérêts envers qui il appartiendra. C. 1149, s., 1382. — Pr. 128, 423, s. — Il y a négligence lorsque le poursuivant n'a pas rempli une formalité ou n'a pas fait un acte de procédure dans les délais prescrits. Pr. 709, § 4.

723. « La partie qui succombera sur la demande en subrogation sera condamnée personnellement aux dépens. Pr. 130. —Le poursuivant contre lequel la subrogation aura été prononcée sera tenu de remettre les pièces de la poursuite au subrogé, sur son récépissé; il ne sera payé de ses frais de poursuite qu'après l'adjudication, soit sur le prix, soit par l'adjudicataire. Pr. 713, 714.

724. « Lorsqu'une saisie immobilière aura été rayée, le plus diligent des saisissants postérieurs pourra poursuivre sur sa saisie, encore qu'il ne se soit pas présenté le premier à la transcription. Pr. 678, s.

725. « La demande en distraction de tout ou partie des objets saisis sera formée, tant contre le saisissant que contre la partie saisie; elle sera formée aussi contre le créancier premier inscrit et au domicile élu dans l'inscription. C. 2148-1°, 2153-1°. — Si le saisi n'a pas constitué avoué durant la poursuite, le délai prescrit pour la comparution sera augmenté d'un jour par cinq myriamètres de distance entre son domicile et le lieu où siége le tribunal, sans que ce délai puisse être augmenté à l'égard de la partie qui serait domiciliée hors du territoire continental de l'empire. C. 102.—Pr. 61, 72, s., 608, s., 677 et la *note*, 691, s., 726, s., 826, s., 1833.—Co. 210.

726. « La demande en distraction contiendra l'énonciation des titres justificatifs qui seront déposés au greffe, et la copie de l'acte de dépôt. Pr. 806, 827, 832.

727. « Si la distraction demandée n'est que d'une partie des objets saisis, il sera passé outre, nonobstant cette demande, à l'adjudication du surplus des objets saisis. Pourront néanmoins les juges, sur la demande des parties intéressées, ordonner le sursis pour le tout. Pr. 703, 717, 741.—Si la distraction partielle est ordonnée, le poursuivant sera admis à changer la mise à prix portée au cahier des charges. Pr. 690, 706, § 2.

728. « Les moyens de nullité, tant en la forme qu'au fond, contre la procédure qui précède la publication du cahier des charges, devront être proposés, à peine de déchéance, trois jours au plus tard avant cette publication. Pr. 173, 964, s.—S'ils sont admis, la poursuite pourra être reprise à partir du dernier acte valable, et les délais pour accomplir les actes suivants courront à dater du jugement ou arrêt qui aura définitivement prononcé sur la nullité. Pr. 727, 741.—S'ils sont rejetés, il sera donné acte, par le même jugement, de la lecture et publication du cahier des charges, conformément à l'article 695. Pr. 729.

729. « Les moyens de nullité contre la procédure postérieure à la publication du cahier des charges seront proposés, sous la même peine de déchéance, au plus tard, trois jours avant l'adjudication. Pr. 173, 694, s.—Au jour fixé pour l'adjudication, et immédiatement avant l'ouverture des enchères, il sera statué sur les moyens de nullité. Pr. 715. — S'ils sont admis, le tribunal annulera la poursuite, à partir du jugement de publication, en autorisera la reprise à partir de ce jugement, et fixera de nouveau le jour de l'adjudication. Pr. 741. — S'ils sont rejetés, il sera passé outre aux enchères et à l'adjudication. Pr. 702, s., 728, 737.

730. « Ne pourront être attaqués par la voie de l'appel, Pr. 443, s.—1° Les jugements qui statueront sur la demande en subrogation contre le poursuivant, à moins qu'elle n'ait été intentée pour collusion ou fraude; Pr. 721, s.—2° Ceux qui, sans statuer sur des incidents, donneront acte de la publication du cahier des charges ou prononceront l'adjudication, soit avant, soit après surenchère; Pr. 695, 702, s.— 3° Ceux qui statueront sur les nullités postérieures à la publication du cahier des charges. Pr. 739, 838.

731. « L'appel de tous autres jugements sera considéré comme non avenu, s'il est interjeté après les dix jours à compter de la signification à avoué, ou, s'il n'y a point d'avoué, à compter de la signification à personne ou au domicile soit réel, soit élu. C. 102, 111, 2156.— Pr. 147, 456, 463, s.—Ce délai sera augmenté d'un jour par cinq myriamètres de distance, conformément à l'article 725, dans le cas où le jugement aura été rendu sur une demande en distraction. Pr. 677 et la *note*, 991, s., 1033.—Dans les cas où il y aura lieu à l'appel, la cour impériale statuera dans la quinzaine. Les arrêts rendus par défaut ne seront pas susceptibles d'opposition. Pr. 20 et la *note*, 155, s., 669, 739, 763.

732. « L'appel sera signifié au domicile de l'avoué, et, s'il n'y a pas d'avoué, au domicile réel ou élu de l'intimé; il sera notifié en même temps au greffier du tribunal et visé par lui. La partie saisie ne pourra, sur l'appel, proposer des moyens autres que ceux qui auront été présentés en première instance. L'acte d'appel énoncera les griefs : le tout à peine de nullité. C. 102, 111, 2156.—Pr. 61-3°, 456, 464, 675-6°, 692, 739, 838, 1029, 1031.

733. « Faute par l'adjudicataire d'exécuter les clauses de l'adjudication, l'immeuble sera vendu à sa folle enchère. C. 1144, 1184. — Pr. 624, 652, 710, 734, s., 838, 964, 988.

734. « Si la folle enchère est poursuivie avant la délivrance du jugement d'adjudication, celui qui poursuivra la folle enchère se fera délivrer par le greffier un certificat constatant que l'adjudicataire n'a point justifié de l'acquit des conditions exigibles de l'adjudication. Pr. 713, s.—S'il y a eu opposition à la délivrance du certificat, il sera statué, à la requête de la partie la plus diligente, par le président du tribunal, en état de référé. Pr. 735, s., 789, 806, s., 838, 964, 988.

735. « Sur ce certificat, et sans autre procédure ni jugement, ou si la folle enchère est poursuivie après la délivrance du jugement d'adjudication, trois jours après la signification du bordereau de collocation avec commandement, il sera apposé de nouveaux placards et inséré de nouvelles annonces dans la forme ci-dessus prescrite. C. 2217, 2218. — Pr. 583, 626, 636, 673, 696 à 700, 713, s., 758, s., 771, s., 819.—Ces placards et annonces indiqueront, en outre, les noms et demeure du fol enchérisseur, le montant de l'adjudication, une mise à prix par le poursuivant, et le jour auquel aura lieu, sur l'ancien cahier des charges, la nouvelle adjudication. — Le délai entre les nouvelles affiches et annonces et l'adjudication sera de quinze jours au moins, et de trente jours au plus. Pr. 695, 739, 964, 988.

736. « Quinze jours au moins avant l'adjudication, signification sera faite dès jour et heure de cette adjudication à l'avoué de l'adjudicataire, et à la partie saisie au domicile de son avoué, et, si elle n'en a pas, à son domicile. C. 102, 111. — Pr. 677 et la *note*, 691, s., 705, s., 739, 964, 988.

737. « L'adjudication pourra être remise, conformément à l'article 703, mais seulement sur la demande du poursuivant. Pr. 739, 741, 964, 988.

738. « Si le fol enchérisseur justifiait de l'acquit des conditions de l'adjudication et de la consignation d'une somme réglée par le président du tribunal pour les frais de folle enchère, il ne serait pas procédé à l'adjudication. C. 1257, s. et la *note*. — Pr. 130, 559, 687, s., 713, s., 964, 988.

739. « Les formalités et délais prescrits par les articles 734, 735, 736, 737, seront observés à peine de nullité. Pr. 715, 838, 1029, 1031. — Les moyens de nullité seront proposés et jugés comme il est dit en l'article 729. Pr. 728. — Aucune opposition ne sera reçue contre les jugements par défaut en matière de folle enchère, et les jugements qui statueront sur les nullités pourront seuls être attaqués par la voie de l'appel dans les délais et suivant les formes prescrits par les articles 731 et 732. Pr. 155, s., 697, 730, 746, 809, 838, 965, 969, 973. — Seront observés, lors de l'adjudication sur folle enchère, les articles 705, 706, 707 et 711. Pr. 664, 988.

740. « Le fol enchérisseur est tenu, par corps, de la différence entre son prix et celui de la revente sur folle enchère, sans pouvoir réclamer l'excédant, s'il y en a : cet excédant sera payé aux créanciers, ou, si les créanciers sont désintéressés, à la partie saisie. C. 2059, s. et la *note*. — Pr. 126, 710, 964, 988.

741. « Lorsque, à raison d'un incident ou pour tout autre motif légal, l'adjudication aura été retardée, il sera apposé de nouvelles affiches et fait de nouvelles annonces dans les délais fixés par l'article 704. Pr. 614, 696 à 700, 703, s., 717, 718, s., 729, 964, 988.

742. « Toute convention portant qu'à défaut d'exécution des engagements pris envers lui, le créancier aura le droit de faire vendre les immeubles de son débiteur sans remplir les formalités prescrites pour la saisie immobilière, est nulle et non avenue. C. 6, 1131, 2078, 2088, 2217. — Pr. 673, s., 964, 988.

743. « Les immeubles appartenant à des majeurs maîtres de disposer de leurs droits ne pourront, à peine de nullité, être mis aux enchères en justice lorsqu'il ne s'agira que de ventes volontaires. C. 488, 1123, s., 1558. — Pr. 1003, 1029, 1031. — Néanmoins, lorsqu'un immeuble aura été saisi réellement, et lorsque la saisie aura été transcrite, il sera libre aux intéressés, s'ils sont tous majeurs et maîtres de leurs droits, de demander que l'adjudication soit faite aux enchères, devant notaire ou en justice, sans autres formalités et conditions que celles qui sont prescrites aux articles 958, 959, 960, 961, 962, 964 et 965, pour la vente des biens immeubles appartenant à des mineurs. Pr. 678. — Seront regardés comme seuls intéressés, avant la sommation aux créanciers prescrite par l'article 692, le poursuivant et le saisi, et, après cette sommation, ces derniers et tous les créanciers inscrits. — Si une partie seulement des biens dépendant d'une même exploitation avait été saisie, le débiteur pourra demander que le surplus soit compris dans la même adjudication. C. 2211. — Pr. 744, s.

744. « Pourront former les mêmes demandes ou s'y adjoindre, — Le tuteur du mineur ou interdit, spécialement autorisé par un avis de parents; C. 388, 406, s., 450, 489, 505, 509. — Pr. 883, s. — Le mineur émancipé, assisté de son curateur; C. 476, 482. — Et généralement tous les administrateurs légaux des biens d'autrui. C. 102, 120, s., 389, 803, 814, 1421, 1549.

745. « Les demandes autorisées par les articles 743, paragraphe 2, et 744, seront formées par une simple requête présentée au tribunal saisi de la poursuite : cette requête sera signée par les avoués de toutes les parties. Pr. 987, s., 997.—Elle contiendra une mise à prix qui servira d'estimation.

746. « Le jugement sera rendu sur le rapport d'un juge et sur les conclusions du ministère public. Pr. 83, 93, 112. —Si la demande est admise, le tribunal fixera le jour de la vente et renverra, pour procéder à l'adjudication, soit devant un notaire, soit devant un juge du siége ou devant un juge de tout autre tribunal.—Pr. 695, 954, s., 969, s., 1035.—Le jugement ne sera pas signifié, et ne sera susceptible ni d'opposition ni d'appel. Pr. 697, 730, 739, 809, 838, 961, 969, 973.

747. « Si, après le jugement, il survient un changement dans l'état des parties, soit par décès ou faillite, soit autrement, ou si les parties sont représentées par des mineurs, des hérititiers bénéficiaires ou autres incapables, le jugement continuera à recevoir sa pleine et entière exécution. C. 388, 589, 724, 803, 877, 1122, 1124, s.—Pr. 342, s.—Co. 437, s.

748. « Dans la huitaine du jugement de conversion, mention sommaire en sera faite, à la diligence du poursuivant, en marge de la transcription de la saisie. Pr. 678, s., 693, 716, 746, s. — Les fruits immobilisés en exécution des dispositions de l'article 682 conserveront ce caractère, sans préjudice du droit qui appartient au poursuivant de se conformer, pour les loyers et fermages, à l'article 685.—Sera également maintenue la prohibition d'aliéner faite par l'article 686 ». Pr. 637, s.

TITRE XIV. — DE L'ORDRE (a).

749. Dans le mois de la signification du jugement d'adjudication, s'il n'est pas attaqué; en cas d'appel, dans le mois de la signification du jugement confirmatif, les créanciers et la partie saisie seront tenus de se régler entre eux sur la distribution du prix. C. 2218.—Pr. 472, 656, 712, 991.

750. Le mois expiré, faute par les

créanciers et la partie saisie de s'être réglés entre eux, le saisissant, dans la huitaine, et, à son défaut, après ce délai, le créancier le plus diligent ou l'adjudicataire requerra la nomination d'un juge-commissaire, devant lequel il sera procédé à l'ordre. Pr. 657, 779, 1033. — T. 130, 132.

751. Il sera tenu au greffe, à cet effet, un registre des adjudications, sur lequel le requérant l'ordre fera son réquisitoire, à la suite duquel le président du tribunal nommera un juge-commissaire (b).Pr.658. — T. 130, 131.

752. Le poursuivant prendra l'ordonnance du juge commis, qui ouvrira le procès-verbal d'ordre, auquel sera annexé un extrait, délivré par le conservateur, de toutes les inscriptions existantes. C. 2196, s.— Pr. 663, 783, 924.—T. 131.

753. En vertu de l'ordonnance du commissaire, les créanciers seront sommés de produire, par acte signifié aux domiciles élus par leurs inscriptions, ou à celui de leurs avoués, s'il y en a de constitués. Pr. 659, s.—T. 29, 132.

754. Dans le mois de cette sommation, chaque créancier sera tenu de produire ses titres avec acte de produit, signé de son avoué, et contenant demande en collocation. Le commissaire fera mention de la remise sur son procès-verbal. Pr. 660. — T. 133.

755. Le mois expiré et même aupara-

(a) L'*ordre* est une opération qui a pour objet de déterminer le rang, lors de la distribution du prix d'un immeuble, dans lequel seront payés les créanciers hypothécaires et privilégiés (art. 2103, s., C. Nap.). L'ordre est amiable ou judiciaire, selon qu'il s'ouvre après une vente volontaire ou après une vente forcée.

(b) 19-23 mars 1852. — *Décret portant que les juges suppléants, non officiers ministériels, peuvent être chargés de la confection des ordres et des distributions par contribution.*

« Louis-Napoléon, etc., etc.; vu les art. 658 et 751 du Code de procédure civile ; considérant que le nombre des procédures d'ordre et de distribution par contribution s'est progressivement accru, au point qu'il existe généralement dans cette partie du service un arriéré qui laisse en souffrance les plus légitimes intérêts, et retient en dehors de la circulation des capitaux considérables; considérant que le concours des juges suppléants est un moyen puissant de hâter le règlement de ces procédures, et qu'il importe de faire cesser les doutes qui se sont élevés sur la légalité de ce concours, décrète :

« Art. 1er. Les juges suppléants, non officiers ministériels, peuvent être chargés de la confection des ordres et des distributions par contribution. Ils font, dans ce cas, le rapport des contestations relatives aux affaires pour lesquelles ils ont été commis, et prennent part au jugement avec voix délibérative. »

vant, si les créanciers ont produit, le commissaire dressera, en suite de son procès-verbal, un état de collocation sur les pièces produites. Le poursuivant dénoncera, par acte d'avoué à avoué, aux créanciers produisant et à la partie saisie, la confection de l'état de collocation, avec sommation d'en prendre communication, et de contredire, s'il y échet, sur le procès-verbal du commissaire, dans le délai d'un mois. Pr. 663. — T. 134, 135.

756. Faute par les créanciers produisants de prendre communication des productions ès-mains du commissaire dans ledit délai, ils demeureront forclos (a), sans nouvelle sommation ni jugement; il ne sera fait aucun dire, s'il n'y a contestation. Pr. 664, 758, 778.

757. Les créanciers qui n'auront produit qu'après le délai fixé supporteront sans répétition, et sans pouvoir les employer dans aucun cas, les frais auxquels leur production tardive, et la déclaration d'icelle aux créanciers à l'effet d'en prendre connaissance, auront donné lieu. Ils seront garants des intérêts qui auront couru, à compter du jour où ils auraient cessé si la production eût été faite dans le délai fixé. Pr. 672, 756, 758, s., 767, 770.— T. 136.

758. En cas de contestation, le commissaire renverra les contestants à l'audience, et néanmoins arrêtera l'ordre pour les créances antérieures à celles contestées, et ordonnera la délivrance des bordereaux de collocation de ces créanciers, qui ne seront tenus à aucun rapport à l'égard de ceux qui produiraient postérieurement. Pr. 666, 771, s.

759. S'il ne s'élève aucune contestation, le juge-commissaire fera la clôture de l'ordre; il liquidera les frais de radiation et de poursuite d'ordre, qui seront colloqués par préférence à toutes autres créances; il prononcera la déchéance des créanciers non produisants, ordonnera la délivrance des bordereaux de collocation aux créanciers utilement colloqués, et la radiation des inscriptions de ceux non utilement colloqués. Il sera fait distraction en faveur de l'adjudicataire, sur le montant de chaque bordereau, des frais

de radiation de l'inscription. C. 2101-1°, 2157, s.— Pr. 665, 767, s., 772, 797. — T. 137.

760. Les créanciers postérieurs en ordre d'hypothèque aux collocations contestées seront tenus, dans la huitaine du mois accordé pour contredire, de s'accorder entre eux sur le choix d'un avoué; sinon ils seront représentés par l'avoué du dernier créancier colloqué. Le créancier qui contestera individuellement supportera les frais auxquels sa contestation particulière aura donné lieu, sans pouvoir les répéter ni employer en aucun cas. L'avoué poursuivant ne pourra en cette qualité être appelé dans la contestation. Pr. 130, 529, 667, 757, 761, 764.

761. L'audience sera poursuivie par la partie la plus diligente, sur un simple acte d'avoué à avoué, sans autre procédure. Pr. 75, 82, 666, s., 762, s., 1031.

762. Le jugement sera rendu sur le rapport du juge-commissaire et les conclusions du ministère public; il contiendra liquidation des frais. Pr. 543, 668, 766.

763. L'appel de ce jugement ne sera reçu, s'il n'est interjeté dans les dix jours de sa signification à avoué, outre un jour par trois myriamètres de distance du domicile réel de chaque partie; il contiendra assignation et l'énonciation des griefs. Pr. 443, 669, 723, 726, 730, s., 1033.

764. L'avoué du créancier dernier colloqué pourra être intimé, s'il y a lieu. Pr. 456, 667, 760.

765. Il ne sera signifié sur l'appel que des conclusions motivées de la part des intimés; et l'audience sera poursuivie ainsi qu'il est dit en l'article 761. — Pr. 1031.

766. L'arrêt contiendra liquidation des frais: les parties qui succomberont sur l'appel seront condamnées aux dépens, sans pouvoir les répéter. Pr. 130, 543, 762, 768, 770.

767. Quinzaine après le jugement (b) des contestations, et, en cas d'appel, quinzaine après la signification de l'arrêt qui y aura statué, le commissaire arrêtera définitivement l'ordre des créances contestées et de celles postérieures, et ce, conformément à ce qui est prescrit par

_____

(a) On est *forclos* lorsqu'on est déchu d'un droit ou non recevable à s'en prévaloir.

(b) Il faut lire comme s'il y avait: « Quinzaine après la *signification* du jugement. » Voy., comme argument, l'art. 672 et la suite du même art. 767.

l'article 759 : les intérêts et arrérages des créanciers utilement colloqués cesseront. Pr. 670, 672, 757, s., 770.

768. Les frais de l'avoué qui aura représenté les créanciers contestants seront colloqués, par préférence à toutes autres créances, sur ce qui restera de deniers à distribuer, déduction faite de ceux qui auront été employés à acquitter les créances antérieures à celles contestées. C. 2101-4º.— Pr. 766, 769, 777.

769. L'arrêt qui autorisera l'emploi des frais prononcera la subrogation au profit du créancier sur lequel les fonds manqueront, ou de la partie saisie. L'exécutoire énoncera cette disposition, et indiquera la partie qui devra en profiter. C. 1251, 2101-1º.— Pr. 766, 768.

770. La partie saisie et le créancier sur lequel les fonds manqueront auront leur recours contre ceux qui auront succombé dans la contestation, pour les intérêts et arrérages qui auront couru pendant le cours desdistes contestations. Pr. 130, 766, s.

771. Dans les dix jours après l'ordonnance du juge-commissaire, le greffier délivrera à chaque créancier utilement colloqué le bordereau de collocation, qui sera exécutoire contre l'acquéreur. Pr. 671, 758, s.

772. Le créancier colloqué, en donnant quittance du montant de sa collocation, consentira la radiation de son inscription. C. 2157, s.— Pr. 759, 773, s.

773. Au fur et à mesure du paiement des collocations, le conservateur des hypothèques, sur la représentation du bordereau et de la quittance du créancier, déchargera d'office l'inscription, jusqu'à concurrence de la somme acquittée. C. 2157, s., 2196.— Pr. 759, s.

774. L'inscription d'office sera rayée définitivement, en justifiant, par l'adjudicataire, du paiement de la totalité de son prix, soit aux créanciers utilement colloqués, soit à la partie saisie, et de l'ordonnance du juge-commissaire qui prononce la radiation des inscriptions des créanciers non colloqués. C. 2196, s.— Pr. 759, 772.— T. 137.

775. En cas d'aliénation autre que celle par expropriation, l'ordre ne pourra être provoqué s'il n'y a plus de trois créanciers inscrits; et il le sera par le créancier le plus diligent ou l'acquéreur, après l'expiration des trente jours qui suivront les délais prescrits par les articles 2185 et 2194 du Code civil. Pr. 746, 953, s., 966, s.

776. L'ordre sera introduit et réglé dans les formes prescrites par le présent titre.

777. L'acquéreur sera employé par préférence, pour le coût de l'extrait des inscriptions et dénonciations, aux créanciers inscrits. C. 2101-1º, 2183.— Pr. 759, 768.

778. Tout créancier pourra prendre inscription pour conserver les droits de son débiteur; mais le montant de la collocation du débiteur sera distribué, comme chose mobilière, entre tous les créanciers inscrits ou opposants avant la clôture de l'ordre (a). C. 1166, 2193.— Pr. 656, s.

779. En cas de retard ou de négligence dans la poursuite d'ordre, la subrogation pourra être demandée. La demande en sera formée par requête insérée au procès-verbal d'ordre, communiquée au poursuivant par acte d'avoué, jugée sommairement en la chambre du conseil, sur le rapport du juge-commissaire. Pr. 750. — T. 138, 139.

TITRE XV. — DE L'EMPRISONNEMENT (b).

780. Aucune contrainte par corps ne pourra être mise à exécution qu'un jour après la signification, avec commandement, du jugement qui l'a prononcée. C. 2059 à 2070. — Pr. 126, 147, 551, 794.— Cette signification sera faite par un huissier commis par ledit jugement ou par le président du tribunal de première instance du lieu où se trouve le débiteur. Pr. 153. — La signification contiendra aussi élection de domicile dans la commune où siège le tribunal qui a rendu ce jugement, si le créancier n'y demeure pas. C. 111. — T. 51, 76.

781. Le débiteur ne pourra être arrêté, — 1º Avant le lever et après le coucher du soleil; — 2º Les jours de fête légale; Pr. 63 et la *note*, 808, 1037. — Co. 134, 162, 187.— P. 25.— 3º Dans les édifices consacrés au culte, et pendant les exercices religieux seulement;— 4º Dans

(a) C'est ce qu'on appelle le *sous-ordre.*
(b) Voy. C. de la contr. par corps.

le lieu et pendant la tenue des séances des autorités constituées;—5° Dans une maison quelconque, même dans son domicile, à moins qu'il n'eût été ainsi ordonné par le juge de paix du lieu, lequel juge de paix devra, dans ce cas, se transporter dans la maison avec l'officier ministériel. Pr. 793, 1037.— P. 184.— T. 6, 52.

782. Le débiteur ne pourra non plus être arrêté, lorsque, appelé comme témoin devant und irecteur du jury (a) ou devant un tribunal de première instance, ou une cour impériale ou d'assises, il sera porteur d'un sauf-conduit. Co. 472, s., 488.— Le sauf-conduit pourra être accordé par le juge d'instruction, par le président du tribunal ou de la cour où les témoins devront être entendus. Les conclusions du ministère public seront nécessaires. Pr. 83, 84, 112.— Le sauf-conduit réglera la durée de son effet, à peine de nullité. Pr. 1029.—En vertu du sauf-conduit, le débiteur ne pourra être arrêté, ni le jour fixé pour sa comparution, ni pendant le temps nécessaire pour aller et pour revenir. Pr. 794.— T. 77.

783. Le procès-verbal d'emprisonnement contiendra, outre les formalités ordinaires des exploits, 1° itératif commandement; 2° élection de domicile dans la commune où le débiteur sera détenu, si le créancier n'y demeure pas : l'huissier sera assisté de deux recors. C. 111.—Pr. 787, 789, 794.— T. 53, 77.

784. S'il s'est écoulé une année entière depuis le commandement, il sera fait un nouveau commandement par un huissier commis à cet effet. Pr. 780, 804.

785. En cas de rébellion, l'huissier pourra établir garnison aux portes pour empêcher l'évasion et requérir la force armée; et le débiteur sera poursuivi conformément aux dispositions du Code d'instruction criminelle. Pr. 555.— I. cr. 63, s., 554.— P. 209, s.

786. Si le débiteur requiert qu'il en soit référé, il sera conduit sur-le-champ devant le président du tribunal de première instance du lieu où l'arrestation aura été faite, lequel statuera en état de référé; si l'arrestation est faite hors des heures de l'audience, le débiteur sera conduit chez le président. Pr. 806, s. — T. 54.

787. L'ordonnance sur référé sera consignée sur le procès-verbal de l'huissier, et sera exécutée sur-le-champ. Pr. 794.

788. Si le débiteur ne requiert pas qu'il en soit référé, ou si, en cas de référé, le président ordonne qu'il soit passé outre, le débiteur sera conduit dans la prison du lieu; et, s'il n'y en a pas, dans celle du lieu le plus voisin; l'huissier et tous autres qui conduiraient, recevraient ou retiendraient le débiteur dans un lieu de détention non légalement désigné comme tel, seront poursuivis comme coupables du crime de détention arbitraire. Pr. 794.— I. cr. 615, s.— P. 119, s., 341.

789. L'écrou (b) du débiteur énoncera, 1° le jugement; 2° les noms et domicile du créancier; 3° l'élection de domicile, s'il ne demeure pas dans la commune; 4° les noms, demeure et profession du débiteur; 5° la consignation d'un mois d'aliments au moins; 6° enfin, mention de la copie qui sera laissée au débiteur, parlant à sa personne, tant du procès-verbal d'emprisonnement que de l'écrou. Il sera signé de l'huissier. Pr. 783, 796, s., 805. — T. 53, 55.

790. Le gardien ou geôlier transcrira sur son registre le jugement qui autorise l'arrestation : faute par l'huissier de représenter ce jugement, le geôlier refusera de recevoir le débiteur et de l'écrouer. Pr. 704, s., 794.— T. 56.

791. Le créancier sera tenu de consigner les aliments d'avance (c). Les aliments ne pourront être retirés, lorsqu'il y aura recommandation, si ce n'est du

(b) L'écrou est un procès-verbal dressé soit par le geôlier, soit par l'huissier chargé d'exécuter le jugement, mais toujours signé par ce dernier.

(c) 4 mars 1808. — Décret concernant les aliments des débiteurs de l'État détenus en prison.

« Art. 1. Les détenus en prison à la requête du trésor public ou de tout autre fonctionnaire public, pour cause de dette envers l'État, recevront la nourriture comme les prisonniers, la requête du ministère public.

« 2. Il ne sera fait aucune consignation particulière pour la nourriture desdits détenus; la dépense en sera comprise, chaque année, au nombre de celles du département de l'intérieur pour le service des détenus. »—Ce décret n'est-il pas abrogé par les art. 28 et 46 de la loi du 17 avril 1832? La question est controversée. (Voy. C. de la contr. par corps.)

(a) Le directeur du jury n'existe plus : une partie de ses fonctions a été dévolue aux juges d'instruction. (Voy. I. cr. 55, s.)

consentement du recommandant (a). Pr. 789-5º, 792, s., 800-4º, 803, s.

792. Le débiteur pourra être recommandé par ceux qui auraient le droit d'exercer contre lui la contrainte par corps. Celui qui est arrêté comme prévenu d'un délit peut aussi être recommandé; et il sera retenu par l'effet de la recommandation, encore que son élargissement ait été prononcé et qu'il ait été acquitté du délit. C. 2059.— Pr. 126, 552, 793, s.— T. 57.

793. Seront observées, pour les recommandations, les formalités ci-dessus prescrites pour l'emprisonnement : néanmoins l'huissier ne sera pas assisté de recors; et le recommandant sera dispensé de consigner les aliments, s'ils ont été consignés. Pr. 780, 789, 796.— T. 57.— Le créancier qui a fait emprisonner pourra se pourvoir contre le recommandant devant le tribunal du lieu où le débiteur est détenu, à l'effet de le faire contribuer au paiement des aliments par portion égale. Pr. 789-5º, 791.

794. A défaut d'observation des formalités ci-dessus prescrites, le débiteur pourra demander la nullité de l'emprisonnement, et la demande sera portée au tribunal du lieu où il est détenu : si la demande en nullité est fondée sur des moyens du fond, elle sera portée devant le tribunal de l'exécution du jugement. Pr. 554, 795, s.

795. Dans tous les cas, la demande pourra être formée à bref délai, en vertu de permission de juge, et l'assignation donnée par huissier commis au domicile élu par l'écrou : la cause sera jugée sommairement sur les conclusions du ministère public. C. 111.— Pr. 49, 83, 404, s., 789-3º, 802, 805.— T. 77.

796. La nullité de l'emprisonnement, pour quelque cause qu'elle soit prononcée, n'emporte point la nullité des recommandations. Pr. 792, s.— T. 58.

797. Le débiteur dont l'emprisonne-

ment est déclaré nul ne peut être arrêté pour la même dette qu'un jour au moins après sa sortie. Pr. 794, 804.

798. Le débiteur sera mis en liberté, en consignant entre les mains du geôlier de la prison les causes de son emprisonnement et les frais de la capture (b). Pr. 800-2º, 802.

799. Si l'emprisonnement est déclaré nul, le créancier pourra être condamné en des dommages-intérêts envers le débiteur. C. 1382.— Pr. 128, 794.

800. Le débiteur légalement incarcéré obtiendra son élargissement, — 1º Par le consentement du créancier qui l'a fait incarcérer et des recommandants, s'il y en a; Pr. 801. — 2º Par le paiement ou la consignation des sommes dues tant au créancier qui a fait emprisonner qu'au recommandant, des intérêts échus, des frais liquidés, de ceux d'emprisonnement, et de la restitution des aliments consignés; Pr. 798 et la *note.*— 3º Par le bénéfice de cession; C. 1265, s., 1945. — Pr. 898, s.— Co. 541.— 4º A défaut par les créanciers d'avoir consigné d'avance les aliments; Pr. 789-5º, 791, s. —5º Et enfin, si le débiteur a commencé sa soixante-dixième année, et si, dans ce dernier cas, il n'est pas stellionataire. C. 2066.—T. 77.—C. de la contr. par corps.

801. Le consentement à la sortie du débiteur pourra être donné, soit devant notaire, soit sur le registre d'écrou. Pr. 805.

802. La consignation de la dette sera faite entre les mains du geôlier, sans qu'il soit besoin de la faire ordonner; si le geôlier refuse, il sera assigné à bref délai devant le tribunal du lieu, en vertu de permission : l'assignation sera donnée par huissier commis. Pr. 62, 76, 554, 795, 798, 800-2º, 805. — T. 77.

803. L'élargissement, faute de consignation d'aliments, sera ordonné sur le certificat de non-consignation, délivré par le geôlier et annexé à la requête présentée au président du tribunal, sans sommation préalable. — Si cependant, le créancier en retard de consigner les aliments fait la consignation avant que le

---

(a) On entend par *recommandation*, en cette matière, un acte par lequel un créancier qui aurait droit lui-même de faire emprisonner son débiteur déjà incarcéré sur la poursuite d'un autre créancier, déclare qu'il forme opposition à sa mise en liberté pour le cas où il aurait satisfait le créancier incarcérateur, et jusqu'à ce qu'il soit lui-même payé de tout ce qui lui est dû. En un mot, il *recommande* le débiteur au geôlier. (Voy. l'art. 793 et le C. de la contr. par corps.)

(b) Cette disposition a été modifiée par l'article 24 de la loi du 17 avril 1832. (Voy. C. de la contr. par corps.)

débiteur ait formé sa demande en élargissement, cette demande ne sera plus recevable. Pr. 808-4°. — T. 77.

804. (a) Lorsque l'élargissement aura été ordonné faute de consignation d'aliments, le créancier ne pourra de nouveau faire emprisonner le débiteur, qu'en lui remboursant les frais par lui faits pour obtenir son élargissement, ou les consignant, à son refus, ès mains du greffier, et en consignant aussi d'avance six mois d'aliments : on ne sera point tenu de recommencer les formalités préalables à l'emprisonnement, s'il a lieu dans l'année du commandement. Pr. 784, 797.

805. Les demandes en élargissement seront portées au tribunal dans le ressort duquel le débiteur est détenu. Elles seront formées, à bref délai, au domicile élu par l'écrou, en vertu de permission du juge, sur requête présentée à cet effet : elles seront communiquées au ministère public, et jugées, sans instruction, à la première audience, préférablement à toutes autres causes, sans remise ni tour de rôle. Pr. 83, s., 112, 404, 554, 789-3°, 795, 802, s.

TITRE XVI. — DES RÉFÉRÉS (b).

806. Dans tous les cas d'urgence, ou

(a) La disposition de cet article se trouve abrogée par la loi du 17 avril 1832, dont l'art. 31, applicable à toutes les matières, porte que « le débiteur élargi faute de consignation d'aliments ne peut plus être incarcéré pour *la même dette*. » (Voy. C. de la contr. par corps.)

(b) Le *référé* est un recours porté devant un seul juge par les parties, dans les cas d'urgence, ou lorsqu'il s'agit de faire statuer sur l'exécution des jugements ou autres actes exécutoires. La connaissance des *référés* appartient, en règle générale, au président du tribunal de première instance ou au juge qui le remplace (Pr. 807). — Voy., sur ce point, au C. des trib., § trib. de 1re instance, les dispositions du décret du 30 mars 1808, notamment les art. 57 et 60.

lorsqu'il s'agira de statuer provisoirement sur les difficultés relatives à l'exécution d'un titre exécutoire ou d'un jugement, il sera procédé, ainsi qu'il va être réglé ci-après. Pr. 607, 786, 787, 807, s., 829, 843, 845, 852, 921, 922, 944, 948. — T. 93.

807. La demande sera portée à une audience tenue à cet effet par le président du tribunal de première instance, ou par le juge qui le remplace, aux jour et heure indiqués par le tribunal. Pr. 553 — T. 29.

808. Si néanmoins le cas requiert célérité, le président, ou celui qui le représentera, pourra permettre d'assigner, soit à l'audience, soit à son hôtel, à l'heure indiquée, même les jours de fête ; et dans ce cas, l'assignation ne pourra être donnée qu'en vertu de l'ordonnance du juge, qui commettra un huissier à cet effet. Pr. 63, et la *note*, 72, 76, 417, 554, 828, 1037.—Co.134,162,187.—P.25.—T.76.

809. Les ordonnances sur référés ne feront aucun préjudice au principal ; elles seront exécutoires par provision, sans caution, si le juge n'a pas ordonné qu'il en serait fourni une. — Elles ne seront pas susceptibles d'opposition. — Dans les cas où la loi autorise l'appel, cet appel pourra être interjeté même avant le délai de huitaine, à dater du jugement ; et il ne sera point recevable s'il a été interjeté après la quinzaine, à dater du jour de la signification du jugement. — L'appel sera jugé sommairement et sans procédure. Pr. 135, s., 404, s., 449, 455, 643, 543, 554, 811, 1040. — T. 29, 149.

810. Les minutes des ordonnances sur référé seront déposées au greffe. Pr. 787, 922, 944.

811. Dans les cas d'absolue nécessité, le juge pourra ordonner l'exécution de son ordonnance sur la minute.

DEUXIÈME PARTIE.

Procédures diverses.

LIVRE PREMIER.

(Décrété le 22 avril 1806. Promulgué le 2 mai suivant.)

TITRE I. — DES OFFRES DE PAIEMENT ET DE LA CONSIGNATION.

812. Tout procès-verbal d'offres désignera l'objet offert, de manière qu'on ne puisse y en substituer un autre, et si ce sont des espèces, il en contiendra l'énumération et la qualité. C. 1257, s. — Pr. 352.

813. Le procès-verbal fera mention de la réponse, du refus ou de l'acceptation du créancier, et s'il a signé, refusé ou déclaré ne pouvoir signer. T. 59.

814. Si le créancier refuse les offres, le débiteur peut, pour se libérer, consigner la somme ou la chose offerte, en observant les formalités prescrites par l'article 1259 du Code Napoléon. Pr. 657.

815. La demande qui pourra être intentée soit en validité, soit en nullité des offres ou de la consignation, sera formée d'après les règles établies pour les demandes principales : si elle est incidente, elle le sera par requête. Pr. 49-7°, 59, s., 337, 338. — T. 75.

816. Le jugement qui déclarera les offres valables ordonnera, dans le cas où la consignation n'aurait pas encore eu lieu, que, faute par le créancier d'avoir reçu la somme ou la chose offerte, elle sera consignée ; il prononcera la cessation des intérêts, du jour de la réalisation (a). C. 1259, 1260, 1907.

817. La consignation volontaire ou ordonnée sera toujours à la charge des oppositions, s'il en existe, et en les dénonçant au créancier. Pr. 557, s., 575, s.

818. Le surplus est réglé par les dispositions du Code Napoléon, relatives aux offres de paiement et à la consignation. C. 1251, 1257, s.

TITRE II. — DU DROIT DES PROPRIÉTAIRES SUR LES MEUBLES, EFFETS ET FRUITS DE LEURS LOCATAIRES ET FERMIERS, OU DE LA SAISIE-GAGERIE ET DE LA SAISIE-ARRÊT SUR DÉBITEURS FORAINS (b).

819. Les propriétaires et principaux locataires de maisons ou biens ruraux, soit qu'il y ait bail, soit qu'il n'y en ait pas, peuvent, un jour après le commandement, et sans permission de juge, faire saisir-gager, pour loyers et fermages échus, les effets et fruits étant dans lesdites maisons ou bâtiments ruraux, et sur les terres. C. 593, 609, 2102-1°. — Pr. 583, 586, 780, s. — Ils peuvent même faire saisir-gager à l'instant, en vertu de la permission qu'ils en auront obtenue, sur requête, du président du tribunal de première instance. — Ils peuvent aussi saisir les meubles qui garnissaient la maison ou la ferme, lorsqu'ils ont été déplacés sans leur consentement ; et ils conservent sur eux leur privilége, pourvu qu'ils en aient fait la revendication, conformément à l'article 2102 du Code Napoléon. T. 29, 61, 76.

820. Peuvent les effets des sous-fermiers et sous-locataires, garnissant les lieux par eux occupés, et les fruits des terres qu'ils sous-louent, être saisis-gagés pour les loyers et fermages dus par le locataire ou fermier de qui ils tiennent ; mais ils obtiendront mainlevée, en justifiant qu'ils ont payé sans fraude, et sans qu'ils puissent opposer les paiements faits par anticipation. C. 1753, 2102-1°.

821. La saisie-gagerie sera faite en la même forme que la saisie-exécution ;

(a) Que faut-il entendre par le jour de la réalisation? Est-ce celui du dépôt de la chose offerte dans la caisse à ce destinée par la loi ; ou bien la réalisation n'est-elle autre chose que l'exhibition faite à l'audience, par l'officier ministériel, de la chose même offerte? La question est controversée. (Voy. l'art. 1259 C. Nap.)

(b) La saisie-arrêt sur débiteurs *forains*, c'est-à-dire sur les individus dont la vie ambulante laisse de l'incertitude sur le lieu de leur domicile, tels que les colporteurs, marchands étrangers et voituriers, a été affranchie, au profit du créancier, par l'art. 822, de toutes espèces de formalités préalables, afin de la rendre possible et fructueuse.

le saisi pourra être constitué gardien ; et s'il y a des fruits, elle sera faite dans la forme établie par le titre IX du livre précédent. Pr. 583, s. 596, s., 626, s., 823, 830. — P. 400-2°.

822. Tout créancier, même sans titre, peut, sans commandement préalable, mais avec permission du président du tribunal de première instance et même du juge de paix, faire saisir les effets trouvés en la commune qu'il habite, appartenant à son débiteur forain. Pr. 558, 823, s. — T. 61, 63, 76.

823. Le saisissant sera gardien des effets, s'ils sont en ses mains ; sinon, il sera établi un gardien. Pr. 596, s., 821. —P. 400-2°.

824. Il ne pourra être procédé à la vente, sur les saisies énoncées au présent titre, qu'après qu'elles auront été déclarées valables : le saisi, dans le cas de l'article 821, le saisissant, dans le cas de l'article 823, ou le gardien, s'il en a été établi, seront condamnés par corps à la représentation des effets. C. 2059, 2060-4°. — Pr. 126, 825.

825. Seront, au surplus, observées les règles ci-devant prescrites pour la saisie-exécution, la vente et la distribution des deniers. Pr. 583, s., 613, 647, s., 656, s. — T. 61.

TITRE III.—DE LA SAISIE-REVENDICATION (a).

826. Il ne pourra être procédé à aucune saisie-revendication, qu'en vertu d'ordonnance du président du tribunal de première instance, rendue sur requête ; et ce, à peine de dommages-intérêts tant contre la partie que contre l'huissier qui aura procédé à la saisie. C. 2102-1°-4°, 2279. — Pr. 608, 725. — Co. 574, s. — T. 77

827. Toute requête à fin de saisie-revendication désignera sommairement les effets. Pr. 608, 725.—Co. 574, s. — T. 77.

828. Le juge pourra permettre la saisie-revendication, même les jours de fête légale. Pr. 8, 63 et la *note*, 1037.—Co. 134, 162, 187.—P. 25.

829. Si celui chez lequel sont les effets qu'on veut revendiquer refuse les portes ou s'oppose à la saisie, il en sera référé au juge ; et cependant il sera sursis à la saisie, sauf au requérant à établir garnison aux portes. Pr. 806, s.—T. 62.

830. La saisie-revendication sera faite en la même forme que la saisie-exécution, si ce n'est que celui chez qui elle est faite pourra être constitué gardien. Pr. 583, s., 688, s., 821, 823. —P. 400-2°.

831. La demande en validité de la saisie sera portée devant le tribunal du domicile de celui sur qui elle est faite ; et si elle est connexe à une instance déjà pendante, elle le sera au tribunal saisi de cette instance. Pr. 49-7°, 59, 171, 563, 1034.

TITRE IV.—DE LA SURENCHÈRE SUR ALIÉNATION VOLONTAIRE (b).

832. «Les notifications et réquisitions prescrites par les articles 2183 et 2185 du Code Napoléon seront faites par un huissier commis à cet effet, sur simple requête, par le président du tribunal de première instance de l'arrondissement où elles auront lieu ; elles contiendront constitution d'avoué près le tribunal où la surenchère et l'ordre devront être portés. C. 2218. — Pr. 61, s., 75, 708, s., 750, s., 780. — L'acte de réquisition de mise aux enchères contiendra, avec l'offre et l'indication de la caution, assignation à trois jours devant le tribunal, pour la réception de cette caution, à laquelle il sera procédé comme en matière sommaire. Cette assignation sera notifiée au domicile de l'avoué constitué; il sera donné copie, en même temps, de l'acte de soumission de la caution et du dépôt au greffe des titres qui constatent sa solvabilité. Pr. 68, 72, 404, s., 518, s., 677 et la *note*, 709, s., 726, 1033. —

(a) La *saisie-revendication*, à la différence des autres saisies, n'est pas une voie d'exécution qui tende directement à obtenir le paiement d'une obligation ; c'est la réclamation, par le *propriétaire*, d'une chose perdue ou qui lui a été volée, ou qui a été enlevée, à son préjudice, des lieux qu'il avait donnés en location.

(b) Les dispositions de ce titre sont celles de la loi du 2 juin 1841, sur les ventes judiciaires de biens immeubles, qui, par son art. 2 ainsi conçu, a déclaré remplacer les anciennes dispositions du Code de procédure : « Art. 2. Les art. 832, 833, 836, 837 et 838 du titre IV du titre 1er de la deuxième partie du Code de procédure civile, relatifs à la surenchère sur aliénation volontaire, seront remplacés par les dispositions suivantes. » (Celles aujourd'hui retracées dans les mêmes numéros.)

T.63, 76, 128. — Dans le cas où le surenchérisseur donnerait un nantissement en argent ou en rentes sur l'État, à défaut de caution, conformément à l'article 2041 du Code Napoléon, il fera notifier avec son assignation copie de l'acte constatant la réalisation de ce nantissement. C. 1259-4º, 2185 et la *note*. — Pr. 814. — Si la caution est rejetée, la surenchère sera déclarée nulle et l'acquéreur maintenu, à moins qu'il n'ait été fait d'autres surenchères par d'autres créanciers. C. 2190. — Pr. 1029, 1031.

833. « Lorsqu'une surenchère aura été notifiée avec assignation dans les termes de l'article 832 ci-dessus, chacun des créanciers inscrits aura le droit de se faire subroger à la poursuite, si le surenchérisseur ou le nouveau propriétaire ne donne pas suite à l'action dans le mois de la surenchère. Pr. 612, 721, s., 779. — La subrogation sera demandée par simple requête en intervention et signifiée par acte d'avoué à avoué. Pr. 82, 339, s. — T. 75. — Le même droit de subrogation reste ouvert au profit des créanciers inscrits lorsque, dans le cours de la poursuite, il y a collusion, fraude ou négligence de la part du poursuivant. Pr. 722, s. — Dans tous les cas ci-dessus, la subrogation aura lieu aux risques et périls du surenchérisseur, sa caution continuant à être obligée. » C. 1382, s., 2016. — Pr. 832.

834. Les créanciers qui, ayant une hypothèque aux termes des articles 2123, 2127 et 2128 du Code Napoléon, n'auront pas fait inscrire leurs titres antérieurement aux aliénations qui seront faites à l'avenir des immeubles hypothéqués, ne seront reçus à requérir la mise aux enchères, conformément aux dispositions du chapitre VIII, titre XVIII du livre III du Code Napoléon, qu'en justifiant de l'inscription qu'ils auront prise depuis l'acte translatif de propriété, et au plus tard dans la quinzaine de la transcription de cet acte. — Il en sera de même à l'égard des créanciers ayant privilége sur des immeubles, sans préjudice des autres droits résultant au vendeur et aux héritiers, des articles 2108 et 2109 du Code Napoléon. Pr. 835.

835. Dans le cas de l'article précédent, le nouveau propriétaire n'est pas tenu de faire aux créanciers, dont l'in-scription n'est pas antérieure à la transcription de l'acte, les significations prescrites par les articles 2183 et 2184 du Code Napoléon; et dans tous les cas, faute par les créanciers d'avoir requis la mise aux enchères dans le délai et les formes prescrits, le nouveau propriétaire n'est tenu que du paiement du prix, conformément à l'article 2186 du Code Napoléon.

836. « Pour parvenir à la revente sur enchère prévue par l'article 2187 du Code Napoléon, le poursuivant fera imprimer des placards qui contiendront, — 1º La date et la nature de l'acte d'aliénation sur lequel la surenchère a été faite, le nom du notaire qui l'aura reçu ou de toute autorité appelée à sa confection; Pr. 617, s., 629, s., 645, 696, 699, s., 735, 837, 958, 988; — 2º Le prix énoncé dans l'acte, s'il s'agit d'une vente, ou l'évaluation donnée aux immeubles dans la notification aux créanciers inscrits, s'il s'agit d'un échange ou d'une donation; — 3º Le montant de la surenchère; — 4º Les noms, professions, domiciles du précédent propriétaire, de l'acquéreur ou donataire, du surenchérisseur, ainsi que du créancier qui lui est subrogé dans le cas de l'article 833; — 5º L'indication sommaire de la nature et de la situation des biens aliénés; — 6º Le nom et la demeure de l'avoué constitué pour le poursuivant; — 7º L'indication du tribunal où la surenchère se poursuit ainsi que des jour, lieu et heure de l'adjudication. — Ces placards seront apposés, quinze jours au moins et trente jours au plus, avant l'adjudication, à la porte du domicile de l'ancien propriétaire et aux lieux désignés dans l'article 699 du présent Code. Pr. 959. — Dans le même délai, l'insertion des énonciations qui précèdent sera faite dans le journal désigné en exécution de l'article 696, et le tout sera constaté comme il est dit dans les articles 698 et 699. Pr. 697, 700, 960.

837. « Quinze jours au moins et trente jours au plus avant l'adjudication, sommation sera faite à l'ancien et au nouveau propriétaire d'assister à cette adjudication, aux lieu, jour et heure indiqués. Pareille sommation sera faite au créancier surenchérisseur, si c'est le nouveau propriétaire ou un autre créancier subrogé qui poursuit. Pr. 691, s., 836. — Dans le même délai, l'acte d'aliénation sera déposé au greffe et tiendra lieu de minute d'enchère. Pr. 690.—Le prix porté dans l'acte ou la valeur déclarée et le montant de la surenchère tiendront lieu d'enchère. C. 2185-2°.

838. « Le surenchérisseur, même au cas de subrogation à la poursuite, sera déclaré adjudicataire si, au jour fixé pour l'adjudication, il ne se présente pas d'autre enchérisseur. Pr. 706, 710, 833. — Sont applicables au cas de surenchère les articles 701, 702, 705, 706, 707, 711, 712, 713, 717, 731, 732, 733 du présent Code, ainsi que les articles 734 et suivants relatifs à la folle enchère. Pr. 735 à 740. —Les formalités prescrites par les articles 705 et 706, 832, 836 et 837, seront observées à peine de nullité. Pr. 715, 739, 1029, 1031.—Les nullités devront être proposées, à peine de déchéance, savoir : celles qui concerneront la déclaration de surenchère et l'assignation, avant le jugement qui doit statuer sur la réception de la caution; celles qui seront relatives aux formalités de la mise en vente, trois jours au moins avant l'adjudication; il sera statué sur les premières par le jugement de réception de la caution, et sur les autres, avant l'adjudication et, autant que possible, par le jugement même de cette adjudication. Pr. 728, s. — Aucun jugement ou arrêt par défaut en matière de surenchère, sur aliénation volontaire, ne sera susceptible d'opposition. Pr. 659, 739, 740, 809, 838, 961, 969, 973.—Les jugements qui statueront sur les nullités antérieures à la réception de la caution, ou sur la réception même de cette caution, et ceux qui prononceront sur la demande en subrogation intentée pour collusion ou fraude, seront seuls susceptibles d'être attaqués par la voie de l'appel. Pr. 730, s. — L'adjudication par suite de surenchère sur aliénation volontaire ne pourra être frappée d'aucune autre surenchère. Pr. 810, 965. — Les effets de l'adjudication à la suite de surenchère sur aliénation volontaire seront réglés, à l'égard du vendeur et de l'adjudicataire, par les dispositions de l'article 717 ci-dessus (a). »

(a) Nous pensons qu'il est sans utilité de reproduire ici, en note, le texte des anciens articles 832, 833, 836, 837 et 838. Nous nous bornons à faire remarquer que ces articles étaient moins précis que les nouveaux.

TITRE V.—DES VOIES A PRENDRE POUR AVOIR EXPÉDITION OU COPIE D'UN ACTE, OU POUR LE FAIRE RÉFORMER.

839. Le notaire ou autre dépositaire qui refusera de délivrer expédition ou copie d'un acte aux parties intéressées en nom direct, héritiers ou ayants-droit, y sera condamné, et par corps, par assignation à bref délai donnée en vertu de permission du président du tribunal de première instance, sans préliminaire de conciliation. C. 1334, 2060-6°-7°. —Pr. 49-7°, 780, 806, 843, s. — T. 29, 78.

840. L'affaire sera jugée sommairement, et le jugement exécuté, nonobstant opposition ou appel. Pr. 135, 404, s., 847, 848.

841. La partie qui voudra obtenir copie d'un acte non enregistré, ou même resté imparfait, présentera sa requête au président du tribunal de première instance, sauf l'exécution des lois et règlements relatifs à l'enregistrement. Pr. 844. —T. 29, 78.

842. La délivrance sera faite, s'il y a lieu, en exécution de l'ordonnance mise ensuite de la requête; et il en sera fait mention au bas de la copie délivrée.

843. En cas de refus de la part du notaire ou dépositaire, il en sera référé au président du tribunal de première instance. Pr. 806, s.

844. La partie qui voudra se faire délivrer une seconde grosse, soit d'une minute d'acte, soit par forme d'ampliation sur une grosse déposée, présentera à cet effet requête au président du tribunal de première instance : en vertu de l'ordonnance qui interviendra, elle fera sommation au notaire pour faire la délivrance à jour et heure indiqués, et aux parties intéressées, pour y être présentes; mention sera faite de cette ordonnance au bas de la seconde grosse, ainsi que de la somme pour laquelle on pourra exécuter, si la créance est acquittée ou cédée en partie. Pr. 850, 854. — T. 29, 68.

845. En cas de contestation, les parties se pourvoiront en référé. Pr. 806, s., 852.

846. Celui qui, dans le cours d'une instance, voudra se faire délivrer expédition ou extrait d'un acte dans lequel il n'aura pas été partie, se pourvoira ainsi qu'il va être réglé.

847. La demande à fin de compulsoire (*a*) sera formée par requête d'avoué à avoué : elle sera portée à l'audience sur un simple acte, et jugée sommairement sans aucune procédure. Pr. 404, s. — T. 75.

848. Le jugement sera exécutoire, nonobstant appel ou opposition. Pr. 840.

849. Les procès-verbaux de compulsoire ou collation seront dressés et l'expédition ou copie délivrée par le notaire ou dépositaire, à moins que le tribunal qui l'aura ordonnée n'ait commis un de ses membres, ou tout autre juge du tribunal de première instance, ou un autre notaire. Pr. 850, 1035. — T. 168.

850. Dans tous les cas, les parties pourront assister au procès-verbal, et y insérer tels dires qu'elles aviseront. — T. 92.

851. Si les frais et déboursés de la minute de l'acte sont dus au dépositaire, il pourra refuser expédition tant qu'il ne sera pas payé desdits frais, outre ceux d'expédition. C. 2101, 2102.

852. Les parties pourront collationner l'expédition ou copie à la minute, dont lecture sera faite par le dépositaire : si elles prétendent qu'elles ne sont pas conformes, il en sera référé, à jour indiqué par le procès-verbal, au président du tribunal, lequel fera la collation ; à cet effet, le dépositaire sera tenu d'apporter la minute. Pr. 845. — Les frais du procès-verbal, ainsi que ceux du transport du dépositaire, seront avancés par le requérant. Pr. 301, 319. — T. 168.

853. Les greffiers et dépositaires des registres publics en délivreront, sans ordonnance de justice, expédition, copie ou extrait, à tous requérants, à la charge de leurs droits, à peine de dépens, dommages et intérêts. C. 45, 1149.

854. Une seconde expédition exécutoire d'un jugement ne sera délivrée à la même partie qu'en vertu d'ordonnance du président du tribunal où il aura été rendu. — Seront observées les formalités prescrites pour la délivrance des secondes grosses des actes devant notaires (*b*). Pr. 844, 854. — T. 78.

855. Celui qui voudra faire ordonner la rectification d'un acte de l'état civil présentera requête au président du tribunal de première instance. C. 99, s. — T. 78.

856. Il y sera statué sur rapport, et sur les conclusions du ministère public. Les juges ordonneront, s'ils l'estiment convenable, que les parties intéressées seront appelées, et que le conseil de famille sera préalablement convoqué. C. 405, s. — Pr. 883, s. — S'il y a lieu d'appeler les parties intéressées, la demande sera formée par exploit, sans préliminaire de conciliation. Pr. 49, 59, s. — Elle le sera par acte d'avoué, si les parties sont en instance. Pr. 75. — T. 29, 71.

857. Aucune rectification, aucun changement, ne pourront être faits sur l'acte ; mais les jugements de rectification seront inscrits sur les registres par l'officier de l'état civil, aussitôt qu'ils lui auront été remis : mention en sera faite en marge de l'acte réformé ; l'acte ne sera plus délivré qu'avec les rectifications ordonnées, à peine de tous dommages-intérêts contre l'officier qui l'aurait délivré. C. 49, 99.

858. Dans le cas où il n'y aurait d'autre partie que le demandeur en rectification, et où il croirait avoir à se plaindre du jugement, il pourra, dans les trois mois depuis la date de ce jugement, se pourvoir à la cour impériale, en présentant au président une requête, sur laquelle sera indiqué un jour auquel il sera statué à l'audience sur les conclusions du ministère public. C. 54. — Pr. 83. s., 112, 443, 1033. — T. 150.

TITRE VI. — DE QUELQUES DISPOSITIONS RELATIVES A L'ENVOI EN POSSESSION DES BIENS D'UN ABSENT.

859. Dans le cas prévu par l'article 112 du Code Napoléon, et pour y faire statuer, il sera présenté requête au président du tribunal. Sur cette requête, à laquelle seront joints les pièces et documents, le président commettra un juge pour faire

---

(*a*) Il y a *compulsoire*, lorsqu'un notaire ou autre officier public ou ministériel a reçu l'ordre de faire des recherches, de *compulser* dans les minutes de ses actes, afin de découvrir celui de ces actes dont une copie ou expédition est réclamée par les ayants droit.

(*b*) Voy., au Code des offi. minist., § Notaires, un avis du conseil d'État, des 4-18 août 1810, sur les expéditions d'actes émanés des autorités administratives.

le rapport au jour indiqué; et le jugement sera prononcé après avoir entendu le procureur impérial. C. 114, s. —Pr. 83, s. — T. 77, 78.

860. Il sera procédé de même dans le cas où il s'agirait de l'envoi en possession provisoire autorisé par l'article 120 du Code Napoléon. T. 78.

TITRE VII. — AUTORISATION DE LA FEMME MARIÉE.

861. La femme qui voudra se faire autoriser à la poursuite de ses droits, après avoir fait une sommation à son mari, et sur le refus par lui fait, présentera requête au président, qui rendra ordonnance portant permission de citer le mari, à jour indiqué, à la chambre du conseil, pour déduire les causes de son refus. C. 215, 247, s. —Pr. 875, s. —T. 29, 78.

862. Le mari entendu, ou faute par lui de se présenter, il sera rendu, sur les conclusions du ministère public, jugement qui statuera sur la demande de la femme. Pr. 83, s.

863. Dans le cas de l'absence présumée du mari, ou lorsqu'elle aura été déclarée, la femme qui voudra se faire autoriser à la poursuite de ses droits, présentera également requête au président du tribunal, qui ordonnera la communication au ministère public, et commettra un juge pour faire son rapport à jour indiqué. C. 115, 119, 124, 222. — Pr. 83, s. — T. 78.

864. La femme de l'interdit se fera autoriser en la forme prescrite par l'article précédent; elle joindra à sa requête le jugement d'interdiction. C. 222, 224, 489, 501. — T. 78.

TITRE VIII. — DES SÉPARATIONS DE BIENS.

865. Aucune demande en séparation de biens ne pourra être formée sans une autorisation préalable, que le président du tribunal devra donner sur la requête qui lui sera présentée à cet effet. Pourra néanmoins le président, avant de donner l'autorisation, faire les observations qui lui paraîtront convenables. C. 311, 1443, s. — Pr. 49-7°, 866, s., 875. — Co. 65, s. — T. 78.

866. Le greffier du tribunal inscrira, sans délai, dans un tableau placé à cet effet dans l'auditoire, un extrait de la demande en séparation, lequel contiendra, —1° La date de la demande; —2° Les noms, prénoms, profession et demeure des époux; —3° Les noms et demeure de l'avoué constitué, qui sera tenu de remettre, à cet effet, ledit extrait au greffier, dans les trois jours de la demande. Co. 65. — T. 92.

867. Pareil extrait sera inséré dans les tableaux placés, à cet effet, dans l'auditoire du tribunal de commerce, dans les chambres d'avoués de première instance et dans celles de notaires, le tout dans les lieux où il y en a : lesdites insertions seront certifiées par les greffiers et par les secrétaires des chambres. Pr. 869. —Co. 65. — T. 92.

868. Le même extrait sera inséré, à la poursuite de la femme, dans l'un des journaux qui s'impriment dans le lieu où siége le tribunal; et, s'il n'y en a pas, dans l'un de ceux établis dans le département, s'il y en a. — Ladite insertion sera justifiée ainsi qu'il est dit au titre de la *Saisie immobilière*, article 683 (696) (a). Pr. 698, 869. — T. 92.

869. Il ne pourra être, sauf les actes conservatoires, prononcé, sur la demande en séparation, aucun jugement qu'un mois après l'observation des formalités ci-dessus prescrites, et qui seront observées à peine de nullité, laquelle pourra être opposée par le mari ou par ses créanciers. C. 1166. — Pr. 871, 1029.

870. L'aveu du mari ne fera pas preuve, lors même qu'il n'y aurait pas de créanciers. C. 307, 1443, 1447. — Co. 65.

871. Les créanciers du mari pourront, jusqu'au jugement définitif, sommer l'avoué de la femme, par acte d'avoué à avoué, de leur communiquer la demande en séparation et les pièces justificatives, même intervenir pour la conservation de leurs droits, sans préliminaire de conciliation. Pr. 49, 339, s. — T. 70, 75.

872. Le jugement de séparation sera lu publiquement, l'audience tenante, au tribunal de commerce du lieu, s'il y en a : extrait de ce jugement, contenant la date, la désignation du tribunal où il a été

(a) La loi du 2 juin 1841, art. 8, a substitué l'art. 696 à l'ancien art. 683.

rendu, les noms, prénoms, profession et demeure des époux, sera inséré sur un tableau à ce destiné, et exposé pendant un an dans l'auditoire des tribunaux de première instance et de commerce du domicile du mari, même lorsqu'il ne sera pas négociant, et, s'il n'y a pas de tribunal de commerce, dans la principale salle de la maison commune du domicile du mari. Pareil extrait sera inséré au tableau exposé en la chambre des avoués et notaires, s'il y en a. La femme ne pourra commencer l'exécution du jugement que du jour où les formalités ci-dessus auront été remplies, sans que néanmoins il soit nécessaire d'attendre l'expiration du susdit délai d'un an.— Le tout, sans préjudice des dispositions portées en l'article 1445 du Code Napoléon. Pr. 880, 1029.— Co. 66, 67.— T. 92.

873. Si les formalités prescrites au présent titre ont été observées, les créanciers du mari ne seront plus reçus, après l'expiration du délai dont il s'agit dans l'article précédent, à se pourvoir par tierce opposition contre le jugement de séparation. Pr. 474, s.

874. La renonciation de la femme à la communauté sera faite au greffe du tribunal saisi de la demande en séparation. C. 1453, 1457, 1492, s.— Pr. 997. — T. 91.

TITRE IX. — DE LA SÉPARATION DE CORPS, ET DU DIVORCE (a).

875. L'époux qui voudra se pourvoir en séparation de corps sera tenu de présenter au président du tribunal de son domicile requête contenant sommairement les faits; il y joindra les pièces à l'appui, s'il y en a. C. 306, s.— Pr. 865, 876, s. — T. 79.

876. La requête sera répondue d'une ordonnance portant que les parties comparaîtront devant le président au jour qui sera indiqué par ladite ordonnance. Pr. 119.— T. 29.

877. Les parties seront tenues de comparaître en personne, sans pouvoir se faire assister d'avoués ni de conseils.

878. Le président fera aux deux époux les représentations qu'il croira propres à opérer un rapprochement : s'il ne peut y

(a, b) La loi du 18 mai 1816 a aboli le divorce.

parvenir, il rendra, ensuite de la première ordonnance, une seconde portant qu'attendu qu'il n'a pu concilier les parties, il les renvoie à se pourvoir sans citation préalable au bureau de conciliation : il autorisera, par la même ordonnance, la femme à procéder sur la demande, et à se retirer provisoirement dans telle maison dont les parties seront convenues, ou qu'il indiquera d'office; il ordonnera que les effets à l'usage journalier de la femme lui seront remis. Les demandes en provision seront portées à l'audience. Pr. 49, 59, s., 861.

879. La cause sera instruite dans les formes établies pour les autres demandes, et jugée sur les conclusions du ministère public. C. 307.— Pr. 83, 84, 112.

880. Extrait du jugement qui prononcera la séparation sera inséré aux tableaux exposés tant dans l'auditoire des tribunaux que dans les chambres d'avoués et notaires, ainsi qu'il est dit article 872. Co. 66.— T. 92.

881. A l'égard du divorce, il sera procédé comme il est prescrit au Code Napoléon (b).

TITRE X. — DES AVIS DE PARENTS.

882. Lorsque la nomination d'un tuteur n'aura pas été faite en sa présence, elle lui sera notifiée, à la diligence du membre de l'assemblée qui aura été désigné par elle : ladite notification sera faite dans les trois jours de la délibération, outre un jour par trois myriamètres de distance entre le lieu où s'est tenue l'assemblée et le domicile du tuteur. C. 405, s., 438.— Pr. 892, 895, 1033.

883. Toutes les fois que les délibérations du conseil de famille ne seront pas unanimes, l'avis de chacun des membres qui le composent sera mentionné dans le procès-verbal.— Les tuteur, subrogé-tuteur ou curateur, même les membres de l'assemblée, pourront se pourvoir contre la délibération; ils formeront leur demande contre les membres qui auront été d'avis de la délibération, sans qu'il soit nécessaire d'appeler en conciliation. C. 405, 416, 420.—Pr. 49-7°, 888.— T. 29.

884. La cause sera jugée sommairement. Pr. 404, s., 463.

885. Dans tous les cas où il s'agit d'une délibération sujette à homologation, une expédition de la délibération sera présentée au président, lequel, par ordonnance au bas de ladite délibération, ordonnera la communication au ministère public, et commettra un juge pour en faire le rapport à jour indiqué. C. 467. — Pr. 95, 891. — T. 78.

886. Le procureur impérial donnera ses conclusions au bas de ladite ordonnance, la minute du jugement d'homologation sera mise à la suite desdites conclusions sur le même cahier.

887. Si le tuteur, ou autre chargé de poursuivre l'homologation, ne le fait dans le délai fixé par la délibération, ou, à défaut de fixation, dans le délai de quinzaine, un des membres de l'assemblée pourra poursuivre l'homologation contre le tuteur et aux frais de celui-ci, sans répétition. Pr. 132, 1029.

888. Ceux des membres de l'assemblée qui croiront devoir s'opposer à l'homologation, le déclareront, par acte extrajudiciaire, à celui qui est chargé de la poursuivre; et s'ils n'ont pas été appelés, ils pourront former opposition au jugement. Pr. 883. — T. 29.

889. Les jugements rendus sur délibération du conseil de famille seront sujets à l'appel. Pr. 443, s.

TITRE XI. — DE L'INTERDICTION.

890. Dans toute poursuite d'interdiction, les faits d'imbécillité, de démence ou de fureur, seront énoncés en la requête présentée au président du tribunal; on y joindra les pièces justificatives, et l'on indiquera les témoins. C. 489 et la *note*. — I. 79. — Pr. 49-1°, 407, s., 744. — T. cr. 117, s.

891. Le président du tribunal ordonnera la communication de la requête au ministère public, et commettra un juge pour faire rapport à jour indiqué. Pr. 83, s., 885, s.

892. Sur le rapport du juge et les conclusions du procureur impérial, le tribunal ordonnera que le conseil de famille, formé selon le mode déterminé par le Code Napoléon, section IV du chapitre II, au titre de la *Minorité, de la Tutelle et de l'Émancipation* (art. 405 à 419), donnera son avis sur l'état de la personne dont l'interdiction est demandée. C. 494, s. — Pr. 883. — T. 92.

893. La requête et l'avis du conseil de famille seront signifiés au défendeur avant qu'il soit procédé à son interrogatoire. — Si l'interrogatoire et les pièces produites sont insuffisants, et si les faits peuvent être justifiés par témoins, le tribunal ordonnera, s'il y a lieu, l'enquête, qui se fera en la forme ordinaire. Pr. 252, s. — Il pourra ordonner, si les circonstances l'exigent, que l'enquête sera faite hors de la présence du défendeur; mais, dans ce cas, son conseil pourra le représenter.

894. L'appel interjeté par celui dont l'interdiction aura été prononcée sera dirigé contre le provoquant. Pr. 443, 456. — L'appel interjeté par le provoquant, ou par un des membres de l'assemblée, le sera contre celui dont l'interdiction aura été provoquée. — En cas de nomination de conseil, l'appel de celui auquel il aura été donné sera dirigé contre le provoquant. Pr. 443, s.

895. S'il n'y a pas d'appel du jugement d'interdiction, ou s'il est confirmé sur l'appel, il sera pourvu à la nomination d'un tuteur et d'un subrogé-tuteur à l'interdit, suivant les règles prescrites au titre des *Avis de parents*. C. 405, s., 420, 505. — Pr. 882, s. — L'administrateur provisoire, nommé en exécution de l'article 497 du Code Napoléon, cessera ses fonctions, et rendra compte au tuteur, s'il ne l'est pas lui-même. Pr. 527, s.

896. La demande en mainlevée d'interdiction sera instruite et jugée dans la même forme que l'interdiction. Pr. 890, s.

897. Le jugement qui prononcera défense de plaider, transiger, emprunter, recevoir un capital mobilier, en donner décharge, aliéner ou hypothéquer, sans assistance de conseil, sera affiché dans la forme prescrite par l'article 501 du Code Napoléon. C. 499, 513.

TITRE XII. — DU BÉNÉFICE DE CESSION.

898. Les débiteurs qui seront dans le cas de réclamer la cession judiciaire accordée par l'article 1268 du Code Napoléon seront tenus, à cet effet, de déposer au greffe du tribunal où la demande sera portée, leur bilan, leurs livres, s'ils en ont, et leurs titres actifs. C. 1265, s., 1945.— Co. 439, 541.— T. 92.

899. Le débiteur se pourvoira devant le tribunal de son domicile. C. 102.

900. La demande sera communiquée au ministère public; elle ne suspendra l'effet d'aucune poursuite, sauf aux juges à ordonner, parties appelées, qu'il sera sursis provisoirement. Pr. 83, s., 364, 477, s.

901. Le débiteur admis au bénéfice de cession sera tenu de réitérer sa cession en personne, et non par procureur, ses créanciers appelés, à l'audience du tribunal de commerce de son domicile; et, s'il n'y en a pas, à la maison commune, un jour de séance : la déclaration du débiteur sera constatée, dans ce dernier cas, par procès-verbal de l'huissier, qui sera signé par le maire. C. 1270. — Co. 635.— T. 64.

902. Si le débiteur est détenu, le jugement qui l'admettra au bénéfice de cession ordonnera son extraction, avec les précautions en tel cas requises et accoutumées, à l'effet de faire sa déclaration conformément à l'article précédent. Pr. 780, s.— T. 65.

903. Les nom, prénoms, profession et demeure du débiteur, seront insérés dans un tableau public à ce destiné, placé dans l'auditoire du tribunal de commerce de son domicile, ou du tribunal de première instance qui en fait les fonctions, et dans le lieu des séances de la maison commune. Pr. 901.— T. 92.

904. Le jugement qui admettra au bénéfice de cession vaudra pouvoir aux créanciers à l'effet de faire vendre les biens meubles et immeubles du débiteur : et il sera procédé à cette vente dans les formes prescrites pour les héritiers sous bénéfice d'inventaire. C. 1269.— Pr. 617, s., 945, s., 953, s.

905. Ne pourront être admis au bénéfice de cession, les étrangers, les stellionataires, les banqueroutiers frauduleux, les personnes condamnées pour cause de vol ou d'escroquerie, ni les personnes comptables, tuteurs, administrateurs et dépositaires. C. 11, 1945, 2059.—Co. 450, 591, 612. — P. 379, 401, 403.

906. Il n'est au surplus rien préjugé, par les dispositions du présent titre, à l'égard du commerce, aux usages duquel il n'est, quant à présent, rien innové (a).

LIVRE DEUXIÈME.

PROCÉDURES RELATIVES A L'OUVERTURE D'UNE SUCCESSION.

(Décrété le 28 avril 1806. Promulgué le 8 mai suivant.)

TITRE I. — DE L'APPOSITION DES SCELLÉS APRÈS DÉCÈS.

907. Lorsqu'il y aura lieu à l'apposition des scellés après décès, elle sera faite par les juges de paix, et, à leur défaut, par leurs suppléants. C. 601, 769, 773, 810, 819, s., 1031, 1328.—Pr.135-1o, 591. — Co. 455, s. —P. 249, s.

908. Les juges de paix et leurs suppléants se serviront d'un sceau particulier, qui restera entre leurs mains, et dont l'empreinte sera déposée au greffe du tribunal de première instance.

909. L'apposition des scellés pourra être requise,—1o Par tous ceux qui prétendront droit dans la succession ou dans la communauté;—2o Par tous créanciers fondés en titre exécutoire, ou autorisés par une permission, soit du président du tribunal de première instance, soit du juge de paix du canton où le scellé doit être apposé; C. 1166.—3o Et en cas d'absence, soit du conjoint, soit des héritiers ou de l'un d'eux, par les personnes qui demeuraient avec le défunt, et par ses serviteurs et domestiques. C. 819, s. — Pr. 930. — T. 1, 16, 78.

910. Les prétendants droit et les créanciers mineurs émancipés pourront requérir l'apposition des scellés sans l'assistance de leur curateur. C. 476, s.—S'ils sont mineurs non émancipés, et s'ils n'ont pas de tuteur, ou s'il est absent, elle pourra être requise par un de leurs parents. C. 481, 490. — Pr. 882.

911. Le scellé sera apposé soit à la diligence du ministère public, soit sur la déclaration du maire ou adjoint de la commune, et même d'office par le juge de paix, — 1o Si le mineur est sans tuteur, et que le scellé ne soit pas requis par un parent; Pr. 904-4o.—2o Si le conjoint, ou

(a) Aux termes de l'art. 541 C. comm. (loi du 28 mai 1838), le bénéfice de cession de biens n'existe plus au profit des débiteurs commerçants; ce qui rend sans objet la disposition ci-dessus.

si les héritiers ou l'un d'eux sont absents; —3º Si le défunt était dépositaire public; auquel cas, le scellé ne sera apposé que pour raison de ce dépôt et sur les objets qui le composent. C. 819, 2060-6º-7º. — T 94.

912. Le scellé ne pourra être apposé que par le juge de paix des lieux ou par ses suppléants.

913. Si le scellé n'a pas été apposé avant l'inhumation, le juge constatera, par son procès-verbal, le moment où il a été requis de l'apposer, et les causes qui ont retardé soit la réquisition, soit l'apposition.

914. (a) Le procès-verbal d'apposition contiendra, — 1º La date des an, mois, jour et heure; — 2º Les motifs de l'apposition; — 3º Les noms, profession et demeure du requérant, s'il y en a, et son élection de domicile dans la commune où le scellé est apposé, s'il n'y demeure; C. 102, 111. — 4º S'il n'y a pas de partie requérante, le procès-verbal énoncera que le scellé a été apposé d'office ou sur le réquisitoire ou sur la déclaration de l'un des fonctionnaires dénommés dans l'article 911; — 5º L'ordonnance qui permet le scellé, s'il en a été rendu; — 6º Les comparution et dires des parties; — 7º La désignation des lieux, bureaux, coffres, armoires, sur les ouvertures desquels le scellé a été apposé; — 8º Une description sommaire des effets qui ne sont pas mis sous les scellés; Pr. 924-2º. — 9º Le serment, lors de la clôture de l'apposition, par ceux qui demeurent dans le lieu, qu'ils n'ont rien détourné, vu ni su qu'il ait été rien détourné directement ni indirectement; — 10º L'établissement du gardien présenté, s'il a les qualités requises; sauf, s'il ne les a pas, ou s'il n'en

(a) 10 brumaire an XIV. — *Décret qui prescrit des formalités pour les procès-verbaux d'apposition des scellés, d'inventaire*, etc.
« Art. 1. Tous officiers ayant droit d'apposer des scellés, de les reconnaître et de les lever, de rédiger des inventaires, de faire des ventes ou autres actes dont la confection peut exiger plusieurs séances, sont tenus d'indiquer, à chaque séance, l'heure du commencement et celle de la fin.
« 2. Toutes les fois qu'il y a interruption dans l'opération, avec renvoi à un autre jour ou à une autre heure de la même journée, il en sera fait mention dans l'acte, que les parties et les officiers signeront sur-le-champ, pour constater cette interruption. »

est pas présenté, à en établir un d'office par le juge de paix (b). C. 1137, 1962.— Pr. 596, s., 943, s. — P. 400.

915. Les clefs des serrures sur lesquelles le scellé a été apposé resteront, jusqu'à sa levée, entre les mains du greffier de la justice de paix, lequel fera mention, sur le procès-verbal, de la remise qui lui en aura été faite; et ne pourront le juge ni le greffier aller, jusqu'à la levée, dans la maison où est le scellé, à peine d'interdiction, à moins qu'ils n'en soient requis, ou que leur transport n'ait été précédé d'une ordonnance motivée. Pr. 1029.

916. Si, lors de l'apposition, il est trouvé un testament ou autres papiers cachetés, le juge de paix en constatera la forme extérieure, le sceau et la suscription, s'il y en a, paraphera l'enveloppe avec les parties présentes, si elles le savent ou le peuvent, et indiquera les jour et heure où le paquet sera par lui présenté au président du tribunal de première instance : il fera mention du tout sur son procès-verbal, lequel sera signé des parties, sinon mention sera faite de leur refus. C. 970, 1007. — Pr. 914, 917. — T. 2, 3, 16, 94.

917. Sur la réquisition de toute partie intéressée, le juge de paix fera, avant l'apposition du scellé, la perquisition du testament dont l'existence sera annoncée; et, s'il le trouve, il procédera ainsi qu'il est dit ci-dessus. Pr. 916, 920, 936-8º.

918. Aux jour et heure indiqués, sans qu'il soit besoin d'aucune assignation, les paquets trouvés cachetés seront présentés par le juge de paix au président du tribunal de première instance, lequel en fera l'ouverture, en constatera l'état, et en ordonnera le dépôt si le contenu concerne la succession. C. 1007.—T. 94.

919. Si les paquets cachetés paraissent, par leur suscription, ou par quelque autre preuve écrite, appartenir à des tiers, le président du tribunal ordonnera que ces tiers seront appelés dans un délai qu'il fixera, pour qu'ils puissent assister

(b) Aux termes d'un décret du 6 vendémiaire an III, il avait été déclaré que les *femmes* ne pourraient, à l'avenir, être établies gardiennes des scellés. Un autre décret du 21 du même mois a restreint la généralité de cette règle prohibitive aux cas où il s'agit de scellés mis sur les effets et meubles appartenant à l'*État*.

à l'ouverture, il la fera au jour indiqué, en leur présence ou à leur défaut; et si les paquets sont étrangers à la succession, il les leur remettra sans en faire connaître le contenu, ou les cachètera de nouveau pour leur être remis à leur première réquisition. Pr. 939.

920. Si un testament est trouvé ouvert, le juge de paix en constatera l'état, et observera ce qui est prescrit en l'article 916. T. 94.

921. Si les portes sont fermées, s'il se rencontre des obstacles à l'apposition des scellés, s'il s'élève, soit avant, soit pendant le scellé, des difficultés, il y sera statué en référé par le président du tribunal. A cet effet, il sera sursis, et établi par le juge de paix garnison extérieure, même intérieure si le cas y échet; et il en référera sur-le-champ au président du tribunal. Pr. 587, 806, s., 829, 922. — Pourra néanmoins le juge de paix, s'il y a péril dans le retard, statuer par provision, sauf à en référer ensuite au président du tribunal. T. 2, 3, 16, 94.

922. Dans tous les cas où il sera référé par le juge de paix au président du tribunal, soit en matière de scellé, soit en autre matière, ce qui sera fait et ordonné sera constaté sur le procès-verbal dressé par le juge de paix; le président signera ses ordonnances sur ledit procès-verbal. Pr. 914 à 916. — T. 94.

923. Lorsque l'inventaire sera parachevé, les scellés ne pourront être apposés, à moins que l'inventaire ne soit attaqué, et qu'il ne soit ainsi ordonné par le président du tribunal. Pr. 928, 941, s.— Si l'apposition des scellés est requise, pendant le cours de l'inventaire, les scellés ne seront apposés que sur les objets non inventoriés.

924. S'il n'y a aucun effet mobilier, le juge de paix dressera un procès-verbal de carence.—S'il y a des effets mobiliers qui soient nécessaires à l'usage des personnes qui restent dans la maison, ou sur lesquels le scellé ne puisse être mis, le juge de paix fera un procès-verbal contenant description sommaire desdits effets. Pr. 914-8°.

925. Dans les communes où la population est de vingt mille âmes et au-dessus, il sera tenu, au greffe du tribunal de première instance, un registre d'ordre

pour les scellés, sur lequel seront inscrits, d'après la déclaration que les juges de paix de l'arrondissement seront tenus d'y faire parvenir dans les vingt-quatre heures de l'apposition, 1° les noms et demeures des personnes sur les effets desquelles le scellé aura été apposé; 2° le nom et la demeure du juge qui a fait l'apposition; 3° le jour où elle a été faite. T. 17.

TITRE II. — DES OPPOSITIONS AUX SCELLÉS.

926. Les oppositions aux scellés pourront être faites, soit par une déclaration sur le procès-verbal des scellés, soit par exploit signifié au greffier du juge de paix. Pr. 68, 931, 1037.—T. 18, 20, 21.

927. Toutes oppositions à scellé contiendront, à peine de nullité, outre les formalités communes à tout exploit, Pr. 68, 1029. — 1° Election de domicile dans la commune ou dans l'arrondissement de la justice de paix où le scellé est apposé, si l'opposant n'y demeure pas; C. 111. — 2° L'énonciation précise de la cause de l'opposition.

TITRE III. — DE LA LEVÉE DU SCELLÉ.

928. Le scellé ne pourra être levé et l'inventaire fait que trois jours après l'inhumation s'il a été apposé auparavant, et trois jours après l'apposition, si elle a été faite depuis l'inhumation, à peine de nullité des procès-verbaux de levée de scellés et inventaire, et des dommages et intérêts contre ceux qui les auront faits et requis; le tout, à moins que, pour des causes urgentes et dont il sera fait mention dans son ordonnance, il n'en soit autrement ordonné par le président du tribunal de première instance. Dans ce cas, si les parties qui ont droit d'assister à la levée ne sont pas présentes, il sera appelé pour elles, tant à la levée qu'à l'inventaire, un notaire, nommé d'office par le président. Pr. 806, 929, s. — T. 77.

929. Si les héritiers ou quelques-uns d'eux sont mineurs non émancipés, il ne sera pas procédé à la levée des scellés, qu'ils n'aient été, ou préalablement pourvus de tuteurs, ou émancipés. Pr. 883, s., 911-1°. — T. 94.

930. Tous ceux qui ont droit de faire apposer les scellés pourront en requérir la levée, excepté ceux qui ne les ont fait apposer qu'en exécution de l'article 909 n° 3 ci-dessus.

931. Les formalités pour parvenir à la levée des scellés seront, — 1° Une réquisition à cet effet, consignée sur le procès-verbal du juge de paix ; Pr. 914-3°-4°. — 2° Une ordonnance du juge, indicative des jour et heure où la levée sera faite ; — 3° Une sommation d'assister à cette levée, faite au conjoint survivant, aux présomptifs héritiers, à l'exécuteur testamentaire, aux légataires universels et à titre universel s'ils sont connus, et aux opposants. C. 724, 1003, 1010, 1025. —Pr. 68, 926, 927, 932, s., 942.—Il ne sera pas besoin d'appeler les intéressés demeurant hors de la distance de cinq myriamètres ; mais on appellera pour eux, à la levée et à l'inventaire, un notaire nommé d'office par le président du tribunal de première instance. — Les opposants seront appelés aux domiciles par eux élus. C. 111. — T. 77, 94.

932. Le conjoint, l'exécuteur testamentaire, les héritiers, les légataires universels et ceux à titre universel, pourront assister à toutes les vacations de la levée du scellé et de l'inventaire, en personne ou par un mandataire. — Les opposants ne pourront assister, soit en personne, soit par un mandataire, qu'à la première vacation : ils seront tenus de se faire représenter, aux vacations suivantes, par un seul mandataire pour tous, dont ils conviendront ; sinon il sera nommé d'office par le juge. — Si parmi ces mandataires se trouvent des avoués du tribunal de première instance du ressort, ils justifieront de leurs pouvoirs par la représentation du titre de leur partie ; et l'avoué le plus ancien, suivant l'ordre du tableau, des créanciers fondés en titre authentique, assistera de droit pour tous les opposants : si aucun des créanciers n'est fondé en titre authentique, l'avoué le plus ancien des opposants fondés en titre privé assistera. L'ancienneté sera définitivement réglée à la première vacation. Pr. 529, 536, 760, 934.—T. 1, 16, 94.

933. Si l'un des opposants avait des intérêts différents de ceux des autres, ou des intérêts contraires, il pourra assister en personne, ou par un mandataire particulier, à ses frais. T. 94.

934. Les opposants pour la conservation des droits de leur débiteur ne pourront assister à la première vacation, ni concourir au choix d'un mandataire commun pour les autres vacations. C. 1166, 1167. — Pr. 778, 934-3°, 942. — T. 1, 16, 94.

935. Le conjoint commun en biens, les héritiers, l'exécuteur testamentaire, et les légataires universels ou à titre universel, pourront convenir du choix d'un ou deux notaires, et d'un ou deux commissaires-priseurs ou experts ; s'ils n'en conviennent pas, il sera procédé, suivant la nature des objets, par un ou deux notaires, commissaires-priseurs ou experts, nommés d'office par le président du tribunal de première instance. Les experts prêteront serment devant le juge de paix. Pr. 305, s. — T. 2, 3, 16, §§ 4, 6 et suiv.

936. Le procès-verbal de levée contiendra, 1° la date ; 2° les noms, profession, demeure et élection de domicile du requérant ; 3° l'énonciation de l'ordonnance délivrée pour la levée ; 4° l'énonciation de la sommation prescrite par l'article 931 ci-dessus ; 5° la comparution et dires des parties ; 6° la nomination des notaires, commissaires-priseurs et experts qui doivent opérer ; 7° la reconnaissance des scellés, s'ils sont sains et entiers ; s'ils ne le sont pas, l'état des altérations, sauf à se pourvoir ainsi qu'il appartiendra pour raison desdites altérations ; 8° les réquisitions à fin de perquisitions, le résultat desdites perquisitions, et toutes autres demandes, sur lesquelles il y aura lieu de statuer. Pr. 914, 917, 928, s., 937. s. —P. 249, s.

937. Les scellés seront levés successivement, et à fur et mesure de la confection de l'inventaire ; ils seront réapposés à la fin de chaque vacation. Pr. 941, s.—T. 16, 94.

938. On pourra réunir les objets de même nature, pour être inventoriés successivement suivant leur ordre ; ils seront, dans ce cas, replacés sous les scellés.

939. S'il est trouvé des objets et papiers étrangers à la succession et réclamés par des tiers, ils seront remis à qui il appartiendra ; s'ils ne peuvent être remis à l'instant, et qu'il soit nécessaire d'en faire la description, elle sera faite sur le procès-verbal des scellés, et non sur l'inventaire. Pr. 914, 919, 943.

940. Si la cause de l'apposition des scellés cesse avant qu'ils soient levés, ou pendant le cours de leur levée, ils seront levés sans description. Pr. 907, 929, 930. — T. 94.

TITRE IV. — DE L'INVENTAIRE.

941. L'inventaire peut être requis par ceux qui ont droit de requérir la levée du scellé. Pr. 909, s., 942, s. — T. 168.

942. Il doit être fait en présence, 1° du conjoint survivant ; 2° des héritiers présomptifs ; 3° de l'exécuteur testamentaire si le testament est connu ; 4° des donataires et légataires universels ou à titre universel, soit en propriété, soit en usufruit, ou eux dûment appelés s'ils demeurent dans la distance de cinq myriamètres ; s'ils demeurent au delà, il sera appelé, pour tous les absents, un seul notaire, nommé par le président du tribunal de première instance, pour représenter les parties appelées et défaillantes. Pr. 931-3°, 936. — T. 164.

943. Outre les formalités communes à tous les actes devant notaires, l'inventaire contiendra : — 1° Les noms, professions et demeures des requérants, des comparants, des défaillants et des absents, s'ils sont connus, du notaire appelé pour les représenter, des commissaires-priseurs et experts ; et la mention de l'ordonnance qui commet le notaire pour les absents et défaillants ; — 2° L'indication des lieux où l'inventaire est fait ; — 3° La description et estimation des effets, laquelle sera faite à juste valeur et sans crue ; C. 825 et la *note*. — 4° La désignation des qualités, poids et titre de l'argenterie ; — 5° La désignation des espèces en numéraire ; — 6° Les papiers seront cotés par première et dernière ; ils seront paraphés de la main d'un des notaires ; s'il y a des livres et registres de commerce, l'état en sera constaté, les feuillets en seront pareillement cotés et paraphés, s'ils ne le sont ; s'il y a des blancs dans les pages écrites, ils seront bâtonnés ; — 7° La déclaration des titres actifs et passifs ; — 8° La mention du serment prêté, lors de la clôture de l'inventaire, par ceux qui ont été en possession des objets avant l'inventaire ou qui ont habité la maison dans laquelle sont lesdits objets, qu'ils n'en ont détourné, vu détourner, ni su qu'il en ait été détourné aucun ; C. 792, 801, 1460, 1477. — Pr. 914. — 9° La remise des effets et papiers, s'il y a lieu, entre les mains de la personne dont on conviendra, ou qui à défaut sera nommée par le président du tribunal. C. 842. — Pr. 914-10°.

944. Si, lors de l'inventaire, il s'élève des difficultés, ou s'il est formé des réquisitions pour l'administration de la communauté ou de la succession, ou pour autres objets, et qu'il n'y soit déféré par les autres parties, les notaires délaisseront les parties à se pourvoir en référé devant le président du tribunal de première instance ; ils pourront en référer eux-mêmes, s'ils résident dans le canton où siége le tribunal : dans ce cas, le président mettra son ordonnance sur la minute du procès-verbal. Pr. 806, s. — T. 168.

TITRE V. — DE LA VENTE DU MOBILIER.

945. Lorsque la vente des meubles dépendant d'une succession aura lieu en exécution de l'article 826 du Code Napoléon, cette vente sera faite dans les formes prescrites au titre des *Saisies-exécutions* (a). C. 452, 509, 527, s., 815, s. — Pr. 617, s., 946, s.

946. Il y sera procédé, sur la réquisition de l'une des parties intéressées, en vertu de l'ordonnance du président du tribunal de première instance, et par un officier public. Pr. 910, 943. — T. 77.

947. On appellera les parties ayant droit d'assister à l'inventaire, et qui demeureront ou auront élu domicile dans la distance de cinq myriamètres : l'acte sera signifié au domicile élu. C. 111. — Pr. 909, 941, 945, 950, 1033. — T. 29.

948. S'il s'élève des difficultés, il pourra être statué provisoirement en référé par le président du tribunal de première instance. Pr. 806, s.

949. La vente se fera dans le lieu où sont les effets, s'il n'en est autrement ordonné. Pr. 617.

(a) Voy., sous l'art. 625 en *note*, la loi du 25 juin 1841, relative à la vente aux enchères de *marchandises neuves*.

950. La vente sera faite tant en absence que présence, sans appeler personne pour les non-comparants. Pr. 947, 951.

951. Le procès-verbal fera mention de la présence ou de l'absence du requérant. Pr. 950.

952. Si toutes les parties sont majeures, présentes et d'accord, et qu'il n'y ait aucun tiers intéressé, elles ne seront obligées à aucune des formalités ci-dessus. Pr. 953, 985.

TITRE VI.— DE LA VENTE DES BIENS IMMEUBLES APPARTENANT A DES MINEURS (a).

953. « La vente des immeubles appartenant à des mineurs ne pourra être ordonnée que d'après un avis de parents énonçant la nature des biens et leur valeur approximative. C. 388, 406, s., 457 à 460.—Cet avis ne sera pas nécessaire si les biens appartiennent en même temps à des majeurs, et si la vente est poursuivie par eux. C. 815, s., 834, s., 1314, 1518. —Il sera procédé alors conformément au titre des *Partages et Licitations*. C. 460, 815, s. — Pr. 966 à 985.

954. « Lorsque le tribunal homologuera cet avis, il déclarera, par le même jugement, que la vente aura lieu soit devant l'un des juges du tribunal à l'audience des criées, soit devant un notaire à cet effet commis. C. 458, s.—Pr. 83-6°, 746, 885, s., 955, s., 1035. — Si les immeubles sont situés dans plusieurs arrondissements, le tribunal pourra commettre un notaire dans chacun de ces arrondissements, et même donner commission rogatoire à chacun des tribunaux de la situation de ces biens. C. 459, 2210, s. et la *note*.—Pr. 757, s., 972, 988, 997, 1035.

955. « Le jugement qui ordonnera la vente déterminera la mise à prix de chacun des immeubles à vendre et les conditions de la vente. Cette mise à prix sera réglée, soit d'après l'avis des parents, soit d'après les titres de propriété, soit d'après les baux authentiques ou sous seing-privé ayant date certaine, et, à défaut de baux, d'après le rôle de la contribution foncière. C. 842, 1317, 1322, 1743, 2165, 2210 et la *note*. — Néanmoins le tribunal pourra, suivant les circonstances, faire procéder à l'estimation totale ou partielle des immeubles. C. 824.—Cette estimation aura lieu, selon l'importance et la nature des biens, par un ou trois experts que le tribunal commettra à cet effet. Pr. 302, s., 954, s., 970, 997.

956. « Si l'estimation a été ordonnée, l'expert ou les experts, après avoir prêté serment, soit devant le président du tribunal, soit devant un juge de paix commis par lui, rédigeront leur rapport, qui indiquera sommairement les bases de l'estimation, sans entrer dans le détail descriptif des biens à vendre. Pr. 210, 307, 315, 318, 322, s.—La minute du rapport sera déposée au greffe du tribunal. Il n'en sera pas délivré d'expédition. Pr. 307, 315, s., 319.

957. « Les enchères seront ouvertes sur un cahier des charges déposé par l'avoué au greffe du tribunal, ou dressé par le notaire commis, et déposé dans son étude, si la vente doit avoir lieu devant notaire. — Ce cahier contiendra : —1° L'énonciation du jugement qui a autorisé la vente ; —2° Celle des titres qui établissent la propriété ; —3° L'indication de la nature ainsi que de la situation des biens à vendre, celle des corps d'héritage, de leur contenance approximative, et de deux des tenants et aboutissants ; —4° L'énonciation du prix auquel les enchères seront ouvertes, et les conditions de la vente. Pr. 690, 954, 958, s.

958. « Après le dépôt du cahier des charges, il sera rédigé et imprimé des placards qui contiendront :—1° L'énonciation du jugement qui aura autorisé la vente ; —2° Les noms, professions et domiciles du mineur, de son tuteur et de son subrogé-tuteur ; — 3° La désignation des biens, telle qu'elle a été insérée dans le cahier des charges ; —4° Le prix auquel seront ouvertes les enchères sur chacun des biens à vendre ; —5° Les jour, lieu et heure de l'adjudication, ainsi que l'in-

(a) Les dispositions de ce titre VI sont celles de la loi du 2 juin 1841, sur les ventes judiciaires d'immeubles, en vertu de l'art. 3 de cette loi ainsi conçu :
« Les articles composant le titre VI, *de la Vente de biens immeubles*, du livre II de la deuxième partie du Code de procédure civile, seront remplacés par les dispositions suivantes : » (Celles contenues dans les nouveaux art. 953 à 965.)

dication soit du notaire et de sa demeure, soit du tribunal devant lequel l'adjudication aura lieu, et, dans tous les cas, de l'avoué du vendeur. Pr. 617, s., 629, s., 645, 699, s., 735, 836, s.

959. « Les placards seront affichés quinze jours au moins, trente jours au plus avant l'adjudication, aux lieux désignés dans l'article 699, et, en outre, à la porte du notaire qui procédera à la vente; ce dont il sera justifié conformément au même article. Pr. 696, 836, 735, 941, 960, s.

960. « Copie de ces placards sera insérée, dans le même délai, au journal indiqué par l'article 696, et dans celui qui aura été désigné pour l'arrondissement où se poursuit la vente, si ce n'est pas l'arrondissement de la situation des biens.—Il en sera justifié conformément à l'article 698. Pr. 958, s., 961.

961. « Selon la nature et l'importance des biens, il pourra être donné à la vente une plus grande publicité, conformément aux articles 697 et 700.

962. « Le subrogé-tuteur du mineur sera appelé à la vente, ainsi que le prescrit l'article 459 du Code Napoléon; à cet effet, le jour, le lieu et l'heure de l'adjudication lui seront notifiés un mois d'avance, avec avertissement qu'il y sera procédé tant en son absence qu'en sa présence. Pr. 444.

963. « Si, au jour indiqué pour l'adjudication, les enchères ne s'élèvent pas à la mise à prix, le tribunal pourra ordonner, sur simple requête en la chambre du conseil, que les biens seront adjugés au-dessous de l'estimation; l'adjudication sera remise à un délai fixé par le jugement, et qui ne pourra être moindre de quinzaine. C. 355, s.—Pr. 694, s., 735, 745, 973.—Cette adjudication sera encore indiquée par des placards et des insertions dans les journaux, comme il est dit ci-dessus, huit jours au moins avant l'adjudication. Pr. 958, s.

964. « Sont déclarés communs au présent titre les articles 701, 705, 706, 707, 711, 712, 713, 733, 734, 735, 736, 737, 738, 739, 740, 741 et 742.—Néanmoins si les enchères sont reçues par un notaire, elles pourront être faites par toutes personnes sans ministère d'avoué. Pr. 651, 705, s., 954.—Dans le cas de

vente devant notaire, s'il y a lieu à folle enchère, la poursuite sera portée devant le tribunal. Le certificat constatant que l'adjudicataire n'a pas justifié de l'acquit des conditions sera délivré par le notaire. Le procès-verbal d'adjudication sera déposé au greffe, pour servir d'enchère. Pr. 713, s., 733, s., 838.

965. « Dans les huit jours qui suivront l'adjudication, toute personne pourra faire une surenchère du sixième, en se conformant aux formalités et délais réglés par les articles 708, 709 et 710 ci-dessus. —Lorsqu'une seconde adjudication aura eu lieu après la surenchère ci-dessus, aucune autre surenchère des mêmes biens ne pourra être reçue. » Pr. 710, 838.

TITRE VII.—DES PARTAGES ET LICITATIONS.

966. Dans les cas des articles 823 et 838 du Code Napoléon, lorsque le partage doit être fait en justice, la partie la plus diligente se pourvoira. C. 465, 466, 815, s., 892.—Pr. 965, 967, s.

967. Entre deux demandeurs, la poursuite appartiendra à celui qui aura fait viser le premier l'original de son exploit par le greffier du tribunal : ce visa sera daté du jour et de l'heure. C. 822, 823, 838.—Pr. 611, 676, 1029.—T. 78, 90.

968. Le tuteur spécial et particulier qui doit être donné à chaque mineur ayant des intérêts opposés sera nommé suivant les règles contenues au titre des *Avis de parents.* C. 406, s., 838. —Pr. 882, s., 954, s.

969. (a) « Le jugement qui prononcera sur la demande en partage commettra, s'il y a lieu, un juge, conformément à l'art. 823 du Code Napoléon, et en même temps un notaire. C. 822, 828.—Si, dans le cours des opérations, le juge ou le notaire est empêché, le président du tribunal pourvoira au remplacement par une ordonnance sur requête, laquelle ne

(a) Les anciens art. 969, 970, 971, 972, 973, 975, 976 du Code de procédure civile ont été remplacés par les nouvelles dispositions de la loi du 2 juin 1841, en vertu de l'art. 4 de cette loi ainsi conçu :
« Les art. 969, 970, 971, 972, 973, 975 et 976 du titre VII, *des Partages et Licitations*, livre II, deuxième partie du Code de procédure civile, seront remplacés par les dispositions suivantes: » (Celles contenues aujourd'hui dans les mêmes numéros.)

sera susceptible ni d'opposition ni d'appel. Pr. 697, 730, 739, 746, 809, 838.

970. (*a*) « En prononçant sur cette demande, le tribunal ordonnera par le même jugement le partage, s'il peut avoir lieu, ou la vente par licitation, qui sera faite devant un membre du tribunal ou devant un notaire, conformément à l'article 954.—Le tribunal pourra, soit qu'il ordonne le partage, soit qu'il ordonne la licitation, déclarer qu'il y sera immédiatement procédé sans expertise préalable, même lorsqu'il y aura des mineurs en cause ; dans le cas de licitation, le tribunal déterminera la mise à prix, conformément à l'article 955. C. 827.

971. (*b*) « Lorsque le tribunal ordonnera l'expertise, il pourra commettre un ou trois experts, qui prêteront serment, comme il est dit en l'article 956. — Les nominations et rapports d'experts seront faits suivant les formalités prescrites au titre des *Rapports d'experts* (art. 302 à 323). Pr. 972, s.—Les rapports d'experts présenteront sommairement les bases de l'estimation, sans entrer dans le détail descriptif des biens à partager ou à liciter. C. 824.— Pr. 240, 318.—Le poursuivant demandera l'entérinement du rapport par un simple acte de conclusions d'avoué à avoué. Pr. 75, 82.

972. (*c*) « On se conformera, pour la vente, aux formalités prescrites dans le titre de la *Vente des biens immeubles appartenant à des mineurs*, en ajoutant, dans le cahier des charges,—Les noms, demeure et profession du poursuivant, les noms et demeure de son avoué ; C. 102.—Les noms, demeures et professions des colicitants et de leurs avoués. Pr. 690, 837, 957.

973. (*d*) « Dans la huitaine du dépôt du cahier des charges au greffe ou chez le notaire, sommation sera faite, par un simple acte, aux colicitants, en l'étude de leurs avoués, d'en prendre communication. C. 111.—Pr. 691, s., 736, 837, 962.—S'il s'élève des difficultés sur le cahier des charges, elles seront vidées à l'audience, sans aucune requête, et sur un simple acte d'avoué à avoué. Pr. 82, 971.—Le jugement qui interviendra ne

pourra être attaqué que par la voie de l'appel, dans les formes et délais prescrits par les articles 731 et 732 du présent Code. Pr. 730, 739, 746, 838, 969. — Tout autre jugement sur les difficultés relatives aux formalités postérieures à la sommation de prendre communication du cahier des charges ne pourra être attaqué ni par opposition, ni par appel. Pr. 677, 809, 961.—Si, au jour indiqué pour l'adjudication, les enchères ne couvrent pas la mise à prix, il sera procédé comme il est dit en l'article 963. — Dans les huit jours de l'adjudication, toute personne pourra surenchérir du sixième du prix principal, en se conformant aux conditions et aux formalités prescrites par les articles 708, 709 et 710. Cette surenchère produira le même effet que dans les ventes de biens de mineurs. C. 285, s., 832, s., 965. »

974. Lorsque la situation des immeubles aura exigé plusieurs expertises distinctes, et que chaque immeuble aura été déclaré impartageable, il n'y aura cependant pas lieu à licitation, s'il résulte du rapprochement des rapports que la totalité des immeubles peut se partager commodément. C. 826, 827.

975. (*e*) « Si la demande en partage n'a pour objet que la division d'un ou plusieurs immeubles sur lesquels les droits des intéressés soient déjà liquidés, les experts, en procédant à l'estimation, composeront les lots ainsi qu'il est prescrit par l'art. 466 du Code Napoléon ; et, après que leur rapport aura été entériné, les lots seront tirés au sort, soit devant le juge-commissaire, soit devant le notaire déjà commis par le tribunal aux termes de l'article 969. C. 834, 1686.— Pr. 976, s.

976. (*f*) « Dans les autres cas, et notamment lorsque le tribunal aura ordonné le partage sans faire procéder à un rapport d'experts, le poursuivant fera sommer les copartageants de comparaître, au jour indiqué, devant le notaire commis, à l'effet de procéder aux compte, rapport, formation de masse, prélèvements, composition de lots et fournissements, ainsi qu'il est ordonné par le Code Napoléon, article 828. Pr. 970.— T. civ. 29, 92. — Il en sera de même après qu'il aura été procédé à la licitation, si le prix

---

(*a*, *b*, *c*, *d*, *e*, *f*) Texte de la loi du 2 juin 1841. — Voy. la note de la page précédente.

de l'adjudication doit être confondu avec d'autres objets dans une masse commune de partage pour former la balance entre les divers lots. » C. 828, s.

977. Le notaire commis procédera seul et sans l'assistance d'un second notaire ou de témoins : si les parties se font assister auprès de lui d'un conseil, les honoraires de ce conseil n'entreront point dans les frais de partage, et seront à leur charge. — Au cas de l'art. 837 du Code Napoléon, le notaire rédigera en un procès-verbal séparé les difficultés et dires des parties : ce procès-verbal sera, par lui, remis au greffe, et y sera retenu. — Si le juge-commissaire renvoie les parties à l'audience, l'indication du jour où elles devront comparaître leur tiendra lieu d'ajournement. — Il ne sera fait aucune sommation pour comparaître, soit devant le juge, soit à l'audience. P. 82, 973. — T. 92, 168.

978. Lorsque la masse du partage, les rapports et prélèvements à faire par chacune des parties intéressées, auront été établis par le notaire, suivant les articles 829, 830 et 831 du Code Napoléon, les lots seront faits par l'un des cohéritiers, s'ils sont tous majeurs, s'ils s'accordent sur le choix, et si celui qu'ils auront choisi accepte la commission : dans le cas contraire, le notaire, sans qu'il soit besoin d'aucune autre procédure, renverra les parties devant le juge-commissaire, et celui-ci nommera un expert. C. 834. — Pr. 302, s., 971, 975, 987. — T. 168.

979. Le cohéritier choisi par les parties, ou l'expert nommé pour la formation des lots, en établira la composition par un rapport qui sera reçu et rédigé par le notaire à la suite des opérations précédentes. C. 831, s. — Pr. 978.

980. Lorsque les lots auront été fixés, et que les contestations sur leur formation, s'il y en a eu, auront été jugées, le poursuivant fera sommer les copartageants à l'effet de se trouver, à jour indiqué, en l'étude du notaire, pour assister à la clôture de son procès-verbal, en entendre lecture, et le signer avec lui, s'ils le peuvent et le veulent. C. 835, s. — Pr. 68. — T. 29

981. Le notaire remettra l'expédition du procès-verbal de partage à la partie la plus diligente pour en poursuivre l'homo-

logation par le tribunal ; sur le rapport du juge-commissaire, le tribunal homologuera le partage, s'il y a lieu, les parties présentes ou appelées, si toutes n'ont pas comparu à la clôture du procès-verbal, et sur les conclusions du procureur impérial, dans le cas où la qualité des parties requerra son ministère. C. 819, 838. — Pr. 83, 112, 988.

982. Le jugement d'homologation ordonnera le tirage des lots, soit devant le juge-commissaire, soit devant le notaire, lequel en fera la délivrance aussitôt après le tirage. C. 834, 842, 1604, s. — Pr. 970. — T. 92.

983. Soit le greffier, soit le notaire, seront tenus de délivrer tels extraits, en tout ou en partie, du procès-verbal de partage, que les parties intéressées requerront. C. 2060-7°. — Pr. 839, s.

984. Les formalités ci-dessus seront suivies dans les licitations et partages tendant à faire cesser l'indivision, lorsque les mineurs ou autres personnes non jouissant de leurs droits civils y auront intérêt. C. 815, s., 1686, s. — Pr. 966, s.

985. Au surplus, lorsque tous les copropriétaires ou cohéritiers seront majeurs, jouissant de leurs droits civils, présents ou dûment représentés, ils pourront s'abstenir des voies judiciaires, ou les abandonner en tout état de cause, et s'accorder pour procéder de telle manière qu'ils aviseront. C. 819. — Pr. 952, 953.

TITRE VIII. — DU BÉNÉFICE D'INVENTAIRE.

986. Si l'héritier veut, avant de prendre qualité, et conformément au Code Napoléon, se faire autoriser à procéder à la vente d'effets mobiliers dépendants de la succession, il présentera, à cet effet, requête au président du tribunal de première instance dans le ressort duquel la succession est ouverte (a). C. 110, 461, 774, 793, s., 805. — Pr. 287, s. — La vente en sera faite par un officier public, après les affiches et publications ci-dessus prescrites pour la vente du mobilier. Pr. 617, s., 1000 à 1002. — T. 77.

(a) L'héritier bénéficiaire ne peut pas faire le transfert des rentes au-dessus de cinquante francs, sans être préalablement autorisé. (Avis du conseil d'État du 11 janvier 1808.)

987. (a) « S'il y a lieu à vendre des immeubles dépendants de la succession, l'héritier bénéficiaire présentera au président du tribunal de première instance du lieu de l'ouverture de la succession une requête dans laquelle ces immeubles seront désignés sommairement. Cette requête sera communiquée au ministère public; sur ses conclusions et le rapport du juge nommé à cet effet, il sera rendu jugement qui autorisera la vente et fixera la mise à prix, ou qui ordonnera préalablement que les immeubles seront vus et estimés par un expert nommé d'office. C. 793, s., 806.—C. pr. 302, s., 745, 955, s., 969, 970, 997.— T. civ. 78. — Dans ce dernier cas, le rapport de l'expert sera entériné sur requête par le tribunal, et sur les conclusions du ministère public, le tribunal ordonnera la vente. Pr. 83, s., 93, 112, 971, s.

988 (b). « Il sera procédé à la vente, dans chacun des cas ci-dessus prévus, suivant les formalités prescrites au titre de la *Vente des biens immeubles appartenant à des mineurs.* Pr. 953 à 965. — Sont déclarés communs au présent titre, les articles 701, 702, 705, 706, 707, 711, 712, 713, 733, 734, 735, 736, 737, 738, 739, 740, 741, 742, les deux derniers paragraphes de l'article 964 et l'article 965 du présent Code. Pr. 838, 964. — L'héritier bénéficiaire sera réputé héritier pur et simple, s'il a vendu des immeubles sans se conformer aux règles prescrites par le présent titre. » C. 778, s., 796, 801, 806. — Pr. 953, 972, 989. — T. 78, 128-5°.

989. S'il y a lieu à faire procéder à la vente du mobilier et des rentes dépendants de la succession, la vente sera faite suivant les formes prescrites pour la vente de ces sortes de biens, à peine, contre l'héritier bénéficiaire, d'être réputé héritier pur et simple. C. 778, s., 796, 801, 806. — Pr. 617 à 625, 643, s., 945, s., 988.

990. Le prix de la vente du mobilier sera distribué par contribution entre les créanciers opposants, suivant les formalités indiquées au titre de la *Distribution par contribution.* C. 808, 809. — Pr. 656 à 672, 989.

991. Le prix de la vente des immeubles sera distribué suivant l'ordre des privilèges et hypothèques. C. 2166. — Pr. 749, s.

992. Le créancier, ou autre partie intéressée, qui voudra obliger l'héritier bénéficiaire à donner caution, lui fera faire sommation, à cet effet, par acte extrajudiciaire signifié à personne ou domicile. C. 102, 807, 993, s., 2040, s. — Pr. 68, 517, 993, s. — T. 29.

993. Dans les trois jours de cette sommation, outre un jour par trois myriamètres de distance entre le domicile de l'héritier et la commune où siège le tribunal, il sera tenu de présenter caution au greffe du tribunal de l'ouverture de la succession, dans la forme prescrite pour les réceptions de caution. Pr. 518, s., 992, 1033.

994. S'il s'élève des difficultés relativement à la réception de la caution, les créanciers provoquants seront représentés par l'avoué le plus ancien. Pr. 520, s., 653, 719.

995. Seront observées, pour la reddition du compte du bénéfice d'inventaire, les formes prescrites au titre des *Redditions de comptes.* C. 803. — Pr. 527, s.

996. Les actions à intenter par l'héritier bénéficiaire contre la succession seront intentées contre les autres héritiers; et, s'il n'y en a pas, ou qu'elles soient intentées par tous, elles le seront contre un curateur au bénéfice d'inventaire, nommé en la même forme que le curateur à la succession vacante. C. 802, 811, s., 2258. — Pr. 998, s.

TITRE IX.— DE LA RENONCIATION A LA COMMUNAUTÉ, DE LA VENTE DES IMMEUBLES DOTAUX, ET DE LA RENONCIATION A LA SUCCESSION.

997. (c) « Les renonciations à com-

(a, b) La disposition de ces deux articles est celle de la loi du 2 juin 1841, sur les ventes judiciaires d'immeubles, qui a remplacé l'ancien texte, en vertu de l'art. 5 de cette loi, ainsi conçu :

« Les art. 987 et 988 du titre VIII, *du Bénéfice d'inventaire*, livre II, deuxième partie du Code de procédure civile, seront remplacés par les dispositions suivantes : » (celles contenues aujourd'hui dans les mêmes numéros).

(c) La disposition de cet article est celle de la loi du 2 juin 1841, qui a remplacé l'ancien texte en vertu de son art. 6 ainsi conçu :

« Le titre IX, livre II, deuxième partie du Code de procédure, sera ainsi rectifié. »

munauté ou à succession seront faites au greffe du tribunal dans l'arrondissement duquel la dissolution de la communauté ou l'ouverture de la succession se sera opérée, sur le registre prescrit par l'article 784 du Code Napoléon, et en conformité de l'article 1457 du même Code, sans qu'il soit besoin d'autre formalité. C. 110, 775, 781, 784, s., 1130, 1453, s., 1492, s. — Lorsqu'il y aura lieu de vendre des immeubles dotaux dans les cas prévus par l'article 1558 du Code Napoléon, la vente sera préalablement autorisée sur requête, par jugement rendu en audience publique. Pr. 745, 987. — Seront, au surplus, applicables les articles 955, 956 et suivants du titre de la *Vente de biens immeubles appartenant à des mineurs*. » C. 110, 785, s., 845, 1455, s.

TITRE X. — DU CURATEUR A UNE SUCCESSION VACANTE.

998. Lorsqu'après l'expiration des délais pour faire inventaire et pour délibérer, il ne se présente personne qui réclame une succession, qu'il n'y a pas d'héritier connu, ou que les héritiers connus y ont renoncé, cette succession est réputée vacante; elle est pourvue d'un curateur, conformément à l'article 812 du Code Napoléon. C. 790, 795, 811 et la *note*, 2258. — Pr. 49-1°, s., 999. — T. 77, §§ 14 et 16.

999. En cas de concurrence entre deux ou plusieurs curateurs, le premier nommé sera préféré, sans qu'il soit besoin de jugement. Pr. 967.

1000. Le curateur est tenu, avant tout, de faire constater l'état de la succession par un inventaire, si fait n'a été, et de faire vendre les meubles suivant les formalités prescrites au titre de l'*Inventaire et de la vente du mobilier*. Pr. 617 à 625, 941, s., 945, s.

1001. Il ne pourra être procédé à la vente des immeubles et rentes que suivant les formes qui ont été prescrites au titre du *Bénéfice d'inventaire*. C. 805, 813. — Pr. 985, s. — T. 128.

1002. Les formalités prescrites pour l'héritier bénéficiaire s'appliqueront également au mode d'administration et au compte à rendre par le curateur à la succession vacante. C. 883, s., 814. — Pr. 793, s., 986, s.

LIVRE TROISIÈME.

(Décrété le 29 avril 1806. Promulgué le 9 mai suivant.)

TITRE UNIQUE. — DES ARBITRAGES (a).

1003. Toutes personnes peuvent compromettre sur les droits dont elles ont la libre disposition (b). C. 1123, s., 1989. — Pr. 421 à 431, 1005, s. — Co. 51, s., 63.

1004. On ne peut compromettre sur les dons et legs d'aliments, logement et vêtements; sur les séparations d'entre mari et femme, divorces, questions d'état, ni sur aucune des contestations qui seraient sujettes à communication au ministère public. C. 203, s., 305, 467, 610, 1015, 1131, s., 1443. — Pr. 83, 174, 581, s.

1005. Le compromis pourra être fait par procès-verbal devant les arbitres choisis, ou par acte devant notaire, ou sous signature privée (c). C. 1317, s., 1325. — Co. 53.

1006. Le compromis désignera les objets en litige et les noms des arbitres, à peine de nullité. Pr. 1005, 1029.

1007. Le compromis sera valable, encore qu'il ne fixe pas de délai; et, en ce cas, la mission des arbitres ne durera que trois mois, du jour du compromis. Pr. 1008, 1013, 1015, 1029, 1033. — Co. 54.

1008. Pendant le délai de l'arbitrage, les arbitres ne pourront être révoqués que du consentement unanime des parties. C. 1134, 2004, s. — Pr. 1014.

1009. Les parties et les arbitres suivront, dans la procédure, les délais et les formes établis pour les tribunaux, si les parties n'en sont autrement convenues. C. 1134. — Pr. 1011, 1027.

(a) L'arbitrage est une juridiction conférée à de simples particuliers pour statuer sur les contestations à l'égard desquelles la loi ne défend pas de compromettre (Voy. la note suivante). L'arbitrage est *volontaire* ou *forcé* : volontaire, lorsque les parties consentent elles-mêmes à livrer leur différend à des arbitres; forcé, lorsqu'il est imposé par la loi, dans certaines matières. (Co. 51, s.)

(b) *Compromettre*, ou faire un compromis, c'est substituer des juges de son choix à ceux qui ont été établis par la loi, et renoncer à la juridiction légale, pour s'en rapporter à celle des arbitres choisis.

(c) Voy., au Code de l'enregistrement, loi du 22 frimaire an VII, art. 68 § 1er, n° 19, et loi du 28 avril 1816, art. 44, n° 2.

1010. Les parties pourront, lors et depuis le compromis, renoncer à l'appel. Pr. 443, s., 1023, 128. — Co. 51, 52, 63. — Lorsque l'arbitrage sera sur appel ou sur requête civile, le jugement arbitral sera définitif et sans appel. Pr. 480, s., 1026.

1011. Les actes de l'instruction et les procès-verbaux du ministère des arbitres seront faits par tous les arbitres, si le compromis ne les autorise à commettre l'un d'eux. Pr. 1009, 1027.

1012. Le compromis finit, 1º par le décès, refus, déport ou empêchement d'un des arbitres, s'il n'y a clause qu'il sera passé outre, ou que le remplacement sera au choix des parties ou au choix de l'arbitre ou des arbitres restants; 2º par l'expiration du délai stipulé, ou de celui de trois mois s'il n'en a pas été réglé; 3º par le partage, si les arbitres n'ont pas le pouvoir de prendre un tiers-arbitre. Pr. 118, 468, 1007, 1008, 1014, 1017. — Co. 54, s.

1013. Le décès, lorsque tous les héritiers sont majeurs, ne mettra pas fin au compromis : le délai pour instruire et juger sera suspendu pendant celui pour faire inventaire et délibérer. C. 795. — Pr. 174, 1007, 1008, 1015. — Co. 62, 63.

1014. Les arbitres ne pourront se déporter, si leurs opérations sont commencées : ils ne pourront être récusés, si ce n'est pour cause survenue depuis le compromis. Pr. 43, s., 197, 308, s., 378, s., 430, 1008, 1016.

1015. S'il est formé inscription de faux, même purement civile, ou s'il s'élève quelque incident criminel, les arbitres délaisseront les parties à se pourvoir, et les délais de l'arbitrage continueront à courir du jour du jugement de l'incident. Pr. 114, s., 1007, 1013. — I. cr. 3, 448.

1016. Chacune des parties sera tenue de produire ses défenses et pièces, quinzaine au moins avant l'expiration du délai du compromis; et seront tenus les arbitres de juger sur ce qui aura été produit. Pr. 1007, 1014. — Le jugement sera signé par chacun des arbitres; et, dans le cas où il y aurait plus de deux arbitres, si la minorité refusait de le signer, les autres arbitres en feraient mention, et le jugement aura le même effet que s'il

avait été signé par chacun des arbitres (a). Pr. 1020, 1021, 1028. — Co. 56. — Un jugement arbitral ne sera, dans aucun cas, sujet à l'opposition. Pr. 19, s., 149, s.

1017. En cas de partage, les arbitres autorisés à nommer un tiers seront tenus de le faire par la décision qui prononce le partage : s'ils ne peuvent en convenir, ils le déclareront sur le procès-verbal, et le tiers sera nommé par le président du tribunal qui doit ordonner l'exécution de la décision arbitrale. Pr. 1012-3º, 1020. — Co. 60. — Il sera, à cet effet, présenté requête par la partie la plus diligente. — Dans les deux cas, les arbitres divisés seront tenus de rédiger leur avis distinct et motivé, soit dans le même procès-verbal, soit dans des procès-verbaux séparés. T. 77.

1018. Le tiers-arbitre sera tenu de juger dans le mois du jour de son acceptation, à moins que ce délai n'ait été prolongé par l'acte de la nomination : il ne pourra prononcer qu'après avoir conféré avec les arbitres divisés, qui seront sommés de se réunir à cet effet. Pr. 1017, 1028-4º, 1029, 1033. — Si tous les arbitres ne se réunissent pas, le tiers-arbitre prononcera seul; et néanmoins il sera tenu de se conformer à l'un des avis des autres arbitres. Pr. 1016-2º, 1020, s. — T. 29.

1019. Les arbitres et tiers-arbitre décideront d'après les règles du droit, à moins que le compromis ne leur donne pouvoir de prononcer comme amiables compositeurs (b).

1020. Le jugement arbitral sera rendu exécutoire par une ordonnance du président du tribunal de première instance dans le ressort duquel il a été rendu : à cet effet, la minute du jugement sera déposée, dans les trois jours, par l'un des arbitres, au greffe du tribunal. Pr. 1016, 1021, 1028. — Co. 61. —

(a) Voy., au Code de l'enregistrement, la loi du 22 frimaire an VII, art. 47.
(b) Les *amiables compositeurs*, qu'on nommait autrefois *arbitrateurs*, ont le pouvoir de juger sans observer aucune des formalités judiciaires; ils peuvent, en conséquence, tempérer la rigueur de la loi, et suivre les règles de l'équité naturelle. — La qualité d'amiables compositeurs peut-elle être attribuée aux arbitres, lorsqu'il s'agit d'un arbitrage forcé? (Co. 51, s.) Il y a controverse sur la question.

S'il avait été compromis sur l'appel d'un jugement, la décision arbitrale sera déposée au greffe du tribunal d'appel, et l'ordonnance rendue par le président de ce tribunal. — Les poursuites pour les frais du dépôt et les droits d'enregistrement ne pourront être faites que contre les parties. Pr. 130. — T. 91.

1021. Les jugements arbitraux, même ceux préparatoires, ne pourront être exécutés qu'après l'ordonnance qui sera accordée, à cet effet, par le président du tribunal, au bas ou en marge de la minute, sans qu'il soit besoin d'en communiquer au ministère public; et sera ladite ordonnance expédiée en suite de l'expédition de la décision. Co. 61. — La connaissance de l'exécution du jugement appartient au tribunal qui a rendu l'ordonnance. Pr. 442, 472, 545.

1022. Les jugements arbitraux ne pourront, en aucun cas, être opposés à des tiers. C. 1164.

1023. L'appel des jugements arbitraux sera porté, savoir : devant les tribunaux de première instance, pour les matières qui, s'il n'y eût point eu d'arbitrage, eussent été, soit en premier, soit en dernier ressort, de la compétence des juges de paix; et devant les cours impériales, pour les matières qui eussent été, soit en premier, soit en dernier ressort, de la compétence des tribunaux de première instance. Pr. 48, s., 443, s., 1010, 1025, s.

1024. Les règles sur l'exécution provisoire des jugements des tribunaux sont applicables aux jugements arbitraux. Pr. 134, s., 404, 654, 806.

1025. Si l'appel est rejeté, l'appelant sera condamné à la même amende que s'il s'agissait d'un jugement des tribunaux ordinaires. Pr. 471, 1010.

1026. La requête civile pourra être prise contre les jugements arbitraux, dans les délais, formes et cas ci-devant désignés pour les jugements des tribunaux ordinaires. Pr. 480, s., 1010. — Elle sera portée devant le tribunal qui eût été compétent pour connaître de l'appel. Pr. 480, 1023, 1028.

1027. Ne pourront cependant être proposés pour ouvertures, — 1° L'inobservation des formes ordinaires, si les parties n'en étaient autrement convenues,

ainsi qu'il est dit en l'article 1009 ; — 2° Le moyen résultant de ce qu'il aura été prononcé sur choses non demandées, sauf à se pourvoir en nullité, suivant l'article ci-après. Pr. 480-3°, 1009, 1028.

1028. Il ne sera besoin de se pourvoir par appel ni requête civile dans les cas suivants : — 1° Si le jugement a été rendu sans compromis, ou hors des termes du compromis; C. 1998. — 2° S'il l'a été sur compromis nul ou expiré; — 3° S'il n'a été rendu que par quelques arbitres non autorisés à juger en l'absence des autres; — 4° S'il l'a été par un tiers sans en avoir conféré avec les arbitres partagés; Pr. 1018. — 5° Enfin s'il a été prononcé sur choses non demandées. Pr. 480-3°, 1027-2°. — Dans tous ces cas, les parties se pourvoiront par opposition à l'ordonnance d'exécution devant le tribunal qui l'aura rendue, et demanderont la nullité de l'acte qualifié *jugement arbitral.* — Il ne pourra y avoir recours en cassation que contre les jugements des tribunaux, rendus soit sur requête civile, soit sur appel, d'un jugement arbitral. Pr. 1004, 1006, 1018, 1020.

DISPOSITIONS GÉNÉRALES.

1029. Aucune des nullités, amendes et déchéance prononcées dans le présent Code, n'est comminatoire (a). Pr. 67, 71, 263, 264, 390, 444, 471, 513, 664, 766, 1030, 1039.

1030. Aucun exploit ou acte de procédure ne pourra être déclaré nul, si la nullité n'en est pas formellement prononcée par la loi. — Dans les cas où la loi n'aurait pas prononcé la nullité, l'officier ministériel pourra, soit pour omission, soit pour contravention, être condamné à une amende qui ne sera pas moindre de cinq francs et n'excédera pas cent francs. Pr. 67, 70, 173, 213, 246, 260, s., 272, 278, 292, 374, 390, 444, 456, 471, 479, 480, 500, 512, 516, 634, 869, 1039.

1031. Les procédures et les actes nuls ou frustratoires, et les actes qui auront donné lieu à une condamnation

(a) *Comminatoire,* c'est-à-dire que les dispositions de cet article ne renferment pas de simples menaces, mais bien des mesures rigoureuses que les tribunaux ne sauraient se dispenser de faire exécuter.

d'amende, seront à la charge des officiers ministériels qui les auront faits, lesquels, suivant l'exigence des cas, seront, en outre, passibles des dommages et intérêts de la partie, et pourront même être suspendus de leurs fonctions. C. 1149, 1382. — Pr. 71, 128, 132, 360, 523.

1032. Les communes et les établissements publics seront tenus, pour former une demande en justice, de se conformer aux lois administratives (a).

1033. Le jour de la signification ni celui de l'échéance ne sont jamais comptés pour le délai général fixé pour les ajournements, les citations, sommations et autres actes faits à personne ou domicile : ce délai sera augmenté d'un jour à raison de trois myriamètres de distance; et quand il y aura lieu à voyage ou envoi et retour, l'augmentation sera du double (b).

1034. Les sommations pour être présent aux rapports d'experts, ainsi que les assignations données en vertu de jugement de jonction, indiqueront seulement le lieu, le jour et l'heure de la première vacation ou de la première audience; elles n'auront pas besoin d'être réitérées, quoique la vacation ou l'audience ait été continuée à un autre jour. Pr. 153, 184, 231, 302, 719, s., 831.

1035. Quand il s'agira de recevoir un serment, une caution, de procéder à une enquête, à un interrogatoire sur faits et articles, de nommer des experts, et généralement de faire une opération quelconque en vertu d'un jugement, et que les parties ou les lieux contentieux seront trop éloignés, les juges pourront commettre un tribunal voisin, un juge, ou même un juge de paix, suivant l'exigence des cas; ils pourront même autoriser un tribunal à nommer, soit un de ses membres, soit un juge de paix, pour procéder aux opérations ordonnées. Pr. 252, 305, 324, 326, 517, 954.—Co. 16. —I. cr. 90.

1036. Les tribunaux, suivant la gravité des circonstances, pourront, dans les causes dont ils seront saisis, prononcer, même d'office, des injonctions, supprimer des écrits, les déclarer calomnieux, et ordonner l'impression et l'affiche de leurs jugements. Pr. 88. — I. cr. 504.— P. 377.

1037. Aucune signification ni exécution ne pourra être faite, depuis le 1er octobre jusqu'au 31 mars, avant six heures du matin et après six heures du soir; et depuis le 1er avril jusqu'au 30 septembre, avant quatre heures du matin et après neuf heures du soir (c); non plus que les jours de fête légale, si ce n'est en vertu de permission du juge, dans le cas où il y aurait péril en la demeure. Pr. 63 et la *note*, 781, 806, 808, 828.—Co. 134, 162, 187.—P. 25.

1038. Les avoués qui ont occupé dans les causes où il est intervenu des jugements définitifs seront tenus d'occuper sur l'exécution de ces jugements, sans nouveaux pouvoirs, pourvu qu'elle ait lieu dans l'année de la prononciation des jugements. Pr. 75, 148, 162, 342, 496.

1039. Toutes significations faites à des personnes publiques, préposées pour les recevoir, seront visées par elles sans frais sur l'original. — En cas de refus, l'original sera visé par le procureur impérial près le tribunal de première instance de leur domicile. Les refusants pourront être condamnés, sur les conclusions du ministère public, à une amende,

(c) 29 octobre—29 novembre 1820. — *Ordonnance portant règlement sur le service de la gendarmerie.*

« Art. 184. La maison de chaque citoyen est un asile où la gendarmerie ne peut pénétrer sans se rendre coupable d'abus de pouvoir, sauf les cas déterminés ci après : — 1° Pendant le jour, elle peut y entrer pour un objet formellement exprimé par une loi, ou en vertu d'un mandat spécial de perquisition, décerné par l'autorité compétente ; — 2° Pendant la nuit, elle ne peut y pénétrer que dans les cas d'incendie, d'inondation, ou de réclamation venant de l'intérieur de la maison. Dans tous les autres cas, elle doit prendre seulement, jusqu'à ce que le jour ait paru, les mesures indiquées à l'art. 185 *. — Le temps de nuit est ainsi réglé : — Du 1er octobre au 31 mars, depuis six heures du soir jusqu'à six heures du matin ; — Du 1er avril au 30 septembre, depuis neuf heures du soir jusqu'à quatre heures du matin. »

* Ces mesures consistent à garder à vue la maison ou à l'investir, en attendant expédition des ordres nécessaires pour y pénétrer et y faire l'arrestation des personnes, s'il y a lieu.

(a) Voy. le C. munic. et départ.
(b) Voy. ci-dessus l'art. 7 de la loi du 2 juin 1841, relatif au mode d'augmentation du délai, à raison des distances, qui a modifié cette disposition, en portant à *cinq* au lieu de trois myriamètres, la distance qui doit servir de base à chaque augmentation du délai par jour.

qui ne pourra être moindre de cinq francs. Pr. 83, 84, 112, 1029.—T. 19.

1040. Tous actes et procès-verbaux du ministère du juge seront faits au lieu où siége le tribunal : le juge y sera toujours assisté du greffier, qui gardera les minutes et délivrera les expéditions : en cas d'urgence, le juge pourra répondre en sa demeure les requêtes qui lui seront présentées; le tout sauf l'exécution des dispositions portées au titre des *Référés.* Pr. 8, 806, 808.

1041. Le présent Code sera exécuté à dater du 1er janvier 1807 : en conséquence, tous procès qui seront intentés depuis cette époque seront instruits conformément à ses dispositions. Toutes lois, coutumes, usages et règlements relatifs à la procédure civile, seront abrogés (*a*).

(*a*) D'après un avis du conseil d'Etat, du 9 mai 1807, approuvé le 1er juin suivant, « l'abroga-

1042. Avant cette époque, il sera fait, tant pour la taxe des frais que pour la police et discipline des tribunaux, des règlements d'administration publique (*b*). —Dans trois ans au plus tard, les dispositions de ces règlements qui contiendraient des mesures législatives seront présentées au corps législatif en forme de loi.

tion prononcée par l'art. 1041 du Code de procédure civile ne s'applique point aux lois et règlements concernant la forme de procéder... soit dans les affaires de la régie des domaines et de l'enregistrement, soit en toute autre matière pour laquelle il aura été fait, par une loi spéciale, exception aux lois générales. »

(*b*) C'est en vertu de cette délégation, qu'ont été publiés les tarifs sur la taxe des frais, le décret du 30 mars 1808 sur la police et discipline des cours et tribunaux et plusieurs autres dispositions sur les attributions, droits et salaires dus aux officiers ministériels. (Voy. le Code des frais et les Codes des offi. minist. et des trib.)

FIN DU CODE DE PROCÉDURE CIVILE.

CODE DE COMMERCE[a]

LIVRE PREMIER.

Du commerce en général.

(Tit. I.—VII. Loi décrétée le 10 septembre 1807, promulguée le 20.—Tit. VIII. Loi décrétée le 11, promulguée le 21.) [b]

TITRE PREMIER.

DES COMMERÇANTS.

ARTICLE 1er. Sont commerçants ceux qui exercent des actes de commerce, et en font leur profession habituelle [c]. Co. 2, s., 85, 618, 632, s.

2. Tout mineur émancipé de l'un et de l'autre sexe, âgé de dix-huit ans accomplis, qui voudra profiter de la faculté que lui accorde l'art. 487 du Code Napoléon, de faire le commerce, ne pourra en commencer les opérations, ni être réputé majeur, quant aux engagements par lui contractés pour faits de commerce, 1o s'il n'a été préalablement autorisé par son père, ou par sa mère, en cas de décès, interdiction ou absence du père, ou, à défaut du père et de la mère, par une délibération du conseil de famille, homologuée par le tribunal civil; 2o si, en outre, l'acte d'autorisation n'a été enregistré et affiché au tribunal de commerce du lieu où le mineur veut établir son domicile. C. 372, 406, s., 476, s., 1125, 1308.—Pr. 885, s.—Co. 6, 63, 114.

3. La disposition de l'article précédent est applicable aux mineurs même non commerçants, à l'égard de tous les faits qui sont déclarés faits de commerce par les dispositions des articles 632 et 633. Co. 114.

4. La femme ne peut être marchande publique sans le consentement de son mari. C. 215, 217, 1125.—Co. 5, 7, 65, s., 113, 220.

5. La femme, si elle est marchande pu-

(a) Nous devons faire remarquer, une fois pour toutes, que les principes généraux en matière de droit commercial proprement dit se trouvaient dans l'ordonnance du commerce, du mois de mars 1673, et que c'est dans cet acte, remarquable à plus d'un titre, que les rédacteurs du Code de commerce ont puisé. La loi du 15 septembre 1807 (Voy. ci-dessous), en fixant au 1er janvier 1808 la mise à exécution du Code de commerce, a déclaré *abrogés*, par son art. 2, toutes les anciennes lois concernant cette matière. C'est là, également, une observation qu'il ne faut pas perdre de vue. — Le texte actuel est conforme au texte officiel publié par l'ordonnance royale du 31 janvier 1841. Il contient donc toutes les modifications ou additions introduites dans l'édition de 1807, y compris la loi du 17 mars 1817 jusqu'en ces derniers temps.

(b) 15 septembre 1807. — *Loi fixant l'époque à laquelle le Code de commerce sera exécutoire.*
« Art. 1er. Les dispositions du Code de commerce ne seront exécutées qu'à compter du 1er janvier 1808.
« 2. A dater dudit jour 1er janvier 1808, toutes les anciennes lois touchant les matières commerciales sur lesquelles il est statué par ledit Code, sont abrogées. »
31 janvier 1841.—*Ordonnance du roi contenant le texte officiel du Code de commerce.*
« LOUIS-PHILIPPE, etc. — Vu les lois des 19 mars 1817, 31 mars 1833, 28 mai 1838 et 3 mars 1840, qui ont apporté diverses modifications au Code de commerce; sur le rapport de notre garde des sceaux ; nous avons ordonné et ordonnons ce qui suit : Il ne sera reconnu comme texte officiel du Code de commerce que le texte suivant. » (Celui que nous reproduisons.)

(c) Dans l'usage, on semble attacher aux mots *commerçants, marchands, négociants,* des significations différentes. La loi les emploie indistinctement, tantôt d'une manière séparée, tantôt réunis, mais toujours pour qualifier ceux qui font des *actes de commerce.* Les art. 632 et suiv. énumèrent les actes que la loi réputé commerciaux.

21

blique, peut, sans l'autorisation de son mari, s'obliger pour ce qui concerne son négoce, et, audit cas, elle oblige aussi son mari s'il y a communauté entre eux. C. 1426.—Elle n'est pas réputée marchande publique, si elle ne fait que détailler les marchandises du commerce de son mari; elle n'est réputée telle que lorsqu'elle fait un commerce séparé. C. 220. —Co. 4.

6. Les mineurs marchands, autorisés comme il est dit ci-dessus, peuvent engager et hypothéquer leurs immeubles. Ils peuvent même les aliéner, mais en suivant les formalités prescrites par les articles 457 et suivants du Code Napoléon. Pr. 954, s.—Co. 2.

7. Les femmes marchandes publiques peuvent également engager, hypothéquer et aliéner leurs immeubles. Toutefois leurs biens stipulés dotaux, quand elles sont mariées sous le régime dotal, ne peuvent être hypothéqués ni aliénés que dans les cas déterminés et avec les formes réglées par le Code Napoléon. C. 217, 223, 1538, 1554, 1568.

TITRE DEUXIÈME.

DES LIVRES DE COMMERCE (a).

8. Tout commerçant est tenu d'avoir un livre-journal qui *présente*, jour par jour, ses dettes actives et passives, les opérations de son commerce, ses négociations, acceptations ou endossements d'effets, et généralement tout ce qu'il reçoit et paie, à quelque titre que ce soit; et qui *énonce*, mois par mois, les sommes employées à la dépense de sa maison : le tout indépendamment des autres livres usités dans le commerce, mais qui ne sont pas indispensables. Co. 9, s., 586. —Il est tenu de mettre en liasse les lettres missives qu'il reçoit, et de copier sur un registre celles qu'il envoie.

9. Il est tenu de faire, tous les ans, sous seing-privé, un inventaire de ses effets mobiliers et immobiliers, et de ses

(a) Voy., C. de l'enreg. et du timbre, la loi du 20 juillet 1837, art. 24, en *note* sous l'art. 72 de la loi du 28 avril 1816, qui affranchit du *timbre*, auquel ils étaient soumis, les livres des commerçants, moyennant trois centimes additionnels à porter à la contribution des patentes.

dettes actives et passives, et de le copier, année par année, sur un registre spécial à ce destiné. Co. 455.

10. Le livre-journal et le livre des inventaires seront paraphés et visés une fois par année.—Le livre de copies de lettres ne sera pas soumis à cette formalité. — Tous seront tenus par ordre de dates, sans blancs, lacunes, ni transports en marge.

11. Les livres dont la tenue est ordonnée par les articles 8 et 9 ci-dessus seront cotés, paraphés et visés soit par un des juges des tribunaux de commerce, soit par le maire ou un adjoint, dans la forme ordinaire et sans frais. Les commerçants seront tenus de conserver ces livres pendant dix ans. Co. 84.

12. Les livres de commerce, régulièrement tenus, peuvent être admis par le juge pour faire preuve entre commerçants, pour faits de commerce. C. 1329, 1330.—Co. 1, 13, s., 632, s.

13. Les livres que les individus faisant le commerce sont obligés de tenir, et pour lesquels ils n'auront pas observé les formalités ci-dessus prescrites, ne pourront être représentés ni faire foi en justice, au profit de ceux qui les auront tenus; sans préjudice de ce qui sera réglé au livre des *Faillites et Banqueroutes*. Co. 586-6°, 587-1°, 593-7°.

14. La communication des livres et inventaires ne peut être ordonnée en justice que dans les affaires de succession, communauté, partage de société, et en cas de faillite. C. 815, 1476, 1686.—Co. 18, s., 60, 437, s.

15. Dans le cours d'une contestation, la représentation des livres peut être ordonnée par le juge, même d'office, à l'effet d'en extraire ce qui concerne le différend. C. 1353.—Pr. 254.—Co. 12, 16, 17, 109.

16. En cas que les livres dont la représentation est offerte, requise ou ordonnée, soient dans des lieux éloignés du tribunal saisi de l'affaire, les juges peuvent adresser une commission rogatoire au tribunal de commerce du lieu, ou déléguer un juge de paix pour en prendre connaissance, dresser un procès-verbal du contenu, et l'envoyer au tribunal saisi de l'affaire. Pr. 1035.—Co. 629.— I. cr. 90.

17. Si la partie aux livres de laquelle on offre d'ajouter foi, refuse de les représenter, le juge peut déférer le serment à l'autre partie. C. 1329, 1366. — Pr. 120, 121.—P. 366.

TITRE TROISIÈME.

DES SOCIÉTÉS.

SECT. I.—*Des diverses sociétés, et de leurs règles.*

18. Le contrat de société se règle par le droit civil, par les lois particulières au commerce et par les conventions des parties. C. 1134, 1832, s., 1873.—Co. 14, 19, s., 51, s.

19. La loi reconnaît trois espèces de sociétés commerciales : —La société en nom collectif, —La société en commandite, —La société anonyme. C. 1856, 1873.—Co. 20, s., 29 à 37, 40, 45, 47.

20. La *société en nom collectif* est celle que contractent deux personnes ou un plus grand nombre, et qui a pour objet de faire le commerce sous une raison sociale (a). Co. 39, 42, s.

21. Les noms des associés peuvent seuls faire partie de la raison sociale. Co. 23, 25.

22. Les associés en nom collectif, indiqués dans l'acte de société, sont solidaires pour tous les engagements de la société, encore qu'un seul des associés ait signé, pourvu que ce soit sous la raison sociale. C. 1862. — Co. 20, 26, 39, 41, s.

23. La *société en commandite* se contracte entre un ou plusieurs associés responsables et solidaires, et un ou plusieurs associés simples bailleurs de fonds, que l'on nomme *commanditaires* ou *associés en commandite* (b). — Elle est régie sous un nom social, qui doit être nécessairement celui d'un ou plusieurs des associés responsables et solidaires. C. 1200, s.— Co. 20, 21.

24. Lorsqu'il y a plusieurs associés solidaires et en nom, soit que tous gèrent ensemble, soit qu'un ou plusieurs gèrent pour tous, la société est, à la fois, société en nom collectif à leur égard, et société en commandite à l'égard des simples bailleurs de fonds.

25. Le nom d'un associé commanditaire ne peut faire partie de la raison sociale. Co. 28.

26. L'associé commanditaire n'est passible des pertes que jusqu'à concurrence des fonds qu'il a mis ou dû mettre dans la société. C. 1302, s., 1862. — Co. 33.

27. L'associé commanditaire ne peut faire aucun acte de gestion, ni être employé pour les affaires de la société, même en vertu de procuration (c). Co. 23, 25, 28.

28. En cas de contravention à la prohibition mentionnée dans l'article précédent, l'associé commanditaire est obligé solidairement, avec les associés en nom collectif, pour toutes les dettes et engagements de la société (d). C. 1200, 1201, 1204, s. — Co. 23, s.

29. La *société anonyme* n'existe point sous un nom social : elle n'est désignée par le nom d'aucun des associés. Co. 30, 37, 40, 45.

30. Elle est qualifiée par la désignation de l'objet de son entreprise.

31. Elle est administrée par des mandataires à temps, révocables, associés ou non associés, salariés ou gratuits.

32. Les administrateurs ne sont responsables que de l'exécution du mandat qu'ils ont reçu.—Ils ne contractent, à raison de leur gestion, aucune obligation personnelle ni solidaire relativement aux engagements de la société.

33. Les associés ne sont passibles que de la perte du montant de leur intérêt dans la société.

34. Le capital de la société anonyme se divise en actions et même en coupons

(a) On appelle *raison sociale* le nom sous lequel la société est connue et contracte ses engagements. Les noms des associés peuvent seuls faire partie de la raison sociale (art 21). La raison sociale peut n'être composée que d'un seul nom, auquel on ajoute les mots *et compagnie*.
(b) L'arrêté du 2 prair. an XI porte: « Art. 1er. Les sociétés pour la course, s'il n'y a pas de conventions contraires, seront réputées en commandite, soit que les intéressés se soient associés par des quotités fixes ou par actions. »

(c, d) Un avis du conseil d'Etat, du 29 avril 1809, a interprété ces articles de la manière suivante : « Les art. 27 et 28 du Code de commerce ne sont applicables qu'aux actes que les associés commanditaires feraient en représentant comme gérants la maison commanditée, même par procuration ; ils ne s'appliquent pas aux transactions commerciales que la maison commanditée peut faire pour son compte avec le commanditaire, et réciproquement le commanditaire avec la maison commanditée, comme avec toute autre maison de commerce. »

d'action d'une valeur égale (*a*). Co. 35, s.

35. L'action peut être établie sous la forme d'un titre au porteur. — Dans ce cas, la cession s'opère par la tradition du titre. C. 1607, 1689.

36. La propriété des actions peut être établie par une inscription sur les registres de la société. — Dans ce cas, la cession s'opère par une déclaration de transfert inscrite sur les registres, et signée de celui qui fait le transport ou d'un fondé de pouvoir.

37. La société anonyme ne peut exister qu'avec l'autorisation de l'Empereur, et avec son approbation pour l'acte qui la constitue; cette approbation doit être donnée dans la forme prescrite pour les règlements d'administration publique (*b*). Co. 45.

38. Le capital des sociétés en commandite pourra être aussi divisé en actions, sans aucune autre dérogation aux règles établies pour ce genre de société. Co. 23, s., 34, s.

39. Les sociétés en nom collectif ou en commandite doivent être constatées par des actes publics ou sous signature privée, en se conformant, dans ce dernier cas, à l'article 1325 du Code Napoléon. C. 1317, s., 1341, 1347, 1834.— Co. 20, 23, 41, 49.

40. Les sociétés anonymes ne peuvent être formées que par des actes publics. Co. 29, 37, 45.

41. Aucune preuve par témoins ne peut être admise contre et outre le contenu dans les actes de société, ni sur ce qui serait allégué avoir été dit avant l'acte, lors de l'acte ou depuis, encore qu'il s'agisse d'une somme au-dessous de cent cinquante francs. C. 1341, 1834, 1866.— Co. 39, 40.

42. L'extrait des actes de société en nom collectif et en commandite doit être remis, dans la quinzaine de leur date, au greffe du tribunal de commerce de l'arrondissement dans lequel est établie la maison du commerce social, pour être transcrit sur le registre, et affiché pendant trois mois dans la salle des audiences. — Si la société a plusieurs maisons de commerce situées dans divers arrondissements, la remise, la transcription et l'affiche de cet extrait, seront faites au tribunal de commerce de chaque arrondissement. — « Chaque année, dans la première quinzaine de janvier, les tribunaux de commerce désigneront, au chef-lieu de leur ressort, et, à leur défaut, dans la ville la plus voisine, un ou plusieurs journaux où devront être insérés, dans la quinzaine de leur date, les extraits d'actes de société en nom collectif ou en commandite, et règleront le tarif de l'impression de ces extraits. — Il sera justifié de cette insertion par un exemplaire du journal, certifié par l'imprimeur, légalisé par le maire et enregistré dans les trois mois de sa date. » (*Addition faite par la loi du 31 mars 1833.*) — Ces formalités seront observées, à peine de nullité à l'égard des intéressés; mais le défaut d'aucune d'elles ne pourra être opposé à des tiers par les associés. Co. 43, s., 64.

43. L'extrait doit contenir, — Les noms, prénoms, qualités et demeures des associés autres que les actionnaires ou commanditaires, — La raison de commerce de la société,— La désignation de ceux des associés autorisés à gérer, administrer et signer pour la société, — Le montant des valeurs fournies ou à fournir par actions ou en commandite,— L'époque où la société doit commencer, et celle où elle doit finir. C. 1856, s.—Co. 39, s., 44, s.

44. L'extrait des actes de société est signé, pour les actes publics, par les notaires, et pour les actes sous seing-privé, par tous les associés, si la société est en nom collectif, et par les associés solidaires ou gérants, si la société est en commandite, soit qu'elle se divise ou ne se divise pas en actions.

45. L'ordonnance de l'Empereur qui autorise les sociétés anonymes devra être affichée avec l'acte d'association et pendant le même temps. Co. 37, 40, 42.

(*a*) Voy., au Code du timbre, les art. 14 et suivants de la loi des 7 mars-14 juin 1850 qui assujettit ces actions au *timbre proportionnel* de 50 centimes par 100 francs.

(*b*) Il existe un avis du conseil d'Etat, du 1er avril 1809, sur les associations de la nature des *tontines;* un autre avis, du 15 octobre 1809, sur les associations d'assurances contre la *grêle* et les *épizooties* et autres qui intéressent l'ordre public; enfin une ordonnance du 14 novembre 1821, relative aux entreprises ayant pour objet le *remplacement militaire.*

46. Toute continuation de société, après son terme expiré, sera constatée par une déclaration des coassociés. — Cette déclaration, et tous actes portant dissolution de société avant le terme fixé pour sa durée par l'acte qui l'établit, tout changement ou retraite d'associés, toutes nouvelles stipulations ou clauses, tout changement à la raison de société, sont soumis aux formalités prescrites par les articles 42, 43 et 44. — En cas d'omission de ces formalités, il y aura lieu à l'application des dispositions pénales de l'article 42, dernier alinéa (a).

47. Indépendamment des trois espèces de sociétés ci-dessus, la loi reconnaît les *associations commerciales en participation*. Co. 48.

48. Ces associations sont relatives à une ou plusieurs *opérations de commerce*; elles ont lieu pour les objets, dans les formes, avec les proportions d'intérêt et aux conditions convenues entre les participants. C. 1134.

49. Les associations en participation peuvent être constatées par la représentation des livres, de la correspondance, ou par la preuve testimoniale, si le tribunal juge qu'elle peut être admise. C. 1353. — Co. 15, 17, 109.

50. Les associations commerciales en participation ne sont pas sujettes aux formalités prescrites pour les autres sociétés.

SECT. II.— *Des contestations entre associés, et de la manière de les décider.*

51. Toute contestation entre associés, et pour raison de la société, sera jugée par des arbitres. Pr. 1003, s. — Co. 18, s., 62.

52. Il y aura lieu à l'appel du jugement arbitral ou au pourvoi en cassation, si la renonciation n'a pas été stipulée. L'appel sera porté devant la cour impériale. Pr. 443, 1010, 1023. — Co. 639-2°.

53. La nomination des arbitres se fait — Par un acte sous signature privée, — Par acte notarié, — Par acte extrajudiciaire, — Par un consentement donné en justice. Pr. 1005, 1006.

(a) Paragraphe modifié par la loi du 31 mars 1833, qui a substitué le mot *dernier* alinéa à celui-ci : *troisième* alinéa, qui se trouvait dans le texte primitif de l'article.

54. Le délai pour le jugement est fixé par les parties, lors de la nomination des arbitres; et, s'ils ne sont pas d'accord sur le délai, il sera réglé par les juges. Pr. 1007.

55. En cas de refus de l'un ou de plusieurs des associés de nommer des arbitres, les arbitres sont nommés d'office par le tribunal de commerce. Pr. 1012.— Co. 60.

56. Les parties remettent leurs pièces et mémoires aux arbitres, sans aucune formalité de justice. Pr. 1016. — Co. 59.

57. L'associé en retard de remettre les pièces et mémoires est sommé de le faire dans les dix jours. Pr. 1033. — Co. 58, 59.

58. Les arbitres peuvent, suivant l'exigence des cas, proroger le délai pour la production des pièces. Pr. 1009.—Co. 59.

59. S'il n'y a renouvellement de délai, ou si le nouveau délai est expiré, les arbitres jugent sur les seules pièces et mémoires remis. Pr. 98, s., 1012-2°. — Co. 56.

60. En cas de partage, les arbitres nomment un sur-arbitre, s'il n'est nommé par le compromis : si les arbitres sont discordants sur le choix, le sur-arbitre est nommé par le tribunal de commerce. Pr. 1012, 1017.— Co. 55.

61. Le jugement arbitral est motivé. — Il est déposé au greffe du tribunal de commerce.—Il est rendu exécutoire sans aucune modification, et transcrit sur les registres, en vertu d'une ordonnance du président du tribunal, lequel est tenu de la rendre pure et simple, et dans le délai de trois jours du dépôt au greffe. Pr. 1020 et la *note*.

62. Les dispositions ci-dessus sont communes aux veuves, héritiers ou ayants-cause des associés. Pr. 1012. — Co. 63, 64.

63. Si des mineurs sont intéressés dans une contestation pour raison d'une société commerciale, le tuteur ne pourra renoncer à la faculté d'appeler du jugement arbitral. Pr. 1010.— Co. 2, 52, 64.

64. Toutes actions contre les associés non liquidateurs et leurs veuves, héritiers ou ayants-cause, sont prescrites cinq ans après la fin ou la dissolution de la société, si l'acte de société qui en énonce la durée, ou l'acte de dissolution, a été affiché et enregistré conformément aux articles 42, 43, 44 et 46, et si, depuis cette formalité remplie, la prescription n'a été interrompue à leur égard par aucune poursuite judiciaire. C. 712, 2219, 2244, s. — Co. 108, 155, 189, 430 à 434.

TITRE QUATRIÈME.

DES SÉPARATIONS DE BIENS.

65. Toute demande en séparation de biens sera poursuivie, instruite et jugée conformément à ce qui est prescrit au Code Napoléon, liv. III, tit. V, chap. II, sect. III (art. 1443 à 1452), et au Code de procédure civile, 2ᵉ partie, liv. I, tit. VIII (art. 865 à 874). C. 311, 1029, 1400, 1441-5°, 1540, 1560, 1561, 1563, 1595. — Pr. 49-7°. — Co. 66, s.

66. Tout jugement qui prononcera une séparation de corps ou un divorce (a), entre mari et femme, dont l'un serait commerçant, sera soumis aux formalités prescrites par l'article 872 du Code de procédure civile; à défaut de quoi, les créanciers seront toujours admis à s'y opposer, pour ce qui touche leurs intérêts, et à contredire toute liquidation qui en aurait été la suite. C. 1167, 1447. — Pr. 871.

67. Tout contrat de mariage entre époux, dont l'un sera commerçant, sera transmis par extrait, dans le mois de sa date, aux greffes et chambres désignés par l'article 872 du Code de procédure civile, pour être exposé au tableau, conformément au même article. C. 1394. — Cet extrait annoncera si les époux sont mariés en communauté, s'ils sont séparés de biens, ou s'ils ont contracté sous le régime dotal. C. 1391, 1399, 1536, 1540.

68. Le notaire qui aura reçu le contrat de mariage sera tenu de faire la remise ordonnée par l'article précédent, sous peine de cent francs d'amende, et même de destitution et de responsabilité envers les créanciers, s'il est prouvé que l'omission soit la suite d'une collusion. C. 1149, 1382, 1394. — Pr. 128. — Co. 69.

69. « L'époux séparé de biens, ou marié sous le régime dotal, qui embrasserait la profession de commerçant pos-

(a) Le divorce est aboli. (Loi du 8 mai 1816, art. 1ᵉʳ.)

térieurement à son mariage, sera tenu de faire pareille remise dans le mois du jour où il aura ouvert son commerce; à défaut de cette remise, il pourra être, en cas de faillite, condamné comme banqueroutier simple. » (b) Co. 1, 7, 67, 70, 437, 586-3°. — P. 402, s.

70. La même remise sera faite, sous les mêmes peines, dans l'année de la publication de la présente loi, par tout époux séparé de biens, ou marié sous le régime dotal, qui, au moment de ladite publication, exercerait la profession de commerçant. Co. 67, s.

TITRE CINQUIÈME.

DES BOURSES DE COMMERCE, AGENTS DE CHANGE ET COURTIERS.

SECT. I. — Des bourses de commerce.

71. La bourse de commerce est la réunion qui a lieu, sous l'autorité de l'Empereur, des commerçants, capitaines de navire, agents de change et courtiers. Co. 585-2°, 607, 613.

72. Le résultat des négociations et des transactions qui s'opèrent dans la bourse détermine le cours du change des marchandises, des assurances, du fret ou nolis (c), du prix des transports par terre ou par eau, des effets publics et autres dont le cours est susceptible d'être coté. Pr. 419, s.

73. Ces divers cours sont constatés par les agents de change et courtiers, dans la forme prescrite par les règlements de police généraux ou particuliers (d). Co. 74, s.

(b) Cette rédaction est celle de la loi du 28 mai 1838, qui, outre quelques légers changements, a substitué les mots « banqueroutier simple » à ceux de « banqueroutier frauduleux » de l'ancien art. 69.

(c) Le fret ou nolis est la somme convenue pour le louage ou loyer d'un navire. Sur l'Océan, on dit fret; sur la Méditerranée nolis.

(d) Le cours du change, et celui de l'or et de l'argent, soit monnayés, soit en barres ou en lingots, sont réglés chaque jour à l'issue de la Bourse. (Décret du 20 vendém. an IV, art. 1.)

28 ventôse an IX. — *Loi relative à l'établissement de Bourses de commerce*.*

§ 2. — *Établissement des agents de change et courtiers.*

« Art. 1ᵉʳ. Dans toutes les villes où il y aura

* On ne reproduit pas ici plusieurs dispositions de

SECT. II. — *Des agents de change et courtiers.*

74. La loi reconnaît, pour les actes de commerce, des agents intermédiaires; savoir, les agents de change et les courtiers. Co. 71, s., 632, 633.

75. Il y en a dans toutes les villes qui ont une bourse de commerce.—Ils sont nommés par l'Empereur.

une Bourse, il y aura des agents de change et des courtiers de commerce nommés par le gouvernement.

« 7. Les agents de change et courtiers, qui seront nommés en vertu de l'article précédent, auront seuls le droit d'en exercer la profession, de constater le cours du change, celui des effets publics, marchandises, matières d'or et d'argent, et de justifier devant les tribunaux ou arbitres la vérité et le taux des négociations, ventes et achats.

« 8. Il est défendu, sous peine d'une amende qui sera au plus du sixième du cautionnement des agents de change ou courtiers de la place, et au moins, du douzième, à tous individus autres que ceux nommés par le gouvernement, d'exercer les fonctions d'agent de change ou courtier. »

27 prairial an X. — *Arrêté concernant les Bourses de commerce.*

« Art. 1. Les bourses de commerce seront ouvertes à tous les citoyens et même aux étrangers.

« 3. Il est défendu de s'assembler ailleurs qu'à la Bourse, et à d'autres heures qu'à celles fixées par le règlement de police, pour proposer et faire des négociations, à peine de destitution des agents de change ou courtiers qui auraient contrevenu; et, pour les autres individus, sous les peines portées par la loi contre ceux qui s'immisceront dans les négociations sans titre légal.

« Le préfet de police de Paris, et les maires et officiers de police des villes des départements, sont chargés de prendre les mesures nécessaires pour l'exécution de cet article.

« 4. Il est défendu, sous les peines portées par les art. 13 de l'arrêt du conseil du 26 novembre 1781, et 8 de la loi du 28 ventôse an IX, à toutes personnes autres que celles nommées par le gouvernement, de s'immiscer, en façon quelconque et sous quelque prétexte que ce puisse être, dans les fonctions des agents de change et courtiers de commerce, soit dans l'intérieur, soit à l'extérieur de la Bourse. Les commissaires de police sont spécialement chargés de veiller à ce qu'il ne soit pas contrevenu à la présente disposition. — Il est néanmoins permis à tous particuliers de négocier entre eux et par eux-mêmes les lettres de change ou billets à leur ordre ou au porteur, et tous les effets de commerce qu'ils garantiront par leur endossement, et de vendre aussi par eux-mêmes leurs marchandises.

« 6. Il est défendu, sous les peines portées contre ceux qui s'immiscent dans les négociations sans être agents de change ou courtiers,

ces lois et arrêtés spéciaux, en ce qu'elles n'ont qu'un caractère purement réglementaire.

76. Les agents de change, constitués de la manière prescrite par la loi, ont seuls le droit de faire les négociations des effets publics et autres susceptibles d'être cotés; de faire pour le compte d'autrui les négociations des lettres de change ou billets, et de tous papiers commerçables, et d'en constater le cours. — Les agents de change pourront faire, concurremment avec les courtiers de marchandises, les négociations et le courtage des ventes ou achats des matières métalliques. Ils ont seuls le droit d'en constater le cours (*a*). Co. 83, 87.

à tout banquier, négociant ou marchand, de confier ses négociations, ventes ou achats, et de payer des droits de commission ou de courtage, à d'autres qu'aux agents de change et courtiers. — Les syndics et adjoints des agents de change et courtiers, le préfet de police de Paris, et les maires et officiers de police des autres places de commerce, sont spécialement chargés de veiller à l'exécution du présent article, et de dénoncer les contrevenants aux tribunaux. — Le commissaire du gouvernement sera tenu de les poursuivre d'office.

« 7. Conformément à l'article 7 de la loi du 28 ventôse an IX, toutes négociations faites par des intermédiaires sans qualité sont déclarées nulles.

§ 5. — *Dispositions particulières pour la ville de Paris.*

« Art. 23. Il sera établi à la Bourse de Paris un lieu séparé et placé à la vue du public, dans lequel les agents de change se réuniront pour la négociation des effets publics et particuliers, en exécution des ordres qu'ils auront reçus avant la Bourse ou pourront recevoir pendant sa durée : l'entrée de ce lieu séparé, ou parquet, sera interdite à tout autre qu'aux agents de change.—Il sera également établi un lieu séparé, convenable pour les courtiers de commerce.

« 24. Les agents de change, étant sur le parquet, pourront proposer à haute voix la vente ou l'achat d'effets publics et particuliers; et lorsque deux d'entre eux auront consommé une négociation, ils en donneront le cours à un crieur qui l'annoncera sur-le-champ au public.

« 25. Ne sera crié à haute voix que le cours des effets publics : quant aux actions de commerce, lettres de change et billets, tant de l'intérieur que de l'étranger, leur négociation en exigeant l'exhibition et l'examen, elle ne pourra être faite à haute voix, et les cours auxquels elle aura donné lieu seront recueillis, après la Bourse, par les syndics et adjoints, et cotés sur le bulletin des cours.

« 26. Les syndics et adjoints des courtiers de commerce se réuniront également pour recueillir le cours des marchandises et le coter, article par article, sur le Bulletin. »

(*a*) Voy., au Code de l'enreg. et du timbre, la loi des 7 mars-14 juin 1850, qui punit d'une amende de 500 fr. toute infraction à loi (11 juin 1842; voy. *loc. cit.*) qui assujettit au timbre de dimension les *bordereaux* et *arrêtés* des agents de change et courtiers.

77. Il y a des courtiers de marchandises, — Des courtiers d'assurances, — Des courtiers interprètes et conducteurs de navires (*a*), — Des courtiers de transport par terre et par eau. Co. 73, 78, s., 85, 86, 87, s.

78. Les courtiers de marchandises, constitués de la manière prescrite par la loi, ont seuls le droit de faire le courtage des marchandises, d'en constater le cours ; ils exercent, concurremment avec les agents de change, le courtage des matières métalliques (*b*). Pr. 625 et la *note*. — Co. 76, 81, 109, 492.

79. Les courtiers d'assurances rédigent les contrats ou polices d'assurances, concurremment avec les notaires ; ils en attestent la vérité par leurs signatures ; certifient le taux des primes pour tous les voyages de mer ou de rivières (*c*). Co. 72, 77, 81, 332, s.

80. Les courtiers interprètes et conducteurs de navires font le courtage des affrétements : ils ont, en outre, seuls le droit de traduire, en cas de contestations portées devant les tribunaux, les déclarations, chartes-parties, connaissements, contrats, et tous actes de commerce dont la traduction serait nécessaire : enfin, de constater le cours du fret ou du nolis. Co. 72 et les *notes*, 190, s., 273, 281.— Dans les affaires contentieuses de commerce, et pour le service des douanes, ils serviront seuls de truchement à tous étrangers, maîtres de navire, marchands, équipages de vaisseaux et autres personnes de mer (*d*).

81. Le même individu peut, si l'acte du gouvernement qui l'institue l'y autorise, cumuler les fonctions d'agent de change, de courtier de marchandises ou d'assurances, et de courtier interprète et conducteur de navire. Co. 77.

82. Les courtiers de transport par terre et par eau, constitués selon la loi, ont seuls, dans les lieux où ils sont établis, le droit de faire le courtage des transports par terre et par eau ; ils ne peuvent cumuler, dans aucun cas et sous aucun prétexte, les fonctions de courtiers

de marchandises, d'assurances, ou de courtiers conducteurs de navires, désignées aux articles 78, 79 et 80.

83. Ceux qui ont fait faillite ne peuvent être agents de change ni courtiers, s'ils n'ont été réhabilités. Co. 89, 437, s., 604, s. — I cr. 619, 633.

84. Les agents de change et courtiers sont tenus d'avoir un livre revêtu des formes prescrites par l'article 11. — Ils sont tenus de consigner dans ce livre, jour par jour, et par ordre de dates, sans ratures, interlignes ni transpositions, et sans abréviations ni chiffres, toutes les conditions des ventes, achats, assurances, négociations, et en général de toutes les opérations, faites par leur ministère (*e*).

85. Un agent de change ou courtier ne peut, dans aucun cas et sous aucun prétexte, faire des opérations de commerce ou de banque pour son compte. — Il ne peut s'intéresser directement ni indirectement, sous son nom ou sous un nom interposé, dans aucune entreprise commerciale. C. 1100, 1596. — Il ne peut recevoir ni payer pour le compte de ses commettants (*f*). Co. 87.

86. Il ne peut se rendre garant de l'exécution des marchés dans lesquels il s'entremet.

87. Toute contravention aux dispositions énoncées dans les deux articles précédents entraîne la peine de destitution, et une condamnation d'amende, qui sera prononcée par le tribunal de police correctionnelle, et qui ne peut être au-dessus de trois mille francs, sans préjudice

---

(*a*) Cette expression *conducteur* est synonyme de *preneur*, et signifie celui qui prend à loyer.
(*b, c, d*) Ces différents actes sont soumis au timbre. (Voy., au Code de l'enreg. et du timbre, les lois du 11 juin 1842, 7 mars—14 juin 1850.)

(*e*) L'arrêté du 27 prairial an x (art. 12) prescrit encore aux agents de change et courtiers d'avoir une sorte d'*agenda*, qu'on nomme *carnet*, et sur lequel ils doivent inscrire chaque opération, à mesure qu'elle est consommée. — Le livre dont il est parlé dans cet art. 84 a été assujetti au *timbre* de dimension. (Voy., au Code de l'enreg. et du timbre, l'art. 47 de la loi des 7 mars—14 juin 1850.)
(*f*) Aux termes de l'article 13 de l'arrêté du 27 prairial an x, chaque agent de change devant avoir reçu de ses clients les effets qu'il vend, ou les sommes nécessaires pour payer ceux qu'il achète, est responsable de la livraison et du paiement de ce qu'il aura vendu et acheté ; son cautionnement est affecté à cette garantie, et est saisissable en cas de non-consommation dans l'intervalle d'une bourse à l'autre, sauf le délai nécessaire au transfert des rentes, ou autres effets publics dont la remise exige des formalités.

de l'action des parties en dommages et intérêts. Co. 88. — I. cr. 179, s.

88. Tout agent de change ou courtier, destitué en vertu de l'article précédent, ne peut être réintégré dans ses fonctions.

89. En cas de faillite, tout agent de change ou courtier est poursuivi comme banqueroutier. Co. 83, 438, 485, s. — P. 404.

90. Il sera pourvu, par des règlements d'administration publique, à tout ce qui est relatif à la négociation et transmission de propriété des effets publics. C. 529 et la *note.*—Co. 73 et la *note.*

TITRE SIXIÈME.

DES COMMISSIONNAIRES.

SECT. I. — *Des commissionnaires en général.*

91. Le commissionnaire est celui qui agit en son propre nom, ou sous un nom social, pour le compte d'un commettant. C. 1139, 1372, 1782, s., 1915, s., 1952, s. — Co. 107.

92. Les devoirs et les droits du commissionnaire qui agit au nom d'un commettant sont déterminés par le Code Napoléon, livre III, titre XIII (art. 1984 à 2010).

93. Tout commissionnaire qui a fait des avances sur des marchandises à lui expédiées d'une autre place, pour être vendues pour le compte d'un commettant, a privilége, pour le remboursement de ses avances, intérêts et frais, sur la valeur des marchandises, si elles sont à sa disposition, dans ses magasins ou dans un dépôt public, ou si, avant qu'elles soient arrivées, il peut constater, par un connaissement ou par une lettre de voiture, l'expédition qui lui en a été faite. C. 1375, 2004, 2072, s., 2102-2°-3°-6°.— Co. 95, 106, 308, 377, 576.

94. Si les marchandises ont été vendues et livrées pour le compte du commettant, le commissionnaire se rembourse, sur le produit de la vente, du montant de ses avances, intérêts et frais, par préférence aux créanciers du commettant. C. 2101, 2102-2°-3°-6°. — Co. 93.

95. Tous prêts, avances ou paiements qui pourraient être faits sur des marchandises déposées ou consignées par un individu résidant dans le lieu du domicile du commissionnaire, ne donnent privilége au commissionnaire ou dépositaire, qu'autant qu'il s'est conformé aux dispositions prescrites par le Code Napoléon, livre III, titre XVII (art. 2073 à 2084), pour les prêts sur gages ou nantissements (*a*). C. 2102.— Co. 93, 94.

SECT. II. — *Des commissionnaires pour les transports par terre et par eau.*

96. Le commissionnaire qui se charge d'un transport par terre ou par eau est tenu d'inscrire sur son livre-journal la déclaration de la nature et de la quantité des marchandises, et, s'il en est requis. de leur valeur. C. 1782. — Co. 8, s., 91, s. — P. 386-4°, 387.

97. Il est garant de l'arrivée des marchandises et effets dans le délai déterminé par la lettre de voiture, hors les cas de la force majeure légalement constatée. C. 1783 à 1785.—Co. 100, 104, 108.

98. Il est garant des avaries ou pertes de marchandises et effets, s'il n'y a stipulation contraire dans la lettre de voiture, ou force majeure. C. 1302, 1303, 1784.— Co. 101 à 103, 108.

99. Il est garant des faits du commissionnaire intermédiaire auquel il adresse les marchandises. C. 1384. — Co. 100, 108.

100. La marchandise sortie du magasin du vendeur ou de l'expéditeur voyage, s'il n'y a convention contraire, aux risques et périls de celui à qui elle appartient, sauf son recours contre le commissionnaire et le voiturier chargés du transport. Co. 97, s.

101. La lettre de voiture forme un contrat entre l'expéditeur et le voiturier, ou entre l'expéditeur, le commissionnaire et le voiturier. C. 1102, 1184, 1325.—Co. 102, 105.

102. La lettre de voiture doit être datée.—Elle doit exprimer—La nature et le poids ou la contenance des objets à transporter,—Le délai dans lequel le transport doit être effectué.—Elle indique—Le nom et le domicile du commissionnaire par l'entremise duquel le transport

(*a*) Voy., au Code de l'enreg., la loi du 8 septembre 1830, qui fixe le droit d'enregistrement à percevoir sur les actes de prêt ou de dépôt.

s'opère, s'il y en a un,—Le nom de celui à qui la marchandise est adressée,— Le nom et le domicile du voiturier.—Elle énonce—Le prix de la voiture,— L'indemnité due pour cause de retard.—Elle est signée par l'expéditeur ou le commissionnaire. — Elle présente en marge les marques et numéros des objets à transporter.—La lettre de voiture est copiée par le commissionnaire sur un registre coté et paraphé, sans intervalle et de suite (*a*). C. 1785.—Co. 8, s., 96, 224, 242.

SECT. III. — *Du voiturier.*

103. Le voiturier est garant de la perte des objets à transporter, hors les cas de la force majeure. C. 1782, s.—Co. 94, s., 96, s. — Il est garant des avaries autres que celles qui proviennent du vice propre de la chose ou de la force majeure. C. 1386, 1733, 1891.—Co. 98, 326.

104. Si, par l'effet de la force majeure, le transport n'est pas effectué dans le délai convenu, il n'y a pas lieu à indemnité contre le voiturier pour cause de retard. C. 1302, 1303. — Co. 97.

105. La réception des objets transportés et le paiement du prix de la voiture éteignent toute action contre le voiturier. C. 1338.—Co. 101, 108.

106. En cas de refus ou contestation pour la réception des objets transportés, leur état est vérifié et constaté par des experts nommés par le président du tribunal de commerce, ou, à son défaut, par le juge de paix, et par ordonnance au pied d'une requête.—Le dépôt ou séquestre, et ensuite le transport dans un dépôt public, peut en être ordonné. C. 1961, s.—La vente peut en être ordonnée en faveur du voiturier, jusqu'à concurrence du prix de la voiture. C. 2102-2°-3°-6°.—Pr. 617 à 625.—Co 93, s.

107. Les dispositions contenues dans le présent titre sont communes aux maîtres de bateaux, entrepreneurs de diligences et voitures publiques (*b*). C. 1384, 1782, 1785, 1786.—Co. 8, s. —P. 475-4°.

108. Toutes actions contre le commissionnaire et le voiturier, à raison de la perte ou de l'avarie des marchandises, sont prescrites, après six mois, pour les expéditions faites dans l'intérieur de la France, et après un an, pour celles faites à l'étranger; le tout à compter, pour les cas de perte, du jour où le transport des marchandises aurait dû être effectué, et pour les cas d'avarie, du jour où la remise des marchandises aura été faite, sans préjudice des cas de fraude ou d'infidélité (*c*). 1109, s. — Co. 97, 103, 105.

TITRE SEPTIÈME.

DES ACHATS ET VENTES.

109. Les achats et ventes se constatent—Par actes publics,—Par actes sous signature privée,—Par le bordereau ou arrêté d'un agent de change ou courtier, dûment signé par les parties, —Par une facture acceptée,—Par la correspondance, —Par les livres des parties, —Par la preuve testimoniale, dans le cas où le

(*b, c*) 13 août 1810. — *Décret sur la manière dont il sera procédé dans le cas où des objets confiés à des entrepreneurs de roulage ou de messageries n'auront pas été réclamés.*

« Vu les articles 107 et 108 du Code de commerce.

« Art. 1. Les ballots, caisses, malles, paquets et tous autres objets qui auraient été confiés, pour être transportés dans l'intérieur de l'Empire, à des entrepreneurs, soit de roulage, soit de messageries par terre ou par eau, lorsqu'ils n'auront pas été réclamés dans le délai de six mois, à compter du jour de l'arrivée au lieu de leur destination, seront vendus par voie d'enchère publique, à la diligence de la régie de l'enregistrement, et après l'accomplissement des formalités suivantes.

« 2 A l'expiration du délai qui vient d'être fixé, les entrepreneurs de messageries et de roulage devront faire aux préposés de la régie et de l'enregistrement la déclaration des objets qui se trouveront dans le cas de l'article précédent.

« 3. Il sera procédé par le juge de paix, en présence des préposés de la régie de l'enregistrement et des entrepreneurs de messageries ou de roulage, à l'ouverture et à l'inventaire des ballots, malles, caisses et paquets.

« 4. Les préposés de la régie de l'enregistrement seront tenus de faire insérer dans les journaux, un mois avant la vente des objets non réclamés, une note indiquant le jour et l'heure fixés pour cette vente, et contenant, en outre, les détails propres à ménager aux propriétaires de ces objets la faculté de les reconnaître et de les réclamer.

« 5. Il sera fait un état séparé du produit de ces ventes, pour le cas où il surviendrait, dans un nouveau délai de deux ans, à compter du

(*a*) Les lettres de voiture et de connaissement doivent être timbrées. (Voy., au Code de l'enreg. et du timbre, les lois des 11 juin 1842, 7 mars—14 juin 1850.)

tribunal croira devoir l'admettre. C. 1341, 1347.—Co. 8, s., 41, 49.

TITRE HUITIÈME.

DE LA LETTRE DE CHANGE, DU BILLET A ORDRE ET DE LA PRESCRIPTION.

SECT. I. — De la lettre de change (a).

§ I. — De la forme de la lettre de change.

110. La lettre de change est tirée d'un lieu sur un autre.—Elle est datée.—Elle énonce—La somme à payer, — Le nom de celui qui doit payer, — L'époque et le lieu où le paiement doit s'effectuer, la valeur fournie en espèces, en marchandises, en compte, ou de toute autre manière. — Elle est à l'ordre d'un tiers, ou à l'ordre du tireur lui-même. — Si elle est par 1re, 2e, 3e, 4e, etc., elle l'exprime. Co. 189, 632, 636, 637.

111. Une lettre de change peut être tirée sur un individu, et payable au domicile d'un tiers. —Elle peut être tirée par ordre et pour le compte d'un tiers. C. 1119.

112. Sont réputées simples promesses toutes lettres de change contenant supposition soit de nom, soit de qualité, soit de domicile, soit des lieux d'où elles *sont* tirées ou dans lesquelles elles *sont* payables. Co. 110, 113, 636, 637.— P. 147, 148.

113. La signature des femmes et des filles non négociantes ou marchandes publiques, sur lettres de change, ne vaut, à leur égard, que comme simple promesse. C. 1326, 1426. — Co. 112.

114. Les lettres de change souscrites par des mineurs non négociants sont nulles à leur égard, sauf les droits respectifs des parties, conformément à l'article 1312 du Code Napoléon. Co. 2, 3, 6, 63.

§ II. — De la provision (b).

115. La provision doit être faite par le tireur, ou par celui pour le compte de qui la lettre de change sera tirée, sans que le tireur pour compte d'autrui cesse d'être personnellement obligé envers les endosseurs et le porteur seulement (c). Co. 111, 116, 117.

116. Il y a provision, si, à l'échéance de la lettre de change, celui sur qui elle est fournie est redevable au tireur, ou à celui pour compte de qui elle est tirée, d'une somme au moins égale au montant de la lettre de change. Co. 111, 115, 117.

117. L'acceptation suppose la provision.—Elle en établit la preuve à l'égard des endosseurs. — Soit qu'il y ait ou non acceptation, le tireur seul est tenu de prouver, en cas de dénégation, que ceux sur qui la lettre était tirée avaient provision à l'échéance : sinon il est tenu de la garantir, quoique le protêt ait été fait après les délais fixés. Co. 118, s., 170, s.

§ III. — De l'acceptation (d).

118. Le tireur et les endosseurs d'une lettre de change sont garants solidaires de l'acceptation et du paiement à l'échéance. C. 1200, s —Co. 119, 136, s., 140, 143, s.

119. Le refus d'acceptation est constaté par un acte que l'on nomme *protêt faute d'acceptation.* Co. 126, s., 162, 163, 173, s.

jour de la vente, quelque réclamation susceptible d'être accueillie.

« 6. Les préposés de la régie de l'enregistrement et ceux de la régie des droits-réunis sont autorisés, tant pour s'assurer de la sincérité des déclarations ci-dessus prescrites que pour y suppléer, à vérifier les registres qui doivent être tenus par les entrepreneurs de messageries ou de roulage. » — Au surplus, voy. C. de la voirie.

(a) Les lettres de change et billets à ordre doivent être écrits sur du papier de timbre de droit proportionnel. (Lois des 24 mai 1834, art. 18 et suiv., 7 mars—14 juin 1850, 20 juillet 1837, art. 16, Code de l'enreg. et du timbre.)

(b) On appelle *provision* la valeur que celui sur lequel on a fourni une lettre de change (le tiré) doit avoir entre les mains pour la payer. Trois personnes sont intéressées à ce que la provision existe au moment de l'échéance de la lettre de change : le tireur, afin que sa signature ne soit pas en souffrance et son crédit ébranlé ; le tiré, accepteur, qui a consenti à se charger du mandat de payer ; enfin le porteur, au profit de qui la lettre de change a été passée.

(c) Ces derniers mots de l'art. 115 : « envers les endosseurs et le porteur *seulement,* » ont été ajoutés par la loi du 19 mars 1817, pour faire cesser la divergence qui s'était élevée entre les cours d'appel et la cour de cassation sur la question de savoir si le tireur pour compte était obligé envers le *tiré,* comme envers les endosseurs et le porteur.

(d) L'*acceptation* d'une lettre de change est la déclaration par laquelle le tiré s'engage à la payer à l'échéance. L'article 122 indique dans quelles formes elle doit être donnée. L'acceptation doit être donnée sur la lettre de change elle-même. Cependant quelques auteurs pensent qu'elle peut avoir lieu par un acte séparé.

120. Sur la notification du protêt faute d'acceptation, les endosseurs et le tireur sont respectivement tenus de donner caution pour assurer le paiement de la lettre de change à son échéance, ou d'en effectuer le remboursement avec les frais de protêt et de rechange (a). La caution, soit du tireur, soit de l'endosseur, n'est solidaire qu'avec celui qu'elle a cautionné. C. 1200, s., 2011, 2015.

121. Celui qui accepte une lettre de change contracte l'obligation d'en payer le montant.—L'accepteur n'est pas restituable contre son acceptation, quand même le tireur aurait failli à son insu avant qu'il eût accepté. Co. 148, 163, 437, 449.

122. L'acceptation d'une lettre de change doit être signée. — L'acceptation est exprimée par le mot *accepté*. —Elle est datée, si la lettre est à un ou plusieurs jours ou mois de vue. Co. 129.—Et, dans ce dernier cas, le défaut de date de l'acceptation rend la lettre exigible au terme y exprimé, à compter de sa date.

123. L'acceptation d'une lettre de change payable dans un autre lieu que celui de la résidence de l'accepteur indique le domicile où le paiement doit être effectué ou les diligences faites. Co. 173.

124. L'acceptation ne peut être conditionnelle ; mais elle peut être restreinte quant à la somme acceptée. — Dans ce cas, le porteur est tenu de faire protester la lettre de change pour le surplus. Co. 156, 173, s.

125. Une lettre de change doit être acceptée à sa présentation, ou au plus tard dans les vingt-quatre heures de la présentation. — Après les vingt-quatre heures, si elle n'est pas rendue, acceptée ou non acceptée, celui qui l'a retenue est passible de dommages-intérêts envers le porteur

§ IV.— *De l'acceptation par intervention.*

126. Lors du protêt faute d'acceptation, la lettre de change peut être acceptée par un tiers intervenant pour le tireur ou pour l'un des endosseurs. C. 1120, s.

—L'intervention est mentionnée dans l'acte du protêt ; elle est signée par l'intervenant. Co. 119, 158, 173, 187.

127. L'intervenant est tenu de notifier sans délai son intervention à celui pour qui il est intervenu.

128. Le porteur de la lettre de change conserve tous ses droits contre le tireur et les endosseurs, à raison du défaut d'acceptation par celui sur qui la lettre était tirée, nonobstant toutes acceptations par intervention. Co. 118, 160, s.

§ V. — *De l'échéance.*

129. Une lettre de change peut être tirée,

à vue,

à un ou plusieurs jours
à un ou plusieurs mois } de vue,
à une ou plusieurs usances

à un ou plusieurs jours
à un ou plusieurs mois } de date,
à une ou plusieurs usances

à jour fixe ou à jour déterminé,
en foire. Co. 133.

130. La lettre de change à vue est payable à sa présentation. Co. 160, 161.

131. L'échéance d'une lettre de change
à un ou plusieurs jours
à un ou plusieurs mois } de vue,
à une ou plusieurs usances

est fixée par la date de l'acceptation, ou par celle du protêt faute d'acceptation. Co. 118, s., 126, s., 174.

132. L'usance est de trente jours, qui courent du lendemain de la date de la lettre de change.— Les mois sont tels qu'ils sont fixés par le calendrier grégorien (b).

133. Une lettre de change payable en foire est échue la veille du jour fixé pour la clôture de la foire, ou le jour de la foire, si elle ne dure qu'un jour. Co. 129, 161, 162.

134. Si l'échéance d'une lettre de change est à un jour férié légal, elle est payable la veille. Pr. 63 et la *note*, 781, 1037.

135. Tous les délais de grâce, de fa-

(a) Le *rechange* est le cours de change que le porteur a été obligé de payer en négociant de nouveau la lettre pour se rembourser. — Cette nouvelle négociation s'appelle *retraite*. (Voy. l'art. 177.)

(b) C'est-à-dire d'un *quantième au quantième correspondant*, sans distinction entre les mois plus longs et ceux plus courts. Par exemple, une lettre de change souscrite le 28 février, à quatre mois de date, échoit, dans une année non bissextile, au 28 juin suivant.

veur, d'usage ou d'habitude locale, pour le paiement des lettres de change, sont abrogés. Co. 157, 161.

§ VI. — De l'endossement.

136. La propriété d'une lettre de change se transmet par la voie de l'endossement. Co. 181, 187, 281, 313.

137. L'endossement est daté. — Il exprime la valeur fournie. — Il énonce le nom de celui à l'ordre de qui il est passé. Co. 110.

138. Si l'endossement n'est pas conforme aux dispositions de l'article précédent, il n'opère pas le transport; il n'est qu'une procuration. Co. 174.

139. Il est défendu d'antidater les ordres, à peine de faux (a). P. 574.

§ VII. — De la solidarité.

140. Tous ceux qui ont signé, accepté ou endossé une lettre de change, sont tenus à la garantie solidaire envers le porteur. C. 1200, s. — Co. 118, 187.

§ VIII. — De l'aval (b).

141. Le paiement d'une lettre de change, indépendamment de l'acceptation et de l'endossement, peut être garanti par un aval. Co. 118, 140, 161.

142. Cette garantie est fournie, par un tiers, sur la lettre même, ou par acte séparé. — Le donneur d'aval est tenu solidairement et par les mêmes voies que les tireur et endosseurs, sauf les conventions différentes des parties. C. 1134. — Co. 140, 160, s.

§ IX. — Du paiement.

143. Une lettre de change doit être payée dans la monnaie qu'elle indique (c). C. 175, s., 1243 et la note.

144. Celui qui paie une lettre de change avant son échéance est responsable de la validité du paiement (d). C. 1186; 1187. — Co. 129 s., 146, 161.

145. Celui qui paie une lettre de change à son échéance et sans opposition est présumé valablement libéré. Co. 129, s., 149, 161.

146. Le porteur d'une lettre de change ne peut être contraint d'en recevoir le paiement avant l'échéance. C. 1258-4°. — Co. 144.

147. Le paiement d'une lettre de change fait sur une seconde, troisième, quatrième, etc., est valable, lorsque la seconde, troisième, quatrième, etc., porte que ce paiement annule l'effet des autres. Co. 110, 148, 150.

148. Celui qui paie une lettre de change sur une seconde, troisième, quatrième, etc., sans retirer celle sur laquelle se trouve son acceptation, n'opère point sa libération à l'égard du tiers porteur de son acceptation. Co. 110, 118, s.

149. Il n'est admis d'opposition au paiement qu'en cas de perte de la lettre de change, ou de la faillite du porteur. Co. 145, 150, 437.

150. En cas de perte d'une lettre de change *non acceptée*, celui à qui elle appartient peut en poursuivre le paiement sur une seconde, troisième, quatrième, etc. Co. 147, 151, 175.

151. Si la lettre de change perdue est revêtue de l'acceptation, le paiement ne peut en être exigé sur une seconde, troisième, quatrième, etc., que par ordonnance du juge, et en donnant caution. Co. 120, 150, 152, s.

152. Si celui qui a perdu la lettre de change, qu'elle soit acceptée ou non, ne peut représenter la seconde, troisième, quatrième, etc., il peut demander le paie-

---

(a) *Ordre* est ici synonyme d'endossement.

(b) L'*aval* est le cautionnement par lequel une personne, qui est demeurée étrangère au contrat, soit comme tireur, soit comme tiré, soit comme endosseur, s'oblige à payer la lettre de change, dans le cas où elle ne le serait pas par les débiteurs principaux.

(c) « La monnaie de cuivre et de billon de fabrication française ne pourra être employée dans les paiements, si ce n'est de gré à gré, que pour l'appoint de la pièce de cinq francs. » (Décret du 18 août 1810, art. 2.) — Un avis du con-

seil d'Etat, du 30 frimaire an XIV, a déclaré que le porteur d'une lettre de change peut refuser le paiement qui lui est fait en *billets de banque* et l'exiger en numéraire, les billets de banque, établis pour la commodité du commerce, n'étant que de simple confiance. — Un décret du gouvernement provisoire, des 15-16 mars 1848, donne cours *forcé* aux billets de la Banque de France et dispense cet établissement de l'obligation de rembourser ses billets en espèces, art. 1 et 2.

(d) Réciproquement, si le bénéficiaire de la lettre de change ne se présente pas à l'échéance, le montant peut être versé à la caisse des consignations. (Ordonn. du 3 juillet 1816, art. 2.)

ment de la lettre de change perdue, et l'obtenir par l'ordonnance du juge, en justifiant de sa propriété par ses livres, et en donnant caution. Co. 153, s.

153. En cas de refus de paiement, sur la demande formée en vertu des deux articles précédents, le propriétaire de la lettre de change perdue conserve tous ses droits par un acte de protestation.—Cet acte doit être fait le lendemain de l'échéance de la lettre de change perdue. Co. 162. — Il doit être notifié aux tireur et endosseurs, dans les formes et délais prescrits ci-après pour la notification du protêt. Co. 162, s., 173, s.

154. Le propriétaire de la lettre de change égarée doit, pour s'en procurer la seconde, s'adresser à son endosseur immédiat, qui est tenu de lui prêter son nom et ses soins pour agir envers son propre endosseur; et ainsi en remontant d'endosseur en endosseur jusqu'au tireur de la lettre. Le propriétaire de la lettre de change égarée supportera les frais.

155. L'engagement de la caution, mentionné dans les articles 151 et 152, est éteint après trois ans, si, pendant ce temps, il n'y a eu ni demandes ni poursuites juridiques (a). C. 1234, 2219. — Co. 189.

156. Les paiements faits à compte sur le montant d'une lettre de change sont à la décharge des tireur et endosseurs. —Le porteur est tenu de faire protester la lettre de change pour le surplus. Co. 124, 173 s.

157. Les juges ne peuvent accorder aucun délai pour le paiement d'une

(a) 11 janvier 1808. — *Décret qui assimile aux lettres de change les traites du caissier général du trésor.*

« Art. 1. Les traites du caissier général du trésor public sur lui-même, transmissibles à un tiers en paiement, par un agent du trésor public, spécialement autorisé à cet effet, sont assimilées aux lettres de change de commerce, tant pour le délai après lequel elles sont frappées de péremption, que pour la durée du cautionnement qui pourrait être exigé du propriétaire, lequel aurait, en vertu de jugement, obtenu le paiement sans la présentation des originaux desdites traites, en cas que ces originaux fussent adirés.

« 2. Les dispositions des art. 155, 187 et 189 du Code de commerce, leur sont, en conséquence, déclarées applicables. — Néanmoins, les cinq années qui acquièrent la prescription ne courront que de la date de la transmission faite par le payeur du trésor à la partie prenante.

lettre de change (b). C. 1244. — Co. 135, 161.

§ X. — *Du paiement par intervention.*

158. Une lettre de change protestée peut être payée par tout intervenant pour le tireur ou pour l'un des endosseurs. Co. 126, s. — L'intervention et le paiement seront constatés dans l'acte de protêt ou à la suite de l'acte. Co. 174.

159. Celui qui paie une lettre de change par intervention est subrogé aux droits du porteur, et tenu des mêmes devoirs pour les formalités à remplir. C. 1251. — Co. 160, s.—Si le paiement par intervention est fait pour le compte du tireur, tous les endosseurs sont libérés. S'il est fait pour un endosseur, les endosseurs subséquents sont libérés.—S'il y a concurrence pour le paiement d'une lettre de change par intervention, celui qui opère le plus de libérations est préféré. Si celui sur qui la lettre était originairement tirée, et sur qui a été fait le protêt faute d'acceptation, se présente pour la payer, il sera préféré à tous autres. C. 1236. — Co. 119, 160, 174.

§ XI. — *Des droits et devoirs du porteur.*

160. Le porteur d'une lettre de change tirée du continent et des îles de l'Europe (c), et payable dans les possessions européennes de la France, soit à vue, soit à un ou plusieurs jours, mois ou usances de vue, doit en exiger le paiement ou l'acceptation dans les six mois de sa date, sous peine de perdre son recours sur les endosseurs, et même sur le tireur, si celui-ci a fait provision. Pr. 73, 74.—Co. 166. — Le délai est de huit mois pour les lettres de change tirées des Echelles du Levant et des côtes septentrionales de l'Afrique sur les possessions européennes de la France ; et réciproquement, du continent et des îles de l'Europe sur les établissements français aux Echelles du Levant et aux côtes septentrionales de l'Afrique. — Le délai est d'un an pour les lettres de change tirées des côtes oc-

(b) Un décret du 19 mars 1848 a autorisé provisoirement les tribunaux de commerce à accorder aux commerçants un sursis de trois mois contre les poursuites de leurs créanciers. (Voy. art. 437 et la *note*.)
(c) Par exemple, des îles d'Elbe, de Corse, de Capraja; etc. (Voy. l'art. 166.)

cidentales de l'Afrique, jusques et compris le cap de Bonne-Espérance. — Il est aussi d'un an pour les lettres de change tirées du continent et des îles des Indes occidentales sur les possessions européennes de la France; et réciproquement, du continent et des îles de l'Europe sur les possessions françaises ou établissements français aux côtes occidentales de l'Afrique, au continent et aux îles des Indes occidentales. — Le délai est de deux ans pour les lettres de change tirées du continent et des îles des Indes orientales sur les possessions européennes de la France; et réciproquement, du continent et des îles de l'Europe sur les possessions françaises ou établissements français au continent et aux îles des Indes orientales. — « La même déchéance aura lieu contre le porteur d'une lettre de change à vue, à un ou plusieurs jours, mois ou usances de vue, tirée de la France, des possessions ou établissements français, et payable dans les pays étrangers, qui n'en exigera pas le paiement ou l'acceptation dans les délais ci-dessus prescrits pour chacune des distances respectives. » (*Addition faite par la loi du 19 mars 1817,* art. 2.) — Les délais ci-dessus, de huit mois, d'un an ou de deux ans, sont doublés en temps de guerre maritime. — « Les dispositions ci-dessus ne préjudicieront néanmoins pas aux stipulations contraires qui pourraient intervenir entre le preneur, le tireur et même les endosseurs. » (*Addition faite par la loi du 19 mars 1817, art. 2.*) C. 1134. — Co. 118, 125, 129, 143, 153, s., 187.

161. Le porteur d'une lettre de change doit en exiger le paiement le jour de son échéance (*a*). Co. 129, s., 143, s., 158, s.

(a) 6 thermidor an III. — *Loi qui autorise le dépôt du montant des billets à ordre ou autres effets négociables, dont le porteur ne se sera pas présenté dans les trois jours qui suivront celui de l'échéance.*

« Art. 1. Tout *débiteur* de billet à ordre, lettre de change, billet au porteur ou autre effet négociable, dont le porteur ne se sera pas présenté dans les trois jours qui suivront celui de l'échéance, est autorisé à déposer la somme portée au billet aux mains du receveur de l'enregistrement dans l'arrondissement duquel l'effet est payable.

« 2. L'acte du dépôt contiendra la date du

162. Le refus de paiement doit être constaté, le lendemain du jour de l'échéance, par un acte que l'on nomme *protêt faute de paiement.* — Si ce jour est un jour férié légal, le protêt est fait le jour suivant (*b*). Pr. 63 et la *note*, 781, 1037. — Co. 134, 173, 184.

163. Le porteur n'est dispensé du protêt faute de paiement, ni par le protêt faute d'acceptation, ni par la mort ou faillite de celui sur qui la lettre de change est tirée. — Dans le cas de faillite de l'accepteur avant l'échéance, le porteur peut faire protester, et exercer son recours. C. 1188. — Pr. 124.

164. Le porteur d'une lettre de change protestée faute de paiement peut exercer son action en garantie, — Ou individuellement contre le tireur et chacun des endosseurs; Co. 110, 136. — Ou collectivement contre les endosseurs et le tireur. — La même faculté existe pour chacun des endosseurs, à l'égard du tireur et des endosseurs qui le précèdent. Co. 165, s.

165. Si le porteur exerce le recours individuellement contre son cédant, il doit lui faire notifier le protêt, et, à défaut de remboursement, le faire citer en jugement dans les quinze jours qui suivent la date du protêt, si celui-ci réside dans la distance de cinq myriamètres. — Ce délai, à l'égard du cédant domicilié à plus de cinq myriamètres de l'endroit où la lettre de change était payable, sera augmenté d'un jour par deux myriamè-

billet, celle de l'échéance et le nom de celui au bénéfice duquel il aura été originairement fait.

« 3. Le dépôt consommé, le débiteur ne sera tenu qu'à remettre l'acte de dépôt, en échange du billet.

« 4. La somme déposée sera remise à celui qui représentera l'acte de dépôt, sans autre formalité que celle de la remise d'icelui, et de la signature du porteur sur le registre du receveur.

« 5. Si le porteur ne sait pas écrire, il en sera fait mention sur le registre.

« 6. Les droits attribués aux receveurs de l'enregistrement pour les présents dépôts sont fixés à un pour cent. Ils sont dus par le porteur du billet. » (Voy. l'ord. du 3 juillet 1816, article 2, n. 1.)

(b) « Le 1er janvier doit être considéré comme une des fêtes auxquelles s'applique l'art. 162 du Code de commerce; en conséquence, lorsqu'il y aura refus de paiement d'un effet de commerce échu la veille, cet effet ne pourra être protesté que le 2 janvier. » (Avis du conseil d'Etat du 13 mars 1810.)

tres et demi excédant les cinq myriamètres. Co. 167, s.

166. Les lettres de change tirées de France et payables hors du territoire continental de la France, en Europe, étant protestées, les tireurs et endosseurs résidant en France seront poursuivis dans les délais ci-après : — De deux mois pour celles qui étaient payables en Corse, dans l'île d'Èlbe ou de Capraja, en Angleterre et dans les États limitrophes de la France ; — De quatre mois pour celles qui étaient payables dans les autres États de l'Europe ; — De six mois pour celles qui étaient payables aux Echelles du Levant et sur les côtes septentrionales de l'Afrique ; — D'un an pour celles qui étaient payables aux côtes occidentales de l'Afrique jusques et compris le Cap de bonne Espérance, et dans les Indes occidentales ; — De deux ans pour celles qui étaient payables dans les Indes orientales. — Ces délais seront observés dans les mêmes proportions pour le recours à exercer contre les tireurs et endosseurs résidant dans les possessions françaises situées hors d'Europe. — Les délais ci-dessus, de six mois, d'un an et de deux ans, seront doublés en temps de guerre maritime. Pr. 160, 167, s., 1033.

167. Si le porteur exerce son recours collectivement contre les endosseurs et le tireur, il jouit, à l'égard de chacun d'eux, du délai déterminé par les articles précédents. Co. 164, 169.— Chacun des endosseurs a le droit d'exercer le même recours, ou individuellement, ou collectivement, dans le même délai. — A leur égard, le délai court du lendemain de la date de la citation en justice. Pr. 59, s. —Co. 168, s., 189, 631.

168. Après l'expiration des délais ci-dessus, — Pour la présentation de la lettre de change à vue, ou à un ou plusieurs jours ou mois ou usances de vue, — Pour le protêt faute de paiement,—Pour l'exercice de l'action en garantie, — Le porteur de la lettre de change est déchu de tous droits contre les endosseurs (a). Co. 129, s., 160, 161, 169, s., 173 s., 189.

169. Les endosseurs sont également déchus de toute action en garantie contre leurs cédants, après les délais ci-dessus prescrits, chacun en ce qui le concerne. Co. 160, 164, s.

170. La même déchéance a lieu contre le porteur et les endosseurs, à l'égard du tireur lui-même, si ce dernier justifie qu'il y avait provision à l'échéance de la lettre de change.—Le porteur, en ce cas, ne conserve d'action que contre celui sur qui la lettre était tirée. Co. 115, 160, 171, 173, s., 189.

171. Les effets de la déchéance prononcée par les trois articles précédents cessent en faveur du porteur, contre le tireur, ou contre celui des endosseurs qui, après l'expiration des délais fixés pour le protêt, la notification du protêt ou la citation en jugement, a reçu, par compte, compensation ou autrement, les fonds destinés au paiement de la lettre de change. Co. 168, s.

172. Indépendamment des formalités prescrites pour l'exercice de l'action en garantie, le porteur d'une lettre de change protestée faute de paiement peut, en obtenant la permission du juge, saisir conservatoirement les effets mobiliers des tireurs, accepteurs et endosseurs. Pr. 557, s. —Co. 164, s.

§ XII. — Des protêts (b).

173. Les protêts faute d'acceptation ou de paiement sont faits par deux notaires, ou par un notaire et deux témoins, ou par un huissier et deux témoins (c).— Le protêt doit être fait, — Au domicile de celui sur qui la lettre de change était payable, ou à son dernier domicile connu; — Au domicile des personnes indiquées par la lettre de change pour la payer au

---

(a) Aux termes d'un avis du conseil d'Etat, du 2 janvier 1814, approuvé le 27, l'invasion de l'ennemi et les événements de guerre sont des exceptions de *force majeure*, de nature à relever le porteur de lettres de change ou de billets à ordre de la déchéance prononcée par le Code de commerce pour défaut de protêt et de dénonciation dans les délais. Et, d'après un autre avis, du 12 novembre 1840, l'appréciation des circonstances de force majeure, sous le double point de vue du fait et du droit, appartient aux tribunaux et non à l'administration.

(b) Voy., au C. des frais, le décret des 23-26 mars 1848, qui a modifié provisoirement le tarif des *frais de protêt*.

(c) Cette dernière disposition a été modifiée par l'art. 2 du décret du 23-26 mars 1848, ainsi conçu :

« Les actes de protêt seront désormais dressés sans assistance de témoins. »

besoin; — Au domicile du tiers qui a accepté par intervention ; — Le tout par un seul et même acte. — En cas de fausse indication de domicile, le protêt est précédé d'un acte de perquisition (*a*). Co. 119, 162, 175, 184, 187, 189. — T. 65.

174. L'acte de protêt contient, — La transcription littérale de la lettre de change, de l'acceptation, des endossements, et des recommandations qui y sont indiquées, — La sommation de payer le montant de la lettre de change. — Il énonce — La présence ou l'absence de celui qui doit payer, — Les motifs du refus de payer et l'impuissance ou le refus de signer.

175. Nul acte, de la part du porteur de la lettre de change, ne peut suppléer l'acte de protêt, hors le cas prévu par les articles 150 et suivants, touchant la perte de la lettre de change.

176. Les notaires et les huissiers sont tenus, à peine de destitution, dépens, dommages-intérêts envers les parties, de laisser copie exacte des protêts, et de les inscrire en entier, jour par jour et par ordre de dates, dans un registre particulier, coté, paraphé, et tenu dans les formes prescrites pour les répertoires. C. 1149, 1382. — Pr. 74, 132, 1034. — Co. 173, 174.

§ XIII. — *Du rechange.*

177. Le rechange s'effectue par une retraite. Co. 110, s., 173, s., 178, s., 180, 187.

178. La retraite est une nouvelle lettre de change, au moyen de laquelle le porteur se rembourse, sur le tireur, ou sur l'un des endosseurs, du principal de la lettre protestée, de ses frais et du nouveau change qu'il paie (*b*). Co. 110, 181, 184.

179. Le rechange se règle, à l'égard du tireur, par le cours du change du lieu où la lettre de change était payable, sur le lieu d'où elle a été tirée. Co. 72 et la *note*, 76, 110, 120. — Il se règle, à l'égard des endosseurs, par le cours du change du lieu où la lettre de change a été remise ou négociée par eux, sur le lieu où le remboursement s'effectue (*c*). Co. 72, 136, s.

180. La retraite est accompagnée d'un compte de retour (*d*). Co. 178, 181.

181. Le compte de retour comprend — Le principal de la lettre de change protestée, — Les frais de protêt et autres frais légitimes, tels que commission de banque, courtage, timbre et ports de lettres. — Il énonce le nom de celui sur qui la retraite est faite, et le prix du change auquel elle est négociée. — Il est certifié par un agent de change. — Dans les lieux où il n'y a pas d'agent de change, il est certifié par deux commerçants. — Il est accompagné de la lettre de change protestée, du protêt, ou d'une expédition de l'acte de protêt. — Dans le cas où la retraite est faite sur l'un des endosseurs, elle est accompagnée, en outre, d'un certificat qui constate le cours du change du lieu où la lettre de change était payable, sur le lieu d'où elle a été tirée (*e*). Co. 72 et la *note*, 136, s.

182. Il ne peut être fait plusieurs comptes de retour sur une même lettre de change. — Ce compte de retour est remboursé d'endosseur à endosseur respectivement, et définitivement par le tireur.

(*a*) *L'acte de perquisition*, que l'officier instrumentaire est obligé de dresser dans ce cas, a pour objet de chercher à découvrir les personnes indiquées. A cet effet, il doit s'adresser à tous ceux qui peuvent être capables de lui donner des renseignements sur le tiré, le souscripteur ou les besoins. S'il ne découvre personne, il fait le protêt en observant les formalités prescrites par l'art. 69. C. pr., n° 8.

(*b, c, d, e*) 24 mars 1848. — *Décret qui modifie provisoirement les articles 178 et 179 du Code de commerce.*

« Provisoirement, les art. 178 et 179 du Code de commerce sont modifiés de la manière suivante :

« Art. 178. La retraite comprend, avec le bordereau détaillé et signé du tireur seulement, et transcrit au dos du titre : — 1° Le principal du titre protesté ; 2° les frais de protêt et de dénonciation, s'il y a lieu ; 3° les intérêts de retard ; 4° la perte de change ; 5° le timbre de la retraite, qui sera soumise au droit fixe de trente-cinq centimes.

« Art. 179. Le rechange se règle, pour la France continentale, uniformément comme suit : — Un quart pour cent sur les chefs-lieux de département ; demi pour cent sur les chefs-lieux d'arrondissement ; trois quarts pour cent sur toute autre place. En aucun cas, il n'y aura lieu à rechange dans le même département. Les changes étrangers et ceux relatifs aux possessions françaises en dehors du continent seront régis par les usages du commerce. — L'exécution des art. 180, 181, 186 du Code commerce et de toute autre disposition de lois est suspendue. »

22

183. Les rechanges ne peuvent être cumulés. Chaque endosseur n'en supporte qu'un seul, ainsi que le tireur.

184. L'intérêt du principal de la lettre de change protestée faute de paiement est dû à compter du jour du protêt. C. 1153, 2277.—Co. 162, 173, 185.

185. L'intérêt des frais de protêt, rechange, et autres frais légitimes, n'est dû qu'à compter du jour de la demande en justice. C. 1153, § 2. — Co. 173, 177, 181, 184, 631.

186. Il n'est point dû de rechange, si le compte de retour n'est pas accompagné des certificats d'agents de change ou de commerçants, prescrits par l'article 181. Co. 178 et la *note*.

SECT. II. — *Du billet à ordre.*

187. Toutes les dispositions relatives aux lettres de change, et concernant, — l'échéance; Co. 129, s. — l'endossement; Co. 136, s.—la solidarité; Co. 140, s.— l'aval; Co. 141.—le paiement, Co. 143, s. — le paiement par intervention; Co. 158, s. — le protêt; Co. 173, s.— les devoirs et droits du porteur; Co. 160, s. — le rechange ou les intérêts; Co. 184, s.—sont applicables aux billets à ordre, sans préjudice des dispositions relatives aux cas prévus par les articles 636, 637 et 638.

188. Le billet à ordre est daté. — Il énonce — La somme à payer, — Le nom de celui à l'ordre de qui il est souscrit, — L'époque à laquelle le paiement doit s'effectuer, — La valeur qui a été fournie en espèces, en marchandises, en compte, ou de toute autre manière.

SECT. III. — *De la prescription.*

189. Toutes actions relatives aux lettres de change, et à ceux des billets à ordre souscrits par des négociants, marchands ou banquiers, ou pour faits de commerce, se prescrivent par cinq ans, à compter du jour du protêt, ou de la dernière poursuite juridique, s'il n'y a eu condamnation, ou si la dette n'a été reconnue par acte séparé. — Néanmoins les prétendus débiteurs seront tenus, s'ils en sont requis, d'affirmer, sous serment, qu'ils ne sont plus redevables; et leurs veuves, héritiers ou ayants-cause, qu'ils estiment de bonne foi qu'il n'est plus rien dû. C 1357, s., 2275.—Pr. 120, 121.—Co. 155.—P. 366.

LIVRE DEUXIÈME

Du commerce maritime (a).

(Titre I. —VIII.—IX. — X. —XI.—XIV.—Lois décrétées le 15 septembre 1807, promulguées le 25.)

TITRE PREMIER.

DES NAVIRES ET AUTRES BATIMENTS DE MER.

190. Les navires et autres bâtiments de mer sont meubles. — Néanmoins, ils sont affectés aux dettes du vendeur, et spécialement à celles que la loi déclare privilégiées. C. 531, 2120.—Pr. 620. — Co. 197, 280, 633.

191. Sont privilégiées, et dans l'ordre où elles sont rangées, les dettes ci-après désignées : — 1° Les frais de justice et autres, faits pour parvenir à la vente et à la distribution du prix; C. 2101-1°. — Co. 192-1°-3°. — 2° Les droits de pilotage, tonnage, cale, amarrage et bassin ou avant-bassin (b); Co. 192-2°. — 3° Les gages du gardien, et frais de garde du

(a) C'est dans la célèbre ordonnance de la marine, du mois d'août 1681, que les rédacteurs du Code de commerce ont puisé les règles générales qui régissent le droit maritime. (Voy., plus loin C. pén. de *la marine marchande*, dans lequel se trouvent reproduits 1° la loi du 10 avril 1825 sur la sûreté du commerce maritime; 2° l'ordonnance royale du 29 octobre 1833, sur les fonctions des consuls dans leurs rapports avec la marine commerciale; 3° le décret des 24 mars-26 avril 1852, contenant un Code disci-plinaire et pénal pour la marine marchande.) — Quant à la marine de l'État, voy. C. de l'armée.

(b) Le droit de *pilotage* est la rétribution due aux pilotes-lamaneurs. Ces pilotes sont nommés par le gouvernement. (Voy. l'art. 354 et la *note*.) —Le droit de *tonnage* est une rétribution de *tant* par tonneau, qui est imposée aux navires, selon les ports d'où ils viennent.—Les droits de *cale*,

bâtiment, depuis son entrée dans le port jusqu'à la vente; Co. 192-3°. — 4° Le loyer des magasins où se trouvent déposés les agrès et les apparaux; Co. 192-3°. — 5° Les frais d'entretien du bâtiment et de ses agrès et apparaux, depuis son dernier voyage et son entrée dans le port; C. 2102-3°. — Co. 192-3°. — 6° Les gages et loyers du capitaine et autres gens de l'équipage employés au dernier voyage; Co. 192-4°, 194, 250, 271. — 7° Les sommes prêtées au capitaine pour les besoins du bâtiment pendant le dernier voyage, et le remboursement du prix des marchandises par lui vendues pour le même objet; C. 2102-3° — Co. 192-5°, 194. — 8° Les sommes dues au vendeur, aux fournisseurs et ouvriers employés à la construction, si le navire n'a point encore fait de voyage; et les sommes dues aux créanciers pour fournitures, travaux, main-d'œuvre, pour radoub, victuailles, armement et équipement, avant le départ du navire, s'il a déjà navigué; Co. 192-6°, 194. — 9° Les sommes prêtées à la grosse sur le corps, quille, agrès, apparaux pour radoub, victuailles, armement, équipement, avant le départ du navire; Co. 192-7°. — 10° Le montant des primes d'assurances faites sur le corps, quille, agrès, apparaux, et sur armement et équipement du navire, dues pour le dernier voyage; Co. 192-8°, 194. — 11° Les dommages-intérêts dus aux affréteurs, pour le défaut de délivrance des marchandises qu'ils ont chargées, ou pour remboursement des avaries souffertes par lesdites marchandises par la faute du capitaine ou de l'équipage. Co, 192-9°. — Les créanciers compris dans chacun des numéros du présent article viendront en concurrence, et au marc le franc, en cas d'insuffisance du prix. C. 2093. — Pr. 656, s.

192. Le privilége accordé aux dettes énoncées dans le précédent article ne peut être exercé qu'autant qu'elles seront justifiées dans les formes suivantes : — 1° Les frais de justice seront constatés par les états de frais arrêtés par les tribunaux compétents; C. 2101-1°. — Co. 191-1°. — 2° Les droits de tonnage et autres, par les quit-

tances légales des receveurs; Co. 191-2°. — 3° Les dettes désignées par les numéros 1, 3, 4 et 5 de l'article 191, seront constatées par des états arrêtés par le président du tribunal de commerce; — 4° Les gages et loyers de l'équipage, par les rôles d'armement et désarmement (a) arrêtés dans les bureaux de l'inscription maritime; Co. 191-6°, 250, s. — 5° Les sommes prêtées et la valeur des marchandises vendues pour les besoins du navire pendant le dernier voyage, par des états arrêtés par le capitaine, appuyés de procès-verbaux signés par le capitaine et les principaux de l'équipage, constatant la nécessité des emprunts; Co. 191-7°, 194. — 6° La vente du navire par un acte ayant date certaine, et les fournitures pour l'armement, équipement et victuailles du navire, seront constatées par les mémoires, factures ou états visés par le capitaine et arrêtés par l'armateur, dont un double sera déposé au greffe du tribunal de commerce avant le départ du navire, ou, au plus tard, dans les dix jours après son départ; C. 1317, 1318, 1322, 1328. — Co. 109. — 7° Les sommes prêtées à la grosse sur le corps, quille, agrès, apparaux, armement, équipement, avant le départ du navire, seront constatées par des contrats passés devant notaires, ou sous signature privée, dont les expéditions ou doubles seront déposés au greffe du tribunal de commerce dans les dix jours de leur date; C. 1317, 1318, 1322. — Co. 191-9°, 311, s. — 8° Les primes d'assurances seront constatées par les polices ou par les extraits des livres des courtiers d'assurances; Co. 77, 79, 84, 191-9°, 311, s., 332, s. — 9° Les dommages-intérêts dus aux affréteurs seront constatés par les jugements, ou par les décisions arbitrales qui seront intervenues. Pr. 1020. — Co. 191-11°.

193. Les priviléges des créanciers seront éteints. — Indépendamment des moyens généraux d'extinction des obliga-

---

(a) Le *rôle d'armement* est un état contenant l'époque de l'armement du navire, les noms, prénoms, domiciles, professions de ceux qui le montent. C'est principalement dans ce rôle que sont constatées les conditions d'engagement du capitaine et des gens de l'équipage. — Le *rôle de désarmement* est un état à peu près semblable, dressé lorsque le navire, de retour de son voyage, a été désarmé.

---

amarrage, bassin ou *avant-bassin,* sont autant de rétributions exigées des navires, dans diverses circonstances, par exemple, lorsqu'ils ont été amarrés ou qu'ils sont entrés dans un bassin.

tions; C. 1234.— Par la vente en justice faite dans les formes établies par le titre suivant; Co. 197 à 215.— Ou lorsqu'après une vente volontaire, le navire aura fait un voyage en mer sous le nom et aux risques de l'acquéreur; et sans opposition de la part des créanciers du vendeur. Co. 194.

194. Un navire est censé avoir fait un voyage en mer,— Lorsque son départ et son arrivée auront été constatés dans deux ports différents et trente jours après le départ;— Lorsque, sans être arrivé dans un autre port, il s'est écoulé plus de soixante jours entre le départ et le retour dans le même port, ou lorsque le navire, parti pour un voyage de long cours, a été plus de soixante jours en voyage, sans réclamation de la part des créanciers du vendeur. Co. 193-2°.

195. La vente volontaire d'un navire doit être faite par écrit, et peut avoir lieu par acte public, ou par acte sous signature privée. C. 1317, 1582-2°.—Co. 196, 633.— Elle peut être faite pour le navire entier, ou pour une portion du navire,— Le navire étant dans le port ou en voyage.

196. La vente volontaire d'un navire en voyage ne préjudicie pas aux créanciers du vendeur. Co. 190-2°, s. — En conséquence, nonobstant la vente, le navire ou son prix continue d'être le gage desdits créanciers, qui peuvent même, s'ils le jugent convenable, attaquer la vente pour cause de fraude. C. 1116, 1167, 2092, 2093. — Co. 190, 193.

TITRE DEUXIÈME.

DE LA SAISIE ET VENTE DES NAVIRES.

197. Tous bâtiments de mer peuvent être saisis et vendus par autorité de justice; et le privilége des créanciers sera purgé par les formalités suivantes. C. 531, 2120.— Pr. 620.— Co. 190, 198, s., 215.

198. Il ne pourra être procédé à la saisie que vingt-quatre heures après le commandement de payer. Pr. 583, 1033. — Co. 199.

199. Le commandement devra être fait à la personne du propriétaire ou à son domicile, s'il s'agit d'une action générale à exercer contre lui. Pr. 68.— Co. 200, s.— Le commandement pourra être fait au capitaine du navire, si la créance est du nombre de celles qui sont susceptibles de privilége sur le navire, aux termes de l'article 191. Co. 201.

200. L'huissier énonce, dans le procès-verbal,—Les nom, profession et demeure du créancier pour qui il agit; — Le titre en vertu duquel il procède; Co. 204. — La somme dont il poursuit le paiement; — L'élection de domicile faite par le créancier dans le lieu où siége le tribunal devant lequel la vente doit être poursuivie, et dans le lieu où le navire saisi est amarré; — Les noms du propriétaire et du capitaine; — Le nom, l'espèce et le tonnage du bâtiment.— Il fait l'énonciation et la description des chaloupes, canots, agrès, ustensiles, armes, munitions et provisions. Pr. 588. — Il établit un gardien. C. 1137, 1962. — Pr. 596. — Co. 627.— P. 400.

201. Si le propriétaire du navire saisi demeure dans l'arrondissement du tribunal, le saisissant doit lui faire notifier, dans le délai de trois jours, copie du procès-verbal de saisie, et le faire citer devant le tribunal, pour voir procéder à la vente des choses saisies. — Si le propriétaire n'est point domicilié dans l'arrondissement du tribunal, les significations et citations lui sont données à la personne du capitaine du bâtiment saisi, ou, en son absence, à celui qui représente le propriétaire ou le capitaine; et le délai de trois jours est augmenté d'un jour à raison de deux myriamètres et demi (cinq lieues) de la distance de son domicile. Co. 199.— Pr. 1033.— S'il est étranger et hors de France, les citations et significations sont données ainsi qu'il est prescrit par le Code de procédure civile, article 69. Pr. 73, 74.

202. Si la saisie a pour objet un bâtiment dont le tonnage soit au-dessus de dix tonneaux,—Il sera fait trois criées et publications des objets en vente.— Les criées et publications seront faites consécutivement, de huitaine en huitaine, à la bourse et dans la principale place publique du lieu où le bâtiment est amarré. — L'avis en sera inséré dans un des papiers publics imprimés dans le lieu où siége le tribunal devant lequel la saisie se poursuit; et, s'il n'y en a pas, dans l'un de ceux qui seraient imprimés dans le département. Pr. 617, 628.— Co. 203, s., 207.

203. Dans les deux jours qui suivent chaque criée et publication, il est apposé des affiches,— Au grand mât du bâtiment saisi,— A la porte principale du tribunal devant lequel on procède,—Dans la place publique et sur le quai du port où le bâtiment est amarré, ainsi qu'à la bourse de commerce. Pr. 685.—Co. 202, 204, s., 207.

204. Les criées, publications et affiches doivent désigner— Les nom, profession et demeure du poursuivant, — Les titres en vertu desquels il agit,—Le montant de la somme qui lui est due, — L'élection de domicile par lui faite dans le lieu où siége le tribunal, et dans le lieu où le bâtiment est amarré, — Les nom et domicile du propriétaire du navire saisi, — Le nom du bâtiment, et, s'il est armé ou en armement, celui du capitaine, — Le tonnage du navire,— Le lieu où il est gisant ou flottant, — Le nom de l'avoué du poursuivant, — La première mise à prix,—Les jours des audiences auxquelles les enchères seront reçues. Pr. 442.— Co. 197, 205.

205. Après la première criée, les enchères seront reçues le jour indiqué par l'affiche. Pr. 624.— Le juge commis d'office pour la vente continue de recevoir les enchères après chaque criée, de huitaine en huitaine, à jour certain fixé par son ordonnance.

206. Après la troisième criée, l'adjudication est faite au plus offrant et dernier enchérisseur, à l'extinction des feux, sans autre formalité. Pr. 624. — Le juge commis d'office peut accorder une ou deux remises, de huitaine chacune. — Elles sont publiées et affichées. Co. 202.

207. Si la saisie porte sur des barques, chaloupes et autres bâtiments, du port de dix tonneaux et au-dessous, l'adjudication sera faite à l'audience, après la publication sur le quai pendant trois jours consécutifs, avec affiche au mât, ou, à défaut, en autre lieu apparent du bâtiment, et à la porte du tribunal. Co. 202, 203.— Il sera observé un délai de huit jours francs entre la signification de la saisie et la vente. Pr. 620, 1033.— Co. 204, 205.

208. L'adjudication du navire fait cesser les fonctions du capitaine, sauf à lui à se pourvoir en dédommagement

contre qui de droit. C. 1382.— Co. 218, 219.

209. Les adjudicataires des navires de tout tonnage seront tenus de payer le prix de leur adjudication dans le délai de vingt-quatre heures, ou de le consigner sans frais, au greffe du tribunal de commerce, à peine d'y être contraints par corps. C. 1257, 2063. — Pr. 126. — A défaut de paiement ou de consignation, le bâtiment sera remis en vente, et adjugé trois jours après une nouvelle publication et affiche unique, à la folle enchère des adjudicataires, qui seront également contraints par corps pour le paiement du déficit, des dommages, des intérêts et des frais. Pr. 624 et la note, 737, 744. — Co. 205.

210. Les demandes en distraction seront formées et notifiées au greffe du tribunal avant l'adjudication. — Si les demandes en distraction ne sont formées qu'après l'adjudication, elles seront converties, de plein droit, en oppositions à la délivrance des sommes provenant de la vente. Pr. 557, s.

211. Le demandeur ou l'opposant aura trois jours pour fournir ses moyens. — Le défendeur aura trois jours pour contredire. — La cause sera portée à l'audience sur une simple citation. Pr. 82.

212. Pendant trois jours après celui de l'adjudication, les oppositions à la délivrance du prix seront reçues; passé ce temps, elles ne seront plus admises. Co. 210.

213. Les créanciers opposants sont tenus de produire au greffe leurs titres de créance, dans les trois jours qui suivent la sommation qui leur en est faite par le créancier poursuivant ou par le tiers saisi; faute de quoi il sera procédé à la distribution du prix de la vente, sans qu'ils y soient compris. Pr. 656, s. — Co. 210, 214.

214. La collocation des créanciers et la distribution des deniers sont faites entre les créanciers privilégiés, dans l'ordre prescrit par l'article 191; et entre les autres créanciers, au marc le franc de leurs créances. C. 2093. — Co. 213. —Tout créancier colloqué l'est tant pour son principal que pour les intérêts et frais. C. 2093.

215. Le bâtiment prêt à faire voile

n'est pas saisissable, si ce n'est à raison de dettes contractées pour le voyage qu'il va faire ; et même, dans ce dernier cas, le cautionnement de ces dettes empêche la saisie. Co. 234. — Pr. 592. — Le bâtiment est censé prêt à faire voile lorsque le capitaine est muni de ses expéditions pour son voyage.

TITRE TROISIÈME.

DES PROPRIÉTAIRES DE NAVIRES.

216. — « Tout propriétaire de navire est civilement responsable des faits du capitaine, et tenu des engagements contractés par ce dernier, pour ce qui est relatif au navire et à l'expédition. C. 1384. —Co. 191, 208, 217, s., 221, s., 353, 405, 407. — Il peut, dans tous les cas, s'affranchir des obligations ci-dessus par l'abandon du navire et du fret. Co. 369, s. — Toutefois la faculté de faire abandon n'est point accordée à celui qui est en même temps capitaine et propriétaire ou copropriétaire du navire. Lorsque le capitaine ne sera que copropriétaire, il ne sera responsable des engagements contractés par lui, pour ce qui est relatif au navire et à l'expédition, que dans la proportion de son intérêt. » (a)

217. Les propriétaires des navires équipés en guerre ne seront toutefois responsables des délits et déprédations commis en mer par les gens de guerre qui sont sur leurs navires, ou par les équipages, que jusqu'à concurrence de la somme pour laquelle ils auront donné caution, à moins qu'ils n'en soient participants ou complices (b). Co. 223.

(a) Cet article a été modifié, suivant les termes ci-dessus, par la loi du 14 juin 1841 sur la responsabilité des propriétaires de navires.—L'ancien art. 216 était ainsi conçu : « Tout propriétaire de navire est civilement responsable des faits du capitaine, pour ce qui est relatif au navire et à l'expédition. La responsabilité cesse par l'abandon du navire et du fret. »

(b) 2 prairial an XI (22 mai 1803).—*Arrêté contenant règlement sur les armements en course.*

« 20. Tout armateur de bâtiments armés en course, ou en guerre et marchandises, sera tenu de fournir un cautionnement par écrit de la somme de trente-sept mille francs. — Et si l'état major et la mestrance, l'équipage et la garnison comprennent en tout plus de cent cinquante hommes, le cautionnement sera de soixante et quatorze mille francs. — Dans ce

218. Le propriétaire peut congédier le capitaine. — Il n'y a pas lieu à indemnité, s'il n'y a convention par écrit. C. 1134.

219. Si le capitaine congédié est copropriétaire du navire, il peut renoncer à la copropriété, et exiger le remboursement du capital qui la représente. Co. 208. — Le montant de ce capital est déterminé par des experts convenus, ou nommés d'office. Pr. 302, s.

220. En tout ce qui concerne l'intérêt commun des propriétaires d'un navire, l'avis de la majorité est suivi. Co. 410. — La majorité se détermine par une portion d'intérêt dans le navire, excédant la moitié de sa valeur. — La licitation du navire ne peut être accordée que sur la demande des propriétaires, formant ensemble la moitié de l'intérêt total dans le navire, s'il n'y a, par écrit, convention contraire. C. 815, 1134, 1686. — Co. 205.

TITRE QUATRIÈME.

DU CAPITAINE.

221. Tout capitaine, maître ou patron, chargé de la conduite d'un navire ou autre bâtiment, est garant de ses fautes, même légères, dans l'exercice de ses fonctions. C. 1383, s., 1992, s.— Co. 203, 216, 218, 219, 222, s., 250, s., 305, s., 405, 407, 430, 433 à 436, 633.

222. Il est responsable des marchandises dont il se charge. C. 1991. — Co. 228, s., 236, 257, 293. — Il en fournit une reconnaissance. — Cette reconnaissance se nomme *connaissement*. Co. 102 et la *note*, 226, 281, s.

223. Il appartient au capitaine de former l'équipage du vaisseau, et de choisir et louer les matelots et autres gens de l'équipage ; ce qu'il fera néanmoins de concert avec les propriétaires, lorsqu'il sera dans le lieu de leur demeure. Co. 250, s.

224. Le capitaine tient un registre coté et paraphé par l'un des juges du tribunal de commerce, ou par le maire

dernier cas, le cautionnement sera fourni solidairement par l'armateur, deux cautions non intéressées dans l'armement, et par le capitaine. »

ou son adjoint, dans les lieux où il n'y a pas de tribunal de commerce. — Ce registre contient, — Les résolutions prises pendant le voyage, — La recette et la dépense concernant le navire, et généralement tout ce qui concerne le fait de sa charge, et tout ce qui peut donner lieu à un compte à rendre, à une demande à former (a). C. 1993. — Pr. 527. — Co. 228, 242.

225. Le capitaine est tenu, avant de prendre charge, de faire visiter son navire, aux termes et dans les formes prescrits par les règlements. — Le procès-verbal de visite est déposé au greffe du tribunal de commerce; il en est délivré extrait au capitaine (b). Co. 226, 228, 297.

226. Le capitaine est tenu d'avoir à bord — L'acte de propriété du navire, — L'acte de francisation (c), — Le rôle d'équipage; Co. 250. — Les connaissements et chartes-parties, Co. 273, 281, s., 286, s. — Les procès-verbaux de visites, Co. 225. — Les acquits de paiement ou à caution des douanes.

227. Le capitaine est tenu d'être en personne dans son navire à l'entrée et à la sortie des ports, havres ou rivières (d). Co. 241.

228. En cas de contravention aux obligations imposées par les quatre articles précédents, le capitaine est responsable de tous les événements envers les intéressés au navire et au chargement. C. 1388, s. — Co. 221, 222, 230, 257.

229. Le capitaine répond également

de tout dommage qui peut arriver aux marchandises qu'il aurait chargées sur le tillac de son vaisseau sans le consentement par écrit du chargeur. — Cette disposition n'est point applicable au petit cabotage (e).

230. La responsabilité du capitaine ne cesse que par la preuve d'obstacles de force majeure. C. 1784. — Co. 103, 222, 228, 229.

231. Le capitaine et les gens de l'équipage qui sont à bord, ou qui, sur les chaloupes, se rendent à bord pour faire voile, ne peuvent être arrêtés pour dettes civiles, si ce n'est à raison de celles qu'ils auront contractées pour le voyage; et même, dans ce dernier cas, ils ne peuvent être arrêtés s'ils donnent caution. C. 2040, 2060, 2070. — Co. 215.

232. Le capitaine, dans le lieu de la demeure des propriétaires ou de leurs fondés de pouvoirs, ne peut, sans leur autorisation spéciale, faire travailler au radoub du bâtiment, acheter des voiles, cordages et autres choses pour le bâtiment, prendre à cet effet de l'argent sur le corps du navire, ni fréter le navire. Co. 236, 321.

233. Si le bâtiment était frété du consentement des propriétaires, et que quelques-uns d'eux fissent refus de contribuer aux frais nécessaires pour l'expédier, le capitaine pourra, en ce cas, vingt-quatre heures après sommation faite aux refusants de fournir leur contingent, emprunter à la grosse pour leur compte sur leur portion d'intérêt dans le navire, avec autorisation du juge. Co. 311, s., 322.

234. Si, pendant le cours du voyage, il y a nécessité de radoub, ou d'achat de victuailles, le capitaine, après l'avoir constaté par un procès-verbal signé des principaux de l'équipage, pourra, en se faisant autoriser en France par le tribunal de commerce, ou, à défaut, par le juge de paix; chez l'étranger, par le consul français, ou, à défaut, par le magistrat des lieux, emprunter sur le corps et quille du vaisseau, mettre en gage ou vendre

(a, b) En cas d'infraction, le capitaine est frappé d'une peine par l'art. 83 du décret des 24 mars-26 avril 1852. (Voy. C. pén. de la marine marchande.)

(c) L'acte de *francisation* a pour objet de constater que le navire est de construction française; cet acte est délivré par le bureau des douanes du port où il a été construit, après vérification faite qu'aucun étranger n'est intéressé dans la propriété du navire. (Voy. sur la matière, les lois des 4 mars-24 avril 1791; 21 sept. 1793; 27 vend. an II, art. 9 à 13; enfin la loi relative aux douanes, du 9 juin 1845, dont l'art. 11 est ainsi conçu : « L'art. 2 de la loi du 21 sept. 1793 est abrogé dans la disposition qui porte qu'aucun bâtiment ne sera réputé français s'il n'appartient entièrement à des Français. — Toutefois la moitié au moins de la propriété devra appartenir à des Français. — Les art. 12 et 13 de la loi du 27 vend. an II sont modifiés conformément aux dispositions des paragraphes précédents. »

(d) En cas d'infraction, il est frappé d'une peine. (Voy. C. de la marine marchande.)

(e) On appelle *cabotage* la navigation qui, à la différence des voyages de long cours, se fait d'un port à un autre, sans s'éloigner des côtes : on distingue le grand et le petit cabotage, selon que la navigation a lieu dans les limites fixées par les ordonnances des 18 oct. 1740, 14 vent. an XI et 12 février 1815.

des marchandises jusqu'à concurrence de la somme que les besoins constatés exigent. Co. 191, 236, 249, 298. — Les propriétaires, ou le capitaine qui les représente, tiendront compte des marchandises vendues, d'après le cours des marchandises de même nature et qualité dans le lieu de la décharge du navire, à l'époque de son arrivée. Co. 72, 298, 400-8°. — « L'affréteur unique ou les chargeurs divers, qui seront tous d'accord, pourront s'opposer à la vente ou à la mise en gage de leurs marchandises, en les déchargeant et en payant le fret en proportion de ce que le voyage est avancé. A défaut du consentement d'une partie des chargeurs, celui qui voudra user de la faculté de déchargement sera tenu du fret entier sur ses marchandises. » (*Addition faite par la loi du 14 juin* 1841.)

235. Le capitaine, avant son départ d'un port étranger ou des colonies françaises pour revenir en France, sera tenu d'envoyer à ses propriétaires ou à leurs fondés de pouvoir un compte signé de lui, contenant l'état de son chargement, le prix des marchandises de sa cargaison, les sommes par lui empruntées, les noms et demeures des prêteurs (*a*).

236. Le capitaine qui aura sans nécessité pris de l'argent sur le corps, avitaillement ou équipement du navire, engagé ou vendu des marchandises ou des victuailles, ou qui aura employé dans ses comptes des avaries et des dépenses supposées, sera responsable envers l'armement, et personnellement tenu du remboursement de l'argent ou du paiement des objets, sans préjudice de la poursuite criminelle, s'il y a lieu (*b*). Co. 222, 228, s., 234.

237. Hors le cas d'innavigabilité légalement constatée, le capitaine ne peut, à peine de nullité de la vente, vendre le navire sans un pouvoir spécial des propriétaires (*c*). Co. 241, 297, 360-3°, 390, s.

238. Tout capitaine de navire, engagé pour un voyage, est tenu de l'ache-

ver, à peine de tous dépens, dommages et intérêts envers les propriétaires et les affréteurs. Co. 241, 252, s.

239. Le capitaine qui navigue à profit commun sur le chargement ne peut faire aucun trafic ni commerce pour son compte particulier, s'il n'y a convention contraire. C. 1134. — Co. 240, 251.

240. En cas de contravention aux dispositions mentionnées dans l'article précédent, les marchandises embarquées par le capitaine pour son compte particulier sont confisquées au profit des autres intéressés.

241. Le capitaine ne peut abandonner son navire pendant le voyage, pour quelque danger que ce soit, sans l'avis des officiers et principaux de l'équipage; et, en ce cas, il est tenu de sauver avec lui l'argent et ce qu'il pourra des marchandises les plus précieuses de son chargement, sous peine d'en répondre en son propre nom. C. 1382. — Co. 227, 237 (*d*). — Si les objets, ainsi tirés du navire, sont perdus par quelque cas fortuit, le capitaine en demeurera déchargé. C. 1303, 1784. — Co. 103.

242 (*e*). Le capitaine est tenu, dans les vingt-quatre heures de son arrivée, de faire viser son registre et de faire son rapport. Co. 224. — Le rapport doit énoncer — Le lieu et le temps de son départ, — la route qu'il a tenue, — Les hasards qu'il a courus, — Les désordres arrivés dans le navire, et toutes les circonstances remarquables de son voyage. Co. 243, s.

243. Le rapport est fait au greffe devant le président du tribunal de commerce. — Dans les lieux où il n'y a pas de tribunal de commerce, le rapport est fait au juge de paix de l'arrondissement. — Le juge de paix qui a reçu le rapport est tenu de l'envoyer, sans délai, au président du tribunal de commerce le plus voisin. — Dans l'un et l'autre cas, le dépôt en est fait au greffe du tribunal de commerce.

244. Si le capitaine aborde dans un port étranger, il est tenu de se présenter au consul de France, de lui faire un rapport, et de prendre un certificat constatant l'époque de son arrivée et de son départ, l'état et la nature de son chargement (*f*).

(*a*) Voy. l'ordonn. du 29 oct. 1833, art. 45, au C. de la marine marchande.

(*b, c, d, e, f*) Voy., en cas d'infraction, la peine dont le capitaine est frappé, dans ces divers cas, par les art. 80, 83, 92, du décret des 24 mars-26 avril 1852, ~~ C. pén. de la marine marchande.

245. Si, pendant le cours du voyage, le capitaine est obligé de relâcher dans un port français, il est tenu de déclarer au président du tribunal de commerce du lieu les causes de sa relâche. — Dans les lieux où il n'y a pas de tribunal de commerce, la déclaration est faite au juge de paix du canton. — Si la relâche forcée a lieu dans un port étranger, la déclaration est faite au consul de France, ou, à son défaut, au magistrat du lieu. Co. 234.

246. Le capitaine qui a fait naufrage, et qui s'est sauvé seul ou avec partie de son équipage, est tenu de se présenter devant le juge du lieu, ou, à défaut de juge, devant toute autre autorité civile, d'y faire son rapport, de le faire vérifier par ceux de son équipage qui se seraient sauvés et se trouveraient avec lui et d'en lever expédition. C. 1348-2°, 1949. — Co. 248, 258, 302, 327, 350, 369, 410, s.

247. Pour vérifier le rapport du capitaine, le juge reçoit l'interrogatoire des gens de l'équipage, et, s'il est possible, des passagers, sans préjudice des autres preuves. — Les rapports non vérifiés ne sont point admis à la décharge du capitaine, et ne font point foi en justice, excepté dans le cas où le capitaine naufragé s'est sauvé seul dans le lieu où il a fait son rapport. — La preuve des faits contraires est réservée aux parties. Pr. 256, s.

248. Hors les cas de péril imminent, le capitaine ne peut décharger aucune marchandise avant d'avoir fait son rapport, à peine de poursuites extraordinaires contre lui *(a)*. Co. 242.

249. Si les victuailles du bâtiment manquent pendant le voyage, le capitaine, en prenant l'avis des principaux de l'équipage, pourra contraindre ceux qui auront des vivres en particulier de les mettre en commun, à la charge de leur en payer la valeur. Co. 221, 234, 320.

TITRE CINQUIÈME.

DE L'ENGAGEMENT ET DES LOYERS DES MATELOTS ET GENS DE L'ÉQUIPAGE.

250. Les conditions d'engagement du capitaine et des hommes d'équipage d'un navire sont constatées par le rôle d'équipage, ou par les conventions des parties. C. 1134. — Co. 191-6°, 192-5°, 226, 238, 251, s., 273, s., 319, 433, 434, 633.

251. Le capitaine et les gens de l'équipage ne peuvent, sous aucun prétexte, charger dans le navire aucune marchandise pour leur compte, sans la permission des propriétaires et sans en payer le fret s'ils n'y sont autorisés par l'engagement. C. 1134. — Co. 239, 240.

252. Si le voyage est rompu par le fait des propriétaires, capitaine ou affréteurs, avant le départ du navire, les matelots loués au voyage ou au mois sont payés des journées par eux employées à l'équipement du navire. Ils retiennent pour indemnité les avances reçues. Co. 257, s., 262, 271, 304. — Si les avances ne sont pas encore payées, ils reçoivent pour indemnité un mois de leurs gages convenus. — Si la rupture arrive après le voyage commencé, les matelots loués au voyage sont payés en entier aux termes de leur convention. Co. 349. — Les matelots loués au mois reçoivent leurs loyers stipulés pour le temps qu'ils ont servi, et en outre, pour indemnité, la moitié de leurs gages pour le reste de la durée présumée du voyage pour lequel ils étaient engagés. — Les matelots loués au voyage ou au mois reçoivent, en outre, leur conduite de retour jusqu'au lieu du départ du navire, à moins que le capitaine, les propriétaires ou affréteurs, ou l'officier d'administration, ne leur procurent leur embarquement sur un autre navire revenant audit lieu de leur départ. Co. 252, s., 349.

253. S'il y a interdiction de commerce avec le lieu de la destination du navire, ou si le navire est arrêté par ordre du gouvernement avant le voyage commencé, — Il n'est dû aux matelots que les journées employées à équiper le bâtiment *(b)*. Co. 254, 261, s., 300, 350, 369, 387.

254. Si l'interdiction de commerce ou l'arrêt du navire arrive pendant le cours du voyage, — Dans le cas d'interdiction, les matelots sont payés à proportion du temps qu'ils auront servi; Co. 255. — Dans le cas de l'arrêt, le loyer des matelots engagés au mois court pour moitié pendant le temps de l'arrêt; — Le loyer des matelots engagés au voyage est payé aux termes de leur engagement. Co. 250.

255. Si le voyage est prolongé, le prix des loyers des matelots engagés au voyage est augmenté à proportion de la prolongation. Co. 257, 272.

256. Si la décharge du navire se fait volontairement dans un lieu plus rapproché que celui qui est désigné par l'affrétement, il ne leur est fait aucune diminution.

257. Si les matelots sont engagés au profit ou au fret, il ne leur est dû aucun dédommagement ni journées pour la rupture, le retardement ou la prolongation de voyage occasionnés par force majeure. Si la rupture, le retardement ou la prolongation arrivent par le fait des chargeurs, les gens de l'équipage ont part aux indemnités qui sont adjugées au navire. Co. 252.—Ces indemnités sont partagées entre les propriétaires du navire et les gens de l'équipage, dans la même proportion que l'aurait été le fret. Co. 286, s. — Si l'empêchement arrive par le fait du capitaine ou des propriétaires, ils sont tenus des indemnités dues aux gens de l'équipage. Co. 228.

258. En cas de prise, de bris et naufrage, avec perte entière du navire et des marchandises, les matelots ne peuvent prétendre aucun loyer. Co. 246, 298-2°. — Ils ne sont point tenus de restituer ce qui leur a été avancé sur leurs loyers. Co. 252, 272, 300, 304, 327, 369.

259. Si quelque partie du navire est sauvée, les matelots engagés au voyage ou au mois sont payés de leurs loyers échus sur les débris du navire qu'ils ont sauvés. Co. 261, 327, 428. — Si les débris ne suffisent pas, ou s'il n'y a que des marchandises sauvées, ils sont payés de leurs loyers subsidiairement sur le fret. Co. 286, s.

260. Les matelots engagés au fret sont payés de leurs loyers seulement sur le fret, à proportion de celui que reçoit le capitaine. Co. 250, 285.

261. De quelque manière que les matelots soient loués, ils sont payés des journées par eux employées à sauver les débris et les effets naufragés. Co. 256.

262. Le matelot est payé de ses loyers, traité et pansé aux dépens du navire,

s'il tombe malade pendant le voyage, ou s'il est blessé au service du navire. Co. 263, s., 272, 400-6°.

263. Le matelot est traité et pansé aux dépens du navire et du chargement, s'il est blessé en combattant contre les ennemis et les pirates. Co. 400-6°.

264. Si le matelot, sorti du navire sans autorisation, est blessé à terre, les frais de ses pansement et traitement sont à sa charge : il pourra même être congédié par le capitaine.—Ses loyers, en ce cas, ne lui seront payés qu'à proportion du temps qu'il aura servi. Co. 262, s., 265, s.

265. En cas de mort d'un matelot pendant le voyage, si le matelot est engagé au mois, ses loyers sont dus à sa succession jusqu'au jour de son décès. — Si le matelot est engagé au voyage, la moitié de ses loyers est due s'il meurt en allant, ou au port d'arrivée.—Le total de ses loyers est dû s'il meurt en revenant. —Si le matelot est engagé au profit ou au fret, sa part entière est due s'il meurt, le voyage commencé.—Les loyers du matelot tué en défendant le navire sont dus en entier pour tout le voyage, si le navire arrive en bon port. Co. 262, 263, 267.

266. Le matelot pris dans le navire et fait esclave ne peut rien prétendre contre le capitaine, le propriétaire ni les affréteurs, pour le paiement de son rachat. C. 1448.—Il est payé de ses loyers jusqu'au jour où il est pris et fait esclave. Co. 269, s.

267. Le matelot pris et fait esclave, s'il a été envoyé en mer ou à terre pour le service du navire, a droit à l'entier paiement de ses loyers.—Il a droit au paiement d'une indemnité pour son rachat, si le navire arrive à bon port. Co. 265, 268, 269, 272.

268. L'indemnité est due par les propriétaires du navire si le matelot a été envoyé en mer ou à terre pour le service du navire.—L'indemnité est due par les propriétaires du navire et du chargement, si le matelot a été envoyé en mer ou à terre, pour le service du navire et du chargement.

269. Le montant de l'indemnité est fixé à six cents francs.—Le recouvrement et l'emploi en seront faits suivant les formes déterminées par le gouvernement, dans un règlement relatif au rachat des captifs (a).

270. Tout matelot qui justifie qu'il est congédié sans cause valable a droit à une indemnité contre le capitaine.—L'indemnité est fixée au tiers des loyers, si le congé a lieu avant le voyage commencé. Co. 215.—L'indemnité est fixée à la totalité des loyers et aux frais de retour, si le congé a lieu pendant le cours du voyage. — Le capitaine ne peut, dans aucun des cas ci-dessus, répéter le montant de l'indemnité contre les propriétaires du navire. — Il n'y a pas lieu à indemnité, si le matelot est congédié avant la clôture du rôle d'équipage.— Dans aucun cas, le capitaine ne peut congédier un matelot dans les pays étrangers. Co. 252.

271. Le navire et le fret sont spécialement affectés aux loyers des matelots. Co. 191-6°, 192-4°, 280, 286, 307, 428.

272. Toutes les dispositions concernant les loyers, pansement et rachat des matelots, sont communes aux officiers et à tous autres gens de l'équipage (b). Co. 221, 252.

TITRE SIXIÈME.

DES CHARTES-PARTIES, AFFRÉTEMENTS OU NOLISSEMENTS.

273. Toute convention pour louage d'un vaisseau, appelée *charte-partie, affrétement* ou *nolissement*, doit être rédigée par écrit. Co. 226, 274, s., 286 s., 633.—Elle énonce—Le nom et le tonnage du navire,—Le nom du capitaine,—Les noms du fréteur et de l'affréteur,—Le lieu et le temps convenus pour la charge et pour la décharge,—Le prix du fret ou nolis,—Si l'affrètement est total ou partiel,—L'indemnité convenue pour les cas de retard (c). Co. 286, s.

274. Si le temps de la charge et de la décharge du navire n'est point fixé par

les conventions des parties, il est réglé suivant l'usage des lieux. C. 1159.

275. Si le navire est frété au mois, et s'il n'y a convention contraire, le fret court du jour où le navire a fait voile. Co. 300.

276. Si, avant le départ du navire, il y a interdiction de commerce avec le pays pour lequel il est destiné, les conventions sont résolues sans dommages-intérêts de part ni d'autre. C. 1148.—Co. 253, 277, s., 299.—Le chargeur est tenu des frais de la charge et de la décharge de ses marchandises.

277. S'il existe une force majeure qui n'empêche que pour un temps la sortie du navire, les conventions subsistent, et il n'y a pas lieu à dommages-intérêts à raison du retard. —Elles subsistent également, et il n'y a lieu à aucune augmentation de fret, si la force majeure arrive pendant le voyage.

278. Le chargeur peut, pendant l'arrêt du navire, faire décharger ses marchandises à ses frais, à condition de les recharger ou d'indemniser le capitaine. Co. 276.

279. Dans le cas de blocus du port pour lequel le navire est destiné, le capitaine est tenu, s'il n'a des ordres contraires, de se rendre dans un des ports voisins de la même puissance où il lui sera permis d'aborder.

280. Le navire, les agrès et apparaux, le fret et les marchandises chargées, sont respectivement affectés à l'exécution des conventions des parties. Co. 191, 271, 315, 334. — C. de la contr. par corps.

TITRE SEPTIÈME.

DU CONNAISSEMENT (d).

281. Le connaissement doit exprimer la nature et la quantité, ainsi que les espèces ou qualités des objets à transporter. —Il indique—Le nom du chargeur,—Le nom et l'adresse de celui à qui l'expédition est faite,—Le nom et le domicile du capitaine,—Le nom et le tonnage du navire, — Le lieu du départ et celui de la

(a) Le règlement promis par cet article n'a pas été encore publié.
(b) Les personnes embarquées pour le service du navire sont seules considérées comme *gens de l'équipage*. Les passagers n'en font point partie. (Voy. l'art. 247.)
(c) Ces différents actes sont soumis au timbre. (Voy., au Code de l'enreg. et du timbre, les lois des 11 juin 1842, 7 mars-14 juin 1850.)

(d) Le *connaissement* est la reconnaissance fournie par le capitaine, des marchandises dont il se charge. (Co. art. 222.) — Voy. au C. du timbre.

destination.—Il énonce le prix du fret.—
Il présente en marge les marques et
numéros des objets à transporter. — Le
connaissement peut être à ordre, ou au
porteur, ou à personne dénommée. Co.
102 et la *note*, 136, 222, 226, 228, 283,
286, 344, 420.

282. Chaque connaissement est fait
en quatre originaux au moins : —Un pour
le chargeur, —Un pour celui à qui les
marchandises sont adressées, —Un pour
le capitaine,—Un pour l'armateur du
bâtiment.—Les quatre originaux sont signés par le chargeur et par le capitaine,
dans les vingt-quatre heures après le
chargement.—Le chargeur est tenu de
fournir au capitaine, dans le même délai,
les acquits des marchandises chargées (*a*).
Co. 102 et la *note*, 226.

283. Le connaissement rédigé dans la
forme ci-dessus prescrite fait foi entre
toutes les parties intéressées au chargement, et entre elles et les assureurs. C.
1322.—Co. 352, s.

284. En cas de diversité entre les
connaissements d'un même chargement,
celui qui sera entre les mains du capitaine
fera foi, s'il est rempli de la main du
chargeur, ou de celle de son commissionnaire; et celui qui est présenté par le
chargeur ou le consignataire sera suivi,
s'il est rempli de la main du capitaine.

285. Tout commissionnaire ou consignataire qui aura reçu les marchandises
mentionnées dans les connaissements ou
chartes-parties sera tenu d'en donner
reçu au capitaine qui le demandera, à
peine de tous dépens, dommages-intérêts,
même de ceux de retardement. Co. 91,
s., 305.

TITRE HUITIÈME.

DU FRET OU NOLIS.

286. Le prix du loyer d'un navire ou
autre bâtiment de mer est appelé *fret* ou
nolis. Co. 80 et la *note*, 273, 287, s., 347,
386, 433, 434, 576, 633. — Il est réglé
par les conventions des parties. — Il est
constaté par la charte-partie ou par le
connaissement.—Il a lieu pour la totalité
ou pour partie du bâtiment, pour un

(*a*) C'est-à-dire les acquits des droits de
douane.

voyage entier ou pour un temps limité,
au tonneau, au quintal, à forfait, ou à
cueillette, avec désignation du tonnage
du vaisseau. Co. 386, 433, s., 576.

287. Si le navire est loué en totalité,
et que l'affréteur ne lui donne pas toute
sa charge, le capitaine ne peut prendre
d'autres marchandises sans le consentement de l'affréteur.—L'affréteur profite
du fret des marchandises qui complètent
le chargement du navire qu'il a entièrement affrété. Co. 229, 239, 251.

288. L'affréteur qui n'a pas chargé la
quantité de marchandises portée par la
charte-partie est tenu de payer le fret en
entier, et pour le chargement complet auquel il s'est engagé.—S'il en charge davantage, il paie le fret de l'excédant sur
le prix réglé par la charte-partie.—Si
cependant l'affréteur, sans avoir rien
chargé, rompt le voyage avant le départ,
il paiera en indemnité, au capitaine, la
moitié du fret convenu par la charte-
partie pour la totalité du chargement
qu'il devait faire. C. 1142.—Si le navire
a reçu une partie de son chargement, et
qu'il parte à non-charge, le fret entier
sera dû au capitaine. Co. 252, 291, 294,
309.

289. Le capitaine, qui a déclaré le navire d'un plus grand port qu'il n'est, est
tenu des dommages-intérêts envers l'affréteur. Co. 263, 290.

290. N'est réputé y avoir erreur en la
déclaration du tonnage d'un navire, si
l'erreur n'excède un quarantième, ou si
la déclaration est conforme au certificat
de jauge.

291. Si le navire est chargé à cueillette, soit au quintal, au tonneau ou à forfait, le chargeur peut retirer ses marchandises, avant le départ du navire, en
payant le demi-fret. Co. 286, 293.—Il
supportera les frais de charge, ainsi que
ceux de décharge et de rechargement des
autres marchandises qu'il faudrait déplacer, et ceux du retardement. C. 1382.

292. Le capitaine peut faire mettre à
terre, dans le lieu du chargement, les
marchandises trouvées dans son navire,
si elles ne lui ont point été déclarées, ou
en prendre le fret au plus haut prix qui
sera payé dans le même lieu pour les marchandises de même nature. Co. 72.

293. Le chargeur qui retire ses marchandises pendant le voyage est tenu de payer le fret en entier et tous les frais de déplacement occasionnés par le déchargement : si les marchandises sont retirées pour cause des faits ou des fautes du capitaine, celui-ci est responsable de tous les frais. Co. 221, 222, 295.

294. Si le navire est arrêté au départ, pendant la route ou au lieu de sa décharge, par le fait de l'affréteur, les frais du retardement sont dus par l'affréteur.— Si, ayant été frété pour l'aller et le retour, le navire fait son retour sans chargement ou avec un chargement incomplet, le fret entier est dû au capitaine, ainsi que l'intérêt du retardement.

295. Le capitaine est tenu des dommages-intérêts envers l'affréteur, si, par son fait, le navire a été arrêté ou retardé au départ, pendant sa route, ou au lieu de sa décharge.—Ces dommages-intérêts sont réglés par des experts. Co. 106, 216, 221, 414.

296. Si le capitaine est contraint de faire radouber le navire pendant le voyage, l'affréteur est tenu d'attendre, ou de payer le fret en entier. Co. 237, s.— Dans le cas où le navire ne pourrait être radoubé, le capitaine est tenu d'en louer un autre. Co. 471.—Si le capitaine n'a pu louer un autre navire, le fret n'est dû qu'à proportion de ce que le voyage est avancé.

297. Le capitaine perd son fret et répond des dommages-intérêts de l'affréteur, si celui-ci prouve que, lorsque le navire a fait voile, il était hors d'état de naviguer. Co. 237, 469, 389.— La preuve est admissible nonobstant et contre les certificats de visite au départ. Co. 109, 225.

298. Le fret est dû pour les marchandises que le capitaine a été contraint de vendre pour subvenir aux victuailles, radoub et autres nécessités pressantes du navire, en tenant par lui compte de leur valeur, au prix que le reste, ou autre pareille marchandise de même qualité, sera vendue au lieu de la décharge, si le navire arrive à bon port. Co. 234, 236. — Si le navire se perd, le capitaine tiendra compte des marchandises sur le pied qu'il les aura vendues, en retenant également le fret porté aux connaissements. Co. 234, 236, 246, 258. — « Sauf, dans ces deux cas, le droit réservé aux propriétaires de navires par le paragraphe 2 de l'article 216. — Lorsque de l'exercice de ce droit résultera une perte pour ceux dont les marchandises auront été vendues ou mises en gage, elle sera répartie au marc le franc sur la valeur de ces marchandises et de toutes celles qui sont arrivées à leur destination, ou qui ont été sauvées du naufrage postérieurement aux événements de mer qui ont nécessité la vente ou la mise en gage. » (*Addition faite par la loi du 14 juin* 1841.)

299. S'il arrive interdiction de commerce avec le pays pour lequel le navire est en route, et qu'il soit obligé de revenir avec son chargement, il n'est dû au capitaine que le fret de l'aller, quoique le vaisseau ait été affrété pour l'aller et le retour. Co. 253, 254, 276, s., 350, 387, s.

300. Si le vaisseau est arrêté dans le cours de son voyage par l'ordre d'une puissance, — Il n'est dû aucun fret pour le temps de sa détention, si le navire est affrété au mois ; ni augmentation de fret, s'il est loué au voyage. — La nourriture et les loyers de l'équipage, pendant la détention du navire, sont réputés avaries. Co. 250, 258, 275, 397.

301. Le capitaine est payé du fret des marchandises jetées à la mer pour le salut commun, à la charge de contribution. Co. 400-2°, 410.

302. Il n'est dû aucun fret pour les marchandises perdues par naufrage ou échouement, pillées par des pirates ou prises par les ennemis.—Le capitaine est tenu de restituer le fret qui lui aura été avancé, s'il n'y a convention contraire. C. 1134.— Co. 246, 258, 303, 304.

303. Si le navire et les marchandises sont rachetés, ou si les marchandises sont sauvées du naufrage, le capitaine est payé du fret jusqu'au lieu de la prise ou du naufrage. — Il est payé du fret entier en contribuant au rachat, s'il conduit les marchandises au lieu de leur destination.

304. La contribution pour le rachat se fait sur le prix courant des marchandises au lieu de leur décharge, déduction faite des frais, et sur la moitié du navire et du fret. — Les loyers des matelots n'entrent point en contribution. Co. 191-6°, 192-4°, 250, 258, s.

305. Si le consignataire refuse de recevoir les marchandises, le capitaine peut, par autorité de justice, en faire vendre pour le paiement de son fret, et faire ordonner le dépôt du surplus. C. 1961, 2102-2º. — Co. 93, 106, 191, 192, 285. — S'il y a insuffisance, il conserve son recours contre le chargeur.

306. Le capitaine ne peut retenir les marchandises dans son navire faute de paiement de son fret. — Il peut, dans le temps de la décharge, demander le dépôt en mains tierces jusqu'au paiement de son fret. Co. 1961.

307. Le capitaine est préféré, pour son fret, sur les marchandises de son chargement, pendant quinzaine après leur délivrance, si elles n'ont passé en mains tierces. C. 2095. — Co. 190, s., 271, 286, 308.

308. En cas de faillite des chargeurs ou réclamateurs avant l'expiration de la quinzaine, le capitaine est privilégié sur tous les créanciers pour le paiement de son fret et des avaries qui lui sont dues. Co. 95, 286, 346, 397, 457.

309. En aucun cas, le chargeur ne peut demander de diminution sur le prix du fret.

310. Le chargeur ne peut abandonner pour le fret les marchandises diminuées de prix, ou détériorées par leur vice propre ou par cas fortuit. — Si toutefois des futailles contenant vin, huile, miel et autres liquides, ont tellement coulé qu'elles soient vides ou presque vides, lesdites futailles pourront être abandonnées pour le fret. Co. 216, 369, s.

TITRE NEUVIÈME.

DES CONTRATS A LA GROSSE (a).

311. Le contrat à la grosse est fait devant notaire ou sous signature privée. C. 1964. — Co. 191-9º, 192-7º, 234, 312,

(a) Le *contrat à la grosse*, qu'on appelle aussi *prêt à la grosse aventure*, ou simplement *prêt à la grosse*, est un contrat réel, unilatéral et aléatoire (C. 1964), par lequel une personne consent à prêter une certaine somme sur des objets exposés à des risques maritimes, en convenant que la somme prêtée sera perdue pour elle, si ces objets périssent; mais que cette somme lui sera rendue, si ces objets arrivent à bon port, avec un profit convenu pour le risque, évalué à un prix qu'on nomme *change* ou *profit maritime*. — Ce contrat est d'origine ancienne; les

s., 348, 432, 633. — Il énonce — Le capital prêté et la somme convenue pour le profit maritime, — Les objets sur lesquels le prêt est affecté, — Les noms du navire et du capitaine, — Ceux du prêteur et de l'emprunteur, — Si le prêt a lieu pour un voyage, — Pour quel voyage, et pour quel temps, — L'époque du remboursement.

312. Tout prêteur à la grosse, en France, est tenu de faire enregistrer son contrat au greffe du tribunal de commerce, dans les dix jours de la date, à peine de perdre son privilége; Co. 191-9º, 192-7º. — Et si le contrat est fait à l'étranger, il est soumis aux formalités prescrites à l'article 234.

313. Tout acte de prêt à la grosse peut être négocié par la voie de l'endossement, s'il est à ordre. — En ce cas, la négociation de cet acte a les mêmes effets et produit les mêmes actions en garantie que celle des autres effets de commerce. Co. 136, 187.

314. La garantie de paiement ne s'étend pas au profit maritime, à moins que le contraire n'ait été expressément stipulé. Co. 318.

315. Les emprunts à la grosse peuvent être affectés, — Sur le corps et quille du navire, — Sur les agrès et apparaux, — Sur l'armement et les victuailles. — Sur le chargement, — Sur la totalité de ces objets conjointement, ou sur une partie déterminée de chacun d'eux. Co. 191-9º, 192-7º, 280, 334.

316. Tout emprunt à la grosse, fait pour une somme excédant la valeur des objets sur lesquels il est affecté, peut être déclaré nul, à la demande du prêteur, s'il est prouvé qu'il y a fraude de la part de l'emprunteur. Co. 329, 336.

317. S'il n'y a fraude, le contrat est valable jusqu'à la concurrence de la valeur des effets affectés à l'emprunt, d'après l'estimation qui en est faite ou convenue; — Le surplus de la somme empruntée est remboursé avec intérêts au cours de la place. C. 1153, 1907.

318. Tous emprunts sur le fret à faire du navire et sur le profit espéré des marchandises sont prohibés. — Le prêteur,

Romains le nommaient *pecunia trajectitia, nauticum fœnus.* — Ces sortes d'actes sont soumis au timbre. (Voy. C. de l'enreg. et du timbre.)

dans ce cas, n'a droit qu'au remboursement du capital, sans aucun intérêt. Co. 314, 317.

319. Nul prêt à la grosse ne peut être fait aux matelots ou gens de mer sur leurs loyers ou voyages. Co. 250.

320. Le navire, les agrès et les apparaux, l'armement et les victuailles, même le fret acquis, sont affectés par privilége au capital et intérêts de l'argent donné à la grosse sur le corps et quille du vaisseau. Co. 191-9°, 192-7°, 311, 315. — Le chargement est également affecté au capital et intérêts de l'argent donné à la grosse sur le chargement. — Si l'emprunt a été fait sur un objet particulier du navire ou du chargement, le privilége n'a lieu que sur l'objet, et dans la proportion de la quotité affectée à l'emprunt.

321. Un emprunt à la grosse fait par le capitaine dans le lieu de la demeure des propriétaires du navire, sans leur autorisation authentique ou leur intervention dans l'acte, ne donne action et privilége que sur la portion que le capitaine peut avoir au navire et au fret. Co. 232, 234, 236.

322. Sont affectées aux sommes empruntées, même dans le lieu de la demeure des intéressés, pour radoub et victuailles, les parts et portions des propriétaires qui n'auraient pas fourni leur contingent pour mettre le bâtiment en état, dans les vingt-quatre heures de la sommation qui leur en sera faite. Pr. 1033. — Co. 233.

323. Les emprunts faits pour le dernier voyage du navire sont remboursés par préférence aux sommes prêtées pour un précédent voyage, quand même il serait déclaré qu'elles sont laissées par continuation ou renouvellement. — Les sommes empruntées pendant le voyage sont préférées à celles qui auraient été empruntées avant le départ du navire, et, s'il y a plusieurs emprunts faits pendant le même voyage, le dernier emprunt sera toujours préféré à celui qui l'aura précédé. Co. 191, 194.

324. Le prêteur à la grosse sur marchandises chargées dans un navire désigné au contrat ne supporte pas la perte des marchandises même par fortune de mer, si elles ont été chargées sur un autre navire, à moins qu'il ne soit légalement constaté que ce chargement a eu lieu par force majeure. Co. 241, 258, 277, 298, 310, 350.

325. Si les effets sur lesquels le prêt à la grosse a eu lieu sont entièrement perdus, et que la perte soit arrivée par cas fortuit, dans le temps et dans le lieu des risques, la somme prêtée ne peut être réclamée. — C. 1302. — Co. 216, 221, s., 324, 328.

326. Les déchets, diminutions et pertes qui arrivent par le vice propre de la chose, et les dommages causés par le fait de l'emprunteur, ne sont point à la charge du prêteur. Co. 103, 324, 325.

327. En cas de naufrage, le paiement des sommes empruntées à la grosse est réduit à la valeur des effets sauvés et affectés au contrat, déduction faite des frais de sauvetage. Co 258, 259, 331, 350, 369, 386, 417.

328. Si le temps des risques n'est point déterminé par le contrat, il court, à l'égard du navire, des agrès, apparaux, armement et victuailles, du jour que le navire a fait voile, jusqu'au jour où il est ancré ou amarré au port ou lieu de sa destination. Co. 215, 341, 350. — A l'égard des marchandises, le temps des risques court du jour qu'elles ont été chargées dans le navire, ou dans les gabares pour les y porter, jusqu'au jour où elles sont délivrées à terre.

329. Celui qui emprunte à la grosse, sur des marchandises, n'est point libéré par la perte du navire et du chargement, s'il ne justifie qu'il y avait, pour son compte, des effets jusqu'à la concurrence de la somme empruntée. Co. 316, 325, s.

330. Les prêteurs à la grosse contribuent, à la décharge des emprunteurs, aux avaries communes. Pr. 656, s. — Co. 397, s. — Les avaries simples sont aussi à la charge des prêteurs, s'il n'y a convention contraire. Co. 399.

331. S'il y a contrat à la grosse et assurance sur le même navire ou sur le même chargement, le produit des effets sauvés du naufrage est partagé entre le prêteur à la grosse, *pour son capital seulement*, et l'assureur, pour les sommes assurées, au marc le franc de leur intérêt respectif, sans préjudice des priviléges établis à l'article 191. Co. 258, 327, 332, 417.

TITRE DIXIÈME.

DES ASSURANCES (a).

SECT. I. — *Du contrat d'assurance, de sa forme et de son objet.*

332. Le contrat d'assurance est rédigé par écrit. — Il est daté du jour auquel il est souscrit. — Il y est énoncé si c'est avant ou après midi.— Il peut être fait sous signature privée. — Il ne peut contenir aucun blanc.— Il exprime—Le nom et le domicile de celui qui fait assurer, sa qualité de propriétaire ou de commissionnaire,— Le nom et la désignation du navire, — Le nom du capitaine, — Le lieu où les marchandises ont été ou doivent être chargées,— Le port d'où ce navire a dû ou doit partir, — Les ports ou rades dans lesquels il doit charger ou décharger,— Ceux dans lesquels il doit entrer, — La nature et la valeur ou l'estimation des marchandises ou objets que l'on fait assurer,— Le temps auxquels les risques doivent commencer et finir,— La somme assurée,— La prime ou le coût de l'assurance, — La soumission des parties à des arbitres, en cas de contestation, si elle a été convenue, — Et généralement toutes les autres conditions dont les parties sont convenues (b). C. 1134.— Co. 335, 338, 342, 347, 361, 432, 435, 436, 576, 633.

333. La même police peut contenir plusieurs assurances, soit à raison des marchandises, soit à raison du taux de la prime, soit à raison de différents assureurs. Co. 335.

334. L'assurance peut avoir pour objet,—Le corps et quille du vaisseau, vide ou chargé, armé ou non armé, seul ou accompagné,— Les agrès et apparaux,— Les armements,— Les victuailles,— Les sommes prêtées à la grosse,—Les marchandises du chargement, et toutes autres choses ou valeurs estimables à prix d'argent, sujettes aux risques de la navigation. Co. 191-10°, 192-8°, 280, 315, 342, 347.

335. L'assurance peut être faite sur le tout ou sur une partie desdits objets, conjointement ou séparément. — Elle peut être faite en temps de paix ou en temps de guerre, avant ou pendant le voyage du vaisseau.—Elle peut être faite pour l'aller et le retour, ou seulement pour l'un des deux, pour le voyage entier ou pour un temps limité; — Pour tous voyages et transports par mer, rivières et canaux navigables. Co. 356, 358.

336. En cas de fraude dans l'estimation des effets assurés, en cas de supposition ou de falsification, l'assureur peut faire procéder à la vérification et estimation des objets, sans préjudice de toutes autres poursuites, soit civiles, soit criminelles. C. 1116.— Co. 316, 348, 357, s., 380, 414.

337. Les chargements faits aux Echelles du Levant, aux côtes d'Afrique et autres parties du monde, pour l'Europe, peuvent être assurés sur quelque navire qu'ils aient lieu, sans désignation du navire ni du capitaine. Co. 332.— Les marchandises elles-mêmes peuvent, en ce cas, être assurées sans désignation de leur nature et espèce. — Mais la police doit indiquer celui à qui l'expédition est faite ou doit être consignée, s'il n'y a convention contraire dans la police d'assurance.

338. Tout effet dont le prix est stipulé dans le contrat, en monnaie étrangère, est évalué au prix que la monnaie stipulée vaut en monnaie de France, suivant le cours à l'époque de la signature de la police. Co. 72, 339.

339. Si la valeur des marchandises n'est point fixée par le contrat, elle peut être justifiée par les factures ou par les livres : à défaut, l'estimation en est faite suivant le prix courant au temps et au lieu du chargement, y compris tous les droits payés et les frais faits jusqu'à bord. Co. 106, 109, 414.

340. Si l'assurance est faite sur le retour d'un pays où le commerce ne se fait que par troc, et que l'estimation des marchandises ne soit pas faite par la police, elle sera réglée sur le pied de la va-

---

(a) Le *contrat d'assurance* est une convention synallagmatique et aléatoire, par laquelle l'un des contractants se charge, moyennant un prix convenu, d'indemniser l'autre partie des pertes, dommages ou avaries que pourront éprouver sur mer et par accidents de force majeure les objets exposés au danger de la navigation. — Il existe aussi des assurances contre les incendies, la grêle, etc.

(b) Les polices d'assurances sont soumises au *timbre.* (Voy., au Code de l'enregistrement et du timbre, les lois des 11 juin 1842, 7 mars-14 juin 1850.)

leur de celles qui ont été données en échange, en y joignant les frais de transport. Co. 332.

341. Si le contrat d'assurance ne règle point le temps des risques, les risques commencent et finissent dans le temps réglé par l'article 328 pour les contrats à la grosse. Co. 332.

342. L'assureur peut faire réassurer par d'autres les effets qu'il a assurés. — L'assuré peut faire assurer le coût de l'assurance. — La prime de réassurance peut être moindre ou plus forte que celle de l'assurance. Co. 334, 347, 357.

343. L'augmentation de prime qui aura été stipulée en temps de paix pour le temps de guerre qui pourrait survenir, et dont la quotité n'aura pas été déterminée par les contrats d'assurance, est réglée par les tribunaux, en ayant égard aux risques, aux circonstances et aux stipulations de chaque police d'assurance.

344. En cas de perte des marchandises assurées et chargées pour le compte du capitaine sur le vaisseau qu'il commande, le capitaine est tenu de justifier aux assureurs l'achat des marchandises, et d'en fournir un connaissement signé par deux des principaux de l'équipage. Co. 102 et la *note*, 281, s.

345. Tout homme de l'équipage et tout passager, qui apportent des pays étrangers des marchandises assurées en France, sont tenus d'en laisser un connaissement dans les lieux où le chargement s'effectue, entre les mains du consul de France, et, à défaut, entre les mains d'un Français notable négociant, ou du magistrat du lieu (a).

346. Si l'assureur tombe en faillite lorsque le risque n'est pas encore fini, l'assuré peut demander caution, ou la résiliation du contrat. — L'assureur a le même droit en cas de faillite de l'assuré. C. 1184, 1188, 1234.—Co. 437, s.

347. Le contrat d'assurance est nul, s'il a pour objet — Le fret des marchandises existant à bord du navire,—Le profit espéré des marchandises,—Les loyers des gens de mer,—Les sommes empruntées à la grosse,—Les profits maritimes des sommes prêtées à la grosse. C. 6, 1133, 1172.—Co. 334, 342, 365, 386.

(a) Voy., au C. pénal de la marine march., l'ordonn. du 29 octobre 1853, art. 47.

348. Toute réticence, toute fausse déclaration de la part de l'assuré, toute différence entre le contrat d'assurance et le connaissement, qui diminueraient l'opinion du risque ou en changeraient le sujet, annullent l'assurance. — L'assurance est nulle, même dans le cas où la réticence, la fausse déclaration ou la différence, n'auraient pas influé sur le dommage ou la perte de l'objet assuré. Co. 365, s.

SECT. II. — *Des obligations de l'assureur et de l'assuré.*

349. Si le voyage est rompu avant le départ du vaisseau, même par le fait de l'assuré, l'assurance est annulée; l'assureur reçoit, à titre d'indemnité, demi pour cent de la somme assurée. Co. 252, 257, 288, 332, 350, s., 435, s.

350. Sont aux risques des assureurs, toutes pertes et dommages qui arrivent aux objets assurés, par tempête, naufrage, échouement, abordage fortuit, changements forcés de route, de voyage ou de vaisseau, par jet, feu, prise, pillage, arrêt par ordre de puissance, déclaration de guerre, représailles, et généralement par toutes les autres fortunes de mer. Co. 328, 341, 351, s., 403-3°, 407, 410, s., 435.

351. Tout changement de route, de voyage ou de vaisseau, et toutes pertes et dommages provenant du fait de l'assuré, ne sont point à la charge de l'assureur; et même la prime lui est acquise, s'il a commencé à courir les risques. Co. 349, 361, 364, 391, s.

352. Les déchets, diminutions et pertes qui arrivent par le vice propre de la chose, et les dommages causés par le fait et faute des propriétaires, affréteurs ou chargeurs, ne sont point à la charge des assureurs. C. 1382. — Co. 326.

353. L'assureur n'est point tenu des prévarications et fautes du capitaine et de l'équipage, connues sous le nom de *baraterie de patron* (b), s'il n'y a conven-

(b) Une loi du 10 avril 1825 a été publiée pour réprimer les barateries de patron. Depuis et sous la date des 24 mars-26 avril 1852, il est intervenu un décret contenant un Code *disciplinaire* et *pénal* pour la marine marchande, lequel a modifié plusieurs dispositions de la loi de 1825 dans ce qu'elles avaient de trop rigoureux. (Voy. 2e partie ce Code pén. de la marine marchande.)

23

tion contraire. C. 1134.—Co. 216, 221, s.

354. L'assureur n'est point tenu du pilotage, touage et lamanage (a), ni d'aucune espèce de droits imposés sur le navire et les marchandises. Co. 291 et la *note.*

355. Il sera fait désignation, dans la police, des marchandises sujettes, par leur nature, à détérioration particulière ou diminution, comme blés ou sels, ou marchandises susceptibles de coulage; sinon les assureurs ne répondront point des dommages ou pertes qui pourraient arriver à ces mêmes denrées, si ce n'est toutefois que l'assuré eût ignoré la nature du chargement lors de la signature de la police. Co. 332, 369.

356. Si l'assurance a pour objet des marchandises pour l'aller et le retour, et si, le vaisseau étant parvenu à sa première destination, on ne fait point de chargement en retour, ou si le chargement en retour n'est pas complet, l'assureur reçoit seulement les deux tiers proportionnels de la prime convenue, s'il n'y a stipulation contraire. C. 1134.

357. Un contrat d'assurance ou de réassurance, consenti pour une somme excédant la valeur des effets chargés, est nul à l'égard de l'assuré seulement, s'il est prouvé qu'il y a dol ou fraude de sa part. C. 1116.—Co. 336, 359, 380.

358. S'il n'y a ni dol ni fraude, le contrat est valable jusqu'à concurrence de la valeur des effets chargés, d'après l'estimation qui en est faite ou convenue. —En cas de pertes, les assureurs sont tenus d'y contribuer chacun à proportion des sommes par eux assurées. Co. 328, 360, 401.—Ils ne reçoivent pas la prime de cet excédant de valeur, mais seulement l'indemnité de demi pour cent. Co. 349, 359.

359. S'il existe plusieurs contrats

d'assurance faits sans fraude sur le même chargement, et que le premier contrat assure l'entière valeur des effets chargés, il subsistera seul. —Les assureurs qui ont signé les contrats subséquents sont libérés; ils ne reçoivent que demi pour cent de la somme assurée. Co. 349, 358, 379. —Si l'entière valeur des effets chargés n'est pas assurée par le premier contrat, les assureurs qui ont signé les contrats subséquents répondent de l'excédant, en suivant l'ordre de la date des contrats. C. 1317, 1322.—Co. 335, 358.

360. S'il y a des effets chargés pour le montant des sommes assurées, en cas de perte d'une partie, elle sera payée par tous les assureurs de ces effets, au marc le franc de leur intérêt. Co. 358, 401.

361. Si l'assurance a lieu divisément pour des marchandises qui doivent être chargées sur plusieurs vaisseaux désignés, avec énonciation de la somme assurée sur chacun, et si le chargement entier est mis sur un seul vaisseau, ou sur un moindre nombre qu'il n'en est désigné dans le contrat, l'assureur n'est tenu que de la somme qu'il a assurée sur le vaisseau ou sur les vaisseaux qui ont reçu le chargement, nonobstant la perte de tous les vaisseaux désignés; et il recevra néanmoins demi pour cent des sommes dont les assurances se trouvent annulées. Co. 349, 351, 391, s.

362. Si le capitaine a la liberté d'entrer dans différents ports pour compléter ou échanger son chargement, l'assureur ne court les risques des effets assurés que lorsqu'ils sont à bord, s'il n'y a convention contraire. Co. 332.

363. Si l'assurance est faite pour un temps limité, l'assureur est libre après l'expiration du temps, et l'assuré peut faire assurer les nouveaux risques.

364. L'assureur est déchargé des risques, et la prime lui est acquise, si l'assuré envoie le vaisseau en un lieu plus éloigné que celui qui est désigné par le contrat, quoique sur la même route. Co. 351, 361, 391, s. —L'assurance a son entier effet, si le voyage est raccourci.

365. Toute assurance faite après la perte ou l'arrivée des objets assurés est nulle, s'il y a présomption qu'avant la signature du contrat, l'assuré a pu être informé de la perte, ou l'assureur de l'ar-

(a) Le *touage* est une opération qui a lieu lorsqu'il est nécessaire, pour faire avancer le navire, de le traîner sur l'eau, avec un cordage appelé *touée,* attaché au navire et tiré par des hommes placés sur le rivage, ou attaché à un point fixe (ancre, balise, ou autre vaisseau) et tiré par l'équipage lui-même.— L'opération du *lamanage* se fait à l'aide de pilotes dits *lamaneurs* ou *locmans,* qui, lorsqu'un navire entre dans certaines rades dont le passage peut être dangereux, le précèdent dans de petites barques afin de diriger sa marche et de lui faire éviter les écueils.

rivée des objets assurés. C. 6, 1133, 1172. — Co. 347, 348, 366, 368.

366. La présomption existe, si, en comptant trois quarts de myriamètre (une lieue et demie) par heure, sans préjudice des autres preuves, il est établi que de l'endroit de l'arrivée ou de la perte du vaisseau, ou du lieu où la première nouvelle en est arrivée, elle a pu être portée dans le lieu où le contrat d'assurance a été passé, avant la signature du contrat. C. 1350, s. — Co. 367.

367. Si cependant l'assurance est faite sur bonnes ou mauvaises nouvelles, la présomption mentionnée dans les articles précédents n'est point admise.— Le contrat n'est annulé que sur la preuve que l'assuré savait la perte, ou l'assureur l'arrivée du navire, avant la signature du contrat. C, 1341. — Co. 368.

368. En cas de preuve contre l'assuré, celui-ci paie à l'assureur une double prime. — En cas de preuve contre l'assureur, celui-ci paie à l'assuré une somme double de la prime convenue. — Celui d'entre eux contre qui la preuve est faite est poursuivi correctionnellement. I, cr. 179. — P. 405.

SECT. III. — Du délaissement.

369. Le délaissement des objets assurés peut être fait, —En cas de prise, —De naufrage, —D'échouement avec bris,— D'innavigabilité par fortune de mer,—En cas d'arrêt d'une puissance étrangère,— En cas de perte ou détérioration des effets assurés, si la détérioration ou la perte va au moins à trois quarts.—Il peut être fait, en cas d'arrêt de la part du gouvernement, après le voyage commencé. Co. 276, s., 330, 372, 381, 387, 389, 395.

370. Il ne peut être fait avant le voyage commencé. Co. 369.

371. Tous autres dommages sont réputés avaries, et se règlent, entre les assureurs et les assurés, à raison de leurs intérêts. Co. 330, 397, s., 404, 409, 435, 436.

372. Le délaissement des objets assurés ne peut être partiel ni conditionnel. —Il ne s'étend qu'aux effets qui sont l'objet de l'assurance et du risque. Co. 332, 350.

373. Le délaissement doit être fait aux assureurs dans le terme de six mois, à partir du jour de la réception de la nouvelle de la perte arrivée aux ports ou côtes de l'Europe, ou sur celles d'Asie et d'Afrique, dans la Méditerranée, ou bien, en cas de prise, de la réception de celle de la conduite du navire dans l'un des ports ou lieux situés aux côtes ci-dessus mentionnées; — Dans le délai d'un an après la réception de la nouvelle ou de la perte arrivée, ou de la prise conduite aux colonies des Indes occidentales, aux îles Açores, Canaries, Madère et autres îles et côtes occidentales d'Afrique et orientales d'Amérique; —Dans le délai de deux ans après la nouvelle des pertes arrivées ou des prises conduites dans toutes les autres parties du monde. —Et ces délais passés, les assurés ne seront plus recevables à faire le délaissement. C. 374, s., 382, 385, s., 431, 432.

374. Dans le cas où le délaissement peut être fait, et dans le cas de tous autres accidents au risque des assureurs, l'assuré est tenu de signifier à l'assureur les avis qu'il a reçus. Co. 378, 387, 390. —La signification doit être faite dans les trois jours de la réception de l'avis. Pr. 68, 378, 1033.

375. Si, après un an expiré, à compter du jour du départ du navire, ou du jour auquel se rapportent les dernières nouvelles reçues pour les voyages ordinaires, —Après deux ans, pour les voyages de long cours, — L'assuré déclare n'avoir reçu aucune nouvelle de son navire, il peut faire le délaissement à l'assureur et demander le paiement de l'assurance, sans qu'il soit besoin d'attestation de la perte. Co. 377.—Après l'expiration de l'an ou des deux ans, l'assuré a, pour agir, les délais établis par l'article 373.

376. Dans le cas d'une assurance pour temps limité, après l'expiration des délais établis, comme ci-dessus, pour les voyages ordinaires et pour ceux de long cours, la perte du navire est présumée arrivée dans le temps de l'assurance. C. 1350, s. — Co. 332, 373.

377. Sont réputés voyages de long cours ceux qui se font aux Indes orientales et occidentales, à la mer Pacifique, au Canada, à Terre-Neuve, au Groënland, et autres côtes et îles de l'Amérique méridionale et septentrionale, aux Açores, Canaries, à Madère, et dans toutes les côtes et pays situés sur l'Océan, au delà des détroits de Gibraltar et du Sund. Co. 375.

378. L'assuré peut, par la signification mentionnée en l'article 374, ou faire le délaissement, avec sommation à l'assureur de payer la somme assurée dans le délai fixé par le contrat, ou se réserver de faire le délaissement dans les délais fixés par la loi. Pr. 68.

379. L'assuré est tenu, en faisant le délaissement, de déclarer toutes les assurances qu'il a faites ou fait faire, même celles qu'il a ordonnées et l'argent qu'il a pris à la grosse, soit sur le navire, soit sur les marchandises; faute de quoi, le délai du paiement, qui doit commencer à courir du jour du délaissement, sera suspendu jusqu'au jour où il fera notifier ladite déclaration, sans qu'il en résulte aucune prorogation du délai établi pour former l'action en délaissement. Co. 359.

380. En cas de déclaration frauduleuse, l'assuré est privé des effets de l'assurance; il est tenu de payer les sommes empruntées, nonobstant la perte ou la prise du navire. C. 1116.—Co. 336, 348, 357, s.

381. En cas de naufrage ou d'échouement avec bris, l'assuré doit, sans préjudice du délaissement à faire en temps et lieu, travailler au recouvrement des effets naufragés. Co. 246, 258, 261, 369, s.—Sur son affirmation, les frais de recouvrement lui sont alloués jusqu'à concurrence de la valeur des effets recouvrés. C. 2102-3°.—Co. 393.

382. Si l'époque du paiement n'est point fixée par le contrat, l'assureur est tenu de payer l'assurance trois mois après la signification du délaissement. Pr. 68, 1033.—Co. 373.

383. Les actes justificatifs du chargement et de la perte sont signifiés à l'assureur avant qu'il puisse être poursuivi pour le paiement des sommes assurées. Co. 222, 246, 247.

384. L'assureur est admis à la preuve des faits contraires à ceux qui sont consignés dans les attestations.—L'admission à la preuve ne suspend pas les condamnations de l'assureur au paiement provisoire de la somme assurée, à la charge par l'assuré de donner caution. C. 2040,

s.—Pr. 517, s.—L'engagement de la caution est éteint après quatre années révolues, s'il n'y a pas eu de poursuite. C. 2244.—Co. 346.

385. Le délaissement signifié et accepté ou jugé valable, les effets assurés appartiennent à l'assureur, à partir de l'époque du délaissement. Co. 383.—L'assureur ne peut, sous prétexte du retour du navire, se dispenser de payer la somme assurée.

386. Le fret des marchandises sauvées, quand même il aurait été payé d'avance, fait partie du délaissement du navire et appartient également à l'assureur, sans préjudice des droits des prêteurs à la grosse, de ceux des matelots pour leur loyer, et des frais et dépenses pendant le voyage. Co. 191, 192, 286, s., 320, 327.

387. En cas d'arrêt de la part d'une puissance, l'assuré est tenu de faire la signification à l'assureur, dans les trois jours de la réception de la nouvelle. Pr. 68, 1033.—Co. 369, 374, 390.—Le délaissement des objets arrêtés ne peut être fait qu'après un délai de six mois de la signification, si l'arrêt a eu lieu dans les mers d'Europe, dans la Méditerranée, ou dans la Baltique;—Qu'après le délai d'un an, si l'arrêt a eu lieu en pays plus éloigné.—Ces délais ne courent que du jour de la signification de l'arrêt.—Dans le cas où les marchandises arrêtées seraient périssables, les délais ci-dessus mentionnés sont réduits à un mois et demi pour le premier cas, et à trois mois pour le second cas. Co. 373.

388. Pendant les délais portés par l'article précédent, les assurés sont tenus de faire toutes diligences qui peuvent dépendre d'eux, à l'effet d'obtenir la main-levée des effets arrêtés.—Pourront, de leur côté, les assureurs, ou de concert avec les assurés, ou séparément, faire toutes démarches à même fin.

389. Le délaissement à titre d'innavigabilité ne peut être fait si le navire échoué peut être relevé, réparé et mis en état de continuer sa route pour le lieu de sa destination. Co. 237, 297, 369, 390, s.—Dans ce cas, l'assuré conserve son recours sur les assureurs, pour les frais et avaries occasionnés par l'échouement. Co. 400.

390. Si le navire a été déclaré innavigable, l'assuré sur le chargement est tenu d'en faire la notification dans le délai de trois jours de la réception de la nouvelle. Co. 374, 387, 389.

391. Le capitaine est tenu, dans ce cas, de faire toutes diligences pour se procurer un autre navire à l'effet de transporter les marchandises au lieu de leur destination. Co. 221, s., 237, 238, 241, 296, 392.

392. L'assureur court les risques des marchandises chargées sur un autre navire, dans le cas prévu par l'article précédent, jusqu'à leur arrivée et leur déchargement. Co. 351, 361, 393.

393. L'assureur est tenu, en outre, des avaries, frais de déchargement, magasinage, rembarquement, de l'excédant du fret, et de tous autres frais qui auront été faits pour sauver les marchandises, jusqu'à concurrence de la somme assurée. Co. 371, 381, 397.

394. Si, dans les délais prescrits par l'article 387, le capitaine n'a pu trouver de navire pour recharger les marchandises et les conduire au lieu de leur destination, l'assuré peut en faire le délaissement. Co. 369, 391.

395. En cas de prise, si l'assuré n'a pu en donner avis à l'assureur, il peut racheter les effets sans attendre son ordre. Co. 258, 369, 396. — L'assuré est tenu de signifier à l'assureur la composition qu'il aura faite, aussitôt qu'il en aura les moyens. Co. 369, 400.

396. L'assureur a le choix de prendre la composition à son compte, ou d'y renoncer : il est tenu de notifier son choix à l'assuré, dans les vingt-quatre heures qui suivent la signification de la composition. Pr. 68, 1033. — S'il déclare prendre la composition à son profit, il est tenu de contribuer, sans délai, au paiement du rachat dans les termes de la convention, et à proportion de son intérêt ; et il continue de courir les risques du voyage, conformément au contrat d'assurance. C. 1134.—Co. 332.—S'il déclare renoncer au profit de la composition, il est tenu au paiement de la somme assurée, sans pouvoir rien prétendre aux effets rachetés. — Lorsque l'assureur n'a pas notifié son choix dans le délai susdit, il est censé avoir renoncé au profit de la composition.

TITRE ONZIÈME.

DES AVARIES.

397. Toutes dépenses extraordinaires faites pour le navire et les marchandises conjointement ou séparément, — Tout dommage qui arrive au navire et aux marchandises, depuis leur chargement et départ jusqu'à leur retour et déchargement, — Sont réputés avaries. Co. 191-11°, 300, 308, 330, 350, 371, 393, 398, s., 435, 436.

398. A défaut de conventions spéciales entre toutes les parties, les avaries sont réglées conformément aux dispositions ci-après.

399. Les avaries sont de deux classes, avaries grosses ou communes, et avaries simples ou particulières. Co. 400, 403.

400. Sont avaries communes, — 1° Les choses données par composition et à titre de rachat du navire et des marchandises ; Co. 395, 396. — 2° Celles qui sont jetées à la mer ; Co. 410, s. — 3° Les câbles ou mâts rompus ou coupés ; — 4° Les ancres et autres effets abandonnés pour le salut commun ; — 5° Les dommages occasionnés par le jet aux marchandises restées dans le navire ; — 6° Les pansement et nourriture des matelots blessés en défendant le navire, les loyer et nourriture des matelots pendant la détention, quand le navire est arrêté en voyage par ordre d'une puissance, et pendant les réparations des dommages volontairement soufferts pour le salut commun, si le navire est affrété au mois ; Co. 262, s. — 7° Les frais du déchargement pour alléger le navire et entrer dans un havre ou dans une rivière, quand le navire est contraint de le faire par tempête ou par la poursuite de l'ennemi ; Co. 410, s. — 8° Les frais faits pour remettre à flot le navire échoué dans l'intention d'éviter la perte totale ou la prise ; C. 2102-3°. — Et, en général, les dommages soufferts volontairement et les dépenses faites, d'après délibérations motivées, pour le bien et salut commun du navire et des marchandises, depuis leur chargement et départ jusqu'à leur retour et déchargement. Co. 220, 234, 389, 399, 401, s., 410.

401. Les avaries communes sont supportées par les marchandises et par la moitié du navire et du fret, au marc le franc de la valeur. Co. 358, 360, 371, 401, 404.

402. Le prix des marchandises est établi par leur valeur au lieu du déchargement. Co. 72, 106, 109, 414.

403. Sont avaries particulières, — 1° Le dommage arrivé aux marchandises par leur vice propre, par tempête, prise, naufrage ou échouement; — 2° Les frais faits pour les sauver; — 3° La perte des câbles, ancres, voiles, mâts, cordages, causée par tempête ou autre accident de mer; Co. 350. — Les dépenses résultant de toutes relâches occasionnées soit par la perte fortuite de ces objets, soit par le besoin d'avitaillement, soit par la voie d'eau à réparer; — 4° La nourriture et le loyer des matelots pendant la détention, quand le navire est arrêté en voyage par ordre d'une puissance, et pendant les réparations qu'on est obligé d'y faire, si le navire est affrété au voyage; Co. 277, 350. — 5° La nourriture et le loyer des matelots pendant la quarantaine, que le navire soit loué au voyage ou au mois; — Et, en général, les dépenses faites et le dommage souffert pour le navire seul, ou pour les marchandises seules, depuis leur chargement et départ jusqu'à leur retour et déchargement. Co. 300, 399, 404, 408.

404. Les avaries particulières sont supportées et payées par le propriétaire de la chose qui a essuyé le dommage ou occasionné la dépense. C. 1382. — Co. 401, 403.

405. Les dommages arrivés aux marchandises, faute par le capitaine d'avoir bien fermé les écoutilles (a), amarré le navire, fourni de bons guindages (b), et par tous autres accidents provenant de la négligence du capitaine ou de l'équipage, sont également des avaries particulières supportées par le propriétaire des marchandises, mais pour lesquelles il a son recours contre le capitaine, le navire et le fret. C. 1382, 1383. — Co. 216, 221, 222, 407, 435, 436.

406. Les lamanages, touages, pilota-

(a, b) Les *écoutilles* sont les ouvertures pratiquées sur le tillac et à chaque pont du navire, pour communiquer d'un étage à l'autre ou dans la cale. — On nomme *guindages* les cordages qu'on emploie pour charger les marchandises sur le navire, ou pour les décharger.

ges, pour entrer dans les havres ou rivières, ou pour en sortir, les droits de congés, visites, rapports, tonnes, balises, ancrages, et autres droits de navigation, ne sont point avaries; mais ils sont de simples frais à la charge du navire.

407. En cas d'abordage de navires, si l'événement a été purement fortuit, le dommage est supporté, sans répétition, par celui des navires qui l'a éprouvé. Co. 350, 435, 436. — Si l'abordage a été fait par la faute de l'un des capitaines, le dommage est payé par celui qui l'a causé. C. 1149, 1382. — Co. 216, 221, 405. — S'il y a doute dans les causes de l'abordage, le dommage est réparé à frais communs, et par égale portion, par les navires qui l'ont fait et souffert. Dans ces deux derniers cas, l'estimation du dommage est faite par experts. Pr. 302, s. — Co. 106, 414.

408. Une demande pour avaries n'est point recevable, si l'avarie commune n'excède pas un pour cent de la valeur cumulée du navire et des marchandises, et si l'avarie particulière n'excède pas aussi un pour cent de la valeur de la chose endommagée. Co. 399, 400, 403.

409. La clause *franc d'avaries* affranchit les assureurs de toutes avaries, soit communes, soit particulières, excepté dans les cas qui donnent ouverture au délaissement; et, dans ces cas, les assurés ont l'option entre le délaissement et l'exercice d'action d'avarie. Co. 332, 369, 371, 401.

TITRE DOUZIÈME.

DU JET ET DE LA CONTRIBUTION.

410. Si, par tempête ou par la chasse de l'ennemi, le capitaine se croit obligé, pour le salut du navire, de jeter en mer une partie de son chargement, de couper ses mâts ou d'abandonner ses ancres, il prend l'avis des intéressés au chargement qui se trouvent dans le vaisseau, et des principaux de l'équipage. Co. 220, 301, 400-5°. — S'il y a diversité d'avis, celui du capitaine et des principaux de l'équipage est suivi. Co. 241.

411. Les choses les moins nécessaires, les plus pesantes et de moindre prix, sont jetées les premières, et ensuite les marchandises du premier pont, au choix du capitaine et par l'avis des principaux de l'équipage. Co. 241, 410, 412, s., 426.

412. Le capitaine est tenu de rédiger par écrit la délibération, aussitôt qu'il en a les moyens. — La délibération exprime — Les motifs qui ont déterminé le jet, — Les objets jetés ou endommagés. — Elle présente la signature des délibérants, ou les motifs de leur refus de signer. — Elle est transcrite sur le registre. Co. 224, 242, 246, 247, 413.

413. Au premier port où le navire abordera, le capitaine est tenu, dans les vingt-quatre heures de son arrivée, d'affirmer les faits contenus dans la délibération transcrite sur le registre. Co. 246, 412.

414. L'état des pertes et dommages est fait dans le lieu du déchargement du navire, à la diligence du capitaine et par experts. Pr. 302, s. — Co. 106, 414. — Les experts sont nommés par le tribunal de commerce, si le déchargement se fait dans un port français. — Dans les lieux où il n'y a pas de tribunal de commerce, les experts sont nommés par le juge de paix. — Ils sont nommés par le consul de France, et, à son défaut, par le magistrat du lieu, si la décharge se fait dans un port étranger. — Les experts prêtent serment avant d'opérer. Pr. 302. — Co. 106.

415. Les marchandises jetées sont estimées suivant le prix courant du lieu du déchargement; leur qualité est constatée par la production des connaissements, et des factures, s'il y en a. Co. 109, 222, 284, s., 418, 420.

416. Les experts nommés en vertu de l'article précédent font la répartition des pertes et dommages. Co. 414. — La répartition est rendue exécutoire par l'homologation du tribunal. — Dans les ports étrangers, la répartition est rendue exécutoire par le consul de France, ou, à son défaut, par tout tribunal compétent sur les lieux.

417. La répartition pour le paiement des pertes et dommages est faite sur les effets jetés et sauvés, et sur moitié du navire et du fret, à proportion de leur valeur au lieu du déchargement. Co. 327, 331, 418, s.

418. Si la qualité des marchandises a été déguisée par le connaissement, et qu'elles se trouvent d'une plus grande valeur, elles contribuent sur le pied de leur estimation, si elles sont sauvées; — Elles sont payées d'après la qualité désignée par le connaissement, si elles sont perdues. Co. 284, 415, 420. — Si les marchandises déclarées sont d'une qualité inférieure à celle qui est indiquée par le connaissement, elles contribuent d'après la qualité indiquée par le connaissement, si elles sont sauvées; — Elles sont payées sur le pied de leur valeur, si elles sont jetées ou endommagées.

419. Les munitions de guerre et de bouche, et les hardes des gens de l'équipage, ne contribuent point au jet; la valeur de celles qui auront été jetées sera payée par contribution sur tous les autres effets. Pr. 656, s.

420. Les effets dont il n'y a pas de connaissement ou déclaration du capitaine ne sont pas payés s'ils sont jetés, ils contribuent s'ils sont sauvés. Co. 281, 292, 415, 418.

421. Les effets chargés sur le tillac du navire contribuent s'ils sont sauvés. Co. 420. — S'ils sont jetés, ou endommagés par le jet, le propriétaire n'est point admis à former une demande en contribution : il ne peut exercer son recours que contre le capitaine. Co. 229.

422. Il n'y a lieu à contribution pour raison du dommage arrivé au navire, que dans le cas où le dommage a été fait pour faciliter le jet.

423. Si le jet ne sauve le navire, il n'y a lieu à aucune contribution. — Les marchandises sauvées ne sont point tenues du paiement ni du dédommagement de celles qui ont été jetées ou endommagées. Co. 424, 427.

424. Si le jet sauve le navire, et si le navire, en continuant sa route, vient à se perdre, — Les effets sauvés contribuent au jet sur le pied de leur valeur en l'état où ils se trouvent, déduction faite des frais de sauvetage. C. 2103-3°.

425. Les effets jetés ne contribuent en aucun cas au paiement des dommages arrivés, depuis le jet, aux marchandises sauvées. — Les marchandises ne contribuent point au paiement du navire perdu, ou réduit à l'état d'innavigabilité. Co. 246, 369, 389, s.

426. Si, en vertu d'une délibération,

le navire a été ouvert pour en extraire les marchandises (a), elles contribuent à la réparation du dommage causé au navire. Co. 241, 410, 411, s.

427. En cas de perte des marchandises mises dans les barques pour alléger le navire entrant dans un port ou une rivière, la répartition en est faite sur le navire et son chargement en entier. — Si le navire périt avec le reste de son chargement, il n'est fait aucune répartition sur les marchandises mises dans les alléges, quoiqu'elles arrivent à bon port. C. 423.

428. Dans tous les cas ci-dessus exprimés, le capitaine et l'équipage sont privilégiés sur les marchandises ou le prix en provenant pour le montant de la contribution. Co. 250, 259, 271, 429.

429. Si, depuis la répartition, les effets jetés sont recouvrés par les propriétaires, ils sont tenus de rapporter au capitaine et aux intéressés ce qu'ils ont reçu dans la contribution, déduction faite des dommages causés par le jet et des frais de recouvrement. Co. 428.

TITRE TREIZIÈME.

DES PRESCRIPTIONS.

430. Le capitaine ne peut acquérir la propriété du navire par voie de prescription. C. 2236, 2238. — Co. 384, 431, s.

431. L'action en délaissement est prescrite dans les délais exprimés par l'article 373. C. 2219. — Co. 369.

432. Toute action dérivant d'un contrat à la grosse, ou d'une police d'assurance, est prescrite après cinq ans, à compter de la date du contrat. Co. 189, 311, 332, 434.

_____

(a) Cette opération se nomme *sabordage.*

433. Sont prescrites, — Toutes actions en paiement pour fret de navire, gages et loyers des officiers, matelots et autres gens de l'équipage, un an après le voyage fini ; Co. 250, 272, 286.—Pour nourriture fournie aux matelots par l'ordre du capitaine, un an après la livraison ; —Pour fournitures de bois et autres choses nécessaires aux constructions, équipement et avitaillement du navire, un an après ces fournitures faites;—Pour salaires d'ouvriers, et pour ouvrages faits, un an après la réception des ouvrages; — Toute demande en délivrance de marchandises, un an après l'arrivée du navire.

434. La prescription ne peut avoir lieu, s'il y a cédule, obligation, arrêté de compte ou interpellation judiciaire. C. 2244, s. —Pr. 59, 60, s., 69, 397, 401.

TITRE QUATORZIÈME.

FINS DE NON-RECEVOIR.

435. Sont non recevables, — Toutes actions contre le capitaine et les assureurs, pour dommage arrivé à la marchandise, si elle a été reçue sans protestation ; Co. 221, 332. — Toutes actions contre l'affréteur pour avaries, si le capitaine a livré les marchandises et reçu son fret sans avoir protesté ; Co. 286, 397. —Toutes actions en indemnité pour dommages causés par l'abordage dans un lieu où le capitaine a pu agir, s'il n'a point fait de réclamation. Co. 305, 407.

436. Ces protestations et réclamations sont nulles, si elles ne sont faites et signifiées dans les vingt-quatre heures, et si, dans le mois de leur date, elles ne sont suivies d'une demande en justice. Pr. 68, s., 1033.

LIVRE TROISIÈME.

Des faillites et banqueroutes.

Loi du 28 mai 1838. Promulguée le 8 juin.)

Le livre III du Code de commerce sur les faillites et banqueroutes, ainsi que les articles 69 et 635 du même Code, seront remplacés par les dispositions suivantes. Néanmoins les faillites déclarées antérieurement à la promulgation de la présente loi continueront à être régies par les anciennes dispositions du Code de commerce, sauf en ce qui concerne la réhabilitation et l'application des articles 527 et 528 (a).

TITRE PREMIER.

DE LA FAILLITE.

DISPOSITIONS GÉNÉRALES.

437. Tout commerçant qui cesse ses paiements est en état de faillite. — La faillite d'un commerçant peut être déclarée après son décès, lorsqu'il est mort en état de cessation de paiements. Co. 478, 481, 614. — La déclaration de la faillite ne pourra être soit prononcée d'office, soit demandée par les créanciers, que dans l'année qui suivra le décès (b). Co. 440, s.

CHAP. I. — DE LA DÉCLARATION DE FAILLITE ET DE SES EFFETS.

438. Tout failli sera tenu, dans les trois jours de la cessation de ses paiements, d'en faire la déclaration au greffe du tribunal de commerce de son domicile.

(a) Il est inutile, aujourd'hui, de reproduire l'ancien texte du liv. III. Les faillites dont l'ouverture remonterait au delà de 1838 et qui ne seraient pas actuellement jugées sont trop rares en effet pour qu'il devienne nécessaire d'embarrasser les colonnes de notre livre d'un texte que personne ne sera appelé à consulter désormais.

(b) 19-20 mars 1848. — *Décret qui autorise les tribunaux de commerce à accorder un sursis aux commerçants, contre les poursuites de leurs créanciers.*

« Art. 1er. Provisoirement les tribunaux de commerce pourront, sur la requête à laquelle sera jointe la copie des assignations, accorder à tout commerçant, par un jugement en dernier ressort, un sursis de trois mois au plus contre

Le jour de la cessation de paiement sera compris dans les trois jours. Co. 439, s. — En cas de faillite d'une société en nom collectif, la déclaration contiendra le nom et l'indication du domicile de chacun des associés solidaires. Elle sera faite au greffe du tribunal dans le ressort duquel se trouve le siège du principal établissement de la société. Co. 20, s., 458, 531, 542, 544, 586-4°.

439. La déclaration du failli devra être accompagnée du dépôt du bilan, ou contenir l'indication des motifs qui empêcheraient le failli de le déposer. Le bilan contiendra l'énumération et l'évaluation de tous les biens mobiliers et immobiliers du débiteur, l'état des dettes actives et passives, le tableau des profits et pertes, le tableau des dépenses; il devra être

les poursuites de ses créanciers. Le sursis pourra être révoqué sur la demande de tout intéressé.

« 2. Le sursis ne peut être accordé que sous les conditions portées aux articles suivants.

« 3. Le jugement de sursis nommera parmi les créanciers un commissaire ou plusieurs, que le tribunal pourra révoquer ou remplacer : le débiteur pourra faire partie du commissariat sans pouvoir être nommé seul commissaire.

« 4. Les commissaires feront, dans l'intérêt des créanciers, tous les actes utiles même en justice; néanmoins, pour continuer le commerce du débiteur et pour faire tous actes excédant l'administration, les commissaires devront être autorisés par le tribunal.

« 5. Durant le sursis judiciaire, aucun créancier ne pourra être payé ni préféré au préjudice des autres. Les répartitions seront faites sans frais par le tribunal ou par un de ses membres délégués dans le jugement de sursis, sur un état qui sera présenté tous les dix jours par un commissaire.

« 6. Les diverses dispositions de la loi du 28 mai 1838 concernant la revendication, l'exigibilité des créances non échues à l'égard du débiteur en sursis (les autres souscripteurs ou endosseurs, ou garants, ne devant être tenus de payer qu'aux échéances), la validité des actes, paiement et compensation, les privilèges et hypothèques, sont applicables quand il y a sursis judiciaire.

« 7. Les actions des créanciers contre les associés seront intentées directement par les commissaires devant le tribunal de commerce. Dans tous les cas, le créancier peut intervenir pour la conservation de ses droits, sans autres frais que ceux de la demande ou que l'acte de intervention, les autres demeurant à la charge du débiteur. »

certifié véritable, daté et signé par le débiteur. Co. 476-8°, 477, 591, s. — Pr. 898 et la *note*.

440. La faillite est déclarée par jugement du tribunal de commerce, rendu, soit sur la déclaration du failli, soit à la requête d'un ou de plusieurs créanciers, soit d'office. Ce jugement sera exécutoire provisoirement. Co. 462, 466, 491, 580. — Pr. 435.

441. Par le jugement déclaratif de la faillite, ou par jugement ultérieur rendu sur le rapport du juge-commissaire, le tribunal déterminera, soit d'office, soit sur la poursuite de toute partie intéressée, l'époque à laquelle a eu lieu la cessation de paiements. A défaut de détermination spéciale, la cessation de paiements sera réputée avoir lieu à partir du jugement déclaratif de la faillite. Co. 580, s.

442. Les jugements rendus en vertu des deux articles précédents seront affichés et insérés par extrait dans les journaux, tant du lieu où la faillite aura été déclarée que de tous les lieux où le failli aura des établissements commerciaux, suivant le mode établi par l'article 42 du présent Code. Co. 464, 504, 580, 600.

443. Le jugement déclaratif de la faillite emporte de plein droit, à partir de sa date, dessaisissement, pour le failli, de l'administration de tous ses biens, même de ceux qui peuvent lui échoir tant qu'il est en état de faillite. — A partir de ce jugement, toute action mobilière ou immobilière ne pourra être suivie ou intentée que contre les syndics. — Il en sera de même de toute voie d'exécution tant sur les meubles que sur les immeubles. Pr. 583, s., 673, s. — Le tribunal, lorsqu'il le jugera convenable, pourra recevoir le failli partie intervenante. Co. 486, s.

444. Le jugement déclaratif de faillite rend exigibles, à l'égard du failli, les dettes passives non échues. — En cas de faillite du souscripteur d'un billet à ordre, de l'accepteur d'une lettre de change ou du tireur à défaut d'acceptation, les autres obligés seront tenus de donner caution pour le paiement à l'échéance, s'ils n'aiment mieux payer immédiatement. C. 2040, 2041. — Pr. 518, s. — Co. 110, 118, s., 140, 187, 449, 471, 472, 542.

445. Le jugement déclaratif de faillite arrête, à l'égard de la masse seulement, le cours des intérêts de toute créance non garantie par un privilége, par un nantissement ou par une hypothèque. — Les intérêts des créances garanties ne pourront être réclamés que sur les sommes provenant des biens affectés au privilége, à l'hypothèque ou au nantissement. Co. 448, 546, s., 552, s.

446. Sont nuls et sans effet, relativement à la masse, lorsqu'ils auront été faits par le débiteur depuis l'époque déterminée par le tribunal comme étant celle de la cessation de ses paiements, ou dans les dix jours qui auront précédé cette époque; Co. 440, s., 448. — Tous actes translatifs de propriétés mobilières ou immobilières à titre gratuit; — Tous paiements, soit en espèces, soit par transport, vente, compensation ou autrement, pour dettes non échues, et pour dettes échues, tous paiements faits autrement qu'en espèces ou effets de commerce; — Toute hypothèque conventionnelle ou judiciaire, et tous droits d'antichrèse ou de nantissement constitués sur les biens du débiteur pour dettes antérieurement contractées. C. 2071, s., 2124, 2146. — Co. 445.

447. Tous autres paiements faits par le débiteur pour dettes échues, et tous autres actes à titre onéreux par lui passés après la cessation de ses paiements et avant le jugement déclaratif de faillite, pourront être annulés si, de la part de ceux qui ont reçu du débiteur ou qui ont traité avec lui, ils ont eu lieu avec connaissance de la cessation de ses paiements. Co. 437, 440.

448. Les droits d'hypothèque et de privilége valablement acquis pourront être inscrits jusqu'au jour du jugement déclaratif de la faillite. — Néanmoins les inscriptions prises après l'époque de la cessation de paiements, ou dans les dix jours qui précèdent, pourront être déclarées nulles, s'il s'est écoulé plus de quinze jours entre la date de l'acte constitutif de l'hypothèque ou du privilége et celle de l'inscription. Co. 446. — Ce délai sera augmenté d'un jour à raison de cinq myriamètres de distance entre le lieu où le droit d'hypothèque aura été acquis et le lieu où l'inscription sera prise. Pr. 1033.

449. Dans le cas où des lettres de

change auraient été payées après l'époque fixée comme étant celle de la cessation de paiements et avant le jugement déclaratif de faillite, l'action en rapport ne pourra être intentée que contre celui pour compte duquel la lettre de change aura été fournie. Co. 110, s.—S'il s'agit d'un billet à ordre, l'action ne pourra être exercée que contre le premier endosseur. Co. 136, s., 187, 444. — Dans l'un et l'autre cas, la preuve que celui à qui on demande le rapport avait connaissance de la cessation de paiements à l'époque de l'émission du titre devra être fournie. C. 1341.—Pr. 252, s.—Co. 106, s.

450. Toutes voies d'exécution pour parvenir au paiement des loyers sur les effets mobiliers servant à l'exploitation du commerce du failli seront suspendues pendant trente jours, à partir du jugement déclaratif de faillite, sans préjudice de toutes mesures conservatoires, et du droit qui sera acquis au propriétaire de reprendre possession des lieux loués. C. 1728-2°, 2102-1°. — Pr. 819, s. — Co. 443, 490.—Dans ce cas, la suspension des voies d'exécution établie au présent article cessera de plein droit. Co. 440, 443, 490.

CHAP. II. — DE LA NOMINATION DU JUGE-COMMISSAIRE.

451. Par le jugement qui déclarera la faillite, le tribunal de commerce désignera l'un de ses membres pour juge-commissaire. Co. 462, s., 446, s., 471, s., 485, s., 493, s., 503, s., 519, 522, 527, s., 534, s., 547, 551, 560, 566, 567, 569, 572, 578, s.

452. Le juge-commissaire sera chargé spécialement d'accélérer et de surveiller les opérations et la gestion de la faillite. Il fera au tribunal de commerce le rapport de toutes les contestations que la faillite pourra faire naître, et qui seront de la compétence de ce tribunal. Co. 514, 538.

453. Les ordonnances du juge-commissaire ne seront susceptibles de recours que dans les cas prévus par la loi. Ces recours seront portés devant le tribunal de commerce. Co. 466, 530.

454. Le tribunal de commerce pourra, à toutes les époques, remplacer le juge-commissaire de la faillite par un autre de ses membres. Co. 462, 467.

CHAP. III. — DE L'APPOSITION DES SCELLÉS, ET DES PREMIÈRES DISPOSITIONS A L'ÉGARD DE LA PERSONNE DU FAILLI.

455. Par le jugement qui déclarera la faillite, le tribunal ordonnera l'apposition des scellés et le dépôt de la personne du failli dans la maison d'arrêt pour dettes, ou la garde de sa personne par un officier de police ou de justice, ou par un gendarme. Pr. 780, s., 907, s.—Co. 456, s.—Néanmoins, si le juge-commissaire estime que l'actif du failli peut être inventorié en un seul jour, il ne sera point apposé de scellés, et il devra être immédiatement procédé à l'inventaire. — Il ne pourra, en cet état, être reçu, contre le failli, d'écrou ou recommandation pour aucune espèce de dettes. Co. 456, 460, 472, 488, 505, 521, 539.

456. Lorsque le failli se sera conformé aux articles 438 et 439, et ne sera point, au moment de la déclaration, incarcéré pour dettes ou pour autre cause, le tribunal pourra l'affranchir du dépôt ou de la garde de sa personne. Co. 455, 460, 488, 505-2°. — La disposition du jugement qui affranchirait le failli du dépôt ou de la garde de sa personne pourra toujours, suivant les circonstances, être ultérieurement rapportée par le tribunal de commerce, même d'office.

457. Le greffier du tribunal de commerce adressera, sur-le-champ, au juge de paix, avis de la disposition du jugement qui aura ordonné l'apposition des scellés.— Le juge de paix pourra, même avant ce jugement, apposer les scellés, soit d'office, soit sur la réquisition d'un ou plusieurs créanciers, mais seulement dans le cas de disparition du débiteur ou de détournement de tout ou partie de son actif. Co. 458, 468, s., 480, 522, 593, 594.

458. Les scellés seront apposés sur les magasins, comptoirs, caisses, portefeuilles, livres, papiers, meubles et effets du failli. Co. 574. — En cas de faillite d'une société en nom collectif, les scellés seront apposés, non-seulement dans le siége principal de la société, mais encore dans le domicile séparé de chacun des associés solidaires. Co. 22, s. — Dans tous les cas, le juge de paix donnera, sans délai, au président du tribunal de commerce, avis de l'apposition des scellés. Co. 468, 469, 471, 480.

459. Le greffier du tribunal de commerce adressera, dans les vingt-quatre heures, au procureur impérial du ressort, extrait des jugements déclaratifs de faillite, mentionnant les principales indications et dispositions qu'ils contiennent. Co. 440, 482, 483, 602, 606, s.

460. Les dispositions qui ordonneront le dépôt de la personne du failli dans une maison d'arrêt pour dettes, ou la garde de sa personne, seront exécutées à la diligence, soit du ministère public, soit des syndics de la faillite. Co. 443, 455, 456.

461. Lorsque les deniers appartenant à la faillite ne pourront suffire immédiatement aux frais du jugement de déclaration de la faillite, d'affiche et d'insertion de ce jugement dans les journaux, d'apposition des scellés, d'arrestation et d'incarcération du failli, l'avance de ces frais sera faite, sur ordonnance du juge-commissaire, par le trésor public, qui en sera remboursé par privilége sur les premiers recouvrements, sans préjudice du privilége du propriétaire. C. 2102-1°. — Co. 440, 442, 445, 450, 587, s.

CHAP. IV. — DE LA NOMINATION ET DU REMPLACEMENT DES SYNDICS PROVISOIRES.

462. Par le jugement qui déclarera la faillite, le tribunal de commerce nommera un ou plusieurs syndics provisoires. Co. 440. — Le juge-commissaire convoquera immédiatement les créanciers présumés à se réunir dans un délai qui n'excédera pas quinze jours Il consultera les créanciers présents à cette réunion, tant sur la composition de l'état des créanciers présumés que sur la nomination de nouveaux syndics. Il sera dressé procès-verbal de leurs dires et observations, lequel sera représenté au tribunal. Co. 492. — Sur le vu de ce procès-verbal et de l'état des créanciers présumés, et sur le rapport du juge-commissaire, le tribunal nommera de nouveaux syndics ou continuera les premiers dans leurs fonctions. — Les syndics ainsi institués sont définitifs ; cependant ils peuvent être remplacés par le tribunal de commerce,

dans les cas et suivant les formes qui seront déterminés. — Le nombre des syndics pourra être, à toute époque, porté jusqu'à trois; ils pourront être choisis parmi les personnes étrangères à la masse, et recevoir, quelle que soit leur qualité, après avoir rendu compte de leur gestion, une indemnité que le tribunal arbitrera sur le rapport du juge-commissaire. Pr. 527, s. — Co. 443, 460, 463, s., 468, s., 506, s., 532, 536, s., 566, s.

463. Aucun parent ou allié du failli, jusqu'au quatrième degré inclusivement, ne pourra être nommé syndic. C. 735, s.

464. Lorsqu'il y aura lieu de procéder à l'adjonction ou au remplacement d'un ou plusieurs syndics, il en sera référé par le juge-commissaire au tribunal de commerce, qui procédera à la nomination suivant les formes établies par l'article 462.

465. S'il a été nommé plusieurs syndics, ils ne pourront agir que collectivement; néanmoins le juge-commissaire peut donner à un ou plusieurs d'entre eux des autorisations spéciales à l'effet de faire séparément certains actes d'administration. Dans ce dernier cas, les syndics autorisés seront seuls responsables. C. 1383, 1384.

466. S'il s'élève des réclamations contre quelqu'une des opérations des syndics, le juge-commissaire statuera, dans le délai de trois jours, sauf le recours devant le tribunal de commerce. Co. 453, 530, 580, s. — Les décisions du juge-commissaire sont exécutoires par provision.

467. Le juge-commissaire pourra, soit sur les réclamations à lui adressées par le failli ou par des créanciers, soit même d'office, proposer la révocation d'un ou plusieurs des syndics. Co. 462. — Si, dans les huit jours, le juge-commissaire n'a pas fait droit aux réclamations qui lui ont été adressées, ces réclamations pourront être portées devant le tribunal. — Le tribunal, en chambre du conseil, entendra le rapport du juge-commissaire et les explications des syndics, et prononcera à l'audience sur la révocation.

CHAP. V. — DES FONCTIONS DES SYNDICS.

SECT. I. — *Dispositions générales.*

468. Si l'apposition des scellés n'avait

point eu lieu avant la nomination des syndics, ils requerront le juge de paix d'y procéder. Pr. 907, s. — Co. 455, s., 469.

469. Le juge-commissaire pourra également, sur la demande des syndics, les dispenser de faire placer sous les scellés, ou les autoriser à en faire extraire : — 1º Les vêtements, hardes, meubles et effets nécessaires au failli et à sa famille, et dont la délivrance sera autorisée par le juge-commissaire sur l'état que lui en soumettront les syndics; — 2º Les objets sujets à dépérissement prochain ou à dépréciation imminente; C. 796. — Co. 470. — 3º Les objets servant à l'exploitation du fonds de commerce, lorsque cette exploitation ne pourrait être interrompue sans préjudice pour les créanciers. Co. 470.—Les objets compris dans les deux paragraphes précédents seront de suite inventoriés avec prisée par les syndics, en présence du juge de paix, qui signera le procès-verbal. Pr. 302, s., 429, s., 941, s.—Co. 455, s., 479, s.

470. La vente des objets sujets à dépérissement ou à dépréciation imminente, ou dispendieux à conserver, et l'exploitation du fonds de commerce, auront lieu à la diligence des syndics, sur l'autorisation du juge-commissaire. Co. 469-2º-3º, 484, s.

471. Les livres seront extraits des scellés et remis par le juge de paix aux syndics, après avoir été arrêtés par lui; il constatera sommairement, par son procès-verbal, l'état dans lequel ils se trouveront. Co. 458. — Les effets de portefeuille à courte échéance ou susceptibles d'acceptation, ou pour lesquels il faudra faire des actes conservatoires, seront aussi extraits des scellés par le juge de paix, décrits et remis aux syndics pour en faire le recouvrement. Le bordereau en sera remis au juge-commissaire. Co. 444, 490.—Les autres créances seront recouvrées par les syndics sur leurs quittances. Les lettres adressées au failli seront remises aux syndics, qui les ouvriront; il pourra, s'il est présent, assister à l'ouverture (a). Co. 443, 462.

472. Le juge-commissaire, d'après

l'état apparent des affaires du failli, pourra proposer sa mise en liberté avec sauf-conduit provisoire de sa personne. Si le tribunal accorde le sauf-conduit, il pourra obliger le failli à fournir caution de se représenter, sous peine de paiement d'une somme que le tribunal arbitrera, et qui sera dévolue à la masse. Pr. 517.—Co. 488, 505, 586-5º, 595-2º.

473. A défaut, par le juge-commissaire, de proposer un sauf-conduit pour le failli, ce dernier pourra présenter sa demande au tribunal de commerce, qui statuera, en audience publique, après avoir entendu le juge-commissaire. Pr. 116.—Co. 443, 583-2º.

474. Le failli pourra obtenir pour lui et sa famille, sur l'actif de sa faillite, des secours alimentaires qui seront fixés, sur la proposition des syndics, par le juge-commissaire, sauf appel au tribunal, en cas de contestation. Co. 443, 530, 565, 583-2º.

475. Les syndics appelleront le failli auprès d'eux pour clore et arrêter les livres en sa présence. Co. 476.—S'il ne se rend pas à l'invitation, il sera sommé de comparaître dans les quarante-huit heures au plus tard. — Soit qu'il ait ou non obtenu un sauf-conduit, il pourra comparaître par fondé de pouvoirs, s'il justifie de causes d'empêchement reconnues valables par le juge-commissaire. Co. 472.

476. Dans le cas où le bilan n'aurait pas été déposé par le failli, les syndics le dresseront immédiatement à l'aide des livres et papiers du failli et des renseignements qu'ils se procureront, et ils le déposeront au greffe du tribunal de commerce. Co. 439, 458, 494, 522.

477. Le juge-commissaire est autorisé à entendre le failli, ses commis et employés, et toute autre personne, tant sur ce qui concerne la formation du bilan que sur les causes et les circonstances de la faillite. Co. 439, 478.

478. Lorsqu'un commerçant aura été déclaré en faillite après son décès, ou

(a) Il existe, sous la date du 29 mars 1839, une instruction générale du ministre des finances, sur le service des postes, qui indique les différentes mesures à prendre pour la remise des lettres à qui de droit, en cas de faillite ou de banqueroute du destinataire. Cette instruction indique aussi la manière d'effectuer, entre les mains du directeur des postes, la saisie des lettres adressées à des individus en état de prévention ou d'accusation.

lorsque le failli viendra à décéder après la déclaration de la faillite, sa veuve, ses enfants, ses héritiers, pourront se présenter ou se faire représenter pour le suppléer dans la formation du bilan, ainsi que dans toutes les autres opérations de la faillite. Co. 437, 439, 477, 481, 614.

SECT. II. — *De la levée des scellés, et de l'inventaire.*

479. Dans les trois jours, les syndics requerront la levée des scellés, et procéderont à l'inventaire des biens du failli, lequel sera présent ou dûment appelé. Pr. 928, s., 941, s. — Co. 443, 445, s., 480, s.

480. L'inventaire sera dressé en double minute par les syndics, à mesure que les scellés seront levés, et en présence du juge de paix qui le signera à chaque vacation. L'une de ces minutes sera déposée au greffe du tribunal de commerce, dans les vingt-quatre heures; l'autre restera entre les mains des syndics. Co. 458. —Les syndics seront libres de se faire aider, pour sa rédaction comme pour l'estimation des objets, par qui ils jugeront convenable. — Il sera fait récolement des objets qui, conformément à l'article 469, n'auraient pas été mis sous les scellés, et auraient déjà été inventoriés et prisés. Pr. 611. — Co. 481, 522.

481. En cas de déclaration de faillite après décès, lorsqu'il n'aura point été fait d'inventaire antérieurement à cette déclaration, ou en cas de décès du failli avant l'ouverture de l'inventaire, il y sera procédé immédiatement, dans les formes du précédent article, et en présence des héritiers, ou eux dûment appelés. Pr. 943. — Co. 437, 478, 614.

482. En toute faillite, les syndics, dans la quinzaine de leur entrée ou de leur maintien en fonctions, seront tenus de remettre au juge-commissaire un mémoire ou compte sommaire de l'état apparent de la faillite, de ses principales causes et circonstances, et des caractères qu'elle paraît avoir. — Le juge-commissaire transmettra immédiatement les mémoires, avec ses observations, au procureur impérial. S'ils ne lui ont pas été remis dans les délais prescrits, il devra

en prévenir le procureur impérial, et lui indiquer les causes du retard. Co. 459, 483, 492.

483. Les officiers du ministère public pourront se transporter au domicile du failli et assister à l'inventaire. — Ils auront, à toute époque, le droit de requérir communication de tous les actes, livres ou papiers relatifs à la faillite. Co. 458, 459.

SECT. III. — *De la vente des marchandises et meubles, et des recouvrements.*

484. L'inventaire terminé, les marchandises, l'argent, les titres actifs, les livres et papiers, meubles et effets du débiteur, seront remis aux syndics, qui s'en chargeront au bas dudit inventaire. Pr. 943.— Co. 444, 458.

485. Les syndics continueront de procéder, sous la surveillance du juge-commissaire, au recouvrement des dettes actives. Co. 443, 462, 490.

486. Le juge-commissaire pourra, le failli entendu ou dûment appelé, autoriser les syndics à procéder à la vente des effets mobiliers ou marchandises. Co.534, 560, 563-2°, 595, 583-3°. — Il décidera si la vente se fera soit à l'amiable, soit aux enchères publiques, par l'entremise de courtiers ou de tous autres officiers publics préposés à cet effet. Pr. 617, 625.— Co. 74.— Les syndics choisiront, dans la classe d officiers publics déterminée par le juge-commissaire, celui dont ils voudront employer le ministère. Co. 443, 468, 485.

487. Les syndics pourront, avec l'autorisation du juge-commissaire, et le failli dûment appelé, transiger sur toutes contestations qui intéressent la masse, même sur celles qui sont relatives à des droits et actions immobiliers. C. 2044, s.—Co. 535. — Si l'objet de la transaction est d'une valeur indéterminée ou qui excède trois cents francs, la transaction ne sera obligatoire qu'après avoir été homologuée, savoir : par le tribunal de commerce pour les transactions relatives à des droits mobiliers, et par le tribunal civil pour les transactions relatives à des droits immobiliers. Co. 534, 552, 571, s.; 583-3°. — Le failli sera appelé à l'homologation; il aura, dans tous les cas, la faculté de s'y opposer. Son opposition suffira pour empêcher la transaction, si elle a pour objet des biens immobiliers. Co. 443.

488. Si le failli a été affranchi du dépôt, ou s'il a obtenu un sauf-conduit, les syndics pourront l'employer pour faciliter et éclairer leur gestion; le juge-commissaire fixera les conditions de son travail. Co. 443, 460, 472, 505.

489. Les deniers provenant des ventes et des recouvrements seront, sous la déduction des sommes arbitrées par le juge-commissaire, pour le montant des dépenses et frais, versés immédiatement à la caisse des dépôts et consignations. Dans les trois jours des recettes, il sera justifié au juge-commissaire desdits versements; en cas de retard, les syndics devront les intérêts des sommes qu'ils n'auront point versées. C. 1153, 1907. — Co. 445, 566, s. — Les deniers versés par les syndics et tous autres consignés par des tiers, pour compte de la faillite, ne pourront être retirés qu'en vertu d'une ordonnance du juge-commissaire. S'il existe des oppositions, les syndics devront préalablement en obtenir la mainlevée. — Le juge-commissaire pourra ordonner que le versement sera fait par la caisse directement entre les mains des créanciers de la faillite, sur un état de répartition dressé par les syndics et ordonnancé par lui. Pr. 656, s.

SECT. IV. — Des actes conservatoires.

490. A compter de leur entrée en fonctions, les syndics seront tenus de faire tous actes pour la conservation des droits du failli contre ses débiteurs. C. 1137, 1372. — Co. 474-2°, 485, s., 521. — Ils seront aussi tenus de requérir l'inscription aux hypothèques sur les immeubles des débiteurs du failli, si elle n'a pas été requise par lui; l'inscription sera prise au nom de la masse par les syndics, qui joindront à leurs bordereaux un certificat constatant leur nomination. C. 2146, s. — Ils seront tenus aussi de prendre inscription, au nom de la masse des créanciers, sur les immeubles du failli dont ils connaîtront l'existence. L'inscription sera reçue sur un simple bordereau énonçant qu'il y a faillite, et relatant la date du jugement par lequel ils auront été nommés. C. 2146, 2154.

SECT. V. — De la vérification des créances.

491. A partir du jugement déclaratif de la faillite, les créanciers pourront remettre au greffier leurs titres, avec un bordereau indicatif des sommes par eux réclamées. Le greffier devra en tenir état et en donner récépissé. Co. 440, 492, s., 523. — Il ne sera responsable des titres que pendant cinq années, à partir du jour de l'ouverture du procès-verbal de vérification. C. 2276. — Co. 542, 569, 603.

492. Les créanciers qui, à l'époque du maintien ou du remplacement des syndics, en exécution du troisième paragraphe de l'article 462, n'auront pas remis leurs titres, seront immédiatement avertis par des insertions dans les journaux et par lettres du greffier, qu'ils doivent se présenter en personne ou par fondés de pouvoirs, dans le délai de vingt jours à partir desdites insertions, aux syndics de la faillite, et leur remettre leurs titres accompagnés d'un bordereau indicatif des sommes par eux réclamées, si mieux ils n'aiment en faire le dépôt au greffe du tribunal de commerce; il leur en sera donné récépissé. Co. 495, 568, s. — A l'égard des créanciers domiciliés en France, hors du lieu où siége le tribunal saisi de l'instruction de la faillite, ce délai sera augmenté d'un jour par cinq myriamètres de distance entre le lieu où siége le tribunal et le domicile du créancier. C. 102. — Pr. 1033. — A l'égard des créanciers domiciliés hors du territoire continental de la France, ce délai sera augmenté conformément aux règles de l'article 73 du Code de procédure civile.

493. La vérification des créances commencera dans les trois jours de l'expiration des délais déterminés par les premier et deuxième paragraphes de l'article 492. Elle sera continuée sans interruption. Elle se fera aux lieu, jour et heure indiqués par le juge-commissaire. L'avertissement aux créanciers, ordonné par l'article précédent, contiendra mention de cette indication. Néanmoins les créanciers seront de nouveau convoqués à cet effet, tant par lettres du

greffier que par insertions dans les journaux. Co. 442, 492. — Les créances des
syndics seront vérifiées par le juge-
commissaire ; les autres le seront contradictoirement entre le créancier ou son
fondé de pouvoirs et les syndics, en
présence du juge-commissaire, qui en
dressera procès-verbal.

494. Tout créancier vérifié ou porté
au bilan pourra assister à la vérification
des créances, et fournir des contredits
aux vérifications faites et à faire. Le failli
aura le même droit. Co. 439.

495. Le procès-verbal de vérification
indiquera le domicile des créanciers et
de leurs fondés de pouvoirs. — Il contiendra la description sommaire des titres, mentionnera les surcharges, ratures
et interlignes, et exprimera si la créance
est admise ou contestée. Co. 491, 492,
569, 603.

496. Dans tous les cas, le juge-commissaire pourra, même d'office, ordonner
la représentation des livres du créancier,
ou demander, en vertu d'un compulsoire,
qu'il en soit rapporté un extrait fait par
les juges du lieu. Pr. 847, s., et la *note*.
— Co. 458.

497. Si la créance est admise, les
syndics signeront, sur chacun des titres,
la déclaration suivante : *Admis au passif
de la faillite de*..........., *pour la somme
de*............, *le*.......... — Le juge-commissaire visera la déclaration. — Chaque
créancier, dans la huitaine au plus tard,
après que sa créance aura été vérifiée,
sera tenu d'affirmer, entre les mains du
juge-commissaire, que ladite créance est
sincère et véritable. Co. 503, 504, 552,
581, 593-2º.

498. Si la créance est contestée, le
juge-commissaire pourra, sans qu'il soit
besoin de citation, renvoyer à bref délai
devant le tribunal de commerce, qui jugera sur son rapport. Pr. 72, 417. — Co.
500. — Le tribunal de commerce pourra
ordonner qu'il soit fait, devant le juge-
commissaire, enquête sur les faits, et
que les personnes qui pourront fournir
des renseignements soient, à cet effet,
citées par devant lui. Pr. 252, s., 407, s.

499. Lorsque la contestation sur l'admission d'une créance aura été portée
devant le tribunal de commerce, ce tribunal, si la cause n'est point en état de

recevoir jugement définitif avant l'expiration des délais fixés, à l'égard des
personnes domiciliées en France, par les
articles 492 et 497, ordonnera, selon les
circonstances, qu'il sera sursis ou passé
outre à la convocation de l'assemblée
pour la formation du concordat. Co. 507,
s. — Si le tribunal ordonne qu'il sera
passé outre, il pourra décider, par provision, que le créancier contesté sera
admis dans les délibérations pour une
somme que le même jugement déterminera. Co. 504, 583-4º.

500. Lorsque la contestation sera
portée devant un tribunal civil, le tribunal de commerce décidera s'il sera sursis ou passé outre ; dans ce dernier cas,
le tribunal civil saisi de la contestation
jugera, à bref délai, sur requête des
syndics, signifiée au créancier contesté,
et sans autre procédure, si la créance
sera admise par provision, et pour quelle
somme. Co. 487, 498, s. — Dans le cas
où une créance serait l'objet d'une instruction criminelle ou correctionnelle,
le tribunal de commerce pourra également prononcer le sursis ; s'il ordonne
de passer outre, il ne pourra accorder
l'admission par provision, et le créancier
contesté ne pourra prendre part aux
opérations de la faillite, tant que les
tribunaux compétents n'auront pas statué. Co. 584, s., 591, s. — I. cr. 3, 179,
s., 230, 231.

501. Le créancier dont le privilège
ou l'hypothèque seulement serait contesté sera admis dans les délibérations
de la faillite comme créancier ordinaire.
Co. 445, 552, s.

502. A l'expiration des délais déterminés par les articles 492 et 497, à l'é-
gard des personnes domiciliées en France,
il sera passé outre à la formation du concordat et à toutes les opérations de la
faillite, sous l'exception portée aux articles 567 et 568 en faveur des créanciers
domiciliés hors du territoire continental
de la France. Co. 507, s.

503. A défaut de comparution et affirmation dans les délais qui leur sont
applicables, les défaillants connus ou inconnus ne seront pas compris dans les
répartitions à faire : toutefois, la voie de
l'opposition leur sera ouverte jusqu'à la
distribution des deniers inclusivement ;

les frais de l'opposition demeureront toujours à leur charge. Co. 497. — Leur opposition ne pourra suspendre l'exécution des répartitions ordonnancées par le juge-commissaire ; mais, s'il est procédé à des répartitions nouvelles avant qu'il ait été statué sur leur opposition, ils seront compris pour la somme qui sera provisoirement déterminée par le tribunal, et qui sera tenue en réserve jusqu'au jugement de leur opposition. Co. 500, s., 565. — S'ils se font ultérieurement reconnaître créanciers, ils ne pourront rien réclamer sur les répartitions ordonnancées par le juge-commissaire ; mais ils auront le droit de prélever, sur l'actif non encore réparti, les dividendes afférents à leurs créances dans les premières répartitions. Co. 542, 543, 565, s.

CHAP. VI.—DU CONCORDAT ET DE L'UNION (a).

SECT. I. — De la convocation et de l'assemblée des créanciers.

504. Dans les trois jours qui suivront les délais prescrits pour l'affirmation, le juge-commissaire fera convoquer,

(a) Le mot *concordat*, qui, dans le Code de commerce, a la même signification que le mot *atermoiement* de l'ancien droit, est un contrat qui accorde tout à la fois au débiteur *terme* et *remise* d'une partie de sa dette. — L'union, qui a lieu lorsque les parties n'ont pu s'accorder pour faire un concordat, constitue entre les créanciers une simple communauté des biens du failli, semblable à celle qui résulte, pour les héritiers, de l'indivision temporaire de la chose commune. Par ce contrat, les créanciers *s'unissent* pour recouvrer en commun ce qu'ils pourront retirer de leurs créances, et pour prendre les mesures les plus propres à arriver à une prompte liquidation. — Un décret du 22 août 1848 relatif aux concordats *amiables* portait les dispositions suivantes :

« Art. 1er. Les suspensions ou cessations de paiement survenues depuis le 24 février jusqu'à la promulgation du présent décret, bien que régies par les dispositions du livre III du Code de commerce, ne recevront la qualification de faillite et n'entraîneront les incapacités attachées à la qualité de failli, que dans le cas où le tribunal de commerce refuserait d'homologuer le concordat, ou, en l'homologuant, ne déclarerait pas le débiteur affranchi de cette qualification.

« 2. Le tribunal de commerce aura la faculté, si un arrangement amiable est déjà consenti entre le débiteur et la moitié en nombre de ses créanciers, représentant les trois quarts en somme, de dispenser le débiteur de l'apposition des scellés et de l'inventaire judiciaire. Dans ce cas, le débiteur conservera l'administration de ses affaires, et procédera à leur liquidation

par le greffier, à l'effet de délibérer sur la formation du concordat, les créanciers dont les créances auront été vérifiées et affirmées, ou admises par provision. Les insertions dans les journaux et les lettres de convocation indiqueront l'objet de l'assemblée. Co. 442, 497, 499, 505, s., 529, s., 570.

505. Aux lieu, jour et heure qui seront fixés par le juge-commissaire, l'assemblée se formera sous sa présidence ; les créanciers vérifiés et affirmés, ou admis par provision, s'y présenteront en personne ou par fondés de pouvoirs. C. 1987. — Co. 493. — Le failli sera appelé à cette assemblée ; il devra s'y présenter en personne s'il a été dispensé de la mise en dépôt, ou s'il a obtenu un sauf-conduit, et il ne pourra s'y faire représenter que pour des motifs valables et approuvés par le juge-commissaire. Co. 460, 472, 488.

506. Les syndics feront à l'assemblée un rapport sur l'état de la faillite, sur les formalités qui auront été remplies et les opérations qui auront eu lieu ; le failli sera entendu. Co. 462, 519, 527. — Le rapport des syndics sera remis, signé d'eux, au juge-commissaire, qui dressera procès-verbal de ce qui aura été dit et décidé dans l'assemblée. Co. 452, 527.

SECT. II. — Du concordat.

§ I. — De la formation du concordat.

507. Il ne pourra être consenti de traité entre les créanciers délibérants et le débiteur failli, qu'après l'accomplisse-

concurremment avec les syndics régulièrement nommés, et sous la surveillance d'un juge commis par le tribunal, mais sans pouvoir créer de nouvelles dettes. Les dispositions du Code de commerce relatives à la vérification des créances, au concordat, aux opérations qui les précèdent et qui les suivent, et aux conséquences de la faillite dont le débiteur n'est pas affranchi par l'art. 1er du présent décret, continueront de recevoir leur application.

« 3. Le présent décret est applicable à l'Algérie. »

Ce décret a été abrogé par la loi des 12-17 novemb. 1849, dans les termes suivants :

« Article unique. Trois jours après la promulgation de la présente loi, nul commerçant en état de cessation de paiements ne sera recevable à réclamer le bénéfice du décret du 22 août 1848 ; et les dispositions du livre III du Code de commerce, sur les faillites et banqueroutes, reprendront tout leur empire. »

24

ment des formalités ci-dessus prescrites. Co. 509, 512, 532. — Ce traité ne s'établira que par le concours d'un nombre de créanciers formant la majorité, et représentant, en outre, les trois quarts de la totalité des créances vérifiées et affirmées, ou admises par provision, conformément à la section V du chapitre V (art. 491 à 503) : le tout à peine de nullité.

508. Les créanciers hypothécaires inscrits ou dispensés d'inscription, et les créanciers privilégiés ou nantis d'un gage, n'auront pas voix dans les opérations relatives au concordat pour lesdites créances, et elles n'y seront comptées que s'ils renoncent à leurs hypothèques, gages ou priviléges. Co. 445, 448, 490, 517. — Le vote au concordat emportera de plein droit cette renonciation.

509. Le concordat sera, à peine de nullité, signé séance tenante. S'il est consenti seulement par la majorité en nombre, ou par la majorité des trois quarts en somme, la délibération sera remise à huitaine pour tout délai ; dans ce cas, les résolutions prises et les adhésions données, lors de la première assemblée, demeureront sans effet. Co. 507, 512.

510. Si le failli a été condamné comme banqueroutier frauduleux, le concordat ne pourra être formé. Co. 520, s., 591, s., 601, 612. — Lorsqu'une instruction en banqueroute frauduleuse aura été commencée, les créanciers seront convoqués à l'effet de décider s'ils se réservent de délibérer sur un concordat, en cas d'acquittement, et si, en conséquence, ils surseoient à statuer jusqu'après l'issue des poursuites. Co 583-4°. — Ce sursis ne pourra être prononcé qu'à la majorité en nombre et en somme, déterminée par l'article 507. Si, à l'expiration du sursis, il y a lieu à délibérer sur le concordat, les règles établies par le précédent article seront applicables aux nouvelles délibérations. Co. 520, s.

511. Si le failli a été condamné comme banqueroutier simple, le concordat pourra être formé. Néanmoins, en cas de poursuites commencées, les créanciers pourront surseoir à délibérer jusqu'après l'issue des poursuites, en se conformant aux dispositions de l'article précédent. Co. 584, s., 601, s., 612.

512. Tous les créanciers ayant eu droit de concourir au concordat, ou dont les droits auront été reconnus depuis, pourront y former opposition. Co. 513. — L'opposition sera motivée et devra être signifiée aux syndics et au failli, à peine de nullité, dans les huit jours qui suivront le concordat ; elle contiendra assignation à la première audience du tribunal de commerce. Pr. 68. — Co. 509. — S'il n'a été nommé qu'un seul syndic et s'il se rend opposant au concordat, il devra provoquer la nomination d'un nouveau syndic, vis-à-vis duquel il sera tenu de remplir les formes prescrites au présent article. — Si le jugement de l'opposition est subordonné à la solution de questions étrangères, à raison de la matière, à la compétence du tribunal de commerce, ce tribunal surseoira à prononcer jusqu'après la décision de ces questions. Pr. 170, 424, 427. — Co. 452, 631, s. — Il fixera un bref délai dans lequel le créancier opposant devra saisir les juges compétents et justifier de ses diligences. Co. 498, 500.

513. L'homologation du concordat sera poursuivie devant le tribunal de commerce, à la requête de la partie la plus diligente ; le tribunal ne pourra statuer avant l'expiration du délai de huitaine, fixé par l'article précédent. — Si, pendant ce délai, il a été formé des oppositions, le tribunal statuera sur ces oppositions et sur l'homologation par un seul et même jugement. — Si l'opposition est admise, l'annulation du concordat sera prononcée à l'égard de tous les intéressés.

514. Dans tous les cas, avant qu'il soit statué sur l'homologation, le juge-commissaire fera au tribunal de commerce un rapport sur les caractères de la faillite et sur l'admissibilité du concordat. Co. 442, 538.

515. En cas d'inobservation des règles ci-dessus prescrites, ou lorsque des motifs tirés, soit de l'intérêt public, soit de l'intérêt des créanciers, paraîtront de nature à empêcher le concordat, le tribunal en refusera l'homologation.

§ II. — *Des effets du concordat.*

516. L'homologation du concordat le rendra obligatoire pour tous les créanciers portés ou non portés au bilan, vérifiés ou non vérifiés, et même pour les créanciers domiciliés hors du territoire continental de la France, ainsi que pour ceux qui, en vertu des articles 499 et 500, auraient été admis par provision à délibérer, quelle que soit la somme que le jugement définitif leur attribuerait ultérieurement. Co. 439, 522.

517. L'homologation conservera à chacun des créanciers, sur les immeubles du failli, l'hypothèque inscrite en vertu du troisième paragraphe de l'article 490. A cet effet, les syndics feront inscrire aux hypothèques le jugement d'homologation, à moins qu'il n'en ait été décidé autrement par le concordat. Co. 445, 448, 490, 508.

518. Aucune action en nullité du concordat ne sera recevable après l'homologation, que pour cause de dol découvert depuis cette homologation, et résultant soit de la dissimulation de l'actif, soit de l'exagération du passif. C. 2053, 2054.—

519. Aussitôt après que le jugement d'homologation sera passé en force de chose jugée, les fonctions des syndics cesseront. C. 1350-3º, 1351.—Les syndics rendront au failli leur compte définitif, en présence du juge-commissaire; ce compte sera débattu et arrêté. Ils remettront au failli l'universalité de ses biens, livres, papiers et effets. Le faillli en donnera décharge. Pr. 527.—Co. 443, 458, 462, 537. — Il sera dressé du tout procès-verbal par le juge-commissaire, dont les fonctions cesseront. Co. 451.—En cas de contestation, le tribunal de commerce prononcera. Co. 635.

§ III. — De l'annulation ou de la résolution du concordat.

520. L'annulation du concordat, soit pour dol, soit par suite de condamnation pour banqueroute frauduleuse, intervenue après son homologation, libère de plein droit les cautions. C. 1116, 2040, 2041.—Co. 540, 591, s., 593, s., 601, s., 612.—En cas d'inexécution, par le failli, des conditions de son concordat, la résolution de ce traité pourra être poursuivie contre lui devant le tribunal de commerce, en présence des cautions, s'il en existe, ou elles dûment appelées. C. 1184.—La résolution du concordat ne

libérera pas les cautions qui y seront intervenues pour en garantir l'exécution totale ou partielle.

521. Lorsque, après l'homologation du concordat, le failli sera poursuivi pour banqueroute frauduleuse, et placé sous mandat de dépôt ou d'arrêt, le tribunal de commerce pourra prescrire telles mesures conservatoires qu'il appartiendra. Ces mesures cesseront de plein droit du jour de la déclaration qu'il n'y a lieu à suivre, de l'ordonnance d'acquittement ou de l'arrêt d'absolution. Co. 450, 520, 591, s.—I. cr. 95, s., 128, 229, 358, 366 et la *note*.

522. Sur le vu de l'arrêt de condamnation pour banqueroute frauduleuse, ou par le jugement qui prononcera, soit l'annulation, soit la résolution du concordat, le tribunal de commerce nommera un juge-commissaire et un ou plusieurs syndics. Co. 443, 520, 521, 591, s. — Ces syndics pourront faire apposer les scellés. Co. 455, s.—Ils procéderont, sans retard, avec l'assistance du juge de paix, sur l'ancien inventaire, au récolement des valeurs, actions et des papiers, et procéderont, s'il y a lieu, à un supplément d'inventaire. Pr. 611.—Co. 479, s.—Ils dresseront un bilan supplémentaire. Co. 439, 476 à 478, 494, 567, 591.—Ils feront immédiatement afficher et insérer dans les journaux à ce destinés, avec un extrait du jugement qui les nomme, invitation aux créanciers nouveaux, s'il en existe, de produire, dans le délai de vingt jours, leurs titres de créances à la vérification. Cette invitation sera faite aussi par lettres du greffier, conformément aux articles 472 et 493.—Co. 442, 491, s., 499, 504.

523. Il sera procédé, sans retard, à la vérification des titres de créances produits en vertu de l'article précédent. — Il n'y aura pas lieu à nouvelle vérification des créances antérieurement admises et affirmées, sans préjudice néanmoins du rejet ou de la réduction de celles qui depuis auraient été payées en tout ou en partie. Co. 491.

524. Ces opérations mises à fin, s'il n'intervient pas de nouveau concordat, les créanciers seront convoqués à l'effet de donner leur avis sur le maintien ou le remplacement des syndics. — Il ne sera procédé aux répartitions qu'après l'expiration, à l'égard des créanciers nouveaux, des délais accordés aux personnes domiciliées en France par les articles 492 et 497. Co. 503, 553, 565, s.

525. Les actes faits par le failli postérieurement au jugement d'homologation, et antérieurement à l'annulation ou à la résolution du concordat, ne seront annulés qu'en cas de fraude aux droits des créanciers. C. 1167. — Co. 509, 526.

526. Les créanciers antérieurs au concordat rentreront dans l'intégralité de leurs droits à l'égard du failli seulement ; mais ils ne pourront figurer dans la masse que pour les proportions suivantes, savoir : — S'ils n'ont touché aucune part du dividende, pour l'intégralité de leurs créances ; s'ils ont reçu une partie du dividende, pour la portion de leurs créances primitives correspondante à la portion du dividende promis qu'ils n'auront pas touchée. — Les dispositions du présent article seront applicables au cas où une seconde faillite viendra à s'ouvrir sans qu'il y ait eu préalablement annulation ou résolution du concordat. Co. 487, 509., 524, 525.

SECT. III. — *De la clôture en cas d'insuffisance de l'actif.*

527. Si, à quelque époque que ce soit avant l'homologation du concordat ou la formation de l'union, le cours des opérations de la faillite se trouve arrêté par insuffisance de l'actif, le tribunal de commerce pourra, sur le rapport du juge-commissaire, prononcer, même d'office, la clôture des opérations de la faillite. Co. 462, 513, 529. — Ce jugement fera rentrer chaque créancier dans l'exercice de ses actions individuelles, tant contre les biens que contre la personne du failli. C. 2093. — Co. 443, 539. — Pendant un mois, à partir de sa date, l'exécution de ce jugement sera suspendue. Co. 446.

528. Le failli, ou tout autre intéressé, pourra, à toute époque, le faire rapporter par le tribunal en justifiant qu'il existe des fonds pour faire face aux frais des opérations de la faillite, ou en faisant consigner entre les mains des syndics somme suffisante pour y pourvoir. Co. 575. — Dans tous les cas, les frais des poursuites exercées en vertu de l'article précédent devront être préalablement acquittés. C. 2101-1°.

529. S'il n'intervient point de concordat, les créanciers seront de plein droit en état d'union. Co. 504, s., 509, 570. — Le juge-commissaire les consultera immédiatement, tant sur les faits de la gestion que sur l'utilité du maintien ou du remplacement des syndics. Les créanciers privilégiés, hypothécaires ou nantis d'un gage, seront admis à cette délibération. Co. 445. — Il sera dressé procès-verbal des dires et observations des créanciers, et, sur le vu de cette pièce, le tribunal de commerce statuera comme il est dit à l'article 462. — Les syndics qui ne seraient pas maintenus devront rendre leur compte aux nouveaux syndics, en présence du juge-commissaire, le failli dûment appelé. Pr. 527, s. — Co. 519, 536, 537.

530. Les créanciers seront consultés sur la question de savoir si un secours pourra être accordé au failli sur l'actif de la faillite. Co. 474, 565, 583-2°. — Lorsque la majorité des créanciers présents y aura consenti, une somme pourra être accordée au failli à titre de secours sur l'actif de la faillite. Les syndics en proposeront la quotité, qui sera fixée par le juge-commissaire, sauf recours au tribunal de commerce, de la part des syndics seulement. Co. 453, 462, 466, 580, s.

531. Lorsqu'une société de commerce sera en faillite, les créanciers pourront ne consentir de concordat qu'en faveur d'un ou de plusieurs des associés. Co. 19, s., 509, 586-4°, 604. — En ce cas, tout l'actif social demeurera sous le régime de l'union. Les biens personnels de ceux avec lesquels le concordat aura été consenti en seront exclus, et le traité particulier passé avec eux ne pourra contenir l'engagement de payer un dividende que sur des valeurs étrangères à l'actif social. — L'associé qui aura obtenu un concordat particulier sera déchargé de toute solidarité. C. 1200, s.

532. Les syndics représentent la masse des créanciers et sont chargés de procéder à la liquidation. Co. 443. — Néanmoins les créanciers pourront leur donner mandat pour continuer l'exploitation de l'actif. C. 1137, 1372, 1991. — La délibération qui leur conférera ce mandat en déterminera la durée et l'étendue, et fixera les sommes qu'ils pourront garder entre leurs mains, à l'effet de pourvoir aux frais et dépenses. Elle ne pourrra être prise qu'en présence du juge-commissaire, et à la majorité des trois quarts des créanciers en nombre et en somme. Co. 507. — La voie de l'opposition sera ouverte, contre cette délibération, au failli et aux créanciers dissidents. — Cette opposition ne sera pas suspensive de l'exécution. Pr. 159.

533. Lorsque les opérations des syndics entraîneront des engagements qui excéderaient l'actif de l'union, les créanciers qui auront autorisé ces opérations seront seuls tenus personnellement au delà de leur part dans l'actif, mais seulement dans les limites du mandat qu'ils auront donné; ils contribueront au prorata de leurs créances. C. 1197, 1998.

534. Les syndics sont chargés de poursuivre la vente des immeubles, marchandises et effets mobiliers du failli, et la liquidation de ses dettes actives et passives; le tout sous la surveillance du juge-commissaire, et sans qu'il soit besoin d'appeler le failli. Pr. 617, s. — Co. 444, 486, 487, 552, 557, 571, s.

535. Les syndics pourront, en se conformant aux règles prescrites par l'article 487, transiger sur toute espèce de droits appartenant au failli, nonobstant toute opposition de sa part. C. 2044, s. — Co. 443, 537.

536. Les créanciers en état d'union seront convoqués au moins une fois dans la première année; et, s'il y a lieu, dans les années suivantes, par le juge-commissaire. — Dans ces assemblées, les syndics devront rendre compte de leur gestion. Co. 549, 529, 537. — Ils seront continués ou remplacés dans l'exercice de leurs fonctions, suivant les formes prescrites par les articles 462 et 529.

537. Lorsque la liquidation de la faillite sera terminée, les créanciers seront convoqués par le juge-commissaire. — Dans cette dernière assemblée, les syndics rendront leur compte. Le failli sera présent ou dûment appelé. Pr. 527, s. — Co. 443, 462, 536. — Les créanciers donneront leur avis sur l'excusabilité du failli. Il sera dressé, à cet effet, un procès-verbal dans lequel chacun des créanciers pourra consigner ses dires et observations. Co. 538 à 540. — Après la clôture de cette assemblée, l'union sera dissoute de plein droit. Co. 437.

538. Le juge-commissaire présentera au tribunal la délibération des créanciers relative à l'excusabilité du failli, et un rapport sur les caractères et les circonstances de la faillite. Co. 452, 537. — Le tribunal prononcera si le failli est ou non excusable.

539. Si le failli n'est pas déclaré excusable, les créanciers rentreront dans l'exercice de leurs actions individuelles, tant contre sa personne que sur ses biens. C. 2093, s. — Co. 527-2º. — S'il est déclaré excusable, il demeurera affranchi de la contrainte par corps à l'égard des créanciers de sa faillite, et ne pourra plus être poursuivi par eux que sur ses biens, sauf les exceptions prononcées par les lois spéciales. C. 1350, 1351, 2059, s. — Co. 455, 541. — I. cr. 360 et la *note*.

540. Ne pourront être déclarés excusables, les banqueroutiers frauduleux, les stellionataires, les personnes condamnées pour vol, escroquerie ou abus de confiance, les comptables de deniers publics. C. 2059. — Co. 591. — P. 379, 401, 405, 406, s.

541. Aucun débiteur commerçant ne sera recevable à demander son admission au bénéfice de cession de biens. C. 1265. — Co. 539.

CHAP. VII. — DES DIFFÉRENTES ESPÈCES DE CRÉANCIERS, ET DE LEURS DROITS EN CAS DE FAILLITE.

SECT. I. — *Des coobligés et des cautions.*

542. Le créancier porteur d'engagements souscrits, endossés ou garantis solidairement par le failli et d'autres coobligés qui sont en faillite, participera aux distributions de toutes les masses, et y figurera pour la valeur nominale de son titre jusqu'à parfait paiement. C. 1200, s. — Co. 110, 140, 187, 444, 491, 503, 543.

543. Aucun recours, pour raison des dividendes payés, n'est ouvert aux faillites des coobligés les unes contre les autres, si ce n'est lorsque la réunion des dividendes que donneraient ces faillites excéderait le montant total de la créance, en principal et accessoires; auquel cas, cet excédant sera dévolu, suivant l'ordre des engagements, à ceux des cooblígés qui auraient les autres pour garants. Co. 503, 542.

544. Si le créancier porteur d'engagements solidaires entre le failli et d'autres cooblígés a reçu, avant la faillite, un à-compte sur sa créance, il ne sera compris dans la masse que sous la déduction de cet à-compte, et conservera, pour ce qui lui restera dû, ses droits contre le cooblígé ou la caution. Co. 542, 543. — Le cooblígé ou la caution qui aura fait le paiement partiel sera compris dans la même masse pour tout ce qu'il aura payé à la décharge du failli. C. 2028.

545. Nonobstant le concordat, les créanciers conservent leur action pour la totalité de leur créance contre les co-obligés du failli. Co. 509.

SECT. II. — Des créanciers nantis de gages, et des créanciers privilégiés sur les biens meubles.

546. Les créanciers du failli qui seront valablement nantis de gages ne seront inscrits dans la masse que pour mémoire. C. 2071, 2072, 2074, 2084, 2085. — Co. 95, 445.

547. Les syndics pourront, à toute époque, avec l'autorisation du juge-commissaire, retirer les gages au profit de la faillite, en remboursant la dette. C. 2082. — Co. 443, 462.

548. Dans le cas où le gage ne sera pas retiré par les syndics, s'il est vendu par le créancier moyennant un prix qui excède la créance, le surplus sera recouvré par les syndics; si le prix est moindre que la créance, le créancier nanti viendra à contribution pour le surplus, dans la masse, comme créancier ordinaire. C. 2078. — Pr. 617, s. — Co. 501, 552, 554, s.

549. Le salaire acquis aux ouvriers employés directement par le failli, pendant le mois qui aura précédé la déclaration de faillite, sera admis au nombre des créances privilégiées, au même rang que le privilége établi par l'article 2101 du Code Napoléon pour le salaire des gens de service. — Les salaires dus aux commis pour les six mois qui auront précédé

la déclaration de faillite seront admis au même rang.

550. Le privilége et le droit de revendication, établis par le n° 4 de l'art. 2102 du Code Napoléon au profit du vendeur d'effets mobiliers, ne seront point admis en cas de faillite. Co. 437 et la *note*, 486, 574, s.

551. Les syndics présenteront au juge-commissaire l'état des créanciers se prétendant privilégiés sur les biens meubles, et le juge-commissaire autorisera, s'il y a lieu, le paiement de ces créanciers sur les premiers deniers rentrés. — Si le privilége est contesté, le tribunal prononcera.

SECT. III.—Des droits des créanciers hypothécaires et privilégiés sur les immeubles.

552. Lorsque la distribution du prix des immeubles sera faite antérieurement à celle du prix des biens meubles, ou simultanément, les créanciers privilégiés ou hypothécaires, non remplis sur le prix des immeubles, concourront, à proportion de ce qui leur restera dû, avec les créanciers chirographaires, sur les deniers appartenant à la masse chirographaire, pourvu toutefois que leurs créances aient été vérifiées et affirmées suivant les formes ci-dessus établies. C. 2093, 2094, 2218. — Pr. 749, s. — Co. 491, s., 497, 571, s.

553. Si une ou plusieurs distributions des deniers mobiliers précèdent la distribution du prix des immeubles, les créanciers privilégiés et hypothécaires vérifiés et affirmés concourront aux répartitions, dans la proportion de leurs créances totales, et sauf, le cas échéant, les distractions dont il sera parlé ci-après. Co. 503, 524, 565, s.

554. Après la vente des immeubles et le règlement définitif de l'ordre entre les créanciers hypothécaires et privilégiés, ceux d'entre eux qui viendront en ordre utile sur le prix des immeubles pour la totalité de leur créance ne toucheront le montant de leur collocation hypothécaire que sous la déduction des sommes par eux perçues dans la masse chirographaire. Pr. 759, 767, 772. — Les sommes ainsi déduites ne resteront point dans la masse hypothécaire, mais retourneront à la masse chirographaire, au profit de laquelle il en sera fait distraction. Co. 504, 553, 555.

555. A l'égard des créanciers hypothécaires qui ne seront colloqués que partiellement dans la distribution du prix des immeubles, il sera procédé comme il suit: leurs droits sur la masse chirographaire seront définitivement réglés d'après les sommes dont ils resteront créanciers après leur collocation immobilière; et les deniers qu'ils auront touchés au delà de cette proportion, dans la distribution antérieure, leur seront retenus sur le montant de leur collocation hypothécaire, et reversés dans la masse chirographaire. Co. 501.

556. Les créanciers qui ne viennent point en ordre utile seront considérés comme chirographaires, et soumis comme tels aux effets du concordat et de toutes les opérations de la masse chirographaire. Co. 501, 509.

SECT. IV. — *Des droits des femmes.*

557. En cas de faillite du mari, la femme, dont les apports en immeubles ne se trouveraient pas mis en communauté, reprendra en nature lesdits immeubles et ceux qui lui seront survenus par succession ou par donation entre-vifs ou testamentaire. C. 517, s., 724, 894, 895, 1394, 1400, s. — Co. 69, 552, s., 558, s.

558. La femme reprendra pareillement les immeubles acquis par elle et en son nom des deniers provenant desdites successions et donations, pourvu que la déclaration d'emploi soit expressément stipulée au contrat d'acquisition, et que l'origine des deniers soit constatée par inventaire ou par tout autre acte authentique. C. 1317, s., 1402, 1433, 1493. — Pr. 943. — Co. 557, 559, s.

559. Sous quelque régime qu'ait été formé le contrat de mariage, hors le cas prévu par l'article précédent, la présomption légale est que les biens acquis par la femme du failli appartiennent à son mari, ont été payés de ses deniers, et doivent être réunis à la masse de son actif, sauf à la femme à fournir la preuve du contraire. C. 1350, 1352, 1391, 1394. — Co. 562.

560. La femme pourra reprendre en nature les effets mobiliers qu'elle s'est constitués par contrat de mariage, ou qui lui sont advenus par succession, donation entre-vifs ou testamentaire, et qui ne seront pas entrés en communauté, toutes les fois que l'identité en sera prouvée par inventaire ou tout autre acte authentique. C. 527, s., 1317. — Pr. 943. — Co. 486, 557, 563. — A défaut, par la femme, de faire cette preuve, tous les effets mobiliers, tant à l'usage du mari qu'à celui de la femme, sous quelque régime qu'ait été contracté le mariage, seront acquis aux créanciers, sauf aux syndics à lui remettre, avec l'autorisation du juge-commissaire, les habits et linge nécessaires à son usage. C. 1350, 1352. — Co. 559, 562.

561. L'action en reprise résultant des dispositions des articles 557 et 558 ne sera exercée par la femme qu'à la charge des dettes et hypothèques dont les biens sont légalement grevés, soit que la femme s'y soit obligée volontairement, soit qu'elle y ait été condamnée. C. 2114, 2166. — Co. 445, 563.

562. Si la femme a payé des dettes pour son mari, la présomption légale est qu'elle l'a fait des deniers de celui-ci, et elle ne pourra, en conséquence, exercer aucune action dans la faillite, sauf la preuve contraire, comme il est dit à l'article 559. C. 1350, 1352. — Co. 560.

563. Lorsque le mari sera commerçant au moment de la célébration du mariage, ou lorsque, n'ayant pas alors d'autre profession déterminée, il sera devenu commerçant dans l'année, les immeubles qui lui appartiendraient à l'époque de la célébration du mariage, ou qui lui seraient advenus depuis, soit par succession, soit par donation entre-vifs ou testamentaire, seront seuls soumis à l'hypothèque de la femme: 1° pour les deniers et effets mobiliers qu'elle aura apportés en dot, ou qui lui seront advenus depuis le mariage par succession ou donation entre-vifs ou testamentaire, et dont elle prouvera la délivrance ou le paiement par acte ayant date certaine; 2° pour le remploi de ses biens aliénés pendant le mariage; 3° pour l'indemnité des dettes par elle contractées avec son mari. C. 75, 517, s., 724, 894, 895, 1317, 1218, 2121, 2135-2°, 1431. — Co. 560, 564.

564. La femme dont le mari était

commerçant à l'époque de la célébration du mariage, ou dont le mari, n'ayant pas alors d'autre profession déterminée, sera devenu commerçant dans l'année qui suivra cette célébration, ne pourra exercer dans la faillite aucune action à raison des avantages portés au contrat de mariage, et, dans ce cas, les créanciers ne pourront, de leur côté, se prévaloir des avantages faits par la femme au mari dans ce même contrat. C. 75, 1394.—Co. 563.

CHAP. VIII.—DE LA RÉPARTITION ENTRE LES CRÉANCIERS ET DE LA LIQUIDATION DU MOBILIER.

565. Le montant de l'actif mobilier, distraction faite des frais et dépenses de l'administration de la faillite, des secours qui auraient été accordés au failli ou à sa famille, et des sommes payées aux créanciers privilégiés, sera réparti entre tous les créanciers, au marc le franc de leurs créances vérifiées et affirmées. Co. 434, 486, 487, 503, 524, 534, 550, 553, 560, s., 583.

566. A cet effet, les syndics remettront tous les mois au juge-commissaire un état de situation de la faillite et des deniers déposés à la caisse des dépôts et consignations; le juge‑commissaire ordonnera, s'il y a lieu, une répartition entre les créanciers, en fixera la quotité, et veillera à ce que tous les créanciers en soient avertis. Co. 462, 489, 568, 569.

567. Il ne sera procédé à aucune répartition entre les créanciers domiciliés en France, qu'après la mise en réserve de la part correspondante aux créances pour lesquelles les créanciers domiciliés hors du territoire continental de la France seront portés sur le bilan. Co. 492-2°, 522. — Lorsque ces créances ne paraîtront pas portées sur le bilan d'une manière exacte, le juge-commissaire pourra décider que la réserve sera augmentée, sauf aux syndics à se pourvoir contre cette décision devant le tribunal de commerce.

568. Cette part sera mise en réserve et demeurera à la caise des dépôts et consignations jusqu'à l'expiration du délai déterminé par le dernier paragraphe de l'article 492; elle sera répartie entre les créanciers reconnus, si les créanciers domiciliés en pays étranger n'ont pas fait vé-

rifier leurs créances, conformément aux dispositions de la présente loi. Co. 491, s., 555, s. — Une pareille réserve sera faite pour raison de créances sur l'admission desquelles il n'aurait pas été statué définitivement.

569. Nul paiement ne sera fait par les syndics que sur la représentation du titre constitutif de la créance.—Les syndics mentionneront sur le titre la somme payée par eux ou ordonnancée conformément à l'art. 489. Co. 491, 556. — Néanmoins, en cas d'impossibilité de représenter le titre, le juge-commissaire pourra autoriser le paiement sur le vu du procès-verbal de vérification. Co. 495.—Dans tous les cas, le créancier donnera la quittance en marge de l'état de répartition.

570. L'union pourra se faire autoriser par le tribunal de commerce, le failli dûment appelé, à traiter à forfait de tout ou partie des droits et actions dont le recouvrement n'aurait pas été opéré, et à les aliéner; en ce cas, les syndics feront tous les actes nécessaires. Co. 504, s., 529, s. — Tout créancier pourra s'adresser au juge‑commissaire pour provoquer une délibération de l'union à cet égard.

CHAP. IX. — DE LA VENTE DES IMMEUBLES DU FAILLI.

571. A partir du jugement qui déclarera la faillite, les créanciers ne pourront poursuivre l'expropriation des immeubles sur lesquels ils n'auront pas d'hypothèques. C. 2114, 2166.—Pr. 673, s.—Co. 534, 552, 557, 563, 572, s.

572. S'il n'y a pas de poursuite en expropriation des immeubles, commencée avant l'époque de l'union, les syndics seuls seront admis à poursuivre la vente; ils seront tenus d'y procéder dans la huitaine, sous l'autorisation du juge-commissaire, suivant les formes prescrites pour la vente des biens des mineurs. C. 457, s.—Pr. 956, 964, 965.—Co. 443.

573. La surenchère, après adjudication des immeubles du failli, sur la poursuite des syndics, n'aura lieu qu'aux conditions et dans les formes suivantes : — La surenchère devra être faite dans la quinzaine.—Elle ne pourra être au-dessous du dixième du prix principal de l'adjudication. Elle sera faite au greffe du tribunal civil, suivant les formes prescrites par les articles 710 et 711 du Code de procédure civile (a); toute personne sera admise à surenchérir. — Toute personne sera également admise à concourir à l'adjudication par suite de surenchère. Cette adjudication demeurera définitive et ne pourra être suivie d'aucune autre surenchère. C. 2185.

CHAP. X. — DE LA REVENDICATION.

574. Pourront être revendiquées, en cas de faillite, les remises en effets de commerce ou autres titres non encore payés, et qui se trouveront en nature dans le portefeuille du failli à l'époque de sa faillite, lorsque ces remises auront été faites par le propriétaire, avec le simple mandat d'en faire le recouvrement et d'en garder la valeur à sa disposition, ou lorsqu'elles auront été, de sa part, spécialement affectées à des paiements déterminés. Pr. 826, s. — Co. 110, 138, 187, 437, 444, 550.

575. Pourront être également revendiquées, aussi longtemps qu'elles existeront en nature, en tout ou en partie, les marchandises consignées au failli à titre de dépôt, ou pour être vendues pour le compte du propriétaire. Co. 93, s. — Pourra même être revendiqué le prix ou la partie du prix desdites marchandises qui n'aura été ni payé, ni réglé en valeur, ni compensé en compte-courant entre le failli et l'acheteur. Co. 437 et la *note*, 444.

576. Pourront être revendiquées les marchandises expédiées au failli, tant que la tradition n'en aura point été effectuée dans ses magasins, ou dans ceux du commissionnaire chargé de les vendre pour le compte du failli. Co. 577, s.—Néanmoins la revendication ne sera pas recevable si, avant leur arrivée, les marchandises ont été vendues sans fraude, sur factures et connaissements ou lettres de voiture signés par l'expéditeur. Co. 101, 102, 109, 281.—Le revendiquant sera tenu de rembourser à la masse les à-comptes par lui reçus, ainsi que toutes

avances faites pour fret ou voiture, commission, assurances, ou autres frais, et de payer les sommes qui seraient dues pour mêmes causes. Co. 93, 286, 332, s., 437 et la *note*.

577. Pourront être retenues par le vendeur les marchandises par lui vendues, qui ne seront pas délivrées au failli, ou qui n'auront pas encore été expédiées, soit à lui, soit à un tiers pour son compte. Co. 576, 578.

578. Dans le cas prévu par les deux articles précédents, et sous l'autorisation du juge-commissaire, les syndics auront la faculté d'exiger la livraison des marchandises, en payant au vendeur le prix convenu entre lui et le failli. C. 1122, 1134, 1650. — Co. 437 et la *note*, 443, 579.

579. Les syndics pourront, avec l'approbation du juge-commissaire, admettre les demandes en revendication : s'il y a contestation, le tribunal prononcera, après avoir entendu le juge-commissaire. Co. 578.

CHAP. XI. — DES VOIES DE RECOURS CONTRE LES JUGEMENTS RENDUS EN MATIÈRE DE FAILLITE.

580. Le jugement déclaratif de la faillite, et celui qui fixera à une date antérieure l'époque de la cessation de paiements, seront susceptibles d'opposition, de la part du failli, dans la huitaine, et de la part de toute autre partie intéressée, pendant un mois. Ces délais courront à partir des jours où les formalités de l'affiche et de l'insertion énoncées dans l'article 442 auront été accomplies. Co. 440, s., 453, 581.

581. Aucune demande des créanciers tendant à faire fixer la date de la cessation des paiements à une époque autre que celle qui résulterait du jugement déclaratif de faillite, ou d'un jugement postérieur, ne sera recevable après l'expiration des délais pour la vérification et l'affirmation des créances. Ces délais expirés, l'époque de la cessation de paiements demeurera irrévocablement déterminée à l'égard des créanciers. Co. 440, 441, 491, s., 497, 580.

582. Le délai d'appel, pour tout jugement rendu en matière de faillite, sera de quinze jours seulement à compter

---

(a) Aujourd'hui et depuis la loi du 2 juin 1841, qui a modifié le titre de la saisie-immobilière, ce sont les art. 709 et 710 C. pr. qui contiennent les formes dont il s'agit.

de la signification. Pr. 68, 147, 443.—
Ce délai sera augmenté à raison d'un
jour par cinq myriamètres pour les parties qui seront domiciliées à une distance
excédant cinq myriamètres du lieu où
siége le tribunal. Pr. 1033.

583. Ne seront susceptibles ni d'opposition, ni d'appel, ni de recours en
cassation:—1º Les jugements relatifs à la
nomination ou au remplacement du juge-
commissaire, à la nomination ou à la révocation des syndics;—2º Les jugements
qui statuent sur les demandes du sauf-
conduit et sur celles de secours pour le
failli et sa famille; Co. 473, 474, 530.—
3º Les jugements qui autorisent à vendre
les effets ou marchandises appartenant à
la faillite; Co. 487.— 4º Les jugements
qui prononcent sursis au concordat, ou
admission provisionnelle de créanciers
contestés; Co. 499, 510.— 5º Les jugements par lesquels le tribunal de commerce statue sur les recours formés contre
les ordonnances rendues par le juge-commissaire dans les limites de ses attributions. Co. 453, 466.

TITRE DEUXIÈME.

DES BANQUEROUTES.

CHAP. I. — DE LA BANQUEROUTE SIMPLE.

584. Les cas de banqueroute simple
seront punis des peines portées au Code
pénal, et jugés par les tribunaux de police
correctionnelle, sur la poursuite des syndics, de tout créancier, ou du ministère
public. Co. 511, 585, s., 601, s., 612.—
I. cr. 179, s.—P. 402.

585. Sera déclaré banqueroutier
simple tout commerçant failli qui se trouvera dans un des cas suivants:—1º Si ses
dépenses personnelles ou les dépenses
de sa maison sont jugées excessives;—
2º S'il a consommé de fortes sommes,
soit à des opérations de pur hasard, soit
à des opérations fictives de bourse ou sur
marchandises; P. 419, s.—3º Si, dans
l'intention de retarder sa faillite, il a fait
des achats pour revendre au-dessous du
cours; si, dans la même intention, il s'est
livré à des emprunts, circulation d'effets
ou autres moyens ruineux de se procurer
des fonds;—4º Si, après cessation de ses
paiements, il a payé un créancier au pré-

judice de la masse. Co. 441, 449, 580,
581, 586-4º.

586. Pourra être déclaré banqueroutier simple tout commerçant failli qui se
trouvera dans un des cas suivants;—
1º S'il a contracté, pour le compte d'autrui, sans recevoir des valeurs en échange,
des engagements jugés trop considérables
eu égard à sa situation lorsqu'il les a
contractés; — 2º S'il est de nouveau déclaré en faillite sans avoir satisfait aux
obligations d'un précédent concordat;
Co. 437, 438, 509.— 3º Si, étant marié
sous le régime dotal, ou séparé de biens,
il ne s'est pas conformé aux art. 69 et 70;
C. 1536, s., 1540, s.— 4º Si, dans les
trois jours de la cessation de ses paiements,
il n'a pas fait au greffe la déclaration
exigée par les articles 438 et 439, ou si
cette déclaration ne contient pas les noms
de tous les associés solidaires; Co. 19,
531, 585-5º, 604.— 5º Si, sans empêchement légitime, il ne s'est pas présenté en
personne aux syndics dans les cas et dans
les délais fixés, ou si, après avoir obtenu
un sauf-conduit, il ne s'est pas présenté
à justice; Co. 443, 472.— 6º S'il n'a pas
tenu de livres et fait exactement inventaire; si ses livres ou inventaire sont
incomplets ou irrégulièrement tenus, ou
s'ils n'offrent pas sa véritable situation
active ou passive, sans néanmoins qu'il y
ait fraude. Co. 8, s., 458, 479, s.

587. Les frais de poursuite en banqueroute simple intentée par le ministère public ne pourront, en aucun cas, être mis
à la charge de la masse. — En cas de
concordat, le recours du trésor public
contre le failli pour ses frais ne pourra être
exercé qu'après l'expiration des termes
accordés par ce traité. Co. 461, 588, 590.

588. Les frais de poursuite intentée
par les syndics, au nom des créanciers,
seront supportés, s'il y a acquittement,
par la masse, et, s'il y a condamnation,
par le trésor public, sauf son recours
contre le failli, conformément à l'article
précédent. Co. 587.

589. Les syndics ne pourront intenter
de poursuite en banqueroute simple, ni
se porter partie civile au nom de la masse,
qu'après y avoir été autorisés par une délibération prise à la majorité individuelle
des créanciers présents. Co. 584, 592.—
I. cr. 63.

590. Les frais de poursuite intentée par un créancier seront supportés, s'il y a condamnation, par le trésor public; s'il y a acquittement, par le créancier poursuivant. Co. 461, 587, 588.

CHAP. II. — DE LA BANQUEROUTE FRAUDULEUSE.

591. Sera déclaré banqueroutier frauduleux, et puni des peines portées au Code pénal, tout commerçant failli qui aura soustrait ses livres, détourné ou dissimulé une partie de son actif, ou qui, soit dans ses écritures, soit par des actes publics ou des engagements sous signature privée, soit par son bilan, se sera frauduleusement reconnu débiteur de sommes qu'il ne devait pas. Co. 439, 458, 510, 540, 592, s., 601, s., 612.— P. 402, 403.

592. Les frais de poursuite en banqueroute frauduleuse ne pourront, en aucun cas, être mis à la charge de la masse.—Si un ou plusieurs créanciers se sont rendus parties civiles en leur nom personnel, les frais, en cas d'acquittement, demeureront à leur charge. Co. 589. —I. cr. 63.

CHAP. III.—DES CRIMES ET DES DÉLITS COMMIS DANS LES FAILLITES PAR D'AUTRES QUE PAR LES FAILLIS.

593. Seront condamnés aux peines de la banqueroute frauduleuse : — 1º Les individus convaincus d'avoir, dans l'intérêt du failli, soustrait, recélé ou dissimulé tout ou partie de ses biens meubles ou immeubles ; le tout sans préjudice des autres cas prévus par l'article 60 du Code pénal; Co. 457, 594. — 2º Les individus convaincus d'avoir frauduleusement présenté dans la faillite et affirmé, soit en leur nom, soit par interposition de personnes, des créances supposées; C. 1100. — Co. 497. — 3º Les individus qui, faisant le commerce sous le nom d'autrui ou sous un nom supposé, se seront rendus coupables des faits prévus en l'article 591.

594. Le conjoint, les descendants ou les ascendants du failli, ou ses alliés aux mêmes degrés, qui auraient détourné, diverti ou recélé des effets appartenant à la faillite, sans avoir agi de complicité avec le failli, seront punis des peines du vol. Co. 457, 595. — P. 401, 463.

595. Dans les cas prévus par les articles précédents, la cour ou le tribunal saisis statueront, lors même qu'il y aurait acquittement, 1º d'office sur la réintégration à la masse des créanciers de tous biens, droits ou actions frauduleusement soustraits; 2º sur les dommages-intérêts qui seraient demandés, et que le jugement ou l'arrêt arbitrera. Co. 472.

596. Tout syndic qui se sera rendu coupable de malversation dans sa gestion sera puni correctionnellement des peines portées en l'article 406 du Code pénal. Co. 462, 597, s. —I. cr. 179, s.

597. Le créancier qui aura stipulé, soit avec le failli, soit avec toutes autres personnes, des avantages particuliers à raison de son vote dans les délibérations de la faillite, ou qui aura fait un traité particulier duquel résulterait en sa faveur un avantage à la charge de l'actif du failli, sera puni correctionnellement d'un emprisonnement qui ne pourra excéder une année, et d'une amende qui ne pourra être au-dessus de deux mille francs. I. cr. 179, s. — L'emprisonnement pourra être porté à deux ans, si le créancier est syndic de la faillite. Co. 595, 596.

598. Les conventions seront, en outre, déclarées nulles à l'égard de toutes personnes, et même à l'égard du failli. — Le créancier sera tenu de rapporter à qui de droit les sommes ou valeurs qu'il aura reçues en vertu des conventions annulées. Co. 449.

599. Dans le cas où l'annulation des conventions serait poursuivie par la voie civile, l'action sera portée devant les tribunaux de commerce. Co. 735.

600. Tous arrêts et jugements de condamnation rendus, tant en vertu du présent chapitre que des deux chapitres précédents (art. 584 à 599), seront affichés et publiés suivant les formes établies par l'article 42 du Code de commerce, aux frais des condamnés. Co. 442.

CHAP. IV.—DE L'ADMINISTRATION DES BIENS EN CAS DE BANQUEROUTE.

601. Dans tous les cas de poursuite et de condamnation pour banqueroute simple ou frauduleuse, les actions civiles, autres que celles dont il est parlé dans l'article 595, resteront séparées, et toutes les dispositions relatives aux biens, prescrites pour la faillite, seront exécutées sans qu'elles puissent être attribuées ni évoquées aux tribunaux de police correctionnelle, ni aux cours d'assises. Co. 584, s., 591, s., 612.

602. Seront cependant tenus les syndics de la faillite, de remettre au ministère public les pièces, titres, papiers et renseignements qui leur seront demandés. Co. 603.

603. Les pièces, titres et papiers délivrés par les syndics seront, pendant le cours de l'instruction, tenus en état de communication par la voie du greffe; cette communication aura lieu sur la réquisition des syndics, qui pourront y prendre des extraits privés, ou en requérir d'authentiques, qui leur seront expédiés par le greffier. Pr. 189, 853. — Co. 491, 602. — Les pièces, titres et papiers, dont le dépôt judiciaire n'aurait pas été ordonné, seront, après l'arrêt ou le jugement, remis aux syndics, qui en donneront décharge.

TITRE TROISIÈME.

DE LA RÉHABILITATION (a).

604. Le failli qui aura intégralement acquitté, en principal, intérêts et frais, toutes les sommes par lui dues, pourra obtenir sa réhabilitation. Co. 83, 605, s. — I. cr. 619, s. — Il ne pourra l'obtenir, s'il est l'associé d'une maison de commerce tombée en faillite, qu'après avoir justifié que toutes les dettes de la société ont été intégralement acquittées en principal, intérêts et frais, lors même qu'un concordat particulier lui aurait été consenti. Co. 19, 509, 531.

605. Toute demande en réhabilitation sera adressée à la cour impériale dans le ressort de laquelle le failli sera domicilié. Le demandeur devra joindre à sa requête les quittances et autres pièces justificatives. C. 102. — Co. 582, 583.

606. Le procureur général près la cour impériale, sur la communication qui lui aura été faite de la requête, en adressera des expéditions certifiées de lui au procureur impérial et au président du tribunal de commerce du domicile du demandeur, et si celui-ci a changé de domicile depuis la faillite, au procureur impérial et au président du tribunal de commerce de l'arrondissement où elle a eu lieu, en les chargeant de recueillir tous les renseignements qu'ils pourront se procurer sur la vérité des faits exposés. C. 102, s. — Co. 610.

607. A cet effet, à la diligence tant du procureur impérial que du président du tribunal de commerce, copie de ladite requête restera affichée pendant un délai de deux mois, tant dans les salles d'audience de chaque tribunal qu'à la Bourse et à la maison commune, et sera insérée par extrait dans les papiers publics. Co. 442, 585-2°, 608, 613.

608. Tout créancier qui n'aura pas été payé intégralement de sa créance en principal, intérêts et frais, et toute autre partie intéressée, pourra, pendant la durée de l'affiche, former opposition à la réhabilitation par simple acte au greffe, appuyé des pièces justificatives. Le créancier opposant ne pourra jamais être partie dans la procédure de réhabilitation. Co. 606.

609. Après l'expiration de deux mois, le procureur impérial et le président du tribunal de commerce transmettront, chacun séparément, au procureur général près la cour impériale, les renseignements qu'ils auront recueillis et les oppositions qui auront pu être formées. Ils y joindront leur avis sur la demande.

610. Le procureur général près la cour impériale fera rendre arrêt portant admission ou rejet de la demande en réhabilitation. Si la demande est rejetée, elle ne pourra être reproduite qu'après une année d'intervalle. Co. 606.

611. L'arrêt portant réhabilitation sera transmis aux procureurs impériaux et aux présidents des tribunaux auxquels la demande aura été adressée. Ces tribunaux

---

(a) La *réhabilitation*, en général, est un acte qui émane du souverain avec le concours des autorités administrative ou judiciaire, et dont l'effet est de rétablir un condamné dans l'exercice des droits civils dont il avait été privé. (Voy. la note sous l'art. 619 C. inst. crim.)—La réhabilitation du failli a pour effet de faire disparaître les incapacités dont il avait été frappé, soit relativement à sa personne, soit relativement à l'administration de ses biens. (Voy. les art. 443, 455 C. de Co.)

en feront faire la lecture publique et la transcription sur leurs registres.

612. Ne seront point admis à la réhabilitation les banqueroutiers frauduleux, les personnes condamnées pour vol, escroqueries ou abus de confiance, les stellionataires, ni les tuteurs, administrateurs ou autres comptables qui n'auront pas rendu et soldé leurs comptes. C. 2059.— Co. 540, 585, 586, 591. — P. 379, 401, 405, 406, s.—Pourra être admis à la réhabilitation le banqueroutier simple qui aura subi la peine à laquelle il aura été condamné. Co. 585, 586.— I. cr. 619, s. —P. 402.

613. Nul commerçant failli ne pourra se présenter à la Bourse, à moins qu'il n'ait obtenu sa réhabilitation. Co. 585-2o, 607 (a).

614. Le failli pourra être réhabilité après sa mort. Co. 437, § 2, 478, 481, 604, 605.

(a) « L'exercice des droits de citoyen français est suspendu par l'état de débiteur failli, ou d'héritier immédiat détenteur à titre gratuit de la succession totale ou partielle d'un failli... » (Const. 22 frim. an VIII, art. 5.)

« Tout entrepreneur qui aura fait faillite ne pourra plus rouvrir de théâtres. » (Décret du 8 juin 1806, art. 13. Disposition appliquée aux entrepreneurs des théâtres dans les départements, par l'ordonn. des 8-21 déc. 1824.)

Enfin, le décret du 16 janvier 1808, contenant les statuts de la Banque de France, dispose : « Art. 50. Tout failli non réhabilité ne peut être admis à l'escompte. »

LIVRE QUATRIÈME.

De la juridiction commerciale.

(Loi décrétée le 14 septembre 1807. — Promulguée le 24.)

TITRE PREMIER.

DE L'ORGANISATION DES TRIBUNAUX DE COMMERCE.

615. Un règlement d'administration publique déterminera le nombre des tribunaux de commerce et les villes qui seront susceptibles d'en recevoir par l'étendue de leur commerce et de leur industrie (a). Pr. 414, s., 553. — Co. 616, 627, 631, s., 640, s., 645, s.

616. L'arrondissement de chaque tribunal de commerce sera le même que celui du tribunal civil dans le ressort duquel il sera placé; et, s'il se trouve plusieurs tribunaux de commerce dans le ressort d'un seul tribunal civil, il leur sera assigné des arrondissements particuliers.

617. « Chaque tribunal de commerce sera composé d'un président, de juges et de suppléants. Le nombre des juges ne pourra pas être au-dessous de deux, ni au-dessus de quatorze, non compris le président. Le nombre des suppléants sera proportionné au besoin du

---

· (a) Un décret du 6 octobre 1809, rectifié par celui du 18 novembre 1810, en a dressé le tableau. — Le décret de 1809 contient, en outre, les dispositions suivantes :

« Art. 1. Il y aura un tribunal de commerce dans chacune des villes désignées dans le tableau annexé au présent décret.

« 2. Ces tribunaux seront composés du nombre de juges et suppléants fixé par le même tableau.

« 3. Dans les ressorts des tribunaux civils où il se trouve plusieurs tribunaux de commerce, l'arrondissement de chacun d'eux sera composé des cantons désignés au tableau mentionné dans les articles précédents.

« 4. Lorsque, par des récusations ou des empêchements, il ne restera pas dans les tribunaux de commerce un nombre suffisant de juges ou de suppléants, ces tribunaux seront complétés par des négociants pris sur la liste formée en vertu de l'art. 619 du Code de commerce, et suivant l'ordre dans lequel ils y sont portés, s'ils ont d'ailleurs les qualités énoncées en l'article 620 de la même loi.

« 5. Le tribunal de commerce de Paris sera divisé en deux sections, et aura quatre huissiers.

« 6. Les autres tribunaux de commerce n'auront que deux huissiers. — Les huissiers seront, autant que faire se pourra, choisis parmi ceux déjà nommés par nous.

« 7. Les procès-verbaux d'élection des membres des tribunaux de commerce seront transmis à notre grand-juge, ministre de la justice, qui nous proposera l'institution des élus, lesquels ne seront admis à prêter serment qu'après avoir été par nous institués.

« 8. Les membres des tribunaux de commerce porteront, dans l'exercice de leurs fonctions et dans les cérémonies publiques, la robe de soie noire avec des parements de velours. »

service. Un règlement d'administration publique fixera, pour chaque tribunal, le nombre des juges et celui des suppléants.» (*Ainsi rectifié par l'article 5 de la loi du 3 mars 1840 (a).*)

618. Les membres des tribunaux de commerce seront élus dans une assemblée composée de commerçants notables, et principalement des chefs des maisons les plus anciennes et les plus recommandables par la probité, l'esprit d'ordre et d'économie. Co. 1, 619, 621, s. et la *note*.

619. La liste des notables sera dressée, sur tous les commerçants de l'arrondissement, par le préfet, et approuvée par le ministre de l'intérieur (*b*): leur nombre ne peut être au-dessous de vingt-cinq dans les villes où la population n'excède pas quinze mille âmes; dans les autres villes, il doit être augmenté à raison d'un électeur pour mille âmes de population. Co. 618, 621, s. et la *note*.

620. Tout commerçant pourra être nommé juge ou suppléant, s'il est âgé de trente ans, s'il exerce le commerce avec honneur et distinction depuis cinq ans. Le président devra être âgé de quarante ans, et ne pourra être choisi que parmi les anciens juges, y compris ceux qui ont exercé dans les tribunaux actuels, et même les anciens juges-consuls des marchands (*c*). Co. 617, 621.

621. L'élection sera faite au scrutin individuel, à la pluralité absolue des suffrages; et, lorsqu'il s'agira d'élire le président, l'objet spécial de cette élection

sera annoncé avant d'aller au scrutin (*d*).

622. (*e*) A la première élection, le président, et la moitié des juges et des suppléants dont le tribunal sera composé, seront nommés pour deux ans : la seconde moitié des juges et des suppléants sera nommée pour un an : aux élections postérieures, toutes les nominations seront faites pour deux ans. — « Tous les membres compris dans une même élection seront soumis simultanément au renouvellement périodique, encore bien que l'institution de l'un ou de plusieurs d'entre eux ait été différée. » (*Addition faite par la loi du 3 mars 1840, art. 6.*)

623 (*f*). « Le président et les juges,

(*d, e*) Un décret du 28 août 1848 avait introduit des modifications considérables, soit dans la composition des tribunaux de commerce, soit dans la confection des listes des notables commerçants, soit dans les conditions d'éligibilité, soit dans le mode de votation, de récusation, etc. Ce décret modifiait la loi du 3 mars 1840 et abrogeait les art. 4 et 7 du décret du 6 octobre 1809 cité en note sous l'art. 615. — Ce décret de 1848 a été abrogé par le décret suivant, qui a remis en vigueur la première législation :

2-5 mars 1852. — *Décret sur les tribunaux de commerce.*

« Considérant, y est-il dit, que le mode d'élection des juges des tribunaux de commerce, établi par le décret du 28 août 1848, a fait naître de sérieuses difficultés, qui ont souvent empêché ou au moins retardé le renouvellement de ces tribunaux; considérant que, loin d'accroître le nombre des votants, il l'a réduit dans de si étroites limites que, dans certaines localités, il ne s'est pas présenté assez d'électeurs pour composer le bureau électoral, et que, dans d'autres, les juges élus ont refusé un mandat dont ils ne se trouvaient pas suffisamment investis ; considérant que des intérêts étrangers à ceux de la justice et du commerce n'ont que trop souvent dicté les choix d'une faible minorité d'électeurs; considérant qu'il importe de rendre sans délai aux tribunaux de commerce la considération dont ils doivent être entourés, en remettant en vigueur les dispositions légales qui, pendant longtemps, ont régi leur composition :

« Art. 1er. Le décret du 28 août 1848, relatif à l'organisation des tribunaux de commerce, est abrogé.

« 2. Les art. 618, 619, 620, 621 et 629 du Code de commerce, le décret du 6 octobre 1809 et la loi du 3 mars 1840, sont remis en vigueur.

« 3. Les tribunaux de commerce seront renouvelés, conformément aux dispositions citées dans l'article précédent, dans les trois mois à partir de la date du présent décret.

« 4. Les juges des tribunaux de commerce actuellement en fonctions continueront de siéger jusqu'à leur remplacement. »

(*f*) *Ancien article 623.* « Le président et les juges ne pourront rester plus de deux ans en place, ni être réélus qu'après un an d'intervalle. »

(*a*) *Ancien article 617.* « Chaque tribunal de commerce sera composé d'un juge président, de juges et de suppléants. Le nombre des juges ne pourra pas être au-dessous de deux, ni au-dessus de huit, non compris le président. »

17 juillet 1840. — *Ordonnance qui augmente le nombre des membres du tribunal de commerce de la Seine.*

« Article unique. A l'avenir, le tribunal de commerce de Paris sera composé d'un président, de dix juges et de seize suppléants. »

(*b*) Aux termes de l'art. 2 d'une ordonnance du 6 avril 1831, relative aux attributions du ministère du commerce, c'est à celui-ci qu'est confiée « la confection des listes des commerçants notables. »

(*c*) Des avis du conseil d'État, des 2 février 1808 et 18 décembre 1810, sont intervenus pour fixer le sens de l'article 620 relatif à l'éligibilité aux places de juges consulaires, et pour indiquer l'exécution de la deuxième disposition de cet article dans les lieux où il n'existe pas de tribunaux de commerce.

sortant d'exercice après deux années, pourront être réélus immédiatement pour deux autres années. Cette nouvelle période expirée, ils ne seront éligibles qu'après un an d'intervalle. — Tout membre élu en remplacement d'un autre par suite de décès ou de toute autre cause, ne demeurera en exercice que pendant la durée du mandat confié à son prédécesseur. » (*Rectification faite par la loi du 3 mars 1840, art. 3.*)

624. Il y aura près de chaque tribunal un greffier et des huissiers nommés par l'Empereur : leurs droits, vacations et devoirs seront fixés par un règlement d'administration publique. — C. des frais.

625. Il sera établi, pour la ville de Paris seulement, des gardes du commerce pour l'exécution des jugements emportant la contrainte par corps : la forme de leur organisation et leurs attributions seront déterminées par un règlement particulier (a). Pr. 780, s.

(a) 14 mars 1808. — *Décret concernant les gardes du commerce.*

« Art. 1. Le nombre des gardes du commerce qui doivent être établis dans le département de la Seine, pour l'exécution de la contrainte par corps, en conformité de l'art. 625 du Code de commerce, est fixé à dix. — Les fonctions des gardes du commerce sont à vie. — Ils seront nommés par l'empereur *.

« 7. Les gardes du commerce sont chargés exclusivement de l'exécution des contraintes par corps, et ne pourront, en aucun cas, être suppléés par les huissiers, et autres personnes quelconques. — Ils pourront être commis par le tribunal de commerce à la garde des faillis, conformément à l'art. 455, livre III du Code de commerce.

« 8. Les gardes du commerce auront une marque distinctive en forme de baguette, qu'ils seront tenus d'exhiber aux débiteurs condamnés, lors de l'exécution de la contrainte.

« 9. Avant de procéder à la contrainte par corps, les titres et pièces seront remis au vérificateur, qui en donnera récépissé.

« 10. Tout débiteur, dans le cas d'être arrêté, pourra notifier au bureau des gardes du commerce les oppositions ou appels, ou tous autres actes par lesquels il entend s'opposer à la contrainte prononcée contre lui. — Le vérificateur visera l'original des significations.

« 11. Le vérificateur ne pourra remettre au garde du commerce les titres et pièces qu'après avoir vérifié qu'il n'est survenu aucun empêchement à l'exécution de la contrainte. — Il en donnera un certificat, qui sera annexé aux pièces. — En cas de difficultés, il en sera préala-

* Les art. 2, 3, 4, 5 et 6, purement réglementaires, sont relatifs à la nomination du vérificateur, à celle des gardes du commerce, au cautionnement qui leur est imposé, et au règlement de service entre eux.

626. Les jugements, dans les tribunaux de commerce, seront rendus par trois juges au moins; aucun suppléant ne pourra être appelé que pour compléter ce nombre. Co. 617.

627. Le ministère des avoués est in-

blement référé au tribunal qui doit en connaître.

« 12. Il sera tenu par le vérificateur deux registres, cotés et paraphés par le président du tribunal de première instance. — Le premier contiendra, jour par jour, et sans aucun blanc, la mention des titres et pièces remis pour les créances, des noms, qualités et demeures des poursuivants et débiteurs, et de la signification faite de l'arrêt, sentence ou jugement. — Le deuxième servira à inscrire les oppositions ou significations faites par le débiteur, lesquelles oppositions ou significations ne pourront être faites qu'au bureau des gardes du commerce.

« 13. Dans le cas où la notification faite, par le débiteur, d'un acte pouvant arrêter l'exercice de la contrainte, sera faite postérieurement à la remise des titres et pièces au garde du commerce, le vérificateur sera tenu d'en donner avis sur-le-champ au garde saisi des pièces, qui donnera reçu de cet avis, et sera obligé de surseoir à l'arrestation, jusqu'à ce qu'il en ait été autrement ordonné.

« 14. Si, lors de l'exercice de la contrainte, le débiteur offre de payer les causes de la contrainte, le garde du commerce chargé de faire l'arrestation recevra la somme offerte; mais, dans ce cas, il sera tenu de la remettre, dans les vingt-quatre heures, au créancier qui l'aura chargé; et, à défaut par le créancier de la recevoir, quel que soit le motif, le garde déposera, dans les vingt-quatre heures suivantes, la somme reçue à la caisse d'amortissement.

« 15. Dans le cas où, en exécution du paragraphe 5 de l'art. 781 du Code judiciaire, le juge de paix du canton ne pourrait pas ou refuserait d'ordonner l'arrestation dans la maison *tierce* où se trouverait le débiteur, et de se transporter avec le garde pour procéder à l'arrestation, le garde chargé de l'exécution requerra le juge de paix d'un autre canton. — Le garde du commerce n'aura pas besoin de l'autorisation et assistance du juge de paix pour arrêter le débiteur dans son propre domicile, si l'entrée ne lui en est pas refusée.

« 16. En cas de rébellion prévu par l'art. 785, le garde chargé de l'arrestation en constatera la nature et les circonstances; il pourra établir garnison aux portes, et partout où le débiteur pourrait trouver la facilité de s'évader; il pourra requérir la force armée, qui ne pourra lui être refusée, et, en sa présence et avec son secours, procéder à l'arrestation.

« 17. Si le débiteur arrêté allègue avoir déposé ou fait signifier, au bureau des gardes, des pièces qu'il prétendrait suffisantes pour suspendre l'arrestation, et qu'il ne justifie pas du récépissé du vérificateur pour la remise desdites pièces, ou de l'original desdites significations, visé par le même vérificateur, il sera passé outre à l'arrestation, sauf néanmoins le cas prévu dans l'art. 786 du Code judiciaire.

« 18. En exécution de l'art. 789, la consignation d'un mois d'aliments sera faite par le garde du

terdit dans les tribunaux de commerce, conformément à l'article 414 du Code de procédure civile; nul ne pourra plaider pour une partie devant ces tribunaux, si la partie présente à l'audience ne l'autorise, ou s'il n'est muni d'un pouvoir spé-

commerce, qui cependant ne sera jamais tenu d'en faire l'avance, et pourra surseoir à l'arrestation tant qu'il ne lui aura pas été remis de deniers suffisants pour effectuer ladite consignation.

« 19. En exécution de l'art. 793, seront observées, pour les recommandations, les mêmes formalités que pour les arrestations ordonnées par les art. 783, 784, 789.—Néanmoins le garde n'aura pas besoin de témoins; et, au lieu du procès-verbal d'arrestation, il donnera copie du procès-verbal de recommandation. — Le garde du commerce chargé de l'arrestation sera responsable de la nullité de son arrestation, provenant des vices de forme commis par lui. En conséquence, il tiendra compte aux créanciers des frais relatifs à l'arrestation annulée. — Le vérificateur sera responsable du dommage-intérêt accordé au débiteur par suite d'erreur ou de fausse énonciation dans les certificats émanés de lui.

20, 21, abrogés * par le décret du 24 mars 1849. (Voy. au C. des frais.)

« 26 **. Le fonds des bourses communes établies par les art. 22 et 23 ne sera susceptible d'opposition que pour fait de charge. — L'opposition ne durera que trois mois après l'époque de la distribution, à moins qu'il n'en soit autrement ordonné par le tribunal.

« 27. Si une partie a des plaintes à former, pour lésion de ses intérêts, contre un garde du commerce dans l'exercice de ses fonctions, elle pourra porter sa réclamation au bureau, qui vérifiera les faits, et fera réparer le dommage, s'il trouve la plainte fondée. Si la plainte a pour objet une prévarication du garde, le bureau dressera procès-verbal de l'accusation, et des dires du plaignant et du garde accusé, lequel procès-verbal il sera tenu de remettre, dans les vingt-quatre heures, au procureur impérial près le tribunal civil du département, pour par lui être pris tel parti qu'il avisera; sans préjudice des diligences réservées à la partie lésée. — Sur les conclusions du procureur impérial, le tribunal pourra interdire pendant un an le garde accusé. — Quel que soit le jugement, le procureur impérial en donnera avis au grand-juge ministre de la justice. »

* « Art. 20. Le salaire des gardes du commerce qui procéderont à une arrestation ou à une recommandation est de 60 fr. — Dans le cas où l'arrestation n'aurait pu s'effectuer, il en sera dressé procès-verbal pour lequel il sera payé seulement 20 fr. — Le droit de garde au domicile d'un failli sera de 5 fr.

« 21. Il sera aussi alloué aux gardes du commerce, — 1° Pour le dépôt des pièces par le créancier, 3 fr. — 2° Pour le visa apposé à chaque pièce produite ou signifiée par le créancier ou le débiteur, 25 c. — 3° Pour le certificat mentionné en l'art. 11, droit de recherche compris, 2 fr., outre les droits d'enregistrement. »

** Les art. 22, 23, 24 et 25 contiennent des dispositions purement réglementaires concernant les bourses communes des gardes du commerce.

cial. Ce pouvoir, qui pourra être donné au bas de l'original ou de la copie de l'assignation, sera exhibé au greffier avant l'appel de la cause, et par lui visé sans frais (a). C. 1987. — « Dans les causes portées devant les tribunaux de commerce, aucun huissier ne pourra ni assister comme conseil, ni représenter les parties en qualité de procureur-fondé, à peine d'une amende de vingt-cinq à cinquante francs, qui sera prononcée, sans appel, par le tribunal, sans préjudice des peines disciplinaires contre les huissiers contrevenants. — Cette disposition n'est pas applicable aux huissiers qui se trouveront dans l'un des cas prévus par l'article 86 du Code de procédure civile. » (Addition faite par la loi du 3 mars 1840, article 4.)

628. Les fonctions des juges de commerce sont seulement honorifiques.

629. Ils prêtent serment, avant d'entrer en fonctions, à l'audience de la cour impériale, lorsqu'elle siége dans l'arron-

(a) Des hommes de loi qu'on nomme agréés, parce qu'ils ont obtenu l'agrément des tribunaux de commerce auxquels ils sont attachés, instruisent et plaident les affaires commerciales. Les parties peuvent se charger de leurs intérêts, mais leur ministère, à la différence de celui des avoués, n'est pas forcé. Aussi ne sont-ils pas considérés comme officiers ministériels, et leurs fonctions, malgré leurs efforts, n'ont jamais été érigées en office.

10 mars 1825. — Ordonnance qui prescrit de nouvelles formalités pour l'exécution de l'article 421 du Code de procédure civile, et de l'article 627 du Code du commerce.

« Art. 1. Lorsqu'une partie aura été défendue devant le tribunal de commerce par un tiers, il sera fait mention expresse dans la minute du jugement qui interviendra, soit de l'autorisation que ce tiers aura reçue de la partie présente, soit du pouvoir spécial dont il aura été muni.

« 2. Les magistrats chargés de procéder à la vérification ordonnée par l'art. 6 de l'ordonnance du 5 novembre 1823 * s'assureront si la formalité prescrite par l'article précédent est observée dans tous les jugements rendus entre des parties qui ont été défendues ou dont l'une a été défendue par un tiers. Ils consigneront dans leur procès-verbal le résultat de leur examen à cet égard.

« 3. En cas de contravention à l'art. 1er de la présente ordonnance, il en sera rendu compte à notre garde des sceaux, pour être pris à l'égard du greffier telle mesure qu'il appartiendra. »

* Cet art. 6 est ainsi conçu : « Les présidents des tribunaux de commerce constateront chaque mois, dans les cinq premiers jours, l'état matériel et la situation des feuilles d'audience et de toutes autres minutes de jugements et actes reçus et passés dans le greffe de leur juridiction.... »

dissement communal où le tribunal de commerce est établi : dans le cas contraire, la cour impériale commet, si les juges de commerce le demandent, le tribunal civil de l'arrondissement pour recevoir leur serment, et, dans ce cas, le tribunal en dresse procès-verbal, et l'envoie à la cour impériale, qui en ordonne l'insertion dans ses registres. Ces formalités sont remplies sur les conclusions du ministère public et sans frais. Pr. 83, 1035. — Co. 621, s. et la *note*.

630. Les tribunaux de commerce sont dans les attributions et sous la surveillance du ministre de la justice (*a*).

TITRE DEUXIÈME.

DE LA COMPÉTENCE DES TRIBUNAUX DE COMMERCE.

631. Les tribunaux de commerce connaîtront, — 1° De toutes contestations relatives aux engagements et transactions entre négociants, marchands et banquiers ; Co. 1.—2° Entre toutes personnes, des contestations relatives aux actes de commerce. Co. 632, 633.

632. La loi repute actes de commerce, — Tout achat de denrées et marchandises pour les revendre, soit en nature, soit après les avoir travaillées et mises en œuvre, ou même pour en louer simplement l'usage ; — Toute entreprise de manufactures, de commission, de transport par terre ou par eau ; — Toute entreprise de fournitures, d'agences, bureaux d'affaires, établissements de ventes à l'encan, de spectacles publics ; — Toute opération de change, banque et courtage ; — Toutes les opérations des banques publiques ; — Toutes obligations entre négociants, marchands et banquiers ; — Entre toutes personnes, les lettres de change, ou remises d'argent faites de place en place. Co. 110.

633. La loi répute pareillement actes de commerce, — Toute entreprise de construction, et tous achats, ventes et reventes de bâtiments pour la navigation intérieure et extérieure ; Co. 190, 195, 226.—Toutes expéditions maritimes ; — Tout achat ou vente d'agrès, apparaux et avitaillements ; — Tout affrétement ou nolissement, emprunt ou prêt à la grosse ; toutes assurances et autres contrats concernant le commerce de mer ; — Tous accords et conventions pour salaires et loyers d'équipages ;—Tous engagements de gens de mer, pour le service de bâtiments de commerce. Co. 221, 230, 273, 286, 311, 332.

634. Les tribunaux de commerce connaîtront également,—1° Des actions contre les facteurs, commis des marchands ou leurs serviteurs, pour le fait seulement du trafic du marchand auquel ils sont attachés ; — 2° Des billets faits par les receveurs, payeurs, percepteurs ou autres comptables de deniers publics.

635. « Les tribunaux de commerce connaîtront de tout ce qui concerne les faillites, conformément à ce qui est prescrit au livre troisième du présent Code » (art. 437 à 614). (*Loi du 28 mai* 1838.)

636. Lorsque les lettres de change ne seront réputées que simples promesses aux termes de l'article 112, ou lorsque les billets à ordre ne porteront que des signatures d'individus non négociants, et n'auront pas pour occasion des opérations de commerce, trafic, change, banque ou courtage, le tribunal de commerce sera tenu de renvoyer au tribunal civil, s'il en est requis par le défendeur. Pr. 168, s. —Co. 140, 187, 637.

637. Lorsque ces lettres de change et ces billets à ordre porteront en même temps des signatures d'individus négociants et d'individus non négociants, le tribunal de commerce en connaîtra ; mais il ne pourra prononcer la contrainte par corps contre les individus non négociants, à moins qu'ils ne se soient engagés à l'occasion d'opérations de commerce, trafic, change, banque ou courtage. C. 2063. — Co. 632, 634.

638. Ne seront point de la compétence des tribunaux de commerce, les actions intentées contre un propriétaire, cultivateur ou vigneron, pour vente de denrées provenant de son cru, les actions intentées contre un commerçant, pour

(*a*) Outre les tribunaux dont s'occupent les dispositions ci-dessus, il existe des *chambres de commerce* et des chambres *consultatives* des *arts et manufactures*. Un décret des 3-17 septembre 1851 les a organisées de nouveau ; un autre décret des 30 août—8 septembre 1852 a établi les règles d'élection des membres qui doivent composer ces chambres. La chambre de commerce de Paris est régie par le décret du 6 janvier 1853.

paiement de denrées et marchandises achetées pour son usage particulier.— Néanmoins les billets souscrits par un commerçant seront censés faits pour son commerce, et ceux des receveurs, payeurs, percepteurs ou autres comptables de deniers publics, seront censés faits pour leur gestion, lorsqu'une autre cause n'y sera point énoncée. C. 1350, 1352. —Co. 1, 110, 187, 632, 634, 636.

639. « Les tribunaux de commerce jugeront en dernier ressort.—1º Toutes les demandes dans lesquelles les parties justiciables de ces tribunaux, et usant de leurs droits, auront déclaré vouloir être jugées définivement et sans appel; — 2º Toutes les demandes dont le principal n'excédera pas la valeur de quinze cents francs; — 3º Les demandes reconventionnelles ou en compensation, lors même que, réunies à la demande principale, elles excéderaient quinze cents francs. Si l'une des demandes principales ou reconventionnelles s'élève au dessus des limites ci-dessus indiquées, le tribunal ne prononcera sur toutes qu'en premier ressort. —Néanmoins, il sera statué en dernier ressort sur les demandes en dommages-intérêts, lorsqu'elles seront fondées exclusivement sur la demande principale elle-même. » (*Rectification faite par la loi du 3 mars 1840, art. 1ᵉʳ.*)

640. Dans les arrondissements où il n'y aura pas de tribunaux de commerce, les juges du tribunal civil exerceront les fonctions et connaîtront des matières attribuées aux juges de commerce par la présente loi.

641. L'instruction, dans ce cas, aura lieu dans la même forme que devant les tribunaux de commerce, et les jugements produiront les mêmes effets. Pr. 414.

TITRE TROISIÈME.
DE LA FORME DE PROCÉDER DEVANT LES TRIBUNAUX DE COMMERCE.

642. La forme de procéder devant les tribunaux de commerce sera suivie telle qu'elle a été réglée par le titre XXV du livre II de la 1ʳᵉ partie du Code de procédure civile (art. 414 à 442).

643. Néanmoins les articles 156, 158 et 159 du même Code, relatifs aux jugements par défaut rendus par les tribunaux inférieurs, seront applicables aux jugements par défaut rendus par les tribunaux de commerce.

644. Les appels des jugements des tribunaux de commerce seront portés pardevant les cours dans le ressort desquelles ces tribunaux sont situés. Pr. 443, s.—Co. 645, s.

TITRE QUATRIÈME.
DE LA FORME DE PROCÉDER DEVANT LES COURS IMPÉRIALES.

645. Le délai pour interjeter appel des jugements des tribunaux de commerce sera de trois mois, à compter du jour de la signification du jugement, pour ceux qui auront été rendus contradictoirement, et du jour de l'expiration du délai de l'opposition, pour ceux qui auront été rendus par défaut : l'appel pourra être interjeté le jour même du jugement. Pr. 68, 147, 156, 158, 159, 414, 420, 443, s.—Co. 643, 646.

646. « Dans les limites de la compétence fixée par l'article 639 pour le dernier ressort, l'appel ne sera pas reçu, encore que le jugement n'énonce pas qu'il est rendu en dernier ressort, et même quand il énoncerait qu'il est rendu à la charge d'appel. » Pr. 453.—Co. 639. (*Rectification faite par la loi du 3 mars 1840, art. 2.*)

647. Les cours impériales ne pourront, en aucun cas, à peine de nullité, et même des dommages et intérêts des parties, s'il y a lieu, accorder des défenses ni surseoir à l'exécution des jugements des tribunaux de commerce, quand même ils seraient attaqués d'incompétence; mais elles pourront, suivant l'exigence des cas, accorder la permission de citer extraordinairement à jour et heure fixes, pour plaider sur l'appel. Pr. 128, 460, 505-3º.

648. Les appels des jugements des tribunaux de commerce seront instruits et jugés dans les cours, comme appels de jugements rendus en matière sommaire. La procédure, jusques et y compris l'arrêt définitif, sera conforme à celle qui est prescrite pour les causes d'appel en matière civile, au livre III de la Iʳᵉ partie du Code de procédure civile. Pr. 404, s., 443 à 473.

CODE D'INSTRUCTION CRIMINELLE[a]

Dispositions préliminaires.

(Loi décrétée le 17 nov 1808. Promulguée le 27 (b).)

ARTICLE 1er. L'action pour l'application des peines n'appartient qu'aux fonctionnaires auxquels elle est confiée par la loi (c). I. cr. 9, 22, s., 55, s., 217, s., 231, 241, 251, s., 348, 369, 634, s. — L'action en réparation du dommage causé par un crime, par un délit ou par une contravention, peut être exercée par tous ceux qui ont souffert de ce dommage. C. 1382, s.—I. cr. 2, s., 145, 160, 162, 165, 182, 197, 202-2°, 216, 217, 271, 287, 361, 373, 412, 413, 541, 544, 557, 637, 638. — P. 1. — T. cr. 157 à 162.

2. L'action publique pour l'application de la peine s'éteint par la mort du prévenu. C. 31.—L'action civile pour la réparation du dommage peut être exercée contre le prévenu et contre ses représentants. C. 724, 877, 1122.—I. cr. 1, 3, s.—L'une et l'autre action s'éteignent par la prescription, ainsi qu'il est réglé au livre II, titre VII, chapitre V, de la *Prescription* (art. 635 à 643).

3. L'action civile peut être poursuivie en même temps et devant les mêmes juges que l'action publique. I. cr. 66, s. — Elle peut aussi l'être séparément : dans ce cas, l'exercice en est suspendu tant qu'il n'a pas été prononcé définitivement sur l'action publique, intentée avant ou pendant la poursuite de l'action civile. Pr. 239, 240. — I. cr. 138, s., 358, 362, 366, 369, 429, 460, 585, 635, 637, 638.

4. La renonciation à l'action civile ne peut arrêter ni suspendre l'exercice de l'action publique. C. 2046. — Pr. 249. — I. cr. 66, 67.

5. Tout Français qui se sera rendu coupable, hors du territoire de France, d'un crime attentatoire à la sûreté de l'Etat, de contrefaçon du sceau de l'Etat, de monnaies nationales ayant cours, de papiers nationaux, de billets de banques autorisés par la loi, pourra être poursuivi, jugé et puni en France, d'après les dispositions des lois françaises. C. 3. — I. cr. 6, 7, 24.

6. Cette disposition pourra être éten-

(a) C'est dans le Code du 3 brum. an IV, émané lui-même de la loi des 16-29 juillet 1791, que le législateur de 1808 a puisé la presque totalité des règles générales sur la forme de procéder dans la poursuite des crimes, délits et contraventions. C'est là une observation que nous devons consigner ici une fois pour toutes, sauf au lecteur à se reporter aux dispositions correspondantes du Code de l'an IV, s'il le juge convenable. Au surplus, l'édition actuelle est celle faite en vertu de la loi du 28 avril 1832. (Voy. la note suivante.)

(b) 28 avril 1832. — *Ordonnance contenant le texte officiel du Code d'instruction criminelle.*

« Louis-Philippe, etc. — Vu la loi en date de ce jour, sur les réformes à introduire dans la législation pénale ; — Vu l'article 54 de la Charte constitutionnelle ; — Vu la loi du 4 mars 1831 ; — Sur le rapport de notre garde des sceaux, ministre secrétaire d'Etat au département de la justice. — Nous avons ordonné et ordonnons ce qui suit : — A compter du 1er juin prochain, date à partir de laquelle la loi de ce jour sur les réformes dans la législation pénale sera exécutoire, il ne sera reconnu aucun texte officiel du Code d'instruction criminelle que le texte dont la teneur suit » (celui qui se trouve reproduit). — Au surplus, on signale par des guillemets celles des dispositions de ce Code qui ont été modifiées par la loi de 1832.

(c) Ce sont les membres du ministère public devant toutes les juridictions.

due aux étrangers qui, auteurs ou complices des mêmes crimes, seraient arrêtés en France, ou dont le gouvernement obtiendrait l'extradition (a). C. 3, 11. — I. cr. 24.

7. Tout Français qui se sera rendu coupable, hors du territoire du royaume, d'un crime contre un Français, pourra, à son retour en France, y être poursuivi et jugé, s'il n'a pas été poursuivi et jugé en pays étranger, et si le Français offensé rend plainte contre lui (b). I. cr. 5, 6, 24, 63.

(a) L'*extradition* est un acte de haute administration, par lequel une puissance livre un étranger, qui s'est réfugié sur son territoire, à la justice des magistrats du pays de cet étranger et sur la réclamation de ceux-ci.

23 octobre 1811. — *Décret relatif au cas où un gouvernement étranger demanderait l'extradition d'un Français prévenu d'avoir commis un crime contre des étrangers sur le territoire de ce gouvernement.*

« Art. 1er. Toute demande en extradition faite par le gouvernement étranger contre un de nos sujets prévenu d'avoir commis un crime contre des étrangers sur le territoire de ce gouvernement nous sera soumise par notre grand juge, ministre de la justice, pour y être par nous statué ainsi qu'il appartiendra.

« 2. A cet effet, ladite demande, appuyée de pièces justificatives, sera adressée à notre ministre des relations extérieures, lequel la transmettra, avec son avis, à notre grand juge ministre de la justice. »

Dans quels cas et pour quels crimes l'extradition peut-elle être demandée et obtenue? Les traités politiques entre les diverses nations forment la règle à suivre à cet égard.

Plusieurs conventions diplomatiques sont intervenues sur ce point, qui ont stipulé l'extradition *réciproque* des criminels, entre la France et d'autres nations. En voici la date : 9 août-11 octobre 1820, entre la France et la Sardaigne, pour l'extradition réciproque des déserteurs ; — 24 juin 1822-23 juin 1823, entre la France et les États-Unis, pour l'arrestation réciproque des matelots déserteurs ; — 18 juillet-31 décembre 1828, entre la France et les États de la Confédération helvétique, pour l'extradition réciproque des individus coupables des crimes prévus par l'art. 5 de la Convention ;—22 novembre-19 décembre 1834, entre la France et la Belgique, pour les crimes prévus par l'art. 1er de la Convention ;—23 mai-16 décembre 1838, entre la France et la Sardaigne, pour les mêmes crimes que ceux énumérés dans la Convention précédente ; — 13 février-18 mars 1843, entre la France et l'Angleterre, pour l'extradition réciproque des malfaiteurs à l'égard des crimes prévus par l'art. 1er de la Convention ; — 10 novembre 1843-25 janvier 1844, entre la France et le duché de Lucques, pour l'extradition réciproque des malfaiteurs ; — 9 novembre 1843-12 juin 1844, entre la France et les États-Unis d'Amérique, pour l'extradition réciproque des malfaiteurs; — 22-24 juin 1844, entre la France et le grand-duché de Bade, à l'égard des crimes prévus par l'art. 1er de la Convention; —7 novembre 1844-29 juin 1845, entre la France et les Pays-Bas, pour les mêmes crimes que ceux indiqués dans la Convention avec la Belgique; — 14 juin-11 août 1845, entre la France et le royaume des Deux-Siciles, pour les crimes prévus dans l'art. 2 de la Convention; — 21 juin-30 août 1845, entre la France et la Prusse, pour les crimes prévus dans l'art. 2 de la Convention; — 26 janvier-3 avril 1847, entre la France et le duché de Mecklembourg-Schwerin, pour les crimes prévus dans l'art. 2 de la Convention; — 6 mars-6 mai 1847, entre la France et le grand-duché d'Oldenbourg, pour les mêmes crimes que ceux de la Convention précédente; — 28 avril 1850, entre la France et le royaume de Saxe; — 5 avril 1848, entre la France et la ville libre d'Hambourg, pour les crimes prévus dans l'art. 2 de la Convention;—26 août 1850, entre la France et l'Espagne; 20 janvier-4 février 1851, loi relative à la Convention d'extradition conclue, le 26 août 1850, entre la France et l'Espagne; —9 avril 1850, entre la France et la république de la Nouvelle-Orléans, pour les crimes prévus dans l'art. 2 de la Convention. Depuis il est intervenu des traités nouveaux avec d'autres puissances, notamment entre la France et la principauté de Lippe (Décr. 28 juin 1854); — la France et l'Angleterre concernant les matelots déserteurs (Décr. 4 juillet 1854); — la France et la Bavière (Décr. 4 août 1854); — la France et l'électorat de Hesse (Décr. 11 novembre 1854); — la France et le Portugal (Décr. 11 novembre 1854); — la France et le grand duché de Bade (Décr. 5 décembre 1854); — la France et le Hanovre (Décr. 19 juin 1855); — la France et l'Autriche (Décr. 2 février 1856); la France et la république de Venezuela (Décr. 26-31 mai 1856).

(b) Un avis du conseil d'État, du 20 novembre 1806, relatif à la compétence en matière de délits commis à bord des *vaisseaux neutres* dans les *ports et rades de France*, déclare, à juste titre, que la juridiction territoriale ne cesse pas d'être compétente pour les juger, par la raison que le vaisseau neutre, admis dans un port de l'État, est soumis de plein droit aux lois de police qui régissent le lieu où il est reçu. Tel est, d'ailleurs, le principe posé dans l'article 3 du C. Nap.

LIVRE PREMIER.

De la police judiciaire et des officiers de police qui l'exercent.

(Suite de la loi du 17 novembre 1808.)

CHAP. I. — DE LA POLICE JUDICIAIRE (a).

8. La police judiciaire recherche les crimes, les délits et les contraventions, en rassemble les preuves et en livre les auteurs aux tribunaux chargés de les punir. I. cr. 9, s., 48, s., 267, 504, s.

9. La police judiciaire sera exercée, sous l'autorité des cours impériales, et suivant les distinctions qui vont être établies, — Par les gardes champêtres et les gardes forestiers; I. cr. 16, s. — Par les commissaires de police; I. cr. 11, 48, s. —Par les maires et les adjoints de maire; I. cr. 11, 14, 15, 50, s., 166, s. — Par les procureurs impériaux et leurs substituts; I. cr. 22, s. — Par les juges de paix; I. cr. 48, s. — Par les officiers de gendarmerie; I. cr. 48, s. — Par les commissaires généraux de police; I. cr. 10, 48, s. —Et par les juges d'instruction. I. cr. 55, s., 279, 383, 480, 484, 611, 613-2°, 616.

10. Les préfets des départements, et le préfet de police à Paris, pourront faire personnellement, ou requérir les officiers de police judiciaire, chacun en ce qui le concerne, de faire tous actes nécessaires à l'effet de constater les crimes, délits et contraventions, et d'en livrer les auteurs aux tribunaux chargés de les punir, conformément à l'article 8 ci-dessus (b). I. cr. 9, 514.

(a) On distingue la *police judiciaire* et la *police administrative*. La police administrative ou préventive a pour objet le maintien de l'ordre public dans chaque lieu et dans toute l'étendue de l'administration générale; elle tend principalement, par l'action de tous ses fonctionnaires, à prévenir les crimes et les délits. — La police judiciaire recherche les crimes et délits que la police administrative n'a pu empêcher, pour en livrer les auteurs aux tribunaux, ainsi que le prescrit l'art. 8 du présent Code.

(b) Un arrêté du 12 messidor an VIII, composé de 49 articles, a déterminé les fonctions du *préfet de police de Paris*. Tout le monde sait que, sous le point de vue de l'organisation municipale et départementale, la ville de Paris et le département de la Seine sont soumis à une législation particulière. (Voy. C. municip. et départ.)
Une loi du 10 juin 1853 autorise le préfet de police de Paris à exercer, dans toutes les com-

CHAP. II. — DES MAIRES, DES ADJOINTS DE MAIRE ET DES COMMISSAIRES DE POLICE (c).

11. Les commissaires de police, et, dans les communes où il n'y en a point, les maires, au défaut de ceux-ci les adjoints de maire, rechercheront les contraventions de police, même celles qui sont sous la surveillance spéciale des gardes forestiers et champêtres, à l'égard desquels ils auront concurrence et même prévention (d). I. cr. 9, 10, 12, s., 48, s. — Ils recevront les rapports, dénonciations et plaintes qui seront relatifs aux contraventions de police. I. cr. 16, s., 63. —Ils consigneront, dans les procès-

munes du département de la Seine, les fonctions qui lui sont déférées par l'arrêté du 12 messidor an VIII, dans les termes suivants :

« Art. 1er. Le préfet de police de Paris exerce dans toutes les communes du département de la Seine les fonctions qui lui sont déférées par l'arrêté des consuls du 12 messidor an VIII.

« 2. Toutefois, les maires des communes du département de la Seine resteront chargés, sous la surveillance du préfet de la Seine et sans préjudice des attributions, tant générales que spéciales, qui leur sont conférées par les lois, de tout ce qui concerne la petite voirie, la liberté et la sûreté de la voie publique, l'établissement, l'entretien et la conservation des édifices communaux, cimetières, promenades, places, rues et voies publiques ne dépendant pas de la grande voirie, l'éclairage, le balayage, les arrosements, la solidité et la salubrité des constructions privées, les mesures relatives aux incendies, les secours aux noyés, la fixation des mercuriales, l'établissement et la réparation des fontaines, aqueducs, pompes et égouts, les adjudications, marchés et baux.

« 3. Un décret déterminera le nombre et le traitement des commissaires de police et des agents nécessaires pour la surveillance des communes du département de la Seine (Paris excepté). — La proportion dans laquelle chaque commune participera aux dépenses du service sera fixée par le préfet du département de la Seine en conseil de préfecture. »

(c) Voy. la note de la page suivante.

(d) Le mot *prévention* est pris ici dans une acception toute particulière : il indique que les magistrats dénommés dans l'article, et qui ont commencé des poursuites pour des contraventions spécialement attribuées à la surveillance des gardes champêtres et forestiers, doivent les continuer de préférence et malgré la survenance de ces derniers.

verbaux qu'ils rédigeront à cet effet, la nature et les circonstances des contraventions, le temps et le lieu où elles auront été commises, les preuves ou indices à la charge de ceux qui en seront présumés coupables (a). I. cr. 16, 18, 20, 21, 32, s., 42, 144, 148, 153, 154, 448, s., 474, 504, 509.

12. Dans les communes divisées en plusieurs arrondissements, les commissaires de police exerceront ces fonctions dans toute l'étendue de la commune où ils sont établis, sans pouvoir alléguer que les contraventions ont été commises hors de l'arrondissement particulier auquel ils sont préposés.—Ces arrondissements ne limitent ni ne circonscrivent leurs pouvoirs respectifs, mais indiquent seulement les termes dans lesquels chacun

d'eux est plus spécialement astreint à un exercice constant et régulier de ses fonctions (b).

13. Lorsque l'un des commissaires de police d'une même commune se trouvera légitimement empêché, celui de l'arrondissement voisin est tenu de le suppléer, sans qu'il puisse retarder le service pour lequel il sera requis, sous prétexte qu'il n'est pas le plus voisin du commissaire empêché, ou que l'empêchement n'est pas légitime ou n'est pas prouvé (c). I. cr. 12, 14.

14. Dans les communes où il n'y a qu'un commissaire de police, s'il se trouve légitimement empêché, le maire, ou, au défaut de celui-ci, l'adjoint du maire, le remplacera tant que durera l'empêchement (d). I. cr. 9, 11, 13.

(*a, b, c, d*) Un décret des 30 janvier-12 février 1852, qui réglait l'organisation du ministère de la police générale, ministère aujourd'hui supprimé (Voy. C. polit.), avait créé des *inspecteurs généraux et spéciaux de police*, pour l'administration du service des départements, ainsi que des *commissaires de police*. Les inspecteurs généraux et spéciaux ont été supprimés (Voy. le décret ci-après des 5 mars-16 avril 1853); il ne reste plus que les commissaires de police, dont l'organisation est établie par les décrets qui suivent :

28 mars-12 avril 1852. — *Décret sur les commissariats de police.*

« Art. 1er. Dans tout canton où il existe un ou plusieurs commissaires de police, la juridiction de ces magistrats pourra être étendue à tout ou partie des communes composant ce canton.

« 2. Lorsque le besoin s'en fera sentir, il pourra être établi dans les cantons où il n'en existe pas, un commissaire de police dont la juridiction s'étendra à toutes les communes de ce canton et qui, sauf les exceptions autorisées, résidera au chef-lieu.

« 3. Le commissaire de police pourra requérir, au besoin, les gardes champêtres et les gardes forestiers de son canton. Ces gardes devront l'informer de tout ce qui intéressera la tranquillité publique.

« 4. Il pourra exercer ses fonctions hors de son ressort dans les seuls cas prévus par l'art. 464 du Code d'instruction criminelle.

« 5. Les commissaires de police seront répartis en cinq classes, dont les traitements seront fixés par un règlement d'administration publique. Ils pourront recevoir des frais de bureau, qui varieront du dixième au cinquième de leurs traitements.

« 6. Les commissaires de police des villes de six mille âmes et au-dessous seront nommés par les préfets sur une liste de trois candidats arrêtée par l'inspecteur général du ministère de la police générale. La révocation, pour être définitive, devra être approuvée par le ministre. Les commissaires de police des villes au-dessus

de six mille âmes continueront à être nommés par le prince président de la République, sur la proposition du ministre de la police générale.

« 7. Les chefs-lieux de canton qui ne sont pas pourvus de commissaire de police, ou la commune désignée pour sa résidence, seront tenus de contribuer au traitement de ces agents au moyen d'un contingent qui ne sera pas moindre de trois cents francs pour les chefs-lieux au-dessous de quinze cents habitants; cinq cents francs pour les chefs-lieux ayant de quinze cents à trois mille habitants; six cents francs pour les chefs-lieux ayant de trois mille à cinq mille habitants. Les traitements actuellement alloués et les contingents déterminés suivant les proportions précédentes pourront être répartis entre les chefs-lieux et les autres communes du canton dont les ressources permettent d'y participer. La répartition sera réglée par le préfet en conseil de préfecture. Le ministre désignera successivement ceux des cantons qui devront être, chaque année, pourvus d'un commissaire de police.

« 8. L'État interviendra dans le surplus de la dépense pour porter les traitements aux taux qui seront indiqués par le règlement ci-dessus énoncé.

« 9. Pour l'exercice 1852, le montant de la dépense sera prélevé sur les fonds du budget du ministère de la police générale de cet exercice. »

17-29 janvier 1853. — *Décret impérial portant création de commissariats de police cantonaux.*

« Art. 1er. Il est créé un commissariat de police dans chacun des cantons désignés au tableau annexé au présent décret. La juridiction du commissaire de police s'étendra à toutes les communes du canton, et sa résidence est fixée conformément aux indications portées au tableau précité.

« Dans tout canton où il existe actuellement un commissaire de police, soit au chef-lieu, soit dans une commune dépendant du canton, sa juridiction s'étendra à toutes les communes du canton. Dans tout canton où il existera plus d'un commissaire de police, la juridiction de

15. Les maires ou adjoints de maire remettront à l'officier par qui sera rempli le ministère public près le tribunal de police toutes les pièces et renseignements, dans les trois jours au plus tard, y compris celui où ils ont reconnu le fait sur lequel ils ont procédé. I. cr. 1, 18, 144, 167.

CHAP. III. — DES GARDES CHAMPÊTRES ET FORESTIERS (a).

16. Les gardes champêtres et les gardes forestiers, considérés comme officiers de police judiciaire, sont chargés de rechercher, chacun dans le territoire pour lequel ils auront été assermentés, les délits

chacun de ces fonctionnaires s'étendra à toutes les communes du canton. Néanmoins, le préfet pourra, dans l'intérêt du service, déterminer les limites de la circonscription placée spécialement sous la surveillance de chacun d'eux. Dans les villes divisées en plusieurs cantons et dans lesquelles il n'existe qu'un commissaire de police, la juridiction de ce fonctionnaire s'étendra à toutes les communes de ces cantons. Dans les villes où il existe plusieurs cantons et plus d'un commissaire de police, la juridiction de chacun de ces fonctionnaires s'étendra à toutes les communes de ces cantons. Néanmoins, le préfet pourra, dans l'intérêt du service, déterminer les limites de la circonscription placée spécialement sous la surveillance de chacun d'eux. »

8 mars-16 avril 1833. — *Décret impérial qui autorise l'établissement de commissaires de police départementaux et supprime les inspecteurs généraux et spéciaux de police.*

« Art. 1er. Il pourra être établi dans les chefs-lieux de département un commissaire de police départemental, qui exercera ses fonctions sous l'autorité du préfet.

« 2. La juridiction du commissaire départemental s'étendra sur tout le département; il aura sous ses ordres les commissaires et agents de police du département. Ses attributions, sauf l'étendue de la juridiction, seront les mêmes que celles des commissaires de police ordinaires. Il dirige dans la ville de sa résidence le service de police municipale, sous la surveillance du préfet et sous l'autorité du maire.

« 3. Les commissaires de police départementaux sont nommés par l'empereur, sur la présentation du ministre de la police générale, quelle que soit la population des villes de leur résidence.

« 4. Les commissaires de police départementaux sont divisés en quatre classes, quant à leurs traitements, frais de bureau et détournées.

« 5. Les inspecteurs généraux et spéciaux de police, institués par le décret du 30 janvier 1852, sont supprimés. »

(a) Pour ce qui concerne l'établissement des gardes champêtres, voy. C. rural, et celui des gardes forestiers, C. forest.

et les contraventions de police qui auront porté atteinte aux propriétés rurales et forestières. I. cr. 9, 17. — For. 160, s. — Pêche fluv. 6, s., 36, s. — Ils dresseront des procès-verbaux à l'effet de constater la nature, les circonstances, le temps, le lieu des délits et des contraventions, ainsi que les preuves et les indices qu'ils auront pu en recueillir. I. cr. 11. — Ils suivront les choses enlevées dans les lieux où elles auront été transportées, et les mettront en séquestre : ils ne pourront néanmoins s'introduire dans les maisons, ateliers, bâtiments, cours adjacentes et enclos, si ce n'est en présence, soit du juge de paix, soit de son suppléant, soit du commissaire de police, soit du maire du lieu, soit de son adjoint; et le procès-verbal qui devra en être dressé sera signé par celui en présence duquel il aura été fait. Pr. 781-5°. — I. cr. 35. — P. 184. — T. cr. 37, 39, 40. — Ils arrêteront et conduiront devant le juge de paix ou devant le maire tout individu qu'ils auront surpris en flagrant délit ou qui sera dénoncé par la clameur publique, lorsque ce délit emportera la peine d'emprisonnement ou une peine plus grave. I. cr. 41, 106. — Ils se feront donner, pour cet effet, main-forte par le maire ou par l'adjoint du maire du lieu, qui ne pourra s'y refuser. I. cr. 9, 11, 18, 20, 25, 41, 99, 106, 108, 154, 376. — T. cr. 37, 39.

17. Les gardes champêtres et forestiers sont, comme officiers de police judiciaire, sous la surveillance du procureur impérial, sans préjudice de leur subordination, à l'égard de leurs supérieurs dans l'administration. I. cr. 19, 22, 279, 479, 483.

18. Les gardes forestiers de l'administration, des communes et des établissements publics, remettront leurs procès-verbaux au conservateur, inspecteur ou sous-inspecteur forestier, dans le délai fixé par l'article 15. I. cr. 11, 20, 182. — L'officier qui aura reçu l'affirmation sera tenu, dans la huitaine, d'en donner avis au procureur impérial. I. cr. 22. — C. for. 165, s.

19. Le conservateur, inspecteur ou sous-inspecteur, fera citer les prévenus ou les personnes civilement responsables devant le tribunal correctionnel. C. 1384, 1385, 1386. — I. cr. 1, 179, s. — P. 73,

74.—For. 159, s., 209, s.—T. cr. 71-1°.

20. Les procès-verbaux des gardes champêtres des communes, et ceux des gardes champêtres et forestiers des particuliers, seront, lorsqu'il s'agira de simples contraventions, remis par eux, dans le délai fixé par l'article 15, au commissaire de police de la commune chef-lieu de la justice de paix, ou au maire, dans les communes où il n'y a point de commissaire de police; et lorsqu'il s'agira d'un délit de nature à mériter une peine correctionnelle, la remise sera faite au procureur impérial. I, cr. 11.—T. cr. 90.

21. Si le procès-verbal a pour objet une contravention de police, il sera procédé, par le commissaire de police de la commune chef-lieu de la justice de paix, par le maire, ou, à son défaut, par l'adjoint de maire, dans les communes où il n'y a point de commissaire de police, ainsi qu'il sera réglé au chapitre Iᵉʳ, titre Iᵉʳ, du livre II du présent Code (art. 137 à 178).

CHAP. IV. — DES PROCUREURS IMPÉRIAUX ET DE LEURS SUBSTITUTS.

SECT. I. — *De la compétence des procureurs impériaux relativement à la police judiciaire.*

22. Les procureurs impériaux sont chargés de la recherche et de la poursuite de tous les délits dont la connaissance appartient aux tribunaux de police correctionnelle ou aux cours d'assises (a). I. cr. 1, 26, 29, 47, 51, 61, 64, 100, 101, 117, 121, s., 132, 133, 182, 196, s., 249, 361, 479, 480, 481, 483, 484, 735.

23. Sont également compétents, pour remplir les fonctions déléguées par l'article précédent, le procureur impérial du lieu du crime ou délit, celui de la résidence du prévenu et celui du lieu où le prévenu pourra être trouvé. I. cr. 7 et la *note*, 24, 29, s., 63, 69.

24. Ces fonctions, lorsqu'il s'agira de crimes ou de délits commis hors du territoire français, dans les cas énoncés aux articles 5, 6 et 7, seront remplies par le procureur impérial du lieu où résidera le prévenu, ou par celui du lieu où il pourra être trouvé, ou par celui de sa dernière résidence connue. I. cr. 23, 464.

25. Les procureurs impériaux et tous autres officiers de police judiciaire, auront, dans l'exercice de leurs fonctions, le droit de requérir directement la force publique. I. cr. 16, 99, 108, 376.

26. Le procureur impérial sera, en cas d'empêchement, remplacé par son substitut, ou, s'il y a plusieurs substituts, par le plus ancien. S'il n'a pas de substitut, il sera remplacé par un juge commis à cet effet par le président (b). Pr. 84.—I. cr. 58.

27. Les procureurs impériaux seront tenus, aussitôt que les délits parviendront à leur connaissance, d'en donner avis au procureur général près la cour impériale, et d'exécuter ses ordres relativement à tous actes de police judiciaire. I. cr. 249, 250, 274, s., 287, s.

28. Ils pourvoiront à l'envoi, à la notification et à l'exécution des ordonnances qui seront rendues par le juge d'instruction, d'après les règles qui seront ci-après établies au chapitre des *Juges d'instruction*. I. cr. 22, 59, s.

SECT. II. — *Mode de procéder des procureurs impériaux dans l'exercice de leurs fonctions.*

29. Toute autorité constituée, tout fonctionnaire ou officier public, qui, dans l'exercice de ses fonctions, acquerra la connaissance d'un crime ou d'un délit, sera tenu d'en donner avis sur-le-champ au procureur impérial près le tribunal dans le ressort duquel ce crime ou délit aura été commis ou dans lequel le prévenu pourrait être trouvé, et de transmettre à ce magistrat tous les renseignements, procès-verbaux et actes qui y sont relatifs. I. cr. 11, 22, 23, 30, 40, 63.

30. Toute personne qui aura été témoin d'un attentat, soit contre la sûreté publique, soit contre la vie ou la propriété d'un individu, sera pareillement tenue d'en donner avis au procureur impérial, soit du lieu du crime ou du délit, soit du lieu où le prévenu pourra être

(a) La loi du 7 pluviôse an IX, relative à la poursuite des délits en matières criminelle et correctionnelle, contient également, sur ce point, des dispositions qu'on peut consulter. L'art. 3 notamment porte que les plaintes et dénonciations peuvent être faites non-seulement aux membres du ministère public, mais aux *juges de paix*, et aux officiers de *gendarmerie*.

(b) Aux termes de l'art. 3 d'une loi du 10 décembre 1830, les juges suppléants peuvent être appelés aux fonctions du ministère public, si les besoins l'exigent.

trouvé (a). C. 727-3°, 728.—I. cr. 22, 34, 40, 45, 48, s., 106, 275, 323, 358, 359. —P. 108, 119, 138, 139, 144, 336, 367, 378, 433.

31. Les dénonciations seront rédigées par les dénonciateurs, ou par leurs fondés de procuration spéciale, ou par le procureur impérial s'il en est requis; elles seront toujours signées par le procureur impérial à chaque feuillet, et par les dénonciateurs ou par leurs fondés de pouvoir. I. cr. 30. — Si les dénonciateurs ou leurs fondés de pouvoir ne savent ou ne veulent pas signer, il en sera fait mention. I. cr. 33, 42. —La procuration demeurera toujours annexée à la dénonciation; et le dénonciateur pourra se faire délivrer, mais à ses frais, une copie de sa dénonciation. I. cr. 48, 50, 65, 275, 358. — T. cr. 42.

32. Dans tous les cas de flagrant délit (b), lorsque le fait sera de nature à entraîner une peine afflictive ou infamante, le procureur impérial se transportera sur le lieu, sans aucun retard, pour y dresser les procès-verbaux nécessaires à l'effet de constater le corps du délit, son état, l'état des lieux, et pour recevoir les déclarations des personnes qui auraient été présentes, ou qui auraient des renseignements à donner. I. cr. 11, 33, 36, 41, 46, 47, 60. — P. 7, 8. —Le procureur impérial donnera avis de son transport au juge d'instruction, sans être toutefois tenu de l'attendre pour procéder, ainsi qu'il est dit au présent chapitre. I. cr. 22. s., 55, s.— T. cr. 88.

33. Le procureur impérial pourra aussi, dans le cas de l'article précédent, appeler à son procès-verbal les parents, voisins ou domestiques, présumés en état de donner des éclaircissements sur le fait; il recevra leurs déclarations, qu'ils signeront : les déclarations reçues en conséquence du présent article et de l'article précédent seront signées par les parties, ou, en cas de refus, il en sera fait mention. I. cr. 34-2°, 42.

34. Il pourra défendre que qui que

ce soit sorte de la maison, ou s'éloigne du lieu, jusqu'après la clôture de son procès-verbal. I. cr. 46. — Tout contrevenant à cette défense sera, s'il peut être saisi, déposé dans la maison d'arrêt : la peine encourue pour la contravention sera prononcée par le juge d'instruction, sur les conclusions du procureur impérial, après que le contrevenant aura été cité et entendu, ou par défaut s'il ne comparaît pas, sans autre formalité ni délai, et sans opposition ni appel. I. cr. 267, 504, s. —La peine ne pourra excéder dix jours d'emprisonnement et cent francs d'amende. I. cr. 46. — T. cr. 71-1°-4°.

35. Le procureur impérial se saisira des armes et de tout ce qui paraîtra avoir servi ou avoir été destiné à commettre le crime ou le délit, ainsi que de tout ce qui paraîtra en avoir été le produit, enfin de tout ce qui pourra servir à la manifestation de la vérité : il interpellera le prévenu de s'expliquer sur les choses saisies qui lui seront représentées; il dressera du tout un procès-verbal, qui sera signé par le prévenu, ou mention sera faite de son refus. I. cr. 38, 39, 41, 42, 46, 60, 89, 133, 154, 184.— T. cr. 37.

36. Si la nature du crime ou du délit est telle, que la preuve puisse vraisemblablement être acquise par les papiers ou autres pièces et effets en la possession du prévenu, le procureur impérial se transportera de suite dans le domicile du prévenu, pour y faire la perquisition des objets qu'il jugera utiles à la manifestation de la vérité. I. cr. 16, 32, 37, 38, 39, 46, s., 59, 62, 87, s., 464.—P. 184. — T. cr. 88.

37. S'il existe, dans le domicile du prévenu, des papiers ou effets qui puissent servir à conviction ou à décharge, le procureur impérial en dressera procès-verbal, et se saisira desdits effets ou papiers. I. cr. 42, 46, 60, 87, s., 132, s., 190, 228, 291, 305, 329, 453, s., 474.— T. cr. 37.

38. Les objets saisis seront clos et cachetés, si faire se peut; ou, s'ils ne sont pas susceptibles de recevoir des caractères d'écriture, ils seront mis dans un vase ou dans un sac, sur lequel le procureur impérial attachera une bande de papier qu'il scellera de son sceau. I. cr. 35, s., 39, 89, 95. — T. cr. 37.

(a) L'inaccomplissement du devoir imposé aux citoyens par cet article n'est plus passible d'aucune peine, par suite de l'abrogation, par la loi de 1832, des art. 103 à 107 du Code d'inst. criminelle, relatifs aux crimes de *non-révélation*.

(b) Le *flagrant délit* est défini par l'art. 41.

39. Les opérations prescrites par les articles précédents seront faites en présence du prévenu, s'il a été arrêté; et, s'il ne veut ou ne peut y assister, en présence d'un fondé de pouvoir qu'il pourra nommer. Les objets lui seront présentés à l'effet de les reconnaître et de les parapher, s'il y a lieu; et, au cas de refus, il en sera fait mention au procès-verbal. I. cr. 35, s., 89.

40. Le procureur impérial, audit cas de flagrant délit, et lorsque le fait sera de nature à entraîner peine afflictive ou infamante, fera saisir les prévenus présents contre lesquels il existerait des indices graves. I. cr. 16, 41, 94, 97, s. — P. 7, 8. — Si le prévenu n'est pas présent, le procureur impérial rendra une ordonnance à l'effet de le faire comparaître; cette ordonnance s'appelle *mandat d'amener*. Pr. 239. — I. cr. 45, 51, 61, 81, s. et la *note*, 100, 105, 112, 269, 283, 361. — La dénonciation seule ne constitue pas une présomption suffisante pour décerner cette ordonnance contre un individu ayant domicile. C. 102. — I. cr. 30, 31. — Le procureur impérial interrogera sur-le-champ le prévenu amené devant lui. I. cr. 103, 190, 221. — P. 6, 21. — T. cr. 71-3°-4°.

41. Le délit qui se commet actuellement, ou qui vient de se commettre, est un flagrant délit. — Seront aussi réputés flagrant délit, le cas où le prévenu est poursuivi par la clameur publique, et celui où le prévenu est trouvé saisi d'effets, armes, instruments ou papiers faisant présumer qu'il est auteur ou complice, pourvu que ce soit dans un temps voisin du délit. C. 1350, 1351. — I. cr. 32, s., 46, 106.

42. Les procès-verbaux du procureur impérial, en exécution des articles précédents, seront faits et rédigés en la présence et revêtus de la signature du commissaire de police de la commune dans laquelle le crime ou le délit aura été commis, ou du maire, ou de l'adjoint du maire, ou de deux citoyens domiciliés dans la même commune. I. cr. 11. — Pourra néanmoins le procureur impérial dresser les procès-verbaux sans assistance de témoins, lorsqu'il n'y aura pas possibilité de s'en procurer tout de suite. — Chaque feuillet du procès-verbal sera signé par le procureur impérial et par les personnes qui y auront assisté : en cas de refus ou d'impossibilité de signer de la part de celles-ci, il en sera fait mention. I. cr. 31, 33.

43. Le procureur impérial se fera accompagner, au besoin, d'une ou de deux personnes présumées, par leur art ou profession, capables d'apprécier la nature et les circonstances du crime ou délit. I. cr. 44. — T. cr. 16, 22, 88, 90.

44. S'il s'agit d'une mort violente, ou d'une mort dont la cause soit inconnue et suspecte, le procureur impérial se fera assister d'un ou de deux officiers de santé, qui feront leur rapport sur les causes de la mort et sur l'état du cadavre. C. 81, 82. — I. cr. 46. — Les personnes appelées, dans les cas du présent article et de l'article précédent, prêteront devant le procureur impérial le serment de faire leur rapport et de donner leur avis en leur honneur et conscience. I. cr. 46, 60. — T. cr. 16, 90.

45. Le procureur impérial transmettra sans délai au juge d'instruction les procès-verbaux, actes, pièces et instruments, dressés ou saisis en conséquence des articles précédents, pour être procédé ainsi qu'il sera dit au chapitre des *Juges d'instruction* (art. 55 à 136); et cependant le prévenu restera sous la main de la justice en état de mandat d'amener. I. cr. 35, s., 40, 60, 64.

46. Les attributions faites ci-dessus au procureur impérial pour les cas de flagrant délit auront lieu aussi toutes les fois que s'agissant d'un crime ou délit, même non flagrant, commis dans l'intérieur d'une maison, le chef de cette maison requerra le procureur impérial de le constater. I. cr. 32, 34, s., 41, s., 47, 49 — P. 184. — T. cr. 88.

47. Hors les cas énoncés dans les articles 32 et 46, le procureur impérial instruit soit par une dénonciation, soit par toute autre voie, qu'il a été commis dans son arrondissement un crime ou un délit, ou qu'une personne qui en est prévenue se trouve dans son arrondissement, sera tenu de requérir le juge d'instruction d'ordonner qu'il en soit informé, même de se transporter, s'il est besoin, sur les lieux, à l'effet d'y dresser tous les procès-verbaux nécessaires, ainsi qu'il sera dit au chapitre des *Juges d'instruction*. I. cr. 22, 30, 31, 61, s. — P. 184. — T. cr. 88.

CHAP. V. — DES OFFICIERS DE POLICE AUXILIAIRES DU PROCUREUR IMPÉRIAL.

48. Les juges de paix, les officiers de gendarmerie, les commissaires généraux de police, recevront les dénonciations de crimes ou délits commis dans les lieux où ils exercent leurs fonctions habituelles. I. cr. 9, 10, 16, 29, 30, 31, 49, s., 138, s.

49. Dans le cas de flagrant délit, ou dans le cas de réquisition de la part d'un chef de maison, ils dresseront les procès-verbaux, recevront les déclarations des témoins, feront les visites et les autres actes qui sont, auxdits cas, de la compétence des procureurs impériaux, le tout dans les formes et suivant les règles établies au chapitre des *Procureurs impériaux*. I. cr. 32, s., 46, 50, 51. — T. cr. 88.

50. Les maires, adjoints de maire, et les commissaires de police, recevront également les dénonciations et feront les actes énoncés en l'article précédent, en se conformant aux mêmes règles. I. cr. 9, 11, s. et la *note*, 30, 32, s., 46, 49, 51, s. — T. cr. 88.

51. Dans les cas de concurrence entre les procureurs impériaux et les officiers de police énoncés aux articles précédents, le procureur impérial fera les actes attribués à la police judiciaire : s'il a été prévenu, il pourra continuer la procédure, et autoriser l'officier qui l'aura commencée à la suivre. I. cr. 11, 22, s., 52, 63, 64. — T. cr. 88.

52. Le procureur impérial, exerçant son ministère dans les cas des articles 32 et 46, pourra, s'il le juge utile et nécessaire, charger un officier de police auxiliaire de partie des actes de sa compétence. I. cr. 48, s. — T. cr. 88.

53. Les officiers de police auxiliaire renverront sans délai les dénonciations, procès-verbaux et autres actes par eux faits dans les cas de leur compétence, au procureur impérial, qui sera tenu d'examiner sans retard les procédures, et de les transmettre, avec les réquisitions qu'il jugera convenables, au juge d'in-

struction. I. cr. 22, 30, 45, 47, 48, 50, 54, 55, 63, 64.

54. Dans les cas de dénonciation de crimes ou délits autres que ceux qu'ils sont directement chargés de constater, les officiers de police judiciaire transmettront aussi sans délai au procureur impérial les dénonciations qui leur auront été faites, et le procureur impérial les remettra au juge d'instruction, avec son réquisitoire. I. cr. 22, 30, 48, 53, 55, 63, 64.

CHAP. VI. — DES JUGES D'INSTRUCTION (*a*).

SECT. I. — *Du juge d'instruction.*

55. Il y aura, dans chaque arrondissement communal, un juge d'instruction. Il sera choisi par Sa Majesté parmi les juges du tribunal civil, pour trois ans (*b*) : il pourra être continué plus longtemps ; et il conservera séance au jugement des affaires civiles, suivant le rang de sa réception. I. cr. 18, 54, 56, s., 122, s., 236, 257, 280, 330, 415, 433, 469, 480, 483, 611, 613, s.

56. Il sera établi un second juge d'instruction dans les arrondissements où il pourrait être nécessaire ; ce juge sera membre du tribunal civil. — Il y aura à Paris six juges d'instruction (*c*).

57. Les juges d'instruction seront, quant aux fonctions de police judiciaire, sous la surveillance du procureur général près la cour impériale. I. cr. 271, 280.

58. Dans les villes où il n'y a qu'un juge d'instruction, s'il est absent, malade, ou autrement empêché, le tribunal de première instance désignera l'un des juges de ce tribunal pour le remplacer. Pr. 84. — I. cr. 26, 55 et la *note*.

SECT. II. — *Fonctions du juge d'instruction.*

DISTINCTION I. — **Des cas de flagrant délit.**

59. Le juge d'instruction, dans tous les cas réputés flagrant délit, peut faire

---

(*a*) Les juges d'instruction ont remplacé les *directeurs du jury* et les *magistrats de sûreté*, dont l'institution a été supprimée par l'art. 42 du décret du 20 avril 1810. (Voy. C. des Trib.)

(*b*) Un décret des 1er-5 mars 1852, porte : « À l'avenir les fonctions de juge d'instruction pourront être confiées aux juges *suppléants* près les trib. de 1re instance. »

(*c*) Ce nombre, porté d'abord à neuf par un

directement et par lui-même tous les actes attribués au procureur impérial, en se conformant aux règles établies au chapitre des *Procureurs impériaux et de leurs Substituts* (art. 22 à 47). Le juge d'instruction peut requérir la présence du procureur impérial, sans aucun retard néanmoins des opérations prescrites dans ledit chapitre. I. cr. 22, s., 36, 41, 60, s. — T. cr. 88.

60. Lorsque le flagrant délit aura déjà été constaté, et que le procureur impérial transmettra les actes et pièces au juge d'instruction, celui-ci sera tenu de faire sans délai l'examen de la procédure. I. cr. 32, s. — Il peut refaire les actes ou ceux des actes qui ne lui paraîtraient pas complets. T. cr. 88.

DISTINCTION II. — **De l'instruction.**

§ I. — *Dispositions générales.*

61. Hors les cas de flagrant délit, le juge d'instruction ne fera aucun acte d'instruction et de poursuite qu'il n'ait donné communication de la procédure au procureur impérial. Il la lui communiquera pareillement lorsqu'elle sera terminée; et le procureur impérial fera les réquisitions qu'il jugera convenables, sans pouvoir retenir la procédure plus de trois jours. I. cr. 47, 53, 70, 127, 280, s. — Néanmoins le juge d'instruction délivrera, s'il y a lieu, le mandat d'amener, et même le mandat de dépôt, sans que ces mandats doivent être précédés des conclusions du procureur impérial. I. cr. 40, 45, 48, 50, 61, 64, 91, s. — T. cr. 71-3°-4°.

62. Lorsque le juge d'instruction se transportera sur les lieux, il sera toujours accompagné du procureur impérial et du greffier du tribunal. I. cr. 22, 59. — T. cr. 88.

§ II. — *Des plaintes (a).*

63. Toute personne qui se prétendra lésée par un crime ou délit pourra en rendre plainte et se constituer partie

décret du 8 mars 1811, a été successivement élevé selon les besoins du service. (Voy. les lois des 9 juillet 1837, et 23 avril 1841.)

(a) La *plainte* diffère de la *dénonciation*, dont il est parlé dans l'art. 38 ci-dessus, en ce que tout individu peut se porter dénonciateur dans

civile devant le juge d'instruction, soit du lieu du crime ou délit, soit du lieu de la résidence du prévenu, soit du lieu où il pourra être trouvé. I. cr. 23, 24, 60, 64, s., 71, s., 116, 135, 145, 147, 182, 183, 187, 275, 358, 359, 451. — T. cr. 42, 71.

64. Les plaintes qui auraient été adressées au procureur impérial seront par lui transmises au juge d'instruction avec son réquisitoire; celles qui auraient été présentées aux officiers auxiliaires de police seront par eux envoyées au procureur impérial, et transmises par lui au juge d'instruction, aussi avec son réquisitoire. I. cr. 45, 47, 53, 54, 61, 275. — Dans les matières du ressort de la police correctionnelle, la partie lésée pourra s'adresser directement au tribunal correctionnel dans la forme qui sera ci-après réglée. Pr. 68. — I. cr. 66, 145, 179, s.

65. Les dispositions de l'article 31 concernant les dénonciations seront communes aux plaintes. T. cr. 42.

66. Les plaignants ne seront réputés partie civile s'ils ne le déclarent formellement, soit par la plainte, soit par acte subséquent, ou s'ils ne prennent, par l'un ou par l'autre, des conclusions en dommages-intérêts : ils pourront se départir dans les vingt-quatre heures; dans le cas du désistement, ils ne sont pas tenus des frais depuis qu'il aura été signifié, sans préjudice néanmoins des dommages-intérêts des prévenus, s'il y a lieu. C. 1149, 1382. — Pr. 402, s. — I. cr. 63, 67, s., 358. — P. 373. — T. cr. 42, 157, s.

67. Les plaignants pourront se porter partie civile en tout état de cause jusqu'à la clôture des débats : mais en aucun cas, leur désistement après le jugement ne peut être valable, quoiqu'il ait été donné dans les vingt-quatre heures de leur déclaration qu'ils se portent partie civile. I. cr. 1, 66, 68.

68. Toute partie civile, qui ne demeurera pas dans l'arrondissement communal où se fait l'instruction, sera tenue d'y élire domicile par acte passé au greffe du tribunal. C. 111. — I. cr. 124. — A

le cas prévu par la loi, tandis que celui-là seul qui a été lésé par un crime, par un délit ou par une contravention, est recevable à rendre plainte, et à se porter ensuite partie civile pour obtenir des dommages-intérêts.

défaut d'élection de domicile par la partie civile, elle ne pourra opposer le défaut de signification contre les actes qui auraient dû lui être signifiés aux termes de la loi. Pr. 68. — I. cr. 116, 187, 535. —T. cr. 42.

69. Dans le cas où le juge d'instruction ne serait ni celui du lieu du crime ou délit, ni celui de la résidence du prévenu, ni celui du lieu où il pourra être trouvé, il renverra la plainte devant le juge d'instruction qui pourrait en connaître. I. cr. 23, 24, 29, 63.

70. Le juge d'instruction compétent pour connaître de la plainte en ordonnera la communication au procureur impérial, pour être par lui requis ce qu'il appartiendra. I. cr. 47, 61.

§ III. — De l'audition des témoins.

71. Le juge d'instruction fera citer devant lui les personnes qui auront été indiquées par la dénonciation, par la plainte, par le procureur impérial ou autrement, comme ayant connaissance, soit du crime ou délit, soit de ses circonstances. I. cr. 32, s., 46, s., 155, 510, 514, s. — P. 28, 35, 42, 43.

72. Les témoins seront cités par un huissier, ou par un agent de la force publique, à la requête du procureur impérial. Pr. 61, 68. — I. cr. 22, 74, 145, 170, 182, 269, 324, 510. — T. cr. 71-1°.

73. Ils seront entendus séparément, et hors de la présence du prévenu, par le juge d'instruction, assisté de son greffier. Pr. 262. —I. cr. 62, 73, 332.

74. Ils représenteront, avant d'être entendus, la citation qui leur aura été donnée pour déposer; et il en sera fait mention dans le procès-verbal. I. cr. 72, 77, 324.

75. Les témoins prêteront serment de dire toute la vérité, rien que la vérité; le juge d'instruction leur demandera leurs noms, prénoms, âge, état, profession, demeure, s'ils sont domestiques, parents ou alliés des parties, et à quel degré; il sera fait mention de la demande et des réponses des témoins. C. 25. —Pr. 262. —I. cr. 33, 73, 77, 155, s., 317, s. — P. 28, 42, 43.

76. Les dépositions seront signées du juge, du greffier et du témoin, après que

lecture lui en aura été faite et qu'il aura déclaré y persister; si le témoin ne veut ou ne peut signer, il en sera fait mention. —Chaque page du cahier d'information sera signée par le juge et par le greffier. I. cr. 77.

77. Les formalités prescrites par les trois articles précédents seront remplies, à peine de cinquante francs d'amende contre le greffier, même, s'il y a lieu, de prise à partie contre le juge d'instruction. Pr. 506, s. — I. cr. 164.

78. Aucune interligne ne pourra être faite : les ratures et les renvois seront approuvés et signés par le juge d'instruction, par le greffier et par le témoin, sous les peines portées en l'article précédent. Les interlignes, ratures et renvois non approuvés, seront réputés non avenus.

79. Les enfants de l'un et de l'autre sexe, au-dessous de l'âge de quinze ans, pourront être entendus, par forme de déclaration et sans prestation de serment. I. cr. 317. — P. 340.

80. Toute personne citée pour être entendue en témoignage sera tenue de comparaître et de satisfaire à la citation : sinon, elle pourra y être contrainte par le juge d'instruction, qui, à cet effet, sur les conclusions du procureur impérial, sans autre formalité ni délai, et sans appel, prononcera une amende qui n'excédera pas cent francs, et pourra ordonner que la personne citée sera contrainte par corps à venir donner son témoignage (a). Pr. 263, s. — I. cr. 81, 86, 87, 157, 158, 189, 355, s. — T. cr. 71-3°-5°.

81. Le témoin ainsi condamné à l'amende sur le premier défaut, et qui, sur la seconde citation, produira devant le juge d'instruction des excuses légitimes, pourra, sur les conclusions du procureur impérial, être déchargé de l'amende. Pr. 265. — I. cr. 80, 158, 189, 356. — T. cr. 42, 71-1°.

82. Chaque témoin qui demandera une indemnité sera taxé par le juge d'instruction. T. cr. 26.

83. Lorsqu'il sera constaté, par le

(a) Une loi du 11 prair. an IV prononçait un emprisonnement de huit jours à un mois contre les témoins non comparants. (Voy. C. 3 brum. an IV, art. 122, 123.)

certificat d'un officier de santé, que des témoins se trouvent dans l'impossibilité de comparaître sur la citation qui leur aura été donnée, le juge d'instruction se transportera en leur demeure quand ils habiteront dans le canton de la justice de paix du domicile du juge d'instruction. I. cr. 71, 80, 81, 86. — Si les témoins habitent hors du canton, le juge d'instruction pourra commettre le juge de paix de leur habitation à l'effet de recevoir leur déposition, et il enverra au juge de paix des notes et instructions qui feront connaître les faits sur lesquels les témoins devront déposer (*a*). Pr. 1035. — I. cr. 84, 85, 90, 283, 303, 431, 433. — T. cr. 88.

84. Si les témoins résident hors de l'arrondissement du juge d'instruction, celui-ci requerra le juge d'instruction de l'arrondissement dans lequel les témoins sont résidents de se transporter auprès d'eux pour recevoir leurs dépositions. I. cr. 83 et la *note*, 85, 86, 90, 303. — Dans le cas où les témoins n'habiteraient pas le canton du juge d'instruction ainsi requis, il pourra commettre le juge de paix de leur habitation, à l'effet de recevoir leurs dépositions, ainsi qu'il est dit dans l'article précédent. Pr. 1035. — T. cr. 88.

85. Le juge qui aura reçu les dépositions en conséquence des articles 83 et 84 ci-dessus les enverra closes et cachetées au juge d'instruction du tribunal saisi de l'affaire. I. cr. 86, 103.

86. Si le témoin auprès duquel le juge se sera transporté dans les cas prévus par les trois articles précédents n'était pas dans l'impossibilité de comparaître sur la citation qui lui avait été donnée, le juge décernera un mandat de dépôt contre le témoin et l'officier de santé qui aura délivré le certificat ci-dessus mentionné. I. cr. 83, 91, 94. — La peine portée en pareil cas sera prononcée par le juge d'instruction du même lieu, et sur la réquisition du procureur impérial, en la forme prescrite par l'article 80. I. cr. 22, 61, 95. — P. 159, s., 236. — T. cr. 42, 72 -4°.

§ IV. — *Des preuves par écrit et des pièces de conviction.*

87. Le juge d'instruction se transportera, s'il en est requis, et pourra même se transporter d'office dans le domicile du prévenu, pour y faire la perquisition des papiers, effets, et généralement de tous les objets qui seront jugés utiles à la manifestation de la vérité. I. cr. 36, s., 61, s., 88, 132, s., 228, 453, s. — T. cr. 88.

88. Le juge d'instruction pourra pareillement se transporter dans les autres lieux où il présumerait qu'on aurait caché les objets dont il est parlé dans l'article précédent. T. cr. 88.

89. Les dispositions des articles 35, 36, 37, 38 et 39, concernant la saisie des objets dont la perquisition peut être faite par le procureur impérial, dans les cas de flagrant délit, sont communes au juge d'instruction. I. cr. 41. — T. cr. 37.

90. Si les papiers ou les effets dont il y aura lieu de faire la perquisition sont hors de l'arrondissement du juge d'instruction, il requerra le juge d'instruction du lieu où l'on peut les trouver de procéder aux opérations prescrites par les articles précédents. Pr. 1035. — I. cr. 83 et la *note*, 84, 303, 435, 461. — T. cr. 37, 88.

CHAP. VII. — DES MANDATS DE COMPARUTION, DE DÉPÔT, D'AMENER ET D'ARRÊT (*b*).

91. Lorsque l'inculpé sera domicilié, et que le fait sera de nature à ne donner lieu qu'à une peine correctionnelle, le juge d'instruction pourra, s'il le juge

---

(*a*) C'est ce qu'on appelle une *commission rogatoire.* — Les art. 119, 120 et 121 du Code du 3 brum. an IV (25 octobre 1795) contenaient déjà la même règle, ainsi que celle des art. 85 et 86.

(*b*) Toute cette partie des mandats est assez confuse; voici de quelle manière on l'entend dans la pratique : les mandats de *comparution* et *d'amener* sont les premières mesures dirigées contre un inculpé; le premier n'est autre chose qu'une assignation spéciale; le second est un ordre donné aux agents de la force publique d'amener l'individu désigné devant le juge d'instruction. Le magistrat emploie l'un ou l'autre, suivant la gravité des cas. Le mandat de *dépôt* est l'ordre de déposer tel individu dans la maison d'arrêt; il se décerne après l'interrogatoire de l'inculpé, si celui-ci n'a pas détruit les charges élevées contre lui; il se substitue dès lors aux mandats de comparution et d'amener, dont l'effet est essentiellement préparatoire. Enfin, le mandat d'*arrêt* s'emploie lorsque le mandat d'amener est resté sans résultat; il réunit à la fois les effets des mandats d'amener et de dépôt. Les mandats de dépôt et d'arrêt ne peuvent être levés que par la chambre du conseil ou par la chambre des mises en accusation.

convenable, ne décerner contre l'inculpé qu'un mandat de comparution, sauf, après l'avoir interrogé, à convertir le mandat en tel autre mandat qu'il appartiendra. I. cr. 95, 97, 112, 129, 283, 364. — Si l'inculpé fait défaut, le juge d'instruction décernera contre lui un mandat d'amener. I. cr. 40. — Il décernera pareillement mandat d'amener contre toute personne de quelque qualité qu'elle soit, inculpée d'un délit emportant peine afflictive ou infamante (a). I. cr. 92, s., 106. — P. 7, 8. — T. cr. 71-4°-3°.

92. Il peut aussi donner des mandats d'amener contre les témoins qui refusent de comparaître sur la citation à eux donnée, conformément à l'article 80, et sans préjudice de l'amende portée en cet article. I. cr. 71, s. — T. cr. 71-3°.

93. Dans le cas de mandat de comparution, il interrogera de suite; dans le cas de mandat d'amener, dans les vingt-quatre heures au plus tard. I. cr. 40, 94, 112, 132. — P. 114, s.

94. Il pourra, après avoir entendu les prévenus, et le procureur impérial ouï, décerner, lorsque le fait emportera peine afflictive ou infamante ou emprisonnement correctionnel, un mandat d'arrêt dans la forme qui sera ci-après présentée. I. cr. 95, 96, 179. — P. 7, 8 et la note, 121, 129. — T. cr. 71-5°.

95. Les mandats de comparution, d'amener et de dépôt, seront signés par celui qui les aura décernés, et munis de son sceau. I. cr. 112. — Le prévenu y sera nommé ou désigné le plus clairement qu'il sera possible.

96. Les mêmes formalités seront observées dans le mandat d'arrêt; ce mandat contiendra de plus l'énonciation du fait pour lequel il est décerné, et la citation de la loi qui déclare que ce fait est un crime ou délit. I. cr. 112.

97. Les mandats de comparution, d'amener, de dépôt ou d'arrêt, seront notifiés par un huissier ou par un agent de la force publique, lequel en fera l'exhibition au prévenu, et lui en délivrera copie. — Le mandat d'arrêt sera exhibé au prévenu, lors même qu'il serait déjà détenu, et il lui en sera délivré copie. I. cr. 28, 72, 99 et la note, 105, 107, s., 112, 189. —. T. cr. 71-1°, 74.

98. Les mandats d'amener, de comparution, de dépôt et d'arrêt, seront exécutoires dans toute l'étendue de l'empire. Pr. 547 et la note. — Si le prévenu est trouvé hors de l'arrondissement de l'officier qui aura délivré le mandat de dépôt ou d'arrêt, il sera conduit devant le juge de paix ou son suppléant, et, à leur défaut, devant le maire ou l'adjoint du maire, ou le commissaire de police du lieu, lequel visera le mandat, sans pouvoir en empêcher l'exécution. I. cr. 11, s. et la note, 100, 105, 107, 109, s.

99. Le prévenu qui refusera d'obéir au mandat d'amener, ou qui, après avoir déclaré qu'il est prêt à obéir, tentera de s'évader, devra être contraint. I. cr. 110, 603, s. — Le porteur du mandat d'amener emploiera, au besoin, la force publique du lieu le plus voisin ; elle sera tenue de marcher, sur la réquisition contenue dans le mandat d'amener (b). I. cr. 16, 25, 94, 106, 108, 376.

100. Néanmoins, lorsqu'après plus de deux jours depuis la date du mandat d'amener, le prévenu aura été trouvé hors de l'arrondissement de l'officier qui a délivré ce mandat, et à une distance de plus de cinq myriamètres du domicile de cet officier, ce prévenu pourra n'être pas contraint de se rendre au mandat; mais alors le procureur impérial de l'arrondissement où il aura été trouvé, et devant lequel il sera conduit, décernera un mandat de dépôt en vertu duquel il sera retenu dans la maison d'arrêt. I. cr. 22, 40, 95, 101. — Le mandat d'amener devra être pleinement exécuté, si le pré-

---

(a) Malgré la généralité des expressions de cet article, il est des personnes contre lesquelles aucun mandat d'amener ne peut être décerné, à moins qu'il n'y ait *flagrant délit* emportant peine afflictive et infamante : tels sont les députés au corps législatif (Décret des 2-21 février 1852, art. 10 et 11. — Voy. C. élect.) ; les fonctionnaires publics (art. 75 de la constit. de l'an VIII). — La nouvelle constitution est muette, sur ce point, à l'égard des *sénateurs*. (Voy. C. polit.)

(b) Si le mandat n'était pas revêtu des formalités prescrites par la loi, ou qu'il fût exhibé par un fonctionnaire incompétent, le prévenu pourrait-il opposer résistance à l'exécution de son arrestation? La question est controversée. Deux cas de résistance sont généralement autorisés : celui où le mandat serait délivré par une personne sans qualité, et celui où le mandat ne serait revêtu ni du seing, ni du cachet du juge. Hors ces deux cas, obéissance serait due à la justice.

venu a été trouvé muni d'effets, de papiers ou d'instruments qui feront présumer qu'il est auteur ou complice du crime ou délit pour raison duquel il est recherché, quels que soient le délai et la distance dans lesquels il aura été trouvé. I. cr. 35. — T. cr. 71-4°.

101. Dans les vingt-quatre heures de l'exécution du mandat de dépôt, le procureur impérial qui l'aura délivré en donnera avis, et transmettra les procès-verbaux, s'il en a été dressé, à l'officier qui a décerné le mandat d'amener. I. cr. 112.

102. L'officier qui a délivré le mandat d'amener, et auquel les pièces sont ainsi transmises, communiquera le tout dans un pareil délai au juge d'instruction près duquel il exerce; ce juge se conformera aux dispositions de l'article 90. I. cr. 60, 104, 112.

103. Le juge d'instruction saisi de l'affaire directement ou par renvoi en exécution de l'article 90 transmettra sous cachet, au juge d'instruction du lieu où le prévenu a été trouvé, les pièces, notes et renseignements relatifs au délit, afin de faire subir interrogatoire à ce prévenu. I. cr. 40, 85, 112, 190. — Toutes les pièces seront ensuite également renvoyées, avec l'interrogatoire, au juge saisi de l'affaire.

104. Si, dans le cours de l'instruction, le juge saisi de l'affaire décerne un mandat d'arrêt, il pourra ordonner, par ce mandat, que le prévenu sera transféré dans la maison d'arrêt du lieu où se fait l'instruction. I. cr. 100, 110, 603, 608, s. — S'il n'est pas exprimé dans le mandat d'arrêt que le prévenu sera ainsi transféré, il restera en la maison d'arrêt de l'arrondissement dans lequel il aura été trouvé, jusqu'à ce qu'il ait été statué par la chambre du conseil, conformément aux articles 127, 128, 129, 130, 131, 132 et 133 ci-après.

105. Si le prévenu contre lequel il a été décerné un mandat d'amener ne peut être trouvé, ce mandat sera exhibé au maire ou à l'adjoint, ou au commissaire de police de la commune de la résidence du prévenu. I. cr. 11, s. et la *note*, 80, 91, 97, 109, 149, s., 186, s., 244, 245, 467, s., 641. — Le maire, l'adjoint ou le commissaire de police, mettra son visa sur l'original de l'acte de notification. Pr. 1039. — I. cr. 98, 109.

106. Tout dépositaire de la force publique, et même toute personne, sera tenu de saisir le prévenu surpris en flagrant délit, ou poursuivi, soit par la clameur publique, soit dans les cas assimilés au flagrant délit, et de le conduire devant le procureur impérial, sans qu'il soit besoin de mandat d'amener, si le crime ou délit emporte peine afflictive ou infamante. I. cr. 16, 30, 40, 41, 99. — P. 7, 8.

107. Sur l'exhibition du mandat de dépôt, le prévenu sera reçu et gardé dans la maison d'arrêt établie près le tribunal correctionnel; et le gardien remettra à l'huissier ou à l'agent de la force publique chargé de l'exécution du mandat une reconnaissance de la remise du prévenu. I. cr. 95, 97, 98, 104, 111, 608, s.

108. L'officier chargé de l'exécution d'un mandat de dépôt ou d'arrêt se fera accompagner d'une force suffisante pour que le prévenu ne puisse se soustraire à la loi. I. cr. 16, 25, 99, 106, 376. — Cette force sera prise dans le lieu le plus à portée de celui où le mandat d'arrêt ou de dépôt devra s'exécuter; et elle est tenue de marcher sur la réquisition directement faite au commandant et contenue dans le mandat. Pr. 1037. — I. cr. 16, 25 et la *note*, 99, 376.

109. Si le prévenu ne peut être saisi, le mandat d'arrêt sera notifié à sa dernière habitation, et il sera dressé procès-verbal de perquisition. C. 102. — I. cr. 97, 105. — T. cr. 75, s. — Ce procès-verbal sera dressé en présence des deux plus proches voisins du prévenu que le porteur du mandat d'arrêt pourra trouver : ils le signeront; ou s'ils ne savent ou ne veulent pas signer, il en sera fait mention, ainsi que de l'interpellation qui en aura été faite. — Le porteur du mandat d'arrêt fera ensuite viser son procès-verbal par le juge de paix ou son suppléant, ou, à son défaut, par le maire, l'adjoint, ou le commissaire de police du lieu, et lui en laissera copie. — Le mandat d'arrêt et le procès-verbal seront ensuite remis au greffe du tribunal. Pr. 69-8°, 1039. — T. cr. 71-1°-5°-7°.

110. Le prévenu saisi en vertu d'un mandat d'arrêt ou de dépôt sera conduit sans délai dans la maison d'arrêt indiquée par le mandat. I. cr. 104, 107, 603, s., 608, s. — T. cr. 71-5°.

111. L'officier chargé de l'exécution du mandat d'arrêt ou de dépôt remettra le prévenu au gardien de la maison d'arrêt, qui lui en donnera décharge ; le tout dans la forme prescrite par l'article 107. — Il portera ensuite au greffe du tribunal correctionnel les pièces relatives à l'arrestation, et en prendra une reconnaissance. — Il exhibera ces décharge et reconnaissance, dans les vingt-quatre heures, au juge d'instruction : celui-ci mettra sur l'une et sur l'autre son vu, qu'il datera et signera. I. cr. 55.

112. L'inobservation des formalités prescrites pour les mandats de comparution, de dépôt, d'amener et d'arrêt, sera toujours punie d'une amende de cinquante francs au moins contre le greffier, et, s'il y a lieu, d'injonctions au juge d'instruction et au procureur impérial, même de prise à partie, s'il y échet. Pr. 505, s. — I. cr. 77, 164, 271, 483.

CHAP. VIII.—DE LA LIBERTÉ PROVISOIRE ET DU CAUTIONNEMENT.

113. La liberté provisoire ne pourra jamais être accordée au prévenu, lorsque le titre de l'accusation emportera une peine afflictive ou infamante. I. cr. 114, 135, 206, 229, s.; 615, s. — P. 6, 7, 8.

114. Si le fait n'emporte pas une peine afflictive ou infamante, mais seulement une peine correctionnelle, la chambre du conseil pourra (a), sur la demande du prévenu, et sur les conclusions du procureur impérial, ordonner que le prévenu sera mis provisoirement en liberté, moyennant caution solvable de se représenter à tous les actes de la procédure, et pour l'exécution du jugement aussitôt qu'il en sera requis. C. 2040, s. — Pr. 517, s. — I. cr. 117, s., 239. — La mise en liberté provisoire avec caution pourra

être demandée et accordée en tout état de cause (b). T. cr. 42, 71-1°.

115. Néanmoins les vagabonds et les repris de justice ne pourront, en aucun cas, être mis en liberté provisoire. I. cr. 282.

116. La demande en liberté provisoire sera notifiée à la partie civile, à son domicile ou à celui qu'elle aura élu. C. 111. — Pr. 68. — I. cr. 4, 68, 117, 135, 535. — T. cr. 71-1°.

117. La solvabilité de la caution offerte sera discutée par le procureur impérial, et par la partie civile, dûment appelée.—Elle devra être justifiée par des immeubles libres, pour le montant du cautionnement et une moitié en sus, si mieux n'aime la caution déposer dans la caisse de l'enregistrement et des domaines le montant du cautionnement en espèces. C. 2019. — I. cr. 114, 118, 119, 121.—T. cr. 42, 71-1°, 128.

118. Le prévenu sera admis à être sa propre caution, soit en déposant le montant du cautionnement, soit en justifiant d'immeubles libres pour le montant du cautionnement et une moitié en sus, et en faisant, dans l'un ou l'autre cas, la soumission dont il sera parlé ci-après. I. cr. 114, 116, 117, 120, s. — T. cr. 42.

119. Le cautionnement ne pourra être au-dessous de cinq cents francs (c). — Si la peine correctionnelle était à la fois l'emprisonnement et une amende dont le double excéderait cinq cents francs, le cautionnement ne pourrait pas être exigé d'une somme plus forte que le double de cette amende.— S'il avait résulté du délit un dommage civil appréciable en argent, le cautionnement sera triple de la valeur du dommage, ainsi qu'il sera arbitré, pour cet effet seulement, par le juge d'instruction, sans néanmoins que dans ce cas le cautionnement puisse être au-dessous de cinq cents francs. C. 1382, s.—I. cr. 114, 116, 117.

(a) En général, dans le langage de la loi, le mot *pourra* laisse au juge le droit d'admettre ou de refuser, selon sa volonté, une demande. Cependant, dans le cas particulier, on pense généralement que le mot *pourra* est impératif, par la raison que la liberté des citoyens ne peut être laissée au pouvoir discrétionnaire du juge. D'où il faut conclure que la chambre du conseil ne peut refuser la liberté provisoire sous caution dans tous les cas où la loi ne défend pas de l'accorder.

(b) Consultez, sur la caution à fournir dans ce cas, une loi du 29 thermidor an IV.

(c) Cette disposition de l'art. 119 a été abrogée par le décret des 23-24 mars 1848, en tant qu'elle consacrait une inégalité entre les prévenus et qu'elle avait pour résultat d'exclure des bénéfices de la liberté provisoire tous ceux qui pourraient déposer la somme exigée de 500 fr.

26

120. La caution admise fera sa soumission, soit au greffe du tribunal, soit devant notaires, de payer entre les mains du receveur de l'enregistrement le montant du cautionnement, en cas que le prévenu soit constitué en défaut de se représenter. I. cr. 114, 118. — Cette soumission entraînera la contrainte par corps contre la caution : une expédition en forme exécutoire en sera remise à la partie civile, avant que le prévenu ne soit mis en liberté provisoire (a). C. 2063. — Pr. 126. — I. cr. 1, 116, 117, 121, 197.— T. cr. 42.

121. Les espèces déposées et les immeubles servant de cautionnement seront affectés par privilége, — 1° Au paiement des réparations civiles et des frais avancés par la partie civile, — 2° Aux amendes; le tout néanmoins sans préjudice du privilége du trésor impérial, à raison des frais faits par la partie publique. Pr. 130.— I. cr. 1, 66, 122, s., 162, 187, 194, 368.— P. 54. — Le procureur impérial et la partie civile pourront prendre inscription hypothécaire, sans attendre le jugement définitif. L'inscription prise à la requête de l'un ou de l'autre profitera à tous les deux. C. 2014, 2134, 2146. — I. cr. 22.— T. cr. 124.

122. Le juge d'instruction rendra, le cas arrivant, sur les conclusions du procureur impérial ou sur la demande de la partie civile, une ordonnance pour le paiement de la somme cautionnée. I. cr. 22, 55, 121, 123, 125.—Ce paiement sera poursuivi à la requête du procureur impérial, et à la diligence du directeur de l'enregistrement. Les sommes recouvrées seront versées dans la caisse de l'enregistrement, sans préjudice des poursuites et des droits de la partie civile. T. cr. 42, 127.

123. Le juge d'instruction délivrera, dans la même forme et sur les mêmes réquisitions, une ordonnance de contrainte contre la caution ou les cautions d'un individu mis sous la surveillance spéciale du gouvernement, lorsque celui-ci aura été condamné, par un jugement devenu irrévocable, pour un crime ou pour un délit commis dans l'intervalle déterminé par l'acte de cautionnement. I. cr. 122, 125.— P. 11, 44, 45, 58, 67. — T. 42.

124. Le prévenu ne sera mis en liberté provisoire sous caution qu'après avoir élu domicile dans le lieu où siége le tribunal correctionnel, par un acte reçu au greffe de ce tribunal. C. 111.— I. cr. 68, 114. — T. cr. 42.

125. Outre les poursuites contre la caution, s'il y a lieu, le prévenu sera saisi et écroué dans la maison d'arrêt, en exécution d'une ordonnance du juge d'instruction. I. cr. 110, 122, s.— T. cr. 42.

126. Le prévenu qui aurait laissé contraindre sa caution au paiement ne sera plus, à l'avenir, recevable en aucun cas à demander de nouveau sa liberté provisoire moyennant caution. I. cr. 174, 122.

CHAP. IX. — DU RAPPORT DES JUGES D'INSTRUCTION QUAND LA PROCÉDURE EST COMPLÈTE.

127. Le juge d'instruction sera tenu de rendre compte, au moins une fois par semaine, des affaires dont l'instruction lui est dévolue. —Le compte sera rendu à la chambre du conseil, composée de trois juges au moins, y compris le juge d'instruction; communication préalablement donnée au procureur impérial; pour être par lui requis ce qu'il appartiendra. I. cr. 22, 104. 128.

128. Si les juges sont d'avis que le fait ne présente ni crime, ni délit, ni contravention, ou qu'il n'existe aucune charge contre l'inculpé, il sera déclaré qu'il n'y a pas lieu à poursuivre (b); et si l'inculpé avait été arrêté, il sera mis en liberté. I. cr. 91, s., 104, 129, 135, 159, 191, 230, 358, 645, s., 637. — P. 1. — T. cr. 42. 71-1°.

129. S'ils sont d'avis que le fait n'est qu'une simple contravention de police, l'inculpé sera renvoyé au tribunal de police, et il sera mis en liberté s'il est arrêté. I. cr. 128, 138, 230. — Les dispositions du présent article et de l'article précédent ne pourront préjudicier aux droits de la partie civile ou de la partie publique, ainsi qu'il sera expliqué ci-

(a) Voy. C. de la contrainte par corps. (L. 17 avril 1832, art. 34.)

(b) Cette déclaration s'appelle *ordonnance de non-lieu*.

après. I. cr. 4, 66, s., 128, 135. — T. cr. 42, 71-1°.

130. Si le délit est reconnu de nature à être puni par des peines correctionnelles, le prévenu sera renvoyé au tribunal de police correctionnelle. I. cr. 179, s.— Si, dans ce cas, le délit peut entraîner la peine d'emprisonnement, le prévenu, s'il est en arrestation, y demeurera provisoirement. I. cr. 94, s., 134. — T. cr. 42, 71-1°.

131. Si le délit ne doit pas entraîner la peine de l'emprisonnement, le prévenu sera mis en liberté, à la charge de se représenter, à jour fixe, devant le tribunal compétent. I. cr. 128, 130.—T. cr. 42, 71-1°.

132. Dans tous les cas de renvoi, soit à la police municipale, soit à la police correctionnelle, le procureur impérial est tenu d'envoyer, dans les vingt-quatre heures au plus tard, au greffe du tribunal qui doit prononcer, toutes les pièces, après les avoir cotées. I. cr. 22, 93.

133. Si, sur le rapport fait à la chambre du conseil, par le juge d'instruction, les juges ou l'un d'eux estiment que le fait est de nature à être puni de peines afflictives ou infamantes, et que la prévention contre l'inculpé est suffisamment établie, les pièces d'instruction, le procès-verbal constatant le corps du délit, et un état des pièces servant à conviction, seront transmis sans délai par le procureur impérial au procureur général près la cour impériale, pour être procédé ainsi qu'il sera dit au chapitre des

Mises en accusation (art. 217 à 250). I. cr. 35, s. — P. 7, 8.—Les pièces de conviction resteront au tribunal d'instruction, sauf ce qui sera dit aux articles 248 et 291.

134. La chambre du conseil décernera dans ce cas, contre le prévenu, une ordonnance de prise de corps, qui sera adressée avec les autres pièces au procureur général. I. cr. 94, s., 128, 133.— Cette ordonnance contiendra le nom du prévenu, son signalement, son domicile, s'ils sont connus, l'exposé du fait et la nature du délit. I. cr. 95. — T. cr. 71-5°.

135. Lorsque la mise en liberté des prévenus sera ordonnée conformément aux articles 128, 129 et 131 ci-dessus, le procureur impérial, ou la partie civile, pourra s'opposer à leur élargissement. L'opposition devra être formée dans un délai de vingt-quatre heures, qui courra, contre le procureur impérial, à compter du jour de l'ordonnance de mise en liberté, et contre la partie civile, à compter du jour de la signification à elle faite de ladite ordonnance au domicile par elle élu dans le lieu où siége le tribunal. L'envoi des pièces sera fait ainsi qu'il est dit à l'article 132. C. 111.—Pr. 68, 1033.— I. cr. 1, 68, 116, 136, 137, 217, 229. — Le prévenu gardera prison jusqu'après l'expiration du susdit délai. T. cr. 71-1°.

136. La partie civile qui succombera dans son opposition sera condamnée aux dommages-intérêts envers le prévenu. C. 1149, 1382.—Pr. 128.—I. cr. 1, 66, 366.

LIVRE DEUXIÈME.

De la justice.

(Loi décrétée le 19 novembre 1808. Promulguée le 29.)

TITRE PREMIER.

DES TRIBUNAUX DE POLICE.

CHAP. I.—DES TRIBUNAUX DE SIMPLE POLICE.

137. Sont considérés comme contraventions de police simple, les faits qui, d'après les dispositions du quatrième livre du Code pénal, peuvent donner lieu, soit à quinze francs d'amende ou au-dessous, soit à cinq jours d'emprisonnement ou au-dessous, qu'il y ait ou non confiscation des choses saisies, et quelle qu'en soit la valeur. I. cr. 1, 21, 138, s., 179.— P. 1, 464, s.

138. La connaissance des contraventions de police est attribuée au juge de paix et au maire, suivant les règles et les distinctions qui seront ci-après établies. I. cr. 9, 11, 16, 48, 49, 166, s., 639, 640.

§ I.—*Du tribunal du juge de paix comme juge de police.*

139. Les juges de paix connaîtront exclusivement, I. cr. 9, 16, 48, 49, 52, 83, 84, 138, 140, 479, s., 483. s., 616, 617. — 1° Des contraventions commises dans l'étendue de la commune chef-lieu du canton; P. 1.— 2° Des contraventions dans les autres communes de leur arrondissement, lorsque, hors le cas où les coupables auront été pris en flagrant délit, les contraventions auront été commises par des personnes non domiciliées ou non présentes dans la commune, ou lorsque les témoins qui doivent déposer n'y sont pas résidents ou présents;— 3° Des contraventions à raison desquelles la partie qui réclame conclut, pour ses dommages-intérêts, à une somme indéterminée ou à une somme excédant quinze francs; I. cr. 1.—P. 471-11°. — 4° Des contraventions forestières poursuivies à la requête des particuliers; For. 188, s., 204, 215, s.— 5° Des injures verbales; — 6° Des affiches, annonces, ventes, distributions ou débits d'ouvrages, écrits ou gravures, contraires aux mœurs; I. cr. 137. — P. 287, s., 477.— 7° De l'action contre les gens qui font le métier de deviner et pronostiquer, ou d'expliquer les songes. P. 479-7°, 480-4°, 481-2°.

140. Les juges de paix connaîtront aussi, mais concurremment avec les maires, de toutes autres contraventions commises dans leur arrondissement. I. cr. 137, 166, s.

141. Dans les communes dans lesquelles il n'y a qu'un juge de paix, il connaîtra seul des affaires attribuées à son tribunal; les greffiers et les huissiers de la justice de paix feront le service pour les affaires de police (*a*).

142. Dans les communes divisées en deux justices de paix ou plus, le service au tribunal de police sera fait successivement par chaque juge de paix, en commençant par le plus ancien; il y aura, dans ce cas, un greffier particulier pour le tribunal de police (*b*). I. cr. 143.

143. Il pourra aussi, dans le cas de l'article précédent, y avoir deux sections pour la police; chaque section sera tenue par un juge de paix; et le greffier aura un commis assermenté pour le suppléer (*c*).

144. Les fonctions du ministère public, pour les faits de police, seront remplies par le commissaire du lieu où siégera le tribunal; en cas d'empêchement du commissaire de police, ou s'il n'y en a point, elles seront remplies par le maire, qui pourra se faire remplacer par son adjoint. I. cr. 9, 15, 167.—S'il y a plusieurs commissaires de police, le procureur général près la cour impériale nommera celui ou ceux d'entre eux qui feront le service. I. cr. 271.

145. Les citations pour contravention de police seront faites à la requête du ministère public, ou de la partie qui réclame. I. cr. 1, 66, 72, 137, 146, 148, 153, 162, 165, 169, 182, 241.—Elles seront notifiées par un huissier; il en sera laissé copie au prévenu, ou à la personne civilement responsable. C. 1384, 1797. —P. 68.— I. cr. 64, 147.—P. 73, 74.— T. cr. 71-1°.

146. La citation ne pourra être donnée à un délai moindre que vingt-quatre heures, outre un jour par trois myriamètres, à peine de nullité tant de la citation que du jugement qui serait rendu par défaut. Néanmoins cette nullité ne pourra être proposée qu'à la première audience, avant toute exception et défense. Pr. 173, 1033.—I. cr. 145, 150, s., 169, s.—Dans les cas urgents, les délais pourront être abrégés et les parties citées à comparaître même dans le jour, et à heure indiquée, en vertu d'une cédule délivrée par le juge de paix. Pr. 5, 6, 29.—T. cr. 42, 71-1°.

147. Les parties pourront comparaître volontairement et sur un simple avertissement, sans qu'il soit besoin de citation. I. cr. 169.

148. Avant le jour de l'audience, le juge de paix pourra, sur la réquisition du ministère public ou de la partie civile, estimer ou faire estimer les dommages, dresser ou faire dresser des procès-verbaux, faire ou ordonner tous actes requérant célérité. Pr. 30, 34, s., 41, s.— I. cr. 1, 43, 44, 66, 145.—T. cr. 16.

(*a*) La dernière partie de cet article, en ce qui concerne les huissiers, a été modifiée par l'art. 16 de la loi du 25 mai 1838. (Voy. cette loi au C. des trib., pag. 1296.)

(*b, c*) Voy., au C. des trib., § justices de paix, la loi du 28 flor. an XII, pag. 1294.

149. Si la personne citée ne comparaît pas au jour et à l'heure fixés par la citation, elle sera jugée par défaut. Pr. 19, 149, s. — I. cr. 150, s., 184, s., 244. — T. cr. 71-1°.

150. La personne condamnée par défaut ne sera plus recevable à s'opposer à l'exécution du jugement, si elle ne se présente à l'audience indiquée par l'article suivant; sauf ce qui sera ci-après réglé sur l'appel et le recours en cassation. Pr. 22. 65. — I. cr. 149, 151, 152, 172, s., 177, 186, 187, 188, 208. — T. cr. 71-1°.

151. L'opposition au jugement par défaut pourra être faite par déclaration en réponse au bas de l'acte de signification, ou par acte notifié dans les trois jours de la signification, outre un jour par trois myriamètres. Pr. 68, 147, 1033. — I. cr. 150, 187, 188, 208. — L'opposition emportera de droit citation à la première audience après l'expiration des délais, et sera réputée non avenue si l'opposant ne comparaît pas. Pr. 20-2°. — T. cr. 71-1°.

152. La personne citée comparaîtra par elle-même, ou par un fondé de procuration spéciale. C. 1987. — Pr. 9, 53. — I. cr. 149, 185, 204.

153. L'instruction de chaque affaire sera publique, à peine de nullité. Pr. 87, 116. — I. cr. 199, 307, 369, 408, 519. — Elle se fera dans l'ordre suivant : — Les procès-verbaux, s'il y en a, seront lus par le greffier; — Les témoins, s'il en a été appelé par le ministère public ou la partie civile, seront entendus s'il y a lieu; la partie civile prendra ses conclusions; I. cr. 1, 66, 80, 145, 155, s. — La personne citée proposera sa défense, et fera entendre ses témoins, si elle en a amené ou fait citer, et si, aux termes de l'article suivant, elle est recevable à les produire ; — Le ministère public résumera l'affaire et donnera ses conclusions : la partie citée pourra proposer ses observations; — Le tribunal de police prononcera le jugement dans l'audience où l'instruction aura été terminée, et, au plus tard, dans l'audience suivante. T. cr. 42, 71-1°.

154. Les contraventions seront prouvées, soit par procès-verbaux ou rapports, soit par témoins à défaut de rapports et procès-verbaux, ou à leur appui. I. cr. 1.

— P. 1. — Nul ne sera admis, à peine de nullité, à faire preuve par témoins outre ou contre le contenu aux procès-verbaux ou rapports des officiers de police ayant reçu de la loi le pouvoir de constater les délits ou les contraventions jusqu'à inscription de faux. Quant aux procès-verbaux et rapports faits par des agents, préposés ou officiers auxquels la loi n'a pas accordé le droit d'en être crus jusqu'à inscription de faux, ils pourront être débattus par des preuves contraires, soit écrites, soit testimoniales, si le tribunal juge à propos de les admettre. C. 1341, s. — I. cr. 11, 16, 35, 146, 150, s., 171, 176, 189.

155. Les témoins feront à l'audience, sous peine de nullité, le serment de dire toute la vérité, rien que la vérité; et le greffier en tiendra note, ainsi que de leurs noms, prénoms, âge, profession et demeure, et de leurs principales déclarations. Pr. 262. — I. cr. 75, 156, s., 189, 317, s.

156. Les ascendants ou descendants de la personne prévenue, ses frères et sœurs ou alliés en pareil degré, la femme ou son mari, même après le divorce prononcé (a), ne seront ni appelés ni reçus en témoignage, sans néanmoins que l'audition des personnes ci-dessus désignées puisse opérer une nullité, lorsque, soit le ministère public, soit la partie civile, soit le prévenu, ne se sont pas opposés à ce qu'elles soient entendues. I. cr. 146, 155, 317, 322.

157. Les témoins qui ne satisferont pas à la citation pourront y être contraints par le tribunal, qui, à cet effet, et sur la réquisition du ministère public, prononcera dans la même audience, sur le premier défaut, l'amende, et en cas d'un second défaut, la contrainte par corps. Pr. 263, s. — I. cr. 80, 81, 170, 189, 355. — T. cr. 42, 71-1°-5°.

158. Le témoin ainsi condamné à l'amende sur le premier défaut, et qui, sur la seconde citation, produira devant le tribunal des excuses légitimes, pourra, sur les conclusions du ministère public, être déchargé de l'amende. Pr. 265. — Si le témoin n'est pas cité de nouveau, il

(a) Le divorce a été aboli par la loi du 8 mai 816. (Voy. p. 47.)

pourra volontairement comparaître, par lui ou par un fondé de procuration spéciale, à l'audience suivante, pour présenter ses excuses, et obtenir, s'il y a lieu, décharge de l'amende. Pr. 265.—I. cr. 81, 157, 356.—P. 236.—T. cr. 42, 71-1°.

159. Si le fait ne présente ni délit ni contravention de police, le tribunal annulera la citation et tout ce qui aura suivi, et statuera par le même jugement sur les demandes en dommages-intérêts. I. cr. 66, 128, 161, 191, 212, 229, 366. —T. cr. 42.

160. Si le fait est un délit qui emporte une peine correctionnelle ou plus grave, le tribunal renverra les parties devant le procureur impérial. I. cr. 22, 179, s., 230, s. — T. cr. 42, 71-1°.

161. Si le prévenu est convaincu de contravention de police, le tribunal prononcera la peine, et statuera par le même jugement sur les demandes en restitution et en dommages-intérêts. I. cr. 159, 165. — P. 1. — T. cr. 42.

162. La partie qui succombera sera condamnée aux frais, même envers la partie publique. Pr. 130. — I. cr. 145, 187, 194, 281, 355, 368, 436, 478.—Les dépens seront liquidés par le jugement.

163. Tout jugement définitif de condamnation sera motivé, et les termes de la loi appliquée y seront insérés à peine de nullité. I. cr. 171, 176, 195. — Il y sera fait mention s'il est rendu en dernier ressort ou en première instance. Pr. 141, 453.—I. cr. 172.—T. cr. 58.

164. La minute du jugement sera signée par le juge qui aura tenu l'audience, dans les vingt-quatre heures au plus tard, à peine de vingt-cinq francs d'amende contre le greffier, et de prise à partie, s'il y a lieu, tant contre le greffier que contre le président. Pr. 506, s.—I. cr. 77, 112, 196, 234, 369, 370, 450.

165. Le ministère public et la partie civile poursuivront l'exécution du jugement, chacun en ce qui le concerne. I. cr. 1, 22, 66, 145, 164, 192, 497.

§ II. — *De la juridiction des maires comme juges de police.*

166. Les maires des communes non chefs-lieux de canton connaîtront, concurremment avec les juges de paix, des contraventions commises dans l'étendue de leur commune par les personnes prises en flagrant délit, ou par des personnes qui résident dans la commune ou qui y sont présentes, lorsque les témoins y seront aussi résidents ou présents, et lorsque la partie réclamante conclura pour ses dommages-intérêts à une somme déterminée qui n'excédera pas celle de quinze francs. I. cr. 9, 11, 14, 15, 20, 21, 42, 49, s., 139.—Ils ne pourront jamais connaître des contraventions attribuées exclusivement aux juges de paix par l'article 139, ni d'aucune des matières dont la connaissance est attribuée aux juges de paix considérés comme juges civils. Pr. 1, s.

167. Le ministère public sera exercé auprès du maire, dans les matières de police, par l'adjoint : en l'absence de l'adjoint, ou lorsque l'adjoint remplacera le maire comme juge de police, le ministère public sera exercé par un membre du conseil municipal, qui sera désigné à cet effet par le procureur impérial pour une année entière. I. cr. 15, 144.

168. Les fonctions de greffier des maires dans les affaires de police seront exercées par un citoyen que le maire proposera, et qui prêtera serment en cette qualité au tribunal de police correctionnelle. Il recevra pour ses expéditions les émoluments attribués au greffier du juge de paix. I. cr. 9, 12, 15, s.—T. cr. 41, s., 47.

169. Le ministère des huissiers ne sera pas nécessaire pour les citations aux parties ; elles pourront être faites par un avertissement du maire, qui annoncera au défendeur le fait dont il est inculpé, le jour et l'heure où il doit se présenter. I. cr. 146, 147, 170, 171.

170. Il en sera de même des citations aux témoins ; elles pourront être faites par un avertissement qui indiquera le moment où leur déposition sera reçue. I. cr. 72.

171. Le maire donnera son audience dans la maison commune ; il entendra publiquement les parties et les témoins. Pr. 8, 87. — Seront, au surplus, observées les dispositions des articles 149, 150, 151, 153, 154, 155, 156, 157, 158, 159 et 160, concernant l'instruction et les jugements au tribunal du juge de paix.

§ III. — *De l'appel des jugements de police.*

172. Les jugements rendus en matière de police pourront être attaqués par la voie de l'appel, lorsqu'ils prononceront un emprisonnement, ou lorsque les amendes, restitutions et autres réparations civiles excéderont la somme de cinq francs, outre les dépens. Pr. 443, s.—I. cr. 173, s., 199, s.— T. cr. 71-1°.

173. L'appel sera suspensif. Pr. 457. —I. cr. 203.

174. L'appel des jugements rendus par le tribunal de police sera porté au tribunal correctionnel : cet appel sera interjeté dans les dix jours de la signification de la sentence à personne ou domicile; il sera suivi et jugé dans la même forme que les appels des sentences des justices de paix. Pr. 68, 147, 404, 463. —I. cr. 203.— T. cr. 71-1°.

175. Lorsque, sur l'appel, le procureur impérial ou l'une des parties le requerra, les témoins pourront être entendus de nouveau, et il pourra même en être entendu d'autres. I. cr. 1, 22, 66, 153, 155.

176. Les dispositions des articles précédents sur la solennité de l'instruction, la nature des preuves, la forme, l'authenticité et la signature du jugement définitif, la condamnation aux frais, ainsi que les peines que ces articles prononcent, seront communes aux jugements rendus, sur l'appel, par les tribunaux correctionnels. I. cr. 153 à 165.

177. Le ministère public et les parties pourront, s'il y a lieu, se pourvoir en cassation contre les jugements rendus en dernier ressort par le tribunal de police, ou contre les jugements rendus par le tribunal correctionnel, sur l'appel des jugements de police. I. cr. 1, 22, 66. — Le recours aura lieu dans la forme et dans les délais qui seront prescrits (*a*). I. cr. 208, 216, 262, 411, 413, 414, 416, s.— T. cr. 71-1°.

178. Au commencement de chaque trimestre, les juges de paix et les maires transmettront au procureur impérial l'extrait des jugements de police qui auront été rendus dans le trimestre précédent, et qui auront prononcé la peine d'emprisonnement. Cet extrait sera délivré sans frais par le greffier. I. cr. 22, 139.—Le procureur impérial le déposera au greffe du tribunal correctionnel. I. cr. 179. — Il en rendra un compte sommaire au procureur général près la cour impériale. I. cr. 27, 198, 271, 274.

CHAP. II. — DES TRIBUNAUX EN MATIÈRE CORRECTIONNELLE.

179. Les tribunaux de première instance en matière civile connaîtront, en outre, sous le titre de tribunaux correctionnels, de tous les délits forestiers poursuivis à la requête de l'administration, et de tous les délits dont la peine excède cinq jours d'emprisonnement et quinze francs d'amende (*b*). Pr. 48, s.—

(*a*) Il est à remarquer qu'aucun délai n'a été fixé, par les dispositions ultérieures, pour le recours en cassation contre les jugements de simple police et de police correctionnelle. Dans un pareil état de choses, on a dû se reporter à l'art. 373, qui accorde *trois jours* au condamné pour se pourvoir contre un arrêt de cour d'assises. Et on a appliqué ce délai, par analogie, au pourvoi formé soit par le prévenu, soit par le ministère public, soit par la partie civile, contre les jugements rendus en matière de simple police et de police correctionnelle.

(*b*) Les délits *politiques* et ceux commis par la voie de la *presse* et par les autres moyens de publication, énoncés dans les lois des 17 mai 1819 et 25 mars 1822, avaient été déférés aux cours d'assises par les lois des 8 oct. 1830, 10 décemb. 1830, par le décret du 7 juin 1848 et la loi du 15 mars 1849. C'est aux tribunaux de police correctionnelle que la connaissance en appartient aujourd'hui, d'après le décret suivant :

25-28 février 1852.—*Décret portant que les délits dont la connaissance est actuellement attribuée aux cours d'assises, et qui ne sont pas compris dans les décrets des 31 décembre 1851 et 17 mars 1852, seront jugés par les tribunaux correctionnels.*

« Art. 1er. Tous les délits dont la connaissance est actuellement attribuée aux cours d'assises, et qui ne sont pas compris dans les décrets des 31 décembre 1851 et 17 février 1852 (Voy. C. de la presse), seront jugés par les tribunaux correctionnels, sauf les cas pour lesquels il existe des dispositions spéciales à raison des fonctions ou de la qualité des inculpés *.

« 2. Ces juridictions connaîtront de ceux de

* Voy. l'art. 479 C. inst. crim.; l'art. 10, loi du 20 avril 1810; l'art. 4 décret du 6 juillet 1810. Dans ces dispositions, il n'est question ni des *ministres*, ni des *sénateurs*, ni des *conseillers d'État*. Les délits dont ces fonctionnaires se rendaient coupables étaient déférés à la haute Cour impériale, d'après l'art. 101, § 1°, du sénatus consulte organique du 28 floréal an XII. Aujourd'hui que cette juridiction est rétablie (Voy. C. polit.), c'est devant elle que devraient être également poursuivies et jugées les personnes dont il s'agit.

I. cr. 130, 174, 180, s., 413, 414, 540.
—For. 159, s.

180. Ces tribunaux pourront, en matière correctionnelle, prononcer au nombre de trois juges.

181. S'il se commet un délit correctionnel dans l'enceinte et pendant la durée de l'audience, le président dressera procès-verbal du fait, entendra le prévenu et les témoins, et le tribunal appliquera, sans désemparer, les peines prononcées par la loi. Pr. 10, s., 88, s.—I. cr. 267, 504, s.—P. 222, s.— Cette disposition aura son exécution pour les délits correctionnels commis dans l'enceinte et pendant la durée des audiences de nos cours et même des audiences du tribunal civil, sans préjudice de l'appel de droit des jugements rendus dans ces cas par les tribunaux civils ou correctionnels. Pr. 443, s.—I. cr. 199, s.

182. Le tribunal sera saisi, en matière correctionnelle, de la connaissance des délits de sa compétence, soit par le renvoi qui lui en sera fait d'après les articles 130 et 160 ci-dessus, soit par la citation donnée directement au prévenu et aux personnes civilement responsables du délit par la partie civile, et, à l'égard des délits forestiers, par le conservateur, inspecteur ou sous-inspecteur forestier, ou par les gardes-généraux, et, dans tous les cas, par le procureur impérial. Pr. 68.—I. cr. 16, 64, 129, 130, 145, 179, 230, 241.—T. cr. 71-1°.

183. La partie civile fera, par l'acte de citation, élection de domicile dans la ville où siége le tribunal : la citation énoncera les faits et tiendra lieu de plainte. C. 111.—I. cr. 1, 66, 182.

---

ces délits qui ont été commis antérieurement au présent décret et sur lesquels il n'aurait pas été statué autrement.

« 3. Les poursuites seront dirigées selon les formes et les règles prescrites par le Code d'instruction criminelle.

« 4. Sont et demeurent abrogées toutes dispositions relatives à la compétence, contraires au présent décret, et notamment celles qui résultent de la loi du 8 octobre 1830, en matière de délits politiques ou réputés tels; de l'art. 6 de la loi du 10 décembre 1830, relative aux afficheurs et crieurs publics; de l'art. 10 du décret du 7 juin 1848, sur les délits d'attroupements; de l'art. 16, paragraphe 2, de la loi du 28 juillet 1848, sur les clubs et les sociétés secrètes; de l'art. 117 de la loi électorale du 15 mars 1849. »

184. Il y aura au moins un délai de trois jours, outre un jour par trois myriamètres, entre la citation et le jugement, à peine de nullité de la condamnation qui serait prononcée par défaut contre la personne citée. Pr. 72, 1033. —I. cr. 186, 408.—Néanmoins cette nullité ne pourra être proposée qu'à la première audience, et avant toute exception ou défense. Pr. 173.

185. Dans les affaires relatives à des délits qui n'entraîneront pas la peine d'emprisonnement, le prévenu pourra se faire représenter par un avoué; le tribunal pourra néanmoins ordonner sa comparution en personne. Pr. 13, 53, 75. — I. cr. 149, 152, 294, s. — T. cr. 71-1°.

186. Si le prévenu ne comparaît pas, il sera jugé par défaut. Pr. 19, s., 149, s.—I. cr. 149 à 151, 184, 187, 188, 190, 195, 244, 465.—T. cr. 71-1°.

187. La condamnation par défaut sera comme non avenue, si, dans les cinq jours de la signification qui en aura été faite au prévenu ou à son domicile, outre un jour par cinq myriamètres, celui-ci forme opposition à l'exécution du jugement, et notifie son opposition tant au ministère public qu'à la partie civile. Pr. 20, 155, 1033.—I. cr. 68, 116, 150, 151, 183, 184, 208, 533, s.—Néanmoins les frais de l'expédition, de la signification du jugement par défaut, et de l'opposition, demeureront à la charge du prévenu. I. cr. 162.—T. cr. 71-1°.

188. L'opposition emportera de droit citation à la première audience : elle sera non avenue, si l'opposant n'y comparaît pas, et le jugement que le tribunal aura rendu sur l'opposition ne pourra être attaqué par la partie qui l'aura formée, si ce n'est par appel, ainsi qu'il sera dit ci-après. Pr. 22, 165.—I. cr. 151, 184, 186, s., 203, 299, s.—Le tribunal pourra, s'il y échet, accorder une provision; et cette disposition sera exécutoire nonobstant l'appel. Pr. 135, 451.—T. cr. 42, 71-1°.

189. La preuve des délits correctionnels se fera de la manière prescrite aux articles 154, 155 et 156 ci-dessus, concernant les contraventions de police. Les dispositions des articles 157, 158, 159, 160 et 161, sont communes aux tribunaux en matière correctionnelle. I. cr. 269, 317, 318, 322, 323.

190. L'instruction sera publique, à peine de nullité. Const. 1852, art. 56. — Pr. 8, 87.—I. cr. 153, 309, 408, 519.—Le procureur impérial, la partie civile ou son défenseur, et, à l'égard des délits forestiers, le conservateur, inspecteur ou sous-inspecteur forestier, ou, à leur défaut, le garde général, exposeront l'affaire : les procès-verbaux ou rapports, s'il en a été dressé, seront lus par le greffier; les témoins pour et contre seront entendus, s'il y a lieu, et les reproches proposés et jugés; les pièces pouvant servir à conviction ou à décharge seront représentées aux témoins et aux parties; le prévenu sera interrogé; le prévenu et les personnes civilement responsables proposeront leurs défenses : le procureur impérial résumera l'affaire et donnera ses conclusions; le prévenu et les personnes civilement responsables du délit pourront répliquer. I. cr. 1, 11, 40, 66, 80, 103, 155, s., 171, 182, 317.—Le jugement sera prononcé de suite, ou, au plus tard, à l'audience qui suivra celle où l'instruction aura été terminée. I. cr. 153.—T. cr. 42, 71-1°.

191. Si le fait n'est réputé ni délit ni contravention de police, le tribunal annulera l'instruction, la citation et tout ce qui aura suivi, renverra le prévenu, et statuera sur les demandes en dommages-intérêts. I. cr. 128, 159, 212, 229, 366. —T. cr. 42.

192. Si le fait n'est qu'une contravention de police, et si la partie publique ou la partie civile n'a pas demandé le renvoi, le tribunal appliquera la peine, et statuera, s'il y a lieu, sur les dommages-intérêts. I. cr. 1, 66, 137, s., 213, 230, 365.—Dans ce cas, son jugement sera en dernier ressort. I. cr. 174.—T. cr. 42.

193. Si le fait est de nature à mériter une peine afflictive ou infamante, le tribunal pourra décerner de suite le mandat de dépôt ou le mandat d'arrêt; et il renverra le prévenu devant le juge d'instruction compétent. I. cr. 55, 94, s., 214.—P. 7, 8 et la *note.*—T. cr. 42, 71-4°-5°.

194. Tout jugement de condamnation rendu contre le prévenu et contre les personnes civilement responsables du délit, ou contre la partie civile, les condamnera aux frais, même envers la partie publique. C. 1384. — Pr. 130.—I. cr. 66, 145, 162, 187, 355, 368, 436, 478.—P. 52, 73, 74. — Les frais seront liquidés par le même jugement. I. cr. 162.

195. Dans le dispositif de tout jugement de condamnation, seront énoncés les faits dont les personnes citées seront jugées coupables ou responsables, la peine et les condamnations civiles.—Le texte de la loi dont on fera l'application sera lu à l'audience par le président; il sera fait mention de cette lecture dans le jugement, et le texte de la loi y sera inséré, sous peine de cinquante francs d'amende contre le greffier. I. cr. 163, 369.

196. La minute du jugement sera signée au plus tard dans les vingt-quatre heures par les juges qui l'auront rendu. I. cr. 164, 370, 593. — Les greffiers qui délivreront expédition d'un jugement avant qu'il ait été signé seront poursuivis comme faussaires. Pr. 139.—I. cr. 448, s.—P. 145, s.—Les procureurs impériaux se feront représenter, tous les mois, les minutes des jugements; et, en cas de contravention au présent article, ils en dresseront procès-verbal pour être procédé ainsi qu'il appartiendra. I. cr. 22.

197. Le jugement sera exécuté à la requête du procureur impérial et de la partie civile, chacun en ce qui le concerne. I. cr. 1, 22, 28, 66, 165.—Néanmoins les poursuites pour le recouvrement des amendes et confiscations seront faites, au nom du procureur impérial, par le directeur de la régie des droits d'enregistrement et domaines (*a*).

198. Le procureur impérial sera tenu, dans les quinze jours qui suivront la prononciation du jugement, d'en envoyer un extrait au procureur général près la cour impériale (*b*). I. cr. 22, 178, 271, 274, s.—T. cr. 44.

(*a*) Voy. la loi du 17 avril 1832, titre v (Code de la contrainte par corps).

(*b*) Aux termes d'une circulaire du ministère de la justice, du 6 nov. 1852, l'envoi de ces extraits est remplacé par la confection de *casiers judiciaires*, dans lesquels on place des bulletins relatifs à tous les individus frappés de condamnations, casiers qui sont établis dans le

199. Les jugements rendus en matière correctionnelle pourront être attaqués par la voie de l'appel. Pr. 443, s. —I. cr. 34, 172, s., 200, s., 505. — T. cr. 71-1°.

200. Les appels des jugements rendus en police correctionnelle seront portés des tribunaux d'arrondissement au tribunal du chef-lieu du département. —Les appels des jugements rendus en police correctionnelle au chef-lieu du département seront portés au tribunal du chef-lieu du département voisin, quand il sera dans le ressort de la même cour impériale, sans néanmoins que les tribunaux puissent, dans aucun cas, être respectivement juges d'appel de leurs jugements.—Il sera formé un tableau des tribunaux de chef-lieu auxquels les appels seront portés (*a*).

201. Dans le département où siége la cour impériale, les appels des jugements rendus en police correctionnelle seront portés à ladite cour. Pr. 443.—Seront également portés à ladite cour les appels des jugements rendus en police correctionnelle dans le chef-lieu d'un département voisin, lorsque la distance de cette cour ne sera pas plus forte que celle du chef-lieu d'un autre département (*b*).

202. La faculté d'appeler appartiendra, —1° Aux parties prévenues ou responsables; C. 1384.—I. cr. 145, 194. —P. 73, 74.— 2° A la partie civile, quant à ses intérêts civils seulement; I. cr. 1, 66.—3° A l'administration forestière; I. cr. 16, s., 179, 182.—For. 159, s.—4° Au procureur impérial près le tribunal de première instance, lequel, dans le cas où il n'appellerait pas, sera tenu, dans le délai de quinzaine, d'adresser un extrait du jugement au magistrat du ministère public près le tribunal ou la cour qui doit connaître de l'appel; I. cr. 22, 198.— 5° Au ministère public près le tribunal ou la cour qui doit prononcer sur l'appel. I. cr. 205.— T. cr. 44.

203. Il y aura, sauf l'exception portée en l'article 205 ci-après, déchéance de l'appel, si la déclaration d'appeler n'a pas été faite au greffe du tribunal qui a rendu le jugement, dix jours au plus tard après celui où il a été prononcé, et, si le jugement est rendu par défaut, dix jours au plus tard après celui de la signification qui en aura été faite à la partie condamnée ou à son domicile, outre un jour par trois myriamètres. Pr. 68, 147, 1033.—I. cr. 188, 204, s.— Pendant ce délai et pendant l'instance d'appel, il sera sursis à l'exécution du jugement. Pr. 457.—I. cr. 173.—T. cr. 71-1°.

204. La requête contenant les moyens d'appel pourra être remise dans le même délai au même greffe; elle sera signée de l'appelant, ou d'un avoué, ou de tout autre fondé de pouvoir spécial. C. 1987. —I. cr. 152, 185, 417.—Dans ce dernier cas, le pouvoir sera annexé à la requête.—Cette requête pourra aussi être remise directement au greffe du tribunal où l'appel sera porté. I. cr. 152, 207.

205. Le ministère public près le tribunal ou la cour qui doit connaître de l'appel devra notifier son recours, soit au prévenu, soit à la personne civilement responsable du délit, dans les deux mois à compter du jour de la prononciation du jugement, ou, si le jugement lui a été légalement notifié par l'une des parties, dans le mois du jour de cette notification: sinon, il sera déchu. C. 1834.—Pr. 68, 1033.—I. cr. 22, 145, 182, 192, 194, 202-5°, 287.—T. cr. 71-1°.

206. «La mise en liberté du prévenu acquitté ne pourra être suspendue, lorsqu'aucun appel n'aura été déclaré ou notifié dans les trois jours de la prononciation du jugement (*c*).» Pr. 1033.—I. cr. 28, 191, 203, 356.

207. La requête, si elle a été remise au greffe du tribunal de première instance, et les pièces, seront renvoyées par le procureur impérial au greffe de la cour ou du tribunal auquel l'appel sera porté, dans les vingt-quatre heures après la déclaration ou la remise de la notification d'appel. I. cr. 22, 204. — Si celui contre lequel le jugement a été rendu est en état d'arrestation, il sera, dans le même délai, et par ordre du procureur impérial, transféré dans la maison d'ar-

greffe du tribunal où de la cour du lieu de naissance du condamné.

(*a*, *b*) Voy. au C. des trib.

(*c*) L'ancien art. 206 portait *dix jours* au lieu de trois.

rêt du lieu où siége la cour ou le tribunal qui jugera l'appel. I. cr. 233, 243, 608, s.

208. Les jugements rendus par défaut sur l'appel pourront être attaqués par la voie de l'opposition, dans la même forme et dans les mêmes délais que les jugements par défaut rendus par les tribunaux correctionnels. I. cr. 150, 151, 187, s. — L'opposition emportera de droit citation à la première audience, et sera comme non avenue, si l'opposant n'y comparaît pas. Le jugement qui interviendra sur l'opposition ne pourra être attaqué par la partie qui l'aura formée, si ce n'est devant la cour de cassation. I. cr. 177, 187, 188, 216, 262, 416, s.

209. L'appel sera jugé à l'audience, dans le mois, sur un rapport fait par l'un des juges.

210. A la suite du rapport, et avant que le rapporteur et les juges émettent leur opinion, le prévenu, soit qu'il ait été acquitté, soit qu'il ait été condamné, les personnes civilement responsables du délit, la partie civile, et le procureur impérial, seront entendus dans la forme et dans l'ordre prescrits dans l'article 190. C. 1384. — I. cr. 1, 22, 66, 153, 287. — P. 73, 74.

211. Les dispositions des articles précédents sur la solennité de l'instruction, la nature des preuves, la forme, l'authenticité et la signature du jugement définitif de première instance, la condamnation aux frais, ainsi que les peines que ces articles prononcent, seront communes aux jugements rendus sur l'appel. I. cr. 153 à 161, 189, 190, 194 à 196.

212. Si le jugement est réformé parce que le fait n'est réputé délit ni contravention de police par aucune loi, la cour ou le tribunal renverra le prévenu, et statuera, s'il y a lieu, sur ses dommages-intérêts. C. 1149, 1382. — Pr. 128. — I. cr. 128, 159, 191, 229, 366. — T. cr. 74-1°.

213. Si le jugement est annulé parce que le fait ne présente qu'une contravention de police, et si la partie publique et la partie civile n'ont pas demandé le renvoi, la cour ou le tribunal prononcera la peine, et statuera également, s'il y a lieu, sur les dommages-intérêts. C. 1149, 1382. — Pr. 168, s. — I. cr. 137, 192, 230, 365. — T. cr. 74-1°.

214. Si le jugement est annulé parce que le délit est de nature à mériter une peine afflictive ou infamante, la cour ou le tribunal décernera, s'il y a lieu, le mandat de dépôt, ou même le mandat d'arrêt, et renverra le prévenu devant le fonctionnaire public compétent, autre toutefois que celui qui aura rendu le jugement ou fait l'instruction. I. cr. 55, 94, s., 193, 430, 431. — P. 7, 8 et la *note*. — T. cr. 74-1°-4°-5°.

215. Si le jugement est annulé pour violation ou omission non réparée de formes prescrites par la loi à peine de nullité, la cour ou le tribunal statuera sur le fond. Pr. 473.

216. La partie civile, le prévenu, la partie publique, les personnes civilement responsables du délit, pourront se pourvoir en cassation contre le jugement. C. 1384. — I. cr. 1, 22, 66, 150, 152, 177, 208, 262, 373, 379, 411, 414, 416, s. — P. 73, 74.

TITRE DEUXIÈME.

DES AFFAIRES QUI DOIVENT ÊTRE SOUMISES AU JURY.

(Loi décrétée le 9 décembre 1808. Promulguée le 19.)

CHAP. I. — DES MISES EN ACCUSATION.

217. Le procureur général près la cour impériale sera tenu de mettre l'affaire en état dans les cinq jours de la réception des pièces qui lui auront été transmises en exécution de l'article 133 ou de l'article 135, et de faire son rapport dans les cinq jours suivants, au plus tard. I. cr. 193, 214, 271, s. — Pendant ce temps, la partie civile et le prévenu pourront fournir tels mémoires qu'ils estimeront convenables, sans que le rapport puisse être retardé. I. cr. 1, 66, 220, 222, 224, 234, 238, 241.

218. Une section de la cour impériale, spécialement formée à cet effet, sera tenue de se réunir, au moins une fois par semaine, à la chambre du conseil, pour entendre le rapport du procureur général et statuer sur ses réquisitions (*a*). I. cr. 219, 223, 225, 257, 299-2°.

219. Le président sera tenu de faire

(*a*) Cette section de la cour impériale prend le nom de *chambre des mises en accusation.*

prononcer la section au plus tard dans les trois jours du rapport du procureur général. I. cr. 218, 276.

220. Si l'affaire est de la nature de celles qui sont réservées à la haute-cour (a) ou à la cour de cassation, le procureur général est tenu d'en requérir la suspension et le renvoi, et la section de l'ordonner. I. cr. 221, 484, s.

221. Hors le cas prévu par l'article précédent, les juges examineront s'il existe contre le prévenu des preuves ou des indices d'un fait qualifié crime par la loi, et si ces preuves ou indices sont assez graves pour que la mise en accusation soit prononcée. I. cr. 228, 231, 234. — P. 1, 2.

222. Le greffier donnera aux juges, en présence du procureur général, lecture de toutes les pièces du procès; elles seront ensuite laissées sur le bureau, ainsi que les mémoires que la partie civile et le prévenu auront fournis. I. cr. 217.

223. La partie civile, le prévenu, les témoins, ne paraîtront point. I. cr. 1, 66, 80.

224. Le procureur général, après avoir déposé sur le bureau sa réquisition écrite et signée, se retirera ainsi que le greffier. I. cr. 276.

225. Les juges délibéreront entre eux sans désemparer, et sans communiquer avec personne. Pr. 116, 117. — I. cr. 222, 223, 343.

226. La cour statuera par un seul et même arrêt sur les délits connexes dont les pièces se trouveront en même temps produites devant elle. I. cr. 227, 308, 433, 526, s., 540.

227. Les délits sont connexes, soit

(a) Créée par l'acte constitutionnel de l'an III dans ses art. 266 et suiv., puis organisée par la constitution impériale du 28 floréal an XII (18 mai 1804), la *haute cour* n'avait jamais eu d'existence réelle jusqu'en 1848; la Charte de 1830 (art. 28 et 47) avait attribué à la Chambre des pairs, qui se constituait alors en cour de justice, la connaissance d'une partie des crimes qui étaient attribués à la haute cour. En 1848 et conformément aux art. 91 et suiv. de la Constitution, la haute cour fut organisée et fonctionna à deux reprises différentes. Aujourd'hui cette institution existe également en vertu de la constitution du 14 janvier 1852 et du sénatus-consulte du 10 juillet de la même année, qui indiquent les crimes et délits qui doivent lui être déférés. (Voy. au C. polit.)

lorsqu'ils ont été commis en même temps par plusieurs personnes réunies, soit lorsqu'ils ont été commis par différentes personnes, même en différents temps et en divers lieux, mais par suite d'un concert formé à l'avance entre elles, soit lorsque les coupables ont commis les uns pour se procurer les moyens de commettre les autres, pour en faciliter, pour en consommer l'exécution, ou pour en assurer l'impunité. I. cr. 226.

228. Les juges pourront ordonner, s'il y échet, des informations nouvelles. — Ils pourront également ordonner, s'il y a lieu, l'apport des pièces servant à conviction qui seront restées déposées au greffe du tribunal de première instance. — Le tout dans le plus court délai. I. cr. 35, 87, 231, 235.

229. Si la cour n'aperçoit aucune trace d'un délit prévu par la loi, ou si elle ne trouve pas des indices suffisants de culpabilité, elle ordonnera la mise en liberté du prévenu; ce qui sera exécuté sur-le-champ, s'il n'est retenu pour autre cause. — Dans le même cas, lorsque la cour statuera sur une opposition à la mise en liberté du prévenu prononcée par les premiers juges, elle confirmera leur ordonnance; ce qui sera exécuté comme il est dit au précédent paragraphe. I. cr. 128, 135, 159, 191, 212, 221, 231, 248, 366, 492. — T. cr. 71-1°.

230. Si la cour estime que le prévenu doit être renvoyé à un tribunal de simple police ou à un tribunal de police correctionnelle, elle prononcera le renvoi, et indiquera le tribunal qui doit en connaître. I. cr. 138, s., 179, s. — Dans le cas de renvoi à un tribunal de simple police, le prévenu sera mis en liberté. I. cr. 129, 192, 213. — T. cr. 71-1°.

231. Si le fait est qualifié crime par la loi, et que la cour trouve des charges suffisantes pour motiver la mise en accusation, elle ordonnera le renvoi du prévenu aux assises. I. cr. 221, 228, 299. — Si le délit a été mal qualifié dans l'ordonnance de prise de corps, la cour l'annulera, et en décernera une nouvelle. I. cr. 133, 134. — Si la cour, en prononçant l'accusation du prévenu, statue sur une opposition à sa mise en liberté, elle annulera l'ordonnance des premiers juges, et décernera une ordonnance de prise de corps. I. cr. 135, 229, 232, 233, 271, 566. — T. cr. 71-1o-5o.

232. Toutes les fois que la cour décernera des ordonnances de prise de corps, elle se conformera au second paragraphe de l'article 134. I. cr. 231, 233. — T. cr. 71-5o.

233. L'ordonnance de prise de corps, soit qu'elle ait été rendue par les premiers juges, soit qu'elle l'ait été par la cour, sera insérée dans l'arrêt de mise en accusation, lequel contiendra l'ordre de conduire l'accusé dans la maison de justice établie près la cour où il sera renvoyé. I. cr. 207, 231, 232, 243, 608.

234. Les arrêts seront signés par chacun des juges qui les auront rendus; il y sera fait mention, à peine de nullité, tant de la réquisition du ministère public, que du nom de chacun des juges. I. cr. 164, 196, 370, 408.

235. Dans toutes les affaires, les cours impériales, tant qu'elles n'auront pas décidé s'il y a lieu de prononcer la mise en accusation, pourront d'office, soit qu'il y ait ou non une instruction commencée par les premiers juges, ordonner des poursuites, se faire apporter les pièces, informer ou faire informer, et statuer ensuite ce qu'il appartiendra (a). I. cr. 71, s., 228, 236, s., 274, 276.

236. Dans le cas du précédent article, un des membres de la section dont il est parlé en l'article 218 fera les fonctions de juge instructeur. I. cr. 55, s., 237, s.

237. Le juge entendra les témoins, ou commettra, pour recevoir leurs dépositions, un des juges du tribunal de première instance dans le ressort duquel ils demeurent, interrogera le prévenu, fera constater par écrit toutes les preuves ou indices qui pourront être recueillis, et décernera, suivant les circonstances, les mandats d'amener, de dépôt ou d'arrêt. I. cr. 71, 83, 87, 91, s., 303. — T. cr. 71-3o-4o-5o.

238. Le procureur général fera son rapport dans les cinq jours de la remise que le juge instructeur lui aura faite des pièces. I. cr. 217.

(a) C'est ce qu'on appelle *droit d'évocation*, dont le principe a été consacré, en matière civile, par l'art. 473 C. pr. (Voy. aussi l'art. 11 de la loi du 20 avril 1810 au Code des tribunaux.)

239. Il ne sera décerné préalablement aucune ordonnance de prise de corps; et s'il résulte de l'examen, qu'il y a lieu de renvoyer le prévenu à la cour d'assises ou au tribunal de police correctionnelle, l'arrêt portera cette ordonnance, ou celle de se représenter, si le prévenu a été admis à la liberté sous caution. I. cr. 113, s., 134, 231, s. — T. cr. 71—5o.

240. Seront, au surplus, observées les autres dispositions du présent Code qui ne seront point contraires aux cinq articles précédents.

241. Dans tous les cas où le prévenu sera renvoyé à la cour d'assises, le procureur général sera tenu de rédiger un acte d'accusation. — L'acte d'accusation exposera, 1o la nature du délit qui forme la base de l'accusation; 2o le fait et toutes les circonstances qui peuvent aggraver ou diminuer la peine : le prévenu y sera dénommé et clairement désigné. I. cr. 95. — L'acte d'accusation sera terminé par le résumé suivant : — *En conséquence, N... est accusé d'avoir commis tel meurtre, tel vol, ou tel autre crime, avec telle et telle circonstance.* I. cr. 221, 231, 234, 242.

242. L'arrêt de renvoi et l'acte d'accusation seront signifiés à l'accusé, et il lui sera laissé copie du tout. I. cr. 231, 234. — T. cr. 71-1o.

243. Dans les vingt-quatre heures qui suivront cette signification, l'accusé sera transféré de la maison d'arrêt dans la maison de justice établie près la cour où il doit être jugé. I. cr. 207-2o, 233, 608, s. — T. cr. 4.

244. Si l'accusé ne peut être saisi ou ne se présente point, on procédera contre lui par contumace, ainsi qu'il sera réglé ci-après au chapitre II du titre IV du présent livre (art. 465 à 478). I. cr. 149, s., 184, 186, s., 641.

245. Le procureur général donnera avis de l'arrêt de renvoi à la cour d'assises, tant au maire du lieu du domicile de l'accusé, s'il est connu, qu'à celui du lieu où le délit a été commis. I. cr. 9, 11, 198 et la *note*, 231, 234.

246. Le prévenu, à l'égard duquel la cour impériale aura décidé qu'il n'y a pas lieu au renvoi à la cour d'assises, ne pourra plus y être traduit à raison du même fait, à moins qu'il ne survienne de nouvelles charges. I. cr. 229, 247, 360 et la *note*.

247. Sont considérées comme charges nouvelles, les déclarations des témoins, pièces et procès-verbaux qui, n'ayant pu être soumis à l'examen de la cour impériale, sont cependant de nature, soit à fortifier les preuves que la cour aurait trouvées trop faibles, soit à donner aux faits de nouveaux développements-utiles à la manifestation de la vérité (a). I. cr. 228, 246, 248.

248. En ce cas, l'officier de police judiciaire ou le juge d'instruction adressera sans délai copie des pièces et charges au procureur général près la cour impériale; et, sur la réquisition du procureur général, le président de la section criminelle indiquera le juge devant lequel il sera, à la poursuite de l'officier du ministère public, procédé à une nouvelle instruction, conformément à ce qui a été prescrit. I. cr. 71, s., 247. —Pourra toutefois le juge d'instruction décerner, s'il y a lieu, sur les nouvelles charges, et avant leur envoi au procureur général, un mandat de dépôt contre le prévenu qui aurait été déjà mis en liberté d'après les dispositions de l'article 229. I. Cr. 228. — T. cr. 42, 71-4°.

249. Le procureur impérial enverra, tous les huit jours, au procureur général une notice de toutes les affaires criminelles, de police correctionnelle ou de simple police, qui seront survenues. I. cr. 27, 198 et la *note*, 250, 274, s., 287, s.

250. Lorsque dans la notice des causes de police correctionnelle ou de simple police, le procureur général trouvera qu'elles présentent des caractères plus graves, il pourra ordonner l'apport des pièces dans la quinzaine seulement de la réception de la notice, pour ensuite être par lui fait, dans un autre délai de quin-

zaine du jour de la réception des pièces, telles réquisitions qu'il estimera convenables, et par la cour être ordonné, dans le délai de trois jours, ce qu'il appartiendra. I. cr. 160, 193, 214, 235, 249.

CHAP. II. — DE LA FORMATION DES COURS D'ASSISES (b).

251. Il sera tenu des assises dans chaque département, pour juger les individus que la cour impériale y aura ren-

(b) La loi du 9 sept. 1835 avait modifié d'une manière considérable les dispositions du Code d'inst. criminelle sur les cours d'assises, et notamment celles qui touchent au mode de vote et à la formation de la déclaration du jury, ainsi que le chiffre des voix de majorité auquel devait se former sa décision. — Un décret des 6-8 mars 1848, après avoir abrogé cette loi de 1835 par son art. 1er, avait restitué aux articles précités leur rédaction primitive. Mais la loi des 9-10 juin 1853 est venue elle-même apporter de nouvelles modifications à cette partie du Code. (Voy. ci-après les art. 341, 345, 346, 347 et 352, tels qu'ils sont modifiés par cette dernière loi de 1853.) — Dans ce conflit d'abrogations successives, nous croyons devoir laisser subsister les dispositions de la loi de 1835, relatives à l'objet dont il s'agit :

9 septembre 1835. — Loi sur les cours d'assises.

« Art. 1er. Les crimes prévus par le paragraphe I de la section 4 du chapitre III du titre I du livre III du Code pénal (art. 209 à 221), ou dans la loi du 24 mai 1834, seront jugés selon les formes déterminées dans la présente loi.

« 2. Le ministre de la justice pourra ordonner qu'il soit formé autant de sections de cours d'assises que le besoin du service l'exigera, pour procéder simultanément aux jugements des prévenus.

« 3. Lorsque, sur le vu de la procédure communiquée conformément à l'art. 61 du Code d'instruction criminelle, le procureur général estimera que la prévention est suffisamment établie contre un ou plusieurs inculpés, il se fera remettre les pièces d'instruction, le procès-verbal constatant le corps du délit, et l'état des pièces de conviction, qui seront apportées au greffe de la cour royale.

« 4. Dans le cas prévu par l'article précédent, le procureur général pourra saisir la cour d'assises en vertu de citations données directement aux prévenus en état d'arrestation.

« 5. A cet effet, le procureur général adressera son réquisitoire au président de la cour d'assises, pour obtenir indication du jour auquel les débats devront s'ouvrir. Ce réquisitoire sera rédigé dans la forme établie par l'art. 241 du Code d'instruction criminelle.

« 6. Le réquisitoire et l'ordonnance contenant indication du jour de l'audience seront signifiés aux prévenus dix jours au moins avant l'ouverture des débats, par un huissier que le président de la cour d'assises commettra. Il leur en sera laissé copie.

« 7. Le pourvoi en cassation contre les arrêts

(a) 6-13 vent. an II. — *Décret relatif au mode de procéder pour les délits connexes.*

« Considérant qu'il n'y a nul doute qu'on ne doive considérer comme nouvelles charges les déclarations des témoins qui n'ont pas été entendus devant le jury d'accusation (juge d'instruction) lorsqu'elles sont de nature soit à fortifier des preuves que le juge d'instruction a pu trouver trop faibles, soit à donner aux faits des développements utiles à la manifestation de la vérité. »

voyés. I. cr. 133, 134, 231, 252. s., 291, 310.

252. « Dans les départements où siégent les cours impériales, les assises seront tenues par trois des membres de la cour; dont l'un sera président (a). I. cr. 253. — Les fonctions du ministère public seront remplies soit par le procureur général, soit par un des avocats généraux, soit par un des substituts du procureur général. — Le greffier de la cour y exercera ses fonctions par lui-même, ou par l'un de ses commis assermentés. » (*L. 4 mars 1831, art. 1.*) I. cr. 256, 265, 271.

253. « Dans les autres départements, la cour d'assises sera composée, 1° d'un conseiller à la cour impériale délégué à

qui auront statué tant sur la compétence que sur les incidents ne sera formé qu'après l'arrêt définitif et en même temps que le pourvoi contre cet arrêt. — Aucun pourvoi formé auparavant ne pourra dispenser la cour d'assises de statuer sur le fond.

« 8. Au jour indiqué pour la comparution à l'audience, si les prévenus ou quelques-uns d'entre eux refusent de comparaître, sommation d'obéir à justice leur sera faite au nom de la loi par un huissier commis à cet effet par le président de la cour d'assises, et assisté de la force publique. L'huissier dressera procès-verbal de la sommation et de la réponse des prévenus.

« 9. Si les prévenus n'obtempèrent point à la sommation, le président pourra ordonner qu'ils soient amenés par la force devant la cour; il pourra également, après lecture faite à l'audience, du procès-verbal constatant leur résistance, ordonner que, nonobstant leur absence, il soit passé outre aux débats. — Après chaque audience, il sera, par le greffier de la cour d'assises, donné lecture aux prévenus qui n'auront point comparu, du procès-verbal des débats, et il leur sera signifié copie des réquisitoires du ministère public ainsi que des arrêts rendus par la cour, qui seront tous réputés contradictoires.

« 10. La cour pourra faire retirer de l'audience et reconduire en prison tout prévenu qui, par des clameurs ou par tout autre moyen propre à causer du tumulte, mettrait obstacle au libre cours de la justice, et, dans ce cas, il sera procédé aux débats et au jugement comme il est dit aux deux articles précédents.

« 11. Tout prévenu ou toute personne présente à l'audience d'une cour d'assises, qui causerait du tumulte pour empêcher le cours de la justice, sera, audience tenante, déclaré coupable de rébellion et puni d'un emprisonnement qui n'excédera pas deux ans, sans préjudice des peines portées au Code pénal contre les outrages et violences envers les magistrats.

« 12. Les dispositions des art. 8, 9, 10 et 11 s'appliquent au jugement de tous les crimes et délits devant toutes les juridictions. »

(a) D'après l'ancien art. 252, il fallait *cinq* membres de la cour pour tenir les assises.

cet effet, et qui sera président de la cour d'assises; 2° de deux juges pris, soit parmi les conseillers de la cour impériale, lorsque celle-ci jugera convenable de les déléguer à cet effet, soit parmi les présidents ou juges du tribunal de première instance du lieu de la tenue des assises; 3° du procureur impérial près le tribunal, ou de l'un de ses substituts, sans préjudice des dispositions contenues dans les articles 265, 271 et 284; 4° du greffier du tribunal, ou de l'un de ses commis assermentés. » (*L. 4 mars 1831, art. 2.*) I. cr. 252, 263, s., 266.

254 et **255.** *Abrogés par la loi du 4 mars 1831, art. 4.*

256. *Abrogé par la loi du 10 décembre 1830.*

257. Les membres de la cour impériale qui auront voté sur la mise en accusation ne pourront, dans la même affaire, ni présider les assises, ni assister le président, à peine de nullité. I. cr. 218, 230, s. — Il en sera de même à l'égard du juge d'instruction. I. cr. 55, 133, 134, 408.

258. Les assises se tiendront ordinairement dans le chef-lieu de chaque département. I. cr. 252. — La cour impériale pourra néanmoins désigner un tribunal autre que celui du chef-lieu. I. cr. 254.

259. La tenue des assises aura lieu tous les trois mois. — Elles pourront se tenir plus souvent si le besoin l'exige.

260. Le jour où les assises doivent s'ouvrir sera fixé par le président de la cour d'assises. I. cr. 266. — Les assises ne seront closes qu'après que toutes les affaires criminelles qui étaient en état lors de leur ouverture y auront été portées. I. cr. 230, 231, 241, 264, 272.

261. Les accusés qui ne seront arrivés dans la maison de justice qu'après l'ouverture des assises ne pourront y être jugés que lorsque le procureur général l'aura requis, lorsque les accusés y auront consenti, et lorsque le président l'aura ordonné. I. cr. 260. — En ce cas, le procureur général et les accusés seront considérés comme ayant renoncé à la faculté de se pourvoir en nullité contre l'arrêt portant renvoi à la cour d'assises. I. cr. 296, 297, 299, s., 543.

262. Les arrêts de la cour d'assises

ne pourront être attaqués que par la voie de la cassation et dans les formes déterminées par la loi. I. cr. 408, s., 416, s.

263. Si, depuis la notification faite aux jurés en exécution de l'article 389 du présent Code, le président de la cour d'assises se trouve dans l'impossibilité de remplir ses fonctions, il sera remplacé par le plus ancien des autres juges de la cour impériale, nommés ou délégués pour l'assister; et, s'il n'a pour assesseur aucun juge de la cour impériale, par le président du tribunal de première instance. I. cr. 253, 257, 264, 266.

264. Les juges de la cour impériale seront, en cas d'absence ou de tout autre empêchement, remplacés par d'autres juges de la même cour, et, à leur défaut, par des juges de première instance; ceux de première instance le seront par les suppléants. I. cr. 263. — Les juges-auditeurs (a), qui seront présents et auront l'âge requis, concourront pour le remplacement avec les juges de première instance, suivant l'ordre de leur réception.

265. Le procureur général pourra, même étant présent, déléguer ses fonctions à l'un de ses substituts. I. cr. 252, 271, s. — Cette disposition est commune à la cour impériale et à la cour d'assises. I. cr. 271.

§ I. — Fonctions du président.

266. Le président est chargé, 1° d'entendre l'accusé lors de son arrivée dans la maison de justice; 2° de convoquer les jurés, et de les tirer au sort. I. cr. 260, s., 293, 296. — Il pourra déléguer ces fonctions à l'un des juges. I. cr. 263. — T. cr. 71-1°.

267. Il sera de plus chargé personnellement de diriger les jurés dans l'exercice de leurs fonctions, de leur exposer l'affaire sur laquelle ils auront à délibérer, même de leur rappeler leur devoir, de présider à toute l'instruction et de déterminer l'ordre entre ceux qui demanderont à parler. I. cr. 311, 312, 336, 341, 348, s. — Il aura la police de l'audience. Pr. 10, s., 88, s. — I. cr. 181, 310, 319, 327, 334, 341, 504, s. — P. 222, s.

(a) Les juges auditeurs ont été supprimés par la loi du 10 décembre 1830, art. 1er.

268. Le président est investi d'un pouvoir discrétionnaire, en vertu duquel il pourra prendre sur lui tout ce qu'il croira utile pour découvrir la vérité; et la loi charge son honneur et sa conscience d'employer tous ses efforts pour en favoriser la manifestation. I. cr. 267, 269, 477.

269. Il pourra, dans le cours des débats, appeler, même par mandat d'amener, et entendre toutes personnes, ou se faire apporter toutes nouvelles pièces qui lui paraîtraient, d'après les nouveaux développements donnés à l'audience, soit par les accusés, soit par les témoins, pouvoir répandre un jour utile sur le fait contesté. I. cr. 327. — Les témoins ainsi appelés ne prêteront point serment, et leurs déclarations ne seront considérées que comme renseignements. T. cr. 33, 71-1°-3°, 79.

270. Le président devra rejeter tout ce qui tendrait à prolonger les débats sans donner lieu d'espérer plus de certitude dans les résultats.

§ II. — Fonctions du procureur général près la cour impériale.

271. Le procureur général près la cour impériale poursuivra, soit par lui-même, soit par son substitut, toute personne mise en accusation suivant les formes prescrites au chapitre I du présent titre (art. 217 à 250). Il ne pourra porter à la cour aucune autre accusation, à peine de nullité, et, s'il y a lieu, de prise à partie. Pr. 505, s. — I. cr. 144, 178, 198, 217, 220 224, 241, 245, 248, 252, 261, 272, s., 305, s., 315, 318, s., 328, 332, 355, 358, 362, 373, 376, 379, 408, 433, 466, 472, 479, 483, 520, 616, 617, 622. — P. 122.

272. Aussitôt que le procureur général ou son substitut aura reçu les pièces, il apportera tous ses soins à ce que les actes préliminaires soient faits et que tout soit en état, pour que les débats puissent commencer à l'époque de l'ouverture des assises. I. cr. 217, s., 260.

273. Il assistera aux débats; il requerra l'application de la peine; il sera présent à la prononciation de l'arrêt. I. cr. 265, 276, s., 358, 362.

274. Le procureur général, soit d'office, soit par les ordres du ministre de la justice, charge le procureur impérial de poursuivre les délits dont il a connaissance. I. cr. 27, 249, 250, 271, 275, s., 287.

275. Il reçoit les dénonciations et les plaintes qui lui sont adressées directement, soit par la cour impériale, soit par un fonctionnaire public, soit par un simple citoyen, et il en tient registre.— Il les transmet au procureur impérial. I. cr. 63. 64.

276. Il fait, au nom de la loi, toutes les réquisitions qu'il juge utiles; la cour est tenue de lui en donner acte et d'en délibérer. I. cr. 219, 224, 277, 278, 408.

277. Les réquisitions du procureur général doivent être de lui signées : celles faites dans le cours d'un débat seront retenues par le greffier sur son procès-verbal; et elles seront aussi signées par le procureur général : toutes les décisions auxquelles auront donné lieu ces réquisitions seront signées par le juge qui aura présidé et par le greffier. I. cr. 276, 278.

278. Lorsque la cour ne déférera pas à la réquisition du procureur général, l'instruction ni le jugement ne seront arrêtés ni suspendus, sauf après l'arrêt, s'il y a lieu, le recours en cassation par le procureur général. I. cr. 265, s., 298, 408, s., 416, s.

279. Tous les officiers de police judiciaire, même les juges d'instruction, sont soumis à la surveillance du procureur général. I. cr. 9, 55. — Tous ceux qui, d'après l'article 9 du présent Code, sont, à raison de fonctions, même administratives, appelés par la loi à faire quelques actes de la police judiciaire, sont, sous ce rapport seulement, soumis à la même surveillance.

280. En cas de négligence des officiers de police judiciaire et des juges d'instruction, le procureur général les avertira : cet avertissement sera consigné par lui sur un registre tenu à cet effet. I. cr. 281, 282.

281. En cas de récidive, le procureur général les dénoncera à la cour. — Sur l'autorisation de la cour, le procureur général les fera citer à la chambre du conseil. — La cour leur enjoindra d'être plus exacts à l'avenir, et les condamnera aux frais tant de la citation que de l'ex-

pédition et de la signification de l'arrêt. I. cr. 415, 483, s. — T. cr. 42, 71-1°.

282. Il y aura récidive, lorsque le fonctionnaire sera repris, pour quelque affaire que ce soit, avant l'expiration d'une année, à compter du jour de l'avertissement consigné sur le registre. I. cr. 280, 281.

283. Dans tous les cas où les procureurs impériaux et les présidents sont autorisés à remplir les fonctions d'officiers de police judiciaire ou de juge d'instruction, ils pourront déléguer au procureur impérial, au juge d'instruction, et au juge de paix, même d'un arrondissement communal voisin du lieu du délit, les fonctions qui leur sont respectivement attribuées, autres que le pouvoir de délivrer les mandats d'amener, de dépôt et d'arrêt contre les prévenus. I. cr. 83, 84, 90, 303, 431, 433, 488.

§ III. — *Fonctions du procureur impérial au criminel (a).*

284. Le procureur impérial au criminel, dont il est parlé en l'article 253 *(b)*, remplacera près la cour d'assises le procureur général dans les départements autres que celui où siége la cour impériale; sans préjudice de la faculté que le procureur général aura toujours de s'y rendre lui-même pour y exercer ses fonctions. I. cr. 271.

285. Ce substitut résidera dans le chef-lieu du département.

286. Si les assises se tiennent dans une autre ville que le chef-lieu, il s'y transportera.

287. Le procureur impérial au criminel remplira aussi les fonctions du ministère public dans l'instruction et dans le jugement des appels de police correctionnelle. I. cr. 27, 249, 250, 274, s., 288, s.

288. En cas d'empêchement momentané, il sera remplacé par le procureur

(a) Plusieurs dispositions de ce paragraphe sont devenues sans objet depuis la loi du 25 décembre 1815, qui a supprimé les procureurs impériaux au criminel.
(b) L'art. 253, dont la rédaction appartenait déjà au texte du Code d'inst. crim. publié officiellement le 9 sept. 1816, a été modifié de nouveau, comme on l'a vu, par la loi du 4 mars 1831, qui ne fait aucune mention des procureurs impériaux au criminel; ce qui rend inutile le renvoi à cet article.

impérial près le tribunal de première instance du chef-lieu. Pr. 84.—I. cr. 26.

289. Il surveillera les officiers de police judiciaire du département. I. cr. 279.

290. Il rendra compte au procureur général, une fois tous les trois mois, et plus souvent s'il en est requis, de l'état de la justice du département, en matière criminelle, de police correctionnelle et de simple police.

CHAP. III. — DE LA PROCÉDURE DEVANT LA COUR D'ASSISES.

291. Quand l'accusation aura été prononcée, si l'affaire ne doit pas être jugée dans le lieu où siége la cour impériale, le procès sera, par les ordres du procureur général, envoyé dans les vingt-quatre heures au greffe du tribunal de première instance du chef-lieu du département ou au greffe du tribunal qui pourrait avoir été désigné. I. cr. 231, 241, 292, s.—Dans tous les cas, les pièces servant à conviction qui seront restées déposées au greffe du tribunal d'instruction, ou qui auraient été apportées à celui de la cour impériale, seront réunies dans le même délai au greffe où doivent être remises les pièces du procès. I. cr. 133

292. Les vingt-quatre heures courront du moment de la signification, faite à l'accusé, de l'arrêt de renvoi devant la cour d'assises. Pr. 68.—I. cr. 231.— L'accusé, s'il est détenu, sera, dans le même délai, envoyé dans la maison de justice du lieu où doivent se tenir les assises. I. cr. 572, 608.—T. cr. 71-1°.

293. Vingt-quatre heures au plus tard après la remise des pièces au greffe et l'arrivée de l'accusé dans la maison de justice, celui-ci sera interrogé par le président de la cour d'assises, ou par le juge qu'il aura délégué. I. cr. 93, 266.

294. L'accusé sera interpellé de déclarer le choix qu'il aura fait d'un conseil pour l'aider dans sa défense; sinon le juge lui en désignera un sur-le-champ, à peine de nullité de tout ce qui suivra. I. cr. 295, 302, 305, 311, 335, 399, 408, 468.—Cette désignation sera comme non avenue, et la nullité ne sera pas prononcée, si l'accusé choisit un conseil.

295. Le conseil de l'accusé ne pourra être choisi par lui ou désigné par le juge que parmi les avocats ou avoués de la cour impériale ou de son ressort, à moins que l'accusé n'obtienne du président de la cour d'assises la permission de prendre pour conseil un de ses parents ou amis. Pr. 75.—I. cr. 185.

296. Le juge avertira de plus l'accusé que, dans le cas où il se croirait fondé à former une demande en nullité, il doit faire sa déclaration dans les cinq jours suivants, et qu'après l'expiration de ce délai, il n'y sera plus recevable. I. cr. 261, 297, s., 408.—L'exécution du présent article et des deux précédents sera constatée par un procès-verbal, que signeront l'accusé, le juge et le greffier : si l'accusé ne sait ou ne veut pas signer, le procès-verbal en fera mention.

297. Si l'accusé n'a point été averti, conformément au précédent article, la nullité ne sera pas couverte par son silence; ses droits seront conservés, sauf à les faire valoir après l'arrêt définitif. I. cr. 408, 416.

298. Le procureur général est tenu de faire sa déclaration dans le même délai, à compter de l'interrogatoire, et sous la même peine de déchéance portée en l'article 296. I. cr. 293, 299.

299. « La demande en nullité ne peut être formée que contre l'arrêt de renvoi et dans les quatre cas suivants :—1° Pour cause d'incompétence;—2° Si le fait n'est pas qualifié crime par la loi;—3° Si le ministère public n'a pas été entendu;— 4° Si l'arrêt n'a pas été rendu par le nombre de juges fixé par la loi. » (Loi des 10-15 juin 1853 (a).)

300. La déclaration doit être faite au greffe. — Aussitôt qu'elle aura été reçue par le greffier, l'expédition de l'arrêt sera transmise par le procureur général près la cour impériale au procureur général près la cour de cassation, laquelle sera

---

(a) Ancien art. 299. « La déclaration de l'accusé et celle du procureur général doivent énoncer l'objet de la demande en nullité. — Cette demande ne peut être formée que contre l'arrêt de renvoi à la cour d'assises, et dans les trois cas suivants : — 1° Si le fait n'est pas qualifié crime par la loi; — 2° Si le ministère public n'a pas été entendu; — 3° Si l'arrêt n'a pas été rendu par le nombre de juges fixé par la loi. »

tenue de prononcer, toutes affaires cessantes. I. cr. 208, s., 216, s.—T. cr. 42.

301. « Nonobstant la demande en
nullité, l'instruction est continuée jusqu'aux débats exclusivement.—Mais si la
demande est faite après l'accomplissement des formalités et l'expiration du
délai qui sont prescrits par l'article 296,
il est procédé à l'ouverture des débats et
au jugement. La demande en nullité et
les moyens sur lesquels elle est fondée
ne sont soumis à la cour de cassation
qu'après l'arrêt définitif de la cour d'assises. — Il en est de même à l'égard de
tout pourvoi formé soit après l'expiration du délai légal, soit pendant le cours
du délai après le tirage du jury, pour
quelque cause que ce soit. » (Loi des
10-15 juin 1853 (*a*).)

302. Le conseil pourra communiquer
avec l'accusé après son interrogatoire. —
Il pourra aussi prendre communication
de toutes les pièces, sans déplacement et
sans retarder l'instruction. I. cr. 35, 87,
294, 301, 305.

303. S'il y a de nouveaux témoins à
entendre, et qu'ils résident hors du lieu
où se tient la cour d'assises, le président, ou le juge qui le remplace, pourra
commettre, pour recevoir leurs dépositions, le juge d'instruction de l'arrondissement où ils résident, ou même d'un
autre arrondissement : celui-ci, après les
avoir reçues, les enverra closes et cachetées au greffier qui doit exercer ses
fonctions à la cour d'assises. Pr. 1035.—
I. cr. 83, 84, 90 et la *note*, 283, 324,
431, 433.—T. cr. 33, 71-1°.

304. Les témoins qui n'auront pas
comparu sur la citation du président ou
du juge commis par lui, et qui n'auront
pas justifié qu'ils en étaient légitimement
empêchés, ou qui refuseront de faire
leurs dépositions, seront jugés par la
cour d'assises, et punis conformément à
l'article 80. T. cr. 42.

305. Les conseils des accusés pourront prendre ou faire prendre, à leurs
frais, copie de telles pièces du procès
qu'ils jugeront utiles à leur défense. I.
cr. 294, 302.—Il ne sera délivré gratuitement aux accusés, en quelque nombre

qu'ils puissent être, et dans tous les cas,
qu'une seule copie des procès-verbaux
constatant le délit, et des déclarations
écrites des témoins. I. cr. 42, 76.—Les
présidents, les juges et le procureur général sont tenus de veiller à l'exécution
du présent article. T. cr. 42, 54, 55.

306. Si le procureur général ou l'accusé ont des motifs pour demander que
l'affaire ne soit pas portée à la première
assemblée du jury, ils présenteront au
président de la cour d'assises une requête
en prorogation de délai. — Le président
décidera si cette prorogation doit être accordée; il pourra aussi, d'office, proroger
le délai. I. cr. 266.

307. Lorsqu'il aura été formé à raison
du même délit plusieurs actes d'accusation contre différents accusés, le procureur général pourra en requérir la jonction, et le président pourra l'ordonner,
même d'office (*b*). I. cr. 241, 308.

308. Lorsque l'acte d'accusation contiendra plusieurs délits non connexes, le
procureur général pourra requérir que
les accusés ne soient mis en jugement,
quant à présent, que sur l'un ou quelques-
uns de ces délits, et le président pourra
l'ordonner d'office. I. cr. 226, 227, 433,
526, s., 540.

309. Au jour fixé pour l'ouverture des
assises, la cour ayant pris séance, douze
jurés se placeront, dans l'ordre désigné
par le sort, sur des sièges séparés du public, des parties et des témoins, en face
de celui qui est destiné à l'accusé. I. cr.
260, 266-2°, 310, s., 38, s., 393, s.

**CHAP. IV. — DE L'EXAMEN, DU JUGEMENT ET
DE L'EXÉCUTION.**

SECT. I. — *De l'examen.*

310. L'accusé comparaîtra libre, et
seulement accompagné de gardes pour
l'empêcher de s'évader. Le président lui
demandera son nom, ses prénoms, son
âge, sa profession, sa demeure et le lieu
de sa naissance. I. cr. 276, s., 314, s.,
357, s.

311. Le président avertira le conseil
de l'accusé qu'il ne peut rien dire contre
sa conscience ou contre le respect dû aux
lois, et qu'il doit s'exprimer avec décence

(*a*) Ancien art. 301 : « Nonobstant la demande
en nullité, l'instruction sera continuée jusqu'aux
débats exclusivement. »

(*b*) La loi du 18 germ. an IV, art. 1, 2, 3, 4,
contient la même règle de procéder.

et modération. I. cr. 294, 319, 335. — P. 377.

312. Le président adressera aux jurés, debout et découvert, le discours suivant : — « Vous jurez et promettez devant Dieu « et devant les hommes d'examiner avec « l'attention la plus scrupuleuse les char- « ges qui seront portées contre N. ; de ne « trahir ni les intérêts de l'accusé, ni ceux « de la société qui l'accuse ; de ne com- « muniquer avec personne jusqu'après « votre déclaration : de n'écouter ni la « haine ou la méchanceté, ni la crainte « ou l'affection ; de vous décider d'après « les charges et les moyens de défense, « suivant votre conscience et votre in- « time conviction, avec l'impartialité et la « fermeté qui conviennent à un homme « probe et libre. » I. cr. 309, 336, 342. —Chacun des jurés, appelé individuelle- ment par le président, répondra, en le- vant la main, *Je le jure;* à peine de nul- lité. I. cr. 408.

313. Immédiatement après, le prési- dent avertira l'accusé d'être attentif à ce qu'il va entendre.—Il ordonnera au gref- fier de lire l'arrêt de la cour impériale portant renvoi à la cour d'assises, et l'acte d'accusation. I. cr. 231, 241.—Le greffier fera cette lecture à haute voix.

314. Après cette lecture, le président rappellera à l'accusé ce qui est contenu en l'acte d'accusation, et lui dira : «Voilà « de quoi vous êtes accusé ; vous allez « entendre les charges qui seront pro- « duites contre vous. »

315. Le procureur général exposera le sujet de l'accusation ; il présentera ensuite la liste des témoins qui devront être entendus, soit à sa requête, soit à la requête de la partie civile, soit à celle de l'accusé. — Cette liste sera lue à haute voix par le greffier.—Elle ne pourra con- tenir que les témoins dont les noms, pro- fession et résidence auront été notifiés, vingt-quatre heures au moins avant l'exa- men de ces témoins, à l'accusé, par le procureur général ou la partie civile, et au procureur général par l'accusé ; sans préjudice de la faculté accordée au pré- sident par l'article 269. I. cr. 22, 28, 80, 324, 354, 510. — L'accusé et le pro- cureur général pourront, en conséquence, s'opposer à l'audition d'un témoin qui n'aurait pas été indiqué ou qui n'aurait

pas été clairement désigné dans l'acte de notification.—La cour statuera de suite sur cette opposition.

316. Le président ordonnera aux té- moins de se retirer dans la chambre qui leur sera destinée. Ils n'en sortiront que pour déposer. Le président prendra des précautions, s'il en est besoin, pour em- pêcher les témoins de conférer entre eux du délit et de l'accusé, avant leur déposi- tion. I. cr. 155, s., 189, 317, s.

317. Les témoins déposeront séparé- ment l'un de l'autre, dans l'ordre établi par le procureur général. Avant de dépo- ser, ils prêteront, à peine de nullité, le serment de parler sans haine et sans crainte, de dire toute la vérité et rien que la vérité. I. cr. 155, 189, 330, 408. — P. 361, 365.—Le président leur deman- dera leurs noms, prénoms, âge, profes- sion, leur domicile ou résidence, s'ils con- naissaient l'accusé avant le fait mentionné dans l'acte d'accusation, s'ils sont parents ou alliés soit de l'accusé, soit de la partie civile, et à quel degré ; il leur demandera encore s'ils ne sont pas attachés au ser- vice de l'un ou de l'autre : cela fait, les témoins déposeront oralement. Pr. 262. —I. cr. 73, 75, 146, 156, 322, 392, 408, 447, 510.

318. Le président fera tenir note, par le greffier, des additions, changements ou variations, qui pourraient exister entre la déposition d'un témoin et ses pré- cédentes déclarations. — Le procureur général et l'accusé pourront requérir le président de faire tenir les notes de ces changements, additions et variations. I. cr. 328, 372.

319. Après chaque déposition, le président demandera au témoin si c'est de l'accusé présent qu'il a entendu parler ; il demandera ensuite à l'accusé s'il veut répondre à ce qui vient d'être dit contre lui.—Le témoin ne pourra être inter- rompu : l'accusé ou son conseil pourront le questionner par l'organe du président, après sa déposition, et dire, tant contre lui que contre son témoignage, tout ce qui pourra être utile à la défense de l'ac- cusé. I. cr. 311, 325, 335, 399.—Le pré- sident pourra également demander au témoin et à l'accusé tous les éclaircisse- ments qu'il croira nécessaires à la mani- festation de la vérité. — Les juges, le procureur général et les jurés auront la même faculté, en demandant la parole au président. La partie civile ne pourra faire de questions, soit au témoin, soit à l'accusé, que par l'organe du président.

320. Chaque témoin, après sa déposition, restera dans l'auditoire, si le président n'en a ordonné autrement, jusqu'à ce que les jurés se soient retirés pour donner leur déclaration. I. cr. 346, 326, 342.

321. Après l'audition des témoins produits par le procureur général et par la partie civile, l'accusé fera entendre ceux dont il aura notifié la liste soit sur les faits mentionnés dans l'acte d'accusation, soit pour attester qu'il est homme d'honneur, de probité, et d'une conduite irréprochable. I. cr. 315, 324.—Les citations faites à la requête des accusés seront à leurs frais, ainsi que les salaires des témoins cités, s'ils en requièrent; sauf au procureur général à faire citer à sa requête les témoins qui lui seront indiqués par l'accusé, dans le cas où il jugerait que leur déclaration pût être utile pour la découverte de la vérité (a). Pr. 68.—I. cr. 28.—T. cr. 34, 71-1°.

322. Ne pourront être reçues les dépositions,—1° Du père, de la mère, de l'aïeul, de l'aïeule, ou de tout autre ascendant de l'accusé, ou de l'un des accusés présents et soumis au même débat;—2° Du fils, fille, petit-fils, petite-fille, ou de tout autre descendant; — 3° Des frères et sœurs; — 4° Des alliés au même degré; C. 735, s. —5° Du mari et de la femme, même après le divorce prononcé (b);—6° Des dénonciateurs dont la dénonciation est récompensée pécuniairement par la loi (c); I. cr. 30, s., 323, 358. — Sans néanmoins que l'audi-

tion des personnes ci-dessus désignées puisse opérer une nullité, lorsque, soit le procureur général, soit la partie civile, soit les accusés, ne se sont pas opposés à ce qu'elles soient entendues. I. cr. 408-2°.

323. Les dénonciateurs autres que ceux récompensés pécuniairement par la loi pourront être entendus en témoignage; mais le jury sera averti de leur qualité de dénonciateurs. I. cr. 30, s., 322-6° et la *note*.

324. Les témoins produits par le procureur général ou par l'accusé seront entendus dans le débat, même lorsqu'ils n'auraient pas préalablement déposé par écrit, lorsqu'ils n'auraient reçu aucune assignation, pourvu, dans tous les cas, que ces témoins soient portés sur la liste mentionnée dans l'article 315. I. cr. 317, s., 321.

325. Les témoins, par quelque partie qu'ils soient produits, ne pourront jamais s'interpeller entre eux. I. cr. 319.

326. L'accusé pourra demander, après qu'ils auront déposé, que ceux qu'il désignera se retirent de l'auditoire, et qu'un ou plusieurs d'entre eux soient introduits et entendus de nouveau, soit séparément, soit en présence les uns des autres. I. cr. 316, 320.—Le procureur général aura la même faculté.—Le président pourra aussi l'ordonner d'office.

327. Le président pourra, avant, pendant ou après l'audition d'un témoin, faire retirer un ou plusieurs accusés, et les examiner séparément sur quelques circonstances du procès; mais il aura soin de ne reprendre la suite des débats généraux qu'après avoir instruit chaque accusé de ce qui se sera fait en son absence, et de ce qui en sera résulté. I. cr. 267.

328. Pendant l'examen, les jurés, le procureur général et les juges pourront prendre note de ce qui leur paraîtra important, soit dans les dépositions des témoins, soit dans la défense de l'accusé, pourvu que la discussion n'en soit pas interrompue. I. cr. 318, 372.

(a) Disposition **empruntée à la loi du 5 pluv. an XIII**, art. 2.

(b) Le divorce est aboli. (Loi du 8 mai 1816, art. 1er.) — Voy. p. 47.

(c) Lorsqu'il s'agit de crimes dont la connaissance est attribuée aux cours d'assises, nous ne connaissons pas de dénonciateurs *récompensés pécuniairement par la loi*, puisqu'il a été décidé que les officiers de police judiciaire ne pouvaient être considérés comme tels (voy. l'art. 358, § 3). D'où il suit que le § 6 de l'art. 322 ne pourrait recevoir d'application que devant une autre juridiction, et alors qu'il s'agirait, par exemple, soit de la dénonciation de fabrique illicite de poudre de guerre, soit de la dénonciation de loteries clandestines, à l'égard des-

quelles les lois des 13 fructidor an V et 9 germinal an VI permettent de disposer des amendes et des deniers saisis, pour être appliqués au *profit* de ceux qui auront indiqué les contrevenants.

329. Dans le cours ou à la suite des dépositions, le président fera représenter à l'accusé toutes les pièces relatives au délit et pouvant servir à conviction ; il l'interpellera de répondre personnellement s'il les reconnaît : le président les fera aussi représenter aux témoins, s'il y a lieu. I. cr. 35, 87, 291.

330. Si, d'après les débats, la déposition d'un témoin paraît fausse, le président pourra, sur la réquisition, soit du procureur général, soit de la partie civile, soit de l'accusé, et même d'office, faire sur-le-champ mettre le témoin en état d'arrestation. Le procureur général, et le président ou l'un des juges par lui commis, rempliront à son égard, le premier, les fonctions d'officier de police judiciaire ; le second les fonctions attribuées aux juges d'instruction dans les autres cas. I. cr. 40, 96, 317, 331.— P. 361.— Les pièces d'instruction seront ensuite transmises à la cour impériale, pour y être statué sur la mise en accusation. I. cr. 247, s.

331. Dans le cas de l'article précédent, le procureur général, la partie civile ou l'accusé, pourront immédiatement requérir, et la cour ordonner, même d'office, le renvoi de l'affaire à la prochaine session. I. cr. 353, 406, 445.

332. Dans le cas où l'accusé, les témoins ou l'un d'eux, ne parleraient pas la même langue ou le même idiome, le président nommera d'office, à peine de nullité, un interprète âgé de vingt-un ans au moins, et lui fera, sous la même peine, prêter serment de traduire fidèlement les discours à transmettre entre ceux qui parlent des langages différents. I. cr. 333. — L'accusé et le procureur général pourront récuser l'interprète, en motivant leur récusation. Pr. 308, s., 378, s. — I. cr. 399, s. — La cour prononcera. — L'interprète ne pourra, à peine de nullité, même du consentement de l'accusé ni du procureur général, être pris parmi les témoins, les juges et les jurés. I. cr. 73, 408.— T. cr. 16.

333. Si l'accusé est sourd-muet et ne sait pas écrire, le président nommera d'office pour son interprète la personne qui aura le plus d'habitude de converser avec lui. C. 936.— Il en sera de même à l'égard du témoin sourd-muet.— Le sur-

plus des dispositions du précédent article sera exécuté. — Dans le cas où le sourd-muet saurait écrire, le greffier écrira les questions et observations qui lui seront faites, elles seront remises à l'accusé ou au témoin, qui donneront par écrit leurs réponses ou déclarations. Il sera fait lecture du tout par le greffier. T. cr. 16.

334. Le président déterminera celui des accusés qui devra être soumis le premier aux débats, en commençant par le principal accusé, s'il y en a un. I. cr. 267, 335. — Il se fera ensuite un débat particulier sur chacun des autres accusés.

335. A la suite des dépositions des témoins, et des dires respectifs, auxquels elles auront donné lieu, la partie civile ou son conseil et le procureur général seront entendus, et développeront les moyens qui appuient l'accusation. I. cr. 1, 66, 271. — L'accusé et son conseil pourront leur répondre. I. cr. 1, 66, 271. — La réplique sera permise à la partie civile et au procureur général ; mais l'accusé ou son conseil auront toujours la parole les derniers. — Le président déclarera ensuite que les débats sont terminés. I. cr. 267, 334.

336. Le président résumera l'affaire. — Il fera remarquer aux jurés les principales preuves pour ou contre l'accusé.— Il leur rappellera les fonctions qu'ils ont à remplir. I. cr. 312, 342. — Il posera les questions ainsi qu'il sera dit ci-après (art. 337 à 441).

337. La question résultant de l'acte d'accusation sera posée en ces termes : — « L'accusé est-il coupable d'avoir « commis tel meurtre, tel vol ou tel autre « crime, avec toutes les cironstances « comprises dans le résumé de l'acte « d'accusation ? »

338. S'il résulte des débats une ou plusieurs circonstances aggravantes, non mentionnées dans l'acte d'accusation, le président ajoutera la question suivante : — « L'accusé a-t-il commis le crime avec « telle ou telle circonstance ? »

339. « Lorsque l'accusé aura proposé pour excuse un fait admis comme tel par la loi, le président devra, à peine de nullité, poser la question ainsi qu'il suit (a) :

(a) L'ancien article ne prononçait pas la *nullité.*

« Tel fait est-il constant ? » (Loi du 2. avril 1832.) I. cr. 367, 408. — P. 63, 324, s

340. « Si l'accusé a moins de seize ans, le président posera, à peine de nullité, cette question : « L'accusé a-t-il agi « avec discernement (a) ? » (Loi du 28 avril 1832.) I. cr. 408. — P. 66, s.

341 (b). « En toute matière criminelle, même en cas de récidive, le président, après avoir posé les questions résultant de l'acte d'accusation et des débats, avertit le jury, à peine de nullité, que s'il pense, à la majorité, qu'il existe, en faveur d'un

ou de plusieurs accusés reconnus coupables, des circonstances atténuantes, il doit en faire la déclaration en ces termes : « A la majorité, il y a des circonstances atténuantes en faveur de l'accusé. » Ensuite le président remet les questions écrites aux jurés, dans la personne du chef du jury; il y joint l'acte d'accusation, les procès-verbaux qui constatent les délits et les pièces du procès, autres que les déclarations écrites des témoins. — Le président avertit le jury que tout vote doit avoir lieu au scrutin secret. Il fait retirer l'accusé de l'auditoire. » (Loi des 9-10 juin 1853.)

342. Les questions étant posées et remises aux jurés, ils se rendront dans leur chambre pour y délibérer. — Leur chef sera le premier juré sorti par le sort, ou celui qui sera désigné par eux et du consentement de ce dernier. — Avant de commencer la délibération, le chef des jurés leur fera lecture de l'instruction suivante, qui sera, en outre, affichée en gros caractères dans le lieu le plus apparent de leur chambre : « La loi ne de- « mande pas compte aux jurés des moyens « par lesquels ils se sont convaincus ; « elle ne leur prescrit point de règles « desquelles ils doivent faire particuliè- « rement dépendre la plénitude et la suf- « fisance d'une preuve; elle leur prescrit « de s'interroger eux-mêmes dans le si- « lence et le recueillement, et de cher- « cher, dans la sincérité de leur con- « science, quelle impression ont faite « sur leur raison les preuves rapportées « contre l'accusé, et les moyens de sa « défense. La loi ne leur dit point : *Vous* « *tiendrez pour vrai tout fait attesté par* « *tel ou tel nombre de témoins ;* elle ne « leur dit pas non plus : *Vous ne regar-* « *derez pas comme suffisamment établie* « *toute preuve qui ne sera pas formée de* « *tel procès-verbal, de telles pièces, de* « *tant de témoins ou de tant d'indices :* « elle ne leur fait que cette seule ques- « tion, qui renferme toute la mesure de « leurs devoirs : *Avez-vous une intime* « *conviction?* — Ce qu'il est bien essen- « tiel de ne pas perdre de vue, c'est que « toute la délibération du jury porte sur « l'acte d'accusation; c'est aux faits qui « le constituent et qui en dépendent, « qu'ils doivent uniquement s'attacher ;

(a) Ici, comme pour le cas précédent, l'ancien article ne prononçait pas la nullité.

(b) Ancien art. 341 de la loi du 9 sept. 1835. « En toute matière criminelle, même en cas de récidive, le président, après avoir posé les questions résultant de l'acte d'accusation et des débats, avertira le jury, à peine de nullité, que, s'il pense, à la majorité, qu'il existe, en faveur d'un ou plusieurs accusés reconnus coupables, des circonstances atténuantes, il devra en faire la déclaration en ces termes : « A la « majorité, il y a des circonstances atténuantes « en faveur de tel accusé. » — Ensuite le président remettra les questions écrites aux jurés dans la personne du chef du jury, et il leur remettra en même temps l'acte d'accusation, les procès-verbaux qui constatent les délits, et les pièces du procès autres que les déclarations écrites des témoins. — Le président avertira le jury que son vote doit avoir lieu au scrutin secret. — Il avertira également les jurés que si l'accusé est déclaré coupable du fait principal à la simple majorité, ils doivent en faire mention en tête de leur déclaration. — Il fera retirer l'accusé de l'auditoire. »

Cet article a subi de nombreux changements : abrogé d'abord, pour le second paragraphe, par la loi du 4 mars 1831, il l'avait été pour le surplus, par celle du 28 avril 1832. La loi du 9 septembre 1835 était revenue au principe de l'article primitif quant à la proportion de la majorité nécessaire pour la condamnation de l'accusé, c'est-à-dire à la majorité simple de sept voix. — D'après la loi du 28 avril 1832, il fallait au moins huit voix pour former la majorité. Le décret précité des 6-8 mars 1848, art. 4, portait que la condamnation aurait lieu à la majorité de neuf voix. — Un autre décret des 18-20 oct. 1848 est revenu à la majorité de plus de sept voix, en abrogeant par son art. 2 l'art. 4 du décret du 6 mars. Enfin la loi actuelle des 9-10 juin 1853, en abrogeant à son tour le décret d'oct. 1848, modifie tout à la fois les art. 341, 347 et 352, et rétablit la majorité *simple* (Voy. les nouveaux art. 349 et 352). — Un autre décret des 6-8 mars 1848 avait abrogé le § 4 de l'art. 341, tel qu'il avait été rectifié par la loi du 9 sept. 1835, en établissant que la *discussion*, dans le sein de l'assemblée du jury, avant le vote, était de droit, au lieu du vote au *scrutin secret*, qui était prescrit par cette loi. — Le nouvel art. 341 modifié par la loi de 1853 rétablit le scrutin secret et abroge, par conséquent, le décret précité de 1848.

« et ils manquent à leur premier devoir,
« lorsque, pensant aux dispositions des
« lois pénales, ils considèrent les suites
« que pourra avoir, par rapport à l'ac-
« cusé, la déclaration qu'ils ont à faire.
« Leur mission n'a pas pour objet la pour-
« suite ni la punition des délits; ils ne
« sont appelés que pour décider si l'ac-
« cusé est, ou non, coupable du crime
« qu'on lui impute. »

343. Les jurés ne pourront sortir de leur chambre qu'après avoir formé leur déclaration. — L'entrée n'en pourra être permise pendant leur délibération, pour quelque cause que ce soit, que par le président et par écrit. — Le président est tenu de donner au chef de la gendarmerie de service l'ordre spécial et par écrit de faire garder les issues de leur chambre : ce chef sera dénommé et qualifié dans l'ordre. — La cour pourra punir le juré contrevenant d'une amende de cinq cents francs au plus. Tout autre qui aura enfreint l'ordre, ou celui qui ne l'aura pas fait exécuter, pourra être puni d'un emprisonnement de vingt-quatre heures. I. cr. 353. — T. cr. 42, 74-5°.

344. Les jurés délibéreront sur le fait principal, et ensuite sur chacune des circonstances. I. cr. 341, 345, s.

345. « Le chef du jury lira successivement chacune des questions posées comme il est dit en l'article 336, et le vote aura lieu ensuite au scrutin secret, tant sur le fait principal et sur les circonstances aggravantes que sur l'existence des circonstances atténuantes (a). » (L. du 9 septembre 1835.) I. cr. 337, 338, 341 et la note.

346. « Il sera procédé de même, et au scrutin secret, sur les questions qui seraient posées dans les cas prévus par les articles 339 et 340 (b). » (L. du 9 septembre 1835.)

347. « La décision du jury, tant contre l'accusé que sur les circonstances atténuantes, se forme à la majorité. La déclaration du jury constate cette majorité, sans que le nombre de voix puisse y être exprimé; le tout à peine de nullité. » (L. des 9-10 juin 1853 (c).) I. cr. 341 et la note.

348. Les jurés rentreront ensuite dans

(c) Ancien art. 347 de la loi du 9 sept. 1835: « La décision du jury, tant contre l'accusé que sur les circonstances atténuantes, se formera à la majorité, à peine de nullité.—La déclaration du jury constatera la majorité, à peine de nullité, sans que le nombre de voix puisse y être exprimé, si ce n'est dans le cas prévu par le quatrième paragraphe de l'art. 341. »

13 mai 1836. — Loi sur le mode du vote du jury au scrutin secret.

« Art. 1. Le jury votera par bulletins écrits et par scrutins distincts et successifs, sur le fait principal d'abord, et, s'il y a lieu, sur chacune des circonstances aggravantes, sur chacun des faits d'excuse légale, sur la question de discernement, et enfin sur la question des circonstances atténuantes, que le chef du jury sera tenu de poser toutes les fois que la culpabilité de l'accusé aura été reconnue.

« 2. A cet effet, chacun des jurés, appelé par le chef du jury, recevra de lui un bulletin ouvert, marqué du timbre de la cour d'assises, et portant ces mots : Sur mon honneur et ma conscience, ma déclaration est..... Il écrira à la suite, ou fera écrire secrètement par un juré de son choix, le mot oui ou le mot non, sur une table disposée de manière à ce que personne ne puisse voir le vote inscrit au bulletin. Il remettra le bulletin écrit et fermé au chef du jury, qui le déposera dans une boîte destinée à cet usage.

« 3 (*). Le chef du jury dépouille chaque scrutin en présence des jurés, qui peuvent vérifier les bulletins. Il constate sur-le-champ le résultat du vote en marge ou à la suite de la question résolue. La déclaration du jury, en ce qui concerne les circonstances atténuantes, n'est exprimée que si le résultat du scrutin est affirmatif. » (Ainsi rectifié par la loi des 9-10 juin 1853.)

« 4. S'il arrivait que, dans le nombre des bulletins, il s'en trouvât sur lesquels aucun vote ne fût exprimé, ils seraient comptés comme portant une réponse favorable à l'accusé. Il en serait de même des bulletins que six jurés au moins auraient déclarés illisibles.

« 5. Immédiatement après le dépouillement de chaque scrutin, les bulletins seront brûlés en présence du jury.

« 6. La présente loi sera affichée, en gros caractères, dans la chambre des délibérations du jury. »

(*) Ancien art. 3 de la loi de 1836 : « Le chef du jury dépouillera chaque scrutin en présence des jurés, qui pourront vérifier les bulletins. — Il en consignera sur-le-champ le résultat en marge ou à la suite de la question résolue, sans néanmoins exprimer le nombre des suffrages, si ce n'est lorsque la décision affirmative, sur le fait principal, aura été prise à la simple majorité. La déclaration du jury, en ce qui concerne les circonstances atténuantes, n'exprimera le résultat du scrutin qu'autant qu'il sera affirmatif. »

(a, b) Ces dispositions concernant le vote au scrutin secret avaient été abrogées, comme on vient de le dire, par le décret précité des 6-8 mars 1848, art. 3 et 5, qui prescrivaient la discussion, avant le vote, dans le sein de l'assemblée du jury. Ce même décret avait abrogé en même temps la loi du 13 mai 1836, relative au mode de vote du jury au scrutin secret. La loi des 9-10 juin 1853 abroge à son tour, d'une manière virtuelle, le décret de 1848, en se bornant à modifier l'art. 3 de la loi de mars 1836.

l'auditoire, et reprendront leur place. — Le président leur demandera quel est le résultat de leur délibération. — Le chef du jury se lèvera, et, la main placée sur son cœur, il dira : « Sur mon honneur et « ma conscience, devant Dieu et devant « les hommes, la déclaration du jury « est : Oui, l'accusé, etc. Non, l'ac- « cusé, etc. »

349. La déclaration du jury sera signée par le chef et remise par lui au président, le tout en présence des jurés. — Le président la signera et la fera signer par le greffier.

350. La déclaration du jury ne pourra jamais être soumise à aucun recours. I. cr. 360.

351. *Abrogé par la loi du 4 mars* 1831, *art. 4.*

352 (a). « Dans le cas où l'accusé est reconnu coupable, et si la cour est convaincue que les jurés, tout en observant les formes, se sont trompés au fond, elle déclare qu'il est sursis au jugement et renvoie l'affaire à la session suivante, pour y être soumise à un nouveau jury, dont ne peut faire partie aucun des jurés qui ont pris part à la déclaration annulée. — Nul n'a le droit de provoquer cette mesure. La cour ne peut l'ordonner que d'office, immédiatement après que la déclaration du jury a été prononcée publiquement. — Après la déclaration du second jury, la cour ne peut ordonner un nouveau renvoi, même quand cette déclaration serait conforme à la première. » (*L. des* 9-10 *juin* 1853.) P. 181, s.

(a) Ancien art. 352 : « Si néanmoins les juges sont unanimement convaincus que les jurés, tout en observant les formes, se sont trompés au fond, la cour déclarera qu'il est sursis au jugement, et renverra l'affaire à la session suivante, pour y être soumise à un nouveau jury, dont ne pourra faire partie aucun des premiers jurés.—Lorsque l'accusé n'aura été déclaré coupable qu'à la simple majorité, il suffira que la majorité des juges soit d'avis de surseoir au jugement et de renvoyer l'affaire à la session suivante, pour que cette mesure soit ordonnée par la cour. — Nul n'aura le droit de provoquer cette mesure : la cour ne pourra l'ordonner que d'office et immédiatement après que la déclaration du jury aura été prononcée publiquement, et dans le cas où l'accusé aura été convaincu : jamais lorsqu'il n'aura pas été déclaré coupable. —La cour sera tenue de prononcer immédiatement après la déclaration du second jury, même quand elle serait conforme à la première. » (*L. du 9 septembre* 1835.)

353. L'examen et les débats, une fois entamés, devront être continués sans interruption, et sans aucune espèce de communication au dehors, jusqu'après la déclaration du jury inclusivement. Le président ne pourra les suspendre que pendant les intervalles nécessaires pour le repos des juges, des jurés, des témoins et des accusés. I. cr. 343.

354. Lorsqu'un témoin qui aura été cité ne comparaîtra pas, la cour pourra, sur la réquisition du procureur général, et avant que les débats soient ouverts par la déposition du premier témoin inscrit sur la liste, renvoyer l'affaire à la prochaine session. T. cr. 74-1°.

355. Si, à raison de la non-comparution du témoin, l'affaire est renvoyée à la session suivante, tous les frais de citation, actes, voyages de témoins, et autres ayant pour objet de faire juger l'affaire, seront à la charge de ce témoin, et il y sera contraint, même par corps, sur la réquisition du procureur général, par l'arrêt qui renverra les débats à la session suivante. — Le même arrêt ordonnera, de plus, que ce témoin sera amené par la force publique devant la cour pour y être entendu. Pr. 263, 264. — I. cr. 80, 157 s., 189. — Et néanmoins, dans tous les cas, le témoin qui ne comparaîtra pas, ou qui refusera soit de prêter serment, soit de faire sa déposition, sera condamné à la peine portée en l'article 80. I. cr. 345, 379. — T. cr. 74-1°-3°-5°.

356. La voie de l'opposition sera ouverte contre ces condamnations, dans les dix jours de la signification qui en aura été faite au témoin condamné ou à son domicile, outre un jour par cinq myriamètres; et l'opposition sera reçue s'il prouve qu'il a été légitimement empêché, ou que l'amende contre lui prononcée doit être modérée. Pr. 68, 1033. — I. cr. 81, 158, 189. — T. cr. 74-1°.

SÉCT. II. — *Du jugement et de l'exécution.*

357. Le président fera comparaître l'accusé, et le greffier lira en sa présence la déclaration du jury. I. cr. 310, 358, 371, s.

358. Lorsque l'accusé aura été déclaré non coupable, le président prononcera qu'il est acquitté de l'accusation, et ordonnera qu'il soit mis en liberté, s'il n'est retenu pour autre cause. I. cr. 229, 360, 364, 367, 409, 412. — La cour statuera ensuite sur les dommages-intérêts respectivement prétendus, après que les parties auront proposé leurs fins de non recevoir ou leurs défenses, et que le procureur général aura été entendu. C. 1149, 1310, 1382. — I. cr. 362, 366. — P. 10, 51. — La cour pourra néanmoins, si elle le juge convenable, commettre l'un des juges pour entendre les parties, prendre connaissance des pièces, et faire son rapport à l'audience, où les parties pourront encore présenter leurs observations, et où le ministère public sera entendu de nouveau. Pr. 95. — L'accusé acquitté pourra aussi obtenir des dommages-intérêts contre ses dénonciateurs, pour fait de calomnie; sans néanmoins que les membres des autorités constituées puissent être ainsi poursuivis à raison des avis qu'ils sont tenus de donner, concernant les délits dont ils ont cru acquérir la connaissance dans l'exercice de leurs fonctions, et sauf contre eux la demande en prise à partie, s'il y a lieu. Pr. 505, s. — I. cr. 29, 31, 322. — Le procureur général sera tenu, sur la réquisition de l'accusé, de lui faire connaître ses dénonciateurs. I. cr. 30, s., 66, 159, 212, 229, 359. — T. cr. 42, 71-1°.

359. Les demandes en dommages-intérêts, formées soit par l'accusé contre ses dénonciateurs ou la partie civile, soit par la partie civile contre l'accusé ou le condamné, seront portées à la cour d'assises. I. cr. 66. — La partie civile est tenue de former sa demande en dommages-intérêts avant le jugement; plus tard, elle sera non recevable. I. cr. 362. — Il en est de même de l'accusé, s'il a connu son dénonciateur. — Dans le cas où l'accusé n'aurait connu son dénonciateur que depuis le jugement, mais avant la fin de la session, il sera tenu, sous peine de déchéance, de porter sa demande à la cour d'assises; s'il ne l'a connu qu'après la clôture de la session, sa demande sera portée au tribunal civil. — A l'égard des tiers qui n'auraient pas été partie au procès, ils s'adresseront au tribunal civil. C. 1149, 1382, s. — I. cr. 30, s.

360. Toute personne acquittée légalement ne pourra plus être reprise ni accusée à raison du même fait (a). C. 1350, 1351. — I. cr. 361, 364, 409.

361. Lorsque, dans le cours des débats, l'accusé aura été inculpé sur un autre fait, soit par des pièces, soit par les dépositions des témoins, le président, après avoir prononcé qu'il est acquitté de l'accusation, ordonnera qu'il soit poursuivi à raison du nouveau fait : en conséquence, il le renverra en état de mandat de comparution ou d'amener, suivant les distinctions établies par l'article 91, et même en état de mandat d'arrêt, s'il y échet, devant le juge d'instruction de l'arrondissement où siége la cour, pour être procédé à une nouvelle instruction. I. cr. 338, 360, 379. — Cette disposition ne sera toutefois exécutée que dans le cas où, avant la clôture des débats, le ministère public aura fait des réserves à fin de poursuite. I. cr. 22, 271. — T. cr. 71-3°-5°.

362. Lorsque l'accusé aura été déclaré coupable, le procureur général fera sa réquisition à la cour pour l'application de la loi. I. cr. 273. — La partie civile fera la sienne pour restitution et dommages-intérêts. I. cr. 1, 66, 359.

363. Le président demandera à l'accusé s'il n'a rien à dire pour sa défense. — L'accusé ni son conseil ne pourront plus plaider que le fait est faux, mais seulement qu'il n'est pas défendu ou qualifié délit par la loi, ou qu'il ne mérite pas la peine dont le procureur général a requis l'application, ou qu'il n'emporte pas de dommages-intérêts au profit de la partie civile, ou enfin que celle-ci élève trop haut les dommages-intérêts qui lui sont dus. I. cr. 294, 311, 362.

364. La cour prononcera l'absolution de l'accusé, si le fait dont il est déclaré coupable n'est pas défendu par une loi pénale. I. cr. 229, 299-1°, 360, 366 et la *note*, 409, 429.

365. Si ce fait est défendu, la cour

(a) Cet article consacre, en matière criminelle, le principe de la chose jugée, et l'application de la maxime constante : *non bis in idem.* — Quoique, par ses termes et la place qu'il occupe, l'art. 360 ne se rapporte qu'au grand criminel, il est incontestable que l'axiome *non bis in idem* s'applique également aux délits et contraventions de la compétence des tribunaux correctionnels ou de simple police.

prononcera la peine établie par la loi, même dans le cas où, d'après les débats, il se trouverait n'être plus de la compétence de la cour d'assises. I. cr. 192, 362, 366, 375, s. — En cas de conviction de plusieurs crimes ou délits, la peine la plus forte sera seule prononcée. I. cr. 379. — P. 220, 245.

366. Dans le cas d'absolution, comme dans celui d'acquittement (a) ou de condamnation, la cour statuera sur les dommages-intérêts prétendus par la partie civile ou par l'accusé; elle les liquidera par le même arrêt, ou commettra l'un des juges pour entendre les parties, prendre connaissance des pièces, et faire du tout son rapport, ainsi qu'il est dit article 358. C. 1149, 1382. — Pr. 128. — I. cr. 159, 191, 212. — La cour ordonnera aussi que les effets pris seront restitués au propriétaire. I. cr. 474. — Néanmoins, s'il y a eu condamnation, cette restitution ne sera faite qu'en justifiant, par le propriétaire, que le condamné a laissé passer les délais sans se pourvoir en cassation, ou, s'il s'est pourvu, que l'affaire est définitivement terminée. I. cr. 375, 407, 416, s. — P. 10, 51.

367. Lorsque l'accusé aura été déclaré excusable, la cour prononcera conformément au Code pénal. I. cr. 339. — P. 63, 321, s.

368. « L'accusé ou la partie civile qui succombera sera condamné aux frais envers l'État et envers l'autre partie. Pr. 130. — Dans les affaires soumises au jury, la partie civile qui n'aura pas succombé, ne sera jamais tenue des frais. — Dans le cas où elle en aura consigné, en exécu-

(a) Il y a une distinction à établir entre l'*absolution* et l'*acquittement*, non-seulement quant à la signification propre des termes, mais quant aux conséquences légales qui en résultent. Il y a *absolution*, lorsque le fait pour lequel un individu a été poursuivi, bien que constant et reconnu, ne se trouve puni par aucune loi. Il y a *acquittement*, lorsque le crime ou délit imputé à un individu n'est pas justifié, ou qu'il est prouvé que ce n'est pas lui qui l'a commis. En cas d'absolution, la partie civile peut poursuivre l'absous en dommages-intérêts, par application de l'art. 1382 du Code civil. — En cas d'acquittement, elle n'en a pas le droit. De même, le ministère public peut se pourvoir en cassation contre un arrêt d'absolution, tandis que l'ordonnance d'acquittement est à l'abri de tout recours (art. 358, 409, 412, I. cr.).

tion du décret du 18 juin 1811, ils lui seront restitués (b. » Pr. 116. — I. cr. 162, 187, 194, s., 281, 355, 411, 436, 478. — T. cr. 156, s., 174.

369. Les juges délibéreront et opineront à voix basse; ils pourront, pour cet effet, se retirer dans la chambre du conseil; mais l'arrêt sera prononcé à haute voix par le président, en présence du public et de l'accusé. Pr. 116. — Avant de le prononcer, le président est tenu de lire le texte de la loi sur laquelle il est fondé. I. cr. 163, 195, 411. — Le greffier écrira l'arrêt; il y insérera le texte de la loi appliquée, sous peine de cent francs d'amende. I. cr. 370, 450.

370. La minute de l'arrêt sera signée par les juges qui l'auront rendu, à peine de cent francs d'amende contre le greffier, et, s'il y a lieu, de prise à partie tant contre le greffier que contre les juges. Pr. 506, s. — I. cr. 77, 164, 196, 369, 450. Elle sera signée dans les vingt-quatre heures de la prononciation de l'arrêt. I. cr. 164, 196, 372.

371. Après avoir prononcé l'arrêt, le président pourra, selon les circonstances, exhorter l'accusé à la fermeté, à la résignation, ou à réformer sa conduite. — Il l'avertira de la faculté qui lui est accordée de se pourvoir en cassation, et du terme dans lequel l'exercice de cette faculté est circonscrit. I. cr. 373, s., 407, 408, 416, s.

372. « Le greffier dressera un procès-verbal de la séance, à l'effet de constater que les formalités prescrites ont été observées. — Il ne sera fait mention au procès-verbal, ni des réponses des accusés, ni du contenu aux dépositions, sans préjudice toutefois de l'exécution de l'article 318 concernant les changements, variations et contradictions dans les déclarations des témoins. I. cr. 277, 328. — Le procès-verbal sera signé par le président et le greffier, et ne pourra être imprimé à l'avance. — Les dispositions du présent article seront exécutées à peine de nullité. I. cr. 408. — Le défaut de procès-verbal et l'inexécution des dispositions du troisième paragraphe qui précède seront punis de cinq cents francs

(c) Les deux derniers paragraphes de cet article ont été ajoutés par la loi du 28 avril 1832.

d'amende contre le greffier. » (Loi du 28 avril 1832.) — I. cr. 370, 450.

373. Le condamné aura trois jours francs après celui où son arrêt lui aura été prononcé, pour déclarer au greffe qu'il se pourvoit en cassation. I. cr. 371-2°. — Le procureur général pourra, dans le même délai, déclarer au greffe qu'il demande la cassation de l'arrêt. — La partie civile aura aussi le même délai; mais elle ne pourra se pourvoir que quant aux dispositions relatives à ses intérêts civils. I. cr. 362, 374, 412, 419, 436. — Pendant ces trois jours, et s'il y a eu recours en cassation, jusqu'à la réception de l'arrêt de la cour de cassation, il sera sursis à l'exécution de l'arrêt de la cour. I. cr. 375, s.

374. Dans les cas prévus par les articles 409 et 412 du présent Code, le procureur général ou la partie civile n'auront que vingt-quatre heures pour se pourvoir. I. cr. 373.

375. La condamnation sera exécutée dans les vingt-quatre heures qui suivront les délais mentionnés en l'article 373, s'il n'y a point de recours en cassation; ou, en cas de recours, dans les vingt-quatre heures de la réception de l'arrêt de la cour de cassation qui aura rejeté la demande. I. cr. 362, 365, 366, 376, s. — P. 25, 26.

376. La condamnation sera exécutée par les ordres du procureur général; il aura le droit de requérir directement pour cet effet l'assistance de la force publique (a). I. cr. 16, 25, 26, 99, 108, 234, 271, 379.

377. Si le condamné veut faire une déclaration, elle sera reçue par un des juges du lieu de l'exécution, assisté du greffier.

(a) 22 germ. an IV (11 avril 1796). — *Loi qui autorise la réquisition des ouvriers pour les travaux nécessaires à l'exécution des jugements.*

« Art. 1er. Les commissaires du Directoire exécutif près les tribunaux requerront les ouvriers, chacun à leur tour, de faire les travaux nécessaires pour l'exécution des jugements, à la charge de leur en faire compter le prix ordinaire.

« 2. Tout ouvrier qui refuserait de déférer à la réquisition desdits commissaires, sera condamné la première fois, par voie de police simple, à un emprisonnement de trois jours; et, en cas de récidive, il sera condamné, par voie de police correctionnelle, à un emprisonnement qui ne pourra être de moins d'une décade, ni excéder trente jours. »

378. Le procès-verbal d'exécution sera, sous peine de cent francs d'amende, dressé par le greffier, et transcrit par lui, dans les vingt-quatre heures, au pied de la minute de l'arrêt. La transcription sera signée par lui; et il fera mention du tout, sous la même peine, en marge du procès-verbal. Cette mention sera également signée, et la transcription fera preuve comme le procès-verbal même. I. cr. 370, 372, 375, 450. — T. cr. 45.

379. Lorsque, pendant les débats qui auront précédé l'arrêt de condamnation, l'accusé aura été inculpé, soit par des pièces, soit par des dépositions de témoins, sur d'autres crimes que ceux dont il était accusé, si ces crimes nouvellement manifestés méritent une peine plus grave que les premiers, ou si l'accusé a des complices en état d'arrestation, la cour ordonnera qu'il soit poursuivi à raison de ces nouveaux faits, suivant les formes prescrites par le présent Code. I. cr. 361. — Dans ces deux cas, le procureur général surseoira à l'exécution de l'arrêt qui a prononcé la première condamnation, jusqu'à ce qu'il ait été statué sur le second procès. I. cr. 375, 444, 445, 469, 531, 534.

380. Toutes les minutes des arrêts rendus aux assises seront réunies et déposées au greffe du tribunal de première instance du chef-lieu du département. — Sont exceptées les minutes des arrêts rendus par la cour d'assises du département où siége la cour impériale, lesquelles resteront déposées au greffe de ladite cour.

CHAP. V. — DU JURY, ET DE LA MANIÈRE DE LE FORMER (modifié par la loi des 4-10 juin 1853) (b).

SECT. I. — Du jury (c).

381. Nul ne peut remplir les fonctions de juré, s'il n'a trente ans accom-

(b, c) On laisse figurer au Code les dispositions de la section 1re du présent chapitre, bien qu'elles ne soient *plus en vigueur.* Voici l'indication des modifications successives qu'elles ont reçues:

La loi du 2 mai 1827 avait abrogé les art. 382, 386, 387, 391, 392 et 395 du Code d'instruction criminelle, à dater du 1er janvier 1828. Cette loi avait été interprétée ou modifiée en plusieurs de ses dispositions par la loi du 2 juillet 1828, remplacée elle-même par celle du 19 avril 1831, qui avait établi les capacités électorales sur de nou-

plis et s'il ne jouit des droits politiques et civils, à peine de nullité. P. 28, 42, 43. — Les jurés seront pris parmi les membres des colléges électoraux et

velles bases. — En 1848, après la proclamation du *suffrage universel*, les dispositions relatives à la formation du jury n'étaient plus en harmonie avec ce principe ; elles ont donc dû recevoir les modifications nécessaires. C'est ce qui avait été exécuté par le décret du 7 août 1848, divisé en quatre titres distincts. — Ce décret a été lui-même remplacé par la loi des 4-10 juin 1853, dont la teneur suit, et dont l'art. 20 en prononce l'abrogation :

4-10 juin 1853. — *Loi sur la composition du jury.*

TITRE Ier. — *Des conditions requises pour être juré.*

« Art. 1er. Nul ne peut remplir les fonctions de juré, à peine de nullité, s'il n'est âgé de trente ans accomplis, s'il ne jouit des droits politiques, civils et de famille, et s'il est dans l'un des cas d'incapacité ou d'incompatibilité prévus par les deux articles suivants.

« 2. Sont incapables d'être jurés, — 1° Les individus qui ont été condamnés, soit à des peines afflictives et infamantes, soit à des peines infamantes seulement ; — 2° Ceux qui ont été condamnés à des peines correctionnelles pour fait qualifié crime par la loi ; — 3° Les militaires condamnés au boulet ou aux travaux publics ; — 4° Les condamnés à un emprisonnement de trois mois au moins ; — 5° Les condamnés à l'emprisonnement, quelle que soit sa durée, pour vol, escroquerie, abus de confiance, soustraction commise par des dépositaires publics, attentats aux mœurs prévus par les art. 330 et 334 du Code pénal, outrage à la morale publique et religieuse, attaque contre le principe de la propriété et les droits de la famille, vagabondage ou mendicité, pour infraction aux dispositions des art. 38, 41, 43 et 45 de la loi du 21 mars 1832 sur le recrutement de l'armée, et aux dispositions des art. 318 et 423 du Code pénal et de l'art. 1er de la loi du 27 mars 1851 ; — 6° Les condamnés pour délit d'usure ; — 7° Ceux qui sont en état d'accusation et de contumace ; — 8° Les notaires, greffiers et officiers ministériels destitués ; — 9° Les faillis non réhabilités ; — 10° Les interdits et les individus pourvus d'un conseil judiciaire ; — 11° Ceux auxquels les fonctions de juré ont été interdites, en vertu de l'art. 396 du Code d'instruction criminelle et de l'art. 42 du Code pénal ; — 12° Ceux qui sont sous mandat d'arrêt ou de dépôt ; — 13° Sont incapables, pour cinq ans seulement, à dater de l'expiration de leur peine, les condamnés à un emprisonnement d'un mois au moins.

« 3. Les fonctions de juré sont incompatibles avec celles de — Ministre, — Président du Sénat, — Président du Corps législatif, — Membre du conseil d'Etat, — Sous-secrétaire d'Etat ou secrétaire général d'un ministère, — Préfet et sous-préfet, — Conseiller de préfecture, — Juge, — Officier du ministère public près les cours et les tribunaux de première instance, — Commissaire de police, — Ministre d'un culte reconnu par l'Etat, — Militaire de l'armée de terre ou de mer en activité de service et pourvu d'emploi, — Fonctionnaire ou préposé du service actif des

parmi les personnes désignées dans les paragraphes 3 et suivants de l'article 382.

382. Le 1er août de chaque année, le préfet de chaque département dressera

douanes, des contributions indirectes, des forêts de l'Etat et de la couronne, et de l'administration des télégraphes, — Instituteur primaire communal.

« 4. Ne peuvent être jurés, — Les domestiques et serviteurs à gages, — Ceux qui ne savent pas lire et écrire en français, — Ceux qui sont placés dans un établissement public d'aliénés, en vertu de la loi du 30 juin 1838.

« 5. Sont dispensés des fonctions de jurés, 1° les septuagénaires ; 2° ceux qui ont besoin pour vivre de leur travail manuel et journalier.

TITRE II. — *De la composition de la liste annuelle.*

« 6. La liste annuelle est composée : — De deux mille jurés pour le département de la Seine ; — De cinq cents pour les départements dont la population excède trois cent mille habitants ; — De quatre cents pour ceux dont la population est de deux à trois cent mille habitants ; — De trois cents pour ceux dont la population est inférieure à deux cent mille habitants.

« 7. Le nombre des jurés pour la liste annuelle est réparti, par arrondissements et par cantons, proportionnellement au tableau officiel de la population. Cette répartition est faite par arrêté du préfet, pris en conseil de préfecture, dans la première quinzaine du mois d'octobre de chaque année. — A Paris et à Lyon, la répartition est faite entre les arrondissements. — En adressant aux juges de paix l'arrêté de répartition, le préfet lui fait connaître les noms des jurés du canton désignés par le sort pendant l'année précédente et pendant l'année courante.

« 8. Une commission, composée, dans chaque canton, du juge de paix, président, et de tous les maires, dresse les listes préparatoires de la liste annuelle. Ces listes contiennent un nombre de noms triple de celui fixé pour le contingent du canton par l'arrêté de répartition.

« 9. La commission est composée, à Paris, pour chaque arrondissement, du juge de paix, du maire et de ses adjoints. Elle est composée de la même manière dans les cantons formés d'une seule commune. — A Lyon, la commission est composée, pour chaque arrondissement, du maire, de ses adjoints et des juges de paix qui ont juridiction dans l'arrondissement. Elle est présidée par le juge de paix le plus ancien. — Font partie du troisième arrondissement de la ville de Lyon, pour la formation des listes, les communes de Villeurbanne, Vaux, Bron et Venissieux. Les maires de ces communes sont membres de la commission. — Dans les communes divisées en plusieurs cantons, il n'y a qu'une seule commission ; elle est composée de tous les juges de paix et des maires des cantons. Elle est présidée par le juge de paix le plus ancien. C. instr. cr. 382, s.

« 10. Les commissions chargées de dresser les listes préparatoires se réunissent au chef-lieu de leur circonscription, dans la première huitaine du mois de novembre, sur la convocation spéciale du juge de paix, délivrée en la forme administrative. — Les listes dressées sont signées séance tenante, et envoyées au préfet pour l'arrondissement chef-lieu du département, et au

une liste qui sera divisée en deux parties : — La première partie sera rédigée conformément à l'article 3 de la loi du 29 juin 1820, et comprendra toutes les personnes qui rempliront les conditions requises pour faire partie des colléges électoraux du département. — La seconde partie comprendra, — 1º Les électeurs qui, ayant leur domicile réel dans le département, exerceraient leurs droits électoraux dans un autre département ; — 2º Les fonctionnaires publics nommés par l'Empereur et exerçant des fonctions gratuites ; — 3º Les officiers des armées de terre et de mer en retraite ; — 4º Les docteurs et licenciés de l'une ou de plusieurs des facultés de droit, des sciences et des lettres ; les docteurs en médecine ; les membres et correspondants de l'Institut ; les membres des autres sociétés savantes reconnues par l'Empereur ;—5ºLes notaires après trois ans d'exercice de leurs fonctions. — Les officiers des armées de terre et de mer en retraite ne seront portés dans la liste générale qu'après qu'il aura été justifié qu'ils jouissent d'une pension de retraite de douze cents francs au moins, et qu'ils ont depuis cinq

sous-préfet pour chacun des autres arrondissements.

« 11. Une commission, composée du préfet ou du sous-préfet, président, et de tous les juges de paix de l'arrondissement, choisit sur les listes préparatoires le nombre de jurés nécessaire pour former la liste d'arrondissement, conformément à la répartition établie par le préfet. — Néanmoins, elle peut élever ou abaisser, pour chaque canton, le contingent proportionnel fixé par le préfet. — L'augmentation ou la réduction ne peut, en aucun cas, excéder le quart du contingent cantonal, ni modifier le contingent de l'arrondissement. — Les décisions sont prises à la majorité ; en cas de partage, la voix du président est prépondérante. — A Paris et à Lyon, la commission est composée du préfet, président, et des juges de paix.

« 12. Cette commission se réunit au chef-lieu d'arrondissement, sur la convocation faite par le préfet ou le sous-préfet, dans la quinzaine qui suit la réception des listes préparatoires.— La liste d'arrondissement définitivement arrêtée est signée séance tenante, et envoyée, sans délai, au secrétariat général de la préfecture, où elle reste déposée.

« 13. Une liste spéciale de jurés suppléants, pris parmi les jurés de la ville où se tiennent les assises, est aussi formée, chaque année, en dehors de la liste annuelle du jury. — Elle est composée de deux cents jurés pour Paris ; — De cinquante pour les autres départements.— Une liste préparatoire de jurés suppléants est dressée en nombre triple dans les formes prescrites par les art. 8, 9 et 10 de la présente loi. — Néanmoins, dans les villes divisées en plusieurs cantons, et dans celles qui font partie d'un canton formé de plusieurs communes, la commission n'est composée que des juges de paix du chef-lieu judiciaire, du maire et des adjoints de la ville. — La liste spéciale des jurés suppléants est dressée sur la liste préparatoire par une commission composée du préfet ou sous-préfet, président, du procureur impérial et des juges de paix du chef-lieu.

« 14. Le préfet dresse immédiatement la liste annuelle du département, par ordre alphabétique, sur les listes d'arrondissement. Il dresse également la liste spéciale des jurés suppléants. — Ces listes ainsi rédigées sont, avant le 15 décembre, transmises au greffe de la cour ou du tribunal chargé de la tenue des assises.

« 15. Le préfet est tenu d'instruire immédiate-

ment le président de la cour ou du tribunal des décès ou des incapacités légales qui frapperaient les membres dont les noms sont portés sur la liste annuelle. — Dans ce cas, il est statué conformément à l'art. 390 du Code d'instruction criminelle.

TITRE III. — De la composition de la liste du jury pour chaque session.

« 16. Sont excusés, sur leur demande,—1º Les sénateurs et les membres du Corps législatif, pendant la durée des sessions seulement ; — 2º Ceux qui ont rempli les fonctions de juré pendant l'année courante et l'année précédente.

« 17. Dix jours au moins avant l'ouverture des assises, le premier président de la cour impériale ou le président du tribunal du chef-lieu judiciaire, dans les villes où il n'y a pas de cour d'appel, tire au sort, en audience publique, sur la liste annuelle, les noms des trente-six jurés qui forment la liste de la session. Il tire, en outre, quatre jurés suppléants sur la liste spéciale.

« 18. Si, au jour indiqué pour le jugement, le nombre des jurés est réduit à moins de trente, par suite d'absence ou pour toute autre cause, ce nombre est complété par les jurés suppléants, suivant l'ordre de leur inscription ; en cas d'insuffisance, par des jurés tirés au sort, en audience publique, parmi les jurés inscrits sur la liste spéciale ; subsidiairement parmi les jurés de la ville inscrits sur la liste annuelle.—Dans le cas prévu par l'art. 95 du décret du 6 juillet 1810*, le nombre des jurés titulaires est complété par un tirage au sort fait, en audience publique, parmi les jurés de la ville inscrits sur la liste annuelle.

« 19. L'amende de cinq cents francs, prononcée par le deuxième paragraphe de l'art. 396 du Code d'instruction criminelle, peut être réduite par la cour à deux cents francs, sans préjudice des autres dispositions de cet article.

TITRE IV. — Dispositions générales.

« 20. Le décret du 7 août 1848 est abrogé. — Les dispositions du Code d'instruction criminelle qui ne sont pas contraires à la présente loi continueront d'être exécutées. — La liste générale du jury et la liste annuelle, dressées pour l'année 1853, seront valables pour cette année. »

* Voy. au Code des Trib.

ans un domicile réel dans le département. C. 102, s. — Les licenciés de l'une des facultés de droit, des sciences et des lettres, qui ne seraient pas inscrits sur le tableau des avocats et des avoués près les cours et tribunaux, ou qui ne seraient pas chargés de l'enseignement de quelqu'une des matières appartenant à la faculté où ils auront pris leur licence, ne seront portés sur la liste générale qu'après qu'il aura été justifié qu'ils ont depuis dix ans un domicile réel dans le département. — Dans les départements où les deux parties de la liste ne comprendraient pas huit cents individus, ce nombre sera complété par une liste supplémentaire, formée des individus les plus imposés parmi ceux qui n'auront pas été inscrits sur la première.

383. Les fonctions de juré sont incompatibles avec celles de ministre, de préfet, de sous-préfet, de juge, de procureur général, de procureur impérial et de leurs substituts. — Elles sont également incompatibles avec celles de ministre d'un culte quelconque. — Les conseillers d'État chargés d'une partie d'administration, les commissaires impériaux près les administrations ou régies, les septuagénaires, seront dispensés, s'ils le requièrent.

384. Les listes dressées en exécution de l'article 382 seront affichées au chef-lieu de chaque commune au plus tard le 15 août, et seront arrêtées et closes le 30 septembre. — Un exemplaire en sera déposé et conservé au secrétariat des mairies, des sous-préfectures et des préfectures, pour être donné en communication à toutes les personnes qui le requerront. — Il sera statué, suivant le mode établi par les articles 5 et 6 de la loi du 5 février 1817, sur les réclamations qui seraient formées contre la rédaction des listes. — Ces réclamations seront inscrites au secrétariat général de la préfecture, selon l'ordre et la date de leur réception. — Elles seront formées par simple mémoire et sans frais.

385. Nul ne pourra cesser de faire partie des listes prescrites par l'article 382 qu'en vertu d'une décision motivée ou d'un jugement, contre lequel le recours ou l'appel auront un effet suspensif.

386. Lorsque les colléges électoraux seront convoqués, la première partie de la dernière liste qui aura été arrêtée le 30 septembre précédent, en exécution de l'article 384, tiendra lieu de la liste prescrite par l'article 5 de la loi du 5 février 1817 et par l'article 3 de la loi du 29 juin 1820. — Les préfets feront imprimer et afficher, dans ce cas, un tableau de rectification contenant l'indication des individus qui auront acquis ou perdu, depuis la publication de la liste générale, les qualités exigées pour exercer les droits électoraux. S'il s'est écoulé plus de deux mois depuis la clôture de la liste, les préfets en feront publier et afficher de nouveau la première partie avec le tableau de rectification. — Les réclamations de ceux qui auraient été omis dans la première partie de la liste arrêtée et close le 30 septembre, et qui auraient acquis les droits électoraux antérieurement à sa publication, ne seront admises qu'autant qu'elles auront été formées avant le 1er octobre. I. cr. 384.

387. Après le 30 septembre, les préfets extrairont, sous leur responsabilité, des listes générales, dressées en exécution de l'article 382, une liste pour le service du jury de l'année suivante. — Cette liste sera composée du quart des listes générales, sans pouvoir excéder le nombre de trois cents noms, si ce n'est dans le département de la Seine, où elle sera composée de quinze cents. — Elle sera transmise immédiatement par le préfet au ministre de la justice, au premier président de la cour impériale et au procureur général. — Nul ne sera porté deux ans de suite sur la liste prescrite par le présent article. I. cr. 391.

388. Dix jours au moins avant l'ouverture des assises, le premier président de la cour impériale tirera au sort, sur la liste transmise par le préfet, trente-six noms qui formeront la liste des jurés pour toute la durée de la session. I. cr. 260, 399. — Il tirera en outre quatre jurés supplémentaires pris parmi les individus mentionnés au troisième paragraphe de l'article 393. I. cr. 394. — Le tirage sera fait en audience publique de la première chambre de la cour, ou de la chambre des vacations.

389. La liste entière ne sera point envoyée aux citoyens qui la composent; mais le préfet notifiera à chacun d'eux l'extrait de la liste qui constate que son nom y est porté. Cette notification leur sera faite huit jours au moins avant celui où la liste doit servir. — Ce jour sera mentionné dans la notification, laquelle contiendra aussi une sommation de se trouver au jour indiqué, sous les peines portées au présent Code. I. cr. 396. — A défaut de notification à la personne, elle sera faite à son domicile, ainsi qu'à celui du maire ou de l'adjoint du lieu; celui-ci est tenu de lui en donner connaissance. C. 102. — T. cr. 71-1°.

390. Si parmi les quarante individus désignés par le sort, il s'en trouve un ou plusieurs qui, depuis la formation de la liste arrêtée en exécution de l'article 387, soient décédés ou aient été légalement privés des capacités exigées pour exercer les fonctions de juré, ou aient accepté un emploi incompatible avec ces fonctions; la cour, après avoir entendu le procureur général, procédera, séance tenante, à leur remplacement. — Ce remplacement aura lieu dans la forme déterminée par l'article 388.

391. La liste des jurés sera comme non avenue après le service pour lequel elle aura été formée. I. cr. 406. — Hors les cas d'assises extraordinaires, les jurés qui auront satisfait aux réquisitions prescrites par l'article 389, ne pourront être placés plus d'une fois dans la même année sur la liste formée en exécution de l'article 387. — Dans les cas d'assises extraordinaires, ils ne pourront être placés sur cette liste plus de deux fois dans la même année. — Ne seront pas considérés comme ayant satisfait auxdites réquisitions, ceux qui auront, avant l'ouverture de la session, fait admettre des excuses dont la cour d'assises aura jugé les causes temporaires. — Leurs noms, et ceux des jurés condamnés à l'amende pour la première ou deuxième fois, seront, immédiatement après la session, adressés au premier président de la cour impériale, qui les reportera sur la liste formée en exécution de l'article 387; et, s'il ne reste plus de tirage à faire pour la même année, ils seront ajoutés à la liste de l'année suivante. I. cr. 393, 396.

392. Nul ne peut être juré dans la même affaire où il aura été officier de police judiciaire, témoin, interprète, expert, ou partie, à peine de nullité. I. cr. 1, 9, 43, 66, 80, 332, 408.

SECT. II. — *De la manière de former et de convoquer le jury.*

393. Au jour indiqué pour le jugement de chaque affaire, s'il y a moins de trente jurés présents, le nombre sera complété par les jurés supplémentaires mentionnés en l'article 388, lesquels seront appelés dans l'ordre de leur inscription sur la liste formée en vertu dudit article. I. cr. 394. — En cas d'insuffisance, le président désignera, en audience publique et par la voie du sort, les jurés qui devront compléter le nombre de trente. — Ils seront pris parmi ceux des individus inscrits sur la liste dressée en exécution de l'article 387, qui résideront dans la ville où se tiendront les assises, et subsidiairement parmi les autres habitants de cette ville qui seront compris dans les listes prescrites par l'article 382. — Les dispositions de l'article 391 ne s'appliquent pas aux remplacements opérés en vertu du présent article (a).

394. Le nombre de douze jurés est nécessaire pour former un jury. I. cr. 309, 399, 400. — Lorsqu'un procès criminel paraîtra de nature à entraîner de longs débats, la cour d'assises pourra ordonner, avant le tirage de la liste des jurés, qu'indépendamment des douze jurés, il en sera tiré au sort un ou deux autres qui assisteront aux débats. I. cr. 388, 393. — Dans le cas où l'un ou deux des douze jurés seraient empêchés de suivre les débats jusqu'à la déclaration définitive du jury, ils seront remplacés par les jurés suppléants. — Le remplacement se fera suivant l'ordre dans lequel les jurés suppléants auront été appelés par le sort. I. cr. 393, 395.

395. La liste des jurés sera notifiée à chaque accusé, la veille du jour déterminé pour la formation du tableau : cette notification sera nulle, ainsi que tout ce qui aura suivi, si elle est faite plus tôt ou plus tard. I. cr. 97, 387, 389, 396, s., 408, 418. — T. cr. 71-1°.

(a) Modifié par l'art. 18 de la loi des 4-10 juin 1853, reproduite plus haut, en note.

396. « Tout juré qui ne se sera pas rendu à son poste, sur la citation qui lui aura été notifiée, sera condamné par la cour d'assises à une amende, laquelle sera, — pour la première fois, de cinq cents francs ; — pour la seconde, de mille francs ; — et pour la troisième, de quinze cents francs. — Cette dernière fois, il sera de plus déclaré incapable d'exercer à l'avenir les fonctions de juré. L'arrêt sera imprimé et affiché à ses frais.» (*Loi* 2 mai 1827.) (*a*) I. cr. 392, 397, 398. — T. cr. 42, 71-1°, 112.

397. Seront exceptés ceux qui justifieront qu'ils étaient dans l'impossibilité de se rendre au jour indiqué. — La cour prononcera sur la validité de l'excuse. I. cr. 396, 398. — T. cr. 42, 71-1°.

398. Les peines portées en l'article 396 sont applicables à tout juré qui, même s'étant rendu à son poste, se retirerait avant l'expiration de ses fonctions, sans une excuse valable, qui sera également jugée par la cour. I. cr. 376, 397. — T. cr. 42, 71-1°, 112.

399. « Au jour indiqué, et pour chaque affaire, l'appel des jurés non excusés et non dispensés sera fait avant l'ouverture de l'audience, en leur présence, et en présence de l'accusé et du procureur général. — Le nom de chaque juré répondant à l'appel sera déposé dans une urne. — L'accusé premièrement ou son conseil (*b*), et le procureur général, récuseront tels jurés qu'ils jugeront à propos, à mesure que leurs noms sortiront de l'urne, sauf la limitation exprimée ci-après. — L'accusé, son conseil, ni le procureur général, ne pourront exposer leurs motifs de récusation. — Le jury de jugement sera formé à l'instant où il sera sorti de l'urne douze noms de jurés non récusés. » (Loi du 28 avril 1832.) I. cr. 309, 394, 400, s.

<hr>

(*a*) Modifié par l'art. 19 de la loi des 4-10 juin 1853, rapportée ci-dessus, en note.
(*b*) Ces mots *ou son conseil* n'existaient pas dans l'ancien art. 399. Aussi jugeait-on, sous l'empire de la première édition du Code d'instr. crim., que la récusation était un droit personnel à l'accusé ; que son défenseur ne pouvait l'exercer ni conjointement avec lui, ni en son nom, et qu'il y avait nullité du tableau du jury de jugement, lorsque le défenseur avait *soufflé* à l'accusé les récusations qu'il devait exercer à mesure du tirage au sort, par le président des assises, du nom des jurés.

400. Les récusations que pourront faire l'accusé et le procureur général s'arrêteront lorsqu'il ne restera que douze jurés. I. cr. 399, 401, s.

401. L'accusé et le procureur général pourront exercer un égal nombre de récusations ; et cependant, si les jurés sont en nombre impair, les accusés pourront exercer une récusation de plus que le procureur général. I. cr. 271, 294, 399, 400, 402, s.

402. S'il y a plusieurs accusés, ils pourront se concerter pour exercer leurs récusations ; ils pourront les exercer séparément. I. cr. 399, s., 403, 404.—Dans l'un et l'autre cas, ils ne pourront excéder le nombre de récusations déterminé pour un seul accusé par les articles précédents.

403. Si les accusés ne se concertent pas pour récuser, le sort réglera entre eux le rang dans lequel ils feront les récusations. Dans ce cas, les jurés récusés par un seul, et dans cet ordre, le seront pour tous, jusqu'à ce que le nombre de récusations soit épuisé. I. cr. 399, s., 404.

404. Les accusés pourront se concerter pour exercer une partie des récusations, sauf à exercer le surplus suivant le rang fixé par le sort. I. cr. 399, s.

405. L'examen de l'accusé commencera immédiatement après la formation du tableau. I. cr. 309, 310, s., 406.

406. Si, par quelque événement, l'examen des accusés sur les délits ou sur quelques-uns des délits compris dans l'acte ou dans les actes d'accusation est renvoyé à la session suivante, il sera fait une autre liste ; il sera procédé à de nouvelles récusations, et à la formation d'un nouveau tableau de douze jurés, d'après les règles prescrites ci-dessus, à peine de nullité (*c*). I. cr. 391, 393, s., 408.

TITRE TROISIÈME.

DES MANIÈRES DE SE POURVOIR CONTRE LES ARRÊTS OU JUGEMENTS.

(Loi décrétée le 10 décembre 1808. Promulguée le 20.)

CHAP. I. — DES NULLITÉS DE L'INSTRUCTION ET DU JUGEMENT.

407. Les arrêts et jugements rendus

<hr>

(*c*) Voy. ci-dessus, en note, la loi des 4-10 juin

en dernier ressort, en matière criminelle, correctionnelle ou de police, ainsi que l'instruction et les poursuites qui les auront précédés, pourront être annulés dans les cas suivants, et sur des recours dirigés d'après les distinctions qui vont être établies (art. 408 à 417). I. cr. 177, 246, 262, 373, s., 473, 520, 540

§ I. — *Matières criminelles.*

408. Lorsque l'accusé aura subi une condamnation, et que, soit dans l'arrêt de la cour impériale qui aura ordonné son renvoi devant une cour d'assises, soit dans l'instruction et la procédure qui auront été faites devant cette dernière cour, soit dans l'arrêt même de condamnation, il y aura eu violation ou omission de quelques-unes des formalités que le précédent Code prescrit sous peine de nullité (*a*), cette omission ou violation donnera lieu, sur la poursuite de la partie condamnée ou du ministère public, à l'annulation de l'arrêt de condamnation et de ce qui l'a précédé, à partir du plus ancien acte nul. I. cr. 231, 365, 415, 434, 470.—Il en sera de même, tant dans les cas d'incompétence que lorsqu'il aura été omis ou refusé de prononcer, soit sur une ou plusieurs demandes de l'accusé, soit sur une ou plusieurs réquisitions du ministère public, tendant à user d'une faculté ou d'un droit accordé par la loi, bien que la peine de nullité ne fût pas textuellement attachée à l'absence de la formalité dont l'exécution aura été demandée ou requise. I. cr. 220, 276, 278, 416, 421, 429, 539

409. Dans le cas d'acquittement de l'accusé, l'annulation de l'ordonnance qui l'aura prononcé et de ce qui l'aura précédé ne pourra être poursuivie par le ministère public que dans l'intérêt de la loi et sans préjudicier à la partie acquittée. I. cr. 271, 350, 358, 360, 374, 410, 441, 442.

410. Lorsque la nullité procédera de ce que l'arrêt aura prononcé une peine

autre que celle appliquée par la loi à la nature du crime, l'annulation de l'arrêt pourra être poursuivie tant par le ministère public que par la partie condamnée. I. cr. 408, 409, 411, s., 434.—La même action appartiendra au ministère public contre les arrêts d'absolution mentionnés en l'article 364, si l'absolution a été prononcée sur le fondement de la non-existence d'une loi pénale, qui pourtant aurait existé. I. cr. 366 et la *note*.

411. Lorsque la peine prononcée sera la même que celle portée par la loi qui s'applique au crime, nul ne pourra demander l'annulation de l'arrêt, sous le prétexte qu'il y aurait erreur dans la citation du texte de la loi. I. cr. 163, 195, 369, 414.

412. Dans aucun cas, la partie civile ne pourra poursuivre l'annulation d'une ordonnance d'acquittement ou d'un arrêt d'absolution; mais, si l'arrêt a prononcé contre elle des condamnations civiles supérieures aux demandes de la partie acquittée ou absoute, cette disposition de l'arrêt pourra être annulée, sur la demande de la partie civile. Pr. 480-4°.— I. cr. 358, 366, 373, 374, 408, 419, 436.

§ II. — *Matières correctionnelles et de police.*

413. Les voies d'annulation exprimées en l'article 408 sont, en matière correctionnelle et de police, respectivement ouvertes à la partie poursuivie pour un délit ou une contravention, au ministère public, et à la partie civile, s'il y en a une, contre tous arrêts ou jugements en dernier ressort, sans distinction de ceux qui ont prononcé le renvoi de la partie ou sa condamnation. I. cr. 66, 161, 177, 211, 216, 410, 414, 415. — Néanmoins, lorsque le renvoi de cette partie aura été prononcé, nul ne pourra se prévaloir contre elle de la violation ou omission des formes prescrites pour assurer sa défense. I. cr. 409.

414. La disposition de l'article 411 est applicable aux arrêts et jugements en dernier ressort rendus en matière correctionnelle et de police. I. cr. 413.

§ III. — *Disposition commune aux deux paragraphes précédents.*

415. Dans le cas où, soit la cour de

1853, qui est celle actuellement en vigueur pour la composition du jury.

(*a*) Voy., pour les cas où la loi attache la peine de nullité, lorsqu'il y a eu inobservation des formalités prescrites, les art. 146, 154, 156, 163, 171, 176, 184, 189, 190, 211, 257, 261, 271, 294, 296 et suiv., 312, 317, 322, 332, 333, 347, 372, 381, 392, 394 06, 512, 516, 519.

cassation, soit une cour impériale, annulera une instruction, elle pourra ordonner que les frais de la procédure à recommencer seront à la charge de l'officier ou juge instructeur qui aura commis la nullité. I. cr. 284. — Néanmoins la présente disposition n'aura lieu que pour des fautes très-graves, et à l'égard seulement des nullités qui seront commises deux ans après la mise en activité du présent Code. I. cr. 408. — T. cr. 42, 71-1°

CHAP. II. — DES DEMANDES EN CASSATION.

416. Le recours en cassation contre les arrêts préparatoires et d'instruction, ou les jugements en dernier ressort de cette qualité, ne sera ouvert qu'après l'arrêt ou jugement définitif : l'exécution volontaire de tels arrêts ou jugements préparatoires ne pourra en aucun cas être opposée comme fin de non recevoir. Pr. 452. — La présente disposition ne s'applique point aux arrêts ou jugements rendus sur la compétence. Pr. 173. — I. cr. 220, 276, 278, 408, 413, 417, 425, 429, 539, 570.

417. La déclaration de recours sera faite au greffier par la partie condamnée, et signée d'elle et du greffier ; et si le déclarant ne peut ou ne veut signer, le greffier en fera mention. I. cr. 177, 216, 373, s., 408, 413, 416. — Cette déclaration pourra être faite, dans la même forme, par l'avoué de la partie condamnée ou par un fondé de pouvoir spécial ; dans ce dernier cas, le pouvoir demeurera annexé à la déclaration. I. cr. 185, 295, 468. — Elle sera inscrite sur un registre à ce destiné ; ce registre sera public, et toute personne aura le droit de s'en faire délivrer des extraits. T. cr. 44.

418. Lorsque le recours en cassation contre un arrêt ou jugement en dernier ressort, rendu en matière criminelle, correctionnelle ou de police, sera exercé soit par la partie civile, s'il y en a une, soit par le ministère public, ce recours, outre l'inscription énoncée dans l'article précédent, sera notifié à la partie contre laquelle il sera dirigé, dans le délai de trois jours. Pr. 68, 1033. —Lorsque cette partie sera actuellement détenue, l'acte contenant la déclaration de recours lui sera lu par le greffier : elle le signera ;

et, si elle ne le peut ou ne le veut, le greffier en fera mention. — Lorsqu'elle sera en liberté, le demandeur en cassation lui notifiera son recours par le ministère d'un huissier, soit à sa personne, soit au domicile par elle élu : le délai sera, en ce cas, augmenté d'un jour par chaque distance de trois myriamètres. Pr. 68, 1033.—I. cr. 389, 395, s.—T. cr. 72-1°.

419. La partie civile qui se sera pourvue en cassation est tenue de joindre aux pièces une expédition authentique de l'arrêt. — Elle est tenue, à peine de déchéance, de consigner une amende de cent cinquante francs, ou de la moitié de cette somme si l'arrêt est rendu par contumace ou par défaut. I. cr. 412, 436, 470. — T. cr. 42.

420. Sont dispensés de l'amende, 1° les condamnés en matière criminelle; 2° les agents publics pour affaires qui concernent directement l'administration et les domaines ou revenus de l'État. I. cr. 419. — A l'égard de toutes autres personnes, l'amende sera encourue par celles qui succomberont dans leur recours. Seront néanmoins dispensées de la consigner celles qui joindront à leur demande en cassation, 1° un extrait du rôle des contributions constatant qu'elles paient moins de six francs, ou un certificat du percepteur de leur commune portant qu'elles ne sont point imposées; 2° un certificat d'indigence à elles délivré par le maire de la commune de leur domicile ou par son adjoint, visé par le sous-préfet et approuvé par le préfet de leur département. I. cr. 426. — P. 9, 11, 40. —T. cr. 159.

421. Les condamnés, même en matière correctionnelle ou de police, à une peine emportant privation de la liberté, ne seront pas admis à se pourvoir en cassation lorsqu'ils ne seront pas actuellement en état (a), ou lorsqu'ils n'auront pas été mis en liberté sous caution. Pr. 94.—I. cr. 114, s. — L'acte de leur écrou ou de leur mise en liberté sous caution sera annexé à l'acte de recours en cassation. — Néanmoins, lorsque le recours en cassation sera motivé sur l'incompétence, il suffira au demandeur, pour que

(a) Se mettre en état, dans le langage du droit criminel, signifie se constituer prisonnier.

son recours soit reçu, de justifier qu'il s'est actuellement constitué dans la maison de justice du lieu où siége la cour de cassation : le gardien de cette maison pourra l'y recevoir sur la représentation de sa demande adressée au procureur général près cette cour, et visée par ce magistrat. T. cr. 46, 71-1°.

422. Le condamné ou la partie civile, soit en faisant sa déclaration, soit dans les dix jours suivants, pourra déposer au greffe de la cour ou du tribunal qui aura rendu l'arrêt ou le jugement attaqué une requête contenant ses moyens de cassation. Le greffier lui en donnera reconnaissance et remettra sur-le-champ cette requête au magistrat chargé du ministère public. I. cr. 1, 66, 419, 423, s.

423. Après les dix jours qui suivront la déclaration, ce magistrat fera passer au ministre de la justice les pièces du procès et les requêtes des parties, si elles en ont déposé. I. cr. 424. — Le greffier de la cour ou du tribunal qui aura rendu l'arrêt ou le jugement attaqué rédigera sans frais et joindra un inventaire des pièces, sous peine de cent francs d'amende, laquelle sera prononcée par la cour de cassation. I. cr. 450. — T. cr. 60.

424. Dans les vingt-quatre heures de la réception des pièces, le ministre de la justice les adressera à la cour de cassation, et il en donnera avis au magistrat qui les lui aura transmises. I. cr. 439. — Les condamnés pourront aussi transmettre directement au greffe de la cour de cassation, soit leurs requêtes, soit les expéditions ou copies signifiées tant de l'arrêt ou du jugement que de leurs demandes en cassation; néanmoins la partie civile ne pourra user du bénéfice de la présente disposition sans le ministère d'un avocat à la cour de cassation (a). I. cr. 1, 66, 419, 422.

425. La cour de cassation, en toute affaire criminelle, correctionnelle ou de police, pourra statuer sur le recours en cassation aussitôt après l'expiration des délais portés au présent chapitre, et devra y statuer dans le mois au plus tard, à compter du jour où ces délais seront expirés.

426. La cour de cassation rejettera la demande ou annulera l'arrêt ou le jugement sans qu'il soit besoin d'un arrêt préalable d'admission (b). I. cr. 413, s., 416, s., 429.

427. Lorsque la cour de cassation annulera un arrêt ou un jugement rendu, soit en matière correctionnelle, soit en matière de police, elle renverra le procès et les parties devant une cour ou un tribunal de même qualité que celui qui aura rendu l'arrêt ou le jugement annulé. I. cr. 177, 211, 216, 413, s.

428. Lorsque la cour de cassation annulera un arrêt rendu en matière criminelle, il sera procédé comme il est dit aux sept articles suivants. I. cr. 408, s.

429. La cour de cassation prononcera le renvoi du procès, savoir : — Devant une cour impériale autre que celle qui aura réglé la compétence et prononcé la mise en accusation, si l'arrêt est annulé pour l'une des causes exprimées en l'article 299; — Devant une cour d'assises autre que celle qui aura rendu l'arrêt, si l'arrêt et l'instruction sont annulés pour cause de nullités commises à la cour d'assises; — Devant un tribunal de première instance autre que celui auquel aura appartenu le juge d'instruction, si l'arrêt et l'instruction sont annulés aux chefs seulement qui concernent les intérêts civils: dans ce cas, le tribunal sera saisi sans citation préalable en conciliation. Pr. 49. — Si l'arrêt et la procédure sont annulés pour cause d'incompétence, la cour de cassation renverra le procès devant les juges qui doivent en connaître, et les désignera : toutefois, si la compétence se trouvait appartenir au tribunal de première instance où siége le juge qui aurait fait la première instruction, le renvoi sera fait à un autre tribunal de première instance. I. cr. 220, 276, 278, 416, 421, 539. — Lorsque l'arrêt sera annulé parce que le fait qui aura donné lieu à une condamnation se trouve n'être pas un délit qualifié par la loi, le renvoi, s'il y a une partie civile, sera fait devant un tribunal de première instance autre que celui auquel aura appartenu le juge d'instruction; et, s'il n'y a pas de partie civile, aucun renvoi ne sera prononcé. I. cr. 1, 66, 229, 299-1°, 360, 364, 408, 412, 416, 419.

430. Dans tous les cas où la cour de

cassation est autorisée à choisir une cour ou un tribunal pour le jugement d'une affaire renvoyée, ce choix ne pourra résulter que d'une délibération spéciale prise en la chambre du conseil, immédiatement après la prononciation de l'arrêt de cassation, et dont il sera fait mention expresse dans cet arrêt. I. cr. 426, s.

431. Les nouveaux juges d'instruction auxquels il pourrait être fait des délégations pour compléter l'instruction des affaires renvoyées ne pourront être pris parmi les juges d'instruction établis dans le ressort de la cour dont l'arrêt aura été annulé. Pr. 1035.—I. cr. 84, 90, 257, 283, 303, 433.

432. Lorsque le renvoi aura été fait à une cour impériale, celle-ci, après avoir réparé l'instruction en ce qui la concerne, désignera, dans son ressort, la cour d'assises par laquelle le procès devra être jugé. I. cr. 251.

433. Lorsque le procès aura été renvoyé devant une cour d'assises, et qu'il y aura des complices qui ne seront pas en état d'accusation, cette cour commettra un juge d'instruction, et le procureur général l'un de ses substituts, pour faire, chacun en ce qui le concerne, l'instruction, dont les pièces seront ensuite adressées à la cour impériale, qui prononcera s'il y a lieu, ou non, à la mise en accusation. I. cr. 226, s., 231, s., 271, 303, 501.

434. Si l'arrêt a été annulé pour avoir prononcé une peine autre que celle que la loi applique à la nature du crime, la cour d'assises à qui le procès sera renvoyé rendra son arrêt sur la déclaration déjà faite par le jury. I. cr. 350, 365, 410. — Si l'arrêt a été annulé pour autre cause, il sera procédé à de nouveaux débats devant la cour d'assises à laquelle le procès sera renvoyé. I. cr. 291, 435. —La cour de cassation n'annulera qu'une partie de l'arrêt, lorsque la nullité ne viciera qu'une ou quelques-unes de ses dispositions. I. cr. 410, s.

435. L'accusé dont la condamnation aura été annulée, et qui devra subir un nouveau jugement au criminel, sera traduit, soit en état d'arrestation, soit en exécution de l'ordonnance de prise de corps, devant la cour impériale ou d'as-

sises à qui son procès sera renvoyé. I. cr. 134, 291, s.

436. La partie civile qui succombera dans son recours, soit en matière criminelle, soit en matière correctionnelle ou de police, sera condamnée à une indemnité de cent cinquante francs, et aux frais envers la partie acquittée, absoute ou renvoyée : la partie civile sera de plus condamnée, envers l'Etat, à une amende de cent cinquante francs, ou de soixante-quinze francs seulement si l'arrêt ou le jugement a été rendu par contumace ou par défaut. I. cr. 412, 419, 437, 470, 478. —Les administrations ou régies de l'Etat et les agents publics qui succomberont ne seront condamnés qu'aux frais et à l'indemnité. Pr. 130.—I. cr. 419, 420.

437. Lorsque l'arrêt ou le jugement aura été annulé, l'amende consignée sera rendue sans aucun délai, en quelques termes que soit conçu l'arrêt qui aura statué sur le recours, et quand même il aurait omis d'en ordonner la restitution. I. cr. 426.

438. Lorsqu'une demande en cassation aura été rejetée, la partie qui l'avait formée ne pourra plus se pourvoir en cassation contre le même arrêt ou jugement, sous quelque prétexte et par quelque moyen que ce soit.

439. L'arrêt qui aura rejeté la demande en cassation sera délivré dans les trois jours au procureur général près la cour de cassation, par simple extrait signé du greffier, lequel sera adressé au ministre de la justice, et envoyé par celui-ci au magistrat chargé du ministère public près la cour ou le tribunal qui aura rendu l'arrêt ou le jugement attaqué. I. cr. 375, 376.

440. Lorsqu'après une première cassation le second arrêt ou jugement sur le fond sera attaqué par les mêmes moyens, il sera procédé selon les formes prescrites par la loi du 16 septembre 1807 (a).

_____

(a) Cette loi avait été remplacée par la loi du 30 juillet 1828, qui a été elle-même abrogée par celle du 1ᵉʳ avril 1837, ainsi conçue :
« Art. 1. Lorsqu'après la cassation d'un premier arrêt ou jugement rendu en dernier ressort, le deuxième arrêt ou jugement rendu dans la même affaire, entre les mêmes parties, procédant en la même qualité, sera attaqué par les mêmes moyens que le premier, la cour de cas-

444. Lorsque, sur l'exhibition d'un ordre formel à lui donné par le ministre de la justice, le procureur général près la cour de cassation dénoncera à la section criminelle des actes judiciaires, arrêts ou jugements contraires à la loi, ces actes, arrêts ou jugements pourront être annulés, et les officiers de police ou les juges poursuivis, s'il y a lieu, de la manière exprimée au chapitre III du titre IV du présent livre (art. 479 à 503) (a). I. cr. 409, 442. — Pr. 114, 119, 122, 127.

442. Lorsqu'il aura été rendu par une cour impériale ou d'assises, ou par un tribunal correctionnel ou de police, un arrêt ou jugement en dernier ressort, sujet à cassation, et contre lequel néanmoins aucune des parties n'aurait réclamé dans le délai déterminé, le procureur général près la cour de cassation pourra aussi d'office, et nonobstant l'expiration du délai, en donner connaissance à la cour de cassation : l'arrêt ou le jugement sera cassé, sans que les parties puissent s'en prévaloir pour s'opposer à son exécution. — I. cr. 409, 441.

CHAP. III. — DES DEMANDES EN RÉVISION (b).

443. Lorsqu'un accusé aura été condamné pour un crime, et qu'un autre accusé aura aussi été condamné par un autre arrêt comme auteur du même crime, si les deux arrêts ne peuvent se

sation prononcera, toutes les chambres réunies.
« 2. Si le deuxième arrêt ou jugement est cassé pour les mêmes motifs que le premier, la cour royale ou le tribunal auquel l'affaire est renvoyée se conformera à la décision de la cour de cassation sur le point de droit jugé par cette cour.
« 3. La cour royale statuera en audience ordinaire, à moins que la nature de l'affaire n'exige qu'elle soit jugée en audience solennelle.
« 4. La loi du 30 juillet 1828 est abrogée. »
(a) Les décisions des tribunaux maritimes *commerciaux*, institués par le décret des 24 mars-26 avril 1852, peuvent être déférées à la cour de cassation. (Voy. l'art. 45 du décret, au Code pénal de la marine marchande.)
(b) Les *demandes en révision* qui, à la différence de la voie de cassation, peuvent avoir lieu alors que toute la procédure a été parfaitement régulière, ont pour objet de faire soumettre à un nouvel examen un procès souverainement jugé. — La révision ou *proposition d'erreur*, qui était admise autrefois en toutes matières et jusqu'à l'ordonnance de 1667, qui l'abrogea pour les affaires civiles, n'a plus lieu maintenant qu'au grand criminel et pour les cas spécialement déterminés par les art. 443 et suiv.

concilier, et sont la preuve de l'innocence de l'un ou de l'autre condamné, l'exécution des deux arrêts sera suspendue, quand même la demande en cassation de l'un ou de l'autre arrêt aurait été rejetée. Pr. 504. — I. cr. 369, 373, 375, 379, 444, 531, 534. — Le ministre de la justice, soit d'office, soit sur la réclamation des condamnés ou de l'un d'eux, ou du procureur général, chargera le procureur général près la cour de cassation, de dénoncer les deux arrêts à cette cour. I. cr. 274. — Ladite cour, section criminelle, après avoir vérifié que les deux condamnations ne peuvent se concilier, cassera les deux arrêts, et renverra les accusés, pour être procédé sur les actes d'accusation subsistants, devant une cour autre que celles qui auront rendu les deux arrêts. I. cr. 428, s.

444. Lorsqu'après une condamnation pour homicide, il sera, de l'ordre exprès du ministre de la justice, adressé à la cour de cassation, section criminelle, des pièces représentées postérieurement à la condamnation et propres à faire naître de suffisants indices sur l'existence de la personne dont la mort supposée aurait donné lieu à la condamnation, cette cour pourra préparatoirement désigner une cour impériale pour reconnaître l'existence et l'identité de la personne prétendue homicidée, et les constater par l'interrogatoire de cette personne, par audition de témoins, et par tous les moyens propres à mettre en évidence le fait destructif de la condamnation. Pr. 252, s. — I. cr. 80, 268. — P. 295, 296. — L'exécution de la condamnation sera de plein droit suspendue par l'ordre du ministre de la justice, jusqu'à ce que la cour de cassation ait prononcé, et, s'il y a lieu ensuite, par l'arrêt préparatoire de cette cour. I. cr. 369, 373, 375, 443, 445, 531, 534. — La cour désignée par celle de cassation prononcera simplement sur l'identité ou non identité de la personne; et après que son arrêt aura été, avec la procédure, transmis à la cour de cassation, celle-ci pourra casser l'arrêt de condamnation, et même renvoyer, s'il y a lieu, l'affaire à une cour d'assises autre que celles qui en auraient primitivement connu. I. cr. 428, s.

445. Lorsqu'après une condamnation

contre un accusé, l'un ou plusieurs des témoins qui avaient déposé à charge contre lui seront poursuivis pour avoir porté un faux témoignage dans le procès, et si l'accusation en faux témoignage est admise contre eux, ou même s'il est décerné contre eux des mandats d'arrêt, il sera sursis à l'exécution de l'arrêt de condamnation, quand même la cour de cassation aurait rejeté la requête du condamné (a). — Si les témoins sont ensuite condamnés pour faux témoignage à charge, le ministre de la justice, soit d'office, soit sur la réclamation de l'individu condamné par le premier arrêt, ou du procureur général, chargera le procureur général près la cour de cassation de dénoncer le fait à cette cour. — Ladite cour, après avoir vérifié la déclaration du jury, sur laquelle le second arrêt aura été rendu, annulera le premier arrêt, si par cette déclaration les témoins sont convaincus de faux témoignage à charge contre le premier condamné ; et, pour être procédé contre l'accusé sur l'acte d'accusation subsistant, elle le renverra devant une cour d'assises autre que celles qui auront rendu soit le premier, soit le second arrêt. I. cr. 428, s. — Si les accusés de faux témoignage sont acquittés, le sursis sera levé de droit, et l'arrêt de condamnation sera exécuté. I. cr. 330, 375, 428, s., 446, 531, 534.

446. Les témoins condamnés pour faux témoignage ne pourront pas être entendus dans les nouveaux débats. I. cr. 530.

447. Lorsqu'il y aura lieu de réviser une condamnation pour la cause exprimée en l'article 444, et que cette condamnation aura été portée contre un individu mort depuis, la cour de cassation créera un curateur à sa mémoire, avec lequel se fera l'instruction, et qui exercera tous les droits du condamné. — Si, par le résultat de la nouvelle procédure, la première condamnation se trouve avoir été portée injustement, le nouvel arrêt déchargera la mémoire du condamné de l'accusation qui avait été portée contre lui.

_____

(a) Cet article n'autorise la révision pour faux témoignage que dans le cas où c'est *après* la condamnation de l'accusé, que les faux témoins ont été condamnés. Donc, s'ils avaient été condamnés *séance tenante*, la voie de la révision ne serait pas ouverte.

TITRE QUATRIÈME.

DE QUELQUES PROCÉDURES PARTICULIÈRES

(Chap. I.—V. Loi décrétée le 12 décembre 1808. Promulguée le 22.)

(Chap. VI—VII. Loi décrétée le 13 décembre. Promulguée le 23.)

CHAP. I. — DU FAUX.

448. Dans tous les procès pour faux en écriture, la pièce arguée de faux, aussitôt qu'elle aura été produite, sera déposée au greffe, signée et paraphée à toutes les pages par le greffier, qui dressera un procès-verbal détaillé de l'état matériel de la pièce, et par la personne qui l'aura déposée, si elle sait signer, ce dont il sera fait mention ; le tout à peine de cinquante francs d'amende contre le greffier qui l'aura reçue sans que cette formalité ait été remplie. Pr. 193, s., 214, s. — I. cr. 154, 196, 449, s. — P. 132, s.

449. Si la pièce arguée de faux est tirée d'un dépôt public, le fonctionnaire qui s'en dessaisira la signera aussi et la paraphera, comme il vient d'être dit, sous peine d'une pareille amende. I. cr. 450, 452.

450. La pièce arguée de faux sera de plus signée par l'officier de police judiciaire, et par la partie civile ou son avoué, si ceux-ci se présentent. I. cr. 9, s. — Elle le sera également par le prévenu, au moment de sa comparution. — Si les comparants, ou quelques-uns d'entre eux, ne peuvent pas ou ne veulent pas signer, le procès-verbal en fera mention. — En cas de négligence ou d'omission, le greffier sera puni de cinquante francs d'amende. I. cr. 369, 370, 423, 448, 449, 453, 463, 474, 600, 601.

451. Les plaintes et dénonciations en faux pourront toujours être suivies, lors même que les pièces qui en sont l'objet auraient servi de fondement à des actes judiciaires ou civils. Pr. 214, 239, 240, 250. — I. cr. 63.

452. Tout dépositaire public ou particulier de pièces arguées de faux est tenu, sous peine d'y être contraint par corps, de les remettre, sur l'ordonnance donnée par l'officier du ministère public ou par le juge d'instruction. C. 2060-6°,

2063. — Pr. 221. — I. cr. 49, 454, 456. — Cette ordonnance et l'acte de dépôt lui serviront de décharge envers tous ceux qui auront intérêt à la pièce. I. cr. 13, 42. — T. cr. 71-1°-5°.

453. Les pièces qui seront fournies pour servir de comparaison seront signées et paraphées, comme il est dit aux trois premiers articles du présent chapitre pour la pièce arguée de faux, et sous les mêmes peines. I. cr. 448, 449, 450.

454. Tous dépositaires publics pourront être contraints, même par corps, à fournir les pièces de comparaison qui seront en leur possession : l'ordonnance par écrit et l'acte de dépôt leur serviront de décharge envers ceux qui pourraient avoir intérêt à ces pièces. C. 2060-6°, 2063. — Pr. 201, s. — I. cr. 452, 455, s. — T. cr. 13, 42, 71-1°-5°.

455. S'il est nécessaire de déplacer une pièce authentique, il en sera laissé au dépositaire une copie collationnée, laquelle sera vérifiée sur la minute ou l'original par le président du tribunal de son arrondissement, qui en dressera procès-verbal ; et si le dépositaire est une personne publique, cette copie sera par lui mise au rang de ses minutes pour en tenir lieu jusqu'au renvoi de la pièce, et il pourra en délivrer des grosses ou expéditions, en faisant mention du procès-verbal. Pr. 203, s. — Néanmoins, si la pièce se trouve faire partie d'un registre, de manière à ne pouvoir en être momentanément distraite, le tribunal pourra, en ordonnant l'apport du registre, dispenser de la formalité établie par le présent article. Pr. 202, 236, 245. — T. cr. 42.

456. Les écritures privées peuvent aussi être produites pour pièces de comparaison, et être admises à ce titre, si les parties intéressées les reconnaissent. C. 1322. — Pr. 200-2°. — Néanmoins les particuliers qui, même de leur aveu, en sont possesseurs, ne peuvent être immédiatement contraints à les remettre; mais si, après avoir été cités devant le tribunal saisi pour faire cette remise ou déduire les motifs de leur refus, ils succombent, l'arrêt ou le jugement pourra ordonner qu'ils y seront contraints par corps. C. 2063. — Pr. 68, 126. — I. cr. 452, 454. — T. cr. 42, 71-1°-5°.

457. Lorsque les témoins s'explique-ront sur une pièce du procès, ils la parapheront et la signeront; et s'ils ne peuvent signer, le procès-verbal en fera mention. Pr. 212, 234, 235. — I. cr. 80.

458. Si, dans le cours d'une instruction ou d'une procédure, une pièce produite est arguée de faux par l'une des parties, elle sommera l'autre de déclarer si elle entend se servir de la pièce. Pr. 68, 215, 216, 427. — I. cr. 459, s.

459. La pièce sera rejetée du procès, si la partie déclare qu'elle ne veut pas s'en servir, ou si, dans le délai de huit jours, elle ne fait aucune déclaration; et il sera passé outre à l'instruction et au jugement. — Si la partie déclare qu'elle entend se servir de la pièce, l'instruction sur le faux sera suivie incidemment devant la cour ou le tribunal saisi de l'affaire principale. Pr. 217, 218, s. — I. cr. 458, 460, s.

460. Si la partie qui a argué de faux la pièce soutient que celui qui l'a produite est l'auteur ou le complice du faux, ou s'il résulte de la procédure que l'auteur ou le complice de faux soit vivant, et la poursuite du crime non éteinte par la prescription, l'accusation sera suivie criminellement dans les formes ci-dessus prescrites. I. cr. 448, s., 635, s. — Si le procès est engagé au civil, il sera sursis au jugement jusqu'à ce qu'il ait été prononcé sur le faux. Pr. 214, s. — S'il s'agit de crimes, délits ou contraventions, la cour ou le tribunal saisi est tenu de décider préalablement, et après avoir entendu l'officier chargé du ministère public, s'il y a lieu ou non à surseoir. Pr. 239, 240.

461. Le prévenu ou l'accusé pourra être requis de produire et de former un corps d'écriture; en cas de refus ou de silence, le procès-verbal en fera mention. Pr. 206.

462. Si une cour ou un tribunal trouve dans la visite d'un procès, même civil, des indices sur un faux et sur la personne qui l'a commis, l'officier chargé du ministère public ou le président transmettra les pièces au substitut du procureur général près le juge d'instruction, soit du lieu où le délit paraîtra avoir été commis, soit du lieu où le prévenu pourra être saisi, et il pourra même délivrer le mandat d'amener. Pr. 239. — I. cr. 23, 91, 449. — T. cr. 71-3°.

463. Lorsque des actes authentiques

auront été déclarés faux en tout ou en partie, la cour ou le tribunal qui aura connu du faux ordonnera qu'ils soient rétablis, rayés ou réformés, et du tout il sera dressé procès-verbal. Pr. 241, 242. —Les pièces de comparaison seront renvoyées dans les dépôts d'où elles auront été tirées, ou seront remises aux personnes qui les auront communiquées; le tout dans le délai de quinzaine à compter du jour de l'arrêt ou du jugement, à peine d'une amende de cinquante francs contre le greffier. Pr. 243, 244.—I. cr. 448, s., 453.

464. Le surplus de l'instruction sur le faux se fera comme sur les autres délits, sauf l'exception suivante.—Les présidents des cours d'assises, les procureurs généraux ou leurs substituts, les juges d'instruction et les juges de paix, pourront continuer, hors de leur ressort, les visites nécessaires chez les personnes soupçonnées d'avoir fabriqué, introduit, distribué de faux papiers impériaux, de faux billets de la banque de France ou des banques de département. P. 139, s. — La présente disposition a lieu également pour le crime de fausse monnaie, ou de contrefaçon du sceau de l'Etat. P. 132, s.— T. cr. 88.

CHAP. II. — DES CONTUMACES (a).

465. Lorsqu'après un arrêt de mise en accusation, l'accusé n'aura pu être saisi, ou ne se présentera pas dans les dix jours de la notification qui en aura été faite à son domicile, — Ou lorsqu'après s'être présenté ou avoir été saisi, il se sera évadé,—Le président de la cour d'assises, ou, en son absence, le président du tribunal de première instance, et, à défaut de l'un et de l'autre, le plus ancien juge de ce tribunal, rendra une ordonnance

(a) La *contumace* est l'état d'un individu qui, mis en accusation pour un crime, ne se présente pas dans les dix jours de la notification faite à son domicile, ou qui, ayant été saisi, s'est évadé avant le jugement. L'individu qui se trouve dans cet état est désigné par le nom de *contumax*. Les condamnations par contumace correspondent aux condamnations *par défaut*, en matière civile, correctionnelle et de simple police (Voy. Pr. 149, s.;—I. cr. 149, 186); mais la procédure qui les régit est tout exceptionnelle. Elle a été l'objet de nombreuses critiques de la part des légistes, qui ont souvent émis le vœu de la voir disparaître de nos Codes.

portant qu'il sera tenu de se représenter dans un nouveau délai de dix jours, sinon, qu'il sera déclaré rebelle à la loi, qu'il sera suspendu de l'exercice des droits de citoyen, que ses biens seront séquestrés pendant l'instruction de la contumace, que toute action en justice lui sera interdite pendant le même temps, qu'il sera procédé contre lui, et que toute personne est tenue d'indiquer le lieu où il se trouve. —Cette ordonnance fera de plus mention du crime et de l'ordonnance de prise de corps. I. cr. 91, 134, 239, 241, s., 466, 641.—T. cr. 42, 71-8°.

466. Cette ordonnance sera publiée à son de trompe ou de caisse, le dimanche suivant, et affichée à la porte du domicile de l'accusé, à celle du maire et à celle de l'auditoire de la cour d'assises.—Le procureur général ou son substitut adressera aussi cette ordonnance au directeur des domaines et droits d'enregistrement du domicile du contumax. I. cr. 271, 472.— T. cr. 71-1°-8°; 79.

467. Après un délai de dix jours, il sera procédé au jugement de la contumace.

468. Aucun conseil, aucun avoué ne pourra se présenter pour défendre l'accusé contumax. I. cr. 294. — Si l'accusé est absent du territoire européen de la France, ou s'il est dans l'impossibilité absolue de se rendre, ses parents ou ses amis pourront présenter son excuse et en plaider la légitimité. I. cr. 469.

469. Si la cour trouve l'excuse légitime, elle ordonnera qu'il sera sursis au jugement de l'accusé et au séquestre de ses biens, pendant un temps qui sera fixé, eu égard à la nature de l'excuse et à la distance des lieux. I. cr. 470.

470. Hors ce cas, il sera procédé de suite à la lecture de l'arrêt de renvoi à la cour d'assises, de l'acte de notification de l'ordonnance ayant pour objet la représentation du contumax et des procès-verbaux dressés pour en constater la publication et l'affiche. I. cr. 231; 241.—Après cette lecture, la cour, sur les conclusions du procureur général ou de son substitut, prononcera sur la contumace. — Si l'instruction n'est pas conforme à la loi, la cour la déclarera nulle, et ordonnera qu'elle sera recommencée, à partir du plus ancien acte illégal. I. cr. 408. — Si l'instruction est régulière, la cour prononcera sur l'accusation et statuera sur les intérêts civils, le tout sans assistance ni intervention de jurés. I. cr. 66, 359, 476, 519.

471. Si le contumax est condamné, ses biens seront, à partir de l'exécution de l'arrêt, considérés et régis comme biens d'absent; et le compte du séquestre sera rendu à qui il appartiendra, après que la condamnation sera devenue irrévocable par l'expiration du délai donné pour purger la contumace. C. 26 à 29, 120, s., 505.—Pr. 252, s., 859.—I. cr. 475, 478, 635, 641.

472. « Extrait du jugement de condamnation sera, dans les huit jours de la prononciation, à la diligence du procureur général ou de son substitut, inséré dans l'un des journaux du département du dernier domicile du condamné.—Il sera affiché, en outre : 1º A la porte de ce dernier domicile; 2º de la maison commune du chef-lieu d'arrondissement où le crime a été commis; 3º du prétoire de la cour d'assises.—Pareil extrait sera, dans le même délai, adressé au directeur de l'administration de l'enregistrement et des domaines du contumax.—Les effets que la loi attache à l'exécution par effigie seront produits à partir de la date du dernier procès-verbal constatant l'accomplissement de la formalité de l'affiche prescrite par le présent article. » (Loi des 2-9 janvier 1850 (a).) C. 26, s. — I. cr. 375, 466. — P. 26. — T. cr. 44.

473. Le recours en cassation ne sera ouvert contre les jugements de contumace qu'au procureur général et à la partie civile, en ce qui la regarde. I. cr. 373, s., 408, 416, s.

474. En aucun cas, la contumace d'un accusé ne suspendra ni ne retardera de plein droit l'instruction à l'égard de ses coaccusés présents. — La cour pourra ordonner, après le jugement de ceux-ci,

la remise des effets déposés au greffe comme pièces de conviction, lorsqu'ils seront réclamés par les propriétaires ou ayants-droits. Elle pourra aussi ne l'ordonner qu'à charge de représenter, s'il y a lieu. I. cr. 37, 366. — Cette remise sera précédée d'un procès-verbal de description, dressé par le greffier, à peine de cent francs d'amende. I. cr. 450.

475. Durant le séquestre, il peut être accordé des secours à la femme, aux enfants, au père ou à la mère de l'accusé, s'ils sont dans le besoin. C. 25, 28, 33.— I. cr. 471. — Ces secours seront réglés par l'autorité administrative (b).

476. Si l'accusé se constitue prisonnier, ou s'il est arrêté avant que la peine soit éteinte par prescription, le jugement rendu par contumace et les procédures faites contre lui depuis l'ordonnance de prise de corps ou de se représenter, seront anéantis de plein droit, et il sera procédé à son égard dans la forme ordinaire. I. cr. 317, s., 477, 635.—Si cependant la condamnation par contumace était de nature à emporter la mort civile, et si l'accusé n'a été arrêté ou ne s'est représenté qu'après les cinq ans qui ont suivi l'exécution du jugement de contumace, ce jugement, conformément à l'article 30 du Code Napoléon, conservera, pour le passé, les effets que la mort civile aurait produits dans l'intervalle écoulé depuis l'expiration des cinq ans jusqu'au jour de la comparution de l'accusé en justice. C. 27, 29.

477. Dans les cas prévus par l'article précédent, si, pour quelque cause que ce soit, des témoins ne peuvent être produits aux débats, leurs dépositions écrites et les réponses écrites des autres accusés du même délit seront lues à l'audience : il en sera de même de toutes les autres pièces qui seront jugées par le président être de nature à répandre la lumière sur

---

(a) Ancien art. 472. « Extrait du jugement de condamnation sera, dans les trois jours de la prononciation, à la diligence du procureur général ou de son substitut, affiché par l'exécuteur des jugements criminels à un poteau qui sera planté au milieu de l'une des places publiques de la ville chef-lieu de l'arrondissement où le crime aura été commis. — Pareil extrait sera, dans le même délai, adressé au directeur des domaines et droits d'enregistrement du domicile du contumax. »

(b) Le Code du 3 brum. an IV disposait comme il suit sur ce point :
« Art. 475. Tous les fruits, revenus et produits qui sont, en exécution de l'ordonnance mentionnée dans l'art. 464, perçus par les receveurs des droits d'enregistrement, et par eux versés dans les caisses nationales, appartiennent irrévocablement à la République, sauf le secours à accorder à la femme, aux enfants, au père ou à la mère de l'accusé, s'ils sont dans le besoin.—Ces secours seront réglés par le Corps législatif. »

le délit et les coupables. I. cr. 80, 268, 317, 512.

478. Le contumax qui, après s'être représenté, obtiendrait son renvoi de l'accusation, sera toujours condamné aux frais occasionnés par sa contumace. C. 31.—I. cr. 162, 187-2°, 194, 368, 436.

CHAP. III. — DES CRIMES COMMIS PAR DES JUGES, HORS DE LEURS FONCTIONS ET DANS L'EXERCICE DE LEURS FONCTIONS.

SECT. I. — *De la poursuite et instruction contre des juges, pour crimes et délits par eux commis hors de leurs fonctions.*

479. Lorsqu'un juge de paix, un membre du tribunal correctionnel ou de première instance, ou un officier chargé du ministère public près l'un de ces tribunaux, sera prévenu d'avoir commis, hors de ses fonctions, un délit emportant une peine correctionnelle, le procureur général près la cour impériale le fera citer devant cette cour, qui prononcera sans qu'il puisse y avoir appel. I. cr. 179, 271, 274, 480, s., 483, s., 501. — T. cr. 71-1°.

480. S'il s'agit d'un crime emportant peine afflictive ou infamante, le procureur général près la cour impériale et le premier président de cette cour désigneront, le premier, le magistrat qui exercera les fonctions d'officier de police judiciaire; le second, le magistrat qui exercera les fonctions de juge d'instruction. I. cr. 22, 55, 271, 283, 303, 479, 481, 482, 501. —Pr. 7, 8.

481. Si c'est un membre de cour impériale, ou un officier exerçant près d'elle le ministère public, qui soit prévenu d'avoir commis un délit ou un crime hors de ses fonctions, l'officier qui aura reçu les dénonciations ou les plaintes sera tenu d'en envoyer de suite des copies au ministre de la justice, sans aucun retard de l'instruction, qui sera continuée comme il est précédemment réglé, et il adressera pareillement au ministre une copie des pièces. I. cr. 62, 479, 480, 482.— T. cr. 42.

482. Le ministre de la justice transmettra les pièces à la cour de cassation, qui renverra l'affaire, s'il y a lieu, soit à un tribunal de police correctionnelle (*a*), soit à un juge d'instruction, pris l'un et l'autre hors du ressort de la cour à laquelle appartient le membre inculpé. I. cr. 55, 128, 130, 135, 179, s.—S'il s'agit de prononcer la mise en accusation, le renvoi sera fait à une autre cour impériale. I. cr. 231.

SECT. II. — *De la poursuite et instruction contre des juges et tribunaux autres que les membres de la cour de cassation, les cours impériales et les cours d'assises, pour forfaiture et autres crimes ou délits relatifs à leurs fonctions* (*b*).

483. Lorsqu'un juge de paix ou de police, ou un juge faisant partie d'un tribunal de commerce, un officier de police judiciaire, un membre du tribunal correctionnel ou de première instance, ou un officier chargé du ministère public près l'un de ces juges ou tribunaux, sera prévenu d'avoir commis, dans l'exercice de ses fonctions, un délit emportant une peine correctionnelle, ce délit sera poursuivi et jugé comme il est dit à l'article 479. Pr. 405, s.—I. cr. 77, 112, 164, 370, 441, 580, s.—P. 184, s.

484. Lorsque des fonctionnaires de la qualité exprimée en l'article précédent seront prévenus d'avoir commis un crime emportant la peine de forfaiture ou autre plus grave, les fonctions ordinairement dévolues au juge d'instruction et au procureur impérial seront immédiatement remplies par le premier président et le procureur général près la cour impériale, chacun en ce qui le concerne, ou par tels autres officiers qu'ils auront respectivement et spécialement désignés à cet effet. I. cr. 480, 485, 502.—P. 121, 126, 127, 166, s. 193.—Jusqu'à cette délégation, et dans le cas où il existerait un corps de délit, il pourra être constaté par tout officier de police judiciaire; et, pour le surplus de la procédure, on suivra les dispositions générales du présent Code. I. cr. 9, s., 283, 303, 502.

485. Lorsque le crime commis dans l'exercice des fonctions et emportant la peine de forfaiture ou autre plus grave sera imputé, soit à un tribunal entier de commerce, correctionnel ou de première instance, soit individuellement à un ou plusieurs membres des cours impériales, et aux procureurs généraux et substituts

---

(*a*) Voy., au C. des trib., l'art. 10 de la loi du 20 avril 1810.

(*b*) Voy., au C. des trib., les art. 80 et 81 de la loi du 27 vent. an VIII.

près ces cours, il sera procédé comme il suit.

486. Le crime sera dénoncé au ministre de la justice, qui donnera, s'il y a lieu, ordre au procureur général près la cour de cassation de le poursuivre sur la dénonciation. I. cr. 30.—Le crime pourra aussi être dénoncé directement à la cour de cassation par les personnes qui se prétendront lésées, mais seulement lorsqu'elles demanderont à prendre le tribunal ou le juge à partie, ou lorsque la dénonciation sera incidente à une affaire pendante à la cour de cassation. Pr. 504, s.—I. cr. 30, 63, 66, 491, 493.

487. Si le procureur général près la cour de cassation ne trouve pas dans les pièces à lui transmises par le ministre de la justice, ou produites par les parties, tous les renseignements qu'il jugera nécessaires, il sera, sur son réquisitoire, désigné par le premier président de cette cour un de ses membres pour l'audition des témoins et tous autres actes d'instruction qu'il peut y avoir lieu de faire dans la ville où siége la cour de cassation. I. cr. 55, 71, s., 488, s. — T. cr. 71-1°.

488. Lorsqu'il y aura des témoins à entendre ou des actes d'instruction à faire hors de la ville où siége la cour de cassation, le premier président de cette cour fera, à ce sujet, toutes délégations nécessaires à un juge d'instruction, même d'un département ou d'un arrondissement autres que ceux du tribunal ou du juge prévenu. I. cr. et la *note*, 84, 90, 283, 303, 489, 490, 497, 502, 511, 514.—T. cr. 88.

489. Après avoir entendu les témoins et terminé l'instruction qui lui aura été déléguée, le juge d'instruction mentionné en l'article précédent renverra les procès-verbaux et les autres actes, clos et cachetés, au premier président de la cour de cassation. I. cr. 85, 303, 512, 516.

490. Sur le vu, soit des pièces qui auront été transmises par le ministre de la justice ou produites par les parties, soit des renseignements ultérieurs qu'il se sera procurés, le premier président décernera, s'il y a lieu, le mandat de dépôt. I. cr. 95, 97. — Ce mandat désignera la maison d'arrêt dans laquelle le prévenu devra être déposé. I. cr. 498, 500, 603, 608.—T. cr. 71-4°.

491. Le premier président de la cour de cassation ordonnera de suite la communication de la procédure au procureur général, qui, dans les cinq jours suivants, adressera à la section des requêtes son réquisitoire contenant la dénonciation du prévenu. I. cr. 30, 63, 486, 492, 493.

492. Soit que la dénonciation portée à la section des requêtes ait été, ou non, précédée d'un mandat de dépôt, cette section y statuera, toutes affaires cessantes.—Si elle la rejette, elle ordonnera la mise en liberté du prévenu.—Si elle l'admet, elle renverra le tribunal ou le juge prévenu devant les juges de la section civile, qui prononceront sur la mise en accusation. I. cr. 128, 231, 241, 496, s. — T. cr. 71-1°.

493. La dénonciation incidente à une affaire pendante à la cour de cassation sera portée devant la section saisie de l'affaire; et si elle est admise, elle sera renvoyée de la section criminelle ou de celle des requêtes à la section civile, et de la section civile à celle des requêtes. I. cr. 486, 491, 492, 494, 496, s.

494. Lorsque, dans l'examen d'une demande en prise à partie ou de toute autre affaire, et sans qu'il y ait de dénonciation directe ni incidente, l'une des sections de la cour de cassation apercevra quelque délit de nature à faire poursuivre criminellement un tribunal ou un juge de la qualité exprimée en l'article 479 (*a*), elle pourra d'office ordonner le renvoi conformément à l'article précédent. Pr. 505, s.—I. cr. 486, 495, s.

495. Lorsque l'examen d'une affaire portée devant les sections réunies donnera lieu au renvoi d'office exprimé dans l'article qui précède, ce renvoi sera fait à la section civile. I. cr. 503.

496. Dans tous les cas, la section à laquelle sera fait le renvoi, sur dénonciation ou d'office, prononcera sur la mise en accusation.—Son président remplira les fonctions que la loi attribue aux juges d'instruction. I. cr. 55, 91, 268, 497, s.

497. Ce président pourra déléguer l'audition des témoins et l'interrogatoire

(*a*) C'est à l'art. 485 que le renvoi aurait dû être fait.

des prévenus à un autre juge d'instruction, pris même hors de l'arrondissement et du département où se trouvera le prévenu. I. cr. 83 et la *note*, 84, 303, 488, 489. — T. cr. 88.

498. Le mandat d'arrêt que délivrera le président désignera la maison d'arrêt dans laquelle le prévenu devra être conduit. I. cr. 94, s., 490, 603, 608.

499. La section de la cour de cassation, saisie de l'affaire, délibérera sur la mise en accusation, en séance non publique; les juges devront être en nombre impair. — Si la majorité des juges trouve que la mise en accusation ne doit pas avoir lieu, la dénonciation sera rejetée par un arrêt, et le procureur général fera mettre le prévenu en liberté. I. cr. 223, 225, 229, 292.

500. Si la majorité des juges est pour la mise en accusation, cette mise en accusation sera prononcée par un arrêt qui portera en même temps ordonnance de prise de corps. I. cr. 231, s. — En exécution de cet arrêt, l'accusé sera transféré dans la maison de justice de la cour d'assises qui sera désignée par celle de cassation dans l'arrêt même (a). I. cr. 251, s., 430, 490, 498, 603, 608.—T. cr. 71-1°-5°.

501. L'instruction ainsi faite devant la cour de cassation ne pourra être attaquée quant à la forme. — Elle sera commune aux complices du tribunal ou du juge poursuivi, lors même qu'ils n'exerceraient point de fonctions judiciaires. I. cr. 226, 433. — P. 59, s.

502. Seront au surplus observées les autres dispositions du présent Code qui ne sont pas contraires aux formes de procéder prescrites par le présent chapitre.

503. Lorsqu'il se trouvera, dans la section criminelle saisie du recours en cassation dirigé contre l'arrêt de la cour d'assises à laquelle l'affaire aura été renvoyée, des juges qui auront concouru à la mise en accusation dans l'une des autres sections, ils s'abstiendront. — Et néanmoins, dans le cas d'un second recours qui donnera lieu à la réunion des sections, tous les juges pourront en connaître. I. cr. 495.

(a) Voy., au C. des trib., les art. 80 et 81 de la loi du 27 ventôse an VIII.

CHAP. IV. — DES DÉLITS CONTRAIRES AU RESPECT DU AUX AUTORITÉS CONSTITUÉES.

504. Lorsqu'à l'audience ou en tout autre lieu où se fait publiquement une instruction judiciaire, l'un ou plusieurs des assistants donneront des signes publics soit d'approbation, soit d'improbation, ou exciteront du tumulte, de quelque manière que ce soit, le président ou le juge les fera expulser; s'ils résistent à ses ordres, ou s'ils rentrent, le président ou le juge ordonnera de les arrêter et conduire dans la maison d'arrêt : il sera fait mention de cet ordre dans le procès-verbal; et, sur l'exhibition qui en sera faite au gardien de la maison d'arrêt, les perturbateurs y seront reçus et retenus pendant vingt-quatre heures. Pr. 10, 11, 12, 88, s. — I. cr. 181, 267, 505, s. — P. 222, s.

505. Lorsque le tumulte aura été accompagné d'injures ou voies de fait donnant lieu à l'application ultérieure de peines correctionnelles ou de police, ces peines pourront être, séance tenante et immédiatement après que les faits auront été constatés, prononcées, savoir : — Celles de simple police, sans appel, de quelque tribunal ou juge qu'elles émanent; — Et celles de police correctionnelle, à la charge de l'appel, si la condamnation a été portée par un tribunal sujet à appel, ou par un juge seul. Pr. 91.—I. cr. 138, 172, s., 179, 199, s.— P. 222, s.

506. S'il s'agit d'un crime commis à l'audience d'un juge seul, ou d'un tribunal sujet à appel, le juge ou le tribunal, après avoir fait arrêter le délinquant et dressé procès-verbal des faits, enverra les pièces et le prévenu devant les juges compétents. Pr. 92. — I. cr. 29, s. — P. 222, s.

507. A l'égard des voies de fait qui auraient dégénéré en crimes, ou de tous autres crimes flagrants et commis à l'audience de la cour de cassation, d'une cour impériale ou d'une cour d'assises, la cour procédera au jugement de suite et sans désemparer. — Elle entendra les témoins, le délinquant et le conseil qu'il aura choisi ou qui lui aura été désigné par le président; et, après avoir constaté les faits et ouï le procureur général ou son substitut, le tout publiquement, elle appliquera la peine par un arrêt, qui sera motivé. I. cr. 190, 309, 365, 369, 508. — T. cr. 71-1º.

508. Dans le cas de l'article précédent, si les juges présents à l'audience sont au nombre de cinq ou de six, il faudra quatre voix pour opérer la condamnation.— S'ils sont au nombre de sept, il faudra cinq voix pour condamner. — Au nombre de huit et au delà, l'arrêt de condamnation sera prononcé aux trois quarts des voix, de manière toutefois que, dans le calcul de ces trois quarts, les fractions, s'il s'en trouve, soient appliquées en faveur de l'absolution. Pr. 416, s.

509. Les préfets, sous-préfets, maires et adjoints, officiers de police administrative ou judiciaire, lorsqu'ils rempliront publiquement quelques actes de leur ministère, exerceront aussi les fonctions de police réglées par l'article 504 ; et, après avoir fait saisir les perturbateurs, ils dresseront procès-verbal du délit, et enverront ce procès-verbal, s'il y a lieu, ainsi que les prévenus, devant les juges compétents. I. cr. 29, 32, 40, 506.

CHAP. V.—DE LA MANIÈRE DONT SERONT RE-ÇUES, EN MATIÈRE CRIMINELLE, CORREC-TIONNELLE ET DE POLICE, LES DÉPOSITIONS DES PRINCES ET DE CERTAINS FONCTION-NAIRES DE L'ÉTAT.

510. Les princes ou princesses du sang impérial, les grands dignitaires et le ministre de la justice, ne pourront jamais être cités comme témoins, même pour les débats qui ont lieu en présence du jury, si ce n'est dans le cas où l'Empereur, sur la demande d'une partie et le rapport du ministre de la justice, aurait, par un décret spécial, autorisé cette comparution. Pr. 68. — I. cr. 28, 71, 80, 347, 511, 514, s., et la *note*.

511. Les dépositions des personnes de cette qualité seront, sauf l'exception ci-dessus prévue, rédigées par écrit et reçues par le premier président de la cour impériale, si les personnes dénommées en l'article précédent résident ou se trouvent au chef-lieu d'une cour impériale : sinon par le président du tribunal de première instance de l'arrondissement dans lequel elles auraient leur domicile, ou se trouveraient accidentellement. Pr. 1035.— I. cr. 483, 497. — Il sera, à cet effet, adressé par la cour, ou le juge d'instruction saisi de l'affaire, au président ci-dessus nommé, un état des faits, demandes et questions, sur lesquels le témoignage est requis. — Ce président se transportera aux demeures des personnes dont il s'agit, pour recevoir leurs dépositions. I. cr. 83, 303.— T. cr. 88.

512. Les dépositions ainsi reçues seront immédiatement remises au greffe, ou envoyées closes et cachetées à celui de la cour ou du juge requérant, et communiquées sans délai à l'officier chargé du ministère public. I. cr. 85, 303, 489, 546. — Dans l'examen devant le jury, elles seront lues publiquement aux jurés et soumises aux débats, sous peine de nullité. I. cr. 510.

513. Dans le cas où l'Empereur aurait ordonné ou autorisé la comparution de quelques-unes des personnes ci-dessus désignées devant le jury, l'ordonnance désignera le cérémonial à observer à leur égard. I. cr. 510.

514. A l'égard des ministres autres que le ministre de la justice, des grands officiers de la couronne, conseillers d'État chargés d'une partie dans l'administration publique, généraux en chef actuellement en service, ambassadeurs ou autres agents de l'Empereur accrédités près les cours étrangères, il sera procédé comme il suit (a) : — Si leur déposition

(a) 4 mai 1812. — *Décret relatif aux cas de citation en témoignage des principaux fonctionnaires de l'État.*

« Art. 1. Nos ministres ne pourront être entendus comme témoins, que dans le cas où, sur la demande du ministère public ou d'une partie, et sur le rapport de notre grand juge ministre de la justice, nous aurions, par un décret spécial, autorisé leur audition.

« 2. Le décret portant cette autorisation réglera en même temps la manière dont nos ministres seront entendus, et le cérémonial à observer à leur égard.

« 3. Dans les affaires où les préfets auront agi en vertu de l'art. 10 de notre Code d'instruction criminelle, si le bien de la justice exige qu'il leur soit demandé de nouveaux renseignements, les officiers chargés de l'instruction leur demanderont ces renseignements par écrit, et nos préfets seront tenus de les donner dans la même forme.

« 4. Dans les affaires autres que celles spéci-fiées au précédent article, si nos préfets ont été cités comme témoins, et qu'ils allèguent, pour s'en excuser, la nécessité de notre service, il ne sera pas donné de suite à la citation. —Dans ce cas, les officiers chargés de l'instruction, après qu'ils se seront entendus avec eux sur le jour

est requise devant la cour d'assises, ou devant le juge d'instruction du lieu de leur résidence ou de celui où ils se trouveraient accidentellement, ils devront la fournir dans les formes ordinaires. I. cr. 80.— S'il s'agit d'une déposition relative à une affaire poursuivie hors du lieu où ils résident pour l'exercice de leurs fonctions et de celui où ils se trouveraient accidentellement, et si cette déposition n'est pas requise devant le jury, le président ou le juge d'instruction saisi de l'affaire adressera à celui du lieu où résident ces fonctionnaires, à raison de leurs fonctions, un état des faits, demandes et questions, sur lesquels leur témoignage est requis. I. cr. 511. — S'il s'agit du témoignage d'un agent résidant auprès d'un gouvernement étranger, cet état sera adressé au ministre de la justice, qui en fera le renvoi sur les lieux, et désignera la personne qui recevra la déposition.

515. Le président ou le juge d'instruction, auquel sera adressé l'état mentionné en l'article précédent, fera assigner le fonctionnaire devant lui, et recevra sa déposition par écrit. Pr. 68.

516. Cette déposition sera envoyée close et cachetée au greffe de la cour ou du juge requérant, communiquée et lue, comme il est dit en l'article 512, et sous les mêmes peines. I. cr. 85, 303, 408, 489.

517. Si les fonctionnaires de la qualité exprimée dans l'article 514 sont cités à comparaître comme témoins devant un jury assemblé hors du lieu où ils résident pour l'exercice de leurs fonctions ou de celui où ils se trouveraient accidentellement, ils pourront en être dispensés par

et l'heure, viendront dans leur demeure pour recevoir leurs dépositions, et il sera procédé, à cet égard, ainsi qu'il est prescrit à l'art. 516 de notre Code.

« 5. Lorsque nos préfets, cités comme témoins, ne s'excuseront pas, ainsi qu'il est dit à l'article précédent, ils seront reçus par un huissier à la première porte du palais de justice, introduits dans le parquet et placés sur un siège particulier.—Ils seront reconduits de la même manière qu'ils auront été reçus.

« 6. Les dispositions des deux articles précédents sont déclarées communes aux grands officiers de l'empire, aux présidents de notre conseil d'État, aux ministres d'État et conseillers d'État lorsqu'ils sont chargés d'une administration publique, à nos généraux actuellement en service, à nos ambassadeurs et autres agents diplomatiques près les cours étrangères. »

un décret de l'Empereur. I. cr. 514 et la *note*, 515, 516.—Dans ce cas, ils déposeront par écrit, et l'on observera les dispositions prescrites par les articles 514, 515 et 516. T. cr. 71-1°.

CHAP. VI.—DE LA RECONNAISSANCE DE L'IDENTITÉ DES INDIVIDUS CONDAMNÉS, ÉVADÉS ET REPRIS.

518. La reconnaissance de l'identité d'un individu condamné, évadé et repris, sera faite par la cour qui aura prononcé sa condamnation. I. cr. 519, 520.— Il en sera de même de l'identité d'un individu condamné à la déportation ou au bannissement, qui aura enfreint son ban et sera repris; et la cour, en prononçant l'identité, lui appliquera, de plus, la peine attachée par la loi à son infraction (a). P. 8, 17, 32, 33.

519. Tous ces jugements seront rendus sans assistance de jurés, après que la cour aura entendu les témoins appelés tant à la requête du procureur général qu'à celle de l'individu repris, si ce dernier en a fait citer. I. cr. 317, 470. — L'audience sera publique, et l'individu repris sera présent, à peine de nullité (b). Pr. 87. — I. cr. 153, 190, 408. — T. cr. 71-1°.

520. Le procureur général et l'individu repris pourront se pourvoir en cassation, dans la forme et dans le délai déterminés par le présent Code, contre l'arrêt rendu sur la poursuite en reconnaissance d'identité. I. cr. 373, s., 408, 416, s.

CHAP. VII. — MANIÈRE DE PROCÉDER EN CAS DE DESTRUCTION OU D'ENLÈVEMENT DES PIÈCES OU DU JUGEMENT D'UNE AFFAIRE.

521. Lorsque, par l'effet d'un incendie, d'une inondation ou de toute autre cause extraordinaire, des minutes d'arrêts rendus en matière criminelle ou correctionnelle et non encore exécutés, ou des procédures encore indécises, auront été détruites, enlevées, ou se trouveront égarées et qu'il n'aura pas été possible de les rétablir, il sera procédé ainsi qu'il suit. I. cr. 522, s. — P. 249, s., 254, s.

522. S'il existe une expédition ou copie authentique de l'arrêt, elle sera considérée comme minute, et en conséquence

(a, b) Dispositions empruntées à la loi du 22 frim. an VIII, art. 1 et 2.

remise dans le dépôt destiné à la conservation des arrêts. — A cet effet, tout officier public ou tout individu dépositaire d'une expédition ou d'une copie authentique de l'arrêt est tenu, sous peine d'y être contraint par corps, de la remettre au greffe de la cour qui l'a rendu, sur l'ordre qui en sera donné par le président de cette cour. I. cr. 452. — Cet ordre lui servira de décharge envers ceux qui auront intérêt à la pièce. — Le dépositaire de l'expédition ou copie authentique de la minute détruite, enlevée ou égarée, aura la liberté, en la remettant dans le dépôt public, de s'en faire délivrer une expédition sans frais. C. 1334, s. — T. cr. 71-5°.

523. Lorsqu'il n'existera plus, en matière criminelle, d'expédition ni de copie authentique de l'arrêt, si la déclaration du jury existe encore en minute ou en copie authentique, on procédera, d'après cette déclaration, à un nouveau jugement. I. cr. 348, 369, 524.

524. Lorsque la déclaration du jury ne pourra plus être représentée, ou lorsque l'affaire aura été jugée sans jurés, et qu'il n'en existera aucun acte par écrit, l'instruction sera recommencée, à partir du point où les pièces se trouveront manquer tant en minute qu'en expédition ou copie authentique. I. cr. 408, 523.

TITRE CINQUIÈME.

DES RÈGLEMENTS DE JUGES, ET DES RENVOIS D'UN TRIBUNAL A UN AUTRE (a).

(Loi décrétée le 14 décembre 1808. Promulguée le 24.)

CHAP. I. — DES RÈGLEMENTS DE JUGES.

525. Toutes demandes en règlement de juges seront instruites et jugées sommairement et sur simples mémoires. Pr. 363, s.— I. cr. 526, s.

526. Il y aura lieu à être réglé de juges par la cour de cassation, en matière criminelle, correctionnelle ou de police, lorsque des cours, tribunaux ou juges d'instruction, ne ressortissant point les uns aux autres, seront saisis de la connaissance du même délit ou de délits con-

nexes, ou de la même contravention. I. cr. 129, 226, 227, 308, 433, 527, s., 540.

527. Il y aura lieu également à être réglé de juges par la cour de cassation, lorsqu'un tribunal militaire ou maritime, ou un officier de police militaire ou tout autre tribunal d'exception, d'une part, une cour impériale ou d'assises, un tribunal jugeant correctionnellement, un tribunal de police ou un juge d'instruction, d'autre part, seront saisis de la connaissance du même délit ou de délits connexes, ou de la même contravention. I. cr. 526.

528. Sur le vu de la requête et des pièces, la cour de cassation, section criminelle, ordonnera que le tout soit communiqué aux parties, ou statuera définitivement, sauf l'opposition. Pr. 68. — I. cr. 528, s., 545, s.— T. cr. 71-1°.

529. Dans le cas où la communication serait ordonnée sur le pourvoi en conflit du prévenu (b), de l'accusé ou de la partie civile, l'arrêt enjoindra à l'un et à l'autre des officiers chargés du ministère public près les autorités judiciaires concurremment saisies, de transmettre les pièces du procès et leur avis motivé sur le conflit. I. cr. 1, 66, 530, s., 546.

530. Lorsque la communication sera ordonnée sur le pourvoi de l'un de ces officiers, l'arrêt ordonnera à l'autre de transmettre les pièces et son avis motivé. I. cr. 529, 531.

531. L'arrêt de *soit-communiqué* fera mention sommaire des actes d'où naîtra le conflit, et fixera, selon la distance des lieux, le délai dans lequel les pièces et les avis motivés seront apportés au greffe.— La notification qui sera faite de cet arrêt aux parties emportera de plein droit sursis au jugement du procès, et, en ma-

(a) Voy. les tit. XIX et XX, prem. part., liv. II du Code de proc. (art. 363, 368 et les *notes*).

(b) Le *conflit* est la dissidence qui existe entre deux autorités judiciaires qui, saisies d'une même contestation, déclarent toutes deux la retenir et pouvoir la juger, ou qui, au contraire, déclarent l'une et l'autre ne pas être compétentes pour en connaître. Dans le premier cas, on dit que le conflit est *positif*, et dans le second, *négatif*. — On distingue aussi le conflit de *juridiction* et le conflit d'*attribution*. — Après 1848, un tribunal *spécial* avait été créé pour statuer sur les conflits. Les événements de décembre 1851 ont fait disparaître cette juridiction, et ont restitué au conseil d'Etat le droit de prononcer dans ce cas. — Voy. C. admin.

tière criminelle, à la mise en accusation, ou, si elle a déjà été prononcée, à la formation du jury dans les cours d'assises, mais non aux actes et aux procédures conservatoires ou d'instruction. Pr. 364, 365.—Le prévenu ou l'accusé et la partie civile pourront présenter leurs moyens sur le conflit, dans la forme réglée par le chapitre II du titre III du présent livre pour le recours en cassation (art. 416 à 442). I. cr. 1, 66, 529, 534, 536, 550. — T. cr. 72-1°.

532. Lorsque, sur la simple requête, il sera intervenu arrêt qui aura statué sur la demande en règlement de juges, cet arrêt sera, à la diligence du procureur général près la cour de cassation, et par l'intermédiaire du ministre de la justice, notifié à l'officier chargé du ministère public près la cour, le tribunal ou le magistrat dessaisi.— Il sera notifié de même au prévenu ou à l'accusé, et à la partie civile, s'il y en a une. Pr. 68.—I. c. 529, 538, 548.— T. cr. 71-1°.

533. Le prévenu ou l'accusé et la partie civile pourront former opposition à l'arrêt, dans le délai de trois jours et dans les formes prescrites par le chapitre II du titre III du présent livre pour le recours en cassation (art. 416 à 442). I. cr. 535, 537, s.

534. L'opposition dont il est parlé au précédent article entraînera de plein droit sursis au jugement du procès, comme il est dit en l'article 531.

535. Le prévenu qui ne sera pas en arrestation, l'accusé qui ne sera pas retenu dans la maison de justice, et la partie civile, ne seront point admis au bénéfice de l'opposition, s'ils n'ont antérieurement, ou dans le délai fixé par l'article 533, élu domicile dans le lieu où siége l'une des autorités judiciaires en conflit. C. 111. — A défaut de cette élection, ils ne pourront non plus exciper de ce qu'il ne leur aurait été fourni aucune communication, dont le poursuivant sera dispensé à leur égard. I. cr. 68, 116, 187.

536. La cour de cassation, en jugeant le conflit, statuera sur tous les actes qui pourraient avoir été faits par la cour, le tribunal ou le magistrat qu'elle dessaisira. I. cr. 408.

537. Les arrêts rendus sur des conflits ne pourront pas être attaqués par la voie de l'opposition, lorsqu'ils auront été précédés d'un arrêt de *soit-communiqué*, dûment exécuté. I. cr. 531, 538.

538. L'arrêt rendu, ou après un *soit-communiqué*, ou sur une opposition, sera notifié aux mêmes parties et dans la même forme que l'arrêt qui l'aura précédé. Pr. 68.—I. cr. 532. — T. cr. 71-1°.

539. Lorsque le prévenu ou l'accusé, l'officier chargé du ministère public, ou la partie civile, aura excipé de l'incompétence d'un tribunal de première instance ou d'un juge d'instruction, ou proposé un déclinatoire, soit que l'exception ait été admise ou rejetée, nul ne pourra recourir à la cour de cassation pour être réglé de juges, sauf à se pourvoir devant la cour impériale contre la décision portée par le tribunal de première instance ou le juge d'instruction, et à se pourvoir en cassation, s'il y a lieu, contre l'arrêt rendu par la cour impériale. Pr. 170. — I. cr. 408.

540. Lorsque deux juges d'instruction ou deux tribunaux de première instance, établis dans le ressort de la même cour impériale, seront saisis de la connaissance du même délit ou de délits connexes, les parties seront réglées de juges par cette cour, suivant la forme prescrite au présent chapitre, sauf le recours, s'il y a lieu, à la cour de cassation. Pr. 363, s.—I. cr. 226, 227, 526, s. — Lorsque deux tribunaux de police simple seront saisis de la connaissance de la même contravention ou de contraventions connexes, les parties seront réglées de juges par le tribunal auquel ils ressortissent l'un et l'autre ; et s'ils ressortissent à différents tribunaux, elles seront réglées par la cour impériale, sauf le recours, s'il y a lieu, à la cour de cassation.

541. La partie civile, le prévenu ou l'accusé qui succombera dans la demande en règlement de juges qu'il aura introduite, pourra être condamné à une amende qui toutefois n'excédera point la somme de trois cents francs, dont moitié sera pour la partie. Pr. 367.

CHAP. II. — DES RENVOIS D'UN TRIBUNAL A UN AUTRE.

542. En matière criminelle, correctionnelle et de police, la cour de cassation peut, sur la réquisition du procureur général près cette cour, renvoyer la connaissance d'une affaire, d'une cour impériale ou d'assises à une autre, d'un tribunal correctionnel ou de police à un autre tribunal de même qualité, d'un juge d'instruction à un autre juge d'instruction, pour cause de sûreté publique ou de suspicion légitime. — Ce renvoi peut aussi être ordonné sur la réquisition des parties intéressées, mais seulement pour cause de suspicion légitime. Pr. 368, s. et la *note*. — I. cr. 543, s.

543. La partie intéressée qui aura procédé volontairement devant une cour, un tribunal ou un juge d'instruction, ne sera reçue à demander le renvoi qu'à raison des circonstances survenues depuis, lorsqu'elles seront de nature à faire naître une suspicion légitime. Pr. 369, 382. — I. cr. 261, 544, 552.

544. Les officiers chargés du ministère public pourront se pourvoir immédiatement devant la cour de cassation, pour demander le renvoi pour cause de suspicion légitime; mais, lorsqu'il s'agira d'une demande en renvoi pour cause de sûreté publique, ils seront tenus d'adresser leurs réclamations, leurs motifs et les pièces à l'appui, au ministre de la justice, qui les transmettra, s'il y a lieu, à la cour de cassation.

545. Sur le vu de la requête et des pièces, la cour de cassation, section criminelle, statuera définitivement, sauf l'opposition, ou ordonnera que le tout soit communiqué. I. cr. 528, s.

546. Lorsque le renvoi sera demandé par le prévenu, l'accusé, ou la partie civile, et que la cour de cassation ne jugera à propos ni d'accueillir ni de rejeter cette demande sur-le-champ, l'arrêt en ordonnera la communication à l'officier chargé du ministère public près la cour, le tribunal ou le juge d'instruction saisi de la connaissance du délit, et enjoindra à cet officier de transmettre les pièces avec son avis motivé sur la demande en renvoi; l'arrêt ordonnera de plus, s'il y a lieu, que la communication sera faite à l'autre partie. I. cr. 1, 66, 529, 547. — T. cr. 71-1°.

547. Lorsque la demande en renvoi sera formée par l'officier chargé du mi-

nistère public, et que la cour de cassation n'y statuera point définitivement, elle ordonnera, s'il y a lieu, que la communication sera faite aux parties, ou prononcera telle autre disposition préparatoire qu'elle jugera nécessaire. T. cr. 71-1°.

548. Tout arrêt qui, sur le vu de la requête et des pièces, aura définitivement statué sur une demande en renvoi, sera, à la diligence du procureur général près la cour de cassation, et par l'intermédiaire du ministre de la justice, notifié, soit à l'officier chargé du ministère public près la cour, le tribunal ou le juge d'instruction dessaisi, soit à la partie civile, au prévenu ou à l'accusé en personne ou au domicile élu. Pr. 68. — I. cr. 532. — T. cr. 71-1°.

549. L'opposition ne sera pas reçue si elle n'est pas formée d'après les règles et dans le délai fixé au chapitre Ier du présent titre. I. cr. 533, s.

550. L'opposition reçue emporte de plein droit sursis au jugement du procès, comme il est dit en l'article 531.

551. Les articles 525, 530, 531, 534, 535, 536, 537, 538 et 541, seront communs aux demandes en renvoi d'un tribunal à un autre.

552. L'arrêt qui aura rejeté une demande en renvoi n'exclura pas une nouvelle demande en renvoi, fondée sur des faits survenus depuis. Pr. 369, 382. — I. cr. 542, 543.

TITRE SIXIÈME.

DES COURS SPÉCIALES (a).

(Loi décrétée le 15 décembre 1808. Promulguée le 25.)

553 à 599. *Abrogés par l'article 54 de la Charte.*

(a) Les *cours spéciales* avaient une compétence étendue : elles jugeaient sans l'adjonction des jurés. Abolies par l'art. 63 de la charte de 1814, elles furent rétablies, en quelque sorte, sous le nom de *cours prévôtales*, à la suite des événements politiques de 1815. Aujourd'hui toutes ces juridictions exceptionnelles ne subsistent plus. (Charte de 1830, art. 54; constit. de 1848, art. 4.) — Mais une *haute cour* de justice est instituée pour juger certains crimes et les attentats ou complots contre la sûreté de l'État. La Constitution de 1848 y avait pourvu; celle du 14 janvier 1852, suivie d'un sénatus-consulte du 1er juillet de la même année, a organisé cette juridiction. (Voy. Code polit.)

TITRE SEPTIÈME.

DE QUELQUES OBJETS D'INTÉRÊT PUBLIC ET DE SURETÉ GÉNÉRALE.

(Loi décrétée le 16 décembre 1808. Promulguée le 26.)

CHAP. I.—DU DÉPOT GÉNÉRAL DE LA NOTICE DES JUGEMENTS.

600. Les greffiers des tribunaux correctionnels et des cours d'assises seront tenus de consigner, par ordre alphabétique, sur un registre particulier, les noms, prénoms, professions, âge et résidences de tous les individus condamnés à un emprisonnement correctionnel ou à une plus forte peine : ce registre contiendra une notice sommaire de chaque affaire et de la condamnation, à peine de cinquante francs d'amende pour chaque omission. T. cr. 49.

601. Tous les trois mois, les greffiers enverront, sous peine de cent francs d'amende, copie de ces registres au ministre de la justice et à celui de la police générale. I. cr. 198 (a). — T. cr. 42, 49.

602. Ces deux ministres feront tenir dans la même forme un registre général composé de ces diverses copies.

CHAP. II. — DES PRISONS, MAISONS D'ARRÊT ET DE JUSTICE.

603. Indépendamment des prisons établies pour peines, il y aura dans chaque arrondissement, près du tribunal de première instance, une maison d'arrêt pour y retenir les prévenus ; et, près de chaque cour d'assises, une maison de justice pour y retenir ceux contre lesquels il aura été rendu une ordonnance de prise de corps. I. cr. 100, 104, 107, 110, 243, 604, s., 615, s. — P. 237, s.

604. Les maisons d'arrêt et de justice seront entièrement distinctes des prisons établies pour peines. I. cr. 138, 179, 369, 375. — P. 40.

605. Les préfets veilleront à ce que ces différentes maisons soient non-seulement sûres, mais propres, et telles que

la santé des prisonniers ne puisse être aucunement altérée. I. cr. 611 à 613.

606. Les gardiens des ces maisons seront nommés par les préfets.

607. Les gardiens des maisons d'arrêt, des maisons de justice et des prisons, seront tenus d'avoir un registre. — Ce registre sera signé et paraphé, à toutes les pages, par le juge d'instruction, pour les maisons d'arrêt ; par le président de la cour d'assises, ou, en son absence, par le président du tribunal de première instance, pour les maisons de justice ; et par le préfet, pour les prisons pour peines. I. cr. 604, 618. — P. 120.

608. Tout exécuteur de mandat d'arrêt, d'ordonnance de prise de corps, d'arrêt ou de jugement de condamnation, est tenu, avant de remettre au gardien la personne qu'il conduira, de faire inscrire sur le registre l'acte dont il sera porteur ; l'acte de remise sera écrit devant lui. I. cr. 133, 134, 161, 190, 194, 231, s., 239, 369, 609. — Le tout sera signé tant par lui que par le gardien. — Le gardien lui en remettra une copie signée de lui, pour sa décharge.

609. Nul gardien ne pourra, à peine d'être poursuivi et puni comme coupable de détention arbitraire, recevoir ni retenir aucune personne qu'en vertu soit d'un mandat de dépôt, soit d'un mandat d'arrêt décerné selon les formes prescrites par la loi, soit d'un arrêt de renvoi devant une cour d'assises, d'un décret d'accusation ou d'un arrêt ou jugement de condamnation à peine afflictive ou à un emprisonnement, et sans que la transcription en ait été faite sur son registre. I. cr. 94, s., 231, 718. — P. 7, 40, 119, 120, 122, 341.

610. Le registre ci-dessus mentionné contiendra également, en marge de l'acte de remise, la date de la sortie du prisonnier, ainsi que l'ordonnance, l'arrêt ou le jugement en vertu duquel elle aura lieu. I. cr. 608, 609.

611. Le juge d'instruction est tenu de visiter, au moins une fois par mois, les personnes retenues dans la maison d'arrêt de l'arrondissement. I. cr. 55, 615. — Une fois au moins dans le cours de chaque session de la cour d'assises, le président de cette cour est tenu de visiter les personnes retenues dans la mai-

---

(a) L'envoi de ces copies est remplacé, aujourd'hui, par des Bulletins qui sont placés dans des *casiers judiciaires.* (Voy. l'art. 198 et la *note.*) — Le ministère de la police générale ayant été supprimé (Voy. au C. polit.), l'envoi dont il est parlé dans cet article se fait au ministère de l'intérieur.

son de justice. I. cr. 266. — Le préfet est tenu de visiter, au moins une fois par an, toutes les maisons de justice et prisons et tous les prisonniers du département. I. cr. 605, 613.

612. Indépendamment des visites ordonnées par l'article précédent, le maire de chaque commune où il y aura soit une maison d'arrêt, soit une maison de justice, soit une prison, et dans les communes où il y aura plusieurs maires, le préfet de police ou le commissaire général de police, est tenu de faire, au moins une fois par mois, la visite de ces maisons. I. cr. 9, 605, 611, 613.

613. Le maire, le préfet de police ou le commissaire général de police, veillera à ce que la nourriture des prisonniers soit suffisante et saine : la police de ces maisons lui appartiendra. I. cr. 9, 605, s. — Le juge d'instruction et le président des assises pourront néanmoins donner respectivement tous les ordres qui devront être exécutés dans les maisons d'arrêt et de justice, et qu'ils croiront nécessaires, soit pour l'instruction, soit pour le jugement. I. cr. 55, 266.

614. Si quelque prisonnier use de menaces, injures ou violences, soit à l'égard du gardien ou de ses préposés, soit à l'égard des autres prisonniers, il sera, sur les ordres de qui il appartiendra, resserré plus étroitement, enfermé seul, même mis aux fers en cas de fureur ou de violence grave, sans préjudice des poursuites auxquelles il pourrait avoir donné lieu. I. cr. 613. — P. 209, s., 219-3°, 220.

CHAP. III. — DES MOYENS D'ASSURER LA LIBERTÉ INDIVIDUELLE CONTRE LES DÉTENTIONS ILLÉGALES OU D'AUTRES ACTES ARBITRAIRES.

615. En exécution des articles 77, 78, 79, 80, 81 et 82 de l'acte des constitutions du 22 frimaire an VIII (a), quiconque aura connaissance qu'un individu est détenu dans un lieu qui n'a pas été destiné à servir de maison d'arrêt, de justice ou de prison, est tenu d'en donner avis au juge de paix, au procureur impérial, ou à son substitut, ou au juge d'instruction, ou au procureur général près la cour impériale. — Pr. 788. — I. cr. 603, s. 616. — P. 114, s., 122, 341.

616. Tout juge de paix, tout officier chargé du ministère public, tout juge d'instruction, est tenu d'office ou sur l'avis qu'il en aura reçu, sous peine d'être poursuivi comme complice de détention arbitraire, de s'y transporter aussitôt, et de faire mettre en liberté la personne détenue, ou, s'il est allégué quelque cause légale de détention, de la faire conduire sur-le-champ devant le magistrat compétent. I. cr. 617. — P. 114, s. — T. cr. 88. — Il dressera du tout son procès-verbal.

617. Il rendra, au besoin, une ordonnance, dans la forme prescrite par l'article 95 du présent Code. — En cas de résistance, il pourra se faire assister de la force nécessaire, et toute personne requise est tenue de prêter main forte. I. cr. 99, 108.

618. Tout gardien qui aura refusé,

(a) Ces articles sont ainsi conçus :

« Art. 77. Pour que l'acte qui ordonne l'arrestation d'une personne puisse être exécuté, il faut : 1° qu'il exprime formellement le motif de l'arrestation, et la loi en exécution de laquelle elle est ordonnée; 2° qu'il émane d'un fonctionnaire à qui la loi ait donné formellement ce pouvoir; 3° qu'il soit notifié à la personne arrêtée et qu'il lui en soit laissé copie.

« 78. Un gardien ou geôlier ne peut recevoir ou détenir aucune personne qu'après avoir transcrit sur son registre l'acte qui ordonne l'arrestation: cet acte doit être un mandat donné dans les formes prescrites par l'article précédent, ou une ordonnance de prise de corps, ou un décret d'accusation, ou un jugement.

« 79. Tout gardien ou geôlier est tenu, sans qu'aucun ordre puisse l'en dispenser, de représenter la personne détenue à l'officier civil ayant la police de la maison de détention, toutes les fois qu'il en sera requis par cet officier.

« 80. La représentation de la personne détenue ne pourra être refusée à ses parents et amis porteurs de l'ordre de l'officier civil, lequel sera toujours tenu de l'accorder, à moins que le gardien ou geôlier ne représente une ordonnance du juge pour tenir la personne au secret.

« 81. Tous ceux qui, n'ayant point reçu de la loi le pouvoir de faire arrêter, donneront, signeront, exécuteront l'arrestation d'une personne quelconque; tous ceux qui, même dans le cas de l'arrestation autorisée par la loi, recevront ou retiendront la personne arrêtée dans un lieu de détention non publiquement et légalement désigné comme tel, et tous les gardiens ou geôliers qui contreviendront aux dispositions des trois articles précédents, seront coupables du crime de détention arbitraire.

« 82. Toutes rigueurs employées dans les arrestations, détentions ou exécutions, autres que celles autorisées par les lois, sont des crimes. »

ou de montrer au porteur de l'ordre de l'officier civil ayant la police de la maison d'arrêt, de justice, ou de la prison, la personne du détenu, sur la réquisition qui en sera faite, ou de montrer l'ordre qui le lui défend, ou de faire au juge de paix l'exhibition de ses registres, ou de lui laisser prendre telle copie que celui-ci croira nécessaire de partie de ses registres, sera poursuivi comme coupable ou complice de détention arbitraire. I. cr. 607, 609, 615. — P. 114, s., 314.

CHAP. IV. — DE LA RÉHABILITATION DES CONDAMNÉS (Loi des 3-6 juillet 1852.) (a).

619. « Tout condamné à une peine afflictive ou infamante, ou à une peine correctionnelle, qui a subi sa peine, ou qui a obtenu des lettres de grâce, peut être réhabilité.

(a) La *réhabilitation* est un acte qui rétablit un condamné qui a *subi sa peine* dans l'exercice de ses droits civils pour l'avenir. La réhabilitation ne peut avoir lieu qu'avec le concours du souverain et des autorités judiciaire et administrative. Elle est donc essentiellement distincte de la *grâce* : la grâce, en effet, relève non-seulement des incapacités, mais de la peine ; la grâce émane spontanément de la volonté du prince, sans l'intervention des délégataires de son autorité. (Voy. Co. 604, s.) — L'art. 619 avait été modifié par la loi du 28 avril 1832. — D'un autre côté, un décret du Gouvernement provisoire, du 18 avril 1848, avait apporté plusieurs modifications aux dispositions du Code d'instr. crim. sur cette matière délicate. Enfin une loi des 3-6 juillet 1852 la règle de nouveau dans toute son étendue, c'est-à-dire depuis l'art. 619 jusqu'à l'art. 634, en abrogeant d'une manière expresse le décret du 18 avril 1848. — Ce sont donc les dispositions de cette loi de 1852, que nous rétablissons dans le texte officiel du Code, en conservant toutefois, en *note*, l'ancien texte de ces mêmes art.. 619 à 634, qui étaient ainsi conçus :

« 619. Tout condamné à une peine afflictive ou infamante qui aura subi sa peine, ou qui aura obtenu, soit des lettres de commutation, soit des lettres de grâce, pourra être réhabilité. — La demande en réhabilitation ne pourra être formée par les condamnés aux travaux forcés à temps, à la détention ou à la réclusion, que cinq ans après l'expiration de leur peine ; et par les condamnés à la dégradation civique, qu'après cinq ans à compter du jour où la condamnation sera devenue irrévocable, et cinq ans après qu'ils auront subi la peine de l'emprisonnement, s'ils y ont été condamnés. En cas de commutation, la demande en réhabilitation ne pourra être formée que cinq ans après l'expiration de la nouvelle peine, et, en cas de grâce, cinq ans après l'enregistrement des lettres de grâce.

« 620. Nul ne sera admis à demander sa réhabilitation, s'il ne demeure depuis cinq ans dans le même arrondissement communal, s'il n'est pas domicilié depuis deux ans accomplis dans

620. « La demande en réhabilitation pour les condamnés à une peine afflictive ou infamante ne peut être formée que cinq ans après le jour de leur libération. — Néanmoins, ce délai court, au profit des condamnés à la dégradation civique, du jour où la condamnation est devenue

le territoire de la municipalité à laquelle sa demande est adressée, et s'il ne joint à sa demande des attestations de bonne conduite qui lui auront été données par les conseils municipaux et par les municipalités dans le territoire desquelles il aura demeuré ou résidé pendant le temps qui aura précédé sa demande. — Ces attestations de bonne conduite ne pourront lui être délivrées qu'à l'instant où il quitterait son domicile ou son habitation. — Les attestations exigées ci-dessus devront être approuvées par le sous-préfet et le procureur du roi ou son substitut, et par les juges de paix des lieux où il aura demeuré ou résidé.

« 621. La demande en réhabilitation, les attestations exigées par l'article précédent, et l'expédition du jugement de condamnation, seront déposées au greffe de la cour royale dans le ressort de laquelle résidera le condamné.

« 622. La requête et les pièces seront communiquées au procureur général ; il donnera ses conclusions motivées et par écrit.

« 623. L'affaire sera rapportée à la chambre criminelle.

« 624. La cour et le ministère public pourront, en tout état de cause, ordonner de nouvelles informations.

« 625. La notice de la demande en réhabilitation sera insérée au journal judiciaire du lieu où siège la cour qui devra donner son avis, et du lieu où la condamnation aura été prononcée.

« 626. La cour, le procureur général entendu, donnera son avis.

« 627. Cet avis ne pourra être donné que trois mois au moins après la présentation de la demande en réhabilitation.

« 628. Si la cour est d'avis que la demande en réhabilitation ne peut être admise, le condamné pourra se pourvoir de nouveau après un nouvel intervalle de cinq ans.

« 629. Si la cour pense que la demande en réhabilitation peut être admise, son avis, ensemble les pièces exigées par l'art. 620, seront, par le procureur général, et dans le plus bref délai, transmis au ministre de la justice, qui pourra consulter le tribunal qui aura prononcé la condamnation.

« 630. Il en sera fait rapport à Sa Majesté par le ministre de la justice.

« 631. Si la réhabilitation est prononcée, il en sera expédié des lettres, où l'avis de la cour sera inséré.

« 632. Les lettres de réhabilitation seront adressées à la cour qui aura délibéré l'avis ; il en sera envoyé copie authentique à la cour qui aura prononcé la condamnation ; et transcription des lettres sera faite en marge de la minute de l'arrêt de condamnation.

« 633. La réhabilitation fera cesser, pour l'avenir, dans la personne du condamné, toutes les incapacités qui résultaient de la condamnation.

« 634. Le condamné pour récidive ne sera jamais admis à la réhabilitation. »

irrévocable, ou de celui de l'expiration de la peine de l'emprisonnement, si elle a été prononcée. — Il court, au profit du condamné à la surveillance de la haute police prononcée comme peine principale, du jour où la condamnation est devenue irrévocable. — Le délai est réduit à trois ans pour les condamnés à une peine correctionnelle.

621. « Le condamné à une peine afflictive ou infamante ne peut être admis à demander sa réhabilitation s'il n'a résidé dans le même arrondissement depuis cinq années, et pendant les deux dernières dans la même commune. — Le condamné à une peine correctionnelle ne peut être admis à demander sa réhabilitation s'il n'a résidé dans le même arrondissement depuis trois années, et pendant les deux dernières dans la même commune.

622. « Le condamné adresse la demande en réhabilitation au procureur impérial de l'arrondissement, en faisant connaître : 1º la date de sa condamnation; 2º les lieux où il a résidé depuis sa libération, s'il s'est écoulé après cette époque un temps plus long que celui fixé par l'article 620.

623. « Il doit justifier du payement des frais de justice, de l'amende et des dommages-intérêts auxquels il a pu être condamné, ou de la remise qui lui en a été faite. — A défaut de cette justification, il doit établir qu'il a subi le temps de contrainte par corps déterminé par la loi, ou que la partie lésée a renoncé à ce moyen d'exécution. — S'il est condamné pour banqueroute frauduleuse, il doit justifier du payement du passif de la faillite, en capital, intérêts et frais, ou de la remise qui lui en a été faite.

624. « Le procureur impérial provoque, par l'intermédiaire du sous-préfet, des attestations délibérées par les conseils municipaux des communes où le condamné a résidé, faisant connaître : 1º La durée de sa résidence dans chaque commune, avec indication du jour où elle a commencé, et de celui auquel elle a fini; — 2º Sa conduite pendant la durée de son séjour; — 3º Ses moyens d'existence pendant le même temps. — Ces attestations doivent contenir la mention expresse qu'elles ont été rédigées pour

servir à l'appréciation de la demande en réhabilitation. — Le procureur impérial prend, en outre, l'avis du maire des communes et du juge de paix des cantons où le condamné a résidé, ainsi que celui du sous-préfet de l'arrondissement.

625. » Le procureur impérial se fait délivrer : 1º une expédition de l'arrêt de condamnation; 2º un extrait des registres des lieux de détention où la peine a été subie, constatant quelle a été la conduite du condamné. — Il transmet les pièces avec son avis au procureur général.

626. « La cour dans le ressort de laquelle réside le condamné est saisie de la demande. — Les pièces sont déposées au greffe de cette cour par les soins du procureur général.

627. « Dans les deux mois du dépôt, l'affaire est rapportée à la chambre d'accusation; le procureur général donne ses conclusions motivées et par écrit. — Il peut requérir en tout état de cause, et la cour peut ordonner, même d'office, de nouvelles informations, sans qu'il puisse en résulter un retard de plus de six mois.

628. « La cour, le procureur général entendu, donne son avis motivé.

629. « Si l'avis de la cour n'est pas favorable à la réhabilitation, une nouvelle demande ne peut être formée avant l'expiration d'un délai de deux années.

630. « Si l'avis est favorable, il est, avec les pièces produites, transmis par le procureur général, et dans le plus bref délai possible, au ministre de la justice, qui peut consulter la cour ou le tribunal qui a prononcé la condamnation.

631. « L'Empereur statue sur le rapport du ministre de la justice.

632. « Des lettres de réhabilitation seront expédiées en cas d'admission de la demande.

633. « Les lettres de réhabilitation sont adressées à la cour qui a délibéré l'avis. — Une copie authentique en est adressée à la cour ou au tribunal qui a prononcé la condamnation. Ces lettres seront transcrites en marge de la minute de l'arrêt ou du jugement de condamnation.

634. « La réhabilitation fait cesser pour l'avenir, dans la personne du condamné, toutes les incapacités qui résultaient de la condamnation. — Les interdictions prononcées par l'article 612 du Code de commerce sont maintenues nonobstant la réhabilitation obtenue en vertu des dispositions qui précèdent. — Aucun individu, condamné pour crime, qui aurait commis un second crime et subi une nouvelle condamnation à une peine afflictive ou infamante, ne sera admis à la réhabilitation. — Le condamné qui, après avoir obtenu sa réhabilitation, aura encouru une nouvelle condamnation, ne sera plus admis au bénéfice des dispositions qui précèdent. »

CHAP. V. — DE LA PRESCRIPTION.

635. Les peines portées par les arrêts ou jugements rendus en matière criminelle se prescriront par vingt années révolues, à compter de la date des arrêts ou jugements. C. 32, 2219. — I. cr. 2, 476, 636, s. — P. 7, 8. — Néanmoins le condamné ne pourra résider dans le département où demeureraient, soit celui sur lequel ou contre la propriété duquel le crime aurait été commis, soit ses héritiers directs. P. 229. — Le gouvernement pourra assigner au condamné le lieu de son domicile.

636. Les peines portées par les arrêts ou jugements rendus en matière correctionnelle se prescriront par cinq années révolues, à compter de la date de l'arrêt ou du jugement rendu en dernier ressort; et, à l'égard des peines prononcées par les tribunaux de première instance, à compter du jour où ils ne pourront plus être attaqués par la voie de l'appel. I. cr. 190, 194, 203, 205, 211, 638, 642.

637. L'action publique et l'action civile résultant d'un crime de nature à entraîner la peine de mort ou des peines afflictives perpétuelles, ou de tout autre crime emportant peine afflictive ou infamante, se prescriront après dix années révolues, à compter du jour où le crime aura été commis, si dans cet intervalle il n'a été fait aucun acte d'instruction ni de poursuite. I. cr. 2. — P. 7, 8. — S'il a été fait, dans cet intervalle, des actes d'instruction ou de poursuite non suivis de jugement, l'action publique et l'action civile ne se prescriront qu'après dix an-

nées révolues, à compter du dernier acte, à l'égard même des personnes qui ne seraient pas impliquées dans cet acte d'instruction ou de poursuite (a). C. 2244. — Pr. 239. — I. cr. 635, 638, s.

638. Dans les deux cas exprimés en l'article précédent, et suivant les distinctions d'époques qui y sont établies, la durée de la prescription sera réduite à trois années révolues s'il s'agit d'un délit de nature à être puni correctionnellement (b). I. cr. 179, 636 s.

639. Les peines portées par les jugements rendus pour contraventions de police seront prescrites après deux années révolues, savoir, pour les peines prononcées par arrêt ou jugement en dernier ressort, à compter du jour de l'arrêt; et, à l'égard des peines prononcées par les tribunaux de première instance, à compter du jour où ils ne pourront plus être attaqués par la voie de l'appel (c). I. cr. 161, 174, 176, 640, s.

640. L'action publique et l'action civile pour une contravention de police seront prescrites après une année révolue, à compter du jour où elle aura été commise, même lorsqu'il y aura eu procès-verbal, saisie, instruction ou poursuite, si, dans cet intervalle, il n'est point intervenu de condamnation; s'il y a eu un jugement définitif de première instance, de nature à être attaqué par la voie de l'appel, l'action publique et l'action civile se prescriront après une année révolue, à compter de la notification de l'appel qui en aura été interjeté (d). I. cr. 1, 639, s.

641. En aucun cas, les condamnés par défaut ou par contumace, dont la peine est prescrite, ne pourront être admis à se présenter pour purger le défaut ou la contumace. C. 32. — I. cr. 149, 186, 465 et la *note*, 476.

642. Les condamnations civiles portées par les arrêts ou par les jugements rendus en matière criminelle, correction-

(a, b, c, d) Le Code pénal du 25 septembre 1791, 1re part., tit. VI, et le Code pénal du 3 brumaire an V, art. 9 et 10, ne portaient pas, pour la prescription tant de la peine que de l'action publique, des délais de la même durée que ceux établis par le Code actuel. L'action publique et l'action civile résultant d'un crime se prescrivaient après *six années* révolues, lorsque, dans cet intervalle, aucun jury d'accusation n'avait déclaré qu'il y avait lieu à accusation contre le prévenu.

nelle ou de police, et devenues irrévocables, se prescriront d'après les règles établies par le Code Napoléon. C. 1149, 1382, 2244, s., 2251, s., 2262. — I. cr. 1, 66, 635, 636, 639.

643. Les dispositions du présent chapitre ne dérogent point aux lois particulières relatives à la prescription des actions résultant de certains délits ou de certaines contraventions (a).

(a) On peut citer notamment l'art. 185 du Code forestier; l'art. 29 de la loi du 3 mai 1844 sur la chasse (Voy. C. de la chasse); l'art. 8, tit. 1er, sect. 7, de la loi du 28 septembre 1791 sur les délits ruraux. (Voy. Code rural : — voy. aussi les Codes des contribuables, de l'enregistrement, de la pêche fluviale.)

FIN DU CODE D'INSTRUCTION CRIMINELLE.

CODE PÉNAL[a]

DISPOSITIONS PRÉLIMINAIRES.

(Loi décrétée le 12 février 1810.—Promulguée le 22.)

ARTICLE 1er. L'infraction que les lois punissent des peines de police est une *contravention*. I. cr. 1, 21, 137. — P. 4, 464, s. — L'infraction que les lois punissent de peines correctionnelles est un *délit*. I. cr. 179, s. — P. 3, 4, 9, 40, s., 58, 59, s. — L'infraction que les lois punissent d'une peine afflictive ou infamante est un *crime*. P. 2, 4, 6, 7, 8.

2. « Toute tentative de *crime* qui aura été manifestée par un commencement d'exécution, si elle n'a été suspendue ou si elle n'a manqué son effet que par des circonstances indépendantes de la volonté de son auteur, est considérée comme le *crime* même. » P. 1, 76.

3. Les tentatives de *délits* ne sont considérées comme *délits* que dans les cas déterminés par une disposition spéciale de la loi. P. 1, 401, 405, 414, s.

4. Nulle contravention, nul délit, nul crime, ne peuvent être punis de peines qui n'étaient pas prononcées par la loi avant qu'ils fussent commis. C. 2.—P. 1, 7, 8, 40, 463, 464.

5. Les dispositions du présent Code ne s'appliquent pas aux contraventions, délits et crimes *militaires* (b). P. 56 *in fine*.

(a) C'est sur le Code pénal des 25 sept.-6 oct. 1791 et sur celui des délits et des peines, du 3 brum. an IV (liv. 3), qu'a été rédigé le Code actuel. — Ici, comme on l'a déjà fait pour ceux des autres Codes qui ont emprunté au passé, c'est une remarque que l'on signale une fois pour toutes, sauf au lecteur, s'il le juge utile, à se référer aux Codes de 1791 et de l'an IV, et de comparer leurs dispositions correspondantes avec celles du Code nouveau.

L'édition actuelle est celle qui a été promulguée en vertu de la loi du 28 avril 1832, par l'ordonnance suivante :

28 avril 1832. — *Ordonnance contenant le texte officiel du Code pénal.*

« Louis-Philippe, etc.; — Vu la loi en date de ce jour sur les réformes à introduire dans la législation pénale ; — Vu les articles 54 et 57 de la charte constitutionnelle; sur le rapport de notre garde des sceaux, etc.; — Nous avons ordonné et ordonnons ce qui suit : A compter du 1er juin prochain, date à partir de laquelle la loi de ce jour sur les réformes dans la législation pénale sera exécutoire, il ne sera reconnu comme texte officiel du Code pénal que le texte dont la teneur suit. » — On signale par des *guillemets* celles des dispositions qui ont été modifiées par cette loi de 1832.

(b) Voy. C. de l'armée.

LIVRE PREMIER.

Des peines en matière criminelle et correctionnelle et de leurs effets.

(Suite de la loi du 12 février 1810.)

6. Les peines en matière criminelle sont ou afflictives et infamantes, ou seulement infamantes.

7 (a). « Les peines afflictives et infamantes sont : — 1° La mort (b); P. 12 à 14, 25 à 27, 36. — 2° Les travaux forcés à perpétuité; P. 15, 16, 18, 22, 66, 70, s. — 3° La déportation (c); P. 17, 18, 70,

71. — 4° Les travaux forcés à temps; P. 15, 16, 19, 22, 28, 36, 47, 70, 71. — 5° La détention; P. 17, 18, 20, 28, 36, 47. — 6° La réclusion. » P. 21, 22, 28, 47.

8 (d). « Les peines infamantes sont : — 1° Le bannissement; P. 28, 32, 33, 36,

---

(a) Les nouveaux art. 7 et 8 ont supprimé la peine du carcan et la confiscation générale des biens du condamné. (Voy. les art. 11, 39 et la *note*.)

(b, c) En matière *politique*, la peine de mort est *abolie*. Les 26-29 février 1848, une proclamation du Gouvernement provisoire déclare que cette abolition était dans sa pensée et qu'il « présentera ce vœu à la ratification définitive de l'assemblée nationale. » Et effectivement, l'art. 5 de la Constitution des 4-10 novembre 1848 consacre cette pensée, dans les termes suivants : « La peine de mort est abolie en matière politique.»—Puis, est intervenue la loi des 8-16 juin 1850 qui indique la peine destinée à remplacer celle de la mort dans les cas où elle se trouve abolie. Avant de retracer les termes de cette loi, il importe de déterminer quels sont les crimes ou *délits politiques* auxquels s'applique le bénéfice de l'abolition de la peine de mort. Ni la Constitution de 1848 ni la loi de 1850 ne les ayant définis, il faut remonter jusqu'à la loi du 8 octobre 1830, sur l'application du jury aux délits de la presse et aux délits politiques. Cette loi, tout en réglant la juridiction compétente, porte, art. 7 : « Sont *réputés délits politiques* les délits prévus par les chap. 1 et 2 du tit. 1er du liv. 3 du Code pénal (art. 75 à 131)* ; — 2° par les §§ 2 et 4 de la sect. 3 et par la sect. 7 du chap. 3 des mêmes livre et titre (art. 201, 202, 203, 209 à 221, 291 à 294). » —Voici la loi de 1850 :

8-16 juin 1850. — *Loi sur la déportation.*

« Art. 1er. Dans tous les cas où la peine de mort est abolie par l'art. 5 de la Constitution, cette peine est remplacée par celle de la déportation dans une enceinte fortifiée, désignée par la loi, hors du territoire continental de la République. — Les déportés y jouiront de toute la

---

* La loi des 10-15 juin 1853, qui modifie les art. 86 et 87 du Code pén., excepte du bénéfice de l'abolition de la peine de mort, les attentats contre la *vie* et la *personne* de l'*Empereur* et les attentats contre la *vie* des membres de sa famille. (Voy. cette loi sous les art. 86 et 87.) — La loi du 8 oct. 1830 se trouve également modifiée, quant à la *compétence*, par le décret des 25-28 février 1852, qui attribue aux tribunaux *correctionnels* la connaissance des délits politiques et de la presse. — Voy. les art. 179 et suiv. C. I. crim.

---

liberté compatible avec la nécessité d'assurer la garde de leurs personnes. — Ils seront soumis à un régime de police et de surveillance déterminé par un règlement d'administration publique.

« 2. En cas de déclaration de circonstances atténuantes, si la peine prononcée par la loi est celle de la déportation dans une enceinte fortifiée, les juges appliqueront celle de la déportation simple ou celle de la détention ; mais, dans les cas prévus par les art. 86 *, 96 et 97 du Code pénal, la peine de la déportation simple sera seule appliquée.

« 3. En aucun cas, la condamnation à la déportation n'emporte la mort civile : elle entraîne la dégradation civique. — De plus, tant qu'une loi nouvelle n'aura pas statué sur les effets civils des peines perpétuelles, les déportés seront en état d'interdiction légale, conformément aux art. 29 et 31 du Code pénal.—Néanmoins, hors le cas de déportation dans une enceinte fortifiée, les condamnés auront l'exercice des droits civils dans le lieu de déportation. — Il pourra leur être remis, avec l'autorisation du Gouvernement, tout ou partie de leurs biens. — Sauf l'effet de cette remise, les actes par eux faits dans le lieu de déportation ne pourront engager ni affecter les biens qu'ils possédaient au jour de leur condamnation, ni ceux qui leur seront échus par succession ou donation.

« 4. La vallée de Vaïthau, aux îles Marquises, est déclarée lieu de déportation pour l'application de l'art. 1er de la présente loi.

« 5. L'île de Noukabiva, l'une des Marquises, est déclarée lieu de déportation pour l'exécution de l'art. 17 du Code pénal.

« 6. Le Gouvernement déterminera les moyens de travail qui seront donnés aux condamnés, s'ils le demandent. — Il pourvoira à l'entretien des déportés qui ne subviendraient pas à cette dépense par leurs propres ressources.

« 7. Dans le cas où les lieux établis pour la déportation viendraient à être changés par la loi, les déportés seraient transférés des anciens lieux de déportation dans les nouveaux.

« 8. La présente loi n'est applicable qu'aux crimes commis postérieurement à sa promulgation. »

(d) Voy. la note *a* qui précède.

---

* Modifié, comme on vient de le dire, par la loi du 10 juin 1853.

48, 56. — 2° La dégradation civique. » P. 28, 34 à 36.

9. Les peines en matière correctionnelle sont : — 1° L'emprisonnement à temps dans un lieu de correction ; P. 40, s., 58. — 2° L'interdiction à temps de certains droits civiques, civils ou de famille ; P. 42, 43. — 3° L'amende (a). P. 11, 52, s., 463.

10. La condamnation aux peines établies par la loi est toujours prononcée sans préjudice des restitutions et dommages-intérêts qui peuvent être dus aux parties. C. 1149, 1382. — I. cr. 1, 66. — P. 11, 51, s., 463, 468.

11. Le renvoi sous la surveillance spéciale de la haute police, l'amende et la confiscation spéciale, soit du corps du délit, quand la propriété en appartient au condamné, soit des choses produites par le délit, soit de celles qui ont servi ou qui ont été destinées à le commettre, sont des peines communes aux matières criminelles et correctionnelles (b). I. cr. 179, s., 217, s. — P. 44, 45, 47, s., 176, s., 470.

CHAP. I. — DES PEINES EN MATIÈRE CRIMINELLE.

12. Tout condamné à mort aura la tête tranchée. P. 13, 14, 25 à 27, 36.

13. « Le coupable condamné à mort pour parricide sera conduit sur le lieu de l'exécution, en chemise, nu-pieds, et la tête couverte d'un voile noir. — Il sera exposé sur l'échafaud pendant qu'un huissier fera au peuple lecture de l'arrêt de condamnation, et il sera immédiatement exécuté à mort (c). » P. 299, 302, 323. — T. cr. 71-9°.

14. Les corps des suppliciés seront délivrés à leurs familles, si elles les réclament, à la charge par elles de les faire inhumer sans aucun appareil.

15. Les hommes condamnés aux travaux forcés seront employés aux travaux les plus pénibles : ils traîneront à leurs pieds un boulet, ou seront attachés deux à deux avec une chaîne, lorsque la nature du travail auquel ils seront employés le permettra (d). P. 7-2°-4°, 16, 18, 19, 22, 36, 70, s.

(a) L'interdiction de *séjour* dans les départements ci-dessous énoncés, est une peine nouvelle qui a été établie par la loi qui suit.

9-12 juillet 1852. — *Loi relative aux interdictions de séjour dans le département de la Seine et dans les communes de l'agglomération lyonnaise.*

« Art. 1er. Le séjour du département de la Seine et celui des communes formant l'agglomération lyonnaise, désignées dans l'art. 3 de la loi du 19 juin 1851, peuvent être interdits administrativement pendant un délai déterminé, qui ne pourra excéder deux ans, à ceux qui, n'étant pas domiciliés dans ce département ou ces communes, — 1° Ont subi depuis moins de dix ans une condamnation à l'emprisonnement pour rébellion, mendicité ou vagabondage, ou une condamnation à un mois de la même peine pour coalition ; — 2° Ou n'ont pas, dans les lieux susindiqués, des moyens d'existence. — L'interdiction de séjour pourra être renouvelée.

« 2. L'arrêté d'interdiction est pris par le préfet de police ou par le préfet du Rhône, et approuvé par le ministre de la police générale. — Il est notifié à l'individu qu'il concerne avec sommation d'y obtempérer dans un délai déterminé.

« 3. Toute contravention à un arrêté d'interdiction sera punie d'un emprisonnement de huit jours à un mois. — Le tribunal pourra, en outre, placer les condamnés sous la surveillance de la haute police, pendant un an au moins et cinq ans au plus. — En cas de récidive, la peine sera de deux mois à deux ans d'emprisonnement, et le condamné sera placé sous la surveillance de la haute police, pendant un an au moins et cinq ans au plus. »

(b) Voy. l'art. 131 du sénatus-cons. du 28 flor. an XII.

(c) L'ancien article prescrivait de plus la section du poignet droit, sur l'échafaud, avant l'exécution à mort.

(d) Modifié par le décret suivant, qui supprime implicitement les *bagnes :*

27 mars-16 avril 1852. — *Décret concernant les condamnés aux travaux forcés, actuellement détenus dans les bagnes, et qui seront envoyés à la Guyane française pour y subir leur peine.*

« NAPOLÉON, etc., — Sur le rapport du ministre de la marine et des colonies ; — Considérant que, sans attendre la loi qui doit modifier le Code pénal, quant au mode d'application des travaux forcés pour l'avenir, le Gouvernement est dès à présent en mesure de faire passer à la Guyane française, pour y subir leur peine, un certain nombre de condamnés, détenus dans les bagnes, décrète :

« Art. 1er. Les condamnés aux travaux forcés, actuellement détenus dans les bagnes, et qui seront envoyés à la Guyane française pour y subir leur peine, y seront employés aux travaux de la colonisation, de la culture, de l'exploitation des forêts et à tous autres travaux d'utilité publique.

« 2. Ils ne pourront être enchaînés deux à deux ou assujettis au boulet, qu'à titre de punition disciplinaire ou par mesure de sûreté.

« 3. Les femmes condamnées aux travaux forcés pourront être conduites à la Guyane française et placées sur un établissement créé dans la colonie. Elles seront employées à des travaux en rapport avec leur âge et avec leur sexe.

« 4. Les condamnés des deux sexes qui auront subi deux années au moins de leur peine, tant en France que dans la colonie, et qui se seront rendus dignes d'indulgence par leur bonne conduite et leur repentir, pourront obtenir : —

16. Les femmes et les filles condamnées aux travaux forcés n'y seront employées que dans l'intérieur d'une maison de force.

17. « La peine de la déportation consistera à être transporté et à demeurer à perpétuité dans un lieu déterminé par la loi, hors du territoire continental de l'empire. P. 7-3°, 18, 70, 71. — Si le déporté rentre sur le territoire de l'empire, il sera, sur la seule preuve de son identité, condamné aux travaux forcés à perpétuité. P. 7-2°. — Le déporté qui ne sera pas rentré sur le territoire de l'empire, mais qui sera saisi dans des pays occupés par les armées françaises, sera conduit dans le lieu de sa déportation.—Tant qu'il n'aura pas été établi un lieu de déportation, le condamné subira à perpétuité la peine de la détention, soit dans une prison de l'empire, soit dans une prison située hors du territoire continental, dans l'une des possessions françaises, qui sera déterminée

par la loi, selon que les juges l'auront expressément décidé par l'arrêt de condamnation. P. 7-5°, 20, 28, 47.—Lorsque les communications seront interrompues entre la métropole et le lieu de l'exécution de la peine, l'exécution aura lieu provisoirement en France (a). » (*Loi du 9 septembre* 1835.)

18. Les condamnations aux travaux forcés à perpétuité et à la déportation emporteront la mort civile. C. 22, s.—P. 7-2°-3°, 15, 17. — « Néanmoins le gouvernement pourra accorder au condamné à la déportation l'exercice des droits civils ou de quelques-uns de ces droits. »

19. La condamnation à la peine des travaux forcés à temps sera prononcée pour cinq ans au moins, et vingt ans au plus. P. 22, 23, 28, 29, s., 36, 47, 70, 71.

20. « Quiconque aura été condamné à la détention sera renfermé dans l'une des forteresses situées sur le territoire continental de l'empire, qui auront été déter-

---

1° L'autorisation de travailler, aux conditions déterminées par l'administration, soit pour les habitants de la colonie, soit pour les administrations locales; — 2° L'autorisation de contracter mariage; — 3° La concession d'un terrain et la faculté de le cultiver pour leur propre compte. — Cette concession ne pourra devenir définitive qu'après dix années de possession. — Un règlement déterminera : 1° les conditions sous lesquelles ces concessions pourront être faites, soit à titre provisoire, soit à titre définitif; 2° l'étendue des droits des tiers, de l'époux survivant ou des héritiers du concessionnaire sur les terrains concédés.

« 5. La famille du condamné pourra être autorisée à le rejoindre dans la colonie et à vivre avec lui, lorsqu'il aura été placé dans la condition prévue par l'art. 4.

« 6. Tout condamné dont la peine sera inférieure à huit années de travaux forcés sera tenu, à l'expiration de ce terme, de résider dans la colonie pendant un temps égal à la durée de sa condamnation. — Si la peine est de huit années et au delà, il sera tenu de résider à la Guyane française pendant toute sa vie. — En cas de grâce, le libéré ne pourra être dispensé de l'obligation de la résidence que par une disposition spéciale des lettres de grâce. Toutefois, le libéré pourra quitter momentanément la colonie, en vertu d'une autorisation expresse du gouverneur, mais sans pouvoir être autorisé à se rendre en France.

« 7. Des concessions provisoires ou définitives de terrains pourront être faites aux individus qui, ayant subi leur peine, resteront dans la colonie, conformément à ce qui est prévu par l'art. 6.

« 8. Les condamnés libérés en France pourront obtenir d'être transportés à la Guyane, à la condition d'y être soumis au régime établi par les art. 1, 3, 4, 5, 6 et 7 du présent décret,

sans préjudice de l'application de l'art. 44 du Code pénal, relatif à la surveillance de la haute police.

« 9. Les condamnés pourront obtenir partiellement ou intégralement l'exercice des droits civils dans la colonie. Ils pourront être autorisés à jouir ou à disposer de tout ou partie de leurs biens. — Les actes faits par les condamnés dans la colonie jusqu'à leur libération ne pourront engager les biens qu'ils possédaient au jour de leur condamnation, ou ceux qui leur seront échus par succession, donation ou testament, à l'exception des biens dont la remise a été autorisée.

« 10. Tout condamné à temps qui se sera rendu coupable d'évasion sera puni de deux ans à cinq ans de travaux forcés. Cette peine ne se confondra pas avec celle antérieurement prononcée. — La peine, pour le condamné à perpétuité, sera l'application à la double chaîne pendant deux ans au moins et cinq ans au plus.

« 11. Tout libéré, astreint à résider à la Guyane, conformément à l'art. 6, et qui aura quitté la colonie sans autorisation, sera renvoyé aux travaux forcés pendant une durée de un an à trois ans.

« 12. Les infractions prévues par les art. 10 et 11, et tous crimes et délits commis par les condamnés, seront jugés par le premier conseil de guerre de la colonie, faisant fonction de tribunal maritime spécial, et auquel seront adjoints deux officiers du commissariat de la marine.

« 13. Un arrêté du gouverneur déterminera, jusqu'à ce qu'il y soit pourvu par un décret, le régime disciplinaire des établissements qui seront créés à la Guyane, en exécution des dispositions qui précèdent. »

(a) Voy. sous l'art. 7, la *note* sur la loi de 1850, qui a choisi les îles Marquises pour lieu de déportation.

minées par un décret de l'Empereur rendu dans la forme des règlements d'administration publique. P. 7-5°, 17, 18, 23, 28, 29, s., 36, 47. — Il communiquera avec les personnes placées dans l'intérieur du lieu de la détention ou avec celles du dehors, conformément aux règlements de police établis par un décret de l'Empereur. — La détention ne peut être prononcée pour moins de cinq ans, ni pour plus de vingt ans, sauf le cas prévu par l'article 33. »

21. Tout individu de l'un ou de l'autre sexe, condamné à la peine de la réclusion, sera renfermé dans une maison de force, et employé à des travaux dont le produit pourra être en partie appliqué à son profit, ainsi qu'il sera réglé par le gouvernement. P. 7-6°, 22, 40 et la *note*. — La durée de cette peine sera au moins de cinq années, et de dix ans au plus. P. 23, 28, s., 47, 71.

22. « Quiconque aura été condamné à l'une des peines des travaux forcés à perpétuité, des travaux forcés à temps ou de la réclusion, avant de subir sa peine, demeurera durant une heure exposé aux regards du peuple sur la place publique. Au-dessus de sa tête sera placé un écriteau portant, en caractères gros et lisibles, ses noms, sa profession, son domicile, sa peine et la cause de sa condamnation. P. 7-2°-4°-6°, 25, 26. — En cas de condamnation aux travaux forcés à temps ou à la réclusion, la cour d'assises pourra ordonner par son arrêt que le condamné, s'il n'est pas en état de récidive, ne subira pas l'exposition publique. P. 56, s. — Néanmoins, l'exposition publique ne sera jamais prononcée à l'égard des mineurs de dix-huit ans et des septuagénaires (a). » I. cr. 340.—P. 66, s., 70, s.

23. « La durée des peines temporaires comptera du jour où la condamnation sera devenue irrévocable. » I. cr. 177, 216, 369, 375. — P. 24, 226.

24. « Néanmoins, à l'égard des condamnations à l'emprisonnement prononcées contre les individus en état de détention préalable, la durée de la peine, si le condamné ne s'est pas pourvu, comptera du jour du jugement ou de l'arrêt, nonobstant l'appel ou le pourvoi du ministère public, et quel que soit le résultat de cet appel ou de ce pourvoi. — Il en sera de même dans les cas où la peine aura été réduite, sur l'appel ou le pourvoi du condamné. » P. 23.

25. Aucune condamnation ne pourra être exécutée les jours de fêtes nationales ou religieuses, ni les dimanches. Pr. 63 et la *note*, 781, 828, 1037. — P. 260, s.

26. L'exécution se fera sur l'une des places publiques du lieu qui sera indiqué par l'arrêt de condamnation. I. cr. 376.—P. 12, 13, 22.

27. Si une femme condamnée à mort se déclare et s'il est vérifié qu'elle est enceinte, elle ne subira la peine qu'après sa délivrance (b). P. 12, 16.

28. « La condamnation à la peine des travaux forcés à temps, de la détention, de la réclusion ou du bannissement, emportera la dégradation civique. La dégradation civique sera encourue du jour où la condamnation sera devenue irrévocable, et, en cas de condamnation par contumace, du jour de l'exécution par effigie. » C. 26, s.—I. cr. 369, 375, 471, 472. — P. 23, 34, s.

29. « Quiconque aura été condamné à la peine des travaux forcés à temps, de la détention ou de la réclusion, sera, de plus, pendant la durée de sa peine, en état d'interdiction légale; il lui sera nommé un tuteur et un subrogé-tuteur pour gérer et administrer ses biens, dans les formes prescrites pour les nominations des tuteurs et subrogés-tuteurs aux interdits. » C. 505, s.—Pr. 882, s.—P. 30, 31.

30. « Les biens du condamné lui seront remis après qu'il aura subi sa peine, et le tuteur lui rendra compte de son administration. » Pr. 527, s.

31. Pendant la durée de la peine, il ne pourra lui être remis aucune somme, aucune provision, aucune portion de ses revenus. P. 29, 40 et la *note*.

32. Quiconque aura été condamné au bannissement sera transporté, par ordre

---

(a) Cet article qui supprime la flétrissure qui avait lieu, sous l'empire de l'ancien art. 20, pour les condamnés aux travaux forcés, par l'application de l'empreinte d'un fer brûlant sur l'épaule droite, est lui-même modifié par un décret des 12-14 avril 1848, qui porte : « La peine de l'exposition publique est abolie. »

(b) Un décret du 23 germ. an III allait plus loin; il défendait la *mise en jugement* de toute femme reconnue enceinte, jusqu'à sa délivrance.

du gouvernement, hors du territoire de l'empire. P. 8-1°, 28, 33, 36, 48, 56. — La durée du bannissement sera au moins de cinq années, et de dix ans au plus. P. 8, 23, 28, s.

33. « Si le banni, avant l'expiration de sa peine, rentre sur le territoire de l'empire, il sera, sur la seule preuve de son identité, condamné à la détention pour un temps au moins égal à celui qui restait à courir jusqu'à l'expiration du bannissement, et qui ne pourra excéder le double de ce temps (a). » I. cr. 518, s.—P. 7-5°, 17, 20.

34. « La dégradation civique consiste : P. 8-2°, 28, 35, 36. —1° Dans la destitution et l'exclusion des condamnés de toutes fonctions, emplois ou offices publics; P. 42-5°, 166, 167.—2° Dans la privation du droit de vote, d'élection, d'éligibilité, et en général de tous les droits civiques et politiques, et du droit de porter aucune décoration; P. 42-1°-2°, 259. — 3° Dans l'incapacité d'être juré-expert, d'être employé comme témoin dans des actes, et de déposer en justice autrement que pour y donner de simples renseignements; I. cr. 42-7°-8°, 43, 44, 80, 269.—4° Dans l'incapacité de faire partie d'aucun conseil de famille, et d'être tuteur, curateur, subrogé-tuteur ou conseil judiciaire, si ce n'est de ses propres enfants, et sur l'avis conforme de la famille; C. 405, 420, 443, 480, 513. — Pr. 882, s. — P. 42-5°-6°. — 5° Dans la privation du droit de port d'armes, du droit de faire partie de la garde nationale, de servir dans les armées françaises, de tenir école, ou d'enseigner et d'être employé dans aucun établissement d'instruction, à titre de professeur, maître ou surveillant. » P. 8, 28, 35, 42-4°.

35. « Toutes les fois que la dégradation civique sera prononcée comme peine principale, elle pourra être accompagnée d'un emprisonnement dont la durée, fixée par l'arrêt de condamnation, n'excédera pas cinq ans. — Si le coupable est un étranger ou un Français ayant perdu la qualité de citoyen, la peine de l'emprisonnement devra toujours être prononcée. » C. 17, s. — P. 40.

(a) L'ancien article prononçait, dans ce cas, la peine de la déportation.

36. « Tous arrêts qui porteront la peine de mort, des travaux forcés à perpétuité et à temps, la déportation, la détention, la réclusion, la dégradation civique et le bannissement, seront imprimés par extrait. I. cr. 369.—P. 7, 8.—Ils seront affichés dans la ville centrale du département, dans celle où l'arrêt aura été rendu, dans la commune du lieu où le délit aura été commis, dans celle où se fera l'exécution, et dans celle du domicile du condamné. » C. 102.—P. 26. — T. cr. 44, 104-1°.

37, 38 et **39.** *Abrogés par la loi du 28 avril* 1832 (b).

CHAP. II. — DES PEINES EN MATIÈRE CORRECTIONNELLE.

40. Quiconque aura été condamné à la peine d'emprisonnement sera renfermé dans une maison de correction : il y sera employé à l'un des travaux établis dans cette maison, selon son choix (c). P. 1, 3, 4, 9, 41, s., 58, 59, s.—La durée de cette peine sera au moins de six jours, et de cinq années au plus ; sauf les cas de récidive ou autres où la loi aura déterminé

(b) Ces articles s'occupaient de la *confiscation* générale des biens des condamnés, déjà abolie par les chartes de 1814 et de 1830. — D'autres articles du Code pénal (54, 75 et suiv., 92 à 97, 125 et 164), dans lesquels la confiscation se trouvait également prescrite, ont subi, sur ce point, les modifications nécessaires.

(c) Le travail dans les prisons avait été suspendu par un décret des 24-26 mars 1848, portant résiliation des marchés passés à cet effet avec les entrepreneurs. La même mesure s'appliquait aux travaux exécutés par les *militaires* en activité de service. On devait, pour l'avenir, régler les travaux exécutés soit dans les prisons, soit dans les établissements de charité et dans les communautés religieuses, de manière à éviter la concurrence fâcheuse qui en résultait pour les travailleurs libres. Et effectivement une loi des 9-13 janvier 1849 intervint, qui, après avoir abrogé la disposition du décret ci-dessus mentionné, en ce qui touche le travail exécuté par les militaires en activité de service, déclarait que les produits fabriqués dans toutes les prisons ne pourraient pas être livrés sur le marché en concurrence avec ceux du travail libre, et que ces produits seraient, autant que possible, consommés par l'Etat. Mais cette loi a été abrogée par le décret suivant:

25 février—20 mars 1852. — *Décret relatif au travail dans les prisons.*

« LOUIS-NAPOLÉON, président de la République française, sur le rapport du ministre de l'intérieur; vu le décret du 24 mars 1848, qui a suspendu le travail dans les prisons: vu la loi du 9 janvier 1849, qui a réglé les conditions de

d'autres limites. P. 57, 58, 69, 463, 464. —La peine à un jour d'emprisonnement est de vingt-quatre heures; — Celle à un mois est de trente jours.

41. Les produits du travail de chaque détenu pour délit correctionnel seront appliqués, partie aux dépenses communes de la maison, partie à lui procurer quelques adoucissements, s'il les mérite, partie à former pour lui, au temps de sa sortie, un fonds de réserve; le tout ainsi qu'il sera ordonné par des règlements d'administration publique.

42. Les tribunaux jugeant correctionnellement pourront, dans certains cas, interdire, en tout ou en partie, l'exercice des droits civiques, civils et de famille suivants : P. 34, 43.—1° De vote et d'élection; P. 34-2°. — 2° D'éligibilité; P. 34-2°.—3° D'être appelé ou nommé aux fonctions de juré ou autres fonctions publiques, ou aux emplois de l'administration, ou d'exercer ces fonctions ou emplois; I. cr. 381.—P. 34-1°.—4° Du port d'armes; P. 34-1°.—5° De vote et de suffrage dans les délibérations de famille; P. 34-4°. —6° D'être tuteur, curateur, si ce n'est de ses enfants et sur l'avis seulement de la famille; P. 34-4°, 334, 335. — 7° D'être expert ou employé comme témoin dans les actes; P. 34-3°. — 8° De témoignage en justice, autrement que pour y faire de simples déclarations. P. 34-3°.

43. Les tribunaux ne prononceront l'interdiction mentionnée dans l'article précédent, que lorsqu'elle aura été autorisée ou ordonnée par une disposition particulière de la loi. P. 4, 86, 89, 91, 109, 112, 113, 123, 171, 175, 185, 187, 197, 334, 335, 388, 400, 401, 405, 406, 410, 463.

CHAP. III.—DES PEINES ET DES AUTRES CONDAMNATIONS QUI PEUVENT ÊTRE PRONONCÉES POUR CRIMES OU DÉLITS.

44. « L'effet du renvoi sous la surveillance de la haute police sera de donner au Gouvernement le droit de déterminer certains lieux dans lesquels il sera interdit au condamné de paraître après qu'il aura subi sa peine. En outre, le condamné devra déclarer, avant sa mise en liberté, le lieu où il veut fixer sa résidence; il recevra une feuille de route réglant l'itinéraire dont il ne pourra s'écarter, et la durée de son séjour dans chaque lieu de passage. Il sera tenu de se présenter, dans les vingt-quatre heures de son arrivée, devant le maire de la commune; il ne pourra changer de résidence sans avoir indiqué, trois jours à l'avance, à ce fonctionnaire, le lieu où il se propose d'aller habiter, et sans avoir reçu de lui une nouvelle feuille de route.» P. 11, 45 à 50.

45. « En cas de désobéissance aux dispositions prescrites par l'article précédent, l'individu mis sous la surveillance de la haute police sera condamné, par les tribunaux correctionnels, à un emprisonnement qui ne pourra excéder cinq ans. » P. 40, s.

46. *Abrogé par la loi du 28 avril* 1832.

47. « Les coupables condamnés aux travaux forcés à temps, à la détention, et à la réclusion, seront, de plein droit, après qu'ils auront subi leur peine, et pendant toute la vie, sous la surveillance de la haute police. » P. 7-4°-5°-6°, 11, 44, 45.

---

l'organisation du travail dans les maisons centrales de force et de correction et dans les prisons de la Seine; — Considérant que la disposition de l'art. 3 de cette loi, portant que les produits du travail des détenus seront consommés par l'État, autant que possible, n'a pu recevoir jusqu'à présent qu'une exécution incomplète, malgré les efforts de l'administration : — Que, par suite, une notable partie des condamnés renfermés dans les maisons centrales reste livrée à tous les désordres si graves, si démoralisants de l'oisiveté;—Que cet état de choses, qui offense la morale, est contraire aux art. 31 et 40 du Code pénal; — Considérant que le travail des détenus, réduit à une appréciation exacte, ne présente que des résultats tout à la fois insignifiants relativement à la masse générale de la production et qu'il ne peut fournir les éléments d'une concurrence sérieuse; — Que des mesures administratives peuvent, d'ailleurs, être prises pour prévenir la réduction des prix de main-d'œuvre du travail libre, par l'effet du travail dans les prisons, — Décrète:

« Art. 1er. La loi du 9 janvier 1849 est abrogée.

« 2. Le ministre de l'intérieur est autorisé à réorganiser le travail dans les prisons.

« 3. Les produits du travail des détenus seront, autant que possible, appliqués à la consommation des administrations publiques. — Les condamnés qui ne seront pas employés directement par l'administration à des travaux destinés, soit au service des prisons, soit à des services publics, pourront être employés à des travaux d'industrie privée, sous les conditions déterminées par des règlements administratifs qui seront faits par le ministre de l'intérieur.

« 4. Le ministre de l'intérieur pourra, à titre d'essai, employer un certain nombre de condamnés à des travaux extérieurs. »

48. Les coupables condamnés au bannissement seront, de plein droit, sous la même surveillance pendant un temps égal à la durée de la peine qu'ils auront subie. P. 8-1°, 11, 44, 45.

49. Devront être renvoyés sous la même surveillance ceux qui auront été condamnés pour crimes ou délits qui intéressent la sûreté intérieure ou extérieure de l'Etat. P. 11, 44, 45, 75, s.

50. Hors les cas déterminés par les articles précédents, les condamnés ne seront placés sous la surveillance de la haute police de l'Etat que dans le cas où une disposition particulière de la loi l'aura permis. P. 4, 58, 67, 100, 107, 108, 138, 144, 220, 246, 271, 282, 308, 309, 315, 317, 326, 335, 343, 388, 400, 401, 416, 419, 420-2°, 421, 444, 452, 463.

51. « Quand il y aura lieu à restitution, le coupable pourra être condamné, en outre, envers la partie lésée, si elle le requiert, à des indemnités dont la détermination est laissée à la justice de la cour ou du tribunal, lorsque la loi ne les aura pas réglées, sans que la cour ou le tribunal puisse, du consentement même de ladite partie, en prononcer l'application à une œuvre quelconque. » I. cr. 1, 66, 161, 192, 194, 359, 366.—P. 10, 52, 54, 55, 73, 117, 119, 169, 234, 244, 406, 408, 423, 429, 430, 437, 438, 439, 443, 444, 455, 457, 468, 469.

52. L'exécution des condamnations à l'amende, aux restitutions, aux dommages-intérêts et aux frais, pourra être poursuivie par la voie de la contrainte par corps. C. 2063.—P. 53, 469.—T. cr. 71-5°.

53. Lorsque des amendes et des frais seront prononcés au profit de l'Etat, si, après l'expiration de la peine afflictive ou infamante, l'emprisonnement du condamné, pour l'acquit de ces condamnations pécuniaires, a duré une année complète, il pourra, sur la preuve, acquise par les voies de droit, de son absolue insolvabilité, obtenir sa liberté provisoire. —La durée de l'emprisonnement sera réduite à six mois s'il s'agit d'un délit; sauf, dans tous les cas, à reprendre la contrainte par corps, s'il survient au condamné quelque moyen de solvabilité (*a*). P. 467, 469.

(*a*) Cet article a été modifié par le titre V de

54. En cas de concurrence de l'amende avec les restitutions et les dommages-intérêts, sur les biens insuffisants du condamné, ces dernières condamnations obtiendront la préférence. I. cr. 121.— P. 10, 51, s., 468.

55. Tous les individus condamnés pour un même crime ou pour un même délit seront tenus solidairement des amendes, des restitutions, des dommages-intérêts et des frais. C. 1200. — P. 59, s., 244.

CHAP. IV. — DES PEINES DE LA RÉCIDIVE POUR CRIMES ET DÉLITS.

56. « Quiconque, ayant été condamné à une peine afflictive ou infamante, aura commis un second crime emportant, comme peine principale, la dégradation civique, sera condamné à la peine du bannissement. P. 7, 8-1°, 28, 32, 48. — Si le second crime emporte la peine du bannissement, il sera condamné à la peine de la détention. P. 7-5°, 20, 28, 47. — Si le second crime emporte la peine de la réclusion, il sera condamné à la peine des travaux forcés à temps. P. 7-4°, 15, 19, 28, 47.— Si le second crime emporte la peine de la détention, il sera condamné au *maximum* de la même peine, laquelle pourra être élevée jusqu'au double. P. 7-5°, 20, 28, 47.— Si le second crime emporte la peine des travaux forcés à temps, il sera condamné au *maximum* de la même peine, laquelle pourra être élevée jusqu'au double. P. 7-4°, 15, 19, 28, 47. — Si le second crime emporte la peine de la déportation, il sera condamné aux travaux forcés à perpétuité. P. 7-2°, 15, 17, 18. — Quiconque, ayant été condamné aux travaux forcés à perpétuité, aura commis un second crime emportant la même peine, sera condamné à la peine de mort. P. 7-1°, 12.—Toutefois, l'individu condamné par un tribunal militaire ou maritime ne sera, en cas de crime ou délit postérieur, passible des peines de la récidive, qu'autant que la première condamnation aurait été prononcée pour des crimes ou délits punissables d'après les lois pénales ordinaires. » I. cr. 281, 634. — P. 5.

57. Quiconque ayant été condamné pour un crime aura commis un délit de

la loi du 17 avril 1832. (Voy. Code de la contrainte par corps.)

nature à être puni correctionnellement, sera condamné au *maximum* de la peine portée par la loi, et cette peine pourra être élevée jusqu'au double. I. cr. 179.—P. 1, 40, s., 56, 58, 423 et la *note*.

58. Les coupables condamnés correctionnellement à un emprisonnement de plus d'une année seront aussi, en cas de nouveau délit, condamnés au *maximum* de la peine portée par la loi, et cette peine pourra être élevée jusqu'au double : ils seront de plus mis sous la surveillance spéciale du gouvernement pendant au moins cinq années, et dix ans au plus. I. cr. 179, s. — P. 9, 40, s., 44, 50, 57, 200, 423 et la *note*.

LIVRE DEUXIÈME.

Des personnes punissables, excusables ou responsables, pour crimes ou pour délits.

(Loi décrétée le 13 février 1810. Promulguée le 23.)

CHAPITRE UNIQUE.

59. Les complices d'un crime ou d'un délit seront punis de la même peine que les auteurs mêmes de ce crime ou de ce délit, sauf les cas où la loi en aurait disposé autrement. I. cr. 501.—P. 100, 102, 103, 104, 105, 106, 107, 126, 137, 202, 203, 206, 207, 217, 238, 284, s., 293, 338, 380, 381-2°, 403, 441.— T. cr. 156, s.

60. Seront punis comme complices d'une action qualifiée crime ou délit, ceux qui, par dons, promesses, menaces, abus d'autorité ou de pouvoir, machinations ou artifices coupables, auront provoqué à cette action, ou donné des instructions pour la commettre; P. 59, 177. — Ceux qui auront procuré des armes, des instruments, ou tout autre moyen qui aura servi à l'action, sachant qu'ils devaient y servir; P. 101. — Ceux qui auront, avec connaissance, aidé ou assisté l'auteur ou les auteurs de l'action, dans les faits qui l'auront préparée ou facilitée, ou dans ceux qui l'auront consommée, sans préjudice des peines qui seront spécialement portées par le présent Code contre les auteurs de complots ou de provocations attentatoires à la sûreté intérieure ou extérieure de l'État, même dans le cas où le crime qui était l'objet des conspirateurs ou des provocateurs n'aurait pas été commis. P. 75, s., 86, s.

61. Ceux qui, connaissant la conduite criminelle des malfaiteurs exerçant des brigandages ou des violences contre la sûreté de l'État, la paix publique, les personnes ou les propriétés, leur fournissent habituellement logement, lieu de retraite ou de réunion, seront punis comme leurs complices. P. 59, 62, 73, 99, 268.

62. Ceux qui sciemment auront recélé, en tout ou en partie, des choses enlevées, détournées ou obtenues à l'aide d'un crime ou d'un délit, seront aussi punis comme complices de ce crime ou délit (*a*). Co. 593, s.—P. 59, 60, 63, 83, 248, 359, 380, 400.

63. « Néanmoins, la peine de mort, lorsqu'elle sera applicable aux auteurs des crimes, sera remplacée, à l'égard des recéleurs, par celle des travaux forcés à perpétuité; P. 15, 18. — Dans tous les cas, les peines des travaux forcés à perpétuité ou de la déportation, lorsqu'il y aura lieu, ne pourront être prononcées contre les recéleurs, qu'autant qu'ils seront convaincus d'avoir eu, au temps du recélé, connaissance des circonstances auxquelles la loi attache les peines de mort, des travaux forcés à perpétuité et de la déportation; sinon, ils ne subiront

(*a*) *Avis du conseil d'Etat du 10 décembre 1813, sur un référé de la cour de cassation tendant à obtenir l'interprétation de l'art. 62 du Code pénal.*
« Le conseil d'Etat est d'avis que, lorsqu'un vol a été commis à l'aide et par suite d'un meurtre, les personnes qui ont recélé les effets volés, ayant connaissance que le vol a été précédé du crime de meurtre, doivent, aux termes de l'art. 62 du Code pénal, être considérées comme complices de ce dernier crime. »

30

que la peine des travaux forcés à temps. »
P. 7 et la *note*, 17, 304, 384, s.

64. Il n'y a ni crime ni délit, lorsque le prévenu était en état de démence au temps de l'action, ou lorsqu'il a été contraint par une force à laquelle il n'a pu résister. C. 489.— P. 65.

65. Nul crime ou délit ne peut être excusé, ni la peine mitigée, que dans les cas et dans les circonstances où la loi déclare le fait excusable, ou permet de lui appliquer une peine moins rigoureuse. I. cr. 339, 367. — P. 64, 66, s., 100, 108, 114, 116, 135, 138, 144, 163, 184, 190, 213, 247, 248, 284, 288, 321, s., 343, 347, 348, 357, 380, 441, 463.

66. Lorsque l'accusé aura moins de seize ans, s'il est décidé qu'il a agi *sans discernement*, il sera acquitté; mais il sera, selon les circonstances, remis à ses parents, ou conduit dans une maison de correction, pour y être élevé et détenu pendant tel nombre d'années que le jugement déterminera, et qui toutefois ne pourra excéder l'époque où il aura accompli sa vingtième année (a). I. cr. 340. — P. 67 à 69, 463.

67. « S'il est décidé qu'il a agi *avec discernement*, les peines seront pronon-cées ainsi qu'il suit : — S'il a encouru la peine de mort, des travaux forcés à perpétuité, de la déportation, il sera condamné à la peine de dix à vingt ans d'emprisonnement dans une maison de correction; P. 7-1°-2°-3° et la *note*, 40, s. — S'il a encouru la peine des travaux forcés à temps, de la détention ou de la réclusion, il sera condamné à être renfermé dans une maison de correction, pour un temps égal au tiers au moins et à la moitié au plus de celui pour lequel il aurait pu être condamné à l'une de ces peines. P. 7-4°-5°-6°, 40, s. — Dans tous les cas, il pourra être mis, par l'arrêt ou le jugement, sous la surveillance de la haute police pendant cinq ans au moins et dix ans au plus. P. 44, 50. — S'il a encouru la peine de la dégradation civique ou du bannissement, il sera condamné à être enfermé, d'un an à cinq ans, dans une maison de correction. » P. 8, 40, s.

68. L'individu, âgé de moins de seize ans, qui n'aura pas de complices présents au-dessus de cet âge, et qui sera prévenu de crimes autres que ceux que la loi punit de la peine de mort, de celle des travaux forcés à perpétuité, de la peine de la déportation ou de celle de la détention, sera

---

(a) 5-12 août 1850.—*Loi sur l'éducation et le patronage des jeunes détenus.*

« Art. 1er. Les mineurs des deux sexes détenus à raison de crimes, délits, contraventions aux lois fiscales, ou par voie de correction paternelle, reçoivent, soit pendant leur détention préventive, soit pendant leur séjour dans les établissements pénitentiaires, une éducation morale, religieuse et professionnelle.

« 2. Dans les maisons d'arrêt et de justice, un quartier distinct est affecté aux jeunes détenus de toute catégorie.

« 3. Les jeunes détenus acquittés en vertu de l'art. 66 du Code pénal, comme ayant agi sans discernement, mais non remis à leurs parents, sont conduits dans une école pénitentiaire; ils y sont élevés en commun, sous une discipline sévère, et appliqués aux travaux de l'agriculture, ainsi qu'aux principales industries qui s'y rattachent. Il est pourvu à leur instruction élémentaire.

« 4. Les colonies pénitentiaires reçoivent également les jeunes détenus condamnés à un emprisonnement de plus de six mois et qui n'excède pas deux ans.—Pendant les trois premiers mois, ces jeunes détenus sont renfermés dans un quartier distinct, et appliqués à des travaux sédentaires.—A l'expiration de ce terme, le directeur peut, en raison de leur bonne conduite, les admettre aux travaux agricoles de la colonie.

« 5. Les colonies pénitentiaires sont des établissements publics ou privés. — Les établissements publics sont ceux fondés par l'État, et dont il institue les directeurs.—Les établissements privés sont ceux fondés et dirigés par des particuliers, avec l'autorisation de l'État.

« 6. Dans les cinq ans qui suivront la promulgation de la présente loi, les particuliers ou les associations qui voudront établir des colonies pénitentiaires pour les jeunes détenus, formeront, auprès du ministre de l'intérieur, une demande en autorisation, et produiront à l'appui les plans, statuts et règlements intérieurs de ces établissements. — Le ministre pourra passer avec ces établissements, dûment autorisés, des traités pour la garde, l'entretien et l'éducation d'un nombre déterminé de jeunes détenus. — A l'expiration des cinq années, si le nombre total des jeunes détenus n'a pu être placé dans des établissements particuliers, il sera pourvu, aux frais de l'État, à la fondation de colonies pénitentiaires.

« 7. Toute colonie pénitentiaire privée est régie par un directeur responsable, agréé par le Gouvernement et investi de l'autorité des directeurs des maisons de correction.

« 8. Il est établi auprès de toute colonie pénitentiaire un conseil de surveillance qui se compose,—D'un délégué du préfet;—D'un ecclésiastique désigné par l'évêque du diocèse; — De deux délégués du conseil général;—D'un membre du tribunal civil de l'arrondissement élu par ses collègues.

« 9. Les jeunes détenus des colonies pénitentiaires peuvent obtenir, à titre d'épreuve, et sous des conditions déterminées par le règle-

jugé par les tribunaux correctionnels, qui se conformeront aux deux articles ci-dessus. I. cr. 179, s.—P. 7-4°-5°, 8, 59, s.

69. « Dans tous les cas où le mineur de seize ans n'aura commis qu'un simple délit, la peine qui sera prononcée contre lui ne pourra s'élever au-dessus de la moitié de celle à laquelle il aurait pu être condamné s'il avait eu seize ans. » I. cr. 179, s.— P. 1.

70. Les peines des travaux forcés à perpétuité, de la déportation et des travaux forcés à temps, ne seront prononcées contre aucun individu âgé de soixante-dix ans accomplis au moment du jugement. C. 2066. — Pr. 800-5°. — P. 7-2°-3°-4°, 15, 16, 17, 19, 71, 72.

71. « Ces peines seront remplacées, à leur égard, savoir : celle de la déportation, par la détention à perpétuité ; et les autres, par celle de la réclusion, soit à perpétuité, soit à temps, selon la durée de la peine qu'elle remplacera. » P. 7-5°-7°, 20, 21, 70, 72.

72. Tout condamné à la peine des travaux forcés à perpétuité ou à temps, dès qu'il aura atteint l'âge de soixante-dix ans accomplis, en sera relevé, et sera renfermé dans la maison de force pour tout le temps à expirer de sa peine, comme s'il n'eût été condamné qu'à la réclusion. P. 7-6°, 15 et la *note*, 70, 71.

73. Les aubergistes et hôteliers convaincus d'avoir logé, plus de vingt-quatre heures, quelqu'un qui, pendant son séjour, aurait commis un crime ou un délit, seront civilement responsables des restitutions, des indemnités et des frais adjugés à ceux à qui ce crime ou ce délit aurait causé quelque dommage, faute par eux d'avoir inscrit sur leur registre le nom, la profession et le domicile du coupable ; sans préjudice de leur responsabilité dans le cas des articles 1952 et 1953 du Code Napoléon. P. 51, 61, 99, 268, 475-2°. — T. cr. 156, s.

74. Dans les autres cas de responsabilité civile qui pourront se présenter

ment d'administration publique, d'être placés provisoirement hors de la colonie.

« 10. Il est établi, soit en France, soit en Algérie, une ou plusieurs colonies correctionnelles où sont conduits et élevés : — 1° Les jeunes détenus condamnés à un emprisonnement de plus de deux années ; 2° les jeunes détenus des colonies pénitentiaires qui auront été déclarés insubordonnés. — Cette déclaration est rendue, sur la proposition du directeur, par le conseil de surveillance. Elle est soumise à l'approbation du ministre de l'intérieur.

« 11. Les jeunes détenus des colonies correctionnelles sont, pendant les six premiers mois, soumis à l'emprisonnement et appliqués à des travaux sédentaires. A l'expiration de ce terme, le directeur peut, en raison de leur bonne conduite, les admettre aux travaux agricoles de la colonie.

« 12. Sauf les prescriptions de l'article précédent, les règles fixées par la présente loi pour les colonies pénitentiaires sont applicables aux colonies correctionnelles. Les membres du conseil de surveillance des colonies correctionnelles établies en Algérie seront au nombre de cinq, et désignés par le préfet du département.

« 13. Il est rendu compte par le directeur au conseil de surveillance des mesures prises en vertu des art. 9 et 11 de la présente loi.

« 14. Les colonies pénitentiaires et correctionnelles sont soumises à la surveillance spéciale du procureur général du ressort, qui est tenu de les visiter chaque année. Elles sont en outre visitées chaque année par un inspecteur général délégué par le ministre de l'intérieur. Un rapport général sur la situation de ces colonies sera présenté tous les ans par le ministre de l'intérieur à l'Assemblée nationale.

« 15. Les règles tracées par la présente loi pour la création, le régime et la surveillance des

colonies pénitentiaires s'appliquent aux maisons pénitentiaires destinées à recevoir les jeunes filles détenues, sauf les modifications suivantes.

« 16. Les maisons pénitentiaires reçoivent : 1° les mineures détenues par voie de correction paternelle ; 2° les jeunes filles de moins de seize ans condamnées à l'emprisonnement pour une durée quelconque ; 3° les jeunes filles acquittées comme ayant agi sans discernement, et non remises à leurs parents.

« 17. Les jeunes filles détenues dans les maisons pénitentiaires sont élevées sous une discipline sévère et appliquées aux travaux qui conviennent à leur sexe.

« 18. Le conseil de surveillance des maisons pénitentiaires se compose : — D'un ecclésiastique désigné par l'évêque du diocèse ; — De quatre dames déléguées par le préfet du département. — L'inspection, faite au nom du ministre de l'intérieur, sera exercée par une dame inspectrice.

« 19. Les jeunes détenus désignés aux art. 3, 4, 10 et 16, paragraphes 2 et 3, sont, à l'époque de leur libération, placés sous le patronage de l'assistance publique pendant trois années au moins.

« 20. Sont à la charge de l'État : 1° les frais de création et d'entretien des colonies correctionnelles et des établissements publics servant de colonies et de maisons pénitentiaires ; 2° les subventions aux établissements privés, auxquels de jeunes détenus seront confiés. — La loi sur l'organisation départementale déterminera, s'il y a lieu, le mode de participation des départements dans l'entretien des jeunes détenus.

« 21. Un règlement d'administration publique déterminera : 1° le régime disciplinaire des établissements publics destinés à la correction et à l'éducation des jeunes détenus ; 2° le mode de patronage des jeunes détenus après leur libération. »

dans les affaires criminelles, correction-nelles ou de police, les cours et les tri-bunaux devant qui ces affaires seront portées se conformeront aux dispositions du Code Napoléon, livre III, titre IV, chapitre II (art. 1382 à 1386).— I. cr. 194.

LIVRE TROISIÈME.

Des crimes, des délits et de leur punition.

TITRE PREMIER.

CRIMES ET DÉLITS CONTRE LA CHOSE PUBLIQUE.

(Chap. I—II. Loi décrétée le 15 février 1810. Promul-guée le 25.)

(Chap. III. Loi décrétée le 16. Promulguée le 26.)

CHAP. I. — CRIMES ET DÉLITS CONTRE LA SURETÉ DE L'ÉTAT.

SECT. I. — *Des crimes et délits contre la sûreté extérieure de l'Etat.*

75. Tout Français qui aura porté les armes contre la France sera puni de mort (a). P. 7-1º, 12.

76. Quiconque aura pratiqué des ma-chinations ou entretenu des intelligences avec les puissances étrangères ou leurs agents, pour les engager à commettre des hostilités ou à entreprendre la guerre contre la France ou pour leur en pro-curer les moyens, sera puni de mort. P. 7-1º, 12. — Cette disposition aura lieu dans le cas même où lesdites machina-tions ou intelligences n'auraient pas été suivies d'hostilités. P. 2, 77, 78, 79, 80.

77. Sera également puni de mort (b), quiconque aura pratiqué des manœuvres ou entretenu des intelligences avec les ennemis de l'Etat, à l'effet de faciliter leur entrée sur le territoire et dépendances de l'empire, ou de leur livrer des villes, forteresses, places, postes, ports, maga-sins, arsenaux, vaisseaux ou bâtiments appartenant à la France, ou de fournir aux ennemis des secours en soldats, hommes, argent, vivres, armes ou muni-tions, ou de seconder les progrès de leurs armes sur les possessions ou contre les forces françaises de terre ou de mer, soit en ébranlant la fidélité des officiers, soldats, matelots ou autres, envers l'Em-pereur et l'Etat, soit de toute autre ma-nière. P. 7-1º, 12.

78. « Si la correspondance avec les sujets d'une puissance ennemie, sans avoir pour objet l'un des crimes énoncés en l'article précédent, a néanmoins eu pour résultat de fournir aux ennemis des instructions nuisibles à la situation mili-taire ou politique de la France ou de ses alliés, ceux qui auront entretenu cette correspondance seront punis de la dé-tention, sans préjudice de plus forte peine, dans le cas où ces instructions au-raient été la suite d'un concert consti-tuant un fait d'espionnage (c). » P. 7-5º et la *note*. 12, 20, 64, 66, 76, 77.

79. Les peines exprimées aux articles 76 et 77 seront les mêmes, soit que les machinations ou manœuvres énoncées en ces articles aient été commises envers la France, soit qu'elles l'aient été envers les alliés de la France, agissant contre l'ennemi commun. P. 7 et la *note*, 81.

80. Sera puni des peines exprimées en l'article 76, tout fonctionnaire public, tout agent du gouvernement, ou toute autre personne qui, chargée ou instruite offi-ciellement ou à raison de son état, du secret d'une négociation ou d'une expé-dition, l'aura livré aux agents d'une puis-sance étrangère ou de l'ennemi. P. 7 et la *note*, 77, s., 81, s., 187.

81. « Tout fonctionnaire public, tout agent, tout préposé du gouvernement, chargé, à raison de ses fonctions, du dé-pôt des plans de fortifications, arsenaux, ports ou rades, qui aura livré ces plans ou l'un de ces plans à l'ennemi ou aux agents de l'ennemi, sera puni de mort (d).

(*a*, *b*) Aujourd'hui, de la *déportation*, d'après la loi des 8-16 juin 1850, ci-dessus, sous l'art. 7.

(*c*) L'ancien article prononçait la peine du ban-nissement.

(*d*) Aujourd'hui, la *déportation*, d'après la loi des 8-16 juin 1850, sous l'art. 7.

P. 7-1º, 12, 76, s. — Il sera puni de la détention, s'il a livré ces plans aux agents d'une puissance étrangère neutre ou alliée. » P. 7-5º, 20, 28, 47, 79, 82.

82. Toute autre personne qui, étant parvenue, par corruption, fraude ou violence, à soustraire lesdits plans, les aura livrés ou à l'ennemi ou aux agents d'une puissance étrangère, sera punie comme le fonctionnaire ou agent mentionné dans l'article précédent, et selon les distinctions qui y sont établies. — Si lesdits plans se trouvaient, sans le préalable emploi de mauvaises voies, entre les mains de la personne qui les a livrés, la peine sera, au premier cas mentionné dans l'article 81, la déportation ; P. 7-3º, 17. Et au second cas du même article, un emprisonnement de deux à cinq ans. P. 40, s.

83. Quiconque aura recélé ou aura fait recéler les espions ou les soldats ennemis envoyés à la découverte, et qu'il aura connus pour tels, sera condamné à la peine de mort (a). P. 7-1º et la *note*, 12, 62, 63.

84. Quiconque aura, par des actions hostiles non approuvées par le gouvernement, exposé l'Etat à une déclaration de guerre, sera puni du bannissement; et si la guerre s'en est suivie, de la déportation. P. 7-3º et la *note*, 8-1º, 17, 28, 32, 48, 49, 64, 66, 70, 71, 85.

85. Quiconque aura, par des actes non approuvés par le gouvernement, exposé des Français à éprouver des représailles, sera puni du bannissement. P. 8-1º, 28, 32, 48, 49, 84.

SECT. II. — *Des crimes contre la sûreté intérieure de l'État.*

§ I. — *Des attentats et complots dirigés contre l'Empereur et sa famille.*

86. « L'attentat contre la vie ou contre la personne de l'Empereur est puni de la peine du parricide. P. 13, 299, 302, 313. — L'attentat contre la vie des membres de la famille impériale est puni de la peine de mort. P. 7-1º, 12. — L'attentat contre la personne des membres de la famille impériale est puni de la peine de la déportation dans une enceinte fortifiée. — Toute offense commise publiquement

envers la personne de l'Empereur est punie d'un emprisonnement de six mois à cinq ans et d'une amende de cinq cents francs à dix mille francs. Le coupable peut, en outre, être interdit de tout ou partie des droits mentionnés en l'art. 42 pendant un temps égal à celui de l'emprisonnement auquel il a été condamné. Ce temps court à compter du jour où il a subi sa peine. P. 40, s., 87, s., 91, s. — Toute offense commise publiquement envers les membres de la famille impériale est punie d'un emprisonnement d'un mois à trois ans et d'une amende de cent francs à cinq mille francs (b). » (*Loi des 10-15 juin* 1853.)

87. « L'attentat dont le but est, soit de détruire ou de changer le gouvernement ou l'ordre de successibilité au trône, soit d'exciter les citoyens ou habitants à s'armer contre l'autorité impériale, est puni de la peine de la déportation dans une enceinte fortifiée (c). » (*Loi des* 10-15 *juin* 1853.)

88. « L'exécution ou la tentative constitueront seules l'attentat (d). » (*Loi du 28 avril* 1832.) P. 87, 108.

89. « Le complot ayant pour but les crimes mentionnés aux articles 86 et 87, s'il a été suivi d'un acte commis ou commencé pour en préparer l'exécution, sera puni de la déportation. P. 2, 7-3º et la *note*, 17. — S'il n'a été suivi d'aucun acte commis ou commencé pour en préparer l'exécution, la peine sera celle de la détention. P. 7-5º, 20, 28, 47. — Il y a complot dès que la résolution d'agir est concertée et arrêtée entre deux ou plusieurs personnes (e). P. 59, s., 90. — S'il y a eu pro-

---

(b) Ancien art. 86. « L'attentat contre la vie ou contre la personne du roi est puni de la peine du parricide. — L'attentat contre la vie ou contre la personne des membres de la famille royale est puni de la peine de mort. — Toute offense commise publiquement envers la personne du roi sera punie d'un emprisonnement de six mois à cinq ans et d'une amende de cinq cents francs à dix mille francs. Le coupable pourra en outre être interdit de tout ou partie des droits mentionnés en l'art. 42, pendant un temps égal à celui de l'emprisonnement auquel il aura été condamné. Ce temps courra à compter du jour où le coupable aura subi sa peine. »

(c) Ancien art. 87. « L'attentat dont le but sera, soit de détruire, soit de changer le gouvernement ou l'ordre de successibilité au trône, soit d'exciter les citoyens ou habitants à s'armer contre l'autorité royale, sera puni de mort. »

(d, e) La loi de 1832, modificative de notre lé-

(a) Aujourd'hui, la *déportation*, d'après la loi des 8-16 juin 1850, en *note* sous l'art. 7 ci-dessus.

position faite et non agréée de former un complot pour arriver aux crimes mentionnés dans les articles 86 et 87, celui qui aura fait une telle proposition sera puni d'un emprisonnement d'un an à cinq ans. Le coupable pourra de plus être interdit, en tout ou en partie, des droits mentionnés en l'article 42. » (*Loi du 28 avril* 1832.) P. 40, s., 91.

90. « Lorsqu'un individu aura formé seul la résolution de commettre l'un des crimes prévus par l'article 86, et qu'un acte pour en préparer l'exécution aura été commis ou commencé par lui seul et sans assistance, la peine sera celle de la détention. » (*Ibid.*) P. 47, 88, 89.

§ II. — *Des crimes tendant à troubler l'État par la guerre civile, l'illégal emploi de la force armée, la dévastation et le pillage publics.*

91. « L'attentat dont le but sera, soit d'exciter la guerre civile en armant ou en portant les citoyens ou habitants à s'armer les uns contre les autres, soit de porter la dévastation, le massacre et le pillage dans une ou plusieurs communes, sera puni de mort (*a*) ; P. 7-1º et la *note*, 12.— Le complot ayant pour but l'un des crimes prévus au présent article, et la proposition de former ce complot, seront punis des peines portées en l'article 89, suivant les distinctions qui y sont établies. » P. 86, s., 92, s.

92. Seront punis de mort (*b*), ceux qui auront levé ou fait lever des troupes armées, engagé ou enrôlé, fait engager ou enrôler des soldats, ou leur auront fourni ou procuré des armes ou munitions, sans ordre ou autorisation du pouvoir légitime. P. 7-1º, 12, 93.

93. Ceux qui, sans droit ou motif légitime, auront pris le commandement d'un corps d'armée, d'une troupe, d'une

gislation pénale, a apporté un changement important par ces articles : elle a distingué l'*attentat* du *complot*, pour en faire deux délits distincts, alors que le Code pénal de 1810 les avait confondus et les frappait tous deux de la peine de mort. Il y a en effet une distance immense entre le *complot*, c'est-à-dire la résolution, le concert, établi entre plusieurs personnes, d'agir, et l'*attentat*, c'est-à-dire la mise à exécution de la résolution arrêtée par des actes et des voies de fait.— Dans l'intervalle du complot à l'attentat, les conjurés peuvent renoncer à leur projet.

(*a, b*) Aujourd'hui, la *déportation*, d'après la loi des 8-16 juin 1850, retracée sous l'art. 7.

flotte, d'une escadre, d'un bâtiment de guerre, d'une place forte, d'un poste, d'un port, d'une ville ; — Ceux qui auront retenu, contre l'ordre du gouvernement, un commandement militaire quelconque ; — Les commandants qui auront tenu leur armée ou troupe rassemblée, après que le licenciement ou la séparation en auront été ordonnés ; — Seront punis de la peine de mort (*c*). P. 7-1º, 12, 94, 197.

94. Toute personne qui, pouvant disposer de la force publique, en aura requis ou ordonné, fait requérir ou ordonner l'action ou l'emploi contre la levée des gens de guerre légalement établie, sera punie de la déportation. P. 7-3º et la *note*, 17. — Si cette réquisition ou cet ordre ont été suivis de leur effet, le coupable sera puni de mort (*d*). P. 7-1º et la *note*, 12.

95. Tout individu qui aura incendié ou détruit, par l'explosion d'une mine, des édifices, magasins, arsenaux, vaisseaux, ou autres propriétés appartenant à l'État, sera puni de mort (*f*). P. 7-1º et la *note*, 12, 434, s.

96. Quiconque, soit pour envahir des domaines, propriétés ou deniers publics, places, villes, forteresses, postes, magasins, arsenaux, ports, vaisseaux ou bâtiments appartenant à l'État, soit pour piller ou partager des propriétés publiques ou nationales, ou celles d'une généralité de citoyens, soit enfin pour faire attaque ou résistance envers la force publique agissant contre les auteurs de ces crimes, se sera mis à la tête de bandes armées, ou y aura exercé une fonction ou commandement quelconque, sera puni de mort (*g*). P. 7-1º, 12. — Les mêmes peines seront appliquées à ceux qui auront dirigé l'association, levé ou fait lever, organisé ou fait organiser les bandes, ou leur auront, sciemment et volontairement, fourni ou procuré des armes, munitions et instruments de crimes, ou envoyé des convois de subsistances, ou qui auront de toute autre manière pratiqué des intelligences avec les directeurs ou commandants des bandes. P. 97, s., 267, 313.

97. Dans le cas où l'un ou plusieurs

(*c, d, e, f, g*) Aujourd'hui, la *déportation*. (Voy. l'art. 7 et la *note*.)

des crimes mentionnés aux articles 86, 87 et 91, auront été exécutés ou simplement tentés par une bande, la peine de mort sera appliquée, sans distinction de grades, à tous les individus faisant partie de la bande et qui auront été saisis sur le lieu de la réunion séditieuse. P. 2, 7-1°, et la note (a), 12, 88. — Sera puni des mêmes peines, quoique non saisi sur le lieu, quiconque aura dirigé la sédition, ou aura exercé dans la bande un emploi ou commandement quelconque. P. 98.

98. Hors le cas où la réunion séditieuse aurait eu pour objet ou résultat l'un ou plusieurs des crimes énoncés aux articles 86, 87 et 91, les individus faisant partie des bandes dont il est parlé ci-dessus, sans y exercer aucun commandement ni emploi, et qui auront été saisis sur les lieux, seront punis de la déportation. P. 7-3°, 17, 97, 99, s.

99. Ceux qui, connaissant le but et le caractère desdites bandes, leur auront, sans contrainte, fourni des logements, lieux de retraite ou de réunion, seront condamnés à la peine des travaux forcés à temps. P. 7-4°, 15, 19, 28, 47, 61, 73, 268.

100. Il ne sera prononcé aucune peine, pour le fait de sédition, contre ceux qui, ayant fait partie de ces bandes sans y exercer aucun commandement et sans y remplir aucun emploi ni fonctions, se seront retirés au premier avertissement des autorités civiles ou militaires, ou même depuis, lorsqu'ils n'auront été saisis que hors des lieux de la réunion séditieuse, sans opposer de résistance et sans armes. P. 65, 91, s. — Ils ne seront punis, dans ces cas, que des crimes particuliers qu'ils auraient personnellement commis; et néanmoins ils pourront être renvoyés, pour cinq ans ou au plus jusqu'à dix, sous la surveillance spéciale de la haute police. P. 44, 50.

101. Sont compris dans le mot *armes*, toutes machines, tous instruments ou ustensiles tranchants, perçants ou contondants. — Les couteaux et ciseaux de poche, les cannes simples, ne seront réputés armes qu'autant qu'il en aura été fait usage pour tuer, blesser ou frap-

(a) Disposition modifiée par la loi des 8-16 juin 1850, sous l'art. 7 ci-dessus.

per. P. 60, 314, 315, 381, 382, 385, 386, 471, 472, 479.

DISPOSITION COMMUNE AUX DEUX PARAGRAPHES DE LA PRÉSENTE SECTION.

102. Abrogé par la loi du 17 mai 1819, art. 26. (Voy. C. de la Presse.)

SECT. III. — *De la révélation et de la non-révélation des crimes qui compromettent la sûreté intérieure ou extérieure de l'État.*

103 à 107. Abrogés par la loi du 28 avril 1832, art. 12.

108. « Seront exemptés des peines prononcées contre les auteurs de complots ou d'autres crimes attentatoires à la sûreté intérieure ou extérieure de l'État, ceux des coupables qui, avant toute exécution ou tentative de ces complots ou de ces crimes, et avant toutes poursuites commencées, auront les premiers donné au gouvernement ou aux autorités administratives ou de police judiciaire, connaissance de ces complots ou crimes, et de leurs auteurs ou complices, ou qui, même depuis le commencement des poursuites, auront procuré l'arrestation desdits auteurs ou complices. P. 59, s., 89, s., 91, s., 138, 144. — Les coupables qui auront donné ces connaissances ou procuré ces arrestations, pourront néanmoins être condamnés à rester pour la vie ou à temps sous la surveillance de la haute police. » P. 44, 50.

CHAP. II. — **CRIMES ET DÉLITS CONTRE LA CONSTITUTION.**

SECT. I. — *Des crimes et délits relatifs à l'exercice des droits civiques.*

109. Lorsque, par attroupement, voies de fait ou menaces, on aura empêché un ou plusieurs citoyens d'exercer leurs droits civiques, chacun des coupables sera puni d'un emprisonnement de six mois au moins et de deux ans au plus, et de l'interdiction du droit de voter et d'être éligible pendant cinq ans au moins et dix ans au plus. P. 40, 42-1°, 110, s.

110. Si ce crime a été commis par suite d'un plan concerté pour être exécuté soit dans tout le royaume, soit dans un ou plusieurs départements, soit dans un ou plusieurs arrondissements communaux, la peine sera le bannissement. P. 8-1°, 28, 32.

111. « Tout citoyen qui, étant chargé, dans un scrutin, du dépouillement des billets contenant les suffrages des citoyens, sera surpris falsifiant ces billets, ou en soustrayant de la masse, ou y en ajoutant, ou inscrivant sur les billets des votants non lettrés des noms autres que ceux qui lui auraient été déclarés, sera puni de la peine de la dégradation civique *(a)*. » P. 8-2°, 34, 112.

112. Toutes autres personnes coupables des faits énoncés dans l'article précédent seront punies d'un emprisonnement de six mois au moins et de deux ans au plus, et de l'interdiction du droit de voter et d'être éligible, pendant cinq ans au moins et dix ans au plus. P. 40, 42-1°, 109.

113. Tout citoyen qui aura, dans les élections, acheté ou vendu un suffrage à un prix quelconque, sera puni d'interdiction des droits de citoyen et de toute fonction ou emploi public, pendant cinq ans au moins et dix ans au plus. P. 42-1°-3°, 177, s. — Seront, en outre, le vendeur et l'acheteur du suffrage, condamnés chacun à une amende double de la valeur des choses reçues ou promises. P. 11, 59, s.

SECT. II. — *Attentats à la liberté.*

114. Lorsqu'un fonctionnaire public, un agent ou un préposé du gouvernement, aura ordonné ou fait quelque acte arbitraire, ou attentatoire, soit à la liberté individuelle, soit aux droits civiques d'un ou de plusieurs citoyens, soit à la Constitution, il sera condamné à la peine de la dégradation civique *(b)*. I. cr. 615, s. — Si néanmoins il justifie qu'il a agi par ordre de ses supérieurs pour des objets du ressort de ceux-ci, sur lesquels il leur était dû obéissance hiérarchique, il sera exempt de la peine, laquelle sera, dans ce cas, appliquée seulement aux

(a) L'art. 32 de la Constit. du 5 fruct. an III, et la loi du 4 therm. an V frappaient ce crime de peines infamantes.
(b) Aux termes de l'art. 75 de la Constit. du 22 frim. an VIII, les agents du Gouvernement, autres que les ministres, ne peuvent être poursuivis pour des faits relatifs à leurs fonctions, qu'en vertu d'une décision du conseil d'Etat.

supérieurs qui auront donné l'ordre. P. 64, 115, 116, 190, 321, s.

115. Si c'est un ministre qui a ordonné ou fait les actes ou l'un des actes mentionnés en l'article précédent, et si, après les invitations mentionnées dans les articles 63 et 67 du sénatus-consulte du 28 floréal an XII *(c)*, il a refusé ou négligé de faire réparer ces actes dans les délais fixés par ledit acte, il sera puni du bannissement. — P. 8-1°, 28, 32, 114, 116, 190.

116. Si les ministres prévenus d'avoir ordonné ou autorisé l'acte contraire à la Constitution prétendent que la signature à eux imputée leur a été surprise, ils seront tenus, en faisant cesser l'acte, de dénoncer celui qu'ils déclareront auteur de la surprise, sinon ils seront poursuivis personnellement. P 64, 114 et les *notes*, 115, 190.

117. Les dommages-intérêts qui pourraient être prononcés à raison des attentats exprimés dans l'article 114 seront demandés, soit sur la poursuite criminelle, soit par la voie civile, et seront réglés, eu égard aux personnes, aux circonstances et au préjudice souffert, sans qu'en aucun cas, et quel que soit l'individu lésé, lesdits dommages-intérêts puissent être au-dessous de vingt-cinq francs pour chaque jour de détention illégale et arbitraire et pour chaque individu. I. cr. 1, 2, 3, 4, 637, s. — P. 10, 51, 52, 54, 55.

118. Si l'acte contraire à la Constitution a été fait d'après une fausse signature du nom d'un ministre ou d'un fonctionnaire public, les auteurs du faux et ceux qui en auront sciemment fait usage seront punis des travaux forcés à temps, dont le *maximum* sera toujours appliqué dans ce cas. I. cr. 448, s. — P. 7-4°, 15, 19, 145 à 148, 163.

119. Les fonctionnaires publics chargés de la police administrative ou judiciaire, qui auront refusé ou négligé de déférer à une réclamation légale tendant à constater les détentions illégales et arbitraires, soit dans les maisons destinées à la garde des détenus, soit partout ail-

(c) Ces articles se rattachaient à l'institution aujourd'hui abolie des commissions sénatoriales de la liberté individuelle et de la liberté de la presse. (Voy. C. polit.)

leurs, et qui ne justifieront pas les avoir dénoncées à l'autorité supérieure, seront punis de la dégradation civique, et tenus des dommages-intérêts, lesquels seront réglés comme il est dit dans l'article 117. I. cr. 9, 603, s., 615, s.— P. 8-2º, 34, 35, 52, s., 120, 341, s.

120. Les gardiens et concierges des maisons de dépôt, d'arrêt, de justice ou de peine, qui auront reçu un prisonnier sans mandat ou jugement, ou sans ordre provisoire du gouvernement; ceux qui l'auront retenu, ou auront refusé de le représenter à l'officier de police ou au porteur de ses ordres, sans justifier de la défense du procureur impérial ou du juge; ceux qui auront refusé d'exhiber leurs registres à l'officier de police, seront, comme coupables de détention arbitraire, punis de six mois à deux ans d'emprisonnement, et d'une amende de seize francs à deux cents francs. I. cr. 607, 609, s., 618.—P. 40, s., 52, s., 119, 341, s.

121. Seront, comme coupables de forfaiture (a), punis de la dégradation civique, tout officier de police judiciaire, tous procureurs généraux ou impériaux, tous substituts, tous juges, qui auront provoqué, donné ou signé un jugement, une ordonnance ou un mandat tendant à la poursuite personnelle ou accusation, soit d'un ministre, soit d'un membre du Sénat, du Corps législatif ou du conseil d'Etat, sans les autorisations prescrites par les lois de l'Etat; ou qui, hors les cas de flagrant délit ou de clameur publique, auront, sans les mêmes autorisations, donné ou signé l'ordre ou le mandat de saisir ou arrêter un ou plusieurs ministres, ou membres du Sénat, du Corps législatif ou du conseil d'Etat. I. cr. 9, 22, 41, 55, 91, s., 106, 479, s., 483, s. — P. 34, 127, 166 à 168, 183.

122. Seront aussi punis de la dégradation civique les procureurs généraux ou impériaux, les substituts, les juges ou les officiers publics, qui auront retenu ou fait retenir un individu hors des lieux déterminés par le gouvernement ou par l'administration publique, ou qui auront

traduit un citoyen devant une cour d'assises, sans qu'il ait été préalablement mis légalement en accusation. I. cr. 603, 615, s.— P. 34, 35, 119, s., 341, s.

SECT. III. — *Coalition des fonctionnaires.*

123. Tout concert de mesures contraires aux lois, pratiqué soit par la réunion d'individus ou de corps dépositaires de quelque partie de l'autorité publique, soit par députation ou correspondance entre eux, sera puni d'un emprisonnement de deux mois au moins et de six mois au plus, contre chaque coupable, qui pourra de plus être condamné à l'interdiction des droits civiques, et de tout emploi public, pendant dix ans au plus. P. 40, 42, 114, s., 124, s., 166, s.

124. Si, par l'un des moyens exprimés ci-dessus, il a été concerté des mesures contre l'exécution des lois ou contre les ordres du gouvernement, la peine sera le bannissement. P. 8-1º, 28, 32, 48. — Si ce concert a eu lieu entre les autorités civiles et les corps militaires ou leurs chefs, ceux qui en seront les auteurs ou provocateurs seront punis de la déportation; les autres coupables seront bannis. P. 7-3º, 17.

125. Dans le cas où ce concert aurait eu pour objet ou résultat un complot attentatoire à la sûreté intérieure de l'Etat, les coupables seront punis de mort (b). P. 7-1º, 12, 86, s., 91, s.

126. Seront coupables de forfaiture, et punis de la dégradation civique,— Les fonctionnaires publics qui auront, par délibération, arrêté de donner des démissions dont l'objet ou l'effet serait d'empêcher ou de suspendre soit l'administration de la justice, soit l'accomplissement d'un service quelconque. P. 8-2º, 34, 121, 166 à 168, 183.

SECT. IV. — *Empiétement des autorités administrative et judiciaire (c).*

127. Seront coupables de forfaiture, et punis de la dégradation civique ,—

(a) D'après l'art. 166, tout crime commis par un fonctionnaire public (de l'ordre administratif ou judiciaire), dans l'exercice de ses fonctions, est une *forfaiture.*

(b) Voy. la loi des 8-16 juin 1850, sous l'art. 7.
(c) « Les fonctions judiciaires sont distinctes, et demeureront toujours séparées des fonctions administratives: les juges ne pourront, à peine de forfaiture, troubler, de quelque manière que ce soit, les opérations des corps administratifs, ni citer devant eux les administrateurs pour

1° Les juges, les procureurs généraux ou impériaux, ou leurs substituts, les officiers de police, qui se seront immiscés dans l'exercice du pouvoir législatif, soit par des règlements contenant des dispositions législatives, soit en arrêtant ou en suspendant l'exécution d'une ou de plusieurs lois, soit en délibérant sur le point de savoir si les lois seront publiées ou exécutées; — 2° Les juges, les procureurs généraux ou impériaux, ou leurs substituts, les officiers de police judiciaire, qui auraient excédé leur pouvoir, en s'immisçant dans les matières attribuées aux autorités administratives, soit en faisant des règlements sur ces matières, soit en défendant d'exécuter les ordres émanés de l'administration, ou qui, ayant permis ou ordonné de citer des administrateurs pour raison de l'exercice de leurs fonctions, auraient persisté dans l'exécution de leurs jugements ou ordonnances, nonobstant l'annulation qui en aurait été prononcée ou le conflit qui leur aurait été notifié. C. 5. — I. cr. 9, 22, 55, 479, s., 483, s. — P. 185.

128 (*a*). Les juges qui, sur la revendication formellement faite par l'autorité administrative d'une affaire portée devant eux, auraient néanmoins procédé au jugement avant la décision de l'autorité supérieure, seront punis chacun d'une amende de seize francs au moins et de cent cinquante francs au plus.— Les officiers du ministère public qui auront fait des réquisitions, ou donné des conclusions pour ledit jugement seront punis de la même peine. I. cr. 483, s. — P. 9-3°, 52, 127, 129.

129. La peine sera d'une amende de cent francs au moins et de cinq cents francs au plus contre chacun des juges qui, après une réclamation légale des parties intéressées, ou de l'autorité administrative, auront, sans autorisation du gouvernement, rendu des ordonnances et décerné des mandats, contre ses agents

ou préposés, prévenus de crimes ou délits commis dans l'exercice de leurs fonctions. P. 9-3°, 52, 114 et la *note.* — La même peine sera appliquée aux officiers du ministère public ou de police qui auront requis lesdites ordonnances ou mandats. I. cr. 9, 22, 55, 485, s.

130. Les préfets, sous-préfets, maires et autres administrateurs, qui se seront immiscés dans l'exercice du pouvoir législatif, comme il est dit au n° 1er de l'article 127, ou qui se seront ingérés de prendre des arrêtés généraux tendant à intimer des ordres ou des défenses quelconques à des cours ou tribunaux, seront punis de la dégradation civique. P. 8-2°, 34, 131.

131. Lorsque ces administrateurs entreprendront sur les fonctions judiciaires en s'ingérant de connaître de droits et intérêts privés du ressort des tribunaux, et qu'après la réclamation des parties ou de l'une d'elles, ils auront néanmoins décidé l'affaire avant que l'autorité supérieure ait prononcé, ils seront punis d'une amende de seize francs au moins et de cent cinquante francs au plus. P. 9-3°, 52, 127, 128, 130.

CHAP. III. — CRIMES ET DÉLITS CONTRE LA PAIX PUBLIQUE.

SECT. I. — *Du faux.*

§ I. — *Fausse monnaie.*

132. « Quiconque aura contrefait ou altéré les monnaies d'or ou d'argent ayant cours légal en France, ou participé à l'émission ou exposition desdites monnaies contrefaites ou altérées, ou à leur introduction sur le territoire français, sera puni des travaux forcés à perpétuité (*b*). » I. cr. 5, 6, 448 à 464. — P. 7-2°, 15, 18, 133, s., 138, 139, s., 163, s., 361, s., 475-11°.

133. « Celui qui aura contrefait ou altéré des monnaies de billon (*c*) ou de

---

raison de leurs fonctions. » (*Loi du 16-24 août 1790, tit. 2, art. 13, sur l'organisation judiciaire.*)

« Défenses itératives sont faites aux tribunaux de connaître des actes d'administration de quelque espèce qu'ils soient, aux peines de droit. » (*Loi du 16 fruct. an III.*)

(*a*) Cet article se trouve modifié par l'ordonnance du 1er juin 1828 sur les conflits. (Voy. Code des tribunaux.)

(*b*) L'ancien article portait la peine de mort, comme la loi du 14 germ. an XI.

(*c*) D'après un arrêt de la cour de cassation (28 nov. 1812), on ne doit entendre par *billon* que la monnaie de cuivre alliée à une petite quantité d'argent. Par suite, les pièces de 1 f. 50 c. et de 75 c., lorsqu'elles existaient, étaient des monnaies *d'argent* et non des monnaies de billon : la contrefaçon de ces pièces entraînait donc la peine plus grave portée en l'art. 132.

cuivre ayant cours légal en France, ou participé à l'émission ou exposition desdites monnaies contrefaites ou altérées, ou à leur introduction sur le territoire français, sera puni des travaux forcés à temps. » P. 7-4°, 15, 19, 132, 135, 138, 163, s.

134. Tout individu qui aura, en France, contrefait ou altéré des monnaies étrangères, ou participé à l'émission, exposition ou introduction en France de monnaies étrangères contrefaites ou altérées, sera puni des travaux forcés à temps. P. 7-4°, 15, 19, 132, 135, 163.

135. La participation énoncée aux précédents articles ne s'applique point à ceux qui, ayant reçu pour bonnes des pièces de monnaies contrefaites ou altérées, les ont remises en circulation ; P. 163. — Toutefois celui qui aura fait usage desdites pièces, après en avoir vérifié ou fait vérifier les vices, sera puni d'une amende triple au moins et sextuple au plus de la somme représentée par les pièces qu'il aura rendues à la circulation, sans que cette amende puisse en aucun cas être inférieure à seize francs. P. 9-3°, 52, 463.

136 et **137.** *Abrogés par la loi du 28 avril* 1832, *art.* 12.

138. Les personnes coupables des crimes mentionnés aux articles 132 et 133 seront exemptes de peine, si, avant la consommation de ces crimes et avant toutes poursuites, elles en ont donné connaissance et révélé les auteurs aux autorités constituées, ou si, même après les poursuites commencées, elles ont procuré l'arrestation des autres coupables. P. 108, 144.—Elles pourront néanmoins être mises, pour la vie ou à temps, sous la surveillance spéciale de la haute police. P. 44, 50.

§ II. — *Contrefaçon des sceaux de l'État* (a), *des billets de banque, des effets publics, et des poinçons, timbres et marques.*

139. « Ceux qui auront contrefait le sceau de l'Etat ou fait usage du sceau contrefait; I. cr. 5, 6, 448, à 464; — P. 132, s., 138, 140, s., 144, 163, s. — Ceux qui auront contrefait ou falsifié, soit des effets émis par le trésor public avec son timbre, soit des billets de banques autorisées par la loi, ou qui auront fait usage de ces effets et billets contrefaits ou falsifiés, ou qui les auront introduits dans l'enceinte du territoire français, — Seront punis des travaux forcés à perpétuité (b). » P. 7-2°, 15, 18.

140. Ceux qui auront contrefait ou falsifié, soit un ou plusieurs timbres nationaux, soit les marteaux de l'Etat servant aux marques forestières, soit le poinçon ou les poinçons servant à marquer les matières d'or ou d'argent, ou qui auront fait usage des papiers, effets, timbres, marteaux ou poinçons falsifiés ou contrefaits, seront punis des travaux forcés à temps, dont le *maximum* sera toujours appliqué dans ce cas. P. 7-4°, 15, 19, 141, 163, s., 463.

141. Sera puni de la réclusion, quiconque s'étant indûment procuré les vrais timbres, marteaux ou poinçons ayant l'une des destinations exprimées en l'article 140, en aura fait une application ou usage préjudiciable aux droits ou intérêts de l'Etat. P. 7-6°, 21, 47, 142, 143, 163, s.

142. Ceux qui auront contrefait les marques destinées à être apposées, au nom du gouvernement, sur les diverses espèces de denrées ou de marchandises, ou qui auront fait usage de ces fausses marques ; — Ceux qui auront contrefait le sceau, timbre ou marque d'une autorité quelconque, ou d'un établissement particulier de banque ou de commerce, ou qui auront fait usage des sceaux, timbres ou marques contrefaits, — Seront punis de la réclusion (c). P. 7-6°, 21, 47, 141, 143, 163, s.

143. « Sera puni de la dégradation civique, quiconque, s'étant indûment procuré les vrais sceaux, timbres ou marques ayant l'une des destinations exprimées en l'article 142, en aura fait une application ou usage préjudiciable aux droits ou intérêts de l'Etat, d'une auto-

---

(a) Un décret des 2-9 décembre 1852 indique le mode de fabrication du type du sceau de l'Empire, des sceaux, timbres et cachets des grands corps de l'Etat, des ministères, cours et tribunaux et des administrations et autorités publiques.

(b) L'ancien article prononçait la peine de mort et la confiscation des biens, à l'exemple de la loi du 24 germ. an XI, art. 36.

(c) Voy. Code de la propriété industrielle.

rité quelconque, ou même d'un établissement particulier. » P. 8-2º, 34, 35.

144. « Les dispositions de l'article 138 sont applicables aux crimes mentionnés dans l'article 139. » P. 108.

§ III. — *Des faux en écriture publique ou authentique, et de commerce ou de banque.*

145. Tout fonctionnaire ou officier public qui, dans l'exercice de ses fonctions, aura commis un faux, — Soit par fausses signatures, — Soit par altération des actes, écritures ou signatures, — Soit par supposition de personnes, — Soit par des écritures faites ou intercalées sur des registres ou d'autres actes publics, depuis leur confection ou clôture, — Sera puni des travaux forcés à perpétuité. P. 7-2º, 15, 18, 20, 22, 64, 70, 71, 72, 148, 149, 163, s.

146. Sera aussi puni des travaux forcés à perpétuité, tout fonctionnaire ou officier public qui, en rédigeant des actes de son ministère, en aura frauduleusement dénaturé la substance ou les circonstances, soit en écrivant des conventions autres que celles qui auraient été tracées ou dictées par les parties, soit en constatant comme vrais des faits faux, ou comme avoués des faits qui ne l'étaient pas. P. 7-2º, 15, 18, 148, 149, 163, s.

147. Seront punies des travaux forcés à temps, toutes autres personnes qui auront commis un faux en écriture authentique et publique, ou en écriture de commerce ou de banque, — Soit par contrefaçon ou altération d'écritures ou de signatures, — Soit par fabrication de conventions, dispositions, obligations, ou décharges, ou par leur insertion après coup dans ces actes, — Soit par addition ou altération de clauses, de déclarations ou de faits que ces actes avaient pour objet de recevoir et de constater. P 7-4º, 15, 19, 28, 47, 148, 149, 163.

148. Dans tous les cas exprimés au présent paragraphe, celui qui aura fait usage des actes faux sera puni des travaux forcés à temps. P. 7-4º, 15, 19, 28, 47, 149, 151, 163, s.

149. Sont exceptés des dispositions ci-dessus, les faux commis dans les passeports et feuilles de route, sur lesquels

il sera particulièrement statué ci-après (art. 153 à 158).

§ IV. — *Du faux en écriture privée.*

150. Tout individu qui aura, de l'une des manières exprimées en l'article 147, commis un faux en écriture privée, sera puni de la réclusion. I. cr. 448, s. —P. 7-6º, 21, 28, 47, 64, 66, 111, 145, s., 151, 152, 163, s.

151. Sera puni de la même peine celui qui aura fait usage de la pièce fausse. P. 7-6º, 21, 28, 47, 148, 162, 163, s.

152. Sont exceptés des dispositions ci-dessus, les faux certificats de l'espèce dont il sera ci-après parlé (art. 159 à 162).

§ V. — *Des faux commis dans les passe-ports, feuilles de route et certificats.*

153. Quiconque fabriquera un faux passe-port, ou falsifiera un passe-port originairement véritable, ou fera usage d'un passe-port fabriqué ou falsifié, sera puni d'un emprisonnement d'une année au moins et de cinq ans au plus. P. 40, s., 49, 154 à 158, 163, s., 281, 463.

154. Quiconque prendra, dans un passe-port, un nom supposé, ou aura concouru comme témoin à faire délivrer le passe-port sous le nom supposé, sera puni d'un emprisonnement de trois mois à un an. — Les logeurs et aubergistes qui, sciemment, inscriront sur leurs registres, sous des noms faux ou supposés, les personnes logées chez eux, seront punis d'un emprisonnement de six jours au moins et d'un mois au plus (a). P. 40, s., 73, 155, 157, 163, s., 268, 386-4º, 471-3º, 475-2º.

155. Les officiers publics qui délivreront un passe-port à une personne qu'ils ne connaîtront pas personnellement, sans avoir fait attester ses noms et qualités par deux citoyens à eux connus, seront punis d'un emprisonnement d'un mois à six mois. P. 40, s., 163, s. — Si l'officier public, instruit de la supposition du nom, a néanmoins délivré le passe-port sous le nom supposé, il sera

(a) Voy. le décret du 1er février 1792 et la loi du 17 vent. an IV, relatifs aux faux passe-ports.

puni du bannissement. P. 8-1o, 28, 32, 48, 154, 163, s.

156. Quiconque fabriquera une fausse feuille de route, ou falsifiera une feuille de route originairement véritable, ou fera usage d'une feuille de route fabriquée ou falsifiée, sera puni, savoir : — D'un emprisonnement d'une année au moins et de cinq ans au plus, si la fausse feuille de route n'a eu pour objet que de tromper la surveillance de l'autorité publique ; P. 40, s. — Du bannissement, si le trésor impérial a payé au porteur de la fausse feuille des frais de route qui ne lui étaient pas dus ou qui excédaient ceux auxquels il pouvait avoir droit, le tout néanmoins au-dessous de cent francs ; P. 8-1o, 28, 32, 48. — Et de la réclusion, si les sommes indûment reçues par le porteur de la feuille s'élèvent à cent francs ou au-delà. P. 7-6o, 21, 28, 47.

157. Les peines portées en l'article précédent seront appliquées, selon les distinctions qui y sont posées, à toute personne qui se sera fait délivrer, par l'officier public, une feuille de route sous un nom supposé. P. 154.

158. Si l'officier public était instruit de la supposition de nom lorsqu'il a délivré la feuille, il sera puni, savoir : — Dans le premier cas posé par l'article 156, du bannissement ; P. 8-1o, 28, 32, 48, 163. — Dans le second cas du même article, de la réclusion ; P. 7-6o, 21, 28, 47. — Et, dans le troisième cas, des travaux forcés à temps. P. 7-4o, 15, 19, 28, 47.

159. Toute personne qui, pour se rédimer elle-même, ou en affranchir une autre d'un service public quelconque, fabriquera, sous le nom d'un médecin, chirurgien ou autre officier de santé, un certificat de maladie ou d'infirmité, sera punie d'un emprisonnement de deux à cinq ans. P. 40, s., 152, 160, s., 163, s.

160. Tout médecin, chirurgien ou autre officier de santé, qui, pour favoriser quelqu'un, certifiera faussement des maladies ou infirmités propres à dispenser d'un service public, sera puni d'un emprisonnement de deux à cinq ans. P. 40, s., 317, 378. — S'il y a été mû par dons ou promesses, il sera puni du bannissement : les corrupteurs seront, en ce cas, punis de la même peine (a). P. 8-1o, 28, 32, 48, 59, s., 82, 177, s.

161. Quiconque fabriquera, sous le nom d'un fonctionnaire ou officier public, un certificat de bonne conduite, indigence ou autres circonstances propres à appeler la bienveillance du gouvernement ou des particuliers sur la personne y désignée, et à lui procurer places, crédit ou secours, sera puni d'un emprisonnement de six mois à deux ans. P. 40, s., 162, 163, s. — La même peine sera appliquée : 1o à celui qui falsifiera un certificat de cette espèce, originairement véritable, pour l'approprier à une personne autre que celle à laquelle il a été primitivement délivré ; 2o à tout individu qui se sera servi du certificat ainsi fabriqué ou falsifié. P. 148, 151.

162. Les faux certificats de toute autre nature, et d'où il pourrait résulter, soit lésion envers des tiers, soit préjudice envers le trésor impérial, seront punis, selon qu'il y aura lieu, d'après les dispositions des paragraphes 3 et 4 de la présente section (art. 145 à 148, 150 à 151.)

DISPOSITIONS COMMUNES.

163. L'application des peines portées contre ceux qui ont fait usage de monnaies, billets, sceaux, timbres, marteaux, poinçons, marques et écrits faux, contrefaits, fabriqués ou falsifiés, cessera toutes les fois que le faux n'aura pas été connu de la personne qui aura fait usage de la chose fausse. P. 132, 135 à 162, 164, 165.

164. Il sera prononcé contre les coupables une amende dont le *maximum* pourra être porté jusqu'au quart du bénéfice illégitime que le faux aura procuré ou était destiné à procurer aux auteurs du crime, à leurs complices ou à ceux qui ont fait usage de la pièce fausse. Le *minimum* de cette amende ne pourra être inférieur à cent francs. P. 9-3o, 52, 59, s.

165. « Tout faussaire condamné, soit aux travaux forcés, soit à la réclusion, subira l'exposition publique. » P. 7-2o-4o-6o, 22 et la *note*.

(a) Voy. l'art. 45 de la loi du 21 mars 1832 sur le recrutement (Code de l'armée).

SECT. II. — *De la forfaiture et des crimes et délits des fonctionnaires publics dans l'exercice de leurs fonctions.*

166. Tout crime commis par un fonctionnaire public, dans l'exercice de ses fonctions, est une forfaiture. I. cr. 484, s. — P. 121, 126, 127, 167, 168, 183.

167. Toute forfaiture pour laquelle la loi ne prononce pas de peines plus graves, est punie de la dégradation civique. P. 8-2°, 34, 35.

168. Les simples délits ne constituent pas les fonctionnaires en forfaiture. Pr. 505, s. — I. cr. 179, 483. — P. 1, 3, 4.

§ I. — *Des soustractions commises par les dépositaires publics.*

169. Tout percepteur, tout commis à une perception, dépositaire ou comptable public, qui aura détourné ou soustrait des deniers publics ou privés, ou effets actifs en tenant lieu, ou des pièces, titres, actes, effets mobiliers qui étaient entre ses mains en vertu de ses fonctions, sera puni des travaux forcés à temps, si les choses détournées ou soustraites sont d'une valeur au-dessus de trois mille francs. P. 7-4°, 15, 19, 28, 47, 170, s., 250, 408. — T. cr. 176.

170. La peine des travaux forcés à temps aura lieu également, quelle que soit la valeur des deniers ou des effets détournés ou soustraits, si cette valeur égale ou excède soit le tiers de la recette ou du dépôt, s'il s'agit de deniers ou effets une fois reçus ou déposés, soit le cautionnement, s'il s'agit d'une recette ou d'un dépôt attaché à une place sujette à cautionnement, soit enfin le tiers du produit commun de la recette pendant un mois, s'il s'agit d'une recette composée de rentrées successives et non sujette à cautionnement. P. 7-4°, 15, 19, 28, 47, 169, 171, s., 408.

171. Si les valeurs détournées ou soustraites sont au-dessous de trois mille francs, et en outre inférieures aux mesures exprimées en l'article précédent, la peine sera un emprisonnement de deux ans au moins et de cinq ans au plus, et le condamné sera de plus déclaré à jamais incapable d'exercer aucune fonction publique. P. 40, 42-3°, 172, 408. — T. cr. 176.

172. Dans les cas exprimés aux trois articles précédents, il sera toujours prononcé contre le condamné une amende dont le *maximum* sera le quart des restitutions et indemnités, et le *minimum* le douzième. P. 9-3°, 52, 408. — T. cr. 176.

173. Tout juge, administrateur, fonctionnaire ou officier public qui aura détruit, supprimé, soustrait ou détourné les actes et titres dont il était dépositaire en cette qualité, ou qui lui auront été remis ou communiqués à raison de ses fonctions, sera puni des travaux forcés à temps. I. cr. 483, s. — Tous agents, préposés ou commis, soit du gouvernement, soit des dépositaires publics, qui se seront rendus coupables des mêmes soustractions, seront soumis à la même peine. P. 7-4°, 15, 19, 28, 47, 408.

§ II. — *Des concussions commises par des fonctionnaires publics.*

174. Tous fonctionnaires, tous officiers publics, leurs commis ou préposés, tous percepteurs des droits, taxes, contributions, deniers, revenus publics ou communaux, et leurs commis ou préposés, qui se seront rendus coupables du crime de concussion, en ordonnant de percevoir ou en exigeant ou en recevant ce qu'ils savaient n'être pas dû, ou excéder ce qui était dû pour droits, taxes, contributions, deniers ou revenus, ou pour salaires ou traitements, seront punis, savoir : les fonctionnaires ou les officiers publics, de la peine de la réclusion ; et leurs commis ou préposés, d'un emprisonnement de deux ans au moins et de cinq ans au plus. Pr. 505-1°, 625. — P. 7-6°, 21, 28, 40, s., 47, 59, 64, 169, 175. — Les coupables seront de plus condamnés à une amende dont le *maximum* sera le quart des restitutions et des dommages-intérêts, et le *minimum* le douzième. I. cr. 341. — P. 9-3°, 30, 41, 52, 463. — T. cr. 64.

§ III. — *Des délits de fonctionnaires qui se seront ingérés dans des affaires ou commerces incompatibles avec leur qualité.*

175. Tout fonctionnaire, tout officier public, tout agent du gouvernement, qui, soit ouvertement, soit par actes simulés, soit par interposition de personnes, aura pris ou reçu quelque intérêt que ce soit dans les actes, adjudications, entreprises ou régies dont il a ou avait, au temps de l'acte, en tout ou en partie, l'administration ou la surveillance, sera puni d'un emprisonnement de six mois au moins et de deux ans au plus, et sera condamné à une amende qui ne pourra excéder le quart des restitutions et des indemnités, ni être au-dessous du douzième. C. 1100, 2102-7°. — P. 9-3°, 40, s., 52. — Il sera de plus déclaré à jamais incapable d'exercer aucune fonction publique. P. 42-3°. — La présente disposition est applicable à tout fonctionnaire ou agent du gouvernement qui aura pris un intérêt quelconque dans une affaire dont il était chargé d'ordonnancer le paiement ou de faire la liquidation. P. 169, 174, 176, s.

176. Tout commandant des divisions militaires, des départements ou des places et villes, tout préfet ou sous-préfet, qui aura, dans l'étendue des lieux où il a le droit d'exercer son autorité, fait ouvertement, ou par des actes simulés, ou par interposition de personnes, le commerce de grains, grenailles, farines, substances farineuses, vins ou boissons, autres que ceux provenant de ses propriétés, sera puni d'une amende de cinq cents francs au moins, de dix mille francs au plus, et de la confiscation des denrées appartenant à ce commerce. C. 1100. I. cr. 179, s. — P. 9-3°, 11, 52, 174, 175, 177, s.

§ IV.—*De la corruption des fonctionnaires publics.*

177. « Tout fonctionnaire public de l'ordre administratif ou judiciaire, tout agent ou préposé d'une administration publique, qui aura agréé des offres ou promesses, ou reçu des dons ou présents pour faire un acte de sa fonction ou de son emploi, même juste, mais non sujet à salaire, sera puni de la dégradation civique, et condamné à une amende double de la valeur des promesses agréées ou des choses reçues, sans que ladite amende puisse être inférieure à deux cents francs. I. cr. 184, s. — P. 8-2°, 9-3°, 34, 35, 52, 60, 113, 178, s. — La présente disposition est applicable à tout fonctionnaire, agent ou préposé de la qualité ci-dessus exprimée, qui, par offres ou promesses agréées, dons ou présents

reçus, se sera abstenu de faire un acte qui entrait dans l'ordre de ses devoirs. » I. cr. 484, s. — P. 11, 34 à 36, 52, s.

178. « Dans le cas où la corruption aurait pour objet un fait criminel emportant une peine plus forte que celle de la dégradation civique, cette peine plus forte sera appliquée aux coupables. » P. 177.

179. Quiconque aura contraint ou tenté de contraindre par voies de fait ou menaces, corrompu ou tenté de corrompre par promesses, offres, dons ou présents, un fonctionnaire, agent ou préposé de la qualité exprimée en l'article 477, pour obtenir soit une opinion favorable, soit des procès-verbaux, états, certificats ou estimations contraires à la vérité, soit des places, emplois, adjudications, entreprises ou autres bénéfices quelconques, soit enfin tout autre acte du ministère du fonctionnaire, agent ou préposé, sera puni des mêmes peines que le fonctionnaire, agent ou préposé corrompu. P. 59, 177, 178. — Toutefois, si les tentatives de contrainte ou corruption n'ont eu aucun effet, les auteurs de ces tentatives seront simplement punis d'un emprisonnement de trois mois au moins et de six mois au plus, et d'une amende de cent francs à trois cents francs. P. 3, 9-3°, 40, s., 52.

180. Il ne sera jamais fait au corrupteur restitution des choses par lui livrées, ni de leur valeur ; elles seront confisquées au profit des hospices des lieux où la corruption aura été commise. P. 10, 11, 176, 181.

181. Si c'est un juge prononçant en matière criminelle, ou un juré, qui s'est laissé corrompre, soit en faveur, soit au préjudice de l'accusé, il sera puni de la réclusion, outre l'amende ordonnée par l'article 177. I. cr. 217, s., 484.—P. 21, 117, 182, s.

182. Si, par l'effet de la corruption, il y a eu condamnation à une peine supérieure à celle de la réclusion, cette peine, quelle qu'elle soit, sera appliquée au juge ou juré coupable de corruption. P. 181.

183. Tout juge ou administrateur qui se sera décidé par faveur pour une partie ou par inimitié contre elle, sera coupable de forfaiture et puni de la dégradation civique. I. cr. 484, s. — P. 34, 126, 127, 166, s.

§ V. — *Des abus d'autorité.*

PREMIÈRE CLASSE. — Des abus d'autorité contre les particuliers.

184. « Tout fonctionnaire de l'ordre administratif ou judiciaire, tout officier de justice ou de police, tout commandant ou agent de la force publique, qui, agissant en sadite qualité, se sera introduit dans le domicile d'un citoyen contre le gré de celui-ci, hors les cas prévus par la loi et sans les formalités qu'elle a prescrites, sera puni d'un emprisonnement de six jours à un an, et d'une amende de seize francs à cinq cents francs, sans préjudice de l'application du second paragraphe de l'article 114. — Tout individu qui se sera introduit, à l'aide de menaces ou de violence, dans le domicile d'un citoyen, sera puni d'un emprisonnement de six jours à trois mois et d'une amende de seize francs à deux cents francs. » Pr. 781-5°, 1037. — I. cr. 32, 36, 46, s., 87 à 91, 98, 99,108, 109, 483, s. — P. 9-3°, 30, s., 52, 185, s.

185. Tout juge ou tribunal, tout administrateur ou autorité administrative, qui, sous quelque prétexte que ce soit, même du silence ou de l'obscurité de la loi, aura dénié de rendre la justice qu'il doit aux parties, après en avoir été requis, et qui aura persévéré dans son déni, après avertissement ou injonction de ses supérieurs, pourra être poursuivi, et sera puni d'une amende de deux cents francs au moins et de cinq cents francs au plus, et de l'interdiction de l'exercice des fonctions publiques depuis cinq ans jusqu'à vingt. C. 4. — Pr. 505, s. — P. 9-3°, 42-3°, 52, 127-1°, 184, 186, s.

186. Lorsqu'un fonctionnaire ou un officier public, un administrateur, un agent ou un préposé du gouvernement ou de la police, un exécuteur des mandats de justice ou jugements, un commandant en chef ou en sous-ordre de la force publique, aura, sans motif légitime, usé ou fait user de violence envers les personnes, dans l'exercice ou à l'occasion de l'exercice de ses fonctions, il sera puni selon la nature et la gravité de ces violences, et en élevant la peine suivant

la règle posée par l'article 198 ci-après. P. 309, s.

187. « Toute suppression, toute ouverture de lettres confiées à la poste, commise ou facilitée par un fonctionnaire ou un agent du gouvernement ou de l'administration des postes, sera punie d'une amende de seize francs à cinq cents francs, et d'un emprisonnement de trois mois à cinq ans. Le coupable sera, de plus, interdit de toute fonction ou emploi public pendant cinq ans au moins et dix ans au plus (*a*). » P. 9-3°, 10, 40, 42-3°, 52, 54, 55, 80, 378.

DEUXIÈME CLASSE. — Des abus d'autorité contre la chose publique.

188. Tout fonctionnaire public, agent ou préposé du gouvernement, de quelque état et grade qu'il soit, qui aura requis ou ordonné, fait requérir ou ordonner l'action ou l'emploi de la force publique contre l'exécution d'une loi ou contre la perception d'une contribution légale, ou contre l'exécution soit d'une ordonnance ou mandat de justice, soit de tout autre ordre émané de l'autorité légitime, sera puni de la réclusion. P. 7-6°, 21, 28, 47, 189, s., 209, s.

189. « Si cette réquisition ou cet ordre ont été suivis de leur effet, la peine sera le *maximum* de la réclusion. » P. 188, 190, 191.

190. Les peines énoncées aux articles 188 et 189 ne cesseront d'être applicables aux fonctionnaires ou préposés qui auraient agi par ordre de leurs supérieurs, qu'autant que cet ordre aura été donné par ceux-ci pour des objets de leur ressort, et sur lesquels il leur était dû obéissance hiérarchique; dans ce cas, les peines portées ci-dessus ne seront appliquées qu'aux supérieurs qui, les premiers, auront donné cet ordre. P. 64, 114 et *la note*, 116, 191.

191. Si, par suite desdits ordres ou réquisitions, il survient d'autres crimes punissables de peines plus fortes que

---

(*a*) Voy., sous la rubrique : *Lois et ordonnances*, l'arrêté du 27 prair. an IX, l'ordonnance des 21 juillet-14 août 1844, la loi du 15 octobre 1849 sur la répression du transport des lettres par toute personne étrangère à l'administration, ainsi que sur la recommandation des lettres chargées et sur la répression de l'usage d'un timbre-poste ayant déjà servi.

celles exprimées aux articles 188 et 189, ces peines plus fortes seront appliquées aux fonctionnaires, agents ou préposés coupables d'avoir donné lesdits ordres ou fait lesdites réquisitions. P. 115, 190, 216, 256, 264.

§ VI. — De quelques délits relatifs à la tenue des actes de l'état civil.

192. Les officiers de l'état civil qui auront inscrit leurs actes sur de simples feuilles volantes seront punis d'un emprisonnement d'un mois au moins et de trois mois au plus, et d'une amende de seize francs à deux cents francs. C. 40, 52. — P. 9-3°, 40, s., 52, 193, s., 199, s.

193. Lorsque, pour la validité d'un mariage, la loi prescrit le consentement des père, mère ou autres personnes, et que l'officier de l'état civil ne se sera point assuré de l'existence de ce consentement, il sera puni d'une amende de seize francs à trois cents francs, et d'un emprisonnement de six mois au moins et d'un an au plus. C. 73, 148, s., 156. — P. 9-3°, 40, s., 52, 192, 194, 196, 463.

194. L'officier de l'état civil sera aussi puni de seize francs à trois cents francs d'amende, lorsqu'il aura reçu, avant le temps prescrit par l'article 228 du Code Napoléon, l'acte de mariage d'une femme ayant déjà été mariée. C. 75.—P. 9-3°, 52, 192, 193, 195, 199.

195. Les peines portées aux articles précédents contre les officiers de l'état civil leur seront appliquées, lors même que la nullité de leurs actes n'aurait pas été demandée ou aurait été couverte; le tout sans préjudice des peines plus fortes prononcées en cas de collusion, et sans préjudice aussi des autres dispositions pénales du titre V du livre Ier du Code Napoléon (art. 156, 157, 192, 193). P. 59. s.

§ VII. — De l'exercice de l'autorité publique illégalement anticipé ou prolongé.

196. Tout fonctionnaire public qui sera entré en exercice de ses fonctions sans avoir prêté le serment pourra être poursuivi, et sera puni d'une amende de seize francs à cent cinquante francs (a). I. cr. 485, s. — P. 9-3°, 52, 197, 258, s.

(a) La formule du serment varie comme les gouvernements qui se succèdent. On distingue

197. Tout fonctionnaire public révoqué, destitué, suspendu ou interdit légalement, qui, après en avoir eu la connaissance officielle, aura continué l'exercice de ses fonctions, ou qui, étant électif ou temporaire, les aura exercées après avoir été remplacé, sera puni d'un emprisonnement de six mois au moins et de deux ans au plus, et d'une amende de cent francs à cinq cents francs. Il sera interdit de l'exercice de toute fonction publique pour cinq ans au moins et dix ans au plus, à compter du jour où il aura subi sa peine : le tout sans préjudice des plus fortes peines portées contre les officiers ou les commandants militaires par l'article 93 du présent Code. P. 9-3°, 40, s., 52, 196.

le serment *politique* et le serment *professionnel.* —Le serment politique avait été abrogé par un décret des 1er-2 mars 1848.—Mais la Constitution du 14 janvier 1852, art. 14, l'a rétabli. Puis, a été publié, pour déterminer l'application de cette disposition, un décret ainsi conçu :

8-12 mars 1852.—*Décret relatif au serment des ministres, des membres des grands corps de l'Etat, des officiers de terre et de mer, des magistrats et des fonctionnaires.*

« Art. 1er. Le refus ou le défaut de serment sera considéré comme une démission*.

« 2. Le serment ne pourra être prêté que dans les termes prescrits par l'art 14 de la Constitution. Toute addition, modification, restriction ou réserve sera considérée comme refus de serment, et produira le même effet.

« 3. Des décrets spéciaux détermineront le mode de la prestation de serment des ministres, des membres des grands corps de l'Etat, des officiers de terre et de mer, des magistrats et des fonctionnaires, ainsi que les délais dans lesquels le serment devra être prêté. »

Conformément à cette dernière disposition, il est intervenu des décrets spéciaux relatifs à la prestation de serment des différents fonctionnaires publics : ministres, membres des grands corps de l'Etat, officiers de terre et de mer, magistrats, conseillers à la cour des comptes, officiers publics et ministériels, avocats aux conseils d'Etat et à la cour de cassation, etc., etc. —Tous ces décrets, après avoir indiqué, suivant la dignité ou la fonction, le mode de prestation de serment, exigent que le serment politique et professionnel soient prêtés *à la suite l'un de l'autre.* En voici la formule :

« Je jure obéissance à la Constitution et fidélité « à l'Empereur. Je jure et promets, aussi, de « bien et loyalement remplir mes fonctions, et « d'observer, en tout, les devoirs qu'elles m'im-« posent. »

* Cette disposition, en ajoutant cette sanction nouvelle, modifie l'art. 196 du Code pénal, qui semble n'attacher au refus de prestation de serment qu'une amende de 16 à 150 francs.

198. « Hors les cas où la loi règle spécialement les peines encourues pour crimes ou délits commis par les fonctionnaires ou officiers publics, ceux d'entre eux qui auront participé à d'autres crimes ou délits qu'ils étaient chargés de surveiller ou de réprimer, seront punis comme il suit : — S'il s'agit d'un délit de police correctionnelle, ils subiront toujours le *maximum* de la peine attachée à l'espèce de délit ; I. cr. 179, s. — P. 462. — Et s'il s'agit de crime, ils seront condamnés, savoir : à la réclusion, si le crime emporte contre tout autre coupable la peine du bannissement ou de la dégradation civique ; — Aux travaux forcés à temps, si le crime emporte contre tout autre coupable la peine de la réclusion ou de la détention ; — Et aux travaux forcés à perpétuité, lorsque le crime emportera contre tout autre coupable la peine de la déportation ou celle des travaux forcés à temps. — Au delà des cas qui viennent d'être exprimés, la peine commune sera appliquée sans aggravation. » P. 7, 8, 9, 186, 333, 462.

SECT. III. — *Des troubles apportés à l'ordre public par les ministres des cultes dans l'exercice de leur ministère (a).*

§ I. — *Des contraventions propres à compromettre l'état civil des personnes.*

199. Tout ministre d'un culte qui procédera aux cérémonies religieuses d'un mariage, sans qu'il lui ait été justifié d'un acte de mariage préalablement reçu par les officiers de l'état civil, sera, pour la première fois, puni d'une amende de seize francs à cent francs. C. 76, 165. — P. 9-3°, 52, 200, 201, s., 260, s.

200. « En cas de nouvelles contraventions de l'espèce exprimée en l'article précédent, le ministre du culte qui les aura commises sera puni, savoir : — Pour la première récidive, d'un emprisonnement

de deux à cinq ans ; P. 40, s., 463. — Et pour la seconde, de la détention. » P. 7-5°, 20, 28, 47.

§ II. — *Des critiques, censures ou provocations dirigées contre l'autorité publique dans un discours pastoral prononcé publiquement.*

201. Les ministres des cultes qui prononceront, dans l'exercice de leur ministère, et en assemblée publique, un discours contenant la critique ou censure du gouvernement, d'une loi, d'un décret impérial ou de tout autre acte de l'autorité publique, seront punis d'un emprisonnement de trois mois à deux ans (b). P. 40, s., 199, 200, 202, s., 260, s.

202. Si le discours contient une provocation directe à la désobéissance aux lois ou autres actes de l'autorité publique, ou s'il tend à soulever ou armer une partie des citoyens contre les autres, le ministre du culte qui l'aura prononcé sera puni d'un emprisonnement de deux à cinq ans, si la provocation n'a été suivie d'aucun effet ; et du bannissement, si elle a donné lieu à la désobéissance, autre toutefois que celle qui aurait dégénéré en sédition ou révolte. P. 8-1°, 28, 32, 36, 40, s., 48, 86, s., 91, s., 203, 313, 440, 463.

203. Lorsque la provocation aura été suivie d'une sédition ou révolte dont la nature donnera lieu contre l'un ou plusieurs des coupables à une peine plus forte que celle du bannissement, cette peine, quelle qu'elle soit, sera appliquée au ministre coupable de la provocation. P. 91, s., 202, 206.

§ III. — *Des critiques, censures ou provocations dirigées contre l'autorité publique dans un écrit pastoral.*

204. Tout écrit contenant des instructions pastorales, en quelque forme que ce soit, et dans lequel un ministre du culte se sera ingéré de critiquer ou censurer soit le gouvernement, soit tout acte de l'autorité publique, emportera la peine du bannissement contre le ministre qui l'aura publié. P. 8-1°, 28, 32, 48, 201, 205, s.

205. « Si l'écrit mentionné en l'article précédent contient une provocation

(a) Les dispositions de la présente section ont été empruntées à un décret du 7 vend. an IV, relatif à l'exercice et à la police des cultes, composé de trente-deux articles. Il est quelques dispositions de ce décret qui n'ont pas été, semble, reproduites par le Code pénal, et qui, par suite, seraient encore en vigueur, selon nous. Elles se trouvent retracées au Code des cultes.

(b) Voy., au Code des cultes, les art. 22 et 24 du décret du 7 vend. an IV.

directe à la désobéissance aux lois ou autres actes de l'autorité publique, ou s'il tend à soulever ou armer une partie des citoyens contre les autres, le ministre qui l'aura publié sera puni de la détention. » P. 7-5°, 20, 28, 47, 91, s., 202, 206.

206. Lorsque la provocation contenue dans l'écrit pastoral aura été suivie d'une sédition ou révolte dont la nature donnera lieu contre l'un ou plusieurs des coupables à une peine plus forte que celle de la déportation, cette peine, quelle qu'elle soit, sera appliquée au ministre coupable de la provocation. P. 7 et la *note*, 91, s., 203, 205.

§ IV. — *De la correspondance des ministres des cultes avec les cours ou puissances étrangères, sur des matières de religion.*

207. Tout ministre d'un culte qui aura, sur des questions ou matières religieuses, entretenu une correspondance avec une cour ou puissance étrangère, sans en avoir préalablement informé le ministre de l'Empereur chargé de la surveillance des cultes, et sans avoir obtenu son autorisation, sera, pour ce seul fait, puni d'une amende de cent francs à cinq cents francs et d'un emprisonnement d'un mois à deux ans. P. 9-3°, 40, s., 52, 208.

208. Si la correspondance mentionnée en l'article précédent a été accompagnée ou suivie d'autres faits contraires aux dispositions formelles d'une loi ou d'un décret de l'Empereur, le coupable sera puni du bannissement, à moins que la peine résultant de la nature de ces faits ne soit plus forte, auquel cas cette peine plus forte sera seule appliquée. P. 8-1°, 28, 32, 48.

SECT. IV. — *Résistance, désobéissance et autres manquements envers l'autorité publique.*

§ I. — *Rébellion (a).*

209. Toute attaque, toute résistance avec violences et voies de fait envers les officiers ministériels, les gardes champêtres ou forestiers, la force publique, les préposés à la perception des taxes et des contributions, les porteurs de contraintes, les préposés des douanes, les séquestres,

les officiers ou agents de la police administrative ou judiciaire, agissant pour l'exécution des lois, des ordres ou ordonnances de l'autorité publique, des mandats de justice ou jugements, est qualifiée, selon les circonstances, crime ou délit de rébellion. Pr. 600. — I. cr. 9, 25, 99, 106, 376. — P. 91, s., 188, 210, 222, s., 234, s., 265, s., 438.

210. Si elle a été commise par plus de vingt personnes armées, les coupables seront punis des travaux forcés à temps ; et, s'il n'y a pas eu port d'armes, ils seront punis de la réclusion. P. 7-6°, 21, 28, 47, 211, s.

211. Si la rébellion a été commise par une réunion armée de trois personnes au plus, jusqu'à vingt inclusivement, la peine sera la réclusion ; s'il n'y a pas eu port d'armes, la peine sera un emprisonnement de six mois au moins et deux ans au plus. P. 7-6°, 21, 28, 40, s., 47, 212, s.

212. Si la rébellion n'a été commise que par une ou deux personnes, avec armes, elle sera punie d'un emprisonnement de six mois à deux ans, et si elle a eu lieu sans armes, d'un emprisonnement de six jours à six mois. P. 40, s., 213, s.

213. En cas de rébellion avec bande ou attroupement, l'article 100 du présent Code sera applicable aux rebelles sans fonctions ni emplois dans la bande, qui se seront retirés au premier avertissement de l'autorité publique, ou même depuis, s'ils n'ont été saisis que hors du lieu de la rébellion, et sans nouvelle résistance et sans armes. P. 65, 441.

214. Toute réunion d'individus pour un crime ou un délit est réputée réunion armée, lorsque plus de deux personnes portent des armes ostensibles. P. 101, 210, 211, 212, 215, s.

215. Les personnes qui se trouveraient munies d'armes cachées, et qui auraient fait partie d'une troupe ou réunion non réputée armée, seront individuellement punies comme si elles avaient fait partie d'une troupe ou réunion armée. P. 101, 210, s. (*b*)

216. Les auteurs des crimes et délits commis pendant le cours et à l'occasion

---

(*a*) Voy., Lois et ordonn. div., les lois sur les *attroupements.*

(*b*) Voy. ci-après, sous l'art. 314, la loi du 24 mai 1834, sur les détenteurs d'armes ou de munitions de guerre.

d'une rébellion seront punis des peines prononcées contre chacun de ces crimes, si elles sont plus fortes que celles de la rébellion. P. 161, 210, s., 218, 221, 222, s.

217. *Abrogé par la loi du 17 mai 1819, art. 26 (a).*

218. Dans tous les cas où il sera prononcé, pour fait de rébellion, une simple peine d'emprisonnement, les coupables pourront être condamnés en outre à une amende de seize francs à deux cents francs. P. 9-3º, 40, s., 52, 211, 212.

219. Seront punies comme réunions de rebelles, celles qui auront été formées avec ou sans armes, et accompagnées de violences ou de menaces contre l'autorité administrative, les officiers et les agents de police, ou contre la force publique. P. 209, s., 221. — 1º Par les ouvriers ou journaliers dans les ateliers publics ou manufactures; P. 386-3º, 408, 415, s.— 2º Par les individus admis dans les hospices; — 3º Par les prisonniers prévenus, accusés ou condamnés. I. cr. 613, 614.

220. La peine appliquée pour rébellion à des prisonniers prévenus, accusés ou condamnés, relativement à d'autres crimes ou délits, sera par eux subie, savoir : — Par ceux qui, à raison des crimes ou délits qui ont causé leur détention, sont ou seraient condamnés à une peine non capitale ni perpétuelle, immédiatement après l'expiration de cette peine; I. cr. 614. — P. 219-3º. — Et par les autres, immédiatement après l'arrêt ou jugement en dernier ressort qui les aura acquittés ou renvoyés absous du fait pour lequel ils étaient détenus. I. cr. 358, 361.—P. 245.

221. Les chefs d'une rébellion, et ceux qui l'auront provoquée, pourront être condamnés à rester, après l'expiration de leur peine, sous la surveillance spéciale de la haute police pendant cinq ans au moins et dix ans au plus. P. 44, 50, 96, 109.

§ II. — *Outrages et violences envers les dépositaires de l'autorité et de la force publique.*

222. Lorsqu'un ou plusieurs magistrats de l'ordre administratif ou judiciaire auront reçu, dans l'exercice de leurs fonc-

tions, ou à l'occasion de cet exercice, quelque outrage par parole tendant à inculper leur honneur ou leur délicatesse, celui qui les aura ainsi outragés sera puni d'un emprisonnement d'un mois à deux ans. P. 40, s. — Si l'outrage a eu lieu à l'audience d'une cour ou d'un tribunal, l'emprisonnement sera de deux à cinq ans (b) Pr. 10, s., 88, s. — I. cr. 181, 267, 504, s. — P. 179, 223, s., 471-11º.

223. L'outrage fait par gestes ou menaces à un magistrat, dans l'exercice ou à l'occasion de l'exercice de ses fonctions, sera puni d'un mois à six mois d'emprisonnement; et si l'outrage a eu lieu à l'audience d'une cour ou d'un tribunal, il sera puni d'un emprisonnement d'un mois à deux ans. P. 40, s., 222, 224, s., 262.

224. L'outrage fait par paroles, gestes ou menaces à tout officier ministériel ou agent dépositaire de la force publique, dans l'exercice ou à l'occasion de l'exercice de ses fonctions, sera puni d'une amende de seize francs à deux cents francs. P. 9-3º, 52, 209, 225, 227, 230.

225. La peine sera de six jours à un mois d'emprisonnement, si l'outrage mentionné en l'article précédent a été dirigé contre un commandant de la force publique. P. 40, s., 209, 226.

226. Dans le cas des articles 222, 223 et 225, l'offenseur pourra être, outre l'emprisonnement, condamné à faire réparation, soit à la première audience, soit par écrit; et le temps de l'emprisonnement prononcé contre lui ne sera compté qu'à dater du jour où la réparation aura eu lieu (c). P. 23, 40, s., 227.

227. Dans le cas de l'article 224, l'offenseur pourra de même, outre l'amende, être condamné à faire réparation à l'offensé; et s'il retarde ou refuse, il sera contraint par corps (d). C. 2063. — Pr. 126, s.

_____

(a) Voy. Code de la presse.

(b) Voy. au C. de la presse.

(c, d) La peine de la *réparation d'honneur* est tombée en désuétude, comme antipathique à nos mœurs et à notre caractère national. Aussi, il n'y a pas d'exemple que les tribunaux la prononcent aujourd'hui. Dans tous les cas, et d'après les art. 226 et 227 eux-mêmes, cette peine ne peut être ordonnée que pour outrage envers les dépositaires ou agents de l'autorité publique; jamais pour outrages envers de simples particuliers. Par suite, elle ne peut être prononcée que par les tribunaux criminels.

228. « Tout individu qui, même sans armes, et sans qu'il en soit résulté de blessures, aura frappé un magistrat dans l'exercice de ses fonctions, ou à l'occasion de cet exercice, sera puni d'un emprisonnement de deux à cinq ans. P. 40, s. — Si cette voie de fait a eu lieu à l'audience d'une cour ou d'un tribunal, le coupable sera en outre puni de la dégration civique. » I. cr. 504. — P. 8-2º, 34, 35, 229, s., 233, 263.

229. Dans l'un et l'autre des cas exprimés en l'article précédent, le coupable pourra de plus être condamné à s'éloigner, pendant cinq à dix ans, du lieu où siége le magistrat, et d'un rayon de deux myriamètres. I. cr. 635. — P. 228. — Cette disposition aura son exécution à dater du jour où le condamné aura subi sa peine. — Si le condamné enfreint cet ordre avant l'expiration du temps fixé, il sera puni du bannissement. P. 8-1º, 28, 32, 48.

230. Les violences de l'espèce exprimée en l'article 228, dirigées contre un officier ministériel, un agent de la force publique, ou un citoyen chargé d'un ministère de service public, si elles ont eu lieu pendant qu'ils exerçaient leur ministère ou à cette occasion, seront punies d'un emprisonnement d'un mois à six mois. P. 40, s., 224, 231, 233.

231. « Si les violences exercées contre les fonctionnaires et agents désignés aux articles 228 et 230 ont été la cause d'effusion de sang, blessures ou maladies, la peine sera la réclusion ; si la mort s'en est suivie dans les quarante jours, le coupable sera puni des travaux forcés à perpétuité (a). » P. 7-2º-6º, 15, 18, 21, 28, 47, 232, 309, s.

232. Dans le cas même où ces violences n'auraient pas causé d'effusion de sang, blessures ou maladie, les coups seront punis de la réclusion, s'ils ont été portés avec préméditation ou de guet-apens (b). P. 7-6º, 21, 28, 47, 228, s., 297, 298, 309, s.

233. « Si les coups ont été portés ou les blessures faites à un des fonctionnaires ou agents désignés aux articles 228 et 230, dans l'exercice ou à l'occasion de l'exercice de leurs fonctions, avec intention de donner la mort, le coupable sera puni de mort. » P. 7-1º, 12, 295, 304, 309, s.

§ III. — *Refus d'un service dû légalement.*

234. Tout commandant, tout officier ou sous-officier de la force publique qui, après en avoir été légalement requis par l'autorité civile, aura refusé de faire agir la force à ses ordres, sera puni d'un emprisonnement d'un mois à trois mois, sans préjudice des réparations civiles qui pourraient être dues aux termes de l'article 10 du présent Code. I. cr. 25, 99, 106, 376. — P. 40, s., 209, 235, 236.

235. Les lois pénales et règlements relatifs à la conscription militaire continueront de recevoir leur exécution (c).

236. Les témoins et jurés qui auront allégué une excuse reconnue fausse seront condamnés, outre les amendes prononcées pour la non-comparution, à un emprisonnement de six jours à deux mois. I. cr. 80, 81, 86, 304, 335, 396 à 398. — P. 9-3º, 40, s., 52.

§ IV. — *Évasion de détenus, recèlement de criminels (d).*

237. Toutes les fois qu'une évasion de détenus aura lieu, les huissiers, les commandants en chef ou en sous-ordre, soit de la gendarmerie, soit de la force armée servant d'escorte ou garnissant les postes, les concierges, gardiens, geôliers, et tous autres préposés à la conduite, au transport ou à la garde des détenus, seront punis ainsi qu'il suit. I. cr. 603, s.

238. Si l'évadé était prévenu de délits de police, ou de crimes simplement infamants, s'il était prisonnier de guerre, les préposés à sa garde ou conduite seront punis, en cas de négligence, d'un emprisonnement de six jours à deux mois ; et, en cas de connivence, d'un emprisonnement de six mois à deux ans. C. 1383. — I. cr. 138, 179. — P. 8, 40, s., 59, s. — Ceux qui, n'étant pas chargés de la garde ou de la conduite du détenu, auront procuré ou facilité son évasion,

---

(a) L'ancien article prononçait la peine de mort dans ce dernier cas.
(b) Voy. pour la définition du *guet-apens* et de la *préméditation*, les art. 297 et 298.

(c) Voy. Code de l'armée.
(d) Une loi du 4 vend. an VI, s'occupe des préposés à la garde des détenus.

seront punis de six jours à trois mois d'emprisonnement. P. 40, s., 239, s.

239. Si les détenus évadés, ou si l'un d'eux, étaient prévenus ou accusés d'un crime de nature à entraîner une peine afflictive à temps, ou condamnés pour l'un de ces crimes, la peine sera, contre les préposés à la garde ou conduite, en cas de négligence, un emprisonnement de deux mois à six mois; en cas de connivence, la réclusion (a). P. 7-4°-5°-6°, 21, 28, 40, s., 47, 59, s., 238, 240, s. —Les individus non chargés de la garde des détenus, qui auront procuré ou facilité l'évasion, seront punis d'un emprisonnement de trois mois à deux ans. P. 40, s., 246.

240. Si les évadés, ou l'un d'eux, sont prévenus ou accusés de crimes de nature à entraîner la peine de mort ou des peines perpétuelles, ou s'ils sont condamnés à l'une de ces peines, leurs conducteurs ou gardiens seront punis d'un an à deux ans d'emprisonnement, en cas de négligence, et des travaux forcés à temps, en cas de connivence. P. 19, 59, s., 241, s. —Les individus non chargés de la conduite ou de la garde qui auront facilité ou procuré l'évasion, seront punis d'un emprisonnement d'un an au moins et de cinq ans au plus. P. 40, s., 246.

241. Si l'évasion a eu lieu ou a été tentée avec violences ou bris de prison, les peines contre ceux qui l'auront favorisée, en fournissant des instruments propres à l'opérer, seront, au cas que l'évadé fût de la qualité exprimée en l'article 238, trois mois à deux ans d'emprisonnement; au cas de l'article 239, deux à cinq ans d'emprisonnement; et au cas de l'article 240, la réclusion. P. 7-6°, 21, 28, 40, s., 47, 59, s., 242, 243, 245, 463.

242. Dans tous les cas ci-dessus, lorsque les tiers qui auront procuré ou facilité l'évasion y seront parvenus en corrompant les gardiens ou geôliers, ou de connivence avec eux, ils seront punis des mêmes peines que lesdits gardiens et geôliers. P. 59, s., 238, s.

243. Si l'évasion avec bris ou violence a été favorisée par transmission d'armes, les gardiens et conducteurs qui y auront

participé seront punis des travaux forcés à perpétuité, les autres personnes des travaux forcés à temps. P. 7-2°-4°, 15, 18, 19, 28, 47, 59, s., 101, 238, s., 145.

244. Tous ceux qui auront connivé à l'évasion d'un détenu seront solidairement condamnés, à titre de dommages-intérêts, à tout ce que la partie civile du détenu aurait eu droit d'obtenir contre lui. I. cr. 1, 66. — P. 10, 52, 238, s., 245, s.

245. A l'égard des détenus qui se seront évadés ou qui auront tenté de s'évader par bris de prison ou par violence, ils seront, pour ce seul fait, punis de six mois à un an d'emprisonnement, et subiront cette peine immédiatement après l'expiration de celle qu'ils auront encourue pour le crime ou délit à raison duquel ils étaient détenus, ou immédiatement après l'arrêt ou jugement qui les aura acquittés ou renvoyés absous dudit crime ou délit; le tout sans préjudice de plus fortes peines qu'ils auraient pu encourir pour d'autres crimes qu'ils auraient commis dans leurs violences. I. cr. 358, 361. — P. 40, s., 220; 241, 243.

246. Quiconque sera condamné, pour avoir favorisé une évasion ou des tentatives d'évasion, à un emprisonnement de plus de six mois, pourra, en outre, être mis sous la surveillance spéciale de la haute police, pour un intervalle de cinq à dix ans. P. 44, 50, 239, 240.

247. Les peines d'emprisonnement ci-dessus établies contre les conducteurs ou les gardiens, en cas de négligence seulement, cesseront lorsque les évadés seront repris ou représentés, pourvu que ce soit dans les quatre mois de l'évasion, et qu'ils ne soient pas arrêtés pour d'autres crimes ou délits commis postérieurement. P. 238, 239, 240.

248. Ceux qui auront recélé ou fait recéler des personnes qu'ils savaient avoir commis des crimes emportant peine afflictive seront punis de trois mois d'emprisonnement au moins et de deux ans au plus; P. 7, 40, s., 62, 63.— Sont exceptés de la présente disposition les ascendants ou descendants, époux ou épouse même divorcés, frères ou sœurs des criminels recélés, ou leurs alliés au même degré. C. 728, 735, s. — I. cr. 156.— P. 380, 463.

(a) L'évasion des *forçats* est punie par la loi du 12 oct. 1791, rappelée par une ord. du 2 janv. 1817.

§ V. — *Bris de scellés et enlèvement de pièces dans les dépôts publics (a).*

249. Lorsque les scellés apposés, soit par ordre du gouvernement, soit par suite d'une ordonnance de justice rendue en quelque matière que ce soit, auront été brisés, les gardiens seront punis, pour simple négligence, de six jours à six mois d'emprisonnement. C. 1383. — Pr. 907, s.— I. cr. 37,38.— P. 40, s., 250 à 253, 256, 463.

250. Si le bris des scellés s'applique à des papiers et effets d'un individu prévenu ou accusé d'un crime emportant la peine de mort, des travaux forcés à perpétuité, ou de la déportation, ou qui soit condamné à l'une de ces peines, le gardien négligent sera puni de six mois à deux ans d'emprisonnement. P.7-1o-2o-3o; 40, s., 249, 251, s.

251. Quiconque aura, à dessein, brisé des scellés apposés sur des papiers ou effets de la qualité énoncée en l'article précédent, ou participé au bris des scellés, sera puni de la réclusion; et si c'est le gardien lui-même, il sera puni des travaux forcés à temps. P. 7-4o-6o, 15, 19, 21, 28, 47, 59, s., 252, s.

252. A l'égard de tous autres bris de scellés, les coupables seront punis de six mois à deux ans d'emprisonnement : et si c'est le gardien lui-même, il sera puni de deux à cinq ans de la même peine. P. 40, s.

253. Tout vol commis à l'aide d'un bris de scellés sera puni comme vol commis à l'aide d'effraction. P. 7-4o, 379, 381-4o, 384, 393.

254. Quant aux soustractions, destructions et enlèvements de pièces ou de procédures criminelles, ou d'autres papiers, registres, actes et effets, contenus dans des archives, greffes ou dépôts publics, ou remis à un dépositaire public en cette qualité, les peines seront, contre les greffiers, archivistes, notaires ou autres dépositaires négligents, de trois mois à un an d'emprisonnement, et d'une amende de cent francs à trois cents francs. I. cr. 521, s. — P. 9-3o, 40, s., 52, 255, 256, 408.

255. Quiconque se sera rendu coupable des soustractions, enlèvements ou destructions mentionnés en l'article précédent, sera puni de la réclusion. P. 7-6o, 21, 28, 47, 256, 408. — Si le crime est l'ouvrage du dépositaire lui-même, il sera puni des travaux forcés à temps. P. 7-4o, 15, 19, 28, 47.

256. Si le bris de scellés, les soustractions, enlèvements ou destructions de pièces ont été commis avec violences envers les personnes, la peine sera, contre toute personne, celle des travaux forcés à temps, sans préjudice de peines plus fortes, s'il y a lieu, d'après la nature des violences et des autres crimes qui y seraient joints. P. 7-4o, 15, 19, 28, 47, 191, 249, s., 254, 255, 264, 408.

§ VI. — *Dégradation de monuments.*

257. Quiconque aura détruit, abattu, mutilé ou dégradé des monuments, statues et autres objets destinés à l'utilité ou à la décoration publique et élevés par l'autorité publique ou avec son autorisation, sera puni d'un emprisonnement d'un mois à deux ans, et d'une amende de cent francs à cinq cents francs (*b*). P. 9-3o, 40, s., 52, 96, 440, s.

§ VII. — *Usurpations de titres ou fonctions.*

258. Quiconque, sans titre, se sera immiscé dans des fonctions publiques, civiles ou militaires, ou aura fait les actes d'une de ces fonctions, sera puni d'un emprisonnement de deux à cinq ans, sans préjudice de la peine de faux, si l'acte porte le caractère de ce crime. P. 40, s., 245, s., 259.

259. « Toute personne qui aura publiquement porté un costume, un uniforme ou une décoration qui ne lui appartiendra pas, sera punie d'un emprisonnement de six mois à deux ans (*c*). » P. 40, s., 258, 341-1o, 381-4o.

(*b*) Les décrets des 13-17 avril, des 6-16 juin 1793 portaient également des peines contre les individus coupables de mutilation des chefs-d'œuvre de sculpture et des monuments des arts dépendant des propriétés nationales.

(*c*) Un décret des 15-16 septembre 1792 portait également une peine contre tout citoyen qui s'était revêtu d'une décoration qu'il n'avait pas le droit de porter. Par ce mot *décoration*, il faut entendre non pas seulement les différentes croix instituées pour récompenser les

(*a*) Un décret du 20 nivôse an II (9 janvier 1794) contient des dispositions relatives aux gardiens des scellés.

§ VIII. — *Entraves au libre exercice des cultes.*

260. Tout particulier qui, par des voies de fait ou des menaces, aura contraint ou empêché une ou plusieurs personnes

services publics, mais aussi les *insignes* distinctifs des charges ou professions publiques. — L'ancien art. 259 C. pén., il importe de le remarquer, frappait de la même peine « quiconque s'était attribué des *titres royaux* qui ne lui auraient pas été légalement conférés. » La loi de révision du 28 avril 1832 avait retranché ces dispositions, ne rendant justiciable que du ridicule ceux qui s'attribueraient, sans droit, les qualifications nobiliaires de *duc, comte, marquis,* etc. Le gouvernement provisoire avait été plus loin : par un décret du 29 février 1848, il avait aboli les anciens titres de noblesse ainsi que les qualifications qui s'y rattachent, comme incompatibles avec le principe de l'égalité, prohibant de les prendre publiquement et de les faire figurer dans un acte public quelconque. — Le gouvernement actuel a abrogé, d'une part, le décret de 1848 ; d'une autre part, il étend l'application de l'art. 259 C. pén. aux décorations et ordres *étrangers* portés par les Français sans autorisation de leur gouvernement, et lorsque ces ordres ou décorations n'ont pas été conférés par une puissance souveraine, mais par des *chapitres, corporations, confréries* ou par de prétendus *grands-maîtres* ou leurs délégués. — Voici les actes relatifs à ces deux objets :

24-27 janvier 1852.—*Décret qui abroge celui du 29 février 1848 concernant les anciens titres de noblesse.*

« Art. 1ᵉʳ. Le décret du gouvernement provisoire, en date du 29 février 1848, concernant les anciens titres de noblesse, est abrogé. »

13 juin-2 juillet 1853. — *Décret relatif au port de décorations ou ordres étrangers sans autorisation du gouvernement.*

« Napoléon, — Vu les art. 50 et 52, § 3 et 4 du décret organique de la Légion d'honneur, en date du 16 mars 1852 ; — Vu l'art. 259 du Code pénal ainsi conçu : — « Toute personne « qui aura porté publiquement un costume, un « uniforme ou une décoration qui ne lui appar- « tient pas, ou qui se sera attribué des titres « impériaux qui ne lui auraient pas été légale- « ment conférés, sera punie d'un emprisonne- « ment de six mois à deux ans. »*—Avons décrété et décrétons ce qui suit :

« Art. 1ᵉʳ. Toutes décorations ou tous ordres étrangers, quelle qu'en soit la dénomination ou la forme, qui n'auraient pas été conférés par une puissance souveraine, sont déclarés illégalement et abusivement obtenus, et il est

* C'est à dessein que nous laissons subsister le texte de l'art. 259 C. pén., tel qu'il est reproduit dans ce décret ; c'est l'ancien texte que ce décret fait revivre par ce visa avec sa disposition *abrogée* par la loi de 1832 en ce qui concerne l'usurpation de *titres royaux* ou impériaux. Or, un décret du Pouvoir exécutif a-t-il le pouvoir, sans le concours du Corps législatif, de rendre la vie à une disposition pénale abrogée par une loi et d'édicter lui-même une pénalité corporelle quelconque ?

d'exercer l'un des cultes autorisés, d'assister à l'exercice de ce culte, de célébrer certaines fêtes, d'observer certains jours de repos, et, en conséquence, d'ouvrir ou de fermer leurs ateliers, bou-

enjoint à tout Français qui les porte de les déposer à l'instant.

« 2. Tout Français qui, ayant obtenu des ordres étrangers, n'aura pas reçu du chef de l'État l'autorisation de les accepter et de les porter, sera pareillement tenu de les déposer immédiatement, sauf à lui à se pourvoir, s'il y a lieu, auprès de notre grand chancelier de l'ordre impérial de la Légion d'honneur pour solliciter cette autorisation.

« 3. Il est formellement interdit de porter d'autres insignes que ceux de l'ordre et du grade pour lesquels l'autorisation a été accordée, sous les peines édictées en l'art. 259 du Code pénal.

« 4. A l'avenir, toute demande d'autorisation d'accepter et de porter les insignes d'un ordre ou d'une décoration étrangère, devra être adressée hiérarchiquement au grand chancelier, par l'intermédiaire du ministre dont relève le demandeur à raison de ses fonctions ou de son emploi. — Si le demandeur n'exerce aucune fonction publique, ou n'a que des fonctions gratuites, il adressera sa demande par l'intermédiaire du préfet de sa résidence actuelle. — Les ministres, les hauts dignitaires de l'État, les membres du Sénat, du Corps législatif, du conseil d'État et du conseil de l'ordre impérial de la Légion d'honneur, sont autorisés à adresser leur demande directement à notre grand chancelier.

« 5. Les ministres et les préfets devront transmettre immédiatement à notre grand chancelier les demandes d'autorisation qui leur sont remises, avec leur avis sur la suite à y donner.

« 6. Toute demande d'autorisation, formée par un Français ne faisant pas partie de la Légion d'honneur, devra être accompagnée d'un extrait régulier de son acte de naissance.

« 7. Les autorisations par nous délivrées seront insérées au *Moniteur.*

« 8. Une ampliation du décret d'autorisation sur parchemin, conforme au modèle ci-annexé, sera délivrée à l'impétrant.

« 9. Pareille ampliation sera délivrée aux Français déjà autorisés, qui en feront la demande à notre grand chancelier de l'ordre impérial de la Légion d'honneur.

« 10. Il sera perçu par la grande chancellerie de la Légion d'honneur, à titre de droit de chancellerie, savoir : Pour les décorations portées à la boutonnière, 60 fr. — Pour les décorations portées en sautoir, 100 fr.—Pour les décorations portées avec plaques sur la poitrine, 150 fr. — Pour les décorations portées avec grand cordon en écharpe, 200 fr.

« 11. Les soldats, sous-officiers et officiers en activité de service, jusques et y compris le grade de capitaine dans l'armée de terre, et de lieutenant de vaisseau dans l'armée de mer, qui, à l'avenir, seront autorisés à accepter et porter des ordres ou des décorations étrangères, seront exempts de tous droits de chancellerie.

« 12. Les produits des droits de chancellerie

tiques ou magasins, et de faire ou quitter certains travaux, sera puni, pour ce seul fait, d'une amende de seize francs à deux cents francs, et d'un emprisonnement de six jours à deux mois (a). — P. 9-3°, 25, 40, s., 52, 199, s., 261, s., 463.

261. Ceux qui auront empêché, retardé ou interrompu les exercices d'un culte par des troubles ou désordres causés dans le temple ou autre lieu destiné ou servant actuellement à ces exercices, seront punis d'une amende de seize francs à trois cents francs, et d'un emprisonnement de six jours à trois mois. P. 9-3°, 40, s., 52, 260, 262, s.

262. Toute personne qui aura, par paroles ou gestes, outragé les objets d'un culte dans les lieux destinés ou servant actuellement à son exercice, ou les ministres de ce culte dans leurs fonctions, sera punie d'une amende de seize francs à cinq cents francs, et d'un emprisonnement de quinze jours à six mois (b). P. 9-3°, 40, s., 52, 223.

263. « Quiconque aura frappé le ministre d'un culte dans ses fonctions sera puni de la dégradation civique. » P. 8-2°, 35, 228.

264. Les dispositions du présent paragraphe ne s'appliquent qu'aux troubles, outrages ou voies de fait dont la nature

seront employés : — 1° A couvrir les frais d'expédition des ampliations de décrets d'autorisation ; — 2° A augmenter le fonds de secours affecté aux membres et aux orphelines de la Légion d'honneur.

« 13. Les dispositions disciplinaires des lois, décrets et ordonnances sur la Légion d'honneur, sont applicables aux Français décorés d'ordres étrangers ; en conséquence, le droit de porter les insignes de ces ordres peut être suspendu ou retiré dans les cas et selon les formes déterminés pour les membres de la Légion d'honneur.

« 14. L'ordonnance du 16 avril 1824 est abrogée.

« 15. Nos ministres et notre grand chancelier de l'ordre impérial de la Légion d'honneur sont chargés, chacun en ce qui le concerne, de l'exécution du présent décret. »

Voy., au C. de l'armée, le décret des 24 novembre-3 décembre 1852, relatif à la décoration de la *médaille militaire.*

Un décret des 16-22 mars 1852 porte organisation de la Légion d'honneur. On se borne à en donner la date, sans en reproduire ici les dispositions, qui sont purement réglementaires.

(a) Voy., au C. des cultes, le décret du 7 vendémiaire an IV.

(b) Voy., au Code de la presse, les art. 1 et 6 de la loi du 25 mars 1822.

ou les circonstances ne donneront pas lieu à de plus fortes peines, d'après les autres dispositions du présent Code. P. 191, 256, 260, s.

SECT. V. — *Associations de malfaiteurs, vagabondage et mendicité.*

§ I. — *Associations de malfaiteurs.*

265. Toute association de malfaiteurs envers les personnes ou les propriétés est un crime contre la paix publique. P. 1, 266, s.

266. Ce crime existe par le seul fait d'organisation de bandes ou de correspondance entre elles et leurs chefs ou commandants, ou de conventions tendant à rendre compte ou à faire distribution ou partage du produit des méfaits. P. 2, 267, s.

267. Quand ce crime n'aurait été accompagné ni suivi d'aucun autre, les auteurs, directeurs de l'association, et les commandants en chef ou en sous-ordre de ces bandes, seront punis des travaux forcés à temps. P. 7-4°, 15, 19, 28, 47, 96, 440, s.

268. Seront punis de la réclusion tous autres individus chargés d'un service quelconque dans ces bandes, et ceux qui auront sciemment et volontairement fourni aux bandes ou à leurs divisions des armes, munitions, instruments de crimes, logements, retraite ou lieu de réunion. P. 21, 60, 61, 73, 96, 98, 99, 100, 154, 265, 267.

§ II. — *Vagabondage (c).*

269. Le vagabondage est un délit. I. cr. 179. — P. 1, 270, s.

270. Les vagabonds ou gens sans aveu sont ceux qui n'ont ni domicile certain, ni moyen de subsistance, et qui n'exercent habituellement ni métier, ni profession. I. cr. 115, 553, s.

271. « Les vagabonds ou gens sans aveu, qui auront été légalement déclarés tels, seront, pour ce seul fait, punis de trois à six mois d'emprisonnement. Ils seront renvoyés, après avoir subi leur peine, sous la surveillance de la haute police pendant cinq ans au moins et dix

(c) Voy., au C. municip., la loi du 10 vend. an IV, tit. 3, art. 9.

ans au plus. P. 40, s., 44, 50. — Néanmoins les vagabonds âgés de moins de
seize ans ne pourront être condamnés à
la peine d'emprisonnement; mais, sur la
preuve des faits de vagabondage, ils seront renvoyés sous la surveillance de la
haute police jusqu'à l'âge de vingt ans
accomplis, à moins qu'avant cet âge ils
n'aient contracté un engagement régulier
dans les armées de terre ou de mer (a). »
P. 66, 67.

272. Les individus déclarés vagabonds
par jugement pourront, s'ils sont étrangers, être conduits, par les ordres du
gouvernement, hors du territoire de
l'empire. I. cr. 179, 190.—P. 228, 229,
273.

273. Les vagabonds nés en France
pourront, après un jugement même passé
en force de chose jugée, être réclamés
par délibération du conseil municipal de
la commune où ils sont nés, ou cautionnés
par un citoyen solvable. C. 2019, 2040,
2041.— I. cr. 114, 120, 179, 190. — Si
le gouvernement accueille la réclamation
ou agrée la caution, les individus ainsi
réclamés ou cautionnés seront, par ses
ordres, renvoyés ou conduits dans la
commune qui les aura réclamés, ou dans
celle qui leur sera assignée pour résidence, sur la demande de la caution.
P. 44, 46, 228, 229, 272.

§ III. — Mendicité (b).

274. Toute personne qui aura été
trouvée mendiant dans un lieu pour lequel il existera un établissement public,
organisé afin d'obvier à la mendicité, sera
punie de trois à six mois d'emprisonnement, et sera, après l'expiration de sa
peine, conduite au dépôt de mendicité.
P. 40, s., 275, s., 277, s.

275. Dans les lieux où il n'existe point
encore de tels établissements, les mendiants d'habitude valides seront punis
d'un mois à trois mois d'emprisonnement.
P. 40, s., 274, 276.— S'ils ont été arrêtés
hors du canton de leur résidence, ils

seront punis d'un emprisonnement de six
mois à deux ans. P. 277, s.

276. Tous mendiants, même invalides,
qui auront usé de menaces, ou seront
entrés, sans permission du propriétaire
ou des personnes de sa maison, soit dans
une habitation, soit dans un enclos en
dépendant, P. 277.—Ou qui feindront des
plaies ou infirmités,—Ou qui mendieront
en réunion, à moins que ce ne soient le
mari et la femme, le père ou la mère et
leurs jeunes enfants, l'aveugle et son
conducteur, — Seront punis d'un emprisonnement de six mois à deux ans.
P. 265, s., 40, s., 277, s.

277. Tout mendiant ou vagabond qui
aura été saisi travesti d'une manière quelconque, P. 269, s., 274. — Ou porteur
d'armes, bien qu'il n'en ait usé ni
menacé, P. 101. — Ou muni de limes,
crochets ou autres instruments propres
soit à commettre des vols ou d'autres délits, soit à lui procurer les moyens de
pénétrer dans les maisons, P. 276. —
Sera puni de deux à cinq ans d'emprisonnement. P. 40, s., 44, 282.

278. Tout mendiant ou vagabond qui
sera trouvé porteur d'un ou de plusieurs
effets d'une valeur supérieure à cent
francs, et qui ne justifiera point d'où ils
lui proviennent, sera puni de la peine
portée en l'article 276. P. 40, s., 44, 282.

279. Tout mendiant ou vagabond qui
aura exercé quelque acte de violence que
ce soit envers les personnes sera puni de
la réclusion, sans préjudice de peines plus
fortes, s'il y a lieu, à raison du genre et
des circonstances de la violence. P. 7-6°,
21, 28, 44, 47, 282.

280. *Abrogé par la loi du* 28 *avril*
1832, *art.* 12.

281. Les peines établies par le présent
Code contre les individus porteurs de faux
certificats, faux passe-ports ou fausses
feuilles de route, seront toujours, dans
leur espèce, portées au *maximum*, quand
elles seront appliquées à des vagabonds
ou mendiants. P. 7-6°, 8-1°, 40, s., 44,
153 à 161, 282.

282. « Les mendiants qui auront été
condamnés aux peines portées par les
articles précédents seront renvoyés, après

(a) Cette dernière disposition a été ajoutée
par la loi du 28 avril 1832, qui a modifié également la première partie du même article.

(b) Voy. le décret du 24 vendémiaire an II,
contenant des mesures pour l'extinction de la
mendicité, ainsi que le décret des 19-22 juillet
1791, art. 22 et suiv.

l'expiration de leur peine, sous la surveillance de la haute police pour cinq ans au moins et dix ans au plus. » P. 44, 50.

SECT. VI. — *Délits commis par la voie d'écrits, images ou gravures distribués sans nom d'auteur, imprimeur ou graveur (a).*

283. Toute publication ou distribution d'ouvrages, écrits, avis, bulletins, affiches, journaux, feuilles périodiques ou autres imprimés, dans lesquels ne se trouvera pas l'indication vraie des noms, profession et demeure de l'auteur ou de l'imprimeur, sera, pour ce seul fait, punie d'un emprisonnement de six jours à six mois, contre toute personne qui aura sciemment contribué à la publication ou distribution. P. 40, s., 284, s.

284. Cette disposition sera réduite à des peines de simple police, — 1º A l'égard des crieurs, afficheurs, vendeurs ou distributeurs, qui auront fait connaître la personne de laquelle ils tiennent l'écrit imprimé (b) ; — 2º A l'égard de quiconque aura fait connaître l'imprimeur ; — 3º A l'égard même de l'imprimeur qui aura fait connaître l'auteur. P. 286, 464, 475-5º, 477-3º.

285. Si l'écrit imprimé contient quelque provocation à des crimes ou délits, les crieurs, afficheurs, vendeurs et distributeurs, seront punis comme complices des provocateurs, à moins qu'ils n'aient fait connaître ceux dont ils tiennent l'écrit contenant la provocation. P. 59, s., 284, 286, 289. — En cas de révélation, ils n'encourront qu'un emprisonnement de six jours à trois mois ; et la peine de complicité ne restera applicable qu'à

ceux qui n'auront point fait connaître les personnes dont ils auront reçu l'écrit imprimé, et à l'imprimeur, s'il est connu. P. 40, s., 108, 283, 284-3º.

286. Dans tous les cas ci-dessus, il y aura confiscation des exemplaires saisis. P. 11, 176.

287. Toute exposition ou distribution de chansons, pamphlets, figures ou images, contraires aux bonnes mœurs, sera punie d'une amende de seize francs à cinq cents francs, d'un emprisonnement d'un mois à un an, et de la confiscation des planches et des exemplaires imprimés ou gravés de chansons, figures ou autres objets du délit. P. 9-3º, 11, 40, s., 52, s., 176, 288, 289, 330, s., 477-3º.

288. La peine d'emprisonnement et l'amende prononcées par l'article précédent seront réduites à des peines de simple police, — 1º A l'égard des crieurs, vendeurs ou distributeurs qui auront fait connaître la personne qui leur a remis l'objet du délit ; P. 284, 289, 464, 475-13º. — 2º A l'égard de quiconque aura fait connaître l'imprimeur ou le graveur ; — 3º A l'égard même de l'imprimeur ou du graveur qui auront fait connaître l'auteur ou la personne qui les aura chargés de l'impression ou de la gravure. P. 108, 285.

289. Dans tous les cas exprimés en la présente section, et où l'auteur sera connu, il subira le *maximum* de la peine attachée à l'espèce du délit. P. 9-3º, 40, s., 52.

DISPOSITION PARTICULIÈRE.

290. *Abrogé par la loi du 10 décembre 1830 sur les afficheurs et crieurs publics (c).*

(a) Voy. C. de la presse.

(b) 16 février 1834. — *Loi sur les crieurs publics.*

« Art. 1ᵉʳ. Nul ne pourra exercer, même temporairement, la profession de crieur, de vendeur ou de distributeur, sur la voie publique, d'écrits, dessins ou emblèmes imprimés, lithographiés, autographiés, moulés, gravés ou à la main, sans autorisation préalable de l'autorité municipale. — Cette autorisation pourra être retirée. — Les dispositions ci-dessus sont applicables aux chanteurs sur la voie publique.

« 2. Toute contravention à la disposition ci-dessus sera punie d'un emprisonnement de six jours à deux mois pour la première fois, et de deux mois à un an en cas de récidive. Les contrevenants seront traduits devant les tribunaux correctionnels, qui pourront, dans tous les cas, appliquer les dispositions de l'art. 463 du Code pénal. »

(c) Cette loi contient les dispositions suivantes :

« Art. 1ᵉʳ. Aucun écrit, soit à la main, soit imprimé, gravé ou lithographié, contenant des nouvelles politiques ou traitant d'objets politiques, ne pourra être affiché ou placardé dans les rues, places ou autres lieux publics. — Sont exceptés de la présente disposition les actes de l'autorité publique.

« 2. Quiconque voudra exercer, même temporairement, la profession d'afficheur ou crieur, de vendeur ou distributeur, sur la voie publique, d'écrits imprimés, lithographiés, gravés ou à la main, sera tenu d'en faire préalablement la déclaration devant l'autorité municipale et d'indiquer son domicile. — Le crieur ou affi-

SECT. VII. — *Des associations ou réunions illicites.*

291. Nulle association de plus de vingt personnes, dont le but sera de se réunir

cheur devra renouveler cette déclaration chaque fois qu'il changera de domicile.

« 3. Les journaux, feuilles quotidiennes ou périodiques, les jugements et autres actes d'une autorité constituée ne pourront être annoncés dans les rues, places et autres lieux publics, autrement que par leur titre. — Aucun autre écrit imprimé, lithographié, gravé ou à la main, ne pourra être crié sur la voie publique qu'après que le crieur ou distributeur aura fait connaître à l'autorité municipale le titre sous lequel il veut l'annoncer, et qu'après avoir remis à cette autorité un exemplaire de cet écrit.

« 4. La vente ou distribution de faux extraits de journaux, jugements et actes de l'autorité publique, est défendue, et sera punie des peines ci-après.

« 5. L'infraction aux dispositions des art. 1er et 4 de la présente loi sera punie d'une amende de vingt-cinq à cinq cents francs, et d'un emprisonnement de six jours à un mois, cumulativement ou séparément.—L'auteur ou l'imprimeur des faux extraits défendus par l'article ci-dessus sera puni du double de la peine infligée au crieur, vendeur ou distributeur de faux extraits. — Les peines prononcées par le présent article seront appliquées sans préjudice des autres peines qui pourraient être encourues par suite des crimes et délits résultant de la nature même de l'écrit.

« 6. La connaissance des délits punis par le précédent article est attribuée aux cours d'assises. Ces délits seront poursuivis conformément aux dispositions de l'art. 4 de la loi du 8 octobre 1830. (Voir Code de la presse.)

« 7. Toute infraction aux art. 2 et 3 de la présente loi sera punie, par la voie ordinaire de police correctionnelle, d'une amende de vingt-cinq à deux cents francs, et d'un emprisonnement de six jours à un mois, cumulativement ou séparément.

« 8. Dans les cas prévus par la présente loi, les cours d'assises et les tribunaux correctionnels pourront appliquer l'art. 463 du Code pénal, si les circonstances leur paraissent atténuantes, et si le préjudice causé n'excède pas vingt-cinq francs.

« 9. La loi du 5 nivôse an V, relative aux crieurs publics, et l'art. 290 du Code pénal sont abrogés. »

La loi de finances du 8 juillet 1852, art. 30, a soumis toutes les affiches à un *droit d'affichage*, variable selon la dimension de l'affiche. Un décret est intervenu pour réglementer la perception de ce droit. Il est ainsi conçu :

25-31 août 1852. — *Décret portant règlement sur l'affichage.*

« Louis-Napoléon, président de la République française, sur le rapport du ministre des finances ; — Vu l'art. 30 de la loi du 8 juillet 1852, ainsi conçu : « A partir du 1er août 1852, toute « affiche inscrite dans un lieu public, sur les « murs, sur une construction quelconque, ou « même sur toile au moyen de la peinture ou « de tout autre procédé, donnera lieu à un « droit d'affichage fixé à cinquante centimes

tous les jours ou à certains jours marqués pour s'occuper d'objets religieux, littéraires, politiques ou autres, ne pourra se former qu'avec l'agrément du gouverne-

« pour les affiches d'un mètre carré et au-« dessous, et à un franc pour celles d'une « dimension supérieure. — Un règlement d'ad-« ministration publique déterminera le mode « d'exécution du présent article.—Toute infrac-« tion à la présente disposition, et toute con-« travention au règlement à intervenir, se-« ront être punies d'une amende de cent à cinq « cents francs, ainsi que des peines portées « à l'art. 464 du Code pénal ; » le conseil d'État entendu, décrète :

« Art. 1er. Tout individu qui voudra, au moyen de la peinture ou de tout autre procédé, inscrire des affiches dans un lieu public, sur les murs, sur une construction quelconque ou même sur toile, sera tenu préalablement de payer le droit d'affichage établi par l'art. 30 de la loi du 8 juillet 1852, et d'obtenir de l'autorité municipale dans les départements, et à Paris du préfet de police, l'autorisation ou permis d'afficher. — Le paiement du droit se fera au bureau de l'enregistrement dans l'arrondissement duquel se trouvent les communes où les affiches devront être placées. Dans le département de la Seine, il se fera à un ou plusieurs bureaux d'enregistrement désignés à cet effet.

« 2. Le droit sera perçu sur la présentation, pour chaque commune, d'une déclaration en double minute, datée et signée, contenant : — 1° Le texte de l'affiche ; — 2° Les noms, prénoms, professions et domicile de ceux dans l'intérêt desquels l'affiche doit être inscrite et de l'entrepreneur de l'affichage ; — 3° La dimension de l'affiche ; — 4° Le nombre total des exemplaires à inscrire ; — 5° La désignation précise des rues et places où chaque exemplaire devra être inscrit ; — 6° Et le nombre des exemplaires à inscrire dans chacun de ces emplacements. — Un double de la déclaration restera au bureau pour servir de contrôle à la perception ; l'autre, revêtu de la quittance du receveur de l'enregistrement, sera rendu au déclarant. — Les droits régulièrement perçus ne seront point restituables, lors même que, par le fait des tiers, l'affichage ne pourrait avoir lieu. — Mais ces droits seront restitués si l'autorisation d'afficher est refusée par l'administration.

« 3. L'autorité municipale ou le préfet de police ne délivrera le permis d'affichage qu'au vu et sur le dépôt de la déclaration portant quittance dont il est parlé dans l'article précédent, et sans préjudice des droits des tiers. — Chaque permis sera enregistré, sur un registre spécial, par ordre de date et de numéro. — Le numéro du permis devra être lisiblement indiqué au bas de chaque exemplaire de l'affiche, qui devra porter, en outre, son numéro d'ordre.

« 4. Aucun exemplaire de l'affiche ne pourra être d'une dimension supérieure à celle pour laquelle le droit aura été payé.

« 5. Les contraventions à l'art. 30 de la loi du 8 juillet 1852 et aux dispositions du présent règlement seront constatées par des procès-verbaux rapportés, soit par les préposés de l'administration de l'enregistrement et des domaines, soit par les commissaires, gendarmes,

ment, et sous les conditions qu'il plaira à l'autorité publique d'imposer à la société. P. 292, s. (a)—Dans le nombre de personnes indiqué par le présent article, ne sont pas comprises celles domiciliées dans la maison où l'association se réunit. C. 102, s.

292. Toute association de la nature ci-dessus exprimée, qui se sera formée sans autorisation, ou qui, après l'avoir obtenue, aura enfreint les conditions à

---

gardes champêtres et tous les autres agents de la force publique.

« 6. Il sera accordé, à titre d'indemnité, aux gendarmes, gardes champêtres et autres agents de la force publique qui auront constaté les contraventions, un quart des amendes payées par les contrevenants.

« 7. Les poursuites seront faites à la requête du ministère public et portées devant le tribunal de police correctionnelle dans l'arrondissement duquel la contravention aura été commise.

« 8. Les contraventions à l'art. 1er, au dernier alinéa de l'art. 3 et à l'art. 4 du présent règlement, seront passibles des peines portées par l'art. 30 de la loi du 8 juillet 1852.—Il sera dû une amende pour chaque exemplaire d'affiche inscrit sans paiement du droit ou d'une dimension supérieure à celle pour laquelle le droit aura été payé, et pour chaque exemplaire posé dans un emplacement autre que celui indiqué par la déclaration. — Dans tous les cas, les contrevenants devront rembourser les droits dont le trésor aura été frustré.

« 9. Ces droits, amendes et frais seront recouvrés par l'administration de l'enregistrement et des domaines.

« 10. Les individus qui auront fait inscrire des affiches sur les murs antérieurement au 1er août 1852 auront un délai de deux mois, à compter de la même époque, pour acquitter le droit d'affichage et se faire délivrer un permis, en se conformant aux dispositions du présent règlement. — Ce délai expiré, l'administration aura la faculté de faire supprimer lesdites affiches. »

(a) Une loi du 10 avril 1834 avait étendu l'application de l'art. 291 du Code pénal aux cas où les associations seraient *partagées* en sections d'un nombre moindre de vingt personnes, en punissant comme *complices* les individus qui auraient prêté ou loué leurs maisons ou appartements pour la réunion de ces associations non autorisées. Les attentats contre la sûreté de l'Etat ou les délits politiques commis par ces associations, étaient jugés et punis conformément aux art. 28 et 69 de la Charte de 1830. —Après 1848, le Gouvernement provisoire, dans une proclamation des 19-22 avril 1848, prit sous sa protection les *clubs* qui s'étaient établis spontanément dans toute la France, en proscrivant toutefois celles de ces réunions dans lesquelles on délibérait en *armes*. — Les 28 juillet-2 août 1848, une loi fut rendue pour organiser le droit de réunion des citoyens et pour réglementer la tenue des clubs; loi dont l'effet fut suspendu à deux reprises successives, par des lois des 19-22 juin 1849 et 6-12 juin 1850. Enfin la loi du 28 juillet 1848 a été abrogée, sauf l'art. 13, par le décret dont la teneur suit:

25 mars-2 avril 1852. — *Décret qui abroge celui du 28 juillet 1848, sur les clubs, à l'exception de l'art. 13, et déclare applicables aux réunions publiques les art. 291, 292 et 294 du Code pé-*

nal, et les art. 1, 2 et 3 de la loi du 10 avril 1834.

« Louis-Napoléon, président de la République, — Vu les art. 291 et suivants du Code pénal, qui prononcent les peines applicables à ceux qui font partie des associations ou réunions illicites; — Vu la loi du 10 avril 1834, sur les associations; — Vu le décret du 28 juillet 1848, sur les clubs; — Sur le rapport du ministre de la police générale; — Considérant que le droit d'association et de réunion doit être réglementé de manière à empêcher le retour des désordres qui se sont produits sous le régime d'une législation insuffisante pour les prévenir; — Qu'il est du devoir du gouvernement d'apprécier et de prendre les mesures nécessaires pour qu'il puisse exercer sur toutes les réunions publiques une surveillance qui est la sauvegarde de l'ordre et de la sûreté de l'Etat; — Considérant que la loi du 22 juin 1849, suspensive du décret du 28 juillet 1848, ayant déjà reconnu le danger des clubs, avait décidé qu'un projet de loi serait présenté à l'Assemblée pour interdire les clubs et régler l'exercice du droit de réunion, décrète:

« Art. 1er. Le décret du 28 juillet 1848, sur les clubs, est abrogé, à l'exception toutefois de l'art. 13 de ce décret, qui interdit les sociétés secrètes *.

« 2. Les art. 291, 292 et 294 du Code pénal, et les art. 1, 2 et 3 de la loi du 10 avril 1834, seront applicables aux réunions publiques, de quelque nature qu'elles soient **. »

* Cet article 13 est ainsi conçu : « Les sociétés secrètes sont interdites. Ceux qui seront convaincus d'avoir fait partie d'une société secrète seront punis d'une amende de cent à cinq cents francs, d'un emprisonnement de six mois à deux ans, et de la privation des droits civiques de un à cinq ans. — Ces condamnations pourront être portées au double contre les chefs ou fondateurs desdites sociétés. — Ces peines seront prononcées sans préjudice de celles qui pourraient être encourues pour crimes ou délits prévus par les lois. »
** Ces articles de la loi du 10 avril 1834 sont conçus de la manière suivante :

« Art. 1er. Les dispositions de l'art. 291 du Code pénal sont applicables aux associations de plus de vingt personnes, alors même que ces associations seraient partagées en sections d'un nombre moindre, et qu'elles ne se réuniraient pas tous les jours ou à des jours marqués.—L'autorisation donnée par le gouvernement est toujours révocable.

« 2. Quiconque fait partie d'une association non autorisée sera puni de deux mois à un an d'emprisonnement, et de cinquante francs à mille francs d'amende. — En cas de récidive, les peines pourront être portées au double. — Le condamné pourra, dans ce dernier cas, être placé sous la surveillance de la haute police pendant un temps qui n'excédera pas le double du *maximum* de la peine. — L'art. 463 du Code pénal pourra être appliqué dans tous les cas.

« 3. Seront considérés comme complices et punis comme tels, ceux qui auront prêté ou loué sciemment leur maison ou appartement pour une ou plusieurs réunions d'une association non autorisée. »

elle imposées, sera dissoute. — Les chefs, directeurs ou administrateurs de l'association seront en outre punis d'une amende de seize francs à deux cents francs. P. 9-3°, 52.

293. Si, par discours, exhortations, invocations ou prières, en quelque langue que ce soit, ou par lecture, affiche, publication ou distribution d'écrits quelconques, il a été fait, dans ces assemblées, quelque provocation à des crimes ou à des délits, la peine sera de cent francs à trois cents francs d'amende, et de trois mois à deux ans d'emprisonnement, contre les chefs, directeurs et administrateurs de ces associations; sans préjudice des peines plus fortes qui seraient portées par la loi contre les individus personnellement coupables de la provocation, lesquels, en aucun cas, ne pourront être punis d'une peine moindre que celle infligée aux chefs, directeurs et administrateurs de l'association. P. 9-3°, 40, s., 52, 59, s.

294. Tout individu qui, sans la permission de l'autorité municipale, aura accordé ou consenti l'usage de sa maison ou de son appartement, en tout ou en partie, pour la réunion des membres d'une association même autorisée, ou pour l'exercice d'un culte, sera puni d'une amende de seize francs à deux cents francs. P. 9-3°, 52, 260, s., 291, s.

TITRE DEUXIÈME.

CRIMES ET DÉLITS CONTRE LES PARTICULIERS.

CHAP. I. — CRIMES ET DÉLITS CONTRE LES PERSONNES.

(Loi décrétée le 17 février 1810. Promulguée le 27.)

SECT. I. — *Meurtres et autres crimes capitaux, menaces d'attentat contre les personnes.*

§ I. — *Meurtre, assassinat, parricide, infanticide, empoisonnement.*

295. L'homicide commis volontairement est qualifié meurtre. P. 296, s., 304, 319, 321, s., 327, 328.

296. Tout meurtre commis avec préméditation ou de guet-apens est qualifié assassinat. P. 295, 397, s., 302, s., 321, s.

297. La préméditation consiste dans le dessein formé, avant l'action, d'atten-

ter à la personne d'un individu déterminé, ou même de celui qui sera trouvé ou rencontré, quand même ce dessein serait dépendant de quelque circonstance ou de quelque condition. P. 296, 310, 311.

298. Le guet-apens consiste à attendre plus ou moins de temps, dans un ou divers lieux, un individu, soit pour lui donner la mort, soit pour exercer sur lui des actes de violence. P. 296, 310, 311.

299. Est qualifié parricide le meurtre des pères ou mères légitimes, naturels ou adoptifs, ou de tout autre ascendant légitime. P. 13, 86, 293, 302, 323.

300. Est qualifié infanticide le meurtre d'un enfant nouveau-né. P. 295, 302.

301. Est qualifié empoisonnement tout attentat à la vie d'une personne, par l'effet de substances qui peuvent donner la mort plus ou moins promptement, de quelque manière que ces substances aient été employées ou administrées, et quelles qu'en aient été les suites. P. 295, 302, 317, 318, 387, 452.

302. Tout coupable d'assassinat, de parricide, d'infanticide et d'empoisonnement, sera puni de mort, sans préjudice de la disposition particulière contenue en l'article 13, relativement au parricide. P. 7-1°, 12, 296, 299, 300, 301, 313.

303. Seront punis, comme coupables d'assassinat, tous malfaiteurs, quelle que soit leur dénomination, qui, pour l'exécution de leurs crimes, emploient des tortures ou commettent des actes de barbarie. P. 7-1°, 12, 296, 302, 344.

304. « Le meurtre emportera la peine de mort, lorsqu'il aura précédé, accompagné ou suivi un autre crime. P. 7-1°, 12, 295, 313. — Le meurtre emportera également la peine de mort, lorsqu'il aura eu pour objet, soit de préparer, faciliter ou exécuter un délit, soit de favoriser la fuite ou d'assurer l'impunité des auteurs ou complices de ce délit. I. cr. 179. — P. 1, 3. — En tout autre cas, le coupable de meurtre sera puni des travaux forcés à perpétuité. » P. 7-2°, 15, 18.

§ II. — *Menaces.*

305. Quiconque aura menacé, par écrit anonyme ou signé, d'assassinat, d'empoisonnement, ou de tout autre attentat contre les personnes qui serait punissable de la peine de mort, des travaux forcés à perpétuité ou de la déportation, sera puni de la peine des travaux forcés à temps, dans le cas où la menace aurait été faite avec ordre de déposer une somme d'argent dans un lieu indiqué, ou de remplir toute autre condition. P. 7-4°, 15, 19, 28, 47, 295, s., 306, s., 313, 344-2°, 436.

306. Si cette menace n'a été accompagnée d'aucun ordre ou condition, la peine sera d'un emprisonnement de deux ans au moins et de cinq ans au plus, et d'une amende de cent francs à six cents francs. P. 9-3°, 40, s., 52, 305, 307, 308, 313, 436.

307. Si la menace faite avec ordre ou sous condition a été verbale, le coupable sera puni d'un emprisonnement de six mois à deux ans, et d'une amende de vingt-cinq francs à trois cents francs. P. 9-3°, 40, s., 52, 306, 308, 313, 436.

308. Dans les cas prévus par les deux précédents articles, le coupable pourra de plus être mis, par l'arrêt ou le jugement, sous la surveillance de la haute police, pour cinq ans au moins et dix ans au plus. P. 44, 50, 313.

SECT. II. — *Blessures et coups volontaires non qualifiés meurtres, et autres crimes et délits volontaires.*

309. Sera puni de la réclusion, tout individu qui, volontairement, aura fait des blessures ou porté des coups, s'il est résulté de ces sortes de violences une maladie ou incapacité de travail personnel pendant plus de vingt jours. P. 7-6°, 21, 28, 47, 310, s., 321, s. — « Si les coups portés ou les blessures faites volontairement, mais sans intention de donner la mort, l'ont pourtant occasionnée, le coupable sera puni de la peine des travaux forcés à temps (a). P. 7-4°, 15, 19, 28, 47, 64, 66, 67, 186, 312, 320, s., 327, s.

310. « Lorsqu'il y aura eu préméditation ou guet-apens, la peine sera, si la mort s'en est suivie, celle des travaux forcés à perpétuité, et si la mort ne s'en est pas suivie, celle des travaux forcés à temps. » P. 7-2°-4°, 15, 18, 19, 28, 47, 297, 298, 311 à 313.

311. « Lorsque les blessures ou les coups n'auront occasionné aucune maladie ou incapacité de travail personnel de l'espèce mentionnée en l'article 309, le coupable sera puni d'un emprisonnement de six jours à deux ans, et d'une amende de seize francs à deux cents francs, ou de l'une de ces deux peines seulement. P. 9-3°, 40, s., 52, 463. == S'il y a eu préméditation ou guet-apens, l'emprisonnement sera de deux ans à cinq ans, et l'amende de cinquante francs à cinq cents francs. » P. 297, 298, 310, 312, 313, 315.

312. Dans les cas prévus par les articles 309, 310 et 311, si le coupable a commis le crime envers ses père ou mère légitimes, naturels ou adoptifs, ou autres ascendants légitimes, il sera puni ainsi qu'il suit : — Si l'article auquel le cas se référera prononce l'emprisonnement et l'amende, le coupable subira la peine de la réclusion ; P. 7-6°, 21, 28, 47. — Si l'article prononce la peine de la réclusion, il subira celle des travaux forcés à temps ; P. 7-4°, 15, 19, 28, 47. — Si l'article prononce la peine des travaux forcés à temps, il subira celle des travaux forcés à perpétuité. P. 7-2°, 15, 18.

313. Les crimes et les délits prévus dans la présente section et dans la section précédente, s'ils sont commis en réunion séditieuse, avec rébellion ou pillage, sont imputables aux chefs, auteurs, instigateurs et provocateurs de ces réunions, rébellions ou pillages, qui seront punis, comme coupables de ces crimes ou de ces délits, et condamnés aux mêmes peines que ceux qui les auront personnellement commis. P. 96, 209, s., 315, 381-2°, 385-2°, 340, s.

314. Tout individu qui aura fabriqué ou débité des stylets, tromblons, ou quelque espèce que ce soit d'armes prohibées par la loi ou par des règlements d'administration publique, sera puni d'un emprisonnement de six jours à six mois (b).

_____

(a) Cette dernière disposition a été ajoutée par la loi du 28 avril 1832.

(b) 23 février 1837. — *Ordonnance portant prohibition des pistolets de poche.*

« Article unique. Les pistolets de poche sont prohibés. »

Une déclaration du 23 mars 1728 défendait également toute fabrique, commerce et vente de poignards, couteaux en forme de poignard, fusils, pistolets de poche, épées en bâton, etc. — Puis un décret du 2 niv. an XIV comprend dans ses prohibitions les fusils et pistolets à vent.

P. 40, s.—Celui qui sera porteur.desdites armes sera puni d'une amende de seize francs à deux cents francs. P. 9-3º, 52. — Dans l'un et l'autre cas, les armes seront confisquées. P. 11. — Le tout sans préjudice de plus forte peine, s'il y échot, en cas de complicité de crime (a). P. 1, 2, 59, s., 315.

(a) Des changements dans la pénalité, consistant : 1º dans l'élévation de l'emprisonnement et de l'amende contre les fabricants, débitants et *distributeurs* d'armes; 2º dans l'addition de la peine d'emprisonnement contre les porteurs, ont été apportés par la loi suivante :

24-25 mai 1834.—*Loi relative aux détenteurs d'armes et de munitions de guerre.*

« 1. Tout individu qui aura fabriqué, débité ou distribué des armes prohibées par la loi ou par des règlements d'administration publique, sera puni d'un emprisonnement d'un mois à un an, et d'une amende de seize francs à cinq cents francs.—Celui qui sera porteur desdites armes sera puni d'un emprisonnement de six jours à six mois, et d'une amende de seize francs à deux cents francs.

« 2. Tout individu qui, sans y être légalement autorisé, aura fabriqué, débité ou distribué de la poudre, ou sera détenteur d'une quantité quelconque de poudre de guerre, ou de plus de deux kilogrammes de toute autre poudre, sera puni d'un emprisonnement d'un mois à deux ans, sans préjudice des autres peines portées par les lois.

« 3. Tout individu qui, sans y être légalement autorisé, aura fabriqué ou confectionné, débité ou distribué des armes de guerre, des cartouches ou autres munitions de guerre, ou sera détenteur d'armes de guerre, cartouches ou munitions de guerre, ou d'un dépôt d'armes quelconques, sera puni d'un emprisonnement d'un mois à deux ans, et d'une amende de seize francs à mille francs.—La présente disposition n'est point applicable aux professions d'armurier et de fabricant d'armes de commerce, lesquelles resteront seulement assujetties aux lois et règlements particuliers qui les concernent.

« 4. Les infractions prévues par les articles précédents seront jugées par les tribunaux de police correctionnelle. — Les armes et munitions fabriquées, débitées, distribuées ou possédées sans autorisation, seront confisquées.—Les condamnés pourront, en outre, être placés sous la surveillance de la haute police pendant un temps qui ne pourra excéder deux ans.—En cas de récidive, les peines pourront être élevées jusqu'au double.

« 5. Seront punis de la détention les individus qui, dans un mouvement insurrectionnel, auront porté soit des armes apparentes ou cachées, ou des munitions, soit un uniforme ou costume, ou autres insignes civils ou militaires. — Si les individus, porteurs d'armes apparentes ou cachées, ou de munitions, étaient revêtus d'un uniforme, d'un costume ou d'autres insignes civils ou militaires, ils seront punis de la déportation.—Les individus qui auront fait usage de leurs armes seront punis de mort.

« 6. Seront punis des travaux forcés à temps les individus qui, dans un mouvement insurrec-

315. Outre les peines correctionnelles mentionnées dans les articles précédents, les tribunaux pourront prononcer le renvoi sous la surveillance de la haute police depuis deux ans jusqu'à dix ans. P. 44, 50, 311, 313, 314.

316. Toute personne coupable du crime de castration (b) subira la peine des

tionnel, se seront emparés d'armes ou de munitions de toutes espèces, soit à l'aide de violences ou de menaces, soit par le pillage de boutiques, postes, magasins, arsenaux et autres établissements publics, soit par le désarmement des agents de la force publique; chacun des coupables sera, de plus, condamné à une amende de deux cents francs à cinq mille francs.

« 7. Seront punis de la même peine les individus qui, dans un mouvement insurrectionnel, auront envahi, à l'aide de violences ou de menaces, une maison habitée ou servant à l'habitation.

« 8. Seront punis de la détention les individus qui, dans un mouvement insurrectionnel, auront, pour faire attaque ou résistance envers la force publique, envahi ou occupé des édifices, postes et autres établissements publics. — La peine sera la même à l'égard de ceux qui, dans le même but, auront occupé une maison habitée ou non habitée, avec le consentement du propriétaire ou du locataire, et à l'égard du propriétaire et du locataire qui, connaissant le but des insurgés, leur aura procuré sans contrainte l'entrée de ladite maison.

« 9. Seront punis de la détention les individus qui, dans un mouvement insurrectionnel, auront fait ou aidé à faire des barricades, des retranchements ou tous autres travaux ayant pour objet d'entraver ou d'arrêter l'exercice de la force publique;—Ceux qui auront empêché, à l'aide de violences ou de menaces, la convocation ou la réunion de la force publique, ou qui auront provoqué ou facilité le rassemblement des insurgés, soit par la distribution d'ordres ou de proclamations, soit par le port de drapeaux ou autres signes de ralliement, soit par tout autre moyen d'appel; — Ceux qui auront brisé ou détruit un ou plusieurs télégraphes, ou qui auront envahi, à l'aide de violences ou de menaces, un ou plusieurs postes télégraphiques, ou qui auront intercepté, par tout autre moyen, avec violences ou menaces, les communications ou la correspondance entre les divers dépositaires de l'autorité publique.

« 10. Les peines portées par la présente loi seront prononcées sans préjudice de celles que les coupables auraient pu encourir comme auteurs ou complices de tous autres crimes. Dans le cas du concours de deux peines, la plus grave seule sera appliquée.

« 11. Dans tous les cas prévus par la présente loi, s'il existe des circonstances atténuantes, il sera fait application de l'art. 463 du Code pénal. —Néanmoins, les condamnés pourront toujours être placés sous la surveillance de la haute police, pendant un temps qui ne pourra excéder le *maximum* de la durée de l'emprisonnement prononcé par la loi.

(b) La *castration* est le crime qui résulte de l'ablation des parties sexuelles.

travaux forcés à perpétuité. P. 7-2º, 15, 18, 325, 326.—Si la mort en est résultée avant l'expiration des quarante jours qui auront suivi le crime, le coupable subira la peine de mort. P. 7-1º, 12.

317. Quiconque, par aliments, breuvages, médicaments, violences, ou par tout autre moyen, aura procuré l'avortement d'une femme enceinte, soit qu'elle y ait consenti ou non, sera puni de la réclusion. P. 7-6º, 21, 28, 47. — La même peine sera prononcée contre la femme qui se sera procuré l'avortement à elle-même, ou qui aura consenti à faire usage des moyens à elle indiqués ou administrés à cet effet, si l'avortement s'en est suivi. — Les médecins, chirurgiens et autres officiers de santé, ainsi que les pharmaciens, qui auront indiqué ou administré ces moyens, seront condamnés à la peine des travaux forcés à temps, dans le cas où l'avortement aurait eu lieu (a). P. 7-4º, 15, 19, 23, 34, 36, 47, 160. — « Celui qui aura occasionné à autrui une maladie ou incapacité de travail personnel, en lui administrant volontairement, de quelque manière que ce soit, des substances qui, sans être de nature à donner la mort, sont nuisibles à la santé, sera puni d'un emprisonnement d'un mois à cinq ans, et d'une amende de seize francs à cinq cents francs ; il pourra de plus être renvoyé sous la surveillance de la haute police pendant deux ans au moins et dix ans au plus. P. 9-3º, 40, s., 44, 50, 52.—Si la maladie ou incapacité de travail personnel a duré plus de vingt jours, la peine sera celle de la réclusion. P. 7-6º, 21, 28, 47.—Si le coupable a commis, soit le délit, soit le crime, spécifiés aux deux paragraphes ci-dessus, envers un de ses ascendants, tels qu'ils sont désignés en l'article 312, il sera puni, au premier cas, de la réclusion, et au second cas, des travaux forcés à temps (b). » P. 7-4º-6º, 15, 19, 21, 28, 47, 301, 302, 318, 387, 452.

318. Quiconque aura vendu ou débité des boissons falsifiées, contenant des mixtions nuisibles à la santé, sera puni d'un emprisonnement de six jours à deux ans, et d'une amende de seize francs à cinq cents francs. P. 9-3º, 40, s., 52, 317, 423 et la *note*, 475-7º.—Seront saisies et confisquées les boissons falsifiées trouvées appartenir au vendeur ou débitant. P. 11, 176, 423 et la *note*.

SECT. III. — *Homicide, blessures et coups involontaires ; crimes et délits excusables, et cas où ils ne peuvent être excusés ; homicide, blessures et coups qui ne sont ni crimes ni délits.*

§ I. — *Homicide, blessures et coups involontaires.*

319. Quiconque, par maladresse, imprudence, inattention, négligence ou inobservation des règlements, aura commis involontairement un homicide, ou en aura involontairement été la cause, sera puni d'un emprisonnement de trois mois à deux ans, et d'une amende de cinquante francs à six cents francs. P. 9-3º, 40, s., 52, 295, 320, 321, s., 327, 328.

320. S'il n'est résulté du défaut d'adresse ou de précaution que des blessures ou coups, l'emprisonnement sera de six jours à deux mois, et l'amende sera de seize francs à cent francs. P. 9-3º, 40, s., 52, 319.

§ II. — *Crimes et délits excusables, et cas où ils ne peuvent être excusés.*

321. Le meurtre ainsi que les blessures et les coups sont excusables, s'ils ont été provoqués par des coups ou violences graves envers les personnes. I. cr. 339, 344, 367. — P. 65, 295, 309, s., 322, s., 364.

322. Les crimes et délits mentionnés au précédent article sont également excusables, s'ils ont été commis en repoussant pendant le jour l'escalade ou l'effraction des clôtures, murs ou entrée d'une maison ou d'un appartement habité ou de leurs dépendances. P. 321, 393, s., 397. — Si le fait est arrivé pendant la nuit, ce cas est réglé par l'article 329.

323. Le parricide n'est jamais excusable. P. 13, 86, 299, 302.

324. Le meurtre commis par l'époux sur l'épouse, ou par celle-ci sur son

---

(a) Les *sages-femmes* ne se trouvant pas comprises dans cette énumération, il s'ensuit qu'en cas de conviction du crime, elles ne seraient pas passibles de l'aggravation de peine prononcée par la loi, mais seulement de l'application du premier paragraphe de l'article.

(b) Toute cette dernière partie de l'article a été ajoutée en 1832.

époux, n'est pas excusable, si la vie de l'époux ou de l'épouse qui a commis le meurtre n'a pas été mise en péril dans le moment même où le meurtre a eu lieu. P. 295, 321.—Néanmoins, dans le cas d'adultère prévu par l'article 336, le meurtre commis par l'époux sur son épouse, ainsi que sur le complice, à l'instant où il les surprend en flagrant délit dans la maison conjugale, est excusable. I. cr. 41.—P. 336 à 339.

325. Le crime de castration, s'il a été immédiatement provoqué par un outrage violent à la pudeur, sera considéré comme meurtre ou blessures excusables. P. 316 et la *note*, 321, 326.

326. Lorsque le fait d'excuse sera prouvé,—S'il s'agit d'un crime emportant la peine de mort, ou celle des travaux forcés à perpétuité, ou celle de la déportation, la peine sera réduite à un emprisonnement d'un an à cinq ans; I. cr. 367.—P. 40, s.—S'il s'agit de tout autre crime, elle sera réduite à un emprisonnement de six mois à deux ans.—Dans ces deux premiers cas, les coupables pourront de plus être mis par l'arrêt ou le jugement sous la surveillance de la haute police pendant cinq ans au moins et dix ans au plus. P. 44, 50.—S'il s'agit d'un délit, la peine sera réduite à un emprisonnement de six jours à six mois.

§ III.— *Homicide, blessures et coups non qualifiés crimes ni délits.*

327. Il n'y a ni crime ni délit, lorsque l'homicide, les blessures et les coups étaient ordonnés par la loi et commandés par l'autorité légitime. P. 64, 295, 309; 319, 328, 329.

328. Il n'y a ni crime ni délit, lorsque l'homicide, les blessures et les coups étaient commandés par la nécessité actuelle de la légitime défense de soi-même ou d'autrui. P. 295; 319; 327, 329.

329. Sont compris dans les cas de nécessité actuelle de défense, les deux cas suivants : 1o Si l'homicide a été commis, si les blessures ont été faites, ou si les coups ont été portés en repoussant, pendant la nuit, l'escalade ou l'effraction des clôtures, murs ou entrée d'une maison ou d'un appartement habité ou de leurs dépendances; P. 322.—2o Si

le fait a eu lieu en se défendant contre les auteurs de vols ou de pillages exécutés avec violence. P. 381-5o, 449.

330. Toute personne qui aura commis un outrage public à la pudeur sera punie d'un emprisonnement de trois mois à un an, et d'une amende de seize francs à deux cents francs. P. 9-3o, 40, s., 52, 287, 331, s., 477-3o.

331. « Tout attentat à la pudeur, consommé ou tenté sans violence sur la personne d'un enfant de l'un ou de l'autre sexe, âgé de moins de 11 ans, sera puni de la réclusion. » P. 7-6o, 21, 28, 47, 333.

332. « Quiconque aura commis le crime de viol sera puni des travaux forcés à temps. — Si le crime a été commis sur la personne d'un enfant au-dessous de l'âge de quinze ans accomplis, le coupable subira le *maximum* de la peine des travaux forcés à temps. — Quiconque aura commis un attentat à la pudeur, consommé ou tenté avec violence contre des individus de l'un ou de l'autre sexe, sera puni de la réclusion. — Si le crime a été commis sur la personne d'un enfant au-dessous de l'âge de quinze ans accomplis, le coupable subira la peine des travaux forcés à temps. » P. 7-4o, 15, 19, 21, 28, 47, 332, 333.

333. « Si les coupables sont les ascendants de la personne sur laquelle a été commis l'attentat, s'ils sont de la classe de ceux qui ont autorité sur elle, s'ils sont ses instituteurs ou ses serviteurs à gages, ou serviteurs à gages des personnes ci-dessus désignées, s'ils sont fonctionnaires ou ministres d'un culte, ou si le coupable, quel qu'il soit, a été aidé dans son crime par une ou plusieurs personnes, la peine sera celle des travaux forcés à temps, dans le cas prévu par l'article 331, et des travaux forcés à perpétuité, dans les cas prévus par l'article précédent. » P. 7-2o-4o, 15, 18, 19, 28, 47, 334, 335.

334. Quiconque aura attenté aux mœurs, en excitant, favorisant ou facilitant habituellement la débauche ou la corruption de la jeunesse de l'un ou de l'autre sexe, au-dessous de l'âge de vingtet un ans, sera puni d'un emprisonnement de six mois à deux ans, et d'une amende de cinquante francs à cinq cents francs. P. 9-3º, 40, s., 52, 335. — Si la prostitution ou la corruption a été excitée, favorisée ou facilitée par leurs pères, mères, tuteurs, ou autres personnes chargées de leur surveillance, la peine sera de deux ans à cinq ans d'emprisonnement, et de trois cents francs à mille francs d'amende. P. 312, 333, 335, 463.

335. Les coupables du délit mentionné au précédent article seront interdits de toute tutelle ou curatelle, et de toute participation aux conseils de famille; savoir : les individus auxquels s'applique le premier paragraphe de cet article, pendant deux ans au moins et cinq ans au plus, et ceux dont il est parlé au second paragraphe, pendant dix ans au moins et vingt ans au plus. C. 443, 444, 445. — P. 42-6º. — Si le délit a été commis par le père ou la mère, le coupable sera de plus privé des droits et avantages à lui accordés sur la personne et les biens de l'enfant par le Code Napoléon, livre Iᵉʳ, titre IX, *de la Puissance paternelle* (art. 384). P. 312. — Dans tous les cas, les coupables pourront de plus être mis, par l'arrêt ou le jugement, sous la surveillance de la haute police, en observant, pour la durée de la surveillance, ce qui vient d'être établi pour la durée de l'interdiction mentionnée au présent article. P. 44, 50.

336. L'adultère de la femme ne pourra être dénoncé que par le mari; cette faculté même cessera s'il est dans le cas prévu par l'article 339. — P. 324, 337, s.

337. La femme convaincue d'adultère subira la peine de l'emprisonnement pendant trois mois au moins et deux ans au plus. P. 40, s., 324, 336, 338, 339. — Le mari restera le maître d'arrêter l'effet de cette condamnation, en consentant à reprendre sa femme.

338. Le complice de la femme adultère sera puni de l'emprisonnement pendant le même espace de temps, et, en outre, d'une amende de cent francs à deux mille francs. P. 9-3º, 40, s., 52, 59, s. — Les seules preuves qui pourront être admises contre le prévenu de complicité seront, outre le flagrant délit, celles résultant de lettres ou autres pièces écrites par le prévenu. I. cr. 41. — P. 324, 336.

339. Le mari qui aura entretenu une concubine dans la maison conjugale, et qui aura été convaincu sur la plainte de la femme, sera puni d'une amende de cent francs à deux mille francs. C. 108, 230. — P. 324, 336, s.

340. Quiconque étant engagé dans les liens du mariage en aura contracté un autre avant la dissolution du précédent, sera puni de la peine des travaux forcés à temps (a). C. 147, 188, 228. — P. 7-4º, 15, 19, 28, 47, 194. — L'officier public qui aura prêté son ministère à ce mariage, connaissant l'existence du précédent, sera condamné à la même peine.

SECT. V. — *Arrestations illégales et séquestrations de personnes.*

341. Seront punis de la peine des travaux forcés à temps ceux qui, sans ordre des autorités constituées et hors les cas où la loi ordonne de saisir des prévenus, auront arrêté, détenu ou séquestré des personnes quelconques. P. 7-4º, 15, 19, 28, 47. — Quiconque aura prêté un lieu pour exécuter la détention ou séquestration subira la même peine. Pr. 788. — I. cr. 615, s. — P. 122, 342, s.

342. Si la détention ou séquestration a duré plus d'un mois, la peine sera celle des travaux forcés à perpétuité. P. 7-2º, 15, 18, 341, 343, s.

343. La peine sera réduite à l'emprisonnement de deux ans à cinq ans, si les coupables des délits mentionnés en l'article 341, non encore poursuivis de fait, ont rendu la liberté à la personne arrêtée, séquestrée ou détenue, avant le dixième jour accompli depuis celui de l'arrestation, détention ou séquestration. Ils pourront néanmoins être renvoyés sous la surveillance de la haute police, depuis cinq ans jusqu'à dix ans. P. 40, s., 44, 50.

344. « Dans chacun des deux cas suivants : — 1º Si l'arrestation a été exécutée avec le faux costume, sous un faux nom, ou sur un faux ordre de l'autorité publique; P. 258, 259, 381-4º. — 2º Si l'individu arrêté, détenu ou séquestré, a

---

(a) Ce crime se nomme *bigamie.*

été menacé de la mort; P. 305, s. — Les coupables seront punis des travaux forcés à perpétuité. — Mais la peine sera celle de la mort, si les personnes arrêtées, détenues ou séquestrées, ont été soumises à des tortures corporelles (a). » P. 7-1°, 12, 15 , 18 , 303 , 341, s. , 384.

SECT. **VI.** — *Crimes et délits tendant à empêcher ou détruire la preuve de l'état civil d'un enfant, ou à compromettre son existence. Enlèvement de mineurs. Infraction aux lois sur les inhumations.*

§ I. — *Crimes et délits envers l'enfant.*

345. Les coupables d'enlèvement, de recélé ou de suppression d'un enfant, de substitution d'un enfant à un autre, ou de supposition d'un enfant à une femme qui ne sera pas accouchée, seront punis de la réclusion. C. 319 , s., 326, s. — P. 7-6°, 21, 28, 47. — La même peine aura lieu contre ceux qui, étant chargés d'un enfant, ne le représenteront point aux personnes qui ont le droit de le réclamer. C. 327, s. — P. 331, s. , 346 s., 354, s.

346. Toute personne qui, ayant assisté à un accouchement, n'aura pas fait la déclaration à elle prescrite par l'article 56 du Code Napoléon, et dans les délais fixés par l'article 55 du même Code, sera punie d'un emprisonnement de six jours à six mois, et d'une amende de seize francs à trois cents francs. P. 9-3°, 49 , s. , 52, 347, s.

347. Toute personne qui, ayant trouvé un enfant nouveau-né, ne l'aura pas remis à l'officier de l'état civil, ainsi qu'il est prescrit par l'article 58 du Code Napoléon, sera punie des peines portées au précédent article. — La présente disposition n'est point applicable à celui qui aurait consenti à se charger de l'enfant, et qui aurait fait sa déclaration à cet égard devant la municipalité du lieu où l'enfant a été trouvé.

348. Ceux qui auront porté à un hospice un enfant au-dessous de l'âge de sept ans accomplis, qui leur aurait été confié afin qu'ils en prissent soin ou pour toute autre cause, seront punis d'un emprisonnement de six semaines à six mois, et d'une amende de seize francs à cin-

quante francs. C. 203. — P. 9-3°, 40, s., 52, 345, 349, s. — Toutefois, aucune peine ne sera prononcée, s'ils n'étaient pas tenus ou ne s'étaient pas obligés de pourvoir gratuitement à la nourriture et à l'entretien de l'enfant, et si personne n'y avait pourvu. P. 64.

349. Ceux qui auront exposé et délaissé en un lieu solitaire un enfant au-dessous de l'âge de sept ans accomplis, ceux qui auront donné l'ordre de l'exposer ainsi, si cet ordre a été exécuté, seront, pour ce seul fait, condamnés à un emprisonnement de six mois à deux ans, et à une amende de seize francs à deux cents francs (b). P. 9-3°; 40, s., 52, 345, 348, 350, s., 463.

350. La peine portée au précédent article sera de deux ans à cinq ans, et l'amende de cinquante francs à quatre cents francs, contre les tuteurs ou tutrices, instituteurs ou institutrices de l'enfant exposé et délaissé par eux ou par leur ordre. I. cr. 179, s. — P. 9-3°, 40, s., 52, 351, 353.

351. Si, par suite de l'exposition et du délaissement prévu par les articles 349 et 350, l'enfant est demeuré mutilé ou estropié, l'action sera considérée comme blessures volontaires à lui faites par la personne qui l'a exposé et délaissé; et si la mort s'en est suivie, l'action sera considérée comme meurtre : au premier cas, les coupables subiront la peine applicable aux blessures volontaires; et au second cas celle du meurtre. P. 7-2°-4°-6°, 295, 304, 309, s.

352. Ceux qui auront exposé et délaissé en un lieu non solitaire un enfant au-dessous de l'âge de sept ans accomplis, seront punis d'un emprisonnement de trois mois à un an, et d'une amende de seize francs à cent francs. P. 9-3°, 40, s., 52, 349, 353, 463.

353. Le délit prévu par le précédent article sera puni d'un emprisonnement de six mois à deux ans, et d'une amende de vingt-cinq francs à deux cents francs, s'il a été commis par les tuteurs ou tutrices, instituteurs ou institutrices de l'enfant. C. 389, 390, 450. — P. 9-3°, 40, s., 52, 349, 350.

_____

(a) L'ancien article prononçait la mort dans les deux cas.

(a) Une loi du 27 frim. an v s'occupe du sort des enfants abandonnés.

§ II. — *Enlèvement de mineurs.*

354. Quiconque aura, par fraude ou par violence, enlevé ou fait enlever des mineurs, ou les aura entraînés, détournés ou déplacés, ou les aura fait entraîner, détourner ou déplacer des lieux où ils étaient mis par ceux à l'autorité ou à la direction desquels ils étaient soumis ou confiés, subira la peine de la réclusion. P. 21, 28, 345, s.

355. Si la personne ainsi enlevée ou détournée est une fille au-dessous de seize ans accomplis, la peine sera celle des travaux forcés à temps. C. 340. — P. 7-4°, 15, 19, 22, 28, 47, 70.

356. Quand la fille au-dessous de seize ans aurait consenti à son enlèvement ou suivi volontairement le ravisseur, si celui-ci était majeur de vingt-un ans ou au-dessus, il sera condamné aux travaux forcés à temps. C. 340. — P. 7-4°, 15, 19, 28, 47. — Si le ravisseur n'avait pas encore vingt-un ans, il sera puni d'un emprisonnement de deux à cinq ans. P. 40, s.

357. Dans le cas où le ravisseur aurait épousé la fille qu'il a enlevée, il ne pourra être poursuivi que sur la plainte des personnes qui, d'après le Code Napoléon, ont le droit de demander la nullité du mariage, ni condamné qu'après que la nullité du mariage aura été prononcée. C. 180, 184, 340.—P. 336, 354, s., 433.

§ III. — *Infractions aux lois sur les inhumations.*

358. Ceux qui, sans l'autorisation préalable de l'officier public, dans le cas où elle est prescrite, auront fait inhumer un individu décédé, seront punis de six jours à deux mois d'emprisonnement, et d'une amende de seize francs à cinquante francs ; sans préjudice de la poursuite des crimes dont les auteurs de ce délit pourraient être prévenus dans cette circonstance. C. 77, s. — P. 9-3°, 40, s., 52, 359, 360, 463. — La même peine aura lieu contre ceux qui auront contrevenu, de quelque manière que ce soit, à la loi et aux règlements relatifs aux inhumations précipitées.

359. Quiconque aura recélé ou caché le cadavre d'une personne homicidée, ou morte des suites de coups ou blessures, sera puni d'un emprisonnement de six mois à deux ans, et d'une amende de cinquante francs à quatre cents francs ; sans préjudice de peines plus graves, s'il a participé au crime. P. 9-3°, 40, s., 52, 62, 63, 83, 248, 358, 360, 400, 463.

360. Sera puni d'un emprisonnement de trois mois à un an, et de seize francs à deux cents francs d'amende, quiconque se sera rendu coupable de violation de tombeaux ou de sépultures ; sans préjudice des peines contre les crimes ou délits qui seraient joints à celui-ci. P. 9-3°, 40, s., 52, 358, 359, 463.

SECT. VII. — *Faux témoignage, calomnie, injures, révélation de secrets.*

§ I. — *Faux témoignage.*

361. Quiconque sera coupable de faux témoignage en matière criminelle, soit contre l'accusé, soit en sa faveur, sera puni de la peine des travaux forcés à temps. I. cr. 299, 317. — P. 7-4°, 15, 16, 19, 28, 47, 70, 362, s. — Si néanmoins l'accusé a été condamné à une peine plus forte que celle des travaux forcés à temps, le faux témoin qui a déposé contre lui subira la même peine. P. 7-1°-2°-3°.

362. « Quiconque sera coupable de faux témoignage en matière correctionnelle, soit contre le prévenu, soit en sa faveur, sera puni de la réclusion. P. 21, 362, s. — Quiconque sera coupable de faux témoignage en matière de police, soit contre le prévenu, soit en sa faveur, sera puni de la dégradation civique et de la peine de l'emprisonnement pour un an au moins et cinq ans au plus (a). » P. 8-2°, 34, 35, 40, s.

363. « Le coupable de faux témoignage, en matière civile, sera puni de la peine de la réclusion. » Pr. 262. — P. 7-6°, 21, 28, 47, 364, 365, 366.

364 (*b*). « Le faux témoin en matière correctionnelle ou civile, qui aura reçu de l'argent, une récompense quelconque ou des promesses, sera puni des travaux forcés à temps. P. 7-4°, 15, 16, 19, 22,

(*a*) L'ancien article frappait de la peine de la réclusion le faux témoignage en matière de *simple police*, comme celui en matière correctionnelle.

(*b*) Même observation que pour l'art. 362.

28, 47, 60, 70, 177, s. — Le faux témoin en matière de police, qui aura reçu de l'argent, une récompense quelconque ou des promesses, sera puni de la réclusion. I. cr. 155. — P. 7-6°, 21, 28, 47. — Dans tous les cas, ce que le faux témoin aura reçu sera confisqué. »

365. « Le coupable de subornation de témoins sera passible des mêmes peines que le faux témoin, selon les distinctions contenues dans les articles 361, 362, 363 et 364. »

366. Celui à qui le serment aura été déféré ou référé en matière civile, et qui aura fait un faux serment, sera puni de la dégradation civique. C. 1358, 1363, 1366.—Pr. 120, 121.—P. 8-2°, 34, 35, 363.

§ II. — *Calomnie, injures, révélation de secrets.*

367 à 372. *Abrogés par la loi du 17 mai 1819, art. 26.*

373. Quiconque aura fait par écrit une dénonciation calomnieuse, contre un ou plusieurs individus, aux officiers de justice ou de police administrative ou judiciaire, sera puni d'un emprisonnement d'un mois à un an, et d'une amende de cent francs à trois mille francs. C. 727-2°. — I. cr. 30 et la *note*, 31, 358, 359. — P. 9-3°, 40, s., 52.

374 à 375. *Abrogés par la loi du 17 mai 1819, art. 26.*

376 (*a*). Toutes autres injures ou expressions outrageantes, qui n'auront pas eu ce double caractère de gravité et de publicité, ne donneront lieu qu'à des peines de simple police. I. cr. 138. — P. 1, 464.

377. *Abrogé par la loi du 17 mai 1819, art. 26* (*b*).

378. Les médecins, chirurgiens et autres officiers de santé, ainsi que les pharmaciens, les sages-femmes et toutes autres personnes dépositaires, par état ou profession, des secrets qu'on leur confie, qui, hors le cas où la loi les oblige à se porter dénonciateurs, auront révélé ces secrets, seront punis d'un emprisonnement d'un mois à six mois, et d'une amende de cent francs à cinq cents francs. P. 9-3°, 40, s., 52, 80, 187, 418.

(*a, b*) Voy. Code de la presse, où se trouve exposée la législation sur cette matière.

CHAP. II. — CRIMES ET DÉLITS CONTRE LES PROPRIÉTÉS.

(Loi décrétée le 19 février 1810. Promulguée le 1ᵉʳ mars suivant.)

SECT. I. — *Vols.*

379. Quiconque a soustrait frauduleusement une chose qui ne lui appartient pas est coupable de vol. C. 1293, 1302, 2279, 2280. — Pr. 905. — Co. 612. — P. 253, 329, 381, s.

380. Les soustractions commises par des maris au préjudice de leurs femmes, par des femmes au préjudice de leurs maris, par un veuf ou une veuve quant aux choses qui avaient appartenu à l'époux décédé, par des enfants ou autres descendants au préjudice de leurs pères ou mères ou autres ascendants, par des pères et mères ou autres ascendants au préjudice de leurs enfants ou autres descendants, ou par des alliés aux mêmes degrés, ne pourront donner lieu qu'à des réparations civiles. C. 792, 801, 1149, 1382, 1460, 1477.—I. cr. 299-1°.—P. 64, 463.—A l'égard de tous autres individus qui auraient recélé ou appliqué à leur profit tout ou partie des objets volés, ils seront punis comme coupables de vol. P. 59, 62, 63, 107, 381, s.

381. « Seront punis des travaux forcés à perpétuité les individus coupables de vols commis avec la réunion des cinq circonstances suivantes : P. 7-2°, 15, 18, 379. — 1° Si le vol a été commis la nuit (*c*); P. 329. — 2° S'il a été commis par deux ou plusieurs personnes; P. 59, s. — 3° Si les coupables ou l'un d'eux étaient porteurs d'armes apparentes ou cachées; P. 101. — 4° S'ils ont commis le crime, soit à l'aide d'effraction extérieure, ou d'escalade, ou de fausses clefs, dans une maison, appartement, chambre ou logement habités, ou servant à l'habitation, ou leurs dépendances, soit en

(*c*) Que faut-il entendre par la *nuit* dans le sens des lois pénales? Est-ce tout l'intervalle de temps qui existe entre le coucher et le lever du soleil; faut-il faire abstraction de ce qu'on appelle le *crépuscule* du matin et celui du soir; ou bien la nuit ne doit-elle commencer qu'à l'heure où les habitants du lieu où le crime a été commis sont dans l'usage de se retirer dans leurs habitations pour se livrer au repos? En un mot, la nuit n'est-elle que l'*absence du jour*? (Voy. C. pr. art. 1037). Cette appréciation importante a été abandonnée à la sagesse des jurés.

prenant le titre d'un fonctionnaire public ou d'un officier civil ou militaire, ou après s'être revêtus de l'uniforme ou du costume du fonctionnaire ou de l'officier, ou en alléguant un faux ordre de l'autorité civile ou militaire; P. 258, 259, 344-1°, 382, 383, 384, 390, s. — 5° S'ils ont commis le crime avec violence ou menace de faire usage de leurs armes. » P. 305, s., 309, s.

382. « Sera puni de la peine des travaux forcés à temps, tout individu coupable de vol commis à l'aide de violence, et, de plus, avec deux des quatre premières circonstances prévues par le précédent article. P. 7-4°, 15, 19, 28, 47. — Si même la violence à l'aide de laquelle le vol a été commis a laissé des traces de blessures ou de contusions, cette circonstance seule suffira pour que la peine des travaux forcés à perpétuité soit prononcée. » P. 7-2°, 16, 18, 309, s.

383. « Les vols commis sur les chemins publics emporteront la peine des travaux forcés à perpétuité, lorsqu'ils auront été commis avec deux des circonstances prévues dans l'article 384. P. 7-2°, 15, 18. — Ils emporteront la peine des travaux forcés à temps, lorsqu'ils auront été commis avec une seule de ces circonstances. P. 7-4°, 15, 19, 28, 47. — Dans les autres cas, la peine sera celle de la réclusion. » P. 7-6°, 21, 28, 47.

384. Sera puni de la peine des travaux forcés à temps, tout individu coupable de vol commis à l'aide d'un des moyens énoncés dans le n° 4 de l'article 381, même quoique l'effraction, l'escalade et l'usage des fausses clefs, aient eu lieu dans des édifices, parcs ou enclos non servant à l'habitation et non dépendants des maisons habitées, et lors même que l'effraction n'aurait été qu'intérieure. P. 7-4°, 15, 19, 28, 47, 390, s.

385. Sera également puni de la peine des travaux forcés à temps, tout individu coupable de vol commis, soit avec violence, lorsqu'elle n'aura laissé aucune trace de blessure ou de contusion et qu'elle ne sera accompagnée d'aucune autre circonstance, soit sans violence, mais avec la réunion des trois circonstances suivantes : P. 384-5°. — 1° Si le vol a été commis la nuit; P. 329, 384-1°. — 2° S'il a été commis par deux ou plu-

sieurs personnes; P. 59, s., 384-2°. — 3° Si le coupable, ou l'un des coupables, était porteur d'armes apparentes ou cachées. P. 101, 314, 384-3°, 386-2°.

386. « Sera puni de la peine de la réclusion, tout individu coupable de vol commis dans l'un des cas ci-après : P. 7-6°, 21, 28, 47, 379. — 1° Si le vol a été commis la nuit, et par deux ou plusieurs personnes, ou s'il a été commis avec une de ces deux circonstances seulement, mais en même temps dans un lieu habité ou servant à l'habitation, ou dans les édifices consacrés aux cultes légalement établis en France; P. 384-1°-2°, 388, 390. — 2° Si le vol, ou l'un des coupables, était porteur d'armes apparentes ou cachées, même quoique le lieu où le vol a été commis ne fût ni habité ni servant à l'habitation, et encore quoique le vol ait été commis le jour et par une seule personne; P. 384-3°, 385-3°. — 3° Si le voleur est un domestique ou un homme de service à gages, même lorsqu'il aura commis le vol envers des personnes qu'il ne servait pas, mais qui se trouvaient, soit dans la maison de son maître, soit dans celle où il l'accompagnait; ou si c'est un ouvrier, compagnon ou apprenti, dans la maison, l'atelier ou le magasin de son maître; ou un individu travaillant habituellement dans l'habitation où il aura volé; P. 219-1°, 408, 308, s. — 4° Si le vol a été commis par un aubergiste, un hôtelier, un voiturier, un batelier ou un de leurs préposés, lorsqu'ils auront volé tout ou partie des choses qui leur étaient confiées à ce titre. » C. 1783, 1952. — P. 73, 268, 471-3°, 475-2°.

387. Les voituriers, bateliers ou leurs préposés, qui auront altéré des vins ou toute autre espèce de liquides ou de marchandises dont le transport leur avait été confié, et qui auront commis cette altération par le mélange de substances malfaisantes, seront punis de la peine portée au précédent article. C. 1782. — Co. 96. — P. 7-6°, 21, 64, 66, 301, 302, 317, 318, 452. — S'il n'y a pas eu mélange de substances malfaisantes, la peine sera un emprisonnement d'un mois à un an, et une amende de seize francs à cent francs. P. 9-3°, 40, s., 52, 462, 475-6°.

388. « Quiconque aura volé ou tenté

de voler, dans les champs, des chevaux ou bêtes de charge, de voiture ou de monture, gros et menus bestiaux, ou des instruments d'agriculture, sera puni d'un emprisonnement d'un an au moins et de cinq ans au plus, et d'une amende de seize francs à cinq cents francs. P. 9-3°, 40, s., 52, 379, 471-7°. — Il en sera de même à l'égard des vols de bois dans les ventes, et de pierres dans les carrières, ainsi qu'à l'égard du vol de poisson en étang, vivier ou réservoir. C. 564. — P. 452, 457.—Quiconque aura volé ou tenté de voler, dans les champs, des récoltes ou autres productions utiles de la terre, déjà détachées du sol, ou des meules de grains faisant partie de récoltes, sera puni d'un emprisonnement de quinze jours à deux ans, et d'une amende de seize francs à deux cents francs. C. 520. — P. 444, 471-9°, 475-15°. — Si le vol a été commis, soit la nuit, soit par plusieurs personnes, soit à l'aide de voitures ou d'animaux de charge, l'emprisonnement sera d'un an à cinq ans, et l'amende de seize francs à cinq cents francs. P. 381-1°-2°, 385-1°-2°, 386-1°. — Lorsque le vol ou la tentative de vol de récoltes ou autres productions utiles de la terre, qui, avant d'être soustraites, n'étaient pas encore détachées du sol, aura eu lieu, soit avec des paniers ou des sacs ou autres objets équivalents, soit la nuit, soit à l'aide de voitures ou d'animaux de charge, soit par plusieurs personnes, la peine sera d'un emprisonnement de quinze jours à deux ans, et d'une amende de seize francs à deux cents francs. — Dans tous les cas spécifiés au présent article, les coupables pourront, indépendamment de la peine principale, être interdits de tout ou partie des droits mentionnés en l'article 42, pendant cinq ans au moins et dix ans au plus, à compter du jour où ils auront subi leur peine. Ils pourront aussi être mis, par l'arrêt ou le jugement, sous la surveillance de la haute police pendant le même nombre d'années. » P. 44, 50.

389. « Sera puni de la réclusion celui qui, pour commettre un vol, aura enlevé ou déplacé des bornes servant de séparation aux propriétés. » Pr. 3-2°.— P. 7-6°, 21, 28, 47, 379, 453, 456.

390. Est réputé *maison habitée*, tout bâtiment, logement, loge, cabane, même

mobile, qui, sans être actuellement habité, est destiné à l'habitation, et tout ce qui en dépend, comme cours, basses-cours, granges, écuries, édifices qui y sont enfermés, quel qu'en soit l'usage, et quand même ils auraient une clôture particulière dans la clôture ou enceinte générale.

391. Est réputé *parc* ou *enclos*, tout terrain environné de fossés, de pieux, de claies, de planches, de haies vives ou sèches, ou de murs de quelque espèce de matériaux que ce soit, quelles que soient la hauteur, la profondeur, la vétusté, la dégradation de ces diverses clôtures, quand il n'y aurait pas de porte fermant à clef ou autrement, ou quand la porte serait à claire-voie et ouverte habituellement. P. 392, 451.

392. Les parcs mobiles destinés à contenir du bétail dans la campagne, de quelque matière qu'ils soient faits, sont aussi réputés enclos ; et, lorsqu'ils tiennent aux cabanes mobiles ou autres abris destinés aux gardiens, ils sont réputés dépendants de maison habitée. P. 391.

393. Est qualifié *effraction*, tout forcement, rupture, dégradation, démolition, enlèvement de murs, toits, planchers, portes, fenêtres, serrures, cadenas, ou autres ustensiles ou instruments servant à fermer ou à empêcher le passage, et de toute espèce de clôture, quelle qu'elle soit. P. 322, 329, 394 à 396.

394. Les effractions extérieures ou intérieures. P. 395, 396.

395. Les effractions extérieures sont celles à l'aide desquelles on peut s'introduire dans les maisons, cours, basses-cours, enclos ou dépendances, ou dans les appartements ou logements particuliers. P. 393, 394.

396. Les effractions intérieures sont celles qui, après l'introduction dans les lieux mentionnés en l'article précédent, sont faites aux portes ou clôtures du dedans, ainsi qu'aux armoires ou autres meubles fermés. P. 393, 394.—Est compris dans la classe des effractions intérieures, le simple enlèvement des caisses, boîtes, ballots sous toile et corde, et autres meubles fermés, qui contiennent des effets quelconques, bien que l'effraction n'ait pas été faite sur le lieu.

397. Est qualifiée *escalade*, toute entrée dans les maisons, bâtiments, cours, basses-cours, édifices quelconques, jardins, parcs et enclos, exécutée par dessus les murs, portes, toitures ou toute autre clôture. P. 322, 329. — L'entrée par une ouverture souterraine, autre que celle qui a été établie pour servir d'entrée, est une circonstance de même gravité que l'escalade.

398. Sont qualifiés *fausses clefs*, tous crochets, rossignols, passe-partout, clefs imitées, contrefaites, altérées, ou qui n'ont pas été destinées par le propriétaire, locataire, aubergiste ou logeur, aux serrures, cadenas, ou aux fermetures quelconques auxquelles le coupable les aura employées. P. 399.

399. Quiconque aura contrefait ou altéré des clefs sera condamné à un emprisonnement de trois mois à deux ans, et à une amende de vingt-cinq francs à cent cinquante francs. P. 9-3°, 40, s., 52. — Si le coupable est un serrurier de profession, il sera puni de la reclusion. P. 7-6°, 21, 28, 47. — Le tout sans préjudice de plus fortes peines, s'il y échet, en cas de complicité de crime. P. 59, s.

400. Quiconque aura extorqué par force, violence ou contrainte, la signature ou la remise d'un écrit, d'un acte, d'un titre, d'une pièce quelconque contenant ou opérant obligation, disposition ou décharge, sera puni de la peine des travaux forcés à temps. P. 7-4° et la *note*, 15, 16, 19, 22, 28, 47, 64, 66, 70, 71, 72. — « (a) Le saisi qui aura détruit, détourné ou tenté de détourner des objets saisis sur lui et confiés à sa garde, sera puni des peines portées en l'article 406. — P. 9-3°, 40, s., 52. — Il sera puni des peines portées en l'article 401, si la garde des objets saisis et par lui détruits ou détournés avait été confiée à un tiers. P. 42, 44, 50. — Celui qui aura recélé sciemment les objets détournés, le conjoint, les ascendants et descendants du saisi qui l'auront aidé dans la destruction ou le détournement de ces objets, seront punis d'une peine égale à celle qu'il aura encourue.» P. 62, 63, 83, 248, 359, 380.

401. Les autres vols non spécifiés dans la présente section, les larcins et

(a) Toute cette dernière partie de l'article a été ajoutée par la loi du 28 avril 1832.

filouteries, ainsi que les tentatives de ces mêmes délits, seront punis d'un emprisonnement d'un an au moins et de cinq ans au plus, et pourront même l'être d'une amende qui sera de seize francs au moins et de cinq cents francs au plus. P. 9-3°, 40, s., 52, 463. — Les coupables pourront encore être interdits des droits mentionnés en l'article 42 du présent Code, pendant cinq ans au moins et dix ans au plus, à compter du jour où ils auront subi leur peine. — Ils pourront aussi être mis, par l'arrêt ou le jugement, sous la surveillance de la haute police pendant le même nombre d'années. P. 44, 50.

SECT. II. — *Banqueroutes, escroqueries et autres espèces de fraude.*

§ I. — *Banqueroute et escroquerie.*

402. Ceux qui, dans les cas prévus par le Code de commerce, seront déclarés coupables de banqueroute, seront punis ainsi qu'il suit : — Les banqueroutiers frauduleux seront punis de la peine des travaux forcés à temps ; Co. 584, 591. — P. 7-4° et la *note*, 15, 19, 28, 47, 403. — Les banqueroutiers simples seront punis d'un emprisonnement d'un mois au moins et de deux ans au plus. Co. 585. — P. 40, s.

403. Ceux qui, conformément au Code de commerce, seront déclarés complices de banqueroute frauduleuse, seront punis de la même peine que les banqueroutiers frauduleux. Co. 593, 594. — P. 402.

404. Les agents de change et courtiers qui auront fait faillite seront punis de la peine des travaux forcés à temps : s'ils sont convaincus de banqueroute frauduleuse, la peine sera celle des travaux forcés à perpétuité. Co. 74, s., 591. — P. 7-2°, 15, 18.

405. Quiconque, soit en faisant usage de faux noms ou de fausses qualités, soit en employant des manœuvres frauduleuses pour persuader l'existence de fausses entreprises, d'un pouvoir ou d'un crédit imaginaire, ou pour faire naître l'espérance ou la crainte d'un succès, d'un accident ou de tout autre événement chimérique, se sera fait remettre ou délivrer des fonds, des meubles ou des obligations, dispositions, billets, promesses, quittances ou décharges, et aura, par un de ces moyens, escroqué ou tenté d'escroquer la totalité ou partie de la fortune d'autrui, sera puni d'un emprisonnement d'un an au moins et de cinq ans au plus, et d'une amende de cinquante francs au moins et de trois mille francs au plus. P. 9-3º, 40, s., 52. — Le coupable pourra être, en outre, à compter du jour où il aura subi sa peine, interdit, pendant cinq ans au moins et dix ans au plus, des droits mentionnés en l'article 42 du présent Code : le tout sauf les peines plus graves, s'il y a crime de faux. P. 139, s., 145, s., 150, s.

§ II. — *Abus de confiance.*

406. Quiconque aura abusé des besoins, des faiblesses ou des passions d'un mineur, pour lui faire souscrire, à son préjudice, des obligations, quittances ou décharges, pour prêt d'argent ou de choses mobilières, ou d'effets de commerce, ou de tous autres effets obligatoires, sous quelque forme que cette négociation ait été faite ou déguisée, sera puni d'un emprisonnement de deux mois au moins, de deux ans au plus, et d'une amende qui ne pourra excéder le quart des restitutions et des dommages-intérêts qui seront dus aux parties lésées, ni être moindre de vingt-cinq francs. P. 40, 41, 42, 51, 52, 53, 54, 55, 462, 463, 473. — La disposition portée au second paragraphe du précédent article pourra de plus être appliquée.

407. Quiconque, abusant d'un blanc-seing (*a*) qui lui aura été confié, aura frauduleusement écrit au-dessus une obligation ou décharge, ou tout autre acte pouvant compromettre la personne ou la fortune du signataire, sera puni des peines portées en l'article 405. — P. 9-3º, 40, 42, 52. — Dans le cas où le blanc-seing ne lui aurait pas été confié, il sera poursuivi comme faussaire et puni comme tel. P. 139, s., 145, s., 150, s.

(*a*) Un *blanc-seing* est un papier sur lequel il ne se trouve que la seule signature d'un individu, sa signature *en blanc.*—On confie souvent à des tiers des blancs-seings, pour des procurations ou autres actes dont la teneur et l'étendue n'ont pu être déterminées d'avance, et que le porteur est autorisé à fixer lui-même.

408. « Quiconque aura détourné ou dissipé, au préjudice des propriétaires, possesseurs ou détenteurs, des effets, deniers, marchandises, billets, quittances ou tous autres écrits contenant ou opérant obligation ou décharge, qui ne lui auraient été remis qu'à titre de louage, de dépôt, de mandat, ou pour un travail salarié ou non salarié, à la charge de les rendre ou représenter, ou d'en faire un usage ou un emploi déterminé, sera puni des peines portées en l'article 406. — C. 1915, 1922, 1924. — P. 9-3º, 40, 42, 52. — Si l'abus de confiance prévu et puni par le précédent paragraphe a été commis par un domestique, homme de service à gages, élève, clerc, commis, ouvrier, compagnon ou apprenti, au préjudice de son maître, la peine sera celle de la réclusion. P. 7-6º 21, 28, 47, 219-1º, 386-3º, 415, s. — Le tout sans préjudice de ce qui est dit aux articles 254, 255 et 256, relativement aux soustractions et enlèvements de deniers, effets ou pièces, commis dans les dépôts publics. »

409. Quiconque, après avoir produit, dans une contestation judiciaire, quelque titre, pièce ou mémoire, l'aura soustrait de quelque manière que ce soit, sera puni d'une amende de vingt-cinq francs à trois cents francs. Pr. 189, 191. — P. 9-3º, 52. — Cette peine sera prononcée par le tribunal saisi de la contestation.

§ III. — *Contravention aux règlements sur les maisons de jeu, les loteries (b) et les maisons de prêts sur gages.*

410. Ceux qui auront tenu une maison de jeux de hasard, et y auront admis

(*b*) 21-23 mai 1836. — *Loi portant prohibition des loteries.*

« Art. 1ᵉʳ. Les loteries de toutes espèces sont prohibées.

« 2. Sont réputées loteries et interdites comme telles, — Les ventes d'immeubles, de meubles ou de marchandises, effectuées par la voie du sort, ou auxquelles auraient été réunies des primes ou autres bénéfices dus au hasard, et généralement toutes opérations offertes au public pour faire naître l'espérance d'un gain qui serait acquis par la voie du sort.

« 3. La contravention à ces prohibitions sera punie des peines portées à l'art. 410 du Code pénal. — S'il s'agit de loteries d'immeubles, la confiscation prononcée par ledit article sera remplacée, à l'égard du propriétaire de l'immeuble mis en loterie, par une amende qui pourra s'élever jusqu'à la valeur estimative de

le public, soit librement, soit sur la présentation des intéressés ou affiliés, les banquiers de cette maison, tous ceux qui auront établi ou tenu des loteries non autorisées par la loi, tous administrateurs, préposés ou agents de ces établissements, seront punis d'un emprisonnement de deux mois au moins et de six mois au plus, et d'une amende de cent francs à six mille francs. P. 9-3°, 40, s., 52. — Les coupables pourront être de plus, à compter du jour où ils auront subi leur peine, interdits, pendant cinq ans au moins et dix ans au plus, des droits mentionnés en l'article 42 du présent Code. — Dans tous les cas, seront confisqués tous les fonds ou effets qui seront trouvés exposés au jeu ou mis à la loterie, les meubles, instruments, ustensiles, appareils employés ou destinés au service des jeux ou des loteries, les meubles et les effets mobiliers dont les lieux seront garnis ou décorés. C. 1965, s. — P. 11, 176, 475-5°.

411. Ceux qui auront établi ou tenu des maisons de prêts sur gages ou nantissement, sans autorisation légale, ou qui, ayant une autorisation, n'auront pas tenu un registre conforme aux règlements, contenant de suite, sans aucun blanc ni interligne, les sommes ou les objets prêtés, les noms, domicile et profession des emprunteurs, la nature, la qualité, la valeur des objets mis en nantissement, seront punis d'un emprisonnement de quinze jours au moins, de trois mois au

cet immeuble.—En cas de seconde ou ultérieure condamnation, l'emprisonnement et l'amende portés en l'art. 410 pourront être élevés au double du *maximum*.—Il pourra, dans tous les cas, être fait application de l'art. 463 du Code pénal.

« 4. Ces peines seront encourues par les auteurs, entrepreneurs ou agents des loteries françaises ou étrangères, ou des opérations qui leur sont assimilées.—Ceux qui auront colporté ou distribué les billets, ceux qui, par des avis, annonces, affiches, ou par tout autre moyen de publication, auront fait connaître l'existence de ces loteries ou facilité l'émission des billets, seront punis des peines portées en l'art. 411 du Code pénal : il sera fait application, s'il y a lieu, des deux dernières dispositions de l'article précédent.

« 5. Sont exceptées des dispositions des articles 1 et 2 ci-dessus, les loteries d'objets mobiliers exclusivement destinées à des actes de bienfaisance ou à l'encouragement des arts, lorsqu'elles auront été autorisées dans les formes qui seront déterminées par des règlements d'administration publique. »

plus, et d'une amende de cent francs à deux mille francs. P. 9-3°, 40, s., 52.

§ IV.—*Entraves apportées à la liberté des enchères.*

412. Ceux qui, dans les adjudications de la propriété, de l'usufruit ou de la location des choses mobilières ou immobilières, d'une entreprise, d'une fourniture, d'une exploitation ou d'un service quelconque, auront entravé ou troublé la liberté des enchères ou des soumissions, par voies de fait, violences ou menaces, soit avant, soit pendant les enchères ou les soumissions, seront punis d'un emprisonnement de quinze jours au moins, de trois mois au plus, et d'une amende de cent francs au moins et de cinq mille francs au plus. Pr. 624, 707, 964. — P. 9-3°, 40, s., 52. — La même peine aura lieu contre ceux qui, par dons ou promesses, auront écarté les enchérisseurs. P. 60, 177, s.

§ V. — *Violation des règlements relatifs aux manufactures, au commerce et aux arts* (a).

413. Toute violation des règlements d'administration publique, relatifs aux produits des manufactures françaises qui s'exporteront à l'étranger, et qui ont pour objet de garantir la bonne qualité, les dimensions et la nature de la fabrication, sera punie d'une amende de deux cents francs au moins, de trois mille francs au plus, et de la confiscation des marchandises. Ces deux peines pourront être prononcées cumulativement ou séparément, selon les circonstances. P. 9-3°, 11, 52, 176.

414 (b). « Sera punie d'un emprisonnement de six jours à trois mois et d'une

(a) Dispositions reproduites de la loi du 22 germ. an XI, art. 5, 6, 7 et 8.
(b) Le texte actuel des art. 414, 415 et 416 est celui de la loi du 27 novembre-1er décembre 1849.—Voici celui des anciens articles, sous les mêmes numéros :
« Art. 414. Toute coalition entre ceux qui font travailler des ouvriers, tendant à forcer injustement et abusivement l'abaissement des salaires, suivie d'une tentative ou d'un commencement d'exécution, sera punie d'un emprisonnement de six jours à un mois, et d'une amende de deux cents francs à trois mille francs.
« 415. Toute coalition de la part des ouvriers pour faire cesser en même temps de travailler, interdire le travail dans un atelier, empêcher de s'y rendre et d'y rester avant ou après de certaines heures, et en général pour suspendre,

amende de seize francs à trois mille francs, — 1° Toute coalition entre ceux qui font travailler des ouvriers, tendant à forcer l'abaissement des salaires, s'il y a eu tentative ou commencement d'exécution ; P. 9-3°, 40, s., 52, 415, s. — 2° Toute coalition de la part des ouvriers pour faire cesser en même temps de travailler, interdire le travail dans un atelier, empêcher de s'y rendre avant ou après certaines heures, et, en général, pour suspendre, empêcher, enchérir les travaux, s'il y a eu tentative ou commencement d'exécution. P. 40, s, 219-1°, 386-3°, 408, 415. — Dans les cas prévus par les deux paragraphes précédents, les chefs ou moteurs seront punis d'un emprisonnement de deux ans à cinq ans. (*Loi des 27 nov.-1er déc.* 1849.) »

415. « Seront aussi punis des peines portées dans l'article précédent, et d'après les mêmes distinctions, les directeurs d'atelier ou entrepreneurs d'ouvrage et les ouvriers qui, de concert, auront prononcé des amendes autres que celles qui ont pour objet la discipline intérieure de l'atelier, des défenses, des interdictions, ou toutes proscriptions sous le nom de damnations ou sous quelque qualification que ce puisse être, soit de la part des directeurs d'atelier ou entrepreneurs contre les ouvriers, soit de la part de ceux-ci contre les directeurs d'atelier ou entrepreneurs, soit les uns contre les autres. (*Loi des 27 nov.-1er déc.* 1849.) » P. 40, s.

416. « Dans les cas prévus par les deux articles précédents, les chefs ou moteurs pourront, après l'expiration de

---

empêcher, enchérir les travaux, s'il y a eu tentative ou commencement d'exécution, sera punie d'un emprisonnement d'un mois au moins et de trois mois au plus. — Les chefs ou moteurs seront punis d'un emprisonnement de deux à cinq ans.

« 416. Seront aussi punis de la peine portée par l'article précédent, et d'après les mêmes distinctions, les ouvriers qui auront prononcé des amendes, des défenses, des interdictions, ou toutes proscriptions sous le nom de *damnations* et sous quelque qualification que ce puisse être, soit contre les directeurs d'atelier et entrepreneurs d'ouvrages, soit les uns contre les autres. — Dans le cas du présent article et dans celui du précédent, les chefs ou moteurs du délit pourront, après l'expiration de leur peine, être mis sous la surveillance de la haute police pendant deux ans au moins et cinq ans au plus. »

---

leur peine, être mis sous la surveillance de la haute police pendant deux ans au moins et cinq ans au plus. (*Loi des 27 nov.-1er déc.* 1849.) » P. 44, 50.

417. Quiconque, dans la vue de nuire à l'industrie française, aura fait passer en pays étranger des directeurs, commis, ou des ouvriers d'un établissement, sera puni d'un emprisonnement de six mois à deux ans, et d'une amende de cinquante francs à trois cents francs. P. 9-3°, 40, s., 52.

418. Tout directeur, commis, ouvrier de fabrique, qui aura communiqué à des étrangers ou à des Français résidant en pays étranger des secrets de la fabrique où il est employé, sera puni de la réclusion et d'une amende de cinq cents francs à vingt mille francs. P. 7-6°, 9-3°, 21, 28, 47, 52. — Si ces secrets ont été communiqués à des Français résidant en France, la peine sera d'un emprisonnement de trois mois à deux ans, et d'une amende de seize francs à deux cents francs. P. 9-3°, 40, s., 52, 80, 187, 378.

419. Tous ceux qui, par des faits faux ou calomnieux semés à dessein dans le public, par des suroffres faites aux prix que demandaient les vendeurs eux-mêmes, par réunion ou coalition entre les principaux détenteurs d'une même marchandise (*a*) ou denrée, tendant à ne la pas vendre ou à ne la vendre qu'à un certain prix, ou qui, par des voies ou moyens frauduleux quelconques, auront opéré la hausse ou la baisse du prix des denrées ou marchandises (*b*) ou des papiers et effets publics, au-dessus ou au-dessous des prix qu'aurait déterminés la concurrence naturelle et libre du commerce, seront punis d'un emprisonnement d'un mois au moins, d'un an au plus, et d'une amende de cinq cents francs à dix mille francs. Les coupables pourront de plus être mis, par l'arrêt ou le jugement, sous la surveillance de la haute police, pendant deux

---

(*a, b*) Que faut-il entendre par ce mot *marchandise?* Peut-il s'appliquer à l'exercice d'une industrie que la loi répute acte de commerce, telle, par exemple, que l'industrie du roulage, ou le transport des voyageurs par les voitures publiques? La jurisprudence tend à se prononcer pour la solution affirmative. Ainsi le fait, par des entrepreneurs de diligences, d'avoir abaissé de concert le prix de leurs voitures, pour ruiner une entreprise rivale, constituerait le délit prévu par cet article.

ans au moins et cinq ans au plus. P. 9-3º, 40, s., 44, 50, 52, 420, s.

420. La peine sera d'un emprisonnement de deux mois au moins et de deux ans au plus, et d'une amende de mille francs à vingt mille francs, si ces manœuvres ont été pratiquées sur grains, grenailles, farines, substances farineuses, pain, vin, ou toute autre boisson. P. 9-3º, 40, s., 52, 419, 442. — La mise en surveillance qui pourra être prononcée sera de cinq ans au moins et de dix ans au plus. P. 46, 50.

421. Les paris qui auront été faits sur la hausse ou la baisse des effets publics seront punis des peines portées par l'article 419. — P. 9-3º, 40, s., 44, 50, 52, 422.

422. Sera réputée pari de ce genre toute convention de vendre ou de livrer des effets publics qui ne seront pas prouvés par le vendeur avoir existé à sa disposition au temps de la convention, ou avoir dû s'y trouver au temps de la livraison.

423. Quiconque aura trompé l'acheteur sur le titre des matières d'or ou d'argent (a), sur la qualité d'une pierre fausse vendue pour fine, sur la nature de toutes marchandises; quiconque, par usage de faux poids ou de fausses mesures, aura trompé sur la quantité des choses vendues, sera puni de l'emprisonnement pendant trois mois au moins, un an au plus, et d'une amende qui ne pourra excéder le quart des restitutions et dommages-intérêts, ni être au-dessous de cinquante francs. P. 9-3º, 40, s., 52, 463. — Les objets du délit, ou leur valeur, s'ils appartiennent encore au vendeur, seront confisqués : les faux poids et les fausses mesures seront aussi confisqués, et de plus seront brisés (b). P. 11, 176, 424, 479-5º, 480-2º, 481-1º.

(a) On entend par *titre*, dans les matières d'or et d'argent, la quantité de métal *fin* et pur qui doit entrer dans la composition de chaque pièce, d'après sa nature et sa destination particulière. En d'autres termes, le titre est le rapport dans lequel le métal fin doit se trouver avec l'alliage. —Voy. la loi du 19 brum. an VI, art. 81 et 89, Lois et ord. diverses.

(b) 27 mars-1er avril 1851. — *Loi tendant à la répression plus efficace de certaines fraudes dans la vente des marchandises.*

« Art. 1er. Seront punis des peines portées par l'art. 423 du Code pénal, —Ceux qui falsifieront des substances ou denrées alimentaires ou médicamenteuses destinées à être vendues; —

424. Si le vendeur et l'acheteur se sont servis dans leurs marchés d'autres poids ou d'autres mesures que ceux qui

2º Ceux qui vendront ou mettront en vente des substances ou denrées alimentaires ou médicamenteuses qu'ils sauront être falsifiées ou corrompues;—3º Ceux qui auront trompé ou tenté de tromper, sur la quantité des choses livrées, les personnes auxquelles ils vendent ou achètent, soit par l'usage de faux poids ou de fausses mesures, ou d'instruments inexacts servant au pesage ou mesurage, soit par des manœuvres ou procédés tendant à fausser l'opération du pesage ou mesurage, ou à augmenter frauduleusement le poids ou le volume de la marchandise, même avant cette opération; soit, enfin, par des indications frauduleuses tendant à faire croire à un pesage ou mesurage antérieur et exact.

« 2. Si, dans les cas prévus par l'art. 423 du Code pénal ou par l'art. 1er de la présente loi, il s'agit d'une marchandise contenant des mixtions nuisibles à la santé, l'amende sera de cinquante à cinq cents francs, à moins que le quart des restitutions et dommages-intérêts n'excède cette dernière somme; l'emprisonnement sera de trois mois à deux ans. — Le présent article sera applicable même au cas où la falsification nuisible serait connue de l'acheteur ou consommateur.

« 3. Sont punis d'une amende de seize francs à vingt-cinq francs, et d'un emprisonnement de six à dix jours, ou de l'une de ces deux peines seulement, suivant les circonstances, ceux qui, sans motifs légitimes, auront dans leurs magasins, boutiques, ateliers ou maisons de commerce, ou dans les halles, foires ou marchés, soit des poids ou mesures faux, ou autres appareils inexacts servant au pesage ou au mesurage, soit des substances alimentaires ou médicamenteuses qu'ils sauront être falsifiées ou corrompues. — Si la substance falsifiée est nuisible à la santé, l'amende pourra être portée à cinquante francs, et l'emprisonnement à quinze jours.

« 4. Lorsque le prévenu, convaincu de contravention à la présente loi ou à l'art. 423 du Code pénal, aura, dans les cinq années qui ont précédé le délit, été condamné pour infraction à la présente loi ou à l'art. 423, la peine pourra être élevée jusqu'au double du *maximum*; l'amende prononcée par l'art. 423 et par les art. 1 et 2 de la présente loi pourra même être portée jusqu'à mille francs si la moitié des restitutions et dommages-intérêts n'excède pas cette somme; le tout, sans préjudice de l'application, s'il y a lieu, des art. 57 et 58 du Code pénal.

« 5. Les objets dont la vente, usage ou possession constitue le délit, seront confisqués, conformément à l'art. 423 et aux art. 477 et 481 du Code pénal. — S'ils sont propres à un usage alimentaire ou médical, le tribunal pourra les mettre à la disposition de l'administration pour être attribués aux établissements de bienfaisance. — S'ils sont impropres à cet usage ou nuisibles, les objets seront détruits ou répandus aux frais du condamné. Le tribunal pourra ordonner que la destruction ou effusion aura lieu devant l'établissement ou le domicile du condamné.

« 6. Le tribunal pourra ordonner l'affiche du

ont été établis par les lois de l'Etat, l'acheteur sera privé de toute action contre le vendeur qui l'aura trompé par l'usage de poids ou de mesures prohibés; sans préjudice de l'action publique pour la punition tant de cette fraude que de l'emploi même des poids et des mesures prohibés (a). — La peine, en cas de fraude, sera celle portée par l'article précédent. P. 9-3°, 11, 40, s., 176. — La peine pour l'emploi des mesures et poids prohibés sera déterminée par le livre IV du présent Code, contenant les peines de simple police. P. 479-5°, 480-2°, 481-1°.

425. Toute édition d'écrits, de composition musicale, de dessin, de peinture ou de toute autre production, imprimée ou gravée en entier ou en partie, au mépris des lois et règlements relatifs à la propriété des auteurs, est une contrefaçon; et toute contrefaçon est un délit (b). P. 1, 3, 4, 9, 426, s.

426. Le débit d'ouvrages contrefaits, l'introduction sur le territoire français d'ouvrages qui, après avoir été imprimés en France, ont été contrefaits chez l'étranger, sont un délit de la même espèce. P. 425, 427, s.

427. La peine contre le contrefacteur ou contre l'introducteur sera une amende de cent francs au moins et de deux mille francs au plus; et contre le débitant, une amende de vingt-cinq francs au moins et de cinq cents francs au plus. P. 9-3°, 52, 59, s., 425, 426, 428, 429. — La confiscation de l'édition contrefaite sera prononcée tant contre le contrefacteur que contre l'introducteur et le débitant. — Les planches, moules ou matrices des objets contrefaits, seront aussi confisqués. P. 11, 176.

428. Tout directeur, tout entrepreneur de spectacle, toute association d'ar-

tistes, qui aura fait représenter sur son théâtre des ouvrages dramatiques au mépris des lois et règlements relatifs à la propriété des auteurs, sera puni d'une amende de cinquante francs au moins, de cinq cents francs au plus et de la confiscation des recettes (c). P. 11, 52, 176, 425, 429.

429. Dans les cas prévus par les quatre articles précédents, le produit des confiscations, ou les recettes confisquées, seront remis au propriétaire, pour l'indemniser d'autant du préjudice qu'il aura souffert; le surplus de son indemnité, ou l'entière indemnité s'il n'y a eu ni vente d'objets confisqués, ni saisie de recettes, sera réglé par les voies ordinaires. C. 1149, 1382. — Pr. 128. — P. 11, 51, 52.

§ VI. — Délits des fournisseurs.

430. Tous individus chargés, comme membres de compagnie ou individuellement, de fournitures, d'entreprises ou régies pour le compte des armées de terre et de mer, qui, sans y avoir été contraints par une force majeure, auront fait manquer le service dont ils sont chargés, seront punis de la peine de la réclusion et d'une amende qui ne pourra excéder le quart des dommages-intérêts, ni être au-dessous de cinq cents francs; le tout sans préjudice de peines plus fortes en cas d'intelligence avec l'ennemi. P. 7-6°, 21, 28, 47, 52, 76, s., 431, s.

431. Lorsque la cessation du service proviendra du fait des agents des fournisseurs, les agents seront condamnés aux peines portées par le précédent article. P. 7-6°, 9-3°, 73, 74. — Les fournisseurs et leurs agents seront également condamnés, lorsque les uns et les autres auront participé au crime. P. 59, s.

432. Si des fonctionnaires publics ou des agents, préposés ou salariés du gouvernement, ont aidé les coupables à faire manquer le service, ils seront punis de la peine des travaux forcés à temps; sans préjudice de peines plus fortes en cas d'intelligence avec l'ennemi. P. 7-4°, 15, 19, 28, 47, 76, s., 430, 433.

433. Quoique le service n'ait pas manqué, si, par négligence, les livraisons et les travaux ont été retardés, ou s'il y

---

jugement dans les lieux qu'il désignera, et son insertion intégrale ou par extrait, dans tous les journaux qu'il désignera, le tout aux frais du condamné.

« 7. L'art. 463 du Code pénal sera applicable aux délits prévus par la présente loi.

« 8. Les deux tiers du produit des amendes sont attribués aux communes dans lesquelles les délits auront été constatés.

« 9. Sont abrogés les art. 475, n. 14, et 479, n. 5, du Code pénal. »

(a) Voy., au Code des poids et mesures, la loi de 1837.

(b) Voy. Code de la propriété industrielle et littéraire.

(c) Voy. Code de la propr. litt. pag. 1178.

a eu fraude sur la nature, la qualité ou la quantité des travaux ou main-d'œuvre ou des choses fournies, les coupables seront punis d'un emprisonnement de six mois au moins et de cinq ans au plus, et d'une amende qui ne pourra excéder le quart des dommages-intérêts, ni être moindre de cent francs. P. 9-3º, 40, s., 52. — Dans les divers cas prévus par les articles composant le présent paragraphe, la poursuite ne pourra être faite que sur la dénonciation du gouvernement. P. 108, 119, 138, 139, 144, 336, 357.

SECT. III.—*Destructions, dégradations, dommages.*

434. « Quiconque aura volontairement mis le feu à des édifices, navires, bateaux, magasins, chantiers, quand ils sont habités ou servent à l'habitation, et généralement aux lieux habités ou servant à l'habitation, qu'ils appartiennent ou n'appartiennent pas à l'auteur du crime, sera puni de mort. P. 7-1º, 12, 435, s., 458, 475-12º, 479-1º. — Sera puni de la même peine quiconque aura volontairement mis le feu à tout édifice servant à des réunions de citoyens. — Quiconque aura volontairement mis le feu à des édifices, navires, bateaux, magasins, chantiers, lorsqu'ils ne sont ni habités, ni servant à habitation, ou à des forêts, bois taillis ou récoltes sur pied, lorsque ces objets ne lui appartiennent pas, sera puni de la peine des travaux forcés à perpétuité. P. 7-2º, 15, 18. — Celui qui, en mettant le feu à l'un des objets énumérés dans le paragraphe précédent et à lui-même appartenant, aura volontairement causé un préjudice quelconque à autrui, sera puni des travaux forcés à temps; P. 7-4º, 15, 19, 28, 47. — Quiconque aura volontairement mis le feu à des bois ou récoltes abattus, soit que les bois soient en tas ou en cordes, et les récoltes en tas ou en meules, si ces objets ne lui appartiennent pas, sera puni des travaux forcés à temps. — Celui qui, en mettant le feu à l'un des objets énumérés dans le paragraphe précédent et à lui-même appartenant, aura volontairement causé un préjudice quelconque à autrui, sera puni de la réclusion; P. 7-6º, 21, 28, 47. — Celui qui aura communiqué l'incendie à l'un des objets énumérés dans les précédents paragraphes, en mettant

volontairement le feu à des objets quelconques, appartenant soit à lui, soit à autrui, et placés de manière à communiquer ledit incendie, sera puni de la même peine que s'il avait directement mis le feu à l'un desdits objets. — Dans tous les cas, si l'incendie a occasionné la mort d'une ou de plusieurs personnes se trouvant dans les lieux incendiés au moment où il a éclaté, la peine sera la mort. »

435. « La peine sera la même, d'après les distinctions faites en l'article précédent, contre ceux qui auront détruit, par l'effet d'une mine, des édifices, navires, bateaux, magasins ou chantiers. »

436. La menace d'incendier une habitation ou toute autre propriété sera punie de la peine portée contre la menace d'assassinat, et d'après les distinctions établies par les articles 305, 306 et 307 (a). — P. 7-4º, 9-3º, 40, 434.

437. Quiconque aura volontairement détruit ou renversé, par quelque moyen que ce soit, en tout ou en partie, des édifices, des ponts, digues ou chaussées, ou autres constructions qu'il savait appartenir à autrui, sera puni de la réclusion, et d'une amende qui ne pourra excéder le quart des restitutions et indemnités, ni être au-dessous de cent francs. P. 7-6º, 9-3º, 21, 28, 47, 52, 463. — S'il y a eu homicide ou blessures, le coupable sera, dans le premier cas, puni de mort, et, dans le second, puni de la peine des travaux forcés à temps. P. 7-1º-4º, 12, 15, 19, 28, 45, 295, 309.

438. Quiconque, par des voies de fait, se sera opposé à la confection des travaux autorisés par le gouvernement, sera puni d'un emprisonnement de trois mois à deux ans, et d'une amende qui ne pourra excéder le quart des dommages-intérêts ni être au-dessous de seize francs. P. 9-3º, 40, s., 52, 463. — Les moteurs subi-

---

(a) 12 mai 1806. — *Loi contenant des dispositions pénales relatives aux menaces d'incendie.*

« Art. 1er. Tout individu qui aura menacé, par écrit anonyme ou signé, d'incendier une habitation ou toute autre propriété, si la personne ne dépose une somme d'argent dans un lieu indiqué, ou ne remplit pas toute autre condition, et bien que les menaces n'aient point été réalisées, sera puni de vingt-quatre ans de fers, et flétri sur l'épaule gauche de la lettre F*. »

* La marque ou flétrissure n'existe plus. — Voy. l'art. 22 et la *note.*

ront le *maximum* de la peine. P. 415-2°.

439. Quiconque aura volontairement brûlé ou détruit, d'une manière quelconque, des registres, minutes ou actes originaux de l'autorité publique, des titres, billets, lettres de change, effets de commerce ou de banque, contenant ou opérant obligation, disposition ou décharge, sera puni ainsi qu'il suit : — Si les pièces détruites sont des actes de l'autorité publique, ou des effets de commerce ou de banque, la peine sera la reclusion : P. 7-6°, 21, 28, 47.— S'il s'agit de toute autre pièce, le coupable sera puni d'un emprisonnement de deux à cinq ans, et d'une amende de cent francs à trois cents francs. P. 9-3°, 40, s., 52.

440. Tout pillage, tout dégât de denrées ou marchandises, effets, propriétés mobilières, commis en réunion ou bande et à force ouverte, sera puni des travaux forcés à temps ; chacun des coupables sera de plus condamné à une amende de deux cents francs à cinq mille francs. P. 7-4°, 9 3°, 15, 19, 28, 47, 52, 96, 257, 441.

441. Néanmoins ceux qui prouveront avoir été entraînés, par des provocations ou sollicitations, à prendre part à ces violences, pourront n'être punis que de la peine de la reclusion. P. 7-6°, 21, 28, 47, 65, 463.

442. Si les denrées pillées ou détruites sont des grains, grenailles ou farines, substances farineuses, pain, vin, ou autre boisson, la peine que subiront les chefs, instigateurs ou provocateurs seulement, sera le *maximum* des travaux forcés à temps, et celui de l'amende prononcée par l'article 440.— P. 7-4°, 9-3°, 15, 19, 28, 47, 52, 420.

443. Quiconque, à l'aide d'une liqueur corrosive ou par tout autre moyen, aura volontairement gâté des marchandises ou matières servant à la fabrication, sera puni d'un emprisonnement d'un mois à deux ans, et d'une amende qui ne pourra excéder le quart des dommages-intérêts, ni être moindre de seize francs. C. 1149, 1382. — P. 9-3°, 40, s., 52.— Si le délit a été commis par un ouvrier de la fabrique ou par un commis de la maison de commerce, l'emprisonnement sera de deux à cinq ans, sans préjudice de l'amende, ainsi qu'il vient d'être dit.

444. Quiconque aura dévasté des ré-

coltes sur pied ou des plants venus naturellement ou faits de main d'homme, sera puni d'un emprisonnement de deux ans au moins, de cinq ans au plus. P. 9-3°, 40, s., 388, 445, s., 450, 455.—Les coupables pourront de plus être mis, par l'arrêt ou le jugement, sous la surveillance de la haute police pendant cinq ans au moins et dix ans au plus. P. 44, 50.

445. Quiconque aura abattu un ou plusieurs arbres qu'il savait appartenir à autrui sera puni d'un emprisonnement qui ne sera pas au-dessous de six jours ni au-dessus de six mois, à raison de chaque arbre, sans que la totalité puisse excéder cinq ans. P. 9-3°, 40, s., 444, 446, s., 455.

446. Les peines seront les mêmes à raison de chaque arbre mutilé, coupé ou écorcé de manière à le faire périr (a). P. 9-3°, 40, s., 445, 447, 448, 450, 455.

447. S'il y a eu destruction d'une ou de plusieurs greffes, l'emprisonnement sera de six jours à deux mois, à raison de chaque greffe, sans que la totalité puisse excéder deux ans (b). P. 9-3°, 40, s., 445, 446, 448, 450, 455.

448. Le *minimum* de la peine sera de vingt jours dans les cas prévus par les articles 445 et 446, et de dix jours dans le cas prévu par l'article 447, si les arbres étaient plantés sur les places, routes, chemins, rues ou voies publiques, ou vicinales ou de traverse (c). P. 9-3°, 40, s., 450, 455.

449. Quiconque aura coupé des grains ou des fourrages qu'il savait appartenir à autrui sera puni d'un emprisonnement qui ne sera pas au-dessous de six jours ni au-dessus de deux mois (d). P. 9-3°, 40, s., 444, s., 450, 455, 471-9°.

450. L'emprisonnement sera de vingt jours au moins et de quatre mois au plus, s'il a été coupé du grain en vert. P. 9-3°, 40, s., 45. — Dans les cas prévus par le présent article et les six précédents, si le fait a été commis en haine d'un fonctionnaire public et à raison de ses fonctions, le coupable sera puni du *maximum* de la peine établie par l'article auquel le cas se référera.— Il en sera de même, quoique cette circonstance n'existe point, si le fait a été commis pendant la nuit (e). P. 329, 384-1° et la *note*.

(a, b, c, d, e) Voy., au C. rural, les art. 14, 28, s., et 43, tit. 2, de la loi du 28 sept. 1791.

451. Toute rupture, toute destruction d'instruments d'agriculture, de parcs de bestiaux, de cabanes de gardiens, sera punie d'un emprisonnement d'un mois au moins, d'un an au plus (*a*). P. 9-3°, 40, s., 391, 455.

452. Quiconque aura empoisonné des chevaux ou autres bêtes de voiture, de monture ou de charge, des bestiaux à cornes, des moutons, chèvres ou porcs, ou des poissons dans des étangs, viviers ou réservoirs, sera puni d'un emprisonnement d'un an à cinq ans, et d'une amende de seize francs à trois cents francs. Les coupables pourront être mis, par l'arrêt ou le jugement, sous la surveillance de la haute police pendant deux ans au moins et cinq ans au plus. P. 9-3°, 40, s., 44, 50, 52, 301, 302, 317, 318, 387, 388, 453, s., 457, 462, 484.

453. Ceux qui, sans nécessité, auront tué l'un des animaux mentionnés au précédent article, seront punis ainsi qu'il suit : — Si le délit a été commis dans les bâtiments, enclos et dépendances ou sur les terres dont le maître de l'animal tué était propriétaire, locataire, colon ou fermier, la peine sera un emprisonnement de deux mois à six mois ; P. 9-3°, 40, s., 455. — S'il a été commis dans les lieux dont le coupable était propriétaire, locataire, colon ou fermier, l'emprisonnement sera de six jours à un mois ; — S'il a été commis dans tout autre lieu, l'emprisonnement sera de quinze jours à six semaines. — Le *maximum* de la peine sera toujours prononcé en cas de violation de clôture (*b*). P, 389, 454, 456.

454. Quiconque aura, sans nécessité, tué un animal domestique dans un lieu dont celui à qui cet animal appartient est propriétaire, locataire, colon ou fermier, sera puni d'un emprisonnement de six jours au moins et de six mois au plus. P. 9-3°, 40, s., 64, 455. — S'il y a eu violation de clôture, le *maximum* de la peine sera prononcé (*c*). P. 389, 453, 456.

455. Dans les cas prévus par les articles 444 et suivants jusqu'au précédent article inclusivement, il sera prononcé une amende qui ne pourra excéder le quart des restitutions et dommages-intérêts, ni être au-dessous de seize francs. C. 1149, 1382.— P. 9-3°, 52, 463.

456. Quiconque aura, en tout ou en partie, comblé des fossés, détruit des clôtures, de quelques matériaux qu'elles soient faites, coupé ou arraché des haies vives ou sèches ; quiconque aura déplacé ou supprimé des bornes ou pieds-corniers (*d*), ou autres arbres plantés ou reconnus pour établir les limites entre différents héritages, sera puni d'un emprisonnement qui ne pourra être au-dessous d'un mois ni excéder une année, et d'une amende égale au quart des restitutions et des dommages-intérêts, qui, dans aucun cas, ne pourra être au-dessous de cinquante francs. C. 1149, 1382. — P. 9-3°, 40, s., 52, 389, 453, s., 463.

457. Seront punis d'une amende qui ne pourra excéder le quart des restitutions et des dommages-intérêts, ni être au-dessous de cinquante francs, les propriétaires ou fermiers, ou toute personne jouissant de moulins, usines ou étangs, qui, par l'élévation du déversoir de leurs eaux au-dessus de la hauteur déterminée par l'autorité compétente, auront inondé les chemins ou les propriétés d'autrui. C. 558, 1149, 1382. — P. 9-3°, 52, 388, 452, 463. — S'il est résulté du fait quelques dégradations, la peine sera, outre l'amende, un emprisonnement de six jours à un mois. P. 40, s.

(*a*) Voy. art. 31 de la même loi de 1791, au C. rur.
(*b, c*) Ces dispositions du Code pénal, qui ne prévoient, d'ailleurs, que le cas de *mort* donnée aux animaux, ne sont applicables que lorsqu'il s'agit des animaux d'*autrui* ; le propriétaire de ces animaux étant le maître d'en user et d'en abuser à sa volonté. Toutefois, le spectacle fréquent d'actes odieux de brutalité exercés en public sur les animaux domestiques par les pro-

priétaires ou les voituriers à leur service a décidé le législateur à venir protéger ces malheureux animaux contre ces actes de violence qui soulevaient depuis longtemps l'opinion publique. Tel est l'objet de la loi suivante :

2-9 juillet 1850. — *Loi relative aux mauvais traitements exercés envers les animaux domestiques.*

« Art. unique. Seront punis d'une amende de cinq à quinze francs, et pourront l'être d'un à cinq jours de prison, ceux qui auront exercé publiquement et abusivement de mauvais traitements envers les animaux domestiques. — La peine de la prison sera toujours appliquée en cas de récidive. — L'art. 463 du Code pénal sera toujours applicable. »
(*d*) On appelle *pieds-corniers* les arbres qu'on a conservés soit pour indiquer les limites des différentes coupes d'une même forêt, soit pour servir de bornes aux propriétés de plusieurs personnes.

458. L'incendie des propriétés mobilières ou immobilières d'autrui, qui aura été causé par la vétusté ou le défaut, soit de réparation, soit de nettoyage des fours, cheminées, forges, maisons ou usines prochaines, ou par des feux allumés dans les champs à moins de cent mètres des maisons, édifices, forêts, bruyères, bois, vergers, plantations, haies, meules, tas de grains, pailles, foins, fourrages, ou tout autre dépôt de matières combustibles, ou par des feux ou lumières portés ou laissés sans précaution suffisante, ou par des pièces d'artifice allumées ou tirées par négligence ou imprudence, sera puni d'une amende de cinquante francs au moins et de cinq cents francs au plus. C. 1733, 1734. — P. 434, 436, 475-12°.

459. Tout détenteur ou gardien d'animaux ou de bestiaux soupçonnés d'être infectés de maladie contagieuse (a), qui n'aura pas averti sur-le-champ le maire de la commune où ils se trouvent, et qui, même avant que le maire ait répondu à l'avertissement, ne les aura pas tenus renfermés, sera puni d'un emprisonnement de six jours à deux mois, et d'une amende de seize francs à deux cents francs. P. 9-3°, 40, s., 52, 460, s.

460. Seront également punis d'un emprisonnement de deux mois à six mois, et d'une amende de cent francs à cinq cents francs, ceux qui, au mépris des défenses de l'administration, auront laissé leurs animaux ou bestiaux infectés communiquer avec d'autres. P. 9-3°, 40, s., 52, 459, 461, 462.

461. Si, de la communication mentionnée au précédent article, il est résulté une contagion parmi les autres animaux, ceux qui auront contrevenu aux défenses de l'autorité administrative seront punis d'un emprisonnement de deux ans à cinq ans, et d'une amende de cent francs à mille francs; le tout sans préjudice de l'exécution des lois et règlements relatifs aux maladies épizootiques, et de l'application des peines y portées (b). P. 9-3°, 40, s., 52, 459, 462.

462. Si les délits de police correctionnelle dont il est parlé au présent chapitre ont été commis par des gardes champê-

tres ou forestiers, ou des officiers de police, à quelque titre que ce soit, la peine d'emprisonnement sera d'un mois au moins, et d'un tiers au plus en sus de la peine la plus forte qui serait appliquée à un autre coupable du même délit. P. 40, s., 198, 379, s

DISPOSITIONS GÉNÉRALES.

463. « Les peines prononcées par la loi contre celui ou ceux des accusés reconnus coupables, en faveur de qui le jury aura déclaré des circonstances atténuantes, seront modifiées ainsi qu'il suit (c): I. cr. 344. — Si la peine prononcée par la loi est la mort, la cour appliquera la peine des travaux forcés à perpétuité ou celle des travaux forcés à temps. Néanmoins, s'il s'agit de crimes contre la sûreté extérieure ou intérieure de l'Etat, la cour appliquera la peine de la déportation ou celle de la détention; mais dans les cas prévus par les articles 86, 96 et 97, elle appliquera la peine des travaux forcés à perpétuité, ou celle des travaux forcés à temps. P. 7-2°-3°-4°-5° et la *note.*—Si la peine est celle des travaux forcés à perpétuité, la cour appliquera la peine des travaux forcés à temps ou celle de la reclusion. P. 7-4°-6°. — Si la peine est celle de la déportation, la cour appliquera la peine de la détention ou celle du bannissement. P. 7-5°, 8-4°.—Si la peine est celle des travaux forcés à temps, la cour appliquera la peine de la reclusion ou les dispositions de l'article 401, sans toutefois pouvoir réduire la durée de l'emprisonnement au-dessous de deux ans. P. 7-6°, 9-3° et la *note*, 40, s., 42, 44, 50. —Si la peine est celle de la reclusion, de la détention, du bannissement ou de la dégradation civique, la cour appliquera les dispositions de l'article 401, sans toutefois pouvoir réduire la durée de l'emprisonnement au-dessous d'un an.—Dans

(a) Cette maladie se nomme, chez les animaux, *épizootie.* (Voy. l'art. 461.)
(b) Voy. Code rural.

(c) L'admission des *circonstances atténuantes*, introduites pour les affaires de grand criminel par le législateur de 1832, forme une disposition impérieusement prescrite par l'art. 341 C. instr. crim. — Avant cette époque, l'ancien art. 463 Code pénal, dont la disposition est conservée à cet égard par le dernier paragraphe du nouveau, n'admettait l'existence de circonstances atténuantes qu'en matière correctionnelle et de police. — L'appréciation en était, par conséquent, confiée aux juges: dans les matières de grand criminel, cette appréciation appartient aux jurés.

les cas où le Code prononce le *maximum* d'une peine afflictive, s'il existe des circonstances atténuantes, la cour appliquera le *minimum* de la peine, ou même la peine inférieure. P. 7, 8-1°, 9-1°. — Dans tous les cas où la peine de l'emprisonnement et celle de l'amende sont prononcées par le Code pénal, si les circonstances paraissent atténuantes, les tribunaux correctionnels sont autorisés, même en cas de récidive, à réduire l'emprisonnement même au-dessous de six jours, et l'amende même au-dessous de seize francs; ils pourront aussi prononcer séparément l'une ou l'autre de ces peines, et même substituer l'amende à l'emprisonnement, sans qu'en aucun cas elle puisse être au-dessous des peines de simple police. » I. cr. 179, 190. — P. 9-3°, 40, s., 52, 423 et la *note*, 465, 466, 483.

LIVRE QUATRIÈME.

Contraventions de police et peines.

(Loi décrétée le 20 février 1819. Promulguée le 2 mars.)

CHAP. I. — DES PEINES.

464. Les peines de police sont, C. 3. — I. cr. 137, s. — L'emprisonnement, P. 40. — L'amende, P. 52, 466, s. — Et la confiscation de certains objets saisis. P. 11, 470.

465. L'emprisonnement pour contravention de police ne pourra être moindre d'un jour, ni excéder cinq jours, selon les classes, distinctions et cas ci-après spécifiés. — Les jours d'emprisonnement sont des jours complets de vingt-quatre heures. P. 40.

466. Les amendes pour contravention pourront être prononcées depuis un franc jusqu'à quinze francs inclusivement, selon les distinctions et classes ci-après spécifiées, et seront appliquées au profit de la commune où la contravention aura été commise. P. 52, 464, 471, s.

467. La contrainte par corps a lieu pour le paiement de l'amende. C. 2063. — Pr. 126. — P. 9-3°, 52, 464. — Néanmoins, le condamné ne pourra être, pour cet objet, détenu plus de quinze jours, s'il justifie de son insolvabilité (*a*).

468. En cas d'insuffisance des biens, les restitutions et les indemnités dues à la partie lésée sont préférées à l'amende. I. cr. 162. — P. 10, 54, 464, 466, 469.

469. Les restitutions, indemnités et frais entraîneront la contrainte par corps, et le condamné gardera prison jusqu'à parfait paiement : néanmoins, si ces condamnations sont prononcées au profit de l'Etat, les condamnés pourront jouir de la faculté accordée par l'article 467, dans le cas d'insolvabilité prévu par cet article (*b*). T. cr. 175.

470. Les tribunaux de police pourront aussi, dans les cas déterminés par la loi, prononcer la confiscation, soit des choses saisies en contravention, soit des choses produites par la contravention, soit des matières ou des instruments qui ont servi ou étaient destinés à la commettre. P. 11, 464, 472, 477, 481.

CHAP. II. — CONTRAVENTIONS ET PEINES.

SECT. I. — *Première classe.*

471. Seront punis d'amende, depuis un franc jusqu'à cinq francs inclusivement, P. 52, 464, 466, s., 474, 483. — 1° Ceux qui auront négligé d'entretenir, réparer ou nettoyer les fours, cheminées ou usines où l'on fait usage du feu; C. 1733, 1754. — P. 458. — 2° Ceux qui auront violé la défense de tirer, en certains lieux, des pièces d'artifices; P. 472, 473. — 3° Les aubergistes et autres qui, obligés à l'éclairage, l'auront négligé; ceux qui auront négligé de nettoyer les rues ou passages, dans les communes où ce soin est laissé à la charge des habitants; P. 73, 154, 268, 386-4°, 475-2°. — 4° Ceux qui auront embarrassé la voie publique, en y déposant ou y laissant, sans nécessité, des matériaux ou des choses quelconques qui

(*a, b*) Voy. la loi du 17 avril 1832, art. 35 (Code de la contrainte par corps).

empêchent ou diminuent la liberté ou la sûreté du passage ; ceux qui, en contravention aux lois et règlements, auront négligé d'éclairer les matériaux par eux entreposés ou les excavations par eux faites dans les rues et places ; P. 479-4°. — 5° Ceux qui auront négligé ou refusé d'exécuter les règlements ou arrêtés concernant la petite voirie, ou d'obéir à la sommation émanée de l'autorité administrative, de réparer ou démolir les édifices menaçant ruine ; C. 1386. — P. 475-1°-3°-4°-5°-7°, 476, 479-4°-11°-12°. — 6° Ceux qui auront jeté ou exposé au-devant de leurs édifices des choses de nature à nuire par leur chute ou par des exhalaisons insalubres ; P. 319, 320, 475-8°, 476, 477-3°. — 7° Ceux qui auront laissé dans les rues, chemins, places, lieux publics, ou dans les champs, des coutres de charrue, pinces, barres, barreaux, ou autres machines, ou instruments, ou armes, dont puissent abuser les voleurs et autres malfaiteurs ; C. 1383. — P. 388, 472, 475-3°-4°-5°-7°, 479-4°. — 8° Ceux qui auront négligé d'écheniller dans les campagnes ou jardins, où ce soin est prescrit par la loi ou les règlements ; P. 475-1°. — 9° Ceux qui, sans autre circonstance prévue par les lois, auront cueilli ou mangé, sur le lieu même, des fruits appartenant à autrui ; P. 388, 475-1°-15°. — 10° Ceux qui, sans autre circonstance, auront glané, râtelé ou grappillé dans les champs non encore entièrement dépouillés et vidés de leurs récoltes, ou avant le moment du lever ou après celui du coucher du soleil ; P. 388, 473, 475-1°-15°. — 11° Ceux qui, sans avoir été provoqués, auront proféré contre quelqu'un des injures, autres que celles prévues depuis l'article 367 jusques et y compris l'article 378 (a) ; I. cr. 139-5°. — 12° Ceux qui imprudemment auront jeté des immondices sur quelque personne ; C. 1382. — P. 319, 320, 475-8°, 476, 479-3°. — 13° Ceux qui, n'étant ni propriétaires, ni usufruitiers, ni locataires, ni fermiers, ni jouissant d'un terrain ou d'un droit de passage, ou qui n'étant agents ni préposés d'aucune de ces personnes, seront entrés et auront passé sur ce terrain, ou sur partie de ce terrain, s'il est préparé ou ense-

mencé ; C. 544, 573, 683, 701, 702. — P. 475-9°-10°. — 14° Ceux qui auront laissé passer leurs bestiaux ou leurs bêtes de trait, de charge ou de monture, sur le terrain d'autrui, avant l'enlèvement de la récolte ; P. 475-9°-10°, 479-10°. — 15° « Ceux qui auront contrevenu aux règlements légalement faits par l'autorité administrative, et ceux qui ne se seront pas conformés aux règlements ou arrêtés publiés par l'autorité municipale, en vertu des articles 3 et 4, titre XI, de la loi du 16-24 août 1790, et de l'article 46, titre I, de la loi du 19-22 juillet 1791 (b). » P. 475-1°, 476, 479-9°.

472. Seront en outre confisqués, les pièces d'artifices saisies dans le cas du n° 2 de l'article 471, les coutres, les instruments et les armes mentionnés dans le n° 7 du même article : P. 11, 464, 470, 477, 481.

(b) Les dispositions de ces lois sont ainsi conçues :

16-24 août 1790. — *Loi sur l'organisation judiciaire.*

« Tit. XI. (*De la police municipale.*) Art. 3. Les objets de police confiés à la vigilance et à l'autorité des corps municipaux, sont :

« 1° Tout ce qui intéresse la sûreté et la commodité du passage dans les rues, quais, places et voies publiques ; ce qui comprend le nettoiement, l'illumination, l'enlèvement des encombrements, la démolition ou la réparation des bâtiments menaçant ruine, l'interdiction de rien exposer aux fenêtres ou autre partie des bâtiments, qui puisse nuire par sa chute, et celle de ne rien jeter qui puisse blesser et endommager les passants ou causer des exhalaisons nuisibles ;

« 2° Le soin de réprimer ou de punir les délits contre la tranquillité publique, tels que les rixes et disputes accompagnées d'ameutement dans les rues, le tumulte excité dans les lieux d'assemblées publiques, les bruits et attroupements nocturnes qui troublent le repos des citoyens ;

« 3° Le maintien du bon ordre dans les endroits où il se fait de grands rassemblements d'hommes, tels que les foires, marchés, réjouissances et cérémonies publiques, spectacles, jeux, cafés, églises et autres lieux publics ;

« 4° L'inspection sur la fidélité du débit des denrées qui se vendent au poids, à l'aune ou à la mesure, et sur la salubrité des comestibles exposés en vente publique ;

« 5° Le soin de prévenir par des précautions convenables, et celui de faire cesser par la distribution des secours nécessaires, les accidents et fléaux calamiteux, tels que les incendies, les épidémies, les épizooties, en provoquant aussi dans ces deux derniers cas l'autorité des administrations de département et de district ;

« 6° Le soin d'obvier ou de remédier aux événements fâcheux qui pourraient être occasionnés par les insensés ou les furieux laissés en

---

(a) Voy. la loi du 17 mai 1819 (Code de la presse), qui abroge plusieurs des articles indiqués.

473. La peine d'emprisonnement, pendant trois jours au plus, pourra de plus être prononcée, selon les circonstances, contre ceux qui auront tiré des pièces d'artifices, contre ceux qui auront glané, râtelé ou grappillé en contravention au n° 10 de l'article 471.—P. 40, s., 464, 465, 471-2°.

474. La peine d'emprisonnement contre toutes les personnes mentionnées en l'article 471 aura toujours lieu, en cas de récidive, pendant trois jours au plus. P. 40, s., 464, 465, 483.

SECT. II. — *Deuxième classe.*

475. Seront punis d'amende, depuis six francs jusqu'à dix francs inclusivement, P. 52, 464, 466, s., 478, 483.—1° Ceux qui auront contrevenu aux bans de vendanges ou autres bans autorisés par les règlements (*a*); P. 471-5°-8°-9°-10°-15°. —2° Les aubergistes, hôteliers, logeurs ou loueurs de maisons garnies, qui auront négligé d'inscrire de suite et sans aucun blanc, sur un registre tenu régulièrement, les noms, qualités, domicile habituel, dates d'entrée et de sortie de toute personne qui aurait couché ou passé une nuit dans leurs maisons; ceux d'entre eux qui auraient manqué à représenter ce registre aux époques déterminées par les règlements, ou lorsqu'ils en auraient été requis, aux maires, adjoints, officiers ou commissaires de police, ou aux citoyens commis à cet effet : le tout sans préjudice des cas de responsabilité mentionnés en l'article 73 du présent Code, relativement aux crimes ou aux délits de ceux qui, ayant logé ou séjourné chez eux, n'auraient pas été régulièrement inscrits; P. 61, 154, 268, 386-4°, 471-3°. — 3° Les rouliers, charretiers, conducteurs de voitures quelconques ou de bêtes de charge, qui auraient contrevenu aux règlements par lesquels ils sont obligés de se tenir constamment à portée de leurs chevaux, bêtes de trait ou de charge et de leurs voitures, et en état de les guider et conduire; d'occuper un seul côté des rues, chemins ou voies publiques; de se détourner ou ranger devant toutes autres voitures, et, à leur approche, de leur laisser libre au moins la moitié des rues, chaussées, routes et chemins; P. 471-5°, 476, 479-2°. —4° Ceux qui auront fait ou laissé courir les chevaux, bêtes de trait, de charge ou de monture, dans l'intérieur d'un lieu habité, ou violé les règlements contre le chargement, la rapidité ou la mauvaise direction des voitures; — « Ceux qui contreviendront aux dispositions des ordonnances et règlements ayant pour objet : —La solidité des voitures publiques;—Leur poids;—Le mode de leur chargement;—Le nombre et la sûreté des voyageurs; — L'indication, dans l'intérieur des voitures, des places qu'elles contiennent et du prix des places;—L'indication, à l'extérieur, du nom du propriétaire; » P. 471-5°, 476, 479-2°.—5° Ceux qui auront établi ou tenu dans les rues, chemins, places ou lieux publics, des jeux de loterie ou d'autres jeux de hasard; P. 410 et la *note*, 471-5°, 477-1°, 478.—6° Ceux qui auront vendu ou débité des boissons falsifiées; sans préjudice des peines plus sévères qui seront prononcées par les tribunaux de police correctionnelle, dans le cas où elles contiendraient des mixtions nuisibles à la santé; P. 423 et la *note*, 443, 476, 477-2°.—7° Ceux qui auraient laissé divaguer des fous ou des furieux étant sous leur garde, ou des animaux malfaisants ou féroces; ceux qui auront excité ou n'auront pas retenu leurs chiens, lorsqu'ils attaquent ou poursuivent les passants, quand même il n'en serait résulté aucun mal ni dommage; P. 459, 471-5°-

---

liberté, et par la divagation des animaux malfaisants ou féroces.

« 7° Les spectacles publics ne pourront être permis et autorisés que par les officiers municipaux. »

19-22 juillet 1791. — *Loi relative à l'organisation d'une police municipale et correctionnelle.*

« Tit. Ier, art. 46. Aucun tribunal de police municipale ni aucun corps municipal ne pourra faire de règlement. Le corps municipal néanmoins pourra, sous le nom et l'intitulé de *délibérations*, et sauf la réformation, s'il y a lieu, par l'administration du département, sur l'avis de celle du district, faire des arrêtés sur les objets qui suivent :

« 1° Lorsqu'il s'agira d'ordonner des précautions locales sur les objets confiés à sa vigilance et à son autorité, par les art. 3 et 4 du titre XI du décret du 16 août sur l'*organisation judiciaire;*

« 2° De publier de nouveau les lois et règlements de police, ou de rappeler les citoyens à leur observation. »

(*a*) On appelle *ban* les règlements publiés par l'autorité municipale et qui ont pour objet de déterminer, pour chaque localité, l'époque à laquelle devra commencer et finir la perception de certaines récoltes.

15°, 479-2°.—T. cr. 117.— 8° Ceux qui auraient jeté des pierres ou d'autres corps durs ou des immondices contre les maisons, édifices et clôtures d'autrui, ou dans les jardins ou enclos, et ceux aussi qui auraient volontairement jeté des corps durs ou des immondices sur quelqu'un ; P. 471-6°-12°, 476, 476-3°, 478.—9° Ceux qui, n'étant propriétaires, usufruitiers, ni jouissant d'un terrain ou d'un droit de passage, y sont entrés et y ont passé dans le temps où ce terrain était chargé de grains en tuyau, de raisins ou autres fruits mûrs ou voisins de la maturité ; P. 471-13°-14°, 479-10°.—10° Ceux qui auraient fait ou laissé passer des bestiaux, animaux de trait, de charge ou de monture, sur le terrain d'autrui, ensemencé ou chargé d'une récolte, en quelque saison que ce soit, ou dans un bois taillis appartenant à autrui ; P. 471-13°-14°, 479-10°. — 11° Ceux qui auraient refusé de recevoir les espèces et monnaies nationales, non fausses ni altérées, selon la valeur pour laquelle elles ont cours ; P. 132, s.— 12° Ceux qui, le pouvant, auront refusé ou négligé de faire les travaux, le service, ou de prêter le secours dont ils auront été requis, dans les circonstances d'accidents, tumultes, naufrage, inondation, incendie ou autres calamités, ainsi que dans les cas de brigandages, pillages, flagrant délit, clameur publique ou d'exécution judiciaire ; I. cr. 41, 106, 376 et la *note*.— P. 96, s., 440, 458.—13° Les personnes désignées aux articles 284 et 288 du présent Code ; Pr. 477-3°.—14° « Ceux qui exposent en vente des comestibles gâtés, corrompus ou nuisibles (a) ; P. 472-7°.— 15° Ceux qui déroberont, sans aucune des circonstances prévues en l'article 388, des récoltes ou autres productions utiles de la terre, qui, avant d'être soustraites, n'étaient pas encore détachées du sol. » C. 520.—P. 471-9°-10°.

476. « Pourra, suivant les circonstances, être prononcé, outre l'amende portée en l'article précédent, l'emprisonnement pendant trois jours au plus, contre les rouliers, charretiers, voituriers et conducteurs en contravention ; contre ceux qui auront contrevenu aux règlements

ayant pour objet, soit la rapidité, la mauvaise direction ou le chargement des voitures ou des animaux, soit la solidité des voitures publiques, leur poids, le mode de leur chargement, le nombre et la sûreté des voyageurs ; contre les vendeurs et débitants de boissons falsifiées ; contre ceux qui auraient jeté des corps durs ou des immondices ». P. 40, s., 423 et la *note*, 464, 465, 471-5°-6°-12°-15°, 475-3°-4°-6°-8°.

477. Seront saisis et confisqués, 1° les tables, instruments, appareils des jeux ou des loteries établis dans les rues, chemins et voies publiques, ainsi que les enjeux, les fonds, denrées, objets ou lots proposés aux joueurs, dans le cas de l'article 476 (b) ; P. 11, 410, 464-3°, 470, 472, 475-5° 481 ; 2° les boissons falsifiées, trouvées appartenir au vendeur et débitant : ces boissons seront répandues ; P. 318, 387, 423 et la *note*, 475-6°, 476 ; 3° les écrits ou gravures contraires aux mœurs : ces objets seront mis sous le pilon ; P. 284, 287, 288, 475-13° ; « 4° les comestibles gâtés, corrompus ou nuisibles : ces comestibles seront détruits. » P. 423 et la *note*, 475-14°.

478. La peine de l'emprisonnement pendant cinq jours au plus sera toujours prononcée, en cas de récidive, contre toutes les personnes mentionnées dans l'article 475. — P. 40, s., 464, 465, 483. — « Les individus mentionnés au n° 5 du même article, qui seraient repris pour le même fait en état de récidive, seront traduits devant le tribunal de police correctionnelle et punis d'un emprisonnement de six jours à un mois, et d'une amende de seize francs à deux cents francs. » I. cr. 179. — P. 9-3°, 40, s., 52.

SECT. III. — *Troisième classe.*

479. Seront punis d'une amende de onze à quinze francs inclusivement, — 1° Ceux qui, hors les cas prévus depuis l'article 434 jusques et compris l'article 462, auront volontairement causé du dommage aux propriétés mobilières d'autrui ; — 2° Ceux qui auront occasionné la

---

(a) Ce § 14 est abrogé par la loi des 27 mars-1er avril 1851. (Voy. C. pén., art. 423, *note*.)

(b) C'est par erreur qu'on renvoie ici à l'article 476 ; c'est à l'art. 475-5° que le renvoi doit être fait. C'est en 1832, lors de la modification de l'art. 476, que cette inadvertance a été commise.

mort ou la blessure des animaux ou bestiaux appartenant à autrui, par l'effet de la divagation des fous ou furieux, ou d'animaux malfaisants ou féroces, ou par la rapidité ou la mauvaise direction ou le chargement excessif des voitures, chevaux, bêtes de trait, de charge ou de monture; P. 471-5°, 475-3°-4°-7°. — T. cr. 117. — 3° Ceux qui auront occasionné les mêmes dommages par l'emploi ou l'usage d'armes sans précaution ou avec maladresse, ou par jet de pierres ou d'autres corps durs; P. 471-6°-12°, 475-8°, 480-1°. — 4° Ceux qui auront causé les mêmes accidents par la vétusté, la dégradation, le défaut de réparation ou d'entretien des maisons ou édifices, ou par l'encombrement ou l'excavation, ou telles autres œuvres, dans ou près les rues, chemins, places ou voies publiques, sans les précautions ou signaux ordonnés ou d'usage; P. 471-4°-5°. — 5° Ceux qui auront de faux poids ou de fausses mesures dans leurs magasins, boutiques, ateliers ou maisons de commerce, ou dans les halles, foires ou marchés, sans préjudice des peines qui seront prononcées par les tribunaux de police correctionnelle contre ceux qui auraient fait usage de ces faux poids ou de ces fausses mesures (a); P. 423, 424, 480-2°, 481. — 6° Ceux qui emploieront des poids ou des mesures différents de ceux qui sont établis par les lois en vigueur (b); — « Les boulangers et bouchers qui vendront le pain ou la viande au delà du prix fixé par la taxe légalement faite et publiée; » P. 480-3°. — 7° Les gens qui font métier de deviner et pronostiquer, ou d'expliquer les songes; I. cr. 139-7°. — P. 480-4°, 481-2°. — 8° Les auteurs ou complices de bruits ou tapages injurieux ou nocturnes, troublant la tranquillité des habitants; P. 480-5°. — « 9° Ceux qui auront méchamment enlevé ou déchiré les affiches apposées par ordre de l'administration; P. 471-15°. — 10° Ceux qui mèneront sur le terrain d'autrui des bestiaux, de quelque nature qu'ils soient, et notamment dans les prairies artificielles, dans les vignes, oseraies, dans les plants de

câpriers, dans ceux d'oliviers, de mûriers, de grenadiers, d'orangers et d'arbres du même genre, dans tous les plants ou pépinières d'arbres fruitiers ou autres, faits de main d'homme; P. 471-14°, 475-9°-10°. — 11° Ceux qui auront dégradé ou détérioré, de quelque manière que ce soit, les chemins publics, ou usurpé sur leur largeur; P. 471-5°. — 12° Ceux qui, sans y être dûment autorisés, auront enlevé des chemins publics les gazons, terres ou pierres, ou qui, dans les lieux appartenant aux communes, auraient enlevé les terres ou matériaux, à moins qu'il n'existe un usage général qui l'autorise. » P. 471-5°.

480. Pourra, selon les circonstances, être prononcée la peine d'emprisonnement pendant cinq jours au plus, P. 40, 464, 465. — 1° Contre ceux qui auront occasionné la mort ou la blessure des animaux ou bestiaux appartenant à autrui, dans les cas prévus par le n° 3 du précédent article; P. 452; 2° contre les possesseurs de faux poids et de fausses mesures; P. 423, 424, 479-5°-6°; 3° contre ceux qui emploient des poids ou des mesures différents de ceux que la loi en vigueur a établis; « Contre les boulangers et bouchers, dans les cas prévus par le paragraphe 6 de l'article précédent; » 4° contre les interprètes de songes; P. 479-7°, 481-2°; 5° contre les auteurs ou complices de bruits ou tapages injurieux ou nocturnes. P. 479-8°.

481. Seront, de plus, saisis et confisqués, 1° les faux poids, les fausses mesures, ainsi que les poids et mesures différents de ceux que la loi a établis; P. 423 et la *note*, 424, 479-5°, 480-2°; 2° les instruments, ustensiles et costumes servant ou destinés à l'exercice du métier de devin, pronostiqueur, ou interprète de songes. P. 479-7°, 480-4°.

482. La peine d'emprisonnement pendant cinq jours aura toujours lieu, pour récidive, contre les personnes et dans les cas mentionnés en l'article 479. P. 40, s., 464, 465, 483.

DISPOSITION COMMUNE AUX TROIS SECTIONS CI-DESSUS.

483. Il y a récidive dans tous les cas prévus par le présent livre, lorsqu'il a été rendu contre le contrevenant, dans les

---

(a) Ce § 5 est abrogé par la loi des 27 mars-1er avril 1851. (Voy. C. pén., art. 423, *note*.)

(b) Voy. la loi du 4 juillet 1837 (Code des poids et mesures).

douze mois précédents, un premier jugement pour contravention de police commise dans le ressort du même tribunal.
I. cr. 138, 153, 171. — P. 474. — « L'article 463 du présent Code sera applicable
à toutes les contraventions ci-dessus indiquées. »

484. Dans toutes les matières qui
n'ont pas été réglées par le présent Code
et qui sont régies par des lois et règlements particuliers, les cours et les tribunaux continueront de les observer.

FIN DU CODE PÉNAL.

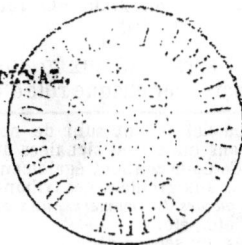

CODE DES FRAIS

EN MATIÈRE CIVILE ET EN MATIÈRE CRIMINELLE[a].

TARIF DES FRAIS ET DEPENS EN MATIÈRE CIVILE.

(Décret du 16 février 1807, contenant le tarif des frais et dépens pour le ressort de la cour de Paris [b].)

LIVRE PREMIER.

De la justice de paix.

CHAP. I. — TAXE DES ACTES ET VACATIONS DES JUGES DE PAIX [c].

CHAP. II. — TAXES DES GREFFIERS DES JUGES DE PAIX [d].

9. (Pr. 8.) Il sera taxé aux greffiers des justices de paix, par chaque rôle d'expédition qu'ils délivreront, et qui contiendra vingt lignes à la page et dix syllabes à la ligne, — A Paris, 50 c. — (Ailleurs), 40 c.

10. (Pr. 54.) Pour l'expédition du pro-

(a) Les taxes judiciaires ont subi de nombreuses modifications qui seront signalées dans le présent Code. Ce Code contient également le tarif des droits dus aux greffiers des tribunaux de *commerce*, aux *gardes du commerce*, aux *commissaires-priseurs*, etc., etc.

(b) Voy., ci-après, un second décret du même jour, qui rend commun à plusieurs cours d'appel et tribunaux le tarif des frais et dépens établi par le présent décret pour le ressort de la cour de *Paris*.

(c) Dans l'intérêt de la dignité de la magistrature, les droits de vacations alloués aux juges de paix ont été *supprimés* par la loi du 21 juin 1845, qui a élevé dans une mesure proportionnelle le chiffre de leur traitement. De là abrogation des art. 1 à 18 du présent décret du 16 février 1807 qui avaient établi ces droits de vacations. Toutefois, la loi de 1845 a prévu le cas où il pourrait être dû, en outre, une *indemnité de transport* au juge de paix, lorsqu'il serait obligé de se rendre à plus de 5 kilomètres du chef-lieu de son canton; et une ordonnance royale du 6 décembre 1845 a fixé le chiffre de cette indemnité. — Voy. au Code des trib. Comme les art. 1 à 18 du présent décret sont encore nécessaires pour déterminer les droits des greffiers des juges de paix, on les a rapportés ci-après, sous l'art. 12, en note.

(d) 17-25 juillet 1825. — *Ordonnance sur les frais et*

émoluments à percevoir par les greffiers de justice de paix.

« Art. 1er. Aucuns frais ni émoluments ne pourront être perçus par les greffiers de justice de paix que sur des états dressés par eux, qui seront vérifiés et visés par le juge de paix. — Ces états seront écrits au bas de l'expédition délivrée par le greffier. — A défaut d'expédition, il sera fait un état séparé.

« 2. Les greffiers de justice de paix tiendront un registre sur lequel ils inscriront, par ordre de date et sans aucun blanc, toutes les sommes qu'ils recevront pour les actes de leur ministère. — Les déboursés et les émoluments seront inscrits dans des colonnes séparées.

« 3. Le registre mentionné en l'article précédent sera coté et paraphé par le juge de paix. — Il sera tenu sous la surveillance de ce magistrat, qui, à chaque trimestre, et plus souvent, s'il le juge convenable, le vérifiera, l'arrêtera, et en dressera un procès-verbal dans lequel il consignera ses observations. — Ce procès-verbal sera envoyé à notre procureur près le tribunal de première instance, qui en rendra compte au procureur général près la cour royale.

« 4. Pourront, nos procureurs, quand ils l'auront reconnu nécessaire, procéder par eux-mêmes ou leurs substituts, à la vérification prescrite par l'art. 3.

« 5. En cas d'infraction aux règles prescrites par la présente ordonnance, il en sera fait rapport à notre garde des sceaux pour être pris à

cès-verbal qui constatera que les parties n'ont pu être conciliées, et qui ne doit contenir qu'une mention sommaire, qu'elles n'ont pu s'accorder, il sera alloué,—A Paris, 1 fr.; — (Ailleurs), 80 c.

11. (Pr. 7.) La déclaration des parties qui demandent à être jugées par le juge de paix sera insérée dans le jugement; et il ne sera rien taxé au greffier pour l'avoir reçue, non plus que pour tout autre acte du greffe.

12. (Pr. 30.) Pour transport sur les lieux contentieux, quand il sera ordonné, il sera alloué au greffier les deux tiers de la taxe du juge de paix (*a*).

13. (Pr. 58.) Il n'est rien alloué pour la mention sur le registre du greffe et sur l'original, ou la copie de la citation en conciliation, quand l'une des parties ne comparaît pas.

14. (Pr. 45, 47.) Pour la transmission au procureur impérial de la récusation et de la réponse du juge, tous frais de port compris, — (Partout), 5 fr.

15. (Pr. 317.) Il sera taxé au greffier du juge de paix qui aura assisté aux opérations des experts, et qui aura écrit la minute de leur rapport, dans le cas où

---

l'égard des contrevenants telle mesure qu'il appartiendra.

« 6. Si les greffiers ou leurs commis reçoivent, sous quelque prétexte que ce soit, d'autres ou plus forts droits que ceux qui leur sont attribués par les lois et les règlements, il est enjoint aux juges de paix d'en informer nos procureurs. Il en sera pareillement fait rapport à notre garde des sceaux.—Les contrevenants seront, selon la gravité des circonstances, destitués de leur emploi, traduits devant la police correctionnelle pour être condamnés aux amendes déterminées par les lois, ou poursuivis extraordinairement en vertu de l'art. 174 du Code pénal, sans préjudice, dans tous les cas, de la restitution des sommes indûment perçues, et des dommages et intérêts quand il y aura lieu. »

(*a*) Afin de pouvoir déterminer ce droit des deux tiers alloués au greffier, il est indispensable de reproduire ici les articles du décret abrogés par la loi précitée du 21 juin 1845, dans les cas de transport du juge de paix. Ils sont ainsi conçus :

« Art. 1er. (Pr. 909, 932.) Il est accordé au juge de paix, pour chaque vacation d'apposition, reconnaissance et levée de scellés, qui sera de trois heures au moins. — A Paris, 5 fr. — Dans les villes où il y a tribunal de première instance, 3 fr. 75 c. — Dans les autres villes et cantons ruraux, 2 fr. 50 c. — Dans la première vacation seront compris les temps du transport et du retour du juge de paix : s'il n'y a qu'une seule vacation, elle sera payée comme complète, encore qu'elle n'ait pas été de trois heures.— Si le nombre des vacations d'apposition, reconnaissance et levée de scellés paraît excessif, le président du tribunal de première instance, en procédant à la taxe, pourra la réduire. (Voy. l'art. 151.)

« 2. (Pr. 916, 921, 935.) S'il y a lieu à référé, lors de l'apposition des scellés, — ou dans le cours de leur levée,—ou pour présenter un testament, un autre papier cacheté au président du tribunal de première instance, — Les vacations du juge de paix lui sont allouées comme celles pour l'apposition, la reconnaissance et la levée de ces scellés.

« Art. 3. En cas de transport du juge de paix devant le président du tribunal de première instance, il lui est accordé par chaque myriamètre, 2 fr. — Autant pour le retour, 2 fr.; — et

par journées de cinq myriamètres, 10 fr.—Il ne lui est accordé qu'une seule journée quand la distance ne sera pas de plus de deux myriamètres et demi, y compris sa vacation devant le président du tribunal. — Si la distance est de plus de deux myriamètres et demi, il lui sera payé deux journées pour l'aller, le retour et la vacation devant le président du tribunal. (Voy. les art. 66, 144, 145, 146, 159, à 167, 170.)

« 4. (C. 406.) Pour l'assistance du juge de paix, à tout conseil de famille,—A Paris, 5 fr.— Villes où il y a tribunal de première instance, 3 fr. 75 cent. — (Ailleurs), 2 fr. 50 c. — *Nota*. Le juge de paix ne pourra jamais prendre plus de deux vacations.

« 5. (C. 70, 71.) Pour l'acte de notoriété sur la déclaration de sept témoins, pour constater, autant que possible, l'époque de la naissance d'un individu de l'un ou l'autre sexe, qui se propose de contracter mariage, et les causes qui empêchent de représenter les actes de naissance,—A Paris, 5 fr.—Villes où il y a tribunal de première instance, 3 fr. 75 c. — (Ailleurs), 2 fr. 50 c. — Et pour la délivrance de tout autre acte de notoriété qui doit être donné par le juge de paix.—A Paris, 1 fr.—Villes où il y a tribunal de première instance, 75 c. — (Ailleurs), 50 c. (Voy. l'art 78 *in fine*.)

« 6. (Pr. 587, 781.) Pour le transport du juge de paix à l'effet d'être présent à l'ouverture de portes en cas de saisie-exécution, par chaque vacation de trois heures,—A Paris, 5 francs.— Villes où il y a tribunal de première instance, 3 fr. 75 c.—(Ailleurs), 2 fr. 50 cent.—Et à l'arrestation d'un débiteur condamné par corps, dans le domicile où ce dernier se trouve,— A Paris, 10 fr. — Villes où il y a tribunal de première instance, 7 fr. 50 c. —(Ailleurs), 5 fr.

« 7. (Pr. 4, 6, 29.) Il n'est rien alloué au juge de paix,—1° pour toute cédule qu'il pourra délivrer ; (Pr. 14.)—2° pour le paraphe des pièces en cas de dénégation d'écriture, et de déclaration qu'on entend s'inscrire en faux-incident.

« 8. (Pr. 38.) Il lui est alloué pour transport, soit à l'effet de visiter des lieux contentieux, soit à l'effet d'entendre des témoins, lorsque le transport aura été expressément requis par l'une des parties ou le juge l'aura trouvé nécessaire, par chaque vacation,—A Paris, 5 fr. — Villes où il y a tribunal de première instance, 3 fr. 75 c. — (Ailleurs), 2 fr. 50 c. — *Nota*. Le procès-verbal du juge doit faire mention de la réquisition de la partie, et il n'est rien alloué à défaut de cette mention.

tous, ou l'un d'eux, ne sauraient écrire, les deux tiers des vacations allouées à un expert. (Voy. l'art. 25.)

16. Il lui est alloué les deux tiers des vacations du juge de paix pour assistance, — (C. 406.) Aux conseils de famille; — (Pr. 909.) Aux appositions de scellés; — (Pr. 932.) Aux reconnaissances et levées de scellés; — (Pr. 924 et 935.) Aux référés; — (C. 70 et 71.) Aux actes de notoriété. — Il est encore alloué au greffier les deux tiers des frais de transport dans les mêmes cas où ils sont alloués aux juges de paix. — Les greffiers des juges de paix ne pourront délivrer d'expéditions entières des procès-verbaux d'apposition, reconnaissance et levée de scellés, qu'autant qu'ils en seront expressément requis par écrit. — Ils seront tenus de délivrer les extraits qui leur seront demandés, quoique l'expédition entière n'ait été ni demandée, ni délivrée. (Voyez l'art. 78 *in fine*.)

17. (Pr. 925.) Il sera taxé au greffier du juge de paix, — Pour sa vacation, à l'effet de faire la déclaration de l'apposition des scellés sur le registre du greffe du tribunal de première instance, dans les villes où elle est prescrite, les deux tiers d'une vacation du juge de paix.

18. (Pr. 926.) Il lui sera alloué pour chaque opposition aux scellés qui sera formée par déclaration sur le procès-verbal de scellés, — A Paris, 50 c. — (Ailleurs), 40 c.

19. (Pr. 1039.) Il ne lui sera rien alloué pour les oppositions formées par le ministère des huissiers, et visées par lui.

20. (Pr. 926.) Il est alloué pour chaque extrait des oppositions aux scellés, à raison, par chaque opposition, de — A Paris, 50 c. — (Ailleurs), 40 c.

CHAP. III. — TAXE DES HUISSIERS DES JUGES DE PAIX (*a*).

21. Pour l'original, — De chaque citation contenant demande, — A Paris, 1 fr. 50 c. — (Ailleurs), 1 fr. 25 c. — (Pr. 16 et 19.) De signification de jugement, 1 fr. 25 c. — (Pr. 17.) De sommation de fournir caution ou d'être présent à la récep-

tion et soumission de la caution ordonnée, 1 fr. 25 c. — (Pr. 20.) D'opposition au jugement par défaut, contenant assignation à la prochaine audience, 1 fr. 50 c. — (Pr. 32.) De demande en garantie, 1 fr. 50 c. — (Pr. 34.) De citation aux témoins, 1 fr. 50 c. — (Pr. 42.) De citation aux gens de l'art et experts, 1 fr. 50 c. — (Pr. 52.) De citation en conciliation, 1 fr. 50 c. — (C. 406.) De citation aux membres qui doivent composer le conseil de famille, 1 fr. 50 c. — De notification de l'avis du conseil de famille, — (Pr. 926.) D'opposition aux scellés, 1 fr. 50 c. — De sommation à la levée des scellés, 1 fr. 50 c. — Et pour chaque copie des actes ci-dessus énoncés, le quart de l'original.

22. Pour la copie des pièces qui pourra être donnée avec les actes, par chaque rôle d'expédition de vingt lignes à la page et de dix syllabes à la ligne; — A Paris, 25 c. — (Ailleurs), 20 c.

23. Pour transport qui ne pourra être alloué qu'autant qu'il y aura plus d'un demi-myriamètre (une lieue ancienne) de distance entre la demeure de l'huissier et le lieu où l'exploit devra être posé, aller et retour, par myriamètre, 2 fr. — Il ne sera rien alloué aux huissiers des juges de paix pour *visa* par le greffier de la justice de paix ou par les maires et adjoints des communes du canton, dans les différents cas prévus par le Code de procédure.

CHAP. IV. — TAXE DES TÉMOINS, EXPERTS ET GARDIENS DES SCELLÉS.

24. (Pr. 29, 34.) Il sera taxé au témoin entendu par le juge de paix, une somme équivalente à une journée de travail, et même à une double journée si le témoin a été obligé de se faire remplacer dans sa profession, ce qui est laissé à la prudence du juge. — Il sera taxé au témoin qui n'a pas de profession, 2 fr. — Il ne sera point passé de frais de voyage, si le témoin est domicilié dans le canton où il est entendu. — S'il est domicilié hors du canton et à une distance de plus de deux myriamètres et demi du lieu où il fera sa déposition, il lui sera alloué autant de fois une somme double de journée de travail, ou une somme de 4 francs, qu'il y aura de fois cinq myriamètres de

_____
(*a*) Voy. la loi du 25 mai 1838, art. 16 et suiv., retracée au C. des trib., paragraphe juge de paix.

distance entre son domicile et le lieu où il aura déposé.

25. (Pr. 29, 42.) La taxe des experts en justice de paix sera la même que celle des témoins, et il ne leur sera alloué de frais de voyage que dans les mêmes cas.

26. Les frais de garde seront taxés par chaque jour, pendant les douze premiers jours, — A Paris, 2 fr. 50 c. — Villes où il y a tribunal de première instance, 2 fr. — (Ailleurs), 1 fr. 50 c. — Ensuite, seulement à raison de, — A Paris, 1 fr. — Villes où il y a tribunal de première instance, 80 c. — (Ailleurs), 60 c.

LIVRE DEUXIÈME.

De la taxe des frais dans les tribunaux inférieurs et dans les cours.

TITRE PREMIER.

DE LA TAXE DES ACTES DES HUISSIERS ORDINAIRES.

§ I. — *Actes de première classe.*

27. (Pr. 16, 59, 64 et 69, n° 8.) Pour l'original d'un exploit d'appel du jugement de la justice de paix, — D'un exploit d'ajournement, même en cas de domicile inconnu en France, et d'affiche à la porte de l'auditoire, — à Paris, 2 fr. — Partout ailleurs, 1 fr. 50 c.

28. (Pr. 65.) Pour les copies de pièces qui doivent être données avec l'exploit d'ajournement et autres actes, par rôle contenant vingt lignes à la page et dix syllabes à la ligne, ou évalué sur ce pied, — A Paris, 25 c. — Partout ailleurs, 20 c. — Le droit de copie de toute espèce de pièces et de jugements appartiendra à l'avoué, quand les copies de pièces seront faites par lui; l'avoué sera tenu de signer les copies de pièces et de jugements, et sera garant de leur exactitude. — Les copies seront correctes et lisibles, à peine de rejet de la taxe.

29. (Pr. 121.) Pour l'original d'une sommation d'être présent à la prestation d'un serment ordonné. — (147.) D'une signification de jugement à domicile. — (153.) De signification d'un jugement de jonction par un huissier commis. — (156.) De signification d'un jugement par défaut contre partie, par un huissier commis. (Voy. l'art. 156 du tarif *in fine.*) — (162.) D'opposition au jugement par défaut rendu contre partie. — (204.) De sommation aux experts et aux dépositaires des pièces de comparaison, en vérification d'écritures. — (223.) De signification aux dépositaires de l'ordonnance ou du jugement qui porte que la minute de la pièce sera apportée au greffe. — (260, 261.) D'assignation aux témoins dans les enquêtes. — D'assignation à la partie contre laquelle se fait l'enquête. — (307.) De signification de l'ordonnance du juge-commissaire pour faire prêter serment aux experts. (V. 162 du tarif.) — (329.) De la signification de la requête et des ordonnances, pour faire subir interrogatoires sur faits et articles. — (350.) De la signification du jugement rendu par défaut contre partie, sur demande en reprise d'instance, ou en constitution de nouvel avoué, par un huissier commis. — (355.) De signification du désaveu. — (365.) De signification du jugement portant permission d'assigner en règlement de juges, contenant assignation. — (415.) Pour l'original d'une demande formée au tribunal de commerce. — (429.) D'une sommation de comparaître devant les arbitres, ou experts nommés par le tribunal de commerce. — (435.) De signification de jugement par défaut du tribunal de commerce par un huissier commis. — (436, 437.) Pour l'original d'opposition au jugement par défaut rendu par le tribunal de commerce, contenant les moyens d'opposition et assignation. — (439.) De signification des jugements contradictoires. — (440, 441.) De l'acte de présentation de caution avec sommation à jour et heure fixes, de se présenter au greffe pour prendre communication des titres de la caution, et assignation à l'audience, en cas de contestation, pour y être statué. — (456.) Original d'un acte d'appel de jugements des tribunaux de première instance et de commerce, contenant assignation et constitution d'avoué.—(447.) De signification de jugement à des héritiers collectivement, au domicile du défunt.—(507.) D'une réquisition aux tribunaux de juger en la personne du greffier. — (514.) De signification de la requête et du jugement qui admet une prise à partie. — (518.) De signification de la présentation de caution, avec copie de l'acte de dépôt au greffe des titres de solvabilité de la caution. — (534.) De signification de l'ordonnance du juge commis, pour entendre un compte, et sommation de se trouver devant lui, aux jour et heure indiqués, pour être présent à la présentation et affirmation. — (557, 558, 559.) D'un exploit de saisie-arrêt ou opposition contenant énonciation de la somme pour laquelle elle est faite, et des titres, ou de l'ordonnance du juge. — (563.) De la dénonciation au saisi de la saisie-arrêt, ou opposition, avec assignation en validité. — (564.) De la dénonciation au tiers-saisi de la demande en validité formée contre le débiteur saisi. — (570.) De l'assignation au tiers-saisi pour faire sa déclaration. — (583, 584.) D'un commandement, pour parvenir à une saisie-exécution. — (602.) De la notification de la saisie-exécution faite hors du domicile du saisi, et en son absence. — (606.) D'une assignation en référé à la requête du gardien, qui demande sa décharge.—D'une sommation à la partie saisie, pour être présente au récolement des effets saisis, quand le gardien a obtenu sa décharge. — (608.) D'une opposition à vente, à la requête de celui qui se prétendra propriétaire des objets saisis, entre les mains du gardien. — De dénonciation de cette opposition au saisissant et au saisi, avec assignation libellée et l'énonciation des preuves de propriété. — Le gardien ne pourra être assigné. —(609.) D'une opposition sur le prix de la vente, qui en contiendra les causes.—(612.) D'une sommation au premier saisissant de faire vendre. —(614.) D'une sommation à la partie saisie, pour être présente à la vente qui ne serait pas faite au jour indiqué par le procès-ver-

bal de saisie-exécution. — (626.) Pour l'original du commandement qui doit précéder la saisie-brandon. — (628.) De dénonciation de la saisie-brandon au garde champêtre, gardien de droit à ladite saisie, et qui ne sera pas présent au procès-verbal. — (636.) Pour l'original du commandement qui doit précéder la saisie de rentes constituées sur particuliers. — (641.) De dénonciation à la partie saisie de l'exploit de saisie de rentes constituées sur particuliers. — §§ 44, 45, 46, 47, 48, 49 (a). — (753.) De sommation aux créanciers inscrits de produire dans les ordres. — (807.) D'assignation en référé, dans le cas d'urgence, ou lorsqu'il s'agit de statuer sur les difficultés relatives à l'exécution d'un titre exécutoire ou d'un jugement. — (809.) De signification d'une ordonnance sur référé. — (C. 1259.) D'une sommation d'être présent à la consignation de la somme offerte. — De dénonciation du procès-verbal de dépôt de la chose ou de la somme consignée, au créancier qui n'était pas présent à la consignation. —(C. 1264.) De sommation aux créanciers d'enlever le

(a) Ces paragraphes ont été abrogés par l'ordonnance royale du 10 octobre 1841, art. 20, qui les a remplacés par un nouveau tarif. — Voy. cette ordonnance ci-après, à sa date. — Nous conservons, en note, le texte de ces anciens paragraphes de l'art 29 :
« (Pr. 659, 660.) D'une sommation aux créanciers de produire dans les contributions, et à la partie saisie de prendre communication des pièces produites, et de contredire, s'il y échet.—(661.) D'une sommation à la partie saisie qui n'a point d'avoué constitué, à la requête du propriétaire, de comparaître en référé devant le juge commissaire, pour faire statuer préliminairement sur son privilége pour raison des loyers à lui dus. — (663.) De dénonciation à la partie saisie, qui n'a point d'avoué constitué, de la clôture du procès-verbal du juge-commissaire, en contribution, avec sommation d'en prendre communication, et de contredire sur le procès-verbal dans la quinzaine. — (673.) Pour l'original d'un commandement tendant à saisie immobilière.—(687.) De la notification à la partie saisie de l'acte d'apposition de placards en saisie-immobilière. — (693.) De la signification aux créanciers inscrits de l'acte de consignation faite par l'acquéreur, en cas d'aliénation, qui peut avoir lieu après la saisie immobilière, sous la condition de consigner. — (695.) De la notification d'un exemplaire du placard aux créanciers inscrits. — (727.) De la demande en distraction d'objets saisis immobilièrement contre la partie qui n'a pas avoué en cause. — (734, 736.) De la notification au greffier de l'appel du jugement qui aura statué sur les nullités proposées en saisie immobilière. »

corps certain, qui doit être livré au lieu où il se trouve. — (Pr. 819.) D'un commandement à la requête des propriétaires et principaux locataires de maisons ou biens ruraux, à leurs locataires, sous-locataires ou fermiers, pour paiement de loyers ou fermages échus. — (C. 2183.) De la notification aux créanciers inscrits de l'extrait du titre du nouveau propriétaire, de la transcription et du tableau prescrit par l'article 2183 du Code Napoléon. — (Pr. 839.) D'une assignation et sommation à un notaire, et aux parties intéressées, s'il y a lieu, pour avoir expédition d'un acte parfait. — (841.) D'un acte non enregistré, ou resté imparfait. — (844.) Ou une seconde grosse. — (861.) D'une sommation à la requête de la femme à son mari, de l'autoriser. — (856.) D'une demande à domicile, à fin de rectification d'un acte de l'état civil. — (876.) D'une demande en séparation de corps. — (C. 241.) D'une demande en divorce pour cause déterminée. — (Pr. 883.) D'ajournement, pour demander la réformation d'un avis du conseil de famille qui n'a pas été unanime. — (888.) De l'opposition formée, à la requête des membres d'un conseil de famille, à l'homologation de la délibération. — (947.) De sommation aux parties qui doivent être appelées à la vente des meubles dépendants d'une succession. — (976.) De sommation aux copartageants de comparaître devant le juge-commissaire. — (980.) De sommation aux parties pour assister à la clôture du procès-verbal de partage chez le notaire. — (992.) De sommation à la requête d'un créancier, à l'héritier bénéficiaire de donner caution. — (1018.) De sommation aux arbitres de se réunir au tiers-arbitre pour vider le partage. — De tout exploit contenant sommation de faire une chose, ou opposition à ce qu'une chose soit faite, protestation de nullité, et généralement de tous actes simples du ministère des huissiers, non compris dans la seconde partie du présent tarif, — A Paris, 2 fr. — (Ailleurs), 1 fr. 50 c. — Pour chaque copie, le quart de l'original. — Indépendamment des copies de pièces qui n'auront pas été faites par les avoués, et qui seront taxées comme il a été dit ci-dessus (a).

(a) Il faut conférer les dispositions ci-dessus avec celles du 2ᵉ décret de 1807, ci-après.

§ II. — *Actes de seconde classe et procès-verbaux.*

30. (Pr. 45.) Pour l'original de la récusation du juge de paix, qui en contiendra les motifs, et qui sera signé par la partie ou son fondé de pouvoir spécial, ainsi que la copie, — A Paris, 3 fr. — (Ailleurs), 2 fr. 25 c. — Et pour la copie, le quart.

31. (Pr. 585, 586, 587, 588, 589, 590, 601.) Pour un procès-verbal de saisie-exécution, qui durera trois heures, y compris le temps nécessaire pour requérir, soit le juge de paix, soit le commissaire de police ou les maire et adjoints, en cas de refus d'ouverture de porte, — A Paris, y compris 1 fr. 50 c. pour chaque témoin, 8 fr. — (Ailleurs), y compris 1 fr. pour chaque témoin, 6 fr. — Si la saisie dure plus de trois heures, par chacune des vacations subséquentes aussi de trois heures, — A Paris, y compris 80 c. pour chaque témoin, 5 fr. — (Ailleurs), y compris 60 c. pour chaque témoin, 3 fr. 75 c. — Dans les taxes ci-dessus se trouvent comprises les copies pour la partie saisie et pour le gardien.

32. (Pr. 587.) Vacation du commissaire de police qui aura été requis pour être présent à l'ouverture des portes et des meubles fermant à clef, ou aux maire et adjoints, si ces derniers le requièrent, — A Paris, 5 fr. — Villes où il y a tribunal de première instance, 3 fr. 75 c. — (Ailleurs), 2 fr. 50 c.

33. (Pr. 590.) Vacation de l'huissier pour déposer au lieu établi pour les consignations, ou entre les mains du dépositaire qui sera convenu, les deniers comptants qui pourraient avoir été trouvés. (Voy. art. 154.) — A Paris, 2 fr. — (Ailleurs), 1 fr. 50 c.

34. (Pr. 596.) Les frais de garde seront taxés par chaque jour, pendant les douze premiers jours, — A Paris, 2 fr. 50 c. — Villes où il y a tribunal de première instance, 2 fr. — (Ailleurs), 1 fr. 50 c. — Ensuite seulement à raison de, — A Paris, 1 fr. — Villes où il y a tribunal de première instance, 80 c. — (Ailleurs), 60 c.

35. (Pr. 606.) Pour un procès-verbal de récolement des effets saisis, quand le gardien a obtenu sa décharge, — A Paris, 3 fr. — (Ailleurs), 2 fr. 25 c. — Ce procès-verbal ne contiendra aucun détail, si ce n'est pour constater les effets qui pourraient se trouver en déficit; et l'huissier ne sera point assisté de témoins. — Il sera laissé copie du procès-verbal de récolement au gardien qui aura obtenu sa décharge : il remettra la copie de la saisie qu'il avait entre les mains au nouveau gardien, qui se chargera du contenu sur le procès-verbal de récolement. — Pour chacune des copies à donner du procès-verbal de récolement, le quart de l'original.

36. (Pr. 611.) Dans le cas de saisie antérieure et d'établissement de gardien pour le procès-verbal de récolement sur le premier procès-verbal que le gardien sera tenu de représenter, et qui, sans entrer dans aucun détail, et contenant seulement la saisie des effets omis, et sommation au premier saisissant de vendre, témoin compris et deux copies, sera taxé, —A Paris, 6 fr.—(Ailleurs), 4 fr. 50 c. — Et pour une troisième copie, s'il y a lieu, le quart de l'original.

37. (Pr. 616.) Pour le procès-verbal de récolement qui précédera la vente, et qui ne contiendra aucune énonciation des effets saisis, mais seulement de ceux en déficit, s'il y en a, y compris les témoins, — A Paris, 6 fr. — (Ailleurs), 4 fr. 50 c. — Il n'en sera point donné de copie.

38. (Pr. 617.) S'il y a lieu au transport des effets saisis, l'huissier sera remboursé de ses frais sur les quittances qu'il en représentera, ou sur sa simple déclaration, si les voituriers et gens de peine ne savent écrire, ce qu'il constatera par son procès-verbal de vente. — Il sera alloué à l'huissier ou autre officier qui procédera à la vente, pour la rédaction de l'original du placard qui doit être affiché, — (Partout), 1 fr. — Pour chacun des placards, s'ils sont manuscrits, — (Partout), 50 c. — Et ils sont imprimés, l'officier qui procédera à la vente en sera remboursé sur les quittances de l'imprimeur et de l'afficheur.

39. (Pr. 619.) Pour l'original de l'exploit, qui constatera l'apposition des placards, dont il ne sera point donné de copie, — A Paris, 3 fr.—(Ailleurs), 2 fr. 25 c.—Il sera passé en outre la somme qui aura été payée pour l'insertion de l'annonce de la vente dans un journal, si la vente est faite dans une ville où il s'en imprime. —Pour chaque vacation de trois heures à la vente, le procès-verbal compris, il sera taxé à l'huissier dans les lieux où ils sont autorisés à la faire, — A Paris, 8 fr. — Villes où il y a tribunal de première instance, 5 fr. — (Ailleurs), 4 fr. — Et à Paris, où les ventes sont faites par les commissaires-priseurs, il sera alloué à l'huissier, pour requérir le commissaire-priseur, une vacation de 2 fr.

40. (Pr. 623.) En cas d'absence de la partie saisie, son absence sera constatée, et il ne sera nommé aucun officier pour la représenter.

41. (Pr. 620, 621.) Dans le cas de publication sur les lieux où se trouvent les barques, chaloupes et autres bâtiments, prescrite par l'article 620, et dans le cas d'exposition de la vaisselle d'argent, bagues et joyaux, ordonnée par l'article 621, il sera alloué à l'huissier, pour chacune des deux premières publications ou expositions, — A Paris, 6 fr. — Villes où il y a un tribunal de première instance, 4 fr. — (Ailleurs), 3 fr. — La troisième publication ou exposition est comprise dans la vacation de vente. — A Paris, et dans les villes où il s'imprime des journaux, les vacations, pour publications et expositions, ne pourront être allouées aux huissiers, attendu qu'il doit y être suppléé par l'insertion dans un journal. — Si l'expédition du procès-verbal de vente est requise par l'une des parties, il sera alloué à l'huissier ou autre officier qui aura procédé à la vente, par chaque rôle d'expédition, contenant vingt-cinq lignes à la page, et dix à douze syllabes à la ligne, —A Paris, 1 fr.—Villes où il y a tribunal de première instance, 50 c.—(Ailleurs), 40 c.

42. (Pr. 657.) Pour la vacation de l'huissier ou autre officier qui aura procédé à la vente, pour faire taxer ses frais par le juge, sur la minute de son procès-verbal, —A Paris, 3 fr. — Villes où il y a tribunal de première instance, 2 fr. — (Ailleurs), 1 fr. 50 c. — Et pour consigner les deniers provenant de la vente, —A Paris, 3 fr.—Villes où il y a tribunal de première instance, 2 fr.—(Ailleurs), 1 fr. 50 c.

43. (Pr. 627.) Pour un procès-verbal

de saisie-brandon, contenant l'indication de chaque pièce, sa contenance et sa situation, deux au moins de ses tenants et aboutissants, et la nature des fruits, quand il n'y sera pas employé plus de trois heures, — A Paris, 6 fr. — Villes où il y a tribunal de première instance, 5 fr. — (Ailleurs), 4 fr. — Et quand il y sera employé plus de trois heures, pour chacune des autres vacations aussi de trois heures, — A Paris, 5 fr. — Villes où il y a tribunal de première instance, 4 fr. — (Ailleurs), 3 fr. — L'huissier ne sera point assisté de témoins.

44. (Pr. 628.) Pour les copies à délivrer à la partie saisie, au maire de la commune et au garde champêtre, ou autre gardien, par chacune, le quart de l'original. — *Nota.* Le surplus des actes sera taxé comme en saisie-exécution. (V. art. 6, 29, 31 à 41, 76.)

45. Il sera alloué pour frais de garde, soit au garde champêtre, soit à tout autre gardien qui pourrait être établi, aux termes de l'article 628, par chaque jour, savoir, — Au garde champêtre, — (Partout), 75 c. — Et à tout autre que le garde champêtre, — (Partout), 1 fr. 25 c.

46. (Pr. 637.) Pour un exploit de saisie du fonds d'une rente constituée sur particulier, contenant assignation au tiers saisi en déclaration affirmative devant le tribunal, — A Paris, 4 fr. — (Ailleurs), 3 fr. — Pour la copie, le quart. — *Nota.* La dénonciation des placards et tous les autres actes seront taxés comme en saisie immobilière. (V. art. 49, 50, 102, s.)

47, 48, 49, 50 (a).

(a) Ces articles ont été supprimés par l'ordonnance royale du 10 octobre 1841, art. 20, et remplacés par un nouveau tarif. (Voy. cette ordonnance ci-après à sa date.) Nous plaçons en note le texte des anciens articles :

« Art. 47. (Pr. 675.) Pour un procès-verbal de saisie immobilière auquel il n'aura été employé que trois heures, — A Paris, 6 fr. — (Ailleurs), 5 fr. — Et cette somme sera augmentée, par chacune des vacations subséquentes qui auront pu être employées, de, — A Paris, 5 fr. — (Ailleurs), 4 fr. — L'huissier ne se fera point assister de témoins.

« 48. (Pr. 676.) Pour chaque copie de ladite saisie qui sera laissée au greffier des juges de paix et aux maire ou adjoints des communes de la situation, le quart de l'original.

« 49. (Pr. 681.) Pour la dénonciation de la saisie immobilière et des enregistrements à la partie saisie, — à Paris, 2 fr. 50 c. — (Ailleurs),

51, 52, 53, 54, 55, 56, 57, 58 (b).

59. (Pr. 813.) Pour l'original d'un procès-verbal d'offres contenant le refus ou l'acceptation du créancier, — A Paris, 3 fr. — (Ailleurs), 2 fr. 25 c. — Pour la copie, le quart.

60. (C. 1259.) D'un procès-verbal de consignation de la somme ou de la chose offerte, — A Paris, 5 fr. — (Ailleurs), 4 fr. — Pour chaque copie à laisser au créancier, s'il est présent, et au dépositaire, le quart.

2 fr. — Pour la copie de ladite dénonciation, le quart.

« 50. (Pr. 685, 686.) Pour l'original de l'acte d'apposition de placards en saisie immobilière, lequel ne contiendra pas la désignation des lieux où ils ont été apposés, — à Paris, 4 fr. — (Ailleurs), 3 fr. »

(b) Ces articles ont été abrogés par l'arrêté du 24 mars 1849, art. 8, qui les a remplacés par un nouveau tarif. (Voy. cet arrêté ci-après, à sa date.) Nous laissons subsister en note le texte des anciens articles :

« Art. 51. (Pr. 780.) Pour l'original de la signification du jugement qui prononce la contrainte par corps, avec commandement, — Paris, 3 fr. — Villes où il y a tribunal de première instance, 2 fr. — (Ailleurs), 1 fr. 25 c. — Et pour la copie, le quart.

« 52. (Pr. 781.) Vacation pour obtenir l'ordonnance du juge de paix, à l'effet, par ce dernier, de se transporter au lieu où se trouve le débiteur condamné par corps, et requérir son transport, — Paris, 2 fr. 50 c. — (Ailleurs), 2 fr.

« 53. (Pr. 783, 789.) Pour le procès-verbal d'emprisonnement d'un débiteur, y compris l'assistance de deux recors et de l'écrou, — A Paris, 60 fr. 25 c. — Villes où il y a tribunal de première instance, 40 fr. — (Ailleurs), 30 fr. — Il ne pourra être passé aucun procès-verbal de perquisition, pour lequel l'huissier n'aura point de recours, même contre sa partie ; la somme ci-dessus lui étant allouée en considération de toutes les démarches qu'il pourrait faire.

« 54. (Pr. 786.) Vacation de l'huissier en référé, si le débiteur arrêté le requiert, — A Paris, 8 fr. — (Ailleurs), 6 fr.

« 55. (Pr. 789.) Pour la copie du procès-verbal d'emprisonnement et de l'écrou, le tout ensemble. — A Paris, 3 fr. — (Ailleurs), 2 fr. 25 c.

« 56. (Pr. 790.) Il sera taxé au gardien ou geôlier qui transcrira sur son registre le jugement portant la contrainte par corps, par chaque rôle d'expédition, — A Paris, 25 c. — (Ailleurs), 20 c.

« 57. (Pr. 792, 793.) Pour un acte de recommandation d'un débiteur emprisonné sans assistance de recors, — A Paris, 4 fr. — (Ailleurs), 3 fr. — Pour chaque copie à donner au débiteur et au geôlier, le quart.

« 58. (Pr. 796.) Pour la signification du jugement qui déclare un emprisonnement nul et la mise en liberté du débiteur, — A Paris, 4 fr. — (Ailleurs), 3 fr. — Pour la copie à laisser au gardien ou geôlier, le quart. »

61. (Pr. 819, 822, 825.) Les procès-verbaux de saisie-gagerie sur locataires et fermiers,— Et ceux de saisie des effets du débiteur forain,—Seront taxés comme ceux de saisie-exécution, ainsi que tout le reste de la poursuite. (V. art. 31.)

62. (Pr. 829.) Pour un procès-verbal tendant à saisie-revendication, s'il y a refus de portes, ou opposition à la saisie, contenant assignation en référé devant le juge, y compris les témoins,— A Paris, 5 fr.— (Ailleurs), 4 fr.— Pour la copie, le quart. — Le procès-verbal de saisie-revendication sera taxé comme celui de saisie-exécution.

63 (a).

64. (Pr. 901.) Pour un procès-verbal de réitération de la cession par le débiteur failli à la maison commune, s'il n'y a pas de tribunal de commerce (V. art. 541 du Code de commerce),— A Paris, 4 fr. — (Ailleurs), 3 fr.

65. (Pr. 902.) Pour un procès-verbal d'extraction de la prison du débiteur failli, à l'effet de faire la réitération de sa cession de biens, indépendamment du procès-verbal de ladite réitération, — A Paris, 6 fr. — (Ailleurs), 5 fr. — § **2** (b). — Par chaque original de protêt, intervention à protêt, et sommation d'intervenir, assistants et copie compris, — A Paris, 2 fr. — (Ailleurs), 1 fr. 50 c.— Pour l'original d'un protêt avec perquisition, assistants et copie compris, — A Paris, 5 fr. — (Ailleurs), 4 fr.

(a) Cet article a été abrogé par l'ordonnance royale du 10 octobre 1841, art. 20, ci-après à sa date. — Nous laissons subsister, en note, le texte de cet ancien article :

« Art. 63. (Pr. 822.—C. 2185.) Pour l'original de l'acte contenant réquisition d'un créancier inscrit à fin de mises aux enchères et adjudications publiques de l'immeuble aliéné par son débiteur,—A Paris, 5 fr.— (Ailleurs), 4 fr.—Et pour la copie, le quart. — L'original et la copie de cette réquisition seront signés par le requérant ou par son fondé de procuration spéciale. — Il contiendra la soumission de porter ou faire porter le prix à un dixième en sus de celui qui aura été stipulé dans le contrat, et l'offre d'une caution avec assignation devant le tribunal pour la réception de la caution. »

(b) Ce paragraphe a été abrogé par l'ordonnance précitée du 10 octobre 1841 (voy. ci-après). Il était ainsi conçu :

« Le procès-verbal d'apposition de placards, en vente de biens immeubles de mineurs, ou dépendants d'une succession bénéficiaire, ou vacante, ou abandonnée par un débiteur failli, sera taxé comme en saisie immobilière. »

§ III. — *Dispositions générales relatives aux huissiers.*

66. (Pr. 62.) Il ne sera rien alloué aux huissiers pour transport jusqu'à un demi-myriamètre (V. art. 3, 144, 145, 146, 159 à 167, 170). — Il leur sera alloué au delà d'un demi-myriamètre, pour frais de voyage, qui ne pourra excéder une journée de cinq myriamètres (dix lieues anciennes), savoir : au delà d'un demi-myriamètre et jusqu'à un myriamètre, pour aller et retour,— (Partout), 4 fr.— Au delà d'un myriamètre, il sera alloué par chaque demi-myriamètre sans distinction, 2 fr.— Il sera taxé pour *visa* de chacun des actes qui y sont assujettis, — A Paris, 1 fr.— (Ailleurs), 75 c.— En cas de refus de la part du fonctionnaire public qui doit donner le *visa*, et dans le cas où l'huissier sera obligé, à raison de ce refus, de requérir le *visa* du procureur impérial, le droit sera double.— Les huissiers qui seront commis pour donner des ajournements, faire des significations de jugements et tous autres actes, ou procéder à des opérations, ne pourront prendre de plus forts droits que ceux énoncés au présent tarif, à peine de restitution et d'interdiction, quels que soient la cour et le tribunal auxquels ils sont attachés.— Les huissiers qui auront omis de mettre au bas de l'original et de chaque copie des actes de leur ministère la mention du coût d'icelui, pourront, indépendamment de l'amende portée par l'article 67 du Code de procédure, être interdits de leurs fonctions sur la réquisition d'office des procureurs généraux et des procureurs impériaux.

TITRE DEUXIÈME.

DES AVOUÉS DE PREMIÈRE INSTANCE.

CHAP. I. — MATIÈRES SOMMAIRES.

67. Les dépens, dans ces matières, seront liquidés, tant en demandant qu'en défendant; savoir (V., ci-après, *deuxième décret du 16 février* 1807) : — Pour l'obtention d'un jugement par défaut contre partie ou avoués, y compris les qualités et la signification à avoué, s'il y a lieu, quand la demande n'excédera pas 1,000 fr., — A Paris, 7 fr. 50 c.— Dans le ressort, les trois quarts. — Et quand elle excédera 1,000 fr. jusqu'à 5,000 fr,, 10 fr. — Et quand elle excédera 5,000 fr., 15 fr. — Et pour l'obtention d'un jugement contradictoire ou définitif, quand la demande n'excédera pas 1,000 fr., 15 fr. — Et quand elle excédera 1,000, jusqu'à 5,000 fr., 20 fr. — Quand elle excédera 5,000 fr., 30 fr. — *Nota*. Si la valeur de l'objet de la contestation est indéterminée, le juge allouera l'une des sommes ci-dessus indiquées. — S'il y a lieu à enquête ou à visite et estimation d'experts, ordonnée contradictoirement, et s'il est intervenu aussi jugement contradictoire sur l'enquête ou le rapport d'experts, il sera alloué un demi-droit. — Et en outre, pour copie des procès-verbaux d'enquête et d'expertise, par chaque rôle, — A Paris, 15 c. — Dans le ressort, les trois quarts. — S'il y a plus de deux parties en cause, et si elles ont des intérêts contraires, il sera alloué un quart en sus des droits ci-dessus à l'avoué qui aura suivi contre chacune des autres parties. — S'il y a lieu à un interrogatoire sur faits et articles, il sera passé à l'avoué de la partie à la requête de laquelle il aura été subi, un demi-droit; et en outre, pour copie du procès-verbal d'interrogatoire, par chaque rôle d'expédition, — A Paris, 15 c. — Dans le ressort, les trois quarts. — Il sera passé à l'avoué qui lèvera le jugement rendu contradictoirement, pour dressé des qualités et de signification du jugement à avoué, le quart du droit accordé pour l'obtention du jugement contradictoire. — Il ne sera alloué aucun honoraire aux avocats dans ces sortes de causes. — Si l'avoué est révoqué, ou si les pièces lui sont retirées, il lui sera alloué, savoir : — S'il y a eu constitution d'avoué avant l'obtention d'un jugement par défaut, moitié du droit accordé pour faire rendre un jugement par défaut; — Et s'il a été obtenu un premier jugement par défaut ou un jugement interlocutoire, indépendamment de l'émolument pour ces jugements, moitié du droit accordé pour obtenir un jugement contradictoire. — Mais ces droits ne seront acquis, et ils ne pourront être exigés que lorsqu'il y aura eu constitution d'avoué dans le premier cas, ou qu'il aura été formé opposition au premier jugement par défaut, et que l'a-

voué qui aura obtenu le premier jugement aura suivi l'audience sur le débouté d'opposition. — Au moyen de la fixation ci-dessus, il ne sera passé aucun autre honoraire pour aucun acte et sous aucun prétexte. Il ne sera alloué en outre que les simples déboursés.

CHAP. II. — MATIÈRES ORDINAIRES.

§ I. — *Droit de consultation.*

68. (Pr. 59, 61, 75, etc.) Pour la consultation sur toute demande principale, intervention, tierce-opposition et requête civile, tant en demandant qu'en défendant, sans qu'il puisse être passé plus d'un droit par chaque avoué et par cause, et sans que l'intervention d'un appelé en garantie puisse y donner lieu; le droit ne pourra être exigé qu'autant qu'il aura été obtenu un jugement par défaut contre partie, ou qu'il y aura eu constitution d'avoué, et y compris la procuration sous signature privée ou par-devant notaire, indépendamment des déboursés, — A Paris, 10 fr. — Dans le ressort, 7 fr. 50 c.

69. Il ne sera alloué aucun émolument à l'avoué dans le cas où il comparaîtrait au bureau de conciliation pour sa partie.

§ II. — *Actes de première classe.*

70. (Pr. 75.) Pour l'original d'une constitution d'avoué. — (79, 82 et *passim*.) Pour un acte d'avoué à avoué pour suivre l'audience (V. art. 156 et 158), sans qu'il puisse en être passé plus d'un seul pour chaque jugement par défaut, interlocutoire ou contradictoire. — (452.) Les avoués seront tenus de se représenter au jour indiqué par les jugements préparatoires ou de remise, sans qu'il soit besoin d'aucune sommation. — (96, 104.) Pour l'original d'un acte de déclaration de production par le demandeur en instruction par écrit, contenant le nombre des rôles dont la requête est composée. — (97.) *Idem*, de la part du défendeur. — (110.) De la signification de l'ordonnance du président, portant nomination d'un autre rapporteur, en cas de décès, démission ou impossibilité de faire le rapport en délibéré ou instruction par écrit. — (115; résultat de l'art.) D'une sommation d'être présent au retrait des pièces, après les jugements sur délibéré ou en instruction par écrit. — (121.) D'une sommation d'avoué à avoué, pour être présent à la prestation d'un serment ordonné. — (145.) D'une sommation d'avoué à avoué pour être réglé sur une opposition aux qualités. — (179.) De la déclaration au demandeur originaire, de la part du défendeur, qu'il a formé une demande en garantie. — (179.) De la dénonciation au demandeur originaire de la demande en garantie. — (188.) De la sommation de communiquer les pièces signifiées ou employées dans la cause. — (191.) De la signification de la requête et de l'ordonnance portant que l'avoué qui retient les pièces sera tenu de les remettre. — De la signification de l'acte de dépôt au greffe de la pièce dont l'écriture est déniée. — (204.) De la sommation de comparaître devant le juge commis en vérification d'écritures, pour être présent au serment des experts et à la représentation des pièces de comparaison. — (206.) De la sommation pour être présent à la confection d'un corps d'écriture. — (219.) De la signification de l'acte de dépôt au greffe d'une pièce arguée de faux. — (221.) De la sommation pour être présent à la réquisition d'apport au greffe de la minute de la pièce arguée de faux. — (224.) De la signification de l'ordonnance portant que la minute de la pièce arguée de faux sera apportée au greffe. — (225.) De la signification de l'acte de dépôt au greffe de la pièce arguée de faux, avec sommation d'être présent au procès-verbal qui sera dressé de son état. — (286.) De la signification des procès-verbaux d'enquête. — (297.) De la signification de l'ordonnance du juge commis pour faire une descente sur les lieux, contenant la désignation des jour, lieu et heure, et sommation d'y être présent. — (299.) De la signification du procès-verbal du juge-commissaire qui a fait une descente sur les lieux. — (315.) De la sommation contenant indication des jour et heure choisis par les experts, si la partie n'était pas présente à la prestation de leur serment. — (321.) De la signification du rapport des experts. — (335.) De la signification de l'interrogatoire sur faits et articles. — (344.) De la notification du décès d'une partie. — (354, 355.) De la signification d'un désaveu. — (372.) De la signification de l'acte à fin de ren-

voi d'un tribunal à un autre des pièces y annexées et du jugement intervenu. — (396.) De la signification de l'arrêt intervenu sur l'appel d'un jugement qui aura rejeté une récusation, ou du certificat du greffier de la cour impériale, contenant que l'appel n'est pas jugé, et indication du jour où il doit l'être. — (403.) De la sommation de se trouver devant le président, et voir déclarer la taxe des frais exécutoire, en cas de désistement de la demande. — (534.) De la sommation d'être présent à la présentation et affirmation d'un compte. — (574.) De la signification de la déclaration affirmative, et du dépôt des pièces contenant constitution d'avoué. — (575.) D'un acte contenant dénonciation d'opposition formée sur le débiteur entre les mains d'un tiers saisi. — (578.) De la signification de l'état détaillé des effets mobiliers saisis et arrêtés entre les mains d'un tiers saisi. — (871.) De la sommation, à la requête des créanciers du mari, à l'avoué de la femme poursuivant sa séparation de biens, de leur communiquer la demande et les pièces justificatives. — § 37 (a). — Titre des partages. De l'acte de sommation aux avoués des copartageants de se trouver, soit devant le juge-commissaire, soit devant le notaire, pour procéder aux opérations du partage. — A Paris, 1 fr. — Dans le ressort, 75 c. — Pour les copies de chacun des actes ci-dessus énoncés, indépendamment des copies de pièces, le quart.

§ III. — Actes de deuxième classe.

74. (Pr. 102.) Acte de production nouvelle en instruction par écrit contenant l'état des pièces. — (215.) Sommation à la partie adverse de déclarer si elle veut ou non se servir d'une pièce produite, avec déclaration que, dans le cas où elle s'en servirait, le demandeur s'inscrira en faux. — (216.) Déclaration de la partie sommée, signée d'elle ou du fondé de sa procuration spéciale et authentique, dont il sera donné copie, qu'elle entend ou non se servir de la pièce arguée de faux. — (252.)

(a) Ce paragraphe a été abrogé et remplacé par le tarif de l'ordonnance du 10 octobre 1841, art. 20, ci-après à sa date. Voici le texte de ce paragraphe : « (Pr. 972.) De l'acte de signification du cahier des charges en licitation, aux avoués des colicitants. »

Acte contenant articulation succincte des faits dont une partie demandera à faire preuve.— Acte contenant réponse au précédent et dénégation ou reconnaissance des faits. —(282.) Acte contenant la justification des reproches par écrit.—Acte en réponse.—(289.) Acte contenant offre de prouver les reproches contre les témoins, non justifiés par écrit, et désignation des témoins à entendre sur les reproches.— Acte en réponse.—(309.) Acte contenant les moyens de récusation contre les experts. — (311.) Acte contenant réponse aux moyens de récusation.— (337.) Acte contenant les moyens et conclusions des demandes incidentes. — Acte servant de réponse aux demandes incidentes.—(347.) Acte de reprise d'instance.— (402.) Acte de désistement et d'acceptation de désistement. — (518.) Acte de présentation de caution. — (519.) Acte de déclaration d'acceptation de caution.— (520.) Acte de contestation de la caution offerte.—(524.) Actes d'offres sur la déclaration des dommages et intérêts.— (856.) Acte contenant demande en rectification d'un acte de l'état civil. — Acte servant de réponse. — Tous ces actes seront taxés pour l'original, — A Paris, 5 fr. — Dans le ressort, 3 fr. 75 c.— Et pour chaque copie, indépendamment des copies de pièces, le quart.

§ IV. — *Des requêtes et défenses qui peuvent être grossoyées, et des copies de pièces.*

72. (Pr. 77.) Pour l'original ou grosse des requêtes servant de défenses aux demandes, contenant vingt-cinq lignes à la page et douze syllabes à la ligne, — A Paris, 2 fr.— Dans le ressort, 1 fr. 50 c. — Les copies de pièces qui seront données avec les défenses, ou qui pourront être signifiées dans les causes, seront taxées, à raison du rôle, de vingt-cinq lignes à la page et de douze syllabes à la ligne, ou évaluées sur ce pied, — A Paris, 30 c. — Dans le ressort, 25 c. — Les copies de tous actes ou jugements, qui seront signifiées avec les exploits des huissiers, appartiendront à l'avoué, si elles ont été faites par lui, à la charge de les certifier véritables et de les signer.

73. Pour l'original ou grosse des requêtes, contenant réponse aux défenses dans la forme ci-dessus pour chaque rôle,

—A Paris, 2 fr.—Dans le ressort, 1 fr. 50 c. — (Pr. 96.) Des requêtes en instruction par écrit, terminées par l'état des pièces, *idem.* —(97.) *Idem* servant de réponse à celles en instruction par écrit, avec état des pièces au soutien, *idem.* — (103.) *Idem* en réponse aux productions de nouvelles pièces qui ne pourront excéder six rôles.

74. (Pr. 104.) Dans les instructions par écrit, les grosses et les copies de toutes les requêtes porteront la déclaration du nombre de rôles dont elles sont composées, à peine de rejet de la taxe.

75. (Pr. 161.) Pour la grosse de la requête d'opposition au jugement par défaut contenant les moyens, par chaque rôle,— A Paris, 2 fr.— Dans le ressort, 1 fr. 50 c. — Si les moyens ont été fournis avant le jugement par défaut, la requête d'opposition, sans les moyens, ne sera passée que pour un rôle, *idem.*—(Pr. 166.) *Idem* pour la grosse de la requête qui ne pourra excéder deux rôles, tendant à ce que l'étranger demandeur soit tenu de fournir caution. — *Idem* de celle en réponse qui ne pourra non plus excéder deux rôles. — (168.) *Idem* de la requête pour proposer un déclinatoire, qui ne pourra excéder six rôles.— *Idem* de la réponse.— (173.) *Idem* de la requête en nullité de la demande ou du jugement qui ne pourra non plus excéder six rôles. — *Idem* de la réponse. — (174.) *Idem* de la requête pour demander délai, pour délibérer et faire inventaire, qui ne pourra aussi excéder six rôles.— *Idem* de la réponse.— (180.) *Idem* de la requête pour soutenir qu'il n'y a lieu d'appeler garant, qui ne pourra excéder six rôles. — *Idem* de la réponse. — (192.) *Idem* de la requête d'opposition à l'ordonnance portant contrainte de remettre les pièces, qui ne pourra excéder deux rôles.— *Idem* de la réponse. — (229.) *Idem* de la requête contenant les moyens de faux. — (230.) *Idem* de la requête contenant réponse aux moyens de faux.— (339.) *Idem* de la requête d'intervention.— *Idem* de la requête en réponse à l'intervention.—(348.) *Idem* de la requête contenant contestation sur la demande en reprise d'instance, qui ne pourra excéder six rôles.— *Idem* de la réponse. — (354.) *Idem* de la requête servant de moyen contre un désaveu. — Et réponse. — (373.) *Idem* de la requête contre la demande à fin de renvoi d'un tribunal à un autre, pour cause de parenté ou alliance.— Et pour la réponse. — (400.) *Idem* de la requête en péremption d'instance, qui ne pourra excéder six rôles.— *Idem* de la réponse. — (475.) *Idem* de la requête de tierce-opposition.— Et réponse.— (493.) *Idem* de la requête civile incidente. — Et réponse.— (514.) *Idem* de la requête contenant défense du juge pris à partie.— Et réponse.—(531.) *Idem* pour la grosse d'un compte, dont le préambule ne pourra excéder six rôles.— Il ne sera fait qu'une seule grosse.—(570.) *Idem* pour la grosse de la requête du tiers saisi, qui demandera son renvoi devant son juge, en cas que sa déclaration affirmative soit contestée : cette requête ne pourra excéder deux rôles.—Et réponse.—(815.) *Idem* de la requête pour demander incidemment la validité ou la nullité d'offres réelles.— Et réponse. — (847.) *Idem* de la requête à fin de se faire autoriser à compulser un acte, qui ne pourra excéder six rôles. — Et réponse. — (871.) *Idem* de la requête d'intervention des créanciers du mari dans les demandes en séparation de biens.— Et réponse.— § 23 (*a*).—Il sera taxé pour chacun des rôles des requêtes ci-dessus énoncées, — A Paris, 2 fr. — Dans le ressort, 1 fr. 50 c. — Et pour chaque copie, par rôle, le quart. — Le nombre des rôles de requête en réponse ne pourra jamais excéder celui fixé pour la requête en demande.— *Nota.* Il ne sera passé aucun frais d'impression des requêtes et défenses même autorisées.

§ V. — *Requêtes qui ne peuvent être grossoyées, et copies d'actes.*

76. (Pr. 110.) Requête pour faire nommer un autre rapporteur en instruction par écrit ou sur délibéré. — (156.) Pour faire commettre un huissier à l'effet de signifier un jugement par défaut contre partie. (V. art. 156 du tarif *in fine.*) — (191.) Pour faire contraindre un avoué à remettre les pièces qu'il a prises en communication. — (199.) Pour obtenir l'ordonnance du juge-commissaire en vérification d'écritures, à l'effet de sommer la partie adverse de comparaître à jour et heure certains, pour convenir de pièces de comparaison. — (204.) A fin d'obtenir l'ordonnance du commissaire en vérification d'écritures pour sommer les experts de prêter serment, et les dépositaires de représenter les pièces de comparaison. — (221.) Au juge-commissaire en inscription de faux incident pour faire ordonner l'apport de la minute de la pièce arguée par le dépositaire. — (259.) Au juge commis pour procéder à une enquête, à l'effet d'obtenir son ordonnance, indiquant le jour et l'heure pour lesquels les témoins seront assignés. — (297.) Au juge commis pour faire une descente sur les lieux, à l'effet d'obtenir son ordonnance, portant l'indication des jour, lieu et heure. — (307.) Au juge-commissaire pour demander son ordonnance, à l'effet de faire prêter serment aux experts convenus ou nommés d'office. (V. art. 162 du tarif.)— (403.) En cas de désistement de la demande, pour obtenir l'ordonnance du président, afin de rendre la taxe de frais exécutoire. — (534.) Au juge commis pour entendre un compte, à l'effet d'obtenir l'ordonnance fixant le jour et l'heure de la présentation.—(617.) A fin de permission de vendre les meubles saisis-exécutés, dans un lieu plus avantageux que celui indiqué par la loi.— (780.) Pour faire commettre un huissier, à l'effet de signifier le jugement portant contrainte par corps. — (808.) A fin d'assigner extraordinairement en référé, si le cas requiert célérité. — (819.) A fin de saisir-gager à l'instant les meubles et effets garnissant les maisons et fermes.—(822.) A fin de permission de saisir les effets de son débiteur forain, trouvés en la commune qu'habite le créancier. — (832.) A fin de faire commettre un huissier pour notifier le titre du nouveau propriétaire aux créanciers inscrits.— § 18 (*b*).—(976.) Au juge-commissaire en partage et lici-

(*a*) Paragraphe abrogé et remplacé par l'ordonnance du 10 octobre 1841, ci-après à sa date. Voici le texte de ce paragraphe : « (972) *Idem* de la requête de conclusions motivées contenant demande en entérinement du rapport des experts, en partage et licitation. — Et réponse. »

(*b*) Paragraphe abrogé et remplacé par l'ordonnance du 10 octobre 1841, ci-après à sa date. Texte ancien : « Afin de faire commettre un huissier, à l'effet de notifier la réquisition de surenchère. »

tation, à l'effet d'obtenir son ordonnance pour citer les autres parties à comparaître par-devant lui. — (C. 467.) Au procureur impérial pour faire désigner trois juris-consultes, sans l'avis desquels le tuteur du mineur ne pourra transiger. — Les re-quêtes ci-dessus énoncées ne seront point grossoyées, et seront taxées, — A Paris, 2 fr. — Dans le ressort, 1 fr. 50 c. — La vacation pour demander l'ordonnance du président ou du juge-commissaire et se la faire délivrer est comprise dans la taxe.

77. (Pr. 72.) Requête contenant de-mande pour abréger les délais dans les cas qui requièrent célérité. — (Pr. 558.) Pour obtenir permission de saisir et arrê-ter, entre les mains d'un tiers, ce qu'il doit au débiteur quand il n'y a pas de titre. —(582.) Pour avoir permission de saisir et arrêter la portion que le juge déter-minera dans des sommes ou pensions don-nées ou léguées pour aliments, et ce, pour créances postérieures aux dons et legs.— (Pr.783.) A l'effet d'obtenir, pour le témoin assigné, un sauf-conduit qui ne pourra être accordé que sur les conclusions du ministère public, et qui règlera sa durée. —(795.) A l'effet de demander la nullité de l'emprisonnement d'un débiteur déte-nu pour dettes.—(800.) Pour demander la liberté d'un débiteur détenu pour dettes, dans tous les cas prévus par l'article 800. —(802.) Pour assigner le geôlier qui refuse de recevoir la consignation de la dette.— (803.) Pour demander la liberté faute de consignation d'aliments. — (826, 827.) Pour demander la permission de saisir-revendiquer, contenant la désignation des effets.—(C. 113.—Pr. 928, 931.) *Idem* pour faire commettre un notaire à l'effet de représenter les absents présu-més, dans les inventaires, comptes, par-tages et liquidations dans lesquels ils sont intéressés. — (Pr. 946.) Pour faire autori-ser la vente du mobilier d'une succession. —(986.) A fin d'être autorisé, sans attri-bution de qualité, à faire procéder à la vente d'effets mobiliers dépendants d'une succession. — (996.) Pour faire nommer un curateur au bénéfice d'inventaire. — (998.) Pour faire nommer un curateur à une succession vacante.—(1017.)*Idem* à l'effet de faire nommer un tiers-arbitre.— Elles seront taxées, — A Paris, 3 fr. — Dans le ressort, 2 fr. 25 c.—Les requê-

tes ci-dessus ne seront point grossoyées. —Et la vacation pour prendre l'ordon-nance est comprise dans la taxe.

78. (Pr. 364.) Requête à fin d'obtenir permission d'assigner en règlement de juges.—(483, 492.) Requête civile prin-cipale.—(839, 841, 844, 854.) A fin de permission de se faire délivrer expédition ou copie d'un acte parfait, non enregis-tré, ou même resté imparfait, ou pour se faire délivrer une seconde grosse.—(855.) A fin de réformation d'un acte de l'état civil.—(859.) A l'effet de faire pourvoir à l'administration des biens d'une per-sonne présumée absente. — (C. 113.) Pour avoir permission de faire enquête pour constater l'absence.—(Pr. 860.) A fin d'envoi en possession provisoire des biens d'un absent.—(861.) De la femme, à l'effet de citer son mari à la chambre du conseil pour déduire les causes de son refus de l'autoriser. — (863, 864.) De la femme, en cas d'absence présumée ou déclarée du mari, ou en cas d'inter-diction, pour se faire autoriser.—(865.) De la femme qui se pourvoit en sépara-tion de biens. — (Pr. 885.—C. 467.) A fin d'homologation de l'avis d'un conseil de famille.—(C. 1008.) Pour demander l'envoi en possession du legs universel. —(Pr. 909.) Du créancier pour obtenir la permission de faire apposer un scellé. —(C. 70, 71.) §§ 14, 15, 16, 17 (a). *Idem* pour demander l'homologation d'un acte de notoriété délivré par le juge de paix sur la déposition de sept témoins, pour suppléer à un acte de naissance. — Ces requêtes ne peuvent être grossoyées; et l'émolument pour prendre les ordonnan-ces et communiquer au ministère public est compris dans la taxe, qui sera de,— A Paris, 7 fr. 50 c. — Dans le ressort, 5 fr. 50 c.

(a) Ces paragraphes sont abrogés par l'ordon-nance royale du 10 octobre 1841, art. 20, rap-portée ci-après à sa date. Voici le texte de ces pa-ragraphes : « (Pr. 955, 964.) A fin d'homologation d'un avis du conseil de famille pour aliéner les immeubles des mineurs, ou pour être autorisé à vendre au-dessous de l'estimation.—(987.) De l'héritier bénéficiaire, à l'effet d'être autorisé à vendre les immeubles dépendants d'une succes-sion bénéficiaire. — (988.) Pour demander l'en-térinement du rapport d'experts qui ont fait l'estimation des immeubles dépendants d'une succession bénéficiaire.—*Idem* d'un curateur à une succession vacante. »

79. (Pr. 325.) Requête pour avoir permission de faire interroger sur faits et articles, contenant les faits. — Cette requête ne sera point signifiée ni la partie appelée avant le jugement qui admettra ou rejettera la demande à fin de faire interroger : elle ne sera notifiée qu'avec le jugement et l'ordonnance du juge commis pour faire subir l'interrogatoire. — (875.) De l'époux qui se pourvoit en séparation de corps, contenant sommairement les faits. — (C. 236.) De l'époux qui se pourvoit en divorce pour cause déterminée, contenant le détail des faits. — (Pr. 890.) Contenant demande à fin d'interdiction, le détail des faits et l'indication des témoins. — Ces requêtes ne peuvent être grossoyées, et l'émolument pour prendre les ordonnances et communiquer au ministère public est compris dans la taxe, — A Paris, 15 fr. — Dans le ressort, 12 fr.

§ VI. — *Plaidoirie et assistance aux jugements (a).*

80. (Pr. 76 et suivants.) Pour honoraires de l'avocat qui aura plaidé la cause contradictoirement, — A Paris 15 fr. — Dans le ressort, 10 fr.

81. Pour assistance de l'avoué à l'audience, à l'effet de demander acte de sa constitution, en cas d'abréviation des délais, — A Paris, 1 fr. 50 c. — Dans le ressort, 1 fr.

82. (Pr. 149.) Assistance et plaidoirie aux jugements par défaut (Voir art. 152 et 157), — A Paris, 3 fr. — Dans le ressort, 2 fr. 45 c. — Pour l'honoraire de l'avocat qui aura pris le jugement par défaut, — A Paris, 5 fr. — Dans le ressort, 4 fr. — Quand le jugement par défaut aura été pris par un avocat, le droit d'assistance de l'avoué ne sera, — A Paris, que de 1 fr. — Dans le ressort, 75 c.

83. (Pr. 87.) Pour assistance de chaque avoué à tout jugement portant remise de cause ou indication de jour, sans que les jugements puissent être levés, ni qu'il soit signifié de qualités, ou donné d'avenir (Voir art. 152 et 157), — A Paris, 3 fr. — Dans le ressort, 2 fr. 25 c.

84. (Pr. 93, 95.) Pour assistance et observations des avoués aux jugements

(a) Voy. le 2e décret du 16 février 1807.

qui ordonneront une instruction par écrit, — A Paris, 5 fr. — Dans le ressort, 4 fr.

85. (Pr. 113.) Pour assistance aux jugements sur délibéré ou instruction par écrit, y compris les notes qu'ils pourront fournir, — A Paris, 5 fr. — Dans le ressort, 4 fr.

86. (Pr. 116.) Pour assistance des avoués à chaque journée de plaidoirie qui précède les jugements interlocutoires et définitifs contradictoires, quand les causes sont plaidées par les parties elles-mêmes ou par des avocats, — A Paris, 3 fr. — Dans le ressort, 2 fr. 25 c. — Et quand les avoués plaideront eux-mêmes, — A Paris, 10 fr. — Dans le ressort, 6 fr.

§ VII. — *Qualités et significations des jugements.*

87. (Pr. 142.) Pour l'original des qualités contenant les noms, profession et demeure des parties, leurs conclusions et les points de fait et de droit, sans que les motifs des conclusions puissent y être insérés, ni qu'on puisse rappeler, dans les points de fait et de droit, les moyens des parties, savoir : pour celle d'un jugement par défaut, — A Paris, 3 fr. 75 c. — Dans le ressort, 2 fr. 80 c. — Pour celles d'un jugement contradictoire sur plaidoirie ou délibéré, — A Paris, 7 fr. 50 c. — Dans le ressort, 5 fr. 50 c. — Et celle d'un jugement en instruction par écrit, — A Paris, 10 fr. — Dans le ressort, 7 fr. 50 c.

88. (Pr. 142.) Pour chaque copie qui ne pourra être signifiée que dans le cas où le jugement serait contradictoire, le quart.

89. (Pr. 156, 157.) Pour signification de tout jugement à avoué ou à domicile, par chaque rôle d'expédition, — A Paris, 30 c. — Dans le ressort, 25 c.

§ VIII. — *Des vacations.*

90. Vacation pour mettre la cause au rôle. — (Pr. 83.) Pour communiquer les pièces de la cause au ministère public et les retirer, le tout ensemble. — (94.) Pour produire et retirer les pièces dans les causes où il a été ordonné un délibéré. — (102.) Pour produire au greffe des pièces nouvelles en instruction par écrit. — (103.) Pour prendre en communication les pièces nouvelles produites en instruction par écrit. — (107.) Pour prendre le certificat du greffier, constatant que la partie adverse n'a pas produit en instruction par écrit dans les délais fixés. — (109.) Pour requérir le greffier, après que toutes les parties ont produit en instruction par écrit ou après l'expiration des délais, de remettre les pièces au rapporteur. — (144.) Pour former opposition à des qualités, le droit ne sera passé qu'autant que le président aura ordonné une réformation. — (145.) Pour faire régler les qualités des jugements en cas d'opposition. — (163, 164, 549.) Pour faire la mention, sur le registre tenu au greffe, de l'opposition au jugement par défaut, ou de l'appel de tout jugement, quand il y aura dans les jugements des dispositions qui doivent être exécutées par des tiers. — (471, 494.) Pour consigner l'amende en requête civile ou sur appel dans toutes causes à l'exception des matières sommaires. — (501.) Pour la retirer. — (548.) Pour donner certificat contenant la date de la signification, au domicile de la partie condamnée, du jugement qui prononce une mainlevée, la radiation d'inscription hypothécaire, un paiement ou autre chose à faire par un tiers ou contre lui. — Pour requérir du greffier le certificat qu'il n'existe contre le jugement énoncé ci-dessus ni opposition ni appel portés sur le registre tenu au greffe. — (967.) Pour faire viser par le greffier la demande en partage et licitation. — A Paris, 1 fr. 50 c. — Dans le ressort, 1 fr. 15 c.

91. (Pr. 77, 189.) Vacation pour donner et prendre communication des pièces de la cause à l'amiable, sur récépissé ou par la voie du greffe et le rétablissement entre les mains de l'avoué, ou le retrait du greffe, le tout ensemble. — (96.) Pour produire au greffe dans les causes où il a été ordonné une instruction par écrit. — (97.) Pour prendre communication au greffe de la production du demandeur en instruction par écrit, et le rétablissement de cette production, le tout ensemble. — (115.) Pour retirer les pièces du greffe dans les instructions par écrit. — (219, 220.) Pour déposer au greffe les pièces arguées de faux. — (259.) Pour requérir l'ordonnance du juge commis à l'effet de procéder à une enquête et signer le procès-verbal d'ouverture. — (306.) Pour faire la

déclaration au greffe des experts convenus. — (307, 315.) Pour être présent à la prestation de serment des experts devant le juge-commissaire. (Voir article 162 du tarif.) — (361.) Pour faire faire la mention, en marge de l'acte de désaveu, du jugement qui l'aura rejeté. — (518.) Pour déposer au greffe les titres de solvabilité de la caution présentée. — (519.) Pour prendre communication au greffe des titres de solvabilité de la caution. — (519, 522.) Pour faire faire au greffe la soumission d'une caution. — (523.) Pour déposer au greffe ou donner en communication sur récépissé à l'amiable les pièces justificatives de la déclaration des dommages et intérêts, et les retirer, le tout ensemble. — Pour prendre communication à l'amiable, sur récépissé, ou au greffe, des pièces justificatives de la déclaration de dommages et intérêts, et les rétablir, le tout ensemble. — (569.) Pour requérir des fonctionnaires publics tiers saisis, le certificat du montant de ce qu'ils doivent à la partie saisie. — (874.) Pour assister au greffe la femme qui fait sa renonciation à la communauté en cas de séparation de biens. — (C. 240.) Pour prendre l'ordonnance du tribunal qui permet de citer l'époux défendeur en divorce. — (Pr. 997. — C. 793, 794.) Pour assister au greffe la femme qui renonce à la communauté après décès, ou l'héritier qui renonce à la succession, ou qui ne l'accepte que sous bénéfice d'inventaire. — (Pr. 1020.) Pour demander l'ordonnance d'*exequatur* d'une décision arbitrale. — A Paris, 3 fr. — Dans le ressort, 2 fr. 25 c.

92. (Pr. 196.) Vacation pour déposer au greffe une pièce dont l'écriture est déniée, et assistance au procès-verbal dressé par le greffier de l'état de ladite pièce. — (198.) *Idem* pour prendre communication de ladite pièce, et assistance au procès-verbal dressé par le greffier. — (199.) *Idem* devant le juge-commissaire, pour convenir de pièces de comparaison. — (204, 207.) Pour être présent au serment des experts à la représentation des pièces de comparaison, et faire les réquisitions et observations par chaque vacation. — (206.) A la confection du corps d'écriture fait par le défendeur, s'il est ainsi ordonné. — (248.) Pour former une inscription de faux incident au greffe. — (221.)

Pour requérir du juge-commissaire son ordonnance à l'effet de faire apporter au greffe la pièce arguée de faux, dont il y a minute.—(226.) Au procès-verbal de l'état des pièces arguées de faux. — (228.) De l'avoué du demandeur, pour prendre, en tout état de cause, communication de la pièce arguée de faux.—(270.) A l'audition des témoins, par trois heures. — (297.) En cas de descente sur les lieux, par trois heures.—(317.) Des avoués aux rapports d'experts, s'ils en sont expressément requis par leurs parties, pour ne les répéter que contre elles, et sans qu'elles puissent entrer en taxe.—(353.) Pour former un désaveu au greffe, contenant les moyens, conclusions et constitution d'avoués. — (370.) Pour former par acte au greffe la demande à fin de renvoi d'un tribunal à un autre pour parenté et alliance.—(384.) Pour faire au greffe l'acte contenant les moyens de récusation contre un juge.—Pour interjeter appel au greffe du jugement qui aura rejeté la récusation, avec énonciation des moyens et dépôt des pièces au soutien.—(532, 536.) Pour mettre en ordre les pièces d'un compte à rendre, les coter et les parapher. —Il sera passé une vacation pour cinquante pièces, deux pour cent, et ainsi de suite. —(534.) A la présentation et affirmation du compte. —(535.) Pour requérir du juge-commissaire exécutoire de l'excédant de la recette sur la dépense dans les comptes présentés.—(536.) Pour prendre en communication les pièces justificatives du compte et les rétablir, le tout ensemble. —(538.) Pour fournir des débats sur le procès-verbal du juge-commissaire. — Par chaque vacation de trois heures, dont le nombre sera fixé et arbitré par le juge-commissaire. — (538.) *Idem* pour fournir soutènements et réponses.—Par chaque vacation de trois heures, dont le nombre sera fixé et arbitré par le juge-commissaire. —(573, 574.) Pour faire au greffe une déclaration affirmative sur saisie-arrêt, contenant les causes et le montant de la dette, les paiements à-compte si aucuns ont été faits, l'acte ou les causes de libération, et les saisies-arrêts formées entre les mains du tiers saisi et le dépôt au greffe des pièces justificatives, le tout ensemble.—(850.) Pour assistance au compulsoire, et dires

au procès-verbal, par chaque vacation.— (866, 867, 868.) Pour faire et remettre l'extrait de la demande en séparation de biens qui doit être inséré dans les tableaux de l'auditoire du tribunal où se poursuit la séparation et du tribunal de commerce, des chambres des avoués de première instance et des notaires, et le faire insérer dans un journal, le tout ensemble. (872.) Pour faire insérer l'extrait du jugement qui aura prononcé la séparation de biens dans les mêmes tableaux et dans un journal, le tout ensemble. —(880.) Pour faire insérer l'extrait du jugement qui prononcera la séparation de corps dans les mêmes tableaux et dans un journal, le tout ensemble. — (C. 242, 243.) Pour assister à huis clos les époux dans le cas de demande en divorce, représenter les pièces, faire les observations et indiquer les témoins. — (Pr. 892.) Pour assister à la délibération du conseil de famille qui suit la demande en interdiction et avant l'interrogatoire. — (C. 501 et non Pr.) *Idem* pour faire l'extrait du jugement qui prononcera une interdiction ou une nomination de conseil, le faire insérer dans le tableau de l'auditoire et des études des notaires de l'arrondissement et dans un journal, le tout ensemble.—Le jugement d'interdiction ou de nomination de conseil ne sera point signifié aux notaires de l'arrondissement; l'extrait en sera remis au secrétaire de leur chambre, qui en donnera récépissé, et qui le communiquera à ses collègues, qui seront tenus d'en prendre note, et de l'afficher dans leurs études. — (Pr. 898.) Pour déposer au greffe le bilan, les livres et les titres actifs, s'il y en a, du débiteur qui demande à être admis au bénéfice de cession. —(903.) Pour faire l'extrait du jugement qui admet à la cession de biens, et le faire insérer au tableau du tribunal de commerce ou du tribunal de première instance qui en fait les fonctions, dans le lieu des séances de la maison commune et dans un journal, le tout ensemble.—(976, 977, 982.) Vacation au partage, soit devant le juge-commissaire, soit devant le notaire commis par lui, par trois heures. —(977.) Les vacations devant le notaire n'entreront point en frais de partage; elles ne pourront être répétées que contre la partie qui aura requis

l'assistance de l'avoué, —A Paris, 6 fr.
—Dans le ressort, 4 fr. 50 c.

93. (Pr. 806.) Vacation en référé contradictoire, —A Paris, 5 fr.—Dans le ressort, 3 fr. 75 c.—Et par défaut,—A Paris, 3 fr.—Dans le ressort, 2 fr. 25 c.

94. (Pr. 909.) Vacation pour requérir une apposition de scellés. —(911.) *Idem* à l'apposition de scellés, par trois heures. —(916, 918, 920, 921, 922.) En référé lors de l'apposition ou dans le cours de la levée.—(931.) Pour en requérir la levée.—(932, 933, etc.) A chaque vacation de trois heures, à la reconnaissance et levée.—(940.) Pour requérir la levée des scellés sans description. — A la reconnaissance et levée sans description.—A Paris, 6 fr.—Dans le ressort, 4 fr. 50 c.

§ IX. — *Poursuite de contribution.*

95. (Pr. 658.) Vacation pour requérir sur le registre tenu au greffe la nomination d'un juge-commissaire devant lequel il sera procédé à une contribution, —A Paris, 5 fr.— Dans le ressort, 3 fr. 75 c. —S'il se présente deux ou plusieurs requérants en même temps au greffe, ils se retireront devant le président du tribunal, qui décidera sur-le-champ celui dont la réquisition sera reçue. Il n'y aura ni appel, ni opposition contre la décision; il n'en sera point dressé procès-verbal, et il ne sera alloué aucune vacation aux avoués pour s'être transportés devant le président.

96. (Pr. 659.) Pour la requête au juge-commissaire à l'effet d'obtenir son ordonnance pour sommer les opposants de produire, et la partie saisie de prendre communication des pièces produites et de contredire, s'il y échet, et la vacation pour obtenir l'ordonnance du commissaire, le tout ensemble,—A Paris, 3 fr.—Dans le ressort, 2 fr. 25 c.

97. (Pr. 660, 661.) Pour l'acte de production des titres contenant demande en collocation, et même à fin de privilége et constitution d'avoué, y compris la vacation pour produire, —A Paris, 10 fr.—Dans le ressort, 7 fr. 50 c. —Il ne sera point signifié.

98. (Pr. 661.) Pour la sommation, à la requête du propriétaire, à l'avoué de la partie saisie, si elle en a constitué un, et

au plus ancien de ceux des opposants, pour comparaître en *référé* par-devant le juge-commissaire, à l'effet de faire statuer préliminairement sur son privilége, pour raison des loyers à lui dus,— A Paris, 1 fr.—Dans le ressort, 75 c.— Et pour chaque copie, le quart.—Vacation en référé devant le juge-commissaire, qui statuera sur le privilége réclamé pour loyers dus, par défaut,—A Paris, 3 fr.— Dans le ressort, 2 fr. 25 c.—Et contradictoirement, —A Paris, 5 fr.—Dans le ressort, 3 fr. 75 c.

99. (Pr. 663.) Pour l'acte de dénonciation de la clôture du procès-verbal de contribution du juge-commissaire aux avoués des créanciers produisants et de la partie saisie, si elle en a un, avec sommation d'en prendre communication et de contredire sur le procès-verbal dans la quinzaine, — A Paris, 1 fr. — Dans le ressort, 75 c.—Et pour chaque copie, le quart. — Le procès-verbal du juge-commissaire ne sera ni levé ni signifié, et il ne sera enregistré que lors de la délivrance des mandements aux créanciers.

100. (Pr. 663.) Vacation pour prendre communication de l'état de contribution et contredire sur le procès-verbal du juge-commissaire, sans qu'il puisse en être passé plus d'une, sous quelque prétexte que ce soit, —A Paris, 5 fr. — Dans le ressort, 3 fr. 75 c. —Il ne sera fait aucun dire, s'il n'y a lieu à contredire. —Il sera alloué à l'avoué du poursuivant autant de demi-droits de vacation pour prendre communication de l'état de contribution et contredire, qu'il y aura eu de créanciers produisants, — A Paris, 2 fr. 50 c. —Dans le ressort, 1 fr. 88 c.

101. (Pr. 665, 671.) Vacation pour requérir la délivrance du mandement au créancier utilement colloqué, et être présent à l'affirmation de la créance devant le greffier; l'avoué signera le procès-verbal, —A Paris, 2 fr.—Dans le ressort, 1 fr. 50 c. —*Nota.* Les mandements collectivement contiendront la totalité du procès-verbal du juge-commissaire. Si on délivrait, indépendamment des mandements, une expédition entière, ce serait un double emploi.—En cas de contestations, les dépens de ces contestations seront taxés comme dans les autres matières, suivant leur nature sommaire ou ordinaire.

§ X. — *Poursuite de saisie immobilière.*

102 à 129 (a).

§ XI. — *Poursuite d'ordre.*

130. (Pr. 750.) Vacation pour requérir, sur le registre tenu au greffe, la nomination, par le président du tribunal, d'un juge-commissaire devant lequel il sera procédé à l'ordre, — A Paris, 6 fr.

(a) Les articles de ce § X (102 à 129) sont abrogés et remplacés par le tarif de l'ordonnance royale du 10 octobre 1841, ci-après à sa date. Nous laissons subsister, en note, le texte ancien de ces articles :

« Art. 102. (Pr. 677, 680.) Vacation pour faire transcrire le procès-verbal de saisie immobilière au bureau de la conservation des hypothèques et au greffe du tribunal où doit se faire la vente, par chacune, — A Paris, 6 fr. — Dans le ressort, 4 fr. 50 c.

« 103. (Pr. 681.) Pour faire enregistrer au bureau de la conservation des hypothèques la dénonciation faite à la partie saisie, de la saisie-immobilière, — A Paris, 6 fr. — Dans le ressort, 4 fr. 50 c.

« 104. (Pr. 682.) Pour l'extrait de la saisie immobilière qui doit être inséré dans un tableau placé à cet effet dans l'auditoire, — A Paris, 6 fr. — Dans le ressort, 4 fr. 50 c.

« 105. (Pr. 683.) Pour l'extrait pareil à celui prescrit par l'art. 682, qui doit être inséré dans un journal : — Il sera passé autant de droits à l'avoué qu'il y aura eu d'insertions prescrites par le Code, — A Paris, 2 fr. — Dans le ressort, 1 fr. 50 c. — Pour faire légaliser la signature de l'imprimeur par le maire, s'il y a lieu, — A Paris, 2 fr. — Dans le ressort, 1 fr. 50 c.

« 106. (Pr. 684, 686.) Pour l'extrait de la saisie immobilière qui doit être imprimé et placardé, et qui servira d'original et ne pourra être grossoyé, — A Paris, 6 fr. — Dans le ressort, 4 fr. 50 c. — Il ne sera passé qu'un droit à l'avoué, attendu qu'aux termes de l'art. 703, il ne doit entrer en taxe qu'une seule impression de placards, et que les additions, lors des appositions subséquentes, doivent être manuscrites.

« 107. (Pr. 695.) Vacation pour se faire délivrer l'extrait des inscriptions, — A Paris, 6 fr. — Dans le ressort, 4 fr. 50 c.

« 108. (Pr. 696.) Vacation pour faire enregistrer, à la conservation des hypothèques, la notification du placard faite aux créanciers inscrits, — A Paris, 6 fr. — Dans le ressort, 4 fr. 50 c.

« 109. (Pr. 697.) Pour la grosse du cahier des charges, contenant vint-cinq lignes à la page, et douze syllabes à la ligne, — A Paris, 2 fr. — Dans le ressort, 1 fr. 50 c. — Il ne sera signifié de copie, ni à la partie saisie, ni aux créanciers inscrits, attendu que cette grosse doit être déposée au greffe, quinzaine avant la première publication, et que toute partie intéressée a la faculté d'en prendre communication. (V. art. 153.)

« 110. Il ne sera fait qu'une seule grosse, et il

— Dans le ressort, 4 fr. 50 c. — Si deux ou plusieurs avoués se présentent en même temps au greffe pour faire la même réquisition, ils se retireront sur-le-champ, sans sommation, devant le président du tribunal, qui décidera quelle est la réquisition qui doit être admise sans dresser aucun procès-verbal ; il ne sera reçu ni appel ni opposition contre la décision du président, et il ne sera alloué aucune vacation aux avoués.

131. (Pr. 752.) Requête au juge-commissaire à l'effet d'obtenir son ordon-

n'en sera point remis à l'huissier audiencier pour les publications : l'huissier publiera la note qui lui sera remise par le greffier, et le greffier constatera les publications qui seront d'ailleurs signées par le juge. — Vacation pour déposer au greffe le cahier des charges, — A Paris, 3 fr. — Dans le ressort, 2 fr. 45 c.

« 111. (Pr. 699, 700.) A chaque publication du cahier des charges, avec les dires qui pourront avoir lieu, — A Paris, 3 fr. — Dans le ressort, 2 fr. 45 c. — Il ne sera point signifié d'acte de remise de la publication du cahier des charges, attendu que les parties intéressées peuvent se présenter à la première publication et connaître les jours auxquels les publications subséquentes auront lieu ; que d'ailleurs l'apposition des placards et l'insertion dans un journal annonçant les adjudications préparatoires et définitives les instruiront suffisamment.

« 112. (Pr. 702.) Vacation à l'adjudication préparatoire (V. art. 154), — A Paris, 6 fr. — Dans le ressort, 4 fr. 50 c.

« 113. (Pr. 706.) Vacation à l'adjudication définitive (V. art. 155), — A Paris, 15 fr. — Dans le ressort, 12 fr. — Indépendamment des émoluments ci-dessus fixés, il sera alloué à l'avoué poursuivant, sur le prix des biens dont l'adjudication sera faite au-dessus de 2,000 fr., savoir : depuis 2,000 fr. jusqu'à 10,000 fr., *un pour cent* ; sur la somme excédant 10,000 fr. jusqu'à 50,000 fr., *demi pour cent* ; sur la somme excédant 50,000 fr. jusqu'à 100,000 fr., *un quart pour cent* ; et sur l'excédant de 100,000 fr., indéfiniment, *un huitième pour cent.* En cas d'adjudication par lots de biens compris dans la même poursuite, en l'état où elle se trouvera lors des adjudications, la totalité des prix des lots sera réunie pour fixer le montant de la remise. Il ne sera passé que trois quarts de la remise aux avoués des tribunaux de département.

« 114. (Pr. 707.) Vacation pour enchérir, — A Paris, 7 fr. 50 c. — Dans le ressort, 5 fr. 63 c. — Pour enchérir et se rendre adjudicataire, — A Paris, 15 fr. — Dans le ressort, 11 fr. 25 c. — Pour faire la déclaration de command, — A Paris, 6 fr. — Dans le ressort, 4 fr. 50 c. — *Nota.* Les vacations pour enchérir ou pour la déclaration de command sont à la charge de l'enchérisseur ou de l'adjudicataire.

« 115. (Pr. 710.) Vacation pour faire au greffe la surenchère du quart au moins du prix principal de l'adjudication en saisie immobilière, — A Paris, 15 fr. — Dans le ressort, 11 fr. 25 c.

« 116. (Pr. 711.) Pour l'acte de dénonciation

nance portant que les créanciers inscrits seront tenus de produire, et vacation pour se faire délivrer l'ordonnance, le tout ensemble,—A Paris, 3 fr.—Dans le ressort, 2 fr. 25 c.—Vacation pour se faire délivrer, par le conservateur des hypothèques, l'extrait des inscriptions, — A Paris, 6 fr.—Dans le ressort, 4 fr. 50 c.

132. (Pr. 753.) Sommation d'avoué à avoué aux créanciers inscrits qui en ont

de la surenchère aux avoués de l'adjudicataire, du poursuivant et de la partie saisie, si elle en a constitué, contenant avenir à la prochaine audience, — A Paris, 1 fr. — Dans le ressort, 75 c. — Pour chaque copie, le quart.

« 117. (Pr. 719.) Pour la requête d'avoué à avoué, contenant demande à fin de réunion de poursuites de saisies immobilières de biens différents portés devant le même tribunal, par chaque rôle, — A Paris, 2 fr. — Dans le ressort, 1 fr. 50 c. — Pour la copie, le quart.—Pour la requête en défense à cette même demande,—A Paris, 2 fr.—Dans le ressort, 1 fr. 50 c.—Pour la copie, le quart.

« 118. (Pr. 720.) Pour l'acte de dénonciation de la plus ample saisie au premier saisissant, à la requête du plus ample saisissant, avec sommation de se mettre en état, — A Paris, 3 fr. — Dans le ressort, 2 fr. 25 c. — Pour la copie, le quart.

« 119. (Pr. 721, 722.) Pour l'acte contenant demande en subrogation à la poursuite, soit faute par le premier saisissant de s'être mis en état sur la plus ample saisie, soit en cas de collusion, faute ou négligence de la part du poursuivant, — A Paris, 5 fr. — Dans le ressort, 3 fr. 75 c. — Pour la copie, le quart.—Pour l'acte en réponse, — A Paris, 5 fr. — Dans le ressort, 3 fr. 75 c. — Pour la copie, le quart.

« 120. (Pr. 726.) Vacation pour faire viser par le greffier l'exploit d'intimation sur l'appel du jugement, en vertu duquel il a été procédé à la saisie immobilière, — A Paris, 2 fr. — Dans le ressort, 1 fr. 50 c.

« 121. (Pr. 728.) *Idem* pour déposer au greffe les titres justificatifs d'une demande en distraction d'objets immobiliers saisis,—A Paris, 3 fr. — Dans le ressort, 2 fr. 45 c.

» 122 (Pr. 727.) Pour la requête d'avoué à avoué, contenant demande en distraction, par chaque rôle, — A Paris, 2 fr.—Dans le ressort, 1 fr. 50 c. — Pour la copie, le quart.—Requête en réponse, par chaque rôle, — A Paris, 2 fr. — Dans le ressort, 1 fr. 50 c. — Pour la copie, le quart.

« 123. (Pr. 729.) Pour la requête d'avoué à avoué contenant demande en décharge de l'adjudication préparatoire de la part de l'adjudicataire, en cas de demande en distraction de tout ou partie de l'objet saisi immobilièrement, par chaque rôle, sans cependant qu'elle puisse excéder le nombre de trois rôles, — A Paris, 2 fr. — Dans le ressort, 1 fr. 50 c.—Pour la copie, le quart. — Pour la réponse, — A Paris, 2 fr. — Dans le ressort, 1 fr. 50 c. — Pour la copie, le quart.

« 124. (Pr. 733.) Requête d'avoué à avoué de la part de la partie saisie, contenant moyens de nullité contre la procédure antérieure à l'adju-

constitué, de produire dans le mois,—à Paris, 1 fr.—Dans le ressort, 75 c.—Et pour chaque copie, le quart.

133. (Pr. 754.) Acte de production des titres contenant demande en collocation et constitution d'avoué, y compris la vacation pour produire, — A Paris, 20 fr. — Dans le ressort, 15 fr. — Il ne sera point signifié.

134. (Pr. 755.) Dénonciation par acte

dication préparatoire, par chaque rôle, — A Paris, 2 fr.—Dans le ressort, 1 fr. 50 c.—Pour la copie, le quart.—Pour la réponse,—A Paris, 2 fr. — Dans le ressort, 1 fr. 50 c. — Pour la copie, le quart.

« 125. (Pr. 735.) Requête d'avoué à avoué de la part de la partie saisie, contenant ses moyens contre les procédures postérieures à l'adjudication préparatoire, — A Paris, 2 fr. — Dans le ressort, 1 fr. 50 c. — Pour la copie, le quart. — Pour la requête en réponse, — A Paris, 2 fr. — Dans le ressort, 1 fr. 50 c.—Pour la copie, le quart.

« 126. (Pr. 738.) Vacation pour requérir le certificat du greffier, constatant que l'adjudicataire n'a point justifié de l'acquit des conditions exigibles de l'adjudication, — A Paris, 3 fr. — Dans le ressort, 2 fr. 25 c.

« 127. (Pr. 747, 748.) Requête non grossoyée et non signifiée, sur le consentement de toutes les parties intéressées, pour demander, après saisie immobilière, que l'immeuble saisi soit vendu aux enchères par-devant notaires ou en justice, — A Paris, 6 fr. — Dans le ressort, 4 fr. 50 c.

« 128. Les émoluments des avoués pour dresser le cahier des charges, en faire le dépôt au greffe, et pour les publications, les extraits à placarder et à insérer dans les journaux, les adjudications préparatoires et définitives, seront réglés et taxés comme en saisie immobilière, lorsqu'il s'agira, — (Pr. 636.) 1° De saisie de rentes constituées sur particuliers; — (832.) 2° De surenchère sur aliénation volontaire; — (954.) 3° De ventes d'immeubles de mineurs, et des biens dotaux dans le régime dotal;—(972.) 4° De ventes sur licitation; —(988, 1001.) 5° Et de ventes d'immeubles dépendants d'une succession bénéficiaire ou vacante, ou provenant d'un débiteur failli ou qui a fait cession.

« 129. La remise proportionnelle sur le prix de l'adjudication sera divisée en licitation, ainsi qu'il suit : — Moitié appartiendra à l'avoué poursuivant; — La seconde moitié sera partagée par égales portions entre tous les avoués qui ont occupé dans la licitation, y compris l'avoué poursuivant, qui aura sa part comme les autres dans cette seconde moitié.—L'art. 972 prescrivant en licitation la signification du cahier des charges par un simple acte aux avoués des colicitants, cet acte sera taxé comme un acte simple, et la copie du cahier des charges, comme celle de requête d'avoué à avoué.—Dans tous les cahiers des charges, il est expressément défendu de stipuler d'autres et plus grands droits au profit des avoués que ceux énoncés au présent tarif; et, s'il y est inséré quelque clause pour les exhausser, elle sera réputée non écrite. »

d'avoué à avoué, aux créanciers produisants et à la partie saisie, de la confection de l'état de collocation, avec sommation d'en prendre communication, et de contredire, s'il y échet, sur le procès-verbal du commissaire, dans le délai d'un mois : le procès-verbal ne sera ni levé, ni signifié, et il ne sera enregistré que lors de la délivrance des mandements,— à Paris, 3 fr.—Dans le ressort, 2 fr. 25 c. — Et pour chaque copie, le quart.

135. Vacation pour prendre communication des productions et contredire sur le procès-verbal du commissaire, sans qu'il puisse être passé plus d'une vacation dans le même ordre, sous quelque prétexte que ce soit, — A Paris, 10 fr.—Dans le ressort, 7 fr. 50 c. — Il sera passé à l'avoué poursuivant une demi-vacation par chaque production, pour en prendre communication et contredire, s'il y a lieu, — A Paris, 5 fr.— Dans le ressort, 3 fr. 75 c.

136. (Pr. 757.) Pour la dénonciation aux créanciers inscrits et à la partie saisie, des productions faites après les délais dans les ordres, et sommation d'en prendre communication et de contredire s'il y a lieu, — A Paris, 3 fr.— Dans le ressort, 2 fr. 25 c.—Pour chaque copie, le quart.

137. (Pr. 759.) Vacation pour faire rayer une ou plusieurs inscriptions en vertu du même jugement, — A Paris, 6 fr. — Dans le ressort, 4 fr. 50 c. — Vacation pour requérir et se faire délivrer le mandement ou bordereau de collocation, — A Paris, 5 fr.—Dans le ressort, 3 fr. 75 c. — *Nota.* Les bordereaux de collocation et l'ordonnance de mainlevée des inscriptions non utilement colloquées, contenant nécessairement la totalité du procès-verbal du jugé-commissaire, l'expédition entière serait un double emploi : elle ne sera ni levée, ni signifiée.

138. (Pr. 779.) Requête pour demander la subrogation à la poursuite d'ordre ; elle ne sera point grossoyée,— A Paris, 3 fr. — Dans le ressort, 2 fr. 25 c.

139. Vacation pour la faire insérer au procès-verbal du juge-commissaire, A Paris, 1 fr. 50 c. — Dans le ressort, 1 fr. 15 c.— Signification de la requête au poursuivant par acte d'avoué à avoué, — A Paris, 1 fr.—Dans le ressort, 75 c.

— Pour la copie, le quart. — Acte servant de réponse, — A Paris, 1 fr.—Dans le ressort, 75 c.—Pour la copie, le quart.

§ XII. — *Actes particuliers.*

140. (Pr. 495.) Pour la consultation de trois avocats exerçant depuis dix ans, qui doit précéder la requête civile, principale ou incidente, — A Paris, 72 fr.— Dans le ressort, 72 fr.

141. (Pr. 523.) Pour la déclaration de dommages-intérêts, par article, — A Paris, 60 c. — Dans le ressort, 45 c. — Pour la copie signifiée, par chaque article, — A Paris, 15 c.—Dans le ressort, 12 c.

142. (Pr. argum. de l'art. 524.)— Pour chaque apostille de l'avoué défendeur sur la déclaration de dommages et intérêts, — A Paris, 60 c.—Dans le ressort, 45 c.

143. (C. 2183.) Composition de l'extrait de l'acte de vente, ou donation, qui doit être dénoncé aux créanciers inscrits par l'acquéreur ou donataire, — A Paris, 15 fr. — Dans le ressort, 11 fr. 75 c. — Et, en outre, par chaque inscription extraite,—A Paris, 1 fr.—Dans le ressort, 75 c. — Les copies de cet extrait et des inscriptions seront taxées comme les copies de pièces.

144. Il sera taxé aux avoués par chaque journée de campagne, à raison de cinq myriamètres pour un jour, lorsque leur présence sera autorisée par la loi ou requise par leurs parties, y compris leurs frais de transport et de nourriture (Voir art. 3, 66, 145, 146, 159 à 167, 170),— A Paris, 30 fr. — Dans le ressort, 22 fr. 50 c.

145. Quand les parties seront domiciliées hors de l'arrondissement du tribunal, il sera passé à leurs avoués, pour frais de ports de pièces et de correspondances, par chaque jugement définitif (Voir art. 144),— A Paris, 10 fr.—Dans le ressort, 7 fr. 50 c.—Et par chaque interlocutoire, — A Paris, 5 fr.—Dans le ressort, 3 fr. 75 c.

146. Lorsque les parties feront un voyage et qu'elles se seront présentées au greffe, assistées de leur avoué, pour y affirmer que le voyage a été fait dans la seule vue du procès, il leur sera alloué, quels que soient leur état et leur profession, pour frais de voyage, séjour et retour, 3 fr. par chaque myriamètre de distance entre leur domicile et le tribunal où le procès sera pendant, et à l'avoué pour vacation au greffe (Voir art. 144), — A Paris, 1 fr. 50 c. — Dans le ressort, 1 fr. 15 c. — Il ne sera passé en taxe qu'un seul voyage en première instance et un seul en cause d'appel. La taxe pour la partie sera la même en l'un et l'autre cas. — Cependant, si la comparution d'une partie avait été ordonnée par jugement, et qu'en définitive les dépens lui fussent adjugés, il lui sera alloué pour cet objet une taxe égale à celle d'un témoin.

CHAP. III. — AVOUÉS DE LA COUR IMPÉRIALE DE PARIS.

147. Les émoluments des avoués de la cour impériale seront taxés au même prix et dans la même forme que ceux des avoués du tribunal de première instance de Paris, avec une augmentation sur chaque espèce de droits, savoir : dans les matières sommaires, du double, et dans les matières ordinaires, du double pour le droit de consultation, ainsi que pour le port de pièces, lorsque les parties seront domiciliées hors de l'arrondissement du tribunal de première instance de Paris ; et, pour les autres droits, d'une moitié seulement de ceux attribués aux avoués de première instance. — Néanmoins, dans les demandes de condamnation de frais d'un avoué contre sa partie, il ne sera alloué que moitié du droit ci-dessus fixé pour les matières sommaires.

148. (Pr. 457, 458, 459.) Les frais des demandes à fin de défenses contre les jugements mal à propos qualifiés en dernier ressort, ou dont l'exécution provisoire a été mal à propos ordonnée, hors les cas prévus par la loi, ainsi que ceux des demandes à fin d'exécution provisoire des jugements non qualifiés ou mal à propos qualifiés en premier ressort, et de ceux qui n'auraient pas prononcé l'exécution provisoire dans les cas où elle devait l'être, seront liquidés comme en matière sommaire. (Voir art. 152 et 157.)

149. (Pr. 809.) Il en sera de même

des frais faits sur les appels d'ordonnances de référés.

150. (Pr. 858.) Les requêtes en prise à partie, et celles de pourvoi contre un jugement qui a statué sur une demande en rectification d'un acte de l'état civil, quand il n'y a d'autre partie que le demandeur en rectification, seront taxées 15 fr.

CHAP. IV. — DISPOSITIONS COMMUNES AUX AVOUÉS DES COURS ET DES TRIBUNAUX.

151. Tous les avoués seront tenus d'avoir un registre, qui sera coté et paraphé par le président du tribunal auquel ils seront attachés, ou par un des juges du siége, qui sera par lui commis, sur lequel registre ils inscriront eux-mêmes, par ordre de date et sans aucun blanc, toutes les sommes qu'ils recevront de leurs parties. — Ils représenteront ce registre toutes les fois qu'ils en seront requis, et qu'ils formeront des demandes en condamnation de frais ; et, faute de représentation ou de tenue régulière, ils seront déclarés non recevables dans leurs demandes. — Le tarif ne comprend que l'émolument net des avoués et autres officiers ; les déboursés seront payés en outre. — Les officiers ne pourront exiger de plus forts droits que ceux énoncés au présent tarif, à peine de restitution, dommages et intérêts, et d'interdiction, s'il y a lieu. — Il ne sera passé aux juges de paix, aux experts, aux avoués, aux notaires, et à tous officiers ministériels, que trois vacations par jour quand ils opéreront dans le lieu de leur résidence, deux par matinée, et une seule l'après-dîner. (Voir art. 1, 33, 159, 168, 171.)

CHAP. V. — DES HUISSIERS AUDIENCIERS.

§ I. — Des tribunaux de première instance.

152. Pour chaque appel de cause sur le rôle et lors des jugements par défaut, interlocutoires et définitifs, sans qu'il soit alloué aucun droit pour les jugements préparatoires et de simples remises (Voir art. 82, 83, 148), — A Paris, 30 c. — Dans le ressort, 25 c.

153, 154, 155 (a).

(a) Ces articles sont abrogés et remplacés par le tarif de l'ordonnance royale du 10 octobre

156. Pour significations de toute espèce, d'avoué à avoué, sans aucune distinction, à l'ordinaire (Voir art. 29, § 4, 70, § 2 et 76, § 2), — A Paris, 30 c. — Dans le ressort, 25 c. — Pour significations extraordinaires, c'est-à-dire à une autre heure que celle où se font les significations ordinaires, suivant l'usage du tribunal, — A Paris, 1 fr. — *Nota.* Ces significations doivent être faites à heure datée ; et, à défaut de date, elles ne seront taxées que comme significations ordinaires : elles ne sont passées en taxe, comme extraordinaires, qu'à Paris seulement. — Les huissiers audienciers, quoiqu'ils soient commis pour faire des significations ou autres opérations, ne pourront exiger autres ni plus forts droits que les huissiers ordinaires ; et ils seront obligés de se conformer à toutes les dispositions du Code, comme tous les autres huissiers : mais les frais de transport des huissiers de la cour impériale, commis par elle, seront, dans ce cas, alloués suivant la taxe, quelle que soit la distance.

§ II. — *Des huissiers audienciers de la cour impériale de Paris.*

157. Pour l'appel des causes sur le rôle, ou lors des arrêts par défaut, interlocutoires et définitifs, à la charge d'envoyer des bulletins aux avoués pour toutes les remises de cause qui seront ordonnées, 1 fr. 25 c. — Il ne sera passé aucun droit d'appel pour les simples remises de causes et les jugements préparatoires.

158. Pour significations de toute espèce, d'avoué à avoué, sans aucune distinction, — A l'ordinaire, 75 c. — A l'extraordinaire ou à heure datée, 1 fr. 50 c.

CHAP. VI. — DES EXPERTS, DES DÉPOSITAIRES DE PIÈCES ET DES TÉMOINS.

159. (Pr. 320.) Il sera taxé aux experts, par chaque vacation de trois heures, quand ils opéreront dans les lieux où ils sont domiciliés ou dans la distance de deux myriamètres ; savoir, dans le département de la Seine (Voir art. 151), — Pour les artisans et laboureurs, 4 fr. — Pour les architectes et autres artistes, 8 fr. — Dans les autres départements, — Aux artisans et laboureurs, 3 fr. — Aux architectes et autres artistes, 6 fr.

160. Au delà de deux myriamètres, il sera alloué par chaque myriamètre, pour frais de voyage et nourriture, aux architectes et autres artistes, soit pour aller, soit pour revenir (Voir art. 3, 66, 144, 145, 146, 159, 161 à 167, 170), — A ceux de Paris, 6 fr. — A ceux des départements, 4 fr. 50 c.

161. Il leur sera alloué pendant leur séjour, à la charge de faire quatre vacations par jour ; savoir, — A ceux de Paris, 32 fr. — A ceux des départements, 24 fr. — *Nota.* La taxe sera réduite, dans le cas où le nombre de quatre vacations n'aurait pas été employé. — S'il y a lieu à transport d'un laboureur au delà de deux myriamètres, il sera alloué 3 fr. par myriamètre pour aller, et autant pour le retour, sans néanmoins qu'il puisse rien être alloué au delà de cinq myriamètres.

162. Il sera encore alloué aux experts deux vacations, l'une pour leur prestation de serment, l'autre pour le dépôt de leur rapport, indépendamment de leurs frais de transport, s'ils sont domiciliés à plus de deux myriamètres de distance du lieu où siége le tribunal ; il leur sera accordé par myriamètre, en ce cas, le cinquième de leur journée de campagne. (V. art. 29, § 9, 76, § 9, 94, § 8.) — Au moyen de cette taxe, les experts ne pourront rien réclamer, ni pour frais de voyage et de nourriture, ni pour s'être fait aider par des écrivains ou par des toiseurs et porte-chaînes, ni sous quelque autre prétexte que ce soit ; ces frais, s'ils ont eu lieu, restent à leur charge. — Le président, en procédant à la taxe de leurs vacations, en réduira le nombre s'il lui paraît excessif.

163. Il sera taxé aux experts en vé-

1841, ci-après à sa date. Voici le texte ancien de ces articles :
« 153. Pour chaque publication du cahier des charges dans toute espèce de ventes. (Voir art. 109.) — A Paris, 1 fr. — Dans le ressort, 75 c.
« 154. Pour la même publication, lors de

l'adjudication préparatoire. (Voir art. 112.) — A Paris, 3 fr. — Dans le ressort, 2 fr. 25 c.
« 155. Pour la publication, lors de l'adjudication définitive, y compris les frais de bougies, que les huissiers disposeront et allumeront eux-mêmes. (Voir art. 113.) — A Paris, 5 fr. — Dans le ressort, 3 fr. 75 c. »

rification d'écritures, et en cas d'inscription de faux incident, par chaque vacation de trois heures, indépendamment de leurs frais de voyage, s'il y a lieu (Pr. 208, 232), — A Paris, 8 fr. — Dans les tribunaux du ressort, 6 fr.

164. (208, 232.) Il ne leur sera rien alloué pour prestation de serment ni pour dépôt de leur procès-verbal, attendu qu'ils doivent opérer en présence du juge ou du greffier, et que le tout est compris dans leurs vacations.

165. Il leur sera alloué pour frais de voyage, s'ils sont domiciliés à plus de deux myriamètres du lieu où se fait la vérification, — A Paris, 32 fr. — Dans le ressort, 24 fr. — A raison de cinq myriamètres par journée, et au moyen de cette taxe, ils ne pourront rien réclamer pour frais de transport et de nourriture.

166. (Pr. 201, 204, 205, 221, 225.) Il sera taxé aux dépositaires qui devront représenter les pièces de comparaison en vérification d'écritures ou arguées de faux, en inscription de faux incident, indépendamment de leurs frais de voyage, par chaque vacation de trois heures devant le juge-commissaire ou le greffier, savoir : — 1º Aux greffiers des cours impériales et des cours d'assises, 12 fr. ; — Des tribunaux de première instance, 10 fr. — 2º Aux notaires de Paris, 9 fr. ; — Des départements, 6 fr. 75 c. — 3º Aux avoués des cours impériales, 8 fr. ;—Des tribunaux de première instance, 6 fr. — 4º Aux huissiers de Paris, 5 fr. ; — Des départements, 4 fr. — 5º Aux autres fonctionnaires publics ou autres particuliers, s'ils le requièrent, 6 fr.

167. Il sera taxé au témoin, à raison de son état et de sa profession, une journée pour sa déposition ; et, s'il n'a pas été entendu le premier jour pour lequel il aura été cité, dans le cas prévu par l'article 267, il lui sera passé deux journées, indépendamment des frais de voyage, si le témoin est domicilié à plus de deux myriamètres du lieu où se fait l'enquête. — Le *maximum* de la taxe du témoin sera de 10 fr., et le *minimum*, 2 fr. — Les frais de voyage sont fixés à 3 fr. par myriamètre pour l'aller et le retour (a).

CHAP. VII. — DES NOTAIRES.

I. — **168.** Il sera taxé aux notaires, pour tous les actes indiqués par le Code Napoléon et par le Code judiciaire, — Pour chaque vacation de trois heures (V. art. 151), — (Pr. 849.) 1º Aux compulsoires faits en leur étude ; — (852.) 2º Devant le juge, en cas que leur transport devant lui ait été requis ; — (C. 151, 152, 153, 154.) 3º A tout acte respectueux et formel pour demander le conseil du père et de la mère, ou celui des aïeuls ou aïeules, à l'effet de contracter mariage ; — (C. 279.) 4º Aux inventaires contenant estimation des biens meubles et immeubles des époux qui veulent demander le divorce par consentement mutuel ; — (C. 281, 284, 285.) 5º Aux procès-verbaux qu'ils doivent dresser de tout ce qui aura été dit et fait devant le juge, en cas de demande en divorce par consentement mutuel ; — (Pr. 941 et suivants.) 6º Aux inventaires après décès ; — (944.) 7º En référé devant le président du tribunal, s'il s'élève des difficultés ou s'il est formé des réquisitions pour l'administration de la communauté ou de la succession, ou pour tous autres objets ; — (977, 978, etc.) 8º A tous les procès-verbaux qu'ils dresseront en tous autres cas, et dans lesquels ils seront tenus de constater le temps qu'ils y auront employé ; — (977.) 9º Au greffe, pour y déposer la minute du procès-verbal des difficultés élevées dans les partages, contenant les dires des parties, — A Paris, 9 fr. — Villes où il y a un tribunal de première instance, 6 fr. — (Ailleurs), 4 fr.

169. Dans tous les cas où il est alloué des vacations aux notaires, il ne leur sera rien passé pour les minutes de leurs procès-verbaux.

II. — **170.** Quand les notaires seront obligés de se transporter à plus d'un myriamètre de leur résidence, indépendamment de leur journée, il leur sera alloué pour tous frais de voyage et nourriture,

---

(a) Voy. le décret du 11 juin 1809, tit. XI, art. 58 et suiv., concernant les droits à payer aux secrétaires des conseils de prud'hommes

(Code de la propriété industrielle) ; la loi du 27 vent. an IX, l'arrêté du 29 germ. de la même année, la loi du 28 avril 1816, art. 89, qui fixent les droits à percevoir par les commissaires priseurs (C. des offic. minis.) ; et le décret du 14 mars 1808, art. 20 et 21, relatifs au salaire des gardes du commerce et aux autres droits qui leur sont alloués. (Lois et ord. div.)

pour chaque myriamètre, un cinquième de leurs vacations et autant pour le retour ; — Et par journée, qui sera comptée a raison de cinq myriamètres, aussi pour l'aller et le retour, quatre vacations. (Voyez les articles 3, 66, 144, 145, 146, 159 à 167.)

III. — **171.** Il sera passé aux notaires, pour la formation des comptes que les copartageants peuvent se devoir de la masse générale de la succession, des lots et des fournissements à faire à chacun des copartageants, une somme correspondante au nombre des vacations que le juge arbitrera avoir été employées à la confection de l'opération.

IV. — **172** (a).

V. — **173.** Tous les autres actes du ministère des notaires, notamment les partages et ventes volontaires qui auront lieu par-devant eux, seront taxés par le président du tribunal de première instance de leur arrondissement, suivant leur nature et les difficultés que leur rédaction aura présentées, et sur les renseignements qui lui seront fournis par les notaires et les parties.

VI. — **174.** Les expéditions de tous les actes reçus par les notaires, y compris celles des inventaires et de tous procès-verbaux, contiendront vingt-cinq lignes à la page et quinze syllabes à la ligne, et leur seront payées, par chaque rôle, — A Paris, 3 fr. — Villes où il y a un tribunal de première instance, 2 fr. —(Ailleurs), 1 fr. 50 c.

VII. — **175.** (C. 501.) Les notaires seront tenus de prendre à leur chambre de discipline, et de faire afficher dans leurs études, l'extrait des jugements qui auront prononcé des interdictions contre des particuliers, ou qui leur auront nommé des conseils, sans qu'il soit besoin de leur signifier les jugements. (Voyez l'article 92, § 29.)

(a) Abrogé par l'ordonnance royale du 10 octobre 1841, ci-après à sa date. Voici le texte de cet ancien article :

« IV.—172. Les remises accordées aux avoués sur les prix des ventes d'immeubles seront allouées aux notaires, dans les cas où les tribunaux renverront des ventes d'immeubles par-devant eux, mais sans distinction de celles dont le prix n'excédera pas 2,000 francs ; et, au moyen de cette remise, ils ne pourront rien exiger pour les minutes de leurs procès-verbaux de publication et d'adjudication. » (V. art. 113.)

16 février 1807. — *DÉCRET relatif à la liquidation des dépens.*

ARTICLE 1er. La liquidation des dépens en matières sommaires sera faite par les arrêts et jugements qui les auront adjugés : à cet effet, l'avoué qui aura obtenu la condamnation remettra, dans le jour, au greffier tenant la plume à l'audience, l'état des dépens adjugés ; et la liquidation en sera insérée dans le dispositif de l'arrêt ou jugement.

2. Les dépens dans les matières ordinaires seront liquidés par un des juges qui aura assisté au jugement ; mais le jugement pourra être expédié et délivré avant que la liquidation soit faite.

3. L'avoué qui requerra la taxe remettra au greffier l'état des dépens adjugés, avec les pièces justificatives.

4. Le juge chargé de liquider taxera chaque article en marge de l'état, sommera le total au bas, le signera, mettra le taxé sur chaque pièce justificative, et paraphera : l'état demeurera annexé aux qualités.

5. Le montant de la taxe sera porté au bas de l'état des dépens adjugés ; il sera signé du juge qui y aura procédé et du greffier. Lorsque ce montant n'aura pas été compris dans l'expédition de l'arrêt ou jugement, il en sera délivré exécutoire par le greffier.

6. L'exécutoire ou le jugement au chef de la liquidation seront susceptibles d'opposition. L'opposition sera formée dans les trois jours de la signification à avoué avec citation ; il y sera statué sommairement, et il ne pourra être interjeté appel de ce jugement que lorsqu'il y aura appel de quelques dispositions sur le fond.

7. Si la partie qui a obtenu l'arrêt ou le jugement néglige de le lever, l'autre partie fera une sommation de le lever dans les trois jours.

8. Faute de satisfaire à cette sommation, la partie qui aura succombé pourra lever une expédition du jugement, sans que les frais soient taxés ; sauf à l'autre partie à les faire taxer dans la forme ci-dessus prescrite.

9. Les demandes des avoués et autres officiers ministériels en paiement de frais, contre les parties pour lesquelles ils auront occupé ou instrumenté, seront portées à l'audience, sans qu'il soit besoin de citer en conciliation ; il sera donné, en tête des assignations, copie du mémoire des frais réclamés.

TARIF DES FRAIS DE TAXE.

Il ne sera rien alloué aux avoués pour l'état des dépens adjugés en matière sommaire, qu'ils doivent remettre aux greffiers, à l'effet d'en faire insérer la liquidation dans l'arrêt ou le jugement. — Pour chaque article entrant en taxe des dépens adjugés en matière ordinaire, il sera alloué 10 c. — Au moyen de cette taxe, il ne sera alloué à l'avoué aucune vacation, à l'effet de remettre et retirer les pièces justificatives. — (*Nota.* Il ne pourra être fait qu'un article pour chaque pièce de la procédure, tant pour l'avoir dressée que pour l'original, copie et signification, et tous les droits qui en résultent. — Chaque article sera divisé en deux parties : la première comprendra les déboursés, y compris le salaire des huissiers, et la seconde l'émolument net de l'avoué ; en conséquence, les états seront formés sur deux colonnes, l'une des déboursés, l'autre de l'émolument de l'avoué.) — Pour la sommation à l'avoué de la partie qui a obtenu la condamnation de dépens, de lever le jugement, — A Paris, 1 fr. — Dans le ressort, 75 c. — Et pour la copie, le quart. — Pour l'original de l'acte contenant opposition, soit à un exécutoire de dépens, soit au chef du jugement qui les a liquidés, avec sommation de comparaître à la chambre du conseil pour être statué sur ladite opposition, — A Paris, 1 fr. — Dans le ressort, 75 c. — Et pour chaque copie, le quart. — Pour assistance et plaidoirie à la chambre du conseil, — A Paris, 7 fr. 50 c. — Dans le ressort, les trois quarts. — Pour les qualités et signification à avoué du jugement qui interviendra, s'il n'y a qu'une partie, le tout ensemble, — A Paris, 5 fr. — Dans le ressort, 4 fr. — S'il y a plusieurs avoués, pour chacune des autres copies tant des qualités que du jugement, — A Paris, 1 fr. — Dans le ressort, 75 c. — Il ne sera passé aucun autre droit pour la taxe des frais.

16 février 1807. — *DÉCRET qui rend commun à plusieurs cours impériales et tribunaux le tarif des frais et dépens de ceux de Paris, et en fixe la réduction pour les autres.*

ARTICLE 1ᵉʳ. Le tarif des frais et dépens en la cour impériale de Paris, décrété cejourd'hui, est rendu commun aux cours impériales de Lyon, Bordeaux et Rouen. — Toutes les sommes portées en ce tarif seront réduites d'un dixième pour la taxe des frais et dépens dans les autres cours impériales.

2. Le tarif des frais et dépens, décrété pour le tribunal de première instance et pour les justices de paix établis à Paris, est rendu commun aux tribunaux de première instance et aux justices de paix établis à Lyon, Bordeaux et Rouen. — Toutes les sommes portées en ce tarif seront réduites *d'un dixième* dans la taxe des frais et dépens pour les tribunaux de première instance et pour les justices de paix établis dans les villes où siège une cour impériale, ou dans les villes dont la population excède trente mille âmes.

3. Dans tous les autres tribunaux de première instance et justices de paix de l'empire, le tarif des frais et dépens sera le même que celui décrété pour les tribunaux de première instance et les justices de paix du ressort de la cour impériale de Paris, autres que ceux établis dans cette capitale.

4. Le tarif des frais de taxe décrété également cejourd'hui, pour le ressort de la cour impériale de Paris, est aussi déclaré commun à tout l'empire : en conséquence, dans tous les chefs-lieux de cour impériale, les droits de taxe seront perçus comme à Paris ; et partout ailleurs, ils seront perçus comme dans le ressort de la cour impériale de Paris (a).

(a) Indépendamment des décrets ci-dessus et de tous ceux qui suivent et qui sont relatifs aux droits, honoraires, vacations ou rétributions alloués aux diverses classes d'officiers ministériels, il est une matière spéciale qui a acquis aujourd'hui une très-grande importance, et qui possède également son *tarif particulier.* Nous voulons parler de l'*expropriation pour cause d'utilité publique.* Ce tarif est celui qui a été établi par l'ordonnance royale des 18-20 septembre 1833. Il est resté en vigueur, bien que la loi de 1833, sur la matière dont il s'agit, ait été remplacée par celle du 3 mai 1841. Afin d'éviter de scinder les textes, ce tarif a été placé au Code spécial dont il s'agit. — Voy. donc le Code de l'Expropriation pour cause d'utilité publique.

10-25 octobre 1841. — *ORDONNANCE portant règlement d'administration publique sur l'exécution de la nouvelle loi des ventes judiciaires, et déterminant un nouveau tarif des frais et allocations dus aux officiers ministériels intervenant* (a).

TITRE Ier.

DISPOSITIONS COMMUNES A TOUT LE ROYAUME.

CHAP. Ier. — GREFFIERS DES TRIBUNAUX DE PREMIÈRE INSTANCE.

ARTICLE 1er. Il est alloué aux greffiers des tribunaux de première instance : — Pour la communication sans déplacement, tant du cahier des charges que du procès-verbal d'expertise, 15 fr. — Ce droit sera dû soit qu'il y ait, soit qu'il n'y ait pas d'expertise. Toutefois si l'expertise a été ordonnée en matière de licitation, le droit sera réduit à 12 fr. — Il sera perçu, lors du premier dépôt au greffe, soit du procès-verbal d'expertise, soit du cahier des charges.

CHAP. II. — CONSERVATEURS DES HYPOTHÈQUES.

2. Il est alloué aux conservateurs des hypothèques, pour : — La transcription de chaque procès-verbal de saisie immobilière et de chaque exploit de dénonciation de ce procès-verbal au saisi (art. 677 et 678 du C. de Pr.), par rôle d'écriture du conservateur, contenant vingt-cinq lignes à la page et dix-huit syllabes à la ligne, 1 fr. : — L'acte du conservateur contenant son refus de transcription, en cas de précédente saisie (art. 680 du C. de Pr.), 1 fr.; — Chaque extrait d'inscription ou certificat qu'il n'en existe aucune (arg. de l'art. 692 du C. de Pr.), 1 fr.; — La mention des deux notifications prescrites par les articles 691 et 692 du C. de Pr. (art. 693 *ibid.*), 1 fr.; — La radiation de la saisie immobilière (art. 693 du C. de Pr.), 1 fr.; — La mention du jugement d'adjudication (art. 716 du C. de Pr.), 1 fr.; — La mention du jugement de conversion (art. 748 du C. de Pr.), 1 fr.

(a) La loi sur les ventes judiciaires d'immeubles, qui a donné une nouvelle rédaction aux titres XII et XIII du Code de procédure (art. 673 à 748), est du 2 juin 1841. — Voy. au Code de procéd., *loc. cit.*

TITRE II.

DISPOSITIONS POUR LE RESSORT DE LA COUR ROYALE DE PARIS.

CHAP. I. — HUISSIERS.

§ I. — *Huissiers ordinaires.*

3. *Actes de première classe.* — Il est alloué aux huissiers ordinaires (Pr. art. 673) : — Pour l'original du commandement tendant à saisie immobilière : à Paris, 2 fr.; dans le ressort, 1 fr. 50 c. — Pour chaque copie, le quart de l'original. — Pour droit de copie du titre, par rôle contenant vingt lignes à la page et dix syllabes à la ligne, ou évalué sur ce pied : à Paris, 25 c.; dans le ressort, 20 c. — (Art. 681) Pour l'original de l'assignation en référé. — (Art. 684) De la demande en nullité de bail; — (Art. 685) De l'acte d'opposition entre les mains des fermiers ou locataires, ou de la simple sommation aux mêmes; — (Art. 687) De la signification aux créanciers inscrits de l'acte de la consignation faite par l'acquéreur en cas d'aliénation, qui peut avoir lieu après saisie immobilière sous la condition de consigner; — (Art. 691, 692) De la sommation à la partie saisie et aux créanciers inscrits de prendre communication du cahier des charges; — (Art. 716) De la signification du jugement d'adjudication; — (Art. 717) De la demande en résolution qui doit être formée avant l'adjudication et notifiée au greffe; — (Art. 718) De l'exploit d'ajournement; — (Art. 725) De la demande en distraction de tout ou partie des objets saisis immobilièrement contre la partie qui n'a pas avoué en cause; — (Art. 732) De l'acte d'appel qui doit être en même temps notifié au greffier du tribunal et visé par lui; — (Art. 735) De la signification du bordereau de collocation avec commandement; — (Art. 736) De la signification des jour et heure de l'adjudication sur folle enchère; — (Art. 837) De la sommation à faire à l'ancien et au nouveau propriétaire, et, s'il y a lieu, au créancier surenchérisseur; — (Art. 962) De l'avertissement qui doit être donné au subrogé tuteur; — (Art. 969) De la demande en partage; — Et généralement de tous actes simples non compris dans l'article

suivant : à Paris, 2 fr. ; dans le ressort, 1 fr. 50 c. — Pour chaque copie, le quart de l'original.

4. *Procès-verbaux et actes de seconde classe.* — (Pr. art. 675.) Pour un procès-verbal de saisie immobilière auquel il n'aura été employé que trois heures : à Paris, 6 fr. ; dans le ressort, 5 fr. — Et cette somme sera augmentée par chacune des vacations subséquentes qui auront pu être employées, de : à Paris, 5 fr.; dans le ressort, 4 fr. — L'huissier ne se fera pas assister de témoins ; — (Art. 677) Pour la dénonciation de la saisie immobilière à la partie saisie : à Paris, 2 fr. 50 c.; dans le ressort, 2 fr.; pour la copie de ladite dénonciation, le quart ; — (Art. 832 ; — Cod. Napol., art. 2185) Pour l'original de l'acte contenant réquisition d'un créancier inscrit, à fin de mise aux enchères et adjudication publique de l'immeuble aliéné par son débiteur : à Paris, 5 fr. ; dans le ressort, 4 fr.; et pour la copie, le quart. L'original et la copie de cette réquisition seront signés par le requérant ou par son fondé de procuration spéciale ; — (Art. 699, 704, 709, 735, 741, 743, 836, 959, 972, 988, 997) Pour le procès-verbal d'apposition de placards dans toutes les ventes judiciaires, y compris le salaire de l'afficheur : à Paris, 8 fr.; dans le ressort, 6 fr.

5. Il ne sera rien alloué aux huissiers pour transport jusqu'à un demi-myriamètre. — Il leur sera alloué au delà d'un demi-myriamètre, pour frais de voyage qui ne pourra excéder une journée de cinq myriamètres (dix lieues anciennes) ; savoir, au delà d'un demi-myriamètre et jusqu'à un myriamètre, pour aller et retour : à Paris, 4 fr. ; dans le ressort, 4 fr. — Au delà d'un myriamètre, il sera alloué par chaque demi-myriamètre, sans distinction, 2 fr. — Il sera taxé pour visa de chacun des actes qui y sont assujettis : à Paris, 1 fr. ; dans le ressort, 75 c.

6. Il est alloué aux huissiers audienciers des tribunaux de première instance (Pr. art. 659), — Pour la publication du cahier des charges : à Paris, 1 fr. ; dans le ressort, 75 c.; — (Art. 705, 706) Lors de l'adjudication, y compris les frais de bougie que les huissiers disposeront et allumeront eux-mêmes : à Paris, 5 fr.; dans le ressort, 3 fr. 75 c. — Ce droit sera alloué à raison de chaque lot adjugé, quelle qu'en soit la composition, sans qu'il puisse être exigé sur un nombre de lots supérieur à six. — Lorsque après l'ouverture des enchères, l'adjudication n'aura pas lieu, il sera alloué aux huissiers, y compris les frais de bougie et quel que soit le nombre des lots : à Paris, 5 fr.; dans le ressort, 3 fr. 75 c.

CHAP. II. — AVOUÉS DE PREMIÈRE INSTANCE.

7. *Saisie immobilière.* — Il est alloué aux avoués de première instance, pour chacune des vacations suivantes (Pr. art. 678) : — Vacation à faire transcrire la saisie immobilière et l'exploit de dénonciation ; — (Art. 692) Vacation pour se faire délivrer l'extrait des inscriptions ; — (Art. 692) Vacation à l'examen de l'état d'inscriptions et pour préparer la sommation au vendeur de l'immeuble saisi ; — (Art. 693) Vacation à la mention aux hypothèques de la notification prescrite par les art. 691 et 692 ; — (Art. 716) Vacation à la mention sommaire du jugement d'adjudication en marge de la transcription de la saisie ; — (Art. 748) Vacation à la mention sommaire du jugement de conversion en marge de la transcription de la saisie : à Paris, 6 fr.; dans le ressort, 4 fr. 50 c.; — (Art. 695) Pour la vacation à la publication, compris les dires qui pourront avoir lieu : à Paris, 3 fr.; dans le ressort, 2 fr. 45 c.; — (Art. 720) Pour l'acte de la dénonciation de la plus ample saisie au premier saisissant, à la requête du plus ample saisissant, avec sommation de se mettre en état : à Paris, 3 fr. ; dans le ressort, 2 fr. 25 c. ; pour la copie, le quart ; — (Art. 726) Vacation pour déposer au greffe les titres justificatifs d'une demande en distraction d'objets immobiliers saisis : à Paris, 3 fr. ; dans le ressort, 2 fr. 45 c. ; — (Art. 745) Requête non grossoyée et non signifiée, sur le consentement de toutes les parties intéressées, pour demander, après saisie immobilière, que l'immeuble saisi soit vendu aux enchères par-devant notaire ou en justice ; à chaque avoué signataire de la requête : à Paris, 6 fr. ; dans le ressort, 4 fr. 50 c.

8. *Surenchère sur aliénation volontaire.* —(Pr. art. 832) Requête pour faire commettre un huissier : à Paris, 2 fr. ; dans le ressort, 1 fr. 50 c. — Vacation pour faire au greffe la soumission de la caution et déposer les titres justificatifs de sa solvabilité : à Paris, 3 fr. ; dans le ressort, 2 fr. 25 c. — Vacation pour prendre communication des pièces justificatives de la solvabilité de la caution : à Paris, 3 fr. ; dans le ressort, 2 fr. 25 c.

9. *Vente de biens de mineurs.* — (Pr. art. 954) Requête à fin d'homologation de l'avis du conseil de famille pour aliéner les immeubles des mineurs : à Paris, 7 fr. 50 c. ; dans le ressort, 5 fr. 50 c. — (Art. 956) Vacation à prendre communication de la minute du rapport des experts : à Paris, 6 fr. ; dans le ressort, 4 fr. 50 c. — Requête pour demander l'entérinement du rapport : à Paris, 7 fr. 50 c. ; dans le ressort, 5 fr. 50 c. — Il sera alloué aux avoués, sans distinction de résidence, dans le cas où l'expertise n'aura pas lieu, à raison des soins et démarches nécessaires pour la fixation de la mise à prix, 25 fr., — Sans préjudice du supplément de remise proportionnelle accordé par l'article 11 de la présente ordonnance. —(Art. 954) Vacation à prendre communication du cahier des charges, au cas de renvoi devant notaire : à Paris, 6 fr. ; dans le ressort, 4 fr. 50 c. — (Art. 963) Requête pour obtenir l'autorisation de vendre au-dessous de la mise à prix : à Paris, 7 fr. 50 c. ; dans le ressort, 5 fr. 50 c. —Ces émoluments seront les mêmes lorsqu'il s'agira de vente d'immeubles dépendant d'une succession bénéficiaire, d'immeubles dotaux, ou provenant soit d'une succession vacante, soit d'un débiteur failli, ou qui a fait cession.

10. *Partages et licitations.* —(Pr. art. 969) Requête à fin de remplacement du juge ou du notaire commis : à Paris, 3 fr. ; dans le ressort, 2 fr. 25 c. — (Art. 971) Vacation à prendre communication du procès-verbal d'expertise ; à Paris, 6 fr. ; dans le ressort, 4 fr. 50 c. —Acte de conclusions d'avoué à avoué pour demander l'entérinement du rapport : à Paris, 7 fr.

50 c. ; dans le ressort, 5 fr. 50 c.; pour chaque copie, le quart. — Il sera alloué aux avoués, sans distinction de résidence, dans les cas où l'expertise n'aura pas lieu, à raison des soins et démarches nécessaires pour la fixation de la mise à prix en cas de vente, ou pour l'estimation et la composition des lots, en cas de partage en nature, 25 fr., — Sans préjudice du supplément de remise proportionnelle accordé par l'article 11 de la présente ordonnance. Aucune remise proportionnelle ne sera due toutefois dans les cas de partage en nature. —(Art. 973) Sommation de prendre communication du cahier des charges : à Paris, 1 fr. ; dans le ressort, 75 c.—Pour chaque copie, le quart. — Vacation à prendre communication du cahier des charges, au greffe, pour chaque avoué colicitant ; en l'étude du notaire, pour l'avoué poursuivant et pour chaque avoué colicitant : à Paris, 6 fr. ; dans le ressort, 4 fr. 50 c. —Acte de conclusions d'avoué à avoué pour obtenir l'autorisation de vendre au-dessous de la mise à prix : à Paris, 7 fr. 50 c. ; dans le ressort, 5 fr. 50 c. ; pour chaque copie, le quart.

§ II. — *Emoluments communs aux différentes ventes.*

11. (Pr. art. 690) Pour la grosse du cahier des charges, qui ne sera signifiée dans aucun cas, par rôle contenant vingt-cinq lignes à la page et douze syllabes à la ligne : à Paris, 2 fr. ; dans le ressort, 1 fr. 50 c. — Vacation pour déposer au greffe le cahier des charges : à Paris, 3 fr. ; dans le ressort, 2 fr. 45 c. — (Art. 696) Pour l'extrait qui doit être inséré dans le journal désigné par les cours royales : Paris, 2 fr. ; dans le ressort, 1 fr. 50 c. —Il sera passé autant de droits à l'avoué qu'il y aura eu d'insertions prescrites par le Code. — (Art. 697) Pour obtenir l'ordonnance tendant à faire l'insertion extraordinaire : à Paris, 2 fr. ; dans le ressort, 1 fr. 50 c. — Cette vacation ne sera allouée qu'autant que l'autorisation aura été obtenue. — Pour faire faire l'insertion extraordinaire : à Paris, 2 fr. ; dans le ressort, 1 fr. 50 c.—(Art. 698) Pour faire légaliser la signature de l'imprimeur par le maire : à Paris, 2 fr. ; dans le ressort, 1 fr. 50 c. —(Art. 699) Pour l'extrait qui doit être imprimé et placardé, et qui servira d'original et ne pourra être grossoyé: à Paris, 6 fr. ; dans le ressort, 4 fr. 50 c. — L'avoué poursuivant aura droit à cette allocation toutes les fois que de nouvelles appositions de placards auront été nécessaires. — (Art. 702) Vacation à l'adjudication : à Paris, 15 fr. ; dans le ressort, 12 fr. — Ce droit sera alloué à raison de chaque lot adjugé, quelle qu'en soit la composition, sans que ce droit puisse être exigé sur un nombre de lots supérieur à six. Néanmoins, la somme provenant de la réunion de tous les droits alloués sera répartie également entre tous les adjudicataires, quel qu'en soit le nombre. — Indépendamment des émoluments ci-dessus fixés, il sera alloué à l'avoué poursuivant, sur le prix des biens dont l'adjudication sera faite au-dessus de 2,000 fr., savoir : depuis 2,000 fr. jusqu'à 10,000 fr., 1 p. 0/0 ; sur la somme excédant 10,000 fr. jusqu'à 50,000 fr., 1/2 p. 0/0 ; sur la somme excédant 50,000 fr. jusqu'à 100,000 fr., 1/4 p. 0/0 ; et sur l'excédant de 100,000 fr. indéfiniment, 1/8 de 1 p. 0/0. — En cas d'adjudication par lots de biens compris dans la même poursuite, en l'état où elle se trouvera lors de l'adjudication, la totalité du prix des lots sera réunie pour fixer le montant de la remise. — Le montant de la remise sera calculé sur le prix de chaque lot, séparément, lorsque les lots seront composés d'immeubles distincts. — Cette remise, lorsque le tribunal n'aura pas ordonné l'expertise, dans les cas où elle est facultative, sera, depuis 2,000 jusqu'à 10,000 fr., de 1 1/2 p. 0/0 ; sur la somme excédant 10,000 jusqu'à 100,000 fr., de 1 p. 0/0 ; sur l'excédant de 100,000 fr. jusqu'à 300,000 fr., de 1/2 p. 0/0 ; et sur l'excédant de 300,000 fr., indéfiniment, de 1/4 p. 0/0. — La remise proportionnelle sur le prix de l'adjudication sera divisée en licitation, ainsi qu'il suit : moitié appartiendra à l'avoué poursuivant ; la seconde moitié sera partagée par égales portions entre tous les avoués qui ont occupé dans la licitation, y compris l'avoué poursuivant, qui aura sa part comme les autres dans cette seconde moitié. — (Art. 703) Vacation au jugement de remise : à Paris, 6 fr. ; dans le ressort, 4 fr. 90 c. — (Art. 706) Vacation pour enchérir : à Paris, 7 fr. 50 c. ; dans le ressort, 5 fr.

63 c. — (Art. 707) Vacation pour enchérir et se rendre adjudicataire : à Paris, 15 fr. ; dans le ressort, 11 fr. 25 c. — (Art. 707) Vacation pour faire la déclaration de command : à Paris, 6 fr. ; dans le ressort, 4 fr. 50 c. — Les vacations pour enchérir, ou pour les déclarations de command, sont à la charge de l'enchérisseur ou de l'adjudicataire.

12. (Pr. art. 708) Vacation pour faire au greffe la surenchère du sixième au moins du prix principal de l'adjudication : à Paris, 15 fr. ; dans le ressort, 11 fr. 25 c. — Pour acte de la dénonciation de la surenchère contenant avenir : à Paris, 1 fr ; dans le ressort, 75 c. ; pour chaque copie, le quart. — (Art. 734-964) Vacation pour requérir le certificat du greffier ou du notaire, constatant que l'adjudicataire n'a pas justifié de l'acquit des conditions exigibles de l'adjudication : à Paris, 3 fr. ; dans le ressort, 2 fr. 25 c. — Les émoluments des avoués pour le dépôt de l'acte tenant lieu du cahier des charges, pour les extraits à placarder ou à insérer dans les journaux, pour enchérir, se rendre adjudicataire et faire la déclaration de command, par suite de la surenchère autorisée par l'article 708, ou de la folle enchère, seront taxés comme il est dit dans l'article 11 : le droit de remise proportionnelle sur l'excédant produit par la surenchère ou la folle enchère sera alloué à l'avoué qui les aura poursuivies. — Les autres incidents des ventes judiciaires ne pourront donner lieu à d'autres et plus forts droits que ceux établis pour les matières sommaires.

13. Les copies de pièces, qui appartiendront à l'avoué, seront taxées à raison du rôle de vingt-cinq lignes à la page et de douze syllabes à la ligne : à Paris, 30 c. ; dans le ressort, 25 c.

CHAP. III. — DES NOTAIRES.

14. Dans les cas où les tribunaux renverront des ventes d'immeubles par-devant les notaires, ceux-ci auront droit, pour la grosse du cahier des charges, par rôle contenant vingt-cinq lignes à la page et douze syllabes à la ligne : à Paris, 2 fr. ; dans le ressort, 1 fr. 50 c. — Ils auront droit en outre sur le prix des biens vendus jusqu'à 10,000 fr., à 1 p. 0/0 ; sur la somme excédant 10,000 fr. jusqu'à 50,000 fr., à 1/2 p. 0/0 ; sur la somme excédant 50,000 fr. jusqu'à 100,000 fr., à 1/4 p. 0/0 ; et sur l'excédant de 100,000 fr. indéfiniment, à 1/8 de 1 p. 0/0. — Moyennant les allocations ci-dessus, les notaires sont chargés de la rédaction du cahier des charges, de la réception des enchères et de l'adjudication ; ils ne pourront rien exiger pour les minutes de leurs procès-verbaux d'adjudication. — Les avoués restent chargés de l'accomplissement des autres actes de la procédure, ils auront droit aux émoluments fixés pour ces actes, et lorsque l'expertise est facultative et n'aura pas été ordonnée, les avoués auront droit en outre à la différence entre la remise allouée pour le cas par l'article 11 de la présente ordonnance, et la remise fixée par le paragraphe 2e du présent article.

CHAP. IV. — DES EXPERTS.

15. (Pr. art. 955, 956.) Il sera taxé aux experts, par chaque vacation de trois heures, quand ils opéreront dans les lieux où ils sont domiciliés ou dans la distance de deux myriamètres, savoir : dans le département de la Seine : pour les artisans ou laboureurs, 4 fr. ; pour les architectes et autres artistes, 8 fr. ; dans les autres départements : aux artisans et laboureurs, 3 fr. ; aux architectes et autres artistes, 6 fr. — Au delà de deux myriamètres, il sera alloué par chaque myriamètre, pour frais de voyage et nourriture, aux architectes et autres artistes, soit pour aller, soit pour revenir : à ceux de Paris, 6 fr. ; à ceux des départements, 4 fr. 50 c. — Il leur sera alloué pendant leur séjour, à la charge de faire quatre vacations par jour, savoir : à ceux de Paris, 32 fr. ; à ceux des départements, 24 fr. — La taxe sera réduite dans le cas où le nombre des quatre vacations n'aurait pas été employé. — S'il y a lieu à transport d'un laboureur au delà de deux myriamètres, il sera alloué 3 fr. par myriamètre pour aller et autant pour le retour, sans néanmoins qu'il puisse être rien alloué au delà de cinq myriamètres. — Il sera encore alloué aux experts deux vacations, l'une pour leur prestation de serment, l'autre pour le dépôt de

leur rapport, indépendamment de leurs frais de transport s'ils sont domiciliés à plus de deux myriamètres de distance du lieu où siége le tribunal ; il leur sera accordé par myriamètre, en ce cas, le cinquième de leur journée de campagne. — Au moyen de cette taxe, les experts ne pourront rien réclamer, ni pour frais de voyage et de nourriture, ni pour s'être fait aider par des écrivains ou par des toiseurs et porte-chaînes, ni sous quelque autre prétexte que ce soit ; ces frais, s'ils ont eu lieu, restant à leur charge. — Le président, en procédant à la taxe de leurs vacations, en réduira le nombre, s'il lui paraît excessif.

TITRE III.

DISPOSITIONS POUR LE RESSORT DES AUTRES COURS ROYALES.

16. Le tarif réglé par le titre précédent pour le tribunal de première instance établi à Paris sera commun aux tribunaux de première instance établis à Marseille, Lyon, Bordeaux et Rouen. — Toutes les sommes portées en ce tarif seront réduites d'un dixième dans la taxe des frais et dépens pour les tribunaux de première instance établis dans les villes où siége une cour royale, ou dans les villes dont la population excède 30,000 âmes. — Dans tous les autres tribunaux de première instance, le tarif sera le même que celui qui est fixé pour les tribunaux du ressort de la cour royale de Paris autres que celui qui est établi dans cette capitale. — Néanmoins le droit fixe de 25 fr. établi par les articles 9 et 10 de la présente ordonnance, et les remises proportionnelles fixées par les articles 11 et 14, seront perçus dans tout le royaume, sans distinction de résidence. — Les dispositions du chapitre IV du titre précédent seront appliquées sans autre distinction, à raison de la résidence, que celle qui se trouve indiquée dans ce chapitre.

TITRE IV.

DISPOSITIONS GÉNÉRALES.

17. Tous actes et procédures relatifs aux incidents des ventes immobilières, et qui ne sont pas l'objet de dispositions spéciales dans la présente ordonnance, seront taxés comme actes et procédures en matière sommaire, conformément à l'article 718 du C. de pr. et suivant les règles établies par le dernier paragraphe de l'article 12 qui précède. — Si, à l'occasion d'une procédure de vente judiciaire d'immeubles, il s'élève une contestation qui n'ait pas le caractère d'incident, et qui doive être considérée comme matière ordinaire, les actes relatifs à cette contestation seront taxés suivant les règles établies pour les procédures en matière ordinaire.

18. Dans tous les cahiers des charges, il est expressément défendu de stipuler au profit des officiers ministériels d'autres et plus grands droits que ceux énoncés au présent tarif. Toute stipulation, quelle qu'en soit la forme, sera nulle de droit.

19. Outre les fixations ci-dessus, seront alloués les simples déboursés justifiés par pièces régulières. — Le timbre des placards autorisés par les articles 699 et 700 du C. de pr. ne passera en taxe que sur un certificat délivré par le président de la chambre des avoués, constatant que le nombre des exemplaires a été vérifié par lui (a).

20. Sont et demeurent abrogés les nos 11, 12, 13, 14 et 15 du tableau annexé au décret du 21 septembre 1810 (b); les paragraphes 44, 45, 46, 47, 48, 49 de l'article 29 (c); les articles 47, 48, 49, 50 et 63 (d); les paragraphes 14, 15, 16 et 17 de l'article 78 (e); les articles 153, 154, 155, 172 du premier décret du 16 février 1807 (f); la disposition de l'article 65 du même décret, relative à l'apposition des placards (g); le paragraphe de l'article 70 applicable à l'acte de signification du cahier des charges (h); le paragraphe de l'article 75 applicable aux requêtes contenant demande ou réponse en entérinement du rapport des experts (i); le paragraphe de l'article 76 applicable à la commission d'un huissier

à l'effet de notifier la réquisition de mise aux enchères (j). — Sont également abrogées les dispositions des articles 102 à 129 (k), en tant qu'elles concernent les saisies immobilières, les surenchères sur aliénation volontaire, les ventes d'immeubles de mineurs, et de biens dotaux, dans le régime dotal; les ventes sur licitation, les ventes d'immeubles dépendant d'une succession bénéficiaire ou vacante, ou provenant d'un débiteur failli, ou qui a fait cession.

DROITS DE GREFFE.

21 vent. an VII (11 mars 1799). — *LOI portant établissement de droits de greffe au profit de l'Etat dans les tribunaux civils et de commerce.*

ARTICLE 1er. Il est établi des droits de greffe au profit de l'Etat, dans tous les tribunaux civils et de commerce. — Ils seront perçus à compter du jour de la publication de la présente, pour le compte du trésor public, par les receveurs de la régie de l'enregistrement, de la manière ci-après déterminée (l).

2. Ces droits consistent, — 1o Dans celui qui sera perçu lors de la mise au rôle de chaque cause, ainsi qu'il est établi par l'article 3 ci-après; — 2o Dans celui établi pour la rédaction et transcription des actes énoncés en l'article 5; — 3o Dans le droit d'expédition des jugements et actes énoncés dans les articles 7, 8 et 9.

3. Le droit perçu lors de la mise au rôle est la rétribution due pour la formation et tenue des rôles, et l'inscription de chaque cause sur le rôle auquel elle appartient. — Ce droit sera, dans les tribunaux civils, de 5 fr.; sur appel des tribunaux civils et de commerce; — De 3 fr. pour les causes de première instance, ou sur appel des juges de paix (m); — Et de 1 fr. 50 c. pour les causes sommaires et provisoires. — Dans les tribunaux

---

(a) Le deuxième paragraphe de cet article a été modifié par le décret du 15 janv. 1853. (Voy. C. pr. sous les art. 699 et 700.)

(b) Ce décret fixe les salaires dus aux conservateurs des hypothèques pour les fonctions dont ils sont chargés.

(c, d, e, f, g, h, i, j, k) Nous avons laissé sub-

sister en note, dans le premier tarif de 1807, les dispositions déclarées abrogées par le présent art. 20.

(l) Voy., l'art. 19.—Plus le dixième établi par l'art. 1 de la loi du 6 prair. an VII, dont la disposition est prorogée par les budgets annuels.

(m) Le Code de procédure ayant placé les appels de justice de paix dans la classe des matières sommaires, le droit de mise au rôle pour ces appels n'est plus de 3 fr., mais de 1 fr. 50 c.

de commerce, il sera pareillement de 1 fr. 50 c.; — Le tout sans préjudice du droit de 25 c. qui est accordé aux huissiers audienciers pour chaque placement de cause. — Le droit de mise au rôle ne pourra être exigé qu'une seule fois; en cas de radiation, elle sera replacée gratuitement à la fin du rôle et il y sera fait mention du premier placement. — L'usage des placets pour appeler les causes est interdit; elles ne pourront l'être que sur les rôles et dans l'ordre du placement.

4. Le droit de mise au rôle sera perçu par le greffier, en y inscrivant la cause; et, le premier de chaque mois, il en versera le montant à la caisse du receveur de l'enregistrement sur la représentation des rôles, cotés et paraphés par le président, sur lesquels les causes seront appelées, à compter du jour de la publication de la présente.

5. (Article remplacé par l'article 1er du décret du 12 juillet 1808 ci-après.)

6. Les expéditions contiendront vingt lignes à la page, et huit à dix syllabes à la ligne, compensation faite des unes avec les autres.

7. Les expéditions des jugements définitifs sur appel des tribunaux civils et de commerce, soit contradictoires, soit par défaut, seront payées 2 fr. le rôle.

8. Les expéditions des jugements définitifs rendus par les tribunaux civils, soit par défaut, soit contradictoires, en dernier ressort ou sujets à l'appel, celles des décisions arbitrales, celles des jugements rendus sur appel des juges de paix, celles des ventes et baux judiciaires, seront payées 1 fr. 25 c. le rôle.

9. Les expéditions des jugements interlocutoires, préparatoires et d'instruction, des enquêtes, interrogatoires, rapports d'experts, délibérations, avis de parents, dépôt de bilan, pièces et registres, des actes d'exclusion ou option des tribunaux d'appel (a), déclaration affirmative, renonciation à communauté ou à succession, et généralement de tous actes faits ou déposés au greffe, non spécifiés aux articles 7 et 8, ensemble de tous les jugements des tribunaux de commerce, seront payés 1 fr. le rôle.

10. La perception de ce droit sera faite par le receveur de l'enregistrement, sur les minutes des actes assujettis au droit de rédaction et transcription, sur les expéditions et sur les rôles de placement de causes, qui lui seront présentés par le greffier; il y mettra son reçu, et il tiendra de cette recette un registre particulier.

11. Le greffier ne pourra délivrer aucune expédition que les droits n'aient été acquittés, sous peine de restitution du droit et de 100 fr. d'amende; sauf, en cas de fraude et de malversation évidente, à être poursuivi devant les tribunaux, conformément aux lois.

12. Ne sont pas compris dans les droits ci-dessus fixés, le papier timbré et l'enregistrement, qui continueront d'être perçus conformément aux lois existantes.

13. Les greffiers des tribunaux civils et de commerce tiendront un registre coté et paraphé par le président, sur lequel ils inscriront, jour par jour, les actes sujets au droit de greffe, les expéditions qu'ils délivreront, la nature de chaque expédition, le nombre des rôles, le nom des parties, avec mention de celle à laquelle l'expédition sera délivrée. — Ils seront tenus de communiquer ce registre aux préposés de l'enregistrement toutes les fois qu'ils en seront requis.

14. Les greffiers ne pourront exiger aucun droit de recherche des actes et jugements faits ou rendus dans l'année, ni de ceux dont ils feront les expéditions: mais lorsqu'il n'y aura pas d'expédition, il leur est attribué un droit de recherche, qui demeure fixé à 50 c. pour l'année qui leur sera indiquée; et dans le cas où il leur serait indiqué plusieurs années, et qu'ils seraient obligés d'en faire la recherche, ils ne percevront que 50 c. pour la première, et 25 c. pour chacune des autres (a). — Il leur est en outre attribué 25 c. pour chaque légalisation d'acte des officiers publics.

(a) Cette disposition se réfère à l'organisation judiciaire de l'an IX, aujourd'hui abrogée, et suivant laquelle les parties déterminaient par voie d'exclusion le tribunal devant lequel l'appel devait être porté.

(b) Ce droit de recherche ne peut être exigé lorsqu'il s'agit de pièces nécessaires pour les mariages des indigents. (Loi du 10 décemb. 1850, art. 5, en note sous l'art. 70 C. Nap.) — Il a été réduit à 25 c. pour les greffiers des tribunaux de commerce. (Arrêté du 8 avril 1848, sous l'ord. du 9 oct. 1825, qui suit.)

15. Les greffiers présenteront et feront recevoir, conformément aux lois existantes, un commis greffier assermenté par chaque section.

16. Au moyen du traitement et de la remise ci-après accordés aux greffiers, ils demeureront chargés du traitement des commis assermentés, commis expéditionnaires, et de tous employés du greffe, quelles que soient leurs fonctions, ainsi que des frais de bureau, papier libre, rôles, registres, encre, plumes, lumière, chauffage des commis et généralement de toutes les dépenses du greffe.

17. Le traitement des greffiers des tribunaux civils est égal à celui des juges auprès desquels ils sont établis.

18. Celui des greffiers des tribunaux de commerce sera de la moitié de celui du greffier d'un tribunal civil, s'il avait été établi dans la commune où siége le tribunal de commerce. — Et néanmoins le traitement de ceux des tribunaux de commerce établis dans des communes de 6,000 habitants et au-dessous, demeure fixé à 800 fr.

19. Il est accordé aux greffiers une remise de 30 c. par chaque rôle d'expédition, — Et d'un décime par franc sur le produit du droit de mise au rôle, et de celui établi pour la rédaction et la transcription des actes énoncés en l'article 5 (a).

(a) Indépendamment de cette remise, qui n'est qu'une *indemnité* allouée aux greffiers pour les rémunérer des soins que leur demande la perception des droits de greffe au profit du trésor, il leur est accordé des *droits* particuliers pour la rédaction et la confection des actes de leur ministère. Les greffiers des tribunaux civils perçoivent ces droits d'après des taxes irrégulières, spéciales à chaque siége. Ils sont en instance, depuis longtemps, pour obtenir un tarif régulier, uniforme pour tous les tribunaux de l'Empire. Nous ignorons si, au moment où nous imprimons ce Code, ils ont enfin obtenu ce tarif, qui doit avoir pour résultat de mettre un terme à des perceptions irrégulières, variables de siége à siége. — Plus heureux, les greffiers des tribunaux de commerce possèdent leur tarif particulier; il est du 9 octobre 1825, modifié, en certains points, par un décret de 1848. (Voy. ci-après à sa date.) — Quant au greffier du tribunal de commerce de *Paris*, il avait été placé dans une situation particulière par le décret du 6 janvier 1814, qui a été abrogé par cette ordonnance de 1825. — L'art. 5, auquel renvoie l'art. 19, est remplacé par l'art. 1er du décret du 12 juillet 1808, ainsi conçu :
« Art. 1er. La remise accordée aux greffiers est prélevée sur les droits de greffe, et non perçue en sus. — Le décime de guerre, établi par la loi

20. La remise de 30 c. accordée par l'article précédent ne sera que de deux décimes sur toutes les expéditions que les agents de l'État demanderaient en son nom et pour soutenir ses droits; ils ne seront tenus, à cet égard, à aucune avance; en conséquence, ces expéditions seront portées pour mémoire sur le registre du receveur de l'enregistrement, et il en sera fait un compte particulier.

21. Le premier de chaque mois, le receveur de l'enregistrement comptera, avec le greffier, du produit des remises à lui accordées par l'article 19, et il lui en paiera le montant sur le mandat qui sera délivré au bas du compte par le président du tribunal.

22. Le traitement fixe du greffier sera également payé mois par mois, par le receveur de l'enregistrement, sur le produit du droit de greffe, d'après les mandats aussi délivrés mois par mois par le président du tribunal.

23. Il est défendu aux greffiers et à leurs commis d'exiger ni recevoir d'autres droits de greffe, ni aucun droit de prompte expédition, à peine de 100 francs d'amende et de destitution.

24. Les droits établis par la présente seront alloués aux parties dans la taxe des dépens, sur les quittances des receveurs de l'enregistrement mises au bas des expéditions, et, sur celles données par les greffiers, de l'acquit du droit de mise au rôle et de rédaction, lesquelles ne seront assujetties à d'autres droits qu'à ceux du timbre.

25. Le directoire exécutif fera connaître au corps législatif, dans le courant de thermidor prochain, par des états distincts et séparés, le produit de la perception des droits de greffe dans chaque tribunal.

26. La présente résolution demeurera affichée dans tous les greffes des tribunaux civils et de commerce.

27. Il sera statué, par une résolution particulière, sur les greffes des tribunaux criminels et correctionnels.

28. Toutes dispositions de lois contraires à la présente sont abrogées.

du 6 prair. an VII, et maintenu par les lois de finances, est perçu au profit de l'État, tant sur la portion du droit appartenant au fisc, que sur celle attribuée au greffier. »

12 juillet 1808. — *DÉCRET concernant les droits de greffe.*

ARTICLE 1er. Les actes qui seront assujettis sur la minute aux droits de greffe, de rédaction et de transcription, sont ceux ci-après désignés : — 1º Acceptation de succession sous bénéfice d'inventaire (C. 793); — Acte de voyage (premier tarif, 146); — Consignation de sommes au greffe, dans les cas prévus par l'article 301 du Code de procédure civile, et autres déterminés par les lois; — Déclarations affirmatives et autres faites au greffe (Pr. 571), à l'exception de celles à la requête du ministère public; — Dépôt de registres, répertoires et autres titres ou pièces, fait au greffe, de quelque nature et pour quelque cause que ce soit; dépôt de signature et paraphe des notaires, conformément à l'article 49 de la loi du 25 ventôse an XI (a); — Enquêtes (Pr. 275); — Interrogatoires sur faits et articles (Pr. 334; — Décret du 6 janvier 1814, 2); — Procès-verbaux, actes et rapports faits ou rédigés par le greffier; — Publication de contrats de mariages (Co. 67), divorces (loi du 8 mai 1816), jugements de séparation (Pr. 867, 872, 880), actes et dissolution de société (Co. 42, 43, 44, 46, 64), et de tous autres actes, prescrit par les Codes; il ne sera perçu aucun droit de dépôt pour la remise au greffe desdits actes; — Récusation des juges (Pr. 384); — Renonciation à une communauté de biens ou à une succession (C. 784, 1457; — Pr. 997); — Soumission de caution (Pr. 518, 519, 522); — Transcription et enregistrement sur les registres du greffe, d'oppositions et autres actes désignés par les Codes (à l'exception de la transcription de saisie immobilière, dont il sera parlé ci-après) : le droit ne sera dû qu'autant qu'il sera délivré expédition de la transcription. — Il sera payé, pour chacun des actes ci-dessus, 1 fr. 25 c. — Les enquêtes seront, en outre, assujetties à un droit de 50 c. pour chaque déposition de témoins, ainsi qu'il est réglé par l'article 5 de la loi du 21 ventôse an VII.

2º Adjudications faites en justice (Pr. 652, 714, 747, 965, 972, 998, 1001; — Co. 564); — Dépôt de l'état, certifié par le conservateur des hypothèques, de toutes les inscriptions existantes, et qui, aux termes de l'article 752 du Code de procédure civile, doit être annexé au procès-verbal; — Dépôt de titres de créance pour la distribution de deniers par contribution ou par ordre (Pr. 660); — Mandements sur contribution, ou bordereaux de collocation (Pr. 665, 671, 754); — Radiation de saisie immobilière (Pr. 758, 759, 771); — Surenchère faite au greffe (Pr. 12, 13 *passim*); — Transcription au greffe de la saisie immobilière (Pr. 710); — Il sera payé pour chacun de ces actes, savoir : 3 fr. pour la transcription de la saisie; — Même droit pour le dépôt de l'état des inscriptions existantes; — 1 fr. 50 c. pour le dépôt de titres de créance, et ce, pour chaque production; — Même droit pour chaque acte de surenchère et de radiation de saisie; — Pour la rédaction des adjudications, 1/2 pour 100 sur les cinq premiers mille, et 25 c. par 100 fr. sur ce qui excédera 5,000 fr. (Pr. 680); — Sur chaque mandement ou bordereau de collocation délivré, 25 c. par 100 fr. du montant de la créance colloquée.

2. Les actes de dépôt seront transcrits, à la suite les uns des autres, sur un registre en papier timbré, coté et paraphé par le président du tribunal. — Les actes de décharge de ces mêmes dépôts seront portés sur le registre, en marge de l'acte de dépôt, et soumis au même droit de rédaction et transcription.

3. Le droit de rédaction, en cas de revente à la folle enchère (Pr. 742), n'est dû que sur ce qui excède la première adjudication. — Il n'est exigible, pour les licitations, que sur la valeur de la part acquise par le colicitant, s'il reste adjudicataire. — Dans aucun cas, la perception ne pourra être au-dessous du droit fixe de 1 fr. 25 c., déterminé pour les moindres actes par l'article 5 de la loi du 21 ventôse an VII.

4. Lorsque, par suite d'appel, une adjudication sera annulée, il y aura lieu de restituer le droit proportionnel de rédaction. — Le droit fixe de rédaction et de transcription, et celui d'expédition, étant le salaire de la formalité, ne seront, dans aucun cas, restituables.

5. Le droit de mise au rôle et celui d'expédition continueront d'être perçus

(a) Voy. **Code des officiers ministériels.**

comme le prescrit la loi du 21 ventôse an VII. — Les référés qui sont l'objet du titre XVI du livre V du Code de procédure civile ne sont pas assujettis au droit de mise au rôle.

6. Les prescriptions établies par l'article 61 de la loi du 22 frimaire an VII, sont applicables aux droits de greffe comme à ceux d'enregistrement.

9-12 octobre 1825. — *ORDONNANCE qui fixe les droits que percevront les greffiers des tribunaux de commerce.*

ARTICLE 1er. Indépendamment des droits et remises qui sont accordés aux greffiers des tribunaux de commerce par la loi du 21 ventôse an VII (11 mars 1799) et par le décret du 12 juillet 1808, ces officiers percevront à leur profit les droits ci-après établis :

§ I. — *Jugements.*

N° 1. Pour chaque jugement interlocutoire et préparatoire portés sur la feuille d'audience, ceux de simple remise exceptés, 50 c.; pour chaque jugement expédié et dont les qualités se rédigeront dans le greffe, savoir : s'il est par défaut, 1 fr., et s'il est contradictoire, 2 fr. (*a*)

§ II. — *Procès-verbaux.*

Pour chaque procès-verbal : n° 2, de compulsoire (Pr. 849; Com. 15, 16), 4 fr.; — n° 3, d'interrogatoire sur faits et articles (Pr. 428), 2 fr.; — n° 4, de l'assemblée des créanciers pour la formation de la liste des candidats aux fonctions de syndics provisoires (Com. 462 s. à 480), 2 fr.; — n° 5, de reddition du compte des agents aux syndics provisoi-

res (Com. 481), 3 fr.; — n° 6, de vérification et affirmation des créances (Com. 495 à 503), pour chaque créancier, 50 c.; et pour un contredit contre-signé au procès-verbal, et sur lequel il y aurait renvoi à l'audience, 50 c.; — n° 7, de mise en demeure des créanciers non comparants (Com. 510), 2 fr.; — n° 8, de l'assemblée des créanciers dont les créances ont été admises, pour passer au concordat ou au contrat d'union (Com. 504, 505), 4 fr.; — n° 9, de reddition du compte définitif des syndics provisoires au failli, en cas de concordat (Com. 519), 4 fr. (*b*); — n° 10, de reddition du compte des syndics provisoires aux syndics définitifs en cas d'union (Com. 529), 4 fr.; — n° 11, de reddition du compte définitif des syndics aux créanciers de l'union (Com. 536), 4 fr. (*c*); — n° 12, de l'assemblée des créanciers pour prendre une délibération quelconque non prévue par les dispositions précédentes, 3 fr.

§ III. — *Actes spéciaux aux tribunaux de commerce des villes maritimes.*

N° 13, pour la rédaction du rapport d'un capitaine de navire, à l'arrivée d'un voyage de long cours ou de grand cabotage (Com. 242, 243), 3 fr.; — n° 14, pour la déclaration des causes de relâche dans le cours d'un voyage (Com. 245), 2 fr.; — n° 15, pour la rédaction du rapport du capitaine en cas de naufrage ou échouement, 3 fr.

§ IV. — *Formalités diverses.*

N° 16, pour l'affiche et pour l'insertion dans les journaux, à faire dans les cas prévus par les articles Com. 442, 492, 502, 1 fr.; — n° 17, pour la rédaction, l'impression et l'envoi des lettres indi-

---

(*a,b,c*) Ces droits ont été réduits par le décret suivant :

8-11 avril 1848. — *Arrêté qui modifie le tarif relatif aux émoluments des greffiers et des huissiers audienciers près les tribunaux de commerce.*

« Le tarif relatif aux émoluments des greffiers et des huissiers audienciers près le tribunal de commerce est modifié de la manière suivante :

« Le papier du plumitif, porté à cinquante centimes sur chaque expédition, est réduit à vingt-cinq centimes ; — Les droits de rédaction pour les jugements contradictoires expédiés sont réduits de deux francs à un franc cinquante centimes ; — Le droit d'appel des causes dû aux huissiers audienciers est réduit de trente cen-

times à vingt centimes ; — Les émoluments du greffier en matière de faillite sont modifiés ainsi qu'il suit :

« Sur le procès-verbal de remise à huitaine, pour le concordat, au lieu de 4 fr. 00 c.		3 fr. 00 c.
« Sur le procès-verbal de reddition de compte des syndics, au lieu de.......... 4	00	3 00
« Sur la rédaction, l'impression, l'envoi des lettres aux créanciers, par chaque lettre, au lieu de.............. 0	20	0 10
« Sur les droits de recherche (*loi du 21 vent. an VII*), au lieu de.............. 0	50	0 25 »

viduelles de convocation aux créanciers d'une faillite, dans le cas prévu par l'article 492 Com., par chaque lettre, 20 c.; — nº 18, pour la rédaction des certificats délivrés par le greffier, dans les cas prévus par les lois, règlements ou jugements, 1 fr.

2. Les greffiers des tribunaux de commerce inscriront, au pied des expéditions qu'ils délivreront aux parties, le détail des déboursés et des droits auxquels chaque acte aura donné lieu. — A défaut d'expédition, ils écriront ce détail sur des états signés d'eux et qu'ils remettront aux parties. — Ils porteront sur le registre prescrit par l'article 13 de la loi du 21 ventôse an VII (11 mars 1799), toutes les sommes qu'ils percevront, soit en vertu de la présente ordonnance, soit en vertu des lois et règlements antérieurs; les déboursés et les émoluments seront inscrits dans des colonnes séparées.

3. Le présent tarif ne s'applique point aux actes des greffiers des tribunaux civils qui exercent la juridiction commerciale. — Il ne s'applique pas non plus à ceux des actes spécifiés dans l'article 1er qui sont dressés par les greffiers des justices de paix, dans les cas où les juges de paix sont autorisés par la loi à les recevoir.

4. Le décret du 6 janvier 1814 est abrogé (a).

5. Si les greffiers des tribunaux de commerce ou leurs commis reçoivent, sous quelque prétexte que ce soit, d'autres ou de plus forts droits que ceux qui leur sont attribués par la loi du 21 ventôse an VII (11 mars 1799), par le décret du 12 juillet 1808 et par la présente ordonnance, il est enjoint aux présidents de ces tribunaux d'en informer immédiatement nos procureurs généraux. Il en sera pareillement fait rapport à notre garde des sceaux. — Les contrevenants seront, selon la gravité des circonstances, destitués de leur emploi, traduits devant la police correctionnelle, pour être condamnés à l'amende déterminée par l'article 23 de la loi du 21 ventôse an VII (11 mars 1799), ou poursuivis extraordinairement en vertu de l'article 174 du Code pénal; sans préjudice, dans tous les cas, de la restitution des sommes indûment perçues, et des dommages et intérêts quand il y aura lieu (b).

(a) Ce décret fixait les droits de greffe que le greffier du tribunal de commerce de Paris pouvait percevoir à son profit.

(b) En ce qui concerne les rétributions et droits dus aux *agréés*, le tribunal de commerce de la Seine a pris la délibération suivante :

26 juin 1845. — *Arrêté du tribunal de commerce du département de la Seine.*

« Après en avoir délibéré, — Le tribunal, considérant qu'il est utile, dans l'intérêt des justiciables, de fixer, par un règlement, les rétributions auxquelles les agréés peuvent prétendre pour tous les actes du ministère, — Arrête, par forme de police intérieure : Les agréés pourront demander à leurs clients, en outre de leurs déboursés justifiés,

« 4 fr. pour l'inscription d'une cause au plumitif et leur présentation à l'audience *en demandant.*

« 3 fr. pour chaque présentation *en défendant.*

« 3 fr. pour vacation *à la levée* d'un jugement.

« Sous aucun prétexte les agréés ne pourront prétendre davantage.

« Il n'est dû, dans toutes les affaires portées aux audiences sommaires, qu'une seule présentation ; seulement, lorsqu'après une remise demandée par la partie et ordonnée par le tribunal, l'affaire aura été terminée par un jugement contradictoire définitif, il pourra être accordé un nouveau droit de présentation, soit en demandant, soit en défendant.

« Dans tous les cas, l'agréé ne pourra prétendre au delà de trois présentations dans une même affaire, soit qu'elle ait été continuée aux audiences sommaires, soit qu'elle ait été renvoyée au grand rôle, et quel que soit le nombre des remises demandées, accordées ou ordonnées.

« Mais dans toute affaire portée aux audiences sommaires, lorsqu'après plusieurs remises, et sans plaidoiries, il y aura un jugement par défaut, ou un jugement de renvoi devant un juge-commissaire ou un arbitre-rapporteur, il ne pourra être réclamé qu'une seule présentation de 4 francs en demandant, et de 3 francs en défendant.

« Indépendamment du droit de présentation ci-dessus fixé, MM. les agréés pourront réclamer de leurs clients des honoraires pour les causes susceptibles de plaidoiries et de développements.

« La fixation de ces honoraires ne pourra être faite par règlement, puisqu'elle dépend de la nature et de l'importance de l'affaire, du plus ou du moins de soins et de travail qu'elle aura exigé ; elle reste abandonnée à la discrétion de MM. les agréés, à leur loyauté et à leur modération.

« En cas de contestation, il en serait référé à M. le président du tribunal.

« L'appréciation des honoraires dans les faillites, confiées aux soins des agréés, continuera à être faite par le juge-commissaire et soumise à l'approbation du président du tribunal.

« Outre les émoluments ci-dessus fixés pour les affaires portées à l'audience, les agréés pourront réclamer :

« 3 fr. pour chaque vacation aux enquêtes, aux soumissions de caution, aux dépôts de jugements de séparation, d'actes d'autorisation

TARIF DES EXPÉDITIONS DES ACTES ADMINISTRATIFS.

18 août 1807. — *AVIS du conseil d'État sur les expéditions d'actes émanés des autorités administratives.*

Le conseil d'Etat, d'après le renvoi qui lui a été fait d'un rapport du ministre de l'intérieur, proposant de régler le droit d'expédition des actes déposés dans les archives, ou faits par les administrations publiques ; — Vu l'article 37 de la loi du 7 messidor an II, portant : « Tout citoyen pourra demander, dans tous les dépôts, aux jours et heures qui seront fixés, communication des pièces qu'ils renferment : elle leur sera donnée sans frais et sans déplacement, et avec les précautions convenables de surveillance. Les expéditions ou extraits qui en seront demandés seront délivrés à raison de quinze sous le rôle. » — Considérant que les administrations publiques expliquent diversement le vœu de la loi, en ce qui doit constituer les archives publiques, ainsi que relativement à la nature des actes dont les expéditions ou extraits doivent être passibles de la taxe, et qu'il convient de fixer à cet égard les droits des citoyens et des administrations des préfectures, sous-préfectures et municipalités; est d'avis : 1° que toutes les premières expéditions des décisions des

de faire le commerce pour les émancipés et pour les femmes, à la distribution des causes du grand rôle, à l'insertion dans les journaux de l'extrait d'un acte de société, y compris la rédaction de l'extrait.

« 3 fr. pour la levée d'un rapport ou d'un jugement.

« 3 fr. pour toute requête à fin de nomination d'experts, d'arbitres-juges, de placement de cause au grand rôle, d'autorisation d'assigner à bref délai, de saisir conservatoirement, de délivrance d'une deuxième grosse, d'obtention de sauf-conduit, d'autorisation du juge-commissaire pour cause quelconque, d'homologation de concordat quand la requête aura été répondue.

« 1 fr. 50 c. pour la requête à fin de faire commettre un juge pour une vérification de livres.

« Le présent arrêté sera affiché dans les deux salles d'audience du tribunal, ampliation en sera transmise à la chambre des agréés pour être transcrite sur le registre de ses délibérations; il est obligatoire pour tous les agréés, et en cas d'infraction de la part de l'un d'eux, le tribunal se réserve de prendre telle mesure qu'il jugera convenable.

« Toutes délibérations antérieures sont rapportées. »

autorités administratives de préfectures, de sous-préfectures ou de municipalités, doivent être, aux termes des lois, délivrées gratuitement; 2° que les secondes ou ultérieures expéditions desdites décisions, ou les expéditions de titres, pièces ou renseignements déposés dans les bureaux des administrations, doivent être payées au taux fixé par l'article 37 de la loi du 7 messidor an II.

\

TARIF DES ACTES DE L'ÉTAT CIVIL.

12 juillet 1807. — *DÉCRET concernant les droits à percevoir par les officiers publics de l'état civil.*

ARTICLE 1er. Il continuera à être perçu, par les officiers publics de l'état civil, pour chaque expédition d'un acte de naissance, de décès, ou de publication de mariage, 30 c. Plus, pour le remboursement du droit de timbre, et le dixième en sus pour la taxe de guerre, 83, c. (1 fr. 13 c.) — Pour celles des actes de mariage, d'adoption et de divorce, 60 c. Timbre et taxe de guerre, 83 c. (1 fr. 43 c.)

2. Dans les villes de 50,000 âmes et au-dessus, pour chaque expédition d'acte de naissance, de décès et de publication de mariage, 50 c. Timbre et taxe de guerre, 83 c. (1 fr. 33 c.) — Actes de mariage, d'adoption et de divorce, 1 fr. Timbre et taxe de guerre, 83 c. (1 fr. 83 c.)

3. A Paris, pour chaque expédition d'acte de naissance, de décès et de publication de mariage, 75 c. Timbre et taxe de guerre, 83 c. (1 fr. 58 c.) — Actes de mariage, d'adoption et de divorce, 1 fr. 50 c. Timbre et taxe de guerre, 83 c. (2 fr. 33 c.)

4. Il est défendu d'exiger d'autres taxes et droits, à peine de concussion. — Il n'est rien dû pour la confection desdits actes et leur inscription dans les registres. (Sauf augmentation du timbre. — Voy. la loi du 28 avril 1806. art. 62, 63.)

5. Le présent décret sera constamment affiché en placard, et en gros caractères, dans chacun des bureaux où lieux où les déclarations relatives à l'état civil sont reçues, et dans tous les dépôts des registres.

20 juillet 1807. — *DÉCRET concernant les tables alphabétiques de l'état civil.*

Article 1er. Les tables alphabétiques des actes de l'état civil continueront à être faites annuellement, et refondues tous les dix ans pour n'en faire qu'une seule par commune, à compter du dernier jour complémentaire an x, jusqu'au 1er janvier 1813, et ainsi successivement de dix ans en dix ans.

2. Les tables annuelles seront faites par les officiers de l'état civil, dans le mois qui suivra la clôture du registre de l'année précédente; elles seront annexées à chacun des doubles registres; et, à cet effet, nos procureurs impériaux veilleront à ce qu'une double expédition soit adressée par les maires au greffe du tribunal, dans les trois mois de délai. Voy. C. Nap., art. 34 et suiv.

3. Les tables décennales seront faites dans les six premiers mois de la onzième année, par les greffiers des tribunaux de première instance.

4. Les tables annuelles et décennales seront faites sur papier timbré, et certifiées par les dépositaires respectifs.

5. Les tables décennales seront faites en triple expédition pour chaque commune; l'une restera au greffe, la seconde sera adressée au préfet du département, et la troisième à chaque mairie du ressort du tribunal.

6. Les expéditions faites pour la préfecture seront payées aux greffiers des tribunaux sur les fonds destinés aux dépenses administratives du département, à raison d'un centime par nom, non compris le prix du timbre. Chaque feuille contiendra quatre-vingt-seize noms ou lignes.

7. Les expéditions destinées aux communes seront payées par chacune d'elles, et seront conformes aux autres.

8. Pour l'expédition de celle qui doit rester au tribunal, il ne sera remboursé au greffier, à titre de frais judiciaires, que le prix du papier timbré.

PROCÉDURE DEVANT LE CONSEIL D'ÉTAT.

18 janvier 1826. — *ORDONNANCE relative au tarif des dépens pour les procédures qui s'instruisent au Conseil d'État* (a).

Vu les règlements du 28 juin 1738, du 12 septembre 1739 et du 22 juillet 1806; — Considérant que les tarifs de 1738 et de 1739, remis en vigueur par le décret du 22 juillet 1806, contiennent des dispositions inapplicables aux procédures qui s'instruisent actuellement dans notre conseil d'État; — Qu'il importe, afin de prévenir les abus, de spécifier celles des dispositions qui doivent continuer d'être exécutées; — Sur le rapport de notre garde des sceaux, ministre secrétaire d'État au département de la justice; — Notre conseil d'État entendu, — Nous avons ordonné et ordonnons ce qui suit:

Art. 1er. Les dépens continueront d'être réglés au conseil d'État, conformément aux tarifs établis par l'ordonnance du 28 juin 1738 (2e partie, titre XVI, art. 22), et par celle du 12 septembre 1739, en tant que ces tarifs s'appliquent à la procédure actuelle, ainsi qu'il suit:

DÉPENS D'AVOCAT.

1. Pour frais de ports de lettres et paquets, — Lorsque la partie demeurera à Paris, ou n'en sera pas éloignée de plus de cinq myriamètres, 5 fr. — Lorsqu'elle demeurera à une distance plus éloignée dans le ressort de la cour royale de Paris, ou dans l'un des ressorts des cours royales d'Orléans, Rouen, Amiens, Douai, Nancy, Metz, Dijon et Bourges, 10 fr.

2. Le droit de consultation (tarif de 1738, alinéa 7; règlement du 22 juillet 1806, art. 1), 10 fr. — Lorsqu'elle demeurera dans tout autre lieu (tarif de 1738, alinéas, 2, 3 et 4; règlement du 22 juillet 1806, art. 4.), 15 fr.

3. Le droit de présentation ou de dépôt et enregistrement (tarif de 1738, alinéa 9; règlement du 22 juillet 1806, art. 2), 6 fr.

4. Le droit de communication (tarif de 1738, alinéa 27; règlement du 22 juillet 1806, art. 8), 3 fr.

(a) Cette ordonnance n'est relative qu'aux frais faits devant le conseil d'État, qui peuvent être répétés contre la partie qui succombe. Il y a aussi le droit d'enregistrement (voy. ce Code). Cette même ordonnance ne concerne, non plus, ni les honoraires de l'avocat, ni la contribution pour droit de chambre exigé sur chaque pourvoi, et qui n'entre point en taxe. Voyez les articles 41, 42, 43, 45, 46, 47, 48 et 51 du décret du 22 juillet 1806, qui sont reproduits au Code administratif.

5. Chaque rôle des requêtes présentées au conseil, contenant vingt-cinq lignes à la page et douze syllabes à la ligne (tarif de 1738, alinéa 14; règlement du 22 juillet 1806, art. 46), 2 fr.

6. Le mis au net, par rôle (tarif de 1738, alinéa 15; règlement du 22 juillet 1806, art. 46), 50 c.

7. La copie desdites requêtes, chaque rôle (tarif de 1738, alinéa 16; règlement du 22 juillet 1806, art. 47), 25 c.

8. Pour la comparution d'un avocat à un procès-verbal d'interrogatoire et autres qui peuvent être faits dans le cours de l'instance (tarif de 1738, alinéa 16; règlement du 22 juillet 1806, art. 4), 3 fr.

9. Pour la copie de l'ordonnance royale, signifiée aux avocats de l'instance, chaque rôle (tarif de 1738, alinéa 22; règlement du 22 juillet 1806, art. 28), 50 c.

10. Chaque signification de requête ou d'ordonnance pendant le cours d'une instance (tarif de 1738, alinéa 25; règlement du 22 juillet 1806, art. 28 et 47), 1 fr.

11. La vacation au retrait du greffe des productions de l'instance, après le jugement d'icelle (tarif de 1738, alinéa 28; règlement du 11 juin 1806, art. 27), 3 fr.

12. Le dressé de chaque article passé en taxe, 25 c. — Les articles indûment divisés et dont le taxateur aura fait la réunion, ne seront comptés que pour un seul article (tarif de 1738, alinéa 38; règlement du 22 juillet 1806, art. 43).

13. La vacation à la taxe (tarif de 1738, alinéa 40; règlement du 22 juillet 1806, art. 43), 4 fr.

FRAIS DE GREFFE.

14. Pour l'enregistrement de chaque requête au greffe (tarif de 1739, art. 1, alinéa 18; règlement du 22 juillet 1806, art. 2), 4 fr.

15. L'ordonnance du *committitur* d'un rapporteur, 3 fr. — Cette ordonnance ne pourra être expédiée ni notifiée (tarif de 1739, art. 1, alinéa 3; règlement du 11 juin 1806, art. 28; règlement du 22 juillet 1806, art. 2; ordonnance du 23 août 1815, art. 15).

16. Expédition des ordonnances du garde des sceaux (tarif de 1739, art. 2, alinéa 7; règlement du 22 juillet 1806,

art. 4, 9, 12, 14, 15, 18, 20, 21, 25 et 26), 4 fr.

17. Tout certificat délivré par le greffier (tarif de 1739, art. 1, alinéa 21), 4 fr.

18. La signature de l'expédition d'une ordonnance impériale (tarif de 1739, art. 1, alinéa 2; règlement du 11 juin 1806, art. 35), 12 fr.

19. La signature de l'exécutoire des dépens (tarif de 1739, art. 2, alinéa 7; règlement du 22 juillet 1806, art. 43), 4 fr.

20. Chaque rôle d'expéditions du greffe, de quelque nature qu'elles soient, à raison de vingt-cinq lignes à la page et de douze syllabes à la ligne (tarif de 1739, art. 1, alinéa 16; règlement de 1738, 2e partie, titre XIII, art. 7; règlement du 11 juin 1806, art. 35), 50 c.

21. Le retrait des pièces (tarif de 1739, art. 1, alinéa 19; règlement du 11 juin 1806, art. 27), 4 fr.

2. Il ne sera employé dans la liquidation des dépens aucuns frais de voyage, séjour ou retour des parties, ni aucuns frais de voyage d'huissier, au delà d'une journée.

3. La liquidation et la taxe des dépens seront faites au comité du contentieux par le maître des requêtes rapporteur.

4. La taxe sera rendue exécutoire par notre garde des sceaux, et, dans le cas où il serait empêché, par le conseiller d'Etat vice-président du comité du contentieux.

5. L'opposition à la taxe sera recevable dans les trois jours de la signification de l'exécutoire. — Elle sera jugée par notre garde des sceaux, conformément à l'article 43 du règlement du 22 juillet 1806.

DROITS DES COMMISSAIRES-PRISEURS (a).
18-20 juin 1843. — *LOI sur le tarif des commissaires-priseurs.*

ARTICLE 1er. Il sera alloué aux commissaires-priseurs. — 1° Pour droits de

(a) Voy. la loi du 25 juin 1841, relative à la vente aux enchères de marchandises neuves, C. pr., art. 625 en *note*: celle du 5 juin 1851, sur les ventes de récoltes et fruits pendants par racines; et le décret du 5 nov. 1851, portant le tarif des droits à percevoir sur ces dernières ventes, C. pr., art. 626 et suiv., en *note*.

prisée, pour chaque vacation de trois heures, — A Paris, Lyon, Bordeaux, Rouen, Toulouse et Marseille, 6 fr.; — Partout ailleurs, 5 fr.; — 2° Pour assistance aux référés et pour chaque vacation, — A Paris, Lyon, Bordeaux, Rouen, Toulouse et Marseille, 5 fr.; — Partout ailleurs, 4 fr.; — 3° Pour tous droits de vente, non compris les déboursés pour y parvenir et en acquitter les droits, non plus que la rédaction des placards, six pour cent sur le produit des ventes, sans distinction de résidence. — Il pourra, en outre, être alloué une ou plusieurs vacations sur la réquisition des parties, constatée par procès-verbal du commissaire-priseur, à l'effet de préparer les objets mis en vente. — Ces vacations extraordinaires ne seront passées en taxe qu'autant que le produit de la vente s'élèvera à trois mille francs. — Chacune de ces vacations de trois heures donnera droit aux émoluments fixés par le numéro premier du présent article. — 4° Pour expédition ou extrait de procès-verbaux de vente, s'ils sont requis, outre le timbre, et pour chaque rôle de vingt-cinq lignes à la page et de quinze syllabes à la ligne, 1 fr. 50 c. — Pour consignation à la caisse, s'il y a lieu, — A Paris, Lyon, Bordeaux, Rouen, Toulouse et Marseille, 6 fr. — Partout ailleurs, 5 fr. — Pour assistance à l'essai ou au poinçonnage des matières d'or et d'argent, — A Paris, Lyon, Bordeaux, Rouen, Toulouse et Marseille, 6 fr.; — Partout ailleurs, 5 fr. — Pour paiement des contributions, conformément aux dispositions des lois des 5-18 août 1791 et 12 novembre 1808, — A Paris, Lyon, Bordeaux, Rouen, Toulouse et Marseille, 4 fr.; — Partout ailleurs, 3 fr.

2. L'état des vacations, droits et remises alloués aux commissaires-priseurs sera délivré sans frais aux parties. Si la taxe est requise, elle sera faite par le président du tribunal de première instance ou par un juge délégué.

3. Toutes perceptions directes ou indirectes, autres que celles autorisées par la présente loi, à quelque titre et sous quelque dénomination qu'elles aient lieu, sont formellement interdites. — En cas de contravention, l'officier public pourra être suspendu ou destitué, sans préjudice de l'action en répétition de la partie lésée et des peines prononcées par la loi contre la concussion.

4. Il est également interdit aux commissaires-priseurs de faire aucun abonnement ou modification à raison des droits ci-dessus fixés, si ce n'est avec l'État et les établissements publics. — Toute contravention sera punie d'une suspension de quinze jours à six mois. En cas de récidive, la destitution pourra être prononcée.

5. Il y aura, entre les commissaires-priseurs d'une même résidence, une bourse commune dans laquelle entrera la moitié des droits proportionnels qui leur seront alloués sur chaque vente. — Néanmoins les commissaires-priseurs attachés aux monts-de-piété et les commissaires-priseurs du domaine feront leurs versements à la bourse commune conformément aux traités passés entre eux et les autres commissaires. Ces traités seront soumis à l'homologation du tribunal de première instance, sur les conclusions du procureur du roi.

6. Toute convention entre les commissaires-priseurs, qui aurait pour objet de modifier directement ou indirectement le taux fixé par l'article précédent, est nulle de plein droit, et les officiers qui auraient concouru à cette convention encourront les peines prononcées par l'article 4 ci-dessus.

7. Les fonds de la bourse commune sont affectés comme garantie principale au paiement des deniers produits par les ventes; ils seront saisissables.

8. La répartition des émoluments de la bourse commune sera faite, tous les deux mois, par portions égales, entre les commissaires-priseurs.

9. Les commissaires-priseurs de Paris continueront à être régis par les dispositions de l'arrêté du 29 germinal an IX, relativement à leur chambre de discipline. — Les dispositions de cet arrêté pourront être étendues par ordonnance royale, rendue dans la forme des règlements d'administration publique, aux chambres de discipline qui seraient instituées dans d'autres localités.

10. Toutes les dispositions contraires à la présente loi sont et demeurent abrogées.

23-26 mars 1848. — *DÉCRET relatif aux protêts.*

Le Gouvernement provisoire, — Voulant venir en aide aux embarras momentanés du commerce, en diminuant les frais de protêt, les droits d'enregistrement et les émoluments attachés à chacun de ces actes, — Décrète :

ARTICLE 1er. Provisoirement, et jusqu'à ce qu'il en soit autrement ordonné, le tarif actuel est modifié comme il suit :

ANCIEN TARIF.	Émolum.		Débours.		Total.		NOUVEAU TARIF.	Émolum.		Débours.		Total.	
	fr.	c.	fr.	c.	fr.	c.		fr.	c.	fr.	c.	fr.	c.
PROTÊT SIMPLE.							**PROTÊT SIMPLE.**						
Original et copie..........	1	60	»	»			Original et copie..........	1	60	»	»		
Droit de copie de l'effet sur l'original et la copie du protêt	1	50	»	»	6	80	Droit de copie de l'effet sur l'original et la copie........	0	75	»	»	4	40
Transcription de l'effet et du protêt sur le répertoire....							Transcription sur le répertoire.						
Timbre du protêt..........	»	»	0	70			Timbre du protêt..........	»	»	0	70		
Timbre du registre des protêts.	»	»	0	40			Timbre du registre........	»	»	0	25		
Enregistrement............	»	»	2	20			Enregistrement............	»	»	1	10		
PROTÊT A DEUX DOMICILES OU AVEC UN BESOIN.							**PROTÊT A DEUX DOMICILES OU AVEC BESOIN.**						
Protêt simple.............	»	»	6	80			Protêt simple.............	»	»	»	»	4	40
Pour le second domicile ou le besoin.............	»	»	»	»	8	80	Pour le second domicile ou le besoin.............	1	»	0	35	1	35
Timbre....................	0	35	2	00			Timbre....................	»	»				
Émoluments...............	1	65										5	75
PROTÊT DE DEUX EFFETS.							**PROTÊT DE DEUX EFFETS.**						
Le protêt simple...........	»	»	6	80			Le protêt simple...........	»	»	»	»	4	40
Copie du deuxième effet sur l'original de la copie......	0	50			7	70	Émoluments pour le second effet................	0	50	»	»	0	65
Transcription de l'effet sur le registre	0	25	0	90			Timbre...................	»	»	0	15		
Papier timbré du registre....	0	15										5	05
PROTÊT DE PERQUISITION.							**PROTÊT DE PERQUISITION.**						
Original et copie du procès-verbal et du protêt.......	5	00	»	»			Original et copie..........	5	00	»	»		
Droit de deux copies à afficher au tribunal de commerce et au tribunal civil.	2	50	»	»			Droit de copie............	1	25	»	»		
Les copies du titre..........	1	00	»	»			Les copies du titre........	0	50	»	»		
Visa au parquet...........	1	00	»	»			Visa.....................	1	00	»	»	11	75
Timbre de l'original et des copies au parquet et pour les affiches.................	»	»	2	10	15	70	Timbre des copies........	»	»	1	75		
Enregistrement............	»	»	2	20			Enregistrement............	»	»	1	10		
Transcription du titre au regist.	0	25	»	»			Transcription du titre au registre.................	0	75	»	»		
Transcription du procès-verbal de perquisition et du protêt.	1	25	»	»			Transcription du procès-verbal de perquisition et du protêt.						
Papier du registre pour la transcription	»	»	0	40			Papier du registre pour la transcription	»	»	0	40		
PROTÊT AU PARQUET.							**PROTÊT AU PARQUET.**						
Le protêt simple...........	6	80	»	»			Le protêt simple...........	4	40	»	»		
Pour une deuxième copie au parquet................	0	50	»	»			Deuxième copie au parquet...	0	50	»	»		
Pour une troisième au tribunal.	0	50	»	»	10	35	Troisième au tribunal et droit de la copie du titre........	1	50	»	»	*7	10
Droit de copie de l'effet sur les deuxième et troisième copies.	0	50	»	»			Visa.....................	1	00	»	»		
Vacation au visa...........	1	00	»	»			Timbre...................	»	»	0	70		
Timbre de la copie du parquet et de l'affiche........	»	»	1	05									

* Le total des émoluments et des déboursés pour le protêt au parquet est de 8 fr. 20 c., et non de 7 fr. 10 c., comme le porte le *Bulletin des lois* (texte officiel) ; ou autrement il y aurait erreur dans l'indication des nombres à additionner.

ANCIEN TARIF (SUITE).					NOUVEAU TARIF (SUITE).				
	Émolum.	Débours.	Total.			Émolum.	Débours.	Total.	
INTERVENTION.	fr. c.	fr. c.	fr. c.		INTERVENTION.	fr. c.	fr. c.	fr. c.	
Original......................	2 00	» »			Original et copie............	2 00	» »		
Transcription au registre.....	0 50	» »	5 00		Transcription au registre.....	0 25	» »	3 50	
Papier du registre...........	» »	0 30			Papier du registre	» »	0 15		
Enregistrement..............	» »	2 20			Enregistrement.............	» »	1 10		
DÉNONCIATION DE PROTÊT.					DÉNONCIATION DE PROTÊT.				
Original......................	2 00	» »			Original.....................	2 00	» »		
Copie de l'exploit............	0 50	» »			Copie de l'exploit...........	0 50	» »		
Copie du billet..............	0 50	» »			Copie de billet..............		» »		
Copie du protêt.. ѥ........	0 75	» »	7 75		Copie de protêt.............	0 75	» »	5 90	
Copie d'intervention	0 25	» »			Copie d'intervention........	0 25	» »		
Copie de compte de retour ...	0 50	» »			Copie de compte de retour ...	0 25	» »		
Timbre......................	» »	1 05			Timbre......................	» »	1 05		
Enregistrement..............	» »	2 20			Enregistrement.............	» »	1 10		

24-29 mars 1849. — *ARRÊTÉ qui modifie le tarif des frais en matière de contrainte par corps.*

ARTICLE 1er. Il est alloué à tous huissiers : — 1o (Code de proc. art. 780), — Pour l'original de la signification du jugement qui prononce la contrainte par corps, avec commandement, 2 fr. — Pour la copie, le quart, 50 c. — Pour droit de copie du jugement, 2 fr. — Sans qu'il puisse être passé d'autres droits en taxe, dans le cas où la signification et le commandement seraient faits par actes séparés ; — 2o (Code de proc., art. 796), — Pour l'original de la signification du jugement qui déclare un emprisonnement nul, 2 fr. — Pour la copie à laisser au geôlier ou au gardien, le quart, 50 c.

2. Il est alloué aux gardes du commerce ou aux huissiers : — 1o (Code de proc., art. 783 et 789), — Pour le procès-verbal d'emprisonnement d'un débiteur, y compris l'assistance de deux recors et l'écrou, — A Paris, 40 fr. — Ailleurs, 30 fr. — Pour la copie du procès-verbal d'emprisonnement et de l'écrou, le tout ensemble, 2 fr. — Il ne pourra être passé en taxe aucun procès-verbal de perquisition pour lequel les gardes du commerce ou huissiers n'auront point de recours, même contre leur partie ; les sommes ci-dessus leur étant allouées en considération de toutes les démarches qu'ils pourraient faire, autres que celles expressément rémunérées par le présent tarif. — 2o (Code de proc., art. 784), — Pour la vacation tendant à obtenir l'or-

donnance du juge de paix, à l'effet, par ce dernier, de se transporter dans le lieu où se trouve le débiteur condamné par corps, et à requérir son transport, 2 fr. — 3o (Code de proc., art. 786), — Pour vacation en référé, si le débiteur arrêté le requiert, 5 fr. — 4o (Code de proc., art. 792 et 793), — Pour un acte de recommandation d'un débiteur emprisonné sans assistance de recors, 3 fr. — Pour chaque copie à donner au débiteur et au geôlier, le quart, 75 c.

3. Il est alloué aux gardes du commerce : — (Décret du 14 mars 1808, art. 21), — Pour le dépôt des pièces par le créancier, 3 fr. — Pour le visa apposé sur chaque pièce produite ou signifiée par le créancier ou le débiteur, 25 c. — Pour le certificat mentionné en l'article 11 du décret du 14 mars 1808, droit de recherche compris, 2 fr.

4. Il est alloué aux huissiers, pour rédaction du pouvoir spécial exigé par l'article 556 du Code de procédure civile, 1 fr.

5. Il ne sera alloué aucun droit au gardien ou geôlier à raison de la transcription sur son registre du jugement prononçant la contrainte par corps.

6. Outre les fixations établies par les quatre premiers articles, seront alloués les simples déboursés de timbre et d'enregistrement justifiés par pièces régulières.

7. Il ne sera rien alloué aux huissiers et aux gardes du commerce pour leur transport jusqu'à un demi-myria-

mètre. — Il leur sera alloué, au delà d'un demi-myriamètre, pour frais de voyage, qui ne pourra excéder une journée de cinq myriamètres, savoir : au delà d'un demi-myriamètre, et jusqu'à un myriamètre, pour aller et retour, 4 fr. — Au delà d'un myriamètre, il sera alloué, par chaque demi-myriamètre, sans distinction, 2 fr.

8. Sont et demeurent abrogés les articles 51, 52, 53, 54, 55, 56, 57 et 58 du premier décret du 16 février 1807, les deux premiers paragraphes de l'article 20 et l'article 21 du décret du 14 mars 1808, concernant les gardes du commerce.

9. Le garde des sceaux, ministre de la justice, est chargé de l'exécution du présent arrêté, qui sera inséré au *Bulletin des lois.*

MATIÈRE CRIMINELLE (TARIF GÉNÉRAL DES FRAIS).

18 juin 1811. — DÉCRET contenant règlement pour l'administration de la justice en matière criminelle, de police correctionnelle et de simple police et tarif général des frais.

DISPOSITIONS PRÉLIMINAIRES.

ARTICLE 1er. L'administration de l'enregistrement continuera de faire l'avance des frais de justice criminelle, pour les actes et procédures qui seront ordonnés d'office ou à la requête du ministère public ; sauf à poursuivre, ainsi que de droit, le recouvrement de ceux desdits frais qui ne sont point à la charge de l'Etat, le tout dans la forme et selon les règles établies par notre présent décret.

2. Sont compris sous la dénomination de frais de justice criminelle, sans distinction des frais d'instruction et de poursuite en matière de police correctionnelle et de simple police, — 1° Les frais de translation des prévenus ou accusés, de transport des procédurés et des objets pouvant servir à conviction ou à décharge ; — 2° Les frais d'extradition des prévenus, accusés ou condamnés ; — 3° Les honoraires et vacations des médecins, chirurgiens, sages-femmes, experts et interprètes ; — 4° Les indemnités qui peuvent être accordées aux témoins et aux jurés ; — 5° Les frais de garde des scellés, et ceux de mise en fourrière ; — 6° Les droits d'expédition et autres alloués aux greffiers ; — 7° Les salaires des huissiers ; — 8° L'indemnité accordée aux officiers de justice dans les cas de transport sur le lieu du crime ou délit ; — 9° Les frais de voyage et de séjour accordés à nos conseillers dans les cours impériales, et à nos conseillers-auditeurs délégués pour compléter le nombre des juges d'une cour d'assises ou spéciale (*a*), ainsi qu'aux officiers du ministère public, autres néanmoins que les substituts en service près les cours d'assises et spéciales (*b*) hors du chef-lieu, à l'égard desquels il a été statué par l'article 10 de notre décret du 30 janvier 1811 ; — 10° Les frais de voyage et de séjour auxquels l'instruction des procédures peut donner lieu ; — 11° Le port des lettres et paquets pour l'instruction criminelle (voy. art. 103) ; — 12° Les frais d'impression des arrêts, jugements et ordonnances de justice ; — 13° Les frais d'exécution des jugements criminels et les gages des exécuteurs ; — 14° Les dépenses assimilées à celles de l'instruction des procès criminels, et qui résulteront, savoir : — Des procédures d'office pour l'interdiction ; — Des poursuites d'office en matière civile ; — Des inscriptions hypothécaires requises par le ministère public ; — Du transport des greffes.

3. Ne sont point compris sous la dénomination de frais de justice criminelle, — 1° Les honoraires des conseils ou défenseurs des accusés, même de ceux qui sont nommés d'office, non plus que les droits et honoraires des avoués, dans les cas où leur ministère serait employé ; — 2° Les indemnités de route des militaires en activité de service, appelés en témoignage devant quelques juges ou tribunaux que ce soit, et ce conformément à l'article 69

(*a, b*) On sait que le titre du Code d'inst. crim. relatif aux *cours spéciales* a été supprimé lors de la révision des Codes, en 1832.

de la loi du 28 germinal an VI, et à l'arrêté du gouvernement du 22 messidor an V; — 3º Les frais d'apposition des affiches d'arrêts, jugements ou ordonnances de justice, lesquels continueront à être payés par les communes, ainsi qu'il résulte des articles 9 et 10 de l'arrêté du gouvernement du 27 brumaire an VI; — 4º Les frais d'inhumation des condamnés et de tous cadavres trouvés sur la voie publique ou dans quelque autre lieu que ce soit, lesquels sont également à la charge des communes, aux termes de l'article 26 de notre décret du 23 prairial an XII; lors toutefois que les cadavres ne sont pas réclamés par les familles, et sauf le recours des communes contre les héritiers; — 5º Les frais de translation des condamnés dans les bagnes, dans les maisons centrales de correction, etc., lesquels continueront d'être à la charge du ministère de l'intérieur, conformément à l'avis de notre conseil d'Etat du 10 janvier 1807, approuvé par nous le 16 février suivant; — 6º Les frais de conduite des mendiants et vagabonds qui ne sont point traduits devant les tribunaux, lesquels continueront d'être à la charge du ministère de l'intérieur, conformément à l'avis de notre conseil d'Etat du 1er décembre 1807, approuvé par nous le 11 janvier 1808; — 7º Les frais de translation de tous les individus arrêtés par mesure de haute police, lesquels continueront à être payés par le ministère de la police, conformément au même avis; — 8º Les frais de translation de tous les condamnés évadés du lieu de leur détention, qui continueront à être supportés par les ministères de la guerre, de la marine, de l'intérieur et de la police, chacun en ce qui le concerne; — 9º Les dépenses des prisons, maisons de correction, maisons de dépôt, d'arrêt et de justice, lesquelles resteront à la charge du ministère de l'intérieur, en vertu de la loi du 10 vendémiaire an IV, et de l'arrêté du gouvernement du 23 brumaire suivant; — 10º Les frais de translation des déserteurs des armées de terre et de mer, qui sont à la charge des ministères de la guerre et de la marine; — 11º Les dépenses occasionnées par les poursuites intentées devant les tribunaux militaires ou maritimes, et les frais de procédure qui ont lieu devant les tribunaux ordinaires con-

tre les conscrits réfractaires et les déserteurs, lesquels sont également à la charge des ministères de la guerre et de la marine, conformément aux articles 8 et 9 de notre décret du 8 juillet 1806; — 12º Toutes autres dépenses, de quelque nature qu'elles soient, qui n'ont pas pour objet la recherche, la poursuite et la punition de crimes, délits ou contraventions, de la compétence, soit de la haute cour impériale, soit des cours impériales, des cours d'assises ou spéciales, soit des tribunaux correctionnels ou de simple police, sauf les exceptions énoncées dans le titre II de notre présent décret.

TITRE PREMIER.

TARIF DES FRAIS.

CHAP. I. — DES FRAIS DE TRANSLATION DES PRÉVENUS ET ACCUSÉS, DE TRANSPORT DES PROCÉDURES ET DES OBJETS POUVANT SERVIR A CONVICTION OU A DÉCHARGE.

4. Les prévenus ou accusés seront conduits à pied par la gendarmerie, de brigade en brigade : néanmoins ils pourront, si des circonstances extraordinaires l'exigent, être transférés, soit en voiture, soit à cheval, sur les réquisitions motivées de nos officiers de justice. — Les réquisitions seront rapportées en original, ou par copies dûment certifiées par les officiers qui donneront les ordres, à l'appui de chaque état ou mémoire de frais à fournir par ceux qui auront fait le transport.

5. Lorsque la translation par voie extraordinaire sera ordonnée d'office, ou demandée par le prévenu ou accusé, à cause de l'impossibilité où il se trouverait de faire ou de continuer le voyage à pied, cette impossibilité sera constatée par certificat de médecin ou de chirurgien. — Ce certificat sera mentionné dans la réquisition et y demeurera joint.

6. Dans les cas d'exception ci-dessus, la translation des prévenus ou accusés sera faite par les entrepreneurs généraux des transports et convois militaires, et aux prix de leur marché. — Dans les localités où le service des transports militaires ne sera point organisé, les réquisitions seront adressées aux officiers municipaux, qui y pourvoiront par les moyens ordinaires et aux prix les plus modérés.

7. Les prévenus et accusés pourront toujours se faire transporter en voiture à leurs frais, en se soumettant aux mesures de précaution que prescrira le magistrat qui aura ordonné la translation, ou le chef d'escorte chargé de l'exécuter.

8. La translation des prévenus ou accusés, soit dans l'intérieur de Paris, soit de Paris à Bicêtre et de Bicêtre à Paris, se fera toujours par voitures fermées et par un entrepreneur particulier, en vertu d'un marché passé par le préfet du département de la Seine, et qui ne pourra être exécuté qu'avec l'approbation de de notre grand-juge ministre de la justice.

9. Les procédures et les effets pouvant servir à conviction ou à décharge seront transportés par les gendarmes chargés de la conduite des prévenus ou accusés. — Si, à raison du poids ou du volume, ces objets ne peuvent être transportés par les gendarmes, ils le seront, d'après un ordre par écrit du magistrat qui ordonnera le transport, soit par les messageries, soit par les entrepreneurs des transports et convois militaires, soit par toute autre voie plus économique, sauf les précautions convenables pour la sûreté des objets.

10. Les aliments et autres secours indispensablement nécessaires aux prévenus ou accusés pendant leur translation, leur seront fournis dans les prisons et maisons d'arrêt des lieux de la route. — Cette dépense ne sera point considérée comme faisant partie des frais généraux de justice; mais elle sera confondue dans la masse des dépenses ordinaires des prisons et maisons d'arrêt. — Dans les lieux où il n'y a point de prisons, les officiers municipaux feront faire la fourniture des aliments et autres objets, et le remboursement en sera fait aux fournisseurs comme frais généraux de justice

11. Les gendarmes ne pourront accompagner les prévenus ou accusés au delà de la résidence d'une des brigades les plus voisines de celle dont ils feront eux-mêmes partie, sans un ordre exprès du capitaine commandant la gendarmerie du département.

12. Si, pour l'exécution d'ordres supérieurs relatifs à la translation des prévenus ou accusés, il est nécessaire d'employer des moyens extraordinaires de transport, tels que la poste, les diligences ou autres voies semblables, les frais de ce transport et autres dépenses que les gendarmes se trouveront obligés de faire en route, leur seront remboursés, comme frais de justice criminelle, sur leurs mémoires détaillés, auxquels ils joindront les ordres qu'ils auront reçus, ainsi que des quittances particulières pour les dépenses de nature à être ainsi constatées. — Si les gendarmes n'ont pas de fonds suffisants pour faire les avances, il leur sera délivré un mandat provisoire de la somme présumée nécessaire, par le magistrat qui ordonnera le transport. — Il sera fait mention du montant de ce mandat sur l'ordre de transport. — A leur arrivée à leur destination, les gendarmes feront régler définitivement leur mémoire par le magistrat devant qui le prévenu devra comparaître. — Il ne sera alloué aux gendarmes aucun frais de retour; ils recevront seulement l'indemnité prescrite par les articles 68 et 69 de la loi du 28 germinal an VI.

13. Lorsqu'en conformité des dispositions du Code d'instruction criminelle sur le faux, et dans les cas prévus notamment par les articles 452 et 454, des dépositaires publics, tels que les greffiers, notaires, avoués et huissiers, seront tenus de se transporter au greffe ou devant un juge d'instruction pour remettre des pièces arguées de faux ou des pièces de comparaison, il leur sera alloué, pour chaque vacation de trois heures, la même indemnité qui leur est accordée par l'article 166 de notre décret du 16 février 1807, relativement à l'inscription de faux incident. — Les dépositaires publics auront toujours le droit de faire en personne le transport et la remise des pièces, sans qu'on puisse les obliger à les confier à des tiers.

14. Les autres dépositaires particuliers recevront pour le même objet l'indemnité réglée par ledit article 166.

15. Dans les cas prévus par les deux articles précédents, les frais de voyage et de séjour des greffiers, notaires, avoués et dépositaires particuliers, seront réglés ainsi qu'il sera dit dans le chapitre VIII ci-après, pour les médecins, chirurgiens, etc. — Quant aux huissiers, on se conformera aux dispositions dudit chapitre VIII en ce qui les concerne.

CHAP. II. — DES HONORAIRES ET VACATIONS DES MÉDECINS, CHIRURGIENS, SAGES-FEMMES, EXPERTS ET INTERPRÈTES.

16. Les honoraires et vacations des médecins, chirurgiens, sages-femmes, experts et interprètes, à raison des opérations qu'ils feront, sur la réquisition de nos officiers de justice ou de police judiciaire, dans les cas prévus par les articles 43, 44, 148, 332 et 333 du Code d'instruction criminelle, seront réglés ainsi qu'il suit :

17. Chaque médecin ou chirurgien recevra, savoir : — 1° Pour chaque visite et rapport, y compris le premier pansement, s'il y a lieu, — A Paris, 6 fr. — Villes de quarante mille habitants et au-dessus, 5 fr. — Autres, 3 fr. — 2° Pour les ouvertures de cadavre ou autres opérations plus difficiles que la simple visite, et en sus des droits ci-dessus, — A Paris, 9 fr. — Villes de quarante mille habitants et au-dessus, 7 fr. — Autres, 5 fr.

18. Les visites faites par les sages-femmes seront payées, — A Paris, 3 fr. — Ailleurs, 2 f.

19. Outre les droits ci-dessus, le prix des fournitures nécessaires pour les opérations sera remboursé.

20. Pour les frais d'exhumation des cadavres, on suivra les tarifs locaux.

21. Il ne sera rien alloué pour soins et traitements administrés, soit après le premier pansement, soit après les visites ordonnées d'office.

22. Chaque expert ou interprète recevra, pour chaque vacation de trois heures, et pour chaque rapport, lorsqu'il sera fait par écrit, savoir : — A Paris, 5 fr. — Villes de quarante mille habitants et au-dessus, 4 fr. — Autres, 3 fr. — Les vacations de nuit seront payées moitié en sus. — Il ne pourra être alloué, pour chaque journée, que deux vacations de jour et une de nuit.

23. Les traductions par écrit seront payées, pour chaque rôle de trente lignes à la page, et de seize à dix-huit syllabes à la ligne, savoir : — A Paris, 1 fr. 25 c. — Villes de quarante mille habitants et au-dessus, 1 fr. — Autres, 75 c.

24. Dans les cas de transport à plus de deux kilomètres de leur résidence, les médecins, chirurgiens, sages-femmes, experts et interprètes, outre la taxe ci-dessus

fixée pour leurs vacations, seront indemnisés de leurs frais de voyage et séjour, de la manière déterminée dans le chapitre VIII ci-après.

25. Dans tous les cas où les médecins, chirurgiens, sages-femmes, experts et interprètes, seront appelés, soit devant le juge d'instruction, soit aux débats, à raison de leurs déclarations, visites ou rapports, les indemnités dues pour cette comparution leur seront payées comme à des témoins, s'ils requièrent taxe.

CHAP. III. — DES INDEMNITÉS QUI PEUVENT ÊTRE ACCORDÉES AUX TÉMOINS ET AUX JURÉS.

26. Conformément à l'article 82 du Code d'instruction criminelle, les témoins entendus dans l'instruction et lors du jugement des affaires criminelles et de police, recevront, s'ils le demandent, une indemnité qui demeure réglée ainsi qu'il suit :

27. Pour chaque jour que le témoin aura été détourné de son travail ou de ses affaires, il pourra lui être taxé, savoir : — A Paris, 2 fr. — Villes de quarante mille habitants et au-dessus, 1 fr. 50 c. — Autres, 1 fr. (a)

28. Les témoins du sexe féminin, admis à déposer, et les enfants de l'un et de l'autre sexe au-dessous de l'âge de quinze ans, entendus par forme de déclaration, recevront, savoir : — A Paris, 1 fr. 25 c. — Villes de quarante mille habitants et au-dessus, 1 fr. — Autres, 75 c. (b)

29. *Abrogé par le décret du 7 avril 1813, article 4.*

30. Si les témoins sont obligés de se transporter hors du lieu de leur résidence, il pourra leur être alloué des frais de voyage et de séjour, tels qu'ils seront réglés dans le chapitre VIII ci-après (c). — Audit cas, les frais de séjour, tels qu'ils seront fixés par le n° 2 de l'article 96 ci-après, leur tiendront lieu de la taxe déterminée dans les articles 27 et 28 ci-dessus.

31. Nos officiers de justice n'accorderont aucune taxe aux militaires en activité de service, lorsqu'ils seront appelés en témoignage. — Néanmoins il

(a, b) Voy. décr. du 7 avril 1813, art. 2 ci-après.
(c) Remplacé, à l'égard des témoins, par l'art. 2 du décret du 7 avril 1813.

pourra leur être accordé une indemnité pour leur séjour forcé hors de leur garnison ou cantonnement, en se conformant, pour les officiers de tout grade, à la fixation faite par le n° 2 de l'article 96 du présent décret, et en allouant la moitié seulement de ladite indemnité aux sous-officiers et soldats. (Voy. C. de l'armée.)

32. Tous les témoins qui reçoivent un traitement quelconque, à raison d'un service public, n'auront droit qu'au remboursement des frais de voyage, s'il y a lieu et s'ils le requièrent, sur le pied réglé dans le chapitre VIII ci-après (a).

33. Conformément à la loi du 5 pluviôse an XIII (b), l'indemnité accordée aux témoins ne sera avancée par le trésor impérial qu'autant qu'ils auront été cités, soit à la requête du ministère public, soit en vertu d'ordonnance rendue d'office, dans les cas prévus par les articles 269 et 303 du Code d'instruction criminelle.

34. Les témoins cités à la requête, soit des accusés, conformément à l'article 321 du Code d'instruction criminelle, soit des parties civiles, conformément à la loi du 5 pluviôse an XIII, recevront les indemnités ci-dessus déterminées ; elles leur seront payées par ceux qui les auront appelés en témoignage.

35. Les jurés qui auront été obligés de se transporter à plus de deux kilomètres de leur résidence actuelle, pourront être remboursés des frais de voyage seulement sur le pied réglé dans le chapitre VIII ci-après, si toutefois ils le requièrent; et il ne sera rien alloué pour toute autre cause que ce soit, à raison de leurs fonctions.

36. Nos officiers de justice énonceront, dans les mandats qu'ils délivreront au profit des témoins et des jurés, que la taxe a été requise.

(a) En ce qui concerne les gendarmes, voy. décr. 7 avril 1813, art. 3, ci-après.
(b) Cette loi porte : « Art. 2. Les citations et significations faites à la requête des prévenus ou accusés seront à leurs frais, ainsi que les salaires des témoins qu'ils feront entendre; sauf à la partie publique à faire citer, à sa requête, les témoins qui lui seraient indiqués par les prévenus ou accusés, dans le cas où elle jugerait que leur déclaration peut être nécessaire pour la découverte de la vérité ; sans préjudice encore du droit de la cour de justice criminelle (aujourd'hui le président des assises) d'ordonner dans le cours des débats, lorsqu'elle le jugera utile, que de nouveaux témoins seront entendus. »

CHAP. IV.—DES FRAIS DE GARDE DE SCELLÉS, ET DE CEUX DE MISE EN FOURRIÈRE.

37. Dans les cas prévus par les articles 16, 35, 37, 38, 89 et 90 du Code d'instruction criminelle, il ne sera accordé de taxe pour la garde des scellés, que lorsque le juge instructeur n'aura pas jugé à propos de confier cette garde à des habitants de la maison où les scellés auront été apposés.— Dans ce cas, il sera alloué, pour chaque jour, au gardien nommé d'office, savoir : — A Paris, 2 fr. 50 c. — Villes de quarante mille habitants et au-dessus, 2 fr.— Autres, 1 fr.

38. En matière criminelle et correctionnelle, les femmes ne peuvent être constituées gardiennes des scellés, conformément à la loi du 6 vendémiaire an III, qui recevra, quant à ce, son exécution.

39. Les animaux et tous objets périssables, pour quelque cause qu'ils aient été saisis, ne pourront rester en fourrière ou sous le séquestre plus de huit jours. — Après ce délai, la mainlevée provisoire pourra en être accordée. — S'ils ne doivent ou ne peuvent être restitués, ils seront mis en vente, et les frais de fourrière seront prélevés sur le produit de la vente, par privilège et préférence à tous autres.

40. La mainlevée provisoire des animaux saisis et des objets périssables mis en séquestre sera ordonnée par le juge de paix ou par le juge d'instruction, moyennant caution et le paiement des frais de fourrière et de séquestre.—Si lesdits objets doivent être vendus, la vente sera ordonnée par les mêmes magistrats. — Cette vente sera faite à l'enchère, au marché le plus voisin, à la diligence de l'administration de l'enregistrement. — Le jour de la vente sera indiqué par affiches, vingt-quatre heures à l'avance, à moins que la modicité de l'objet ne détermine le magistrat à en ordonner la vente sans formalités, ce qu'il exprimera dans son ordonnance.—Le produit de la vente sera versé dans la caisse de l'administration de l'enregistrement, pour en être disposé ainsi qu'il sera ordonné par le jugement définitif.

CHAP. V. — DES DROITS D'EXPÉDITION ET AUTRES ALLOUÉS AUX GREFFIERS.

41. Il est dû aux greffiers des cours

impériales, des tribunaux correctionnels et des tribunaux de police, suivant les cas, des droits d'expédition, des droits fixes et des indemnités, indépendamment du traitement fixe qui leur est accordé par nos décrets.

42. Les droits d'expédition sont dus pour tous les actes et pièces dont il est fait mention dans les articles du Code d'instruction criminelle, sous les numéros 31, 63, 65, 66, 68, 81, 86, 114, 117, 118, 120, 122, 123, 124, 125, 128, 129, 130, 131, 146, 153, 157, 158, 159, 160, 161, 188, 190, 191, 192, 193, 248, 281, 300, 304, 305, 343, 358, 396, 397, 398, 415, 419, 452, 454, 455, 456, 465, 481, 568, 595 et 601.

43. Ces droits d'expédition ne sont dus que lorsque les expéditions sont demandées, soit par les parties qui en requièrent la délivrance à leurs frais, soit par le ministère public ; dans ce dernier cas, le trésor impérial en fait les avances, s'il n'y a pas de partie civile, ou si la partie civile est dans un état d'indigence dûment constaté. — Hors les cas ci-dessus, il n'est rien dû aux greffiers pour les actes susénoncés, lorsque les signification, notification ou communication en sont faites sur les minutes, ainsi qu'il sera dit ci-après.

44. Il n'est dû qu'un droit fixe aux greffiers pour les extraits qu'ils sont tenus de délivrer en conformité des articles 198, 202, 417 et 472 du Code d'instruction criminelle, et de l'article 36 du Code pénal.

45. Il leur est accordé une indemnité pour leur assistance aux actes désignés dans l'article 378 du Code d'instruction criminelle, et pour l'accomplissement des formalités prescrites par l'article 83 du Code Napoléon.

46. L'expédition de l'acte d'écrou dont il est fait mention en l'article 421 du Code d'instruction criminelle sera payée comme *extrait* aux concierges des prisons, suivant la fixation qui sera faite dans l'article 50 ci-après.

47. En conformité de l'article 168 du Code d'instruction criminelle, les droits d'expédition dus aux greffiers des maires, agissant comme juges de police, seront les mêmes que ceux des greffiers des autres tribunaux de police.

48. Les droits d'expédition dus aux greffiers des cours et tribunaux sont fixés à 40 c. par rôle de vingt-huit lignes à la page, et de quatorze à seize syllabes à la ligne.

49. Les droits d'expédition pour chacune des copies du registre tenu par les greffiers, aux termes de l'article 600 du Code d'instruction criminelle, qui doivent être adressés à notre grand-juge ministre de la justice et à notre ministre de la police générale, conformément à l'article 601 du même Code, sont fixés à 10 c. par chaque article du registre.

50. Les droits fixes pour les extraits sont réglés à 60 c., quel que soit le nombre de rôles de chaque extrait. — En matière forestière, ces droits ne seront que de 25 c. *(a)*

51. L'état de liquidation des frais et dépens sera dressé par le greffier, et les copies qu'il en délivrera lui seront payées à raison de 5 c. par article.

52. Lors des exécutions des arrêts criminels, le greffier de la cour, du tribunal ou de la justice de paix du lieu où se fera l'exécution, sera tenu d'y assister, d'en dresser procès-verbal ; et, dans le cas d'exécution à mort, il fera parvenir à l'officier de l'état civil les renseignements prescrits par le Code Napoléon. — A cet effet, le greffier se rendra, soit à l'hôtel-de-ville, soit dans une maison située sur la place publique où se fera l'exécution, et qui lui sera désignée par l'autorité administrative.

53. Il est alloué aux greffiers pour tous droits d'assistance, transcription du procès-verbal au bas de l'arrêt, et déclaration à l'officier de l'état civil, savoir : — 1° Pour les exécutions à mort, — A Paris, 20 fr. — Villes de 40,000 habitants et au-dessus, 15 fr. — Autres, 10 fr. — 2° Pour les exécutions par effigie et expositions, — A Paris, 10 fr. — Villes de 40,000 habitants et au-dessus, 5 fr. — Autres, 3 fr.

54. Les accusés paieront, au taux réglé par notre présent décret, les expéditions et copies qu'ils demanderont, outre celles qui leur seront délivrées gratuitement, aux termes de l'article 305 du Code d'instruction criminelle,

_(a)_ Voy. le décret du 7 avril 1813, art. 7, ci-après.

55. Dans le cas de renvoi des accusés, soit devant un autre juge d'instruction, soit à une autre cour d'assises ou spéciale, il ne pourra leur être délivré, aux frais du trésor impérial, de nouvelles copies des pièces dont ils auront déjà reçu une copie, en exécution du susdit article 305.

56. En matière correctionnelle et de simple police, aucune expédition ou copie des pièces de la procédure ne pourra être délivrée aux parties sans une autorisation expresse de notre procureur général. — Mais il leur sera délivré, sur leur seule demande, expédition de la plainte, de la dénonciation, des ordonnances et des jugements définitifs. — Toutes ces expéditions seront à leurs frais,

57. Conformément à l'article 5 de notre décret du 24 février 1806 (a), les greffiers ne délivreront aucune expédition ou copie susceptible d'être taxée par rôle, ni aucun extrait sans les avoir soumis à l'examen de nos procureurs, qui en feront prendre note sur un registre tenu au parquet. — Nos procureurs viseront en outre les expéditions.

58. Ne seront point insérés dans la rédaction des arrêts et jugements les plaidoyers prononcés, soit par le ministère public, soit par les défenseurs des prévenus ou accusés, mais seulement leurs conclusions.

59. Toutes les fois qu'une procédure en matière criminelle, de police correctionnelle, ou de simple police, devra être transmise à quelque cour ou tribunal que ce soit, ou à notre grand-juge ministre de la justice, la procédure et les pièces seront envoyées en minute, sans en excepter aucune, à moins que notre grand-juge ne désigne des pièces pour n'être expédiées que par copies ou par extraits.

60. Dans tous les cas où il y aura envoi des pièces d'une procédure, le greffier sera tenu d'y joindre un inventaire qu'il dressera sans frais, ainsi qu'il est prescrit

(a) Cet article est ainsi conçu: «Art. 5. Aucune copie ne sera délivrée par un greffier, sans avoir été mise sous les yeux du président et du procureur impérial, qui mettront leur visa au pied de chaque copie, et donneront au greffier le certificat qu'il s'est conformé aux règlements, tant sur les actes à délivrer que sur le nombre de lignes dans chaque page et de syllabes dans chaque ligne. Les greffiers devront joindre ce certificat à l'exécutoire qui leur sera donné pour cette copie.»

par l'article 423 du Code d'instruction criminelle.

61. Ne seront expédiés dans la forme exécutoire que les arrêts, jugements et ordonnances de justice que les parties ou le ministère public demanderont dans cette forme.

62. Toutes les fois que l'officier du ministère public aura pris une expédition d'un arrêt ou d'un jugement portant peine d'amende ou de confiscation, pour en poursuivre l'exécution en ce qui le concerne, il remettra cette expédition au préposé de l'enregistrement chargé du recouvrement des condamnations pécuniaires, pour tenir lieu de l'extrait dont la remise est ordonnée par les arrêtés du gouvernement des 1er et 16 nivôse an v. — Cette remise de l'expédition n'aura lieu que lorsque nos procureurs ou leurs substituts auront consommé tous les actes de leur ministère.

63. Il n'est rien alloué aux greffiers pour les écritures qu'ils sont tenus de faire sous la dictée ou l'inspection des magistrats, ni pour la minute d'aucun acte quelconque, non plus aussi que pour les simples renseignements qui leur seront demandés par le ministère public pour être transmis à nos ministres.

64. Nous défendons très-expressément aux greffiers et à leurs commis d'exiger d'autres ou de plus forts droits que ceux qui leur sont attribués par notre présent décret, soit à titre de prompte expédition, soit comme gratification, ni pour quelque cause et sous quelque prétexte que ce soit. — En cas de contravention, nous voulons qu'ils soient destitués de leurs emplois, et condamnés à une amende qui ne pourra être moindre de 500 francs, ni excéder 6,000 francs; sans préjudice toutefois, suivant la gravité des cas, de l'application des dispositions de l'article 174 du Code pénal. — Ordonnons à nos procureurs généraux et procureurs impériaux de dénoncer d'office, ou de poursuivre sur la plainte des parties intéressées, les abus qui viendront à leur connaissance.

CHAP. VI. — DES SALAIRES DES HUISSIERS.

65. Le service des huissiers près de nos cours impériales sera déterminé par une délibération prise en assemblée générale de la cour. — Tous les huissiers pourront être appelés indistinctement à faire le service civil et le service criminel, à tour de rôle.—Néanmoins ceux des huissiers ci-devant attachés aux cours criminelles, qui seront jugés les plus aptes à mettre le service criminel en activité, seront attachés de préférence, pendant les quatre années qui courront du jour de l'installation de chaque cour impériale, au service des chambres criminelles de la cour, des cours d'assises et de la cour spéciale du chef-lieu.

66. Les cours impériales pourront fixer le lieu de la résidence de tous les huissiers de leur ressort, et la changer sur la réquisition de notre procureur général (*a*). — Le service des huissiers des tribunaux de première instance sera réglé par une délibération de chaque tribunal pour son arrondissement.

67. Les huissiers n'ont aucun traitement fixe; il leur est seulement accordé des salaires à raison des actes confiés à leur ministère.

68. Les dispositions de notre décret du 17 mars 1809, concernant les six huissiers attachés à la cour de justice criminelle du département de la Seine, continueront à être exécutées à l'égard des huissiers qui seront attachés au service criminel près notre cour impériale de Paris, et ce jusqu'à ce qu'il en soit autrement ordonné par nous.

69. En exécution de l'article 120 de notre décret du 6 juillet 1810, notre grand-juge ministre de la justice, après avoir pris l'avis de nos cours impériales, qui lui transmettront leurs délibérations, nous présentera, d'ici au 1er janvier 1812, un rapport, — Sur l'organisation en communauté des huissiers résidant et exploitant dans chaque arrondissement communal;—Sur le nombre d'huissiers qui doivent être attachés au service des audiences de nos cours et tribunaux; — Sur les indemnités qu'il pourra y avoir lieu d'accorder aux huissiers audienciers pour leur service particulier; — Sur les règlements de police et de discipline nécessaires pour tous;—Et sur l'établissement d'une bourse commune entre tous les membres de chaque communauté d'arrondissement (*b*).

70. Lorsqu'il n'aura pas été délivré au ministère public des expéditions des actes ou jugements à signifier, les significations seront faites par les huissiers sur les minutes qui leur seront confiées par les greffiers, sous leur récépissé, à la charge par eux de les rétablir au greffe, dans les vingt-quatre heures qui suivront la signification, sous peine d'y être contraints par corps, en cas de retard.—Lorsqu'un acte ou jugement aura été remis en expédition au ministère public, la signification sera faite sur cette expédition, sans qu'il en soit délivré une seconde pour cet objet. — Les copies de tous les actes, arrêts, jugements et pièces à signifier, seront toujours faites par les huissiers ou par leurs scribes.

71. Les salaires des huissiers, pour tous les actes de leur ministère résultant du Code d'instruction criminelle et du Code pénal, sont réglés et fixés ainsi qu'il suit :— 1° Pour toutes citations, significations, notifications, communications et mandats de comparution dans les cas prévus par les articles 19, 34, 72, 81, 91, 97, 109, 114, 116, 117, 128, 129, 130, 131, 135, 145, 146, 149, 151, 153, 157, 158, 160, 172, 174, 177, 182, 185, 186, 187, 188, 190, 199, 203, 205, 212, 213, 214, 229, 230, 231, 242, 266, 269, 281, 292, 303, 321, 354, 355, 356, 358, 389, 395, 396, 397, 398, 415, 418, 421, 452, 454, 456, 466, 479, 487, 492, 500, 507, 517, 519, 528, 531, 532, 538, 546, 547, 548 et 567 du Code d'instruction criminelle, pour l'original seulement,—A Paris, 1 fr.—Villes de 40,000 habitants et au-dessus, 75 c. —Autres, 50 c.—2° Pour chaque copie des actes ci-dessus désignés,—A Paris, 75 c.—Villes de 40,000 habitants et au-dessus, 60 c.—Autres, 50 c.— 3° Pour l'exécution des mandats d'amener, dans les cas prévus par les articles 40, 61, 80, 91, 92, 237, 269, 355, 361 et 462 du Code d'instruction criminelle, y compris l'exploit de signification et la copie,—A Paris, 8 fr. — Villes de 40,000 habitants et au-dessus, 6 fr. —Autres, 5 fr. — 4° Pour l'exécution des mandats de dépôt, aux cas prévus par les articles 34, 40, 61,

---

(*a*) Voy. le décret du 14 juin 1813, art. 15 et suiv. (Code des officiers ministériels.)

(*b*) Voy. le même décr. au C. des offi. minist.

86, 100, 193, 214, 237, 248 et 490 du Code d'instruction criminelle, y compris l'exploit de signification et la copie, — A Paris, 5 fr. — Villes de 40,000 habitants et au-dessus, 4 fr. — Autres, 3 fr. — 5° Pour la capture de chaque prévenu, accusé ou condamné, en exécution d'un mandat d'arrêt, ordonnance de prise de corps, arrêt ou jugement quelconque emportant saisie de la personne, y compris l'exploit de signification, la copie et le procès-verbal de perquisition, lors même qu'il s'agirait de l'exécution d'un seul mandat d'arrêt, ordonnance de prise de corps, arrêt ou jugement qui concerneraient plusieurs individus, et dans les cas prévus par les articles 80, 94, 109, 110, 134, 157, 193, 214, 231, 232, 237, 239, 343, 355, 361, 452, 454, 456, 500 et 522 du Code d'instruction criminelle, et les articles 46 et 52 du Code pénal, savoir (a) : — A Paris, 21 fr. — Villes de 40,000 habitants et au-dessus, 18 fr. — Autres, 15 fr. — 6° Pour l'extraction de chaque prisonnier, sa conduite devant le juge, et sa réintégration dans la prison, — A Paris, 75 c. — Villes de 40,000 habitants et au-dessus, 60 c. — Autres, 50 c. — 7° Pour le procès-verbal de perquisition dont il est fait mention dans l'article 109 du Code d'instruction criminelle, et qui n'est pas suivi de capture, y compris l'exploit de signification et la copie du mandat d'arrêt, de l'ordonnance de prise de corps, ou de l'arrêt ou jugement qui auront donné lieu à la perquisition, savoir : — A Paris, 6 fr. — Villes de 40,000 habitants et au-dessus, 4 fr. — Autres, 3 fr. — 8° Pour la publication à son de trompe ou de caisse, et les affiches de l'ordonnance qui, aux termes des articles 465 et 466 du Code d'instruction criminelle, doit être rendue et publiée contre les accusés contumax, y compris le procès-verbal de la publication, savoir : — A Paris, 18 fr. — Villes de 40,000 habitants et au-dessus, 15 fr. — Autres, 12 fr. — 9° Pour la lecture de l'arrêt de condamnation à mort, dont il est fait mention dans l'article 13 du Code pénal, — A Paris, 30 fr. — Villes de 40,000 habitants et au-dessus, 24 fr. — Autres, 18 fr. — 10° Pour le salaire particulier

des scribes employés pour les copies de tous les actes dont il est fait mention ci-dessus, et de toutes les autres pièces dont il doit être donné copie, et ce, pour chaque rôle d'écriture de trente lignes à la page, et de dix-huit à vingt syllabes à la ligne, non compris le premier rôle, — A Paris, 50 c. — Villes de 40,000 habitants et au-dessus, 40 c. — Autres, 30 c. — 11° Pour assistance à l'inscription de l'écrou, lorsque le prévenu se trouve déjà incarcéré, et pour la radiation de l'écrou dans tous les cas, — A Paris, 1 fr. — Villes de 40,000 habitants et au-dessus, 75 c. — Autres, 50 c.

72. Il ne sera alloué aucune taxe aux agents de la force publique, pour raison des citations, notifications et significations dont ils seront chargés par les officiers de police judiciaire et par le ministère public.

73. Si un mandat d'amener et un mandat de dépôt ont été décernés dans les mêmes vingt-quatre heures contre le même individu et par le même magistrat, il n'y aura pas lieu de cumuler et d'allouer aux huissiers la taxe ci-dessus établie pour l'exécution des deux mandats ; mais, audit cas, il leur sera alloué pour toute taxe, savoir (b) : — A Paris, 10 fr. — Villes de 40,000 habitants et au-dessus, 8 fr. — Autres, 6 fr.

74. Lorsque des individus contre lesquels il aura été décerné des mandats d'arrêt et ordonnances de prise de corps, ou rendu des arrêts ou jugements emportant saisie de la personne, se trouveront déjà arrêtés d'une manière quelconque, l'exécution des actes ci-dessus, à leur égard, ne sera payée aux huissiers qu'au taux réglé par le n° 1 de l'article 71 pour les citations, significations et notifications. — Il en sera de même pour l'exécution des mandats d'amener, lorsque l'individu se trouvera arrêté, lorsqu'il se sera présenté volontairement, ou qu'il n'aura pu être saisi.

75. Les huissiers ne dresseront un procès-verbal de perquisition qu'en vertu d'un mandat d'arrêt, ordonnance de prise de corps, arrêt ou jugement de condamnation à peine afflictive ou infamante, ou à l'emprisonnement.

(a) Le tarif est modifié en cette partie par le décret du 7 avril 1813, art. 6.

(b) Modifié par le décret du 7 avril 1813, art. 5.

76. Il ne sera payé, dans une même affaire, qu'un seul procès-verbal pour chaque individu, quel que soit le nombre des perquisitions qui auront été faites dans la même commune.

77. Si, malgré les perquisitions faites par l'huissier, le prévenu, accusé ou condamné, n'est point arrêté, une copie en forme du mandat d'arrêt, de l'ordonnance de prise de corps, de l'arrêt ou jugement de condamnation, sera adressée au commissaire général de police; à son défaut, au commandant de la gendarmerie; et à Paris, au préfet de police. — Le préfet, les commissaires généraux de police et les commandants de la gendarmerie donneront aussitôt à leurs subordonnés l'ordre d'assister les huissiers dans leurs recherches, et de les aider de leurs renseignements. — Enjoignons aux agents de la force publique et de la police de prêter aide et main-forte aux huissiers, toutes et quantes fois ils en seront par eux requis, et sans pouvoir en exiger aucune rétribution, à peine d'être poursuivis et punis suivant l'exigence des cas. —Néanmoins, lorsque des gendarmes ou agents de police, porteurs de mandements de justice, viendront à découvrir, hors de la présence des huissiers, les prévenus, accusés ou condamnés, ils les arrêteront, et les conduiront devant le magistrat compétent; et dans ce cas, le droit de capture leur sera dévolu (*a*).

78. Le salaire des recors sera toujours à la charge des huissiers qui les auront employés.

79. Il en sera de même des frais pour la publication à son de trompe ou de caisse, prescrite par l'article 466 du Code d'instruction criminelle.

80. Lorsque lesdites publications et affiches se feront dans deux communes différentes, chacun des deux huissiers qui en seront chargés ne recevra que la moitié de la taxe fixée par l'article 71, n° 8.

81. Les frais de voyage et de séjour des huissiers seront alloués ainsi qu'il sera dit dans le chapitre VIII ci-après.

82. Notre grand-juge ministre de la justice fera dresser et parvenir à nos procureurs des modèles des mémoires que les huissiers auront à fournir pour la répétition de leurs salaires; et les huissiers seront tenus de s'y conformer exactement, sous peine de rejet de leurs mémoires.

83. Pour faciliter la vérification de la taxe des mémoires des huissiers, il sera tenu au parquet de nos cours et tribunaux un registre des actes de ces officiers ministériels : on y désignera sommairement chaque affaire; et, en marge ou à la suite de cette désignation, on relatera, par ordre de dates, l'objet et la nature des diligences à mesure qu'elles seront faites, ainsi que le montant du salaire qui y est affecté. — Nos procureurs examineront en même temps les écritures, afin de s'assurer qu'elles comprennent le nombre de lignes à la page et de syllabes à la ligne prescrit par l'article 71, n° 10, et ils réduiront au taux convenable le prix des écritures qui ne seraient pas dans les proportions établies par ledit article.

84. Nos procureurs et les juges d'instruction ne pourront user, si ce n'est pour causes graves, de la faculté qui leur est accordée par la loi du 5 pluviôse an XIII (*b*), de charger un huissier d'instrumenter hors du canton de sa résidence; ils seront tenus d'énoncer ces causes dans leur mandement, lequel contiendra, en outre, le nom de l'huissier, la désignation du nombre et de la nature des actes, et l'indication du lieu où ils devront être mis à exécution.— Le mandement sera toujours joint au mémoire de l'huissier.

85. Tout huissier qui refusera d'instrumenter dans une procédure suivie à la requête du ministère public, ou de faire le service auquel il est tenu près la cour ou le tribunal, et qui, après injonction à lui faite par l'officier compétent, persistera dans son refus, sera destitué, sans préjudice de tous dommages-intérêts et des autres peines qu'il aura encourues.

86. Les dispositions de l'article 64 ci-dessus sont communes aux huissiers, lesquels, en cas de contravention, seront poursuivis de la même manière par nos procureurs et sous les mêmes peines.

(*a*) Voy. le décret du 7 avril 1813, art. 6, ci-après.

(*b*) Voy., ci-dessus, l'art. 33 et la *note*.

CHAP. VII.—DU TRANSPORT DES MAGISTRATS.

87. Les frais de voyage et de séjour des conseillers des cours impériales et des conseillers auditeurs délégués, dans les cas prévus par les articles 19 et 21 de notre décret du 30 janvier 1811, seront payés au taux réglé par ces mêmes articles (*a*).

88. Dans les cas prévus par les articles 32, 36, 43, 46, 47, 49, 50, 51, 52, 59, 60, 62, 83, 84, 87, 88, 90, 464, 488, 497, 511 et 616 du Code d'instruction criminelle, les juges et les officiers du ministère public recevront des indemnités ainsi qu'il suit : — S'ils se transportent à plus de cinq kilomètres de leur résidence, ils recevront pour tous frais de voyage, de nourriture et de séjour, une indemnité de 9 fr. par jour ; — S'ils se transportent à plus de deux myriamètres, l'indemnité sera de 12 fr. par jour (*b*).

(*a*) 17-24 mai 1832.—*Ordonnance portant fixation du supplément de traitement et de l'indemnité alloués aux conseillers délégués pour présider les cours d'assises dans les villes qui ne sont point chefs-lieux de cour royale.*

« Art. 1er. Les conseillers délégués pour présider les assises ordinaires dans les villes qui ne sont point chefs-lieux de cour royale recevront, à compter du 1er avril 1832, un supplément de traitement, qui est fixé par trimestre comme il suit, savoir : 1° A sept cents francs : Auxerre, Cahors, Nantes, Perpignan, Quimper, Reims, Rodez, Saintes, Strasbourg et Troyes ; — 2° A six cents francs : Angoulême, Bourbon-Vendée, Carcassonne, Chartres, Périgueux, Saint-Omer, Tours et Versailles ; — 3° A cinq cents francs : Albi, Alençon, Coutances, Digne, Draguignan, Laon, Melun, Mende, Mézières, Privas, le Puy, Saint-Brieuc et Vannes ; — 4° A quatre cents francs : Auch, Beauvais, Blois, Bourg, Carpentras, Châlon-sur-Saône, Châteauroux, Chaumont, Épinal, Évreux, Foix, Gap, Guéret, Laval, Lons-le-Saulnier, le Mans, Mont-de-Marsan, Montauban, Montbrison, Moulins, Nevers, Niort, Saint-Flour, Saint-Michel, Tarbes, Tulle, Valence et Vesoul.

« 2. Le conseiller qui, après avoir terminé les assises ordinaires d'un trimestre, sera rappelé durant le même trimestre pour présider une assise extraordinaire, recevra, à raison de cette nouvelle présidence, une indemnité de dix francs par poste pour frais de voyage et de nourriture en route, et de quinze fr. par jour pour frais de séjour pendant la durée de l'assise. — Cette indemnité sera payée sur mémoire comme frais de justice criminelle extraordinaire, en vertu d'un exécutoire délivré par le premier président de la cour royale sur la réquisition du procureur général. »

(*b, c*) 4-6 août 1824. — *Ordonnance concernant les indemnités auxquelles ont droit les juges, officiers du ministère public et greffiers qui, dans le cas prévu par l'art. 496 du Code civil, se transportent à plus de cinq kilomètres de leur résidence.*

« Article unique. Les juges, officiers du mi-

---

89. L'indemnité du greffier ou commis assermenté qui accompagnera le juge ou l'officier du ministère public, sera, — Dans le premier cas, de 6 fr. par jour ; — Dans le second, de 8 fr. (*c*)

CHAP. VIII. — DES FRAIS DE VOYAGE ET DE SÉJOUR AUXQUELS L'INSTRUCTION DES PROCÉDURES PEUT DONNER LIEU.

90. Il est accordé des indemnités aux médecins, chirurgiens, sages-femmes, experts, interprètes, témoins (*d*), jurés, huissiers, gardes champêtres et forestiers, lorsqu'à raison des fonctions qu'ils doivent remplir, et notamment dans les cas prévus par les articles 20, 43 et 44 du Code d'instruction criminelle, ils sont obligés de se transporter à plus de deux kilomètres de leur résidence, soit dans le canton, soit au delà.

91. Cette indemnité est fixée, par chaque myriamètre parcouru en allant et en revenant, savoir : — 1° Pour les médecins, chirurgiens, experts, interprètes et jurés, à 2 fr. 50 c. — 2° Pour les sages-femmes, témoins, huissiers, gardes champêtres et forestiers, à 1 fr. 50 c.

92. L'indemnité sera réglée par myriamètre et demi-myriamètre.— Les fractions de huit ou neuf kilomètres seront comptées pour un myriamètre, et celles de trois à sept kilomètres pour un demi-myriamètre.

93. Pour faciliter le règlement de cette indemnité, les préfets feront dresser un tableau des distances en myriamètres et kilomètres, de chaque commune au chef-lieu de canton, au chef-lieu d'arrondissement, et au chef-lieu de département. — Ce tableau sera déposé aux greffes des cours impériales, des tribunaux de première instance et des justices de paix, et il sera transmis à notre grand-juge ministre de la justice.

94. *Abrogé par le décret du 7 avril 1813, article 4.*

95. Lorsque les individus dénommés

---

nistère public et greffiers qui, dans le cas prévu par l'art. 496 du Code civil, se transportent à plus de cinq kilomètres de leur résidence, auront droit aux indemnités déterminées par les art. 88 et 89 du règlement du 18 juin 1811, suivant les distinctions établies en ce qui concerne les distances. »

(*d*) Voy., à l'égard des témoins, les modifications apportées par l'art. 2 du décret du 7 avril 1813.

ci-dessus seront arrêtés, dans le cours du voyage, par force majeure, ils recevront en indemnité, pour chaque jour de séjour forcé, savoir : — 1° Ceux de la première classe, 2 fr. — 2° Ceux de la seconde, 1 fr. 50 c.—Ils seront tenus de faire constater par le juge de paix ou ses suppléants, ou par le maire, ou à son défaut par ses adjoints, la cause du séjour forcé en route, et d'en représenter le certificat à l'appui de leur demande en taxe (a).

96. Si les mêmes individus, autres que les jurés, huissiers, gardes champêtres et forestiers, sont obligés de prolonger leur séjour dans la ville où se fera l'instruction de la procédure, et qui ne sera point celle de leur résidence, il leur sera alloué, pour chaque jour de séjour, une indemnité fixée ainsi qu'il suit : — 1° Pour les médecins, chirurgiens, experts et interprètes ; — A Paris, 4 fr.— Villes de 40,000 habitants et au-dessus, 2 fr. 50 c. — Autres, 2 fr. — 2° Pour les sages-femmes et témoins, — A Paris, 3 fr. — Villes de 40,000 habitants et au-dessus, 2 fr.— Autres, 1 fr. 50 c.

97. La taxe des indemnités de voyage et de séjour sera double pour les enfants mâles au-dessous de l'âge de quinze ans et pour les filles au-dessous de l'âge de vingt-un ans, lorsqu'ils seront appelés en témoignage, et qu'ils seront accompagnés, dans leur route et séjour, par leur père, mère, tuteur ou curateur, à la charge par ceux-ci de justifier de leur qualité.

CHAP. IX. — DU PORT DES LETTRES ET PAQUETS.

98. Les états de crédits mentionnés dans l'article 14 de l'arrêté du gouvernement du 27 prairial an VIII, relatif à la franchise et au contre-seing, seront tenus à l'avenir, pour les fonctionnaires ci-après désignés, savoir : — 1° Les premiers présidents des cours impériales ;— 2° nos procureurs généraux près les mêmes cours ;—3° les présidents des cours d'assises et des cours spéciales ; — 4° les substituts de nos procureurs généraux près les cours d'assises et spéciales hors du chef-lieu ; — 5° nos procureurs impériaux près les tribunaux de première instance ; — 6° les juges d'instruction ; —

7° les juges de paix ; — 8° les greffiers en chef des cours impériales et les greffiers des tribunaux de première instance.

99. Nos procureurs généraux jouiront en outre, dans le ressort de la cour impériale, du contre-seing et de la franchise pour les lettres et paquets qu'ils adresseront aux autorités constituées et aux fonctionnaires désignés dans l'état annexé au règlement du 27 prairial an VIII, et pour ceux qui leur seront adressés des divers points du ressort.

100. Les directeurs des postes seront tenus de comprendre, dans lesdits états de crédit, tous paquets ou lettres que les fonctionnaires ci-dessus désignés jugeront nécessaire d'affranchir ou de charger pour tous autres fonctionnaires publics quelconques.

101. Les paquets ou lettres avec enveloppe, adressés aux greffiers, ne seront par eux ouverts qu'au parquet, en présence de nos procureurs ou d'un substitut, lesquels feront tenir sur un registre particulier une note indicative de chaque envoi, du lieu du départ, du montant de la taxe, et de l'affaire à laquelle l'envoi se rapportera.— Ce registre servira de contrôle aux états qui seront fournis chaque mois par les greffiers, ainsi qu'il sera dit ci-après.

102. A la fin de chaque mois, il sera fait des états de crédit, article par article, pour les paquets adressés aux premiers présidents, aux présidents des cours d'assises et des cours spéciales. Ces états, certifiés par eux et par le directeur des postes, seront exécutoires de plein droit au profit du directeur des postes, après avoir été préalablement visés par le préfet.— Les états relatifs aux crédits des autres fonctionnaires désignés dans l'article 98 seront certifiés par eux et par le directeur des postes, rendus exécutoires, au profit du directeur des postes, par ordonnance du président de la cour ou du tribunal, et visés par le préfet.

103. Les fonctionnaires mentionnés dans l'article 98 pourront aussi employer, pour le transport de leurs dépêches, toutes autres voies qui leur paraîtront plus expéditives et plus économiques que celle de la poste, et particulièrement les messagers des préfectures, sous-préfectures ou autres.

(a) Voy. le décr. du 7 avril 1813, art 4, ci-après.

CHAP. X. — DES FRAIS D'IMPRESSION.

104. Il ne sera payé des frais d'impression, sur les fonds généraux des frais de justice criminelle, que pour les objets suivants, — 1° pour les extraits d'arrêts de condamnation à des peines afflictives ou infamantes, ainsi qu'il est dit dans l'article 36 du Code pénal; — 2° pour les ordonnances portant nomination des présidents et assesseurs des cours d'assises et les arrêts de convocation des cours d'assises et spéciales; le tout en conformité de la loi du 20 avril 1810 et de notre décret du 6 juillet suivant (a); — 3° pour les signalements des personnes à arrêter; — 4° pour les états et modèles d'états relatifs au paiement, à la liquidation et au recouvrement des frais de justice; — 5° pour les actes dont une loi ou un de nos décrets aura ordonné l'impression, et pour ceux dont notre grand-juge ministre de la justice jugera l'impression et la publication nécessaires par une décision spéciale.

105. Seront imprimés en placards tous les actes qui doivent être publiés et affichés, et ce, conformément au modèle que notre grand-juge ministre de la justice en fera dresser à notre imprimerie impériale. — Ce modèle sera envoyé à nos procureurs près les cours et tribunaux. — Toutes impressions qui ne seront point conformes au modèle seront rejetées.

106. Le nombre d'exemplaires des placards et des autres impressions sera déterminé par nos procureurs généraux, suivant les localités.

107. Les placards destinés à être affichés seront transmis aux maires, qui les feront apposer dans les lieux accoutumés.

108. Les cours impériales et les tribunaux de première instance nommeront un imprimeur pour faire le service de la cour ou du tribunal. — Nos procureurs généraux informeront notre grand-juge ministre de la justice du prix et des conditions des marchés qui seront faits avec les imprimeurs de la cour impériale et des tribunaux du ressort.

109. Les épreuves de toutes les impressions seront adressées par les impri-

(a) Voy. C. des trib.

meurs à nos procureurs près les cours et tribunaux, et la correction en sera faite au parquet. — Elles seront communiquées au conseiller rapporteur et au président de chambre qui aura prononcé l'arrêt, lorsqu'ils le demanderont.

110. Il sera tenu note au parquet de toutes les impressions, à mesure qu'elles seront exécutées. — Deux exemplaires de chaque objet seront remis au parquet. — Deux seront adressés à notre grand-juge ministre de la justice.

111. Tous les trois mois, les imprimeurs fourniront leurs mémoires à nos procureurs, qui les feront vérifier. Ils joindront à chaque article un exemplaire de l'objet imprimé, comme pièce justificative. — Ces mémoires seront rendus exécutoires par ordonnances des présidents de nos cours et tribunaux, sur les réquisitions du ministère public. — L'ordonnance contiendra l'indication des lois, des décrets ou des décisions de notre grand-juge en vertu desquels l'impression aura été ordonnée.

112. Les frais d'impression qui seront à la charge d'un juré condamné pour avoir manqué à ses fonctions, dans les cas prévus par les articles 396 et 398 du Code d'instruction criminelle, seront les mêmes que ceux du marché passé pour les impressions de la cour ou du tribunal. — Auxdits cas, les frais d'affiches seront payés aux prix d'usage dans chaque localité.

CHAP. XI. — DES FRAIS D'EXÉCUTION DES ARRÊTS.

113. Il sera fait par notre grand-juge ministre de la justice un règlement qui déterminera les dépenses nécessaires pour l'exécution des arrêts criminels, et réglera le mode de leur paiement. — Ce règlement sera adressé à nos procureurs près les cours et tribunaux et aux préfets, pour le faire exécuter, chacun en ce qui le concerne.

114. La loi du 22 germinal an IV, relative à la réquisition des ouvriers pour les travaux nécessaires à l'exécution des jugements, continuera d'être exécutée. — Les dispositions de la même loi seront observées dans le cas où il y aurait lieu de faire fournir un logement aux exécuteurs. (Voy. I. cr. 376.)

115. Les lois des 13 juin 1793, 3 frimaire et 22 floréal an II, relatives au nombre, au placement, aux gages et à la nomination des exécuteurs et de leurs aides, continueront d'être exécutées (*a*).

116. Notre grand-juge ministre de la justice est autorisé à disposer, sur les fonds généraux des frais de justice, d'une somme de 36,000 fr. par année, pour l'employer à donner, sur l'avis de nos procureurs et des préfets, des secours alimentaires aux exécuteurs infirmes ou sans emploi, à leurs veuves et à leurs enfants orphelins, jusqu'à l'âge de douze ans, — Au moyen de la présente disposition, tous les règlements antérieurs sur les secours accordés aux exécuteurs et à leurs familles sont abrogés.

TITRE DEUXIÈME.

DES DÉPENSES ASSIMILÉES A CELLES DE L'INSTRUCTION DES PROCÈS CRIMINELS.

CHAP. I. — DE L'INTERDICTION D'OFFICE.

117. Indépendamment des poursuites qui seront dirigées contre ceux qui laissent divaguer des fous et des furieux, pour faire prononcer contre les délinquants les peines portées par les articles 475 et 479 du Code pénal, le ministère public, lorsque l'interdiction ne sera pas provoquée par les parents, la poursuivra d'office, non-seulement dans les cas de fureur, mais aussi dans les cas d'imbécillité et de démence, si l'individu n'a ni époux, ni épouse, ni parents connus, conformément à l'article 491 du Code Napoléon.

118. Les frais de cette procédure seront avancés par l'administration de l'enregistrement, sur le pied du tarif fixé par notre présent décret; et les actes auxquels cette procédure donnera lieu seront visés pour timbre et enregistrés en débet, conformément aux lois des 13 brumaire et 22 frimaire an VII (*b*).

119. Si l'interdit est solvable, les frais de l'interdiction seront à sa charge; et le recouvrement en sera poursuivi,

avec privilége et préférence, sur ses biens; et, en cas d'insuffisance, sur ceux de ses père, mère, époux ou épouse. — Ce privilége s'exercera conformément aux règles prescrites par la loi du 5 septembre 1807.

120. Si l'interdit et les parents désignés dans l'article précédent sont dans un état d'indigence dûment constaté par certificat du maire, visé et approuvé par le sous-préfet et par le préfet, il ne sera passé en taxe que les salaires des huissiers, et l'indemnité due aux témoins non parents ni alliés de l'interdit.

CHAP. II. — DES POURSUITES D'OFFICE EN MATIÈRE CIVILE.

121. Les frais des actes et procédures faits sur la poursuite d'office du ministère public, dans les cas prévus par le Code Napoléon, et notamment par les articles 50, 53, 84, 184, 191 et 192, relativement aux actes de l'état civil, seront payés, taxés et recouvrés ainsi qu'il est dit dans le chapitre précédent.

122. Il en sera de même lorsque le ministère public poursuivra d'office les rectifications des actes de l'état civil, en conformité de l'avis de notre conseil d'État, du 12 brumaire an XI; comme aussi au sujet des poursuites faites en conformité de la loi du 25 ventôse an XI, sur le notariat, et généralement dans tous les cas où le ministère public agit dans l'intérêt de la loi et pour assurer son exécution.

123. Il n'est point dérogé par les précédentes dispositions à celles de notre décret du 12 juillet 1807, concernant les droits à percevoir par les officiers de l'état civil (*c*).

CHAP. III.—DES INSCRIPTIONS HYPOTHÉCAIRES REQUISES PAR LE MINISTÈRE PUBLIC.

124. Les frais d'inscription hypothécaire, lorsqu'elle sera requise par le ministère public, en conformité de l'article 121 du Code d'instruction criminelle, seront avancés par l'administration de l'enregistrement, laquelle en sera remboursée sur les biens des condamnés, dans les cas et aux formes de droit.

125. Il en sera de même dans tous

(*a*) Le nombre et les gages des exécuteurs de justice criminelle ont été déterminés sur de nouvelles bases par un arrêté du 9 mars 1849.

(*b*) Voy. C. de l'enregistr.

(*c*) Voy. les tarifs administratif, et des actes de l'état civil., p. 558.

37

les cas où le ministère public est tenu, conformément à la loi et à nos décrets, de prendre les inscriptions d'office, dans l'intérêt des femmes, des mineurs, du trésor impérial, etc., etc.

CHAP. IV.—DU RECOUVREMENT DES AMENDES ET CAUTIONNEMENTS.

126. Les frais de recouvrement des amendes prononcées dans les cas prévus par le Code d'instruction criminelle et par le Code pénal seront taxés conformément au tarif réglé par nos décrets du 16 février 1807, pour la procédure civile. — L'avance de ces frais ne sera point imputée, par l'administration de l'enregistrement, sur les fonds généraux des frais de justice criminelle; elle s'en remboursera, suivant les formes de droit, sur les parties condamnées. — En cas d'insolvabilité des condamnés, les frais de poursuite seront alloués à l'administration dans ses comptes, en conformité de l'article 66 de la loi du 22 frimaire an VII.

127. Il en sera de même pour le recouvrement des cautionnements fournis à l'effet d'obtenir la liberté provisoire des prévenus, et dans les cas prévus par les articles 122 et 123 du Code d'instruction criminelle.

128. La même disposition est applicable, quant à la taxe, aux poursuites faites par les cautions à l'effet d'obtenir les restitutions, dans les cas de droit, des sommes déposées dans la caisse de l'administration de l'enregistrement, aux termes de l'article 147 du Code d'instruction criminelle.

CHAP. V. — DU TRANSPORT DES GREFFES.

129. Lorsqu'il y aura lieu au déplacement des registres, minutes, et autres papiers d'un greffe, les frais d'emballage et de transport seront acquittés comme frais généraux de justice, avec les formalités prescrites par notre présent décret.

130. Dans les cas prévus ci-dessus, il sera dressé, sans frais, par le greffier, et à son défaut par le juge de paix, un bref état des registres et papiers à transporter. — La décharge du transport sera donnée au bas de cet état.

131. Le mode et les frais du transport seront réglés par le préfet ou le sous-préfet de l'arrondissement, et une copie du marché sera envoyée à notre grand-juge ministre de la justice. — Ces marchés ne seront soumis à l'enregistrement que pour le droit fixe de 1 franc.

TITRE TROISIÈME.

DU PAIEMENT ET RECOUVREMENT DES FRAIS DE JUSTICE CRIMINELLE.

CHAP. I. — DU MODE DE PAIEMENT.

132. Le mode de paiement des frais diffère suivant leur nature et leur urgence; il est réglé ainsi qu'il suit :

133. Les frais urgents seront acquittés sur simple taxe et mandat du juge, mis au bas des réquisitions, copies de convocations ou de citations, états ou mémoires des parties.

134. Sont réputés frais urgents, — 1º Les indemnités des témoins et des jurés; — 2º Toutes dépenses relatives à des fournitures ou opérations pour lesquelles les parties prenantes ne sont pas habituellement employées; —3º Les frais d'extradition des prévenus, accusés ou condamnés.

135. Lorsqu'un témoin se trouvera hors d'état de fournir aux frais de son déplacement, il lui sera délivré par le président de la cour ou du tribunal du lieu de sa résidence, et à son défaut par le juge de paix, un mandat provisoire à compte de ce qui pourra lui revenir pour son indemnité. — Le receveur de l'enregistrement, qui acquittera ce mandat, fera mention de l'à-compte en marge ou au bas de la copie de la citation.

136. Dans le cas où l'instruction d'une procédure criminelle exigerait des dépenses extraordinaires et non prévues par notre présent décret, elles ne pourront être faites qu'avec l'autorisation motivée de nos procureurs généraux, sous leur responsabilité personnelle, et à la charge par eux d'en informer sans délai notre grand-juge ministre de la justice.

137 à 139. *Abrogés par l'ordonnance du 28 novembre 1838 (a).*

140. Les formalités de la taxe et de l'exécutoire seront remplies sans frais par les présidents, les juges d'instruction

(a) Voy. cette ordonnance, ci-après p. 583.

et les juges de paix, chacun en ce qui le concerne. — L'exécutoire sera décerné sur les réquisitions de l'officier du ministère public, lequel signera la minute de l'ordonnance.

141. Les juges qui auront décerné les mandats ou exécutoires et les officiers du ministère public qui y auront apposé leur signature seront responsables de tout abus ou exagération dans les taxes, solidairement avec les parties prenantes et sauf leur recours contre elles.

142. Les présidents et les juges d'instruction ne pourront refuser de taxer et de rendre exécutoires, s'il y a lieu, des états ou mémoires de frais de justice criminelle, par la seule raison que ces frais n'auraient pas été faits par leur ordre direct, pourvu toutefois qu'ils aient été faits en vertu des ordres d'une autorité compétente, dans le ressort de la cour ou du tribunal que ces juges président ou dont ils sont membres.

143. *Abrogé par l'ordonnance du 28 novembre* 1838 (*a*).

144. Les états ou mémoires seront dressés de manière que nos officiers de justice et les préfets puissent y apposer leurs taxes, exécutoires, règlements et *visa;* autrement ils seront rejetés, ainsi que les mémoires de greffiers, ou d'huissiers, qui ne seraient point conformes aux modèles arrêtés par notre grand-juge ministre de la justice, comme il est dit dans l'article 82 ci-dessus.

145. *Abrogé par l'ordonnance du 28 novembre* 1838 (*b*).

146. Les états ou mémoires qui ne s'élèveront pas à plus de 10 francs ne seront points sujets à la formalité du timbre.

147. Aucun état ou mémoire fait au nom de deux ou plusieurs parties prenantes ne sera rendu exécutoire, s'il n'est signé de chacune d'elles : le paiement ne pourra être fait que sur leur acquit individuel, ou sur celui de la personne qu'elles auront autorisée spécialement, et par écrit, à toucher le montant de l'état ou mémoire. — Cette autorisation et l'acquit seront mis au bas de l'état, et ne donneront lieu à la perception d'aucun droit.

148. Les états ou mémoires qui comprendraient des dépenses autres que celles qui, d'après notre présent décret, doivent être payées sur les fonds généraux des frais de justice, seront rejetés de la taxe et du *visa*, sauf aux parties réclamantes à diviser leurs mémoires par nature de dépenses, pour le montant en être acquitté par qui de droit.

149. *Abrogé par l'ordonnance du 28 novembre* 1838 (*c*).

150. Les frais d'extradition des prévenus, accusés ou condamnés, seront acquittés sur simple mandat du préfet le plus voisin du lieu où se fera l'extradition, d'après les états de dépense dûment certifiés par les autorités compétentes. Ces états demeureront joints aux mandats des préfets.

151. Les gages des exécuteurs des jugements criminels et de leurs aides seront payés par mois ou par trimestre, sur simples mandats des préfets.

152. *Abrogé par l'ordonnance du 28 novembre* 1838 (*d*).

153. Le secrétaire général de l'administration de l'enregistrement à Paris, et les directeurs de cette administration dans les départements, ne pourront refuser leur *visa* sur les mandats ou exécutoires qui auront été délivrés conformément aux dispositions de notre présent décret, si ce n'est dans les cas suivants : — 1° S'il existe des saisies ou oppositions au préjudice des parties prenantes, ainsi qu'il est dit dans notre décret du 13 pluviôse an XIII ; — 2° Si ces mandats ou exécutoires comprennent des dépenses autres que celles dont l'administration de l'enregistrement est chargée de faire l'avance sur les crédits ouverts à notre grand-juge ministre de la justice. — Dans ces deux cas, le secrétaire général et les directeurs de l'administration feront mention, en marge ou au bas des mandats ou exécutoires, des motifs de leur refus de les viser.

154. Les mandats et exécutoires, délivrés pour les causes et dans les formes déterminées par notre présent décret, seront payables chez les receveurs établis près le tribunal de qui ils émaneront.

155. Les greffiers et les huissiers ne pourront réclamer directement des parties le paiement des droits qui leur sont attribués.

(*a, b, c, d*) Voy. cette ordonn. ci-après, p. 583.

**CHAP. II.—DE LA LIQUIDATION ET DU RECOU-
VREMENT DES FRAIS.**

156. La condamnation aux frais sera prononcée, dans toutes les procédures, solidairement contre tous les auteurs et complices du même fait, et contre les personnes civilement responsables du délit (a).

157 (b). Ceux qui se seront constitués parties civiles, soit qu'ils succombent ou non, seront personnellement tenus des frais d'instruction, expédition et signification des jugements, sauf leur recours contre les prévenus ou accusés qui seront condamnés, et contre les personnes civilement responsables du délit.

158. Sont assimilés aux parties civiles : — 1° Toute régie ou administration publique, relativement aux procès suivis, soit à sa requête, soit même d'office et dans son intérêt; — 2° Les communes et les établissements publics, dans les procès instruits, ou à leur requête, ou même d'office, pour crimes ou délits commis contre leurs propriétés.

159. Toutes les fois qu'il y aura partie civile en cause, et qu'elle n'aura pas justifié de son indigence dans la forme prescrite par l'article 420 du Code d'in-

struction criminelle, les exécutoires pour les frais d'instruction, expédition et signification des jugements, pourront être décernés directement contre elle.

160. En matière de police simple ou correctionnelle, la partie civile qui n'aura pas justifié de son indigence sera tenue, avant toutes poursuites, de déposer au greffe, ou entre les mains du receveur de l'enregistrement, la somme présumée nécessaire pour les frais de la procédure.—Il ne sera exigé aucune rétribution pour la garde de ce dépôt, à peine de concussion.

161. Dans les exécutoires décernés sur les caisses de l'administration de l'enregistrement pour des frais qui ne sont point à la charge de l'État, il sera fait mention qu'il n'y a point de partie civile en cause, ou que la partie civile a justifié de son indigence.

162. Sont déclarés, dans tous les cas, à la charge de l'Etat, et sans recours envers les condamnés, — 1° Les frais de voyage des conseillers de nos cours impériales et des conseillers auditeurs qui seront délégués aux cours d'assises ou spéciales; — 2° L'indemnité des jurés pour leur déplacement; — 3° Toutes les dépenses pour l'exécution des arrêts criminels.

163. Il sera dressé, pour chaque affaire criminelle, correctionnelle ou de simple police, un état de liquidation des frais autres que ceux qui sont mentionnés dans l'article précédent; et lorsque cette liquidation n'aura pu être insérée, soit dans l'ordonnance de mise en liberté, soit dans l'arrêt ou le jugement de condamnation, d'absolution ou d'acquittement, le juge compétent décernera exécutoire contre qui de droit, au bas dudit état de liquidation.

164. Le greffier remettra, dans le plus court délai, au préposé de l'administration de l'enregistrement chargé du recouvrement, un extrait de l'ordonnance, arrêt ou jugement, pour ce qui concerne la liquidation et la condamnation au remboursement des frais, ou une copie de l'état de liquidation rendue exécutoire, ainsi qu'il est dit dans l'article précédent. — Il en transmettra un double à notre grand-juge ministre de la justice, pour servir à la vérification de l'état de trimestre dont il sera parlé ci-après.

(a) 18 germinal an VII (7 avril 1799). — *Loi relative au remboursement des frais de justice en matière criminelle.*

« 1. Tout jugement d'un tribunal criminel, correctionnel ou de police, portant condamnation à une peine quelconque, prononcera en même temps, au profit de l'État, le remboursement des frais auxquels la poursuite et punition des crimes et délits aura donné lieu.

« 2. Lorsqu'il y aura plusieurs accusés, auteurs ou complices du même fait, la condamnation au remboursement sera prononcée solidairement contre eux.

« 3. Les frais seront liquidés, et la liquidation rendue exécutoire par le président du tribunal. Le recouvrement sera poursuivi par les préposés à la régie de l'enregistrement et du domaine national.

« 4. Pour faciliter cette liquidation, les officiers de police judiciaire, les directeurs de jury ou présidents des tribunaux correctionnels, aussitôt qu'ils auront terminé leurs fonctions, relativement à chaque affaire, joindront aux pièces l'état signé d'eux des frais et déboursés dont la liquidation pourra avoir lieu, lorsqu'il y aura condamnation exécutoire.

« 5. Les indemnités accordées à ceux qui auront souffert un dommage résultant du délit seront prises sur les biens des condamnés, avant les frais adjugés à l'État. »

(b) Cette disposition est modifiée par l'art. 368 du Code d'instruction criminelle.

165. Les préfets inscriront sur un registre particulier, sommairement et par ordre de dates et de numéros, les mandats qu'ils délivreront en vertu de notre présent décret, ainsi que les *visa* qu'ils apposeront sur les états ou mémoires, avec indication du nombre et de la nature des pièces produites au soutien. — Ils porteront le numéro de l'inscription, tant sur leurs mandats que sur les trois expéditions desdits états ou mémoires, et sur chacune des pièces produites à l'appui; ces pièces seront en outre cotées par première et dernière.

166. *Abrogé par l'ordonnance du 28 novembre* 1838 (*a*).

167. Dans la première quinzaine du second mois de chaque trimestre, les directeurs de l'administration de l'enregistrement adresseront au directeur général de cette administration un état conforme au modèle arrêté par notre grand-juge ministre de la justice, avec les mandats et exécutoires que les receveurs de leur arrondissement auront acquittés pendant le trimestre précédent. — Ces mandats et exécutoires seront accompagnés des originaux des pièces justificatives.

168. Le directeur général de l'administration de l'enregistrement fera parvenir à notre grand-juge ministre de la justice, dans les trois mois, au plus tard, après l'expiration de chaque trimestre, un état général conforme au modèle arrêté par ce ministre, auquel état seront joints les états particuliers des directeurs, ainsi que les mandats et exécutoires accompagnés des originaux des pièces justificatives.

169. Notre grand-juge ministre de la justice fera procéder à la vérification de l'état général qui lui aura été adressé. — Il l'arrêtera à la somme totale des paiements qui lui paraîtront avoir été régulièrement faits. — Il délivrera du montant une ordonnance au profit de l'administration de l'enregistrement; le tout sans préjudice des restitutions qu'il pourrait y avoir lieu d'ordonner ultérieurement.

170. Cette ordonnance sera remise avec l'état général ci-dessus mentionné et les pièces à l'appui, par l'administra-

tion de l'enregistrement, à notre ministre du trésor impérial, lequel délivrera, en échange, un récépissé admissible dans les comptes de cette administration.

171. Notre grand-juge ministre de la justice pourra, lorsqu'il le croira convenable, envoyer des inspecteurs pour visiter les greffes et y faire toutes vérifications relatives aux frais de justice.

172. Toutes les fois que notre grand-juge ministre de la justice reconnaîtra que des sommes ont été indûment allouées à titre de frais de justice criminelle, il en fera dresser des rôles de restitution, lesquels seront par lui déclarés exécutoires contre qui de droit, lors même que ces sommes se trouveraient comprises dans des états déjà ordonnancés par lui, pourvu néanmoins qu'il ne se soit pas écoulé plus de deux ans depuis la date de ces ordonnances.

173. *Abrogé par l'ordonnance du 28 novembre* 1838 (*b*).

174. Le recouvrement des frais de justice avancés par l'administration de l'enregistrement, conformément aux dispositions de notre présent décret, et qui ne sont point à la charge de l'Etat, ainsi que les restitutions ordonnées par notre grand-juge ministre de la justice, en exécution des deux articles précédents, seront poursuivis par toutes voies de droit, et même par celle de la contrainte par corps, à la diligence des préposés de ladite administration, en vertu des exécutoires mentionnés aux articles ci-dessus (*c*).

175. Pour l'exécution de la contrainte par corps dans les cas ci-dessus prévus, il suffira de donner copie au débiteur, en tête du commandement à lui signifié, — 1° Du rôle ou des articles du rôle sur lesquels sera intervenue l'ordonnance du recouvrement; — 2° De l'ordonnance de notre grand-juge ministre de la justice, portant restitution de la somme à recouvrer, en ce qui concernera le débiteur contraint.

176. Les huissiers préposés pour les actes relatifs au recouvrement, pourront recevoir les sommes dont les parties offriront de se libérer dans leurs mains; à

(*a, b*) Voy. ci-après cette ordonnance, p. 583.

(*c*) Voy. la loi du 17 avril 1832, tit. 5, art. 33 à 41 (Code de la contrainte par corps).

la charge par eux d'en faire mention sur leurs répertoires, et de les verser immédiatement dans la caisse du receveur de l'enregistrement, à peine d'être poursuivis et punis conformément aux articles 169, 171 et 172 du Code pénal, s'ils sont en retard de plus de trois jours.

177. L'administration de l'enregistrement rendra compte des recouvrements effectués, de la même manière que de ses autres recettes. — En cas d'insolvabilité des parties contre lesquelles seront décernés les exécutoires, les receveurs seront déchargés des recouvrements qui concerneront ces parties, en justifiant de leurs diligences, et en rapportant des certificats d'indigence légalement délivrés ; sans préjudice toutefois des poursuites qui pourront être exercées dans les cas où lesdites parties deviendraient solvables.

178. *Abrogé par une ordonnance du 3 novembre* 1819.

179. Notre grand-juge ministre de la justice nous présentera, chaque année, un bordereau général tant des ordonnances qu'il aura délivrées pour frais de justice, que des sommes qui auront été recouvrées par l'administration de l'enregistrement sur le montant de ces ordonnances.

TITRE QUATRIÈME.

DES FRAIS DE JUSTICE DEVANT LA HAUTE COUR IMPÉRIALE, LES COURS PRÉVOTALES ET LES TRIBUNAUX DES DOUANES.

180 à 188. *Abrogés par les articles 53 et 54 de la Charte constitutionnelle.*

DISPOSITIONS GÉNÉRALES.

189. Tous règlements relatifs au tarif et au mode de paiement et recouvrement des frais de justice en matière criminelle, notamment l'arrêté du gouvernement du 6 messidor an VI et notre décret du 24 février 1806, sont abrogés.

———

7 avril 1813. — *DÉCRET qui modifie quelques dispositions de celui du 18 juin 1811, contenant règlement sur les frais de justice criminelle, correctionnelle et de simple police.*

ARTICLE 1er. Il ne sera plus accordé de double taxe aux témoins dans le cas

prévu par l'article 29 du règlement du 18 juin 1811.

2. Les témoins qui ne seront pas domiciliés à plus d'un myriamètre du lieu où ils seront entendus n'auront droit à aucune indemnité de voyage : il ne pourra leur être alloué que la taxe fixée par les articles 27 et 28 du règlement. — Ceux domiciliés à plus d'un myriamètre recevront pour indemnité de voyage, s'ils ne sortent point de leur arrondissement, 1 fr. par myriamètre parcouru en allant, et autant pour le retour. — S'ils sont appelés hors de leur arrondissement, cette indemnité sera de 1 fr. 50 c. — Dans les deux derniers cas, la taxe fixée par les articles 27 et 28 susénoncés ne sera point allouée, sans néanmoins rien innover à l'article 30 dudit règlement, relatif aux frais de séjour.

3. Il n'est dû aucun frais de voyage aux gardes champêtres ou forestiers, tant pour la remise qu'ils sont tenus de faire de leurs procès-verbaux, conformément aux articles 18 et 20 du Code d'instruction criminelle, que pour la conduite des personnes par eux arrêtées devant l'autorité compétente. — Mais lorsque ces gardes seront appelés en justice soit pour être entendus comme témoins, lorsqu'ils n'auront point dressé de procès-verbaux, soit pour donner des explications sur les faits contenus dans les procès-verbaux qu'ils auront dressés, ils auront droit aux mêmes taxes que les témoins ordinaires. — Il en sera de même des gendarmes,

4. L'augmentation de taxe accordée par l'article 94, pour frais de voyage pendant les mois de novembre, décembre, janvier et février, est également supprimée, tant pour les témoins que pour les autres parties prenantes, désignées dans l'article 94.

5. Lorsqu'un mandat d'amener sera suivi d'un mandat de dépôt, et que l'un et l'autre auront été exécutés dans les vingt-quatre heures par le même huissier, il ne sera alloué à l'huissier, pour l'exécution de ces deux mandats, que le droit fixé par l'article 73 du règlement, quand bien même les deux mandats n'auraient pas été décernés dans les mêmes vingt-quatre heures, ni par le même magistrat.

6. Le droit à allouer aux huissiers,

gendarmes, gardes champêtres ou forestiers, ou agents de police, suivant le mode et dans les cas prévus par les articles 71, n° 5, et 77 du règlement, demeure fixé de la manière suivante, savoir : — 1° Pour capture ou saisie de la personne, en exécution d'un jugement de simple police, sans qu'il puisse être alloué aucun droit de perquisition, — A Paris, 5 fr. — Villes de 40,000 âmes et au-dessus, 4 fr. — Autres, 3 fr. — 2° Pour capture en exécution d'un mandat d'arrêt, ou d'un jugement ou arrêt en matière correctionnelle emportant peine d'emprisonnement, — A Paris, 18 fr. — Villes de 40,000 âmes et au-dessus, 15 fr. — Autres, 12 fr. — 3° Pour capture en exécution d'une ordonnance de prise de corps, ou arrêt portant la peine de reclusion, — A Paris, 21 fr. — Villes de 40,000 âmes et au-dessus, 18 fr. — Autres, 15 fr. — 4° Pour capture en exécution d'un arrêt de condamnation aux travaux forcés ou à une peine plus forte, — A Paris, 30 fr. — Villes de 40,000 âmes et au-dessus, 25 fr. — Autres, 20 fr.

7. Conformément à l'article 50 du règlement, les extraits de jugements ou d'arrêts, en matière criminelle ou correctionnelle, continueront d'être payés aux greffiers, à raison de 60 c. ; et en matière de délits forestiers, à raison de 25 c. seulement. — A l'avenir, il ne sera payé que 25 c. pour les extraits de jugements en matière de police simple, et généralement pour tous extraits délivrés aux receveurs ou préposés des régies, pour le recouvrement des condamnations pécuniaires, sans préjudice de la disposition de l'article 62 du règlement, en ce qui concerne les expéditions ou extraits qui auraient été délivrés au ministère public.

8. Notredit règlement du 18 juin 1811 continuera d'être exécuté dans toutes les dispositions auxquelles il n'est pas dérogé par le présent décret.

---

3 novembre-9 décembre 1819. — *ORDONNANCE concernant la comptabilité des frais de justice à recouvrer sur les condamnés.*

ARTICLE 1er. L'administration de l'enregistrement continuera de poursuivre sur les condamnés le recouvrement des frais de justice qui ne doivent pas rester à la charge de l'Etat; mais le montant de ce recouvrement sera porté annuellement dans le budget général des recettes de l'Etat, et l'administration en comptera comme de ses autres produits. — En conséquence, la disposition de l'article 178 du décret du 18 juin 1811, qui autorise la compensation du montant des recouvrements effectués sur les condamnés avec les avances faites par l'administration de l'enregistrement pour frais généraux de justice, est abrogée, à compter du 1er janvier 1820.

2. Les frais résultant de la levée des extraits d'arrêts et de jugements, ainsi que le montant des états de liquidation et autres actes semblables, dont l'administration de l'enregistrement aura besoin pour poursuivre sur les condamnés le recouvrement des amendes et des frais de procédure, cesseront à la même époque d'être acquittés sur les fonds généraux des frais de justice, et feront partie des dépenses de ladite administration.

---

28 novembre-5 décembre 1838. — *ORDONNANCE relative à la liquidation et au paiement des frais de justice criminelle.*

Vu les articles 137, 138, 139, 143, 145, 149, 152, 166 et 173 du décret du 18 juin 1811 :

ARTICLE 1er. Les états ou mémoires des frais de justice non réputés urgents, et les états récapitulatifs des frais urgents, ne seront plus soumis au *visa* des préfets.

2. Il ne sera plus fait que deux expéditions de chaque état ou mémoire de frais de justice non réputés urgents, l'une sur papier timbré, l'autre sur papier libre. — Chacune de ces expéditions sera revêtue de la taxe et de l'exécutoire du juge. — La première sera remise au receveur de l'enregistrement avec les pièces au soutien des articles susceptibles d'être ainsi justifiés. — La seconde sera transmise à notre ministre de la justice avec le bordereau mensuel dont il sera parlé ci-après. — Le prix du timbre, tant du mémoire que des pièces à l'appui, est à la charge de la partie prenante.

3. Les frais non réputés urgents continueront à être payés sur les états ou mémoires des parties prenantes; ils seront taxés, article par article, soit par les présidents et juges des cours et tribunaux, soit par les juges de paix, et ils seront payables aussitôt qu'ils auront été revêtus de l'ordonnance du magistrat taxateur. — Cette ordonnance sera toujours décernée sur le réquisitoire de l'officier du ministère public, qui devra préalablement procéder à la vérification des mémoires. — La taxe de chaque article rappellera la disposition législative ou réglementaire sur laquelle elle sera fondée.

4. Au commencement de chaque mois, les receveurs de l'enregistrement réuniront en un seul état, dressé en double expédition, tous les frais urgents qu'ils auront acquittés sur simples taxes ou mandats du juge pendant le mois précédent. —Cet état ne sera plus soumis à la formalité de la taxe et de l'exécutoire.—Les receveurs de l'enregistrement en adresseront une expédition, à l'expiration de chaque mois, au directeur de l'enregistrement dans chaque département, avec les taxes à l'appui.—La seconde expédition de cet état sera par eux envoyée, soit à nos procureurs généraux, soit à nos procureurs près les tribunaux, pour être transmise à notre ministre de la justice.

5. Les mémoires qui n'auront pas été présentés à la taxe du juge dans le délai d'une année à partir de l'époque à laquelle les frais auront été faits, ou dont le paiement n'aura pas été réclamé dans les six mois de leur date, ne pourront, conformément à l'article 149 du décret du 18 juin 1811, être acquittés qu'autant qu'il sera justifié que les retards ne sont point imputables à la partie dénommée dans l'exécutoire. — Cette justification ne pourra être admise que par notre ministre de la justice, après avoir pris l'avis de nos procureurs généraux, s'il y a lieu.

6. Au commencement de chaque mois, nos procureurs généraux près des cours royales, et nos procureurs près des cours d'assises et des tribunaux de première instance, réuniront, dans un bordereau qui sera dressé dans la forme indiquée par notre ministre de la justice, tous les doubles des états et mémoires des frais taxés et mandatés dans leur ressort pendant le mois précédent. — Ce bordereau et les pièces à l'appui seront adressés à notre ministre de la justice dans la première quinzaine de chaque mois.

7. Les articles 137, 138, 139, 143, 145, 149, 152, 166 et 173, ci-dessus visés, sont rapportés.

FIN DU CODE DES FRAIS.

CODE FORESTIER[a]

(Loi du 21 mai 1827. Promulguée le 31 juillet suivant.)

TITRE PREMIER.

DU RÉGIME FORESTIER.

ARTICLE 1er. Sont soumis au régime forestier, et seront administrés conformément aux dispositions de la présente loi, — 1º Les bois et forêts qui font partie du domaine de l'État; F. 8, s. — 2º Ceux qui font partie du domaine de la Couronne; F. 86, s. — 3º Ceux qui sont possédés à titre d'apanage et de majorats reversibles à l'État; F. 89. — 4º Les bois et forêts des communes et des sections de commune; C. 542. — F. 90, s. — 5º Ceux des établissements publics (b); — 6º Les bois et forêts dans lesquels l'État, la Couronne, les communes ou les établissements publics ont des droits de propriété indivis avec des particuliers. F. 113, s.; — Ord. d'ex. 57, 14.

2. Les particuliers exercent sur leurs bois tous les droits résultant de la propriété, sauf les restrictions qui seront spécifiées dans la présente loi. F. 8, 9, 15, 117 à 121.

TITRE DEUXIÈME.

DE L'ADMINISTRATION FORESTIÈRE.

3. Nul ne peut exercer un emploi forestier, s'il n'est âgé de vingt-cinq ans accomplis; néanmoins les élèves sortant de l'école forestière pourront obtenir des dispenses d'âge. Ord. d'ex. 10, s., 51.

4. Les emplois de l'administration forestière sont incompatibles avec toutes autres fonctions, soit administratives, soit judiciaires (c). Ord. d'ex. 34.

5. Les agents et préposés de l'administration forestière ne pourront entrer en fonctions qu'après avoir prêté serment devant le tribunal de première instance

---

(a) C'est à la célèbre ordonnance de 1669 que le Code forestier a emprunté ses dispositions. Dans la période qui s'est écoulée depuis 1669 jusqu'à 1827, époque de l'émission du Code forestier, il a été publié un assez grand nombre d'actes législatifs et de règlements relatifs aux forêts. En présence de la disposition de l'art. 218 du Code forestier, qui prononce l'*abrogation expresse* de toute la législation antérieure, nous n'avons plus à nous en préoccuper : le Code forestier devant seul se suffire avec l'*ordonnance d'exécution* qui a été publiée la même année que le Code forestier, le 1er août 1827, ordonnance à laquelle le Code avait confié le soin d'organiser le service de l'administration forestière et de porter toutes les dispositions propres à en assurer l'exécution. En retraçant cette ordonnance ci-après à la suite du Code forestier, nous signalerons les nombreuses modifications qu'elle a reçues, de 1830 à 1852. — Ici, comme pour les autres Codes, nous adaptons la rédaction à la forme politique du gouvernement actuel : *Empereur*, à la place de *Roi*; *décrets* de l'Empereur, au lieu d'*ordonnances* du Roi, etc.

(b) *Les établissements publics* sont les hôpitaux, les bureaux de charité, les colléges, fabriques, séminaires, etc.

(c) 24 vend. an III (15 octobre 1794). — *Décret sur l'incompatibilité des fonctions administratives et judiciaires.*
TITRE IV.
« Art. 2. Les fonctionnaires publics qui réuniraient actuellement des fonctions incompatibles, seront tenus de faire leur option dans le délai d'une décade après la publication de la présente loi par la voie du *Bulletin*, à peine d'être destitués des unes et des autres après ce délai.

« 3. Les fonctionnaires qui seraient appelés, à l'avenir, à remplir des fonctions incompatibles avec celles qu'ils exerçaient déjà, seront pareillement tenus, sous la même peine, de faire leur option dans la décade qui suivra la notification qui leur sera faite du nouveau choix qui aura eu lieu en leur faveur. »

de leur résidence, et avoir fait enregistrer leur commission et l'acte de prestation de leur serment au greffe des tribunaux dans le ressort desquels ils devront exercer leurs fonctions. — Dans le cas d'un changement de résidence qui les placerait dans un autre ressort en la même qualité, il n'y aura pas lieu à une autre prestation de serment. I. cr. 16, s., 190. — P. 196 et la *note*. — F. 3, 99, 117. — Ord. d'ex. 11.

6. Les gardes sont responsables des délits, dégâts, abus et abroutissements (*a*) qui ont lieu dans leurs triages (*b*), et passibles des amendes et indemnités encourues par les délinquants, lorsqu'ils n'ont pas dûment constaté les délits. P. 73, 74. — F. 31, 44, 45, 134, 143, 160, 165 à 167, 170, 175 à 178, 186, 191,206, 207. — Ord. d'ex. 38, 39.

7. L'empreinte de tous les marteaux dont les agents et les gardes forestiers font usage, tant pour la marque des bois de délit et des châblis (*c*), que pour les opérations de balivage et de martelage (*d*), est déposée aux greffes des tribunaux, savoir : — Celle des marteaux particuliers dont les agents et gardes sont pourvus, aux greffes des tribunaux de première instance dans le ressort desquels ils exercent leurs fonctions; — Celle du marteau impérial uniforme, aux greffes des tribunaux de première instance et des cours impériales. P. 140; — Ord. d'ex. 36, 37, 39.

TITRE TROISIÈME.

DES BOIS ET FORÊTS QUI FONT PARTIE DU DOMAINE DE L'ÉTAT.

SECT. I. — *De la délimitation et du bornage.*

8. La séparation entre les bois et forêts de l'État et les propriétés riveraines pourra être requise, soit par l'administration forestière, soit par les propriétai-

____

(*a, b*) L'*abroutissement* est l'état d'un bois détruit ou endommagé par la dent des bestiaux. — On appelle *triage* l'étendue ou la circonscription des bois ou d'une coupe confiée à la surveillance d'un garde.
(*c*) Les *châblis* sont les bois abattus par le vent ou par quelque autre accident, sans délit.
(*d*) Opération qui consiste à choisir et marquer, au moyen d'un marteau portant une empreinte, les baliveaux ou jeunes arbres réservés à chaque coupe.

res riverains. C. 646. — F. 1, 58, s. — Ord. d'ex. 57, s.

9. L'action en séparation sera intentée, soit par l'État, soit par les propriétaires riverains, dans les formes ordinaires. — Toutefois, il sera sursis à statuer sur les actions partielles, si l'administration forestière offre d'y faire droit dans le délai de six mois, en procédant à la délimitation générale de la forêt. Ord. d'ex. 57, s.

10 Lorsqu'il y aura lieu d'opérer la délimitation générale et le bornage d'une forêt de l'État, cette opération sera annoncée deux mois d'avance par un arrêté du préfet, qui sera publié et affiché dans les communes limitrophes, et signifié au domicile des propriétaires riverains ou à celui de leurs fermiers, gardes ou agents. — Après ce délai, les agents de l'administration forestière procéderont à la délimitation, en présence ou en l'absence des propriétaires riverains. F. 12, 173.— Ord. d'ex 59.

11. Le procès-verbal de la délimitation sera immédiatement déposé au secrétariat de la préfecture, et par extrait au secrétariat de la sous-préfecture, en ce qui concerne chaque arrondissement. Il en sera donné avis par un arrêté du préfet, publié et affiché dans les communes limitrophes. Les intéressés pourront en prendre connaissance, et former leur opposition dans le délai d'une année, à dater du jour où l'arrêté aura été publié. — Dans le même délai, le gouvernement déclarera s'il approuve ou s'il refuse d'homologuer ce procès-verbal en tout ou en partie. — Sa déclaration sera rendue publique de la même manière que le procès-verbal de délimitation. F. 13. — Ord. d'ex. 60, s.

12. Si, à l'expiration de ce délai, il n'a été élevé aucune réclamation par les propriétaires riverains contre le procès-verbal de délimitation, et si le gouvernement n'a pas déclaré son refus d'homologuer, l'opération sera définitive. — Les agents de l'administration forestière procéderont, dans le mois suivant, au bornage, en présence des parties intéressées, ou elles dûment appelées par un arrêté du préfet, ainsi qu'il est prescrit par l'article 10. Ord. d'ex., 60, 65.

13. En cas de contestations élevées,

soit pendant les opérations, soit par suite d'oppositions formées par les riverains en vertu de l'article 11, elles seront portées par les parties intéressées devant les tribunaux compétents, et il sera sursis à l'abornement jusqu'après leur décision.— Il y aura également lieu au recours devant les tribunaux de la part des propriétaires riverains, si, dans le cas prévu par l'article 12, les agents forestiers se refusaient à procéder au bornage. F. 58, 63, 64, 90, 121, 127, 168, 171, 182, 190, 218.—Ord. d'ex. 64, 132.

14. Lorsque la séparation ou délimitation sera effectuée par un simple bornage, elle sera faite à frais communs.— Lorsqu'elle sera effectuée par des fossés de clôture, ils seront exécutés aux frais de la partie requérante, et pris en entier sur son terrain. C. 667, s.—Ord. d'ex. 66.

SECT. II. — De l'aménagement (a).

15. Tous les bois et forêts du domaine de l'État sont assujettis à un aménagement réglé par des décrets de l'Empereur (b). F. 16. — Ord. d'ex. 67, s.

16. Il ne pourra être fait dans les bois de l'État aucune coupe extraordinaire quelconque, ni aucune coupe de quarts en réserve, ou de massifs (c) réservés par l'aménagement pour croître en futaie (d); sans un décret spécial de l'Empereur, à peine de nullité des ventes ; sauf le recours des adjudicataires, s'il y a lieu, contre les fonctionnaires ou agents qui auraient ordonné ou autorisé ces coupes. — Ce décret spécial sera inséré au *Bulletin des lois.* F. 15 et la *note*, 88, 89, 90, 93, 113.— Ord. d'ex. 7-7°, .73, s., 85, s.

(a) C'est une opération qui consiste à diviser une forêt en coupes successives, à régler l'étendue et l'âge de ces coupes annuelles, conformément à la nature du sol et des essences des arbres. (C. 590 et la *note*.)

(b) Suivant l'observation placée en tête de ce code, nous substituons, aux mots *ordonnances du roi*, du texte, ceux-ci : *décrets de l'Empereur*, afin de mettre le Code forestier, comme cela a eu lieu pour les autres codes, en harmonie avec la forme actuelle du gouvernement.

(c, d) Les *quarts en réserve* ou *massifs* sont ainsi appelés par opposition aux baliveaux. — Les *futaies* sont des bois destinés à être coupés lorsqu'ils sont parvenus à leur plus grande force de croissance naturelle.

SECT. III. — Des adjudications des coupes.

17. Aucune vente ordinaire ou extraordinaire ne pourra avoir lieu dans les bois de l'État que par voie d'adjudication publique, laquelle devra être annoncée, au moins quinze jours d'avance, par des affiches apposées dans le chef-lieu du département, dans le lieu de la vente, dans la commune de la situation des bois et dans les communes environnantes (e). F. 19, 100, s. — Ord. d'ex. 73, s.

18. Toute vente faite autrement que par adjudication publique sera considérée comme vente clandestine, et déclarée nulle. Les fonctionnaires et agents qui auraient ordonné ou effectué la vente seront condamnés solidairement à une amende de trois mille francs au moins et de six mille francs au plus, et l'acquéreur sera puni d'une amende égale à la valeur des bois vendus. C. 1200. — F. 19, 53, 205, s. —Ord. d'ex. 73, s.

19. Sera de même annulée, quoique faite par adjudication publique, toute vente qui n'aura point été précédée des publications et affiches prescrites par

---

(e) 23 juin - 1ᵉʳ juillet 1830. — *Ordonnance qui modifie les dispositions de l'art. 104 de l'ordonnance du 1ᵉʳ août 1827.*

« Art. 1. Ne seront pas applicables aux adjudications mentionnées dans les art. 102 et 103 de notre ordonnance du 1ᵉʳ août 1827, la disposition de l'art. 17 du Code forestier, qui ordonne l'affiche des ventes des coupes ordinaires au chef-lieu du département ; celle de l'art. 25 de la même loi relative aux surenchères ; la disposition de l'art. 83 de l'ordonnance réglementaire, qui prescrit le dépôt, au secrétariat de la vente, d'une expédition du cahier des charges, et celle du deuxième paragraphe de l'art. 84, qui exige que les affiches soient approuvées par le conservateur des forêts et apposées sous l'autorisation du préfet.

« Toutefois les formalités prescrites pour les adjudications des coupes ordinaires de bois seront observées, lorsque l'évaluation des objets mis en vente excédera la somme de 500 francs.»

26 novembre - 27 décembre 1836. — *Ordonnance relative aux ventes des coupes ordinaires et extraordinaires dans les bois soumis au régime forestier.*

« Art. 1. A l'avenir les ventes des coupes ordinaires ou extraordinaires dans les bois soumis au régime forestier pourront se faire, soit par adjudications aux enchères et à l'extinction des feux, soit par adjudications au rabais, soit enfin sur soumissions cachetées, suivant que les circonstances l'exigeront.

« 2. L'art. 87 de l'ordonnance réglementaire du 1ᵉʳ août 1827 est rapporté en ce qu'il a de contraire aux dispositions ci-dessus prescrites.»

l'article 17, ou qui aura été effectuée dans d'autres lieux ou à un autre jour que ceux qui auront été indiqués par les affiches où les procès-verbaux de remise de vente. — Les fonctionnaires ou agents qui auront contrevenu à ces dispositions seront condamnés solidairement à une amende de mille à trois mille francs; et une amende pareille sera prononcée contre les adjudicataires, en cas de complicité. F. 18, 21, 53, 81, 90, 100, 153, 186, 207.

20. « Toutes les contestations qui pourront s'élever pendant les opérations d'adjudication, soit sur la validité desdites opérations, soit sur la solvabilité de ceux qui auront fait des offres et de leurs cautions, seront décidées immédiatement par le fonctionnaire qui présidera la séance d'adjudication. » (*Ainsi modifié par la loi du 4 mai 1837.*)

21. Ne pourront prendre part aux ventes, ni par eux-mêmes, ni par personnes interposées, directement ou indirectement, soit comme parties principales, soit comme associés ou cautions : — 1° Les agents et gardes forestiers et les agents forestiers de la marine dans toute l'étendue de l'empire; les fonctionnaires chargés de présider ou de concourir aux ventes, et les receveurs du produit des coupes, dans toute l'étendue du territoire où ils exercent leurs fonctions. — En cas de contravention, ils seront punis d'une amende qui ne pourra excéder le quart ni être moindre du douzième du montant de l'adjudication, et ils seront en outre passibles de l'emprisonnement et de l'interdiction qui sont prononcés par l'article 175 du Code pénal ; — 2° Les parents et alliés en ligne directe, les frères et beaux-frères, oncles et neveux des agents et gardes forestiers et des agents forestiers de la marine, dans toute l'étendue du territoire pour lequel ces agents ou gardes sont commissionnés. — En cas de contravention, ils seront punis d'une amende égale à celle qui est prononcée par le paragraphe précédent; — 3° Les conseillers de préfecture, les juges, officiers du ministère public et greffiers des tribunaux de première instance, dans tout l'arrondissement de leur ressort. — En cas de contravention, ils seront passibles de tous dommages-intérêts, s'il y a lieu. — Toute adjudication

qui serait faite en contravention aux dispositions du présent article sera déclarée nulle. F. 19, 29, 52, 101, 205, 207. — Ord. d'ex. 73, s.

22. Toute association secrète ou manœuvre entre les marchands de bois ou autres, tendant à nuire aux enchères, à les troubler ou à obtenir les bois à plus bas prix, donnera lieu à l'application des peines portées par l'article 412 du Code pénal, indépendamment de tous dommages-intérêts ; et si l'adjudication a été faite au profit de l'association secrète ou des auteurs desdites manœuvres, elle sera déclarée nulle.

23. Aucune déclaration de command ne sera admise, si elle n'est faite immédiatement après l'adjudication et séance tenante (*a*).

24. Faute par l'adjudicataire de fournir les cautions exigées par le cahier des charges dans le délai prescrit, il sera déclaré déchu de l'adjudication par un arrêté du préfet, et il sera procédé, dans les formes ci-dessus prescrites, à une nouvelle adjudication de la coupe, à sa folle enchère. — L'adjudicataire déchu sera tenu, par corps, de la différence entre son prix et celui de la revente, sans pouvoir réclamer l'excédant, s'il y en a. C. 2063. — Pr. 744. — F. 28, 37, 40, 41, 46, 185, 206.

25. « Toute adjudication sera définitive du moment où elle sera prononcée, sans que, dans aucun cas, il puisse y avoir lieu à surenchère. » (*Loi du 4 mai 1837.*)

26. « Les divers modes d'adjudication seront déterminés par un décret de l'Empereur : ces adjudications auront toujours lieu avec publicité et libre concurrence. » (*Même loi.*) F. 15 et la *note.*

27. « Les adjudicataires sont tenus, au moment de l'adjudication, d'élire domicile dans le lieu où l'adjudication aura été faite ; à défaut de quoi, tous actes postérieurs leur seront valablement signifiés au secrétariat de la sous-préfecture. » (*Même loi.*)

28. Tout procès-verbal d'adjudication emporte exécution parée et contrainte

(*a*) La *déclaration de command* ou *élection d'ami* est la faculté accordée à un adjudicataire par procuration de faire connaître, dans un délai déterminé, la personne pour laquelle il était chargé de faire l'acquisition.

par corps contre les adjudicataires, leurs associés et cautions, tant pour le paiement du prix principal de l'adjudication, que pour les accessoires et frais. — Les cautions sont en outre contraignables, solidairement et par les mêmes voies, au paiement des dommages, restitutions et amendes qu'aurait encourues l'adjudicataire. C. 2060-5°. — F. 24, 46, 211, s.

SECT. IV. — *Des exploitations.*

29. Après l'adjudication, il ne pourra être fait aucun changement à l'assiette des coupes (*a*), et il n'y sera ajouté aucun arbre ou portion de bois, sous quelque prétexte que ce soit, à peine, contre l'adjudicataire, d'une amende égale au triple de la valeur des bois non compris dans l'adjudication, et sans préjudice de la restitution de ces mêmes bois ou de leur valeur. — Si les bois sont de meilleure nature ou qualité, ou plus âgés que ceux de la vente, il paiera l'amende comme pour bois coupé en délit, et une somme double à titre de dommages-intérêts. F. 144, s. — Les agents forestiers, qui auraient permis ou toléré ces additions ou changements, seront punis de pareille amende, sauf l'application, s'il y a lieu, de l'article 207 de la présente loi. F. 21. — Ord. d'ex. 74, s.

30. Les adjudicataires ne pourront commencer l'exploitation de leurs coupes, avant d'avoir obtenu par écrit, de l'agent forestier local, le permis d'exploiter, à peine d'être poursuivis comme délinquants pour les bois qu'ils auraient coupés. F. 144, s. — Ord. d'ex. 92, s.

31. Chaque adjudicataire sera tenu d'avoir un facteur ou garde-vente, qui sera agréé par l'agent forestier local, et assermenté devant le juge de paix. — Ce garde-vente sera autorisé à dresser des procès-verbaux, tant dans la vente qu'à l'ouïe de la cognée (*b*). Ses procès-verbaux seront soumis aux mêmes formalités que ceux des gardes forestiers, et feront foi jusqu'à preuve contraire. — L'espace appelé *l'ouïe de la cognée* est

fixé à la distance de deux cent cinquante mètres, à partir des limites de la coupe. F. 6, 44, 45, 165, 170. — Ord. d'ex. 94.

32. Tout adjudicataire sera tenu, sous peine de cent francs d'amende, de déposer chez l'agent forestier local et au greffe du tribunal de l'arrondissement l'empreinte du marteau destiné à marquer les arbres et bois de sa vente. — L'adjudicataire et ses associés ne pourront avoir plus d'un marteau pour la même vente, ni en marquer d'autres bois que ceux qui proviendront de cette vente, sous peine de cinq cents francs d'amende. F. 43, 45. — Ord. d'ex. 95.

33. L'adjudicataire sera tenu de respecter tous les arbres marqués ou désignés pour demeurer en réserve, quelle que soit leur qualification, lors même que le nombre en excéderait celui qui est porté au procès-verbal de martelage, et sans que l'on puisse admettre, en compensation d'arbres coupés en contravention, d'autres arbres non réservés que l'adjudicataire aurait laissés sur pied. Ord. d'ex. 79, s.

34. Les amendes encourues par les adjudicataires, en vertu de l'article précédent, pour abatage ou déficit d'arbres réservés, seront du tiers en sus de celles qui sont déterminées par l'article 192, toutes les fois que l'essence et la circonférence des arbres pourront être constatées. — Si, à raison de l'enlèvement des arbres et de leurs souches, ou de toute autre circonstance, il y a impossibilité de constater l'essence et la dimension des arbres, l'amende ne pourra être moindre de cinquante francs, ni excéder deux cents francs. — Dans tous les cas, il y aura lieu à la restitution des arbres, ou, s'ils ne peuvent être représentés, de leur valeur, qui sera estimée à une somme égale à l'amende encourue. — Sans préjudice des dommages-intérêts. F. 192, 198, 204, 205.

35. Les adjudicataires ne pourront effectuer aucune coupe ni enlèvement de bois avant le lever ni après le coucher du soleil, à peine de cent francs d'amende.

36. Il leur est interdit, à moins que le procès-verbal d'adjudication n'en contienne l'autorisation expresse, de peler ou d'écorcer sur pied aucun des bois de leurs ventes, sous peine de cinquante à

(*a*) On entend par *assiette* la détermination de l'étendue de la partie du bois qui doit être coupée.

(*b*) On appelle *ouïe de la cognée* la distance à laquelle peut être entendu, à partir des limites d'une coupe, le bruit de la cognée abattant un arbre. — Cette distance est fixée par cet art. 31.

cinq cents francs d'amende ; et il y aura lieu à la saisie des écorces et bois écorcés, comme garantie des dommages-intérêts, dont le montant ne pourra être inférieur à la valeur des arbres indûment pelés ou écorcés. F. 150, 196.

37. Toute contravention aux clauses et conditions du cahier des charges, relativement au mode d'abatage des arbres et au nettoiement des coupes, sera punie d'une amende qui ne pourra être moindre de cinquante francs ni excéder cinq cents francs, sans préjudice des dommages-intérêts. F. 24, 202, s. — Ord. d'ex. 32, s.

38. Les agents forestiers indiqueront, par écrit, aux adjudicataires, les lieux où il pourra être établi des fosses ou fourneaux pour charbon, des loges ou des ateliers; il n'en pourra être placé ailleurs, sous peine, contre l'adjudicataire, d'une amende de cinquante francs pour chaque fosse ou fourneau, loge ou atelier, établi en contravention à cette disposition.

39. La traite des bois se fera par les chemins désignés au cahier des charges, sous peine, contre ceux qui en pratiqueraient de nouveaux, d'une amende dont le *minimum* sera de cinquante francs, et le *maximum* de deux cents francs, outre les dommages-intérêts. F. 24, 147, 202, s. — Ord. d'ex. 82, s.

40. La coupe des bois et la vidange des ventes seront faites dans les délais fixés par le cahier des charges, à moins que les adjudicataires n'aient obtenu de l'administration forestière une prorogation de délai, à peine d'une amende de cinquante à cinq cents francs, et, en outre, des dommages-intérêts, dont le montant ne pourra être inférieur à la valeur estimative des bois restés sur pied ou gisants sur les coupes. — Il y aura lieu à la saisie de ces bois, à titre de garantie pour les dommages-intérêts. F. 24, 41, 46. — Ord. d'ex. 96.

41. A défaut, par les adjudicataires, d'exécuter, dans les délais fixés par le cahier des charges, les travaux que ce cahier leur impose, tant pour relever et faire façonner les ramiers (*a*), et pour nettoyer les coupes des épines, ronces et arbus-

tes nuisibles, selon le mode prescrit à cet effet, que pour les réparations des chemins de vidange, fossés, repiquement de places à charbon (*b*) et autres ouvrages à leur charge, ces travaux seront exécutés à leurs frais, à la diligence des agents forestiers, et sur l'autorisation du préfet, qui arrêtera ensuite le mémoire des frais et le rendra exécutoire contre les adjudicataires pour le paiement. F. 24, 40, 46. — Ord. d'ex. 82.

42. Il est défendu à tous adjudicataires, leurs facteurs et ouvriers, d'allumer du feu ailleurs que dans leurs loges ou ateliers, à peine d'une amende de dix à cent francs, sans préjudice de la réparation du dommage qui pourrait résulter de cette contravention. F. 148.

43. Les adjudicataires ne pourront déposer dans leurs ventes d'autres bois que ceux qui en proviendront, sous peine d'une amende de cent à mille francs.

44. Si, dans le cours de l'exploitation ou de la vidange, il était dressé des procès-verbaux de délits ou vices d'exploitation, il pourra y être donné suite sans attendre l'époque du récolement (*c*). — Néamoins, en cas d'insuffisance d'un premier procès-verbal, sur lequel il ne sera pas intervenu de jugement, les agents forestiers pourront, lors du récolement, constater par un nouveau procès-verbal les délits et contraventions. F. 31, 134, 143, 160, 165, s.

45. Les adjudicataires, à dater du permis d'exploiter, et jusqu'à ce qu'ils aient obtenu leur décharge, sont responsables de tout délit forestier commis dans leurs ventes et à l'ouïe de la cognée, si leurs facteurs ou gardes-vente n'en font leurs rapports, lesquels doivent être remis à l'agent forestier dans le délai de cinq jours. F. 6, 28, 31 et la *note*, 51, 185. — Ord. d'ex. 93.

46. Les adjudicataires et leurs cautions seront responsables, et contraignables par corps au paiement des amendes et restitutions encourues pour délits et contraventions commis soit dans la vente,

---

(*a*) Ce sont les bois des taillis abattus.

(*b*) Opération par laquelle on replante avec de jeunes arbres les places vides des forêts.
(*c*) On appelle *récolement* la visite faite par les agents de l'administration d'une coupe exploitée, afin de s'assurer si l'adjudicataire a rempli toutes les obligations qui lui avaient été imposées par le cahier des charges.

soit à l'ouïe de la cognée, par les facteurs, gardes-vente, ouvriers, bûcherons, voituriers et tous autres employés par les adjudicataires. C. 1384.—F. 24, 28, 31 et la *note*, 40, 41, 46 206. — P. 52.

SECT. V. — *Des réarpentages et récolements.*

47. Il sera procédé au réarpentage et au récolement de chaque vente dans les trois mois qui suivront le jour de l'expiration des délais accordés pour la vidange des coupes. — Ces trois mois écoulés, les adjudicataires pourront mettre en demeure l'administration par acte extrajudiciaire signifié à l'agent forestier local ; et si, dans le mois après la signification de cet acte, l'administration n'a pas procédé au réarpentage et au récolement, l'adjudicataire demeurera libéré. F. 185. — Ord. d'ex. 97, s.

48. L'adjudicataire ou son cessionnaire sera tenu d'assister au récolement ; et il lui sera, à cet effet, signifié, au moins dix jours d'avance, un acte contenant l'indication des jours où se feront le réarpentage et le récolement : faute par lui de se trouver sur les lieux, ou de s'y faire représenter, les procès-verbaux de réarpentage et de récolement seront réputés contradictoires.

49. Les adjudicataires auront le droit d'appeler un arpenteur de leur choix pour assister aux opérations du réarpentage ; à défaut par eux d'user de ce droit, les procès-verbaux de réarpentage n'en seront pas moins réputés contradictoires. F. 52, 160. — Ord. d'ex. 97, s.

50. Dans le délai d'un mois après la clôture des opérations, l'administration et l'adjudicataire pourront requérir l'annulation du procès-verbal pour défaut de forme ou pour fausse énonciation. — Ils se pourvoiront, à cet effet, devant le conseil de préfecture, qui statuera.— En cas d'annulation du procès-verbal, l'administration pourra, dans le mois qui suivra, y faire suppléer par un nouveau procès-verbal. F. 26, 58, 63, 64, 65, 90, 95, 96, 121, 127, 168, 171, 182, 185, 190, 218.

51. A l'expiration des délais fixés par l'article 50, et si l'administration n'a élevé aucune contestation, le préfet délivrera à l'adjudicataire la décharge d'exploitation. F. 45, 185.— Ord. d'ex. 99.

52. Les arpenteurs seront passibles de tous dommages-intérêts par suite des erreurs qu'ils auront commises, lorsqu'il en résultera une différence d'un vingtième de l'étendue de la coupe. — Sans préjudice de l'application, s'il y a lieu, des dispositions de l'article 207. F. 21, 29, 49. — Ord. d'ex. 97.

SECT. VI. — *Des adjudications de glandée, panage et paisson (a).*

53. Les formalités prescrites par la section III du présent titre, pour les adjudications des coupes de bois, seront observées pour les adjudications de glandée, panage et paisson.—Toutefois, dans les cas prévus par les articles 18 et 19, l'amende infligée aux fonctionnaires et agents sera de cent francs au moins et de mille francs au plus, et celle qui aura été encourue par l'acquéreur sera égale au montant du prix de la vente. F. 18, 19, 205.— Ord. d'ex. 84, s., 100, s.

54. Les adjudicataires ne pourront introduire dans les forêts un plus grand nombre de porcs que celui qui sera déterminé par l'acte d'adjudication, sous peine d'une amende double de celle qui est prononcée par l'article 199. F. 55, 56, 68, s.

55. Les adjudicataires seront tenus de faire marquer les porcs d'un fer chaud, sous peine d'une amende de trois francs par chaque porc qui ne serait point marqué.—Ils devront déposer l'empreinte de cette marque au greffe du tribunal, et le fer servant à la marque, au bureau de l'agent forestier local, sous peine de cinquante francs d'amende. F. 54, 74.

56. Si les porcs sont trouvés hors des cantons désignés par l'acte d'adjudication, ou des chemins indiqués pour s'y rendre, il y aura lieu, contre l'adjudicataire, aux peines prononcées par l'article 199. En cas de récidive, outre l'amende encourue par l'adjudicataire, le pâtre sera condamné à un emprisonnement de cinq à quinze jours. F. 54, 72, 76, 146, 147.

(a) La *glandée* signifie la faculté d'introduire des porcs dans un bois pour y manger le gland. Le *panage* signifie la même faculté, étendue aux faînes et autres fruits qui tombent des arbres. La *paisson* exprime, d'une manière générale, l'action de faire paître les bestiaux dans les bois. —Le mode, l'étendue et la durée de l'exercice de ce droit sont réglés par le présent Code.

57. Il est défendu aux adjudicataires d'abattre, de ramasser ou d'emporter des glands, faines ou autres fruits, semences ou productions des forêts, sous peine d'une amende double de celle qui est prononcée par l'article 144. F. 85, 120, 144, 198.

SECT. VII. — *Des affectations à titre particulier dans les bois de l'Etat.*

58. Les affectations de coupes de bois ou délivrances, soit par stères, soit par pieds d'arbre, qui ont été concédées à des communes, à des établissements industriels ou à des particuliers, nonobstant les prohibitions établies par les lois et les ordonnances alors existantes, continueront d'être exécutées jusqu'à l'expiration du terme fixé par les actes de concession, s'il ne s'étend pas au delà du 1er septembre 1837. — Les affectations faites au préjudice des mêmes prohibitions, soit à perpétuité, soit sans indication de termes, ou à des termes plus éloignés que le 1er septembre 1837, cesseront à cette époque d'avoir aucun effet. — Les concessionnaires de ces diverses affectations, qui prétendraient que leur titre n'est pas atteint par les prohibitions ci-dessus rappelées, et qu'il leur confère des droits irrévocables, devront, pour y faire statuer, se pourvoir devant les tribunaux, dans l'année qui suivra la promulgation de la présente loi, sous peine de déchéance. — Si leur prétention est rejetée, ils jouiront néanmoins des effets de la concession jusqu'au terme fixé par le second paragraphe du présent article. — Dans le cas où leur titre serait reconnu valable par les tribunaux, le gouvernement, quelles que soient la nature et la durée de l'affectation, aura la faculté d'en affranchir les forêts de l'Etat, moyennant un cantonnement (*a*) qui sera réglé de gré à gré, ou, en cas de contestation, par les tribunaux, pour tout le temps que devait durer la concession. L'action en cantonnement ne pourra pas être exercée par les concessionnaires. F. 8, 13, 63, s. — Ord. d'ex. 109, s.

59. Les affectations faites pour le ser-

(*a*) C'est l'attribution en *toute propriété*, aux usagers, d'une portion de la forêt, en compensation des droits d'usage qu'ils avaient sur cette forêt et dont le cantonnement les a privés.

vice d'une usine cesseront en entier, de plein droit et sans retour, si le roulement de l'usine est arrêté pendant deux années consécutives, sauf les cas d'une force majeure dûment constatée. C. 1148.

60. A l'avenir, il ne sera fait dans les bois de l'Etat aucune affectation ou concession de la nature de celles dont il est question dans les deux articles précédents. F. 89.

SECT. VIII. — *Des droits d'usage dans les bois de l'Etat.*

61. Ne seront admis à exercer un droit d'usage quelconque dans les bois de l'Etat, que ceux dont les droits auront été, au jour de la promulgation de la présente loi, reconnus fondés, soit par des actes du gouvernement, soit par des jugements ou arrêts définitifs, ou seront reconnus tels par suite d'instances administratives ou judiciaires actuellement engagées, ou qui seraient intentées devant les tribunaux dans le délai de deux ans, à dater du jour de la promulgation de la présente loi, par des usagers actuellement en jouissance. C. 636. — F. 66 à 78, 80 à 85, 89, 103, 109, s., 118, s., 145, 149.

62. Il ne sera plus fait, à l'avenir, dans les forêts de l'Etat, aucune concession de droits d'usage, de quelque nature et sous quelque prétexte que ce puisse être. F. 60, 89.

63. Le gouvernement pourra affranchir les forêts de l'Etat de tout droit d'usage en bois, moyennant un cantonnement qui sera réglé de gré à gré, et, en cas de contestation, par les tribunaux. — L'action en affranchissement d'usage par voie de cantonnement n'appartiendra qu'au gouvernement, et non aux usagers. F. 58, et la *note*, 64, 65, 111, 112, 118, 120, 121. — Ord. d'ex. 112, s.

64. Quant aux autres droits d'usage quelconques et aux pâturage, panage et glandée dans les mêmes forêts, ils ne pourront être convertis en cantonnement; mais ils pourront être rachetés moyennant des indemnités qui seront réglées de gré à gré, ou, en cas de contestation, par les tribunaux. F. 53, s. — Néanmoins le rachat ne pourra être requis par l'administration dans les lieux où l'exercice du droit de pâturage est devenu d'une absolue nécessité pour les habitants d'une ou de plusieurs communes. Si cette nécessité est contestée par l'administration forestière, les parties se pourvoiront devant le conseil de préfecture, qui, après une enquête *de commodo et incommodo*, statuera, sauf le recours au conseil d'État (*a*). C. 545. — F. 120. — Ord. d'ex. 116.

65. Dans toutes les forêts de l'État qui ne seront point affranchies au moyen du cantonnement ou de l'indemnité, conformément aux articles 63 et 64 ci-dessus, l'exercice des droits d'usage pourra toujours être réduit par l'administration, suivant l'état et la possibilité des forêts, et n'aura lieu que conformément aux dispositions contenues aux articles suivants. — En cas de contestation sur la possibilité et l'état des forêts, il y aura lieu à recours au conseil de préfecture. Ord. d'ex. 117, s.

66. La durée de la glandée et du panage ne pourra excéder trois mois. — L'époque de l'ouverture en sera fixée, chaque année, par l'administration forestière. F. 53, 64, 119, 120. — Ord. d'ex. 119.

67. Quels que soient l'âge ou l'essence des bois, les usagers ne pourront exercer leurs droits de pâturage et de panage que dans les cantons qui auront été déclarés défensables (*b*) par l'administration forestière, sauf le recours au conseil de préfecture, et ce, nonobstant toutes possessions contraires. F. 119. — Ord. d'ex. 117.

68. L'administration forestière fixera, d'après les droits des usagers, le nombre des porcs qui pourront être mis en panage, et des bestiaux qui pourront être admis au pâturage. F. 54, s., 77, 112, 199. — Ord. d'ex. 118, 119.

69. Chaque année, avant le 1er mars pour le pâturage, et un mois avant l'époque fixée par l'administration forestière pour l'ouverture de la glandée et du panage, les agents forestiers feront connaître aux communes et aux particuliers jouissant des droits d'usage les cantons déclarés défensables, et le nombre des

(*a*) Voy., au Code rural, l'art. 8 de la loi du 28 septembre 1791.
(*b*) On appelle *défensabilité* cet état des bois qui leur permet, à un certain âge, de se *défendre* eux-mêmes contre la dent des bestiaux.

bestiaux qui seront admis au pâturage et au panage. — Les maires seront tenus d'en faire la publication dans les communes usagères. F. 88, 112, 113. — Ord. d'ex. 118, 119.

70. Les usagers ne pourront jouir de leurs droits de pâturage et de panage que pour les bestiaux à leur propre usage, et non pour ceux dont ils font commerce, à peine d'une amende double de celle qui est prononcée par l'article 199. F. 72, 73, 75, 78, 120.

71. Les chemins par lesquels les bestiaux devront passer pour aller au pâturage ou au panage et en revenir, seront désignés par les agents forestiers. — Si ces chemins traversent des taillis ou des recrus de futaies non défensables, il pourra être fait, à frais communs entre les usagers et l'administration, et d'après l'indication des agents forestiers, des fossés suffisamment larges et profonds, ou toute autre clôture, pour empêcher les bestiaux de s'introduire dans les bois. F. 56, 76, 119, 146, 147.

72. Le troupeau de chaque commune ou section de commune devra être conduit par un ou plusieurs pâtres communs, choisis par l'autorité municipale : en conséquence, les habitants des communes usagères ne pourront ni conduire eux-mêmes ni faire conduire leurs bestiaux à garde séparée, sous peine de deux francs d'amende par tête de bétail. — Les porcs ou bestiaux de chaque commune ou section de commune usagère formeront un troupeau particulier et sans mélange de bestiaux d'une autre commune ou section, sous peine d'une amende de cinq à dix francs contre le pâtre, et d'un emprisonnement de cinq à dix jours en cas de récidive. — Les communes et sections de communes seront responsables des condamnations pécuniaires qui pourront être prononcées contre lesdits pâtres ou gardiens, tant pour les délits et contraventions prévus par le présent titre, que pour tous autres délits forestiers commis par eux pendant le temps de leur service et dans les limites du parcours. C. 1384. — P. 74. — F. 56, 70, 88, 112, 120, 214. — Ord. d'ex. 120.

73. Les porcs et bestiaux seront marqués d'une marque spéciale. — Cette mar-

38

que devra être différente pour chaque commune ou section de commune usagère. — Il y aura lieu, par chaque tête de porc ou de bétail non marqué, à une amende de trois francs. F. 55, 70, 112, 120.

74. L'usager sera tenu de déposer l'empreinte de la marque au greffe du tribunal de première instance, et le fer servant à la marque, au bureau de l'agent forestier local; le tout sous peine de cinquante francs d'amende. F. 55, 77, 120. — Ord. d'ex. 121.

75. Les usagers mettront des clochettes au cou de tous les animaux admis au pâturage, sous peine de deux francs d'amende par chaque bête qui serait trouvée sans clochette dans les forêts. F. 70, 112, 120.

76. Lorsque les porcs et bestiaux des usagers seront trouvés hors des cantons déclarés défensables ou désignés pour le panage, ou hors des chemins indiqués pour s'y rendre, il y aura lieu contre le pâtre à une amende de trois à trente francs. En cas de récidive, le pâtre pourra être condamné en outre à un emprisonnement de cinq à quinze jours. F. 56, 120, 146, 214.

77. Si les usagers introduisent au pâturage un plus grand nombre de bestiaux, ou au panage un plus grand nombre de porcs que celui qui aura été fixé par l'administration, conformément à l'article 68, il y aura lieu, pour l'excédant, à l'application des peines prononcées par l'article 199. F. 74, 214.

78. Il est défendu à tous usagers, nonobstant tous titres et possessions contraires, de conduire ou faire conduire des chèvres, brebis ou moutons, dans les forêts ou sur les terrains qui en dépendent, à peine, contre les propriétaires, d'une amende qui sera double de celle qui est prononcée par l'article 199, et, contre les pâtres ou bergers, de quinze francs d'amende. En cas de récidive, le pâtre sera condamné, outre l'amende, à un emprisonnement de cinq à quinze jours. — Ceux qui prétendraient avoir joui du pacage ci-dessus en vertu de titres valables ou d'une possession équivalente à titre pourront, s'il y a lieu, réclamer une indemnité, qui sera réglée de gré à gré, ou, en cas de contestation, par les tribu-

naux. — Le pacage des moutons pourra néanmoins être autorisé, dans certaines localités, par des décrets de l'Empereur. F. 16 et la *note*, 70, 110, 120, 199, 214.

79. Les usagers qui ont droit à des livraisons de bois, de quelque nature que ce soit, ne pourront prendre ces bois qu'après que la délivrance leur en aura été faite par les agents forestiers, sous les peines portées par le titre XII pour les bois coupés en délit. F. 63, 80, 83, 90, 120, 192, 198. — Ord. d'ex. 122, 123.

80. Ceux qui n'ont d'autre droit que celui de prendre le bois mort (a), sec et gisant, ne pourront, pour l'exercice de ce droit, se servir de crochets ou ferrements d'aucune espèce, sous peine de trois francs d'amende. F. 79, 120.

81. Si les bois de chauffage se délivrent par coupe, l'exploitation en sera faite, aux frais des usagers, par un entrepreneur spécial nommé par eux et agréé par l'administration forestière. — Aucun bois ne sera partagé sur pied ni abattu par les usagers individuellement, et les lots ne pourront être faits qu'après l'entière exploitation de la coupe, à peine de confiscation de la portion de bois abattu afférente à chacun des contrevenants. — Les fonctionnaires ou agents qui auraient permis ou toléré la contravention seront passibles d'une amende de cinquante francs, et demeureront en outre personnellement responsables, et sans aucun recours, de la mauvaise exploitation et de tous les délits qui pourraient avoir été commis. F. 19, 103, s., 112, 154. — Ord. d'ex. 122.

82. Les entrepreneurs de l'exploitation des coupes délivrées aux usagers se conformeront à tout ce qui est prescrit aux adjudicataires pour l'usance et la vidange des ventes; ils seront soumis à la même responsabilité, et passibles des mêmes peines en cas de délits ou contraventions. — Les usagers ou communes usagères seront garants solidaires des condamnations prononcées contre lesdits entrepreneurs. C. 1200. — F. 29, s., 103, 185. — Ord. d'ex. 92, s.

(a) Il ne faut pas confondre le bois mort avec le *mort-bois*; celui-ci a vie; mais il indique le bois dont les essences sont peu précieuses et peu riches en valeur calorifique ou autre : tels que saux, marsaux, épine, puine, seur, aulne, genêts, genièvre. (Voy. l'Ord. 1669, tit. 23, art. 5.)

83. Il est interdit aux usagers de vendre ou d'échanger les bois qui leur sont délivrés, et de les employer à aucune autre destination que celle pour laquelle le droit d'usage a été accordé. — S'il s'agit de bois de chauffage, la contravention donnera lieu à une amende de dix à cent francs. — S'il s'agit de bois à bâtir ou de tout autre bois non destiné au chauffage, il y aura lieu à une amende double de la valeur des bois, sans que cette amende puisse être au-dessous de cinquante francs. F. 79, 80, 112, 120. — Ord. d'ex. 123.

84. L'emploi des bois de construction devra être fait dans un délai de deux ans, lequel néanmoins pourra être prorogé par l'administration forestière. Ce délai expiré, elle pourra disposer des arbres non employés. F. 112.

85. Les défenses prononcées par l'article 57 sont applicables à tous usagers quelconques, et sous les mêmes peines. C. 635.—F. 3, s., 57, 102, 112, 144, 159, s.

TITRE QUATRIÈME.

DES BOIS ET FORÊTS QUI FONT PARTIE DU DOMAINE DE LA COURONNE.

86. Les bois et forêts qui font partie du domaine de la Couronne sont exclusivement régis et administrés par le ministre de la maison de l'Empereur (*a*), conformément aux dispositions de la loi du 8 novembre 1814. F. 1, 16 et la *note*.—O. 124.

87. Les agents et gardes des forêts de la Couronne sont en tout assimilés aux agents et gardes de l'administration forestière, tant pour l'exercice de leurs fonctions que pour la poursuite des délits et contraventions. F. 5, 6, 99, 143, 159, s., 176. — Ord. d'ex. 124.

88. Toutes les dispositions de la présente loi qui sont applicables aux bois et forêts du domaine de l'Etat, le sont également aux bois et forêts qui font partie du domaine de la Couronne, sauf les exceptions qui résultent de l'article 86 ci-dessus (*b*). F. 8, s., 15, 17, s., 29, s., 47, s., 53, s., 58, s., 64, s.

(*a*) D'après le décret du 14 décembre 1852, l'administration de la liste civile est confiée au ministre d'Etat. (Voy. C. polit., p. 9, en *note*.)
(*b*) Voy. l'art. 11 du sénatus-consulte du 12 décembre 1852, C. polit.

TITRE CINQUIÈME.

DES BOIS ET FORÊTS QUI SONT POSSÉDÉS A TITRE D'APANAGE OU DE MAJORATS RÉVERSIBLES A L'ÉTAT.

89. Les bois et forêts qui sont possédés par les princes à titre d'apanage, ou par des particuliers à titre de majorats réversibles à l'Etat, sont soumis au régime forestier, quant à la propriété du sol et à l'aménagement des bois. En conséquence, les agents de l'administration forestière y seront chargés de toutes les opérations relatives à la délimitation, au bornage et à l'aménagement, conformément aux dispositions des sections I et II du titre III de la présente loi. Les articles 60 et 62 sont également applicables à ces bois et forêts. — L'administration forestière y fera faire les visites et opérations qu'elle jugera nécessaires pour s'assurer que l'exploitation est conforme à l'aménagement, et que les autres dispositions du présent titre sont exécutées. F. 1 et la *note*, 88. — Ord. d'ex. 125, s.

TITRE SIXIÈME.

DES BOIS DES COMMUNES ET DES ÉTABLISSEMENTS PUBLICS.

90. Sont soumis au régime forestier, d'après l'article 1er de la présente loi, les bois taillis ou futaies appartenant aux communes et aux établissements publics, qui auront été reconnus susceptibles d'aménagement ou d'une exploitation régulière par l'autorité administrative, sur la proposition de l'administration forestière, et d'après l'avis des conseils municipaux ou des administrateurs des établissements publics. — Il sera procédé dans les mêmes formes à tout changement qui pourrait être demandé, soit de l'aménagement, soit du mode d'exploitation. — En conséquence, toutes les dispositions des six premières sections du titre III leur sont applicables, sauf les modifications et exceptions portées au présent titre. — Lorsqu'il s'agira de la conversion en bois et de l'aménagement de terrains en pâturages, la proposition de l'administration forestière sera communiquée au maire ou aux administrateurs des établissements publics. Le conseil municipal ou ces administrateurs seront appelés à en délibérer : en cas de contestation, il sera statué par le conseil de préfecture, sauf le pourvoi au conseil d'État. F. 1 et la *note*, 8, 107, 110, 112.— Ord. d'ex. 128, s.

91. Les communes et établissements publics ne peuvent faire aucun défrichement de leurs bois sans une autorisation expresse et spéciale du gouvernement ; ceux qui l'auraient ordonné ou effectué sans cette autorisation seront passibles des peines portées au titre XV contre les particuliers, pour les contraventions de même nature. F. 219, *note*, 220, 223, 224.

92. La propriété des bois communaux ne peut jamais donner lieu à partage entre les habitants.—Mais lorsque deux ou plusieurs communes possèdent un bois par indivis, chacune conserve le droit d'en provoquer le partage. F. 103.— C. munic.

93. Un quart des bois appartenant aux communes et aux établissements publics sera toujours mis en réserve, lorsque ces communes ou établissements posséderont au moins dix hectares de bois réunis ou divisés.— Cette disposition n'est pas applicable aux bois peuplés totalement en arbres résineux.— Ord. d'ex. 137, s.

94. Les communes et établissements publics entretiendront, pour la conservation de leurs bois, le nombre de gardes particuliers qui sera déterminé par le maire et les administrateurs des établissements, sauf l'approbation du préfet, sur l'avis de l'administration forestière. F. 95, s., 108.

95. Le choix de ces gardes sera fait, pour les communes, par le maire, sauf l'approbation du conseil municipal ; et, pour les établissements publics, par les administrateurs de ces établissements.— Ces choix doivent être agréés par l'administration forestière, qui délivre aux gardes leurs commissions. — En cas de dissentiment, le préfet prononcera.

96. A défaut, par les communes ou établissements publics, de faire choix d'un garde dans le mois de la vacance de l'emploi, le préfet y pourvoira, sur la demande de l'administration forestière.

97. Si l'administration forestière et les communes ou établissements publics jugent convenable de confier à un même individu la garde d'un canton de bois appartenant à des communes ou établis-

sements publics, et d'un canton de bois de l'État, la nomination du garde appartient à cette administration seule. Son salaire sera payé proportionnellement par chacune des parties intéressées.

98. L'administration forestière peut suspendre de leurs fonctions les gardes des bois des communes et des établissements publics : s'il y a lieu à destitution, le préfet la prononcera, après avoir pris l'avis du conseil municipal ou des administrateurs des établissements propriétaires, ainsi que de l'administration forestière. — Le salaire de ces gardes est réglé par le préfet, sur la proposition du conseil municipal ou des établissements propriétaires.

99. Les gardes des bois des communes et des établissements publics sont en tout assimilés aux gardes des bois de l'État, et soumis à l'autorité des mêmes agents ; ils prêtent serment dans les mêmes formes, et leurs procès-verbaux font également foi en justice pour constater les délits et contraventions commis même dans les bois soumis au régime forestier, autres que ceux dont la garde leur est confiée. F. 5, 87, 108, 117, 175, s.—P. 196.

100. Les ventes des coupes, tant ordinaires qu'extraordinaires, seront faites à la diligence des agents forestiers, dans les mêmes formes que pour les bois de l'État, et en présence du maire ou d'un adjoint pour les bois des communes, et d'un des administrateurs pour ceux des établissements publics ; sans toutefois que l'absence des maires ou administrateurs, dûment appelés, entraîne la nullité des opérations.— Toute vente ou coupe effectuée par l'ordre des maires des communes ou des administrateurs des établissements publics, en contravention au présent article, donnera lieu contre eux à une amende qui ne pourra être au-dessous de trois cents francs ni excéder six mille francs, sans préjudice des dommages-intérêts qui pourraient être dus aux communes ou établissements propriétaires. — Les ventes ainsi effectuées seront déclarées nulles (*a*). F. 17, s., 101, 102, 114, 205. — Ord. d'ex. 84, s., 134.

(*a*) L'exécution de cet article a été tracée par une ordonnance royale, en date des 24 août-8 septembre 1840, qui porte :
« Art. 1. Lorsque, faute d'offres suffisantes

101. Les incapacités et défenses prononcées par l'article 21 sont applicables aux maires, adjoints et receveurs des communes, ainsi qu'aux administrateurs et receveurs des établissements publics, pour les ventes des bois des communes et établissements dont l'administration leur est confiée. — En cas de contravention, ils seront passibles des peines prononcées par le paragraphe 1er de l'article précité, sans préjudice des dommages-intérêts, s'il y a lieu; et les ventes seront déclarées nulles. C. 1594, 1596.—P. 175. — F. 19.

102. Lors des adjudications des coupes ordinaires et extraordinaires des bois des établissements publics, il sera fait réserve en faveur de ces établissements, et suivant les formes qui seront prescrites par l'autorité administrative, de la quantité de bois, tant de chauffage que de construction, nécessaire pour leur propre usage. — Les bois ainsi délivrés ne pourront être employés qu'à la destination pour laquelle ils auront été réservés, et ne pourront être vendus ni échangés sans l'autorisation du préfet. Les administrateurs qui auraient consenti de pareilles ventes ou échanges, seront passibles d'une amende égale à la valeur de ces bois, et de la restitution, au profit de l'établissement public, de ces mêmes bois ou de leur valeur. Les ventes ou échanges seront en outre déclarés nuls. F. 19, 83, 85, 112.— Ord. d'ex. 142.

103. Les coupes des bois communaux, destinées à être partagées en nature pour l'affouage des habitants, ne pourront avoir lieu qu'après que la délivrance en aura été préalablement faite par les agents forestiers, et en suivant les formes prescrites par l'article 81, pour l'exploitation des coupes affouagères délivrées aux communes dans les bois de l'Etat; le tout sous les peines portées par ledit article. F. 82, 104, 105, 109, 112. — Ord. d'ex. 122, 141, 146.

104. Les actes relatifs aux coupes et arbres délivrés en nature, en exécution des deux articles précédents, seront visés pour timbre et enregistrés en débet, et il n'y aura lieu à la perception des droits que dans le cas de poursuites devant les tribunaux. F. 185, s.

105. S'il n'y a titre ou usage contraire, le partage des bois d'affouage se fera par feu, c'est-à-dire par chef de famille ou de maison ayant domicile réel et fixe dans la commune; s'il n'y a également titre ou usage contraire, la valeur des arbres délivrés pour constructions ou réparations sera estimée à dire d'experts et payée à la commune. Ord. d'ex. 143.— C. munic.

106. Pour indemniser le gouvernement des frais d'administration des bois des communes ou établissements publics, il sera ajouté annuellement à la contribution foncière établie sur ces bois une somme équivalente à ces frais. Le montant de cette somme sera réglé chaque année par la loi de finances; elle sera répartie au marc le franc de ladite contribution, et perçue de la même manière (a).

107. Moyennant les perceptions or-

l'adjudication de coupes communales ordinaires ou extraordinaires, d'une valeur supérieure à 500 francs, aura été tentée sans succès au chef-lieu d'arrondissement, le préfet, sur la proposition du conservateur, pourra autoriser l'exploitation de ces coupes par économie, et la vente en bloc ou par lots, des produits façonnés au chef-lieu d'une des communes voisines de la situation des bois.

« 2. En cas de dissentiment entre le préfet et le conservateur, il en sera référé au ministre des finances, qui statuera, après avoir pris l'avis de l'administration des forêts. »

Cette disposition a été modifiée en deux points par une autre ordonnance des 2 février-1er mars 1844 : 1o en ce que l'adjudication peut être faite de cette manière, *quelle que soit la valeur des coupes;* — 2o en ce que les mêmes dispositions sont rendues applicables aux bois appartenant à des *établissements publics.* En cas de dissentiment entre le préfet et le conservateur, le ministre des finances statue, sur l'avis de l'Administration des forêts.

(a) Cet article a été modifié, dans son application, par les lois qui suivent :

« Pour indemniser l'Etat des frais d'administration des bois des communes et des établissements publics, il sera payé, au profit du trésor, sur les produits, tant principaux qu'accessoires de ces bois, cinq centimes par franc en sus du prix principal de leur adjudication ou cession. — Quant aux produits délivrés en nature, il sera perçu par le trésor le vingtième de leur valeur, laquelle sera fixée définitivement par le préfet, sur les propositions des agents forestiers et les observations des conseils municipaux et des administrateurs. » (Loi du 25 juin 1841, art. 5.)

« Les prélèvements sur les ventes ou délivrance en nature des produits des communes et établissements publics, prescrits par l'art. 5 de la loi du 25 juin 1841 (ci-dessus), continueront à porter sur les produits principaux. Ils

données par l'article précédent, toutes les opérations de conservation et de régie dans les bois des communes et des établissements publics seront faites par les agents et préposés de l'administration forestière, sans aucun frais. — Les poursuites dans l'intérêt des communes et des établissements publics, pour délits ou contraventions commis dans leurs bois, et la perception des restitutions et dommages-intérêts prononcés en leur faveur, seront effectuées sans frais par les agents du gouvernement, en même temps que celles qui ont pour objet le recouvrement des amendes dans l'intérêt de l'Etat. — En conséquence, il n'y aura lieu à exiger à l'avenir des communes et établissements publics, ni aucun droit de vacation, d'arpentage, de réarpentage, de décime, de prélèvement quelconque, pour les agents et préposés de l'administration forestière, ni le remboursement, soit des frais des instances dans lesquelles l'administration succomberait, soit de ceux qui tomberaient en non-valeurs par l'insolvabilité des condamnés. F. 90, 106 et la *note*, 109, 159, 171, s.— Ord. d'ex. 35.

108. Le salaire des gardes particuliers restera à la charge des communes et des établissements publics. F. 94, 98, 109, 115.

109. Les coupes ordinaires et extraordinaires sont principalement affectées au paiement des frais de garde, de la contribution foncière et des sommes qui reviennent au trésor en exécution de l'article 106. — Si les coupes sont délivrées en nature pour l'affouage, et que les communes n'aient pas d'autres ressources, il sera distrait une portion suffisante des coupes pour être vendue aux enchères avant toute distribution, et le prix en être employé au paiement desdites charges (*a*). C. 1249, 1251-3°, 2095, 2098.— F. 105, 106 et la *note*.— Ord. d'ex. 144.

cesseront d'être appliqués aux produits accessoires. — Quant aux produits délivrés en nature, la valeur en sera définitivement fixée par le ministre des finances, sur les propositions des agents forestiers, les observations des conseils municipaux et des administrateurs, et l'avis des préfets.—Les délais dans lesquels ces observations et ces avis devront être produits, sous peine d'être passé outre, seront déterminés par une ordonnance royale. » (Loi du 19 juillet 1845, art. 6.) —Cette ordonnance a été rendue les 5 février-1er mars 1846.

(*a*) Il a été rendu, pour l'exécution de cet ar-

110. Dans aucun cas et sous aucun prétexte, les habitants des communes et les administrateurs ou employés des établissements publics ne peuvent introduire ni faire introduire, dans les bois appartenant à ces communes ou établissements publics, des chèvres, brebis ou moutons, sous les peines prononcées par l'article 199 contre ceux qui auraient introduit ou permis d'introduire ces animaux, et par l'article 78 contre les pâtres ou gardiens. — Cette prohibition n'aura son exécution que dans deux ans, à compter du jour de la publication de la présente loi, dans les bois où, nonobstant les dispositions de l'ordonnance de 1669, le pâturage des moutons a été toléré jusqu'à présent. F. 185, 199. — Toutefois le pacage des brebis ou moutons pourra être autorisé dans certaines localités par des ordonnances spéciales de Sa Majesté. F. 78, 120.

111. La faculté, accordée au gouvernement par l'article 63, d'affranchir les forêts de l'Etat de tous droits d'usage en bois, est applicable, sous les mêmes conditions, aux communes et aux établissements publics, pour les bois qui leur appartiennent. F. 58, s., 118.— Ord. d'ex. 145.

112. Toutes les dispositions de la huitième section du titre III, sur l'exercice des droits d'usage dans les bois de l'Etat, sont applicables à la jouissance des communes et des établissements publics dans leurs propres bois, ainsi qu'aux droits d'usage dont ces mêmes bois pourraient être grevés; sauf les modifications résultant du présent titre et à l'exception des articles 61, 73, 74, 83 et 84.— F. 62, s., 103, 120.

TITRE SEPTIÈME.

DES BOIS ET FORÊTS INDIVIS QUI SONT SOUMIS AU RÉGIME FORESTIER.

113. Toutes les dispositions de la présente loi relatives à la conservation et à

ticle, une ordonnance royale des 15-28 octobre 1834, qui porte :
« Article unique. Notre ministre secrétaire d'Etat des finances pourra, sur la proposition des préfets et de l'administration des forêts, permettre que des coupes ou portions de coupes affouagères, de la valeur de 500 francs et au-des-

la régie des bois qui font partie du domaine de l'Etat, ainsi qu'à la poursuite des délits et contraventions commis dans ces bois, sont applicables aux bois indivis mentionnés à l'article 1er, paragraphe VI de la présente loi, sauf les modifications portées par le titre VI pour les bois des communes et des établissements publics. Ord. d'ex. 147, s.

114. Aucune coupe ordinaire ou extraordinaire, exploitation ou vente, ne pourra être faite par les possesseurs copropriétaires, sous peine d'une amende égale à la valeur de la totalité des bois abattus ou vendus; toutes ventes ainsi faites seront déclarées nulles. F. 100, 205.

115. Les frais de délimitation, d'arpentage et de garde seront supportés par le domaine et les copropriétaires, chacun dans la proportion de ses droits. — L'administration forestière nommera les gardes, règlera leur salaire, et aura seule le droit de les révoquer. F. 14.

116. Les copropriétaires auront dans les restitutions et dommages-intérêts la même part que dans le produit des ventes, chacun dans la proportion de ses droits.

TITRE HUITIÈME.

DES BOIS DES PARTICULIERS.

117. Les propriétaires qui voudront avoir, pour la conservation de leurs bois, des gardes particuliers, devront les faire agréer par le sous-préfet de l'arrondissement, sauf le recours au préfet en cas de refus. — Ces gardes ne pourront exercer leurs fonctions qu'après avoir prêté serment devant le tribunal de première instance. I. cr. 16, 20. — F. 1, 5, 99. — Ord. d'ex. 150, 151.

118. Les particuliers jouiront, de la même manière que le gouvernement et sous les conditions déterminées par l'article 63, de la faculté d'affranchir leurs forêts de tous droits d'usage en bois. F. 58, 111.

119. Les droits de pâturage, parcours, panage et glandée dans les bois des particuliers, ne pourront être exercés que dans les parties de bois déclarées défensables par l'administration forestière, et suivant l'état et la possibilité des forêts, reconnus et constatés par la même administration. — Les chemins par lesquels les bestiaux devront passer pour aller au pâturage et pour en revenir seront désignés par le propriétaire. F. 66, 67 et la *note*, 71. — Ord. d'ex. 35, 151.

120. Toutes les dispositions contenues dans les articles 64, 66, paragraphe 1er; 70, 72, 73, 75, 76, 78, paragraphes 1er et 2; 79, 80, 83 et 85 de la présente loi, sont applicables à l'exercice des droits d'usage dans les bois des particuliers, lesquels y exercent, à cet effet, les mêmes droits et la même surveillance que les agents du gouvernement dans les forêts soumises au régime forestier. F. 57, 110, 120, 144, 199.

121. En cas de contestation entre le propriétaire et l'usager, il sera statué par les tribunaux.

TITRE NEUVIÈME.

AFFECTATIONS SPÉCIALES DES BOIS A DES SERVICES PUBLICS.

SECT. I. — *Des bois destinés au service de la marine (a).*

122. Dans tous les bois soumis au régime forestier, lorsque des coupes devront y avoir lieu, le département de la marine pourra faire choisir et marteler par ses agents les arbres propres aux constructions navales, parmi ceux qui n'auront pas été marqués en réserve par les agents forestiers.

123. Les arbres ainsi marqués seront compris dans les adjudications et livrés par les adjudicataires à la marine, aux conditions qui seront indiquées ci-après.

124. Pendant dix ans, à compter de la promulgation de la présente loi, le département de la marine exercera le droit de choix et de martelage sur les bois des particuliers, futaies, arbres de réserve,

---

sus, soient mises en adjudication dans la commune propriétaire, sous la présidence du maire, mais toujours avec l'intervention des agents forestiers, aux clauses et conditions qui y seront indiquées. »

(a) Les dispositions de cette section, art. 122 à 135, se trouvent sans application aujourd'hui, par suite de l'extinction légale du droit de *martelage* dans les bois des particuliers, et de la suspension de l'exercice du même droit dans les bois soumis au régime forestier. (Voy. la *note* qui suit.)

avenues, lisières et arbres épars. — Ce droit ne pourra être exercé que sur les arbres en essence de chêne, qui seront destinés à être coupés, et dont la circonférence, mesurée à un mètre du sol, sera de quinze décimètres au moins. — Les arbres qui existeront dans les lieux clos attenant aux habitations, et qui ne sont point aménagés en coupes réglées, ne seront point assujettis au martelage (*a*). F. 131.

125. Tous les propriétaires seront tenus, sauf l'exception énoncée en l'article précédent, et hors le cas de besoins personnels pour réparations et constructions, de faire, six mois d'avance, à la sous-préfecture, la déclaration des arbres qu'ils ont l'intention d'abattre, et des lieux où ils sont situés. — Le défaut de déclaration sera puni d'une amende de dix-huit francs par mètre de tour pour chaque arbre susceptible d'être déclaré (*b*). F. 131, 133, 135.

126. Les particuliers pourront disposer librement des arbres déclarés, si la marine ne les a pas fait marquer pour son service dans les six mois à compter du jour de l'enregistrement de la déclaration à la sous-préfecture.— Les agents de la marine seront tenus, à peine de nullité de leur opération, de dresser des procès-verbaux de martelage des arbres dans les bois de l'Etat, des communes, des établissements publics et des particuliers, de faire viser ces procès-verbaux par le maire dans la huitaine, et d'en déposer immédiatement une expédition à la mairie de la commune où le martelage aura eu lieu. Aussitôt après ce dépôt, les adjudicataires, communes, établissements ou propriétaires, pourront disposer des bois qui n'auront pas été marqués (*c*). F. 21, 134.

<hr>

(*a*, *b*, *c*) Aux termes de l'art. 124. le droit de *martelage* dans les bois des particuliers, au profit du département de la marine, a cessé le 1er août 1837. — Il y a plus : ce même droit, relativement aux bois soumis au régime forestier, a été *indéfiniment suspendu* par des ordonnances royales des 14 décembre 1838 et 1er janvier 1839, lesquelles suppriment en même temps le service de surveillance des fournitures de bois de la marine. Le préambule de cette ordonnance mérite d'être connu : « Considérant, y est-il dit, que le droit de marteler les arbres pour le service de la marine dans les bois des particuliers, a cessé depuis le 1er août 1837; — Que le département de la marine a pu s'appro-

127. Les adjudicataires des bois soumis au régime forestier, les maires des communes, ainsi que les administrateurs des établissements publics, pour les exploitations faites sans adjudications, et les particuliers, traiteront de gré à gré du prix de leurs bois avec la marine. — En cas de contestation, le prix sera réglé par experts nommés contradictoirement, et, s'il y a partage entre les experts, il en sera nommé un d'office par le président du tribunal de première instance, à la requête de la partie la plus diligente; les frais de l'expertise seront supportés en commun. F. 114.

128. Les adjudicataires des bois soumis au régime forestier, les maires des communes, ainsi que les administrateurs des établissements publics, pour les exploitations faites sans adjudications, et les particuliers, pourront disposer librement des arbres marqués pour la marine, si, dans les trois mois après qu'ils en auront fait notifier à la sous-préfecture l'abatage, la marine n'a pas pris livraison de la totalité des arbres marqués appartenant au même propriétaire, et n'en a pas acquitté le prix. F. 124, 134.

129. La marine aura, jusqu'à l'abatage des arbres, la faculté d'annuler les martelages opérés pour son service; mais, conformément à l'article précédent, elle devra prendre tous les arbres marqués qui auront été abattus, ou les abandonner en totalité.

130. Lorsque les propriétaires de bois n'auront pas fait abattre les arbres déclarés, dans le délai d'un an, à dater du jour de leur déclaration, elle sera considérée comme non avenue, et ils seront tenus d'en faire une nouvelle.

131. Ceux qui, dans les cas de besoins personnels pour réparations ou constructions, voudront faire abattre des arbres sujets à déclaration, ne pourront procéder à l'abatage qu'après avoir fait préalablement constater ces besoins par le maire

<hr>

visionner depuis quelques années en bois de chêne pour les constructions navales, sans le secours du martelage, en laissant aux adjudicataires des fournitures le soin de rechercher eux-mêmes les arbres nécessaires à leurs exploitations, tant dans les bois soumis au régime forestier que dans les bois des particuliers; que ce mode paraît pouvoir être continué sans inconvénient pendant la paix....... supprime. »

de la commnue. — Tout propriétaire convaincu d'avoir, sans motifs valables, donné, en tout ou en partie, à ses arbres, une destination autre que celle qui aura été énoncée dans le procès-verbal constatant les besoins personnels, sera passible de l'amende portée par l'article 125 pour défaut de déclaration. F. 133.

132. Le gouvernement déterminera les formalités à remplir, tant pour les déclarations de volonté d'abattre, que pour constater, soit les besoins, dans le cas prévu par l'article précédent, soit les martelages et les abatages. Ces formalités seront remplies sans frais.

133. Les arbres qui auront été marqués pour le service de la marine dans les bois soumis au régime forestier, comme sur toute propriété privée, ne pourront être distraits de leur destination, sous peine d'une amende de quarante-cinq francs par mètre de tour de chaque arbre, sauf néanmoins les cas prévus par les articles 126 et 128. Les arbres marqués pour le service de la marine ne pourront être équarris avant la livraison, ni détériorés par ses agents avec des haches, scies, sondes ou autres instruments, à peine de la même amende. F. 19, 125, 131.

134. Les délits et contraventions concernant le service de la marine seront constatés, dans tous les bois, par procès-verbaux, soit des agents et gardes forestiers, soit des maîtres, contre-maîtres et aides-contre-maîtres assermentés de la marine : en conséquence, les procès-verbaux de ces maîtres, contre-maîtres et aides-contre-maîtres feront foi en justice comme ceux des gardes forestiers, pourvu qu'ils soient dressés et affirmés dans les mêmes formes et dans les mêmes délais. I. cr. 16, 18. — F. 44, 159, s., 176, 177.

135. Les dispositions du présent titre ne sont applicables qu'aux localités où le droit de martelage sera jugé indispensable pour le service de la marine, et pourra être utilement exercé par elle. — Le gouvernement fera dresser et publier l'état des départements, arrondissements et cantons qui ne seront pas soumis à l'exercice de ce droit (a). — La même pu-

(a) Voy. cet état ci-après, p. 611.

blicité sera donnée au rétablissement de cet exercice dans les localités exceptées, lorsque le gouvernement jugera ce rétablissement nécessaire.

SECT. II. — *Des bois destinés au service des ponts et chaussées pour les travaux du Rhin.*

136. Dans tous les cas où les travaux d'endigage ou de fascinage sur le Rhin exigeront une prompte fourniture de bois ou oseraies, le préfet, en constatant l'urgence, pourra en requérir la délivrance, d'abord dans les bois de l'Etat; en cas d'insuffisance de ces bois, dans ceux des communes et des établissements publics, et subsidiairement enfin dans ceux des particuliers : le tout à la distance de cinq kilomètres des bords du fleuve. F. 141. — Ord. d'ex. 162, s.

137. En conséquence, tous particuliers, propriétaires de bois taillis ou autres, dans les îles, sur les rives et à une distance de cinq kilomètres des bords du fleuve, seront tenus de faire, trois mois d'avance, à la sous-préfecture, une déclaration des coupes qu'ils se proposeront d'exploiter. — Si, dans le délai de trois mois, les bois ne sont pas requis, le propriétaire pourra en disposer librement. Ord. d'ex. 162, s.

138. Tout propriétaire qui, hors les cas d'urgence, effectuerait la coupe de ses bois sans avoir fait la déclaration prescrite par l'article précédent, sera condamné à une amende de un franc par are de bois ainsi exploité. — L'amende sera de quatre francs par are contre tout propriétaire qui, après que la réquisition de ses bois lui aura été notifiée, les détournerait de la destination pour laquelle ils auraient été requis. F. 143. — Ord. d'ex. 162, s.

139. Dans les bois soumis au régime forestier, l'exploitation des bois requis sera faite par les entrepreneurs des travaux des ponts et chaussées, d'après les indications et sous la surveillance des agents forestiers. Ces entrepreneurs seront, dans ce cas, soumis aux mêmes obligations et à la même responsabilité que les adjudicataires des coupes des bois de l'Etat. Ord. d'ex. 162, s.

140. Dans les bois des particuliers, l'exploitation des bois requis sera faite également, et sous la même responsabilité, par les entrepreneurs des travaux, si mieux n'aime le propriétaire faire exploiter lui-même; ce qu'il devra déclarer aussitôt que la réquisition lui aura été notifiée. — A défaut, par le propriétaire, d'effectuer l'exploitation dans le délai fixé par la réquisition, il y sera procédé à ses frais, sur l'autorisation du préfet. Ord. d'ex. 162, s.

141. Le prix des bois et oseraies requis en exécution de l'article 136 sera payé, par les entrepreneurs des travaux, à l'Etat et aux communes ou établissements publics, comme aux particuliers, dans le délai de trois mois après l'abatage constaté, et d'après le même mode d'expertise déterminé par l'article 127 de la présente loi pour les arbres marqués par la marine. — Les communes et les particuliers seront indemnisés, de gré à gré ou à dire d'experts, du tort qui pourrait être résulté pour eux de coupes exécutées hors des saisons convenables. Ord. d'ex. 162, s

142. Le gouvernement déterminera les formalités qui devront être observées pour la réquisition des bois, les déclarations et notifications, en conséquence de ce qui est prescrit par les articles précédents. Ord. d'ex. 162, s.

143. Les contraventions et délits en cette matière seront constatés par procès-verbaux des agents et gardes forestiers, des conducteurs des ponts et chaussées et des officiers de police assermentés, qui devront observer à cet égard les formalités et délais prescrits au titre XI, section Ire, pour les procès-verbaux dressés par les gardes de l'administration forestière. I. cr. 16, 18. — F. 5, 6, 44, 87, 99, 134, 176. — Ord. d'ex. 162, s.

TITRE DIXIÈME.

POLICE ET CONSERVATION DES BOIS ET FORÊTS.

SECT. I. — *Dispositions applicables à tous les bois et forêts en général.*

144. Toute extraction ou enlèvement, non autorisé, de pierres, sable, minerai, terre ou gazon, tourbe, bruyères, genêts, herbages, feuilles vertes ou mortes, engrais existant sur le sol des forêts, glands, faines et autres fruits ou semences des bois et forêts, donnera lieu à des amendes

qui seront fixées ainsi qu'il suit : — Par charretée ou tombereau, de dix à trente francs, pour chaque bête attelée; — Par chaque charge de bête de somme, de cinq à quinze francs; — Par chaque charge d'homme, de deux à six francs. F. 5, 57. — Ord. d'ex. 169, s.

145. Il n'est point dérogé au droit conféré à l'administration des ponts et chaussées d'indiquer les lieux où doivent être faites les extractions de matériaux pour les travaux publics; néanmoins les entrepreneurs seront tenus envers l'Etat, les communes et établissements publics, comme envers les particuliers, de payer toutes les indemnités de droit, et d'observer toutes les formes prescrites par les lois et règlements en cette matière. F. 61, s. — Ord. d'ex. 169, s.

146. Quiconque sera trouvé dans les bois et forêts, hors des routes et chemins ordinaires, avec serpes, cognées, haches, scies et autres instruments de même nature, sera condamné à une amende de dix francs et à la confiscation desdits instruments. F. 144, 147, 148, 151, 152, 154, 155, 158, 161, 198.

147. Ceux dont les voitures, bestiaux, animaux de charge ou de monture, seront trouvés dans les forêts, hors des routes et chemins ordinaires, seront condamnés, savoir : — Par chaque voiture, à une amende de dix francs pour les bois de dix ans et au-dessus, et de vingt francs pour les bois au-dessous de cet âge; — Par chaque tête ou espèce de bestiaux non attelés, aux amendes fixées pour délit de pâturage par l'article 199; — Le tout sans préjudice des dommages-intérêts. F. 46, 146.

148. Il est défendu de porter ou allumer du feu dans l'intérieur et à la distance de deux cents mètres des bois et forêts, sous peine d'une amende de vingt à cent francs; sans préjudice, en cas d'incendie, des peines portées par le Code pénal, et de tous dommages-intérêts, s'il y a lieu. P. 434, s., 458. — F. 42, 146. — Ord. d'exéc., 169 et suiv.

149. Tous usagers qui, en cas d'incendie, refuseront de porter des secours dans les bois soumis à leur droit d'usage, seront traduits en police correctionnelle, privés de ce droit pendant un an au moins et cinq ans au plus, et condamnés en outre aux peines portées en l'article 475 du Code pénal. F. 61, s.

150. Les propriétaires riverains des bois et forêts ne peuvent se prévaloir de l'article 672 du Code Napoléon pour l'élagage des lisières desdits bois et forêts, si ces arbres de lisière ont plus de trente ans. Tout élagage qui serait exécuté sans l'autorisation des propriétaires des bois et forêts, donnera lieu à l'application des peines portées par l'article 196. C. 671, 672. — Ord. d'ex. 176.

SECT. II.—*Dispositions spéciales applicables seulement aux bois et forêts soumis au régime forestier.*

151. Aucun four à chaux ou à plâtre, soit temporaire, soit permanent, aucune briqueterie et tuilerie, ne pourront être établis dans l'intérieur et à moins d'un kilomètre des forêts, sans l'autorisation du gouvernement, à peine d'une amende de cent à cinq cents francs, et de démolition des établissements (*a*). F. 157. — Ord. d'ex. 177.

152. Il ne pourra être établi sans l'autorisation du gouvernement, sous quelque prétexte que ce soit, aucune maison sur perches, loge, baraque ou hangar, dans l'enceinte et à moins d'un kilomètre des bois et forêts, sous peine de cinquante francs d'amende, et de la démolition dans le mois, à dater du jour du jugement qui l'aura ordonnée (*b*). F. 146, 157. — Ord. d'ex. 177.

153. Aucune construction de maisons ou fermes ne pourra être effectuée, sans l'autorisation du gouvernement, à la distance de cinq cents mètres des bois et forêts soumis au régime forestier, sous peine de démolition.—Il sera statué dans le délai de six mois sur les demandes en autorisation; passé ce délai la construction pourra être effectuée (*c*).—Il n'y aura point lieu à ordonner la démolition des maisons ou fermes actuellement existantes. Ces maisons ou fermes pourront être réparées, reconstruites et augmentées sans autorisation. — Sont exceptées des dispositions du paragraphe Ier du présent article les bois et forêts appartenant aux

communes, et qui sont d'une contenance au-dessous de deux cent cinquante hectares. Ord. d'ex. 177.

154. Nul individu habitant les maisons ou fermes actuellement existantes dans le rayon ci-dessus fixé, ou dont la construction y aura été autorisée en vertu de l'article précédent, ne pourra établir dans lesdites maisons ou fermes aucun atelier à façonner le bois, aucun chantier ou magasin pour faire le commerce de bois, sans la permission spéciale du gouvernement, sous peine de cinquante francs d'amende, et de la confiscation des bois. — Lorsque les individus qui auront obtenu cette permission auront subi une condamnation pour délits forestiers, le gouvernement pourra leur retirer ladite permission (*d*). F. 146, 156, 157.—Ord. d'ex. 177, s.

155. Aucune usine à scier le bois ne pourra être établie dans l'enceinte et à moins de deux kilomètres de distance des bois et forêts, qu'avec l'autorisation du gouvernement, sous peine d'une amende de cent à cinq cents francs, et de la démolition dans le mois, à dater du jugement qui l'aura ordonnée (*e*). F. 158, s. — Ord. d'ex. 179, s.

156. Sont exceptées des dispositions des trois articles précédents les maisons et usines qui font partie de villes, villages ou hameaux, formant une population agglomérée, bien qu'elles se trouvent dans les distances ci-dessus fixées des bois et forêts. F. 153, 154.— Ord. d'ex. 179.

157. Les usines, hangars et autres établissements autorisés en vertu des articles 151, 152, 154 et 155, seront soumis aux visites des agents et gardes forestiers, qui pourront y faire toutes perquisitions sans l'assistance d'un officier public, pourvu qu'ils se présentent au nombre de deux au moins, ou que l'agent ou garde forestier soit accompagné de deux témoins domiciliés dans la commune. I. cr. 16.— F. 161, 162.

158. Aucun arbre, bille ou tronche (*f*) ne pourra être reçu dans les scieries dont

dont il s'agit, sur l'avis ou la proposition des chefs de service, et non plus le gouvernement. (Voy. Code administr., où se trouve retracé ce décret de 1852.)

(*f*) Ces deux mots synonymes expriment la partie du corps d'un arbre destinée à être fendue par le sciage.

(*a, b, c, d, e*) Le décret du 25-30 mars 1852, sur la décentralisation administrative, a modifié les dispositions ci-dessus par son art. 3 et le tableau C qui y correspond, en ce sens qu'aujourd'hui, c'est le *préfet* qui accorde l'autorisation

il est fait mention en l'article 155, sans avoir été préalablement reconnu par le garde forestier du canton et marqué de son marteau ; ce qui devra avoir lieu dans les cinq jours de la déclaration qui en aura été faite, sous peine, contre les exploitants desdites scieries, d'une amende de cinquante à trois cents francs. En cas de récidive, l'amende sera double, et la suppression de l'usine pourra être ordonnée par le tribunal. F. 155, 157. — Ord. d'ex. 180.

TITRE ONZIÈME.

DES POURSUITES EN RÉPARATION DE DÉLITS ET CONTRAVENTIONS.

SECT. I. — *Des poursuites exercées au nom de l'Administration forestière.*

159. L'Administration forestière est chargée, tant dans l'intérêt de l'État que dans celui des autres propriétaires de bois et forêts soumis au régime forestier, des poursuites en réparation de tous délits et contraventions commis dans ces bois et forêts, sauf l'exception mentionnée en l'article 87. — Elle est également chargée de la poursuite en réparation des délits et contraventions spécifiés aux articles 134, 143 et 219. — Les actions et poursuites seront exercées par les agents forestiers, au nom de l'administration forestière, sans préjudice du droit qui appartient au ministère public. I. cr. 16, 179, 182, 190. — F. 1, 61, 64, 86, s., 183, s. — Ord. d'ex. 181, s.

160. Les agents, arpenteurs et gardes forestiers recherchent et constatent par procès-verbaux les délits et contraventions, savoir : les agents et arpenteurs, dans toute l'étendue du territoire pour lequel ils sont commissionnés ; et les gardes, dans l'arrondissement du tribunal près duquel ils sont assermentés. F. 6, 49, 52, 159, s. — Ord. d'ex. 11, 24, s., 181, s.

161. Les gardes sont autorisés à saisir les bestiaux trouvés en délit et les instruments, voitures et attelages des délinquants, et à les mettre en séquestre. Ils suivront les objets enlevés par les délinquants jusque dans les lieux où ils auront été transportés, et les mettront également en séquestre. — Ils ne pourront néanmoins s'introduire dans les maisons, bâtiments, cours adjacentes et enclos, si ce n'est en présence, soit du juge de paix ou de son suppléant, soit du maire du lieu ou de son adjoint, soit du commissaire de police. I. cr. 16. — F. 157, 160, 162, 167, s., 177, 189.— Ord. d'ex. 182.

162. Les fonctionnaires dénommés en l'article précédent ne pourront se refuser à accompagner sur-le-champ les gardes, lorsqu'ils en seront requis par eux pour assister à des perquisitions. — Ils seront tenus, en outre, de signer le procès-verbal du séquestre ou de la perquisition faite en leur présence ; sauf au garde, en cas de refus de leur part, à en faire mention au procès-verbal. F. 161, 189. — Ord. d'ex. 182

163. Les gardes arrêteront et conduiront devant le juge de paix ou devant le maire tout inconnu qu'ils auront surpris en flagrant délit. I. cr. 16.—F. 160, 189.

164. Les agents et les gardes de l'administration des forêts ont le droit de requérir directement la force publique pour la répression des délits et contraventions en matière forestière, ainsi que pour la recherche et la saisie des bois coupés en délit, vendus ou achetés en fraude. I. cr. 25. — P. 234. — F. 160.

165. Les gardes écriront eux-mêmes leurs procès-verbaux ; ils les signeront, et les affirmeront, au plus tard le lendemain de la clôture desdits procès-verbaux, par-devant le juge de paix du canton ou l'un de ses suppléants, ou devant le maire ou l'adjoint, soit de la commune de leur résidence, soit de celle où le délit a été commis ou constaté ; le tout sous peine de nullité. — Toutefois, si, par suite d'un empêchement quelconque, le procès-verbal est seulement signé par le garde, mais non écrit en entier de sa main, l'officier public qui en recevra l'affirmation devra lui en donner préalablement lecture, et faire ensuite mention de cette formalité ; le tout sous peine de nullité du procès-verbal. F. 160, 176, 189. — Ord. d'ex. 182.

166. Les procès-verbaux que les agents forestiers, les gardes généraux et les gardes à cheval dresseront, soit isolément, soit avec le concours d'un garde, ne seront point soumis à l'affirmation.

167. Dans les cas où le procès-verbal portera saisie, il en sera fait, aussitôt après l'affirmation, une expédition qui sera déposée dans les vingt-quatre heures au greffe de la justice de paix, pour qu'il en puisse être donné communication à ceux qui réclameraient les objets saisis. F. 161, 189.— Ord. d'ex. 183.

168. Les juges de paix pourront donner mainlevée provisoire des objets saisis, à la charge du paiement des frais de séquestre, et moyennant une bonne et valable caution.—En cas de contestation sur la solvabilité de la caution, il sera statué par le juge de paix. F. 161, 189. — Ord. d'ex. 184.

169. Si les bestiaux saisis ne sont pas réclamés dans les cinq jours qui suivront le séquestre, ou s'il n'est pas fourni bonne et valable caution, le juge de paix en ordonnera la vente à l'enchère, au marché le plus voisin. Il y sera procédé à la diligence du receveur des domaines, qui la fera publier vingt-quatre heures d'avance. —Les frais de séquestre et de vente seront taxés par le juge de paix, et prélevés sur le produit de la vente ; le surplus restera déposé entre les mains du receveur des domaines, jusqu'à ce qu'il ait été statué en dernier ressort sur le procès-verbal.— Si la réclamation n'a lieu qu'après la vente des bestiaux saisis, le propriétaire n'aura droit qu'à la restitution du produit net de la vente, tous frais déduits, dans le cas où cette restitution serait ordonnée par le jugement. F. 104, 189.

170. Les procès-verbaux seront, sous peine de nullité, enregistrés dans les quatre jours qui suivront celui de l'affirmation, ou celui de la clôture du procès-verbal, s'il n'est pas sujet à l'affirmation. F. 166, 189.—L'enregistrement s'en fera en débet, lorsque les délits ou (a) contraventions intéresseront l'Etat, le domaine de la Couronne, ou les communes et les établissements publics. F. 104, 176.

171. Toutes les actions et poursuites exercées au nom de l'administration générale des forêts, et à la requête de ses agents, en réparation de délits ou contraventions en matière forestière, sont portées devant les tribunaux correctionnels, lesquels sont seuls compétents pour en connaître. I. cr. 16, 19, 179, 182, 190.— F. 159 § 3, 190.— Ord. d'ex. 187.

172. L'acte de citation doit, à peine de nullité, contenir la copie du procès-verbal et de l'acte d'affirmation. F. 173, 187, 189.

173. Les gardes de l'administration forestière pourront, dans les actions et poursuites exercées en son nom, faire toutes citations et significations sans pouvoir procéder aux saisies-exécutions.—Leurs rétributions pour les actes de ce genre seront taxées comme pour les actes faits par les huissiers des juges de paix. F. 6, 160, 172.

174. Les agents forestiers ont le droit d'exposer l'affaire devant le tribunal, et sont entendus à l'appui de leurs conclusions. I. cr. 190.— Ord. d'ex. 11, 185.

175. Les délits ou contraventions en matières forestières seront prouvés soit par procès-verbaux, soit par témoins, à défaut de procès-verbaux, ou en cas d'insuffisance de ces actes. I. cr. 154, 176, 189, 211.— F. 178, 189.

176. Les procès verbaux revêtus de toutes les formalités prescrites par les articles 165 et 170, et qui sont dressés et signés par deux agents ou gardes forestiers, font preuve, jusqu'à inscription de faux, des faits matériels relatifs aux délits et contraventions qu'ils constatent, quelles que soient les condamnations auxquelles ces délits et contraventions peuvent donner lieu.— Il ne sera, en conséquence, admis aucune preuve outre ou contre le contenu de ces procès-verbaux, à moins qu'il n'existe une cause légale de récusation contre l'un des signataires. I. cr. 154, 448.— F. 179, s., 188.— Ord. d'ex. 11, 184.

177. Les procès-verbaux revêtus de toutes les formalités prescrites, mais qui ne seront dressés et signés que par un seul agent ou garde, feront, de même, preuve suffisante jusqu'à inscription de faux, mais seulement lorsque le délit ou la contravention n'entraînera pas une condamnation de plus de cent francs, tant pour amende que pour dommages-intérêts.— Lorsqu'un de ces procès-ver-

---

(a) L'édition officielle porte : les délits *en* contraventions. C'est un *lapsus* évident et qui n'a pas de sens grammatical ; il faut *ou* contraventions, comme on le voit d'ailleurs dans tous les articles suivants (175, 177).

baux constatera à la fois contre divers individus des délits ou contraventions distincts et séparés, il n'en fera pas moins foi, aux termes du présent article, pour chaque délit ou contravention qui n'entraînerait pas une condamnation de plus de cent francs, tant pour amende que pour dommages-intérêts, quelle que soit la quotité à laquelle pourraient s'élever toutes les condamnations réunies. F. 188.

178. Les procès-verbaux qui, d'après les dispositions qui précèdent, ne font point foi et preuve suffisante jusqu'à inscription de faux, peuvent être corroborés et combattus par toutes les preuves légales, conformément à l'article 154 du Code d'instruction criminelle. I. cr. 189. — F. 175, 188.

179. Le prévenu qui voudra s'inscrire en faux contre le procès-verbal sera tenu d'en faire, par écrit et en personne, ou par un fondé de pouvoir spécial par acte notarié, la déclaration au greffe du tribunal, avant l'audience indiquée par la citation. — Cette déclaration sera reçue par le greffier du tribunal : elle sera signée par le prévenu ou son fondé de pouvoirs; et, dans le cas où il ne saurait ou ne pourrait signer, il en sera fait mention expresse. — Au jour indiqué pour l'audience, le tribunal donnera acte de la déclaration, et fixera un délai de trois jours au moins et de huit jours au plus, pendant lequel le prévenu sera tenu de faire au greffe le dépôt des moyens de faux, et des noms, qualités et demeures des témoins qu'il voudra faire entendre. — A l'expiration de ce délai, et sans qu'il soit besoin d'une citation nouvelle, le tribunal admettra les moyens de faux, s'ils sont de nature à détruire l'effet du procès-verbal, et il sera procédé sur le faux conformément aux lois. — Dans le cas contraire, ou faute par le prévenu d'avoir rempli toutes les formalités ci-dessus prescrites, le tribunal déclarera qu'il n'y a lieu à admettre les moyens de faux, et ordonnera qu'il soit passé outre au jugement. F. 176, 177, 180, 181.— I. cr. 448, s.— P. 145, s.

180. Le prévenu contre lequel aura été rendu un jugement par défaut, sera encore admissible à faire sa déclaration d'inscription de faux pendant le délai qui lui est accordé par la loi pour se présenter à l'audience sur l'opposition par lui formée. I. cr. 151, 186, s. — F. 179, 187.

181. Lorsqu'un procès-verbal sera rédigé contre plusieurs prévenus, et qu'un ou quelques-uns d'entre eux seulement s'inscriront en faux, le procès-verbal continuera de faire foi à l'égard des autres, à moins que le fait sur lequel portera l'inscription de faux ne soit indivisible et commun aux autres prévenus.

182. Si, dans une instance en réparation de délit ou contravention, le prévenu excipe d'un droit de propriété ou autre droit réel, le tribunal saisi de la plainte statuera sur l'incident en se conformant aux règles suivantes : — L'exception préjudicielle ne sera admise qu'autant qu'elle sera fondée, soit sur un titre apparent, soit sur des faits de possession équivalents, personnels au prévenu et par lui articulés avec précision, et si le titre produit ou les faits articulés sont de nature, dans le cas où ils seraient reconnus par l'autorité compétente, à ôter au fait qui sert de base aux poursuites tout caractère de délit ou de contravention. — Dans le cas de renvoi à fins civiles, le jugement fixera un bref délai dans lequel la partie qui aura élevé la question préjudicielle devra saisir les juges compétents de la connaissance du litige et justifier de ses diligences, sinon il sera passé outre. Toutefois, en cas de condamnation, il sera sursis à l'exécution du jugement, sous le rapport de l'emprisonnement, s'il était prononcé; et le montant des amendes, restitutions et dommages-intérêts, sera versé à la caisse des dépôts et consignations, pour être remis à qui il sera ordonné par le tribunal qui statuera sur le fond du droit. F. 189.

183. Les agents de l'administration des forêts peuvent, en son nom, interjeter appel des jugements, et se pourvoir contre les arrêts et jugements en dernier ressort; mais ils ne peuvent se désister de leurs appels sans son autorisation spéciale. I. cr. 199, s., 216, 282. — F. 187.

184. Le droit attribué à l'administration des forêts et à ses agents de se pourvoir contre les jugements et arrêts par appel ou par recours en cassation, est indépendant de la même faculté qui est accordée par la loi au ministère public, lequel peut toujours en user, même lorsque l'administration ou ses agents auraient acquiescé aux jugements et arrêts. I. cr. 202-4°, 413. — F. 159.

185. Les actions en réparation de délits et contraventions en matière forestière se prescrivent par trois mois, à compter du jour où les délits et contraventions ont été constatés, lorsque les prévenus sont désignés dans les procès-verbaux. Dans le cas contraire, le délai de prescription est de six mois, à compter du même jour. — Sans préjudice, à l'égard des adjudicataires et entrepreneurs des coupes, des dispositions contenues aux articles 45, 47, 50, 51 et 82 de la présente loi. I. cr. 636. — F. 6, 24, 28, 46, 189, 206.

186. Les dispositions de l'article précédent ne sont point applicables aux contraventions, délits et malversations commis par des agents, préposés ou gardes de l'administration forestière, dans l'exercice de leurs fonctions : les délais de prescription à l'égard de ces préposés et de leurs complices seront les mêmes qui sont déterminés par le Code d'instruction criminelle. I. cr. 636, 638. — F. 6, 160.

187. Les dispositions du Code d'instruction criminelle sur la poursuite des délits et contraventions, sur les citations et délais, sur les défauts, oppositions, jugements, appels et recours en cassation, sont et demeurent applicables à la poursuite des délits et contraventions spécifiés par la présente loi, sauf les modifications qui résultent du présent titre. I. cr. 145 à 165, 197 à 216. — F. 172, 189.

SECT. II. — *Des poursuites exercées au nom et dans l'intérêt des particuliers.*

188. Les procès-verbaux dressés par les gardes des bois et forêts des particuliers feront foi jusqu'à preuve contraire. I. cr. 154. — F. 31, 44, 117, 178, 191.

189. Les dispositions contenues aux articles 161, 162, 163, 165, 167, 168, 169, 170, paragraphe Ier; 172, 175, 182, 185 et 187 ci-dessus, sont applicables aux poursuites exercées au nom et dans l'intérêt des particuliers, pour délits et contraventions commis dans les bois et forêts qui leur appartiennent. — Toutefois, dans les cas prévus par l'article 169, lorsqu'il y aura lieu à effectuer la vente

des bestiaux saisis, le produit net de la vente sera versé à la caisse des dépôts et consignations.

190. Il n'est rien changé aux dispositions du Code d'instruction criminelle relativement à la compétence des tribunaux, pour statuer sur les délits et contraventions commis dans les bois et forêts qui appartiennent aux particuliers. I. cr. 20, 137, 139-4°, 179. — P. 466. — F. 170, 171.

191. Les procès-verbaux dressés par les gardes des bois des particuliers seront, dans le délai d'un mois, à dater de l'affirmation, remis au procureur impérial ou au juge de paix, suivant leur compétence respective. I. cr. 15, 20, 21. — F. 117, 190.

TITRE DOUZIÈME.

DES PEINES ET CONDAMNATIONS POUR TOUS LES BOIS ET FORÊTS EN GÉNÉRAL.

192. La coupe ou l'enlèvement d'arbres ayant deux décimètres de tour et au-dessus donnera lieu à des amendes qui seront déterminées dans les proportions suivantes, d'après l'essence et la circonférence de ces arbres. — Les arbres sont divisés en deux classes. — La première comprend les chênes, hêtres, charmes, ormes, frênes, érables, platanes, pins, sapins, mélèzes, châtaigniers, noyers, aliziers, sorbiers, cormiers, merisiers et autres arbres fruitiers. — La seconde se compose des aulnes, tilleuls, bouleaux, trembles, peupliers, saules, et de toutes les espèces non comprises dans la première classe. — Si les arbres de la première classe ont deux décimètres de tour, l'amende sera d'un franc par chacun de ces deux décimètres, et s'accroîtra ensuite progressivement de dix centimes par chacun des autres décimètres. — Si les arbres de la seconde classe ont deux décimètres de tour, l'amende sera de cinquante centimes par chacun de ces deux décimètres, et s'accroîtra ensuite progressivement de cinq centimes par chacun des autres décimètres. — Le tout conformément au tableau annexé à la présente loi. (Voy. p. 611). — La circonférence sera mesurée à un mètre du sol.

193. Si les arbres auxquels s'applique le tarif établi par l'article précédent ont été enlevés et façonnés, le tour en sera mesuré sur la souche; et si la souche a été également enlevée, le tour sera calculé dans la proportion d'un cinquième en sus de la dimension totale des quatre faces de l'arbre équarri. — Lorsque l'arbre et la souche auront disparu, l'amende sera calculée suivant la grosseur de l'arbre arbitrée par le tribunal d'après les documents du procès.

194. L'amende, pour coupe ou enlèvement de bois qui n'auront pas deux décimètres de tour, sera, pour chaque charretée, de dix francs par bête attelée, de cinq francs par chaque charge de bête de somme. et de deux francs par fagot, fouée ou charge d'homme. — S'il s'agit d'arbres semés ou plantés dans les forêts depuis moins de cinq ans, la peine sera d'une amende de trois francs par chaque arbre, quelle qu'en soit la grosseur, et, en outre, d'un emprisonnement de six à quinze jours. P. 388, 444, s.—F. 210.

195. Quiconque arrachera des plants dans les bois et forêts sera puni d'une amende qui ne pourra être moindre de dix francs, ni excéder trois cents francs ; et si le délit a été commis dans un semis ou plantation exécutés de main d'homme, il sera prononcé, en outre, un emprisonnement de quinze jours à un mois. F. 210.

196. Ceux qui, dans les bois et forêts, auront éhouppé, écorcé ou mutilé des arbres, ou qui en auront coupé les principales branches, seront punis comme s'ils les avaient abattus par le pied. P. 445. — F. 36, 103, 150, 192, s. — P. 445, s.

197. Quiconque enlèvera des chablis et bois de délits sera condamné aux mêmes amendes et restitutions que s'il les avait abattus sur pied. F. 192, s.

198. Dans les cas d'enlèvement frauduleux de bois et d'autres productions du sol des forêts, il y aura toujours lieu, outre les amendes. à la restitution des objets enlevés ou de leur valeur, et de plus, selon les circonstances, à des dommages-intérêts. — Les scies, haches, serpes, cognées et autres instruments de même nature, dont les délinquants et leurs complices seront trouvés munis, seront confisqués. F. 202. — P. 11.

199. Les propriétaires d'animaux trouvés de jour en délit dans les bois de dix ans et au-dessus seront condamnés à une amende de—Un franc pour un cochon, — Deux francs pour une bête à laine, — Trois francs pour un cheval ou autre bête de somme, — Quatre francs pour une chèvre, — Cinq francs pour un bœuf, une vache ou un veau.—L'amende sera double si les bois ont moins de dix ans ; sans préjudice, s'il y a lieu, des dommages-intérêts. F. 54 à 56, 70, 78, 201.

200. Dans les cas de récidive, la peine sera toujours doublée. —Il y a récidive lorsque, dans les douze mois précédents, il a été rendu contre le délinquant ou contrevenant un premier jugement pour délit ou contravention en matière forestière. F. 213.

201. Les peines seront également doublées, lorsque les délits ou contraventions auront été commis la nuit, ou que les délinquants auront fait usage de la scie pour couper les arbres sur pied.

202. Dans tous les cas où il y aura lieu à adjuger des dommages-intérêts, ils ne pourront être inférieurs à l'amende simple prononcée par le jugement. F. 198.

203. Les tribunaux ne pourront appliquer aux matières réglées par le présent Code les dispositions de l'article 463 du Code pénal.

204. Les restitutions et dommages-intérêts appartiennent au propriétaire ; les amendes et confiscations appartiennent toujours à l'Etat. P. 54, 205. — F. 198, 202.

205. Dans tous les cas où les ventes et adjudications seront déclarées nulles pour cause de fraude ou collusion, l'acquéreur ou adjudicataire, indépendamment des amendes et dommages-intérêts prononcés contre lui, sera condamné à restituer les bois déjà exploités, ou à en payer la valeur sur le pied du prix d'adjudication ou de vente. F. 21.

206. Les maris, pères, mères et tuteurs, et en général tous maîtres et commettants, seront civilement responsables des délits et contraventions commis par leurs femmes, enfants mineurs et pupilles, demeurant avec eux et non mariés, ouvriers, voituriers et autres subordonnés, sauf tout recours de droit. — Cette responsabilité sera réglée, conformément au paragraphe dernier de l'article 1384 du Code Napoléon, et s'étendra aux restitutions, dommages-intérêts et frais, sans pouvoir toutefois donner lieu à la contrainte par corps, si ce n'est dans le cas prévu par l'article 46. F. 6, 28, 211.

207. Les peines que la présente loi prononce, dans certains cas spéciaux, contre des fonctionnaires ou contre des agents et préposés de l'administration forestière, sont indépendantes des poursuites et peines dont ces fonctionnaires, agents ou préposés seraient passibles d'ailleurs pour malversation, concussion ou abus de pouvoir. — Il en est de même quant aux poursuites qui pourraient être dirigées, aux termes des articles 179 et 180 du Code pénal, contre tous délinquants ou contrevenants, pour fait de tentative de corruption envers des fonctionnaires publics, et des agents et préposés de l'administration forestière. F. 21, 29, 52. — Ord. d'ex. 11, 39.

208. Il y aura lieu à l'application des dispositions du même Code dans tous les cas non spécifiés par la présente loi. I. cr. 56. — P. 3, 55, 59, s., 140, s., 175, 388, 400, s., 434, 441, s., 475-12°.

TITRE TREIZIÈME.

DE L'EXÉCUTION DES JUGEMENTS.

SECT. I. — *De l'exécution des jugements rendus à la requête de l'administration forestière ou du ministère public.*

209. Les jugements rendus à la requête de l'administration forestière, ou sur la poursuite du ministère public, seront signifiés par simple extrait, qui contiendra le nom des parties et le dispositif du jugement. — Cette signification fera courir les délais de l'opposition et de l'appel des jugements par défaut. Pr. 443, s. — Ord. d'ex. 188, s.

210. Le recouvrement de toutes les amendes forestières est confié aux receveurs de l'enregistrement et des domaines. — Ces receveurs sont également chargés du recouvrement des restitutions, frais et dommages-intérêts résultant des jugements rendus pour délits et contraventions dans les bois soumis au régime

forestier. I. cr. 197. — F. 34, 198, 204. — Ord. d'ex. 188, s.

211. Les jugements portant condamnation à des amendes, restitutions, dommages-intérêts et frais, sont exécutoires par la voie de la contrainte par corps, et l'exécution pourra en être poursuivie cinq jours après un simple commandement fait aux condamnés. — En conséquence, et sur la demande du receveur de l'enregistrement et des domaines, le procureur impérial adressera les réquisitions nécessaires aux agents de la force publique chargés de l'exécution des mandements de justice (a). P. 53. — Ord. d'ex. 188. — C. de la contr. par corps.

212. Les individus contre lesquels la contrainte par corps aura été prononcée pour raison des amendes et autres condamnations et réparations pécuniaires, subiront l'effet de cette contrainte, jusqu'à ce qu'ils aient payé le montant desdites condamnations, ou fourni une caution admise par le receveur des domaines, ou, en cas de contestation de sa part, déclarée bonne et valable par le tribunal de l'arrondissement (b). P. 53, 467, 469. — C. P. fluv., loi du 15 avril 1829, article 78. — F. 46, 211, 217.

213. Néanmoins, les condamnés qui justifieraient de leur insolvabilité, suivant le mode prescrit par l'article 420 du Code d'instruction criminelle, seront mis en liberté après avoir subi quinze jours de détention, lorsque l'amende et les autres condamnations pécuniaires n'excéderont pas quinze francs. — La détention ne cessera qu'au bout d'un mois, lorsque ces condamnations s'élèveront ensemble de quinze à cinquante francs — Elle ne durera que deux mois, quelle que soit la quotité desdites condamnations. — En cas de récidive, la durée de la détention sera double de ce qu'elle eût été sans cette circonstance (c). F. 200, 211, 217.

214. Dans tous les cas, la détention employée comme moyen de contrainte est indépendante de la peine d'emprisonnement prononcée contre les condamnés pour tous les cas où la loi l'inflige. F. 21, 22, 29, 52, 56, 72, 76, 78, 110, 194, 195, 207.

(a, b, c) Voy. la loi du 17 avril 1832, titre V, art. 38, 39, et la loi du 13 décembre 1848. (Code de la contrainte par corps.)

SECT. II. — *De l'exécution des jugements rendus dans l'intérêt des particuliers.*

215. Les jugements contenant des condamnations en faveur des particuliers, pour réparation des délits ou contraventions commis dans leurs bois, seront, à leur diligence, signifiés et exécutés suivant les mêmes formes et voies de contrainte que les jugements rendus à la requête de l'administration forestière. — Le recouvrement des amendes prononcées par les mêmes jugements sera opéré par les receveurs de l'enregistrement et des domaines.

216. Toutefois, les propriétaires seront tenus de pourvoir à la consignation d'aliments prescrite par le Code de procédure civile, lorsque la détention aura lieu à leur requête et dans leur intérêt. Pr. 780, s. (*a*)

217. La mise en liberté des condamnés ainsi détenus à la requête et dans l'intérêt des particuliers ne pourra être accordée, en vertu des articles 212 et 213, qu'autant que la validité des cautions ou l'insolvabilité des condamnés aura été, en cas de contestation de la part desdits propriétaires, jugée contradictoirement entre eux (*b*).

TITRE QUATORZIÈME.

DISPOSITION GÉNÉRALE.

218. Sont et demeurent abrogés, pour l'avenir, toutes lois, ordonnances, édits et déclarations, arrêts du conseil, arrêtés et décrets, et tous règlements intervenus, à quelque époque que ce soit, sur les matières réglées par le présent Code, en tout ce qui concerne les forêts. — Mais les droits acquis antérieurement au présent Code seront jugés, en cas de contestation, d'après les lois, ordonnances, édits et déclarations, arrêts du conseil, arrêtés, décrets et règlements ci-dessus mentionnés. C. 2.

TITRE QUINZIÈME.

DISPOSITIONS TRANSITOIRES.

219. Pendant vingt ans, à dater de la promulgation de la présente loi, aucun particulier ne pourra arracher ni défri-

(a, b) Voy. au C. de la Contrainte par corps.

cher ses bois qu'après en avoir fait préalablement la déclaration à la sous-préfecture, au moins six mois d'avance, durant lesquels l'administration pourra faire signifier au propriétaire son opposition au défrichement. Dans les six mois à dater de cette signification, il sera statué sur l'opposition par le préfet, sauf le recours au ministre des finances. — Si, dans les six mois après la signification de l'opposition, la décision du ministre n'a pas été rendue et signifiée au propriétaire des bois, le défrichement pourra être effectué (*c*). F. 126, 128, 159, 223. — Ord. d'ex. 192, s.

220. En cas de contravention à l'article précédent, le propriétaire sera condamné à une amende calculée à raison de cinq cents francs au moins et de quinze cents francs au plus par hectare de bois défriché, et, en outre, à rétablir les lieux en nature de bois dans le délai qui sera fixé par le jugement, et qui ne pourra excéder trois années.

221. Faute par le propriétaire d'effectuer la plantation ou le semis dans le délai prescrit par le jugement, il y sera pourvu à ses frais par l'administration forestière, sur l'autorisation préalable du préfet, qui arrêtera le mémoire des travaux faits et le rendra exécutoire contre le propriétaire.

(c) Cette disposition transitoire, prohibitive des *défrichements*, expirait, de droit, au 31 juillet 1847, suivant les termes mêmes de cet article, et rendait, par conséquent, aux particuliers l'entière et complète disposition de leurs bois. Mais des considérations d'intérêt public, tirées de la grande importance, pour l'État, des produits des forêts, sont venues s'opposer à ce qu'il en fût ainsi. A cet effet, une première loi, celle du 22 juillet 1847, est intervenue pour *proroger* jusqu'au 31 juillet 1850 l'exécution des dispositions transitoires de ce titre XV du Code forestier. Ensuite et avant l'expiration de ce nouveau délai, une seconde loi, celle du 22 juillet 1850, a prorogé ces mêmes dispositions jusqu'au 31 juillet 1851; puis une troisième, celle du 22 juillet 1852, jusqu'en 1853; enfin le décret des 7-10 juin 1853, jusqu'en 1854. — Il faut mentionner, en outre, deux décrets des 2 et 4 mai 1848, du Gouvernement provisoire, dont le premier avait établi une *taxe* sur toutes les autorisations de défricher accordées soit à des particuliers, soit à des communes et établissements publics, de 25 pour 100 de la *plus-value* résultant de la conversion du sol boisé en terres d'une autre culture. Le second des décrets précités contenait certaines instructions à l'agent forestier pour la mise à exécution de la mesure ordonnée. — La loi précitée du 22 juillet 1850, en prorogeant l'exécution du titre XV, a abrogé ces décrets de 1848.

222. Les dispositions des trois articles qui précèdent sont applicables aux semis et plantations exécutés, par suite de jugements, en remplacement de bois défrichés.

223. Seront exceptés des dispositions de l'article 219,—1º Les jeunes bois, pendant les vingt premières années après leur semis ou plantation, sauf le cas prévu en l'article précédent ; — 2º Les parcs ou jardins clos et attenant aux habitations ; — 3º Les bois non clos, d'une étendue au-dessous de quatre hectares, lorsqu'ils ne feront point partie d'un au-tre bois qui compléterait une contenance de quatre hectares, ou qu'ils ne seront pas situés sur le sommet ou la pente d'une montagne.

224. Les actions ayant pour objet des défrichements commis en contravention à l'article 219 se prescriront par deux ans, à dater de l'époque où le défrichement aura été consommé. F. 185, 186, 187.

225. Les semis et plantations de bois sur le sommet et le penchant des montagnes et sur les dunes seront exempts de tout impôt pendant vingt ans.

FIN DU CODE FORESTIER

TARIF
des amendes à prononcer par arbre d'après sa grosseur et son essence.
(Article 192.)

ARBRES DE PREMIÈRE CLASSE.

CIRCON-FÉRENCE.	AMENDE par décimèt.	AMENDE par arbre.	CIRCON-FÉRENCE.	AMENDE par décimèt.	AMENDE par arbre.
décim.	fr. c.	fr. c.	décim.	fr. c.	fr. c.
1	0 00	0 00	17	2 50	42 50
2	1 00	2 00	18	2 60	46 80
3	1 10	3 30	19	2 70	51 30
4	1 20	4 80	20	2 80	56 00
5	1 30	6 50	21	2 90	60 90
6	1 40	8 40	22	3 00	66 00
7	1 50	10 50	23	3 10	71 30
8	1 60	12 80	24	3 20	76 80
9	1 70	15 30	25	3 30	82 50
10	1 80	18 00	26	3 40	88 40
11	1 90	20 90	27	3 50	94 50
12	2 00	24 00	28	3 60	100 80
13	2 10	27 30	29	3 70	107 00
14	2 20	30 80	30	3 80	114 30
15	2 30	34 50	31	3 90	120 90
16	2 40	38 40	32	4 00	128 00

ARBRES DE DEUXIÈME CLASSE.

CIRCON-FÉRENCE.	AMENDE par décimèt.	AMENDE par arbre.	CIRCON-FÉRENCE.	AMENDE par décimèt.	AMENDE par arbre.
décim.	fr. c.	fr. c.	décim.	fr. c.	fr. c.
1	0 00	0 00	17	1 25	21 25
2	0 50	1 00	18	1 30	23 40
3	0 55	1 65	19	1 35	25 65
4	0 60	2 40	20	1 40	28 00
5	0 65	3 25	21	1 45	30 45
6	0 70	4 20	22	1 50	33 50
7	0 75	5 25	23	1 55	35 65
8	0 80	6 40	24	1 60	38 40
9	0 85	7 65	25	1 65	41 25
10	0 90	9 00	26	1 70	44 20
11	0 95	10 45	27	1 75	47 25
12	1 00	12 00	28	1 80	50 40
13	1 05	13 65	29	1 85	53 65
14	1 10	15 40	30	1 90	57 50
15	1 15	17 25	31	1 95	60 45
16	1 20	19 20	32	2 00	64 00

ÉTAT
des départements, arrondissements et cantons non soumis au martelage (a).
Approuvé le 27 février 1833. (Art. 135 C. For.)

1º *Départements qui sont entièrement affranchis du martelage.*

Alpes (Basses-), Alpes (Hautes-), Ardèche, Aude, Aveyron, Bouches-du-Rhône, Calvados, Cantal, Charente-Inférieure, Corrèze, Corse, Côtes-du-Nord, Deux-Sèvres, Drôme, Finistère, Gard, Hérault, Landes, Loire (Haute-), Lot, Lozère, Manche, Meurthe, Morbihan, Moselle, Nord, Orne, Pas-de-Calais, Puy-de-Dôme, Pyrénées-Orientales, Rhin (Bas-), Rhône, Somme, Var, Vaucluse, Vendée.

(a) Le martelage n'existe plus dans les bois des particuliers, et il est indéfiniment suspendu dans les bois soumis au régime forestier. (Voy. ci-dessus les art. 122 et suiv., et la *note*.)

2º *Arrondissements et cantons qui, dans les autres départements, en sont également affranchis.*

Ardennes.—Les cantons de Charleville, Mézières, Monthermé, Renwez, de l'arrondissement de Mézières; les cantons de Fumay, Givet, Rocroy, de l'arrondissement de Rocroy; les cantons de Carignan, Mouzon, Sedan (deux justices de paix), de l'arrondissement de Sedan.— ***Dordogne.***—L'arrondissement de Sarlat. — *Eure-et-Loir.* — L'arrondissement de Châteaudun et les cantons d'Anneau, Chartres (deux justice de paix), Illiers, Janville, Voves, de l'arrondissement de Chartres. — *Gironde.* — Les arrondissements de Blaye et de Lesparre.— *Ille-et-Vilaine.*—Les arrondissements de Saint-Malo, Montfort et Fougères.— *Meuse.*— Les arrondissements de Commercy et de Montmédy, et les cantons de Charny, Etain, Fresne-en-Wœvre et Verdun, de l'arrondissement de Verdun.— *Nièvre.*— L'arrondissement de Clamecy.— *Tarn.*— L'arrondissement de Castres.— *Vienne.*— Les arrondissements de Châtellerault et Loudun; les cantons de Mirebau et Neuville, de l'arrondissement de Poitiers; le canton de Saint-Savin, de l'arrondissement de Montmorillon. — *Vosges.* — Les cantons de Coussey et de Neufchâteau, de l'arrrondissement de Neufchâteau. — *Yonne.*—Les cantons de Bleneau et Saint-Fargeau, de l'arrondissement de Joigny.

ORDONNANCE POUR L'EXÉCUTION DU CODE FORESTIER.

(1er-4 août 1827.)

TITRE PREMIER.

DE L'ADMINISTRATION FORESTIÈRE.

ARTICLE 1er. Les attributions conférées par le Code à l'administration forestière seront exercées, sous l'autorité de notre ministre des finances, par une direction générale dont l'organisation est réglée ainsi qu'il suit :

SECT. I.— *De la direction générale des forêts.*

2. La direction générale des forêts se compose d'un directeur général et de trois administrateurs nommés par nous, sur la proposition de notre ministre des finances (*a*).

(*a*) Une ordonn. roy. des 5-26 janv. 1831 a supprimé les places de directeur général et d'administrateur des forêts, pour les remplacer par un directeur assisté de trois sous-directeurs, formant avec lui un conseil d'administration.— Puis, cette administration a été organisée par l'ordonnance qui suit :
17 décembre 1844. — *Ordonnance portant organisation de l'administration centrale du ministère des finances.*
« Art. 78. Le travail de l'administration des forêts est partagé entre un bureau central et du personnel et quatre divisions. — Le bureau central et du personnel reste sous les ordres immédiats du directeur général. — Un administrateur est placé à la tête de chaque division, qui se compose de deux bureaux.
« 85. Seront nommés par nous, sur la proposition de notre ministre des finances : le directeur général de l'administration, les administrateurs, les conservateurs, le directeur de l'école forestière. »

3. En cas d'absence du directeur général, le ministre des finances désignera celui des administrateurs qui en remplira les fonctions.

4. Le directeur général dirige et surveille, sous les ordres de notre ministre des finances, toutes les opérations relatives au service. — Il correspond seul avec les diverses autorités. —Il a seul le droit de recevoir et d'ouvrir la correspondance. — Il donne et signe tous les ordres généraux de service. — Il travaille avec le ministre des finances et lui rend compte de tous les résultats de son administration. Ord. d'ex. 6, s., 12, 15, 38, s., 48, s.

5. Notre ministre des finances déterminera les parties de service dont la suite sera attribuée à chaque administrateur. —Les administrateurs pourront être chargés de missions temporaires dans les départements, avec l'approbation du ministre des finances. Ord. d'ex. 2, *note.*

6. Les administrateurs se réunissent en conseil d'administration, sous la présidence du directeur général. — En cas d'empêchement, le directeur général délègue la présidence à l'un des administrateurs.

7. Le directeur général soumettra à notre ministre des finances, après délibération préalable du conseil d'administration, les objets dont la nomenclature suit : — 1° Budget général de l'administration forestière; — 2° Création et suppression d'emplois supérieurs; — 3° Destitution, révocation ou mise en jugement des agents forestiers du grade de sous-inspecteur et au-dessus; — 4° Liquidations de pensions; — 5° Changements dans la circonscription des arrondissements forestiers; — 6° Projets d'aménagements, de partages et d'échanges de bois, de cantonnement ou de rachat de droits d'usage; — 7° Coupes extraordinaires; — 8° États annuels des coupes ordinaires; — 9° Cahiers des charges pour les adjudications des coupes ordinaires; — 10° Remboursements pour moins de mesure; — 11° Remises ou modérations d'amendes; — 12° Extraction de minerai ou de matériaux dans les forêts; — 13° Constructions à proximité des forêts; — 14° Pourvois au conseil d'État; — 15° Dispositions de service qui donneraient lieu à une dépense au-dessus de cinq cents francs; — 16° Oppositions à des défrichements; — 17° Instructions générales et questions douteuses sur l'exécution des lois et ordonnances (a).

8. Dans toutes les affaires autres que celles qui sont mentionnées en l'article précédent, le directeur général statuera, sauf le recours des parties devant notre ministre des finances. — Le directeur général devra toutefois prendre l'avis du conseil d'administration sur les destitutions, révocations ou mises en jugement des agents au-dessous du grade de sous-

inspecteur et des préposés de l'administration forestière, sur toutes les affaires contentieuses, ainsi que sur toutes les dépenses au-dessous de cinq cents francs.

9. Un vérificateur général des arpentages sera attaché à la direction générale des forêts. — Il sera nommé par notre ministre des finances.

SECT. II. — *Du service forestier dans les départements.*

10. La division territoriale de la France en conservations forestières est arrêtée conformément au tableau annexé à la présente ordonnance (b). — Les conservations seront subdivisées en inspections et en sous-inspections, dont le nombre et les circonscriptions seront fixés par notre ministre des finances. — La direction générale déterminera le nombre et la résidence des gardes généraux, des arpenteurs, des gardes à cheval (c)

(a) 10 mars-8 avril 1831. — *Ordonnance sur l'instruction administrative et la décision des affaires relatives au service forestier.*

« Art. 1er. Les attributions ci-après déterminées qui étaient confiées au ministre des finances par l'ordonnance du 1er août 1827, sont déléguées au directeur des forêts. — En conséquence, il autorisera, après délibération du conseil d'administration, — 1° Les coupes ordinaires de chaque année; — 2° La coupe des arbres endommagés, ébranchés, morts ou dépérissants; — 3° Le recepage des bois incendiés ou abroutis; — 4° Les élagages sur les routes et les lisières des bois soumis au régime forestier; — 5° Le remboursement des moins de mesure lorsqu'ils n'excéderont pas la somme de 500 fr.; — 6° Les extractions de minerai ou de matériaux dans les forêts; — 7° La concession des terrains vagues à charge de repeuplement, lorsque la contenance des terrains ne dépassera pas cinq hectares, et la durée de la concession six années : les autres concessions demeureront soumises aux dispositions des articles 106 et 107 de l'ordonnance du 1er août 1827. »

(b) Le tableau indiquant le nombre et le siège des conservateurs forestiers a varié. Aujourd'hui et d'après un décret des 29 avril 1849-11 janvier 1851, ce nombre est fixé à trente-deux arrondissements forestiers.

4 décembre 1844-7 janvier 1845. — *Ordonnance qui délègue diverses attributions aux conservateurs des forêts.*

« Art. 1er. Les attributions ci-après déterminées sont déléguées aux conservateurs des forêts. — Les conservateurs autoriseront,—1° La vente, par forme de menus marchés, dans les forêts domaniales et communales, des bois incendiés et abroutis, lorsque les produits présumés n'excéderont pas 500 fr., et l'exploitation des mêmes bois, par entreprise ou par économie, dans les forêts domaniales, lorsque les frais de l'exploitation n'excéderont pas 200 fr.; —2° L'élagage sur les routes et lisières des bois soumis au régime forestier; — 3° Les prorogations de délais de coupes et de vidange, lorsque ces délais n'excéderont pas quinze jours pour la coupe et deux mois pour la vidange; —4° La délivrance aux adjudicataires de chemins de vidange autres que ceux désignés dans le procès-verbal d'adjudication; — 5° La concession de terrains vagues à charge de repeuplement, lorsque la durée de la concession n'excédera pas quatre années, et la contenance des terrains, vingt-cinq ares pour les gardes, et cinq hectares pour tous autres concessionnaires; — 6° La délivrance des harts, rouettes, souches, épines et plants.

« 2. (Cet article a modifié l'article 169 de l'ordonnance forestière.)—(Voy. ce dernier article et la note.)

« 3. Les dispositions des ordonnances ci-dessus visées et de tous autres règlements qui seraient contraires à la présente ordonnance, sont abrogées. »

(c) 25 juillet-14 août 1844. — *Ordonnance portant que la direction générale des forêts aura sous ses ordres des gardes généraux adjoints, et qu'il ne sera plus nommé de gardes à cheval.*

et des gardes à pied, ainsi que les arrondissements et triages dans lesquels ils devront exercer leurs fonctions.

11. La direction générale a sous ses ordres : — 1º Des agents sous les dénominations de conservateurs, d'inspecteurs, de sous-inspecteurs et de gardes généraux ; — 2º Des arpenteurs ; —3º Des gardes à cheval et des gardes à . pied. Ord. d'ex. 10, *note.*

12. Les conservateurs seront nommés par nous, sur la proposition de notre ministre des finances. — Le ministre des finances nommera aux places d'inspecteur et de sous-inspecteur (*a*), sur la proposition du directeur général. — Le directeur général nommera à tous les autres emplois. — Les nominations à tous les grades supérieurs à celui de garde général seront toujours faites parmi les agents du grade immédiatement inférieur qui auront au moins deux ans d'exercice dans ce grade.

13. Nul ne sera promu au grade de garde général, si préalablement il n'a fait partie de l'école forestière, dont il sera parlé ci-après, ou s'il n'a exercé, pendant deux ans au moins, les fonctions de garde à cheval. F. 3. — Ord. d'ex. 10, *note.*

§ I. — Des agents forestiers.

14. Chacun des agents dénommés en l'article 11, § 1er, fera, suivant l'ordre hiérarchique, les opérations, vérifications et tournées qui lui seront prescrites, en exécution du Code forestier et de la présente ordonnance ; surveillera le service des agents et gardes qui lui seront subordonnés ; et leur transmettra les ordres et instructions qu'il recevra de ses supérieurs. Il pourra faire suppléer, en cas d'empêchement, les agents et gardes

employés sous ses ordres, à la charge d'en rendre compte sans délai à son supérieur immédiat (*b*).

15. Les conservateurs correspondront directement avec la direction générale et avec les autorités supérieures des départements. — Les autres agents correspondront avec le chef de service sous les ordres duquel ils seront placés immédiatement, et lui rendront compte de leurs opérations (*c*).

16. Les agents forestiers seront tenus d'avoir des sommiers et registres, dont la direction générale déterminera le nombre et la destination, et sur lesquels ils inscriront régulièrement, par ordre de date, les ordonnances et ordres de service qui leur seront transmis, leurs diverses opérations, leurs procès-verbaux, et les déclarations qui leur seront remises. — Ils feront coter et parapher ces registres par le préfet ou le sous-préfet du lieu de leur résidence, et signeront chaque enregistrement, en faisant mention, en marge de chaque pièce ou procès-verbal, de l'inscription à laquelle aura donné lieu sur les registres, avec indication du folio. — Les inspecteurs, sous-inspecteurs et gardes généraux tiendront, en outre, un registre spécial sur lequel ils annoteront sommairement, par

(*a*) 17-26 décembre 1844. — *Ordonnance portant organisation de l'administration centrale du ministère des finances.*

« *Art. 84. Seront nommés par notre ministre des finances, sur la proposition du directeur général, les chefs de bureau de toutes classes de l'administration centrale, les inspecteurs, les élèves de l'école forestière.

« 85. Seront nommés par le directeur général, et en vertu de la délégation de notre ministre des finances, les titulaires de tous les emplois inférieurs à ceux qui viennent d'être désignés. »

* Les art. 78 à 83 s'occupent de la classification des emplois et de la nomination aux grades.

(*b*) Une ordonnance royale des 27 août-9 sept. 1831 a organisé les compagnies des gardes de l'administration des forêts pour faire un service militaire en cas d'invasion.

(*c*) 10 mars 1831. — *Ordonnance sur l'instruction administrative et la décision des affaires relatives au service forestier.*

« Art. 2. Les préfets pourront, en ce qui concerne l'administration des bois des communes et des établissements publics, et pour tous les objets urgents, s'adresser directement à l'agent local chef de service, pour les renseignements dont ils auront besoin. Ces renseignements, toutefois, leur seront transmis par l'intermédiaire du conservateur. — Cette marche sera observée principalement à l'égard des demandes en autorisation de coupes extraordinaires. — Lorsque ces demandes seront instruites, les préfets les adresseront, avec toutes les pièces, à l'administration des forêts, qui en rendra compte à notre ministre des finances. — Elles ne seront communiquées à notre ministre de l'intérieur que dans le cas où l'administration forestière aurait donné un avis contraire à celui du préfet. »—(Voy., au C. adm.. le décret du 25-30 mars 1852, sur la décentralisation adm.)

Pour la correspondance en franchise des agents forestiers entre eux, voy. l'ord. du 14 déc. 1825, les arrêtés ministériels du 12 juillet 1837 et du 9 sept. 1844.

ordre de réception, les procès-verbaux qui leur seront remis par les gardes, et indiqueront en regard le résultat des poursuites et la date des jugements auxquels ces procès-verbaux auront donné lieu.

17. Les agents forestiers seront responsables des titres, plans et autres actes dont ils se trouveront dépositaires en vertu de leurs fonctions. — A chaque mutation d'emploi, il en sera dressé, ainsi que des registres et sommiers, un inventaire en double qui constituera le nouvel agent responsable, en opérant la décharge de son prédécesseur.

18. L'uniforme des agents forestiers est réglé, ainsi qu'il suit :—Pour tous les agents, habit et pantalon de drap vert, l'habit boutonné sur la poitrine; le collet droit; le gilet chamois; les boutons de métal blanc, ayant un pourtour de feuilles de chêne et portant au milieu les mots: *direction générale des forêts* (avec une fleur de lis) (*a*); le chapeau français avec une ganse en argent et un bouton pareil à ceux de l'habit, une épée. — La broderie sera en argent et le dessin en feuilles de chêne. — Les conservateurs porteront la broderie au collet, aux parements et au bas de la taille de l'habit, avec une baguette unie sur les bords de l'habit et du gilet. — Les inspecteurs porteront la broderie au collet et aux parements. — L'habit des sous-inspecteurs sera brodé au collet, avec une baguette unie aux parements. — Les gardes généraux auront deux rameaux de chêne de la longueur de dix décimètres, brodés de chaque côté du collet de l'habit

§ II. — *Des arpenteurs.*

19. Les arpenteurs nommés et commisionnés par le directeur général des forêts feront, sous les ordres des agents forestiers chefs de service, l'arpentage des coupes ordinaires et extraordinaires, et toutes les opérations de géométrie nécessaires pour les délimitations, aménagements, partages, échanges et cantonnements (*b*).

(*a*) Depuis la révolution de juillet 1830, la fleur de lis a disparu.
(*b*) Une ordonnance des 12 février-2 mars 1840 a remplacé les arpenteurs par des *ingénieurs forestiers*, en déterminant leurs devoirs et at-

20. Leurs rétributions pour l'arpentage des coupes seront fixées par notre ministre des finances. — Pour les autres opérations énoncées en l'article précédent, et généralement pour toutes les opérations extraordinaires dont les arpenteurs pourraient être chargés, leur salaire sera réglé, de gré à gré, entre eux et la direction générale.

21. L'uniforme des arpenteurs sera de même forme et de même couleur que celui des agents forestiers : mais le collet et les parements seront en velours noir, avec une broderie pareille à celle des gardes généraux.

22. Les arpenteurs forestiers constateront les délits qu'ils reconnaîtront dans le cours de leurs opérations, les déplacements de bornes et toutes dégradations ou altérations de limites, et ils remettront aux agents forestiers les procès-verbaux qu'ils en auront dressés. F. 160.

23. Les arpenteurs seront tenus de représenter, à toute réquisition, aux agents forestiers chefs de service, les minutes et expéditions des procès-verbaux, plans et actes quelconques relatifs à leurs travaux. — En cas de cessation de fonctions, les arpenteurs ou leurs héritiers remettront ces actes à l'agent forestier chef de service, dans le délai de quinze jours.

§ III. — *Des gardes à cheval et des gardes à pied.*

24. Les gardes à cheval et les gardes à pied sont spécialement chargés de faire des visites journalières dans les bois soumis au régime forestier, et de dresser procès-verbal de tous les délits ou contraventions qui y auront été commis. F. 5, 160. — Ord. d'ex. 10, *note.*

25. Les gardes forestiers résideront dans le voisinage des forêts où triages confiés à leur surveillance. Le lieu de leur résidence sera indiqué par le conservateur.

26. Les gardes forestiers tiendront un registre d'ordre, qu'ils feront coter et parapher par le sous-préfet de l'arrondissement. — Ils y transcriront régulièrement leurs procès-verbaux par ordre

tributions, et en déclarant que les dispositions du Code forestier et de l'ordonn. d'exécution leur seront applicables.

de date. Ils signeront cet enregistrement et inscriront en marge de chaque procès-verbal le folio du registre où il se trouvera transcrit. — Ils feront mention, sur le même registre et dans le même ordre, de toutes les significations et citations dont ils auront été chargés. — Ils y feront également mention des chablis et des bois de délit qu'ils auront reconnus, et en donneront avis, sans délai, à leur supérieur immédiat. — A chaque mutation, les gardes seront tenus de remettre ce registre à celui qui leur succédera. F. 165, s., 172, s.

27. Les gardes à cheval et les gardes à pied adresseront leurs rapports à leur chef immédiat, et lui remettront leurs procès-verbaux revêtus de toutes les formalités prescrites. Ord. d'ex. 10, et la *note.*

28. Indépendamment des fonctions communes aux gardes à cheval et aux gardes à pied, le directeur général pourra attribuer aux gardes à cheval des fonctions de surveillance immédiate sur les gardes à pied.

29. L'uniforme des gardes à cheval et des gardes à pied sera l'habit, le pantalon et le gilet de drap vert. — L'habit des gardes à cheval aura sur le collet une broderie semblable à celle qui sera déterminée ci-après pour les élèves de l'école impériale forestière. — Les gardes à cheval et les gardes à pied porteront une bandoulière chamois avec bandes de drap vert, et au milieu une plaque de métal blanc portant ces mots : *Forêts impériales* (avec une fleur de lis). F. 16 et la *note (a)*.

30. Les gardes sont autorisés à porter un fusil simple pour leur défense, lorsqu'ils font leurs tournées et visites dans les forêts.

§ IV. — *Dispositions communes aux agents et préposés.*

31. Il est interdit aux agents et gardes forestiers, sous peine de révocation, de faire le commerce de bois, d'exercer aucune industrie où le bois sera employé comme matière principale, de tenir au-

berge ou de vendre des boissons en détail.

32. Nul ne pourra exercer un emploi forestier dans l'étendue de la conservation où il fera ses approvisionnements de bois comme propriétaire ou fermier de forges, fourneaux, verreries et autres usines à feu, ou de scieries et autres établissements destinés au travail des bois. F. 21.

33. Les agents forestiers ne pourront avoir sous leurs ordres leurs parents ou alliés en ligne directe, ni leurs frères ou beaux-frères, oncles ou neveux. F. 21.

34. Les agents et les gardes forestiers, ainsi que les arpenteurs, seront toujours revêtus de leur uniforme ou des marques distinctives de leur grade dans l'exercice de leurs fonctions.

35. Les agents et gardes ne pourront, sous aucun prétexte, rien exiger ni recevoir des communes, des établissements publics et des particuliers, pour les opérations qu'ils auront faites à raison de leurs fonctions. F. 107.

36. Le marteau impérial, uniforme, destiné aux opérations de balivage et de martelage, aura pour empreinte une fleur de lis, avec le numéro de la conservation (*b*). — Il sera déposé chez l'agent chef de service de chaque inspection, et renfermé dans un étui fermant à deux clefs, dont l'une restera entre les mains de cet agent, et l'autre entre les mains de l'agent immédiatement inférieur. — L'agent dépositaire de ce marteau est chargé d'en entretenir l'étui et la monture en bon état, et demeure responsable de son dépôt dans l'étui et de la remise de la seconde clef à l'agent à qui elle doit être confiée. — La direction générale déterminera, sous l'approbation de notre ministre des finances, les mesures propres à prévenir les abus dans l'emploi de ce marteau.

37. Les agents forestiers, les arpenteurs et les gardes seront pourvus chacun d'un marteau particulier, dont la direction générale déterminera, sous l'approbation de notre ministre des finances, la forme, l'empreinte et l'emploi, et dont chacun d'eux sera chargé de déposer l'empreinte au greffe des cours et tribunaux, conformément à l'article 7 du Code forestier.

38. Les agents et préposés ne pour-

(*a, b*) La fleur de lis, qui avait disparu après 1830, est remplacée aujourd'hui par un aigle. Voy. le décret des 2-9 décembre 1852, relatif à la forme actuelle des sceaux, timbres, cachets, etc., etc. — Voy. aussi F. 16 et la *note*.

ront être destitués que par l'autorité même à qui appartient le droit de les nommer. — Toutefois, le directeur général pourra, dans les cas d'urgence, suspendre de leurs fonctions, et remplacer provisoirement, les agents qui ne sont pas nommés par lui; mais il devra en rendre compte immédiatement à notre ministre des finances. — Les conservateurs pourront, dans le même cas, suspendre provisoirement de leurs fonctions les gardes généraux et les préposés sous leurs ordres; mais à charge d'en rendre compte immédiatement au directeur général. Ord. d'ex. 12 et la *note*.

39. Le directeur général, après avoir pris l'avis du conseil d'administration, pourra dénoncer aux tribunaux les gardes généraux et les préposés forestiers, ou autoriser leur mise en jugement, pour faits relatifs à leurs fonctions. — Notre ministre des finances pourra de même dénoncer aux tribunaux les inspecteurs et sous-inspecteurs des forêts ou autoriser leur mise en jugement. — Les conservateurs ne pourront être poursuivis devant les tribunaux qu'en vertu d'autorisation accordée par nous en conseil d'Etat. Ord. d'ex. 12 et la *note*.—P. 114, et la *note* 1.

SECT. III. — *Des écoles forestières.*

40. Il y aura, sous la surveillance de notre directeur général des forêts : — 1° Une école impériale destinée à former des sujets pour les emplois d'agents forestiers; F. 16 et la *note*.—2° Des écoles secondaires pour l'instruction d'élèves-gardes.

§ I. — *École impériale.*

41. L'enseignement dans l'école impériale aura pour objet : — L'histoire naturelle, dans ses rapports avec les forêts ; —Les mathématiques appliquées à la mesure des solides et à la levée des plans; — La législation et la jurisprudence, tant administratives que judiciaires en matière forestière ; — L'économie forestière, en ce qui concerne spécialement la culture, l'aménagement et l'exploitation des forêts, et l'éducation des arbres propres aux constructions civiles et navales; — Le dessin; — La langue allemande. F. 16.

42. Notre ministre des finances nom-

mera, pour être attachés à l'école impériale forestière, trois professeurs, savoir: — Un professeur d'histoire naturelle; — Un professeur de mathématiques; — Un professeur d'économie forestière, de législation et de jurisprudence. — Les cours seront de deux années. Ils commenceront le premier novembre de chaque année, et se termineront au premier septembre suivant. — L'un des trois professeurs remplira les fonctions de directeur de l'école. — Un maître de dessin et un maître d'allemand seront attachés à l'école impériale. F. 16 et la *note* (*a*).

43. L'école impériale forestière sera établie à Nancy. — Il sera affecté à cette école : — 1° Une maison pour servir aux cours des professeurs, à l'établissement d'une bibliothèque et d'un cabinet d'histoire naturelle, et au logement du directeur ; —2° Un terrain pour les pépinières et cultures forestières nécessaires à l'instruction des élèves. *Ibid.*

(*a*) A été modifié par les ordonnances qui suivent :
16 décembre 1837-27 janvier 1838. — *Ordonnance portant que le cours d'économie forestière, de législation et de jurisprudence, créé à l'école royale des forêts, par l'ordonnance du 1er août 1827, sera fait par deux professeurs.*
« Article unique. Le cours d'économie forestière, de législation et de jurisprudence, créé à l'école royale des forêts par l'ordonnance du 1er août 1827, sera fait par deux professeurs, l'un, pour l'économie forestière, et l'autre, pour la législation et la jurisprudence. »
31 octobre-13 novembre 1838. — *Ordonnance concernant l'école royale forestière.*
« Art. 1er. Les cours de l'école royale forestière sont dirigés par six professeurs, savoir : — Un professeur d'économie forestière ; — Un professeur de législation et de jurisprudence ; — Un professeur de mathématiques et de physique ; —Un professeur d'histoire naturelle et de chimie; — Un professeur de constructions forestières et de dessin ;—Un professeur de langue allemande. — Deux inspecteurs sont attachés à l'école.
« 2. Les professeurs et les inspecteurs font partie du jury d'examen institué par l'art. 49 de l'ordonnance du 1er août 1827.
« 3. Les fonctions d'inspecteur sont d'assurer l'exécution journalière des règlements concernant la police et l'instruction, et de surveiller les travaux et la conduite des élèves, tant à l'intérieur qu'à l'extérieur de l'établissement.
« 4. Notre ministre des finances déterminera le traitement des professeurs et inspecteurs, et leur avancement dans l'intérieur de l'école. Ceux de ces fonctionnaires qui seront pris parmi les agents forestiers conserveront leurs droits à l'avancement dans le service actif.
« 5. Sont rapportées toutes les dispositions des ordonnances ci-dessus visées, en ce qu'elles auraient de contraire à la présente. »

44 et **45**. (a).

46. Les élèves seront nommés par notre ministre des finances, selon le rang d'instruction et de capacité qui aura été assigné aux aspirants d'après le résultat des examens. Ils auront, pendant la du-

(a) Ces deux articles qui s'occupaient du nombre et des conditions d'admission des élèves, des matières d'examen, ont été abrogés et remplacés par les dispositions suivantes :

5-25 mai 1834. — *Ordonnance qui autorise le ministre des finances à fixer chaque année le nombre des élèves à admettre à l'école forestière.*

« Art. 1er. A l'avenir, le nombre des élèves à admettre à l'école forestière sera fixé chaque année par le ministre des finances, en raison des besoins de l'administration des forêts. »

21 décembre 1840 — 9 janvier 1841.— *Ordonnance relative aux examens pour l'admission à l'école royale forestière.*

« Art. 1er. Les aspirants qui se présentent pour être admis à l'école royale forestière sont examinés, tant à Paris que dans les départements, par quatre examinateurs désignés annuellement par notre ministre des finances. — Les examens ont lieu d'après le même mode, dans le même temps et les mêmes lieux que ceux pour l'admission aux écoles militaires. — Les candidats ne seront admis au concours que sur la présentation d'une lettre du directeur général de l'administration des forêts. — Les demandes d'admission aux concours doivent être adressées à l'administration avant le 30 juin, avec les pièces justificatives suivantes :— 1° L'acte de naissance, dûment légalisé, constatant que l'aspirant aura, au 1er novembre, dix-neuf ans accomplis et n'aura pas plus de vingt-deux ans; — 2° Un certificat d'un docteur en médecine, dûment légalisé, attestant que l'aspirant a été vacciné, qu'il n'a aucun vice de conformation ni infirmité qui le rendraient impropre au service forestier;— 3° Le diplôme de bachelier ès lettres; néanmoins la production de ce diplôme ne sera exigée qu'à partir du concours de 1842, et pour le concours de 1841, les aspirants produiront seulement un certificat en forme constatant qu'ils ont terminé leurs cours d'humanités; — 4° La preuve que le candidat possède un revenu annuel de quinze cents francs au moins, ou, à défaut, une obligation par laquelle ses parents s'obligent à lui fournir une pension de pareille somme pendant son séjour à l'école forestière, et une pension de six cents francs comme complément de traitement, depuis le moment où il sortira de l'école jusqu'à l'époque où il sera employé comme garde général en activité.

« 2. L'examen d'admission à l'école forestière porte sur les objets ci-après, savoir :— 1° L'arithmétique complète, y compris l'exposition du nouveau système métrique; — 2° La géométrie élémentaire; — 3° La trigonométrie rectiligne; — 4° Les éléments d'algèbre; — 5° Les éléments de géométrie descriptive; — 6° Les éléments de statique; — 7° Les éléments de physique; — 8° Les éléments de chimie; — 9° Le dessin; — 10° La langue française; — 11° La langue latine; — 12° Les premiers éléments de la langue allemande.

« 3. Un programme arrêté par notre ministre

rée de leur séjour à l'école, le rang de garde à cheval (b). Ord. 12, et la *note*.

47. Leur uniforme est réglé ainsi qu'il suit : — Habit et pantalon de drap vert; boutons de métal blanc, portant les mots: *Ecole impériale forestière*; l'habit boutonné sur la poitrine; deux légers rameaux de chêne, de la longueur de cinq centimètres, et un gland, brodés en argent, de chaque côté du collet; le gilet blanc; le chapeau français avec ganse en argent.

48. Les élèves feront, chaque année, dans les forêts, aux époques qui seront indiquées par le directeur général, et sous la conduite du professeur qu'il aura désigné, des excursions qui auront pour but la démonstration et l'application, sur le terrain, des principes qui leur auront été enseignés.

49. A la fin de chaque année, un jury composé des trois professeurs, et présidé par le directeur général, ou par l'administrateur qu'il aura délégué, procédera à l'examen des élèves qui auront complété leurs deux années d'étude.

50. Les élèves qui auront satisfait à l'examen de sortie, auront le rang de garde général, et obtiendront, dès qu'ils auront

des finances déterminera, pour chacun des objets de l'examen, l'étendue des connaissances dont les aspirants doivent justifier.

« 4. A leur arrivée à l'école, les élèves sont soumis à la visite du médecin de l'établissement, à l'effet de constater qu'ils n'ont aucun vice de conformation ni aucune infirmité qui les mettraient hors d'état d'être admis aux cours de l'école ou qui les rendraient impropres au service forestier.

« 5. Les articles 44 et 45 de l'ordonnance du 1er août 1827 et l'article 2 de l'ordonnance du 5 mai 1834 sont rapportés. »

(b) 12 octobre 1840. — *Ordonnance portant qu'il sera formé tous les ans, à Paris, un jury chargé de prononcer sur l'admission à l'école forestière des candidats examinés dans tout le Royaume.*

« Art. 1er. Tous les ans, après les tournées d'examen, il sera formé, à Paris, un jury chargé de prononcer sur l'admission à l'école forestière des candidats examinés dans tout le royaume. — Ce jury se composera : du directeur général des forêts, président; des sous-directeurs de l'administration; du directeur de l'école; des quatre examinateurs d'admission, et du professeur de belles-lettres, qui sera chargé annuellement par notre ministre des finances, sur la proposition du directeur général, du travail relatif aux compositions littéraires.

« 2. Le jury dressera une liste, par ordre de mérite, de tous les candidats jugés admissibles, et notre ministre des finances arrêtera les admissions, suivant l'ordre de cette liste, en raison du nombre de places à remplir. »

l'âge requis ou qu'il aura été accordé par nous des dispenses d'âge, les premiers emplois vacants dans ce grade. — Toutefois, la moitié de ces emplois demeurera expressément réservée pour l'avancement des gardes à cheval en activité (a).

51. Si les élèves, après avoir terminé leurs cours et fait preuve des connaissances requises, n'ont pas atteint l'âge de vingt-cinq ans, ni obtenu de nous des dispenses d'âge, ou s'il n'existe point d'emplois de garde général vacants, ils jouiront du traitement de garde à cheval, et seront provisoirement employés soit près de la direction générale à Paris, soit près des conservateurs ou des inspecteurs dans les arrondissements les plus importants. — Dès qu'ils auront satisfait à la condition d'âge et que des vacances auront lieu, les premiers emplois de garde général leur seront acquis par préférence aux autres élèves qui auraient postérieurement terminé leurs cours.

52. Ceux qui, après les deux années d'étude révolues, n'auront point fait preuve, devant le jury d'examen, de l'instruction nécessaire pour exercer des fonctions actives, seront admis à suivre les cours pendant une troisième année; mais, si après cette troisième année ils sont encore reconnus incapables, ils cesseront de faire partie de l'école et de l'administration forestière (b). — Quant à ceux qui, d'après les comptes périodiques rendus au directeur général des forêts par le directeur de l'école, ne suivront pas exactement les cours, ou dont la conduite aura donné lieu à des plaintes graves, il en sera référé à notre mi-

nistre des finances, qui ordonnera, s'il y a lieu, leur radiation du tableau des élèves.

53. Notre ministre des finances fixera par un règlement spécial la division des cours, le classement des élèves, l'ordre et les heures des leçons, la police de l'école et les attributions du directeur.

§ II. — *Écoles secondaires.*

54. Il sera établi des écoles secondaires dans les régions de la France les plus boisées. — Elles seront destinées à former des sujets pour les emplois de gardes. — La durée des cours sera de deux ans.

55. L'enseignement dans les écoles secondaires aura pour objet: — 1° L'écriture, la grammaire, et les quatre premières règles de l'arithmétique; — 2° La connaissance des arbres forestiers et de leurs qualités et usages, et spécialement celle des arbres propres aux constructions civiles et navales; — 3° Les semis et plantations; — 4° Les principes sur les aménagements, les estimations et les exploitations; — 5° La connaissance des dispositions législatives et réglementaires qui concernent les fonctions des gardes, la rédaction des procès-verbaux et les formalités dont ils doivent être revêtus; les citations; la tenue d'un livre-journal et l'exercice des droits d'usage.

56. Nous déterminerons, par une ordonnance spéciale, les lieux où les écoles secondaires seront établies, le nombre des élèves, les conditions d'admissibilité, et les moyens de pourvoir à l'entretien et à l'enseignement des élèves de ces écoles.

(a) L'ordonnance du 25 juillet 1844 a abrogé le 2e paragraphe de l'art. 50. F. 10, *note* 2.

(b) 15-28 décembre 1841.—*Ordonnance concernant les élèves de l'école royale forestière.*

« Art. unique. Le premier paragraphe de l'art. 52 est modifié de la manière suivante: les élèves qui, après la première ou la seconde année, n'auront point fait preuve, devant le jury d'examen, d'une instruction suffisante, seront rayés des cadres de l'école, à moins qu'une maladie grave, dûment constatée, ne leur ait causé pendant l'année une interruption de travail de quarante-cinq jours au moins; auquel cas, ils pourront être admis, sur l'avis du jury, à doubler, soit la première, soit la seconde année. La faculté de doubler ne sera d'ailleurs accordée pour nulle autre cause, et dans aucun cas les élèves ne pourront séjourner plus de trois ans à l'école. »

TITRE DEUXIÈME.

DES BOIS ET FORÊTS QUI FONT PARTIE DU DOMAINE DE L'ÉTAT.

SECT. I. — *De la délimitation et du bornage.*

57. Toutes demandes en délimitation et bornage entre les forêts de l'État et les propriétés riveraines seront adressées au préfet du département. F. 8, s.

58. Si les demandes ont pour objet des délimitations partielles, il sera procédé dans les formes ordinaires. — Dans le cas où, les parties étant d'accord pour opérer la délimitation et le bornage, il y aurait lieu à nommer des experts, le préfet, après avoir pris l'avis du conservateur des forêts et du directeur des domaines, nommera un agent forestier pour opérer comme expert dans l'intérêt de l'État. Ord. d'ex. 129, 130, 133 et la *note.* — F. 9.

59. Lorsque, en exécution de l'article 10 du Code, il s'agira d'effectuer la délimitation générale d'une forêt, le préfet nommera, ainsi qu'il est prescrit par l'article précédent, les agents forestiers et les arpenteurs qui devront procéder dans l'intérêt de l'État, et indiquera le jour fixé pour le commencement des opérations et le point de départ. Ord. d'ex. 129, 130, 133 et la *note.*

60. Les maires des communes où devra être affiché l'arrêté destiné à annoncer les opérations relatives à la délimitation générale seront tenus d'adresser au préfet des certificats constatant que cet arrêté a été publié et affiché dans ces communes. F. 10.

61. Le procès-verbal de délimitation sera rédigé par les experts suivant l'ordre dans lequel l'opération aura été faite. Il sera divisé en autant d'articles qu'il y aura de propriétaires riverains, et chacun de ces articles sera clos séparément et signé par les parties intéressées. — Si les propriétaires riverains ne peuvent pas signer ou refusent de le faire, si même ils ne se présentent ni en personne ni par un fondé de pouvoir, il en sera fait mention. — En cas de difficulté sur la fixation des limites, les réquisitions, dires et observations contradictoires seront consignés au procès-verbal. — Toutes les fois que, par un motif quelconque, les lignes de pourtour d'une forêt, telles qu'elles existent actuellement, devront être rectifiées de manière à déterminer l'abandon d'une portion du sol forestier, le procès-verbal devra énoncer les motifs de cette rectification, quand même il n'y aurait à ce sujet aucune contestation entre les experts. F. 10, s.

62. Dans le délai fixé par l'article 11 du Code forestier, notre ministre des finances nous rendra compte des motifs qui pourront déterminer l'approbation ou le refus d'homologation du procès-verbal de délimitation, et il y sera statué par nous sur son rapport. — A cet effet, aussitôt que ce procès-verbal aura été déposé au secrétariat de la préfecture, le préfet en fera faire une copie entière qu'il adressera sans délai à notre ministre des finances.

63. Les intéressés pourront requérir des extraits dûment certifiés du procès-verbal de délimitation, en ce qui concernera leurs propriétés. — Les frais d'expédition de ces extraits seront à la charge des requérants, et réglés à raison de soixante-quinze centimes par rôle d'écriture, conformément à l'article 37 de la loi du 25 juin 1794 (7 messidor an II). F. 11.

64. Les réclamations que les propriétaires pourront former, soit pendant les opérations, soit dans le délai d'un an, devront être adressées au préfet du département, qui les communiquera au conservateur des forêts et au directeur des domaines pour avoir leurs observations. F. 11, s.

65. Les maires justifieront, dans la forme prescrite par l'article 60, de la publication de l'arrêté pris par le préfet pour faire connaître notre résolution relativement au procès-verbal de délimitation. Il en sera de même pour l'arrêté par lequel le préfet appellera les riverains au bornage, conformément à l'article 12 du Code forestier.

66. Les frais de délimitation et de bornage seront établis par article séparé pour chaque propriétaire riverain, et supportés en commun entre l'administration et lui. — L'état en sera dressé par le conservateur des forêts et visé par le préfet. Il sera remis au receveur des domaines, qui poursuivra, par voie de contrainte, le paiement des sommes à la charge des riverains, sauf l'opposition, sur laquelle il sera statué par les tribunaux conformément aux lois. C. 646. — F. 14.

SECT. II. — *Des aménagements.*

67. Il sera procédé à l'aménagement des forêts dont les coupes ne sont pas fixées régulièrement ou conformément à la nature du sol et des essences. — Notre ministre des finances nous présentera, au mois de janvier de chaque année, l'état des aménagements effectués durant l'année révolue. F. 15.

68. Les aménagements seront réglés principalement dans l'intérêt des produits en matière et de l'éducation des futaies. — En conséquence, l'administration recherchera les forêts et parties de forêts qui pourront être réservées pour croître en futaie, et elle en proposera l'aménagement, en indiquant celles où le mode d'exploitation par éclaircie pourrait être le plus avantageusement employé. Ord. d'ex. 134.

69. Dans toutes les forêts qui seront aménagées à l'avenir, l'âge de la coupe des taillis sera fixé à vingt-cinq ans au moins, et il n'y aura d'exception à cette règle que pour les forêts dont les essences dominantes seront le châtaignier et les bois blancs, ou qui seront situées sur des terrains de la dernière qualité.

70. Lors de l'exploitation des taillis, il sera réservé cinquante baliveaux de l'âge de la coupe par hectare. En cas d'impossibilité, les causes en seront énoncées aux procès-verbaux de balivage et de martelage. — Les baliveaux modernes et anciens ne pourront être abattus qu'autant qu'ils seront dépérissants ou hors d'état de prospérer jusqu'à une nouvelle révolution. Ord. d'ex. 134.

71. Seront considérées comme coupes extraordinaires, et ne pourront en conséquence être effectuées qu'en vertu de nos ordonnances spéciales, celles qui intervertiraient l'ordre établi par l'aménagement ou par l'usage observé dans les forêts dont l'aménagement n'aurait pu encore être réglé, toutes les coupes par anticipation, et celles des bois ou portions de bois mis en réserve pour croître en futaie, et dont le terme d'exploitation n'aurait pas été fixé par l'ordonnance d'aménagement. F. 16.

72. Pour les forêts d'arbres résineux où les coupes se feront en jardinant, l'ordonnance d'aménagement déterminera l'âge ou la grosseur que les arbres devront atteindre avant que la coupe puisse en être ordonnée

SECT. III. — *Des assiettes, arpentages, balivages, martelages et adjudications des coupes.*

73. Chaque année, les conservateurs adresseront au directeur général les états des coupes ordinaires à asseoir, conformément aux aménagements, ou selon les usages actuellement observés dans les forêts qui ne sont pas encore aménagées. — Ces états seront soumis à l'approbation de notre ministre des finances (*a*). — Les conservateurs adresseront pareillement au directeur général, pour chaque coupe extraordinaire à autoriser par nos ordonnances, un procès-verbal qui énoncera les motifs de la coupe proposée, l'état, l'âge, la consistance et la nature des bois qui la composeront, le nombre d'arbres de réserve qu'elle comportera, et les travaux à exécuter dans l'intérêt du sol forestier. Ord. d'ex. 71.

74. Lorsque les coupes ordinaires et extraordinaires auront été autorisées, les conservateurs désigneront ou feront désigner par les agents forestiers les arbres d'assiette, et feront procéder aux arpentages.

75. Les arpenteurs ne pourront, sous peine de révocation et sans préjudice de toutes poursuites en dommages-intérêts, donner aux laies et tranchées qu'ils ouvriront pour le mesurage des coupes plus d'un mètre de largeur. — Les bois qui en proviendront feront partie de l'adjudication de chaque coupe, ou seront vendus suivant la forme des menus marchés. Ord. d'ex. 100, s.

76. Les coupes seront délimitées par des pieds corniers et parois : lorsqu'il ne se trouvera pas d'arbres sur les angles pour servir de pieds corniers, les arpenteurs y suppléeront par des piquets, et emprunteront au dehors ou au dedans de la coupe les arbres les plus apparents et les plus propres à servir de témoins. — L'arpenteur sera tenu de faire usage au moins de l'un des pieds corniers de la précédente vente. — Tous les arbres de limite seront marqués au pied, et le plus près de terre qu'il sera possible, du marteau de l'arpenteur, savoir : les pieds corniers sur deux faces : l'une, dans la direction de la ligne qui sera à droite, et l'autre, dans celle de la ligne qui sera à gauche, et les parois sur une seule face, du côté et en regard de la coupe. — L'arpenteur fera, au-dessus de chaque empreinte de son marteau, dans la même direction, et à la hauteur d'un mètre, une

(*a*) Voy. l'ordonnance du 10 mai 1831, art. 1.-10.-Ord. d'ex. 7, *note*.

entaille destinée à recevoir l'empreinte du marteau impérial. F. 16 et la *note*.

77. Les arpenteurs dresseront des plans et procès-verbaux d'arpentage des coupes qu'ils auront mesurées, et ils y indiqueront toutes les circonstances nécessaires pour servir à la reconnaissance des limites de ces coupes lors du récolement. — Ils en enverront immédiatement deux expéditions à l'inspecteur ou à l'agent qui en remplira les fonctions dans l'arrondissement. F. 50 s.

78. Il sera procédé à chaque opération de balivage et de martelage par deux agents au moins ; le garde du triage devra y assister, et il sera fait au procès-verbal mention de sa présence. F. 33, s.

79. Les pieds corniers, les parois et les arbres à réserver dans les coupes seront marqués du marteau impérial, savoir : les arbres de limites à la hauteur d'un mètre; et les arbres anciens, les modernes et les baliveaux de l'âge du taillis à la hauteur et de la manière qui seront déterminées par les instructions de l'administration. — Les baliveaux de l'âge du taillis pourront être désignés par un simple griffage, ou toute autre marque autorisée par l'administration, lorsque ces arbres seront trop faibles pour recevoir l'empreinte du marteau impérial. F. 16 et la *note*. — Il sera fait mention dans les affiches et dans le procès-verbal d'adjudication, du mode de martelage ou de désignation des arbres de réserve.

80. Dans les coupes qui s'exploitent en jardinant, ou par pieds d'arbres, le marteau impérial sera appliqué aux arbres à abattre, et la marque sera faite au corps et à la racine. F 16 et la *note*.

81. Les procès-verbaux de balivage et de martelage indiqueront le nombre et les espèces d'arbres qui auront été marqués en réserve, avec distinction en baliveaux de l'âge, modernes et anciens, pieds corniers et parois. — Ces procès-verbaux, revêtus de la signature de tous les agents qui auront concouru à l'opération, seront adressés, dans le délai de huit jours, au conservateur. — L'estimation des coupes sera faite par un procès-verbal séparé qui sera adressé au conservateur dans le même délai.

82. Les conditions générales des adjudications seront établies par un cahier des charges délibéré chaque année par la direction générale des forêts, et approuvé par notre ministre des finances. — Les clauses particulières seront arrêtées par les conservateurs. — Les clauses et conditions, tant générales que particulières, seront toutes de rigueur, et ne pourront jamais être réputées comminatoires. Ord. d'ex. 7 § 9. — F. 37.

83. Quinze jours avant l'époque fixée pour l'adjudication, l'agent forestier chef de service fera déposer au secrétariat de l'autorité administrative qui devra présider à la vente : — 1° Les procès-verbaux d'arpentage, de balivage et de martelage des coupes; — 2° Une expédition du cahier des charges générales et des clauses particulières et locales. — Le fonctionnaire qui devra présider à la vente apposera son visa au bas de ces pièces pour en constater le dépôt. F. 17, s.

84. Les affiches indiqueront le lieu, le jour et l'heure où il sera procédé aux ventes ; les fonctionnaires qui devront les présider; la situation, la nature et la contenance des coupes, et le nombre, la classe et l'essence des arbres marqués en réserve. — Elles seront rédigées par l'agent supérieur de l'arrondissement forestier, approuvées par le conservateur, et apposées, sous l'autorisation du préfet, à la diligence de l'agent forestier, lequel sera tenu de rapporter les certificats d'apposition que les maires délivreront aux gardes ou autres qui les auront placardées. — Les préfets et sous-préfets emploieront au surplus les autres moyens de publication qui seront à leur disposition. — Il sera fait mention, dans les procès-verbaux d'adjudication, des mesures qui auront été prises pour donner aux ventes toute la publicité possible. F. 14, s.

85. Il sera fait, dans les affiches et dans les actes de vente des coupes extraordinaires, mention des ordonnances spéciales qui les auront autorisées. F. 16, 17, s.

86. Les adjudications des coupes ordinaires et extraordinaires auront lieu par-devant les préfets et sous-préfets, dans les chefs-lieux d'arrondissement. — Toutefois les préfets, sur la proposition des conservateurs, pourront permettre que les coupes dont l'évaluation n'excédera pas cinq cents francs, soient adjugées au chef-lieu d'une des communes voisines des bois, et sous la présidence du maire. — Les adjudications se feront, dans tous les cas, en présence des agents forestiers et des receveurs chargés du recouvrement des produits (a).

87. Les adjudications se feront aux

(a) Ont été rendues, pour l'exécution de cet article, les ordonnances suivantes (Voy. aussi, au Code adm., le décret de 1852 sur la décentralisation administrative) :

15-28 octobre 1834. — *Ordonnance portant que le ministre des finances pourra permettre que des coupes ou portions de coupes affouagères, d'une valeur supérieure à 500 fr., soient mises en adjudication dans la commune propriétaire des bois, et sous la présidence du maire.*

« Article unique. Notre ministre secrétaire d'Etat des finances pourra, sur la proposition des préfets et de l'administration des forêts, permettre que des coupes ou portions de coupes affouagères, de la valeur de 500 francs et au-dessus, soient mises en adjudication dans la commune propriétaire, sous la présidence du maire, mais toujours avec l'intervention des agents forestiers, aux clauses et conditions qui seront indiquées. »

20 mai-22 juin 1837. — *Ordonnance portant que les bois chablis et de délit provenant des forêts domaniales, quelle qu'en soit la valeur, ainsi que les coupes exploitées par économie, pour être vendues en détail et par lots, pourront être adjugés aux chefs-lieux de canton ou dans les communes voisines des forêts.*

« Article unique. Les bois chablis et de délit provenant des forêts domaniales, quelle qu'en soit la valeur, ainsi que les coupes exploitées par économie, pour être vendues en détail et par lots, pourront, par exception aux dispositions de l'article 86 de l'ordonnance réglementaire de 1827, être adjugés aux chefs-lieux de canton et dans les communes voisines de ces forêts. »

15 septembre-10 octobre 1838. — *Ordonnance relative à la vente des chablis provenant des bois communaux.*

« Article unique. Notre ordonnance du 20 mai 1837 est rendue applicable aux bois communaux, mais seulement en ce qui concerne la vente des chablis. »

10-23 juin 1840. — *Ordonnance relative aux adjudications des coupes extraordinaires des bois communaux.*

« Article unique. Notre ordonnance du 15 octobre 1834 est rendue applicable aux coupes extraordinaires communales dont les produits auront été préalablement exploités et façonnés sous la direction d'un entrepreneur responsable. »

24 août-8 septembre 1840. — *Ordonnance relative à la vente des coupes ordinaires et extraordinaires des bois communaux.*

« Art. 1er. Lorsque, faute d'offres suffisantes, l'adjudication de coupes communales ordinaires ou extraordinaires, d'une valeur supérieure à

enchères et à l'extinction des feux. — Avant l'ouverture des enchères, le conservateur ou l'agent forestier qui le remplacera pour l'adjudication, fera connaître au fonctionnaire qui présidera la vente le montant de l'estimation des coupes, et les feux ne seront allumés que lorsque les offres seront égales à l'estimation. — Si cependant les offres se rapprochaient de l'estimation, les feux pourraient être allumés sur la proposition de l'agent forestier (b).

88. Quant aux bois à couper par éclaircie, le directeur général pourra ordonner qu'ils soient exploités et façonnés pour le compte de l'Etat, et l'entreprise en sera adjugée au rabais. — Les bois façonnés seront vendus par lots dans la forme ordinaire des adjudications aux enchères, et à la charge, par ceux qui s'en rendront adjudicataires, de payer le prix de l'abatage et de la façon desdits bois.

89. Lorsque, faute d'offres suffisantes, les adjudications n'auront pu avoir lieu, elles seront remises, séance tenante, au jour qui sera indiqué par le président, sur la proposition de l'agent forestier.— Le directeur général pourra, au surplus, autoriser le renvoi de l'adjudication à l'année suivante, et même ordonner, s'il y a lieu, et avec l'approbation de notre ministre des finances, que l'exploitation des coupes pour le compte de l'Etat et la vente des bois soient effectuées de la

500 fr., aura été tentée sans succès au chef-lieu d'arrondissement, le préfet, sur la proposition du conservateur, pourra autoriser l'exploitation de ces coupes par économie, et la vente, en bloc ou par lots, des produits façonnés au chef-lieu d'une des communes voisines de la situation des bois.

« 2. En cas de dissentiment entre le préfet et le conservateur, il en sera référé au ministre des finances, qui statuera après avoir pris l'avis de l'administration des forêts. »

(b) 26 novembre-27 décembre 1836.— *Ordonnance relative aux ventes des coupes ordinaires ou extraordinaires dans les bois soumis au régime forestier.*

« Art. 1er. A l'avenir, les ventes des coupes ordinaires ou extraordinaires, dans les bois soumis au régime forestier, pourront se faire, soit par adjudications aux enchères et à l'extinction des feux, soit par adjudications au rabais, soit enfin sur soumissions cachetées, suivant que les circonstances l'exigeront.

« 2. L'art. 87 de l'ordonnance réglementaire du 1er août 1827 est rapporté en ce qu'il a de contraire aux dispositions ci-dessus prescrites.»

manière qui est autorisée par l'article précédent pour les exploitations par éclaircie.

90. Les frais à payer comptant par les adjudicataires seront réglés par le préfet, sur la proposition du conservateur, et l'état en sera affiché dans le lieu des séances, avant l'ouverture et pendant toute la durée de la séance d'adjudication.

91. Les procès-verbaux des adjudications seront signés sur-le-champ par tous les fonctionnaires présents et par l'adjudicataire ou son fondé de pouvoirs ; et dans le cas d'absence de ces derniers, ou s'ils ne veulent ou ne peuvent signer, il en sera fait mention au procès-verbal.

SECT. IV. — *Des exploitations.*

92. Le permis d'exploiter sera délivré par l'agent forestier local chef de service, aussitôt que l'adjudicataire lui aura présenté les pièces justificatives exigées à cet effet par le cahier des charges. F. 30.

93. Dans le mois qui suivra l'adjudication, pour tout délai, et avant que le permis d'exploiter soit délivré, l'adjudicataire pourra exiger qu'il soit procédé, contradictoirement avec lui ou son fondé de pouvoirs, au souchetage et à la reconnaissance des délits qui auraient été commis dans la vente ou à l'ouïe de la cognée. — Cette opération sera exécutée dans l'intérêt de l'Etat et sans frais par un agent forestier accompagné du garde du triage. — Le procès-verbal qui en sera dressé constatera le nombre des souches qui auront été trouvées, leur essence et leur grosseur. Il sera signé par l'adjudicataire ou son fondé de pouvoirs, ainsi que par l'agent et le garde forestier présents. — Les souches seront marquées du marteau de l'agent forestier.

94. Le facteur ou garde-vente de l'adjudicataire tiendra un registre sur papier timbré, coté et paraphé par l'agent forestier ; il y inscrira, jour par jour et sans lacune, la mesure et la quantité des bois qu'il aura débités et vendus, ainsi que les noms des personnes auxquelles il les aura livrés. F. 31.

95. Tout adjudicataire de coupes dans lesquelles il y aura des arbres à abattre sera tenu d'avoir un marteau dont la forme sera déterminée par l'administration, et d'en marquer les arbres et bois de charpente qui sortiront de la vente. — Le dépôt de l'empreinte de ce marteau au greffe du tribunal et chez l'agent forestier local devra être effectué dans le délai de dix jours, à dater de la délivrance du permis d'exploiter, sous les peines portées par l'article 32 du Code forestier. Il sera donné acte de ce dépôt à l'adjudicataire par l'agent forestier.

96. Les prorogations de délai de coupes ou de vidanges ne pourront être accordées que par la direction générale des forêts. — Il n'en sera accordé qu'autant que les adjudicataires se soumettront d'avance à payer une indemnité calculée d'après le prix de la feuille et le dommage qui résultera du retard de la coupe ou de la vidange. Ord. d'ex. 7, *note* (Ord. 4 déc. 1844, art. 1-3°). — F. 40.

SECT. V. — *Des réarpentages et récolements.*

97. Le réarpentage des coupes sera exécuté par un arpenteur autre que celui qui aura fait le premier mesurage, mais en présence de celui-ci ou lui dûment appelé. F. 47, s.

98. L'opération du récolement sera faite par deux agents au moins, et le garde du triage y sera appelé. — Les agents forestiers en dresseront un procès-verbal qui sera signé tant par eux que par l'adjudicataire ou son fondé de pouvoirs.

99. Les préfets ne délivreront aux adjudicataires les décharges d'exploitation qu'après avoir pris l'avis des conservateurs. F. 45, s., 51.

SECT. VI. — *Des adjudications de glandée, panage et paisson, et des ventes de chablis, de bois de délit, et autres menus marchés.*

100. Le conservateur fera reconnaître, chaque année, par les agents forestiers locaux, les cantons des bois et forêts où des adjudications de glandée, panage et paisson pourront avoir lieu sans nuire au repeuplement et à la conservation des forêts. Il autorisera en conséquence ces adjudications. Ord. d'ex. 104. — F. 53, s.

101. Les gardes constateront le nombre, l'essence et la grosseur des arbres abattus ou rompus par les vents, les orages, ou tous autres accidents. Ils en dresseront des procès-verbaux qu'ils remettront à leur chef immédiat dans les dix jours de la rédaction. — La reconnaissance de ces chablis sera faite sans délai par un agent forestier, qui les marquera de son marteau. Ord. d'ex. 26.

102. Les conservateurs autoriseront et feront effectuer les adjudications des chablis, ainsi que celles des bois provenant de délits, de recépages, d'élagages ou d'essartements, et qui n'auront pas été vendus sur pied, et généralement tous autres menus marchés. Ord. d'ex. 104. — F. 17, s.

103. Les arbres sur pied, quoique endommagés, ébranchés, morts ou dépérissants, ne pourront être abattus et vendus, même comme menus marchés, sans l'autorisation spéciale de notre ministre des finances. — *Modifié*, Ord. d'ex. 7, *note*.

104. Les adjudications mentionnées dans les articles 100, 102 et 103 ci-dessus seront effectuées avec les mêmes formalités que les adjudications des coupes ordinaires de bois (a).

SECT. VII. — *Des concessions à charge de repeuplement.*

105. Lorsqu'au lieu d'opérer par adjudication à prix d'argent ou par économie des semis ou plantations dans les forêts, l'administration jugera convenable d'en concéder temporairement les vides

(a) 23 juin-1er juillet 1830. — *Ordonnance modifiant les dispositions de l'art. 104 de l'ordonnance du 1er août 1827, en ce qui concerne les formalités à remplir pour les adjudications des chablis, bois de délit et autres objets dont l'évaluation n'excède pas 500 fr.*

« Article unique. Ne seront point applicables aux adjudications mentionnées dans les art. 102 et 103 de notre ordonnance du 1er août 1827, la disposition de l'art. 17 du Code forestier, qui ordonne l'affiche des ventes des coupes ordinaires au chef-lieu du département; celle de l'art. 25 de la même loi, relative aux surenchères (les surenchères ont été abolies par la loi du 4 mai 1837); la disposition de l'art. 83 de l'ordonnance réglementaire qui prescrit le dépôt, au secrétariat de la vente, d'une expédition du cahier des charges, et celle du deuxième paragraphe de l'art. 84, qui exige que les affiches soient approuvées par le conservateur des forêts et apposées sous l'autorisation du préfet. — Toutefois les formalités prescrites pour les adjudications des coupes ordinaires de bois seront observées, lorsque l'évaluation des objets mis en vente excédera la somme de 500 fr. »

et clairières à charge de repeuplement, les agents forestiers procéderont d'abord à la reconnaissance des lieux, et le procès-verbal qu'ils en dresseront constatera le nombre, l'essence et les dimensions des arbres existants sur les terrains à concéder. — Le conservateur transmettra à la direction générale ce procès-verbal, avec ses observations, et un projet de cahier des charges spécial pour chaque concession, par lequel les concessionnaires devront particulièrement être assujettis aux dispositions des articles 34, 41, 42, 44 et 46 du Code forestier.

106. Le directeur général des forêts soumettra à notre ministre des finances les projets de concession avec toutes les pièces à l'appui. — *Modifié*, O. d'ex. 7, *note*. — Ord. du 4 déc. 1844, art. 1-5°.

107. Les concessions de cette nature ne pourront être effectuées que par voie d'adjudication publique, avec les mêmes formalités que les adjudications des coupes de bois.

108. La réception des travaux, la reconnaissance des lieux et le récolement seront effectués, ainsi qu'il est prescrit par les articles 98 et 99 de la présente ordonnance pour le récolement des coupes de bois.

SECT. VIII. — *Des affectations à titre particulier dans les forêts de l'État.*

109. Lorsque des délivrances en vertu d'affectations à titre particulier devront être faites par coupes ou par pieds d'arbres, les ayants droit ne pourront en effectuer l'exploitation qu'après que la désignation et la délivrance leur en aura été faite régulièrement et par écrit par l'agent forestier chef de service. — Les opérations d'arpentage, de balivage et de martelage, ainsi que le réarpentage et le récolement, seront effectués par les agents de l'administration forestière, de la même manière que pour les coupes des bois de l'État et avec les mêmes réserves. — Les possesseurs d'affectations se conformeront, pour l'exploitation des bois qui leur seront ainsi délivrés, à tout ce qui est prescrit aux adjudicataires des bois de l'État pour l'usance et la vidange des ventes. F. 58, s.

110. Lorsque les délivrances devront être faites par stères, elles seront impo-

40

sées comme charges aux adjudicataires des coupes, et les possesseurs d'affectations ne pourront enlever les bois auxquels ils auront droit qu'après que le comptage en aura été fait contradictoirement entre eux et l'adjudicataire, en présence de l'agent forestier local.

111. Lorsqu'il y aura lieu d'estimer la valeur des bois à délivrer aux affouagistes, il sera procédé à l'estimation par un agent forestier nommé par le préfet et un expert nommé par l'affouagiste; en cas de partage, un troisième expert sera nommé par le président du tribunal.

SECT. IX. — *Des droits d'usage dans les bois de l'État.*

112. Lorsqu'il y aura lieu d'affranchir les forêts de l'État des droits d'usage en bois au moyen d'un cantonnement, le conservateur en adressera la proposition au directeur général qui la soumettra à l'approbation de notre ministre des finances. F. 63.

113. Le ministre des finances prescrira au préfet, s'il y a lieu, de procéder aux opérations préparatoires du cantonnement. — A cet effet, un agent forestier désigné par le conservateur, un expert choisi par le directeur des domaines, et un troisième expert nommé par le préfet, estimeront : — 1° D'après les titres des usagers, les droits d'usage en bois, en indiquant par une somme fixe en argent la valeur représentative de ces divers droits, tant en bois de chauffage qu'en bois de construction; — 2° Les parties de bois à abandonner pour le cantonnement, dont ils feront connaître l'assiette, l'abornement, la contenance, l'essence dominante et l'évaluation en fonds et en superficie, en distinguant le taillis de la futaie et mentionnant les claires-voies, s'il y en a; — 3° Les procès-verbaux indiqueront en outre les routes, rivières ou canaux qui servent aux débouchés, et les villes ou usines à la consommation desquelles les bois sont employés. — La proposition de cantonnement, ainsi fixée provisoirement, sera signifiée par le préfet à l'usager. F. 53.

114. Si l'usager donne son consentement à cette proposition, il sera passé entre le préfet et lui, et sous la forme administrative, acte de l'engagement pris par l'usager d'accepter sans nulle contestation le cantonnement tel qu'il lui a été proposé, sauf notre homologation. — Cet acte, avec toutes les pièces à l'appui, sera transmis par le préfet à notre ministre des finances, qui, après avoir pris l'avis des directions générales des domaines et des forêts, soumettra le projet de cantonnement à notre homologation.

115. Si l'usager refuse de consentir au cantonnement qui lui est proposé, et élève des réclamations, soit sur l'évaluation de ses droits d'usage, soit sur l'assiette et la valeur du cantonnement, le préfet en référera à notre ministre des finances, lequel lui prescrira, s'il y a lieu, d'intenter action contre l'usager devant les tribunaux, conformément à l'article 63 du Code forestier.

116. Lorsqu'il y aura lieu d'effectuer le rachat d'un droit d'usage quelconque, autre que l'usage en bois, suivant la faculté accordée au gouvernement par l'article 64 du Code forestier, il sera procédé de la manière prescrite pour le cantonnement des usages en bois par les articles 112, 113, 114 et 115 ci-dessus. — Toutefois, si le droit d'usage appartient à une commune, notre ministre des finances, avant de prononcer sur la proposition de l'administration forestière, la communiquera au préfet, lequel donnera des renseignements précis et son avis motivé sur l'absolue nécessité de l'usage pour les habitants. — Lorsque le ministre aura prononcé, le préfet, avant de faire procéder à l'estimation préparatoire, notifiera la proposition de rachat au maire de la commune usagère, en lui prescrivant de faire délibérer le conseil municipal, pour qu'il exerce, s'il le juge à propos, le pourvoi qui lui est réservé par le § 2 de l'article 64 du Code forestier. — Le procès-verbal des experts ne contiendra que l'évaluation en argent des droits des usagers, d'après leurs titres. C. 617, s., 625, s. — F. 61, 63.

117. En cas de contestation sur l'état et la possibilité des forêts et sur le refus d'admettre les animaux au pâturage et au panage dans certains cantons déclarés non défensables, le pourvoi contre les décisions rendues par les conseils de préfecture, en exécution des articles 65 et 67 du Code forestier, aura effet suspensif jusqu'à la décision rendue par nous en conseil d'Etat.

118. Les maires des communes et les particuliers jouissant du droit de pâturage ou de panage dans les forêts de l'Etat remettront annuellement à l'agent forestier local, avant le 31 décembre pour le pâturage, et avant le 30 juin pour le panage, l'état des bestiaux que chaque usager possède, avec la distinction de ceux qui servent à son propre usage et de ceux dont il fait commerce. F. 70.

119. Chaque année, les agents forestiers locaux constateront par des procès-verbaux, d'après la nature, l'âge et la situation des bois, l'état des cantons qui pourront être délivrés pour le pâturage, la glandée et le panage dans les forêts soumises à ces droits; ils indiqueront le nombre des animaux qui pourront y être admis et les époques où l'exercice de ces droits d'usage pourra commencer et devra finir. — Les propositions des agents forestiers seront soumises à l'approbation du conservateur avant le 1er février pour le pâturage, et avant le 1er août pour le panage et la glandée. F. 66, s.

120. Les pâtres des communes usagères seront choisis par le maire et agréés par le conseil municipal. F. 72 (*a*).

121. Le dépôt du fer servant à la marque des animaux, et de l'empreinte de ce fer, devra être effectué par l'usager, ainsi que le prescrit l'article 74 du Code forestier, avant l'époque fixée pour l'ouverture du pâturage ou du panage, sous les peines portées par cet article. — L'agent forestier local donnera acte de ce dépôt à l'usager. F. 73, s.

122. Les bois de chauffage qui se délivrent par stère seront mis en charge sur les coupes adjugées, et fournis aux usagers par les adjudicataires, aux époques fixées par le cahier des charges. — Pour les communes usagères, la délivrance des bois de chauffage sera faite au maire, qui en fera effectuer le partage entre les habitants. — Lorsque les bois de chauffage se délivreront par coupes, l'entrepreneur de l'exploitation sera agréé par l'agent forestier local. F. 84, s.

123. Aucune délivrance de bois pour constructions ou réparations ne sera faite

aux usagers que sur la présentation de devis dressés par des gens de l'art et constatant les besoins. — Ces devis seront remis, avant le 1er février de chaque année, à l'agent forestier local, qui en donnera reçu; et le conservateur, après avoir fait effectuer les vérifications qu'il jugera nécessaires, adressera l'état de toutes les demandes de cette nature au directeur général, en même temps que l'état général des coupes ordinaires, pour être revêtu de son approbation. — La délivrance de ces bois sera mise en charge sur les coupes en adjudication, et sera faite à l'usager par l'adjudicataire à l'époque fixée par le cahier des charges. — Dans le cas d'urgence constatée par le maire de la commune, la délivrance pourra être faite en vertu d'un arrêté du préfet rendu sur l'avis du conservateur. L'abatage et le façonnage des arbres auront lieu aux frais de l'usager, et les branchages et rémanents seront vendus comme menus marchés. Ord. d'ex. 141, s., 146. — F. 83, 84.

TITRE TROISIÈME.

DES BOIS ET FORÊTS QUI FONT PARTIE DU DOMAINE DE LA COURONNE.

124. Toutes les dispositions de la présente ordonnance concernant les forêts de l'Etat, seront applicables aux bois et forêts de la Couronne, sauf les exceptions qui résultent du titre IV du Code forestier.

TITRE QUATRIÈME.

DES BOIS ET FORÊTS QUI SONT POSSÉDÉS PAR LES PRINCES A TITRE D'APANAGE, ET PAR DES PARTICULIERS A TITRE DE MAJORATS RÉVERSIBLES A L'ÉTAT.

125. Toutes les dispositions des 1re et 2e sections du titre II de la présente ordonnance relativement à la délimitation, au bornage et à l'aménagement des forêts de l'Etat, à l'exception de l'article 68, sont applicables aux bois et forêts qui sont possédés par les princes à titre d'apanage, ou par des particuliers à titre de majorats réversibles à l'Etat.

126. Les possesseurs auront droit

d'intervenir comme parties intéressées dans tous débats et actions relativement à la propriété.

127. Les visites que l'article 89 du Code forestier prescrit à l'administration de faire faire, dans ces bois et forêts, auront pour objet de vérifier s'ils sont régis et administrés conformément aux dispositions de ce Code, aux titres constitutifs des apanages ou majorats, et aux états ou procès-verbaux qui ont été ou seront dressés en exécution de ces titres.— Ces visites ne seront faites que par des agents forestiers qui seront désignés par le conservateur local ou par le directeur général des forêts. Elles auront lieu au moins une fois par an.— Les agents dresseront des procès-verbaux du résultat de leurs visites, et remettront ces procès-verbaux au conservateur, qui les transmettra, sans délai, avec ses observations, au directeur général des forêts.

TITRE CINQUIÈME.

DES BOIS DES COMMUNES ET DES ÉTABLISSEMENTS PUBLICS.

128. L'administration forestière dressera incessamment un état général des bois appartenant à des communes ou établissements publics, et qui doivent être soumis au régime forestier, aux termes des articles 1er et 90 du Code, comme étant susceptibles d'aménagement ou d'une exploitation régulière. — S'il y a contestation à ce sujet de la part des communes ou établissements propriétaires, la vérification de l'état des bois sera faite par les agents forestiers, contradictoirement avec les maires ou administrateurs. — Le procès-verbal de cette vérification sera envoyé par le conservateur au préfet, qui fera délibérer les conseils municipaux des communes ou les administrateurs des établissements propriétaires, et transmettra le tout, avec son avis, à notre ministre des finances, sur le rapport duquel il sera statué par nous. Ord. d'ex. 131, s.— F. 8, s.

129. Lorsqu'il y aura lieu d'opérer la délimitation des bois des communes et des établissements publics, il sera procédé de la manière prescrite par la 1re section du titre II de la présente or-

donnance pour la délimitation et le bornage des forêts de l'Etat, sauf les modifications des articles suivants.

130. Dans les cas prévus par les articles 58 et 59, le préfet, avant de nommer les agents forestiers chargés d'opérer comme experts dans l'intérêt des communes ou établissements propriétaires, prendra l'avis des conservateurs des forêts et celui des maires et administrateurs.

131. Le maire de la commune, ou l'un des administrateurs de l'établissement propriétaire, aura droit d'assister à toutes les opérations, conjointement avec l'agent forestier nommé par le préfet. Ses dires, observations et oppositions seront exactement consignés au procès-verbal. — Le conseil municipal ou les administrateurs seront appelés à délibérer sur les résultats du procès-verbal avant qu'il soit soumis à notre homologation.

132. Lorsqu'il s'élèvera des contestations ou des oppositions, les communes ou établissements propriétaires seront autorisés à intenter action ou à défendre, s'il y a lieu, et les actions seront suivies par les maires ou administrateurs dans la forme ordinaire (a).

133. L'état des frais de délimitation et de bornage, dressé par le conservateur et visé par le préfet, sera remis au receveur de la commune ou de l'établissement propriétaire, qui percevra le montant des sommes mises à la charge des riverains, et, en cas de refus, en poursuivra le paiement par toutes les voies de droit au profit et pour le compte de ceux à qui ces frais seront dus (b). Ord. d'ex. 66.— F. 14.

134. Toutes les dispositions des 2e, 3e, 4e, 5e et 6e sections du titre II de la

(a) Voy. la loi du 18 juill. 1837, art. 9, s., 19, 49, C. municip.

(b) 23 mars-9 avril 1845.—*Ordonnance concernant les frais de la délimitation et du bornage des bois des communes et des établissements publics.*

« Art. 1er. Les communes et établissements publics, qui auront requis des délimitations ou des bornages partiels ou généraux, paieront directement et intégralement aux ayants droit, autres que les agents forestiers, les frais de ces opérations, et recouvreront ensuite sur les propriétaires riverains le montant des frais tombant à la charge de chacun d'eux.

« 2. Lorsque les délimitations ou les bornages de bois communaux ou d'établissements publics auront été requis par les riverains, il sera

présente ordonnance, sont applicables aux bois des communes et des établissements publics, à l'exception des articles 68 et 88, et sauf les modifications qui résultent du titre VI du Code forestier et des dispositions du présent titre (a). Ord. d'ex. 67, s., 139.

135. Nos ordonnances d'aménagement

procédé conformément aux dispositions de l'art. 133 de l'ordonnance réglementaire du 1ᵉʳ août 1827.

« 3. Dans l'un et l'autre cas, les frais de la coopération des agents du service des travaux d'art, réglés d'après un tarif arrêté par notre ministre des finances, seront versés par les receveurs des communes ou des établissements publics dans les caisses des domaines, à titre de remboursement d'avances, et comme produits accessoires des forêts. — Les frais alloués pour le concours des agents chargés d'opérer comme experts, dans l'intérêt des communes ou des établissements publics, ainsi que les frais du recouvrement des sommes mises à la charge des riverains, seront supportés en entier par lesdits établissements et communes. »

24 mars 1845. — *Arrêté du ministre des finances.*

« Art. 1ᵉʳ. Les agents du service des travaux d'art qui seront appelés à concourir aux délimitations et bornages des bois des communes et des établissements publics seront rétribués, quel que soit leur grade, à raison de *six francs* par chaque journée employée au cabinet, et de *onze francs* par chaque journée employée sur le terrain.

« 2. L'indemnité des agents chargés d'opérer comme experts, dans l'intérêt des communes et établissements publics, est fixée à *cinq francs* par journée employée sur le terrain. »

(a) 19-23 juillet 1845. — *Loi portant fixation du budget des recettes de l'exercice 1846.*

« Art. 6. Les prélèvements sur les ventes ou délivrances en nature des produits des bois des communes et des établissements publics, prescrits par l'art. 5 de la loi du 25 juin 1841, continueront à porter sur les produits principaux. Ils cesseront d'être appliqués aux produits accessoires.—Quand aux produits délivrés en nature, la valeur en sera fixée définitivement par le ministre des finances, sur les propositions des agents forestiers, les observations des conseils municipaux et des administrateurs, et l'avis des préfets. — Les délais dans lesquels ces observations et avis devront être produits, sous peine qu'il soit passé outre, seront déterminés par une ordonnance royale. »

5 février-1ᵉʳ mars 1846.—*Ordonnance concernant les produits à délivrer en nature dans les bois des communes et des établissements publics.*

« Art. 1ᵉʳ. Avant le 1ᵉʳ septembre de chaque année, les conservateurs des forêts adresseront aux préfets les états estimatifs des produits à délivrer en nature dans les bois des communes et des établissements publics.

« 2. Avant le 10 du même mois, ces états seront transmis par les préfets aux maires des communes et aux présidents des commissions

ne seront rendues qu'après que les conseils municipaux ou les administrateurs des établissements propriétaires auront été consultés sur les propositions d'aménagement, et que les préfets auront donné leur avis (b). Ord. d'ex. 67, s.— F. 15, s.

136. Les mêmes formalités seront observées lorsqu'il s'agira de faire effectuer des travaux extraordinaires, tels que recepages, repeuplements, clôtures, routes, constructions de loges pour les gardes et autres travaux d'amélioration.— Si les communes ou établissements propriétaires n'élèvent aucune objection contre les travaux projetés, ces travaux pourront être autorisés par le préfet, sur la proposition du conservateur. Dans le cas contraire, il sera statué par nous sur le rapport de notre ministre des finances.

137. Dans les coupes des bois des communes et des établissements publics, la réserve prescrite par l'article 70 de la présente ordonnance sera de quarante baliveaux au moins et de cinquante au plus par hectare.— Lors de la coupe des quarts en réserve, le nombre des arbres à conserver sera de soixante au moins et de cent au plus par hectare.

138. Les indemnités que les adjudicataires des bois des communes et des établissements publics devront payer, en exécution de l'article 96 de la présente ordonnance, lorsqu'il leur sera accordé des délais de coupe et de vidange, seront versées dans les caisses des receveurs des communes ou établissements propriétaires.

administratives des établissements publics propriétaires de bois.

« 3. Les observations des conseils municipaux et des commissions administratives, sur les propositions des conservateurs des forêts, devront être adressées, au plus tard, le 30 du même mois, aux préfets, avec les pièces à l'appui.

« 4. Les préfets transmettront toutes les pièces à notre ministre des finances, avec leur avis, le 30 octobre suivant. »

(b) 2 décembre 1845-10 janvier 1846. — *Ordonnance relative aux opérations d'aménagement des bois appartenant à des communes ou à des établissements publics.*

« Article unique. Les agents du service des travaux d'art pourront être chargés des opérations d'aménagement des bois appartenant à des communes ou à des établissements publics.— Les dispositions de l'art. 3, paragraphe 1ᵉʳ, de notre ordonnance du 23 mars dernier, seront applicables aux frais relatifs à ces opérations. » O. d'ex. 133, *note.*

139. Il ne pourra être fait, dans les bois des communes et des établissements publics, aucune adjudication de glandée, panage ou paisson, qu'en vertu d'autorisation spéciale du préfet, qui devra consulter à ce sujet les communes ou établissements propriétaires et prendre l'avis de l'agent forestier local. Ord. d'ex. 100, s., 134. — F. 53.

140. Hors le cas de dépérissement des quarts en réserve, l'autorisation de les couper ne sera accordée que pour cause de nécessité bien constatée, et à défaut d'autres moyens d'y pourvoir. — Les demandes de cette nature, appuyées de l'avis des préfets, ne nous seront soumises par notre ministre des finances qu'après avoir été par lui communiquées à notre ministre de l'intérieur. Ord. d'ex. 15, *note*.

141. Les communes qui ne sont pas dans l'usage d'employer la totalité des bois de leurs coupes à leur propre consommation, feront connaître à l'agent forestier local la quantité de bois qui leur sera nécessaire, tant pour chauffage que pour constructions et réparations, et il en sera fait délivrance, soit par l'adjudicataire de la coupe, soit au moyen d'une réserve sur cette coupe; le tout conformément à leur demande, et aux clauses du cahier des charges de l'adjudication. F. 105.

142. Les administrateurs des établissements publics donneront chaque année un état des quantités de bois, tant de chauffage que de construction, dont ces établissements auront besoin. Cet état sera visé par le sous-préfet, et transmis par lui à l'agent forestier local. — Les quantités de bois ainsi déterminées seront mises en charge lors de la vente des coupes, et délivrées à l'établissement par l'adjudicataire, aux époques qui seront fixées par le cahier des charges. F. 102.

143. Lorsqu'il y aura lieu à l'expertise prévue par l'article 105 du Code forestier, cette expertise sera faite, dans le procès-verbal même de la délivrance, par le maire de la commune ou son délégué, par l'agent forestier, et par un expert au choix de la partie prenante.— Le procès-verbal sera remis au receveur municipal par l'agent forestier.

144. Dans le cas prévu par le § 2 de l'article 109 du Code, le préfet, sur les propositions de l'agent forestier local et du maire de la commune, déterminera la portion de coupe affouagère qui devra être vendue aux enchères pour acquitter les frais de garde, la contribution foncière et l'indemnité attribuée au trésor par l'article 106 du Code. — Le produit de cette vente sera versé dans la caisse du receveur municipal pour être employé à l'acquittement de ces charges.

145. Lorsqu'il y aura lieu d'user de la faculté accordée par le Code forestier aux communes et aux établissements publics, d'affranchir leurs bois de droits d'usage, le conseil municipal ou les administrateurs de la commune ou de l'établissement propriétaire seront d'abord consultés sur la convenance et l'utilité soit du cantonnement, soit du rachat, et le préfet soumettra leur délibération, avec les observations de l'agent forestier et son propre avis en forme d'arrêté, à notre ministre des finances, qui nous soumettra un projet d'ordonnance, après s'être concerté avec notre ministre de l'intérieur. — Il sera ensuite procédé de la manière prescrite par les articles 113, 114 et 116 de la présente ordonnance : mais le second expert, au lieu d'être nommé par le directeur des domaines, sera choisi par le maire, sauf l'approbation du conseil municipal, ou par les administrateurs de l'établissement. — S'il s'élève des contestations, il sera procédé conformément à l'article 115 de la présente ordonnance. Toutefois les actions seront suivies devant les tribunaux par le maire ou les administrateurs, suivant les formes prescrites par les lois.

146. Toutes les dispositions de la section IX du titre II de la présente ordonnance, sur l'exercice des droits d'usage dans les bois de l'État, sont applicables à la jouissance des communes et des établissements publics dans leurs propres bois, sauf les modifications qui résultent du présent titre, et à l'exception des articles 121 et 123.

TITRE SIXIÈME.

DES BOIS INDIVIS QUI SONT SOUMIS AU RÉGIME FORESTIER.

147. En exécution des articles 1er et 113 du Code forestier, toutes les dispositions de la présente ordonnance relatives aux forêts de l'Etat sont applicables aux bois dans lesquels l'Etat a des droits de propriété indivis soit avec des communes ou des établissements publics, soit avec des particuliers. — Ces dispositions sont également applicables aux bois indivis entre le domaine de la Couronne et les particuliers, sauf les modifications qui résultent du titre IV du Code forestier et du titre III de la présente ordonnance.— Quant aux bois indivis entre des communes ou des établissements publics et les particuliers, ils seront régis conformément aux dispositions du titre VI du Code forestier et du titre V de la présente ordonnance.

148. Lorsqu'il y aura lieu d'effectuer des travaux extraordinaires pour l'amélioration des bois indivis, le conservateur communiquera aux copropriétaires les propositions et projets de travaux.

149. L'administration des forêts soumettra incessamment à notre ministre des finances le relevé de tous les bois indivis entre l'Etat et d'autres propriétaires, en indiquant quels sont ceux dont le partage peut être effectué sans inconvénient. — Notre ministre des finances décidera s'il y a lieu de provoquer le partage, et l'action sera, en conséquence, intentée et suivie conformément au droit commun et dans les formes ordinaires. — Lorsque les parties auront à nommer des experts, ces experts seront nommés : — Dans l'intérêt de l'Etat, par le préfet, sur la proposition du directeur des domaines, qui devra se concerter à ce sujet avec le conservateur, pour désigner un agent forestier; — Dans l'intérêt des communes, par le maire, sauf l'approbation du conseil municipal; — Dans l'intérêt des établissements publics, par les administrateurs de ces établissements.

TITRE SEPTIÈME.

DES BOIS DES PARTICULIERS.

150. Les gardes des bois des particuliers ne seront admis à prêter serment qu'après que leurs commissions auront été visées par le sous-préfet de l'arrondissement. — Si le sous-préfet croit devoir refuser son visa, il en rendra

compte au préfet, en lui indiquant les motifs de son refus. — Ces commissions seront inscrites dans les sous-préfectures, sur un registre où seront relatés les noms et demeures des propriétaires et des gardes, ainsi que la désignation et la situation des bois. F. 117.

151. Lorsque les propriétaires ou les usagers seront dans le cas de requérir l'intervention d'un agent forestier pour visiter les bois des particuliers, à l'effet d'en constater l'état et la possibilité ou de déclarer s'ils sont défensables, ils en adresseront la demande au conservateur, qui désignera un agent forestier pour procéder à cette visite. — L'agent forestier ainsi désigné dressera procès-verbal de ses opérations, en énonçant toutes les circonstances sur lesquelles sa déclaration sera fondée. — Il déposera ce procès-verbal à la sous-préfecture, où les parties pourront en réclamer des expéditions. F. 119.

TITRE HUITIÈME.

DES AFFECTATIONS SPÉCIALES DE BOIS A DES SERVICES PUBLICS.

SECT. I. — *Des bois destinés au service de la marine (a).*

152. Dans les bois dont la régie est confiée à l'administration forestière, aussitôt après la désignation et l'assiette des coupes ordinaires ou extraordinaires, le conservateur en adressera l'état au directeur ou au sous-directeur de la marine. — Dès que le balivage et le martelage des coupes auront été effectués, les agents forestiers chefs de service dans chaque inspection en donneront avis aux ingénieurs, maîtres ou contre-maîtres de la marine, qui procéderont immédiatement à la recherche et au martelage des bois propres au service de la marine impériale. — Outre l'expédition des procès-verbaux de martelage que les agents de la marine doivent, aux termes de l'article 126 du Code forestier, faire viser par le maire et déposer à la mairie de la commune où le martelage aura eu lieu,

(a) L'application des articles compris dans cette section est provisoirement suspendue. (Voy. les notes sous les art. 124, 125 et 126 C. for.)

ils en remettront immédiatement une seconde expédition aux agents forestiers chefs de service. — Le résultat des opérations des agents de la marine sera toujours porté sur les affiches des ventes, et tout martelage effectué ou signifié aux agents forestiers après l'apposition des affiches sera considéré comme nul.

153. Quant aux arbres épars qui devront être abattus sur les propriétés des communes ou des établissements publics non soumises au régime forestier, les maires et administrateurs en feront la déclaration telle qu'elle est prescrite par les articles 124 et 125 du Code forestier.

154. Les déclarations prescrites par l'article 125 du Code indiqueront l'arrondissement, le canton et la commune de la situation des bois, les noms et demeures des propriétaires, le nom du bois et sa contenance, la situation et l'étendue du terrain sur lequel se trouveront les arbres, le nombre et les espèces d'arbres qu'on se proposera d'abattre et leur grosseur approximative. — Elles seront faites et déposées à la sous-préfecture, en double minute, dont l'une, visée par le sous-préfet, sera remise au déclarant. — Les sous-préfets qui auront reçu les déclarations, les feront enregistrer, les transmettront immédiatement au directeur du service forestier de la marine, et en donneront avis à l'agent forestier local.

155. Dès que les déclarations leur seront parvenues, les agents de la marine procéderont à la reconnaissance et au martelage des arbres propres aux constructions navales, et se conformeront exactement aux dispositions de l'article 126 du Code forestier, pour les procès-verbaux qu'ils doivent dresser de cette opération.

156. Les arbres qui auront été marqués pour le service de la marine devront être abattus du 1er octobre au 1er avril. — La notification de l'abatage de ces arbres sera faite à la sous-préfecture et transmise aux agents de la marine, de la manière qui est prescrite par l'article 154 ci-dessus, pour les déclarations de volonté d'abattre.

157. Dès que la notification de l'abatage leur sera parvenue, les agents de la marine feront la visite des arbres abattus,

et en dresseront un procès-verbal, dont ils déposeront une copie à la mairie de la commune où les bois sont situés.

158. Les arbres qui auront été marqués pour le service de la marine dans les bois soumis au régime forestier, comme sur toute propriété privée, seront livrés en grume et en forêt; mais les adjudicataires ou les propriétaires pourront traiter de gré à gré avec les agents de la marine, relativement au mode de livraison des bois, à leur équarrissage et à leur transport sur les ports flottables ou autres lieux de dépôt.

159. Dans les cas prévus par l'article 131 du Code forestier, le maire, sur la réquisition du propriétaire des arbres sujets à déclaration pour le service de la marine, constatera par un procès-verbal le nombre d'arbres dont ce propriétaire aura réellement besoin pour constructions ou réparations, l'âge et les dimensions de ces arbres. — Ce procès-verbal sera déposé à la sous-préfecture et transmis aux agents de la marine de la manière qui est prescrite par l'article 154 de la présente ordonnance, pour les déclarations de volonté d'abattre.

160. Les procès-verbaux que les agents de la marine sont autorisés, par l'article 134 du Code, à dresser pour constater les délits et les contraventions concernant le service de la marine, seront remis par eux, dans le délai prescrit par les articles 15 et 18 du Code d'instruction criminelle, aux agents forestiers chargés de la poursuite devant les tribunaux.

161. Notre ministre de la marine présentera incessamment à notre approbation l'état des départements, arrondissements et cantons qui ne seront point soumis à l'exercice du droit de martelage pour les constructions navales: cet état, approuvé par nous, sera inséré au *Bulletin des lois* (a). — Les mêmes formalités seront observées lorsqu'il y aura lieu d'assujettir de nouveau à l'exercice du droit de martelage l'un des départements, arrondissements ou cantons qui en auront été ainsi affranchis. Nos ordonnances à ce sujet seront toujours publiées avant le 1er mars pour l'ordinaire suivant.

(a) Voy. cet état plus haut, p. 611.

SECT. II. — *Des bois destinés au service des ponts et chaussées pour le fascinage du Rhin.*

162. Chaque année, avant le 1er août, le conservateur fournira aux préfets des départements du Haut et du Bas-Rhin un tableau des coupes des bois de l'Etat, des communes et des établissements publics, qui devront avoir lieu dans ces départements, sur les rives et à la distance de cinq kilomètres du fleuve. — Ce tableau, divisé en deux parties, dont l'une comprendra les bois de l'Etat, et l'autre ceux des communes et des établissements publics, indiquera la situation de chaque coupe et les ressources qu'elle pourra produire pour les travaux d'endigage et de fascinage. F. 136, s.

163. Les déclarations prescrites aux propriétaires par l'article 137 du Code forestier seront faites dans les formes et de la manière qui sont déterminées par l'article 154 de la présente ordonnance pour le service de la marine. — Elles seront transmises immédiatement au préfet par les sous-préfets.

164. Le préfet, sur le rapport des ingénieurs des ponts et chaussées constatant l'urgence, prendra un arrêté pour désigner, à proximité du lieu où le danger se manifestera, les propriétés où seront coupés les bois nécessaires pour les travaux. — Il adressera cet arrêté à l'agent forestier supérieur de l'arrondissement et à l'ingénieur en chef des ponts et chaussées.

165. Lorsque la réquisition portera sur des bois régis par l'administration forestière, les agents forestiers locaux procéderont sur-le-champ, et dans les formes ordinaires, à la désignation du canton où la coupe devra être faite et aux opérations de balivage et de martelage. — Lorsque les bois sur lesquels frappera la réquisition appartiendront à des particuliers, l'agent forestier en fera faire, par un garde, la signification au propriétaire.

166. La déclaration à laquelle est tenu, en vertu de l'article 140 du Code forestier, le propriétaire qui préférera exploiter lui-même les bois requis, sera faite à la sous-préfecture, et dans les formes qui sont prescrites pour les déclarations de volonté d'abattre, par l'article 145 de la présente ordonnance. —

Le sous-préfet en donnera avis immédiatement au préfet et à l'ingénieur des ponts et chaussées chargé de l'exécution des travaux.

167. Dans le cas d'urgence prévu par l'article 138 du Code forestier, le propriétaire qui, pour des besoins personnels, serait obligé de faire couper sans délai des bois soumis à la déclaration, devra faire constater l'urgence de la manière qui est prescrite par l'article 159 de la présente ordonnance. — Le procès-verbal sera transmis au préfet par le sous-préfet.

168. Pour l'exécution des dispositions de l'article 141 du Code forestier, l'abatage des bois requis sera constaté, dans les bois régis par l'administration forestière, par un procès-verbal d'un agent forestier, et dans les autres bois, par un procès-verbal dressé par le maire de la commune. — Lorsqu'il y aura lieu de nommer des experts pour la fixation des indemnités, l'expert dans l'intérêt de l'administration des ponts et chaussées sera nommé par le préfet. — Les ingénieurs des ponts et chaussées ne délivreront aux entrepreneurs des travaux le certificat à fin de paiement pour solde, qu'autant qu'ils justifieront avoir entièrement payé les sommes mises à leur charge pour le prix des bois requis et livrés.

TITRE NEUVIÈME.

POLICE ET CONSERVATION DES BOIS ET FORÊTS QUI SONT RÉGIS PAR L'ADMINISTRATION FORESTIÈRE.

169. Dans les bois et forêts qui sont régis par l'administration des forêts, l'extraction de productions quelconques du sol forestier ne pourra avoir lieu qu'en vertu d'une autorisation formelle, délivrée par le conservateur des forêts, s'il s'agit des bois de l'Etat; et, s'il s'agit de ceux des communes et des établissements publics, par les maires ou administrateurs des communes ou établissements propriétaires, sauf l'approbation du conservateur des forêts, qui, dans tous les cas, réglera les conditions et le mode d'extraction. — Quant au prix, il sera fixé, pour les bois de l'Etat, par le conservateur des forêts, et, pour les bois des communes et des établissements publics, par le préfet, sur les propositions des maires et administrateurs (Ord. du 4 déc. 1844-7 janv. 1845 (a).) — F. 144.

170. Lorsque les extractions de matériaux auront pour objet des travaux publics, les ingénieurs des ponts et chaussées, avant de dresser le cahier des charges des travaux, désigneront à l'agent forestier supérieur de l'arrondissement les lieux où ces extractions devront être faites. — Les agents forestiers, de concert avec les ingénieurs ou conducteurs des ponts et chaussées, procéderont à la reconnaissance des lieux, détermineront les limites du terrain où l'extraction pourra être effectuée, le nombre, l'espèce et les dimensions des arbres dont elle pourra nécessiter l'abatage, et désigneront les chemins à suivre pour le transport des matériaux. En cas de contestation sur ces divers objets, il sera statué par le préfet. F. 145.

171. Les diverses clauses et conditions qui devront, en conséquence des dispositions de l'article précédent, être imposées aux entrepreneurs, tant pour le mode d'extraction que pour le rétablissement des lieux en bon état, seront rédigées par les agents forestiers, et remises par eux au préfet, qui les fera insérer au cahier des charges des travaux.

172. L'évaluation des indemnités dues à raison de l'occupation ou de la fouille des terrains, et des dégâts causés par l'extraction, sera faite conformément aux articles 55 et 56 de la loi du 16 septembre 1807 (b). — L'agent forestier supérieur de l'arrondissement remplira les fonctions d'expert dans l'intérêt de l'Etat; et les experts dans l'intérêt des communes ou des établissements publics seront nommés par les maires ou les administrateurs.

173. Les agents forestiers et les ingénieurs et conducteurs des ponts et chaussées sont expressément chargés de veiller à ce que les entrepreneurs n'emploient pas les matériaux provenant des extractions à d'autres travaux que ceux pour lesquels elles auront été autorisées. —Les agents forestiers exerceront contre les contrevenants toutes poursuites de droit.

174. Les arbres et portions de bois qu'il serait indispensable d'abattre pour effectuer les extractions, seront vendus comme menus marchés, sur l'autorisation du conservateur. F. 102, s., 170.

175. Les réclamations qui pourront s'élever relativement à l'exécution des travaux d'extraction et à l'évaluation des indemnités, seront soumises aux conseils de préfecture, conformément à l'article 4 de la loi du 17 février 1800 (28 pluviôse an VIII). C. adm.

176. Quand les arbres de lisière qui ont actuellement plus de trente ans auront été abattus, les arbres qui les remplaceront devront être élagués, conformément à l'art. 572 du Code Napoléon, lorsque l'élagage en sera requis par les riverains. F. 150. — Les plantations ou réserves destinées à remplacer les arbres actuels de lisière seront effectuées en arrière de la ligne de délimitation des forêts, à la distance prescrite par l'article 671 du Code Napoléon.

177. Les établissements et constructions mentionnés dans les articles 151, 152, 153, 154 et 155 du Code forestier ne pourront être autorisés que par nos ordonnances spéciales. — Lorsqu'il s'agira des fours à chaux ou à plâtre, des briqueteries et des tuileries dont il est fait mention en l'article 151 de ce Code, il sera d'abord statué par nous sur la demande d'autorisation, sans préjudice des droits des tiers et des oppositions qui pourraient s'élever. Il sera ensuite procédé suivant les formes prescrites par le décret du 15 octobre 1810, et par nos ordonnances des 14 janvier 1815 et 29 juillet 1818.

178. Les demandes à fin d'autorisation pour construction de maisons ou fermes, en exécution des § 1er et 2 de l'article 153 du Code, seront remises à l'agent forestier supérieur de l'arrondissement, en double minute, dont l'une, revêtue du *visa* de cet agent, sera rendue au déclarant.

(a) La rédaction actuelle ne diffère de celle de l'ancien art. 169 qu'en ce que, pour accorder l'autorisation, on a substitué le conservateur au directeur général.
(b) Ces articles sont rapportés au C. de l'expropriation.

179. Dans le délai de six mois, à dater de la publication de la présente ordonnance, les propriétaires des usines et constructions mentionnées dans les articles 151, 152 et 155 du Code forestier, et non comprises dans les dispositions exceptionnelles de l'article 156 du même Code, seront tenus de remettre au conservateur les titres en vertu desquels ces usines ou constructions ont été établies.—Les conservateurs adresseront ces titres avec leurs observations à la direction générale des forêts, qui les soumettra à notre ministre des finances. — Si les propriétaires ne font pas le dépôt de leurs titres dans le délai ci-dessus fixé, ou si les titres ne justifient pas suffisamment de leurs droits, l'administration forestière poursuivra la démolition de leurs usines et constructions, en vertu des lois et règlements antérieurs à la publication du Code forestier, ainsi qu'il est prescrit par le § 2 de l'article 218 de ce Code.

180. Les possesseurs des scieries dont il est fait mention en l'article 155 du Code forestier, seront tenus, chaque fois qu'ils voudront faire transporter dans ces scieries, ou dans les bâtiments et enclos qui en dépendent, des arbres, billes ou tronches, d'en remettre à l'agent forestier local une déclaration détaillée, en indiquant de quelles propriétés ces bois proviennent. —Ces déclarations énonceront le nombre et le lieu de dépôt des bois : elles seront faites en double minute, dont une sera visée et remise au déclarant par l'agent forestier, qui en tiendra un registre spécial. — Les arbres, billes ou tronches seront marqués, sans frais, par le garde forestier du canton ou par un des agents forestiers locaux, dans le délai de cinq jours après la déclaration. F. 158.

TITRE DIXIÈME.

DES POURSUITES EXERCÉES AU NOM DE L'ADMINISTRATION FORESTIÈRE.

181. Les agents et les gardes dresseront, jour par jour, des procès-verbaux des délits et contraventions qu'ils auront reconnus.—Ils se conformeront, pour la rédaction et la remise de ces procès-verbaux, aux articles 16 et 18 du Code d'instruction criminelle. F. 160, 165, 166. — Ord. d'ex. 24.

182. Dans le cas où les officiers de police judiciaire désignés dans l'article 161 du Code forestier refuseraient, après avoir été légalement requis, d'accompagner les gardes dans leurs visites et perquisitions, les gardes rédigeront procès-verbal du refus, et adresseront sur-le-champ ce procès-verbal à l'agent forestier, qui en rendra compte à notre procureur près le tribunal de première instance. — Il en sera de même dans le cas où l'un des fonctionnaires dénommés dans l'article 165 du même Code aurait négligé ou refusé de recevoir l'affirmation des procès-verbaux dans le délai prescrit par la loi.

183. Lorsque les procès-verbaux porteront saisie, l'expédition qui, aux termes de l'article 167 du Code forestier, doit en être déposée au greffe de la justice de paix dans les vingt-quatre heures après l'affirmation, sera signée et remise par l'agent ou le garde qui aura dressé le procès-verbal. F. 168.

184. Lorsque le juge de paix aura accordé la mainlevée provisoire des objets saisis, il en donnera avis à l'agent forestier local. F. 168.

185. Aux audiences tenues dans nos cours et tribunaux pour le jugement des délits et contraventions poursuivis à la requête de la direction générale des forêts, l'agent chargé de la poursuite aura une place particulière à la suite du parquet de nos procureurs et de leurs substituts. Il y assistera en uniforme, et se tiendra découvert pendant l'audience. F. 174.

186. Les agents forestiers dresseront, pour le ressort de chaque tribunal de police correctionnelle, et au commencement de chaque trimestre, un mémoire, en triple expédition, des citations et significations faites par les gardes pendant le trimestre précédent; cet état sera rendu exécutoire, visé et ordonnancé, conformément au règlement du 18 juin 1811.

187. A la fin de chaque trimestre, les conservateurs adresseront au directeur général des forêts un état des jugements et arrêts rendus à la requête de l'administration forestière, avec une indication sommaire de la situation des poursuites intentées et sur lesquelles il n'aura pas encore été statué.

TITRE ONZIÈME.

DE L'EXÉCUTION DES JUGEMENTS REN-
DUS A LA REQUÊTE DE L'ADMINISTRA-
TION FORESTIÈRE OU DU MINISTÈRE
PUBLIC.

188. Les extraits des jugements par
défaut seront remis par les greffiers de
nos cours et tribunaux aux agents forestiers, dans les trois jours après celui où
les jugements auront été prononcés (a).—
L'agent forestier supérieur de l'arrondissement les fera signifier immédiatement
aux condamnés, et remettra en même
temps au receveur des domaines un état
indiquant les noms des condamnés, la
date de la signification des jugements, et
le montant des condamnations en amendes, dommages-intérêts et frais.—Quinze
jours après la signification du jugement,
l'agent forestier remettra les originaux
des exploits de signification au receveur
des domaines qui procédera alors contre
les condamnés, conformément aux dispositions de l'article 211 du Code forestier.
— Si, durant ce délai, le condamné in-
terjette appel ou forme opposition, l'a-
gent forestier en donnera avis au receveur. F. 209, s.

189. Quant aux jugements contradictoires, lorsqu'il n'aura été fait par les
condamnés aucune déclaration d'appel,
les greffiers en remettront l'extrait directement aux receveurs des domaines dix
jours après celui où le jugement aura été
prononcé, et les receveurs procéderont
contre les condamnés conformément aux
dispositions de l'article 211 du Code forestier.— L'extrait des arrêts ou jugements rendus sur appel sera remis directement aux receveurs des domaines, par
les greffiers de nos cours et tribunaux
d'appel, quatre jours après celui où le
jugement aura été prononcé, si le condamné ne s'est point pourvu en cassation.

190. A la fin de chaque trimestre, les

(a) 19 octobre-1er novembre 1841.— *Ordonnance
qui fixe à dix jours le délai accordé aux greffiers
des cours et tribunaux, par l'ordonnance du
1er août 1827, pour la remise aux agents forestiers des arrêts et jugements par défaut.*

« Article unique. Le délai de trois jours que
l'art. 188 de l'ordonnance du 1er août 1827 accorde
aux greffiers de nos cours et tribunaux pour la
remise des extraits des arrêts et jugements par
défaut, sera désormais fixé à dix jours. »

directeurs des domaines remettront au
directeur général de l'enregistrement et
des domaines un état indiquant les recouvrements effectués en exécution de jugements correctionnels en matière forestière, et les condamnations pécuniaires
tombées en non-valeur par suite de l'insolvabilité des condamnés.

191. Les condamnés qui, en raison
de leur insolvabilité, invoqueront l'application de l'article 213 du Code forestier,
présenteront leur requête, accompagnée
des pièces justificatives prescrites par
l'article 420 du Code d'instruction criminelle, à nos procureurs, qui ordonneront, s'il y a lieu, que les condamnés
soient mis en liberté à l'expiration des
délais fixés par l'article 213 du Code
forestier, et en donneront avis aux receveurs des domaines.

TITRE DOUZIÈME.

DISPOSITIONS TRANSITOIRES SUR LE
DÉFRICHEMENT DES BOIS.

192. Les déclarations prescrites par
l'article 219 du Code forestier indiqueront
le nom, la situation et l'étendue des bois
que les particuliers se proposeront de
défricher. Elles seront faites en double
minute, et remises à la sous-préfecture,
où il en sera tenu registre. — L'une des
minutes, visées par le sous-préfet, sera
rendue au déclarant, et l'autre sera transmise par le sous-préfet à l'agent forestier
supérieur de l'arrondissement.

193. L'agent forestier procédera à la
reconnaissance de l'état et de la situation
des bois, et en dressera un procès-verbal,
auquel il joindra un rapport détaillé indiquant les motifs d'intérêt public qui seraient de nature à influer sur la détermination à prendre à cet égard. Il remettra
le tout sans délai au conservateur, avec la
déclaration du propriétaire.

194. Si le conservateur estime que le
bois ne doit pas être défriché, il fera signifier au propriétaire une opposition au
défrichement, et en référera au préfet, en
lui transmettant les pièces avec ses observations.— Dans le cas contraire, le
conservateur en référera, sans délai, au
directeur général des forêts, qui en rendra
compte à notre ministre des finances.

195. Le préfet statuera sur l'opposition, dans le délai d'un mois, par un arrêté énonçant les motifs de sa décision. — Dans le délai de huit jours, le préfet fera signifier cet arrêté à l'agent forestier supérieur de l'arrondissement, ainsi qu'au propriétaire des bois, et le soumettra, avec les pièces à l'appui, à notre ministre des finances, qui rendra et fera signifier au propriétaire sa décision défi-nitive dans les six mois à dater du jour de la signification de l'opposition.

196. Lorsque des maires et adjoints auront dressé des procès-verbaux pour constater des défrichements effectués en contravention au titre XV du Code forestier, ils seront tenus, indépendamment de la remise qu'ils en doivent faire à nos procureurs, d'en adresser une copie certifiée à l'agent forestier local.

FIN DU CODE FORESTIER.

TABLEAU DES DISTANCES

DE PARIS A TOUS LES CHEFS-LIEUX DES DÉPARTEMENTS,

COMPLÉTÉ ET RECTIFIÉ

conformément aux ordonnances des 7 juillet 1824, 1er novembre 1826, et 12 juin 1834.

DÉPARTEMENTS.	CHEFS-LIEUX.	MYRIAMÈTRES (a).	KILOMÈTRES.	DÉPARTEMENTS.	CHEFS-LIEUX.	MYRIAMÈTRES.	KILOMÈTRES.
Ain	Bourg	43	2	Loiret	Orléans	12	3
Aisne	Laon	12	7	Lot	Cahors	55	8
Allier	Moulins	28	9	Lot-et-Garonne	Agen	71	4
Alpes (Basses-)	Digne	75	5	Lozère	Mende	56	6
Alpes (Hautes-)	Gap	66	5	Maine-et-Loire	Angers	30	»
Ardèche	Privas	60	6	Manche	Saint-Lô	32	6
Ardennes	Mézières	23	4	Marne	Châlons	16	4
Ariége	Foix	75	2	Marne (Haute-)	Chaumont	24	7
Aube	Troyes	45	9	Mayenne	Laval	28	1
Aude	Carcassonne	76	5	Meurthe	Nancy	33	4
Aveyron	Rhodez	69	2	Meuse	Bar-sur-Ornain	25	1
Bouch.-du-Rhône	Marseille	81	3	Morbihan	Vannes	50	»
Calvados	Caen	26	3	Moselle	Metz	30	8
Cantal	Aurillac	53	9	Nièvre	Nevers	23	6
Charente	Angoulême	45	4	Nord	Lille	23	6
Charente-Infére.	La Rochelle (b)	46	»	Oise	Beauvais	8	8
Cher	Bourges	23	3	Orne	Alençon	19	1
Corrèze	Tulle	46	1	Pas-de-Calais	Arras	19	3
Corse (c)	Ajaccio	87	8	Puy-de-Dôme	Clermont	38	4
Côte-d'Or	Dijon	30	5	Pyrénées (Basses)	Pau	78	1
Côtes-du-Nord	Saint-Brieuc	44	6	Pyrénées (Hautes)	Tarbes	81	5
Creuse	Guéret	42	8	Pyrénées-Orient.	Perpignan	88	8
Dordogne	Périgueux	47	2	Rhin (Bas-)	Strasbourg	48	4
Doubs	Besançon	39	6	Rhin (Haut-)	Colmar	48	1
Drôme	Valence	56	»	Rhône	Lyon	46	6
Eure	Évreux	10	4	Saône (Haute-)	Vesoul	35	4
Eure-et-Loir	Chartres	9	2	Saône-et-Loire	Mâcon	39	9
Finistère	Quimper	62	3	Sarthe	Le Mans	21	1
Gard	Nîmes	70	2	Seine	Paris	»	»
Garonne (Haute-)	Toulouse	66	9	Seine-Inférieure	Rouen	13	7
Gers	Auch	74	3	Seine-et-Marne	Melun	4	6
Gironde	Bordeaux	57	3	Seine-et-Oise	Versailles	2	1
Hérault	Montpellier	75	2	Deux-Sèvres	Niort	41	7
Ille-et-Vilaine	Rennes	34	6	Somme	Amiens	12	8
Indre	Châteauroux	25	9	Tarn	Albi	65	7
Indre-et-Loire	Tours	24	2	Tarn-et-Garonne	Montauban (d)	63	3
Isère	Grenoble	56	8	Var	Draguignan	89	»
Jura	Lons-le-Saulnier	41	1	Vaucluse	Avignon	70	7
Landes	Mont-de-Marsan	70	2	Vendée	Fontenay	44	7
Loir-et-Cher	Blois	18	1	Vienne	Poitiers	34	3
Loire	Montbrison	44	3	Vienne (Haute-)	Limoges	38	»
Loire (Haute-)	Le Puy	50	5	Vosges	Épinal	38	1
Loire-Inférieure	Nantes	38	9	Yonne	Auxerre	16	8

(a) Le myriamètre vaut environ deux lieues anciennes.
(b) Ordonnance du 12 juin 1834.
(c) Corse, 15 jours, ordonnance du 7 juillet 1824 (Ajaccio, 145 m. 5 k.).
(d) Ordonnance du 1er novembre 1826.

EXPLICATION DES ABRÉVIATIONS.

C.	*signifie :* Code civil ou Napoléon.
Co.	Code de commerce.
C. adm.	Code administratif.
C. des av.	Code des avocats.
C. de la ch.	Code de la chasse.
C. des col.	Code des colonies.
C. de la contr.	Code de la contrainte par corps.
C. des contr.	Code des contributions.
C. des cult.	Code des cultes.
Cod. élect.	Code électoral législatif.
C. de l'enr.	Code de l'enregistrement et du timbre.
C. de l'expr.	Code de l'expropriation pour cause d'utilité publique.
C. f. ou F.	Code forestier.
C. de la gard.	Code de la garde nationale.
C. de l'instr. pub.	Code de l'instruction publique.
C. mar. march.	Code (pénal) de la marine marchande.
C. mun.	Code municipal et départemental.
C. offi. min.	Code des officiers ministériels.
C. des pat.	Code des patentes.
C. pêch.	Code de la pêche fluviale et maritime.
C. des p. et mes.	Code des poids et mesures.
C. de la pol. méd.	Code de la police médicale.
C. polit.	Code politique.
C. de la pr.	Code de la presse.
C. de la prop. et de l'ind.	Code de la propriété littéraire et de l'industrie.
C. rur.	Code rural.
C. trib.	Code des tribunaux.
C. us.	Code des usines.
C. voir.	Code de la voirie.
I. cr.	Code d'instruction criminelle.
Lois, décr., ord.	Lois, décrets, ordonnances, etc.
P.	Code pénal.
Pag.	Page.
Pr.	Code de procédure civile.
S.	Et suivants.
T.	Tarif en matière civile.
T. cr.	Tarif en matière criminelle.
V. ou voy.	Voyez.

PARIS, IMPRIMERIE ADMINISTRATIVE DE PAUL DUPONT ET Cie

45, rue de Grenelle-Saint-Honoré.

CODES

DE LA

LÉGISLATION FRANÇAISE.

—

PREMIÈRE PARTIE.

—

SUPPLÉMENT.

—

Édition de 1858.

Voir, page 745, les suppléments pour les années 1859 et 1860.)

CODES

DE LA

LÉGISLATION FRANÇAISE

PAR

M. NAPOLÉON BACQUA,

Chevalier de la Légion d'honneur,

Avocat, auteur du **Code annoté** de la *Police administrative, judiciaire et municipale,*

Rédacteur en chef du **Bulletin annoté des Lois.**

PREMIÈRE PARTIE.

SUPPLÉMENT ANNOTÉ

Pour la période de 1854 à 1858 inclusivement.

PARIS,

IMPRIMERIE ET LIBRAIRIE ADMINISTRATIVES DE PAUL DUPONT,

Rue de Grenelle-Saint-Honoré, 45.

1858.

ÉNUMÉRATION

DES

CODES CONTENUS DANS LE SUPPLÉMENT DE LA PREMIÈRE PARTIE.

CODE POLITIQUE.

14-22 janvier 1852. — *CONSTITUTION faite en vertu des pouvoirs délégués par le peuple français à Louis-Napoléon.*

ARTICLE **14** (*a*).
35 (*b*).
54, 55 (*c*).

10-13 juillet 1852. — *SÉNATUS-CONSULTE sur l'organisation de la haute cour de justice* (*d*).

25 janvier-9 février 1854. — *DÉCRET relatif à la formation des états et plans des immeubles, ainsi que des inventaires des meubles compris dans la dotation de la couronne* (*e*).

ARTICLE **1**er. La remise à l'administration de la liste civile des immeubles

compris dans la dotation de la couronne sera constatée au moyen de procès-verbaux dressés contradictoirement par les délégués de notre ministre des finances et ceux du ministre de notre maison.

2. Les mêmes délégués procéderont aussi contradictoirement à la formation, par récolement, des états de consistance et des plans des immeubles, ainsi que des inventaires descriptifs et estimatifs des meubles.—Les états, les plans et inventaires seront établis en double. Ils seront vérifiés et arrêtés définitivement par le directeur général des domaines, le directeur général des forêts de l'Etat et les divers chefs des services de la liste civile. L'un des doubles sera déposé dans les archives du Sénat, conformément à l'article 5 du sénatus-consulte du 12 décembre 1852.

23 avril-1er mai 1856. — *SÉNATUS-CONSULTE interprétatif de l'article 22 du sénatus-consulte du 12 décembre 1852 sur la liste civile et la dotation de la couronne* (*f*).

ARTICLE UNIQUE. L'administrateur de la dotation de la couronne a seul qualité pour procéder en justice, soit en demandant, soit en défendant, dans les instances relatives à la propriété des biens faisant partie de cette dotation ou du domaine privé. Il a seul qualité pour préparer et consentir les actes relatifs aux échanges du domaine de la couronne, et tous autres actes conformes aux prescriptions du sénatus-consulte du 12 décembre 1852. Il a pareillement qualité, dans les cas prévus par les articles 13 et 26 de la loi du 3 mai 1841 (*Voy.* pag, 945 et 946), pour consentir seul les expropria-

---

(*a*) Au décret cité en *note* sous cet article (page 4) relativement au *serment* des fonctionnaires publics, il faut ajouter celui qui suit :

5-17 juillet 1857. — *Décret relatif à la prestation de serment des membres du comité consultatif des colonies.*

«Art. 1er. Les membres du comité consultatif des colonies qui, soit comme membres des grands corps de l'Etat, soit comme officiers, magistrats ou fonctionnaires publics, n'ont pas prêté le serment prévu par l'article 14 de la Constitution, doivent prêter ce serment entre les mains du président du comité, à la première séance à laquelle ils assistent après leur élection.»

(*b*) Modifié par le sénatus-consulte ci-après des 27-28 mai 1857.

(*c*) Voy. ci-après, sur la *haute cour* de justice, instituée par ces dispositions, le sénatus-consulte des 4-13 juin 1858, qui complète celui des 10-13 juillet 1852, et qui détermine, sous le point de vue des justiciables, la compétence de cette juridiction exceptionnelle.

(*d*) Ce sénatus-consulte se complète par le nénatus-consulte des 4-13 juin 1858 ci-après, qui précise certaines catégories de personnes justiciables de la haute cour, et qui distingue, sous le point de vue de la *forme* de procéder, les *délits* d'avec les *crimes.*

(*e*) Ce décret a été rendu en exécution de l'article 5 du sénatus-consulte du 12 décembre 1852 (Voy. pages 9 et 10).

(*f*) Voy. page 11.

tions et recevoir les indemnités, sous la condition de faire emploi desdites indemnités, soit en immeubles, soit en rentes sur l'Etat, sans toutefois que le débiteur soit tenu de surveiller le remploi.

17-20 juillet 1856. — *SÉNATUS-CONSULTE concernant la régence de l'empire* (a).

TITRE PREMIER.

DE LA RÉGENCE.

ARTICLE 1er. L'empereur est mineur jusqu'à l'âge de dix-huit ans accomplis.

2. Si l'empereur mineur monte sur le trône sans que l'empereur son père ait disposé, par acte rendu public avant son décès, de la régence de l'empire, l'impératrice mère est régente et a la garde de son fils mineur (b).

3. L'impératrice régente qui convole à de secondes noces perd de plein droit la régence et la garde de son fils mineur.

4. A défaut de l'impératrice, qu'elle ait ou non exercé la régence, et si l'empereur n'en a autrement disposé par acte public ou secret, la régence appartient au premier prince français, et, à son défaut, à l'un des autres princes français, dans l'ordre de l'hérédité de la couronne (c). — L'empereur peut, par acte public ou secret, pourvoir aux vacances qui pourraient se produire dans l'exercice de la régence pendant la minorité (d).

5. S'il n'existe aucun prince français habile à exercer la régence, les ministres en fonctions se forment en conseil et gouvernent les affaires de l'Etat jusqu'au moment ou le régent est nommé. — Ils délibèrent à la majorité des voix. — Immédiatement après la mort de l'empereur, le sénat est convoqué par le conseil de régence.— Sur la proposition du conseil de régence, le sénat élit le régent parmi les candidats qui lui sont présentés. — Dans le cas où le conseil de régence n'aurait pas été nommé par l'empereur, la convocation et la proposition sont faites par les ministres formés en conseil, avec l'adjonction des présidents en exercice du sénat, du corps législatif et du conseil d'Etat (e).

6. Le régent et les membres du conseil de régence doivent être Français et âgés de vingt et un ans accomplis.

7. Les actes par lesquels l'empereur dispose de la régence ou nomme les membres du conseil de régence sont adressés au sénat et déposés dans ses archives. — Si l'empereur a disposé de la régence ou nommé les membres du conseil de régence par un acte secret, l'ouverture de cet acte est faite immédiatement après la mort de l'empereur, au sénat, par le président du sénat, en présence des sénateurs qui auront pu répondre à la convocation, et en présence des ministres, des présidents du corps législatif et du conseil d'Etat dûment appelés.

8. Tous les actes de la régence sont au nom de l'empereur mineur.

9. Jusqu'à la majorité de l'empereur, l'impératrice régente ou le régent exerce pour l'empereur mineur l'autorité impériale dans toute sa plénitude, sauf les droits attribués au conseil de régence.— Toutes les dispositions législatives qui protégent la personne de l'empereur sont applicables à l'impératrice régente et au régent (f).

10. Les fonctions de l'impératrice régente ou du régent commencent au moment du décès de l'empereur. — Mais si un acte secret concernant la régence a été adressé au sénat et déposé dans ses archives, les fonctions du régent ne commencent qu'après l'ouverture de cet acte. Jusqu'à ce qu'il y ait été procédé, le gouvernement des affaires de l'Etat reste entre les mains des ministres en fonctions, conformément à l'article 5 (g).

(a) Ce sénatus-consulte a été rendu en exécution du statut du 21 juin 1853, art. 2 (Voy. pages 19 et 20).
Voy. aussi ci-après les lettres patentes des 1er-19 fév. 1858.
(b) Modifié par les lettres patentes ci-après des 1er-19 fév. 1858, qui nomment définitivement l'impératrice régente.
(c) Le principe de l'hérédité avait été établi par le sénatus-consulte des 7-10 novembre 1852 (Voy. page 8).
(d) L'article 17 de la Constitution du 14 janvier 1852 avait déjà posé la règle (Voy. page 4).

(e) Voy. ci-après le décret des 1er-9 fév. 1858.
(f) Voy. les articles 86 et suiv., C. pén., tels qu'ils ont été modifiés par les lois des 10-13 juin 1853 et des 27 fév.-2 mars 1858.
(g) Modifié par les lettres patentes des 1er-9 fév. 1858. — Voy. ci-après.

11. Si l'empereur mineur décède, laissant un frère héritier du trône, la régence de l'impératrice ou celle du régent continue sans aucune formalité nouvelle.

12. La régence de l'impératrice cesse si l'ordre d'hérédité appelle au trône un prince mineur qui ne soit pas son fils. Il est pourvu, dans ce cas, à la régence, conformément à l'article 4 ou à l'article 5 du présent sénatus-consulte.

13. Si l'empereur mineur décède, laissant la couronne à un empereur mineur d'une autre branche, le régent reste en fonctions jusqu'à la majorité du nouvel empereur.

14. Lorsque le prince français désigné par le présent sénatus-consulte s'est trouvé empêché, par défaut d'âge ou par toute autre cause légale, d'exercer la régence au moment du décès de l'empereur, le régent en exercice conservera la régence jusqu'à la majorité de l'empereur.

15. La régence, autre que celle de l'impératrice, ne confère aucun droit sur la personne de l'empereur mineur. — La garde de l'empereur mineur, la surintendance de la maison, la surveillance de son éducation, sont confiées à sa mère. — A défaut de la mère ou d'une personne désignée par l'empereur, la garde de l'empereur mineur est confiée à la personne nommée par le conseil de régence. — Ne peuvent être nommés ou désignés ni le régent ni ses descendants.

16. Si l'impératrice régente ou le régent n'ont pas prêté serment du vivant de l'empereur pour l'exercice de la régence, ils le prêtent, sur l'Evangile, à l'empereur mineur assis sur le trône, assisté des princes français, des membres du conseil de régence, des ministres, des grands officiers de la couronne et des grand'croix de la Légion d'honneur, en présence du sénat, du corps législatif et du conseil d'Etat. — Le serment peut aussi être prêté à l'empereur mineur en présence des membres du conseil de régence, des ministres et des présidents du sénat, du corps législatif et du conseil d'Etat. — Dans ce cas, la prestation de serment est rendue publique par une proclamation de l'impératrice régente ou du régent.

17. Le serment prêté par l'impératrice régente ou le régent est conçu en ces termes : « Je jure fidélité à l'empe-« reur ; je jure de gouverner confor-« mément à la Constitution, aux sénatus-« consultes et aux lois de l'empire ; de « maintenir dans leur intégrité les droits « de la nation et ceux de la dignité im-« périale; de ne consulter, dans l'emploi « de mon autorité, que mon dévouement « pour l'empereur et pour la France, « et de remettre fidèlement à l'empe-« reur, au moment de sa majorité, le « pouvoir dont l'exercice m'est confié. » — Procès-verbal de cette prestation de serment est dressé par le ministre d'Etat. Ce procès-verbal est adressé au sénat et déposé dans ses archives. — L'acte est signé par l'impératrice régente ou le régent, par les princes de la famille impériale, par les membres du conseil de régence, par les ministres et par les présidents du sénat, du corps législatif et du conseil d'Etat.

TITRE II.

DU CONSEIL DE RÉGENCE.

18. Un conseil de régence est constitué pour toute la durée de la minorité de l'empereur.— Il se compose : 1° Des princes français désignés par l'empereur ; — A défaut de désignation par l'empereur, des deux princes français les plus proches dans l'ordre d'hérédité ;—2° Des personnes que l'empereur a désignées par acte public ou secret. — Si l'empereur n'a fait aucune désignation, le sénat nomme cinq personnes pour faire partie du conseil de régence. — En cas de mort ou de démission d'un ou plusieurs membres du conseil de régence, autres que les princes français, le sénat pourvoit à leur remplacement.

19. Aucun membre du conseil de régence ne peut être éloigné de ses fonctions par l'impératrice régente ou le régent.

20. Le conseil de régence est convoqué et présidé par l'impératrice régente ou le régent. — L'impératrice régente ou le régent peuvent déléguer, pour présider à leur place, l'un des princes français faisant partie du conseil de régence ou l'un des autres membres de ce conseil.

21. Le conseil de régence délibère nécessairement, et à la majorité absolue des voix : 1º Sur le mariage de l'empereur ; — 2º Sur les déclarations de guerre, la signature des traités de paix, d'alliance ou de commerce ; — 3º Sur les projets de sénatus-consultes organiques. — En cas de partage, la voix de l'impératrice régente ou du régent est prépondérante. Si la présidence est exercée par délégation, l'impératrice régente ou le régent décident.

22. Le conseil de régence a seulement voix consultative sur toutes les autres questions qui lui sont soumises par l'impératrice régente ou le régent.

TITRE III.

DISPOSITIONS DIVERSES

23. Durant la régence, l'administration de la dotation de la couronne continue selon les règles établies (a). — L'emploi des revenus est déterminé dans les formes accoutumées, sous l'autorité de l'impératrice régente ou du régent.

24. Les dépenses personnelles de l'impératrice régente ou du régent et l'entretien de leur maison font partie du budget de la couronne. La quotité en est fixée par le conseil de régence.

25. En cas d'absence du régent au commencement d'une minorité, sans qu'il y ait été pourvu par l'empereur avant son décès, les affaires de l'Etat sont gouvernées, jusqu'à l'arrivée du régent, conformément aux dispositions de l'article 5 du présent sénatus-consulte.

17-23 juillet 1856. — *LOI relative aux pensions des grands fonctionnaires de l'empire* (b).

ARTICLE 1er. Il pourra être accordé, par décret impérial, aux ministres et aux autres grands fonctionnaires de l'empire, à leurs veuves, et à leurs enfants, aux veuves et aux enfants des maréchaux et amiraux, une pension dont le maximum n'excédera pas vingt mille francs

(a) Ces règles sont celles du sénatus-consulte du 12 décembre 1852 (V. page 9 et suiv.).
(b) Voy. l'article 22 de la Constitution de 1852, page 4.

(20,000 fr.), lorsque, par des services éminents rendus à l'Etat, ces fonctionnaires auront mérité une récompense extraordinaire, et que l'insuffisance de leur fortune rendra cette pension nécessaire. — Dans aucun cas, ces pensions ne pourront être cumulées avec d'autres pensions ou traitements payés sur les fonds généraux du trésor.

2. Le montant des pensions inscrites en vertu de la présente loi ne pourra excéder la somme de cinq cent mille francs (500,000 fr.).

3. Le fonds de ces pensions fera, chaque année, un article spécial de la loi des finances.

27-28 mai 1857. — *SÉNATUS-CONSULTE qui modifie l'article 35 de la Constitution* (c).

ARTICLE 1er. L'article 35 de la Constitution est modifié ainsi qu'il suit : « Il y aura un député au corps législatif à raison de trente-cinq mille électeurs; néanmoins, il est attribué un député de plus à chacun des départements dans lequel le nombre excédant des électeurs dépasse dix-sept mille cinq cents (d). »

(c) La modification dont il s'agit devait, dans le principe, s'effectuer par le *Corps législatif,* qui avait été saisi, en effet, d'un projet de *loi* à voter dans ce but.
Ce mode de procéder a été abandonné pour faire consacrer la modification par le *Sénat,* au moyen d'un *sénatus-consulte.* Cette dernière voie est plus régulière. En effet, le principe qu'il s'agissait de modifier était posé dans la Constitution avant d'avoir été reproduit dans les décrets organiques et réglementaires des 2-17 février 1852 (voy. au Code élect.). Or, aux termes de l'article 31 de cette même Constitution et de l'article 29 du décret portant règlement des rapports du Sénat avec le chef de l'Etat (voy. à leur date), les propositions de modifications à la Constitution sont confiées à ce dernier corps politique et non au Corps législatif.
(d) L'ancien article 35 de la Constitution, après avoir fixé, comme ce nouvel article, *un* député à raison de trente-cinq mille électeurs, ajoutait qu'il « serait attribué un député *de plus* à chacun des départements dans lesquels le nombre excédant des électeurs dépasserait *vingt-cinq mille.* »
C'est ce chiffre de vingt-cinq mille qui est modifié aujourd'hui et abaissé à *dix-sept mille cinq cents.*
Ajoutons qu'aujourd'hui, et en vertu du sénatus-consulte des 17-19 février 1858, le *serment politique* est exigé non-seulement des députés, mais des *candidats* à la députation (Voy. IIe partie, suppl., Code élect. législ.).

2. Un décret impérial réglera le tableau des députés à élire dans chaque département, en conformité du présent sénatus-consulte (*a*).

27 janvier-1er mars 1858. — *DÉCRET sur la répartition, en cinq grands commandements, des troupes de ligne stationnées dans l'intérieur de l'empire.*

ARTICLE 1er. Les troupes de ligne stationnées dans l'intérieur de l'empire sont réparties en cinq grands commandements.

2. Le premier commandement comprend les forces établies dans les 1re, 2e et 3e divisions militaires territoriales. Il a son quartier général à Paris; — Le second, celles établies dans les 4e, 5e, 6e et 7e divisions, avec son quartier général à Nancy; — Le troisième, celles établies dans les 8e, 9e, 10e, 17e et 20e divisions, avec son quartier général à Lyon; — Le quatrième, celles établies dans les 11e, 12e, 13e et 14e divisions, avec son quartier général à Toulouse; — Enfin, le cinquième, celles établies dans les 15e, 16e, 18e, 19e et 21e divisions, avec son quartier général à Tours.

3. Ces cinq grands commandements sont confiés à des maréchaux de France, qui reçoivent le titre de *commandant supérieur* des troupes stationnées dans les divisions du Nord, de l'Est, du Sud-Est, du Sud-Ouest et de l'Ouest.

4. Les généraux commandant les divisions militaires territoriales doivent au commandant supérieur des rapports sur la situation, le service, la dicipline, et l'instruction des troupes; mais ces généraux conservent leurs relations directes avec le ministre pour tout ce qui est du ressort du commandement territorial.

5. Lorsque des divisions actives stationnent à l'intérieur, les généraux qui les commandent sont sous les ordres immédiats du commandant supérieur. Ils lui doivent des rapports sur toutes les parties de leur service, et n'ont pas de relation directe avec le ministre.

6. Les rapports des généraux commandant les divisions territoriales avec les généraux commandant les divisions actives ont lieu conformément aux décisions des 20 septembre 1831 et 3 janvier 1832, sous la haute autorité du commandant supérieur.

7. En cas de troubles, mais dans ce cas seulement, les commandants supérieurs font, de leur chef, les mouvements et concentrations de troupes qu'ils jugent nécessaires.

1er-9 février 1858. — *LETTRES PATENTES qui confèrent à Sa Majesté l'impératrice le titre de régente, pour porter ledit titre et en exercer les fonctions à partir de l'avénement de l'Empereur mineur.*

NAPOLÉON, etc.;—Voulant faire cesser dès aujourd'hui les incertitudes qui résultent du sénatus-consulte du 17 juillet 1856 (voy. ci-dessus), et donner à notre bien-aimée épouse l'impératrice *Eugénie* des marques de la haute confiance que nous avons en elle, nous avons résolu de lui conférer et nous lui conférons par ces présentes le titre de régente, pour porter ledit titre et en exercer les fonctions à partir du jour de l'avénement de l'empereur mineur, le tout conformément aux dispositions du sénatus-consulte sur la régence. — Mandons à notre ministre d'Etat de donner communication des présentes lettres à notre garde des sceaux, pour être insérées au *Bulletin des lois*, ainsi qu'aux présidents du sénat, du corps législatif et du conseil d'Etat.

1er-9 février 1858. — *DÉCRET qui institue un conseil privé.*

ARTICLE 1er. Il est institué un conseil privé, qui se réunira sous la présidence de l'empereur.

2. Le conseil privé deviendra, avec l'adjonction des deux princes français les plus proches dans l'ordre d'hérédité, conseil de régence, dans le cas où l'empereur n'en aurait pas désigné un autre par acte public.

1er-9 février 1858. — *LETTRES PATENTES qui investissent Son Altesse impériale le prince Jérôme-Napoléon du droit d'assister aux réunions ordinaires et extraordinaires des conseils impériaux.*

NAPOLÉON, etc.;—Voulant donner à

(*a*) Voy. IIe partie, Suppl., Code élect. le décret des 29 mai-8 juin 1857, rendu à cet effet.

notre bien-aimé oncle le prince *Jérôme-Napoléon* des marques de notre haute confiance, nous ayons résolu de l'investir, comme nous l'investissons par ces présentes, du droit d'assister aux réunions ordinaires et extraordinaires de nos conseils, voulant qu'il les préside pendant nos absences, et ce en conformité de nos instructions et de nos ordres. — Mandons à notre ministre d'Etat de donner communication des présentes à notre garde des sceaux, pour être insérées au *Bulletin des lois.*

17-19 février 1858. — *SÉNATUS-CONSULTE qui exige le serment des candidats à la députation (a).*

27 février-2 mars 1858. — *LOI relative à des mesures de sûreté générale (b).*

4-13 juin 1858. — *SÉNATUS-CONSULTE relatif à la compétence de la haute cour de justice.*

ARTICLE 1er. La haute cour de justice, organisée par le sénatus-consulte du 10 juillet 1852, connaît des crimes et des délits commis par des princes de la famille impériale et de la famille de l'empereur, par des ministres, par des grands officiers de la couronne, par des grand'croix de la Légion d'honneur, par des ambassadeurs, par des sénateurs, par des conseillers d'Etat.—Toutefois, les personnes dénommées dans le précédent paragra-

(a) Voy. IIe partie, suppl., Code élect. législatif.
(b) Les articles 8 à 10 de cette loi ont un caractère *politique* qui ne doivent avoir qu'une autorité et une durée limitées devant expirer en 1865, à moins que le gouvernement n'en ait demandé et obtenu la prorogation à cette époque. Ils permettent de prononcer, par *voie administrative,* soit l'*internement* dans un département de l'empire ou en Algérie, soit l'*expulsion* du territoire français, d'une certaine catégorie d'individus y désignés.
A ce titre, les articles prémentionnés de cette loi devraient figurer dans le présent Code. Mais on les séparerait ainsi des autres dispositions de la même loi qui, ayant un caractère répressif *permanent,* ont leur place marquée dans le Code pénal. (Voyez-en le texte entier, sous les articles 86 et 87 ci-après de ce dernier Code).

phe, poursuivies pour des faits relatifs au service militaire, demeurent justiciables des juridictions militaires, conformément aux codes de justice militaire pour les armées de terre et de mer.

2. Si la poursuite a pour objet un délit, il est procédé conformément aux articles 11, 12, paragraphes 1 et 2, 13 et 14 du sénatus-consulte du 10 juillet 1852; mais, dans ce cas, la chambre de jugement statue sans l'assistance du jury. Le premier président de la cour de cassation et les trois présidents de chambre de cette cour, ou, à leur défaut, les conseillers qui remplissent leurs fonctions, lui sont adjoints.—Elle est présidée par le premier président.

3. Si des ministres sont mis en accusation par le sénat, en vertu de l'article 13 de la Constitution, la chambre de jugement de la haute cour est convoquée par un décret impérial qui fixe le lieu des séances et le jour de l'ouverture des débats.

4. Lorsque l'accusé ou le prévenu a été reconnu coupable, la haute cour applique la peine prononcée par la loi.

5. Les dignitaires ou hauts fonctionnaires désignés par l'article 1er, contre lesquels il a été décerné un mandat de dépôt, un mandat d'arrêt ou une ordonnance de prise de corps, sont provisoirement suspendus de leurs fonctions.

6. Aucun membre du sénat ne peut être poursuivi ni arrêté pour crime ou délit, ou pour contravention entraînant la peine de l'emprisonnement, qu'après que le sénat a autorisé la poursuite. — En cas d'arrestation, pour crime flagrant, le procès-verbal est immédiatement transmis par le ministre de la justice au sénat, qui statue sur la demande d'autorisation de poursuivre. — Cette autorisation n'est pas nécessaire lorsqu'un sénateur est poursuivi pour faits relatifs au service militaire.

7. Sont maintenues toutes les dispositions du sénatus-consulte du 10 juillet 1852 auxquelles il n'est pas dérogé par les articles précédents.

CODE NAPOLÉON.[(a)]

ARTICLES 22 à 27. *Abrogés* (Loi des 31 mai-3 juin 1854) [(b)].
29 à 33 [(c)].
227, § 3. *Abrogé* (Loi des 31 mai-3 juin 1854) [(d)].
390 [(e)].

[(a)] Par suite de l'abolition de la peine de la *mort civile* en vertu de la loi des 31 mai-3 juin 1854 (en *note* sous l'art. 18, C. pén., ci-après), plusieurs dispositions du Code Nap. se trouvent soit abrogées, soit modifiées, quoique, chose digne de remarque, cette loi de 1854 ne fasse nulle mention de ses effets sur ce Code. On signalera les modifications qu'elle entraîne sous les différents articles respectifs.

En second lieu, la loi des 23-26 mars 1855, sur la *transcription* en matière hypothécaire, a modifié également un certain nombre d'articles du Code Nap. Le texte de cette loi est reproduit sous l'art. 2181 ci-après, et les modifications indiquées en leur lieu et place.

Il faut en dire autant de la loi des 21-29 mai 1858 qui, changeant certaines règles du Code de procédure civile sur les *saisies immobilières* et sur les *ordres*, modifie les dispositions relatives soit au mode d'existence, soit au mode de *purge* des *hypothèques légales*. On peut voir dans notre *Bulletin annoté des lois*, année 1858, l'exposé de l'économie et de la portée de cette loi importante.

Enfin d'autres dispositions du Code Nap. ont été, depuis la publication de la dernière édition de notre livre, plutôt complétées que modifiées, par suite de la promulgation des lois des 10-15 juin 1854; des 17-23 juillet 1856 sur les *eaux provenant du drainage.* — Voyez-en le texte sous les art. 640 et suiv. ci-après.

[(b)] Cette loi, abolitive de la *mort civile* est, comme on l'a dit à la *note* précédente, retracée sous l'art. 18 C. pén., ci-après. En rayant cette peine de nos Codes, la loi nouvelle détermine elle-même les *conséquences légales* qu'entraînent désormais les *condamnations* à des peines afflictives perpétuelles, à savoir la *dégradation civique et l'interdiction légale.* — Voy. *loc. cit.*

[(c)] Modifiés quant aux dispositions relatives aux *effets* de la mort civile par la loi prémentionnée de 1854.

[(d)] Voy. cette loi abolitive de la *mort civile,* sous l'art. 18, C. pén., ci-après.

[(e)] La *mort civile* étant abolie, l'éventualité du cas prévu par cet art. 390, pour l'ouverture de la *tutelle,* doit disparaître.

617 [(f).]
640 à 645 [(g).]

[(f)] L'extinction de l'*usufruit* par la *mort civile,* établie par cet article, n'existe plus, cette peine ayant disparu de nos Codes (Voy., sous l'art. 18 C. pén. ci-après). Toutefois, aux termes de l'art. 3 de la même loi, le condamné ne pourrait disposer de son usufruit; il est d'ailleurs frappé de la *dégradation civique et de l'interdiction légale* (Voy. *loc. cit.*).

[(g)] Aux lois sur les *irrigations,* de 1845 et de 1847, retracées sous les articles prémentionnés, il faut ajouter les lois suivantes sur les *eaux du drainage* qui, comme les premières, établissent, en faveur de l'agriculture, une nouvelle espèce de servitude réelle :

10-15 juin 1854. — *Loi sur le libre écoulement des eaux provenant du drainage.*

« Art. 1er. Tout propriétaire qui veut assainir son fonds par le drainage, ou autre mode d'assèchement, peut, moyennant une juste et préalable indemnité, en conduire les eaux souterrainement ou à ciel ouvert, à travers les propriétés qui séparent ce fonds d'un cours d'eau ou de toute autre voie d'écoulement. — Sont exceptés de cette servitude, les maisons, cours, jardins, parcs et enclos attenant aux habitations.

« 2. Les propriétaires de fonds voisins ou traversés ont la faculté de se servir des travaux faits en vertu de l'article précédent, pour l'écoulement des eaux de leurs fonds. — Ils supportent dans ce cas : 1o une part proportionnelle dans la valeur des travaux dont ils profitent; 2o les dépenses résultant des modifications que l'exercice de cette faculté peut rendre nécessaires; et 3o pour l'avenir, une part contributive dans l'entretien des travaux devenus communs [(*)].

« 3. Les associations de propriétaires qui veulent, au moyen de travaux d'ensemble, assainir leurs héritages par le drainage ou tout autre mode d'assèchement, jouissent des droits et supportent les obligations qui résultent des articles précédents. Ces associations peuvent, sur leur demande, être constituées, par arrêtés préfectoraux, en syndicats auxquels sont applicables les articles 3 et 4 de la loi du 14 floréal an XI [(**)].

[(*)] Voy. ci-après la loi du 17 juillet 1856, qui affecte, à titre de prêt, une somme de 100 millions aux opérations du drainage, et qui en établit les conditions.

[(**)] Les articles visés de cette loi sont ainsi conçus : « Art. 3. Les rôles de répartition des sommes né-

« 4. Les travaux que voudraient exécuter les associations syndicales, les communes ou les départements, pour faciliter le drainage ou tout autre mode d'assèchement, peuvent être déclarés d'utilité publique par décret rendu en conseil d'État.—Le règlement des indemnités dues pour expropriation est fait conformément aux paragraphes 2 et suivants de l'article 16 de la loi du 21 mai 1836 (Voy. C. Voirie, § 111.—Chemins vicinaux.)

« 6. Les contestations auxquelles peuvent donner lieu l'établissement et l'exercice de la servitude, la fixation du parcours des eaux, l'exécution des travaux de drainage ou d'assèchement, les indemnités et les frais d'entretien, sont portées en premier ressort devant le juge de paix du canton, qui, en prononçant, doit concilier les intérêts de l'opération avec le respect dû à la propriété. — S'il y a lieu à expertise, il pourra n'être nommé qu'un seul expert.

« 6. La destruction totale ou partielle des conduits d'eau ou fossés évacuateurs est punie des peines portées à l'art. 456 du Code pénal. — Tout obstacle apporté volontairement au libre écoulement des eaux est puni des peines portées par l'art. 457 du même Code. — L'art. 463 du Code pénal peut être appliqué.

« 7. Il n'est aucunement dérogé aux lois qui règlent la police des eaux (Voy. C. de la voirie).

17-23 juillet 1856.—*Loi sur le drainage.*

TITRE Ier.

ENCOURAGEMENTS DONNÉS PAR L'ÉTAT.

« Art. 1er. — Une somme de cent millions (100,000,000f) est affectée à des prêts destinés à faciliter les opérations du drainage. — Un article de la loi de finances fixe, chaque année, le crédit dont le ministre de l'agriculture, du commerce et des travaux publics peut disposer pour cet emploi.

« 2. Les prêts effectués en vertu de la présente loi sont remboursables en vingt-cinq ans, par annuités comprenant l'amortissement du capital et l'intérêt calculé à quatre pour cent. — L'emprunteur a toujours le droit de se libérer par anticipation, soit en totalité, soit en partie. — Le recouvrement des annuités a lieu de la même manière que celui des contributions directes.

TITRE II.

DU PRIVILÉGE SUR LES TERRAINS DRAINÉS ET SUR LEURS RÉCOLTES OU REVENUS.

« 3. Il est accordé au trésor public, pour le recouvrement de l'annuité courante sur les récoltes ou revenus des terrains drainés, un privilège qui prend rang immédiatement après celui des contributions publiques. Néanmoins,

cessaires au payement des travaux d'entretien, réparation ou reconstruction, seront dressés sous la surveillance du préfet, rendus exécutoires par lui, et le recouvrement s'en opérera de la même manière que celui des contributions publiques.

» Art. 4. Toutes les contestations relatives au recouvrement de ces rôles, aux réclamations des individus imposés et à la confection des travaux, seront portées devant le conseil de préfecture, sauf le recours au gouvernement, qui décidera en conseil d'État. »

les sommes dues pour les semences ou pour les frais de la récolte de l'année sont payées sur le prix de la récolte avant la créance du trésor public. — Le trésor public a également, pour le recouvrement de ses prêts, un privilège qui prend rang avant tout autre sur les terrains drainés.

« 4. Le privilège sur les terrains drainés, tel qu'il est établi par l'article précédent, est accordé: 1o aux syndicats, pour le recouvrement de la taxe d'entretien et des prêts ou avances faits par eux; 2o aux prêteurs, pour le remboursement des prêts faits à des syndicats; 3o aux entrepreneurs, pour le payement du montant des travaux de drainage par eux exécutés; 4o à ceux qui ont prêté des deniers pour payer ou rembourser les entrepreneurs, en se conformant aux dispositions du paragraphe 5 de l'article 2103 du Code Napoléon. — Les syndicats ont, en outre, pour la taxe d'entretien de l'année échue et de l'année courante, le privilège sur les récoltes ou revenus, tel qu'il est établi par l'article 3. — Le privilège n'affecte chacun des immeubles compris dans le périmètre d'un syndicat que pour la part de cet immeuble dans la dette commune.

« 5. Toute personne ayant une créance privilégiée ou hypothécaire antérieure au privilège acquis en vertu de la présente loi a le droit, à l'époque de l'aliénation de l'immeuble, de faire réduire ce privilège à la plus-value existant à cette époque et résultant des travaux de drainage.

TITRE III.

DU MODE DE CONSERVATION DU PRIVILÉGE.

« 6. Le trésor public, les syndicats, les prêteurs et les entrepreneurs n'acquièrent le privilège que sous la condition d'avoir préalablement fait dresser un procès-verbal, à l'effet de constater l'état de chacun des terrains à drainer relativement aux travaux de drainage projetés, d'en déterminer le périmètre et d'en estimer la valeur actuelle d'après les produits. — Lorsqu'il s'agit d'un prêt demandé au Trésor public, le procès-verbal est dressé par un ingénieur ou un homme de l'art commis par le préfet, assisté d'un expert désigné par le juge de paix; s'il y a désaccord entre l'ingénieur et l'expert, celui-ci fait consigner ses observations dans le procès-verbal. — Dans les autres cas, le procès-verbal est dressé par un expert désigné par le juge de paix du canton où sont situés les biens. — Les entrepreneurs qui ont exécuté des travaux pour des propriétaires non constitués en syndicat doivent, de plus, faire vérifier la valeur de leurs travaux, dans les deux mois de leur exécution, par un expert désigné par le juge de paix. Le montant du privilège ne peut pas excéder la valeur constatée par ce second procès-verbal.

« 7. Le privilège accordé par la présente loi sur les terrains drainés se conserve par une inscription prise: pour le trésor public et pour les prêteurs, dans les deux mois de l'acte de prêt; pour les syndicats, dans les deux mois de l'arrêté qui les constitue; pour les entrepreneurs, dans les deux mois du procès-verbal prescrit par le premier paragraphe de l'article 6. —L'inscription contient, dans tous les cas, un extrait sommaire de ce procès-verbal. — Lorsqu'il y a lieu à vérification des travaux, en exécution du quatrième paragraphe de l'ar-

719. *Abrogé* (Loi des 31 mai-3 juin 1854) (*a*).
725, § 3. *Abrogé* (id.) (*b*).
744 (*c*).

ticle 6, il est fait mention, en marge de l'inscription, du procès-verbal de cette vérification, dans les deux mois de sa date.

« 8. L'acte de prêt consenti au profit d'un syndicat répartit provisoirement la dette entre les immeubles compris dans le périmètre du syndicat, proportionnellement à la part que chacun de ces immeubles doit supporter dans la dépense, et l'inscription est prise après cette répartition provisoire. — Pour les avances d'un syndicat, l'inscription est également prise d'après une répartition provisoire faite, comme il est dit au paragraphe précédent, par les soins du syndicat. — Si la répartition provisoire est rectifiée ultérieurement par l'effet des recours ouverts aux propriétaires en vertu de l'article 4 de la loi du 14 floréal an XI (Voy. ci-dessus), il est fait mention de cette rectification en marge des inscriptions, à la diligence du syndicat, dans les deux mois de la date où la répartition nouvelle est devenue définitive; le privilège s'exerce conformément à cette dernière répartition. »

TITRE IV.
DISPOSITIONS GÉNÉRALES.

« 9. Si une opération de drainage aggrave les dépenses d'un cours d'eau réglées par la loi du 14 floréal an XI (*), les terrains drainés sont compris dans les propriétés intéressées, et imposés conformément à cette loi.

« 10. Un règlement d'administration publique détermine les conditions et les formes des prêts faits par le trésor public, les mesures propres à assurer l'emploi des fonds provenant de ces prêts à l'exécution des travaux de drainage, les formes de la surveillance de l'administration sur l'exécution et l'entretien des travaux de drainage effectués avec les prêts faits par le trésor public, et, en général, toutes les mesures nécessaires à l'exécution de la présente loi. »

(*a*, *b*) Voy. cette loi abolitive de la mort civile sous l'article 18 du C. pén. ci-après.

(*c*) Le droit de *représenter* les personnes mortes *civilement*, établi par cet article, n'existe plus depuis l'abolition de la mort civile (Voy., sous l'article 18 C. pén. ci-après, la loi des 31 mai-3 juin 1854).

(*) Les articles 1 et 2 de cette loi contiennent à cet égard les dispositions suivantes :

« Art. 1er. Il sera pourvu au curage des canaux et rivières non navigables, et à l'entretien des digues et ouvrages d'art qui y correspondent de la manière prescrite par les anciens règlements ou d'après les usages locaux.

« 2. Lorsque l'application des règlements ou l'exécution du mode consacré par l'usage éprouvera des difficultés, ou lorsque des changements survenus exigeront des dispositions nouvelles, il y sera pourvu par le gouvernement dans un règlement d'administration publique, rendu sur la proposition du préfet du département, de manière que la quotité de la contribution de chaque imposé soit toujours relative au degré d'intérêt qu'il aura aux travaux qui devront s'effectuer. »

939 (*d*).
1069 (*e*).
1424, 1425 (*f*).
1441, § 2. *Abrogé* (Loi des 31 mai-3 juin 1854.) (*g*).
1517 (*h*).
1654 (*i*).
1773 (*j*).
1865, § 4 (*k*).
1939 (*l*).
1982 (*m*).

(*d*) La loi des 23-26 mars 1855 sur la *transcription* (Voy. en *note* sous l'article 2181 ci-après) déclare, article 11, qu'elle ne déroge pas aux dispositions particulières qui exigent la transcription des actes de *donation*, c'est-à-dire à l'article ci-dessus.

(*e*) La formalité de la *transcription*, exigée par cet article pour tous les actes à charge de *restitution*, est maintenue par la loi des 23-26 mars 1855, art. 11 (Voy. en *note* sous l'article 2181 ci-après).

(*f*) Modifiés. Le mode de recouvrement des *amendes* sur les biens de la communauté pour crimes emportant *mort civile*, déterminé par ces articles, ne peut plus avoir lieu, la mort civile étant abolie (Voy. la loi des 31 mai-3 juin 1854, sous l'article 18 ci-après du C. pén.).

(*g*) La *dissolution* de la communauté par la *mort civile*, établie par cet article, n'existe plus depuis la suppression de cette peine (Voy. l'article 18 C. pén. et la *note*).

(*h*) L'ouverture du *préciput* par la mort civile n'a plus lieu (Voy. *loc. cit.*).

(*i*) Cet article a été modifié par la loi des 23-26 mars 1855, sur la *transcription*, art. 7 (Voy. en *note* sous l'article 2181 ci-après), en ce sens que l'exercice de l'*action résolutoire* est désormais limité et peut s'éteindre de la même manière que le privilège du vendeur.
La loi des 21-29 mai 1858, portant modification du Code de procédure civile, en maintenant la règle de la mise en demeure du précédent propriétaire, ajoute la nécessité de la *notification* de la saisie au domicile *élu*, et, à défaut, au domicile *réel* de ce propriétaire (Voy. au Code de proc., ci-après, art. 692).

(*j*) Voy. au Code de la voirie la loi des 28 mai-5 juin 1858, relative à l'exécution de travaux destinés à mettre les villes à l'abri des *inondations* (deuxième partie).

(*k*) Si la *fin de la société* par suite de la *mort civile*, prévue par cet article, ne peut plus se présenter depuis l'abolition de cette peine, il est bien certain que les autres conséquences de la condamnation (la dégradation civique et l'interdiction légale), qui frappent le condamné, mettraient fin également au contrat (Voy. sous l'article 18 C. pén.).

(*l*) Le cas prévu par cet article, du mode de *restitution du dépôt* par suite de la *mort civile* du déposant, ne peut plus se représenter, cette peine n'existant plus (loi des 31 mai-3 juin 1854, sous l'article 18 du C. pén.).

(*m*) La règle de cet article portant que « la *rente viagère* ne s'éteint pas par la *mort civile* du propriétair·» doit, à *fortiori*, recevoir son application depuis la loi de 1854, abolitive de

2003 (*a*).
2075, 2076 (*b*).
2103, § 4 (*c*).
2108 (*d*).
2109 (*e*).
2110 (*f*).
2123 (*g*).
2127 (*h*).
2128 (*i*).

la mort civile (Voy. sous l'article 18 du C. pén. ci-après).

(*a*) « Le *mandat* finit, dit cet article, par la *mort civile* soit du mandant, soit du mandataire.» Si, par suite de l'abolition de la mort civile, cette disposition n'est plus applicable, la règle qu'elle pose n'en sera pas moins suivie, puisque le condamné, aux termes de la loi abolitive de la mort civile (Voy. sous l'article 18 C. pén.), est frappé de *dégradation civique* et d'*interdiction légale*, et incapable, par conséquent, d'aucun acte civil valable.

(*b*) La loi des 23-26 août 1848, relative aux *prêts sur dépôt* de marchandises, retracée sous ces articles, se complète par celle des 28 mai-11 juin 1858 concernant les négociations de *warants* ou récépissés des marchandises déposées dans les magasins généraux. (Voyez-en le texte sous l'article 136 du Code de commerce ci-après).

(*c*) D'après la loi des 17-23 juillet 1856, art. 4, § 3, sur le drainage (Voy. sous les articles 640 et suiv. ci-dessus), le privilège des *architectes, entrepreneurs* et *ouvriers*, se trouve étendu aux travaux de desséchement.

La même loi, article 3, accorde au *trésor public*, pour la garantie du prêt de 100 millions affecté aux travaux de drainage, un privilège qui, pour le recouvrement de l'annuité échue et de l'année courante sur les revenus des terrains drainés, prend immédiatement rang après celui des contributions publiques.

(*d*, *e*) La loi sur la *transcription*, des 23-26 mars 1855 (en *note* sous l'article 2181 ci-après), permet au vendeur et au copartageant, par *exception* au principe général nouveau qu'elle pose, d'inscrire encore pendant quarante-cinq jours, à dater de la transcription, le privilège qui leur appartient en vertu des articles ci-dessus du C. Nap.

(*f*) Le mode de *conserver* le privilège établi par la loi des 17-23 juillet 1856, sur le *drainage*, en faveur du trésor public, des syndicats, des prêteurs et entrepreneurs de travaux, est soumis à des règles spéciales établies par cette loi, articles 6 et suiv. (Voy. ci-dessus sous les articles 640 et suiv.).

(*g*, *h*, *i*) D'après la loi des 23-26 mars 1855 (Voy. en *note* ci-après sous l'article 2181), les créanciers privilégiés ou ayant hypothèque, en vertu des articles ci-dessus, ne peuvent plus aujourd'hui prendre inscription une fois la transcription de l'acte effectuée. Par suite, se trouvent abrogés les articles 834 et 835 C. pr. civ., interprétant les dispositions sus-indiquées du C. Nap., qui permettaient à ces mêmes créanciers de prendre inscription *pendant la quinzaine* de la transcription.

La loi des 21-29 mai 1858, portant certaines

2135 (*j*).
2138 (*k*).
2180 (*l*).
2181 (*m*). Les contrats translatifs de la propriété d'immeubles ou droits réels immobiliers, que les tiers détenteurs voudront purger des privilèges et hypothèques, seront transcrits en entier par le conservateur des hypothèques dans l'arrondissement duquel les biens sont situés. — Cette transcription se fera sur un registre à ce destiné, et le conservateur sera tenu d'en donner reconnaissance au requérant (*n*).

modifications sur les saisies immobilières, a maintenu cette règle (Voy. ci-après, au C. de proc. civ., les nouveaux articles 692, 696 et 717).

(*j*) Le principe écrit dans cet article 2135, de l'existence des hypothèques légales des femmes et des mineurs, *indépendamment de toute inscription*, est modifié par la loi des 21-29 mai 1858, lorsqu'il s'agit de la vente *forcée* des immeubles appartenant aux maris et tuteurs, par suite de saisie immobilière.—Voy. ci-après au Code de proc. civ. les nouveaux articles 692, 696 et 717, qui exigent l'inscription de ces hypothèques et qui les déclarent éteintes, quant au droit de suite, à défaut d'inscription dans le délai fixé.

Cette loi tranche deux questions longtemps controversées dans la jurisprudence et la doctrine.—Voy., dans notre *Bulletin annoté des lois*, année 1858, l'exposé complet de l'économie de la loi et des difficultés qu'elle a soulevées.

(*k*) L'obligation imposée ici au *ministère public* (procureur impérial de l'arrondissement de la situation des biens) de requérir d'*office*, sur les biens des maris et tuteurs, l'inscription des hypothèques *légales*, est étendu, par la loi des 21-29 mai 1858, au cas de vente *forcée*, par suite de saisie immobilière (Voy. au Code de proc. civ., ci-après, art. 692, § 4). — Voy., dans notre *Bulletin des lois*, les graves objections que l'introduction de cette disposition a rencontrées.

(*l*) La règle générale posée par cet article, § 3, que les privilèges et hypothèques s'éteignent par l'accomplissement des formalités et conditions de la *purge*, a été modifiée en ce qui concerne les hypothèques *légales* de la femme et du mineur par la loi des 21-29 mai 1858, en ce sens que si la purge par expropriation *forcée*, alors qu'aucune inscription ne s'est révélée, éteint le droit de *suite sur l'immeuble*, elle laisse intact le droit de *préférence sur le prix* lors du règlement de l'ordre entre les créanciers. Cette loi tranche ainsi une question trop longtemps agitée (Voy. au Code de proc. civ., ci-après, le nouvel article 717, § final, et dans notre *Bulletin des lois*, année 1858, le résumé des difficultés que présente ce point de la matière.

(*m*, *n*) C'est à dessein qu'on reproduit ici les termes de l'article 2181, pour les mettre en présence de la loi ci-dessous des 23-26 mars 1855 sur la *transcription*.

La transcription des actes translatifs de propriété ou de droits immobiliers, qui était, sous la loi du 11 brumaire an VII, une formalité générale, *obligatoire*, à défaut de laquelle les contrats ne pouvaient être opposés aux tiers, n'était-elle devenue, sous le Code Napoléon, qu'une mesure simplement facultative? Les termes de l'article 2181 ci-dessus pouvaient le donner à penser. Ils n'en parlent, en effet, que comme d'une formalité qui n'a pas d'autre utilité que d'être le premier acte d'une *purge* d'hypothèques qu'elle n'opère pas et qui pourrait même s'en passer.

C'est cette dernière opinion, accréditée par la jurisprudence, qui avait fini par prévaloir. On sait, comme le dit l'exposé des motifs de la loi nouvelle, « quelles déceptions, quels désastres en sont résultés, et quels encouragements elle a donnés à la mauvaise foi. »

C'est pour essayer d'apporter un remède à un pareil état de choses, que la loi ci-dessous a été publiée. La formalité qu'elle prescrit est destinée à procurer aux tiers, créanciers ou acquéreurs, la *publicité matérielle*, durable et facile à découvrir, de toutes les diverses *mutations* de la propriété immobilière et de tous les *démembrements, charges* et *servitudes* qui peuvent en diminuer la valeur; elle est ainsi conçue :

23-26 mars 1855. — *Loi sur la transcription en matière hypothécaire.*

« Art. 1er. Sont transcrites au bureau des hypothèques de la situation des biens : 1° Tout acte entre-vifs, translatif de propriété immobilière ou de droits réels susceptibles d'hypothèques; 2° Tout acte portant renonciation à ces mêmes droits; 3° Tout jugement qui déclare l'existence d'une convention verbale de la nature ci-dessus exprimée; —. 4° Tout jugement d'adjudication autre que celui rendu sur licitation au profit d'un cohéritier ou d'un copartageant.

« 2. Sont également transcrits : — 1° Tout acte constitutif d'antichrèse, de servitude, d'usage et d'habitation; — 2° Tout acte portant renonciation à ces mêmes droits; — 3° Tout jugement qui en déclare l'existence en vertu d'une convention verbale; — 4° Les baux d'une durée de plus de dix-huit ans; — Tout acte ou jugement constatant, même pour bail de moindre durée, quittance ou cession d'une somme équivalente à trois années de loyers ou fermages non échus.

« 3. Jusqu'à la transcription, les droits résultant des actes et jugements énoncés aux articles précédents ne peuvent être opposés aux tiers qui ont des droits sur l'immeuble et qui les ont conservés en se conformant aux lois. — Les baux qui n'ont point été transcrits ne peuvent jamais leur être opposés pour une durée de plus de dix-huit ans.

« 4. Tout jugement prononçant la résolution, nullité ou rescision d'un acte transcrit, doit, dans le mois à dater du jour où il a acquis l'autorité de la chose jugée, être mentionné en marge de la transcription faite sur le registre. — L'avoué qui a obtenu ce jugement est tenu, sous peine de cent francs d'amende, de faire opérer cette mention, en remettant un bordereau rédigé et signé par lui au conservateur, qui lui en donne récépissé.

« 5. Le conservateur, lorsqu'il en est requis, délivre, sous sa responsabilité, l'état spécial ou général des transcriptions et mentions prescrites par les articles précédents.

« 6. A partir de la transcription, les créanciers privilégiés ou ayant hypothèque, aux termes des articles 2123, 2127 et 2128 du Code Napoléon, ne peuvent prendre utilement inscription sur le précédent propriétaire.—Néanmoins, le vendeur ou le copartageant peuvent utilement inscrire les priviléges à eux conférés par les articles 2108 et 2109 du Code Napoléon dans les quarante-cinq jours de l'acte de vente ou de partage, nonobstant toute transcription d'actes faits pendant ce délai. — Les articles 834 et 835 du Code de procédure civile sont abrogés.

« 7. L'action résolutoire établie par l'article 1654 du Code Napoléon ne peut être exercée après l'extinction du privilége des vendeurs, au préjudice des tiers qui ont acquis des droits sur l'immeuble du chef de l'acquéreur, et qui se sont conformés aux lois pour les conserver.

« 8. Si la veuve, le mineur devenu majeur, l'interdit relevé de l'interdiction, leurs héritiers ou ayants cause, n'ont pas pris inscription, dans l'année qui suit la dissolution du mariage ou la cessation de la tutelle, leur hypothèque ne date, à l'égard des tiers, que du jour des inscriptions prises ultérieurement.

« 9. Sans le cas où les femmes peuvent céder leur hypothèque légale ou y renoncer, cette cession ou cette renonciation doit être faite par acte authentique, et les cessionnaires n'en sont saisis à l'égard des tiers que par l'inscription de cette hypothèque prise à leur profit, ou par la mention de la subrogation en marge de l'inscription préexistante. — Les dates des inscriptions ou mentions déterminent l'ordre dans lequel ceux qui ont obtenu des cessions ou renonciations exercent les droits hypothécaires de la femme.

« 10. La présente loi est exécutoire à partir du 1er janvier 1856.

« 11. Les articles 1, 2, 3, 4 et 9 ci-dessus ne sont pas applicables aux actes ayant acquis date certaine et aux jugements rendus avant le 1er janvier 1856. — Leur effet est réglé par la législation sous l'empire de laquelle ils sont intervenus. — Les jugements prononçant la résolution, nullité ou rescision d'un acte non transcrit, mais ayant date certaine avant la même époque, doivent être transcrits conformément à l'article 4 de la présente loi. — Le vendeur dont le privilége serait éteint au moment où la présente loi deviendra exécutoire pourra conserver vis-à-vis des tiers l'action résolutoire qui lui appartient, aux termes de l'article 1654 du Code Napoléon, en faisant inscrire son action au bureau des hypothèques, dans le délai de six mois à partir de la même époque. — L'inscription exigée par l'article 8 doit être prise dans l'année, à compter du jour où la loi est exécutoire; à défaut d'inscription dans ce délai, l'hypothèque légale ne prend rang que du jour où elle est ultérieurement inscrite.—Il n'est point dérogé aux dispositions du Code Napoléon relatives à la transcription des actes portant donation ou contenant des dispositions à charge de rendre; elles continueront à recevoir leur exécution.

« 12. Jusqu'à ce qu'une loi spéciale détermine les droits à percevoir, la transcription des actes ou jugements qui n'étaient pas soumis à cette formalité avant la présente loi est faite moyennant le droit fixe d'un franc (*). »

(*) Voy. au *C. des Frais* (*Suppl.*) le décret des 24-28 novembre 1855 qui fixe le *salaire* des conservateurs des hypothèques pour la transcription des actes de mutation.

2184 (a).
2186 (b).

(a) Le droit de provoquer l'ouverture d'un ordre, accordé par cet article et par l'ancien article 775 du Code de proc. civ., en cas de vente *volontaire*, aux créanciers, à l'acquéreur, au donataire, est étendu au *vendeur* lui-même par la loi des 21-29 mai 1858 (Voy. au Code de proc. le nouvel article 772). Toutefois, tandis que l'article 2184 Code Napoléon permet de provoquer la distribution du prix, sans distinction des dettes *exigibles* et *non exigibles*, le nouvel article 772 du Code de procéd., lorsque c'est le vendeur qui prend l'initiative, ne lui accorde ce droit que dans le cas où le prix est actuellement exigible aux termes de son contrat. En effet, il doit respecter le terme qu'il a lui-même stipulé, sans pouvoir forcer l'acquéreur à devancer son payement.

(b) La loi des 21-29 mai 1858, en maintenant la faculté accordée par cet article à l'acquéreur qui a purgé de se libérer en consignant son prix, précise la règle, en ajoutant que cette consignation sera opérée *sans offres réelles préalables*. Ainsi se trouve tranchée la question qui existait sur ce point dans la jurisprudence

2193, 2194, 2195 (c).

(Voy. au Code de procéd. civ. le nouvel article 777, § final).

(c) Le mode spécial de purge des hypothèques *légales*, établi par ces articles, ne concerne que les ventes *volontaires* des biens appartenant aux maris et tuteurs. Lorsque c'est par la voie de la saisie immobilière ou de l'*expropriation forcée*, que ces mêmes immeubles sont vendus, on doit suivre aujourd'hui les formes tracées par la loi des 21-29 mai 1858, qui a modifié les articles 692, 696, 717 du Code de proc. civ. (Voy. ci-après).

Toutefois, et pour les cas de ventes *volontaires*, prévues ici par le Code Napoléon, la loi prémentionnée de 1858 tranche également la question controversée dans la jurisprudence de savoir si la purge, dans le cas où les hypothèques légales ne se sont pas révélées par l'inscription, avait pour effet d'éteindre le *droit de préférence* sur le prix comme le *droit de suite* sur l'immeuble.

Le droit de préférence est déclaré subsister au profit de la femme, des mineurs et interdits (Voy. dans notre *Bulletin annoté*, année 1858, les objections que ce système de la loi nouvelle a soulevées).

CODE DE PROCÉDURE CIVILE [a].

PREMIÈRE PARTIE.—LIVRE CINQUIÈME.

TITRE VIII. — DES SAISIES-EXÉCUTIONS.

ARTICLE 625 (b.)

TITRE XII. — DE LA SAISIE IMMOBILIÈRE (c).

« ARTICLE 692 (d). Pareille sommation sera faite, dans le même délai de huitaine, outre un jour par cinq myriamètres : — 1º Aux créanciers inscrits sur les biens saisis, aux domiciles élus dans les inscriptions. Si, parmi les créanciers inscrits, se trouve le vendeur de l'immeuble saisi, la sommation à ce créancier sera faite, à défaut de domicile élu par lui, à son domicile réel, pourvu qu'il soit fixé en France. Elle portera qu'à défaut de former sa demande en résolution et de la notifier au greffe avant l'adjudication, il sera définitivement déchu, à l'égard de l'adjudicataire, du droit de la faire prononcer ; — 2º à la femme du saisi, aux femmes des précédents pro-

---

(a) Le système de réforme du Code de procédure civile, commencé par la loi du 2 juin 1841, relative à la *saisie-immobilière* (Voy. pages 283 et suiv.), puis par celle des 23-26 mars 1855, sur la *transcription* en matière hypothécaire (Voy. sous l'article 2181 du Code Nap., au Suppl.), est continué par la loi des 21-29 mai 1858. Cette dernière loi modifie d'une manière considérable les dispositions de celle du 2 juin 1841 prémentionnée, en ce qui touche la purge des *hypothèques légales* en cas d'expropriation *forcée*. D'un autre côté, elle transforme le titre du Code de procédure relatif au règlement des *ordres*.

Cette loi de 1858 tranche, sur la purge et l'extinction des hypothèques légales, ainsi que sur les effets du défaut d'inscription de ces mêmes hypothèques, des questions importantes qui ont longtemps divisé la jurisprudence des tribunaux et les auteurs.

On trouvera dans notre *Bulletin annoté des lois*, année 1858, l'exposé des éléments de cette grave controverse, ainsi que le commentaire complet de la loi nouvelle.

Ici, dans cet ouvrage, en substituant les dispositions de la loi des 21-29 mai 1858 aux articles du Code de procédure qu'elle remplace, nous croyons nécessaire de reproduire ceux-ci en *note*, et de les mettre ainsi *en présence* des dispositions nouvelles, afin qu'on puisse, sans déplacement et d'une manière plus sûre, en mesurer la portée et en saisir les différences d'un seul coup d'œil.

(b) De la loi du 25 juin 1841, relative aux ventes sur enchères de *marchandises neuves*, retracée sous cet article, page 277, il faut rapprocher celle des 28 mai-11 juin 1858, concernant les ventes publiques de marchandises *en gros*. Comme c'est aux *courtiers* qu'elle assure le bénéfice de ces ventes, cette loi est retracée sous l'article 78 du Code de commerce, ci-après.

(c) Aux modifications apportées à ce titre du Code de procédure par la loi du 2 juin 1841, celle des 21-29 mai 1858 en ajoute de nouvelles en changeant la rédaction des articles 692, 696 et 717, dans le but de simplifier les formalités de la purge des hypothèques légales, en cas d'expropriation *forcée* des immeubles appartenant aux tuteurs et maris.

(d) Voici le texte de l'article 692 :

« Pareille sommation sera faite, dans le même délai de huitaine, aux créanciers inscrits sur les biens saisis, aux domiciles élus dans les inscriptions. — Si parmi les créanciers inscrits se trouve le vendeur de l'immeuble saisi, la sommation à ce créancier portera qu'à défaut de former sa demande en résolution et de la notifier au greffe avant l'adjudication, il sera définitivement déchu, à l'égard de l'adjudicataire, du droit de la faire prononcer. »

La loi nouvelle y ajoute, comme on le voit, trois paragraphes.

42

priétaires, au subrogé-tuteur des mineurs ou interdits, ou aux mineurs devenus majeurs, si, dans l'un et l'autre cas, les mariage et tutelle sont connus du poursuivant d'après son titre. Cette sommation contiendra, en outre, l'avertissement que, pour conserver les hypothèques légales sur l'immeuble exproprié, il sera nécessaire de les faire inscrire avant la transcription du jugement d'adjudication. — Copie en sera notifiée au procureur impérial de l'arrondissement où les biens sont situés, lequel sera tenu de requérir l'inscription des hypothèques légales existant du chef du saisi seulement sur les biens compris dans la saisie. — L'article 692, tel qu'il est modifié par la présente loi, sera appliqué aux poursuites de saisie immobilière commencées lors de sa promulgation dans lesquelles l'article 692 de la loi précédente n'aura pas encore été mis à exécution. (Loi des 21-29 mai 1858.) »

« **696** (a). Quarante jours au plus tôt et vingt jours au plus tard avant l'adjudication, l'avoué du poursuivant fera insérer, dans un journal publié dans le département où sont situés les biens, un extrait signé de lui et contenant : — 1° La date de la saisie et de sa transcription ; — 2° les noms, professions, demeures du saisi, du saisissant et de l'avoué de ce dernier ; — 3° la désignation des immeubles, telle qu'elle a été insérée dans le procès-verbal ; — 4° la mise à prix ; — 5° l'indication du tribunal où la saisie se poursuit, et des jour, lieu et heure de l'adjudication. — Il sera, en outre, déclaré dans l'extrait que tous ceux du chef desquels il pourrait être pris inscription pour raison d'hypothèques légales devront requérir cette inscription avant la transcription du jugement d'adjudication (b). — Toutes les annonces judiciaires relatives à la même saisie seront insérées dans le même journal. (Loi des 21-22 mai 1858) (c). »

« **717** (d). L'adjudication ne transmet

(a) L'ancien article 696 était ainsi conçu :
« Quarante jours au plus tôt et vingt jours au plus tard avant l'adjudication, l'avoué du poursuivant fera insérer, dans un journal publié dans le département où sont situés les biens, un extrait signé de lui et contenant : 1° La date de la saisie et de sa transcription ; —2° Les noms, professions, demeures du saisi, du saisissant et de l'avoué de ce dernier ; — 3° La désignation des immeubles, telle qu'elle a été insérée dans le procès-verbal ; — 4° La mise à prix ; — 5° L'indication du tribunal où la saisie se poursuit, et des jour, lieu et heure de l'adjudication. — A cet effet, les cours impériales, chambres réunies, après un avis motivé des tribunaux de première instance respectifs, et sur les réquisitions écrites du ministère public, désigneront chaque année, dans la première quinzaine de décembre, pour chaque arrondissement de leur ressort, parmi les journaux qui se publient dans le département, un ou plusieurs journaux où devront être insérées les annonces judiciaires. Les cours impériales régleront en même temps le tarif de l'impression de ces annonces. Néanmoins toutes les annonces judiciaires relatives à la même saisie seront insérées dans le même journal. »
Il est à remarquer que le dernier alinéa de cet article, qui confère aux cours d'appel, chambres réunies, le droit de désigner, chaque année, ceux des journaux du département dans lesquels doivent être insérées les *annonces judiciaires*, avait été *abrogé* par le décret des 8· 10 mars 1848, lequel avait confié ce choix au libre arbitre des parties elles-mêmes.
Mais cette disposition a été virtuellement abrogée, à son tour, par l'article 23 du décret organique de la presse, des 17-23 février 1852,

qui investit les *préfets* du droit de désigner, chaque année, le journal de chaque arrondissement qui devra recevoir les annonces judiciaires exigées par les lois pour la validité ou la publicité des procédures et des contrats (Voy. IIe partie, page 538).
En retraçant le décret prémentionné de 1848 (page 286, *note*), nous avions omis de faire cette observation importante.
Or, comme le nouvel article 696 du Code de proc. garde le silence sur ce point, il en résulte que les préfets restent investis du droit dont il s'agit, conformément au décret des 17-25 février 1852.
(b) Cette disposition est nouvelle ; elle découlait de l'esprit de la loi de 1858, qui exige en cas de vente par expropriation forcée, l'inscription des hypothèques légales.
(c) Voy., quant à l'insertion dans les journaux, la note (a) précédente.
(d) Voici les termes de l'ancien article 717 :
« L'adjudication ne transmet à l'adjudicataire d'autres droits à la propriété que ceux appartenant au saisi. — Néanmoins l'adjudicataire ne pourra être troublé dans sa propriété par aucune demande en résolution fondée sur le défaut de payement du prix des anciennes aliénations, à moins qu'avant l'adjudication la demande n'ait été notifiée au greffe du tribunal où se poursuit la vente. — Si la demande a été notifiée en temps utile, il sera sursis à l'adjudication, et le tribunal, sur la réclamation du poursuivant ou de tout créancier inscrit, fixera le délai dans lequel le vendeur sera tenu de mettre à fin l'instance en résolution. — Le poursuivant pourra intervenir dans cette instance. — Ce délai expiré sans que la demande en résolution ait été définitivement jugée, il sera passé outre à l'adjudication, à moins que, pour des causes graves et dûment justifiées, le

à l'adjudicataire d'autres droits à la propriété que ceux appartenant au saisi. — Néanmoins, l'adjudicataire ne pourra être troublé dans sa propriété par aucune demande en résolution fondée sur le défaut de payement du prix des anciennes aliénations, à moins qu'avant l'adjudication, la demande n'ait été notifiée au greffe du tribunal où se poursuit la vente. — Si la demande a été notifiée en temps utile, il sera sursis à l'adjudication, et le tribunal, sur la réclamation du poursuivant ou de tout créancier inscrit, fixera le délai dans lequel le vendeur sera tenu de mettre à fin l'instance en résolution. — Le poursuivant pourra intervenir dans cette instance.— Ce délai expiré sans que la demande en résolution ait été définitivement jugée, il sera passé outre à l'adjudication, à moins que, pour des causes graves et dûment justifiées, le tribunal n'ait accordé un nouveau délai pour le jugement de l'action en résolution. — Si, faute par le vendeur de se conformer aux prescriptions du tribunal, l'adjudication avait eu lieu avant le jugement de la demande en résolution, l'adjudicataire ne pourrait pas être poursuivi à raison des droits des anciens vendeurs, sauf à ceux-ci à faire valoir, s'il y avait lieu, leurs titres de créances dans l'ordre et distribution du prix de l'adjudication. — Le jugement d'adjudication dûment transcrit purge toutes les hypothèques, et les créanciers n'ont plus d'action que sur le prix. Les créanciers à hypothèques légales qui n'ont pas fait inscrire leur hypothèque avant la transcription du jugement d'adjudication ne conservent de droit de préférence sur le prix qu'à la condition de produire, avant l'expiration du délai fixé par l'article 754, dans le cas où l'ordre se règle judiciairement, et de faire valoir leurs droits avant la clôture, si l'ordre se règle amiablement, confor-

tribunal n'ait accordé un nouveau délai pour le jugement de l'action en résolution. — Si, faute par le vendeur de se conformer aux prescriptions du tribunal, l'adjudication avait eu lieu avant le jugement de la demande en résolution, l'adjudicataire ne pourrait pas être poursuivi à raison des droits des anciens vendeurs, sauf à ceux-ci à faire valoir, s'il y avait lieu, leurs titres de créances, dans l'ordre et distribution du prix de l'adjudication. »

mément aux articles 751 et 752. (Loi des 21-29 mai 1858) (a). »

TITRE XIV. — DE L'ORDRE (b).

749. « Dans les tribunaux où les

(a) Par ce dernier alinéa de l'article 717, la loi nouvelle, en donnant au jugement d'adjudication l'effet de purger toutes les hypothèques, tranche, à l'égard des créanciers à *hypothèque légale*, une question très-vivement controversée jusqu'alors parmi les auteurs et dans la jurisprudence, à savoir si le défaut d'inscription, dans les délais de la purge, des hypothèques légales a pour résultat non-seulement d'affranchir l'acquéreur des effets de cette hypothèque, mais aussi leur faire perdre à ceux qui en ont le bénéfice leur droit de se faire colloquer à leur rang hypothécaire, lors de l'ordre qui sera ouvert sur le prix? En d'autres termes, l'absence d'inscription entraîne-t-elle, pour les hypothèques légales, non-seulement la perte du droit de *suite* sur l'immeuble, contre l'*acquéreur*, mais encore du droit de *préférence* sur le prix, à l'égard des autres créanciers lors du règlement de l'ordre? Ni l'article 2195 C. Nap., ni la loi des 23-26 mars 1855, sur la transcription hypothécaire, ne s'expliquaient sur cette question.
La loi actuelle la décide, comme on le voit, en faveur de la femme et des mineurs, en leur conservant, lors de l'ouverture de l'ordre, leur droit de préférence sur le prix vis-à-vis des autres créanciers, à la condition de produire avant les délais fixés par les articles 751, 752 et 754. — Voy., dans *notre Bulletin annoté des lois*, année 1858, ce qu'il est dit sur le mode de calculer les délais dont il s'agit.
(b) En réglant ce point de la matière, la loi des 21-29 mai 1858 déclare, dans une disposition transitoire, par application du principe de *non-rétroactivité*, que « les ordres ouverts avant la présente loi seront régis par les dispositions des lois antérieures. »
C'est ce titre de l'ordre qui réclamait surtout de nombreuses améliorations. La lenteur proverbiale de cette partie de la procédure des ventes judiciaires et les frais excessifs qui en sont la conséquence, étaient signalés dans tous les comptes rendus de la justice civile.
Le vice du système dans le mode de produire, d'après le Code de 1807, est indiqué dans les termes suivants par le rapport de la loi actuelle de 1858 :
« C'est que si la loi détermine certains délais, ces délais partent de formalités dont elle n'a pas précisé l'époque ; — c'est que le mouvement de l'ordre dépend presque exclusivement de l'avoué poursuivant, parfois, en certains lieux, plus préoccupé de s'assurer l'avantage de la poursuite que d'en accélérer la marche ; — c'est que, quatre fois le fil se rompt sans que le poursuivant soit forcé de le renouer sur-le-champ ; — c'est que le magistrat n'a pas sur l'avoué d'influence marquée, et que ce magistrat lui-même n'est pas astreint à fonctionner dans un laps de temps circonscrit. »
La loi de 1858 a donc dû s'attacher à faire disparaître ces graves inconvénients. On verra, par la différence des textes de l'ancienne loi,

besoins du service l'exigent, il est désigné, par décret impérial, un ou plusieurs juges spécialement chargés du règlement des ordres. Ils peuvent être choisis

---

comparés à ceux de la nouvelle, comment le législateur de 1858 a atteint le but proposé.

Bornons-nous à signaler ici, parmi les innovations introduites, l'établissement d'un essai de règlement *amiable* entre les créanciers inscrits, pour la distribution du prix (art. 751).

En retour, plusieurs dispositions du Code de 1807 ont été conservées, les unes purement et simplement; les autres avec quelques modifications (art. 756, 758, 760, avec 759 nouveau, 762, 764, 770, avec 767 nouveau, 773, 774).

Voici le texte des anciens articles aujourd'hui abrogés (749 à 779):

TITRE XIV. — DE L'ORDRE.

« 749. Dans le mois de la signification du jugement d'adjudication, s'il n'est pas attaqué; en cas d'appel, dans le mois de la signification du jugement confirmatif, les créanciers et la partie saisie seront tenus de se régler entre eux sur la distribution du prix.

« 750. Le mois expiré, faute par les créanciers et la partie saisie de s'être réglés entre eux, le saisissant, dans la huitaine, et, à son défaut, après ce délai, le créancier le plus diligent ou l'adjudicataire requerra la nomination d'un juge-commissaire, devant lequel il sera procédé à l'ordre.

« 751. Il sera tenu au greffe, à cet effet, un registre des adjudications, sur lequel le requérant l'ordre fera son réquisitoire, à la suite duquel le président du tribunal nommera un juge-commissaire.

« 752. Le poursuivant prendra l'ordonnance du juge commis, qui ouvrira le procès-verbal d'ordre, auquel sera annexé un extrait, délivré par le conservateur, de toutes les inscriptions existantes.

« 753. En vertu de l'ordonnance du commissaire, les créanciers seront sommés de produire, par acte signifié aux domiciles élus par leurs inscriptions, ou à celui de leurs avoués, s'il y en a de constitués.

« 754. Dans le mois de cette sommation, chaque créancier sera tenu de produire ses titres avec acte de produit, signé de son avoué et contenant demande en collocation. Le commissaire fera mention de la remise sur son procès-verbal.

« 755. Le mois expiré et même auparavant, si les créanciers ont produit, le commissaire dressera, en suite de son procès-verbal, un état de collocation sur les pièces produites. Le poursuivant dénoncera, par acte d'avoué à avoué, aux créanciers produisant et à la partie saisie, la confection de l'état de collocation, avec sommation d'en prendre communication, et de contredire, s'il y échet, sur le procès-verbal du commissaire dans le délai d'un mois.

« 756. Faute par les créanciers produisants de prendre communication des productions ès-mains du commissaire dans ledit délai, ils demeureront forclos, sans nouvelle sommation ni jugement; il ne sera fait aucun dire, s'il n'y a contestation.

« 757. Les créanciers qui n'auront produit qu'après le délai fixé supporteront sans répétition, et sans pouvoir les employer dans aucun cas, les frais auxquels leur production tardive, et la déclaration d'icelle aux créanciers à l'effet d'en prendre connaissance, auront donné lieu. Ils seront garants des intérêts qui auront couru, à compter du jour où ils auraient cessé si la production eût été faite dans le délai fixé.

« 758. En cas de contestation, le commissaire renverra les contestants à l'audience, et néanmoins arrêtera l'ordre pour les créances antérieures à celles contestées, et ordonnera la délivrance des bordereaux de collocation de ces créanciers, qui ne seront tenus à aucun rapport à l'égard de ceux qui produiraient postérieurement.

« 759. S'il ne s'élève aucune contestation, le juge-commissaire fera la clôture de l'ordre; il liquidera les frais de radiation et de poursuite d'ordre, qui seront colloqués par préférence à toutes autres créances; il prononcera la déchéance des créanciers non produisants, ordonnera la délivrance des bordereaux de collocation aux créanciers utilement colloqués et la radiation des inscriptions de ceux non utilement colloqués. Il sera fait distraction en faveur de l'adjudicataire, sur le montant de chaque bordereau, des frais de radiation de l'inscription.

« 760. Les créanciers postérieurs en ordre d'hypothèque aux collocations contestées seront tenus, dans la huitaine du mois accordé pour contredire, de s'accorder entre eux sur le choix d'un avoué: sinon ils seront représentés par l'avoué du dernier créancier colloqué. Le créancier qui contestera individuellement supportera les frais auxquels sa contestation particulière aura donné lieu, sans pouvoir les répéter ni employer en aucun cas. L'avoué poursuivant ne pourra en cette qualité être appelé dans la contestation.

« 761. L'audience sera poursuivie par la partie la plus diligente, sur un simple acte d'avoué à avoué, sans autre procédure.

« 762. Le jugement sera rendu sur le rapport du juge-commissaire et les conclusions du ministère public; il contiendra liquidation des frais.

« 763. L'appel de ce jugement ne sera reçu, s'il n'est interjeté dans les dix jours de sa signification à avoué, outre un jour par trois myriamètres de distance du domicile réel de chaque partie; il contiendra assignation et l'énonciation des griefs.

« 764. L'avoué du créancier dernier colloqué pourra être intimé, s'il y a lieu.

« 765. Il ne sera signifié sur l'appel que des conclusions motivées de la part des intimés; et l'audience sera poursuivie ainsi qu'il est dit en l'article 761.

« 766. L'arrêt contiendra liquidation des frais: les parties qui succomberont sur l'appel seront condamnées aux dépens, sans pouvoir les répéter.

« 767 Quinzaine après le jugement des contestations, et, en cas d'appel, quinzaine après la signification de l'arrêt qui y aura statué, le commissaire arrêtera définitivement l'ordre des créances contestées et de celles postérieures, et ce, conformément à ce qui est prescrit par

parmi les juges suppléants, et sont désignés pour une année au moins, et trois
années au plus. — En cas d'absence ou

d'empêchement, le président, par ordonnance inscrite sur un registre spécial tenu au greffe, désigne d'autres
juges pour les remplacer. — Les juges
désignés par décret impérial, ou nommés
par le président, doivent, toutes les fois
qu'ils en sont requis, rendre compte à
leurs tribunaux respectifs, au premier
président et au procureur général, de
l'état des ordres qu'ils sont chargés de
de régler. (Loi des 21-29 mai 1858). »

l'article 759; les intérêts et arrérages des créanciers utilement colloqués cesseront.

« 768. Les frais de l'avoué qui aura représenté
les créanciers contestants seront colloqués, par
préférence à toutes autres créances, sur ce qui
restera de deniers à distribuer, déduction faite
de ceux qui auront été employés à acquitter
les créances antérieures à celles contestées.

« 769. L'arrêt qui autorisera l'emploi des
frais prononcera la subrogation au profit du
créancier sur lequel les fonds manqueront, ou
de la partie saisie. L'exécutoire énoncera cette
disposition et indiquera la partie qui devra en
profiter.

« 770. La partie saisie et le créancier sur
lequel les fonds manqueront auront leur recours contre ceux qui auront succombé dans
la contestation, pour les intérêts et arrérages
qui auront couru pendant le cours desdites
contestations.

« 871. Dans les dix jours après l'ordonnance
du juge-commissaire, le greffier délivrera à
chaque créancier utilement colloqué le bordereau de collocation, qui sera exécutoire contre
l'acquéreur.

« 772. Le créancier colloqué, en donnant
quittance du montant de sa collocation, consentira la radiation de son inscription.

« 773. Au fur et à mesure du payement des
collocations, le conservateur des hypothèques,
sur la représentation du bordereau et de la
quittance du créancier, déchargera d'office
l'inscription, jusqu'à concurrence de la somme
acquittée.

« 774. L'inscription d'office sera rayée définitivement, en justifiant, par l'adjudicataire, du
payement de la totalité de son prix, soit aux
créanciers utilement colloqués, soit à la partie
saisie, et de l'ordonnance du juge-commissaire
qui prononce la radiation des inscriptions des
créanciers non colloqués.

« 775. En cas d'aliénation autre que celle par
expropriation, l'ordre ne pourra être provoqué
s'il n'y a plus de trois créanciers inscrits ; et il
le sera par le créancier le plus diligent ou l'acquéreur, après l'expiration des trente jours
qui suivront les délais prescrits par les articles 2185 et 2194 du Code civil.

« 776. L'ordre sera introduit et réglé dans les
formes prescrites par le présent titre.

« 777. L'acquéreur sera employé par préférence, pour le coût de l'extrait des inscriptions
et dénonciations, aux créanciers inscrits.

« 778. Tout créancier pourra prendre inscription pour conserver les droits de son débiteur ;
mais le montant de la collocation du débiteur
sera distribué, comme chose mobilière, entre
tous les créanciers inscrits ou opposants avant
la clôture de l'ordre.

« 779. En cas de retard ou de négligence dans
la poursuite d'ordre, la subrogation pourra
être demandée. La demande en sera formée par
requête insérée au procès-verbal d'ordre, communiquée au poursuivant par acte d'avoué,
jugée sommairement en la chambre du conseil,
sur le rapport du juge-commissaire. »

750. « L'adjudicataire est tenu de
faire transcrire le jugement d'adjudication dans les quarante-cinq jours de sa
date, et, en cas d'appel, dans les quarante-cinq jours de l'arrêt confirmatif,
sous peine de revente sur folle enchère.
— Le saisissant, dans la huitaine après
la transcription, et, à son défaut, après
ce délai, le créancier le plus diligent,
la partie saisie ou l'adjudicataire, dépose
au greffe l'état des inscriptions, requiert
l'ouverture du procès-verbal d'ordre, et,
s'il y a lieu, la nomination d'un juge-
commissaire. — Cette nomination est
faite par le président, à la suite de la
réquisition inscrite par le poursuivant
sur le registre des adjudications tenu à
cet effet au greffe du tribunal. » (*Ibid.*)

751. « Le juge-commissaire, dans
les huit jours de sa nomination, ou le
juge spécial, dans les trois jours de la
réquisition, convoque les créanciers
inscrits, afin de se régler amiablement sur
la distribution du prix. — Cette convocation est faite par lettres chargées à la
poste, expédiées par le greffier et adressées tant aux domiciles élus par les
créanciers dans les inscriptions qu'à
leur domicile réel en France; les frais
en sont avancés par le requérant. — La
partie saisie et l'adjudicataire sont également convoqués. — Le délai pour
comparaître est de dix jours au moins
entre la date de la convocation et le jour
de la réunion. — Le juge dresse procès-
verbal de la distribution du prix par règlement amiable; il ordonne la délivrance
des bordereaux aux créanciers utilement
colloqués et la radiation des inscriptions
des créanciers non admis en ordre utile.
— Les inscriptions sont rayées sur la
présentation d'un extrait, délivré par le
greffier, de l'ordonnance du juge. —
Les créanciers non comparants sont con-

damnés à une amende de vingt-cinq francs. » (Loi des 21-29 mai 1858.)

752. « A défaut de règlement amiable dans le délai d'un mois, le juge constate sur le procès-verbal que les créanciers n'ont pu se régler entre eux, et prononce l'amende contre ceux qui n'ont pas comparu. Il déclare l'ordre ouvert et commet un ou plusieurs huissiers à l'effet de sommer les créanciers de produire. Cette partie du procès-verbal ne peut être expédiée ni signifiée. » (*Ibid.*)

753. « Dans les huit jours de l'ouverture de l'ordre, sommation de produire est faite aux créanciers par acte signifié aux domiciles élus dans leurs inscriptions ou à celui de leurs avoués, s'il y en a de constitués, et au vendeur à son domicile réel situé en France, à défaut de domicile élu par lui ou de constitution d'avoué. — La sommation contient l'avertissement que, faute de produire dans les quarante jours, le créancier sera déchu. — L'ouverture de l'ordre est en même temps dénoncée à l'avoué de l'adjudicataire. Il n'est fait qu'une seule dénonciation à l'avoué qui représente plusieurs adjudicataires. — Dans les huit jours de la sommation par lui faite aux créanciers inscrits, le poursuivant en remet l'original au juge, qui en fait mention sur le procès-verbal. » (*Ibid.*)

754. « Dans les quarante jours de cette sommation, tout créancier est tenu de produire ses titres avec acte de produit signé de son avoué et contenant demande en collocation. Le juge fait mention de la remise sur le procès-verbal. (*Ibid.*) »

755. « L'expiration du délai de quarante jours ci-dessus fixé emporte de plein droit déchéance contre les créanciers non produisants. Le juge la constate immédiatement et d'office sur le procès-verbal, et dresse l'état de collocation sur les pièces produites. Cet état est dressé au plus tard dans les vingt jours qui suivent l'expiration du délai ci-dessus. — Dans les dix jours de la confection de l'état de collocation, le poursuivant la dénonce, par acte d'avoué à avoué, aux créanciers produisants et à la partie saisie, avec sommation d'en prendre communication, et de contredire, s'il y échet, sur le procès-verbal

dans le délai de trente jours. (*Ibid.*) »

756. « Faute par les créanciers produisants et la partie saisie de prendre communication de l'état de collocation et de contredire dans ledit délai, ils demeurent forclos sans nouvelle sommation ni jugement ; il n'est fait aucun dire, s'il n'y a contestation. (*Ibid.*) »

757. « Lorsqu'il y a lieu à ventilation du prix de plusieurs immeubles vendus collectivement, le juge, sur la réquisition des parties ou d'office, par ordonnance inscrite sur le procès-verbal, nomme un ou trois experts, fixe le jour où il recevra leur serment et le délai dans lequel ils devront déposer leur rapport. — Cette ordonnance est dénoncée aux experts par le poursuivant ; la prestation de serment est mentionnée sur le procès-verbal d'ordre auquel est annexé le rapport des experts, qui ne peut être levé ni signifié. — En établissant l'état de collocation provisoire, le juge prononce sur la ventilation. (*Ibid.*) »

758. Tout contestant doit motiver son dire et produire toutes pièces à l'appui ; le juge renvoie les contestants à l'audience qu'il désigne, et commet en même temps l'avoué chargé de suivre l'audience. — Néanmoins, il arrête l'ordre et ordonne la délivrance des bordereaux de collocation pour les créances antérieures à celles contestées ; il peut même arrêter l'ordre pour les créances postérieures, en réservant somme suffisante pour désintéresser les créanciers contestés. (*Ibid.*) »

759. « S'il ne s'élève aucune contestation, le juge est tenu, dans les quinze jours qui suivent l'expiration du délai pour prendre communication et contredire, de faire la clôture de l'ordre ; il liquide les frais de radiation et de poursuite d'ordre qui sont colloqués par préférence à toutes autres créances ; il liquide, en outre, les frais de chaque créancier colloqué en rang utile, et ordonne la délivrance des bordereaux de collocation aux créanciers utilement colloqués, et la radiation des inscriptions de ceux non utilement colloqués. Il est fait distraction, en faveur de l'adjudicataire, sur le montant de chaque bordereau, des frais de radiation de l'inscription. (*Ibid.*) »

760. « Les créanciers postérieurs en ordre d'hypothèque aux collocations contestées sont tenus, dans la huitaine après les trente jours accordés pour contredire, de s'entendre entre eux sur le choix d'un avoué ; sinon ils sont représentés par l'avoué du dernier créancier colloqué. L'avoué poursuivant ne peut, en cette qualité, être appelé dans la contestation. (Loi des 21-29 mai 1858.) »

761. « L'audience est poursuivie, à la diligence de l'avoué commis, sur un simple acte contenant avenir pour l'audience fixée conformément à l'article 758. L'affaire est jugée comme sommaire sans autre procédure que des conclusions motivées de la part des contestés, et le jugement contient liquidation des frais. S'il est produit de nouvelles pièces, toute partie contestante ou contestée est tenue de les remettre au greffe trois jours au moins avant cette audience ; il en est fait mention sur le procès-verbal. Le tribunal statue sur les pièces produites ; néanmoins il peut, mais seulement pour causes graves et dûment justifiées, accorder un délai pour en produire d'autres ; le jugement qui prononce la remise fixe le jour de l'audience ; il n'est ni levé ni signifié. La disposition du jugement qui accorde ou refuse un délai n'est susceptible d'aucun recours. (Ibid.) »

762. « Les jugements sur les incidents et sur le fond sont rendus sur le rapport du juge et sur les conclusions du ministère public. — Le jugement sur le fond est signifié dans les trente jours de sa date à avoué seulement, et n'est pas susceptible d'opposition. La signification à avoué fait courir le délai d'appel contre toutes les parties à l'égard les unes des autres. — L'appel est interjeté dans les dix jours de la signification du jugement à avoué, outre un jour par cinq myriamètres de distance entre le siége du tribunal et le domicile réel de l'appelant ; l'acte d'appel est signifié au domicile de l'avoué, et au domicile réel du saisi, s'il n'a pas d'avoué. Il contient assignation et l'énonciation des griefs, à peine de nullité. — L'appel n'est recevable que si la somme contestée excède celle de quinze cents francs, quel que soit d'ailleurs le montant des créances des contestants et des sommes à distribuer. (Ibid.)

763. « L'avoué du créancier dernier colloqué peut être intimé s'il y a lieu. — L'audience est poursuivie et l'affaire instruite conformément à l'article 761, sans autre procédure que des conclusions motivées de la part des intimés. (Ibid.) »

764. « La cour statue sur les conclusions du ministère public. L'arrêt contient liquidation des frais ; il est signifié dans les quinze jours de sa date à avoué seulement, et n'est pas susceptible d'opposition. La signification à avoué fait courir les délais du pourvoi en cassation. (Ibid.) »

765. « Dans les huit jours qui suivent l'expiration du délai d'appel, et en cas d'appel dans les huit jours de la signification de l'arrêt, le juge arrête définitivement l'ordre des créances contestées et des créances postérieures, conformément à l'article 759. — Les intérêts et arrérages des créanciers utilement colloqués cessent à l'égard de la partie saisie. (Ibid.) »

766. « Les dépens des contestations ne peuvent être pris sur les deniers provenant de l'adjudication. — Toutefois, le créancier dont la collocation rejetée d'office, malgré une production suffisante, a été admise par le tribunal sans être contestée par aucun créancier, peut employer ses dépens sur le prix au rang de sa créance. — Les frais de l'avoué qui a représenté les créanciers postérieurs en ordre d'hypothèque aux collocations contestées peuvent être prélevés sur ce qui reste de deniers à distribuer, déduction faite de ceux qui ont été employés à payer les créanciers antérieurs. Le jugement qui autorise l'emploi des frais prononce la subrogation au profit du créancier sur lequel les fonds manquent ou de la partie saisie. L'exécutoire énoncera cette disposition et indiquera la partie qui doit en profiter. — Le contestant ou le contesté qui a mis de la négligence dans la production des pièces peut être condamné aux dépens, même en obtenant gain de cause. — Lorsqu'un créancier condamné aux dépens des contestations a été colloqué en rang utile, les frais mis à sa charge sont, par une disposition spéciale du règlement d'ordre, prélevés sur le montant de sa collocation au profit de la partie qui a obtenu la condamnation. (Loi des 21-29 mai 1858.) »

767. « Dans les trois jours de l'ordonnance de clôture, l'avoué poursuivant la dénonce par un simple acte d'avoué à avoué. — En cas d'opposition à cette ordonnance par un créancier, par l'adjudicataire ou la partie saisie, cette opposition est formée, à peine de nullité, dans la huitaine de la dénonciation, et portée dans la huitaine suivante à l'audience du tribunal, même en vacation, par un simple acte d'avoué contenant moyens et conclusions; et, à l'égard de la partie saisie n'ayant pas d'avoué en cause, par exploit d'ajournement à huit jours. La cause est instruite et jugée conformément aux articles 761, 762 et 764, même en ce qui concerne l'appel du jugement. (*Ibid.*) »

768. « Le créancier sur lequel les fonds manquent et la partie saisie ont leur recours contre ceux qui ont succombé, pour les intérêts et arrérages qui ont couru pendant les contestations. (*Ibid.*) »

769. « Dans les dix jours, à partir de celui où l'ordonnance de clôture ne peut plus être attaquée, le greffier délivre un extrait de l'ordonnance du juge pour être déposé par l'avoué poursuivant au bureau des hypothèques. Le conservateur, sur la présentation de cet extrait, fait la radiation des inscriptions des créanciers non colloqués. (*Ibid.*) »

770. « Dans le même délai, le greffier délivre à chaque créancier colloqué un bordereau de collocation exécutoire contre l'adjudicataire ou contre la caisse des consignations. — Le bordereau des frais de l'avoué poursuivant ne peut être délivré que sur la remise des certificats de radiation des inscriptions des créanciers non colloqués. Ces certificats demeurent annexés au procès-verbal. (*Ibid.*) »

771. « Le créancier colloqué, en donnant quittance du montant de sa collocation, consent la radiation de son inscription. Au fur et à mesure du payement des collocations, le conservateur des hypothèques, sur la représentation du bordereau et de la quittance du créancier, décharge d'office l'inscription jusqu'à concurrence de la somme acquittée. — L'inscription d'office est rayée définitivement, sur la justification faite par l'adjudicataire du payement de la totalité de son prix, soit aux créanciers colloqués, soit à la partie saisie. (*Ibid.*)

772. « Lorsque l'aliénation n'a pas lieu sur expropriation forcée, l'ordre est provoqué par le créancier le plus diligent ou par l'acquéreur. — Il peut être aussi provoqué par le vendeur, mais seulement lorsque le prix est exigible. —Dans tous les cas, l'ordre n'est ouvert qu'après l'accomplissement des formalités prescrites pour la purge des hypothèques.— Il est introduit et réglé dans les formes établies par le présent titre. — Les créanciers à hypothèques légales qui n'ont pas fait inscrire leurs hypothèques dans le délai fixé par l'article 2195 du Code Napoléon ne peuvent exercer de droit de préférence sur le prix qu'autant qu'un ordre est ouvert dans les trois mois qui suivent l'expiration de ce délai et sous les conditions déterminées par la dernière disposition de l'article 747. (*Ibid.*) »

773. « Quel que soit le mode d'aliénation, l'ordre ne peut être provoqué s'il y a moins de quatre créanciers inscrits. — Après l'expiration des délais établis par les articles 750 et 772, la partie qui veut poursuivre l'ordre présente requête au juge spécial, et, s'il n'y en a pas, au président du tribunal, à l'effet de faire procéder au préliminaire de règlement amiable dans les formes et délais établis en l'article 751. — A défaut de règlement amiable, la distribution du prix est réglée par le tribunal, jugeant comme en matière sommaire, sur assignation signifiée à personne ou à domicile, à la requête de la partie la plus diligente, sans autre procédure que des conclusions motivées. Le jugement est signifié à avoué seulement, s'il y a avoué constitué. — En cas d'appel, il est procédé comme aux articles 763 et 765. (*Ibid.*) »

774. « L'acquéreur est employé par préférence pour le coût de l'extrait des inscriptions et des dénonciations aux créanciers inscrits. (*Ibid.*) »

775. « Tout créancier peut prendre inscription pour conserver les droits de son débiteur; mais le montant de la collocation du débiteur est distribué, comme chose mobilière, entre tous les créanciers inscrits ou opposants avant la clôture de l'ordre. (Loi des 21-29 mai 1858.) »

776. « En cas d'inobservation des formalités et délais prescrits par les articles 753, 755, paragraphe 2, et 769, l'avoué poursuivant est déchu de la poursuite, sans sommation ni jugement. Le juge pourvoit à son remplacement, d'office ou sur la réquisition d'une partie, par ordonnance inscrite sur le procès-verbal ; cette ordonnance n'est susceptible d'aucun recours. — Il en est de même à l'égard de l'avoué commis qui n'a pas rempli les obligations à lui imposées par les articles 758 et 761. — L'avoué déchu de la poursuite est tenu de remettre immédiatement les pièces sur le récépissé de l'avoué qui le remplace, et n'est payé de ses frais qu'après la clôture de l'ordre. (*Ibid.*) »

777. « L'adjudicataire sur expropriation forcée qui veut faire prononcer la radiation des inscriptions avant la clôture de l'ordre doit consigner son prix et les intérêts échus, sans offres réelles préalables.— Si l'ordre n'est pas ouvert, il doit en requérir l'ouverture après l'expiration du délai fixé par l'article 750. Il dépose à l'appui de sa réquisition le récépissé de la caisse des consignations, et déclare qu'il entend faire prononcer la validité de la consignation et la radiation des inscriptions. — Dans les huit jours qui suivent l'expiration du délai pour produire fixé par l'article 754, il fait sommation par acte d'avoué à avoué, et par exploit à la partie saisie, si elle n'a pas avoué constitué, de prendre communication de sa déclaration, et de la contester dans les quinze jours, s'il y a lieu. A défaut de contestation dans ce délai, le juge, par ordonnance, sur le procès-verbal, déclare la consignation valable et prononce la radiation de toutes les inscriptions existantes, avec maintien de leur effet sur le prix. En cas de contestation, il est statué par le tribunal sans retard des opérations de l'ordre. — Si l'ordre est ouvert, l'adjudicataire, après la consignation, fait sa déclaration sur le procès-verbal par un dire signé de son avoué, en y joignant le

récépissé de la caisse des consignations. Il est procédé comme il est dit ci-dessus, après l'échéance du délai des productions. — En cas d'aliénation autre que celle sur expropriation forcée, l'acquéreur qui, après avoir rempli les formalités de la purge, veut obtenir la libération de tous priviléges et hypothèques par la voie de la consignation, opère cette consignation sans offres réelles préalables. A cet effet, il somme le vendeur de lui rapporter dans la quinzaine mainlevée des inscriptions existantes, et lui fait connaître le montant des sommes en capital et intérêts qu'il se propose de consigner. Ce délai expiré, la consignation est réalisée, et, dans les trois jours suivants, l'acquéreur ou adjudicataire requiert l'ouverture de l'ordre, en déposant le récépissé de la caisse des consignations. Il est procédé sur sa réquisition conformément aux dispositions ci-dessus. (*Ibid.*) »

778. « Toute contestation relative à la consignation du prix est formée sur procès-verbal par un dire motivé, à peine de nullité ; le juge renvoie les contestants devant le tribunal. — L'audience est poursuivie par un simple acte d'avoué à avoué, sans autre procédure que des conclusions motivées ; il est procédé ainsi qu'il est dit aux articles 761, 763 et 764. — Le prélèvement des frais sur le prix peut être prononcé en faveur de l'adjudicataire ou acquéreur. (*Ibid.*) »

779. « L'adjudication sur folle enchère intervenant dans le cours de l'ordre, et même après le règlement définitif et la délivrance des bordereaux, ne donne pas lieu à une nouvelle procédure. Le juge modifie l'état de collocation suivant les résultats de l'adjudication, et rend les bordereaux exécutoires contre le nouvel adjudicataire. (Loi des 21-29 mai 1858) (*a*). »

TITRE XV. — DE L'EMPRISONNEMENT.

781. « Le paragraphe n° 5 de l'article 781 du Code de procédure civile est remplacé par la disposition suivante :

(*a*) Voy. ci-dessus, pag. 658 et 659 en *note*, le texte des anciens articles 749 à 779, remplacés par la loi de 1858.

« No 5. Dans une maison quelconque, même dans son domicile, à moins qu'il n'ait été ainsi ordonné par le juge de paix du lieu, lequel juge de paix devra, dans ce cas, se transporter dans la maison avec l'officier ministériel, ou déléguer un commissaire de police. (Loi des 26 mars-1er avril 1855) (a). »

DEUXIÈME PARTIE.

Procédures diverses.

TITRE IV. — DE LA SURENCHÈRE SUR ALIÉNATION VOLONTAIRE.

834, 835. *Abrogés* (b).

838. « Le surenchérisseur, même au cas de subrogation à la poursuite, sera déclaré adjudicataire si, au jour fixé pour l'adjudication, il ne se présente pas d'autre enchérisseur. — Sont applicables au cas de surenchère les articles 701, 702, 705, 706, 707, 711, 712, 713, 717, 731, 732 et 733 du présent Code, ainsi que les articles 734 et suivants relatifs à la folle enchère. — Les formalités prescrites par les articles 705 et 706, 832, 836 et 837 seront observées à peine de nullité. — Les nullités devront être proposées, à peine de déchéance, savoir : celles qui concerneront la déclaration de surenchère et l'assignation, avant le jugement qui doit statuer sur la réception de la caution ; celles qui seront relatives aux formalités de la mise en vente, trois jours au moins avant l'adjudication. Il sera statué sur les premières par le jugement de réception de la caution, et sur les autres avant l'adjudication, et, autant que possible, par le jugement même de cette adjudication. — Aucun jugement ou arrêt par défaut en matière de surenchère sur aliénation volontaire ne sera susceptible d'opposition. — Les jugements qui statueront sur les nullités antérieures à la réception de la caution, ou sur la réception même de cette caution, et ceux qui prononceront sur la demande en subrogation intentée pour collusion ou fraude, seront seuls susceptibles d'être attaqués par la voie de l'appel. — L'adjudication par suite de surenchère sur aliénation volontaire ne pourra être frappée d'aucune autre surenchère. — Les effets de l'adjudication à la suite de surenchère sur aliénation volontaire seront réglés, à l'égard du vendeur et de l'adjudicataire, par les dispositions de l'article 717 ci-dessus ; néanmoins, après le jugement d'adjudication par suite de surenchère, la purge des hypothèques légales, si elle n'a pas eu lieu, se fait comme au cas d'aliénation volontaire, et les droits des créanciers à hypothèques légales sont régis par le dernier alinéa de l'article 772. (Loi des 21-29 mai 1858) (c). »

(a) En ajoutant à l'ancien article 781 ces mots : « *ou déléguer un commissaire de police,* » la loi de 1855 fait disparaître cette anomalie du mode antérieur de procéder, qui exigeait *l'assistance personnelle* du juge de paix pour effectuer l'exercice de la *contrainte par corps* dans la maison d'un citoyen, en l'obligeant d'obtempérer, à cet effet, aux réquisitions d'un huissier, position peu compatible avec la mission et la position des juges de paix.

La même loi de 1855 abroge en même temps, en le remplaçant par une autre disposition, l'article 15 du décret du 14 mars 1808 concernant les *gardes du commerce* (Voy. au C. de comm., sous l'article 625 ci-après, au Suppl.).

(b) L'abrogation est prononcée par la loi des 23-26 mars 1855 sur la *transcription* en matière hypothécaire (Voy. ci-dessus, en *note* sous l'article 2181, C. Nap., pag. 653).

(c) Cette dernière disposition, à partir de ce mot : « néanmoins, » a été ajoutée par la loi de 1858 ; tout le commencement de l'article est la reproduction littérale de la disposition primitive. Cette addition était nécessitée par l'introduction de la nouvelle règle de purge pour les hypothèques légales.

CODE DE COMMERCE.

LIVRE PREMIER.

TITRE TROISIÈME.

DES SOCIÉTÉS.

ARTICLE 23 et suivants (a).

(a) La disposition de ces articles, relatifs aux *sociétés en commandite*, détermine la nature, la forme et les effets généraux de ce contrat. La loi qu'on va retracer, des 17-23 juillet 1856, ne se propose pas pour objet de remplacer ces articles du Code de commerce, ni même de les modifier. Elle a un autre but : celui de mettre un terme aux abus déplorables auxquels les sociétés en commandite par actions ont donné naissance, et d'en empêcher le retour.

En 1838, le mal avait déjà fait de tels progrès, que le gouvernement de cette époque crut que le seul moyen d'y porter remède était de *supprimer* d'une manière absolue les sociétés en commandite par actions. En effet, un projet de loi avait été proposé dans ce sens, mais n'aboutit pas.

La nouvelle loi se garde, et avec juste raison, de prendre un parti aussi extrême. Elle sait, comme le dit le rapporteur, qu'au prix des abus dont aucune institution humaine n'est exempte, la vie de l'association, c'est la *liberté*. Elle sait que l'industrie est jalouse de son indépendance, et qu'elle ne subit qu'avec défiance le contrôle de l'autorité. Elle concilie donc, dans une juste mesure, la répression qui doit atteindre les actes coupables et l'indépendance qu'il faut laisser aux volontés privées pour la formation du contrat.

A quels signes, à quels caractères reconnaître les sociétés qui seront frauduleuses, dolosives?

Les stipulations dont on fait usage pour attirer l'argent dans les sociétés par actions sont variées; mais, bien examinées, elles rentrent dans un cercle assez étroit, et se réduisent à quelques procédés, qui peuvent bien différer dans les détails, mais qui, au fond, sont les mêmes. Voici en quels termes le rapporteur de la loi nouvelle les signale :

« Toute société grevée d'un *apport* social notablement *exagéré* est évidemment une déception pour les associés. Toute société, dont le capital n'est pas *réellement souscrit*, qui n'a que des joueurs au lieu d'actionnaires, n'est que l'ombre d'une société, un instrument d'agiotage, une cause de ruine pour le public. Toute société où le *contrôle des intéressés* ne s'exerce pas avec sincérité et liberté, où l'on trompe sur l'état vrai de l'entreprise, n'est pas une société honnête. C'est à toutes ces fraudes que s'attaque la loi; ce sont elles qu'elle veut réprimer, dans l'intérêt de la morale, de la bonne industrie, des fortunes privées et du crédit public.... »

Il faut ajouter, avec l'exposé des motifs : la forme *au porteur* des actions, qui offre une si dangereuse facilité pour se défaire de titres mal acquis, et sans qu'on puisse suivre leurs traces dans les mains de ceux qui se les transmettent; la valeur nominale, rendue à peu près illusoire par la faculté de faire des versements *minimes* au moment de l'émission; la composition des conseils de surveillance, dans lesquels on entre, soit par faiblesse, soit par calcul, souvent avec de mauvais desseins, presque toujours dans la pensée qu'aucune *responsabilité* n'est attachée aux fonctions qu'on accepte; enfin, les distributions de dividendes fictifs sur le capital social, tantôt à l'insu des conseils de surveillance, tantôt de connivence avec eux.

Telles sont les manœuvres coupables que la loi dont il s'agit se propose de prévenir et de réprimer. — Elle est ainsi conçue :

17-23 juillet 1856. — Loi sur les sociétés en commandite par actions.

« Article 1er. Les sociétés en commandite ne peuvent diviser leur capital en actions ou coupons d'actions de moins de cent francs, lorsque ce capital n'excède pas deux cent mille francs, et de moins de cinq cents francs lorsqu'il est supérieur. — Elles ne peuvent être définitivement constituées qu'après la souscription de la totalité du capital social et le versement par chaque actionnaire du quart au moins du montant des actions par lui souscrites. — Cette souscription et ces versements sont constatés par une déclaration du gérant dans un acte notarié. — A cette déclaration sont annexés la liste des souscripteurs, l'état des versements faits par eux, et l'acte de société.

« 2. Les actions des sociétés en comman-

dite sont nominales jusqu'à leur entière libération.

« 3. Les souscripteurs d'actions dans les sociétés en commandite sont, nonobstant toute
stipulation contraire, responsables du payement du montant total des actions par eux sous-
scrites. — Les actions ou coupons d'actions ne
sont négociables qu'après le versement des
deux cinquièmes.

« 4. Lorsqu'un associé fait, dans une société
en commandite par actions, un apport qui ne
consiste pas en numéraire, ou stipule à son
profit des avantages particuliers, l'assemblée
générale des actionnaires en fait vérifier et
apprécier la valeur. — La société n'est définitivement constituée qu'après approbation dans
une réunion ultérieure de l'assemblée générale.
— Les délibérations sont prises par la majorité des actionnaires présents. Cette majorité
doit comprendre le quart des actionnaires et
représenter le quart du capital social en numéraire. — Les associés qui ont fait l'apport ou
stipulé les avantages soumis à l'appréciation
de l'assemblée n'ont pas voix délibérative.

« 5. Un conseil de surveillance, composé de
cinq actionnaires au moins, est établi dans chaque société en commandite par actions. — Ce
conseil est nommé par l'assemblée générale des
actionnaires immédiatement après la constitution définitive de la société, et avant toute opération sociale. — Il est soumis à la réélection
tous les cinq ans au moins : toutefois, le
premier conseil n'est nommé que pour une
année.

« 6. Est nulle et de nul effet, à l'égard des
intéressés, toute société en commandite par
actions constituée contrairement à l'une des
prescriptions énoncées dans les articles qui
précèdent. — Cette nullité ne peut être opposée
aux tiers par les associés.

« 7. Lorsque la société est annulée aux
termes de l'article précédent, les membres du
conseil de surveillance peuvent être déclarés
responsables, solidairement et par corps avec
les gérants, de toutes les opérations faites postérieurement à leur nomination. — La même
responsabilité solidaire peut être prononcée
contre ceux des fondateurs de la société qui
ont fait un apport en nature, ou au profit
desquels ont été stipulés des avantages particuliers.

« 8. Les membres du conseil de surveillance
vérifient les livres, la caisse, le portefeuille et
les valeurs de la société. — Ils font, chaque
année, un rapport à l'assemblée sur les inventaires et sur les propositions de distributions
de dividendes faites par le gérant.

« 9. Le conseil de surveillance peut convoquer l'assemblée générale. Il peut aussi provoquer la dissolution de la société.

« 10. Tout membre d'un conseil de surveillance est responsable, avec les gérants solidairement et par corps : 1° lorsque, sciemment, il a laissé commettre dans les inventaires des inexactitudes graves, préjudiciables
à la société ou aux tiers ; 2° lorsqu'il a, en connaissance de cause, consenti à la distribution de
dividendes non justifiés par des inventaires sin-
cères et réguliers.

« 11. L'émission d'actions ou de coupons d'actions d'une société constituée contrairement aux
articles 1 et 2 de la présente loi est punie d'un
emprisonnement de huit jours à six mois, et

d'une amende de cinq cents francs à dix mille
francs, ou de l'une de ces peines seulement. —
Est puni des mêmes peines, le gérant qui commence les opérations sociales avant l'entrée en
fonctions du conseil de surveillance.

« 12. La négociation d'actions ou de coupons
d'actions dont la valeur ou la forme serait contraire aux dispositions des articles 1 et 2 de la
présente loi, ou pour lesquels le versement des
deux cinquièmes n'aurait pas été effectué conformément à l'article 3, est punie d'une amende
de cinq cents francs à dix mille francs. — Sont
punies de la même peine toute participation à
ces négociations et toute publication de la valeur desdites actions.

« 13. Sont punis des peines portées par l'article 405 du Code pénal, sans préjudice de l'application de cet article à tous les faits constitutifs du délit d'escroquerie : 1° ceux qui, par
simulation de souscription ou de versements ou
par la publication faite de mauvaise foi de souscriptions ou de versements qui n'existent pas,
ou de tous autres faits faux, ont obtenu ou
tenté d'obtenir des souscriptions ou des versements ; 2° ceux qui, pour provoquer des souscriptions ou des versements, ont, de mauvaise
foi, publié les noms de personnes désignées
contrairement à la vérité, comme étant ou devant être attachées à la société à un titre quelconque ; 3° les gérants qui, en l'absence d'inventaires ou au moyen d'inventaires frauduleux, ont opéré entre les actionnaires la répartition de dividendes non réellement acquis à la
société. — L'article 463 du Code pénal est applicable aux faits prévus par le présent article.

« 14. Lorsque les actionnaires d'une société
en commandite par actions ont à soutenir, collectivement et dans un intérêt commun, comme
demandeurs ou défendeurs, un procès contre
les gérants ou contre les membres du conseil
de surveillance, ils sont représentés par des
commissaires nommés en assemblée générale.
— Lorsque quelques actionnaires seulement
sont engagés comme demandeurs ou comme
défendeurs dans la contestation, les commissaires sont nommés dans une assemblée spéciale composée des actionnaires parties au procès. — Dans le cas où un obstacle quelconque
empêcherait la nomination des commissaires par
l'assemblée générale ou par l'assemblée spéciale, il y sera pourvu par le tribunal de commerce, sur la requête de la partie la plus diligente. — Nonobstant la nomination des commissaires, chaque actionnaire a le droit d'intervenir personnellement dans l'instance, à la charge
de supporter les frais de son intervention.

« 15. Les sociétés en commandite par actions
actuellement existantes, et qui n'ont pas de conseil de surveillance, sont tenues, dans le délai
de six mois à partir de la promulgation de la
présente loi, de constituer un conseil de surveillance. — Ce conseil est nommé conformément aux dispositions de l'article 5. — Les conseils déjà existants et ceux qui sont nommés
en exécution du présent article exercent les
droits et remplissent les obligations déterminées
par les articles 8 et 9 ; ils sont soumis à la responsabilité prévue par l'article 10. — A défaut
de constitution du conseil de surveillance dans
le délai ci-dessus fixé, chaque actionnaire a le
droit de faire prononcer la dissolution de la société. Néanmoins, un nouveau délai peut être
accordé par les tribunaux, à raison des cir-

37 (a).
45 (b).
51 à **63**. *Abrogés* (Loi des 17-23 juillet 1856) (c).

71, 72 et **73** (d).
76 (e).

constances. — L'article 14 est également applicable aux sociétés actuellement existantes. »

.(a) D'après cet article, les sociétés *anonymes*, fondées par des nationaux, ne peuvent s'établir et fonctionner qu'avec l'*autorisation* du pouvoir exécutif. (Voy. page 324.)

Une pareille autorisation aurait-elle été suffisante dans le cas où ce serait par des *étrangers* que des sociétés de la même nature seraient venues s'établir en France?

On a pensé qu'une *loi* était nécessaire pour consacrer, en faveur des étrangers, le droit dont il s'agit.

Et c'est dans ce but qu'a été publiée la loi qui suit :

30 mai-11 juin 1857. — *Loi qui autorise les sociétés anonymes et autres associations commerciales, industrielles ou financières, légalement constituées en Belgique, à exercer leurs droits en France.*

« Art. 1er. Les sociétés anonymes et les autres associations commerciales, industrielles ou financières qui sont soumises à l'autorisation du gouvernement belge et qui l'ont obtenue, peuvent exercer tous leurs droits et rester en justice en France, en se conformant aux lois de l'empire *.

« 2. Un décret impérial rendu en conseil d'Etat peut appliquer à tous les autres pays le bénéfice de l'article 1er. »

(b) Voyez, sous l'article 37 ci-dessus, la loi des 30 mai-11 juin 1857 relative aux sociétés commerciales *belges*.

(c) Cette loi des 17-23 juillet 1856, en abrogeant ces dispositions, qui confiaient au jugement d'*arbitres forcés* les contestations entre *associés* relatives à leur société, en attribue désormais la connaissance aux *tribunaux de commerce* (Voy. ci-après le nouvel article 631 rédigé dans ce sens par cette loi).

Depuis longtemps, on signalait à l'attention publique les inconvénients de la justice arbitrale, que le Code de commerce avait empruntée aux édits de 1560, de 1563 et à l'ordonnance de 1673. L'Exposé des motifs de la loi de 1856 les résume ainsi : « Contrairement à la pensée du législateur, la justice arbitrale n'est pas rendue par des *commerçants*, mais par des hommes d'affaires, par des hommes de loi; les *délais* sont plus longs que devant les tribunaux

* La *réciprocité*, en faveur des Français, est-elle une condition nécessaire?

Cette loi ne fait-elle pas aux étrangers une position plus *favorable* qu'aux nationaux, en exemptant leurs sociétés de tout contrôle, de toute autorisation préalable?

Cette expression de l'article 1er : « exercer tous *leurs droits*, » placée avant ces mots : *ester en justice*, ne va-t-elle pas au delà de l'intention qui a dicté le traité?

Quel sens faut-il attacher à ces mots du même article : « en se conformant aux *lois de l'empire*? »

Voy., pour la solution de ces questions, l'Exposé des motifs et nos observations dans notre *Bulletin annoté des lois*, année 1857, page 80 et suiv.

de commerce, la *procédure plus multipliée* et la nomination d'un *tiers-arbitre* presque toujours nécessaire; les *frais*, loin d'être diminués, sont plus considérables, puisque, tandis que la justice rendue par les tribunaux est *gratuite*, la justice arbitrale ne l'est pas ; la juridiction arbitrale ne présente pas la même *garantie d'impartialité* que celle des tribunaux, en ce que chaque arbitre choisi par les parties est plutôt un *défenseur* des intérêts de celle-ci, qu'un *juge*, dans la grande acception du mot. »

(d) Aux dispositions réglementaires, spéciales à la *Bourse de la ville de Paris*, retracées sous ces articles (page 327), il faut ajouter celle qui suit, qui autorise la perception d'un *droit d'entrée* pour cet établissement :

17 décembre 1856-1er janvier 1857. — *Décret qui autorise la ville de Paris à percevoir un droit d'entrée à la Bourse.*

« Art. 1er. La ville de Paris est autorisée à percevoir, à partir du 1er janvier 1857, un droit d'entrée à la Bourse ainsi réglé :

Bourse des effets publics, un franc par personne : Bourse des marchandises, cinquante centimes par personne.

« 2. Des abonnements seront accordés aux personnes qui en feront la demande, au prix annuel de cent cinquante francs pour la Bourse des effets publics, et de soixante et quinze francs pour la Bourse des marchandises. Ces abonnements seront personnels.

« 3. Des dispositions seront prises pour rendre indépendant de l'entrée de la Bourse l'accès du bureau des transferts et du tribunal de commerce, qui restera libre comme par le passé.

« 4. Cessera d'être perçue, à partir du 1er janvier 1857, la contribution spéciale autorisée par la loi des finances et destinée à subvenir aux dépenses de la Bourse de Paris. »

(e) L'arrêt du conseil d'Etat, du 7 août 1785, qui défendait de coter à la Bourse les effets des gouvernements *étrangers*, a été abrogé tant par l'arrêté du 7 pluviôse an IV que par l'ordonnance des 12-18 novembre 1823.

Aux actes législatifs dont il s'agit, il faut ajouter le décret suivant, relatif à l'émission des titres des compagnies de *chemins de fer* étrangers :

22-26 mai 1858. — *Décret concernant la négociation, à la Bourse de Paris et dans les Bourses départementales, des titres émis par les compagnies des chemins de fer construits en dehors du territoire français.*

« Article 1er. La négociation, à la Bourse de Paris et dans les Bourses départementales, des titres émis par les compagnies des chemins de fer construits en dehors du territoire français, est soumise aux lois et règlements qui sont applicables à la négociation des valeurs françaises de même nature et, en outre, aux conditions exprimées dans les articles suivants :

« 2. Ces compagnies doivent justifier qu'elles sont constituées conformément aux lois des pays où elles se sont formées. — A cet effet, elles remettent au ministre des finances, et à la chambre syndicale des agents de change, des

78 (a).

copies authentiques : — 1° Des actes de l'autorité publique qui ont approuvé leur formation et les ont autorisées, soit par voie de concession, soit autrement, à construire un ou plusieurs chemins de fer ; — 2° Des statuts, des cahiers des charges, et, en général, de tous les documents qui ont réglé ou modifié leurs conditions d'existence.

« 3. Les compagnies sont tenues de justifier que leurs actions, ainsi que leurs obligations, si elles en ont émis, sont cotées officiellement dans le pays auquel les chemins de fer appartiennent.

« 4. Les actions ne peuvent être de moins de cinq cents francs. Toutes celles qui ont été émises doivent être libérées jusqu'à concurrence des sept dixièmes. — Elles ne sont portées sur la partie officielle du cours authentique des Bourses françaises que lorsqu'elles ont donné lieu en France à des opérations publiques assez nombreuses pour que leur cours puisse être apprécié.

« 5. Les obligations peuvent être négociées et cotées en France, lorsque le capital social, ou la partie de ce capital représentée par des actions, aura été intégralement versé et que l'émission, en France, de ces obligations aura été autorisée par les ministres des finances et de l'agriculture, du commerce et des travaux publics.

DISPOSITIONS GÉNÉRALES.

« 6. Il est interdit à tout agent de change de prêter son ministère à la négociation des valeurs des compagnies étrangères avant qu'elles n'aient été admises à être négociées par la chambre syndicale des agents de change. — Il est également interdit, avant que cette admission ait été prononcée, de publier, soit le cours de ces valeurs en France, soit l'annonce de souscriptions ouvertes en France aux actions et obligations des compagnies étrangères.

« 7. Il n'est pas dérogé aux autorisations accordées antérieurement à la promulgation du présent décret. »

(a) Au droit de vente assuré aux courtiers par cet article, il faut ajouter celui que leur garantit la loi suivante * :

28-mai-11 juin 1858. — Loi sur les ventes publiques de marchandises en gros.

« Article 1er. La vente volontaire aux enchères, en gros, des marchandises comprises au tableau annexé à la présente loi, peut avoir lieu par le ministère des courtiers, sans autorisation du tribunal de commerce. — Ce tableau peut être modifié, soit d'une manière générale, soit pour une ou plusieurs villes, par un décret rendu dans la forme des règlements d'administration publique et après avis des chambres de commerce.

« 2. Les courtiers établis dans une ville où

* Voy. sous l'article 625 du Code de procédure, page 277, note, la loi du 25 juin 1841, relative à la vente des marchandises neuves ; et ci-après, sous l'art. 136, la loi des 28 mai-11 juin 1858 relative aux négociations des marchandises déposées dans les magasins généraux, et qui investit également les courtiers du droit de vendre ces marchandises, à défaut de payement du warant ou récépissé.

siége un tribunal de commerce ont qualité pour procéder aux ventes régies par la présente loi, dans toute localité dépendant du ressort de ce tribunal où il n'existe pas de courtiers. — Ils se conforment aux dispositions prescrites par la loi du 22 pluviôse an VII, concernant les ventes publiques de meubles.

« 3. Le droit de courtage pour les ventes qui font l'objet de la présente loi est fixé, pour chaque localité, par le ministre de l'agriculture, du commerce et des travaux publics, après avis de la chambre et du tribunal ; mais, dans aucun cas, il ne peut excéder le droit établi dans les ventes de gré à gré, pour les mêmes sortes de marchandises.

« 4. Le droit d'enregistrement des ventes publiques en gros est fixé à dix centimes pour cent francs.

« 5. Les contestations relatives aux ventes sont portées devant le tribunal de commerce.

« 6. Il est procédé aux ventes dans des locaux spécialement autorisés à cet effet, après avis de la chambre et du tribunal de commerce.

« 7. Un règlement d'administration publique prescrira les mesures nécessaires à l'exécution de la présente loi. — Il déterminera notamment les formes et les conditions des autorisations prévues par l'article 6.

« 8. Les décrets du 22 novembre 1811 et du 17 avril 1812, et les ordonnances des 1er juillet 1818 et 9 avril 1819, sont abrogés en ce qui concerne les ventes régies par la présente loi ; ils sont maintenus en ce qui touche les ventes publiques de marchandises faites par autorité de justice *.

Tableau des marchandises qui peuvent être vendues en gros, aux enchères publiques, pour être annexé à la loi du 28 mai 1858.

1° MARCHANDISES EXOTIQUES.

« Denrées alimentaires, matières premières nécessaires aux fabriques, et tout produit quelconque destiné à la réexportation.

2° MARCHANDISES INDIGÈNES.

Grains, graines et farines,
Légumes secs et fruits secs,
Cires et miel,
Sucres bruts,
Laines,
Chanvres et lins,
Soies,
Racines et produits tinctoriaux,
Huiles,
Vins et esprits,
Savons,
Produits chimiques,
Cuirs et peaux bruts,
Poils, crins et soies d'animaux,
Graisse, suif et stéarine,
Houille et coke,
Bois et matériaux de construction,
Métaux bruts.

« Vu pour être annexé au projet de loi adopté par le Corps législatif, dans sa séance du 5 mai 1858. »

* Voy. sous l'art. 625 du Code de proc., pag. 277, note, la loi du 25 juin 1841, sur les ventes aux enchères de marchandises neuves, qui rappellent également les décrets, ordonnances et lois mentionnés ci-dessus.

136 et suivants (a).

(a) Les *warants*, c'est-à-dire les récépissés de marchandises qui ont été déposés dans les magasins généraux établis en vertu du décret du 21 mars 1848, peuvent être transmis par la voie de l'*endossement* de la même manière que les effets de commerce, Telle est la disposition de la loi suivante :

28 mai-11 juin 1858. — Loi sur les négociations concernant les marchandises déposées dans les magasins généraux.

« Article 1er. Les magasins généraux établis en vertu du décret du 21 mars 1848, et ceux qui seront créés à l'avenir, recevront les matières premières, les marchandises et les objets fabriqués que les négociants et industriels voudront y déposer. — Ces magasins sont ouverts, les chambres de commerce ou les chambres consultatives des arts et manufactures entendues, avec l'autorisation du gouvernement et placés sous sa surveillance. — Des récépissés délivrés aux déposants énoncent leurs nom, profession et domicile, ainsi que la nature de la marchandise déposée et les indications propres à en établir l'identité et à en déterminer la valeur,

« 2. A chaque récépissé de marchandises est annexé, sous la dénomination de *warrant*, un bulletin de gage contenant les mêmes mentions que le récépissé.

« 3. Les récépissés et les warrants peuvent être transférés par voie d'endossement, ensemble ou séparément.

« 4. L'endossement du warrant séparé du récépissé vaut nantissement de la marchandise au profit du cessionnaire du warrant. — L'endossement du récépissé transmet au cessionnaire le droit de disposer de la marchandise, à la charge par lui, lorsque le warrant n'est pas transféré avec le récépissé, de payer la créance garantie par le warrant, ou d'en laisser payer le montant sur le prix de la vente de la marchandise.

« 5. L'endossement du récépissé et du warrant, transférés ensemble ou séparément, doit être daté. — L'endossement du warrant séparé du récépissé doit en outre énoncer le montant intégral, en capital et intérêts, de la créance garantie, la date de son échéance, et les nom, profession et domicile du créancier. — Le premier cessionnaire du warrant doit immédiatement faire transcrire l'endossement sur les registres du magasin, avec les énonciations dont il est accompagné. Il est fait mention de cette transcription sur le warrant.

« 6. Le porteur du récépissé séparé du warrant peut, même avant l'échéance, payer la créance garantie par le warrant. — Si le porteur du warrant n'est pas connu ou si, étant connu, il n'est pas d'accord avec le débiteur sur les conditions auxquelles aurait lieu l'anticipation de payement, la somme due, y compris les intérêts jusqu'à l'échéance, est consignée à l'administration du magasin général, qui en demeure responsable, et cette consignation libère la marchandise.

« 7. A défaut de payement à l'échéance, le porteur du warrant séparé du récépissé peut, huit jours après le protêt, et sans aucune formalité de justice, faire procéder à la vente pu-

blique aux enchères et en gros de la marchandise engagée, dans les formes et par les officiers publics indiqués dans la loi du 28 mai 1858 *. — Dans le cas où le souscripteur primitif du warrant l'a remboursé, il peut faire procéder à la vente de la marchandise, comme il est dit au paragraphe précédent, contre le porteur du récépissé, huit jours après l'échéance et sans qu'il soit besoin d'aucune mise en demeure.

« 8. Le créancier est payé de sa créance sur le prix, directement et sans formalité de justice, par privilége et préférence à tous créanciers, sans autre déduction que celle, 1° des contributions indirectes, des taxes d'octroi et des droits de douane dus par la marchandise ; 2° des frais de vente, de magasinage et autres faits pour la conservation de la chose. — Si le porteur du récépissé ne se présente pas lors de la vente de la marchandise, la somme excédant celle qui est due au porteur du warrant est consignée à l'administration du magasin général, comme il est dit à l'article 6.

« 9. Le porteur du warrant n'a de recours contre l'emprunteur et les endosseurs qu'après avoir exercé ses droits sur la marchandise, et en cas d'insuffisance. — Les délais fixés par les articles 165 et suivants du Code de commerce, pour l'exercice du recours contre les endosseurs, courent que du jour où la vente de la marchandise est réalisée. — Le porteur du warrant perd en tout cas son recours contre les endosseurs, s'il n'a pas fait procéder à la vente dans le mois qui suit la date du protêt.

« 10. Les porteurs de récépissés et de warrants ont sur les indemnités d'assurance dues, en cas de sinistres, les mêmes droits et priviléges que sur la marchandise assurée.

« 11. Les établissements publics de crédit peuvent recevoir les warrants comme effets de commerce, avec dispense d'une des signatures exigées par leurs statuts.

« 12. Celui qui a perdu un récépissé ou un warrant peut demander et obtenir par ordonnance du juge, en justifiant de sa propriété et en donnant caution, un duplicata s'il s'agit du récépissé, le payement de la créance garantie s'il s'agit du warrant.

« 13. Les récépissés sont timbrés; ils ne donnent lieu pour l'enregistrement qu'à un droit fixe de un franc. — Sont applicables aux warrants endossés séparément des récépissés les dispositions du titre 1er de la loi du 5 juin 1850, et de l'article 69, paragraphe 2, n° 6, de la loi du 22 frimaire an VII. — L'endossement d'un warrant séparé du récépissé non timbré ou non visé pour timbre, conformément à la loi, ne peut être transcrit ou mentionné sur les registres du magasin, sous peine, contre l'administration du magasin, d'une amende égale au montant du droit auquel le warrant est soumis. — Les dépositaires des registres des magasins généraux sont tenus de les communiquer aux préposés de l'enregistrement, selon le mode prescrit par l'article 54 de la loi du 22 frimaire an VIII, et sous les peines y énoncées.

« 14. Un règlement d'administration publique prescrira les mesures qui seraient nécessaires à l'exécution de la présente loi.

« 15. Sont abrogés le décret du 21 mars 1848

* Voyez-en le texte sous l'article 78 ci-dessus.

143 (a).
160 et suivants (b).
165 et suivants (c).
244, 247 (d, e).

et l'arrêté du 26 mars de la même année. — Est également abrogé, en ce qu'il a de contraire à la présente loi, le décret des 23-26 août 1848*.»

(a) Le décret des 15-16 mars 1848, qui avait donné *cours forcé* aux billets de la Banque de France et dispensé cet établissement de rembourser ces mêmes billets en espèces, a été *abrogé* par la loi des 6-13 août 1850, qui a replacé la Banque de France sous l'empire de ses anciens statuts. Ses billets sont, néanmoins, généralement acceptés en payement par le commerce et par le public en raison de la confiance qu'inspire la Banque et de la commodité de pareilles valeurs. La question de savoir si une lettre de change peut être payée en billets de banque a été résolue par un avis du conseil d'État du 30 frimaire an XIV (21 décembre 1805), en ce sens que le porteur de la lettre de change a le droit d'exiger son payement en numéraire.

Au décret du 18 août 1810, placé sous cet article et qui indique comment la *monnaie de billon* peut être employée dans les payements, il faut ajouter le décret suivant :

12-21 mars 1856. — *Décret qui fixe les époques auxquelles les anciennes monnaies de cuivre cesseront d'avoir cours légal et forcé.*

« Article 1er. Les anciennes monnaies de cuivre cesseront d'avoir cours légal et forcé, savoir : les pièces d'un liard et de deux liards et les pièces d'un centime à la tête de la liberté, le 1er juillet prochain ; les pièces d'un sou et de deux sous et les pièces de cinq et de dix centimes à la tête de la Liberté, le 1er octobre prochain.

« 2. Jusqu'aux époques ci-dessus fixées, ces monnaies seront reçues en payement des droits et de contributions publiques, ou échangées successivement contre d'autres espèces, aux caisses et suivant le mode et les proportions déterminés par l'administration. »

(b) Les droits et devoirs des porteurs de *warants*, c'est-à-dire de récépissés des marchandises déposées dans les magasins généreaux, sont indiqués dans la loi des 28 mai-11 juin 1858 retracée sous l'art. 136 ci-dessus.

(c) Aux termes de la loi des 28 mai-11 juin 1858, retracée sous l'art. 136, le délai pour la notification du protêt du *warrant*, à l'effet de conserver le recours des eudosseurs, ne commence à courir que du jour où la *vente de la marchandise* est réalisée (art. 9).

(d, e) Modifiés par le décret suivant, qui donne concurremment aux agents *vice-consuls* les attributions que ces articles confiaient aux consuls seuls :

22 septembre-1er octobre 1854. — *Décret impérial relatif aux attributions des agents vice-consuls de France,*

« Art. 1er. Lorsqu'un navire de commerce français relâchera, avec ou sans avaries, dans le port de leur résidence, les agents vice-con-

* Ce décret, émané de l'Assemblée nationale, relatif aux *prêts* sur dépôt de marchandises, est retracé sous les articles 2075, 2076, C. Napol. (Voy. page 199.).

377. « L'article 377 du Code de commerce est modifié ainsi qu'il suit :—Sont réputés voyages de long cours ceux qui se font au delà des limites ci-après déterminées :—Au sud, le 30e degré de latitude nord ;—Au nord, le 72e degré de latitude nord ; — A l'ouest, le 15e degré de longitude du méridien de Paris ;—A l'est, le 44e degré de longitude du méridien de Paris (f) (Loi des 14-20 juin 1854). »

541. « L'article 541 du Code de commerce est modifié ainsi qu'il suit : — Aucun débiteur commerçant n'est recevable à demander son admission au bénéfice de cession de biens.—Néanmoins, un concordat par abandon total ou partiel de l'actif du failli peut être formé suivant les règles prescrites par la section II du présent chapitre.—Ce concordat produit les mêmes effets que les autres concordats ; il est annulé ou résolu de la même manière.— La liquidation de l'actif abandonné est faite conformément aux paragraphes 2, 3 et 4 de l'article 529, aux articles 532, 533, 534, 535 et 536, et aux paragraphes 1er et 2 de l'article 537. —Le concordat par abandon est assimilé à l'union pour perception des droits d'enregistrement (g) (Loi des 17-23 juillet 1856). »

625 (h).

suls de France pourront, comme les consuls, et lorsque ces attributions leur auront été spécialement conférées par nous : 1° recevoir tous rapports de mer et protêts d'avaries ; 2° nommer et commettre, sur la requête des capitaines, tous experts pour, sous la foi du serment, visiter les navires et constater leur état d'avaries ; 3° donner aux capitaines toutes autorisations, soit pour souscrire et consentir des emprunts à la grosse aventure, soit pour vendre ou mettre en gage la partie des cargaisons nécessaire pour acquitter les dépenses résultant de leur relâche.

« 2. Les mêmes agents pourront aussi, sur le vu du rapport d'experts constatant l'état d'innavigabilité d'un bâtiment de commerce, en autoriser l'abandon et la mise en vente *. »

(f) L'ancien article désignait les longitudes et latitudes par le *nom* des *lieux* qui leur servaient de limites. En supprimant ces dénominations, la loi nouvelle a *agrandi* en même temps la sphère de la navigation au *cabotage* et de celle au *long cours* (côtière et hauturière).

(g) Droit fixe de trois francs (Voy. IIe partie, au C. de l'enreg., p. 273, le § 3 de l'art. 68, n° 6, de la loi du 22 frim. an VII, et la note de renvoi).

(h) L'article 15 du décret du 14 mars 1808, con-

* Voy. aussi, IIe Partie, le Code de la *marine marchande.*

631. « Les articles 51 à 63 du Code de commerce sont abrogés. — L'article 631 du même Code est modifié ainsi qu'il suit :—Les tribunaux de commerce connaîtront : 1° des contestations relatives aux engagements et transactions entre négociants, marchands et banquiers ; 2° des contestations entre associés, pour raison d'une société de commerce (a) ; 3° de celles relatives aux actes de commerce entre toutes personnes.— Les procédures commencées avant la promulgation de la présente loi continueront à être instruites et jugées suivant la loi ancienne. — Les procédures seront censées commencées lorsque les arbitres auront été nommés par le tribunal de commerce ou choisis par les parties (b) (Loi des 17-23 juillet 1856).

___

cernant les *gardes du commerce*, placé en *note* sous la disposition ci-dessus, est *abrogé* et remplacé par la disposition suivante, en vertu de la loi des 26 mars-1er avril 1855 :

« Art. 15. Dans le cas prévu par le § 5 de l'article 781 C. procéd. civ. (voy. cet article), il ne peut être procédé à l'arrestation qu'en vertu d'une ordonnance du président du tribunal civil qui désigne un commissaire de police chargé de se transporter dans la maison avec le garde du commerce. »

Ainsi, les modifications à la règle de l'exercice de la contrainte par corps, que l'institution des gardes du commerce avait fait admettre pour Paris, se trouvent ramenées à une procédure *uniforme* pour tout l'empire.

(*a, b*) L'addition de ce second paragraphe et la disposition finale forment la modification apportée à l'ancien article par cette loi de 1856. (Voy. ci-dessus, sous les art. 51 à 63, les motifs qui ont déterminé le législateur à *supprimer la justice arbitrale*.)

CODE D'INSTRUCTION CRIMINELLE[a].

***

LIVRE PREMIER.

De la police judiciaire et des officiers de police qui l'exercent

ARTICLES 18 et 20 (b).

(a) Ce Code a subi d'importantes modifications depuis la publication de notre dernière édition en 1855. Les principales sont celles qui ont pour objet : 1º de supprimer la *chambre du conseil* comme premier organe de la procédure criminelle, en en confiant désormais les attributions aux juges d'instruction, dont les fonctions se trouvent ainsi transformées et agrandies ; — 2º d'enlever aux tribunaux de première instance les *appels* en matière correctionnelle, pour en attribuer désormais la connaissance exclusive aux cours impériales. (Lois des 4-15 avril 1855; des 15-21 juin 1856; des 17-31 juillet 1856.)

En plaçant les dispositions modificatives dans la série des articles avec guillemets, on indique à la fin de chaque article, entre parenthèses, la date de la loi qui porte la modification.

(b) La règle de formalité de l'*affirmation* des procès-verbaux des officiers de police judiciaire, dont parlent les articles ci-dessus, est posée dans la loi du 18 floréal an x, pour les gardes champêtres et forestiers.

Elle était également exigée pour les procès-verbaux des *gendarmes* par les lois spéciales de la matière. (Loi du 28 germ. an VI; ordonn. du 29 oct. 1820; décret des 1er mars-11 avril 1854, art. 494, 495.)

La loi suivante les *dispense* désormais de l'accomplissement de la formalité :

17-23 juillet 1856. — *Loi qui dispense de l'affirmation les procès-verbaux dressés par les brigadiers de gendarmerie et les gendarmes.*

« Article unique. A l'avenir, les procès-verbaux dressés par les brigadiers de gendarmerie et les gendarmes ne seront, dans aucun cas, assujettis à la formalité de l'affirmation. »

CHAPITRE VI.—DES JUGES D'INSTRUCTION.

ARTICLE 55 (c). « Il y aura, dans chaque arrondissement, un juge d'instruction nommé pour trois ans par décret impérial ; il pourra être continué plus longtemps, et conservera séance au jugement des affaires civiles suivant le rang de sa réception. — Il pourra être établi plusieurs juges d'instruction dans les arrondissements où les besoins du service l'exigeront (Loi des 17-31 juillet 1856) (d). »

56. « Les juges d'instruction seront pris parmi les juges titulaires; ils pourront aussi être pris parmi les juges suppléants. —Dans les tribunaux où le service l'exigera, un juge suppléant pourra, par décret impérial, être temporairement chargé de l'instruction, concurremment avec le juge d'instruction titulaire (*Ibid.*) (e). »

61 (f). « Hors les cas de flagrant délit, le juge d'instruction ne fait aucun acte d'instruction ou de poursuite qu'il n'ait donné communication de la procédure

(c, d) La modification à l'ancien art. 55 consiste dans l'addition du paragraphe final.
(e, f) Les modifications apportées aux anciens articles sont facilement saisissables par la seule comparaison des textes.

au procureur impérial, qui pourra, en outre, requérir cette communication à toutes les époques de l'information, à la charge de rendre les pièces dans les vingt-quatre heures. — Néanmoins, le juge d'instruction délivrera, s'il y a lieu, le mandat d'amener et même le mandat de dépôt, sans que ces mandats doivent être précédés des conclusions du procureur impérial (Loi des 17-31 juillet 1856). »

CHAPITRE VII. — DES MANDATS DE COMPARUTION, DE DÉPÔT, D'AMENER ET D'ARRÊT.

94. « L'article 94 du Code d'instruction criminelle est remplacé par l'article suivant :—Après l'interrogatoire, le juge pourra décerner un mandat de dépôt. — Dans le cours de l'instruction, il pourra, sur les conclusions conformes du procureur impérial, et quelle que soit la nature de l'inculpation, donner mainlevée de tout mandat de dépôt, à la charge, par l'inculpé, de se représenter à tous les actes de la procédure, et, pour l'exécution du jugement, aussitôt qu'il en sera requis.—L'ordonnance de mainlevée ne pourra être attaquée par voie d'opposition (a).— Le juge d'instruction pourra aussi, après avoir entendu l'inculpé, et le procureur impérial ouï, décerner, lorsque le fait emportera peine afflictive ou infamante, ou emprisonnement correctionnel, un mandat d'arrêt dans la forme ci-après déterminée (Loi des 4-13 avril 1855). »

104. « Si, dans le cours de l'instruction, le juge saisi de l'affaire décerne un mandat d'arrêt, il pourra ordonner, par ce mandat, que le prévenu sera transféré dans la maison d'arrêt du lieu où se fait l'instruction. — S'il n'est pas exprimé dans le mandat d'arrêt que le prévenu sera ainsi transféré, il restera en la maison d'arrêt de l'arrondissement dans lequel il aura été trouvé, jusqu'à ce qu'il ait été statué par le juge d'instruction, conformément aux articles 127, 128, 129, 130, 131, 132 et 133 ci-après (Loi des 17-31 juillet 1856). »

CHAPITRE VIII.—DE LA LIBERTÉ PROVISOIRE ET DU CAUTIONNEMENT.

114. « Si le fait n'emporte pas une peine afflictive ou infamante, mais seulement une peine correctionnelle, le juge d'instruction pourra, sur la demande du prévenu et sur les conclusions du procureur impérial, ordonner que le prévenu sera mis provisoirement en liberté, moyennant caution solvable de se représenter à tous les actes de la procédure et pour l'exécution du jugement aussitôt qu'il en sera requis.—La mise en liberté provisoire avec caution pourra être demandée et accordée en tout état de cause (Ibid.). »

CHAPITRE IX. — DES ORDONNANCES DU JUGE D'INSTRUCTION QUAND LA PROCÉDURE EST COMPLÈTE (b).

127. « Aussitôt que la procédure sera terminée, le juge d'instruction la communiquera au procureur impérial, qui devra lui adresser ses réquisitions dans les trois jours au plus tard (Loi des 17-31 juillet 1856). »

128. « Si le juge d'instruction est d'avis que le fait ne présente ni crime ni délit, ni contravention, ou qu'il n'existe aucune charge contre l'inculpé,

---

(a) La modification, par la loi des 4-13 avril 1855, consiste dans l'addition de cette première partie du nouvel article. On en comprend la portée et l'utilité. Sous l'empire de l'ancien article, le mandat de *dépôt*, une fois prononcé par le juge d'instruction, était *irrévocable* vis-à-vis ce magistrat ; de sorte que la détention préventive ne pouvait cesser que par l'effet d'une ordonnance ultérieure de non-lieu ou par un acquittement. Les inconvénients d'un système aussi rigoureux avaient été signalés depuis longtemps, et c'est pour y mettre un terme que la loi nouvelle arme le juge d'instruction du droit de donner lui-même *mainlevée* du mandat de dépôt.

(b) Ce chapitre a subi une transformation radicale. La loi des 17-31 juillet 1856, en supprimant, ainsi qu'on l'a déjà dit, *la chambre du conseil*, a agrandi le domaine du juge d'instruction et celui de la chambre des mises en accusation. Des changements dans la forme des actes qui relient entre elles ces juridictions préliminaires devenaient la conséquence nécessaire de leur transformation. De là les modifications des art. 127 à 135 : nouvelle réglementation du *droit d'opposition* aux ordonnances du juge d'instruction ; maintien de l'ordonnance de *prise de corps* à la chambre d'accusation ; —*abréviation des délais*, de manière à donner une impulsion plus rapide à la marche des procès criminels. Tel est, en substance, l'énoncé des changements introduits par la loi des 17-31 juillet 1856.

il déclarera, par une ordonnance, qu'il n'y a pas lieu à poursuivre, et, si l'inculpé avait été arrêté, il sera mis en liberté (*Ibid.*). »

129. « S'il est d'avis que le fait n'est qu'une simple contravention de police, il renverra l'inculpé devant le tribunal de police, et ordonnera sa mise en liberté s'il est arrêté.—Les dispositions du présent article et de l'article précédent ne pourront préjudicier aux droits de la partie civile ou de la partie publique, ainsi qu'il sera expliqué ci-après (*Ibid.*). »

130. « Si le délit est reconnu de nature à être puni par des peines correctionnelles, le juge d'instruction renverra le prévenu au tribunal de police correctionnelle. — Si, dans ce cas, le délit peut entraîner la peine d'emprisonnement, le prévenu, s'il est en arrestation, y demeurera provisoirement (*Ibid.*). »

132. « Dans tous les cas de renvoi, soit à la police municipale, soit à la police correctionnelle, le procureur impérial est tenu d'envoyer, dans les quarante-huit heures au plus tard, au greffe du tribunal qui doit prononcer, toutes les pièces, après les avoir cotées.—Dans les cas de renvoi à la police correctionnelle, il est tenu, dans le même délai, de faire donner assignation au prévenu pour l'une des plus prochaines audiences, en observant les délais prescrits par l'article 184 (*Ibid.*). »

133. « Si le juge d'instruction estime que le fait est de nature à être puni de peines afflictives ou infamantes, et que la prévention contre l'inculpé est suffisamment établie, il ordonnera que les pièces d'instruction, le procès-verbal constatant le corps du délit, et un état des pièces servant à conviction, soient transmis sans délai par le procureur impérial au procureur général près la cour impériale, pour être procédé ainsi qu'il sera dit au chapitre des mises en accusation. — Les pièces de conviction resteront au tribunal d'instruction, sauf ce qui sera dit aux articles 228 et 291 (*Ibid.*). »

134. « Dans les cas de l'article 133, le mandat d'arrêt ou de dépôt décerné contre le prévenu conservera sa force exécutoire jusqu'à ce qu'il ait été statué par la cour impériale.—Les ordonnances rendues par le juge d'instruction en vertu des articles 128, 129, 130, 131 et 133, seront inscrites à la suite du réquisitoire du procureur impérial. Elles contiendront les nom, prénoms, âge, lieu de naissance, domicile et profession du prévenu, l'exposé sommaire et la qualification légale du fait qui lui sera imputé, et la déclaration qu'il existe ou qu'il n'existe pas de charges suffisantes (*Ibid.*). »

135. « Le procureur impérial pourra former opposition, dans tous les cas, aux ordonnances du juge d'instruction.—La partie civile pourra former opposition aux ordonnances rendues dans les cas prévus par les articles 114, 128, 129, 131 et 539 du présent Code, et à toute ordonnance faisant grief à ses intérêts civils. — Le prévenu ne pourra former opposition qu'aux ordonnances rendues en vertu de l'article 114, et dans le cas prévu par l'article 539. — L'opposition devra être formée dans un délai de vingt-quatre heures, qui courra : contre le procureur impérial, à compter du jour de l'ordonnance ; contre la partie civile et le prévenu non détenu, à compter de la signification qui leur est faite de l'ordonnance au domicile par eux élu dans le lieu où siége le tribunal ; contre le prévenu détenu, à compter de la communication qui lui est donnée de l'ordonnance par le greffier. — La signification et la communication prescrites par le paragraphe précédent seront faites dans les vingt-quatre heures de la date de l'ordonnance.—L'opposition sera portée devant la chambre des mises en accusation de la cour impériale, qui statuera toute affaire cessante.—Les pièces seront transmises ainsi qu'il est dit à l'article 133. — Le prévenu détenu gardera prison jusqu'à ce qu'il ait été statué sur l'opposition, et, dans tous les cas, jusqu'à l'expiration du délai d'opposition. —Dans tous les cas, le droit d'opposition appartiendra au procureur général près la cour impériale.—Il devra notifier son opposition dans les dix jours qui suivront l'ordonnance du juge d'instruction. — Néanmoins, la disposition de l'ordonnance qui prononce la mise en liberté du prévenu sera provisoirement exécutée (Loi des 17-31 juillet 1856). »

LIVRE DEUXIÈME.

De la Justice.

CHAPITRE XII. — DES TRIBUNAUX EN MA-
TIÈRE CORRECTIONNELLE.

189. « La preuve des délits correctionnels se fera de la manière prescrite
aux articles 154, 155 et 156 ci-dessus,
concernant les contraventions de police.
Le greffier tiendra note des déclarations
des témoins et des réponses du prévenu.
Les notes du greffier seront visées par
le président, dans les trois jours de la
prononciation du jugement. Les dispositions des articles 157, 158, 159, 160 et
161, sont communes aux tribunaux en
matière correctionnelle (Loi des 13-21
juin 1856) (*a*). »

200. *Abrogé* (Loi des 13-21 juin
1856) (*b*).

201. « L'appel sera porté à la cour
impériale. (Loi des 13-21 juin 1856)
(*c*). »

202. « La faculté d'appeler appartiendra :—1° Aux parties prévenues ou
responsables ; — 2° A la partie civile,
quant à ses intérêts civils seulement ;—
3° A l'administration forestière ;— 4° Au
procureur impérial près le tribunal de
première instance ; — 5° Au procureur
général près la cour impériale (Loi des
13-21 juin 1856). »

204. « La requête contenant les
moyens d'appel pourra être remise dans
le même délai au même greffe ; elle sera
signée de l'appelant et d'un avoué, ou de
toute autre fondé de pouvoir spécial.—
Dans ce dernier cas, le pouvoir sera
annexé à la requête. — Cette requête
pourra aussi être remise directement au
greffe de la cour impériale (*Ibid.*). »

205. « Le procureur général près la
cour impériale devra notifier son recours, soit au prévenu, soit à la personne
civilement responsable du délit, dans les
deux mois à compter du jour de la prononciation du jugement, ou, si le jugement lui a été légalement signifié par
l'une des parties, dans le mois du jour
de cette notification, sinon il sera déchu
(Loi des 13-21 juin 1856) (*a*). »

207. « La requête, si elle a été re-

(*a*) Ce nouvel article est plus précis que
l'ancien ; il impose au greffier l'obligation de
tenir *note* des déclarations des témoins et des
réponses du prévenu, sous la garantie du *visa*
du président, dont l'ancien article ne parlait
pas.

(*b, c*) La suppression de l'art. 200 et la disposition de l'art. 201, d'après laquelle c'est désormais devant la *cour impériale* du ressort que
sera porté l'appel de tous les jugements des
tribunaux correctionnels, contiennent à elles
seules toute la pensée, toute l'économie de la
loi nouvelle des 13-21 juin 1856. Les modifications apportées aux différents articles qui suivent ne touchent qu'à des points de *forme* et
de *rédaction ;* elles consistent, puisque c'est désormais la cour impériale seule qui statuera, à
substituer le mot *cour* au mot *tribunal*, et le mot
arrêt au mot *jugement*, etc., etc.

Maintenant, quels sont les motifs qui ont
déterminé le législateur à modifier l'ancien état
de choses, d'après lequel les tribunaux de première instance avaient été institués juges
d'appel en matière correctionnelle, dans les
formes et d'après les conditions prescrites par
l'art. 200?

La restriction au droit souverain des cours
impériales, de prononcer comme juge du second degré, avait été motivée, on le sait, par
l'éloignement considérable de ces cours de certains départements de leur ressort respectif, et
par les frais énormes, les difficultés considérables qui devaient en résulter pour le *transport
des témoins* et des prévenus. Or, l'expérience a
démontré, d'une part, que les appels correctionnels sont beaucoup moins multipliés qu'on
ne l'avait pensé lors de la confection du Code ;
et que, d'autre part, la nécessité d'une nouvelle
comparution des témoins ne se présente, d'après
les statistiques criminelles, que dans la proportion très-minime de trois pour cent, avec le
nombre des appels interjetés.

Il faut ajouter, avec l'Exposé des motifs, que
la grande amélioration de l'état général de la
viabilité en France, que l'application de la va-
peur à la navigation fluviale, et que l'établissement des chemins de fer, surtout, ont complètement modifié la situation en ce qui touche les
moyens de transport et les frais de locomotion
depuis cinquante ans.

mise au greffe du tribunal de première instance, et les pièces seront renvoyées par le procureur impérial au greffe de la cour dans les vingt-quatre heures après la déclaration ou la remise de la notification d'appel. — Si celui contre lequel le jugement a été rendu est en état d'arrestation, il sera, dans le même délai, et par ordre du procureur impérial, transféré dans la maison d'arrêt du lieu où siége la cour impériale (*Ibid*) (*a*). »

208 « Les arrêts rendus par défaut sur l'appel pourront être attaqués par la voie de l'opposition, dans la même forme et dans les mêmes délais que les jugements par défaut rendus par les tribunaux correctionnels. — L'opposition emportera de droit citation à la première audience ; elle s .a comme non avenue si l'opposant n'y comparaît pas. L'arrêt qui interviendra sur l'opposition ne pourra être attaqué par la partie qui l'aura formée, si ce n'est devant la cour de cassation (*Ibid.*) (*b*). »

209. « L'appel sera jugé à l'audience, dans le mois, sur le rapport d'un conseiller (*Ibid.*) (*c*). »

210. « A la suite du rapport, et avant que le rapporteur et les conseillers émettent leur opinion, le prévenu, soit qu'il ait été acquitté, soit qu'il ait été condamné, les personnes civilement responsables du délit, la partie civile et le procureur général seront entendus dans la forme et dans l'ordre prescrits par l'article 190 (*Ibid.*) (*d*). »

211. « Les dispositions des articles précédents sur la solennité de l'instruction, la nature des preuves, la forme, l'authenticité et la signature du jugement définitif de première instance, la condamnation aux frais, ainsi que les peines que ces articles prononcent, seront communes aux arrêts rendus sur l'appel (*Ibid.*) (*e*). »

212. « Si le jugement est réformé parce que le fait n'est réputé délit ni contravention de police par aucune loi, la cour renverra le prévenu, et statuera, s'il y a lieu, sur ses dommages-intérêts (*Ibid.*) (*f*). »

213. « Si le jugement est annulé parce que le fait ne présente qu'une contravention de police, et si la partie publique et la partie civile n'ont pas demandé le renvoi, la cour prononcera la peine, et statuera également, s'il y a lieu, sur les dommages-intérêts (*Ibid.*) (*g*). »

214. « Si le jugement est annulé parce que le fait est de nature à mériter une peine afflictive ou infamante, la cour décernera, s'il y a lieu, le mandat de dépôt ou même le mandat d'arrêt, et renverra le prévenu devant le fonctionnaire public compétent, autre, toutefois, que celui qui aura rendu le jugement ou fait l'instruction (*Ibid.*) (*h*). »

215. « Si le jugement est annulé pour violation ou omission non réparée de formes prescrites par la loi à peine de nullité, la cour statuera sur le fond (*Ibid.*) (*i*). »

216. « La partie civile, le prévenu, la partie publique, les personnes civilement responsables du délit, pourront se pourvoir en cassation contre l'arrêt. — Sont abrogés : l'article 200 du Code d'instruction criminelle, le second alinéa de l'article 40 de la loi du 20 avril 1810 (*j*), l'article 10 du décret du 18 août 1810 (*k*), sur l'organisation des tribunaux de première instance, et toutes les dispositions contraires à la présente loi (Loi des 13-21 juin 1856). »

TITRE II.

DES AFFAIRES QUI DOIVENT ÊTRE SOUMISES AU JURY.

CHAPITRE Ier. — DES MISES EN ACCUSATION.

218. « Une section de la cour impériale, spécialement formée à cet effet, sera tenue de se réunir, sur la convocation de son président, et sur la demande du procureur général, toutes les fois qu'il sera nécessaire, pour entendre le rapport de ce magistrat, et statuer sur ses réquisitions.—A défaut de demande

---

(*a, b, c, d, e, f, g, h, i*) Comme on l'a déjà dit, les modifications apportées à ces différents articles n'ont pour objet que d'en mettre la rédaction en harmonie avec la règle nouvelle, qui investit les cours impériales du droit de connaître seules, désormais, de tous les appels de police correctionnelle.

(*j, k*) Voy. ces articles, IIe partie, au Code des trib., pages 616 et 619.

expresse du procureur général, elle se réunira au moins une fois par semaine. (Loi des 17-31 juillet 1856). »

219. « Le président sera tenu de faire prononcer la section immédiatement après le rapport du procureur général; en cas d'impossibilité, la section devra prononcer au plus tard dans les trois jours (Ibid.). »

220 (a).

229. « Si la cour n'aperçoit aucune trace d'un délit prévu par la loi, ou si elle ne trouve pas des indices suffisants de culpabilité, elle ordonnera la mise en liberté du prévenu, ce qui sera exécuté sur-le-champ, s'il n'est retenu pour autre cause. — Dans le même cas, lorsque la cour statuera sur une opposition à la mise en liberté du prévenu prononcée par ordonnance du juge d'instruction, elle confirmera cette ordonnance, ce qui sera exécuté comme il est dit au paragraphe précédent (Loi des 17-31 juillet 1856). »

230. « Si la cour estime que le prévenu doit être renvoyé à un tribunal de simple police ou à un tribunal de police correctionnelle, elle prononcera le renvoi devant le tribunal compétent. Dans le cas de renvoi à un tribunal de simple police, le prévenu sera mis en liberté (Ibid.). »

231. « Si le fait est qualifié crime par la loi, et que la cour trouve des charges suffisantes pour motiver la mise en accusation, elle ordonnera le renvoi du prévenu aux assises. — Dans tous les cas, et quelle que soit l'ordonnance du juge d'instruction, la cour sera tenue, sur les réquisitions du procureur général, de statuer, à l'égard de chacun des prévenus renvoyés devant elle, sur tous les chefs de crimes, de délits ou de contraventions résultant de la procédure (Ibid.). »

232. « Lorsque la cour prononcera une mise en accusation, elle décernera contre l'accusé une ordonnance de prise de corps.—Cette ordonnance contiendra les nom, prénoms, âge, lieu de naissance, domicile et profession de l'accusé ; elle contiendra en outre, à peine de nullité, l'exposé sommaire et la qualification légale du fait objet de l'accusation (Ibid.). »

233. « L'ordonnance de prise de corps sera insérée dans l'arrêt de mise en accusation, lequel contiendra l'ordre de conduire l'accusé dans la maison de justice établie près de la cour où il sera renvoyé (Ibid.). »

239. « S'il résulte de l'examen qu'il y a lieu de renvoyer le prévenu à la cour d'assises, la cour prononcera, ainsi qu'il a été dit aux articles 231, 232 et 233 ci-dessus. — S'il y a lieu à renvoi en police correctionnelle, la cour se conformera aux dispositions de l'article 230. — Si, dans ce cas, le prévenu a été arrêté, et si le délit peut entraîner la peine d'emprisonnement, il gardera prison jusqu'au jugement (Ibid.). »

253 (b). « L'article 253 du Code d'instruction criminelle est remplacé par l'article suivant :— Dans les autres départements, la cour d'assises sera composée : 1° d'un conseiller de la cour impériale, délégué à cet effet, et qui sera président de la cour d'assises ; 2° de deux juges pris soit parmi les conseillers de la cour impériale, lorsque celle-ci jugera convenable de les déléguer à cet effet, soit parmi les présidents ou juges du tribunal de première instance du lieu de la tenue des assises ; 3° du procureur impérial près le tribunal ou de l'un de ses substituts, sans préjudice des dispositions contenues dans les articles 265, 271 et 284 ; 4° du greffier du tribunal ou de l'un de ses commis assermentés. — Les présidents ou juges du tribunal de

---

(a) La *haute cour de justice*, dont s'occupe cet article, et qui a été organisée, sous le gouvernement actuel, en vertu du sénatus-consulte des 10-15 juillet 1852, a été complétée sous le point de vue de la compétence par le sénatus-consulte des 4-13 juin 1858. — Voy. au Code politique.

(b) Cet article, qui appartient à la loi des 21-26 mars 1855, avait été déjà modifié par la loi du 4 mars 1831 (Voy. page 445). Par qui devaient être *désignés* les assesseurs appelés à concourir à la formation des cours d'assises? Devaient-ils ou non être choisis dans l'ordre du tableau? Qui avait le droit de *remplacer* les assesseurs empêchés depuis l'ouverture des débats? L'ancien article, ne s'expliquant pas sur ces divers points, avait donné lieu à des opinions divergentes. Le nouvel article tranche toute incertitude, en attribuant au *président* de la cour d'assises le droit exclusif de pourvoir à la désignation et au remplacement dont il s'agit.

première instance du lieu de la tenue des assises, appelés à faire partie de la cour, seront désignés par le premier président qui prendra préalablement l'avis du procureur général. — Ces désignations seront faites et publiées selon la forme et dans les délais déterminés par les articles 79 et 80 du décret du 6 juillet 1810 (a).—A partir du jour de l'ouverture de la session, le président des assises pourvoira au remplacement des assesseurs régulièrement empêchés, et désignera, s'il y a lieu, des assesseurs supplémentaires (Loi des 21-26 mars 1855) (b). »

476 (c).

(a, b) Voyez la note de la page précédente.
(c) La seconde disposition de cet article, sur les effets de la *mort civile* relativement à l'accusé *contumax*, a été modifiée par la loi des 31 mai-3 juin 1854, portant abolition de cette peine (Voy. sous l'art. 18 C. pén. au *Supp.* ci-après).

CODE PÉNAL (a).

ARTICLE **9** *(b)*.
15 *(c)*.

(a) Depuis 1853, le Code pénal a été modifié dans plusieurs de ses dispositions : 1° par la loi des 30 mai-1er juin 1854, relative au mode d'exécution de la peine des *travaux forcés* ; — 2° par la loi des 31 mai-3 juin 1854, portant *abolition* de la *mort civile* ; — 3° par la loi des 5-9 mai 1855, répressive de certaines *fraudes commerciales* ; — 4° par la loi des 9 juin-4 août 1857, dite *Code de justice de l'armée de terre* ; — 5° par la loi des 23-27 juin 1857, *sur les marques de fabrique* ; — 6° par la loi des 27 février-2 mars 1858, relative à des *mesures de sûreté générale* ; — 7° par la loi des 28 mai-5 juin 1858, portant modification de l'art. 259 sur *l'usurpation des décorations et des titres nobiliaires* ; — 8° par la loi des 4-15 juin 1858, dite *Code de justice* pour *l'armée de mer*.

On va signaler les dispositions qui ont été modifiées, avec reproduction du texte des lois nouvelles, ou renvoi aux Codes spéciaux pour les textes qui appartiennent à des Codes particuliers.

(b) Aux peines établies par cet article et par la loi des 9-12 juillet 1852 citée en *note*, il faut ajouter *l'internement* dans un département de l'empire ou en Algérie, et *l'expulsion* du territoire français, prononcés par la loi des 27 février-2 mars 1858, art. 5, relative à des mesures de sûreté générale, et dont le texte est placé sous les art. 86 et 87 ci-après.

(c) Le mode ou plutôt le *lieu d'exécution* de la peine des *travaux forcés*, dont s'occupe cet article, a été déterminé par la loi ci-dessous des 30 mai-1er juin 1854. Au régime des *bagnes*, elle a substitué la translation des condamnés *hors du territoire continental* (l'Algérie exceptée), avec obligation du *séjour perpétuel* dans la colonie, même *après l'accomplissement du temps de la peine*, pour la catégorie des condamnés *au-dessus de huit années*.

La peine nouvelle est, comme le dit l'Exposé des motifs, une peine *mixte*, qui tient de la déportation française (art. 17 C. pén.) et de la transportation britannique.

Déjà, dans son message du 12 novembre 1850, Louis-Napoléon avait dit, comme président de la République :

« Six mille condamnés renfermés dans nos « bagnes grèvent le budget d'une charge énor-« me, se dépravent de plus en plus et menacent « incessamment la société. Il me semble pos-« sible de rendre la peine des travaux forcés « plus efficace, plus moralisatrice, moins dis-« pendieuse et plus humaine, en l'utilisant au « progrès de la colonisation française. »

Un rapport inséré au *Moniteur*, le 21 février 1852, fut le premier acte d'exécution de cette pensée ; ce rapport annonça la prochaine évacuation des bagnes. Bientôt après, elle était confirmée par le décret du 27 mars-16 avril 1852, dont nous avons retracé les dispositions, page 459, *note*, et en vertu duquel près de deux mille forçats furent envoyés à la Guyane.

La loi actuelle, qui est la réalisation définitive de ce nouveau régime pénitentiaire, s'est appropriée la presque généralité des dispositions du décret. On doit néanmoins en reproduire le texte ici. Elle est ainsi conçue :

30 mai-1er juin 1854. — *Loi sur l'exécution de la peine des travaux forcés.*

« Art. 1er. La peine des travaux forcés sera subie, à l'avenir, dans des établissements créés par décrets de l'Empereur sur le territoire d'une ou de plusieurs possessions françaises autres que l'Algérie. Néanmoins, en cas d'empêchement à la translation des condamnés, et jusqu'à ce que cet empêchement ait cessé, la peine sera subie provisoirement en France.

« 2. Les condamnés seront employés aux travaux les plus pénibles de la colonisation et à tous autres travaux d'utilité publique.

« 3. Ils pourront être enchaînés deux à deux ou assujettis à traîner le boulet à titre de punition disciplinaire ou par mesure de sûreté.

« 4. Les femmes condamnées aux travaux forcés pourront être conduites dans un des établissements créés aux colonies ; elles seront séparées des hommes et employées à des travaux en rapport avec leur âge et avec leur sexe.

« 5. Les peines des travaux forcés à perpétuité et des travaux forcés à temps ne seront prononcées contre aucun individu âgé de soixante ans accomplis au moment du jugement ; elles seront remplacées par celle de la reclusion, soit à perpétuité, soit à temps, selon la durée de la peine qu'elle remplacera. L'article 72 du Code pénal est abrogé.

« 6. Tout individu condamné à moins de 8 années de travaux forcés sera tenu, à l'expiration de sa peine, de résider dans la colonie pendant un temps égal à la durée de sa condamnation.

Si la peine est de huit années, il sera tenu d'y résider pendant toute sa vie. Toutefois, le libéré pourra quitter momentanément la colonie en vertu d'une autorisation expresse du gouverneur. Il ne pourra, en aucun cas, être autorisé à se rendre en France. En cas de grâce, le libéré ne pourra être dispensé de l'obligation de la résidence que par une disposition spéciale des lettres de grâce.

« 7. Tout condamné à temps qui, à dater de son embarquement, se sera rendu coupable d'évasion, sera puni de deux ans à cinq ans de travaux forcés. Cette peine ne se confondra pas avec celle antérieurement prononcée. La peine pour les condamnés à perpétuité sera l'application à la double chaîne pendant deux ans au moins et cinq ans au plus.

« 8. Tout libéré coupable d'avoir, contrairement à l'article 6 de la présente loi, quitté la colonie sans autorisation, ou d'avoir dépassé le délai fixé par l'autorisation, sera puni de la peine d'un an à trois ans de travaux forcés.

« 9. La reconnaissance de l'identité de l'individu évadé, ou en état d'infraction aux dispositions de l'article 6, sera faite soit par le tribunal désigné dans l'article suivant, soit par la cour qui aura prononcé la condamnation.

« 10. Les infractions prévues par les articles 7 et 8, et tous crimes et délits commis par les condamnés, seront jugés par un tribunal maritime spécial établi dans la colonie. Jusqu'à l'établissement de ce tribunal, le jugement appartiendra au premier conseil de guerre de la colonie, auquel seront adjoints deux officiers du commissariat de la marine (*). Les lois concernant les crimes et délits commis par -les forçats et les peines qui leur sont applicables continueront à être exécutées.

« 11. Les condamnés des deux sexes qui se seront rendus dignes d'indulgence par leur bonne conduite, leur travail et leur repentir, pourront obtenir : 1° l'autorisation de travailler aux conditions déterminées par l'administration, soit pour les habitants de la colonie, soit pour les administrations locales ; 2° une concession de terrain et la faculté de le cultiver pour leur propre compte. Cette concession ne pourra devenir définitive qu'après la libération du condamné.

« 12. Le gouvernement pourra accorder aux condamnés aux travaux forcés à temps l'exercice, dans la colonie, des droits civils ou de quelques-uns de ces droits, dont ils sont privés par leur état d'interdiction légale. Il pourra autoriser ces condamnés à jouir ou disposer de tout ou partie de leurs biens. Les actes faits par les condamnés dans la colonie, jusqu'à leur libération, ne pourront engager leurs biens qu'ils possédaient au jour de leur condamnation, ou ceux qui leur sont échus par succession, donation ou testament, à l'exception des biens dont la remise aura été autorisée. Le gouvernement pourra accorder aux libérés l'exercice, dans la colonie, des droits dont ils sont privés par les deuxième et troisième paragraphes de l'article 34 du Code pénal.

« 13. Des concessions provisoires ou définitives de terrains pourront être faites aux indi-

(*) Voy. ci-après le décret d'administration publique des 29 août-18 septembre 1855, qui règle ce point de compétence.

16 (a).
17 (b).
18 Les condamnations aux travaux forcés à perpétuité et à la déportation emporteront la mort civile (c). Néanmoins le gouvernement pourra accorder au condamné à la déportation l'exercice des droits civils ou de quelques-uns de ces droits (d).

vidus qui ont subi leur peine et qui restent dans la colonie.

« 14. Un règlement d'administration publique déterminera tout ce qui concerne l'exécution de la présente loi, et notamment, 1° le régime disciplinaire des établissements des travaux forcés (*); 2° les conditions sous lesquelles des concessions de terrains provisoires ou définitives pourront être faites aux condamnés ou libérés, eu égard à la durée de la peine prononcée contre eux, à leur bonne conduite, à leur travail et à leur repentir ; 3° l'étendue du droit des tiers, de l'époux survivant et des héritiers du concessionnaire sur les terrains concédés.

« 15. Les dispositions de la présente loi, à l'exception de celles prescrites par les articles 6 et 8, sont applicables aux condamnations antérieurement prononcées et aux crimes antérieurement commis. »

29 août-18 septembre 1855. — *Décret qui règle le régime pénal et disciplinaire des individus subissant la transportation dans les colonies pénitentiaires d'outre-mer.*

« Art. 1er. Tous les individus subissant, à quelque titre que ce soit, la transportation dans les colonies pénitentiaires d'outre-mer, sont assujettis au travail et soumis à la subordination et à la discipline militaires. Ils seront justiciables des conseils de guerre; les lois militaires leur seront appliquées.

« 2. Les dispositions du second paragraphe de l'article précédent sont applicables aux libérés et repris de justice tenus de résider dans la colonie.

« 3. Les dispositions de la loi du 30 mai 1854 continueront de régir les condamnés aux travaux forcés qui subiront leur peine dans une colonie pénitentiaire. »

(a) Cet article, qui porte que « les *femmes et filles* condamnées aux travaux forcés n'y seront employées que dans *l'intérieur d'une maison de force,* » a été modifié par la loi des 30 mai-1er juin 1854, retracé sous l'article précédent, en ce sens que l'art. 4 de cette loi accorde au gouvernement la *faculté de transporter* également aux *colonies* les personnes du sexe frappées de la peine des travaux forcés. (Voy. loc. cit.).

(b) Voy. l'art. 20 ci-après et la note.

(c, d) Il est utile, pour mieux préciser la portée de la loi ci-après des 31 mai-3 juin 1854, *abolitive de la mort civile,* de reproduire les termes de l'art. 18 C. pén., qui portait cette peine comme conséquence des condamnations aux *travaux forcés à perpétuité* et à la *déportation.* Déjà la loi des 8-16 juin 1850 (Voy. pag. 458,

(*) Voy. ci-après le décret des 29 août-18 septembre 1855.

20 (a).

note), sur la *déportation*, avait déclaré, par son art. 3, que la condamnation à cette dernière peine n'emportait plus la mort civile. La loi nouvelle la fait disparaître d'une manière générale. Elle établit ensuite, par ses art. 2 et 3, les *conséquences légales* qui, pour remplacer les effets de la mort civile, doivent être attachées aux condamnations à des peines afflictives perpétuelles, à savoir la *dégradation civique* et l'*interdiction légale*.

D'un autre côté, *elle généralise*, par son art. 4, la règle du § 2 de l'art. 18 C. pén., qui accordait au gouvernement la faculté de relever 'les condamnés à la *déportation* de tout ou partie de l'*incapacité légale* dont ils étaient frappés, puisqu'elle étend le même droit en faveur de tous les condamnés à des peines *afflictives perpétuelles.*

Au moyen de cette double disposition, l'art. 18 C. pén. se trouve complètement *abrogé*, bien que, par inadvertance, la loi de 1854 ne le déclare pas en termes exprès,

Cette loi apporte également des modifications à plusieurs dispositions du Code Nap., sur lesquelles elle garde le même silence. Elles sont signalées dans le Code, au *Supplément.*

Voici cette loi :

31 mai-3 juin 1854. — *Loi portant abolition de la mort civile.*

« Art. 1er. La mort civile est abolie.

« 2. Les condamnations à des peines afflictives perpétuelles emportent la dégradation civique et l'interdiction légale, établies par les articles 28, 29 et 31 du C. pén.

« 3. Le condamné à une peine afflictive perpétuelle ne peut disposer de ses biens, en tout ou en partie, soit par donation entre-vifs, soit par testament, ni recevoir à ce titre, si ce n'est pour cause d'aliments. — Tout testament par lui fait antérieurement à sa condamnation contradictoire, devenue définitive, est nul. — Le présent article n'est applicable au condamné par contumace que cinq ans après l'exécution par effigie. C. 28; I. cr. 465, s.

« 4. Le gouvernement peut relever le condamné à une peine afflictive perpétuelle de tout ou partie des incapacités prononcées par l'article précédent.—Il peut lui accorder l'exercice, dans le lieu d'exécution de la peine, des droits civils, ou de quelques-uns de ces droits, dont il a été privé par son état d'interdiction légale. — Les actes faits par le condamné, dans le lieu de l'exécution de la peine, ne peuvent engager les biens qu'il possédait au jour de sa condamnation, ou qui lui sont échus à titre gratuit depuis cette époque.

« 5. Les effets de la mort civile cessent, pour l'avenir, à l'égard des condamnés actuellement morts civilement, sauf les droits acquis aux tiers. L'état de ces condamnés est régi par les dispositions qui précèdent.

« 6. La présente loi n'est pas applicable aux condamnations à la déportation, pour crimes commis antérieurement à sa promulgation. »

(a) Cet article, dont la rédaction actuelle appartient à la loi du 9 septembre 1835, charge le gouvernement du soin de déterminer le lieu, dans une forteresse sur le territoire continental

34-5o (b).
42 (c).
72. Abrogé (Loi des 30 mai-1er juin 1854, art. 5, § 2 (d).
75 (e).

de l'empire, qui doit être affecté aux condamnés à la *détention.*

Avant la loi des 8-16 juin 1850, qui a fixé les îles *Marquises* pour le lieu de la *déportation* (Voy. page 458, *note*), cette peine devait, aux termes de l'art. 17 du Code pénal, être transformée en détention perpétuelle et être subie dans l'établissement même affecté aux condamnés à la détention.

Le lieu affecté à la détention a successivement varié. L'ordonnance des 5-18 mai 1833 y avait affecté la maison centrale du Mont-Saint-Michel; plus tard, et en vertu de l'ordonnance des 22 janvier-1er février 1835, ce fut la citadelle du *Doullens* (Somme); le décret de 23-30 juillet 1850, rendu en exécution de la loi des 8-16 juin de la même année portant abolition de la peine de mort en matière politique, en la remplaçant par celle de la déportation, désigna la citadelle de *Belle-Ile-en-Mer* pour la détention des individus condamnés à la déportation antérieurement à cette loi.

Aujourd'hui, c'est la citadelle de *Corte* (Corse), qui est affectée à cette destination par le décret des 17-30 mars 1858.

(b) La privation du droit de *port d'armes*, que cet article range au nombre des modalités de la dégradation civique, a été appliquée d'une manière *générale*, pendant une période de cinq années, au département de la *Corse*, par la loi des 10-15 juin 1853, et prorogée, pendant une même période de temps, par la loi des 12-17 mai 1858. — Voy. dans notre *Bulletin annoté des lois*, année 1858, pages 101 et 102, l'indication des motifs qui ont nécessité l'emploi de cette mesure rigoureuse.

(c) L'interdiction de l'exercice des droits civiques, civils et de famille, énumérés dans cet article, peut être prononcée contre ceux qui ont été condamnés en vertu de la loi des 27 février-2 mars 1858, art. 4, portant des mesures de sûreté générale, et dont le texte est placé sous les art. 86 et 87 ci-après. — Voy. aussi la *note* sous l'art. 34 qui précède.

(d) Cette loi de 1854 (Voy. ci-dessus sous l'art. 15 C. pén.), en ne permettant plus, par son article 5, de prononcer la peine des travaux forcés contre tout accusé parvenu à l'âge de *soixante-dix ans accomplis*, faisait nécessairement disparaître l'article 72 du Code pénal, qui, n'ayant fixé aucune limite d'âge, et autorisant par suite l'exécution de la peine des travaux forcés, quelque avancé que pût être l'âge du condamné, permettait seulement de *relever* celui-ci de sa peine lorsqu'il avait atteint l'âge de soixante-dix ans accomplis, pour l'enfermer dans une maison de force pour tout le temps qu'il lui restait à accomplir.

(e) La peine de *mort*, prononcée par cet article, d'une manière *générale*, pour le crime de port d'armes contre la France, avait été commuée en celle de la *déportation* par la loi des 8-16 juin 1850. (Voy. page 468.)

Cette disposition se trouve modifiée de nouveau par la loi des 9 juin-4 août 1857 (Code de

77 et 78 (a).
86 et 87 (b).

justice militaire), mais à l'égard des *militaires* seulement. Cette loi, art. 204, rétablit la peine de mort avec la dégradation militaire contre le crime dont il s'agit. Il en est de même à l'égard des *marins*, d'après la loi des 4-15 juin 1858, art. 262 et suiv. (Voy. IIe partie, Suppl. au Code de l'armée.)

(a) Modifiés par la loi prémentionnée des 9 juin-4 août 1857, art. 205, et des 4-15 juin 1858, art. 263, lorsque les crimes spécifiés ont été commis par un *militaire* ou un *marin* (intelligences avec les ennemis de l'Etat). (Voy. *eod.*)

(b) Aux crimes *d'attentat*, soit contre la vie du souverain, soit contre l'existence du gouvernement, prévus par ces articles, dont la rédaction actuelle est celle de la loi des 10-15 juin 1853, il faut ajouter 1° le crime de *provocation publique* à ces mêmes attentats; 2° le délit *d'excitation* au *mépris* du gouvernement par des manœuvres et intelligences à l'intérieur ou à l'étranger, crime et délit prévus et punis par la loi suivante :

27 février-2 mars 1858. — *Loi relative à des mesures de sûreté générale.*

« Art. 1er. Est puni d'un emprisonnement de deux à cinq ans et d'une amende de cinq cents francs à dix mille francs, tout individu qui a provoqué publiquement, d'une manière quelconque, aux crimes prévus par les articles 86 et 87 du Code pénal, lorsque cette provocation n'a pas été suivie d'effet.

« 2. Est puni d'un emprisonnement d'un mois à deux ans, et d'une amende de cent francs à deux mille francs, tout individu qui, dans le but de troubler la paix publique ou d'exciter à la haine ou au mépris du gouvernement de l'Empereur, a pratiqué des manœuvres ou entretenu des intelligences, soit à l'intérieur, soit à l'étranger.

« 3. Tout individu qui, sans y être légalement autorisé, a fabriqué ou fait fabriquer, débité ou distribué : 1° des machines meurtrières agissant par explosion ou autrement; 2° de la poudre fulminante, quelle qu'en soit la composition, est puni d'un emprisonnement de six mois à cinq ans et d'une amende de cinquante francs à trois mille francs. — La même peine est applicable à quiconque est trouvé détenteur ou porteur, sans autorisation, des objets ci-dessus spécifiés. — Ces peines sont prononcées sans préjudice de celles que les coupables auraient pu encourir comme.auteurs ou complices de tous autres crimes et délits.

« 4. Les individus condamnés par application des articles précédents peuvent être interdits, en tout ou en partie, des droits mentionnés en l'art. 42 du Code pénal, pendant un temps égal à la durée de l'emprisonnement prononcé.

« 5. Tout individu condamné pour l'un des délits prévus par la présente loi peut être, par mesure de sûreté générale, interné dans un des départements de l'empire ou.en Algérie, ou expulsé du territoire français.

« 6. Les mêmes mesures de sûreté générale peuvent être appliquées aux.individus qui seront condamnés pour crimes ou délits prévus : 1° par les articles 86 à 101, 153, 154, § 1er, 209 à 211, 213 à 221 du Code pénal; 2° par les articles

142 et 143 (c).
153 (d).
154 (e).
209, 210 et 211 (f).
213 à 221 (g).
237, 238, 239, 240, 241, 242, 243, 247 et 248 (h).

3, 5, 6, 7, 8 et 9 de la loi du 24 mai 1834, sur les armes et munitions de guerre; 3° par la loi du 7 juin 1848, sur les attroupements; 4° par les articles 1 et 2 de la loi du 27 juillet 1849.

« 7. Peut être interné dans un des départements de l'empire ou en Algérie, ou expulsé du territoire, tout individu qui a été, soit condamné, soit interné, expulsé ou transporté, par mesure de sûreté générale, à l'occasion des événements de mai et juin 1848, de juin 1849 ou de décembre 1851, et que des faits graves signaleraient de nouveau comme dangereux pour la sûreté publique.

« 8. Les pouvoirs accordés au gouvernement par les articles 5, 6 et 7 de la présente loi cesseront au 31 mars 1865, s'ils n'ont pas été renouvelés avant cette époque.

« 9. Tout individu interné en Algérie, ou expulsé du territoire, qui rentre en France sans autorisation, peut être placé dans une colonie pénitentiaire, soit en Algérie, soit dans une autre possession française.

« 10. Les mesures de sûreté générale autorisées par les articles 5, 6 et 7 seront prises par le ministre de l'intérieur, sur l'avis du préfet du département, du général qui y commande et du procureur général. L'avis de ce dernier sera remplacé par l'avis du procureur impérial, dans les chefs-lieux où ne siége pas une cour impériale. »

(c) Ces articles, qui qualifiaient *crime* contre la paix publique et punissaient comme tel la contrefaçon des *marques de fabrique* sont abrogés par la loi des 23-27 juin 1857, laquelle ne considère plus les actes coupables dont il s'agit que comme de simples *délits*. (Voy. cette loi, IIe partie, au Code de la propriété et de l'industrie.)

Il faut remarquer, au surplus, que la loi prémentionnée ne modifie les articles ci-dessus du Code pénal, que dans la disposition relative aux marques de fabrique ; ces mêmes articles continuent de rester en vigueur en ce qui touche la contrefaçon des *timbres* ou *sceaux* des autorités.

(d, e) Aux termes de la loi des 27 février-2 mars 1858, art. 6, retracés sous les art. 86 et 87 ci-dessus, les individus punis pour avoir, selon les articles ci-dessus, fabriqué un *faux passe-port* ou pour avoir pris, dans un passe-port, un *nom supposé*, peuvent être *internés* dans un département, ou *expulsés* du territoire français, par mesure de sûreté générale.

(f, g) Les individus qui ont été condamnés pour *rébellion* envers les agents de l'autorité publique, en vertu des articles dont les numéros sont indiqués, peuvent, en outre, être *internés* dans un département ou en Algérie, ou *expulsés* du territoire français. Telle est la disposition de la loi des 27 février-2 mars 1858, art. 6, dont le texte est placé sous les art. 86 et 87 ci-dessus.

(h) Aux termes de la loi des 9 juin-4 août 1857 (Code de just. mil.), art. 216, les peines portées

259 (*a*) « Toute personne qui aura publiquement porté un costume, un uniforme ou une décoration qui ne lui appartiendrait pas, sera punie d'un emprisonnement de six mois à deux ans. — Sera puni d'une amende de cinq cents francs à dix mille francs, quiconque, sans droit et en vue de s'attribuer une distinction honorifique, aura publiquement pris un titre, changé, altéré ou modifié le nom que lui assignent les actes de l'état civil. — Le tribunal ordonnera la mention du jugement en marge des actes authentiques ou des actes de l'état civil dans lequel le titre aura été pris indûment ou le nom altéré. —Dans tous les cas prévus par le présent article, le tribunal pourra ordonner l'insertion intégrale ou par extrait du jugement dans les journaux qu'il désignera. — Le tout aux frais du condamné (Loi des 28 mai-5 juin 1858) (*b*). »

---

par les articles ci-dessus en cas d'*évasion de détenus* ou de *criminels*, sont déclarées applicables aux *militaires* qui ont laissé évader des prisonniers de *guerre*.

Le Code de l'armée *navale*, des 4-15 juin 1858, art. 231, contient la même disposition, en se référant également aux articles du Code pénal ordinaire. (Voy. IIᵉ partie, Suppl. au C. de l'armée.)

(*a, b*) Voy. le même art. 259, page 487, 488, avec notre observation et les décrets de 1848 et de 1852, cités en *note*. — Voy. aussi dans notre *Bulletin annoté des Lois*, année 1858, l'analyse sur l'esprit de la loi nouvelle.

27 mars-17 avril 1858. — *Décret relatif aux médailles d'honneur accordées à des membres des sociétés de secours mutuels.*

« Art. 1ᵉʳ. Les personnes auxquelles nous aurons accordé des médailles d'honneur en leur qualité de membres d'une société de secours mutuels pourront porter ces médailles suspendues à un ruban noir liséré de bleu, dans l'intérieur des édifices où leur société se réunira en vertu de convocations régulières.

« 2. Il est interdit de porter ces médailles en tout autre lieu et hors le temps des réunions, comme aussi de porter le ruban seul. »

314 (*c*).
318. *Abrogé* (Loi des 5-9 mai 1855) (*d*).
401, 402, 403, 405, 406, 407 et **408** (*e*).
434, 435, 437 et **439** (*f*).
475, nᵒ 6. *Abrogé* (Loi des 5-8 mai 1855) (*g*).

(*c*) Aux *armes*, dont la fabrication et le port sont punis par cet article, il faut ajouter : 1ᵒ les *machines meurtrières* agissant par *explosion*; 2ᵒ la *poudre fulminante*, d'après la loi des 27 février-2 mars 1858, qui est retracée sous les art. 86 et 87 ci-dessus.

(*d*) En abrogeant cet article, qui portait la peine applicable à la vente de *boissons falsifiées*, cette loi de 1855 déclare que ce délit est désormais passible de la pénalité de la loi des 27 mars-1ᵉʳ avril 1851, répressive des fraudes dans la vente des marchandises. (Voy. cette dernière loi en *note*, sous l'art. 423, page 509.)

(*e*) D'après l'article 201 du Code de justice militaire de 1857, lorsque c'est contre un *officier* de l'armée que la condamnation portée dans cet article est prononcée, il faut, aux peines édictées par le Code pénal, ajouter la *perte du grade*. Le Code de l'armée *navale* des 4-15 juin 1858, art. 259, porte la même disposition. (Voy. IIᵉ partie, Suppl. au Code de l'armée.)

(*f*) Ces articles ont été modifiés par la loi des 9 juin-4 août 1857, art. 250 et suiv. (Code de just. milit.), d'abord à l'égard des *militaires* condamnés pour les crimes y prévus, et ensuite pour leurs *complices* non militaires, que l'art. 268 de la même loi déclare frapper de la même peine que les auteurs principaux, mais seulement pour le cas où le crime d'incendie ou de destruction a été exécuté sur des édifices, bâtiments ou vaisseaux à l'*usage de l'armée*. Le Code de l'armée *navale*, des 4-15 juin 1858, art. 335 et suiv., reproduit les mêmes dispositions.

Les articles ci-dessus du Code pénal *variaient* la peine selon les circonstances concomitantes du crime et selon la nature et la destination des objets incendiés ou détruits (peine de mort ou travaux forcés). Les lois militaires de 1857 et de 1858 ne reproduisent pas les mêmes distinctions. Seulement elles permettent, s'il existe des circonstances atténuantes, d'abaisser la peine. (Voy. IIᵉ partie, Suppl. au Code de l'armée.)

(*g*) Le délit de vente de *boissons falsifiées*, prévu par le § 6 de cet article, est puni aujourd'hui en vertu de la loi des 27 mars-1ᵉʳ avril 1851. (Voy. sous l'art. 423 C. pén., page 509.)

CODE DES FRAIS

24 mai-1er juin 1854. — DÉCRET *portant fixa-*
tion des émoluments attribués, en matière civile
et commerciale, aux greffiers des tribunaux civils
de première instance et aux greffiers des cours
impériales (a).

§ I. — *Des émoluments des greffiers des tribunaux*
civils de première instance.

ARTICLE 1er. Les greffiers des tribunaux civils de première instance ont droit
aux émoluments suivants : 1° Pour dépôt
de copies collationnées des contrats
translatifs de propriété, 3 fr. — 2° Pour
extrait à afficher, 1 fr.; plus, par chaque
acquéreur en sus, lorsqu'il y a des lots
distincts, 50 c. — 3° Pour soumission de
caution avec dépôt de pièces, déclaration
affirmative, déclaration de surenchère ou
de command, certificat relatif aux saisies-
arrêts sur cautionnement et aux condamnations pour faits de charge, acceptation
bénéficiaire, renonciation à communauté
ou succession, 2 fr. — 4° Pour bordereau
ou mandement de collocation, certificat
de propriété, 2 fr. Si le montant du bordereau ou du mandement s'élève à trois
mille francs, ou si le certificat de propriété s'applique à un capital de pareille
somme, l'émolument est de 3 fr.—5° Pour
opérer le dépôt d'un testament olographe
ou mystique, non compris le transport,
s'il y a lieu, 6 fr. — 6° Pour communication des pièces et des procès-verbaux
ou états de collation, dans les procédures
d'ordre et de distribution par contribution, quel que soit le nombre des parties,
si la somme principale à distribuer n'excède pas dix mille francs, 5 fr.; si elle
dépasse ce chiffre, 10 fr. L'allocation accordée par l'article 4 de la loi du 22 prairial an VII est supprimée (b). — 7° Pour
tout acte, déclaration ou certificat fait ou
transcrit au greffe, et qui ne donne pas
lieu à un émolument particulier, quel
que soit le nombre des parties, 1 fr. 50 c.
— 8° Pour communication, sans déplacement, de pièces dont le dépôt est constaté par un acte du greffe, 1 fr. Dans
les affaires où il y a constitution d'avoué,
ce droit ne peut être perçu qu'une fois
pour chaque avoué à qui la communication est faite, quel que soit le nombre
des parties, et à la charge de justifier
d'une réquisition écrite en marge de
l'acte de dépôt. — 9° Pour recherche des
actes, jugements et ordonnances faits ou
rendus depuis plus d'une année et dont
il n'est pas demandé expédition : pour
la première année indiquée, 50 c.; pour
chacune des années suivantes, 25 c. (loi du
21 ventôse, art. 4). — 10° Pour légalisation, 25 c. (mêmes loi et article précités).
— 11° Pour l'insertion au tableau placé
dans l'auditoire de chaque extrait d'acte
ou de jugement soumis à cette formalité,
50 c. — 12° Pour visa d'exploits, 25 c. —
13° Pour chaque bulletin de distribution
et de remise de cause, 10 c.—14° Pour la
mention de chaque acte sur le répertoire
prescrit par l'article 49 de la loi du 22
frimaire an VII, 10 c. (V. 2e part. p. 474).

2. Lorsque, dans l'exercice de leurs
fonctions, les greffiers des tribunaux civils de première instance se transportent

(a) Au Code des frais, page 554, *note,* nous
disions : « Les greffiers des tribunaux civils
sont depuis longtemps en instance près du
gouvernement pour obtenir un *tarif* de leurs
droits et émoluments.....»
Ce tarif a été enfin dressé. C'est celui que
nous publions sous la date ci-dessus.

(b) L'article prémentionné de cette loi, additionnelle à celle du 21 vent. an VII, et qui se
trouve omise dans notre ouvrage, attribuait
aux greffiers, « pour la communication à chaque créancier du procès-verbal d'ouverture
d'ordre, de l'extrait des inscriptions et des
titres et pièces produits, un droit fixe de
soixante-quinze centimes. »

à plus de cinq kilomètres de leur résidence, ils reçoivent, pour frais de voyage, nourriture et séjour, une indemnité, par jour, de 8 fr. ; s'ils se transportent à plus de deux myriamètres, l'indemnité par jour est de 10 fr.

3. Il est alloué aux greffiers des tribunaux civils de première instance, comme remboursement du papier timbré : 1° pour chaque jugement rendu à la requête des parties, ceux de simple remise exceptés, 80 c. ; 2° pour chaque acte porté sur un registre timbré, 40 c.; et 3° pour chaque mention également portée sur un registre timbré, 15 c.

§ II. — *Des greffiers des tribunaux civils qui exercent la juridiction commerciale.*

4. Les allocations établies par l'ordonnance des 9-12 octobre 1825 et l'arrêté modificatif du 8 avril 1848 (*Voy.* page 556), au profit des greffiers des tribunaux de commerce, sont accordées aux greffiers des tribunaux civils de première instance qui exercent la juridiction commerciale ; néanmoins, ils n'ont droit à aucun émolument dans les cas prévus par l'article 8 du présent tarif.

5. Les dispositions des articles 2, 3 et 4 du présent décret sont applicables aux greffiers des tribunaux civils qui exercent la juridiction commerciale ; mais l'allocation, à titre de remboursement, du timbre employé aux feuilles d'audience, est fixée, pour chaque jugement, à 50 c.

§ III. — *Des greffiers des cours impériales.*

6. Les greffiers des cours impériales ont droit aux émoluments suivants : 1° pour tout acte fait ou transcrit au greffe, quel que soit le nombre des parties, 3 fr. ; 2° pour chaque bulletin de distribution et de remise de cause, 20 c.; 3° il leur est alloué une somme double de celle due aux greffiers des tribunaux civils de première instance pour les formalités prévues aux n°s 8, 9, 10, 11, 12 et 14 de l'article 1er du présent décret.

7. Les greffiers des cours impériales ont droit aux allocations établies par l'article 2 et l'article 3 du présent dé

cret. Leur remise, par chaque rôle d'expédition, est fixée à quarante centimes, sans diminution des droits de l'Etat.

§ IV. — *Dispositions générales.*

8. Les greffiers n'ont droit à aucun émolument, 1° pour les minutes des arrêts, jugements et ordonnances, ou pour celles des actes et procès-verbaux reçus ou dressés par les magistrats avec leur assistance ; 2° pour les simples formalités qui n'exigent aucune écriture, ou dont il est seulement fait mention sommaire, soit sur les pièces produites, soit sur les registres du greffe, à l'exception du répertoire prescrit par la loi du 22 frimaire an VII ; 3° pour l'accomplissement des obligations qui leur sont imposées, soit à l'effet de régulariser le service des greffes, soit dans un intérêt d'ordre public ou d'administration judiciaire.

9. Les greffiers doivent inscrire, au bas des expéditions qui leur sont demandées, le détail des déboursés et des droits auxquels chaque arrêt, jugement ou acte donne lieu. A défaut d'expédition, ils doivent faire cette mention sur des états signés d'eux, et qu'ils remettent aux parties ou aux avoués. Il leur est alloué, pour chaque état, un émolument de dix centimes. Ils portent sur les registres dont la tenue est prescrite par la loi toutes les sommes qu'ils perçoivent. Les déboursés et les émoluments sont inscrits sur des colonnes séparées.

10. Les greffiers ne peuvent écrire sur les minutes ou feuilles d'audience et sur les registres timbrés plus de trente lignes à la page, et de quinze à vingt syllabes à la ligne sur une feuille au timbre de soixante et dix centimes ; de quarante lignes à la page et de vingt à vingt-cinq syllabes à la ligne, lorsque la feuille est au timbre d'un franc vingt-cinq centimes, et plus de cinquante lignes à la page et de vingt-cinq à trente syllabes à la ligne, lorsque la feuille est au timbre d'un franc cinquante centimes. Toute contravention est constatée conformément à la loi du 13 brumaire an VII (*a*), et punie de l'amende prononcée par l'article 12 de la loi du 16 juin 1824,

(*a*) Voy. 2° partie, pages 473, 474, les art. 19 à 24, 31 et 32 de cette loi.

sans préjudice des droits de timbre à la charge des contrevenants (a).

11. Les émoluments déterminés par le présent tarif sont indépendants des droits et remises fixés par les lois des 21 ventôse et 22 prairial an VII, le décret du 12 juillet 1808, et tous décrets, lois, ordonnances et règlements d'administration publique postérieurement publiés (b). L'ordonnance du 18 septembre 1833 concernant les expropriations pour cause d'utilité publique, et celle du 10 octobre 1841, sur les ventes judiciaires, continuent à être exécutées dans toutes leurs dispositions (c).

12. Il est interdit aux greffiers des cours impériales et des tribunaux civils de première instance, ainsi qu'à leurs commis, de recevoir, sous quelque prétexte que ce soit, d'autres ou plus forts droits que ceux qui leur sont alloués par le présent décret; ils ne peuvent exiger ni recevoir aucun droit de prompte expédition. Le contrevenant est, suivant la gravité des circonstances, destitué de son emploi et poursuivi, pour l'application des peines prononcées, soit par l'article 23 de la loi du 21 ventôse an VII, soit par l'article 174 du Code pénal, sans préjudice de la restitution des sommes perçues et de tous dommages-intérêts, s'il y a lieu.

13. Le présent règlement sera exécutoire à partir du 1er juin 1854.

5-15 mai 1855. — *LOI de finances* (Extrait).

ARTICLE 18. Le port des lettres et paquets compris par le paragraphe 11 de l'article 2 du décret du 18 juin 1811 (d) dans les frais de justice criminelle sera perçu après chaque jugement définitif, suivant le tarif ci-après:

NATURE DES AFFAIRES.		TARIF DES FRAIS DE POSTE à percevoir.
Affaire de simple police.	Portée directement à l'audience	0f 20
	Jugée en appel	1 »
	Portée à l'audience après instruction	1 20
	Jugée sur appel	2 60
	Jugée en cassation	6 40
Affaire correctionnelle.	Portée directement à l'audience	2 »
	Jugée en appel	4 40
	Portée à l'audience après instruction	3 »
	Jugée sur appel	5 20
	Jugée en cassation	9 60
Affaire criminelle.	Devant la Haute-Cour	25 »
	Devant la Cour d'assises	
	En cassation	16 »

Ces frais seront recouvrés par les receveurs de l'enregistrement, pour le compte de l'administration des postes.

24-28 novembre 1855. — *DÉCRET impérial qui fixe le salaire des conservateurs des hypothèques pour la transcription des actes de mutation* (e).

ARTICLE 1er. A partir du 1er janvier sur le montant de la somme excédant celle qui aurait été exprimée sans contravention dans le papier employé, mais sans qu'elle puisse, dans aucun cas, être inférieure à cinq francs. — Les effets, billets ou obligations écrits sur papier portant le timbre de dimension, ne seront assujettis à aucune amende, si ce n'est dans le cas d'insuffisance du prix du timbre et dans la proportion ci-dessus fixée. »

(a) Cet art. 12 de la loi des 16-17 juin 1824, relative aux droits d'enregistrement et de timbre, est ainsi conçu:
« L'amende fixe de trente francs, prononcée par les art. 26 de la loi du 3 novembre 1798 (13 brumaire an VII) et 6 de la loi du 25 mai 1799 (6 prairial an VII), à l'égard des effets, billets et obligations au-dessous de six cents francs, écrits sur papier non timbré, est réduite au vingtième du montant de ces effets, sans qu'elle puisse néanmoins, dans aucun cas, être inférieure à cinq francs. — Lorsqu'un effet, un billet ou une obligation, aura été écrit sur du papier d'un timbre inférieur à celui qui aurait dû être employé, l'amende du vingtième, prononcée par lesdits articles, ne sera perçue que

(b) Voy. ces lois et règlements, ci-dessus, pag. 552 et suiv., et 2e part. page 512, *note*.
(c) Ci-dessus, pag. 547.
(d) Voy. ce décret, pag. 564.
(e) Ce décret a été rendu pour l'exécu-

1856, le salaire alloué aux conservateurs des hypothèques par le n° 7 du tableau annexé au décret du 21 septembre 1810, pour la transcription des actes de mutation, est réduit à cinquante centimes par rôle de vingt-cinq lignes à la page et de dix-huit syllabes à la ligne (a).

2. A compter de la même époque, l'article premier (unique) de l'ordonnance du 1er mai 1816 cessera de recevoir son exécution (b).

tion de la loi des 23-26 mars 1855 sur la *transcription* (Voy. sous l'art. 2181 C. Napoléon). Pour faire saisir la portée de ce décret, qui doit se combiner avec d'autres dispositions, nous empruntons à M. Duvergier l'explication suivante :

« Le décret du 21 septembre 1810 fixait le salaire des conservateurs à 1 fr. le rôle ; l'ordonnance du 1er mai 1816 maintenait cette fixation, en attribuant la moitié du droit, c'est-à-dire 50 centimes, au trésor. — Désormais, le droit ne sera plus que de 50 centimes qui appartiendra en entier aux conservateurs, puisque l'ordonnance du 1er mai est abrogée.

« Reste à savoir comment le droit proportionnel de transcription sera fixé. Au moment où a été votée la loi du 23 mars 1855, le gouvernement a espéré qu'il serait possible de le

12 juin 1856. — *DÉCRET qui rend commun au tribunal de première instance et aux justices de paix de Marseille le tarif des frais et dépens décrété, le 16 février 1807, pour le tribunal de première instance et pour les justices de paix de Paris.*

ARTICLE 1er. Le tarif des frais et dépens décrété le 16 février 1807 (c), pour le tribunal de première instance et pour les justices de paix établis à Paris, est rendu commun au tribunal de première instance et aux justices de paix de Marseille.

réduire. En attendant, l'art. 12 de la loi du 23 mars 1855 dispose que, jusqu'à la révision du tarif, le droit fixe de un franc sera seul perçu. Cet état provisoire est tout à l'avantage des contribuables ; mais cet état ne profite, bien entendu, qu'aux actes soumis à la transcription par la loi de 1855 ; pour tous les autres, la législation antérieure conserve son empire. Il est vraisemblable que, lorsque le tarif sera révisé, le droit de transcription sera établi d'une manière uniforme et comprendra aussi bien les actes qui étaient sujets à la transcription avant la loi du 23 mars 1855, que ceux qui y ont été soumis par cette dernière loi. »

(a, b) Voy. la note précédente.

(c) Voy. pag. 521 et suiv.

CODE FORESTIER

ARTICLES **62, 63, 64** (*a*).
219 à **225** (*b*).

1er-4 août 1827. — *ORDONNANCE pour l'exécution du Code forestier.*

ARTICLE **10** (*c*).
112, 113, 114, 115, 116,
Abrogés (*d*).
145. *Abrogé* (*e*).

(*a*) Le mode d'exécution de ces articles, relatifs tant à l'affranchissement des droits d'usage en bois dans les forêts, au moyen du *cantonnement* qu'au *rachat*, moyennant finances, des autres droits d'usage (pâturage, panage et glandée), qui avait été déterminé par l'ordonnance réglementaire des 1er-4 août 1827, est changé aujourd'hui. Voy. ci-après le décret des 12-26 avril 1854.

(*b*) La prohibition de *défricher* leurs bois sans autorisation préalable, imposée aux particuliers par les articles ci-dessus du Code forestier, et qui, de prorogations en prorogations successives, expirait en 1856 (Voy. pag. 610, note), est de nouveau maintenue par la loi suivante :

21-26 juillet 1856. — *Loi qui proroge les dispositions transitoires du titre XV du Code forestier, relatives au défrichement des Bois des particuliers.*

« ARTICLE UNIQUE. Les dispositions transitoires du titre XV du Code forestier continueront d'être exécutées jusqu'à ce qu'il ait été statué sur le projet de loi présenté au Corps législatif le 20 mai 1856, relativement au défrichement des bois des particuliers. »

(*c*) **3-24 mai 1854.** — *Décret portant que le département de la Haute-Saône formera désormais un arrondissement forestier.*

« Art. 1er. Le département de la Haute-Saône formera désormais un arrondissement forestier qui prendra le numéro 32, et qui aura pour chef-lieu la ville de Vesoul. »

(*d, e*) L'abrogation est prononcée par le décret des 12-26 avril 1854, art. 8. Au mode de procéder à l'affranchissement et au rachat des *droits d'usage* dans les forêts, établis par les articles ci-dessus, le décret de 1854 a cru devoir en substituer un autre. Il sera facile, par la seule comparaison des textes, de saisir la différence entre les formalités à suivre aujourd'hui et celles qui étaient établies par la loi précédente.

12-26 avril 1854. — *DÉCRET relatif aux droits d'usage dans les forêts de l'État et dans les bois des communes et établissements publics.*

ARTICLE **1er.** Lorsqu'il y a lieu d'affranchir les forêts de l'État de droits d'usage en bois, au moyen d'un cantonnement, le directeur général des forêts en adresse la proposition à notre ministre des finances, qui statue sur l'opportunité, après avoir pris l'avis de l'administration des domaines. Si cette opportunité est reconnue, il est procédé par deux agents forestiers aux études nécessaires pour déterminer les offres à faire à l'usager.

2. Les offres sont soumises par l'administration des forêts à notre ministre des finances qui, après avoir pris l'avis de la direction générale des domaines, prescrit, s'il y a lieu, au préfet, de les signifier à l'usager.

3. Si l'usager déclare accepter les offres, il est passé, entre le préfet et lui, en la forme administrative, un acte constatant son engagement, sous réserve de notre homologation.

4. Si l'usager propose des modifications au projet qui lui a été signifié ou refuse absolument d'y adhérer, il en est référé au ministre des finances, qui statue et ordonne, s'il y a lieu, au préfet d'intenter l'action en cantonnement.

5. Lorsqu'il y a lieu d'effectuer le rachat d'un droit d'usage quelconque, autre que l'usage en bois, suivant la faculté accordée au gouvernement par l'article 64 du Code forestier, il est statué sur l'opportunité de ce rachat par notre ministre des finances, sur la proposition de l'administration des forêts, après avoir pris l'avis de l'administration des domaines. Si le droit d'usage appartient à une commune, le préfet est préalablement appelé à donner son avis motivé sur l'absolue nécessité de l'usage pour les habitants. Lorsque le ministre des finances a déclaré l'opportunité, le préfet notifie la décision au maire de la commune usagère, en lui prescrivant de faire délibérer le conseil municipal pour qu'il exerce, s'il le juge à propos, le pourvoi qui lui est réservé par le paragraphe 2 de l'article 64 du Code forestier. Il est ensuite procédé conformément aux dispositions de l'article 1er, § 2, et des articles 2, 3 et 4 du présent décret.

6. Les communes ou établissements publics qui veulent affranchir leurs bois des droits d'usage quelconques, par voie de cantonnement ou de rachat, en adressent la demande au préfet, qui statue sur l'opportunité, après avoir pris l'avis des agents forestiers. S'il s'agit d'un droit rachetable à prix d'argent, prévu au paragraphe 2, article 64 du Code forestier, il est procédé conformément aux dispositions des paragraphes 2 et 3 de l'article 5 du présent décret.

7. Les études préalables pour déterminer les offres de cantonnement ou de rachat sont faites suivant le mode tracé par l'article 1er, § 2, du présent décret. Toutefois, sur la demande de la commune ou de l'établissement propriétaire, il est adjoint aux deux agents forestiers un troisième expert, dont la désignation appartient à la commune et à l'établissement. Ce troisième expert fait, concurremment avec les agents forestiers, les études nécessaires pour la détermination des offres. La commune ou l'établissement propriétaire est appelé par le préfet à déclarer s'il entend donner suite aux offres de cantonnement ou de rachat. Sur sa déclaration affirmative, les offres sont soumises à notre ministre de l'intérieur. En cas d'avis favorable, le ministre des finances statue sur la convenance et l'opportunité des offres. Il est ensuite procédé conformément aux articles 3 et 4 du présent décret. Toutefois, les modifications qui seraient proposées par l'usager, dans le cas prévu par l'article 4, doivent être acceptées par la commune ou l'établissement propriétaire, et approuvées par le ministre de l'intérieur avant d'être soumises à notre homologation par le ministre des finances. Si l'usager refuse d'adhérer aux offres, l'action devant les tribunaux ne peut être intentée que par le maire ou les administrateurs, suivant les formes prescrites par les lois. Les indemnités et frais auxquels les agents forestiers seraient reconnus avoir droit, et les vacations du troisième expert seront supportés en entier par les communes ou établissements publics.

8. Les articles 112, 113, 114, 115, 116 et 145 de l'ordonnance royale du 1er août 1827 sont abrogés. (*Voy.* pages 626, 630.)

TABLE CHRONOLOGIQUE

DES

LOIS, DÉCRETS, ORDONNANCES, AVIS DU CONSEIL D'ÉTAT, ETC.,

RAPPORTÉS OU CITÉS

Dans les CODES DE LA LÉGISLATION FRANÇAISE.

(PREMIÈRE PARTIE. — Édition de 1858.)

TABLE ALPHABÉTIQUE

ET RAISONNÉE

DE TOUTES LES MATIÈRES

CONTENUES

Dans les CODES DE LA LÉGISLATION FRANÇAISE.

(PREMIÈRE PARTIE. — Édition de 1858.)

A.

Abandon de biens. C. 802, 1075, s., 1265, 1406; d'un mur mitoyen, C. 656; d'une servitude, C. 699; d'un immeuble par un ascendant, C. 1406. — V. Cession de biens, Délaissement, Déshérence, Epaves, Trésor.

Abeilles. Immeubles par nature, C. 524. Voy. II e partie, C. rural, page 584, *note.*

Abordage. C. 350, 407, 435, 436.

Aboutissants. Pr. 64, 627.

Abréviation. Registres de l'état civil, C. 42; livre des agents de change, Co. 84.—Voy. II e partie, C. des offic. minist.

Abrogation, page 23, *note; C. 1390; Pr. 1041; P. 484; for. 218; des délais de grâce, Co. 2, 135, 187.

Abroutissement (définition), For., 6, *note.*

Absence. 1º De l'absent, accidentellement éloigné de son domicile, ou non présent, C. 316, 838, 2265, 2266; Pr. 68, 315, 485, 591, 909-3º, 910, 911, 942; — 2º de l'absent qui a disparu de son domicile; présomption d'absence, C. 112; déclaration, C. 115, s.; effets, C. 120, s., 222, 817, 1427, 2126; Co. 2, 3; surveillance des enfants mineurs, C. 141, 143; pouvoirs de la femme en cas d'absence du mari, 222, 1427; cause de désaveu d'enfants, C. 312; partages dans lesquels des absents sont intéressés , C. 113, 817, 819, 838, 840; ne suspend pas la prescription de l'action en rescision, C. 1676; causes communicables, Pr.83-7º, 114, 863; de l'envoi en possession, C. 120, s. Pr. 859, 860; des militaires, C. 115, *note.*

Absolution. I. cr., 364, 412.

Abstention du juge. Pr. 380, 388; de juge de paix, Pr. 45, 46. — Voy. Récusation.

Abus d'autorité contre les particuliers, P. 184, s.; contre la chose publique, P. 188, s.; dispositions diverses, P. 60, 198.

Abus de confiance. P. 406, s.

— de jouissance. C. 618, 1960, 2082, 2100-7º.

Acceptation de communauté. C. 1453, s., 1439, 1475, 1515, 2256-1º; de consignation, C. 1261; de désistement (V. Désistement); de donations ordinaires, C. 894, 932, s.; par contrat de mariage, C. 1084, 1085, 1087; de lettre de change, Co. 117, s.; par intervention, Co. 126, s.; de payement, C. 2038; de succession, C. 774, s., 788, 789, 795, 796, 1413, 1414, 1416, 1417; de transports, C. 1690.

Accès de lieu.—Voyez Descente sur les lieux.

Accession (droit d') en général. C. 546, 712; sur ce qui est produit par la chose, C. 547, s.; sur ce qui s'unit et s'incorpore à la chose, C. 551; relativement aux immeubles, C. 552, s.; aux meubles, C. 565, s.

Accessoires. Cautionnement, C. 2016; créance, C. 1692; expropriation, C. 2204; hypothèque, C. 2118, 2133; inscription, C. 2162; legs, C. 1018, 1019; privilége, C. 2102-6º; vente, 1615.

Accident. Usufruit, perte, C. 624; preuve testimoniale, C. 1348; dépôt, 1929; oblige à porter secours. P. 475.

Accords, pour salaires et loyers d'équipages, réputés actes de commerce, Co. 633.

Accouchement (déclaration d'). C. 55, 56; P. 346. — Voy. Sage-femme.

Accroissement (droit d'). Héritiers, C. 786; légataires, C. 1044, 1045.

Accusation (mise en). I. cr. 217, s., 231, 330, 499, 500; suppl., I. cr., 218, s., page 276; forme de l'acte d'accusation, signification, procédure, I. cr. 241, 242, 291, 308, 313, 337, s.; cas où on ne peut être accusé de nouveau, I. cr. 360; jonction de plusieurs actes d'accusation, I. cr. 307; ses effets, C. 727, 1319. — V. Chambre d'accusation.

— nécessaire pour être traduit en cour d'assises, P. 122.

habituellement un logement aux auteurs de ces actes, P. 61.

Bris de clôture. P. 456; de navire, Co. 258, 369, 381 (Voy. Délaissement); de porte sur saisie-exécution, Pr. 587, 591; sur perquisitions judiciaires du procureur impérial, I. cr. 32, 36, 46, 47; des officiers de police auxiliaires, I. cr. 48 à 50; du juge d'instruction, I. cr. 87, 88, 90, 91, 98, 99, 108, 109; de prison, P. 241, 243, 245; de scellés, P. 249, s.

Bruits nocturnes. Peines, P. 479-8°, 480, 482, s.

Bulletins. Doivent porter le nom de l'auteur ou de l'imprimeur, P. 283, s.

Bureau de conciliation. — Voy. Conciliation, juge de paix.

C.

Cabanes de gardiens. Peines pour rupture ou destruction, P. 451.

Cabotage (petit). Chargement, Co. 229.
— marchandises chargées sur le tillac, Co. 229, — Voy. II° partie. C. de la marine march.., page 395.

Cadavre. Inhumation. C. 77; levée en cas de mort violente, inconnue ou suspecte, I. cr. 44.

Cadenas. — Voy. Clefs, Effraction.

Caducité des donations en faveur de mariage, C. 1088, 1089; des legs et testaments, C. 925, 1039 à 1043.

Cahier des charges sur saisie immobilière, Pr. 690 à 695, 712, 715; sur saisie de rentes, Pr. 643, 644 (Voy. Rentes); sur vente d'immeubles entre majeurs, Pr. 972, 973; affiche et publication par extrait, Pr. 645, s.; sommation au saisi et aux créanciers d'en prendre connaissance, Pr. 691, 692; publication et lecture à l'audience, Pr. 694, 695; d'une vente de biens de mineurs, Pr. 957, s.; d'une vente par licitation, Pr. 972; règlement des contestations qu'il peut soulever, Pr. 973. — Voy. Frais.

Calcul (erreur de) doit être réparée, C. 2058; Pr. 541.

Calomnie. Accusation calomnieuse (indignité), C. 727; dénonciation calomnieuse. P. 373 (Voy. Diffamation); accusé acquitté, poursuite en raison de ce fait, I. cr. 358, s. — Voy. Dénonciation calomnieuse.

Candidats à la députation (serment), suppl., page 648.

Cannes. Armes, P. 101.

Cantonnement dans les forêts de l'état, For., 63, 64, 65, et suppl., page 688; définition, For. 58, *note*; des communes et des établissements publics, For., 111, 112; mode nouveau d'exécution, décr. 12 avril 1854 (suppl.) art..6, 7 page 688; des particuliers, For. 118, 120, 121. — Voy. Usage.

Capacité. 1° A l'égard des actes à titre gratuit (donations et testaments), C. 901, s.; 2° des contrats à titre onéreux, des contrats en général, C. 1108, 1123, s.; de la vente, C. 1594, s.; caution, C. 2018; dépôt, C. 1925; navigation, C. 1272; offres réelles, C. 1258; payement C. 1238; société, C. 1840; transaction, C. 467, 472, 2045; action en nullité ou en rescision des conventions des incapables, 1304.

Capitaine de navire. Leurs fonctions à l'égard des actes de l'état civil, C. 89, 988, s.; ses gages sont privilégiés, Co. 191, 192; saisie et vente du navire, Co. 199-201; quand ses fonc-tions cessent, Co. 208; ses droits, Co. 218, 219; responsabilité, Co. 221, 222, 236; registre qu'il doit tenir, Co. 224; visite qu'il doit faire, Co. 225; actes et pièces du bord, Co. 226; cas où il doit être dans le navire, Co. 227; dettes pour lesquelles il peut être arrêté, Co. 231; cas où il peut emprunter, Co. 233, 234; ses rapports avec les propriétaires, Co. 232, 235, 239; sa conduite en cas de danger, Co. 241-243; quand il doit prendre un certificat du consul, Co. 245; naufrage, Co. 246; déchargement des marchandises, Co. 248; manque de vivres, Co. 249; vente des marchandises pour le payement de son fret, Co. 305-308. — Voy. II° partie, C. pénal de la marine marchande.

Capitaux. Imputation de payement, C. 1254; inscription hypothéc., C. 2151, remboursement (femme dotale), C. 1559; (interdit), C. 499; (mineur), C. 482; (prodigue), C. 513; rente constituée, C. 1909, 1913; restitution, C. 1378; taux de l'intérêt *note*, C. 1907; inscription pour deux années d'intérêts ou arrérages, C. 2151; d'une société anonyme, comment ils se divi-sent, Co. 34.

Carence (procès-verbal de), Pr. 924.

Carnet d'agent de change, Co. 84, *note*.

Carreaux. Dans quel cas l'effraction est à la charge du locataire, C. 1754.

Carrières. Communauté, C. 1403; usufruit, C. 598; peine contre ceux qui y volent des pier-res, P. 388. — Voy. II° partie, v° Mines.

Cas fortuit. Le propriétaire et l'usufruitier n'en sont pas tenus, C. 607; dispense du rapport, C. 855; dispense des dommages-intérêts, C. 1148; cas où il libère le débiteur de la chose due, C. 1302, s., 1348; cas où on en est tenu, C. 1302, 1379, 1772, s.; quand il autorise à demander la résiliation ou la diminution du prix du bail, C. 1722, 1769, s.

Casiers judiciaires. I. cr., 198, *noté.*

Cassation (ouverture de), — Voy. II° partie, page 651.
— chambres réunies, second pourvoi, I. cr. 440. — Voy. II° partie, v° Cour de cassation.

Castration. P. 316; excusable, P. 325, 326; effets, *ibid.*

Cause. Validité d'une convention, C. 1108; caractères, C. 1131, 1133; expression, C. 1132; communicables au ministère public, Pr. 83, 112; instruites par écrit, Pr. 95.

Caution-cautionnement (en matière civile). Sa nature et son étendue, C. 2011, s.; ses effets entre le créancier et la caution, C. 2021, s.; entre le débiteur et la caution, C. 2028, s.; entre les cofidéjusseurs, C. 2033; extinction, C. 2034, s.; de la caution légale, judiciaire, C. 2040, s.; des réceptions de cautions, Pr. 517, s., 992, s., 1035; T. 71, 91; absent, C. 120; 123, 129; bail, C. 1740; cession de créances, C. 1692; compensation, C. 1294; compte, Pr. 542; confusion, C. 1301; consignation, C. 1261; contrainte par corps, C. 2060-5°, 2068; (élargissement), Voy. II° partie, L. 19 avril 1832, 24 à 26, C. contr., page 177, s.; dommages-intérêts, C. 1458; dot, C. 1550; étranger, C. 16; exécution provisoire, Pr. 135; jug. par défaut, Pr. 155; juges de paix, Pr. 17; trib. de commerce, Pr. 417, 439 à 441; femme mariée, C. 1431, 1518; héritier bénéficiaire, C. 807; hypothèque, C. 2185-5°; novation, C. 1281; payement, C. 1236, 1288; prescription, C. 2250; privilége, C. 2103-8°; remise de la dette, C. 1287; serment décisoire, C. 1365; solidaire, C.

Délégation, C. 807, 1275 à 1277, 2212; de créances à terme, voy. IIe partie, C. de l'enr., page 276.
— de fonctions, I. cr. 260, 265, 266, 283, 431, 484, 488, s.
Délibération. Dans la chambre du conseil, I. cr. 225; des jurés, I. cr. 342, s.; de la cour d'assises, I. cr. 369; spéciale de la cour de cassation, I. cr. 340.
Délibéré, Pr. 93, s.
Délits, P. 1, 3, 4; délits et quasi-délits, C. 1382, s.; mineur, C. 1310, Co. 131; preuve testimoniale, C. 1348; transaction, C. 2046; flagrant délit, I. cr. 16, 160, s., 179, 189; connexe, 226, s., 247, *note;* des fournisseurs, 430, s.; envers les magistrats, Pr. 91, s., I. cr. 504, s.; en mer, Co. 207.
— politiques. Compétence, I. cr. 179, *note.*
— ruraux, I. cr. 16; prescription, voy. IIe partie, C. rural, page 587, s.
— militaires (définition), voy. IIe partie, C. de l'arm., pages 32, 33 et s.
— de la presse. — Voy. IIe partie, C. de la presse.
— d'audience, Pr. 11, I. cr. 181, 504, s.
Délivrance de legs, C. 1004, 1011, 1014 à 1016, 1018; en matière de vente, C. 1604, s., 1689, s. — Voy. Transport.
Demande judiciaire, Pr. 59, 149, 150 (Voy. Ajournement); intérêts, C. 1153 à 1155; prescription, C. 2244 à 2247: demande incidente, Pr. 337, s., 406, 718; demande nouvelle (appel), Pr. 464, 465. — Voy. IIe partie, C. de l'enr., page 271.
Démence. Interdiction, C. 489, 493, 504; mariage (opposition), C. 174, 175; loi pénale, P. 64. — Voy. IIe partie, vo Aliénés.
Demeure du débiteur, C. 1138, 1230, 1238, 1302; des témoins, Pr. 35, 39, s., 261; mise en demeure, C. 1139; péril en la demeure, Pr. 886.
Dénégation d'écriture, Pr. 14, 195, 427.
Déni de justice, C. 4; Pr. 185, 505 à 508; peines, P. 185.
Deniers, C. 1065, s., 2060, 2103-2o, 2110; Pr. 590, s., 656; deniers publics, C. 2070.
Dénonciateurs, I. cr. 322, 323, 358.
Dénonciation criminelle, I. cr. 30, 31, 40; acquittement, I. cr. 358, 359; complot, P. 108; succession (indignité), C. 727, 728; témoignage, I. cr. 322-6o, 323.
— de nouvel œuvre (bail), C. 1768; (usufruit), C. 614.
— de saisie-arrêt, Pr. 563, s.; immobilière, Pr. 681.
— calomnieuse, I. cr. 358; contre un magistrat, I. cr. 481, 486, 492 s.
Denrées, C. 533; prêt, C. 1897, 1905; saisie, Pr. 592-7o, 8o, 593; usufruit, C. 602; vente, C. 1657; falsification, P. 423, *note.*
Dépens. Condamnation, Pr. 130 à 133, 137, 1031; liquidation, Pr. 543, 544; payement par privilége, C. 2101-1o, 2104, 2105; distraction, Pr. 133. — Voy. Tarif.
Dépenses du mineur, C. 454, s.; du gérant d'affaires, C. 1375; compte, C. 1381, 1947, 2080; navire, avaries, Co. 397, 400, 403; failli, Co. 585.
Dépérissement, C. 603, 1428, 1566.
Déport d'arbitre, Pr. 1012, 1014; de juge, Pr. 380.
Déportation, P. 7-3o, 17, 56, 67, 70, 71, 82, 84, 88, 124; I. cr. 518, s.; suppl. P. 180, page 680; remplace la peine capitale en matière politi-

que, P. 7 et la *note;* et les bagnes, page 459.
Dépositaire. Vérification d'écriture, Pr. 201, 203, 205, 209; de pièces arguées de faux, Pr. 221; de deniers publics, Pr. 569; d'actes, Pr. 830, s., 849, s., 853; cession de biens, Pr. 905; privilége, Co. 95; réhabilitation, Co. 612; public infidèle, Pr. 149.
Dépositions des témoins. En matière civile, Pr. 36, 271, 272, 274, 294; en matière criminelle, I. cr. 76, 80, s., 317, 319, 322, 355; dépositions des princes, des ministres, 511, s.
Dépôt, C. 1915, 1916; suppl C. 1939, 2076; sa nature, C. 1917, s.; volontaire, C. 1921, s.; obligations du dépositaire, C. 1927, s.; du déposant, C. 1947, 1948; nécessaire, C. 1949, s.; judiciaire (voy. Séquestre); absence, C. 125; cession de biens, Pr. 905; compensation, C. 1295-2o; contrainte par corps, C. 2060-1o-4o; gage, C. 2079; prescription, C. 2236, 2239; preuve, C. 1341, 1348-2o; faillite, revendication, Co. 575.
— d'actes et pièces chez des officiers publics, C. de l'enr., IIe partie, page 271, 281; de pièces au greffe, Pr. 189, 196, 642, 690, 898, 956; (abus), P. 408.
— de sommes et effets mobiliers chez des officiers publics, C. de l'enr., IIe partie, page 281.
— de marchandises dans les magasins publics, C. 2075, 2076, *note;* suppl., même art. page 652.
— de mendicité, P. 274.
Députés au Corps législatif. Nomination, traitement, page 5; nombre, page 646. — Voy. Corps législatif et IIe partie, Elections.
Dernier ressort, Pr. 452, 454.
Désaveu d'avoué, Pr. 49-7o, 352, s.
— d'enfant, C. 312, 318, Pr. 49; séparation de corps, C. 313, *note.*
Descendants. Absent, C. 133; mariage prohibé, C. 161; légitimation, C. 332; représentation, C. 736, 740, 757; personnes interposées, C. 911, 1099; substitution, C. 1048, s.; succession, C. 736, s., 1389; partage, C. 1075; compensation de dépens, Pr. 131; du failli, Co. 594.
Descente sur lieux, Pr. 295, s.; délégation, Pr. 1035; juge de paix, Pr. 30, 41, s.
Déshérence, C. 33, 539, 723, 724, 768.
Désistement, Pr. 402, 403; prescription, C. 2246, 2247; I. cr. 4; adultère, P. 336; action en réclamation d'état, C. 330; de la vente, 1618, s.
Destination. Immeubles par destination, C. 517, 522, s., Pr. 592; servitudes par destination du père de famille, C. 692 à 694.
Destitution du tuteur, C. 442, s.; Pr. 132; des conservateurs des hypothèques, C. 2202; d'officiers publics, Pr. 132, 342; Co. 176; d'agents de change et courtiers, Co. 83.
Destruction (par l'explosion d'une mine), peines, P. 434, s., et la *note;* suppl. P. 434, 435, 439, page 683. — Voy. IIe partie, Code de justice militaire, page 1064.
— de pièces ou de jugements, I. cr. 521, s.
— de bâtiments, maisons, registres, P. 437, 439.
Détail (vente en), C. 1585.
Détenteur. — Voy. Possession, Tiers-détenteur.
Détention. Peine, P. 7; substituée à la déportation, P. 17; sa durée, P. 20, 23, 33; ses effets, P. 29, 36, 47; crimes qui y donnent lieu, P. 33, 56, 78, 84, 90, 200, 205; mineurs de moins de seize ans; septuagénaires, P. 67, 71; réhabilitation, I. cr. 619.
— arbitraire, I. cr. 615, s.; peines, Pr. 788; P.

47

Présomptifs (héritiers). Absence, C. 120, 121, s.; récusation, Pr. 378-7°.
Présomption, C. 1316, 1349; légale, C. 1350, s.; autres, C. 1353; d'absence, C. 112; de filiation, C. 323; de survie, C. 720; de perte du navire, Co. 365; de crimes ou délits, I. cr. 40.
Presse. P. 283, s. Compte-rendu des séances législatives, pages 6, 12, 18. — Voy. IIe partie, C. de la Presse.
Pressoirs, C. 524.
Prestation de serment (mode de). — Voy. Serment.
Prêt à usage (compensation), C. 1293, 1885; nature, C. 1875, s.; emprunteur, C. 1880; prêteur, C. 1888, s.
— de consommation, C. 1892, 1898, s., 1902, s.
— à intérêt, C. 1905, s. — Voy. Intérêts.
— à la grosse, C. 1964, Co. 311, s., 320, 633.
— sur dépôts, C. 2075, *note*.
Prête-nom, Co. 593.
Preuve. Etat civil, C. 46, 319, s.; dol, C. 1116; obligations, C. 1313, s., Co. 109; libération, C. 1282; force majeure, C. 1302; charge de prouver, C. 1315; tailles, copies, titres, C. 1333, 1334; commencement de preuves, C. 324, 1320, 1347.
— littérale, C. 1315, s.
— par commune renommée, C. 1415, 1442, 1504,
— testimoniale, C. 1341, s.; 1834, 1985, Pr. 252. s., lettre de change, Co. 110; délits et contraventions, I. cr, 3, 154, 171, 189.
Prévenu (droits du), I. 127, s., 190, 217, 235, s., 539, s.
Primes. Taux, Co. 79; d'assurance, 191, s., 342, 351, 356, s. 368.
Prince impérial, prince français, page 12; mode de déposition comme témoins, I. cr. 510, s.
Prise de navire, Co. 258, 350, 369, 395, 396; procès-verbaux de vente, C. de l'enr., Voy. IIe partie, page 279.
— à partie, Pr. 49-7°, 83-5°, 505, s., I. cr. 77, 112, 164, 271, 370; poursuites, I. cr. 370.
— de corps (ordonnance de), I. cr. 133, s., 231, s., 239; suppl. I. cr. 133, 232, page 674, 677.
— de possession, Voy. IIe partie, C. de l'enr., page 271.
— maritimes, soumises à la décision du conseil d'Etat, décr., 25 janvier 1852, art. 13, n° 4, Voy. C. adm., page 12.
Prisons, I. cr. 603, s.; travail dans les prisons. P. 40, *note*.
Privilèges, C. 2092, s., 2095, s.; sur les meubles, C. 2100, s.; sur les immeubles, C. 2103, s.; sur les meubles et les immeubles, C. 2104, s., conservation, C. 2106, s.; suppl., C. 2108, 2109, 2110, page 652; du vendeur et des copartageants, L. 23 mars 1855, art. 6, page 653; inscription, 2146, Pr. 834, s.; (abrogation de l'art. 834), L. 23 mars 1855 page 653, *note*; tiers détenteurs, C. 2166, s.; extinction, C. 2180; purge, C. 2181, s.; cautionnement, C. 2037; drainage, suppl., page 650, *note*, 652; en matière criminelle, I. cr. 121; cession de créances, C. 1692; commissionnaires, Co. 93, s.; compensation, C. 1929; distribution par contribution, Pr. 661, s.; dot, C. 1572; faillite, Co. 445, 448, 501, 552, s.; navires, Co. 190, s.; novation, C. 1278; saisie immobilière, Pr. 714; subrogation, C. 1251; substitution, C. 1069; en cas d'expropriation pour cause d'utilité publique. Voy. IIe partie, page 308, s.; du trésor impérial, décr. 4 germinal an

II, art. 4; L. des 5 septembre 1807, art. 10; 12 novembre 1808; 28 avril 1816, art. 76, pages 201, 202; de second ordre, cautionnement, L. des 25 nivôse an XIII, Voy. IIe partie, C. offic.. min. — Voy. Hypothèque.
Prix de vente, C. 1583, 1591, 1617, s., 2102, 2108; de la lettre de voiture, Co. 102; du change, Co. 181. — Voy. Devis.
Procédure, dispositions générales, Pr. 1029, s.
Procès-verbal en matière civile, Voy. C. de l'enr., IIe partie, page 281 (Voy. Conciliation, Enquête, (Experts); en matière criminelle, *ibid.*, page 271; (affirmation, dispense), page 672; du ministère du juge, Pr. 1040; des officiers de police, I. cr. 11, 16, 18, 20, 33, s.; 42. — Voy. Police judiciaire, et IIe partie, C. de l'enr., pages 271, 277 et 278.
Procuration. (Absent), C. 121, s.; du mari, C. 1420; endossement en blanc, Co. 138; enregistrement, Voy. C. de l'enr., IIe partie, page 271; dispositions générales, C. 1993, 2004; dispositions diverses, C. 36, 41, 66, 121, s., 139, 412, 933, Co. 27, 28; lettre de change, Co. 139; modèles d'actes, C. des form., IIe partie, page 893. — Voy. Mandat.
Procureur général. — Voy. Ministère public.
— impérial. Ses rapports avec le juge d'instruction, suppl., I. cr. 61, 94, 114, 127, s., page 672, s. — Voy. Ministère public.
Prodigue, C. 513. — Voy. Conseil judiciaire.
Production, Pr. 76, s., 753, 757; suppl. Pr. 753, s., page 660.
Profession (citation), Pr. 1, 35, 61, 261.
Prohibition de mariage, C. 161, s., 348.
Promesse. Lettre de change, Co. 112, 113; vente, C. 1589, 1590; sous seing-privé (forme), C. 1326.
Promulgation des lois, C. 1, et les *notes*; formule, page 3.
Proposition de crime, P. 89.
Propriétaire, C. 544, s., 552, 646; responsabilité, C. 1385, Co. 216, s.; privilège, C. 2102, Pr. 819, s.; effets jetés à la mer, Co. 429. — Voy. Louage, Saisie-Gagerie.
Propriété, C. 543, s., 711, s.; secrets de fabrique, P. 418. — Voy. IIe partie, C. de la propr. litt. et ind.
Prorogation d'enquête, Pr. 279, 280, 409; de terme, C. 2039.
Prostitution. Excitation, P. 334.
Protêt faute d'acceptation, Co. 119; faute de payement, Co. 156, 162, 163, 173, s.; frais, réduction, C. frais, page 562, s. — Voy. IIe partie, C. de l'enr., page 271.
Protuteur, C. 417.
Provision judiciaire, Pr. 451, 581, s., 878, P. 31.
— de lettre de change, Co. 115, s. 170.
— alimentaire, Pr. 135-7°; saisie, P. 581, s.
Provisoire (exécution). Arbitres, Pr. 1022; juges de paix, Pr. 17; tribunaux de première instance, Pr. 134, s., 401, 554; de commerce, Pr. 417, 418, 429, Co. 580; cours impériales, Pr. 457, s.; référés, Pr. 806.
Provocation à des crimes ou délits; écrits, P. 283. — Voy. IIe partie, C. presse.
Puberté (âge de), C. 144, 145, 185.
Publications (de mariage), C. 63, s., 94, 166, s., 192; de vente, Pr. 620, s., 696, s., 735, s., Co. 202; rente, Pr. 643, s. (Voy. IIe partie, C. de l'enr., page 271).
Publicité. Mariage, C. 165, 191; séparation de biens, C. 1445, 1451; des audiences, C. 87, s., I. cr. 153, 519 (Voy. IIe partie, C. des trib.

passim.); des actes de société, Co. 42; du contrat de mariage, Co. 67.
Pudeur, Attentat, P. 330, s.
Puisage, Servitude, C. 688, 696.
Puissance maritale, C. 1388.
— paternelle, C. 311, s., 373, s., 1388; adoption, C. 346, 348; usufruit légal, C. 334, s.; attentat aux mœurs,P. 334 335.
Puits. Construction, 674.
Purge, Voy. Hypothèque; des hypothèques légales. (Av. c. d'Et., 9 mai 1807 et 5 mai 1812), page 214, *note;* saisie immobil., suppl., Pr. 692, 696, 717, page 655, 656.

Q.

Quais, C. 620.
Qualité de Français, C. 17, s.; pour succéder, C. 725; d'héritier, C. 778, 797, s.; des jugements, Pr. 142-145.— Voy. IIᵉ partie, C. des trib.
Quart en réserve. Définition, F. 16, *note.*
Quasi-contrat. Définition, C. 1370, s.; règles 1372, s.; preuve, 1348.
Quasi-délit, C. 1382, s.
Questions d'Etat (Voy. Etat).
— préjudicielles, Pr. 174, s. C. for. 182; L. 15 avril 1829, art. 59, Voy. IIᵉ partie, C. de la pêche fluv., page 495.
— position des questions dans les cours d'assises, I. cr. 336, s.
Quittance. Débiteur solidaire, C. 1211, s.; frais, C. 1248; forme, C. 1250; imputation, C. 1255, s.; écriture mise au dos, C. 1332; du capital, C. 1908. — Voy. IIᵉ partie, C. de l'enregistrement.
Quotité disponible, C. 913, s.; préciput, C. 844, s.; époux, mineurs, C. 1094, 1095; enfant d'un premier lit, C. 1096.

R.

Rachat (pacte de), C. 1658, s.; bail, C. 1751; legs, C. 1038; lésion, C. 1676.—Voy. IIᵉ partie, C. des formules, page 892.
— des matelots, C. 266, s.; des officiers, Co. 272.
— de marchandises prises par l'ennemi, Co. 303, s.
Racines d'arbres, C. 672.
Rade. Propriété, C. 538; plans, livraison, P. 81, s.
Radiation des inscriptions, C. 2157, s.; de saisie immobilière, Pr. 693; de créanciers, Pr. 759, 772, 774; suppl., Pr. 759, 771, page 660, 662.
Radoub des navires, Co. 296; Pr. 418.
Raison sociale.—Voy. Société.
Rapport. Partage de communauté, C. 1468, s.; succession, C. 843, s., 899, s.; dot, C. 1573; enfant naturel, C. 760; portion disponible, C. 918, 919; de la dot, C. 1573; d'experts, C. 302, s., 317, s., 956 (Voy. IIᵉ partie, C. de l'enr., page 271); du capitaine de vaisseau, Co. 242, s., 244,246, s.; du juge d'instruction, I. cr. 154.
— sur délibéré, Pr. 94, s., 111.
Rapt, C. 540; P. 354, s. — Voy. Enlèvement, Viol.
Ratelage. P. 471, 473, 475.—Voy. IIᵉ partie, C. rur., page 589.

Ratification, C. 1337, s.; C. de l'enr.; IIᵉ partie, page 271; dispositions diverses, C. 1120, 1239, 1311.
Ratures, C. 42, Co. 84.—Voy. IIᵉ partie, C. des offic. min., page 463.
Réassignation, Pr. 5, 19; témoins, Pr. 263, s.
Réassurance, C. 357.
Rébellion, Pr. 535, 785; I. cr. 553, s.; officier public, Pr. 535; du débiteur, Pr. 785; peines, P. 209, s., 218, s.; suppl. Pr. 209, s., 213, 221, page 682.
— à bord d'un navire, C. mar. march., IIᵉ partie, page 408.
Recelé, Recèlement. Communauté, C. 1460, 1477; succession, C. 792, 801; faillite, C. 593; de criminels, P. 248; de vol, P. 62, 63; de cadavres, P. 359; des espions, P. 83; d'objets détournés par un saisi, P. 400.
Réception de caution, Pr. 517, s.
Recette, Pr. 533; Co. 85.
Rechange, Co. 177, s., 187.
Rechargement. Frais, Co. 291.
Recherche (paternité, maternité), C. 340.
Récidive (peine de la). Contravention de police, P. 471, 474, 475, 478 483; délit correctionnel, P. 58; crime, I. cr. 634; P. 56, 67; caractère, usure, page 187.
Réclamation d'Etat, C. 326, s.
Reclusion, P. 7-6°, 21, 22; effets, P. 28, 47; récidive, P. 56; atténuation, P. 67, 70, s.
Récognitifs (actes), C. 1337, s.
Récolement. Définition, P. 44, *note.*
— des meubles saisis, Pr. 611, 612, 616.
Récoltes, C. 520; perdues, C. 1769, s.; dommages, Pr. 3, s.; vol, P. 388, 471-15°; incendie, P. 434; dévastation, P. 444, 471-9°.—Voy. IIᵉ partie, C. rur., page 590 et C. des trib., § 11, page 661; vente publique, Pr. 629, 632, 634, et la note.
Recommandation (débiteur détenu), Pr. 159, 772, 795, s.; du failli, Co. 455.
Récompense (communauté), C. 1403, 1436, s.
Réconciliation (époux), C. 272.
Reconduction tacite, C. 1739, 1759, 1776.
Reconnaissance (obligation), C. 1337, s.;
— d'enfant naturel, C. 62, 334, s.; effets, C. 338, 757, s.; d'identité, I. cr. 518, s.—Voy. IIᵉ partie, C. de l'enr., pages 281, 282.
Reconstruction, C. 607, 655, 665.
Recors, Pr. 785.—Voy. Gardes du comm.
Recours du cohéritier, C. 875; différents cas de recours, C. 942, 1070, 1214, 1221, 1225, 1242, 1377, 1432, 1484, s., 1494, s., 1519, 2028; en cassation, I. cr. 539, s. — Voy. IIᵉ partie, C. des trib., page 639, s., et C. de l'enr.; pages 274, 282.
Recouvrement. Dettes actives du failli, Co. 471, 485; frais de justice, C. 2098.
Rectification (des actes de l'état civil), C. 90, s., Pr. 855, s.
Récusation de juge, Pr. 378, s.; d'arbitres, Pr. 1014; de juge de paix, Pr. 44, s.; d'experts, Pr. 308, s., 430; inscription de faux, Pr. 237, vérification d'écritures, Pr. 197; d'interprète, I. cr. 332; de juré, I. cr. 399, s.; de juges, I. cr. 542; de juge-commissaire, Pr. 197, 237.
Rédhibitoires (vices), C. 1641, s.—Voy. Vices.
Réduction des donations et legs, C. 920, s.; des hypothèques, C. 2157, s.; des obligations, C. 484, 2014.
Référé, Pr. 806, s.; emprisonnement, Pr. 786, s.; expédition d'actes, Pr. 843, 845; inven-

Paris, Impr. de Paul Dupont, rue de Grenelle-St-Honoré, 45.

CODES USUELS

DE LA

LÉGISLATION FRANÇAISE.

SUPPLÉMENT. — ANNÉES 1859-1860.

CODE FORESTIER[a].

ARTICLE **57**. Il est défendu aux adjudicataires d'abattre, de ramasser ou d'emporter des glands, faînes ou autres fruits, semences ou productions des forêts, sous peine d'une amende double de celle qui est prononcée par l'article 144.—Il pourra, en outre, être prononcé un emprisonnement de trois jours au plus.

144. Toute extraction ou enlèvement non autorisé de pierres, sable, minerai, terre ou gazon, tourbe, bruyères, genêts, herbages, feuilles vertes ou mortes, engrais existant sur le sol des forêts, glands, faînes et autres fruits ou semences des bois et forêts, donnera lieu à des amendes qui seront fixées ainsi qu'il suit :

Par charretée ou tombereau, de dix à trente francs pour chaque bête attelée ;

Par chaque charge de bête de somme, de cinq à quinze francs ;

Par chaque charge d'homme, de deux à six francs.

Il pourra, en outre, être prononcé un emprisonnement de trois jours au plus.

TITRE XI [b]. — SECTION 1re. — *De la poursuite des délits et contraventions commis dans les bois soumis au régime forestier* [c].

159. L'administration forestière est chargée, tant dans l'intérêt de l'Etat que dans celui des autres propriétaires de bois et forêts soumis au régime forestier, des poursuites en réparation de tous délits et contraventions commis dans ces bois et forêts, sauf l'exception mentionnée en l'article 87.—Elle est également chargée de la poursuite en réparation des délits et contraventions spécifiés aux articles 134, 143 et 219. — Les actions et poursuites seront exercées, par les agents forestiers, au nom de l'administration forestière, sans préjudice du droit qui appartient au ministère public. —L'administration des forêts est autorisée à transiger, avant jugement définitif, sur la poursuite des délits et des contraventions en matière forestière commis dans les bois soumis au régime forestier [d]. Après jugement définitif, la tran-

(a) 18 juin-19 novembre 1859. — *Loi qui modifie diverses dispositions du Code forestier.*

« ARTICLE 1er. Les rubriques des sections I et II du titre XI, celles des sections I et II du titre XIII, et les articles 57, 144, 159, 188, 189, 192, 194, 195, 200, 201, 210 et 215 du Code forestier, sont modifiés ainsi qu'il suit :

«2. Le titre XV du Code forestier, intitulé *dispositions transitoires*, est remplacé par les articles suivants. »

C'est le texte de ces articles ainsi modifiés par cette loi du 18 juin que nous rapportons ici.

(b) La rubrique de ce titre dans le Code forestier intitulée : « *Des poursuites en réparation de délits et contraventions*, » n'est pas reproduite par la nouvelle loi, parce qu'elle n'a reçu aucune modification.

(c) La rubrique de cette section était, dans le Code forestier de 1827, rédigée d'une manière différente, dans les termes suivants : « Des poursuites exercées *au nom de l'administration forestière.* » La loi nouvelle, en supprimant ces derniers mots, et en les remplaçant par ceux-ci : « Poursuite.... *dans les bois soumis au régime forestier,* » s'est proposé pour but de faire disparaître l'*inégalité* de protection que l'ancienne rédaction semblait mettre entre les bois de l'Etat ou des communes et ceux des particuliers.

(d) Voy. ci-après, en *note*, sous l'article 210, le décret des 21-28 décembre 1859, titre 1er

saction ne peut porter que sur les peines et réparations pécuniaires.

SECT. II. — *De la poursuite des délits et contraventions commis dans les bois non soumis au régime forestier* (a).

188. Les délits et contraventions commis dans les bois non soumis au régime forestier sont recherchés et constatés tant par les gardes des bois et forêts des particuliers que par les gardes champêtres des communes, les gendarmes, et, en général, par tous officiers de police judiciaire chargés de rechercher et de constater les délits ruraux.—Les procès-verbaux feront foi jusqu'à preuve contraire. — Ces procès-verbaux, à l'exception de ceux dressés par les gardes particuliers, sont enregistrés en débet.

189. Les dispositions contenues aux articles 161, 162, 163, 167, 168, 169, 170, paragraphe premier, 182, 185 et 187 ci-dessus (b), sont applicables à la poursuite des délits et contraventions commis dans les bois non soumis au régime forestier. — Toutefois, dans les cas prévus par l'article 169, lorsqu'il y aura lieu à effectuer la vente des bestiaux saisis, le produit net de la vente sera versé à la caisse des dépôts et consignations.—Les dispositions de l'article 165 sont applicables à la rédaction des procès-verbaux dressés par les gardes des bois et forêts des particuliers.

192 (c). La coupe ou l'enlèvement d'arbres ayant deux décimètres de tour et au-dessus donnera lieu à des amendes qui seront déterminées dans les proportions suivantes, d'après l'essence et la circonférence des arbres. — Les arbres sont divisés en deux classes : — La première comprend les chênes, hêtres, charmes, ormes, frênes, érables, platanes, pins, sapins, mélèzes, châtaigniers, aliziers, noyers, sorbiers, cormiers, merisiers et autres arbres fruitiers. — La seconde se compose des aunes, tilleuls, bouleaux, trembles, peupliers, saules, et de toutes les espèces non comprises dans la première classe. — Si les arbres de la première classe ont deux décimètres de tour, l'amende sera de un franc par chacun de ces deux décimètres, et s'accroîtra ensuite progressivement de dix centimes par chacun des autres décimètres.—Si les arbres de la seconde classe ont deux décimètres de tour, l'amende sera de cinquante centimes par chacun de ces deux décimètres, et s'accroîtra ensuite progressivement de cinq centimes par chacun des autres décimètres. — Le tout conformément au tableau annexé à la présente loi. — La circonférence sera mesurée à un mètre du sol. — Il pourra, en outre, être prononcé un emprisonnement de cinq jours au plus, si l'amende n'excède pas quinze francs, et de deux mois au plus, si l'amende est supérieure à cette somme.

194. L'amende, pour coupe ou enlèvement de bois qui n'auront pas deux décimètres de tour, sera, pour chaque charretée, de dix francs par bête attelée, de cinq francs par chaque charge de bête de somme, et de deux francs par fagot, fouée ou charge d'homme. — Il pourra, en outre, être prononcé un emprisonnement de cinq jours au plus. — S'il s'agit d'arbres semés ou plantés dans les forêts depuis moins de cinq ans, la peine sera d'une amende de trois francs par chaque arbre, quelle qu'en soit la grosseur, et, en outre, d'un emprisonnement d'un mois au plus.

195. Quiconque arrachera des plants dans les bois et forêts sera puni d'une amende qui ne pourra être moindre de dix francs, ni excéder trois cents francs. —Il pourra, en outre, être prononcé un emprisonnement de cinq jours au plus. —Si le délit a été commis dans un semis

---

articles 1 et 2, concernant les transactions sur la poursuite des délits et contraventions en matière forestière.

(a) L'ancienne rubrique portait : « *Des poursuites exercées au nom et dans l'intérêt des particuliers.* » Ces mots : au nom et dans l'intérêt des *particuliers*, semblaient exclure les poursuites d'office et directes du *ministère public*, et priver ainsi les propriétés boisées des particuliers de cet appui si précieux de la *vindicte publique*. Aujourd'hui que la rédaction restrictive de la rubrique a disparu, l'action du ministère public pourra s'exercer *directement* pour la répression des délits commis dans les bois des particuliers, sans que ceux-ci soient astreints à former une plainte ou à provoquer les poursuites.

(b) Voy. ces divers articles ci-dessus, C. for., pag. 604 et suiv.

(c) Les articles 192, 194, 195, 200 et 201 modifiés par la présente loi du 18 juin, font partie du titre XII du Code forestier intitulé : « *Des peines et condamnations pour tous les bois et forêts en général.* »

ou plantation exécutés de main d'homme, il sera prononcé, outre l'amende, un emprisonnement de quinze jours à un mois.

200. Ceux qui auront contrefait ou falsifié les marteaux des particuliers servant aux marques forestières, ou qui auront fait usage de marteaux contrefaits ou falsifiés, ceux qui, s'étant indûment procuré les vrais marteaux, en auront fait une application ou un usage préjudiciable aux intérêts ou aux droits des particuliers, seront punis d'un emprisonnement de trois mois à deux ans.

201. Dans les cas de récidive, la peine sera toujours doublée. Il y a récidive lorsque, dans les douze mois précédents, il a été rendu, contre le délinquant ou contrevenant, un premier jugement pour délit ou contravention en matière forestière. — Les peines sont également doublées lorsque les délits ou contraventions auront été commis la nuit, ou que les délinquants auront fait usage de la scie pour couper les arbres sur pied (a).

TITRE XIII. — SECTION Ire. — *De l'exécution des jugements concernant les délits et contraventions commis dans les bois soumis au régime forestier (b).*

210. Le recouvrement de toutes les amendes forestières est confié au receveur de l'enregistrement et des domaines. — Ces receveurs sont également chargés du recouvrement des restitutions, frais et dommages et intérêts résultant des jugements rendus pour délits et contraventions dans les bois soumis au régime forestier.—L'administration forestière pourra admettre les délinquants insolvables à se libérer des amendes, réparations civiles et frais, au moyen de prestations en nature consistant en travaux d'entretien et d'amélioration dans les forêts ou sur les chemins vicinaux.— C. for. 211, 212, 213, 214.

_____

(a) La disposition de cet article est exactement *la même* que celle des anciens articles 200 et 201 qui ont été réunis sous un seul numéro pour ne pas détruire la série des articles du Code.

(b) L'ancienne rubrique de cette section dépendant du titre XIII, *de l'exécution des jugements,* était ainsi conçue : « *De l'exécution des jugements rendus à la requête de l'administration forestière ou du ministère public.* »

—Le conseil général fixe, par commune, la valeur de la journée de prestation.— La prestation pourra être fournie en tâche. — Si les prestations ne sont pas fournies dans le délai fixé par les agents forestiers, il sera passé outre à l'exécution des poursuites. — Un règlement d'administration publique déterminera l'attribution aux ayants droit des prestations autorisées par le présent article (c).

_____

(c) 21-28 décembre 1859. — *Décret portant règlement d'administration publique pour les transactions sur la poursuite des délits et contraventions en matière forestière et pour les prestations en nature autorisées par la loi du 18 juin 1859.*

TITRE Ier. — *Des transactions.*

« ARTICLE Ier. Les transactions sur la poursuite des délits et contraventions commis par les adjudicataires des coupes dans les bois soumis au régime forestier deviennent définitives, — 1º par l'approbation du directeur général, lorsque, sur les procès-verbaux constatant les délits ou contraventions, les amendes, dommages-intérêts ou restitutions encourues ne s'élèvent pas au-dessus de mille francs, ou lorsque les condamnations prononcées n'excèdent pas cette somme; — 2º par l'approbation du ministre des finances, lorsque le montant des condamnations encourues ou prononcées dépasse mille francs.

« 2. Les transactions sur la poursuite de tous autres délits ou contraventions constatés à la diligence de l'administration forestière deviennent définitives, — 1º par l'approbation du conservateur, lorsque, sur les procès-verbaux constatant les délits ou contraventions, les amendes, dommages-intérêts, restitutions encourus, ne s'élèvent pas au-dessus de cinq cents francs, ou lorsque les condamnations prononcées n'excèdent pas cette somme; — 2º par l'approbation du directeur général, lorsque les condamnations encourues ou prononcées ne dépassent pas mille francs; — 3º par l'approbation du ministre des finances dans les autres cas.

TITRE II. — *Des prestations en nature.* — Section Ire. — *De la conversion en prestations des peines et réparations pécuniaires encourues ou prononcées pour délits commis dans les bois soumis au régime forestier.*

« 3. Les conservateurs des forêts peuvent admettre les délinquants insolvables à se libérer, au moyen de prestations en nature, des amendes, réparations civiles et frais, résultant soit des condamnations qui auront été prononcées pour délits ou contraventions commis dans les bois soumis au régime forestier, soit des transactions consenties conformément aux articles précédents.

« 4. Nul ne peut être admis à se libérer au moyen de prestations en nature si son insolvabilité n'est constatée par le receveur de l'enregistrement et des domaines, sur l'avis des agents forestiers.

« 5. Les délinquants admis à se libérer au moyen de prestations en nature reçoivent, à la diligence des agents forestiers, un avertissement indiquant, — 1º le nombre de journées de prestation ou la tâche à fournir; — 2º le lieu où le travail doit être exécuté; — 3º le délai dans lequel il doit être terminé. — Les conservateurs peuvent accorder aux délinquants remise d'une partie des journées de prestations, ou les décharger de l'exécution d'une partie de la tâche à fournir.

« 6. Une allocation pour frais de nourriture est attribuée aux délinquants insolvables qui en font la demande. — Cette allocation ne peut être inférieure au tiers, ni supérieure à la moitié du prix de journée fixé par le conseil général; elle est déterminée par le préfet. — Il n'est tenu compte au délinquant de la valeur de la journée de travail que déduction faite des frais de nourriture.

« 7. Si les prestations sont fournies en tâche, cette tâche est déterminée par les agents forestiers d'après le nombre des journées nécessaires à son achèvement, et en tenant compte, s'il y a lieu, de l'allocation due aux délinquants insolvables pour frais de nourriture.

« 8. En cas d'inexactitude ou de désobéissance du délinquant, comme au cas de négligence et de malfaçon dans l'exécution des travaux, les agents forestiers peuvent déclarer le délinquant déchu du bénéfice de la libération par le travail. — En cas d'inexécution dans le délai fixé, il est passé outre aux poursuites. Il est tenu compte du travail utilement accompli.

« 9. Si les délits et contraventions ont été commis dans les forêts domaniales, les prestations dues pour l'acquittement des amendes, réparations civiles et frais, sont appliquées à ces forêts ou aux chemins vicinaux qui servent à la vidange des coupes.

« 10. Si les délits ou contraventions ont été commis dans les bois des communes et établissements publics, les prestations peuvent toujours être appliquées aux forêts domaniales et aux chemins vicinaux qui les desservent, en ce qui concerne l'amende et les frais avancés par l'Etat; mais les prestations dues pour l'acquittement des réparations civiles doivent être appliquées aux bois des communes et établissements publics qui auront souffert desdits délits et contraventions, ou chemins vicinaux qui servent à la vidange de ces bois. — Les maires des communes et les administrateurs des établissements publics propriétaires de bois qui veulent profiter des prestations en nature dues par les délinquants insolvables font connaître à l'inspecteur des forêts le montant des sommes qui peuvent être affectées par la commune ou par l'établissement public au payement des frais de nourriture des délinquants.

Sect. II. — De la conversion en prestations des amendes et des condamnations aux frais prononcées pour délits commis dans les bois des particuliers.

« 11. Les délinquants dont l'insolvabilité est constatée par le receveur de l'enregistrement et des domaines, qui veulent se libérer, au moyen de prestations en nature, des condamnations à l'amende et aux frais prononcés contre eux au profit de l'Etat, pour délits et contraventions commis dans les bois des particuliers, adres-

SECT. II. — *De l'exécution des jugements concernant les délits et contraventions commis dans les bois non soumis au régime forestier (a).*

215. Les jugements contenant des condamnations en faveur des particuliers, pour réparation des délits ou contraventions commis dans leurs bois, seront, à leur diligence, signifiés et exécutés suivant les mêmes formes et voies de contrainte que les jugements rendus à la requête de l'administration des forêts.—Le recouvrement des amendes prononcées par les mêmes jugements sera opéré par les receveurs de l'enregistrement et des domaines. — Les délinquants insolvables pourront être admis à se libérer comme il est dit au § 3 de l'article 210, mais seulement en ce qui concerne les amendes et les frais qui auront été avancés par l'Etat. — En ce cas, les prestations en nature devront être exécutées sur les chemins vicinaux dépendant de la commune sur le territoire de laquelle le délit aura été commis.

TITRE XV. — DÉFRICHEMENT DES BOIS DES PARTICULIERS (b).

219. Aucun particulier ne peut user du droit d'arracher ou défricher ses bois

sent leur demande au maire de la commune sur le territoire de laquelle les délits ou contraventions ont été commis. — Le maire transmet cette demande, avec son avis, au sous-préfet de l'arrondissement, qui statue et fixe le nombre de journées de prestations dues par les délinquants.

« 12. Les prestations des délinquants sont appliquées aux chemins vicinaux dépendant de la commune sur le territoire de laquelle le délit a été commis. — Les agents voyers peuvent convertir les prestations en tâche, et fixent le délai dans lequel les travaux doivent être exécutés.

« 13. Les délinquants reçoivent, à titre de frais de nourriture, une allocation, conformément à l'article 6 du présent décret. — Cette allocation est prélevée sur les fonds affectés à la construction et à l'entretien des chemins vicinaux.

« 14. En cas d'inexécution du travail, ou en cas de faute grave commise par le délinquant, l'agent-voyer en donne avis au maire, et il est passé outre à l'exécution des poursuites. Il est tenu compte du travail utilement accompli. »

(a) L'ancienne rubrique portait : « *De l'exécution des jugements rendus dans l'intérêt des particuliers.* »

(b) Ce titre qui était intitulé dans le Code forestier de 1827 : « *Dispositions transitoires* » a été ainsi modifié par l'article 2 de la loi des 18 juin-19 novembre 1859, en *note*, ci-dessus page 747.

qu'après en avoir fait la déclaration à la sous-préfecture, au moins quatre mois d'avance, durant lesquels l'administration peut faire signifier au propriétaire son opposition au défrichement. Cette déclaration contient élection de domicile dans le canton de la situation des bois. — Avant la signification de l'opposition, et huit jours au moins après avertissement donné à la partie intéressée, l'inspecteur ou le sous-inspecteur, ou un des gardes généraux de la circonscription, procède à la reconnaissance de l'état et de la situation des bois et en dresse un procès-verbal détaillé, lequel est notifié à la partie, avec invitation de présenter ses observations. — Le préfet, en conseil de préfecture, donne son avis sur cette opposition. — L'avis est notifié à l'agent forestier du département, ainsi qu'au propriétaire des bois, et transmis au ministre des finances, qui prononce administrativement, la section des finances du Conseil d'État préalablement entendue. — Si, dans les six mois qui suivront la signification de l'opposition, la décision du ministre n'est pas rendue et signifiée au propriétaire des bois, le défrichement peut être effectué.

220. L'opposition au défrichement ne peut être formée que pour les bois dont la conservation est reconnue nécessaire (a) :—1° Au maintien des terres sur les montagnes ou sur les pentes;— 2° A la défense du sol contre les érosions et les envahissements des fleuves, rivières ou torrents; — 3° A l'existence des sources et cours d'eau; — 4° A la protection des dunes et des côtes contre les érosions de la mer et l'envahissement des sables; — 5° A la défense du territoire dans la partie de la zone frontière qui sera déterminée par un règlement d'administration publique (b); — 6° A la salubrité publique.

221. En cas de contravention à l'article 219, le propriétaire est condamné à une amende calculée à raison de cinq cents francs au moins et de quinze cents francs au plus par hectare de bois défriché. Il doit en outre, s'il en est ainsi ordonné par le ministre des finances, rétablir les lieux défrichés en nature de bois, dans un délai qui ne peut excéder trois années.

222. Faute par le propriétaire d'effectuer la plantation ou le semis dans le délai prescrit par la décision ministérielle, il y est pourvu à ses frais par l'administration forestière, sur l'autorisation préalable du préfet, qui arrête le mémoire des travaux faits et le rend exécutoire contre le propriétaire.

223. Les dispositions des quatre articles qui précèdent sont applicables aux semis et plantations exécutés, par suite de la décision ministérielle, en remplacement des bois défrichés.

224. Sont exceptés des dispositions de l'article 219 : — 1° Les jeunes bois pendant les vingt premières années après leur semis ou plantation, sauf le cas prévu par l'article précédent; — 2° Les parcs ou jardins clos ou attenants aux habitations;—3° Les bois non clos, d'une étendue au-dessous de dix hectares, lorsqu'ils ne font pas partie d'un autre bois qui compléterait une contenance de dix hectares, ou qu'ils ne sont pas situés sur le sommet ou la pente d'une montagne.

225. Les actions ayant pour objet des défrichements commis en contravention à l'article 219 se prescrivent par deux ans, à dater de l'époque où le défrichement aura été consommé.

226. Les semis et plantations de bois sur le sommet et le penchant des

---

ment à l'état descriptif et aux six cartes annexées au présent décret. — Ne sont pas compris dans les territoires réservés : — le littoral de l'Océan, depuis Bayonne jusqu'à Gravelines; — le littoral de la Méditerranée, depuis Hyères jusqu'à Sujean; — la Corse et les autres îles du littoral de la France. — Dans tous les cas, les terrains compris dans les zones de servitude des places de guerre et des postes militaires situés dans la zone frontière font des territoires réservés.

« 2. Les défrichements des bois des particuliers situés dans les territoires réservés continuent à être, conformément au décret du 16 août 1853, de la compétence de la commission mixte des travaux publics. »

(a, b) 22 novembre-8 décembre 1859. — *Décret qui détermine la partie de la zone frontière dans laquelle il peut être formé opposition au défrichement des bois des particuliers dont la conservation est reconnue nécessaire à la défense du territoire.*

« ARTICLE 1er. — La partie de la zone frontière dans laquelle il peut être formé opposition au défrichement des bois des particuliers dont la conservation est reconnue nécessaire à la défense du territoire se compose de territoires réservés, dont les limites sont fixées conformé-

montagnes, sur les dunes et dans les landes, sont exempts de tout impôt pendant trente ans.

22 novembre-8 décembre 1859. — DÉCRET qui *modifie le titre XII de l'ordonnance du 1er août 1827, pour l'exécution du Code forestier (a).*

ART. Ier. Le titre XII de l'ordonnance des 1er-4 août 1827 est remplacé par les dispositions suivantes :

TITRE XII. — DISPOSITIONS SUR LE DÉFRICHEMENT DES BOIS.

Art. 192. Les déclarations prescrites par l'article 219 du Code forestier (ci-dessus, p. 750) indiqueront la dénomination, la situation et l'étendue des bois que les particuliers se proposeront de défricher ; elles contiendront, en outre, élection de domicile dans le canton de la situation de ces bois ; elles seront faites en double minute et remises à la sous-préfecture, où il en sera tenu registre.—Elles seront visées par le sous-préfet, qui rendra l'une des minutes au déclarant et transmettra l'autre immédiatement à l'agent forestier supérieur de l'arrondissement.

193. Avant de procéder à la reconnaissance de l'Etat et de la situation des bois, et huit jours au moins à l'avance, l'un des agents désignés en l'article 219 du Code forestier (ci-dessus, p. 750) adressera à la partie intéressée, au domicile élu par elle, un avertissement indiquant le jour où il sera procédé à ladite reconnaissance et contenant invitation d'assister à l'opération ou de s'y faire représenter.

194. Le procès-verbal dressé par l'agent forestier contiendra toutes les constatations et renseignements de nature à faire apprécier s'il y a lieu de s'opposer au défrichement par l'un des motifs énumérés dans l'article 220 du Code forestier (ci-dessus, p. 750) ; en outre, s'il s'agit d'un bois compris dans la partie de la zone frontière où le défrichement ne peut avoir lieu sans autorisation, ce fait sera simplement énoncé au procès-verbal.

195. Le procès-verbal sera transmis

(a) Le titre XII de cette ordonnance que le présent décret modifie était relatif aux dispositions *transitoires* de ce Code sur le défrichement des bois des particuliers. (Voy. la loi du 21 juillet 1856, en *note*, C. for., *Suppl.*, p. 688.)

avec les pièces au conservateur, qui, avant de former opposition, en fera notifier copie à la partie intéressée, avec invitation de présenter des observations.

196. Si le conservateur estime que le bois ne doit pas être défriché, il fera signifier au propriétaire une opposition au défrichement, et il en référera immédiatement au préfet, en lui transmettant les pièces avec ses observations.—Dans le cas contraire, le conservateur en référera sans délai au directeur général des forêts, qui en rendra compte à notre ministre des finances.

197. Dans le délai d'un mois, le préfet, en conseil de préfecture, donnera son avis motivé sur l'opposition.—Dans les huit jours qui suivront cet avis, le préfet le fera notifier au propriétaire des bois, ainsi qu'au conservateur, et, à défaut de conservateur dans le département, à l'agent forestier supérieur dans la circonscription duquel les bois se trouvent situés. — Dans le même délai, le préfet transmettra son avis, avec les pièces à l'appui, à notre ministre des finances, qui prononcera, la section des finances du Conseil d'Etat préalablement entendue. — La décision ministérielle sera signifiée au propriétaire dans les six mois, à dater du jour de la signification de l'opposition.

198. Lorsque des maires et adjoints auront dressé des procès-verbaux pour constater des défrichements effectués en contravention au titre XV du Code forestier, ils seront tenus, indépendamment de la remise qu'ils en doivent faire à nos procureurs, d'en adresser une copie certifiée à l'agent forestier local.

199. Le conservateur rendra compte au directeur général des forêts des condamnations prononcées dans le cas prévu par le paragraphe 1er de l'article 224 du Code forestier (ci-dessus, p. 751), et donnera son avis sur la nécessité de rétablir les lieux en nature de bois.—La décision ministérielle qui ordonnera le reboisement sera signifiée à la partie intéressée par la voie administrative.

28 juillet-7 août 1860. — LOI *relative au reboisement des montagnes.*

ARTICLE 1er. Des subventions peuvent être accordées aux communes, aux établissements publics et aux particuliers pour le reboisement des terrains situés sur le sommet ou sur la pente des montagnes (a).

2. Ces subventions consistent soit en délivrance de graines ou de plants, soit en primes en argent.—Elles sont accordées en raison de l'utilité des travaux au point de vue de l'intérêt général et en ayant égard, pour les communes et les établissements publics, à leurs ressources, à leurs sacrifices et à leurs besoins, ainsi qu'aux sommes allouées par les conseils généraux pour le reboisement.

3. Les primes en argent accordées à des particuliers ne peuvent être délivrées qu'après l'exécution des travaux.

4. Dans le cas où l'intérêt public exige que des travaux de reboisement soient rendus obligatoires, par suite de l'état du sol et des dangers qui en résultent pour les terrains inférieurs, il est procédé dans les formes suivantes.

5. Un décret impérial, rendu en Conseil d'Etat, déclare l'utilité publique des travaux, fixe le périmètre des terrains dans lesquels il est nécessaire d'exécuter le reboisement et règle les délais d'exécution.—Ce décret est précédé : 1° d'une enquête ouverte dans chacune des communes intéressées ; 2° d'une délibération des conseils municipaux de ces communes, prise avec l'adjonction des plus imposés ; 3° de l'avis d'une commission spéciale composée du préfet du département ou de son délégué, d'un membre du conseil général, d'un membre du conseil d'arrondissement, d'un ingénieur des ponts et chaussées ou des mines, d'un agent forestier et de deux propriétaires appartenant aux communes intéressées ; 4° de l'avis du conseil d'arrondissement et de celui du conseil général. — Le procès-verbal de reconnaissance des terrains, le plan des lieux et l'avant-projet des travaux, préparés par l'administration forestière avec le concours d'un ingénieur des ponts et chaussées ou des mi-

nes, restent déposés à la mairie pendant l'enquête, dont la durée est fixée à un mois. Ce délai court à partir de la publication de l'arrêté préfectoral qui prescrit l'ouverture de l'enquête et la convocation du conseil municipal.

6. Le décret impérial est publié et affiché dans les communes intéressées. — Le préfet fait, en outre, notifier aux communes, aux établissements publics et aux particuliers un extrait du décret impérial contenant les indications relatives aux terrains qui leur appartiennent. —L'acte de notification fait connaître le délai dans lequel les travaux de reboisement doivent être exécutés, et, s'il y a lieu, les offres de subvention de l'administration ou les avances qu'elle est disposée à consentir.

7. Si les terrains compris dans le périmètre déterminé par le décret impérial appartiennent à des particuliers, ceux-ci doivent déclarer s'ils entendent effectuer eux-mêmes le reboisement, et, dans ce cas, ils sont tenus d'exécuter les travaux dans les délais fixés par le décret.—En cas de refus ou d'inexécution de l'engagement pris, il peut être procédé à l'expropriation pour cause d'utilité publique, en remplissant les formalités prescrites par les titres II et suivants de la loi du 3 mai 1841 (b). — Le propriétaire exproprié en exécution du présent article a le droit d'obtenir sa réintégration dans sa propriété après le reboisement, à la charge de restituer l'indemnité d'expropriation et le prix des travaux, en principal et intérêts. — Il peut s'exonérer du remboursement du prix des travaux en abandonnant la moitié de sa propriété. — Si le propriétaire veut obtenir sa réintégration, il doit en faire la déclaration à la sous-préfecture dans les cinq années qui suivront la notification à lui faite de l'achèvement des travaux de reboisement, à peine de déchéance.

8. Si les communes ou établissements publics refusent d'exécuter les travaux sur les terrains qui leur appartiennent, ou, s'ils sont dans l'impossibilité de les exécuter en tout ou en partie, l'Etat peut

(a) L'article 226 ci-dessus du Code forestier (titre XV, modifié par la loi des 18 juin-19 novembre 1859) exempte de tout impôt, pendant trente ans, les semis et plantations de bois sur le sommet et le penchant des montagnes.

(b) Cette loi, qui est relative à l'expropriation pour cause d'utilité publique, est rapportée dans nos *Codes spéciaux*, C. expropr.

soit acquérir à l'amiable la partie des terrains qu'ils ne voudront pas ou ne pourront pas reboiser, soit prendre tous les travaux à sa charge. Dans ce dernier cas, il conserve l'administration et la jouissance des terrains reboisés jusqu'au remboursement de ses avances en principal et intérêts. Néanmoins la commune jouira du droit de pâturage sur les terrains reboisés, dès que ces bois auront été reconnus défensables.

9. Les communes et établissements publics peuvent, dans tous les cas, s'exonérer de toute répétition de l'Etat, en abandonnant la propriété de la moitié des terrains reboisés. — Cet abandon doit être fait, à peine de déchéance, dans un délai de dix ans, à partir de la notification de l'achèvement des travaux.

10. Les ensemencements ou plantations ne peuvent être faits annuellement, dans chaque commune, que sur le vingtième au plus en superficie de ses terrains, à moins qu'une délibération du conseil municipal n'autorise les travaux sur une étendue plus considérable.

11. Des gardes forestiers de l'Etat peuvent être préposés à la surveillance des semis et plantations dans les périmètres fixés par les décrets impériaux. Les délits constatés par ces gardes, dans l'étendue de ces périmètres, sont poursuivis comme les délits commis dans les bois soumis au régime forestier. L'exécution des jugements est poursuivie conformément aux articles 209, 211, 212 (a) et aux paragraphes 1 et 2 de l'article 210 du Code forestier (b).

12. Le paragraphe 1er de l'article 224 du Code forestier (c) n'est pas applicable aux reboisements effectués avec subvention ou prime accordée par l'Etat en exécution de la présente loi. — Les propriétaires de terrains reboisés avec prime ou subvention de l'Etat ne peuvent y faire paître leurs bestiaux sans une autorisation spéciale de l'administration des forêts, jusqu'à l'époque où les bois

auront été reconnus défensables par ladite administration.

13. Un règlement d'administration publique déterminera : — 1º Les mesures à prendre pour la fixation du périmètre indiqué dans l'article 5 de la présente loi ; — 2º Les règles à observer pour l'exécution et la conservation des travaux de reboisement ; — 3º Le mode de constatation des avances faites par l'Etat, les mesures propres à en assurer le remboursement, en principal et intérêts, et les règles à suivre pour l'abandon des terrains que l'article 9 autorise les communes à faire à l'Etat.

14. Une somme de dix millions (10,000,000 fr.) est affectée au payement des dépenses autorisées par la présente loi, jusqu'à concurrence d'un million (1,000,000 fr.) par année. — Le ministre des finances est autorisé à aliéner, avec faculté de défrichement, s'il y a lieu, des bois de l'Etat, jusqu'à concurrence de cinq millions de francs (5,000,000 fr). — Ces bois ne pourront être pris que parmi ceux portés au tableau B annexé à la présente loi. Les aliénations auront lieu successivement, dans un délai qui ne pourra excéder dix années, à partir du 1er janvier 1861. — Le ministre des finances est également autorisé à vendre à des communes, sur estimation contradictoire et aux conditions déterminées par un règlement d'administration publique, les bois ci-dessus mentionnés. — Il sera pourvu aux cinq millions de francs (5,000,000 fr.) nécessaires pour compléter les dépenses autorisées par la présente loi, au moyen de coupes extraordinaires, et, au besoin, des ressources ordinaires du budget.

---

28 juillet-7 août 1860. — *LOI relative à l'exécution de routes forestières.*

ARTICLE 1er. Une somme de cinq millions (5,000,000 fr.) est affectée à l'exécution des routes forestières et à des subventions à fournir par l'Etat, pour l'établissement de routes départementales et de chemins vicinaux pouvant servir à l'exploitation des coupes dans les forêts domaniales. — La dépense prévue par le présent article devra être ef-

---

(a) Voy. ces articles C. for., page 609.
(b) Voy. ce dernier article modifié par la loi des 18 juin-19 novembre 1859, ci-dessus, page 749.
(c) Cet article est compris dans le Titre XV, *Défrichement des bois des particuliers*, modifié par la loi ci-dessus des 18 juin-19 novembre 1859 (Voy. p. 750).

fectuée dans un délai de cinq années, à partir du 1er janvier 1861, jusqu'à concurrence de un million (1,000,000 fr.) par an.

2. Le ministre des finances est autorisé à aliéner, avec faculté de défrichement, s'il y a lieu, des bois de l'Etat, jusqu'à concurrence de deux millions cinq cent mille francs (2,500,000 fr.). Ces bois ne pourront être pris que parmi ceux portés au tableau A annexé à la présente loi (d). Les aliénations auront lieu successivement, dans un délai qui ne pourra excéder cinq années, à partir du 1er janvier 1861. — Le ministre des finances est également autorisé à vendre à des communes, sur estimation contradictoire et aux conditions déterminées par un règlement d'administration publique, les bois ci-dessus mentionnés. — Il sera pourvu aux deux millions cinq cent mille francs (2,500,000 fr.) nécessaires pour compléter les dépenses autorisées par la présente loi, au moyen de coupes extraordinaires, et, au besoin, des ressources ordinaires du budget.

(d) Ce tableau contient l'état général des bois à aliéner pour la construction des routes forestières.

LOIS ET DÉCRETS DIVERS[a].

10-11 avril 1831.—*LOI contre les attroupements* (b).

ARTICLE 1er. Toutes personnes qui formeront des attroupements sur les places ou sur la voie publique seront tenues de se disperser à la première sommation des préfets, sous-préfets, maires, adjoints de maires, ou de tous magistrats et officiers civils chargés de la police judiciaire, autres que les gardes champêtres et gardes forestiers. — Si l'attroupement ne se disperse pas, les sommations seront renouvelées trois fois. Chacune d'elles sera précédée d'un roulement de tambour ou d'un son de trompe. — Si les trois sommations sont demeurées inutiles, il pourra être fait emploi de la force, conformément à la loi des 26-27 juillet-3 août 1791 (c). — Les maires et adjoints de la ville de Paris ont le droit de requérir la force publique et de faire les sommations. — Les magistrats chargés de faire lesdites sommations seront décorés d'une écharpe tricolore.

2. Les personnes qui, après la première des sommations prescrites par le second paragraphe de l'article précédent, continueront à faire partie d'un attroupement, pourront être arrêtées, et seront traduites sans délai devant les tribunaux de simple police, pour y être punies des peines portées au chapitre Ier du livre IV du Code pénal (d).

3. Après la seconde sommation, la peine sera de trois mois d'emprisonnement au plus; et après la troisième, si le rassemblement ne s'est pas dissipé, la peine pourra être élevée jusqu'à un an de prison (e).

4. La peine sera celle d'un emprisonnement de trois mois à deux ans, 1o contre les chefs et les provocateurs de l'attroupement, s'il ne s'est point entièrement dispersé après la troisième sommation; 2o contre tous individus porteurs d'armes apparentes ou cachées, s'ils ont continué de faire partie de l'attroupement après la première sommation (f).

5. Si les individus condamnés en

(a) Nous rapportons sous cette rubrique plusieurs lois et décrets se rattachant aux Codes ordinaires par leurs dispositions particulières et dont l'application est la plus fréquente.

(b) Il existe, sur la même matière, une loi des 7-9 juin 1848, qui s'occupe plus particulièrement des attroupements *armés* (Voy. plus loin à sa date.)

(c) Cette loi porte : « Art 26. Si, par les progrès d'un attroupement ou émeute populaire, ou pour tout autre cause, l'usage rigoureux de la force devient nécessaire, un officier civil, soit juge de paix, soit officier municipal, ou commissaire de police, se présentera sur le lieu de l'attroupement ou du délit, prononcera à haute voix ces mots : « Obéissance à la loi : on « va faire usage de la force; que les bons ci-« toyens se retirent. » Le tambour battra un ban avant chaque sommation.

« 27. Après cette sommation trois fois réitérée, et même dans le cas où, après une première ou seconde sommation, il ne serait pas possible de faire la seconde ou la troisième, si les personnes attroupées ne se retirent pas paisiblement, et même s'il en reste plus de quinze rassemblées en état de résistance, la force des armes sera à l'instant déployée contre les séditieux, sans aucune responsabilité des événements, et ceux qui pourront être saisis ensuite seront livrés aux officiers de police pour être jugés et punis selon la rigueur de la loi.

« 29. Si aucun officier civil ne se présente pour faire les sommations, le commandant soit des troupes de ligne, soit de la garde nationale, sera tenu d'avertir, à son choix, l'un ou l'autre des officiers civils désignés. »

(d) Voy., quant aux peines, la loi ci-après des 7-9 juin 1848, articles 4, 5 et 6.

(e, f) Voy. ci-après, à sa date, la loi des 7-9 juin 1848, qui s'applique à définir avec plus de précision le caractère des divers attroupements.

vertu des deux articles précédents n'ont pas leur domicile dans le lieu où l'attroupement a été formé, le jugement ou l'arrêt qui les condamnera pourra les obliger, à l'expiration de leur peine, à s'éloigner de ce lieu à un rayon de dix myriamètres pendant un temps qui n'excédera pas une année, si mieux ils n'aiment retourner à leur domicile.

6. Tout individu qui, au mépris de l'obligation à lui imposée par le précédent article, serait retrouvé dans les lieux à lui interdits, sera arrêté, traduit devant le tribunal de police correctionnelle, et condamné à un emprisonnement qui ne pourra excéder le temps restant à courir pour son éloignement du lieu où aura été commis le délit originaire.

7. Toute arme saisie sur une personne faisant partie d'un attroupement sera, en cas de condamnation, déclarée définitivement acquise à l'Etat.

8. Si l'attroupement a un caractère politique, les coupables des délits prévus par les articles 3 et 4 de la présente loi pourront être interdits pendant trois ans au plus, en tout ou en partie, de l'exercice des droits mentionnés dans les quatre premiers paragraphes de l'article 42 du Code pénal.

9. Toutes personnes qui auraient continué à faire partie d'un attroupement après les trois sommations pourront, pour ce seul fait, être déclarées civilement et solidairement responsables des condamnations pécuniaires qui seront prononcées pour réparation des dommages causés par l'attroupement.

10. La connaissance des délits énoncés aux articles 3 et 4 de la présente loi est attribuée aux tribunaux de police correctionnelle, excepté dans le cas où, l'attroupement ayant un caractère politique, les prévenus devront être, aux termes de la Charte constitutionnelle et de la loi du 8 octobre 1830, renvoyés devant la cour d'assises (a).

11. Les peines portées par la présente loi seront prononcées sans préjudice de celles qu'auraient encourues, aux termes du Code pénal, les auteurs et les complices des crimes et délits commis par l'attroupement. Dans le cas du concours de deux peines, la plus grave seule sera appliquée. I. cr. 365.

25 mai-6 juin 1838.—*LOI sur les justices de paix.*

ARTICLE 1er. Les juges de paix connaissent de toutes actions purement personnelles ou mobilières, en dernier ressort, jusqu'à la valeur de cent francs, et, à charge d'appel, jusqu'à la valeur de deux cents francs.

2. Les juges de paix prononcent, sans appel, jusqu'à la valeur de cent francs, et, à charge d'appel, jusqu'au taux de la compétence en dernier ressort des tribunaux de première instance (b):—Sur les contestations entre les hôteliers, aubergistes ou logeurs, et les voyageurs ou locataires en garni, pour dépense d'hôtellerie et perte ou avarie d'effets déposés dans l'auberge ou dans l'hôtel; — Entre les voyageurs et les voituriers ou bateliers, pour retards, frais de route et perte ou avarie d'effets accompagnant les voyageurs;—Entre les voyageurs et les carrossiers ou autres ouvriers, pour fournitures, salaires et réparations faites aux voitures de voyage.

3 (c). Les juges de paix connaissent, sans appel, jusqu'à la valeur de cent francs, et, à charge d'appel, à quelque valeur que la demande puisse s'élever:—Des actions en paiement de loyers ou fermages, des congés, des demandes en

---

(a) La loi du 8 octobre 1830 a été abrogée par le décret du 25 février 1852. (Voy. C. I. cr., art. 179 en *note*, lequel défère aux tribunaux correctionnels la connaissance des délits politiques.)

(b) Cette compétence est fixée par les articles 1 et 2 ci-après de la loi des 11-13 avril 1838, sur les tribunaux civils de première instance :
« ARTICLE 1er. — Les tribunaux civils de première instance connaîtront, en dernier ressort, des actions personnelles et mobilières jusqu'à la valeur de quinze cents francs de principal, et des actions immobilières jusqu'à soixante francs de revenu, déterminé soit en rentes, soit par le prix de bail. — Ces actions seront instruites et jugées comme matières sommaires.
« 2. Lorsqu'une demande reconventionnelle ou en compensation aura été formée dans les limites de la compétence des tribunaux civils de première instance en dernier ressort, il sera statué sur le tout sans qu'il y ait lieu à appel. — Si l'une des demandes s'élève au-dessus des limites ci-dessus indiquées, le tribunal ne prononcera, sur toutes les demandes, qu'en premier ressort. — Néanmoins il sera statué en dernier ressort sur les demandes en dommages-intérêts, lorsqu'elles seront fondées exclusivement sur la demande principale elle-même,
« (c) Cet article est modifié par la loi ci-après des 2-5 mai 1855.

résiliation de baux, fondés sur le seul défaut de paiement de loyers ou fermages ; des expulsions de lieux et des demandes en validité de saisie-gagerie ; le tout lorsque les locations verbales ou par écrit n'excèdent pas annuellement, à Paris, quatre cents francs, et deux cents francs partout ailleurs (a). — Si le prix principal du bail consiste en denrées ou prestations en nature, appréciables d'après les mercuriales, l'évaluation sera faite sur celles du jour de l'échéance, lorsqu'il s'agira du paiement de fermages ; Dans tous les autres cas, elle aura lieu suivant les mercuriales du mois qui aura précédé la demande. — Si le prix principal du bail consiste en prestations non appréciables d'après les mercuriales, ou s'il s'agit de baux à colons partiaires, le juge de paix déterminera la compétence, en prenant pour base du revenu de la propriété le principal de la contribution foncière de l'année courante, multiplié par cinq.

4. Les juges de paix connaissent, sans appel, jusqu'à la valeur de cent francs, et, à charge d'appel, jusqu'au taux de la compétence en dernier ressort des tribunaux de première instance : — 1º Des indemnités réclamées par le locataire ou fermier pour non-jouissance provenant du fait du propriétaire, lorsque le droit à une indemnité n'est pas contesté ; — 2º Des dégradations et pertes, dans les cas prévus par les articles 1732 et 1735 du Code civil.—Néanmoins le juge de paix ne connaît des pertes causées par incendie ou inondation que dans les limites posées par l'article 1er de la présente loi.

5. Les juges de paix connaissent également, sans appel, jusqu'à la valeur de cent francs, et, à charge d'appel, à quelque valeur que la demande puisse s'élever : — 1º Des actions pour dommages faits aux champs, fruits et récoltes, soit par l'homme, soit par les animaux, et de celles relatives à l'élagage des arbres ou haies, et au curage, soit des fossés, soit des canaux servant à l'irrigation des propriétés ou au mouvement des usines, lorsque les droits de propriété ou de servitude ne sont pas contestés ; — 2º Des

réparations locatives des maisons ou fermes, mises par la loi à la charge du locataire ; — 3º Des contestations relatives aux engagements respectifs des gens de travail au jour, au mois et à l'année, et de ceux qui les emploient ; des maîtres et des domestiques ou gens de service à gages ; des maîtres et de leurs ouvriers ou apprentis, sans néanmoins qu'il soit dérogé aux lois et règlements relatifs à la juridiction des prud'hommes ; — 4º Des contestations relatives au paiement des nourrices, sauf ce qui est prescrit par les lois et règlements d'administration publique à l'égard des bureaux de nourrices de la ville de Paris et de toutes les autres villes ; — 5º Des actions civiles pour diffamation verbale et pour injures publiques ou non publiques, verbales ou par écrit, autrement que par la voie de la presse ; des mêmes actions pour rixes et voies de fait ; le tout lorsque les parties ne se sont pas pourvues par la voie criminelle.

6. Les juges de paix connaissent, en outre, à la charge d'appel :—1º Des entreprises commises, dans l'année, sur les cours d'eau servant à l'irrigation des propriétés et au mouvement des usines et moulins, sans préjudice des attributions de l'autorité administrative dans les cas déterminés par les lois et par les règlements ; des dénonciations de nouvel œuvre, complaintes, actions en réintégrande et autres actions possessoires fondées sur des faits également commis dans l'année (b) ; — 2º Des actions en bornage et de celles relatives à la distance prescrite par la loi, les règlements particuliers et l'usage des lieux, pour les plantations d'arbres ou de haies, lorsque la propriété ou les titres qui l'établissent ne sont pas contestés ; — 3º Des actions relatives aux constructions et travaux énoncés dans l'article 674 du Code civil, lorsque la propriété ou la mitoyenneté du mur ne sont pas contestées ;—4º Des demandes en pension alimentaire n'excédant pas cent cinquante francs par an, et seulement lorsqu'elles sont formées en vertu des articles 205, 206 et 207 du Code civil.

(a) Aujourd'hui 400 francs partout (Voy. la loi du 2 mai 1855 ci-après, pag. 761).

(b) Les articles 23 à 27 du Code de procédure civile contiennent les règles relatives à l'introduction des actions *possessoires*.

7. Les juges de paix connaissent de toutes les demandes reconventionnelles ou en compensation, qui, par leur nature ou leur valeur, sont dans les limites de leur compétence, alors même que, dans les cas prévus par l'article 1er, ces demandes, réunies à la demande principale, s'élèveraient au-dessus de deux cents francs. Ils connaissent, en outre, à quelques sommes qu'elles puissent monter, des demandes reconventionnelles en dommages-intérêts, fondées exclusivement sur la demande principale elle-même.

8. Lorsque chacune des demandes principales, reconventionnelles ou en compensation, sera dans les limites de la compétence du juge de paix en dernier ressort, il prononcera sans qu'il y ait lieu à appel. — Si l'une de ces demandes n'est susceptible d'être jugée qu'à charge d'appel, le juge de paix ne prononcera sur toutes qu'en premier ressort. — Si la demande reconventionnelle ou en compensation excède les limites de sa compétence, il pourra, soit retenir le jugement de la demande principale, soit renvoyer, sur le tout, les parties à se pourvoir devant le tribunal de première instance, sans préliminaire de conciliation.

9. Lorsque plusieurs demandes formées par la même partie seront réunies dans une même instance, le juge de paix ne prononcera qu'en premier ressort, si leur valeur totale s'élève au-dessus de cent francs, lors même que quelqu'une de ces demandes serait inférieure à cette somme. Il sera incompétent sur le tout, si ces demandes excèdent, par leur réunion, les limites de sa juridiction.

10. Dans le cas où la saisie-gagerie ne peut avoir lieu qu'en vertu de permission de justice, cette permission sera accordée par le juge de paix du lieu où la saisie devra être faite, toutes les fois que les causes rentreront dans sa compétence. Pr. 819, s. — S'il y a opposition de la part des tiers, pour des causes et pour des sommes qui, réunies, excéderaient cette compétence, le jugement en sera déféré aux tribunaux de première instance.

11. L'exécution provisoire des jugements sera ordonnée dans tous les cas où il y a titre authentique, promesse reconnue, ou condamnation précédente dont il n'y a point eu d'appel. Pr. 135.—

Dans tous les autres cas, le juge pourra ordonner l'exécution provisoire, nonobstant appel, sans caution, lorsqu'il s'agira de pension alimentaire, ou lorsque la somme n'excédera pas trois cents francs, et avec caution au-dessus de cette somme.—La caution sera reçue par le juge de paix.

12. S'il y a péril en la demeure, l'exécution provisoire pourra être ordonnée sur la minute du jugement avec ou sans caution, conformément aux dispositions de l'article précédent.

13. L'appel des jugements des juges de paix ne sera recevable ni avant les trois jours qui suivront celui de la prononciation des jugements, à moins qu'il n'y ait lieu à exécution provisoire, ni après les trente jours qui suivront la signification à l'égard des personnes domiciliées dans le canton. — Les personnes domiciliées hors du canton auront, pour interjeter appel, outre le délai de trente jours, le délai réglé par les articles 73 et 1033 du Code de proc. civ.

14. Ne sera pas recevable l'appel des jugements mal à propos qualifiés en premier ressort, ou qui, étant en dernier ressort, n'auraient point été qualifiés. — Seront sujets à l'appel les jugements qualifiés en dernier ressort, s'ils ont statué, soit sur des questions de compétence, soit sur des matières dont le juge de paix ne pouvait connaître qu'en premier ressort. — Néanmoins, si le juge de paix s'est déclaré compétent, l'appel ne pourra être interjeté qu'après le jugement définitif. Pr. 453.

15. Les jugements rendus par les juges de paix ne pourront être attaqués par la voie du recours en cassation que pour excès de pouvoir.

16. Tous les huissiers d'un même canton auront le droit de donner toutes les citations et de faire tous les actes devant la justice de paix. Dans les villes où il y a plusieurs justices de paix, les huissiers exploitent concurremment dans le ressort de la juridiction assignée à leur résidence. Tous les huissiers du même canton seront tenus de faire le service des audiences et d'assister le juge de paix toutes les fois qu'ils en seront requis; les juges de paix choisiront leurs huissiers audienciers.

17 Dans toutes les causes, excepté

celles où il y aurait péril en la demeure et celles dans lesquelles le défendeur serait domicilié hors du canton ou des cantons de la même ville, le juge de paix pourra interdire aux huissiers de sa résidence de donner aucune citation en justice, sans qu'au préalable il n'ait appelé, sans frais, les parties devant lui (a).

18. Dans les causes portées devant la justice de paix, aucun huissier ne pourra ni assister comme conseil, ni représenter les parties en qualité de procureur fondé, à peine d'une amende de vingt-cinq à cinquante francs, qui sera prononcée sans appel par le juge de paix. —Ces dispositions ne seront pas applicables aux huissiers qui se trouveront dans l'un des cas prévus par l'article 86 du Code de procédure civile.

19. En cas d'infraction aux dispositions des articles 16, 17 et 18, le juge de paix pourra défendre aux huissiers du canton de citer devant lui, pendant un délai de quinze jours à trois mois, sans appel et sans préjudice de l'action disciplinaire des tribunaux et des dommages-intérêts des parties, s'il y a lieu.

20. Les actions concernant les brevets d'invention seront portées, s'il s'agit de nullité ou de déchéance des brevets, devant les tribunaux civils de première instance; s'il s'agit de contrefaçon, devant les tribunaux correctionnels (b).

21. Toutes les dispositions des lois antérieures contraires à la présente loi sont abrogées.

22. Les dispositions de la présente loi ne s'appliqueront pas aux demandes introduites avant sa promulgation. C. 2.

7-9 juin 1848. — *LOI sur les attroupements* (c).

ARTICLE 1er. Tout attroupement armé formé sur la voie publique est interdit. Est également interdit, sur la voie publique, tout attroupement non armé qui pourrait troubler la tranquillité publique.

2. L'attroupement est armé : 1° quand plusieurs des individus qui le composent sont porteurs d'armes apparentes ou cachées; 2° lorsqu'un seul de ces individus, porteur d'armes apparentes n'est pas immédiatement expulsé de l'attroupement par ceux-là mêmes qui en font partie.

3. Lorsqu'un attroupement armé ou non armé se sera formé sur la voie publique, le maire ou l'un de ses adjoints; à leur défaut, le commissaire de police ou tout autre agent ou dépositaire de la force publique et du pouvoir exécutif, portant l'écharpe tricolore, se rendra sur le lieu de l'attroupement.—Un roulement de tambour annoncera l'arrivée du magistrat. — Si l'attroupement est armé, le magistrat lui fera sommation de se dissoudre et de se retirer. — Cette première sommation restant sans effet, une seconde sommation, précédée d'un roulement de tambour, sera faite par le magistrat. — En cas de résistance, l'attroupement sera dissipé par la force.—Si l'attroupement est sans armes, le magistrat, après le premier roulement de tambour, exhortera les citoyens à se disperser. S'ils ne se retirent pas, trois sommations seront successivement faites.—En cas de résistance, l'attroupement sera dissipé par la force.

4. Quiconque aura fait partie d'un rassemblement armé sera puni comme il suit : — Si l'attroupement s'est dissipé après la première sommation et sans avoir fait usage de ses armes, la peine sera d'un mois à un an d'emprisonnement. — Si l'attroupement s'est formé pendant la nuit, la peine sera d'un an à trois ans d'emprisonnement. — Néanmoins, il ne sera prononcé aucune peine pour fait d'attroupement contre ceux qui, en ayant fait partie, sans être personnellement armés, se seront retirés sur la première sommation de l'autorité. — Si l'attroupement ne s'est dissipé qu'après la deuxième sommation, mais avant l'emploi de la force, et sans qu'il ait fait usage de ses armes, la peine sera de un à trois ans, et de deux à cinq ans, si l'attroupement s'est formé pendant la nuit.—Si l'attroupement ne s'est dissipé que devant la force ou après avoir fait usage de ses armes, la peine sera de cinq à dix ans de détention pour le premier cas, et de cinq à dix ans de réclu-

(a) Voy. ci-après, l'article 2 de la loi des 2-5 mai 1855, qui a modifié cet article.
(b) D'après les lois des 7 janvier 1791 et 25 mai de la même année, les actions en contrefaçon devaient être portées devant les juges de paix.
(c) Voy. ci-dessus, à sa date, la loi du 10 avril 1831 sur le même sujet.

sion pour le second cas. Si l'attroupement s'est formé pendant la nuit, la peine sera la reclusion. — L'aggravation de peine résultant des circonstances prévues par la disposition du paragraphe 5 qui précède ne sera applicable aux individus non armés faisant partie d'un attroupement réputé armé dans le cas d'armes cachées, que lorsqu'ils auront eu connaissance de la présence dans l'attroupement de plusieurs personnes portant des armes cachées, sauf l'application des peines portées par les autres paragraphes du présent article.— Dans tous les cas prévus par les troisième, quatrième et cinquième paragraphes du présent acticle, les coupables condamnés à des peines de police correctionnelle pourront être interdits, pendant un an au moins et cinq ans au plus, de tout ou partie des droits mentionnés en l'article 42 du Code pénal.

5. Quiconque faisant partie d'un attroupement non armé ne l'aura pas abandonné après le roulement de tambour précédant la deuxième sommation, sera puni d'un emprisonnement de quinze jours à six mois.—Si l'attroupement n'a pu être dissipé que par la force, la peine sera de six mois à deux ans.

6. Toute provocation directe à un attroupement armé ou non armé, par des discours proférés publiquement et par des écrits ou des imprimés, affichés ou distribués, sera punie comme le crime et le délit, selon les distinctions ci-dessus établies.—Les imprimeurs, graveurs, lithographes, afficheurs et distributeurs, seront punis comme complices lorsqu'ils auront agi sciemment. — Si la provocation faite par les moyens ci-dessus n'a pas été suivie d'effet, elle sera punie, s'il s'agit d'une provocation à un attroupement nocturne et armé, d'un emprisonnement de six mois à un an; s'il s'agit d'un attroupement non armé, l'emprisonnement sera de un mois à trois mois.

7. Les poursuites dirigées pour crime ou délit d'attroupement ne font aucun obstacle à la poursuite pour crimes et délits particuliers qui auraient été commis au milieu des attroupements.

8. L'article 463 du Code pénal est applicable aux crimes et délits prévus et punis par la présente loi.

9. La mise en liberté provisoire pourra toujours être accordée avec ou sans caution. I. cr. 113 et suiv.

10. Les poursuites pour délits et crimes d'attroupement seront portées devant la cour d'assises (a).

2-5 mai 1855. — LOI qui modifie celles des 25 mai 1838 et 20 mai 1854 sur les justices de paix.

ARTICLE 1er. L'article 3 de la loi du 25 mai 1838, modifié par la loi du 20 mai 1854, est remplacé par la disposition suivante:

Art 3. « Les juges de paix connaissent, sans appel, jusqu'à concurrence de cent francs, et, à charge d'appel, à quelque valeur que la demande puisse s'élever, des actions en payement de loyers ou fermages, des congés, des demandes en résiliation de baux, fondées sur le seul défaut de payement des loyers ou fermages, des expulsions de lieux et des demandes en validité de saisie-gagerie, le tout lorsque les locations verbales ou par écrit n'excèdent pas annuellement quatre cents francs (b). — Si le prix principal du bail consiste en denrées ou prestations en nature appréciables d'après les mercuriales, l'évaluation sera faite sur celle du jour de l'échéance, lorsqu'il s'agira du payement des fermages. Dans tous les autres cas, elle aura lieu suivant les mercuriales du mois qui aura précédé la demande (c). — Si le prix principal du bail consiste en prestations non appréciables d'après les mercuriales, ou s'il s'agit de baux à colons partiaires, le juge de paix dé-

(a) Cette disposition est abrogée par le décret du 25 février 1852, article 4. (Voy. C. I. cr., art. 179, note.) C'est le tribunal correctionnel qui est seul compétent aujourd'hui pour juger les délits politiques.

(b) La loi du 20 mai 1854 qui avait d'abord modifié cet article, et qui se trouve remplacée par la loi actuelle de 1855, avait eu pour objet d'étendre aux villes de Lyon, Marseille, Bordeaux, Rouen, Nantes, Lille, Saint-Étienne, Reims et Saint-Quentin, la règle de compétence jusqu'à 400 francs, qui, sous l'empire de la loi de 1838, ne s'appliquait que devant les justices de paix de Paris.

La loi nouvelle généralise la règle, la rendant applicable, par conséquent, devant toutes les justices de paix de la France. Elle n'a pas d'autre but.

(c) Les dispositions de ce paragraphe et du suivant sont reproduites de la loi de 1838, rapportée ci-dessus, page 756.

terminera la compétence, en prenant pour base du revenu de la propriété le principal de la contribution foncière de l'année courante multiplié par cinq. »

2. L'article 17 de la loi du 25 mai 1838 est modifié ainsi qu'il suit :

Art. 17. « Dans toutes les causes, excepté celles qui requièrent célérité, et celles dans lesquelles le défendeur serait domicilié hors du canton ou des cantons de la même ville, il est interdit aux huissiers de donner aucune citation en justice, sans qu'au préalable le juge de paix ait appelé les parties devant lui, au moyen d'un avertissement sur papier non timbré, rédigé et délivré par le greffier, au nom et sous la surveillance du juge de paix, et expédié par la poste, sous bande simple, scellée du sceau de la justice de paix avec affranchissement (a). — A cet effet, il sera tenu, par le greffier, un registre sur papier non timbré, constatant l'envoi et le résultat des avertissements; ce registre sera coté et parafé par le juge de paix. Le greffier recevra pour tout droit et par chaque avertissement une rétribution de vingt-cinq centimes, y compris l'affranchissement, qui sera, dans tous les cas, de dix centimes. — S'il y a conciliation, le juge de paix, sur la demande de l'une des parties, peut dresser procès-verbal des conditions de l'arrangement; ce procès-verbal aura force d'obligation privée. — Dans les cas qui requièrent célérité, il ne sera remis de citation non précédée d'avertissement, qu'en vertu d'une permission donnée sans frais par le juge de paix sur l'original de l'exploit (b). — En cas d'infraction aux dispositions ci-dessus de la part de l'huissier, il supportera, sans répétition, les frais de l'exploit. »

23 septembre-9 octobre 1858. — DÉCRET portant règlement d'administration publique pour l'exécution des lois des 17 juillet 1856 et 28 mai 1858, en ce qui touche les prêts destinés à faciliter les opérations de drainage.

(a, b) La modification consiste 1º en ce que l'avertissement préalable, qui était facultatif sous la loi de 1838, est désormais obligatoire d'une manière générale et impérative; 2º en ce que le mode et les formes de l'avertissement se trouvent réglés aujourd'hui; ce qui n'existait pas sous la législation de 1838.

TITRE Iᵉʳ. — FORME ET INSTRUCTION DES DEMANDES DE PRÊTS.

ARTICLE 1ᵉʳ. Tout propriétaire qui veut obtenir un prêt par application des lois des 17 juillet 1856 (c) et 28 mai 1858 (d), adresse sa demande au ministre de l'agriculture, du commerce et des travaux publics. — Cette demande énonce : — 1º La somme qu'il veut emprunter, et, s'il y a lieu, celle pour laquelle il entend concourir à la dépense; — 2º Les noms et prénoms des fermiers ou colons partiaires. — Il y est joint un extrait de la matrice et du plan cadastral, avec indication de la situation et de l'étendue des terrains à drainer.

2. Les demandes de prêt, avec les pièces à l'appui, sont soumises à une commission formée près du ministère de l'agriculture, du commerce et des travaux publics, sous le titre de commission supérieure de drainage. — Les membres de cette commission sont nommés par le ministre.

3. Après délibération de la commission, la demande de prêt est renvoyée, s'il y a lieu, à l'ingénieur chargé du service hydraulique dans le département de la situation des biens. — Dans la quinzaine qui suit l'envoi, l'ingénieur vi-

(c) Cette loi est rapportée en note, sous l'article 640 du C. Nap., suppl., page 650.
(d) La loi des 28 mai-5 juin 1858, qui a substitué la société du Crédit foncier de France à l'État, est ainsi conçue :
« ARTICLE 1ᵉʳ. Le Crédit foncier de France est autorisé à faire les prêts prévus par l'article 1ᵉʳ de la loi du 17 juillet 1856, sur le drainage, dans les conditions déterminées par ladite loi.
« 2. La société du Crédit foncier de France est subrogée aux droits et priviléges accordés au Trésor public par le troisième paragraphe de l'article 2, et par les articles 5 et 6 de la loi du 17 juillet 1856, sans préjudice de toutes autres voies d'exécution.
« 3. Les droits et immunités attribués au Crédit foncier de France par le titre IV du décret du 28 février 1852 (modifié conformément à l'article 1ᵉʳ de la loi du 10 juin 1853, par l'article 47 du même décret et par les articles 4, 6 et 7 de la loi précitée du 10 juin 1853), sont déclarés applicables aux prêts effectués par le Crédit foncier de France, en exécution de la loi du 17 juillet 1856. — Les annuités dues par les emprunteurs sont affectées, par privilège, au remboursement des obligations du drainage. » — Voy. dans notre Bulletin annoté des lois, année 1858, pages 546 et s., les annotations sur cette loi et la convention entre le ministre des travaux publics et la société du Crédit foncier. »

site les terrains à drainer, procède aux opérations et vérifications nécessaires pour apprécier l'utilité de l'entreprise projetée, et donne son avis sur l'admissibilité de la demande de prêt. — Son rapport est adressé au préfet, qui le transmet, dans les dix jours, avec ses propositions, au ministre de l'agriculture, du commerce et des travaux publics.

4. Le ministre adresse, s'il y a lieu, les pièces à la société du Crédit foncier de France, afin qu'elle vérifie les titres de propriété et la situation hypothécaire du demandeur. — Si la société juge que les garanties offertes par le demandeur sont suffisantes, le ministre statue, après avis de la commission supérieure. — L'arrêté du ministre qui autorise le prêt en détermine les conditions générales, et notamment les délais dans lesquels les travaux devront être commencés et achevés.

5. Si la demande de prêt est formée par un syndicat, cette demande doit contenir, outre les indications prescrites par l'article 1er du présent règlement, la délibération des intéressés qui donne au syndicat pouvoir de contracter un emprunt soumis aux dispositions des lois des 17 juillet 1856 et 28 mai 1858. — Cette demande est instruite comme il est dit aux articles 2, 3 et 4.

TITRE II. — CONDITION DES PRÊTS ET SUR-VEILLANCE DE L'ADMINISTRATION SUR L'EXÉCUTION ET L'ENTRETIEN DES TRAVAUX.

6. Les fonds prêtés ne peuvent être employés qu'aux travaux de drainage; le Crédit foncier doit s'assurer qu'ils reçoivent leur destination.

7. Les travaux sont exécutés par l'emprunteur, sous la surveillance de l'administration. — Le montant du prêt est remis à l'emprunteur par à-compte successifs, aux époques fixées, et proportionnellement au degré d'avancement des travaux constatés par l'ingénieur chargé de la surveillance, de manière que le solde ne soit versé qu'après leur exécution complète.

8. L'ingénieur doit refuser le certificat nécessaire à l'emprunteur pour toucher tout ou partie du prêt, si les travaux sont mal exécutés. — En cas de réclamation contre le refus de l'in-

génieur, il est statué par le préfet, qui suspend provisoirement, s'il y a lieu, le payement des termes de l'emprunt. — Si les travaux sont interrompus sans que l'emprunteur ait remboursé, le préfet peut autoriser la société du Crédit foncier à faire exécuter, en son lieu et place, les travaux nécessaires pour rendre productive la dépense déjà faite jusqu'à concurrence des sommes à verser pour compléter le prêt. — Le tout sans préjudice des actions à intenter par la société du Crédit foncier devant les tribunaux civils à raison de l'inexécution du contrat.

9. L'entretien des travaux de drainage reste soumis au contrôle du Crédit foncier, jusqu'à l'entière libération de l'emprunteur.

TITRE III. — DISPOSITIONS GÉNÉRALES.

10. Le département de l'agriculture, du commerce et des travaux publics supporte les frais de l'instruction administrative des demandes de prêts et de surveillance des travaux. — Les frais de l'expertise mentionnée dans l'article 6 de la loi du 17 juillet 1856, ceux de l'acte de prêt, de l'inscription du privilége et de l'hypothèque supplémentaire dans le cas où elle a été requise, enfin le coût des mainlevées et de la quittance sont seuls à la charge de l'emprunteur. — Le montant en est recouvré par le Crédit foncier dans le cas où il en aurait fait l'avance.

8-12 janvier 1859. — *DÉCRET sur le rétablissement du conseil du sceau des titres* (a).

ARTICLE 1er. Le conseil du sceau des titres est rétabli. — Il est composé de trois sénateurs, de deux conseillers d'Etat, de deux membres de la cour de cassation, de trois maîtres des requêtes, d'un commissaire impérial, d'un secrétaire. — Des auditeurs au conseil d'Etat peuvent être attachés au conseil du sceau.

(a) Les titres de noblesse et les distinctions honorifiques ont repris leur importance et leur valeur en vertu de la loi des 18 mai-5 juin 1858, qui, modifiant l'article 259 du Code pénal, restitue à cet article une sanction répressive contre les usurpateurs de titres, de noms et de décorations.—Voy. Suppl., page 683, et ci-après le décret des 5-12 mars 1859.

2. Les membres du conseil du sceau sont nommés par décret impérial.

3. Le conseil du sceau est convoqué et présidé par notre garde des sceaux, ministre de la justice. Il est présidé, en l'absence du garde des sceaux, par celui de ses membres que nous aurons désigné. — Le commissaire impérial remplit les fonctions précédemment attribuées au procureur général du sceau des titres. — Le secrétaire tient le registre des délibérations qui reste déposé au ministère de la justice.

4. Les avis du conseil du sceau sont rendus à la majorité des voix. La présence de cinq membres au moins est nécessaire pour la délibération — Les maîtres des requêtes ont voix délibérative dans les affaires dont le rapport leur est confié. — En cas de partage, la voix du président est prépondérante.

5. Le conseil du sceau a, dans tout ce qui n'est pas contraire à la législation actuelle, les attributions qui appartenaient au conseil du sceau créé par le décret du 1er mars 1808, et à la commission du sceau établie par l'ordonnance du 15 juillet 1814.

6. Il délibère et donne son avis : — 1º Sur les demandes en collation, confirmation et reconnaissance de titres, que nous aurons renvoyées à son examen; — 2º Sur les demandes en vérification de titres; — 3º Sur les demandes en remise totale ou partielle des droits de sceau, dans les cas prévus par les deux paragraphes précédents, et généralement sur toutes les questions qui lui sont soumises par le garde des sceaux.— Il peut être consulté sur les demandes en changement ou en addition de noms ayant pour effet d'attribuer une distinction honorifique.

7. Toute personne peut se pourvoir auprès de notre garde des sceaux pour provoquer la vérification de son titre par le conseil du sceau.

8. Les référendaires institués par les ordonnances des 15 juillet 1814, 11 décembre 1815 et 31 octobre 1830, sont chargés de l'instruction des demandes soumises au conseil du sceau. — La forme de procéder est réglée par arrêté de notre garde des sceaux, le conseil du sceau entendu. — Les règlements antérieurs sont, au surplus, maintenus en tout ce qui n'est pas contraire au présent décret.

9. Les demandes en addition ou changement de noms sont insérées au *Moniteur* et dans les journaux désignés pour l'insertion des annonces judiciaires de l'arrondissement où réside le pétitionnaire et de celui où il est né. — Il ne peut être statué sur les demandes que trois mois après la date des insertions.

10. Pendant deux ans, à partir de la promulgation du présent décret, notre garde des sceaux pourra, sur l'avis du conseil du sceau des titres, dispenser des insertions prescrites par l'article précédent, lorsque les demandes seront fondées sur une possession ancienne ou notoire et consacrée par d'importants services.

———

5-12 mars 1859. — *DÉCRET qui dispose que les titres conférés à des Français par des souverains étrangers ne peuvent être portés en France qu'avec l'autorisation de l'Empereur.*

ARTICLE 1er. Aucun Français ne peut porter en France un titre conféré par un souverain étranger sans y avoir été autorisé par un décret impérial rendu après avis du conseil du sceau des titres (a). — Cette autorisation n'est accordée que pour des causes graves et exceptionnelles.

2. L'impétrant est assujetti au droit de sceau qui serait perçu en France pour la collation du même titre ou du titre correspondant (b).

3. L'ordonnance du 31 janvier 1819 est abrogée.

———

12-13 mars 1859. — *DÉCRET portant règlement d'administration publique pour l'exécution des lois des 28 mai 1858, sur les négociations concernant les marchandises déposées dans les ma-*

———

(a) Voy. C. pén., article 259, Suppl., page 683.
(b) Les droits de sceau pour les différents grades de la Légion d'honneur sont fixés, aujourd'hui, par le décret des 14 mars 1853-4 janvier 1856, article 4; quant aux droits sur les *titres nobiliaires* (baron, marquis, comte, duc, etc., etc.), ils sont réglés par la loi de finances des 28 avril-4 mai 1816, article 55.

gasins généraux et sur les ventes publiques de marchandises en gros (a).

TITRE Ier. — DISPOSITIONS COMMUNES AUX MAGASINS GÉNÉRAUX ET AUX SALLES DE VENTES PUBLIQUES.

ARTICLE 1er. Toute demande ayant pour objet l'autorisation d'ouvrir un magasin général ou une salle de ventes publiques est adressée au ministre de l'agriculture, du commerce et des travaux publics, par l'intermédiaire du préfet, avec l'avis de ce fonctionnaire et celui des corps désignés dans les lois du 28 mai 1858. — Le ministre des finances est consulté lorsque l'établissement projeté doit être placé dans des locaux soumis au régime de l'entrepôt réel, ou recevoir des marchandises en entrepôt fictif. — Les autorisations sont données par décrets rendus sur l'avis de la section des travaux publics, de l'agriculture et du commerce du conseil d'Etat. — L'établissement peut être formé spécialement pour une ou plusieurs espèces de marchandises.

2. Toute personne qui demande l'autorisation d'ouvrir un magasin général ou une salle de ventes publiques doit justifier de ressources en rapport avec l'importance de l'établissement projeté. — Les exploitants de magasins généraux ou de salles de ventes publiques peuvent être soumis, pour la garantie de leur gestion, à un cautionnement dont le montant est fixé par l'acte d'autorisation et proportionné, autant que possible, à la responsabilité qu'ils encourent. — Ce cautionnement est versé à la caisse des dépôts et consignations. Il peut être fourni en valeurs publiques françaises, dont les titres sont également déposés à la caisse des dépôts et consignations.

3. Les propriétaires ou exploitants sont responsables de la garde et de la conservation des marchandises qui leur sont confiées, sauf les avaries et déchets naturels provenant de la nature et du conditionnellement des marchandises ou de cas de force majeure (b).

4. Il est interdit aux exploitants de magasins généraux et de salles de ventes de se livrer directement ou indirectement, pour leur propre compte ou pour le compte d'autrui, à aucun commerce ou spéculation ayant pour objet les marchandises. — Ils peuvent se charger des opérations et formalités de douane et d'octroi, déclarations de débarquement et d'embarquement, soumissions et déclarations d'entrée et sortie d'entrepôt, transferts et mutations; — Des règlements de fret et autres entre les capitaines et les consignataires, sous réserve des droits des courtiers et de leur intervention dans la mesure prescrite par les lois; — Des opérations de factage, camionnage et gabarrage extérieur. — Ils peuvent également se charger de faire assurer les marchandises dont ils sont détenteurs, au moyen, soit de polices collectives, soit de polices spéciales, suivant les ordres des intéressés. — Ils peuvent, en outre, être autorisés à se charger de toutes opérations ayant pour objet de faciliter les rapports du commerce et de la navigation avec l'établissement.

5. Il leur est interdit, à moins d'une autorisation spéciale de l'administration, de faire directement ou indirectement avec des entrepreneurs de transports, sous quelque dénomination ou forme que ce puisse être, des arrangements qui ne seraient pas consentis en faveur de toutes les entreprises ayant le même objet. — Les règlements particuliers prévus par l'article 9 doivent contenir les dispositions nécessaires pour assurer la plus complète égalité entre les diverses entreprises de transports, dans

---

(a) Voy. ces lois, Suppl., pages 668 et 669.

(b) Il est à remarquer que la loi prémentionnée de 1858, portant organisation des magasins généraux, n'avait ouvert la responsabilité de cette administration que pour le cas où elle se trouve dépositaire de la *somme* prêtée sur la marchandise, somme que le propriétaire a voulu rembourser avant l'*échéance* et consigner avec les intérêts. Et, dans le cours de la discussion, la question s'étant élevée de savoir si les cas de *force majeure*, de vol, par exemple, emporteraient exonération de la responsabilité du magasin général, la commission s'est opposée à ce qu'une pareille éventualité fût prévue dans la loi.

Le règlement actuel ouvre, par son article 3, un deuxième cas de responsabilité des magasins généraux : celui de la garde et de la conservation des *marchandises* qui leur auront été confiées, en limitant cette responsabilité (ce que la loi de 1858 n'avait pas voulu faire) par les cas de *force majeure* et les déchets naturels provenant du conditionnement des marchandises.

leur rapport avec chaque établissement.

6. Les exploitants des magasins généraux et des salles de ventes sont tenus de les mettre, sans préférence ni faveur, à la disposition de toute personne qui veut opérer le magasinage ou la vente de ses marchandises, dans les termes des lois du 28 mai 1858.

7. Les magasins généraux et les salles de ventes publiques sont soumis aux mesures générales de police concernant les lieux publics affectés au commerce, sans préjudice des droits du service des douanes, lorsqu'ils sont établis dans des locaux placés sous le régime de l'entrepôt réel, ou lorsqu'ils contiennent des marchandises en entrepôt fictif.

8. Les tarifs établis par les exploitants, afin de fixer la rétribution due pour le magasinage, la manutention, la location de la salle, la vente, et généralement pour les divers services qui peuvent être rendus au public, doivent être imprimés et transmis, avant l'ouverture des établissements, au préfet et aux corps entendus sur la demande d'autorisation. — Tous les changements apportés aux tarifs doivent être d'avance annoncés par des affiches et communiqués au préfet et aux corps ci-dessus désignés. Si ces changements ont pour objet de relever les tarifs, ils ne deviennent exécutoires que trois mois après qu'ils ont été annoncés et communiqués comme il vient d'être dit. — La perception des taxes doit avoir lieu indistinctement et sans aucune faveur.

9. Chaque établissement doit avoir un règlement particulier qui est communiqué à l'avance, ainsi que tous les changements qui y seraient apportés, comme il est dit à l'article précédent.

10. La loi, le présent décret, le tarif et le règlement particulier sont et demeurent affichés à la principale porte et dans l'endroit le plus apparent de chaque établissement.

11. En cas de contravention ou d'abus commis par les exploitants, de nature à porter un grave préjudice à l'intérêt du commerce, l'autorisation accordée peut être révoquée par un acte rendu dans la même forme que celle au-torisatiion, et les parties entendues.

Les propriétaires ou exploitants de magasins généraux et de salles de ventes publiques qui veulent céder leur établissement sont tenus d'en faire d'avance la déclaration au ministre de l'agriculture, du commerce et des travaux publics, et de faire connaître le nom du cessionnaire.

TITRE II. — DISPOSITIONS PARTICULIÈRES AUX MAGASINS GÉNÉRAUX ET AUX RÉCÉPISSÉS ET WARRANTS.

13. Les récépissés de marchandises et les warrants y annexés sont extraits d'un registre à souche.

14. Dans le cas où un courtier est requis pour l'estimation des marchandises, il n'a droit qu'à une vacation, dont la quotité est fixée, pour chaque place, par le ministre de l'agriculture, du commerce et des travaux publics, après avis du tribunal de commerce.

15. A toute réquisition du porteur du récépissé et du warrant réunis, la marchandise déposée doit être fractionnée en autant de lots qu'il lui conviendra, et le titre primitif remplacé par autant de récépissés et de warrants qu'il y aura de lots.

16. Tout cessionnaire du récépissé ou du warrant peut exiger la transcription, sur les registres à souche dont ils sont extraits, de l'endossement fait à son profit, avec indication de son domicile.

17. A toute époque, l'administration du magasin général est tenue, sur la demande du porteur du récépissé ou du warrant, de liquider les dettes et les frais énumérés à l'article 8 de la loi du 28 mai 1858, sur les négociations de marchandises, et dont le privilége prime celui de la créance garantie sur le warrant. Le bordereau de liquidation délivré par l'administration du magasin général relate les numéros du récépissé et du warrant auxquels il se réfère.

18. Sur la présentation du warrant protesté (a), l'administration du magasin général est tenue de donner au courtier désigné pour la vente par le porteur du warrant toutes facilités pour y procéder. — Elle ne délivre la marchandise à l'acheteur que sur le vu du procès-verbal de la vente et moyennant : 1° la justifi-

_____

(a) Voy. L. 28 mai 1858, art. 7, ci-dessus en note, Suppl., C. co., art. 136 et suiv., pag. 669.

cation du payement des droits et frais privilégiés ainsi que du montant de la somme prêtée sur le warrant; 2° la consignation de l'excédant, s'il en existe, revenant au porteur du récépissé, dans le cas prévu par le dernier paragraphe de l'article 8 de la loi.

19. Outre les livres ordinaires de commerce et le livre des récépissés et warrants, l'administration du magasin général doit tenir un livre à souche destiné à constater les consignations qui peuvent lui être faites en vertu des articles 6 et 8 de la loi. — Tous ces livres sont cotés et parafés par première et dernière, conformément à l'article 11 du Code de commerce.

TITRE III. — DISPOSITIONS PARTICULIÈRES AUX VENTES PUBLIQUES DE MARCHANDISES EN GROS (a).

20. Il est procédé aux ventes publiques à la Bourse ou dans les salles autorisées conformément au présent décret; toutefois, le courtier est autorisé à vendre sur place dans le cas où la marchandise ne peut être déplacée sans préjudice pour le vendeur, et où, en même temps, la vente ne peut être convenablement faite que sur le vu de la marchandise.

21. Le lieu, les jours, les heures et les conditions de la vente, la nature et la quantité de la marchandise, doivent être, trois jours au moins à l'avance, publiés au moyen d'une annonce dans l'un des journaux désignés pour les annonces judiciaires de la localité et, en outre, au moyen d'affiches apposées à la Bourse, ainsi qu'à la porte du local où il doit être procédé à la vente, et du magasin où les marchandises sont déposées. — Deux jours au moins avant la vente, le public doit être admis à examiner et vérifier les marchandises, et toutes facilités doivent lui être données à cet égard.

22. Avant la vente, il est dressé et imprimé un catalogue des denrées et marchandises à vendre, lequel porte la signature du courtier chargé de l'opération. Ce catalogue est délivré à tout requérant.

23. Le catalogue énonce les marques, numéros, nature et quantité de chaque lot de marchandises, les magasins où elles sont déposées, les jours et les heures où elles peuvent être examinées, et le lieu, les jours et les heures où elles seront vendues. — Sont mentionnées également les époques de livraison, les conditions de payement, les tares, avaries et toutes les autres indications et conditions qui seront la base et la règle du contrat entre les vendeurs et les acheteurs.

24. Lors de la vente, le courtier inscrit immédiatement sur le catalogue, en regard de chaque lot, les noms et domicile de l'acheteur, ainsi que le prix d'adjudication.

25. Les lots ne peuvent être, d'après l'évaluation approximative et selon le cours moyen des marchandises, au-dessous de cinq cents francs. — Ce minimum peut être élevé ou abaissé, dans chaque localité, pour certaines classes de marchandises, par arrêté du ministre de l'agriculture, du commerce et des travaux publics, rendu après avis de la chambre de commerce ou de la chambre consultative des arts et manufactures.

26. Les enchères sont reçues et les adjudications faites par le courtier chargé de la vente. — Le courtier dresse procès-verbal de chaque séance sur un registre coté et parafé, conformément à l'article 11 du Code de commerce.

27. Faute par l'adjudicataire de payer le prix dans les délais fixés, la marchandise est revendue, à la folle enchère et à ses risques et périls, trois jours après la sommation qui lui a été faite de payer, sans qu'il soit besoin de jugement.

19 mars-6 mai 1859. — DÉCRET concernant les autorisations demandées : 1° pour l'ouverture de nouveaux temples, chapelles ou oratoires destinés à l'exercice public des cultes protestants organisés par la loi du 18 germinal an 10 ; 2° pour l'exercice public des cultes non reconnus par l'État.

ARTICLE 1er. L'autorisation pour l'ouverture des nouveaux temples, chapelles ou oratoires, destinés à l'exercice pu-

(a) Voy. dans notre *Bulletin annoté*, année 1858, pag. 390 et suiv., les *notes* sur la loi des 28 mai-11 juin 1858, concernant les ventes publiques de marchandises en gros.

blic de cultes protestants organisés par la loi du 18 germinal an 10, sera, sur la demande des consistoires, donnée par nous, en notre conseil d'Etat, sur le rapport de notre ministre des cultes.

2. Nos préfets continueront de donner les autorisations pour l'exercice public temporaire des mêmes cultes. En cas de difficultés, il sera statué par nous en notre conseil d'Etat.

3. Si une autorisation est demandée pour l'exercice public d'un culte non reconnu par l'Etat, cette autorisation sera donnée par nous en conseil d'Etat, sur le rapport de notre ministre de l'intérieur, après avis de notre ministre des cultes. — Les réunions ainsi autorisées pour l'exercice public d'un culte non reconnu par l'Etat sont soumises aux règles générales consacrées par les articles 4, 32 et 52 de la loi du 18 germinal an 10 (articles organiques du culte catholique) et 2 de la même loi (articles organiques des cultes protestants) (a). — Nos préfets continueront de donner, dans le même cas, les autorisations qui seront demandées pour des réunions accidentelles de ces cultes.

4. Lorsqu'il y aura lieu de révoquer les autorisations données dans les cas prévus par l'article 1er et par l'article 3, § 1er, du présent décret, cette révocation sera prononcée par nous, en notre conseil d'Etat. — Toutefois, les ministres compétents pourront, en cas d'urgence, et pour cause d'inexécution des conditions ou de sûreté publique, suspendre provisoirement l'effet desdites autorisations. — La suspension cessera de plein droit à l'expiration du délai de trois mois, si, dans ce délai, la révocation n'a été définitivement prononcée, comme il est dit au paragraphe 1er du présent article.

7-18 mai 1859. — *DÉCRET qui autorise les sociétés anonymes et autres associations commerciales, industrielles ou financières, légalement constituées en Turquie et en Egypte, à exercer leurs droits en France (b).*

ARTICLE 1er. Les sociétés anonymes

(a) Voy. nos *Codes spéciaux*, C. cultes, pages 228, 230 et 231.
(b) Ce décret a été rendu en exécution de la loi des 30 mai-11 juin 1857, portant autorisation

et les autres associations commerciales, industrielles ou financières qui sont soumises, en Turquie et en Egypte, à l'autorisation du gouvernement, et qui l'ont obtenue peuvent exercer leurs droits et ester en justice en France, en se conformant aux lois de l'Empire.

4 juin-7 juillet 1859. — *LOI sur le transport par la poste des valeurs déclarées (c).*

ARTICLE 1er. L'insertion, dans une lettre, de billets de banque ou de bons, coupons de dividendes et d'intérêts payables au porteur (d), est autorisée jusqu'à concurrence de deux mille francs, et sous condition d'en faire la déclaration.

2. Cette déclaration doit être portée, en toutes lettres, sur la suscription de l'enveloppe, et énoncer, en francs et centimes, le montant des valeurs expédiées.

3. L'administration des postes est

des sociétés commerciales *étrangères* à exercer leurs droits en France. Voy. l'art. 2 de cette loi en note sous l'art. 37 du Code de commerce, Suppl., pag. 667.
(c) Un arrêté du ministre des finances, en date du 6 juillet 1859 explique et commente les dispositions de la présente loi. Il est rapporté ci-après en note.
(d) Il est nécessaire de remarquer que la loi se sert avec intention de ces expressions, *valeurs payables au porteur*, c'est-à-dire de valeurs payables immédiatement et à bureau ouvert. Elle ne dit pas simplement, *valeurs au porteur*, parce qu'il y a beaucoup de valeurs dites *au porteur*, par opposition aux valeurs dites *nominatives*, qui ne sont pas payables immédiatement et à bureau ouvert. Ces sortes de valeurs, telles que les actions de chemin de fer au porteur dont le remboursement n'est pas arrivé à échéance, peuvent circuler dans les lettres ordinaires, comme dans les lettres chargées. La loi ne s'applique donc qu'aux valeurs qui, par la possibilité de leur réalisation immédiate entre les mains du porteur, prennent, en quelque sorte, le caractère de monnaie. — Ainsi, interdiction, sous peine d'amende, d'insérer des valeurs payables au porteur dans les lettres mises à la boîte; autorisation d'insérer des valeurs payables au porteur dans les lettres chargées, telle est la pensée générale de la loi, qui stipule, en outre, que l'administration des postes sera responsable, *jusqu'à concurrence de 2,000 fr.*, des billets de banque et autres valeurs-papiers, payables au porteur, dont l'insertion dans les lettres chargées lui aura été *déclarée* par les expéditeurs. — Quant à l'or et à l'argent, aux bijoux et autres effets précieux, leur circulation reste absolument interdite dans les lettres chargées comme dans les lettres ordinaires.

responsable jusqu'à concurrence de deux mille francs, et sauf le cas de perte par force majeure, des valeurs insérées dans les lettres et déclarées conformément aux dispositions des articles 1er et 2 de la présente loi. — Elle est déchargée de cette responsabilité par la remise des lettres dont le destinataire ou son fondé de pouvoir a donné reçu. — En cas de contestation, l'action en responsabilité est portée devant les tribunaux civils.

4. L'expéditeur des valeurs déclarées payera d'avance, indépendamment d'un droit fixe de vingt centimes et du port de la lettre, selon son poids, un droit proportionnel de dix centimes par chaque cent francs ou fraction de cent francs.

5. Le fait d'une déclaration frauduleuse de valeurs supérieures à la valeur réellement insérée dans une lettre est puni d'un emprisonnement d'un mois au moins et d'un an au plus, et d'une amende de seize francs au moins et de cinq cent francs au plus.—L'article 463 du Code pénal peut être appliqué au cas prévu dans le paragraphe précédent.

6. L'administration des postes, lorsqu'elle a remboursé le montant des valeurs déclarées non parvenues à destination, est subrogée à tous les droits du propriétaire. — Celui-ci est tenu de faire connaître à l'administration, au moment où elle effectue le remboursement, la nature des valeurs, ainsi que toutes les circonstances qui peuvent faciliter l'exercice utile de ses droits.

7. Les valeurs de toute nature, autre que l'or ou l'argent, les bijoux ou autres effets précieux, peuvent être insérés dans les lettres chargées, sans déclaration préalable. — La perte des lettres chargées continuera à n'entraîner, pour l'administration des postes, que l'obligation de payer une indemnité de cinquante francs, conformément à l'article 14 de la loi du 5 nivôse an 5.

8. Le poids des lettres simples, lorsqu'elles sont chargées ou qu'elles contiennent des valeurs déclarées, est porté à dix grammes. — En conséquence, et indépendamment du droit fixe de vingt centimes, la taxe des lettres chargées ou de celles contenant des valeurs déclarées circulant de bureau de poste à bureau de poste dans l'intérieur de la France, celle des lettres de même nature de la France pour la Corse et l'Algérie, et réciproquement, est ainsi fixée : — Jusqu'à dix grammes inclusivement, vingt centimes; — Au-dessus de dix grammes jusqu'à vingt grammes inclusivement, quarante centimes; — Au-dessus de vingt grammes jusqu'à cent grammes inclusivement, quatre-vingts centimes. — Les lettres chargées ou contenant des valeurs déclarées, dont le poids dépasse cent grammes, sont taxées quatre-vingts centimes par chaque cent grammes ou fraction de cent grammes excédant les cent premiers grammes.

9. Est punie d'une amende de cinquante à cinq cents francs : — 1° L'insertion dans les lettres de l'or ou de l'argent, des bijoux et autres effets précieux; — 2° L'insertion des valeurs énumérées dans l'article 1er de la présente loi dans les lettres non chargées ou non soumises aux formalités prescrites par les articles 2 et 3. — La poursuite est exercée à la requête le l'administration des postes, qui a le droit de transiger (a).

(a) *Arrêté ministériel du 6 juillet 1859, relatif à l'exécution de la loi concernant le transport, par la poste des valeurs déclarées.*

« ARTICLE 1er. Les particuliers qui voudront profiter des facilités offertes par la loi du 4 juin, concernant le transport par la poste des valeurs payables au porteur, devront présenter à la formalité du chargement les lettres dans lesquelles seront insérés des billets de banque ou des bons, coupons de dividendes ou d'intérêts payables au porteur.

« 2. Lorsque l'expéditeur voudra s'assurer, en cas de perte, le remboursement intégral, jusqu'à concurrence de 2.000 francs, des valeurs insérées dans les lettres présentées à la formalité du chargement, il fera la déclaration de ces valeurs sur la suscription de l'enveloppe de la lettre, et, autant que possible, à l'angle gauche supérieur. — Cette déclaration énoncera en francs et cent, et en toutes lettres, le montant de la valeur insérée; elle ne contiendra aucune autre indication.

« Lorsque la valeur insérée consistera soit en coupons d'intérêts ou de dividendes payables au porteur, adhérents au titre du capital, soit en un titre sur la simple présentation duquel le payement, au porteur, de l'intérêt ou du dividende peut être immédiatement effectué, l'évaluation à faire pour la déclaration sera déterminée par le montant des sommes échues et payables au porteur, et non par le capital du titre.

» 4 Les lettres contenant des valeurs déclarées seront remises au guichet des préposés de postes, qui percevront, en outre du prix

11-21 juin 1859. — *LOI qui détermine, pour la Corse et pour l'Algérie, les délais des instances devant le conseil d'Etat et devant la Cour de cassation.*

ARTICLE 1er. Les délais à observer dans les instances portées devant le conseil d'Etat par les habitants du département de la Corse et par ceux de l'Algérie seront les mêmes que les délais réglés par le décret du 22 juillet 1806 pour les habitants de la France continentale (a). — L'article 13 du même décret cessera de leur être appliqué (b).

2. Les lois et règlements qui déterminent pour la France continentale les délais à observer pour les pourvois et procédures en matière civile devant la Cour de cassation sont également applicables à la Corse et à l'Algérie (c).

d'affranchissement déterminé par l'article 8 de la loi du 4 juin 1859, selon le poids de la lettre, et du droit fixe de vingt centimes pour son chargement, un droit de dix centimes pour chaque cent francs ou fractions de cent francs des valeurs déclarées.

« 5. Il sera donné reçu de la lettre à l'expéditeur, avec mention de la somme déclarée : ce reçu sera détaché d'un registre à souche et portera un numéro d'ordre. — Le numéro d'ordre du reçu sera inscrit sur la lettre au recto de l'enveloppe.

« 6. Toutes les formalités prescrites par les règlements, pour le service des lettres chargées, sont applicables aux lettres contenant des valeurs déclarées.

« 7. Les lettres contenant des valeurs déclarées sont portées à domicile par le facteur. — Néanmoins, lorsque ces lettres sont distribuables dans l'arrondissement rural d'un bureau de direction ou de distribution, elles ne seront délivrées qu'au guichet, sur avis envoyé gratuitement aux destinataires.

« 8. L'expéditeur d'une lettre chargée, contenant ou non des valeurs déclarées, pourra demander, au moment où il dépose la lettre, qu'il lui soit donné avis de sa réception par le destinataire ; à cet effet, il payera d'avance pour l'affranchissement de l'avis, le droit de dix centimes fixé par l'article 8 de la loi du 27 frimaire an 8. Il sera fait mention de ce payement sur le reçu délivré à l'expéditeur.

« 9. Les dispositions de la loi du 4 juin 1859 ne sont pas applicables aux lettres de ou pour l'étranger. — Ces lettres restent soumises aux règles établies par les conventions passées avec les Offices des pays d'où elles proviennent, ou auxquels elles sont destinées.

« 10. En cas de perte de lettre contenant des valeurs déclarées (le cas de force majeure excepté), l'administration des postes rembourse le montant des valeurs déclarées sur la réclamation qui lui en est faite. — Le remboursement a lieu entre les mains du destinataire. — A défaut de réclamation de la part du destinataire, dans le délai d'un mois à partir de la perte de la lettre, le remboursement est effectué entre les mains de la personne qui justifie avoir fait le dépôt.

« 11. Le mandat de remboursement est délivré après décision du conseil de l'administration des postes, approuvée par le ministre des finances.

« 12. Au moment du remboursement, la partie prenante sera tenue de consigner, par écrit, sur une formule préparée par l'administration, les renseignements propres à faciliter la recherche des valeurs perdues, et de subroger l'administration à tous les droits du propriétaire, conformément à l'article 6 de la loi du

4 juin 1859. — L'acte à intervenir sera visé pour timbre et enregistré gratis, lorsqu'il y aura lieu à la formalité de l'enregistrement.

« 13. Les lettres non chargées, que des signes extérieurs signaleraient évidemment comme contenant de l'or ou de l'argent, des bijoux et autres effets précieux, des billets de banque ou des bons, coupons de dividendes et d'intérêts payables au porteur, seront adressées, sous chargement d'office, au préposé du bureau de destination. — Le destinataire sera invité à se rendre au bureau pour procéder à l'ouverture de la lettre. S'il résulte de la vérification qu'elle ne contient pas de valeurs prohibées, elle sera immédiatement remise au destinataire. — Dans le cas contraire, procès-verbal sera dressé de la contravention et transmis à l'administration centrale ; la lettre et les valeurs seront remises au destinataire, s'il consent à donner le nom et l'adresse de l'expéditeur. — Si le destinataire refuse de venir au bureau, d'ouvrir la lettre, ou de donner, en cas de contravention, le nom et l'adresse de l'expéditeur, procès-verbal de son refus sera dressé, la lettre et son contenu seront saisis et transmis, avec le procès-verbal, au procureur impérial du tribunal dans le ressort duquel est situé le bureau d'origine.

« 14. Les prescriptions de l'article qui précède sont applicables aux lettres chargées qui seraient reconnues contenir de l'or, de l'argent, des bijoux et autres effets précieux.

« 15. Les agents des postes dresseront procès-verbal des délits et contraventions prévus par les articles 5 et 9 de la loi du 4 juin 1859, qu'ils découvriraient dans leur service.

« 16. Il est expressément défendu, sous les peines portées par l'article 9 de la loi du 4 juin 1859, d'insérer, dans les chargements en franchises, de l'or ou de l'argent, des bijoux et autres effets précieux, des billets de banque ou des bons, coupons de dividende et d'intérêts payables au porteur. — La perte d'un chargement en franchise ne donne lieu à aucune indemnité.

(a) L'article 11 de ce décret porte que « le recours au conseil contre la décision d'une autorité qui y ressortit, ne sera recevable après trois mois du jour où cette décision aura été notifiée. » Voy. *Codes spéciaux*, C. admin.

(b) Aux termes de cet article, ceux qui demeuraient hors de la France continentale avaient, outre le délai de trois mois, celui qui est réglé par l'article 73 du Code de procédure civile.

(c) En matière civile, le délai pour se pourvoir en cassation n'est que de trois mois, du

11-21 juin 1859. — *LOI qui détermine le délai des ajournements d'Algérie en France et de France en Algérie.*

ARTICLE 1er. Le délai des ajournements, devant les tribunaux de France, pour les personnes domiciliées en Algérie ou devant les tribunaux d'Algérie, pour les personnes domiciliées en France, est de deux mois.

2. Toutes les dispositions contraires à la présente loi sont abrogées (*a*).

---

11 juin-2 juillet 1859. — *LOI de finances.* — Titre III. *Timbres mobiles.*

ARTICLE 19. Le droit de timbre auquel l'article 3 de la loi du 5 juin 1850 (*b*) assujettit les effets de commerce venant, soit de l'étranger, soit des îles ou des colonies dans lesquelles le timbre n'aurait pas encore été établi, pourra être acquitté par l'apposition sur ces effets d'un timbre mobile que l'administration de l'enregistrement est autorisée à vendre et faire vendre. — La forme et les conditions d'emploi de ce timbre mobile seront déterminées par un règlement d'administration publique.

20. Seront considérés comme non timbrés : — 1º Les effets mentionnés en l'article 19, sur lesquels le timbre mobile aurait été apposé sans l'accomplissement des conditions prescrites par le règlement d'administration publique, ou sur lesquels aurait été apposé un timbre mobile ayant déjà servi; — 2º Les actes, pièces et écrits autres que ceux mentionnés en l'article 19, et sur lesquels un timbre mobile aurait été indûment apposé. — En conséquence, toutes les dispositions pénales et autres des lois existantes concernant les actes, pièces et écrits non timbrés, pourront leur être appliquées.

21. Ceux qui auront sciemment employé, vendu ou tenté de vendre des timbres mobiles ayant déjà servi, seront

poursuivis devant le tribunal correctionnel et punis d'une amende de cinquante francs à mille francs. En cas de récidive, la peine sera d'un emprisonnement de cinq jours à un mois, et l'amende sera doublée. — Il pourra être fait application de l'article 463 du Code pénal.

---

11 juin-2 juillet 1859. — *LOI de finances.* — Titre III. *Enregistrement des marchés et traités.*

ARTICLE 22. Les marchés et traités réputés actes de commerce par les articles 632, 633, et 634, nº 1er, du Code de commerce, faits ou passés sous signature privée, et donnant lieu au droit proportionnel, suivant l'article 69, § 3, nº 1, et § 5, nº 1, de la loi du 22 frimaire an 7 (*c*), seront enregistrés provisoirement, moyennant un droit fixe de deux francs et les autres droits fixes auxquels leurs dispositions peuvent donner ouverture d'après les lois en vigueur. Les droits proportionnels édictés par ledit article seront perçus lorsqu'un jugement portant condamnation, liquidation, collocation ou reconnaissance interviendra sur ces marchés et traités, ou qu'un acte public sera fait ou rédigé en conséquence, mais seulement sur la partie du prix ou des sommes faisant l'objet soit de la condamnation, liquidation, collocation ou reconnaissance, soit des dispositions de l'acte public.

23. Dans le cas prévu par l'article 57 de la loi du 28 avril 1816 (*d*), le double droit, dû en vertu de cet article, sera réglé conformément aux dispositions de l'article 22 de la présente loi, et pourra être perçu lors de l'enregistrement du jugement.

24. Les dispositions qui précèdent seront appliquées aux marchés et traités sur lesquels des demandes en justice ont été formées antérieurement à la présente loi, et qui n'auraient pas encore été enregistrés. Néanmoins, il ne sera perçu que les droits simples, si lesdits marchés et traités sont soumis à la formalité de l'enregistrement, dans le mois de la promulgation de la présente loi ou, au

---

jour de la signification du jugement à personne ou domicile (Décr. 27 nov. 1790, art. 14). Voy. *Codes spéciaux*, C. des trib. § IV, Cour de cassation. Voy. aussi notre *Bulletin annoté*, année 1850, pag. 117 et 118.

(*a*) Voy. C. proc. civ., art. 73, § 5 et 1033. Voy. aussi notre *Bulletin annoté*, ann. 1859, page 119.

(*b*) Voy. *Codes spéciaux*, C. de l'enr. et du timbre, page 284.

(*c*) Voy. *Codes spéciaux*, C. de l'enr., pages 275 et 276.

(*d*) Voy. *Codes spéciaux*, C. de l'enr., p. 284.

plus tard, en même temps que le jugement, s'il est rendu avant l'expiration de ce mois.

12-14 juin 1860. — *SÉNATUS-CONSULTE concernant la réunion à la France de la Savoie et de l'arrondissement de Nice.*

ARTICLE 1er. La Savoie et l'arrondissement de Nice font partie intégrante de l'Empire français. La constitution et les lois françaises y deviendront exécutoires à partir du 1er janvier 1861.

2. La répartition des territoires réunis à la France en ressorts de cours impériales et en départements sera établie par une loi (a).

3. Les diverses mesures relatives à l'assiette des lignes de douanes et toutes dispositions nécessaires pour l'introduction du régime français dans ces territoires pourront être réglées par décrets impériaux rendus avant le 1er janvier 1861. Ces décrets auront force de loi (b).

(a) Cette répartition a été faite par la loi des 23-29 juin 1860. Aux termes de cette loi, le territoire de la Savoie forme deux départements : celui de la Savoie et celui de la Haute-Savoie. Le territoire de Nice et l'arrondissement de Grasse, distrait du département du Var, composent le département des Alpes-Maritimes. Les départements de la Savoie et de la Haute-Savoie forment le ressort d'une cour impériale, dont le siége est Chambéry. Le département des Alpes-Maritimes fait partie du ressort de la cour impériale d'Aix.

(b) Plusieurs décrets d'organisation de la Savoie et de l'arrondissement de Nice ont été rendus. En voici l'énumération sommaire, suivant leur ordre de date :

12-18 juin 1860. — *Décret relatif au service judiciaire en Savoie et dans l'arrondissement de Nice.*

Id. — *Décret portant que la justice sera rendue au nom de l'Empereur en Savoie et dans l'arrondissement de Nice.*

Id. — *Décret relatif à l'application des lois pénales et d'instruction criminelle en Savoie et dans l'arrondissement de Nice.*

Id. — *Décret relatif au service des douanes en Savoie et dans l'arrondissement de Nice.*

13-18 juin 1860. — *Décret relatif à la vente du sel, des tabacs, des poudres à feu et du plomb de chasse, à la taxe des lettres, à la perception des contributions directes ou indirectes, des droits d'enregistrement, de timbre, etc., etc., et à l'application du Code, des lois, ordonnances et décrets concernant le régime forestier et la pêche fluviale, en Savoie et dans l'arrondissement de Nice.*

13 juin-11 août 1860. — *Décret portant que le dé-*

30 juin-12 juillet 1860. — *DÉCRET portant que la qualité de Français pourra être réclamée par les sujets sardes majeurs, et dont le domicile est établi en Savoie et dans l'arrondissement de Nice, et par les sujets sardes encore mineurs, nés dans lesdits pays.*

ARTICLE 1er. Les sujets sardes ma-

partement des Alpes-Maritimes fait partie de la circonscription de l'Académie d'Aix.

13 juin-11 août 1860. — *Décret qui élève l'Académie d'Aix de la 3e à la 2e classe.*

Id. — *Décret qui crée un Lycée impérial dans chacune des villes de Nice et de Chambéry.*

Id. — *Décret portant que les départements de la Savoie et de la Haute-Savoie forment une Académie, dont le chef-lieu est à Chambéry.*

14 juin-11 août 1860. — *Décrets qui créent une École normale primaire à Nice et à Chambéry.*

18-22 juin 1860. — *Décret relatif aux attributions de plusieurs bureaux de douanes sur les nouvelles frontières de l'Empire, du côté de la Savoie et du côté de Nice.*

18-29 juin 1860. — *Décret qui rend applicable aux territoires de la Savoie et de Nice les droits de navigation, les taxes de plombage et d'estampillage, et, en général, les lois, ordonnances, décrets et règlements concernant le régime des douanes en France.*

18 juin-10 juillet 1860. — *Décret sur l'organisation de la gendarmerie dans les départements de la Savoie, de la Haute-Savoie et des Alpes-Maritimes.*

25-29 juin 1860. — *Décret qui rend applicables au département de la Savoie, à celui de la Haute-Savoie et à l'arrondissement de Nice, les lois, décrets et ordonnances, relatifs à la perception des droits de timbre.*

Id. — *Décret qui 1o rend applicables aux départements de la Savoie, de la Haute-Savoie et des Alpes-Maritimes, les lois, décrets et ordonnances concernant le titre des matières d'or et d'argent et la perception des droits de garantie; 2o crée des bureaux de garantie à Chambéry et à Nice.*

25 juin-18 juillet 1860. — *Décret qui établit la division, en arrondissements et cantons, des départements de la Savoie et de la Haute-Savoie.*

28 juin-12 juillet 1860. — *Décret qui prescrit la publication et l'exécution dans les départements de la Savoie et de la Haute-Savoie, des lois sur l'organisation et les attributions des conseils généraux et des conseils d'arrondissement, et sur l'organisation et les attributions municipales.*

Id. — *Décret qui rend applicables aux départements de la Savoie, de la Haute-Savoie et des Alpes-Maritimes, les lois et décrets relatifs au service des lignes télégraphiques.*

30 juin-12 juillet 1860. — *Décret portant que les lois et dispositions relatives au recrutement de l'armée sont exécutoires en 1860 dans les départements de la Savoie, de la Haute-Savoie et des Alpes-Maritimes.*

2 juillet-11 septembre 1860. — *Décret qui déclare applicables aux départements de la Savoie, de la Haute-Savoie et des Alpes-Maritimes, les lois, ordonnances et décrets relatifs à la presse, à*

jeurs, et dont le domicile est établi dans les territoires réunis à la France

l'imprimerie, à la librairie, à la propriété littéraire et au colportage.

2 juillet-11 sept. 1860. — *Décret qui déclare applicables aux départements de la Savoie, de la Haute-Savoie et des Alpes-Maritimes, les articles 7, 8 et 9 de la loi du 3 décembre 1849, sur le séjour des étrangers en France.*

11-23 juillet 1860. — *Décret qui rend applicables aux départements de la Savoie et au département des Alpes-Maritimes ¹ les lois et règlements relatifs à l'exercice des poursuites en matière de contributions directes.*

Id. — *Décret qui arrête les cadres du personnel affecté aux services de police, dont le préfet des Alpes-Maritimes est investi dans la ville de Nice.*

21 juillet-3 août 1860. — *Décret qui déclare les lois de police et de sûreté publique applicables aux départements de la Savoie, de la Haute-Savoie et des Alpes-Maritimes.*

25 juillet-1er août 1860. — *Décret qui 1° ouvre les bureaux de douane de Pont-de-la-Caille, Saint-Jean-de-Maurienne, Chambéry et Nice à l'importation et au transit de la librairie; 2° contient des dispositions relatives à l'entrée et à la sortie des céréales par les départements de la Savoie, de la Haute-Savoie et des Alpes-Maritimes.*

Id. — *Décret qui ouvre le bureau de douane de Lanslebourg (Savoie) au transit, à l'entrée et à la sortie des marchandises prohibées et non prohibées.*

28 juillet-14 août 1860.—*Décret qui rend applicables aux départements de la Savoie, de la Haute-Savoie et des Alpes-Maritimes les lois et règlements relatifs à l'assiette des contributions directes.*

1er-11 août 1860. — *Décret sur l'organisation judiciaire des départements de la Savoie, de la Haute-Savoie et des Alpes-Maritimes.*

1er-14 août 1860. — *Décret qui range dans les attributions du ministère de l'agriculture, du commerce et des travaux publics, l'enseignement industriel et commercial dans les départements de la Savoie, de la Haute-Savoie et des Alpes-Maritimes.*

4-11 août 1860. — *Décret qui fixe la distance légale de Paris à Annecy, chef-lieu du département de la Haute-Savoie.*

11-18 août 1860. — *Décret qui 1° accorde à la ville de Nice un entrepôt réel pour les marchandises prohibées et non prohibées; 2° autorise la création, dans le port de Nice, d'un entrepôt réel et général des sels.*

Id. — *Décret qui accorde à la ville de Chambéry un entrepôt réel pour les marchandises non prohibées, et un entrepôt réel et général des sels.*

Id. — *Décret qui déclare exécutoires dans les départements de la Savoie, de la Haute-Savoie et des Alpes-Maritimes, les lois des 5 juillet 1844 et 31 mai 1856, sur les brevets d'invention.*

13 août-4 septembre 1860. — *Décret portant que le département des Alpes-Maritimes formera,*

par le traité du 24 mars 1860, pourront, pendant le cours d'une année, à dater des présentes, réclamer la qualité de Français. — Les demandes adressées à cet effet aux préfets des départements où se trouve leur résidence seront, après information, transmises à notre garde des sceaux, ministre de la justice, sur le rapport duquel la naturalisation sera, s'il y échet, accordée sans formalités et sans payement de droits.

2. Les sujets sardes encore mineurs, nés en Savoie et dans l'arrondissement de Nice, pourront, dans l'année qui suivra l'époque de leur majorité, réclamer la qualité de Français, en se conformant à l'article 9 du Code Napoléon (*a*).

avec le département du Var, un arrondissement forestier qui prendra le n° 34.

14-28 août 1860. — *Décret qui accorde amnistie aux insoumis originaires de la Savoie ou de l'arrondissement de Nice, et aux déserteurs de l'armée de terre piémontaise originaires des mêmes pays.*

22-25 août 1860. — *Décret sur l'application, en Savoie et dans l'arrondissement de Nice, des lois civiles, commerciales et de procédure civile qui régissent la France.*

22 août-4 septembre 1860. — *Décret qui déclare applicables aux départements de la Savoie, de la Haute-Savoie et des Alpes-Maritimes, les lois et dispositions relatives aux dépôts de toute nature, aux consignations judiciaires ou administratives.*

22 août-7 septembre 1860. — *Décret qui prescrit la publication, dans les départements de la Savoie et de la Haute-Savoie, des décrets organique et réglementaire du 2 février 1852, pour l'élection des députés au Corps législatif.*

Id. — *Décret qui prescrit la même publication, dans le département des Alpes-Maritimes.*

31 août-7 septembre 1860. — *Décrets relatifs : 1° aux traitements des membres de la magistrature des départements de la Savoie, de la Haute-Savoie et des Alpes-Maritimes ; 2° aux traitements des membres des tribunaux de première instance de Chambéry et d'Annecy.*

31 août-11 sept. 1860. — *Décret qui : 1° déclare exécutoires dans les départements de la Savoie et de la Haute-Savoie la loi du 30 juin 1838 et l'ordonnance du 18 décembre 1839, relatives aux aliénés ; 2° reconnaît comme établissement public l'asile d'aliénés fondé à Bassens, près Chambéry.*

8-17 septembre 1860. — *Décret qui rend applicables aux départements de la Savoie, de la Haute-Savoie et des Alpes-Maritimes, les lois, décrets et ordonnances concernant les droits perçus, au profit du trésor public, sur les boissons, les sucres et glucoses, etc.*

(*a*) Un décret des 2-14 août 1860 porte: « Article 1er. Les membres de la Légion d'honneur qui ont recouvré la qualité de Français, par suite de l'annexion de la Savoie et de l'arron-

14-17 juillet 1860. — *LOI sur la fabrication et le commerce des armes de guerre.*

TITRE Ier. — DE LA FABRICATION ET DU COMMERCE DES ARMES OU DES PIÈCES D'ARMES DE GUERRE.

ARTICLE 1er. Toute personne peut se livrer à la fabrication ou au commerce des armes ou des pièces d'armes de guerre, en vertu d'une autorisation donnée par le ministre de la guerre, et sous les conditions déterminées par la loi ou par les règlements d'administration publique. — Les armes ou les pièces d'armes de guerre fabriquées dans les établissements autorisés ne peuvent être destinées qu'à l'exportation, sauf le cas de commandes faites par le ministre de la guerre pour le service de l'Etat.

2. Les armes de guerre sont celles qui servent ou qui ont servi à armer les troupes françaises ou étrangères. — Peut être réputée arme de guerre, toute arme qui serait reconnue propre au service de guerre et qui serait une imitation réduite ou amplifiée d'une arme de guerre. — Les armes dites *de bord* ou *de troque* sont considérées comme armes de guerre et soumises aux mêmes règles.

3. L'autorisation mentionnée en l'article 1er ne peut être retirée, par le ministre de la guerre, que lorsque le fabricant ou le commerçant a encouru une condamnation, devenue définitive, soit par application des articles 13, § 2, 14, § 2, 15 et 16 de la présente loi, soit pour contravention à celle du 24 mai 1834 (a), soit pour crimes et délits prévus. — 1o Par les articles 86 à 101, 209, 210, 211, 215 et 216 du Code pénal; — 2o Par la loi du 7 juin 1848, sur les attroupements (b); — 3o Par les articles 1 et 2 de la loi du 27 juillet 1849 (c); —

4o Par les articles 1, 2 et 3 de la loi du 27 février 1858 (d).

4. Tout fabricant ou commerçant autorisé est tenu d'avoir un registre, côté et parafé à chaque feuille par le maire, sur lequel sont inscrites, jour par jour, l'espèce et la quantité des armes ou des pièces d'armes de guerre qu'il fabrique, achète ou vend, avec indication de leur destination et des noms et domiciles des vendeurs ou des acheteurs. — Le maire vise et arrête ce registre au moins une fois tous les mois; en cas d'absence ou d'empêchement, il peut se faire suppléer par le commissaire de police.

5. Le ministre de la guerre, et, en cas d'urgence, les généraux commandant les divisions ou les subdivisions militaires prescrivent, relativement aux dépôts d'armes ou de pièces d'armes de guerre qui existent dans les magasins des fabricants ou commerçants, les mesures que peut exiger l'intérêt de la sûreté publique.

6. Tous les canons d'armes de guerre destinés au commerce extérieur sont soumis à des épreuves constatées par l'application d'un poinçon.—Ces canons reçoivent, en outre, une marque dite d'exportation.

TITRE II. — DE L'IMPORTATION, DE L'EXPORTATION ET DU TRANSIT DES ARMES OU DES PIÈCES D'ARMES DE GUERRE.

7. Toute importation d'armes de guerre et de canons ou d'autres pièces d'armes de guerre est interdite, à moins qu'elle ne soit autorisée ou ordonnée par le ministre de la guerre.

8. Des décrets déterminent ceux des en-

dissement de Nice à l'Empire jouiront du traitement attaché à la décoration, à partir du 12 juin 1860, lorsqu'ils auront fait la justification exigée par les lois et les décrets en vigueur. »

(a) En *note*, sous l'article 314 du Code pénal.

(b) Voy. cette loi ci-dessus, *Lois et décrets divers*, page 760.

(c) Les deux articles de cette loi sur la presse sont ainsi conçus :

« ARTICLE 1er. Les articles 1 et 2 du décret du 11 août 1848 sont applicables aux attaques contre les droits et l'autorité que le président de la République tient de la Constitution, et

aux offenses envers sa personne. — La poursuite sera exercée d'office par le ministère public. P. 86.

« 2. Toute provocation par l'un des moyens énoncés en l'article 1er de la loi du 17 mai 1819, adressée aux militaires des armées de terre et de mer, dans le but de les détourner de leurs devoirs militaires et de l'obéissance qu'ils doivent à leurs chefs, sera punie d'un emprisonnement d'un mois à deux ans, et d'une amende de vingt-cinq francs à quatre mille francs, sans préjudice des peines plus graves prononcées par la loi, lorsque le fait constituera une tentative d'embauchage ou une provocation à une action qualifiée crime ou délit. » — Voy. nos *Codes spéciaux*, C. presse.

(d) Cette loi, relative à des mesures de sûreté générale, est rapportée en *note*, Supp., C. pén., art. 86 et 87, page 682.

trepôts de douane dans lesquels les armes ou les pièces d'armes de guerre de provenance étrangère peuvent être exclusivement déposées. — Ces armes ou ces pièces d'armes peuvent, dans l'intérêt de la sûreté publique, être soumises aux mesures autorisées par l'article 5.

9. L'exportation des armes ou des pièces d'armes de guerre est libre, sous les conditions déterminées par la loi ou par les règlements d'administration publique, — Néanmoins un décret impérial peut interdire cette exportation par une frontière, pour une destination et pour une durée déterminées. — Des décrets désignent les bureaux de douane par lesquels l'exportation peut s'opérer. — Quand l'exportation est interdite pour certaines destinations, les exportateurs doivent, sous les peines portées par l'article 4 du titre III de la loi du 22 août 1791 (a), justifier de l'arrivée des armes à une destination permise, au moyen d'acquits-à-caution qui sont délivrés, au départ, par les soins de l'administration des douanes, et qui sont déchargés, à l'arrivée, par les agents consulaires de France.

10. Les armes ou les pièces d'armes de guerre ne peuvent transiter, ni être expédiées en mutations d'entrepôt ou en réexportation, sans un permis du ministre de la guerre. — Si l'exportation est interdite pour une destination, les permis de transit délivrés pour cette destination, antérieurement au décret qui prononce l'interdiction, sont annulés de droit.

11. L'importation, dans les cas où elle est autorisée ou ordonnée par le ministre de la guerre, l'exportation et le transit, ainsi que la circulation et le dépôt des armes ou des pièces d'armes de guerre, dans le rayon des frontières, restent soumis aux dispositions législatives ou réglementaires sur les douanes.

TITRE III. — DISPOSITIONS PÉNALES.

12. Quiconque, sans autorisation, se livre à la fabrication ou au commerce des armes ou des pièces d'armes de guerre est puni d'une amende de seize francs à mille francs et d'un emprisonnement d'un mois à deux ans. — Les armes ou pièces d'armes de guerre fabriquées ou exposées en vente sans autorisation sont confisquées. — Les condamnés peuvent, en outre, être placés sous la surveillance de la haute police pendant un temps qui ne peut excéder deux ans. — En cas de récidive, ces peines peuvent être portées jusqu'au double.

13. Le fabricant ou le commerçant qui ne s'est pas conformé aux dispositions de l'article 4 de la présente loi est puni d'une amende de seize francs à trois cents francs et d'un emprisonnement de six jours à trois mois. En cas de récidives, la peine peut être portée jusqu'au double.

14. Tout fabricant ou commerçant qui ne s'est pas conformé aux dispositions de l'article 6 est puni d'une amende de seize francs à trois cents francs. Les canons saisis sont confisqués. — En cas de récidive, l'amende peut être portée jusqu'au double.

15. La contrefaçon du poinçon d'épreuve ou du poinçon d'exportation et l'usage frauduleux des poinçons contrefaits, sont punis d'une amende de cent francs à trois mille francs et d'un emprisonnement de deux ans à cinq ans.

16. Est puni d'une amende de seize francs à cinq cents francs et d'un emprisonnement d'un mois à deux ans, quiconque, s'étant indûment procuré les vrais poinçons mentionnés en l'article précédent, en a fait usage.

17. Dans tous les cas prévus par la présente loi, il pourra être fait application de l'article 463 du Code pénal.

TITRE IV. — DISPOSITIONS GÉNÉRALES.

18. Des règlements d'administration publique déterminent notamment les

---

(a) Cette loi des 28 juillet, 6 et 22 août 1791, est relative à l'exécution du tarif des droits d'entrée et de sortie dans les relations du royaume avec l'étranger. L'article 4 de la loi précitée (titre III, *des acquits-à-caution*) contient ce qui suit :

« Si les marchandises expédiées sont prohibées à la sortie du royaume, la destination en sera assurée par un acquit-à-caution. Les expéditionnaires et leurs cautions s'obligeront solidairement, par leurs soumissions, à payer la valeur desdites marchandises, avec amende de cinq cents livres, dans le cas où ils ne rapporteraient pas, au bureau du départ, dans le délai fixé, l'acquit-à-caution valablement déchargé ; à cet effet, l'estimation des marchandises sera énoncée dans les soumissions. »

formes des demandes d'autorisation en matière de fabrication et de commerce des armes de guerre; le régime et le tarif des épreuves et des marques; les formalités auxquelles doit être assujetti le transport des armes à l'intérieur; enfin toutes les mesures relatives à la surveillance de la fabrication et du commerce des armes de guerre.

19. Il n'est dérogé ni à la loi du 24 mars 1834, ni aux lois et règlements concernant les armes de chasse et de luxe et les armes prohibées (a).

20. Sont abrogées toutes dispositions contraires à celles de la présente loi.

---

28 juillet-4 août 1860. — LOI relative à la mise en valeur des marais et des terres incultes appartenant aux communes.

ARTICLE **1er.** Seront desséchés, assainis, rendus propres à la culture ou plantés en bois, les marais et les terres incultes appartenant aux communes ou sections de communes, dont la mise en valeur aura été reconnue utile.

2. Lorsque le préfet estime qu'il y a lieu d'appliquer aux marais ou terres incultes d'une commune les dispositions de l'article 1er, il invite le conseil municipal à délibérer; — 1° Sur la partie des biens à laisser à l'état de jouissance commune; — 2° Sur le mode de mise en valeur du surplus; — 3° Sur la question de savoir si la commune entend pourvoir par elle-même à cette mise en valeur. — S'il s'agit de biens appartenant à une section de commune, une commission syndicale nommée conformément à l'article 3 de la loi du 18 juillet 1837 est préalablement consultée

3. En cas de refus ou d'abstention par le conseil municipal, comme en cas d'inexécution de la délibération par lui prise, un décret impérial rendu en Conseil d'Etat, après avis du conseil générale, déclare l'utilité des travaux et en règle le mode d'exécution. Ce décret est précédé d'une enquête et d'une délibération du conseil municipal prise avec l'adjonction des plus imposés.

4. Les travaux sont exécutés aux frais de la commune ou des sections propriétaires. — Si les sommes nécessaires à ces dépenses ne sont pas fournies par les communes, elles sont avancées par l'Etat, qui se rembourse de ses avances, en principal et intérêts, au moyen de la vente publique d'une partie des terrains améliorés, par lots, s'il y a lieu.

5. Les communes peuvent s'exonérer de toute répétition de la part de l'Etat, en faisant l'abandon de la moitié des terrains mis en valeur. — Cet abandon est fait, sous peine de déchéance, dans l'année qui suit l'achèvement des travaux. — Dans le cas d'abandon, l'Etat vend les terrains à lui délaissés, dans la forme déterminée par l'article précédent.

6. Le découvert provenant des avances faites par l'Etat pour l'exécution des travaux prescrits par la présente loi ne pourra dépasser en principal la somme de dix millions (10,000,000f).

7. Dans les cas prévus par l'article 3 ci-dessus, le décret peut ordonner que les marais ou autres terrains communaux soient affermés. — Cette location sera faite aux enchères, à la charge par l'adjudicataire d'opérer la mise en valeur des marais ou terrains affermés. — La durée du bail ne peut excéder vingt-sept ans.

8. La loi du 10 juin 1854, relative au libre écoulement des eaux provenant du drainage (a), est applicable aux travaux qui seront exécutés en vertu de la présente loi.

9. Un règlement d'administration publique déterminera : — 1° Les règles à observer pour l'exécution et la conservation des travaux; — 2° Le mode de constatation des avances faites par l'Etat, les mesures propres à assurer le remboursement en principal et intérêt, et les règles à suivre pour l'abandon des terrains que le premier paragraphe de l'article 5 autorise la commune à faire à l'Etat; — 3° Les formalités préalables à la mise en vente des portions de terrain aliénées en vertu des articles qui précèdent; — 4° Toutes les autres dispositions nécessaires à l'exécution de la présente loi.

(a) Voy. C. pénal, article 314 et en note sous cet article, pag. 495 et 496; l'ord. du 23 février 1837 et la loi du 24 mai 1834.

(a) Voy. cette loi en note, C. Nap., art. 640, suppl. pag. 649.

TABLE CHRONOLOGIQUE

DES

LOIS ET DÉCRETS

RAPPORTÉS

DANS LE SUPPLÉMENT DES CODES USUELS

(Édition 1859-1860).

TABLE ALPHABÉTIQUE

ET RAISONNÉE

DES MATIÈRES

CONTENUES

DANS LE SUPPLÉMENT DES CODES USUELS

(Édition 1859-1860).

Paris, imp. de Paul Dupont, rue de Grenelle-St-Honore, 45.

IMPRIMERIE ET LIBRAIRIE ADMINISTRATIVES DE PAUL DUPONT,

Éditeur du *Bulletin annoté des Lois*, à 2 fr. 50 c. par an,

rue de Grenelle-Saint-Honoré, n° 45, à Paris.

CODES

DE LA

LÉGISLATION FRANÇAISE

OUVRAGE CONTENANT :

LE CODE POLITIQUE, LES SEPT CODES ORDINAIRES ET VINGT-SIX CODES SPÉCIAUX,

AVEC

DES ANNOTATIONS SUR LES LOIS LES PLUS USUELLES,
LA DÉFINITION ET L'EXPLICATION DES TERMES DE DROIT,
LA CORRÉLATION COMPLÈTE DES ARTICLES DES CODES,
et des Tables chronologique et alphabétique ;

PAR

M. NAPOLÉON BACQUA,

Chevalier de la Légion d'honneur,

Avocat, Rédacteur en chef du ***Bulletin annoté des Lois.***

ÉDITION NOUVELLE
1859-1860.

PREMIÈRE PARTIE,	DEUXIÈME PARTIE,
A l'usage de l'Audience, des Fonctionnaires publics et des Écoles de droit; Contenant le Code politique et les Sept Codes ordinaires. Prix : 8 fr., et relié, 10 fr.	Contenant vingt-six Codes spéciaux sur les différentes matières de droit. Prix : 12 fr., et relié, 14 fr.

Prix de l'ouvrage complet : 20 fr., et relié, 24 fr.

Il existe bien des Codes, et celui-ci ne serait qu'une superfétation si l'auteur s'était contenté, à l'exemple de ses devanciers, d'entasser lois sur lois sans se préoccuper suffisamment des modifications survenues dans notre législation, par suite des événements politiques, et du soin d'apporter à la codification une méthode destinée à faciliter la recherche et l'étude des matières et à en élucider l'esprit. Tel a été le but de M. N. Bacqua, et tel est le mérite de cette œuvre importante, que Son Excellence M. le Ministre de la Justice a appréciée dernièrement en ces termes :

« Résultat d'études sérieuses et persévérantes, vos *Codes de la Législation française*
« réunissent tous les avantages que peuvent offrir les recueils de cette nature : La
« collection de tout ce qui sert à la vie usuelle du magistrat et du jurisconsulte; une
« classification intelligente, des renvois sûrs, des notes subtantielles; partout la trace
« des plus saines doctrines. Je suis heureux de l'occasion qui m'arrive de vous adresser
« mes félicitations.
« Agréez, je vous prie, l'assurance de ma considération distinguée.
« 6 mars 1859. »

« DELANGLE,
«*Ministre de la Justice.*»

En effet, chacun de ces Codes est un traité complet qui permet au magistrat, chargé de l'application de la loi, de trouver immédiatement le texte et les commentaires de la loi dont il s'occupe. Nous ne croyons pouvoir mieux faire, afin de donner une idée exacte du plan suivi par M. N. Bacqua, que de reproduire ici en partie l'avertissement placé en tête de cette nouvelle édition des *Codes de la Législation française* :

« Lorsque, pénétré de la grande et féconde pensée contenue en l'avis du conseil d'État des 5-7 janvier 1813, qui voulait qu'on fît, dans l'intérêt des fonctionnaires publics et de tous les citoyens, un *Extrait*, dans le *Bulletin des Lois*, des dispositions *usuelles en vigueur*, nous sommes entré les premiers dans cette voie ; lorsque dès notre édition de 1840, nous avons composé ces *Codes spéciaux* sur les matières d'application journalière, qui forment un des caractères distinctifs de notre livre, et qui viennent se placer à la suite des Codes officiels du législateur, une pensée nous a toujours et constamment préoccupé : c'est la nécessité de tenir sans cesse notre ouvrage au *courant de la législation* et de suivre le législateur dans sa marche, quelque rapide qu'elle soit, afin que notre livre fût toujours maintenu au niveau des besoins des jurisconsultes, des fonctionnaires publics, des hommes de science et de pratique.

« C'est dans ce but et pour présenter, dans une forme méthodique et facilement saisissable, la portée des modifications introduites dans la plupart des Codes, que nous avons jugé nécessaire de publier des *suppléments*, c'est-à-dire de reprendre le *titre* et le *cadre* de chacun des Codes qui avaient subi des changements et d'y insérer les lois nouvelles, modificatives, propres à chacun d'eux. »

Depuis l'édition de 1853, plusieurs suppléments ont été successivement publiés, mais les lois considérables autant par leur étendue que par leur importance, qui, à partir de 1853, sont venues chaque année prendre place dans l'ouvrage, devaient lui enlever son caractère de livre *portatif*.

Nous avons dû chercher à parer à ce grave inconvénient, dans l'intention où nous sommes de ne reculer devant aucun effort ni devant aucun sacrifice pour mériter la faveur avec laquelle le public a bien voulu accueillir cet ouvrage depuis la publication de la première édition.

Voici le parti auquel l'auteur s'est, en conséquence, arrêté :

D'une part, la matière des trois suppléments des huit Codes officiels, comprenant toute la législation qui s'y rapporte depuis 1853 jusqu'à 1858 inclusivement, a été *réunie* et *refondue* pour n'en former qu'un seul, qui vient se placer à la suite de ces huit Codes

D'une autre part, l'ouvrage des Codes de la législation française a été divisé en *deux parties* distinctes et séparées, ayant chacune leurs tables chronologique et alphabétique.

La première partie contient : 1° Les *huit* Codes officiels ; 2° Le *Supplément* pour chacun de ces mêmes Codes, *supplément* comprenant la législation de 1853 à 1858 ; 3° Un second *Supplément* contenant les lois et décrets parus en 1859 et se référant aux huit Codes officiels.

Cette première partie forme le Code *portatif*, le Code de l'*audience* et de tous les *fonctionnaires publics*, et le Code des *Écoles de droit*. Comprenant la législation principale, usuelle et d'application journalière, cette partie de l'ouvrage répondra complétement à sa destination.

La deuxième partie du livre embrasse la législation d'une importance plus secondaire, quoique d'une nécessité indispensable, et qui a été codifiée avec le plus grand soin, sous vingt-six rubriques différentes, formant, sous un titre particulier qui résume la matière, autant de Codes spéciaux.

Cette seconde partie pourra être laissée dans les études, sur les bureaux et dans les cabinets, pour être consultée selon les besoins et les circonstances, n'étant pas, comme la première partie, d'une nécessité actuelle et journalière. Elle est spécialement tenue au courant au moyen de notre *Bulletin annoté des Lois*. Un pareil avantage ne peut être offert par aucune autre publication de Codes.

Telle est la mesure que nous avons jugé devoir être la plus convenable, la mieux appropriée pour satisfaire aux nécessités sans cesse renouvelées d'une situation qui n'est pas de notre fait, mais de celui du législateur, ou plutôt qui est la conséquence forcée du développement du progrès, de l'émancipation des règles constitutives de l'économie sociale et des institutions de crédit.

P. S. Afin de donner aux Souscripteurs qui le désireraient le moyen de recueillir leurs notes, nous avons fait relier des exemplaires, entre chaque page desquels est intercalé un feuillet de papier blanc. Cette reliure dite *à dos brisé* permet d'écrire jusqu'aux abords des marges et grossit peu le volume.

ÉNUMÉRATION

DES

CODES CONTENUS DANS L'OUVRAGE.

PREMIÈRE PARTIE.

DEUXIÈME PARTIE.

Tout Souscripteur à l'ouvrage complet recevra en prime l'année 1859 du BULLETIN ANNOTÉ DES LOIS, publication mensuelle, qui tient la deuxième partie des Codes au courant de la législation.

IMPRIMERIE ET LIBRAIRIE ADMINISTRATIVES DE PAUL DUPONT,

Éditeur du Bulletin annoté des Lois, à 2 fr. 50 c. par an.

Rue de Grenelle-Saint-Honoré, 45, à Paris.

LES CODES DE LA LÉGISLATION FRANÇAISE

Annotés par M. NAPOLÉON BACQUA,

Avocat, Chevalier de la Légion d'honneur, Rédacteur en chef du Bulletin annoté des Lois.

Édition nouvelle en 2 volumes in-8°, formant ensemble 2,500 pages.

BULLETIN DE SOUSCRIPTION.

Je, soussigné,

demeurant à   département d   Bureau de Poste

d   arrondissement d   , qui

déclare souscrire aux CODES DE LA LÉGISLATION FRANÇAISE, tome (*) que je joins ici en un

me parviendr   *franco,* moyennant la somme de (**)

Mandat de poste à l'ordre de M. PAUL DUPONT, imprimeur, rue de Grenelle-Saint-Honoré,

n° 45, à Paris.

A   ce   1859.

Signature :

(*) Indiquer si l'on souscrit à l'ouvrage *complet* ou seulement à l'un des deux volumes.
(**) Indiquer ici la somme, d'après le prix porté ci-contre aux conditions de souscription, suivant que l'on désire recevoir l'ouvrage broché, relié ou interfolié.

CONDITIONS DE SOUSCRIPTION.

Les *Codes de la Législation française* forment deux volumes que l'on peut acquérir séparément, savoir :

PREMIÈRE PARTIE. — Un vol. in-8° de 700 pages, contenant le Code politique, les sept Codes ordinaires avec Tables chronologique et alphabétique. Prix broché, 8 fr. ; relié, 10 fr., et interfolié, 12 fr.

DEUXIÈME PARTIE. — Un vol. in-8° de 1,800 pages, contenant vingt-six Codes spéciaux avec Tables chronologique et alphabétique. Prix, broché, 12 fr.; relié, 14 fr., et interfolié 16 fr.

Prix de l'ouvrage complet : Broché, 20 fr.; relié, 24 fr., et interfolié, 28 fr.

Toute demande qui n'est pas accompagnée de sa valeur doit mentionner l'époque fixé par le Souscripteur pour le payement.

Paris Paul Dupont.